Histoire économique et financière de la France

Dans la collection « Histoire économique et financière de la France », la série Mémoire est destinée à accueillir les souvenirs de témoins ou d'acteurs de l'histoire économique et financière.

Cette anthologie des meilleurs textes du concours *Mémoire des Impôts* est publiée en deux tomes :

I. *Les premiers pas* où sont évoqués l'enfance des auteurs, l'entrée dans l'administration fiscale, la formation et les débuts dans la carrière.

II. *Des régies financières à la direction générale des Impôts* où, après une présentation des régies puis de leur fusion en une direction générale des Impôts, les thèmes du contrôle fiscal, de la promotion interne et de la vie quotidienne dans les services sont développés.

Chaque tome comporte une table des matières et un index. La préface de Jacques Campet et l'introduction de l'ouvrage figurent dans le premier tome.

Couverture : En haut à gauche : la division de contrôle des Contributions directes de Saint-Gaudens (Haute-Garonne), en 1957, où est affecté Henri Mirabail, « inspecteur hors classe chargé du service depuis le 28 mars 1955 ». Le personnel attaché au poste comprend un inspecteur, un contrôleur, trois agents de bureau et auxiliaires temporaires, deux employés à l'heure en permanence et à temps complet rémunérés sur la dotation de crédits pour travaux à la tâche. En haut à droite : le même service en 1963. En bas à gauche : la division de contrôle des Contributions directes de Saint-Gaudens en 1968 dans de nouveaux locaux. En bas à droite : en février 1980, les agents des secteurs d'assiette du centre des Impôts de Saint-Gaudens préparent « la campagne IR (impôt sur le revenu) » avec le chef de centre. © Collection privée Henri Mirabail

Ministère de l'Économie, des Finances et de l'Industrie - Paris 2004
ISBN : 2-11-094613-X

MINISTÈRE DE L'ÉCONOMIE,
DES FINANCES ET DE L'INDUSTRIE

Hommes et femmes des Impôts

Récits autobiographiques, 1920-1990

Extraits du concours
« Mémoire des Impôts »
Morceaux choisis et commentés
par Jean-François Costes

II

COMITÉ POUR L'HISTOIRE ÉCONOMIQUE
ET FINANCIÈRE DE LA FRANCE

Le Comité pour l'histoire économique et financière est présidé par le ministre de l'Économie, des Finances et de l'Industrie, son vice-président est Maurice Lévy-Leboyer.

a. Commission administrative :

Les directeurs et chefs de service du ministère de l'Économie, des Finances et de l'Industrie, le gouverneur de la Banque de France, le directeur général des Archives de France, le président de la Bibliothèque de France, le président de l'Imprimerie nationale.

b. Commission scientifique :

Michel Aglietta, Louis Amigues, Agnès d'Angio, Michel Antoine, Guy Antonetti, Jean-Charles Asselain, Françoise Bayard, Louis Bergeron, Jean-Jacques Bienvenu, Christian de Boissieu, Éric Bussière, Jacques Campet, François Caron, Philippe Contamine, Robert Frank, Patrick Fridenson, René Girault (†), Jean-Noël Jeanneney, Jean Kerhervé, Michel Lescure, Maurice Lévy-Leboyer, Michel Margairaz, Jacques Marseille, Yves Mény, François Monnier, Gabriel Montagnier, Alain Plessis, Raymond Poidevin (†), Albert Rigaudière, Guy Thuillier, Jean Tulard, Denis Woronoff.

La mission du Comité est de contribuer à une meilleure connaissance de l'histoire de l'État et de son rôle en matière économique et financière depuis le Moyen Âge jusqu'à nos jours, de susciter des travaux scientifiques et d'en aider la diffusion.

DEUXIÈME PARTIE

DES RÉGIES FINANCIÈRES À LA DIRECTION GÉNÉRALE DES IMPÔTS

Des régies financières...

Le bureau du receveur de l'Enregistrement Jean Déhan à Novion-Porcien dans les Ardennes (08) en 1939, à la veille de la Seconde Guerre mondiale. Ce bureau est une pièce de la maison du receveur. © Collection privée Jean Déhan.

L'inspecteur des Contributions directes Henri Mirabail en « tournée » des mutations dans un village de l'Indre en 1954.

© Collection privée Henri Mirabail.

... à la DGI

La section d'ordre et de documentation (ORDOC) du centre des Impôts de Saint-Gaudens (31) en 1978. © Collection privée Henri Mirabail.

Entre 1968 et 1970, les trois régies financières, qui ont plus de cent cinquante ans d'existence, laissent définitivement la place à la direction générale des Impôts. Des dizaines de milliers d'agents doivent alors s'adapter à cette profonde mutation. Entraînés dans une grande entreprise de rénovation administrative, qui n'avait jusque-là progressé que par de légères retouches, ils surmontent quotidiennement les difficultés de tous ordres dont les extraits rassemblés dans ce tome fournissent quelques exemples (apprentissage de métiers et de techniques fiscales particuliers, apparition progressive de l'informatique dans les services).

Dès sa création, en 1948, la direction générale des Impôts renforce en particulier sa mission de contrôle fiscal. Ses personnels se voient accorder à l'occasion de la fusion des régies un certain nombre de contreparties : les formations en cours de carrière se multiplient et la création de nouveaux grades permet le développement des promotions internes. Enfin, la « démarche de changement », engagée en 1990 à la suite du conflit social de 1989, s'inscrit dans ce processus de modernisation d'une administration fiscale en constante évolution qui se veut au service des usagers contribuables.

CHAPITRE V

LES RÉGIES : AVANT LA CRÉATION DE LA DIRECTION GÉNÉRALE DES IMPÔTS

Avant 1948, les agents étaient rattachés à l'une de ces trois régies financières : Enregistrement, Domaines et Timbre ; Contributions directes ; Contributions indirectes.

ENREGISTREMENT

Issue de la Ferme générale, *l'administration générale des Domaines et Droits domaniaux* est instituée par l'arrêt de règlement du 9 janvier 1780 dû à l'initiative de Necker ; elle prend ensuite le titre de *Régie des droits d'enregistrement* (loi des 5-19 décembre 1790). Un décret-loi des 18-27 mai 1791 organise définitivement la régie de l'Enregistrement, Timbre, Hypothèques et Domaines, qui se nomme, plus précisément, *Régie des droits d'enregistrement et autres y réunis.* Enfin, la loi du 22 frimaire an VII (12 décembre 1798) met en place les principes généraux des droits d'enregistrement encore en vigueur de nos jours. En 1801 (arrêté du 3e jour complémentaire de l'an IX : 20 septembre 1801), ses services centraux sont réorganisés avec, à leur tête, un directeur général.

Ainsi, déjà formée à la fin du XVIIIe siècle, l'administration de l'Enregistrement perdure jusqu'en 1948 sans que les structures de ses services ne soient profondément modifiées (seule change son appellation : à partir du 1er janvier 1863, la régie fondée en 1791 se nomme *direction générale de l'Enregistrement, des Domaines et du Timbre*).

« L'administration de l'Enregistrement, plus qu'aucune autre, paraît immuable alors que les régimes politiques s'effondrent les uns après les autres, que la révolution industrielle et les guerres bouleversent les conditions de vie des Français et que d'amples mutations se produisent dans les mentalités, les droits individuels, les structures de la société » pourra écrire Jean-Paul Massaloux[1]. Dans ces conditions, Louis Traissac présente l'Enregistrement comme une « très ancienne administration, ayant connu l'Ancien Régime ». « Au début de ce siècle, c'était déjà une vielle dame » (J.-P. Massaloux).

---

1. Jean-Paul Massaloux, *La régie de l'Enregistrement et des Domaines aux XVIIIe et XIXe siècles. Étude historique*, Genève, Librairie Droz, 1989, p. 355.

CONTRIBUTIONS DIRECTES

À la Révolution, les anciennes contributions directes (tailles, capitation, vingtièmes) sont supprimées et, avec elles, les administrations chargées de les établir (dont la direction des Vingtièmes). L'organisation de la nouvelle fiscalité directe est confiée aux contribuables et à leurs représentants élus. C'est alors aux pouvoirs locaux qu'échoit le droit de former les matrices, de confectionner les rôles, de procéder à leur expédition. « Tous les citoyens ont le droit de concourir à l'établissement des contributions, d'en surveiller l'emploi et de s'en faire rendre compte » précise la Constitution du 24 juin 1793.

L'insuffisance des résultats obtenus rend nécessaire une réforme qui conduirait à confier à une administration spéciale l'assiette des contributions directes. Ainsi, l'administration des Contributions directes a-t-elle pour origine *l'Agence des Contributions directes*, créée le 22 brumaire an VI (12 novembre 1797) et remplacée (loi du 3 frimaire an VIII : 24 novembre 1799) par la *direction des Contributions directes* dont la mission est d'établir l'impôt, de rédiger les matrices de rôle. Son personnel provient tout d'abord de l'ancienne administration des Vingtièmes[2] qui existait sous l'Ancien Régime.

Cette nouvelle direction des Contributions directes prend rapidement de l'importance. En témoigne l'anecdote suivante : « La ville de Paris donnait à Napoléon Ier un dîner à l'occasion de la naissance du roi de Rome. Consulté par le ministre des Finances, Gaudin, duc de Gaète, sur la liste des fonctionnaires qui devaient être invités à ce banquet, l'empereur répondit vivement, avec sa brusquerie de soldat : Un seul, le directeur des Contributions directes »[3].

Si l'assiette de l'impôt est donc confiée à l'administration des Contributions directes, une administration distincte, la Comptabilité publique, placée aussi sous l'autorité du ministre des Finances, suit les opérations de recouvrement. Remarquons qu'une proposition de loi soumise le 8 avril 1876[4] à la Chambre des députés, qui n'aboutit pas, avait pour objet la réunion des services de l'assiette et du recouvrement des contributions directes.

À partir de 1821 (règlement du 10 octobre 1821), le service du Cadastre, auparavant dirigé par un commissaire spécial chargé, sous l'autorité du ministre des Finances, de la surveillance des opérations cadastrales, est rattaché aux Contributions directes. Les travaux cadastraux sont dès lors suivis, dans chaque département, par le directeur des Contributions directes : travaux de confection du plan parcellaire (délimitation, triangulation, lever du plan), exécutés par les géomètres, travaux d'évaluation confiés aux contrôleurs.

---

2. Institué en 1749, le vingtième remplace le dixième instauré en 1710. Il y aura plus tard un deuxième puis un troisième vingtième ; c'est un impôt direct comme la taille et la capitation.

3. Tiré de : Alfred Belmas, *Organisation administrative du service des Contributions directes*, thèse pour le doctorat, Angoulême, 1906, p. IV.

4. *JO* du 23 mai.

CONTRIBUTIONS INDIRECTES

Comme l'Enregistrement, les Contributions indirectes proviennent de la Ferme générale dont elles sont séparées sur proposition de Necker par l'arrêt de règlement donné le 9 janvier 1780. Celui-ci est à l'origine de la *Régie générale des Aides* qui doit recouvrer une partie des droits indirects, la Ferme générale conservant la perception des traites, des gabelles et du produit des tabacs.

Après leur suppression, en 1790 et 1791, sous l'influence des doctrines physiocrates qui les jugent contraires au principe de la liberté du commerce, les taxes indirectes sont rétablies par le Directoire (sauf les droits sur les sels et sur les boissons, trop impopulaires, mais aussi les plus productifs sous l'Ancien Régime) qui les confie à la régie de l'Enregistrement. Le Consulat, par la loi du 5 ventôse an XII (25 février 1804) rétablit les droits sur les boissons, réglemente à nouveau les droits sur les tabacs puis reconstitue l'ancien service des Aides par la création d'une administration chargée de percevoir, sous le nom de *Régie des droits réunis*, tous les impôts de consommation ; l'organisation et le fonctionnement de cette nouvelle régie sont déterminés et assurés par trois arrêtés des 5 et 6 germinal de la même année et, sous l'Empire, le décret du 1er germinal an XIII rendu pour l'exécution de la loi de ventôse indique les règles à suivre pour assurer le recouvrement des droits. La loi du 24 avril 1806 réorganise les droits sur les boissons et la taxe de fabrication sur les tabacs. C'est le point de départ de la législation en matière de boissons.

Si une ordonnance du 17 mai 1814 décide la réunion de la régie des Douanes et de la régie des Droits réunis sous le titre commun de *direction générale des Contributions indirectes*, ces deux administrations sont séparées en mars 1815 (décret du 25 mars 1815) et la régie des Droits réunis est supprimée pendant les Cent-Jours (décret du 8 avril 1815). Elle est rétablie sous la Restauration et appelée alors *Régie des Contributions indirectes* (l'opinion publique ne veut « plus de Droits réunis »), qualification qu'elle conserve seule. Le code de la régie est promulgué le 28 avril 1816.

La loi du 28 avril 1816 et le décret du 1er germinal an XIII constituent la base de la législation des Contributions indirectes qui disposent ainsi des moyens nécessaires à la bonne exécution de leur service.

Les Contributions indirectes fusionnent ensuite de nouveau avec les Douanes de 1852 à 1869 date à laquelle ces deux administrations sont définitivement érigées en directions générales distinctes (décret du 19 mars 1869).

L'administration des Tabacs (fondée en 1831) sera également rattachée à celle des Contributions indirectes avant que ne soit fondée une administration spéciale, la *direction générale des Manufactures de l'État* (décrets du 12 mars 1860 et du 9 novembre 1865) qui a pour tâches la culture et la fabrication des tabacs, les Contributions indirectes se chargeant de l'écoulement de ces produits dans le public (ce régime est aménagé par la loi du 7 août 1926 qui confie l'exploitation du monopole des tabacs au Service de l'exploitation industrielle des tabacs : SEIT, géré par la Caisse autonome d'amortissement de la dette publique. En 1935, le SEIT devient le SEITA exploitant aussi le monopole des allumettes).

De 1871 à 1875, à la suite de l'accroissement des charges publiques dû à la guerre, les Contributions indirectes doivent assimiler de nombreux impôts indirects nouveaux et connaissent une forte augmentation des tarifs. La fin du XIXe siècle et le début du XXe siècle, période de plus-values budgétaires, encourage une politique de dégrèvements et de suppressions de taxes. À partir de la Première Guerre mondiale, les impôts indirects permettent de faire face aux besoins financiers : les tarifs des taxes existantes sont augmentés, des taxes nouvelles sont créées dont la taxe sur le chiffre d'affaires.

DES TRAVAUX À LA FOIS TRÈS HOMOGÈNES ET NETTEMENT DIFFÉRENCIÉS

Les travaux de chacune de ces trois régies financières sont à la fois très homogènes et nettement différenciés.

Contributions directes

L'administration des Contributions directes assoit l'impôt direct qui repose essentiellement sur le foncier.

Les contributions directes comprennent quatre contributions principales, les *quatre vieilles*, datant respectivement des 23 novembre-1er décembre 1790, 13 janvier-18 février 1791, 2-17 mars 1791, 24 novembre 1798 : contribution foncière, contribution personnelle et mobilière, contribution des patentes, contribution des portes et fenêtres, supprimée en 1925. Ces contributions étaient instituées et perçues pour le compte de l'État avant 1917, il s'y ajoutait des centimes servant à alimenter les budgets des communes et des départements.

La loi du 31 juillet 1917 instaurant les impôts cédulaires sur les revenus (après la mise en place de l'impôt général sur le revenu par la loi du 15 juillet 1914) supprime (art. 1) comme impôts d'État les quatre contributions, excepté la contribution foncière des propriétés bâties et la contribution foncière des propriétés non bâties qui constituent des cédules du nouveau système fiscal.

Cependant, l'article 44 de la même loi dispose que les centimes départementaux et communaux continuent d'être provisoirement perçus d'après les règles précédemment en vigueur et il faut alors toujours mettre les *principaux* au courant des changements survenus dans la matière imposable afin que les impositions locales puissent, comme avant, être calculées sur ces *principaux* devenus fictifs (ce système a été élaboré pour la première fois lorsque l'impôt foncier des propriétés bâties, qui était de répartition, a été transformé en impôt de quotité, par la loi du 8 août 1890, et ensuite lorsque la loi du 29 mars 1914 fit de l'impôt sur les propriétés non bâties, auparavant de répartition, un impôt de quotité). « Cette façon de calculer l'impôt local sur une base périmée l'empêche de suivre les mouvements de la matière imposable et conduit aux pires complications dans la pratique »[5].

Impôt réel et personnel, la contribution foncière des propriétés bâties frappe les revenus des immeubles bâtis ou considérés tels par la loi, dans la personne du propriétaire apparent. L'impôt est établi sur la valeur locative nette (loi du 8 août 1885), fixée pour une durée de 10 ans à la suite d'évaluations périodiques.

La contribution foncière des propriétés non bâties frappe les revenus produits par les terres et terrains de toute nature. L'impôt est basé sur la valeur locative réelle des propriétés (qui n'est pas le produit net de la terre. Ce produit net de la terre se compose de deux éléments : le premier élément, la rente foncière, ou valeur locative, est seul frappé par la contribution, le second, les revenus du travail de l'exploitant et des capitaux engagés dans l'exploitation agricole, est atteint par l'impôt cédulaire sur les bénéfices de l'exploitation agricole). La détermination de la valeur locative est en principe l'œuvre du Cadastre. Ce travail comporte deux séries d'opérations : des opérations d'art, qui sont stables, et des opérations d'expertise, faites pour une période de 20 ans sauf révisions exceptionnelles.

Ce n'est qu'en 1948 (décret du 9 décembre 1948 créant l'impôt sur les personnes physiques) que les revenus fonciers sont imposés de la même façon qu'actuellement (revenus bruts moins les frais et les charges) et que le système mis en place à la Révolution, fondé sur des données objectives (la valeur locative), est aboli.

La contribution mobilière, impôt de répartition, ancienne contribution personnelle mobilière, a pour but de faire participer les particuliers aux charges publiques des départements et communes en raison de l'étendue et de l'importance de leur habitation. Si ce caractère légal de taxe sur les loyers ne se présente que dans les villes dites recensées (communes de plus de 5 000 habitants), dans les communes rurales, la contribution est plutôt basée sur la fortune manifestée par les moyens d'existence de la personne. De façon générale, l'impôt évolue en prenant peu à peu en considération les facultés individuelles des contribuables (personnes à charge). La taxe est établie dans chaque commune par une commission de contribuables, les répartiteurs, choisis par le préfet sur une liste de proposition dressée par le conseil municipal. La commission est assistée du contrôleur des Contributions directes qui, dans les communes rurales, appelle les noms et bases d'imposition déjà inscrits sur un

---

5. Edgard Allix, *Traité élémentaire de science des finances et de législation financière française*, Paris, Rousseau, 1931, p. 1019.

état commun à diverses autres taxes et opère les radiations, inscriptions et modifications utiles. Dans les communes recensées, il procède chaque année à un recensement des contribuables.

Adaptation des droits qui, sous l'Ancien Régime, frappaient le commerce et l'industrie, la patente atteint tout individu exerçant en France, de façon habituelle, professionnelle, un commerce, une industrie. La patente est fixée au moyen d'un tarif, le tarif des patentes, document comportant la classification des professions passibles de la contribution des patentes, les exonérations et les éléments nécessaires au calcul des droits. La nécessité de prendre en considération un certain nombre d'éléments divers pour arbitrer le revenu professionnel donne à ce tarif un aspect très compliqué. Le tarif comprend deux divisions, le droit fixe (faisant l'objet des tableaux A, B, C) et le droit proportionnel (faisant l'objet du tableau D). Il inclut les abattements pratiqués sur la base d'imposition, le ou les taux applicables et les majorations ou minorations d'impôt. Le tarif tient compte de la nature et des conditions d'exercice de la profession, du chiffre de la population où s'exerce la profession, du nombre des éléments utilisés (ouvriers, machines, etc.), de la valeur locative de l'habitation du patentable et des locaux professionnels.

Les revenus des contribuables sont soumis aux impôts cédulaires. Ils sont classés dans différentes catégories ou cédules, suivant qu'ils proviennent de la possession d'immeubles, de valeurs mobilières, de l'exploitation d'une entreprise agricole, commerciale ou industrielle, de l'exercice d'une profession salariée ou libérale. Dans chaque cédule, les revenus sont frappés d'un impôt proportionnel. Un impôt complémentaire, l'impôt général sur le revenu, progressif, atteint une deuxième fois les divers revenus nets déjà soumis à l'impôt cédulaire, après les avoir additionnés. Cette imposition, à la fois proportionnelle et progressive des revenus, sera remplacée par une imposition unitaire, progressive, par la loi du 28 décembre 1959 qui instaure l'impôt sur le revenu des personnes physiques (IRPP).

Il existe également des taxes assimilées aux contributions directes, perçues aussi au moyen de rôles nominatifs, mais qui diffèrent des contributions directes en ce sens qu'elles sont d'une portée restreinte et ne visent que des éléments spéciaux : taxe des biens de mainmorte, contribution sur les voitures, chevaux, mules et mulets, taxe sur les sociétés, cercles et lieux de réunions, taxe sur les gardes-chasses, taxe des prestations, taxe sur les chiens, taxes de remplacement des droits d'octroi, taxes municipales que la loi du 13 août 1926 autorise les communes à établir, contribution pour frais de bourses et chambres de commerce. Ces impôts, tous de quotité, sont soit levés au profit des départements, communes (taxe sur les chiens, prestations), soit perçus pour le compte de l'Etat (certaines taxes somptuaires : sur les chevaux et voitures, sur les cercles et lieux de réunion).

L'administration des Contributions directes s'occupe principalement de recenser des immeubles (accessoirement des moyens de production et de transport) pour leur assigner un revenu ou une valeur locative forfaitaires.

Contributions indirectes

Les Contributions indirectes recensent, elles, des marchandises bien déterminées (céréales, sucre, boissons, alcools) ; son personnel perçoit les droits intérieurs sur ces marchandises, sur divers objets et services, il vend aussi certains produits monopolisés tels que les tabacs ou bien les allumettes, les poudres et salpêtres.

Perçue pour la plus grande partie par les Contributions indirectes, mais recouvrée également, dans une moindre mesure par l'Enregistrement (à l'origine, en vertu du règlement du 24 juillet 1920, l'Enregistrement avait les attributions les plus importantes mais ce régime a été modifié par le décret du 23 mai 1925) et les Douanes, la taxe sur le chiffre d'affaires est une création de la loi du 25 juin 1920. Elle est destinée essentiellement à combler le déficit causé par les charges de la Première Guerre mondiale. C'est, dira-t-on, « le plus formidable de nos impôts », la « bête de somme de nos budgets » à cause de l'importance de son rendement.

La taxe sur le chiffre d'affaires a pour origine la taxe sur les paiements et la taxe de luxe instituées par la loi du 31 décembre 1917 et qu'elle a remplacées. La taxe sur les paiements se subdivisait en deux taxes : taxe sur les paiements civils (frappant les écrits constatant des paiements ou versements de sommes, soit à des non-commerçants, soit à des commerçants), taxe sur les paiements commerciaux (atteignant les paiements pour la vente au détail ou à la consommation d'objets dépassant 150 francs).

Si la loi du 25 juin 1920 a conservé la taxe de luxe destinée à frapper les dépenses somptuaires (dépenses portant sur certains objets, dépenses faites, pour le logement, la nourriture et la boisson dans les établissements de luxe), en l'incorporant dans les cadres de la taxe sur le chiffre d'affaires, en faisant ainsi une taxe sur le chiffre d'affaires perçue à un taux plus élevé, son innovation a consisté à transformer l'ancienne taxe sur les paiements commerciaux. Cette dernière était une taxe sur la dépense de consommation, à la charge de l'acheteur ; elle est devenue une taxe sur le chiffre d'affaires, due par le vendeur, qui atteint la généralité des ventes d'objets ou de marchandises (vente en gros ou au détail), faites à des particuliers ou à des commerçants, ainsi que la fourniture de services. La taxe sur le chiffre d'affaires est destinée à peser sur les consommateurs, les redevables pouvant majorer de son montant le prix de vente de leurs marchandises ou de leurs services.

La taxe sur le chiffre d'affaires frappe les transactions commerciales, y compris les prestations de services, à tous les stades du circuit de production et de commercialisation, et non plus au seul stade final de mise à la consommation comme la taxe sur les paiements. Elle a un caractère cumulatif ou à cascade, ce qui fait sa spécificité. Pour remédier aux inconvénients résultant de cette perception en cascade sont créées à partir de 1925, pour certains produits, en remplacement de la taxe sur le chiffre d'affaires, des taxes uniques (sur le charbon, les engrais, les thés, les cafés, les sucres, les vins, les alcools, etc.) perçues en une seule fois à un stade particulier du circuit économique. Ce régime mixte (taxe sur le chiffre d'affaires, taxes uniques : coexistent avec la taxe sur le chiffre d'affaires une quarantaine de taxes uniques à des taux divers) est modifié par la loi du 31 décembre 1936 qui le remplace par une taxe unique globale à la production se subdivisant en réalité en taxe à la production (dont le régime est modifié par le décret du 25 septembre 1948 : le régime suspensif de la taxe est remplacé par un régime de paiements fractionnés) et en taxe sur les prestations de service. Puis, après l'instauration d'une taxe d'armement en 1939, devenue taxe sur les transactions en 1940, d'une taxe locale, d'abord facultative en 1941, obligatoire en 1948, et un retour limité aux taxes uniques à partir de 1951, la loi du 10 avril 1954 donne naissance à la TVA.

Alors que les impôts directs s'appliquent à des situations stables constatables à intervalles réguliers (grâce à la déclaration des revenus pour l'impôt sur les revenus), et consignées dans des matrices générales dont les rôles annuels d'impôts directs sont la copie rendue exécutoire, les faits générateurs de l'impôt indirect, faits transitoires et mobiles, ne peuvent pas être constatés à date fixe. Ainsi, les contribuables sont-ils obligés de faire des déclarations chaque fois que se produit un fait imposable (une marchandise taxée à la consommation ne peut être mise en mouvement sans déclaration ; si elle est taxée à la fabrication, les diverses étapes de la fabrication donnent aussi lieu à des déclarations).

Les Contributions indirectes ont donc, avant de procéder à la perception des droits, un rôle de surveillance : surveillance des déclarations exigées, de leur sincérité. Cette surveillance permet soit de déterminer l'assiette des droits et de les percevoir, soit de garantir leur paiement à venir ou de contrôler le paiement déjà fait. Elle a lieu de deux façons suivant que la marchandise stationne (dans les lieux de production, les magasins des entrepositaires, etc.) ou est en mouvement.

La surveillance des lieux où la marchandise stationne se fait au moyen de l'exercice. L'exercice est une surveillance régulière, constante ou périodique, faite à domicile par les agents de la Régie qui se rendent chez les divers fabricants ou négociants de matières soumises aux droits. L'administration des Contributions indirectes dispose ainsi, pour la recherche des infractions, d'un droit de visite des locaux professionnels ou commerciaux des assujettis (fabricants de boissons, marchands en gros, entrepreneurs de spectacles, maisons de tolérance, etc.). L'exercice donne ouverture à des comptes au nom des assujettis sur des carnets spéciaux de l'administration appelés « portatifs ». Ces comptes relatent tous les mouvements des matières soumises aux droits (chez un négociant de boissons en gros, toutes les entrées en magasin sont l'objet d'une prise en charge dans le « compte de gros »).

La surveillance des marchandises en mouvement s'effectue au moyen des formalités de circulation : toute marchandise soumise aux droits exige en principe un titre de mouvement délivré par la Régie et comportant ou garantissant le paiement de l'impôt : congé, pièce constatant que le paiement des droits a eu lieu, passavant ou laissez-passer, lorsque les objets dont la consommation est taxée circulent dans des conditions comportant la franchise, acquit-à-caution, destiné à accompagner les marchandises adressées aux négociants auxquels la loi, pour faciliter leurs opérations, a accordé le crédit des droits.

Enregistrement

Quant à la régie de l'Enregistrement, elle analyse et relève les dispositions des actes qui lui sont soumis. Les receveurs de l'Enregistrement qui « opèrent sans se déplacer, attendant à leur bureau les personnes qui doivent s'y présenter pour déclarer les mutations de propriété ou faire enregistrer les actes qui les intéressent »[6] analysent les actes présentés ou résument les déclarations sur des registres appelés « registres de formalités ».

Ils peuvent aussi rechercher les redevables qui veulent se soustraire aux déclarations et à l'enregistrement pour échapper au paiement des droits. Pour cela, ils consignent sur des « sommiers » les renseignements qui peuvent ultérieurement motiver la perception de droits ou amendes, tiennent à jour une « table des décès », une « table des baux », un « répertoire général » (dans ce répertoire, chaque contribuable a un compte ouvert, alimenté par les déclarations faites au receveur et les renseignements recueillis auprès d'autres receveurs ou des agents des autres régies).

Les impôts assis et perçus par l'Enregistrement comprennent : les droits de timbre ; les droits d'enregistrement proprement dits, auxquels on peut joindre les droits sur les instances judiciaires et les formalités hypothécaires et qui se subdivisent en droits d'actes et droits de mutation ; l'impôt sur le revenu des capitaux mobiliers, les autres droits sur les valeurs mobilières et les opérations de bourse, des taxes particulières sur les biens de mainmorte ; la taxe sur le chiffre d'affaires en ce qui concerne les « commerces de l'argent » (banques, etc.). L'Enregistrement perçoit aussi les produits du domaine de l'État.

Alors que les Contributions directes imposent les « facultés », la situation de fortune des contribuables, l'Enregistrement impose la circulation des biens et les écrits auxquels elle donne lieu. Pourtant, depuis l'institution de l'impôt sur le revenu des valeurs mobilières (loi du 29 juin 1872) et, surtout, depuis l'évolution

6. Edgard Allix, *Traité élémentaire…*, *op. cit.*, p. 278.

des droits de succession, simples droits de mutation devenus peu à peu un véritable impôt sur le capital, les attributions fiscales de l'Enregistrement se distinguent moins nettement de celles des Contributions directes. L'Enregistrement participe en effet à la perception des impôts directs sur la fortune (ceux qui ne comportent pas l'établissement de rôles nominatifs).

L'ÉVOLUTION DU SYSTÈME FISCAL

Dans le cadre d'un tel système fiscal, l'impôt repose sur des faits matériels ou juridiques, sur des valeurs ou des revenus évalués et les administrations fiscales, bien indépendantes les unes des autres, ne prennent en compte que des éléments particuliers sans qu'il existe de relations entre les différentes bases d'assiette retenues par leurs services.

Cependant, le développement des droits proportionnels sur les mutations, la création de l'impôt sur le revenu des valeurs mobilières (1872), la réforme des droits de succession (1901, 1917), la naissance des impôts sur les revenus (1914 et 1917), des taxes sur le chiffre d'affaires (1920) entraînent des transformations dans les tâches des régies financières appelées dès lors à prendre en considération des situations d'ensemble (fortune globale, revenu global, chiffre d'affaires global), réelles, déterminées au vu d'indications comptables ; des liens apparaissent entre les principaux impôts établis par les différentes régies, impôts qui peuvent parfois avoir des bases communes. Dans ces conditions, les travaux des régies ont tendance à perdre de leur spécificité[7] ; ces dernières sont appelées à collaborer entre elles, à échanger des renseignements, à fusionner, comme le font, en 1926, les Contributions directes et l'Enregistrement.

Les extraits reproduits dans ce chapitre commencent à la fin des années vingt, à une période où les trois régies financières tentent de modifier leurs anciennes habitudes de travail pour suivre l'évolution d'une fiscalité qui passe d'un système d'impôts analytiques (dans lequel l'impôt s'attache à des faits isolés) à un système d'impôts synthétiques (impôts s'appuyant sur une connaissance de l'ensemble de l'activité du contribuable : impôts sur les revenus, taxes sur le chiffre d'affaires). À cette époque, le système fiscal instauré à la Révolution est remplacé par une fiscalité moderne.

---

7. « Non seulement la délimitation théorique entre les attributions de l'Enregistrement et celles des Contributions directes s'atténue de plus en plus ; ces deux services sont maintenant impuissants à fonctionner l'un sans l'autre ; autrefois, pour taxer des portes et fenêtres ou des valeurs locatives, le contrôleur des Contributions directes n'avait pas besoin des lumières de son collègue de l'Enregistrement. Aujourd'hui, les principaux éléments de contrôle d'une déclaration d'impôt sur le revenu, reçue par les Contributions directes, se trouvent à l'Enregistrement, dans les déclarations de succession, les baux, les actes de vente, etc., et inversement, les déclarations de succession trouvent leur contrôle normal dans les déclarations de revenus » : E. Allix, *Traité élémentaire..., op. cit.*, p. 282.

« Il est certain que, si nous pouvions faire table rase du passé et s'il s'agissait d'organiser sur des bases entièrement neuves nos services fiscaux en les adaptant à la division et aux caractères de nos impôts actuels, cette organisation serait très différente de celle qui a fonctionné jusqu'ici et qui répondait si admirablement à la nature de notre ancienne fiscalité » fait justement remarquer Edgard Allix[8].

Ainsi, les agents des Contributions directes doivent-ils, tout en continuant à asseoir les « quatre vieilles », devenues impôts locaux en 1917, accomplir un travail sensiblement différent : établir et contrôler les impôts sur les revenus ce qui signifie adopter de nouvelles techniques. Ils restent, face à ce dédoublement des tâches, fortement attachés aux traditionnelles méthodes de travail comme le témoigne l'importance accordée à la « tournée », « une activité importante, agréable et ne manquant pas d'attraits » (A. May) ; ils privilégient alors la constatation sur place des modifications apportées à la base imposable en matière de fiscalité locale au détriment, parfois, des nécessaires opérations de contrôle liées aux nouveaux impôts.

En ce qui concerne les travaux de confection des rôles, ils sont réalisés dans les directions départementales par le service des rôles qui a dû se moderniser avec la création de l'impôt sur le revenu dont le recouvrement a souffert, à ses débuts, de façons de faire inadaptées. Ce service reste un « service phare » selon Lucien Perreault : « En effet, les impôts directs faisaient essentiellement l'objet de rôles établis à la direction à partir des documents d'assiette envoyés par les inspections ou le Cadastre : ces rôles étaient ensuite homologués par le directeur pour mise en recouvrement et déposés à la trésorerie générale, avec les avertissements destinés aux contribuables, pour enregistrement et transmission aux percepteurs ». C'est « le service le plus important de la direction » (G. Fontan).

Les tâches matérielles sont toujours confiées à des expéditionnaires travaillant à domicile payés à l'article : « Ces travaux sont exécutés par plus de mille six cents expéditionnaires (en sus des huit cents autres employés par ailleurs aux bulletins de salaires) [...] rétribués à la tâche. Ces emplois temporaires sont très demandés, car la plupart des travaux sont simples. [...] Cette organisation donne à la direction une puissance de travail et une mobilité d'emploi exceptionnelle. Ces expéditionnaires ont des profils très différents » (G. Guicherd). « La confection des rôles et avertissements nécessite l'emploi de très nombreux expéditionnaires. Il faut apprécier leurs compétences pour répartir les travaux variés et plus ou moins difficiles. La rémunération, calculée uniquement à la tâche résulte de l'application de tarifs établis par l'administration centrale. [...] L'emploi d'expéditionnaires n'a survécu pendant quelques années que pour de menus travaux avant sa disparition totale liée à l'implantation de terminaux et

8. *Ibid.*, p. 282.

imprimantes dans les différents services et notamment au centre départemental d'assiette ayant dans ses attributions celles dévolues antérieurement au service des rôles. [...] Plusieurs personnes âgées titulaires de maigres retraites retiraient des travaux d'expédition une part non négligeable de leurs moyens d'existence » (J. Ayméric). Les expéditionnaires sont « taxateurs » et peuvent devenir, « durant une autre partie de l'année applicateurs, chargés d'appliquer sur les documents administratifs les modifications intervenues, au cours de l'année, dans les propriétés des assujettis » (M. Jobez).

Dans les Contributions indirectes, l'apparition de la taxe sur le chiffre d'affaires implique un changement profond dans les modes d'action de cette administration dont les agents continuent néanmoins à privilégier souvent le contrôle et la perception des anciens droits indirects.

Les services de l'Enregistrement, qui recouvrent déjà en plus de leurs attributions traditionnelles l'impôt cédulaire sur le revenu des valeurs mobilières, ont à assimiler les impôts directs après la fusion avec les Contributions directes.

Si l'idée d'une fusion entre ces deux administrations apparaît au milieu du XIXe siècle (l'idée semble avoir été émise pour la première fois en 1841 au cours de l'enquête sur la réforme du régime hypothécaire, et reparaît en 1886 à la commission du budget de la Chambre des députés), c'est l'instauration de l'impôt sur le revenu qui lui permet de se concrétiser. En effet, la fusion a pour but, entre autres, de faciliter la vérification de la sincérité des déclarations de revenus à partir des données patrimoniales détenues par l'Enregistrement.

« Chargés de 1927 à 1934 de l'assiette et du contrôle des contributions directes, [...] les enregistreurs s'étaient, semble-t-il, bien adaptés, en dépit de deux administrations qui semblaient s'ignorer » (d'après le témoignage d'Antoine Duchet). Ceci peut s'expliquer par le fait que, en général, le niveau de formation des enregistreurs, auxquels, remarquons-le, fut aussi confiée un temps la toute récente taxe sur le chiffre d'affaires, était plutôt plus élevé que celui des agents des Directes (ils sont licenciés en droit depuis les années trente). Soulignons aussi que le personnel de l'Enregistrement a soutenu, dès les années vingt, le projet de fusion[9]. Ses journaux syndicaux sont d'ailleurs assez clairs à ce sujet : « Depuis sept années nous soutenons le principe de la fusion : nous l'avons défendu devant les parlementaires, devant la fédération des fonctionnaires et aucun argument n'a pu lui être objecté »[10].

---

9. Frédéric Tristram, *La direction générale des Contributions directes 1917-1948,* mémoire de DEA, 1994, p. 50.

10. *L'Enregistreur*, n° 687, 13 août 1926.

LE PARTICULARISME DES RÉGIES

Il n'en demeure pas moins que le particularisme des régies reste très marqué, jusqu'en 1948 et bien au-delà. Les auteurs ne manquent pas de le rappeler.

Robert Augiron observe ainsi, dans les années cinquante, « une mentalité et des comportements particuliers » dans les différents services financiers ; Louis Traissac parle de « trois régies indépendantes » et Jean Vannier-Moreau dépeint les enregistreurs, « s'estimant, en toute modestie et bien entendu non sans raison, dotés d'une formation et de fonctions réservées à une élite intellectuelle, leurs bons collègues des Contributions directes retirant un certain complexe de supériorité de leur faculté de pouvoir en hommes d'action taxer souverainement le contribuable désarmé, les agents des Contributions indirectes, bénéficiant d'une bienveillante condescendance de la part de leurs délicats camarades ». René Fiol évoque « les classes de la Révolution » pour reprendre ce qui se disait dans les services où les trois régies étaient comparées aux trois ordres de l'Ancien Régime : l'Enregistrement était le clergé, les Directes représentaient la noblesse et les Indirectes le tiers état. Henri Souque fait la différence entre les enregistreurs, « fils de notables et anciens élèves de l'enseignement privé, ceux des Directes, fils de petits boutiquiers, tirant un grand orgueil de leur réussite, et ceux des Indirectes, dont l'origine était populaire, fils de petits fonctionnaires, parfois de paysans ».

À l'extérieur, les trois administrations financières jouissent chacune d'une considération particulière : « On plaçait au premier rang de l'échelle l'Enregistrement, pépinière de savants juristes. Ensuite, venait l'administration des Contributions directes qui, au lieu de faire du travail d'analyse juridique, allait sur le terrain recenser les éléments imposables, compter les portes et fenêtres, suivre le mouvement des constructions nouvelles, évaluer les valeurs locatives, tenir à jour la liste des assujettis à la patente, etc. Enfin, au plus bas de l'échelon, était reléguée la régie des Contributions indirectes, dont les agents, désignés sous le sobriquet de " rats de cave " étaient, disait-on, confinés dans la tâche peu reluisante de compter des bouteilles, de marquer les futailles et de prendre en charge sur leur portatif des existants chez les marchands de boissons en gros et dans les cabarets »[11].

Aux lendemains de la fusion, dans les années cinquante, la régie qui semble avoir les faveurs de la nouvelle direction générale des Impôts est celle des Contributions directes (les impôts dont elle établit l'assiette et qu'elle contrôle : impôt sur le revenu des personnes physiques, impôt sur les sociétés, revêtent une certaine importance. La première tentative de fusion, en 1926, n'a-t-elle pas eu

---

11. E. Allix et M. Lecerclé, *Les droits d'Enregistrement*, Introduction, p. IX, Paris, A. Rousseau, 1933.

lieu pour renforcer les Contributions directes qui devaient faire face à un surcroît de travail occasionné par l'impôt sur les revenus ?).

Selon les rumeurs qui circulent à la récente École nationale des Impôts en 1952 sur la réputation des trois régies, « la régie la plus moderne était celle des Directes ; l'Enregistrement, elle, avait un air notarial trop guindé ; quant aux gens des Indirectes, ils n'étaient que des " rats de cave ". Ces jugements sommaires ne surprendront personne tant ils imprégnaient la culture " maison ". Ils persisteront longtemps chez nombre d'agents, y compris à des niveaux de responsabilité importante, et même au-delà de la fusion »[12]. Cette hiérarchie implicite n'est pas sans rappeler celle qui s'établira plus tard à l'ENI entre les spécialités de « fiscalité des entreprises » (FE), « fiscalité personnelle » (FP), « fiscalité immobilière » (FI) et « recouvrement ».

LES MÉTHODES DE TRAVAIL

Les méthodes de travail varient d'une administration à l'autre puisque les matières ne sont pas les mêmes.

Marie-Louise Graux montre que ce qui différencie l'Enregistrement des Directes, « c'est l'approche du public. Dans l'Enregistrement, nous avions surtout le contact avec les clercs de notaires et d'huissiers, dans les Contributions directes, nous recevions des contribuables mécontents de leur impôt, c'est un contact humain fatiguant mais aussi enrichissant ». Comparant sa régie des Indirectes avec les autres, Louis Filliette constate : « Contrairement à la nôtre, les deux autres régies étaient depuis longtemps considérées par le public comme des administrations " nobles ". [...] Nos relations avec le public se ressentaient parfois du mépris relatif qu'avait entraîné la nature de nos fonctions : comment les redevables auraient-ils pu mettre sur le même pied le gaillard qui enfonçait une jauge dans un tonneau et le monsieur tiré à quatre épingles qui, ne sortant guère de son bureau, avait, avec le notaire, de délicats entretiens ? » Il observe néanmoins que « l'apparition d'un impôt nouveau qui allait prendre un rang exceptionnel dans la fiscalité moderne, la taxe sur le chiffre d'affaires », rehausse le prestige de son administration qui se réorganise, exigeant « un personnel dont la compétence soit en rapport » avec la complexité croissante de cet impôt, et dont les conditions d'accès aux concours s'uniformisent avec les autres régies, premier pas vers une fusion.

Pourtant, des années après cette dernière, Marcel Audurier, chef de centre originaire des Contributions directes, se fait encore une certaine image des Contributions indirectes : « Ce monde-là m'est tout à fait étranger et se pare d'un solide pragmatisme offensif très éloigné des habitudes plus feutrées de l'Enregistrement et même des Directes ». Si « la partie chiffre d'affaires » ne lui

12. Tiré du témoignage de Louis Menuet publié dans *Études et documents*, n° XII, 2000, Comité pour l'histoire économique et financière de la France, p. 234.

« crée point de problème », « tout le reste », qui fait toujours la spécificité des « Indirectes », « l'effraie : alcools, vins et spiritueux, débits de tabac, spectacles et bals, [...] laissez-passer et acquits ».

Les services des anciennes régies revivent à travers les témoignages des auteurs.

LES SERVICES DE L'ENREGISTREMENT

Relèvent de l'Enregistrement les Hypothèques qu'évoque Jean Charier.

Il présente le conservateur, recruté parmi les agents des cadres supérieur et principal, chargé d'assurer la publicité prévue par le Code civil en matière hypothécaire, et de la perception des droits dus au Trésor sur les formalités de transcription et d'inscription.

« En 1910, c'est le conservateur qui recrutait et payait son personnel. [...] C'était un personnage, presque l'égal du sous-préfet. [...] Bref, une personnalité ». Le conservateur est secondé dans sa tâche par des commis titulaires recrutés sur concours et par des auxiliaires. Quelques conservations peu importantes sont fusionnées avec des bureaux d'enregistrement et les agents qui gèrent de tels bureaux ont le titre de receveurs-conservateurs. « La double fonction, receveur-conservateur, est contradictoire, fait observer Jean Charier, le receveur ne devant communiquer aucun des renseignements contenus sur les actes qu'il enregistre, le conservateur ayant au contraire pour charge essentielle de faire connaître aux requérants tout ce qui concerne le patrimoine immobilier ».

Georgette Fontan a travaillé dans une conservation des Hypothèques, « un univers en petit, une chasse gardée, un service qui ne connaît pas de changements comme les Contributions directes ». Effectivement, dans les années quatre-vingt, les Hypothèques fonctionnent toujours, pour l'essentiel, comme autrefois.

D'autres auteurs sont affectés dans un bureau d'enregistrement. Il existait en effet dans tous les chefs-lieux de canton importants un bureau d'enregistrement géré par un receveur-contrôleur (dans les villes, les attributions sont partagées entre plusieurs bureaux).

Le receveur-contrôleur, à la fois agent d'assiette et de recouvrement, est chargé de donner la formalité aux actes et déclarations, de percevoir les droits, d'encaisser les produits et revenus domaniaux, de débiter le timbre ; il contrôle également la matière imposable, poursuit la fraude, en tant qu'agent d'assiette, travail confié à un contrôleur, s'il y en a un attaché à son bureau.

Au-dessus d'une certaine catégorie, les bureaux d'enregistrement comportent la collaboration de commis, dames-commis, titulaires et, la plupart d'entre eux, celle de commis auxiliaires.

Quelques auteurs sont nommés en direction en tant que rédacteurs. Les receveurs-rédacteurs sont en général sélectionnés par un examen et suivent les affaires contentieuses et domaniales, missions domaniales qui sont aussi mentionnées dans les extraits reproduits.

Les agents du Domaine sont alors amenés à intervenir dans les cas d'expropriation pour cause d'utilité publique exerçant le « métier d'évaluateur » (N. Batiat), une « science qui n'est pas exacte et qui requiert beaucoup d'observation et de bon sens » (R. Augiron) ; elle peut être mise en œuvre dans des conditions « très spéciales » (témoignage d'A. Bihry). Ce service des Domaines, qui « inspire moins de crainte auprès des foules et a un petit air vieillot » (F. Ferret), représente « le fleuron de l'Enregistrement » d'après Henri Souque qui apprécie ce métier « par contraste avec ceux des Impôts parce qu'au lieu de réclamer de l'argent, j'en offrais ».

À la Libération, « parmi les attributions juridiques du service des Domaines, figuraient la gestion et la liquidation au profit de l'État des biens mis sous séquestres, biens ennemis pour la plupart » (M. Mousset), il faut y ajouter la gestion et l'aliénation des biens confisqués par les cours de justice (extrait de Jean-Paul Massaloux).

LES SERVICES DES CONTRIBUTIONS DIRECTES

Dans les Contributions directes, « le contrôleur est la cheville ouvrière de l'Administration, c'est à lui qu'incombe la lourde tâche d'asseoir et de contrôler les impôts directs. C'est sur lui que repose en définitive, dans une circonscription déterminée, la responsabilité de la bonne marche du service. C'est lui seul qui est en contact direct avec le contribuable »[13].

Travaillant soit au bureau, soit au cours de tournées dans les diverses communes de sa circonscription, il établit les bases de l'impôt, inscrites sur des matrices, la taxation, la détermination de la somme à payer par le contribuable, étant faite ultérieurement dans les bureaux de la direction (service des rôles) ; en outre, le contrôleur fournit son avis sur les affaires contentieuses de son ressort.

Le métier de contrôleur des Contributions directes est assimilé à une « magistrature fiscale » par Jean Bône, ce qui lui confère « un certain panache ».

Le contrôleur, qui évolue dans une division de contrôle, échelon de base de son action administrative, est secondé par un commis[14] ou/et une « dame-

13. Jean Castagnez, *La fusion des Contributions directes et de l'Enregistrement*, chapitre II, Paris, A. Pedone, 1928.

14. Depuis la création, en 1937, d'un cadre de commis de contrôle : à partir de 1930, le Syndicat national des agents des Contributions directes demandait la création, à l'exemple des autres régies financières, d'un cadre de commis de contrôle afin que le contrôleur devienne un véritable chef de service, puisse effectuer davantage d'opérations de contrôle, le commis réalisant à sa place un certain nombre de tâches matérielles.

employée »[15] et des auxiliaires (« Les agents d'exécution, groupés par services, étaient qualifiés d'employés auxiliaires », M. Jobez). Les tâches confiées aux auxiliaires, tâches d'expédition et de classement, sont décrites par Huguette Beaunieux (elle deviendra plus tard contrôleur, nouvelle appellation pour commis), celles confiées aux commis par Marie-Louise Graux et Paul Bretxa.

Ce dernier a connu l'époque, fin 1946, à laquelle « le contrôle central est devenu inspection centrale, les contrôleurs et contrôleurs principaux sont devenus inspecteurs et inspecteurs centraux. Les commis sont restés commis : plus tard, ils deviendront, et je deviendrai, contrôleurs ».

Henri Gibot décrit une inspection des Contributions directes dans les années cinquante, ses rencontres avec les contribuables qu'il reçoit, surtout à l'occasion de « la campagne forfaitaire », conjointement avec le contrôleur : « Le nombre de discussions qu'il fallait mener à bien, dans un temps limité, exigeait la participation conjointe et active de l'inspecteur et du contrôleur ». Contrôleur, Paul Le Pivert effectue, dans un contrôle rural, « certains travaux incombant spécialement aux inspecteurs ou relevant de leur compétence ».

Les services de direction sont mentionnés dans les témoignages recueillis (Jean Ayméric ; Jacques Meunier qui présente les activités de la direction de la documentation fiscale dans les années soixante, soixante-dix).

Enfin, le rôle du Cadastre, des années trente aux années soixante-dix, est précisé par les différents auteurs ayant fait leur carrière dans ce service : travaux de mise à jour du plan cadastral, faisant appel à des techniques très spécifiques, évaluation des propriétés foncières concourant à l'assiette de l'impôt.

LES SERVICES DES CONTRIBUTIONS INDIRECTES

Le travail, dans les Contributions indirectes est « très diversifié. [...] Un agent est disponible 24 heures sur 24 » (A. Seeten).

Les contrôleurs, avec l'aide des commis, surveillent la circulation des marchandises imposables, exercent les contribuables, contrôlent les déclarations des redevables de la taxe sur le chiffre d'affaires, tiennent les écritures. Les commis sont particulièrement affectés à la surveillance des établissements industriels.

Bien que la pratique courante confonde, en matière de contributions indirectes, l'assiette et le recouvrement, à l'inverse de ce qui existe en matière de contributions directes où assiette et recouvrement, entièrement distincts, sont confiés à des catégories d'agents complètement différentes, il existe, dans les Contributions indirectes, des agents comptables et d'autres qui ne le sont pas.

---

15. Voir note n° 3 de l'introduction au chapitre IV, *Cadre principal, dame-employée.*

Forment le personnel non comptable : les directeurs, inspecteurs, contrôleurs principaux rédacteurs, contrôleurs, commis, dames-employées. Font partie du personnel comptable : les receveurs principaux, receveurs principaux entreposeurs (qui centralisent les opérations de comptabilité des divers receveurs de leur circonscription, sont chargés du service du matériel, ont, en outre, la gestion des entrepôts des tabacs et des poudres à feu, sauf dans les grandes villes où il y a des entreposeurs spéciaux, exercent aussi, parfois, les fonctions de receveur et de receveur-buraliste ; ils sont justiciables de la Cour des comptes), les entreposeurs spéciaux, les receveurs entreposeurs (qui recouvrent les droits constatés par suite d'exercice, centralisent les recettes faites pour le compte du Trésor par les receveurs-buralistes et remplissent les fonctions d'entreposeurs des tabacs et de poudres à feu), les receveurs sédentaires, les receveurs et receveurs-buralistes. Toutes ces missions apparaissent dans les extraits reproduits qui couvrent une période allant des années trente aux années soixante.

Un service des Contributions indirectes est aussi mentionné (il relève à présent de la direction générale des Douanes et Droits indirects, DGDDI) : la Garantie, désignant l'ensemble des formalités réglementaires et obligatoires auxquelles est assujetti, de par la loi, tout fabricant ou commerçant de matières d'or et d'argent pour chacun des objets qu'il travaille ou met en vente. L'organisation du contrôle des matières d'or et d'argent est déterminée par la loi du 19 brumaire an VI et l'ordonnance du 5 mai 1820. Aux fermiers qui percevaient les droits de garantie succéda l'administration de l'Enregistrement, remplacée elle-même, en vertu de la loi du 5 ventôse an XII, par la régie des Contributions indirectes, pour tout ce qui concerne la surveillance des bureaux de garantie, les dépenses du service et le recouvrement des droits.

LES SERVICES CENTRAUX

Les services centraux des trois anciennes régies sont accessibles par concours.

Jean Vannier-Moreau passe ainsi, en 1945, le concours de rédacteur principal à la direction générale de l'Enregistrement, direction générale dont il entendait parler « depuis des années avec le respect porté à des cimes inaccessibles peuplées d'êtres supérieurs ». Il subit « sept épreuves écrites, de sept heures de suite chacune, interrompues, il est vrai, le dimanche ».

Après la création de la direction générale des Impôts, Pierre Peter est détaché, dans les années cinquante, à la direction générale comme rédacteur, dans un bureau du service de la Législation, « par cooptation », comme Louis Menuet en 1962 : « pas de sélection officielle par voie de concours, sauf un entretien. Un système de recrutement fondé sur la cooptation »[16]. Dans les services centraux,

16. Extrait tiré de *Études et documents* n° XII, 2000, Comité pour l'histoire économique et financière de la France, p. 257.

le rédacteur « ne décide pas, les cadres naturels de l'administration centrale, issus de l'ENA y occupent en conséquence les postes hiérarchiques et constituent un groupe très distinct qui a, seul, l'optique assez large pour pouvoir juger de façon autorisée du fonctionnement d'ensemble de cette " grande maison ", les rédacteurs, au rôle essentiellement technique, n'en ayant que la vue très étroite des compétences très limitées qui leur sont dévolues » (C. Costes).

Thème parfois repris : la direction générale « paraît, aujourd'hui comme hier, aux agents d'exécution, surtout provinciaux, très lointaine et, avant tout, coupée des concrètes réalités quotidiennes » (R. Robin).

AFRIQUE DU NORD ET OUTRE-MER

Nombre d'agents ont fait leur carrière en Afrique du Nord, en particulier dans l'administration des Contributions diverses qui n'existait qu'en Algérie (elle sera plus tard intégrée dans les Contributions indirectes puis dans la DGI)[17] et dont les attributions recoupaient celles de la Comptabilité publique (recouvrement de l'impôt direct) et des Contributions indirectes.

André Kappès insiste sur cette administration, « mon administration fiscale », dont les receveurs recouvraient « tous les impôts progressivement créés en Algérie, sauf les droits d'enregistrement et de timbre. [...] Les receveurs des Diverses étaient pratiquement sur le terrain des comptables uniques ; ils cumulaient les fonctions confiées en métropole aux percepteurs (ils étaient comptables communaux comme ces derniers) et aux receveurs des Indirectes ».

Les Contributions diverses étaient divisées en deux branches : services de perception d'une part, services des impôts indirects et des taxes sur le chiffre d'affaires d'autre part. Ce sont ces derniers services qui sont présentés sous la dénomination Contributions indirectes dans les extraits reproduits.

L'assiette des impôts directs était confiée comme en métropole aux Contributions directes : André Malleck et Éric Martin décrivent ainsi des « tournées » dans le *djebel*. L'assiette et la perception des droits d'enregistrement étaient confiées à l'Enregistrement.

Certains témoignages se rapportent à l'Afrique noire (Afrique-équatoriale française, Afrique-occidentale française) : Raymond Gradelet décrit le service des Contributions directes au Cameroun, R. Werner en Côte-d'Ivoire et Pierre Gratianne effectue des vérifications de comptabilités en Haute-Volta.

Après l'indépendance des anciennes colonies, des auteurs ont travaillé en coopération avec les nouveaux États, en particulier l'Algérie.

---

17. Voir note n° 12 de l'introduction au chapitre IV et note n° 3 de l'introduction au chapitre II, *Contributions diverses*.

PENDANT LA GUERRE

Enfin, les principaux événements de la Seconde Guerre mondiale ou de la guerre d'Algérie ont été vécus par certains auteurs en activité dans les services des trois anciennes régies financières au moment où ils se sont produits : Jean Charier, Ginette Déhan, Jacques Gaspard racontent l'évacuation de leurs bureaux durant l'Exode, Lucien Séguy, Georges Guicherd, Louis Filliette, Jean Roger, Joseph Pinto évoquent leurs travaux sous l'Occupation, Marcel Mousset a failli être fusillé par les Allemands, Louis Traissac, Paul Bretxa narrent les principaux épisodes de la Libération, André Malleck, Éric Martin, André Hanoun, Jean-Louis Marenaud, Jean Watrin ont effectué leur mission pendant la guerre d'Algérie.

Choix de textes

LES TROIS RÉGIES

TROIS RÉGIES

« Une mentalité et des comportements particuliers »

Près du palais de justice et de la principale artère commerçante, l'hôtel des Finances abritait la recette particulière des Finances, les bureaux des régies financières, Contributions directes (CD), indirectes (CI) et Enregistrement (E) ainsi que ceux de l'ingénieur des Eaux et Forêts et de l'entreposeur de tabacs. [...]

Receveur des Domaines, j'étais chargé de la gestion matérielle de l'immeuble, ce qui me mettait en rapport avec de nombreux occupants, spécialement les chefs de service ; je me déplaçais souvent pour m'entretenir avec eux, ce qui limitait le nombre de leurs réclamations : je notais leurs desiderata (un nettoyage ici, une réparation là...) mais, en retour, je leur rappelais les participations aux frais de gestion dus à ma caisse par leurs administrations et demeurant en souffrance trop longtemps, trop souvent.

J'observais, dans chaque service financier destiné à fusionner, une mentalité et des comportements particuliers.

Les agents des Contributions indirectes aimaient œuvrer en commun, disserter, se concerter, notamment pour mettre au point des actions contre les fraudeurs économiques ; souvent bavards, mais cordiaux et gais, ils entretenaient de bons rapports avec les autres fonctionnaires.

L'ambiance était plus sévère aux Contributions directes soumises à un calendrier de travaux se répartissant sur l'année très précis et à exécuter impérativement dans les délais. Les tâches étaient nombreuses, diverses et accaparantes ; à chacun était dévolue une tâche bien définie ; chacun était jaloux de ses responsabilités ; les différences hiérarchiques étaient bien marquées entre les catégories A, B, C, et D, établies par le statut des fonctionnaires.

À l'Enregistrement, la séparation des tâches était beaucoup moins marquée, la collaboration plus étroite et confiante et le poids de la hiérarchie plus réduit. Dans les recettes, l'impératif de la comptabilité journalière conduisait à la solidarité des agents ; la recherche des erreurs s'imposait à tous.

Robert Augiron

Les classes de la Révolution

Il faut ici évoquer ce qu'étaient autrefois les trois régies fiscales assurant la rentrée des impôts dans leur globalité. Elles étaient comparées, à cause de l'état d'esprit, la mentalité, les mœurs de chacune d'elles, aux classes de la Révolution ! L'Enregistrement, c'était la noblesse, les Directes étaient assimilées au tiers état. Quant aux Indirectes (dont j'étais) on appelait ses agents les roturiers, parce qu'ils n'étaient que le peuple !

Ayant vécu cette époque, je me souviens encore du ton qu'employaient les enregistreurs pour nous parler, nous toisant du haut de leur savoir, eux qui contrôlaient les notaires, vous pensez ! Il me revient à l'esprit une boutade de l'époque : les enregistreurs nous accusaient de nous occuper à courir derrière des casseroles (allusion aux alambics). Nous leur répondions qu'ils n'étaient bons qu'à vendre du fumier (allusion aux déchets des haras nationaux).

Quant aux Directes, qui pratiquaient le syndicalisme horizontal (rien de commun, entre un commis et un inspecteur) elles faisaient régner, en service, une certaine discipline.

J'ai vu, de mes yeux vu, un inspecteur exiger d'un agent qu'il lui parle à six pas, comme à l'armée ! Je n'exagère rien ! Tous les vieux agents pourraient le certifier !

Restent les Indirectes, cette vieille « gabelle », ce bon peuple où régnait la solidarité la plus active. Ces roturiers, où qu'ils se trouvent, avaient le don, à la demande d'un pair, venu de l'autre bout de la France, de dénicher hôtel, restaurant, ou meublé dans les minutes qui suivaient !

René Fiol

« Les particularités des trois Régies »

J'ai souvent souhaité qu'un étudiant en sociologie écrive une thèse décrivant les particularités des trois régies. Chacune de celles-ci avait sa propre histoire et sa propre évolution. Elles n'avaient de commun que d'appartenir au même ministère.

Les ayant bien connues avant leur fusion dans la DGI grâce à des contacts administratifs non obligatoires et aux relations syndicales, je voudrais les évoquer.

Je pense que la personnalisation découle de deux éléments, le niveau de recrutement et la nature des principales tâches. L'Enregistrement avait connu très tôt le recrutement avec le baccalauréat, voire la licence en droit. Les Directes imposèrent le baccalauréat vers 1930 et les Indirectes à la veille de la Seconde Guerre mondiale (je traite seulement du cadre A mais tout en découle).

Aussi, l'Enregistrement faisait figure aristocratique. Souvent fils de notables et anciens élèves de l'enseignement privé, les enregistreurs poursuivaient leur travail un peu comme des notaires, avec des contribuables peu nombreux et fortunés. D'où une contenance de bon ton et une tradition de culture. Les rapports hiérarchiques étaient respectueux mais simples, la barrière des cadres n'existait pas et des repas amicaux étaient de coutume.

Ceux des Directes étaient surtout des fils de petits boutiquiers. Ils avaient étudié dans des lycées, alors payants et tiraient un grand orgueil de leur réussite. Beaucoup trop se prenaient pour des petits chefs. J'en ai connu plusieurs qui ne daignaient pas saluer dans la rue les employés de leur bureau. Dans une petite ville, c'était le collègue le plus connu car s'occupant de la généralité des contribuables. S'ils recevaient beaucoup, ils n'allaient guère sur le terrain qu'à l'occasion des tournées annuelles en mairies.

Aux Indirectes, l'origine était populaire. Les anciens avaient juste le brevet élémentaire et les nouveaux le brevet supérieur enseigné dans des collèges municipaux gratuits. C'étaient surtout des fils de petits fonctionnaires, parfois de paysans. De plus, en raison des étroits contacts dus au syndicalisme et au mutualisme, c'était l'esprit d'une corporation et non d'un grade. Les tâches étaient souvent interchangeables entre cadre A et B, voire cadre C comme l'indiquent mes affectations à Libourne. Le travail comportait beaucoup de présence sur le terrain, parfois d'une manière quasi policière. Les redevables étaient des commerçants et artisans pour la TVA et des négociants et viticulteurs pour les droits indirects proprement dits.

Comme dans l'Enregistrement, il y avait une certaine convivialité qui se manifestait par des vins d'honneur fréquents et par des banquets suivis de bals.

Des différences sensibles pouvaient aussi se constater dans divers domaines : locaux, personnels, inspections. En Gironde, le siège des directions était symbolique : les Indirectes dans une ancienne salle de bal près des boulevards, les Directes dans une ancienne maison bourgeoise du centre, et l'Enregistrement dans un hôtel du XVIIIe siècle.

Si les moyens matériels étaient partout assez vétustes, ceux en personnel étaient inégalement répartis. Alors que les enregistreurs étaient en surnombre par suite d'un fort recrutement lors de l'impôt de solidarité nationale[1] – qui n'avait duré que quelques années – les contrôles des Directes croulaient sous le

1. *Impôt de solidarité nationale* : Voir note n° 19 du chapitre IV et note n° 11 de l'introduction au chapitre IV.

nombre des tâches fastidieuses et peu rentables. Ce fut un des principaux motifs de la fusion. Aux Indirectes, on se plaignait que de nouvelles responsabilités ne soient pas accompagnées de nouveaux moyens.

Deux types de contrôles du personnel étaient en vigueur. À l'Enregistrement et aux Contributions indirectes, il se faisait *a posteriori*. Il était bien accepté et laissait aux agents toute leur responsabilité. Aux Directes prévalait la caporalisation avec la visite hebdomadaire des inspecteurs principaux mouches du coche. C'est pourtant ce mauvais système qui fut adopté par la DGI.

À la Libération, très rares étaient ceux qui n'étaient pas syndiqués à la CGT réunifiée. Avec la scission provoquée par Force ouvrière pour lutter contre l'emprise communiste, on aurait pu s'attendre à un partage au sein de chaque régie. Ce ne fut pas le cas et le clivage eut lieu selon des données sociologiques. Un bon exemple fut donné aux Douanes où les sédentaires allèrent à FO et les actifs restèrent à la CGT. L'Enregistrement opta pour FO et les Indirectes pour l'autonomie puis le retour rapide à la CGT. Les Directes s'éparpillèrent et ne trouvèrent une dominante que bien plus tard avec l'autonomie.

Aux Indirectes, la quasi-totalité du personnel était syndiquée à la CGT, directeurs compris (voire directeur général à la Libération). Les grèves étaient très bien suivies.

À l'Enregistrement, le taux de syndicalisation était faible, FO étant dominant mais avec très peu de militants actifs.

Aux Directes, la situation était invraisemblable : indice du manque de camaraderie, il existait quatorze syndicats. Chaque cadre et le Cadastre possédaient leurs sections FO, CGT, CFTC, et autonome. Seule FO du cadre A avait quelque représentativité. Vers 1960, une fusion bénéfique s'opéra entre presque tous et un puissant syndicat autonome fut créé.

La presse syndicale était moins révélatrice mais néanmoins présentait des différences. Les journaux de FO étaient, pour une centrale qui se voulait réformiste, paradoxalement, bien plus enflammés que ceux de la CGT et d'une manière démagogique car leurs troupes étaient beaucoup plus réticentes à l'action.

Quant aux autonomes, leur presse fut de bonne qualité, traitant avec pondération les problèmes généraux et s'attachant surtout aux questions professionnelles.

Aux Indirectes, je l'ai déjà signalé, existait depuis avant la guerre un mensuel régional, *L'Éveil*, propre à l'Aquitaine. C'était un journal de libre expression qui était apprécié même dans les autres régies. Sur le plan national, en plus des publications du bureau, un autre mensuel indépendant servait de lien avec les retraités.

Je n'ai pas traité du Cadastre qui, en raison de sa vocation technique constituait une quatrième corporation. Son recrutement populaire, son travail sur le terrain donnaient à son personnel un comportement très proche de celui des Indirectes.

Il y avait aussi quelques syndicats marginaux dont la très faible importance ne modifiait pas le comportement général même si à l'occasion des élections paritaires ils recevaient plus de voix qu'ils ne possédaient de membres. Quelques CGT à l'Enregistrement et quelques FO aux Indirectes étaient des individus enragés politiquement, en sens opposé bien entendu ou alors motivés par des rancunes personnelles.

La CFTC devenue ensuite CFDT eut des débuts très lents et regroupa surtout quelques agents du cadre C sans influer sur le déterminisme constaté dans chaque régie.

Henri Souque

« Trois Régies indépendantes »

Ce qui devait devenir la direction générale des Impôts comprenait, jusqu'à leur fusion, trois « régies » indépendantes : les Contributions directes, les Contributions indirectes et l'Enregistrement.

Les contrôleurs des Contributions directes, qui se frottaient au grand monde des contribuables dans toute sa variété, avaient un bon recrutement et une conception assez moderne des affaires ; aussi, quoiqu'ils fussent généralement de bons camarades, regardaient-ils un peu de haut leurs collègues : les enregistreurs, perdus dans leur univers vieillot, souvent qualifiés d'« enc... choseurs de mouches », et les agents des Contributions indirectes, encore flétris par la vieille appellation de « rats de cave » gagnée à l'occasion de la surveillance des alcools, bien qu'ils eussent, depuis lors, été chargés des taxes sur le chiffre d'affaires qui leur avaient ouvert des horizons nouveaux et un contentieux digne d'intérêt.

Curieusement, en dépit d'un recrutement et de traditions très différents, les enregistreurs s'entendaient généralement bien avec leurs collègues des Contributions indirectes.

Très syndicalisés, contrairement à leurs camarades, ces derniers avaient conservé des comportements parfois dépourvus d'un certain raffinement. Sans doute en raison de leur taux élevé de syndicalisation à la CGT, ils se tutoyaient souvent, négligeant à l'occasion les niveaux hiérarchiques, ce qui n'empêchait pas les vérificateurs de se montrer très directs, voire brutaux, dans leurs appréciations. J'en ai connu quelques-uns, parmi les plus anciens, que la fréquentation professionnelle des débits de boissons avait incités à boire plus qu'il n'était nécessaire, mais ce n'était que des exceptions, le recrutement ayant déjà largement évolué quand je les ai connus. Le style particulier des anciens a subsisté un certain temps et se remarquait parfois au cours des premières réunions de direction, mais le recrutement commun des agents et l'amalgame au sein de la DGI ont gommé les différences pour parvenir aujourd'hui à des personnels sortis tous d'un même moule.

À l'époque de mon entrée dans l'Enregistrement, l'enregistreur était marqué par ses origines sociologiques. Autrefois, dans le milieu de la petite bourgeoisie, on entrait dans ce service comme on se faisait greffier ou huissier ; durant le surnumérariat, on n'était payé que lorsqu'on gérait un bureau par intérim, de sorte que des ressources personnelles n'étaient pas inutiles pour attendre le jour de la titularisation. En tant que comptable public, on devait fournir un cautionnement, ce qui m'avait détourné de cette situation dès avant la dernière guerre, bien que je fusse déjà titulaire d'une licence en droit. Les jeunes étant très mal informés à l'époque, c'est plus tard que j'appris que le cautionnement pouvait être remplacé par l'adhésion à une association de cautionnement mutuel.

J'ai fait la connaissance, en 1943, d'un bon représentant de cet ancien recrutement. Un jour, vint au bureau de La Réole, un vieux monsieur distingué, retraité de l'Enregistrement, qui nous raconta comment, avant la guerre de 1914-1918, il était entré dans l'Administration. Pour l'examen professionnel qu'il avait dû passer, il était venu en jaquette, ganté de frais et c'est dans son haut de forme qu'on mit les petits papiers destinés à être tirés au sort pour le choix du sujet de l'examen oral. Les employés de bureau, qui le connaissaient bien, m'apprirent qu'il s'agissait d'un propriétaire terrien qui avait choisi l'Enregistrement pour avoir une situation en titre, son occupation principale étant la gestion de ses propriétés. Pour pouvoir disposer des loisirs indispensables, il se faisait aider par une employée qu'il payait de sa poche (c'était, semble-t-il, possible à l'époque) et à qui il abandonnait généreusement les indemnités accessoires dont il pouvait être gratifié.

Dans le même pays, un autre receveur s'était marié avec la fille d'un notaire du cru, était devenu lui-même notaire et remplissait de joie les employés de la recette-conservation où je me trouvais à l'époque car, pour soigner sa clientèle, il assistait à tous les enterrements où il se rendait vêtu de noir de pied en cap, de sorte qu'on le prenait souvent pour l'ordonnateur des pompes funèbres.

Ce n'était pas toujours très drôle pour les jeunes receveurs qui étaient parfois condamnés à vivre loin de chez eux dans de petites localités souvent dépourvues d'attraits et de distractions. En outre, comme il existait autrefois un bureau par canton, il arrivait que la charge de travail ne fût pas accablante et que l'ennui vînt submerger le pauvre « surnu » ou receveur. Déjà, en 1942, nombre de petits bureaux avaient été supprimés et je n'ai connu que des résidences où le titulaire avait suffisamment de travail.

Louis Traissac

Portraits

Malgré leurs caractères spécifiques, les statuts, les missions, les psychologies n'étaient pas, en soi, totalement différents d'une régie à l'autre. Les relations étaient toujours parfaitement courtoises. Mais au fond de soi-même, chacun restait un peu marqué par son esprit de corps. Mes chers collègues enregistreurs s'estimaient, en toute modestie et bien entendu non sans raison, dotés d'une formation et de fonctions réservées à une élite intellectuelle. Leur culture juridique et souvent variée, la finesse d'esprit requise par l'analyse des situations de droit et des textes auxquels ils sont constamment confrontés, la qualité de leur style lumineux et concis répondaient généralement au niveau de leur éducation et, par suite, de leur origine. Aussi bien leur corps n'avait-il pas manqué d'écrivains et de poètes.

Leurs bons collègues des Contributions directes, eux, modulaient sensiblement cette analyse à l'égard de leurs voisins. Retirant un certain complexe de supériorité de leur faculté de pouvoir en hommes d'action taxer souverainement le contribuable désarmé, ils se gaussaient volontiers de ce prototype un peu dépassé, coupeur de cheveux en quatre et, en fin de compte, engoncé dans des lustrines à la Balzac.

Quant aux agents des Contributions indirectes, ils bénéficiaient, si l'on peut dire, d'une bienveillante condescendance de la part de leurs délicats camarades qui feignaient d'ignorer les sujétions réservées aux « rats de cave » en recherche d'alambics clandestins. Naturels et bons vivants, ils ignoraient la mesquinerie.

Jean Vannier-Moreau

LES RELATIONS DES RÉGIES ENTRE ELLES

DIEU EXISTE

Les candidats manquent. Le poste n'est pas éloigné de mon domicile. Je connais bien le secteur. J'y vais…

Je suis chef de centre. D'un petit centre. De type A. D'aucuns parlent ironiquement de supérette fiscale.

Une chose m'inquiète un peu : « les Indirectes », les fameuses « CI ». La partie chiffre d'affaires – TVA agricole ou pas – ne me crée point de problème. Là, j'assume. Mais le reste, tout le reste, m'effraie : alcools, vins et spiritueux, débits de tabac, spectacles et bals, cafés, restaurants et licences, appareils automatiques, laissez-passer et acquits…

Ce monde-là m'est tout à fait étranger et se pare d'une solide réputation de pragmatisme offensif très éloigné des habitudes plus feutrées de « l'Enregistrement » et même des « Directes ».

Il est vrai que quelques agents au caractère bien trempé illustraient cette renommée… surtout parmi les « Elliot Ness » de la « Brigade » dont on disait qu'ils auraient droit au port d'armes !

Lors d'une réunion commune j'entends encore l'un d'eux, provocateur sur les bords, lancer son défi à la Danton : « Nous autres, gens des CI, ivrognes, gueulards et queutatifs… » Ce n'était en fait que fière bravade car je n'ai jamais rencontré personne d'aussi triplement performant. Par contre, j'ai perçu la fierté très compréhensible et de bon aloi d'agents conscients de la nécessaire pugnacité de leurs tâches.

Les miens, ceux du centre, me procurèrent d'ailleurs très vite l'occasion de rompre tout malentendu quant à leur disponibilité. Ils arrivèrent à deux :

« Monsieur on a besoin de vous… Nous avons saisi de l'alcool frauduleux… On voudrait votre avis ».

Ils m'entraînèrent dans leur bureau. Trois bonbonnes ventrues se côtoyaient par terre.

« On hésite, monsieur… C'est important… Est-ce de l'eau-de-vie de marc, de prune ou de pêche… Qu'en pensez-vous ? »

Je me baissai, appuyé sur un genou et profondément concentré, me mis en devoir de humer chaque goulot. Très dubitatif je relevai un instant la tête pour solliciter leur aide. La malice souriante de leurs regards échangés me fit comprendre que j'étais en train de subir ma première initiation.

Et tout s'est enchaîné. Ils m'ont emmené sur les routes contrôler les vignettes ; ils m'ont fait constater des destructions de « capsules ». Avec eux j'ai recueilli des soumissions pour débit de tabac, inventorié des stocks de marchands de vins en gros, calculé les « manquants », chiffré la part des anges…

Ah ! La part des anges ! Évaporation subtile qui diminue la quantité de nectar des tonneaux et barriques, imperceptible éther qui se dissout dans tous les recoins du paradis en direction des anges aux aguets.

J'ai consigné la chose sur de grands états exprimant volumes et pourcentages. Concrètement. C'est pourquoi paraphrasant un titre célèbre je m'autorise à dire :

Dieu existe, j'ai enivré ses anges.

Marcel Audurier

Les Directes et l'Enregistrement

J'ai eu la très grande chance pendant tout le cours de ma carrière de connaître, tant à Boulogne qu'à Paris, une ambiance formidable et une solidarité à toute épreuve que ce soit à l'Enregistrement ou aux Contributions directes.

Mais la manière de travailler était très différente entre ces deux administrations.

Dans la première, le travail s'effectuait principalement sur de grands registres remontant à la Révolution. Pas de dossiers, pas d'archives. Tous les papiers que nous recevions étaient comptés et numérotés. Leurs références étaient annotées sur le registre et les fiches du répertoire. Le soir, quand nous quittions le bureau, les enregistrements des actes terminés, le registre des recettes signé, nous n'avions, en principe, aucun travail en retard.

Par contre, dans les Contributions directes, nous n'avions aucun registre mais des quantités de dossiers et une profusion de papiers divers à classer et nous en recevions tous les jours.

La confection des impôts directs et du dossier des mutations ne durait que quelques mois dans l'année mais l'établissement et surtout le contrôle de l'impôt sur le revenu n'étaient jamais terminés. Et nous avions un grand nombre de statistiques à établir, le contentieux à instruire. Souvent des points délicats nous hantaient, bien après avoir quitté le bureau.

Pour étayer de preuves la différence existant entre ces deux administrations financières en ce qui concerne les méthodes de travail, je veux conter un fait extraordinaire qui s'est produit dans mon bureau.

Depuis plusieurs années, j'imposais d'office un contribuable qui ne faisait jamais de déclaration, d'après ses signes extérieurs de richesse, soit gros loyer et voiture.

Je reçois un jour de la direction une réclamation faite par un avocat mandaté par ce contribuable. Elle demande l'exonération de l'impôt sur la plus-value réalisée par son client sur la vente d'un grand terrain situé dans une commune de l'Oise. Je propose le rejet de cette réclamation, jugée prématurée, puisque aucune imposition n'avait été établie. Et pour cause ! Je n'avais jamais reçu notification de cette vente. Je fais des recherches dans les papiers non encore classés et au service général ; en vain. Je convoque l'avocat, qui me donne volontiers tous les renseignements relatifs à cette transaction. Je me mets en rapport avec le notaire qui avait rédigé l'acte et le receveur de l'Enregistrement qui l'avait enregistré. Ce dernier me confirme avoir régulièrement établi un renvoi et m'indique même la date et le numéro de cet envoi. J'ai pu ainsi imposer ce contribuable après lui avoir notifié régulièrement les bases de cette imposition. Mais jamais je n'ai retrouvé le document manquant. Ceci démontre bien la précision des travaux de l'Enregistrement et l'imprécision due à la multitude des papiers que nous recevions sans aucun contrôle, puisqu'ils passaient dans de nombreux bureaux et dans de nombreuses mains.

Mais surtout, ce qui différencie ces deux administrations, c'est l'approche du public. Dans la première, nous avions surtout le contact avec les clercs de notaires et d'huissiers qui venaient déposer et rechercher les actes ou jugements, avec des propriétaires venus acquitter les taxes sur les locations et des employés de sociétés payant leur impôt.

Dans les Contributions directes, nous recevions des contribuables mécontents de leur impôt ou désirant des explications, sollicitant des remises ou dégrèvements et avec qui, deux matinées par semaine, nous devions parler et discuter. C'est un contact humain fatiguant mais aussi enrichissant. Nous recevions des ouvriers nécessiteux, des artisans ignares en matière d'impôt, mais aussi des cadres, des commerçants, des personnes ayant de gros revenus nous contant leurs difficultés, leurs problèmes que nous ne soupçonnions pas.

Marie-Louise Graux

« Lorsque deux rédacteurs... »

Au début de 1946, revenu à son poste de Sarlande, Bertrand obtint enfin son changement pour une petite ville du pays d'Armagnac, assez proche de l'extrême sud tant convoité. Il était maintenant assez bien au courant des tâches principales du contrôle, impôt sur le revenu dans sa diversité, réception des contribuables, tournée générale des mutations, instruction du contentieux... Il découvrit là une autre espèce de charge professionnelle, les recherches auprès des bureaux de l'Enregistrement. Muni d'une liasse de bulletins de renseignement il devait y annoter certaines transactions qui ne parvenaient pas toujours à la connaissance des services des impôts directs : actes de vente, de prêts découvrant l'existence de revenus de créance... L'accueil des collègues de l'Enregistrement était très affable mais la grande chaleur communicative ne se rencontrait pas toujours dans ces petits centres qui semblaient fonctionner en autarcie. Les deux services paraissaient éprouver une sorte d'indifférence mutuelle peut-être à base d'un vague esprit de corps. La cordialité des manières cependant était sauve. L'esprit confraternel viendrait par la suite. Mais à cette époque, les anciens racontaient qu'avant la guerre, « lorsque deux rédacteurs de régies différentes – Directes-Enregistrement – étaient sur le point de se croiser dans une rue, l'un d'eux changeait de trottoir ! ». *Se non è vero...*

André Marque

Les Contributions indirectes et les autres régies

J'étais entré dans les Contributions indirectes en octobre 1931, tout simplement parce qu'un avis de concours m'était tombé sous les yeux au moment où je cherchais ma voie. En fait j'ignorais à peu près tout de l'administration où j'allais faire carrière. J'ai pu constater par la suite que la plupart de mes camarades étaient dans le même cas. J'ai appris également, *a posteriori*, que la constatation, la perception et la vérification des impôts étaient confiées à trois services : le nôtre, celui des Contributions directes et celui de l'Enregistrement.

Contrairement au premier, les deux autres étaient depuis longtemps considérés par le public comme des administrations « nobles ». Tout le monde savait que le concours d'entrée donnant accès à leur cadre principal était réservé aux bacheliers ou aux candidats pourvus d'un titre équivalent. En outre, leurs agents étaient en rapport avec des interlocuteurs d'un certain niveau social, tels que les notaires pour l'Enregistrement.

En ce qui concerne les Contributions directes, les usages de l'époque ont été fort bien dévoilés par Jules Romains dans sa célèbre pièce *Knock*. Le médecin héros de la pièce, installé dans un village, s'emploie, avant toute chose, à évaluer les ressources de sa clientèle ; il conclut que si, pour le contrôleur des Directes, le plus haut revenu du canton s'élève à 12 000 F, il est en réalité de 120 000 F.

Et il en était bien ainsi ! Si les salariés payaient jusqu'au dernier centime un impôt auquel ils n'avaient aucun moyen de se soustraire, les praticiens des professions libérales, avocats, médecins, architectes, etc. payaient pratiquement ce qu'ils voulaient.

Quand je pénétrai dans l'Administration, les conditions d'accès aux concours avaient été uniformisées pour les trois services, mais cela depuis deux ans seulement. La masse énorme de nos anciens avait donc été recrutée dans des conditions différentes. Après la guerre de 1914, qui avait éclairci les rangs de toutes les professions on avait, m'a-t-on dit, ouvert un concours pour 2 000 emplois. Après la réorganisation (intervenue en 1929 dans mon administration), les agents en place furent reclassés dans les nouveaux grades à condition d'avoir subi avec succès les épreuves d'un « examen » qui, nous affirma le syndicat, valait largement le bac ou le brevet supérieur. Les confidences que je recueillis par la suite sur la densité du programme et sur la féroce discipline qui régna dans les salles d'examen me permettent quelques doutes…

En définitive, il faut cependant reconnaître que les anciens tenaient fort bien leur rang. […]

Nos relations avec le public se ressentaient parfois du mépris relatif qu'avait entraîné la modestie du niveau de naguère, ainsi que de la nature de nos fonctions : comment les redevables auraient-ils pu mettre sur le même pied le gaillard qui enfonçait une jauge dans un tonneau et le monsieur, tiré à quatre épingles qui, ne sortant guère de son bureau, avait avec le notaire, de délicats entretiens ? […]

Nous acquîmes cependant une noblesse nouvelle grâce à l'apparition d'un impôt nouveau qui allait prendre un rang exceptionnel dans la fiscalité moderne. Je veux parler de la taxe sur le chiffre d'affaires qui, après plusieurs transformations, devait devenir la taxe sur la valeur ajoutée.

Nos collègues de l'Enregistrement, à qui le nouvel impôt avait d'abord été confié, avaient dû rapidement en abandonner la gestion, la sédentarité de leurs fonctions ne se prêtant guère aux nécessités de fréquents contacts avec un très large public ni à de nombreux déplacements.

Par ailleurs, très simple au début, la taxe frappait de 2 % toutes les transactions commerciales, de sorte qu'un même article, imposé plusieurs fois sur la base d'un prix toujours en augmentation sur le précédent plaçait les vendeurs dans des situations différentes, faussant ainsi le jeu normal du négoce.

Il fallut changer le principe de base et, après plusieurs modifications, aboutir à la taxe sur la valeur ajoutée. Entre-temps, l'impôt était devenu de plus en plus complexe et exigeait un personnel dont la compétence fût en rapport. On n'était plus au stade des jauges pour tonneaux...

Louis Filliette

L'ENREGISTREMENT

LA RÉGIE DE L'ENREGISTREMENT

« Une vieille dame »

Au début de ce siècle, l'administration de l'Enregistrement et des Domaines était déjà une vieille dame. Elle était née dans l'Assemblée nationale, en 1790, d'une maman à laquelle elle ressemblait beaucoup et, plus tard, tous les hommes venus au pouvoir lui avaient fait envoyer des fleurs.

Quand je suis entré à son service, en 1932, on disait d'elle qu'elle regardait le monde avec un face-à-main. Mais sa haute distinction, sa parfaite éducation et son généreux dévouement à notre pays lui conféraient une notoriété et un prestige que peu d'autres services publics possédaient.

L'ancienne régie de l'Enregistrement, comme d'ailleurs tous les autres services fiscaux, avait une organisation analogue à celle de la direction générale des Impôts de nos jours : des services centraux à Paris, des directions en chaque chef-lieu de département et, à la base, des bureaux de recette ou de contrôle. Mais, alors que la nouvelle administration fiscale emploie des personnels appartenant à de nombreuses catégories, les services de l'Enregistrement, au début du XXe siècle, ne comportaient que deux sortes de fonctionnaires, ceux dits « du cadre principal », de beaucoup les plus nombreux et ceux formant un « cadre auxiliaire ».

Le cadre principal comprenait lui-même deux espèces d'agents :

- des employés subalternes : receveurs de l'Enregistrement, conservateurs des hypothèques, receveurs-rédacteurs en fonction dans les directions ;

- des employés supérieurs ayant pour grades ceux de sous-inspecteurs, inspecteurs et directeurs dans les départements, ceux de rédacteurs principaux, sous-chefs, chefs de bureaux et administrateurs au sein des services centraux.

Le cadre auxiliaire était formé d'un tout petit nombre d'agents remplissant dans les directions les fonctions de contrôleurs de comptabilité et de gardes-magasins du timbre, dans l'administration centrale, les fonctions de commis.

Tous les employés du cadre principal débutaient dans les services en qualité de surnuméraires. À ce stade, ils n'étaient pas encore des fonctionnaires, mais, au sens propre, des agents « en surnombre », des stagiaires admis à travailler dans les bureaux pour apprendre leur futur métier.

Le statut de ces stagiaires avait une lointaine origine puisqu'il avait été établi par la Ferme générale vers 1750 dans la régie des Domaines, avec des règles qui n'étaient pas toutes tombées en désuétude à la veille de la guerre de 1914. Certes, depuis 1891, le recrutement n'était plus fait sur titre comme autrefois. Il avait lieu sur les résultats d'un concours ouvert uniquement aux jeunes gens ayant obtenu le diplôme du baccalauréat. Mais, comme autrefois, les surnuméraires ne recevaient des rémunérations que lorsqu'ils géraient des bureaux par intérim. Or, bien souvent, ces stagiaires étaient affectés en des services situés loin du domicile de leurs parents et le surnumérariat durait trois ans environ.

Ainsi donc, en ce temps, pour entrer dans l'administration de l'Enregistrement, il fallait, non pas seulement être bachelier et passer avec succès un concours, mais aussi être issu d'une famille jouissant, pour le moins, d'une petite aisance. D'ailleurs, à cette époque, rares étaient les jeunes garçons pourvus du baccalauréat dont les parents appartenaient à la classe ouvrière ou à la paysannerie peu fortunée.

Alors, la plupart des surnuméraires étaient nés en des familles bourgeoises. Ils étaient souvent fils de gens exerçant des professions libérales (notaires, huissiers, médecins), fils de fonctionnaires, de magistrats, de commerçants ou de propriétaires terriens. Et puis aussi, parfois, la même famille fournissait des agents à l'Administration durant plusieurs générations.

J'ajoute que dans le passé, de nombreux agents avaient fait leurs études secondaires dans des établissements religieux où ils avaient reçu un sérieux enseignement du latin qui ne passait pas inaperçu dans leurs conversations. Je pense, en particulier, à un vieil ami de mon père qui, sortant d'une classe de « rhétorique » d'un collège de Maristes, avait été chargé de prononcer un discours en latin le jour de la distribution des prix, il y a de cela une centaine d'années.

Après son service militaire et trois ans environ de stage, le jeune surnuméraire était nommé receveur de l'Enregistrement et pourvu d'un bureau de début, une « première ». La plupart des agents poursuivaient leur carrière en obtenant successivement, par avancement, des recettes de plus en plus importantes et, certains, après l'âge de 45 ans environ, de petites conservations des hypothèques.

Mais, par ailleurs, à l'issue d'une année de gestion d'un bureau, les receveurs étaient admis à passer un examen qui, en cas de réussite, leur donnait la possibilité d'être nommés dans une direction en qualité de rédacteur. Mais les directeurs choisissaient alors leurs rédacteurs. Le jeune agent reçu à l'examen devait donc encore, pour avoir un poste de rédacteur, trouver un directeur désireux de le prendre à son service. Ces postes étaient d'ailleurs peu nombreux puisque la plupart des directeurs ne disposaient que d'un seul ou de deux rédacteurs.

Les employés supérieurs étaient recrutés sur les résultats d'un concours ouvert à tous les agents du cadre principal dont l'ancienneté se situait entre deux limites assez étroites définies périodiquement en fonction des besoins du service.

Les sous-inspecteurs étaient chargés de vérifier les travaux des receveurs. Les inspecteurs, eux aussi, procédaient à des vérifications de bureaux. Mais, en plus, ils « inspectaient » les « sous-inspecteurs » et, d'une manière générale, ils accomplissaient toutes les missions que pouvaient leur confier les directeurs.

Les sous-inspecteurs s'appelèrent par la suite inspecteurs-vérificateurs, les inspecteurs, ancien style, reçurent le titre d'inspecteurs principaux.

Les agents des services centraux étaient recrutés par des concours ouverts aux jeunes employés supérieurs. Enfin, les directeurs étaient choisis entre les employés supérieurs expérimentés et les agents des services centraux qui faisaient acte de candidature.

Les attributions des bureaux de l'Enregistrement étaient encore, au début du XXe siècle, principalement celles qu'ils avaient reçues durant la Révolution de 1789 :

- perception d'impôts frappant les faits juridiques à l'occasion de la reproduction textuelle ou de l'analyse d'un acte ou d'une déclaration sur un registre ;

- recouvrement du produit du domaine de l'État et exécution des opérations juridiques nécessitées par la gestion des biens en ce domaine ;

- perception de l'impôt du timbre exigible sur tous les documents de nature à faire foi en justice.

L'encaissement d'impôts et de taxes sur les sociétés et sur les opérations de bourse avait été confié à l'administration de l'Enregistrement au cours du XIXe siècle. Mais les charges de la grande majorité des bureaux n'avaient été modifiées que fort peu par l'institution de ces nouvelles taxes.

Finalement, dans la plupart des bureaux, le principal travail du receveur était constitué par l'enregistrement des actes des notaires et des déclarations de succession ainsi que par la débite du timbre.

À la fin du siècle dernier, il y avait, en principe, un receveur de l'Enregistrement dans chaque canton et, presque partout, cette règle était respectée puisque moins de 200 de ces circonscriptions administratives n'étaient pas pourvues d'un bureau. La prolifération des emplois avait beaucoup progressé peu avant et, jamais dans le passé, même au temps où les routes départementales étaient à peine carrossables, le nombre des receveurs de l'Enregistrement n'avait été aussi élevé. La création de postes dans les débuts de la troisième République avait eu, à l'évidence, un but démagogique. Tout en faisant construire en milieu rural des lignes de chemin de fer électorales, les députés avaient voulu aussi gagner des voix en obtenant des extensions de services publics. En conséquence de cette politique, des bureaux de l'Enregistrement avaient été implantés en des localités de médiocre importance où les agents n'avaient que fort peu de travail. [...]

Juste avant la guerre de 1914-1918, les bureaux étaient répartis en six classes en fonction de la moyenne des produits et ce classement était révisé tous les cinq ans. [...]

Les receveurs étaient alors rémunérés, non par des traitements fixes, mais par des remises sur leurs encaissements. Chaque mois, après avoir comptabilisé les recettes, le receveur déterminait le montant des remises lui revenant et il prélevait ses rémunérations. Les remises étaient calculées par application d'un barème et selon un système de pourcentages dégressifs. Mais elles ne pouvaient pas être inférieures à un minimum dont le montant annuel variait avec la classe du bureau. Le receveur gérant un bureau de première classe touchait au minimum 2 000 F par an, celui titulaire d'une sixième classe, 7 000 F. [...]

En ce temps, l'inspecteur de l'Enregistrement (aujourd'hui inspecteur principal) touchait un traitement de 5 000 ou 6 000 F par an selon son ancienneté, un directeur de grande ville 12 000 F.

Certes, un célibataire pouvait alors, paraît-il, en beaucoup de bourgades, prendre pension dans un des meilleurs restaurants de sa résidence pour 60 ou 70 F par mois. Mais il va sans dire, qu'avec une rémunération de 160 F par mois, s'il était marié et s'il n'avait pas d'autre revenu, le jeune receveur et sa famille disposaient de ressources tout juste suffisantes pour ne pas subir des privations.

Ainsi donc, la situation d'un jeune agent n'était alors ni brillante ni désastreuse. De toute façon elle était temporaire. Les débutants restaient en effet peu de temps au bas de l'échelle. Ils pouvaient, au bout de deux ans, avoir un bureau rapportant à son titulaire plus de 200 F par mois, puis, monter en deuxième pour avoir au minimum 3 000 F par an.

Au reste, fréquemment, les receveurs avaient des revenus personnels venant de leur famille ou de la dot de leur épouse en sorte que rares étaient ceux d'entre eux pouvant se plaindre de leur condition. [...]

Pendant plus de cent ans, les agents de l'administration de l'Enregistrement nourrirent une vénération quasi religieuse pour la loi du 22 frimaire an VII. Peu avant la Seconde Guerre mondiale encore, cette loi était considérée dans quelques bureaux comme le produit d'une science juridique inégalée, sortie du néant par un mystérieux concours de circonstances pour fonder la perception d'impôts sur les faits juridiques selon un système que toutes les populations du monde pouvaient envier.

Dans la préface d'un gros traité exposant en trois volumes les règles gouvernant ces impôts, M. Trolong, éminent conseiller à la Cour de cassation, avait écrit en 1839 : « La loi sur l'Enregistrement est, pour nous autres juristes, la plus noble ou pour mieux dire, la seule noble de toutes les lois fiscales ». Alors, beaucoup de fonctionnaires formés pour servir cette législation se considéraient comme revêtus eux-mêmes des attributs de la grandeur reconnue à leurs travaux.

Jean-Paul Massaloux

« Une très ancienne administration »

Il s'agissait d'une très ancienne administration, ayant connu l'Ancien Régime et dont les textes fondateurs, sous sa forme moderne, remontent à frimaire an VII de la République.

Sa méconnaissance tenait principalement au fait que ses « clients » étaient essentiellement des officiers publics ou ministériels (notaires, greffiers, huissiers, commissaires-priseurs…), le reste du public, relativement réduit, étant principalement constitué par des acheteurs de timbres ou papiers timbrés, des redevables de droits sur les baux immobiliers, etc.

Les contacts avec les contribuables étaient d'autant plus limités que, pour tout ce qui concernait les actes notariés ou les successions, les demandes de renseignements ou notifications diverses (ce que les enregistreurs appelaient « réclamations » et qui est plus justement dénommé aujourd'hui « redressements ») étaient adressées aux notaires qui avaient officié et non à leurs clients, pourtant seuls redevables des droits supplémentaires éventuels. Les discussions avaient lieu avec le notaire qui s'entremettait ensuite pour obtenir une acceptation ou un refus de la part de son client.

Les contacts avec les notaires, huissiers, greffiers étaient quotidiens et les rapports généralement excellents, de sorte que, sans négliger les devoirs de leurs charges, les receveurs étaient fréquemment appelés à rendre de petits services à leurs correspondants, à charge de revanche.

Les huissiers, en particulier, étaient toujours pressés et il n'était pas rare de les voir passer en coup de vent dans le bureau, en cours de journée, pour demander qu'on leur garde « une case » pour quelque exploit dont la rédaction n'était pas tout à fait terminée ; il faut savoir que les exploits d'huissiers étaient enregistrés dans des cases délimitées dans un grand registre *ad hoc* et qu'en fin de journée et au moins lorsque tous les dépôts du jour avaient été enregistrés, le receveur devait apposer sur chaque volume d'enregistrement et après la dernière formalité, la mention suivante : « Arrêté le... (en toutes lettres) » suivie de sa signature.

Pour illustrer les rapports étroits qui existaient – tout au moins en zone rurale – entre le notariat et l'enregistrement, je peux faire état de l'expérience vécue par un de mes anciens directeurs qui me la raconta. Étant surnuméraire depuis très peu de temps, à une époque où n'existait aucune école de formation et où l'on apprenait son métier sur le tas, il fut chargé d'assurer un intérim dans un petit bureau des Pyrénées où il ne bénéficiait d'aucune collaboration. Eh bien, c'est le notaire du pays – lequel devait devenir plus tard son beau-père – qui lui avait appris l'art d'enregistrer.

Les rapports de voisinage, dans les petits pays étaient souvent bons, voire très confiants, le receveur étant considéré comme un notable local. [...]

Le receveur de l'Enregistrement avait pu être qualifié avec quelque raison, de « magistrat fiscal » car il devait liquider les droits d'après sa propre analyse, sans être tenu par la dénomination indiquée par les parties ; il était « maître de sa perception », c'est-à-dire que le déposant devait acquitter les droits déterminés par le fonctionnaire, le receveur étant fondé, à défaut de paiement, à retenir les actes pendant 24 heures pour en prendre copie et poursuivre le recouvrement des droits. Ces dispositions étaient très rarement appliquées et l'erreur éventuelle du receveur pouvait être aisément rectifiée au moyen d'une demande de restitution adressée au directeur. Elles sont, je pense, toujours en vigueur, mais je ne suis pas sûr qu'elles soient seulement connues des fonctionnaires actuels.

Tous les travaux se faisaient manuellement et leur clarté dépendait beaucoup de l'écriture du titulaire ; j'en ai vu de presque indéchiffrables.

Il faut préciser que la mise à jour du « répertoire général » exigeait l'établissement de nombreux extraits à l'intention des bureaux extérieurs, lorsque les parties n'avaient pas leur domicile ou que les biens n'étaient pas situés dans le ressort du bureau.

Pour faciliter ce travail, l'administration centrale, dès avant la fusion des régies, avait mis à l'étude au cours d'un long travail préparatoire (j'avais même servi de cobaye) une réforme visant à faire établir tous les extraits nécessaires par duplication au papier carbone. Tous les bureaux furent pourvus, par la suite, de machines à écrire et les employés durent se mettre à la dactylographie, sans avoir bénéficié, d'ailleurs, pour la plupart, d'un apprentissage préalable.

Lorsque les tâches de l'enregistrement furent dévolues aux recettes des impôts (et pour partie aux conservateurs des hypothèques), la lourdeur des services (ou le manque de personnel suffisamment qualifié ?) conduisit l'Administration à confier aux notaires le soin de préparer, sur des imprimés particuliers, les enregistrements et extraits (souvent imparfaits, d'ailleurs), moyennant une rémunération ajoutée aux frais notariaux et donc à la charge... des contribuables !

Les travaux des enregistreurs ne se limitaient pas à l'enregistrement des actes et à la débite du timbre ; ils étaient astreints à d'autres travaux dont on peut donner une liste non limitative.

Outre les registres principaux « de formalité », il fallait procéder à la révision périodique de divers sommiers destinés à la surveillance du recouvrement de certains droits : droits dus sur les baux à périodes, droits dont l'exigibilité était subordonnée à la survenance de certains événements, droits dus à la suite de certains redressements...

Le recouvrement des droits dus par les sociétés était une partie importante du service, même si l'essentiel des recouvrements avait lieu dans les grands centres urbains et surtout dans l'ancien département de la Seine. Les impôts correspondants étaient à la fois complexes (comme il arrivait souvent dans l'Enregistrement) et lourds, puisqu'ils comprenaient :

- une taxe forfaitaire de timbre ;

- une taxe forfaitaire de transmission des titres ;

- un impôt sur le revenu des valeurs mobilières.

Il faut dire qu'à l'époque, le législateur avait une vision globale des impôts qui tenait largement compte de la provenance des revenus :

- les revenus du travail étaient les plus favorisés, avec des abattements substantiels, qui ont été conservés pour l'essentiel ;

- les revenus mixtes (commerciaux ou non commerciaux) étaient moins bien traités, mais représentaient la situation normale du contribuable ;

- les revenus du capital ne méritaient pas la même considération ; ils étaient donc imposés au moment de leur réalisation et au moment de leur distribution, pour partie par l'Enregistrement.

Depuis lors, les perspectives ont changé et les règles d'imposition ont largement évolué en gommant partiellement les différences précédentes.

Les attributions domaniales se répartissaient entre les tâches de gestion du domaine public ou privé de l'État (baux et concessions), les successions vacantes ou en déshérence et les évaluations immobilières intéressant les services publics. [...]

Les évaluations immobilières exigeaient de fréquents déplacements pour visiter les immeubles à évaluer et ceux retenus comme termes de comparaison. Les mêmes travaux externes étaient indispensables pour le contrôle des prix ou évaluations immobilières figurant dans les actes ou déclarations.

Peu à peu, en commençant par les grands centres, les évaluations immobilières et le contrôle externe des prix ou évaluations furent retirés aux receveurs et confiés à des agents spécialisés (les « contrôleurs », devenus « inspecteurs contrôleurs ») dont la circonscription s'étendait souvent sur celles de plusieurs recettes.

Un travail très absorbant et fastidieux consistait en la mise à jour du « répertoire général ». Ce répertoire, inscrit sur des registres volumineux et pesants, reliés en grosse toile, rassemblait un nombre considérable de comptes individuels sur lesquels figuraient, d'un côté, tous les éléments actifs de la fortune (achats immobiliers, successions, créances, etc.) et sur l'autre les éléments passifs (ventes, emprunts, donations, etc.).

En fait, il s'agissait d'une amorce de casier fiscal et un inspecteur des Finances de passage me dit un jour, alors que j'étais rédacteur, que bien des choses pouvaient changer mais que « nous devions conserver cette précieuse documentation ». Bien entendu, je n'avais aucune voix au chapitre pour suivre ou non ce conseil.

Les volumes étaient numérotés et, dans chaque registre, les comptes étaient eux-mêmes numérotés dans une série continue. Pour chaque opération à répertorier il fallait d'abord rechercher (ou créer) une fiche nominative dans un fichier général qui indiquait les références du compte à annoter et le numéro du volume dans lequel on pouvait le trouver. Chaque acte donnait lieu à, au moins, deux inscriptions (le vendeur et l'acquéreur, le créancier et le débiteur, etc.) ce qui faisait qu'en fin de journée, la mise à jour du répertoire général devenait une épreuve de force, au fur et à mesure que l'on manipulait et annotait les registres après les avoir déposés sur un pupitre à hauteur d'homme devant lequel on travaillait debout.

Lors du décès du titulaire d'un compte, sa fiche était transférée dans un fichier séparé communément appelé « cimetière ». […]

Il faut dire que les receveurs étaient tenus de loger là où se trouvait la caisse. Sauf dans les grands centres (où les bureaux étaient généralement spécialisés : actes civils, actes judiciaires, sociétés, domaine, successions…), le bureau occupait donc une ou plusieurs pièces de l'habitation du receveur. Le mobilier était généralement vétuste, les murs couverts de rayonnages entièrement occupés par des registres ou sommiers dont beaucoup avaient été ouverts au siècle précédent. Même si le nettoyage était convenablement assuré – ce qui n'était pas toujours le cas – il régnait dans le local une puissante odeur de vieux papiers qui imposait, parfois, un peu de respect à certains visiteurs.

Cette situation était encore aggravée dans les bureaux des hypothèques où la documentation archivée était beaucoup plus importante. En 1944-1945, au bureau des hypothèques de Melun (logé au premier étage d'un immeuble) le chef de contrôle prétendait que, lorsqu'il travaillait debout, devant son pupitre, s'il ne tombait pas à l'étage inférieur, c'était grâce à ses grands pieds qui lui permettaient de reposer sur plusieurs lames de parquet.

Louis Traissac

« Les fils de bonne famille »

Aussi loin que je puise dans l'amas de mes souvenirs, j'entends et je revois toujours mon père, lui aussi, parler avec passion, avec enthousiasme, de son métier, l'Enregistrement... Il est vrai qu'il était entré dans la carrière à la Belle Époque, si proche et si lointaine de nous ! Né, en effet, en août 1889, cent ans seulement presque jour pour jour après le début de la Révolution française, il découvrit l'administration de l'Enregistrement par son propre père, mon grand-père, qui était principal clerc de notaire... chez son beau-frère : celui-ci, fuyant l'occupation prussienne, après la défaite de 1870, de l'Alsace où il était né, avait émigré, avec sa demi-sœur (qui épousa mon grand-père !) dans une petite commune du Pas-de-Calais où il reprit une étude de notaire. Or, les notaires on le sait ont d'étroites relations avec l'Enregistrement.

Je remonte donc assez loin pour expliquer la « vocation » de mon père qui, muni du baccalauréat et d'une licence en droit (diplôme rare en ce temps-là dans les classes rurales) prépara et réussit le difficile concours de l'Enregistrement. Ceci se passait vers 1910.

Il faut dire qu'en ce tout début du siècle, où les classes sociales étaient encore très stratifiées, très cloisonnées, les fonctionnaires de l'Enregistrement jouissaient, semble-t-il, de grande estime et considération dans les milieux aisés, bourgeoisie et même aristocratie. J'ai eu l'occasion de feuilleter des « annuaires du personnel » de cette administration antérieurs à 1914 et d'y constater, parmi les cadres, un nombre important de noms « à particule » : il paraît que, dans certaines familles nobles, surtout du midi de la France, l'aîné des garçons héritait du château et des terres, le second faisait carrière comme officier, la première fille faisait un riche mariage, la seconde un mariage un peu moins beau, une troisième était religieuse, un autre fils entrait également dans les ordres et le dernier (quand il y avait une dizaine d'enfants !) entrait... dans l'Enregistrement. C'est du moins ce qu'affirmait mon père qui, toutefois, aimait plaisanter ! [...]

Par ailleurs, ces « fils de bonne famille » n'étaient pas totalement désintéressés : en effet, jusqu'à la guerre de 1914, les receveurs de l'Enregistrement percevaient, en plus de leurs traitements, de substantielles « remises » sur les droits qu'ils encaissaient et ce privilège leur assurait un niveau de vie assez confortable et envié.

Il faut ajouter qu'en ces temps de stabilité ignorant notre stress actuel quotidien, la profession réservait d'appréciables loisirs permettant à ses membres de parfaire, d'approfondir leurs connaissances juridiques ou leur culture générale, artistique et littéraire.

On ne comptait plus les ouvrages, études ou traités rédigés par des passionnés sur l'imposition des successions, sur le régime fiscal des mutations entre vifs, sur le droit hypothécaire, sur les Domaines, sur le Timbre et autres sujets arides intéressant la profession.

Mais aussi, dans le calme des petites villes de province, dans les campagnes fleuries sillonnées de limpides rivières, certains pêchant avec ardeur dans l'onde et dans le rêve, y taquinaient la muse autant que le goujon…

C'est ainsi qu'André Theuriet, receveur de l'Enregistrement, mais également poète et romancier, eut ses heures de gloire à la fin du siècle dernier et connut la notoriété nationale : il est aujourd'hui bien oublié et rares sont ceux qui se souviennent encore de lui !

Par contre, un nom subsiste, très célèbre, puisqu'il s'agit de Stéphane Mallarmé, l'un des fondateurs de la poésie moderne. Issu d'une famille bourgeoise, Mallarmé fut surnuméraire de l'Enregistrement à Sens, dans l'Yonne, à partir de 1860. Mais dès 1862, alors qu'il avait à peine vingt ans, au grand désespoir de son père, il quitte l'Enregistrement qui, dit-il, lui est très antipathique, pour se lancer dans l'enseignement où, comme professeur, il connaîtra bien des déceptions.

Notons enfin que ces fonctionnaires cultivés, fiers de leur savoir juridique et conscients de leur supériorité, n'étaient pas tendres pour leurs collègues des autres régies financières : ils regardaient de haut ceux des Contributions directes et n'avaient que mépris pour ceux des « Indirectes », les « rats de cave » ! On ne mélange pas les torchons et les serviettes ! Et la fusion des régies était encore lointaine : elle devrait attendre jusqu'en 1948 avec la création de la direction générale des Impôts ! Mais à ce moment-là, en fait, nous serions absorbés par ceux-là même que nous avions injustement méprisés !

Gérard Delomez

Physionomie d'une régie financière

Dans la Loire en 1944, l'Enregistrement était l'une des trois régies instituées par la Révolution et l'Empire, héritières à grands traits de l'ancienne Ferme des droits d'enregistrement de l'Ancien Régime. En un siècle et demi, elle n'avait guère changé semble-t-il et était tenue comme une administration d'un certain prestige dans les normes du XIXe et début du XXe siècle. Je lis, en effet, dans l'ouvrage exhaustif de Zeldin sur *Les Passions françaises* (tome IV, p. 279) : « Le préfet entrait souvent en conflit avec les nombreux fonctionnaires des Finances qui avaient vers 1870 et plus tard la réputation d'être particulièrement conservateurs. On tenait en particulier l'Enregistrement pour le refuge de ce qu'il y avait de plus clérical et jésuite dans l'Administration ».

J'ai entendu longtemps les boutades sur les enregistreurs fils d'archevêques ! Le recrutement n'était pas le même que pour les autres régies surtout celle des Contributions indirectes. Bien avant l'obligation de la licence en droit pour les postulants, je relève dans un vieil annuaire de 1926 au moins un tiers de titulaires de ce diplôme cité en même temps que les décorations ! La France comptait moins de 15 000 étudiants en droit à ces époques.

Malgré le séisme de la guerre de 1914 dont l'effet ne se fera sentir que dix ans après avec les réformes de Poincaré, la régie avait gardé une forme pyramidale et très hiérarchisée présente sur tout le territoire des 89 directions départementales avec en principe un receveur dans chaque canton, une conservation des Hypothèques dans chaque arrondissement. De même, chaque tribunal était flanqué d'une recette des actes judiciaires. [...]

En 1926 le département de la Loire, d'où je suis, comptait sous la houlette d'un directeur, deux inspecteurs principaux, sept inspecteurs ancienne dénomination, des employés dits supérieurs, un rédacteur, trois contrôleurs spéciaux, trente-cinq receveurs, six surnuméraires et quelque vingt-neuf commis ou dames employées. On y ajoutait trois conservateurs soit environ quatre-vingts personnes pour un département de 670 000 habitants et contribuant au budget de l'État pour 90 000 000 de francs de recettes en 1925 (le budget de la France était de 34 milliards d'anciens francs). [...]

Lorsque je fis mon entrée dans l'Administration, il y avait dans la Loire encore 14 bureaux de cantons, et 12 dans les villes d'arrondissements pourvues de bureau d'actes judiciaires, une dizaine avaient déjà été supprimés, une autre vague suivra 10 ans plus tard et une ultime en 1965.

Comme le système était conçu, classe et grade correspondant à l'importance des bureaux, les postes changeaient constamment de titulaires ; ce n'était pas une politique de continuité mais cela contentait en fait les agents perdus dans les bourgades obscures voués aux auberges et, disaient les vieux receveurs, à leurs servantes ! Il ne faut pas oublier que jusqu'à la création des centres des Impôts et sauf pour les grandes villes, l'Administration ne logeait pas les services. Chaque receveur faisait son affaire personnelle de son logement et de son bureau compensation faite pour celui-ci par des indemnités chichement calculées selon des barèmes pointilleux et forfaitaires. Dans ces conditions, les titulaires avaient tendance à économiser le plus possible sur ces indemnités. Les emplacements changeaient au gré des nominations ou de l'importance de la famille.

Il en était de même du mobilier qui appartenait au titulaire et se revendait en principe à chaque mutation. J'ai connu des receveurs qui avaient leur propre bureau personnel emmené avec eux, tandis que le suivant se contentait de vieilles tables noires, tout était à l'avenant ; il existait au sujet des fournitures de papier et d'imprimés de subtiles distinctions entre ceux fournis par la direction et ceux utilisés par les receveurs fournis par des imprimeries commerciales dont la plus célèbre était à Saint-Yriex.

Les receveurs devaient à leurs frais faire relier les instructions, à vrai dire moins abondantes que par la suite, et divers registres. Les archives gisaient le plus souvent en désordre dans des greniers ou resserres poussiéreux.

Le téléphone en 1945 était, sauf à la direction, pratiquement inconnu et les premières machines à écrire, sauf encore dans les directions, n'apparurent qu'aux années 1950. On aurait ri, bien entendu, si l'on avait parlé de voitures puisque les agents bénéficiaient d'une indemnité de bicyclette et ceci jusqu'aux années cinquante ou soixante encore où elle était de 250 AF !

Tout ceci est vu dans une rétrospective faussée par l'évolution de la société. Il n'en demeure pas moins que dans l'univers de la France profonde où j'ai vécu un demi-siècle, l'Administration d'une manière générale avec des degrés, conservait une image enviable. J'ai retrouvé un calendrier annuaire local sur papier glacé de 1931 occupé au verso par le nom des titulaires des innombrables postes ou présidences, depuis le sous-préfet, le tribunal, les receveurs de l'Enregistrement entre autres, jusqu'au président de l'Union cycliste locale.

Aux années 1940, la direction de Saint-Étienne était installée en plein centre ville, dans une ancienne « fabrique » de rubans, vaste immeuble sur cour intérieure de quatre étages. Elle en occupait au moins deux, puis les autres plus tard, jusqu'aux années 1970 où la direction des services fiscaux partit sur les terrains de l'ex-prison démolie, dans un compendium moderne mais déjà dépassé. Les bureaux du directeur et de ses deux inspecteurs principaux pris dans un grand appartement bourgeois sur la rue étaient vastes mais assez obscurs. Les services étaient dans les anciens ateliers très haut coupés par des galandages vitrés mais bien plus clairs sur la cour intérieure. Les couloirs laissés libres devant les vitrages étaient remplis de registres sur des rayonnages. Se succédaient les divers bureaux : actes civils, succession et contrôle, sociétés, bureau du timbre, actes judiciaires, actes sous-seing privés, huissiers et domaine. Les deux rédacteurs, le service d'ordre et ses « dames employées » étaient proches, avec la comptabilité du directeur.

Ces deux rédacteurs étaient recrutés sur un examen interne assez difficile où les directeurs puisaient leurs collaborateurs futurs inspecteurs à l'issue d'un nouvel examen interne qui existe encore. Les sélections ultérieures étaient sans examen aux termes stricts du mot.

Les dames employées étaient souvent des vieilles filles de confiance et inamovibles, au moins dans mon souvenir. Autre personnage, « le contrôleur spécial de comptabilité ». Il s'agissait effectivement d'un cadre spécial issu semble-t-il de celui des commis (cadre B actuel) mais qui jouait un grand rôle, un peu comme les adjudants-majors de l'armée. S'occupant de centraliser toutes les comptabilités des 30 ou 40 bureaux et des rapports avec la puissante trésorerie générale, son pouvoir était important. C'est lui qui établissait les « mandats » de traitement.

Il détenait au surplus maints secrets sur les divers avantages des directeurs ou membres de l'état-major. Il était à la fois courtisé ou craint et bénéficiait souvent d'un avancement intéressant. [...]

À mon échelle, le directeur était un mythe, ne serait-ce que par ses 56 ans. Il était chaleureux, largement inséré dans la bourgeoisie industrielle de la ville siégeant au « grand cercle » à deux pas de la direction, et dans les milieux anciens combattants en tant qu'officier de la Première Guerre mondiale ce qui lui vaudra la rosette de la Légion d'honneur.

Il semble que les directeurs départementaux restaient plus longtemps en poste puisque celui-ci présent en 1944, y prit sa retraite en 1954 à ses 65 ans, sans le passage classique d'une prébendière conservation des hypothèques.

Francisque Ferret

« En relation avec les notaires »

« Vous serez en relation, presque exclusivement, avec les officiers ministériels : notaires, huissiers, greffiers... », disait-on, en substance, dans la notice destinée aux candidats au concours d'entrée.

C'était vrai, puisque l'Enregistrement avait, par fonction, un support matériel, l'acte. Peu à peu, cela a évolué, et, à l'heure actuelle, le receveur principal, à la tête d'un service qui l'isole, et dont le souci majeur s'appelle « restes à recouvrer », ne conçoit plus l'Enregistrement que comme une activité secondaire – lorsqu'il ne l'ignore pas ou ne l'abandonne pas à ses collaborateurs ; dans ses problèmes pressants, de TVA notamment, s'il entretient avec « ses » notaires des relations courtoises et suivies, il n'y a plus la même cordialité – j'allais écrire complicité. Peut-il, d'ailleurs, parler de « ses » notaires, comme nous en parlions ? Quant au conservateur des hypothèques, qui enregistre aujourd'hui la plupart des actes de mutation, peut-il être proche des « siens » ?

Moi, « mes notaires » étaient au nombre de… deux. Ils venaient quasiment tous les jours, surtout Me C., qui, installé à la même résidence, n'avait que la rue à traverser ; s'il n'avait pas d'acte à apporter, il fumait une cigarette ; nous parlions de la couleur du temps ou des grands événements du monde, que nous refaisions dans cette arrière-salle du café du Commerce, qui devenait mon bureau ; la vie locale nous intéressait moins. Parfois aussi nous débattions, tout de même, sur une perception.

Il me demandait également – mais oui – des renseignements sur la rédaction de certains actes, non seulement des renseignements fiscaux, mais aussi bien des renseignements juridiques ; jeune enregistreur, comme il était jeune notaire, je possédais sur lui l'avantage « impressionnant » d'avoir fait des études de droit plus poussées ; il se dandinait d'une jambe sur l'autre, gêné d'avoir, une fois de plus, besoin de conseils ; mais, comme ce rôle me plaisait, et qu'il s'y mêlait sans doute – je veux dire : sans aucun doute – un soupçon d'orgueil de me voir consulté par un notaire, qui était mon aîné d'une bonne dizaine d'années, je le mettais à l'aise, et il arrivait assez rapidement – de plus en plus, au fil des mois – à poser son problème ; nous nous lancions alors dans des raisonnements et des arguties qui apaisaient ses scrupules.

L'autre notaire habitait à quelques kilomètres ; ses actes mieux soignés étaient dactylographiés alors que son confrère écrivait tout à la main, la sienne, et qu'il écrivait plus mal que moi ce qui n'est pas peu dire ; mais ils présentaient presque toujours des lacunes : des mots étaient absents, des noms, le prix, l'indication du lieu… Je ne pouvais croire que cela fût possible sur un acte authentique, mais cela était. Lorsqu'il le pouvait, il complétait au bureau où il lui arrivait d'apporter sa machine à écrire.

Roger Gioan

« La mère Bougon »

Tout organisme investi d'une fonction tend à se constituer une âme. Est-ce l'origine de la notion de « personne morale » ?

Si la fiction ainsi créée n'est pas forcément « morale », du moins se veut-elle respectable et, sans même en afficher le souci, elle finit par y croire.

À l'intérieur du ministère des Postes – dont le nom a changé tant de fois – la très prudente Caisse nationale d'épargne se nommait elle-même « l'Institution » ; ses agents ne parlaient d'Elle qu'à la troisième personne.

Notre direction générale de l'Enregistrement, des Domaines et du Timbre ne manquait pas à la règle ; la « Mère Bougon », comme l'appelaient fort irrespectueusement ses vieux agents, avait son esprit, ses traditions, ses manies, son redoutable quant à soi.

Dès sa nomination en qualité de « surnuméraire », le jeune et futur agent était soumis, en costume et cravate, aux rites initiatiques de la présentation, la sienne et celle de ses rapports, à la décantation, à l'alchimie de son style et de celui de ses écrits. De simple écuyer promis à de glorieux printemps, il endossait la livrée du valet de grande maison, mais il était submergé d'honneurs : « J'ai l'honneur de solliciter de votre haute bienveillance l'octroi d'un congé de trois jours pour obligations militaires… j'ai l'honneur de solliciter, etc. l'autorisation de me marier… ».

La première fois que je fus convoqué à la direction générale, je fus reçu par un inspecteur principal de haute lignée, tenue sombre, extrême courtoisie : l'étiquette ! On eût dit Édouard Balladur.

Des années passèrent… Très attaché à la paix des campagnes, je n'allais jamais au ministère. Un jour, pourtant, sur le conseil de mon directeur, je me risquai au Louvre parmi les cuirs et les ors, et fus reçu par M. C., chef du personnel : une silhouette racée mondaine, toute de souplesse.

Décor sobre et majestueux, accueil d'une cordialité brûlante et très savamment jouée : « Mon cher camarade, veuillez bien vous asseoir ». Je cherche mes mots, mais, soudain, sur le bureau de M. C. le téléphone sonne : « M. le directeur général… mes respects ! ». Suit un entretien silencieux pour moi, que M. C. achève par ces mots « Bien entendu, M. le directeur général, mes respects ! » À peine avons-nous échangé quelques mots que retentit un nouvel appel « Ah ! M. le ministre ! Mes devoirs ! »

Assurances affirmées avec prodigalité, courbettes jusqu'à la génuflexion, formules serpentines, certitudes évasives… telle me parut l'atmosphère de la Grande Maison.

Conçoit-on d'y accueillir un jeune agent, en « jean » et blouson de cuir ? Et si, dans la vie de tous les jours, ce jeune agent se trouvait en conflit avec un plus âgé, comment accepterait-il de ce dernier « l'assurance de son indulgence d'aîné ? »

Marcel Mousset

LES SERVICES DE L'ENREGISTREMENT

(1910-1985)

LES HYPOTHÈQUES

Après divers métiers, tel que colporteur avec sa petite voiture tirée d'abord par des chiens, ensuite par un âne, devenant pour un temps écrivain public (il fallait bien vivre), mon père était « embauché » à vingt ans à la conservation des hypothèques de Bressuire.

En 1910, c'est le conservateur (le « patron », terme toujours employé par les agents) qui recrutait et payait son personnel. La lecture, et surtout l'écriture n'étant pas le fait de beaucoup de gens, les candidatures à ce métier épistolaire étaient rares.

Le conservateur, fonctionnaire issu de l'Enregistrement, était un personnage. Même dans une sous-préfecture. Presque l'égal du sous-préfet avec lequel il faisait de nombreuses promenades matinales à cheval, il assistait aux réceptions officielles à Bressuire et même à Niort chez le préfet. Il était aussi l'ami du châtelain, participant aux chasses organisées par ce dernier. Bref, une personnalité.

Ce petit bureau fonctionnait avec 3 commis, dont mon père. Ce n'était pas l'importance du bureau que l'on considérait, mais la fonction de son titulaire représentant d'une parcelle de l'autorité publique. On respectait alors le préfet, le sous-préfet, l'instituteur, le curé. Privilèges périmés. Maintenant on « uniformise » !

En 1910, tous les actes déposés devaient indiquer l'heure de leur présentation pour les inscrire dans cet ordre sur le registre des dépôts. Celui-ci, arrêté tous les soirs, jours, mois, année en toutes lettres, signature du conservateur. Pourquoi cette rigueur pour ce dépôt ? Mon père aimait, pour l'expliquer, citer cet exemple vécu :

M. A. est propriétaire d'un domaine, titres transcrits à la conservation. Fortement endetté, il est contraint de vendre, en raison des multiples hypothèques grevant ce domaine. Il trouve un acquéreur, M. B., payant comptant. L'un des créanciers, M. C., fait commandement de payer à M. A., c'est un créancier chirographaire (sans hypothèque).

Pour être opposable aux tiers, le commandement de saisie doit être transcrit avant la vente de A à B.

Le même jour se présente à la conservation, le notaire diligent de M. A., suivi par l'huissier de M. C. Ce dernier se doutant que le notaire apporte la vente, et voyant ouverte la fenêtre du conservateur, lui présente son commandement (ou exploit) pour être enregistré le premier. Refus du conservateur obligeant l'huissier à passer par la porte. Trop tard ! La vente déposée à 10 heures passera avant le commandement déposé à 10 h 15.

Conséquences : le prix de la vente sera distribué aux créanciers hypothécaires à hauteur de leurs créances en commençant par le premier. Il reviendra ensuite à M. A. vendeur pour le surplus (s'il en reste). Tous les autres créanciers comme M. C. n'auront qu'un droit de suite, c'est-à-dire qu'ils seront dédommagés sur la valeur des biens restants.

Étant jeune, cette histoire du notaire entrant par la porte et de l'huissier essayant « d'entrer par la fenêtre » m'avait marqué. Je pense qu'il en avait été de même pour mon père.

C'est l'époque aussi, où la « transcription » portait bien son nom. Tous les actes déposés, appelés expéditions, puisque l'original dit minute ne devait pas quitter l'étude ministérielle, étaient recopiés, à la main, sur de grands registres reliés et entoilés appelés registres de transcriptions.

Le temps passé au bureau n'étant pas suffisant pour réaliser ces copies, il fallait, le soir, emportant registres et expéditions poursuivre chez soi ce travail. Exécuté à la lumière d'une bougie ou d'une lampe à pétrole, il était payé par le conservateur, si mes souvenirs sont exacts, dix centimes la page. Il en fallait des heures pour arrondir les modestes fins de mois ! [...]

1921 : c'est l'année où les commis des hypothèques issus de l'Enregistrement, deviennent des commis de l'État, des fonctionnaires à part entière, dépendant non plus du conservateur, restant leur chef hiérarchique, mais de l'administration des Finances.

C'est à cette époque également qu'il est exigé des notaires le dépôt en double exemplaire des expéditions. L'une sur papier timbré destinée à être rendue au déposant, revêtue de la mention d'enregistrement de l'acte et comportant les références de transcription ou de saisie, ainsi que le montant des droits perçus et celui du salaire du conservateur, l'autre reproduite sur une formule vendue, destinée à être reliée dans les registres dits de transcription.

Curieusement, l'intégration des commis des hypothèques dans le corps des agents de la fonction publique, en leur fixant un traitement, oubliait les conservateurs. Ceux-ci continuaient à recouvrer leurs salaires, comme les notaires leurs émoluments. C'est un des rares fonctionnaires (peut-être le seul) à être rétribué de cette manière. Ces salaires correspondent à une grille de classement, utilisée pour le calcul de leur retraite, ou, en cas d'insuffisance de leur rémunération.

En 1935, en vertu d'un décret du 30 octobre 1935, on étendait à presque toutes les mutations l'obligation d'être transcrites. Ainsi tout le patrimoine immobilier de la France allait devoir, à la suite de ce décret, figurer dans les archives des conservations ou des recettes-conservations. Ces recettes sont adjointes aux conservations, lorsque ces dernières sont insuffisantes pour justifier d'un conservateur à plein-temps.

La double fonction, receveur-conservateur, est contradictoire ; le receveur ne devant communiquer aucun des renseignements contenus sur les actes qu'il enregistre, le conservateur, au contraire, ayant pour charge essentielle de faire connaître aux requérants, tout ce qui concerne le patrimoine immobilier étant en sa possession.

Ces réquisitions pour renseignements ne sont fournies que sur réquisition écrite du demandeur, à laquelle il est répondu par un état positif ou un certificat négatif, signé par le conservateur, sous sa responsabilité civile et pécuniaire.

Le receveur-conservateur détient donc deux fonctions différentes quoique dépendant d'une même administration : l'une confidentielle, l'autre publique.

Jean Charier

Un nouveau service

Les bureaux de l'Enregistrement du canton ont été, de 1927 à 1934, chargés de l'assiette et du contrôle des contributions directes.

Avec l'aide d'un inspecteur instructeur, le receveur de l'Enregistrement a dû se familiariser avec ce nouveau service. Il est vrai qu'à l'époque, la fiscalité directe était moins compliquée.

Pour les commerçants et industriels, il n'y avait pas ou peu de comptabilité : chacun se classait dans une des catégories allant de 500 AF à 1 500, 1 501 à 3 000, 3 000 à 5 000, 5 001 à 7 000, 7 001 à 10 000, 10 001 à 15 000. Notre rôle était, au vu du chiffre d'affaires déclaré par les Contributions indirectes, de faire passer à la catégorie supérieure.

Avec les bénéfices agricoles, dans cette région du Centre où dominait encore le métayage, les bénéfices agricoles étaient obtenus, forfaitairement, en appliquant au revenu cadastral un coefficient en fonction de la nature des cultures et ils étaient partagés entre le propriétaire et le métayer.

Un mot sur le métayage : les métayers étaient des gens peu fortunés, ils apportaient leurs bras et leur matériel et partageaient les fruits avec le propriétaire de la ferme ; bien souvent s'intercalait entre le propriétaire et le métayer, un troisième personnage, le fermier général, qui payait un fermage au propriétaire et partageait les fruits avec le métayer.

Si la plupart des propriétaires avaient un comportement humain avec leurs métayers, par contre, certains étaient de véritables tyrans, surveillant sans arrêt le métayer de peur qu'à leur insu, ils vendent ou tuent un porc, un veau ou un mouton.

Aussi les métayers changeaient-ils souvent de ferme et on voyait, le 11 novembre, jour de la Saint-Martin, de longues files de chariots, d'animaux, parcourant les routes du Bourbonnais.

Pour l'impôt sur le revenu (loi Caillaux du 15 juillet 1914)[2], on reprenait les différents revenus (bénéfices industriels et commerciaux, bénéfices agricoles, traitements, salaires, pensions, bénéfices des professions non commerciales). L'impôt sur ces revenus, non progressif, était calculé après déduction à la base de 7 000 F + 3 000 F pour les ménages (il y avait pour les célibataires et les couples sans enfant une majoration) et des dégrèvements pour les enfants à charge (2 000 et 3 000 F).

Dans une commune, surtout rurale, alors qu'il y avait des châtelains et propriétaires de fermes, un seul était assujetti à l'impôt sur le revenu, c'était l'instituteur, marié à une institutrice et en même temps secrétaire de mairie.

En dehors du travail du bureau, nous assurions la tournée des mutations, qui consistait à se rendre dans chacune des communes du canton (9 communes).

Comme dans la chanson chantée par Yves Montant, nous partions de bon matin à bicyclette. [...]

Avec le maire et les répartiteurs, en appelant chaque article du rôle, nous examinions pour chaque contribuable les modifications à apporter à la contribution mobilière (actuellement taxe d'habitation), aux prestations, car à l'époque, chaque Français âgé de plus de 18 ans devait assurer 3 journées de prestations à exécuter en nature ou acquitter en espèces (7 F x 3). De plus, tout ce qui était susceptible d'emprunter les routes et les chemins était aussi soumis aux prestations (chevaux, mulets, ânes, bœufs, voitures, chariots).

À l'époque, dans certaines communes, existait la taxe sur les chiens (chiens d'agrément, de garde ou de chasse) ainsi que la taxe sur les chasses ; ces taxes étaient souvent l'objet de discussions entre les répartiteurs ; chacun défendait ses voisins, ses amis ou connaissances.

Nous devions examiner les patentes avec leur dénomination de professions qui, aujourd'hui, feraient sourire. [...]

Les enregistreurs s'étaient, semble-t-il, bien adaptés aux contributions directes, en dépit de deux administrations qui semblaient s'ignorer : le même

---

2. *Impôt sur le revenu* : Voir note n° 2 du chapitre IV.

jour se présentaient au bureau, un inspecteur principal de l'Enregistrement et un inspecteur principal des Contributions directes.

Un mot sur le matériel et l'agencement des bureaux de l'Enregistrement. Le matériel était souvent hétéroclite et vétuste, acheté ou installé par les différents receveurs au cours de leur carrière ; à chaque changement, le nouvel arrivant remboursait son prédécesseur de la valeur du matériel, après une réfaction d'un forfait de 5 %.

Antoine Duchet

Une longue carrière

1937-1989. Entre ces deux dates, cinquante-deux ans d'une carrière professionnelle accomplie dans le même service administratif. [...]

Pendant les vacances de Pâques, au milieu de ma seconde année d'école primaire supérieure, une voisine employée à la conservation des hypothèques, signale à mes parents que la conservation recrutait des auxiliaires. Présentation au bureau dès le lendemain :

« Quel âge as-tu ?

- Treize ans et demi.

- L'âge légal pour travailler est quatorze ans. Néanmoins, je pense te prendre dès la semaine prochaine si tu es d'accord. Tu seras déclaré à l'Administration dès que tu auras quatorze ans. Tu ne seras pas rémunéré mais considéré comme préparant le concours de commis, à la suite de quoi, si tu es reçu, tu seras titulaire ».

Marché conclu. Je troque mes culottes courtes utilisées jusqu'alors contre des pantalons longs ; achat d'une blouse grise quasiment obligatoire à l'époque en raison notamment de la poussière sévissant dans les archives... et début d'une longue carrière...

Mon premier travail consiste à recopier sur des registres neufs des tables alphabétiques usagées. Ces documents, avant la mise en service du fichier immobilier, permettaient de situer les comptes des propriétaires d'immeubles sur les registres répertoires et, par suite, les références d'archivages des actes, jugements et inscriptions hypothécaires dans la conservation.

Rapidement, je fus appelé à annoter ces différents registres – fort lourds et encombrants – travail effectué debout, les registres reposant sur de hauts pupitres, appelés éléphants dans notre jargon. Vu ma taille modeste en ce temps, le conservateur me dota d'un banc de sa fabrication pour me permettre d'accéder plus aisément aux dits éléphants[3].

Au bout de quelques mois il m'est attribué un demi-traitement d'auxiliaire (équivalent au RMI actuel). L'année suivante, le conservateur me demande :

« Que fais-tu Michel de tes loisirs ?

- Suivant les saisons, je jardine, vais à la pêche, joue de la clarinette dans une formation musicale et je lis beaucoup.

- Pourquoi ne préparerais-tu pas l'examen de capacité en droit ? »

Je n'avais aucune idée de ce qu'était cet examen, il m'expliqua que c'était un diplôme juridique accessible aux personnes n'ayant pas leur bac et qui pourrait être utile pour le déroulement de ma carrière. [...]

Reçu en 1942, je me lance aussitôt dans la préparation du concours de commis. Mars 1943, je suis reçu avec le numéro un et affecté quelques semaines plus tard à la conservation de Saint-Nazaire. En raison des faits de guerre, le bureau est replié à Saint-Étienne-de-Montluc à 40 km de la côte considérée zone interdite. Un mois après mon arrivée, je dépose une demande de mutation : « Vous ne serez certainement pas muté avant la fin des hostilités » m'assure-t-on. Las ! Je fus nommé à Angoulême l'année suivante.

1944. Période noire de l'Occupation : Angoulême bombardée, plus de cent morts.

Requis en 1943 par les autorités allemandes de Vendée pour effectuer des travaux (non hypothécaires) sur les côtes vendéennes, mon changement d'adresse me sauve la mise. Nouvelle initiative allemande en 1944 pour me faire participer à la construction des défenses du mur de l'Atlantique de Loire-Inférieure. Ma mutation en Charente me permet à nouveau d'y échapper, la direction des Impôts ayant déclaré aux autorités ne pas connaître ma nouvelle adresse depuis mon départ de Saint-Nazaire. [...]

Au début de l'année 1947, création du grade de contrôleur. Compte tenu de mon dossier, je suis nommé sur place dans ce grade sans avoir à subir les épreuves du premier concours prévu (la capacité en droit m'a certainement été utile à cette occasion).

De 1948 à 1957, période administrative sans histoire. Passage du répertoire au fichier immobilier, en application des textes de 1955 modifiant les règles de la publicité foncière. [...]

En 1957, la validation de mes services d'auxiliaire à partir de 18 ans que j'avais faite en son temps me permet de me présenter au concours de chef de contrôle sans attendre l'âge de 35 ans requis à cette époque pour postuler.

---

3. Nota : à cette époque, l'examen médical préalable à la titularisation devait préciser que le candidat était apte à soutenir une station debout prolongée (note de l'auteur).

Reçu avec le numéro un, je suis affecté à la conservation de Saint-Nazaire de nouveau. Les bureaux ont réintégré leur ville d'origine qui est en pleine reconstruction. Difficultés énormes de logement.

En 1965, je suis nommé inspecteur sur titre, échappant ainsi aux épreuves du concours nouvellement instauré pour les chefs de contrôle désirant postuler à ce grade. Ma carrière se poursuit jusqu'en 1989 avec promotion entre-temps au grade d'inspecteur central.

Michel Parpaillon

Évacuation des bureaux des Hypothèques de Paris

Le 1er septembre 1939 la Pologne est envahie. Le 3 septembre, déclaration de guerre à l'Allemagne.

C'est la consternation. Je me souviens de la distribution des masques à gaz dans leurs boîtes en fer, de la recherche des caves solides pour leur utilisation en cas de bombardement.

Ce n'est plus deux mais quatre commis qui sont mobilisés. Seuls restent comme hommes, le premier commis, mon père et moi.

En octobre 1939, craignant la destruction des archives, les dix bureaux des hypothèques de la Seine sont évacués à Nogent-le-Rotrou en Eure-et-Loir, charmante localité du Perche, dans un vaste pensionnat privé, le collège Saint-Joseph, réquisitionné pour la circonstance. Pendant trois semaines ce sera une navette ininterrompue d'autobus parisiens amenant les archives de Paris.

Le personnel pour sa part est logé en réquisition chez l'habitant.

Ma famille, père, mère et jeune frère avec moi, allons occuper deux pièces dans une maison habitée par sa propriétaire retraitée et sa fille institutrice. Femmes charmantes se dévouant pour rendre notre séjour le moins pénible possible. Nous sommes restés amis et cette amitié subsiste encore actuellement dans la personne des descendants.

Le travail reprend dans les dix bureaux avec un personnel réduit, à dominante féminine. Nous sommes regroupés dans des locaux inadaptés mais clairs, en bordure de la rivière l'Huisne, avec vue sur la campagne. Le contact entre les agents est agréable. Dans le malheur on « se serre les coudes ».

Et puis on va gagner la guerre ! On chante : « On ira pendre notre linge sur la ligne Siegfried ». Charles Trénet et Johnny Hess chantent en duo. Avec Maurice Chevalier et Tino Rossi, on a l'orchestre Ray Ventura qui nous raconte en chanson l'histoire de Mme la marquise, Georgius celle du lycée Papillon, Mireille et Jean Nohain celle du jardinier qui boite… et qui boit.

Ainsi pendant plusieurs mois, en attendant de savoir d'où viendra l'offensive, on est quelque peu euphorique.

En fait ce sera la ligne Maginot qui sera contournée et du 10 mai au 25 juin 1940, l'armée allemande se déploiera dans l'Ouest jusqu'à la frontière espagnole. On a même cru un instant qu'avec la déroute à Dunkerque, les Allemands, suivant les Tommies faisant retraite vers l'Angleterre, suivraient ces derniers réalisant ce que Napoléon Ier n'a jamais réussi.

Malgré la diminution des effectifs, le service est facilement assuré, les formalités se faisant plus rares. […]

Cette période, septembre 1939-mai 1940, est relativement calme. Quelques escarmouches sur le front de l'est, les adversaires restant face à face, chacun dans son camp. C'est sans doute la raison pour laquelle on l'appelle la « drôle de guerre ». […]

À Nogent sont cantonnés des soldats, la Territoriale dit-on, soldats plus très jeunes, ou pères de familles plus ou moins nombreuses. Ils tournent en rond dans leur caserne et on les voit souvent au café en ville. Parmi eux, un sociétaire de l'Odéon décide à l'instar de personnalités de monter et jouer une pièce de théâtre. Le prix des places sera utilisé pour envoyer des douceurs aux combattants sur le front. […]

Le 14 juin 1940, l'armée allemande entre à Paris. Son avant-garde atteint et dépasse Chartres, sans résistance. Elle sera bientôt à Nogent-le-Rotrou. Craignant de meurtriers bombardements, paniqués par le flot des gens fuyant vers le sud et par l'armée française en débandade, nous décidons de partir.

Le pensionnat où nous travaillons est mitraillé par des avions italiens, car Mussolini vient d'entraîner son pays dans le conflit.

Notre propriétaire, son fils et sa famille accompagnés par mes parents quittent Nogent entassés dans une petite camionnette avec leurs baluchons. Mon frère et moi, avec nos objets de toilette sur le porte-bagages, partons à bicyclette. Rendez-vous dans un petit village, Ménil, près de Château-Gontier en Mayenne chez le fermier de notre logeuse. Nous arrivons vingt-quatre heures après la voiture, fourbus mais heureux.

Sur les chemins, et surtout les routes, c'est la pagaille. Les Allemands sont signalés partout, devant, derrière. Beaucoup de fausses nouvelles. Des avions à croix noires nous survolent en mitraillant.

Le 17 juin c'est l'Armistice. Quand le maréchal Pétain annonce la nouvelle c'est un immense soulagement, mais aussi l'humiliation. Nous sommes vaincus, à la merci des vainqueurs.

Le 18 juin 1940, c'est l'appel historique à la radio du général de Gaulle invitant les Français à résister. Nous ne voyons guère la manière d'y procéder, à part notre marine presque intacte.

L'Armistice proclamé nous décidons de rentrer.

Cette fois tout le monde s'entasse dans la camionnette, vélos accrochés sur le flanc du véhicule dont les ressorts sont au bord de l'écrasement et les pneus prêts à éclater.

C'est donc à petite allure que nous réintégrons Nogent. Partis de bon matin nous arrivons à midi et trouvons devant la maison du fils, horticulteur, un camion allemand dont les soldats commencent à vider les pièces. Nous nous expliquons avec ces pilleurs. Miracle, compréhensifs, et assez arrangeants, ils restituent ce qu'ils allaient emporter.

L'été se passe dans notre pays occupé avec le début des restrictions. En octobre 1940 c'est le retour à Paris. Je retrouve mes bons copains. [...]

Les établissements Gaumont-Cinéma étant en faillite, et son vaste siège convenant pour regrouper les dix bureaux, nous emménageons dans le 19e arrondissement au 35 rue du Plateau en bordure du parc des Buttes-Chaumont et à côté de la station de métro du même nom. Après de rapides travaux d'aménagement pour individualiser chaque conservation, nous prenons possession de ce luxueux immeuble avec son ascenseur monumental en bois précieux qui ne servira jamais, son escalier en marbre qui servira beaucoup et sa rampe en fer forgé et cuivre jaune.

Au rez-de-chaussée à droite, deux bureaux, à gauche une recette du chiffre d'affaires dépendant des Contributions indirectes. Au premier étage quatre bureaux et au deuxième étage quatre autres bureaux. Au 1er et au 2e étage, au centre, une salle d'archives communes regroupant tous les documents antérieurs à la division des conservations (1921).

Voilà nos dix bureaux installés. Nouveau départ... De nos quatre commis mobilisés, deux reviennent, le troisième affecté en Syrie reviendra plus tard, le quatrième sera fait prisonnier.

La disposition du 7e bureau, où je travaille, comporte une entrée avec guichet où se tient le premier commis, ensuite un vaste hall de travail pour le personnel. Au fond, enfin, un grand bureau avec vestiaire. Les locaux sont très clairs et plus spacieux qu'autrefois. Les agents doivent, pour entrer, passer devant le bureau du premier commis afin d'atteindre la grande salle où l'on retrouve le grand « chameau » toujours fidèle, et qui nous suit partout. Par contre plus de pupitres. Ceux-ci sont remplacés par des tables avec tiroirs.

Jean Charier

1939-1940 : Exode

Elle a beaucoup compté pour nous l'année 1939. Le surnuméraire Jean Déhan venait d'être nommé receveur de l'Enregistrement et des Domaines. Il rêvait de son Midi natal, c'est du côté de la frontière belge qu'il s'est retrouvé. Et puis nous nous sommes mariés ; nous étions prêts à affronter la froidure et les sangliers : c'est comme ça qu'alors on voyait les Ardennes. Mais il est venu d'ailleurs le choc. Bientôt c'était la déclaration de guerre. Soudain partout, la joie de vivre s'était envolée. Les hommes jeunes étaient mobilisés. Mon mari attendait son tour mais l'Administration en avait décidé autrement. Parce qu'il était du service auxiliaire, il était devenu affecté spécial, avec un deuxième bureau à gérer. Son titulaire avait déjà rejoint l'armée. Il y allait à bicyclette deux fois par semaine. Mon mari n'appréciait pas cette situation particulière, mais, de ses états d'âme, l'Administration n'avait rien à faire, il fallait bien que les bureaux fonctionnent.

Novion-Porcien était un paisible village de culture. Il s'était rapidement animé. Les Ardennes faisaient partie de la zone des armées. Il y avait partout des soldats : ceux qui passaient, et ceux qui y étaient cantonnés. Ils étaient logés chez l'habitant. Notre maison était en partie local administratif et partie appartement. Une pièce avait été réquisitionnée pour devenir le bureau des officiers qui se sont succédé durant les huit mois de la drôle de guerre. Alors au bureau de l'Enregistrement, on croisait aussi bien un particulier, un notaire, qu'un officier ou des soldats. Nous en logions aussi quelques-uns. J'étais souvent la confidente de ces déracinés. [...]

Ce n'est qu'à partir du 10 mai 1940 que nous avons compris que c'était la guerre. Ce matin-là, le village était réveillé en sursaut. Des avions se battaient en rasant les toits. Des paysans et du bétail avaient été mitraillés dans les champs. Et la radio annonçait la nouvelle : l'Allemagne attaquait la Belgique par les Ardennes. Bientôt l'exode des Belges commençait. Nous en avions accueilli un ; il allait de fermes en maisons commenter les nouvelles. Peu après, il était arrêté : c'était un espion chargé de semer la panique. Mais nous étions confiants : « ils » ne franchiraient pas la Meuse ! Seulement, trois jours plus tard, l'incroyable se produisait. La ligne Maginot, notre invincible armée, tout n'était que chimère... Sous les bombardements et la mitraille, la population était complètement affolée. Les départs se généralisaient. Tous les titulaires de bureau avaient un pli secret à ouvrir en cas de mobilisation. Il était dit que la première ligne de repli pour les Ardennes, c'était Rethel-Vouziers ; ensuite, le département des Deux-Sèvres. Un camion des Ponts et Chaussées passerait prendre les archives. Il était dit aussi que, si le receveur était dans l'impossibilité de transporter les timbres et le papier timbré, il pourrait les détruire par incinération en présence de deux notables qui en dresseraient procès-verbal. À Charleville, la direction ne répondait plus. Mon mari laissait passer le temps : il attendait le camion promis. Il a fait le tour du pays : le percepteur était parti, l'huissier aussi. La poste était aux mains de l'armée. Le maire n'était plus là. Impossible donc de détruire les valeurs dans les règles. Alors il a mis les timbres et le papier timbré dans un grand sac à pommes de terre. Dans un deuxième il a placé tous les registres du bureau. Des dames qui possédaient une voiture nous avaient proposé de faire avec elles un bout de chemin. Nos buts n'étaient pas les mêmes.

À Rethel, ce 14 mai, le sous-préfet était sur le point de partir. Et mon mari croyait toujours en ce camion qui ne vint jamais. L'officier, qui était alors chez nous, était trésorier-payeur aux armées. C'est lui qui l'a convaincu de ne plus attendre. La distance qui le séparait du front n'était plus réglementaire, lui-même devait se replier. Depuis le matin, nos voisins, la mort dans l'âme avaient quitté la ferme. Ils étaient partis avec leurs chevaux tirant des chariots pleins de leur mobilier et de ce qu'ils avaient pu prendre. Leurs trois chiens étaient attachés aux voitures. Nous avons passé la dernière nuit comme celle d'avant, dans la tranchée du jardin, avec des soldats. Les batailles d'avions étaient si fréquentes que nous ne supportions plus d'avoir un toit sur la tête. [...]

Nous étions consternés, notre désarroi était total. Le matin venu, le 15 mai, nous nous sommes empilés dans la voiture. Nous étions cinq personnes et deux chiens. Pour sauver les valeurs, nous avions renoncé à nos biens personnels. Nous avions le cœur lourd. Dans les fermes abandonnées, le bétail meuglait lamentablement, il avait faim, il avait soif, les vaches n'étaient pas traites. Les poules semblaient prises de folie, elles couraient dans tous les sens, parce que chaque bruit leur faisait croire qu'on distribuait le grain. Nous nous sommes vite trouvés dans une cohue indescriptible où civils et soldats se gênaient mutuellement dans leurs marches contraires. La voiture avait eu rapidement des défaillances, un piéton obligeant nous avait dépannés. À trois reprises ce même piéton nous avait rejoints et aidés à repartir. Des avions nous rasaient et nous nous retrouvions à plat ventre, là où on le pouvait. Nous sommes arrivés à Reims en plein bombardement. Il nous avait fallu une grande journée pour parcourir soixante kilomètres. À peine avions-nous mis pied à terre que des soldats anglais nous entraînaient vers un abri. Nous descendions des marches à n'en plus finir : c'était une cave à champagne. Après une nuit dans un hôtel difficilement trouvé, nous avons délivré nos bienfaitrices de nos encombrantes personnes. Certains moyens de transport s'offraient aux réfugiés. Nous avons pu obtenir quatre places, dont deux pour nos deux gros sacs. Nous ne savions même pas où cet autocar allait. Notre déception a été grande quand il est arrivé au terminus. Nous n'étions qu'à Ay, petite ville de la Marne. Le garde-champêtre a installé tout le monde dans un local déjà très rempli où chacun avait en guise de lit un peu de paille. Alors, mon mari a eu l'idée de contacter son collègue. L'Enregistrement, c'était l'administration des camarades. Ce jour-là nous l'avons vérifié. Il a trouvé un couple chaleureux qui, sans hésiter, nous a pris sous son aile, nous, nos deux sacs et le chien. Le lendemain, les deux collègues ont procédé à l'incinération de cent mille francs de timbres et de papiers timbrés, en présence du juge de paix d'Ay et du greffier d'Épernay qui s'y trouvait en tournée. Les registres sont restés en dépôt au bureau d'Ay. Alors, procès-verbal en poche, nous avons pris avec plus de sérénité la route des Deux-Sèvres.

Le voyage vers les Deux-Sèvres avait été jusqu'à Paris une épreuve. [...]

À Niort, mon mari retrouvait ses collègues de la direction de Charleville-Mézières ; en découvrait un autre qui, avec sa femme, sont devenus nos amis à jamais. Puis, il entreprenait de faire sa comptabilité. Elle ne « collait » pas. Il a dû combler la différence de ses propres deniers. De ceux qui avaient tout perdu en route on n'a rien exigé. Elle est parfois ingrate l'Administration. Plus tard, grâce aux registres restés à Ay, il a pu retrouver son erreur. On lui a ensuite proposé de remplacer le receveur d'Argelès-sur-Mer qui était malade. Ça lui convenait parfaitement, sa famille à Montpellier ne serait pas loin. Il a donc reçu un ordre de mission et un billet de transport gratuit pour nous et nos bagages. [...]

Nous avons aimé Argelès-sur-Mer. En nous promenant dans la campagne, nous mangions des abricots que personne ne cueillait, parce qu'en cet été 1940, la pagaille était si grande que les expéditions ne se faisaient pas. Et nous allions à la plage. [...]

L'avance de l'armée allemande était irrésistible. Elle amoncelait sur son passage, et les morts, et les ruines.

Le 18 juin, le général de Gaulle lançait son appel de Londres. Le 22, le maréchal Pétain signait l'Armistice. Les Français étaient complètement désorientés. Mais bientôt, les réfugiés allaient devoir regagner leurs pénates. Pour ça nous devions passer par Paris afin d'avoir les directives de la direction générale. [...]

Mon mari partait tous les jours au Louvre à la direction générale. Il en revenait sans renseignement précis, la situation était confuse. [...]

Et puis le verdict est arrivé. L'Allemagne avait annexé des terres tout au long de la frontière belge et jusqu'au Pas-de-Calais dont l'intérêt stratégique était évident. C'était devenu une zone interdite. Les Ardennes en faisaient partie. Alors on nous a suggéré de rebrousser chemin. Seulement c'était plus facile à dire qu'à faire. Nous avons passé une nuit par terre sur le quai de la gare de Vierzon. Toutes les issues étaient gardées militairement. Le lendemain, tous les hommes de moins de 45 ans étaient refoulés. Nous sommes retournés à la case départ en wagon à bestiaux. La ligne de démarcation était installée. À quelque chose malheur est bon. Personne alors n'a vu d'inconvénient à ce que nous partions dans mon département : le Loiret. Mon mari avait été surnuméraire à la direction d'Orléans. C'est là qu'il a pu être affecté. [...]

Les mois passaient. Les négociations entre la France et l'Allemagne ont fini par aboutir. L'Administration a pu un jour se réorganiser en zone interdite. Mon mari alors a reçu l'ordre de rejoindre les Ardennes. Nous avions passé près de quinze mois à Orléans. Cet entracte a marqué notre existence.

Ginette Déhan

« Une nouvelle vie, faite de privations »

Dans cette partie de la France occupée par les Allemands (Haute-Marne) commença alors une nouvelle vie, faite de privations, de peur, d'angoisses, de semi-clandestinité, de repli sur soi-même, de méfiance instinctive envers tous ceux qui, par des questions insidieuses, tentaient de savoir si vous étiez ou non partisan de « l'Ordre nouveau » mis en place par le gouvernement de Vichy. À cet égard, la bonne référence était la photographie du maréchal Pétain que l'Administration mettait à la disposition des fonctionnaires qui convenaient de l'acheter. Notre direction départementale avait dressé une liste de ceux qui avaient versé le prix de la « soumission » ! Après la Libération, j'ai eu l'opportunité de consulter cette liste pour m'apercevoir que, sur la quinzaine de receveurs de notre département, nous n'étions que deux à n'avoir point souscrit. Autant dire que cette forme bénigne de rébellion me valut quelques remarques du genre : « Tiens, vous n'avez pas la photographie du Maréchal ? M. un tel l'a mise lui ! » Cette période fut fertile en événements ; certains, dont je fus le témoin ou la victime méritent d'être contés. Je le ferai, en respectant, si possible, l'ordre chronologique, puis en les résumant pour ne point alourdir mon récit.

Août 1940 : retour dans mon logement, à Châteauvillain, occupé, entre-temps, par un détachement allemand, qui mit à mal ma cave, entièrement pillée, et mes meubles sérieusement endommagés.

1942 : point culminant des privations alimentaires, au point que je lance un SOS, je suis dépanné en catastrophe, par l'un des trois notaires de mes circonscriptions, sous forme d'un très gros morceau de gibier, provenant de braconnages dans la forêt princière d'Arc-en-Barrois.

1942 : je prends la présidence d'un club de football qui va devenir, en quelque sorte, avec ma complicité et ma bénédiction, un centre d'accueil de réfractaires au STO (Service du travail obligatoire en Allemagne) ; ces éléments mélangés aux joueurs issus du cru, vont ainsi, munis de fausses licences et de fausses cartes sportives, pouvoir dissimuler leur identité jusqu'à la fin du conflit.

Juin 1944 : la proximité de leur défaite rend les Allemands nerveux et ce d'autant qu'ils sont l'objet d'attaques incessantes de la part du maquis implanté non loin de Châteauvillain, dans les bois environnants, et où figurent notamment trois joueurs de mon club de football. En représailles de ces sabotages, les

Allemands procèdent à Châteauvillain au massacre de dix-sept personnes prises au hasard parmi la population et incendient une partie du village. Cette nuit de terreur fut vécue par mon épouse et sa mère, terrées dans notre cave tandis que crépitaient au-dessus d'elles les balles de mitraillettes balayant les rues de la localité. Je devais, par pur hasard de n'être point chez moi ce soir-là, ayant été désigné pour remplacer un agent malade au chef-lieu du département, bénéficier d'une heureuse protection puisque je fus empêché, au dernier moment, de retourner chez moi, à Châteauvillain (ainsi que j'en avais l'habitude, tous les deux ou trois jours), suite à une vérification de caisse impromptue qui devait se prolonger au-delà de 18 heures, heure trop tardive pour effectuer, à bicyclette, les 20 km me séparant de mon domicile. Ce n'est que le lendemain matin que je devais apprendre le massacre, bénissant le sort qui m'avait évité de rentrer chez moi, à l'heure même où se déroulaient la prise d'otages et leur fusillade. Simple coïncidence, quelques jours après, je devais être arrêté, au domicile de mon beau-père où j'étais hébergé durant mon intervention à Chaumont. Ce détachement de SS commandé par un sous-officier me tint en joue durant quelques minutes, m'interrogeant sur les raisons de ma présence à Chaumont, alors que j'étais en possession d'une carte d'identité me domiciliant à Châteauvillain ; d'où, rapprochement avec cette localité où, peu de jours auparavant, avait eu lieu ce sanglant épisode. La découverte sous une pile de bois, d'une valise contenant mes affaires personnelles ajouta encore à leur fureur et à leurs vociférations. Placé contre le mur, mitraillette contre le ventre, le sous-officier écumant de rage, me traitant de terroriste, ordonna au détachement de m'encadrer et de m'emmener en direction de la Gestapo. Mon affaire se présentait plutôt mal lorsqu'en chemin nous fîmes la rencontre d'un officier allemand qui s'informa en un français très pur des motifs de mon arrestation : je n'eus aucune peine à lui faire comprendre que j'étais un fonctionnaire détaché provisoirement à Chaumont et qu'il pouvait s'en assurer en venant, avec moi, jusqu'à la direction de l'Enregistrement, assez proche du lieu où nous nous trouvions. Il ajouta foi à ma déclaration et ordonna au détachement de me libérer. L'alerte avait été chaude.

À quelques jours de là, un détachement du maquis régional, stationné dans la forêt domaniale de Châtillon-sur-Seine, sous les ordres du vétérinaire de Châteauvillain, fit deux prisonniers : l'un allemand, l'autre russe blanc de l'armée Vlassov, égarés dans les bois environnants. Amenés *manu militari* dans le parc de Châteauvillain à l'endroit même où tout récemment avaient été fusillés les dix-sept otages, ils manifestèrent une telle terreur avant même de savoir le sort qui leur serait réservé que les « maquisards » y virent en quelque sorte une preuve de leur participation effective à ce massacre et prirent la décision de maintenir leur arrestation, contrairement à l'injonction reçue de les remettre entre les mains de l'autorité américaine au titre de prisonniers de guerre.

Alerté par un des résistants, membre actif et joueur confirmé du club que je présidais, je me rendis au parc où sans être informé du dénouement du spectacle auquel j'étais convié d'assister, j'allais mémoriser une scène qu'en d'autres temps je me serais refusé de voir : une scène toujours présente à l'esprit dans ses moindres détails, tel un rêve pénible, une sorte de cauchemar, cependant vécue en parfaite impassibilité, calme et froideur, traduisant la volonté de vengeance qui animait « exécutants » et « assistants » encore sous le choc de l'image obsédante de dix-sept cadavres, innocentes victimes de la barbarie germanique, couchés, peu de jours auparavant, à l'endroit même où devait se dérouler l'exécution de la sentence de condamnation à mort prononcée à la suite d'un jugement sommaire. Je revois l'Allemand se traînant à genoux, aux pieds de celui qui pointait déjà la mitraillette contre lui, gémissant et priant, le suppliant, invoquant Dieu et la pitié des hommes, mêlant les « *mein gott* » et les « *nicht kaputt* », véritable loque humaine, assommé d'un coup de crosse, avant d'être attaché à l'arbre et transpercé de balles.

Le Russe blanc, quant à lui, allant calmement se placer contre l'arbre d'où son camarade venait d'être détaché, refusant d'être ligoté, faisant le signe de croix, regardant fixement, jusqu'à la mort, avec un air de défi, celui qui allait l'exécuter.

Je revois encore cette expression d'étonnement et d'effroi de l'Allemand, avant qu'il ne perde connaissance ; je me suis longtemps posé la question : faisait-il vraiment partie de cette troupe qui avait perpétré le massacre de dix-sept innocentes victimes ? Question sans réponse. Un doute subsistait même s'il n'en existait aucun dans l'esprit de ceux qui décidèrent de son sort…

Cela se passait à midi, je rentrai chez moi, me mis à table et mangeai comme d'habitude, sans état d'âme. Étais-je donc devenu un être insensible, impitoyable, indifférent ? Inconsciemment n'y avait-il pas, en moi, un fond de revanche envers des représentants anonymes d'un peuple directement responsable de la mort de mon père ?

Quoiqu'il en soit, bien des années après, le temps ayant fait son œuvre et apaisé les passions, je m'interroge aujourd'hui sur cette « impassibilité », la replaçant dans son contexte de l'époque, alors que tant d'innocents ont payé de leur sang la barbarie des hordes teutonnes, trop nombreuses pour être toutes punies. Alors, qu'importe donc que certains de leurs comparses, même innocents, aient payé à leur place. Il fut un temps où la pitié n'était pas de mise.

8 mai 1945 : c'est l'armistice et la fin de la guerre, j'ai trente-trois ans et ma carrière administrative reprend.

Lucien Séguy

« Je suis pris »

Le 6 juin 1944, j'étais à Paris – à bicyclette et en fraude – et, bien entendu, j'apprends la nouvelle du débarquement en Normandie. Retour le soir même, à vélo bien sûr, assez penaud d'avoir été devancé par les événements et plutôt inquiet de ce que j'allais rencontrer sur les routes… Tout se passe bien quand même et me voici chez moi, avec mon bureau.

Sept jours plus tard, le 13, avait lieu le grand bombardement du camp allemand. Soudain, le soir, un puissant roulement de tambour dans la rue : « Ordre de la Kommandantur : tous les hommes de 15 à 70 ans doivent se trouver demain matin à 6 heures avec des pelles et des pioches pour boucher les trous des pistes endommagées par le bombardement. Ceux qui n'obéiront pas seront fusillés. Eh bien, me dis-je, voilà du pain sur la planche pour demain ! Moi, fonctionnaire de l'État français, je m'estime dispensé d'obéir. Au surplus, je suis gardien d'une caisse publique ! À 6 heures, je serai dans mon lit ».

Le lendemain 14 juin, je suis à mon bureau, j'écris… Soudain, un bruit de bottes, deux feldgendarmes entrent en courant dans mon bureau : je suis pris ! Un quart d'heure plus tard, je fais partie d'un peloton de trente pauvres types, présumés réfractaires. Un capitaine allemand arrive ; il gueule, comme d'habitude, mais ce qu'il dit est bien intéressant : demain à l'aube, vingt-cinq d'entre nous seront fusillés !

Les heures passent. Va-et-vient d'hommes qu'on amène ou qui repartent, libérés ; des femmes apportent des couvertures ou des victuailles aux « prisonniers » ; les sentinelles laissent passer les femmes. Par une voisine, je fais demander qu'on m'apporte la radiographie catastrophique de ma pleurésie de 1940, celle qui m'avait permis d'obtenir trois mois de sursis devant les médecins français (oui, cela a existé) chargés par les Allemands d'examiner les « candidats » à la déportation. On me fait tenir cette radio et, aussitôt, je me dirige vers l'officier qui commande le groupe ; à peine ai-je dit deux mots en allemand que, pour toute réponse, je reçois un coup de pied au c… Je rentre dans le rang : ça va mal ; évidemment, moi, je ne travaille pas chez le charcutier qui fournit la troupe. Que faire ?

Un quart d'heure passe encore mais j'ai l'impression que le capitaine allemand a été remplacé par un autre… ? Alors, j'affûte bien ma phrase, je la répète mentalement : il faut que j'arrive à le convaincre ! Me voici reparti, marchant voûté, ma radioscopie devant moi comme un écran : « Je suis très malade, je suis tuberculeux » dis-je en allemand à l'officier. Il est vrai qu'habitué à ces parodies, je dois faire pitié. L'officier m'écoute avec surprise, puis avec une sorte de mansuétude et, soudain, d'une voix forte (l'habitude du commandement ?) il me dit : « Rentrez chez vous bien vite, vous allez prendre froid ! »

Je quitte le peloton, abasourdi par tant de chance… Ai-je fait dix pas vers la liberté ? Un violent crissement de freins : un grand cabriolet vert me barre la route ! Tout le monde, à Saint-André, connaît le cabriolet vert, c'est celui du colonel commandant la base, surnommé « colonel Cognac » par ses hommes, pour un motif probablement secret… « *Wohin ?* » (Où allez-vous ?) Je réponds, toujours en allemand :

« Je suis très malade !

- Il n'y a pas de " malade " pour aller sur le camp ! »

Et il me réintègre au peloton.

Cela va de plus en plus mal ! Et j'ai de moins en moins envie d'être fusillé demain !

Alors, je puis vous assurer que, dans ces moments-là, on cherche, on imagine, on se triture les méninges…

Un trait de lumière ! Je me dis : l'officier qui m'avait libéré est allé à la rencontre du colonel, donc il a entendu ce que le colonel m'a dit… mais les sentinelles, de l'autre côté du peloton, n'ont entendu que les paroles précédentes, « libératoires », de l'officier… alors, je tente le coup !

Très dignement, avec une lenteur calculée, je passe entre les fusils-mitrailleurs des sentinelles, celles qui croient que je suis libre. Je vais si posément, si dignement, qu'on hésiterait, je l'espère, à tirer sur un homme qui a si visiblement la conscience tranquille…

Quelques secondes plus tard, passé l'angle du bâtiment, hors la vue, j'ai battu, ce soir-là, le record du 100 mètres et franchi, je ne sais comment, un mur de trois mètres de haut : celui de chez moi.

Marcel Mousset

La Libération en Seine-et-Marne

Malgré les admonestations du directeur, nous descendions à peu près journellement dans le jardin pour observer les armadas d'avions américains qui passaient au-dessus de la ville en laissant dans le ciel de longues traînées de vapeur d'eau et en semant d'innombrables rubans d'aluminium destinés à leurrer, paraît-il, les radars allemands.

Un jour, la formation que nous observions vira brusquement au-dessus de nos têtes, nous entendîmes des bruits violents, semblables à l'arrivée rapide d'un train dans une gare et de violentes explosions ébranlèrent le quartier : c'était un bombardement qui visait le pont du chemin de fer et qui, comme il arriva souvent, arrosa surtout les environs.

Un peu plus tard, alors que nous étions toujours sans courrier, les Allemands préparèrent les mines destinées à faire sauter les deux ponts qui couvraient les deux bras de la Seine, nous empêchant de nous rendre au centre ville où nous prenions nos repas de midi.

Notre dernier repas fut marqué par la présence, dans le restaurant, de nombreux officiers allemands qui s'éloignaient du champ de bataille de Normandie. Étant arrivé, ce jour-là, plus tard que les autres habitués, je vis toutes les tables de la terrasse occupées par des officiers dont beaucoup arboraient l'insigne des SS et dont aucun ne respirait la joie, bien entendu. Je passai dans l'arrière salle où nous avions nos habitudes ; la table d'hôte où nous prenions nos repas était complète, ce qui m'obligea à m'installer à une table voisine où se trouvaient déjà un gros officier allemand et une dame française qui était avec lui. À part une brève salutation, l'heure n'était pas aux grandes conversations, surtout en raison de l'ambiance qui régnait chez nos « visiteurs ». Néanmoins, « mon » officier, qui avait l'air tout à fait indigné, m'interpella en excellent français me prenant à témoin, motif pris que, le matin même, des Allemands avaient été égorgés en Normandie, ce qui était inhumain et contraire aux lois de la guerre, etc. J'ai pensé qu'il devait dépendre de quelque service et non d'une unité combattante. Personne ne pipait mot, chacun avait le nez dans son assiette et, comme on s'adressait à moi, je me bornai à hocher la tête en levant les yeux au ciel, mimique qu'on pouvait interpréter comme on voulait mais qui parut calmer mon interlocuteur, lequel me laissa ensuite manger en paix. Inutile de dire que les habitués ne s'éternisèrent pas dans le restaurant qui devait être détruit quelques jours plus tard lors d'un bombardement allemand et où ils ne revinrent jamais.

Le même jour, en raison de l'imminence de la destruction des ponts, de l'arrivée des troupes alliées et des combats qui pouvaient en résulter, le directeur réunit le personnel dans son bureau et nous invita à rentrer chez nous jusqu'à ce que les événements nous permettent de reprendre notre travail. Dès la fin de l'après-midi, mon collègue D. repartit chez lui, à Fontainebleau, à bicyclette et je décidai de regagner, dès le lendemain matin, Nemours où se trouvaient mon épouse et mon tout jeune fils, né depuis quelques semaines à peine après un accouchement mémorable : la clinique d'accouchement était à Fontainebleau et le taxi à gazogène qui devait y conduire ma femme avait fait faux bond. [...]

Nous étions dans une maison amie à attendre l'arrivée des troupes américaines. Pour tromper l'ennui et l'impatience, ignorant si quelque bataille ne viendrait pas nous persécuter jusque dans ce village à l'écart des grands axes, les hommes entreprirent de creuser une tranchée où nous pourrions, éventuellement, nous mettre à l'abri, mais qui n'eut pas à servir. Deux ou trois jours plus tard nous fûmes alertés par un roulement ferraillant et tous les habitants du pays se précipitèrent dehors pour accueillir les GI. C'était une formation de chars, sans doute une avant-garde de l'armée Patton, qui s'arrêta un moment sur la route. Il n'était pas question de leur faire de pompeux discours de bienvenue car ils ne parlaient pas français et personne, de notre côté, ne possédait de connaissances suffisantes en anglais pour tenir une conversation. Faisant appel aux vagues connaissances acquises au lycée de Toulouse, je pus, cependant, échanger quelques propos (si l'on peut dire) avec une sorte de géant au visage recuit par le soleil ; je compris que, depuis quarante-huit heures, ils étaient sur la route, presque sans repos, venant de Normandie et qu'ils étaient passablement fatigués. Les gens du pays leur offrirent de l'eau fraîche et ils apprécièrent surtout les tomates bien mûres qui furent cueillies à leur intention et dans lesquelles ils mordirent à pleines dents. Et puis, ils reprirent la route, tandis que nous repartions pour Nemours toujours *pedibus cum jambis* en poussant le landau de notre jeune fils.

La libération du pays avait aussi libéré ses habitants qui emplissaient les rues, dans la liesse. Un certain nombre de voitures, peinturlurées en grosses lettres blanches de l'inscription FFI, passaient de temps en temps, occupées par des gens à l'air très affairé, portant eux-mêmes des brassards « FFI ». Eu égard à leur nombre, certaines personnes s'étonnaient qu'il y en eût tant ; d'autres avancèrent qu'il y avait peut-être des « FFI » de fraîche date, mais vous savez comme les gens sont méchants.

Peu importait, cependant, et tout le monde se réjouissait, même si les difficultés n'avaient pas disparu avec l'Occupation. Les trains ne circulaient plus et il n'y avait pas d'électricité. La nuit, comme nous n'avions pas de moyen d'éclairage pour donner la tétée au bébé, nous montions à l'étage une bicyclette que nous mettions les roues en l'air, face à la maman et nous tournions les pédales aussi vite que possible pour éclairer la scène, grâce à la dynamo du vélo. Nous étions jeunes et cela nous amusait beaucoup !

Survint un événement qui, pour nous, ternit un peu cette période. On était allé cueillir chez elles un certain nombre de femmes qui étaient accusées d'avoir eu des faveurs pour des militaires allemands. On fit défiler les « coupables » en tenue légère, dans la rue pour les tondre une à une sur l'estrade élevée sur la grand place du pays. La foule était dense et joyeuse ; elle se vengeait à peu de frais sur ces pauvres femmes de quatre années d'occupation. De bons chrétiens, familiers de l'église, avaient amené leurs enfants et les hissaient sur leurs épaules pour qu'ils ne perdent rien de ce spectacle « historique ». Les intéressées passaient en essayant de faire bonne figure ; certaines avaient, peut-être, des enfants qui, eux aussi, conserveraient ce souvenir. L'une d'elles était une notable qui dirigeait une entreprise et faisait travailler des gens du pays. Une autre, paraît-il, faisait commerce de ses charmes et reprit, par la suite, la même activité avec les GI sans s'inquiéter de savoir s'ils étaient ou non de race aryenne. Ces malheureuses me faisaient pitié car condamnées sans instruction ni jugement à cette peine infamante. Des tribunaux d'exception seraient bientôt institués pour juger les traîtres et vrais collaborateurs de l'ennemi, mais, pour l'heure, si ces personnes avaient entretenu des « intelligences avec l'ennemi », leurs relations n'avaient nullement été politiques ou militaires, mais concernaient uniquement le cœur... ou le sexe. C'est Pascal qui l'a dit : « Le cœur a ses raisons que la raison ne connaît pas ». Et personne ne se leva pour dire : « Que celui qui n'a jamais péché lui donne le premier coup de ciseau ». [...]

Dans Nemours, comme dans tous les pays libérés, les choses commencèrent à se mettre en ordre et on institua un Comité de Libération qui se chargea de certaines formalités, en particulier, la délivrance de laissez-passer sans lesquels on ne pouvait quitter le pays.

J'obtins sans difficulté ce laissez-passer et, avec d'autres Melunais, pourvu d'une bicyclette qu'on m'avait prêtée, je regagnai Melun où je fus le témoin d'un spectacle peu banal : les ponts sur la Seine ayant sauté, des troupes américaines du génie s'activaient à construire un pont métallique provisoire (un provisoire qui devait durer !). Les militaires travaillaient tout à fait décontractés, des pick-up diffusaient une musique à la mode et des auxiliaires féminines (des pin-up suivant l'appellation nouvelle) leur portaient des boissons ; ayant eu l'expérience de l'armée française, je n'en revenais pas : c'étaient les délices de Capoue ! [...]

Petit à petit la vie reprenait son cours ; l'intermède de la Libération était terminé et il fallait se remettre au travail.

Louis Traissac

Un vaste secteur

J'étais prêt à faire face à mon travail. Or l'impôt de solidarité nationale venait d'être institué par l'ordonnance du 15 août 1945 et l'administration de l'Enregistrement en était chargée. Il s'agissait d'un impôt sur le capital portant sur la valeur des patrimoines des particuliers au 4 juin 1945 – date de l'échange des billets de banque. Le receveur était chargé de liquider les droits au vu des déclarations qu'il me remettait pour que je les contrôle.

Avant même l'arrivée des déclarations, j'avais été chargé de rechercher des renseignements pour leur contrôle. C'est ainsi que je m'étais servi du vélo qui venait de m'être attribué pour parcourir le vignoble et relever au vu des documents des recettes locales des Indirectes (connus sous le nom de bureaux de la Régie) les stocks de vins en cave chez les propriétaires récoltants. J'avais établi ainsi une grande quantité de fiches. J'appréciais ces tournées en vélo et me détendais en pédalant. Pourtant, je garde le mauvais souvenir d'une chute brutale, la tête en avant, par la suite du blocage de ma roue sur la RN 74 vers Meursault. [...]

J'ai dû établir d'autres relevés sur des fiches d'avoirs de particuliers dans certains établissements, comme les caisses d'épargne.

Je me suis rendu aussi, toujours à vélo, dans les mairies des plus gros villages où j'avais annoncé ma venue par voie d'affiches. J'avais à expliquer aux contribuables cet impôt compliqué, qui distinguait les biens anciens de ceux acquis récemment. En fait, la plupart des gens ont été contraints de recourir à des professionnels, notaires, agents d'affaires, comptables, pour établir ces déclarations, plus complexes que celles des successions. D'ailleurs, on était autorisé à déduire les frais ainsi engagés, fixés par un barème. Vous pouvez comprendre que ces réunions dans les mairies devenaient parfois houleuses. Arrivé sur mon vélo pauvrement vêtu, je faisais pour certains figure de communiste qui en voulait aux braves gens ayant un peu de biens !

Je n'en dirai pas plus sur cet impôt qui pourtant nous a demandé beaucoup de travail pendant au moins trois ans. Nous avons tous été bien soulagés de nous en savoir enfin débarrassés.

Dans le même temps, j'ai dû établir sur place les inventaires des biens mis sous séquestre chez certains négociants en vins. Pourquoi certains et pas d'autres ? Ce n'était pas à moi de répondre à cette question. Mais ce n'était un secret pour personne dans la côte vineuse que le commerce des vins, trop calme dans les années de récession qui avaient précédé la guerre de 1939, avait repris une grande activité pendant l'occupation allemande et que beaucoup de maisons de vins en avaient largement profité. Où commençait l'abus ? Quelle était cette justice ? J'aurais préféré tenir un autre rôle dans mon métier.

Toutes ces affaires nées de la guerre et qui échauffaient encore les esprits ont pris fin et à partir de 1948 j'ai pu me consacrer à des activités plus normales et plus calmes.

Le secteur de mon bureau était vaste. Il s'étendait d'ouest en est des confins du Morvan à la plaine de la Saône en englobant du nord au sud le célèbre vignoble de la Côte de Nuits-Saint-Georges et de la Côte-de-Beaune. Il comprenait ainsi les cantons de Beaune, Nuits-Saint-Georges, Nolay, Seurre, Saint-Jean-de-Losne. J'avais affaire à quatre receveurs : Beaune actes civils, Beaune actes judiciaires et domaines, Nuits-Saint-Georges-Seurre.

Dans chaque bureau je possédais mon sommier des découvertes où je consignais toutes sortes d'infractions telles que non-déclarations de successions, de locations verbales, d'affiches, omissions dans les déclarations de successions, vignettes d'auto non achetées ou non apposées, infractions relevées par le contrôle des machines à timbrer, et j'en passe. Ces consignations étaient faciles à motiver et leur suite n'entraînait guère de contestations. Il en était autrement des consignations pour insuffisances de prix concernant les ventes d'immeubles (bâtis ou non bâtis), et de fonds de commerce, ou pour insuffisances d'évaluation dans les successions portant sur les mêmes biens, avec en plus les valeurs mobilières non cotées en bourse (le contrôle des valeurs cotées était facile, l'Administration nous fournissant les cours complets, et pouvait être effectué par l'employé auxiliaire).

Or, à mon arrivée à Beaune je devais tout apprendre sur les biens situés dans mon secteur. Jusqu'alors seuls les inspecteurs (employés supérieurs qui vérifiaient les bureaux) s'occupaient de ces affaires délicates. Pour me mettre au courant je relisais avec attention leurs consignations et j'étais fier de prendre leur suite pour ce travail. Mon grade de contrôleur avait d'ailleurs à ce moment été transformé en celui d'inspecteur, en même temps que les inspecteurs qui me vérifiaient devenaient inspecteurs principaux (eux seuls restant des employés supérieurs).

En plus de la partie fiscale du travail, je devais remplir de nombreuses tâches domaniales, telles que la liquidation des successions vacantes et non réclamées, les ventes des biens en provenant, celles des biens remis aux Domaines, comme les emprises des voies ferrées déclassées avec les gares et les maisons des gardes-barrières. La partie la plus délicate du travail domanial consistait dans l'évaluation des immeubles faisant l'objet d'expropriations, ou d'opérations publiques pour lesquelles l'avis du Domaine était nécessaire. Parfois il s'agissait simplement de fixer le loyer de locaux pris à bail par des administrations, ou au contraire loués par l'État à des particuliers.

Toutes ces opérations nécessitaient de nombreux déplacements. Je me servais encore de mon vélo pour certains, mais dès qu'il s'agissait de conserver quelque dignité je préférais me servir d'une petite auto 202 Peugeot noire, datant de 1939, que j'avais acquise d'occasion chez la veuve d'un capitaine en retraite. La direction m'autorisait à l'utiliser pour mes déplacements dans tout mon secteur, et me remboursait les frais de ces sorties.

Les évaluations me tourmentaient beaucoup. Je désirais arriver rapidement à faire figure d'expert en étudiant les différentes méthodes préconisées (comparaison, capitalisation normale du revenu, réajustement de prix précédents, notamment). Ces différentes méthodes n'aboutissaient pas souvent à des chiffres bien concordants. Il m'appartenait alors de fixer un chiffre ne laissant qu'une marge d'incertitude réduite. Or, je savais bien que la seule réalité objective était le prix obtenu lorsqu'il n'était pas entaché de dissimulation. En dehors d'un prix véritable, une évaluation restait toujours une vue de l'esprit et risquait d'être arbitraire. […]

Heureusement, les biens pour lesquels une évaluation convenable était possible ne manquaient pas, notamment les terres, les prés, les vignes, les terrains à bâtir, les maisons de construction courante, pas trop anciennes, bien entretenues. J'avais encore du pain sur la planche !

D'ailleurs la hausse continue des prix des immeubles de toute nature avait grandement facilité mes réclamations, car je ne les formulais qu'après avoir convenablement situé les biens, et donc avec un certain retard dû à leur nombre et peut-être aussi à ma méticulosité. Entre-temps, les cours des vins, pilotés par la vente des hospices de Beaune en novembre, avaient subi une hausse marquante, parfois de l'ordre de 20 % par an. Cela entraînait l'euphorie des propriétaires et le prix des vignes était entraîné par le cours du vin. La hausse était également continue pour les terres et les prés, et aussi pour le bâti. Tout le monde en convenait et cela facilitait ma tâche.

De plus, la direction, en la personne de M. T., remarquable inspecteur principal, avait organisé un véritable service des évaluations immobilières.

À partir de 1948 nous avons été dotés d'un fichier comportant des fiches roses pour les immeubles bâtis habitables, bleues pour les autres immeubles bâtis, jaunes pour le non-bâti. Cette documentation était servie uniquement par des prix certains. Elle était conçue pour dégager, selon les possibilités, des prix à l'hectare, pour les terres et prés, à l'ouvrée pour les vignes, ou au m^2 pour les terrains à bâtir, et aussi pour établir des rapports avec les prix connus des locations. Sur les fiches je pouvais coller des photographies que je prenais moi-même et les annoter d'observations particulières.

J'avais aussi reçu pour chaque commune de mon secteur des dossiers comportant de très nombreux renseignements utiles. Étaient encore à ma disposition des cartes au 20/1000e et au 50/1000e et même pour le vignoble des plans cadastraux classés dans de grands cartons posés à plat sur une table de décharge dans la pièce d'archives. J'allais les consulter avant de me rendre sur place. Un inspecteur des finances, de passage à nos bureaux, avait jugé très satisfaisant mon organisation.

J'avais vite appris que je devais faire preuve de la plus grande attention en ce qui concernait les vignes. Les fins terroirs étaient très étroitement délimités et à des distances pourtant très proches, on notait des prix extrêmement différents. [...]

Au bout de quelques années d'expérience et à mesure que la direction me documentait de façon de plus en plus précise, je ne m'en sortais pas mal et avec la persévérance d'un bœuf morvandiau, j'avançais lentement mais sûrement dans ma connaissance du vignoble, ainsi que dans celle, plus facile, des autres immeubles de mon secteur, et je sentais que mon avis comptait de plus en plus auprès des notaires, dont le rôle était, bien sûr, de soutenir leurs clients vis-à-vis de moi. Cette connaissance m'a d'ailleurs bien servi en matière domaniale lorsque j'ai dû fixer les valeurs des terrains acquis pour améliorer les routes existantes et surtout pour construire l'autoroute A6. Ma documentation nous a permis de faire face à des réunions parfois houleuses dans les mairies des villages traversés.

Pierre Gaudin

Le métier de commis de l'Enregistrement

Mes premières années ont été consacrées à l'impôt de solidarité nationale[4], institué pour dégager des ressources, afin de financer les dommages de guerre et la reconstruction de tout ce qui était devenu ruines.

Il frappait tous les Français (ou presque) et avait débuté par l'échange des billets de banque le 4 juin 1945, tous ceux en circulation étant démonétisés et remplacés par de nouvelles coupures : le montant de cet échange était soigneusement noté pour en laisser trace, et en outre limité, de façon à bloquer les avoirs trop importants, pour une éventuelle confiscation, si l'on découvrait des profits illicites[5] ou provenant du marché noir. Il a été créé un comité de confiscation étudiant chaque cas.

Pour le contrôle de cet impôt il nous était parvenu environ 150 000 bulletins de renseignements sur les avoirs des contribuables à cette date du 4 juin 1945, émanant des banques, caisses d'épargne, compagnies d'assurances, perceptions, autres administrations, et montants de l'échange des billets.

Il m'a fallu environ un an pour les classer, tout d'abord par communes, puis par ordre alphabétique. Ce n'était pas très motivant, mais il fallait bien le faire pour exploiter ces renseignements au moment du contrôle des déclarations, lesquelles devaient être déposées au plus tard le 18 février 1946, mais, en fait, le délai a été prorogé en fonction des besoins pour les notaires et comptables qui s'étaient trouvés brutalement devant un travail important.

Ces bulletins ont été rapprochés des déclarations et les anomalies ou omissions étant relevées au fur et à mesure, pendant que le contrôleur (cadre A) vérifiait les valeurs déclarées pour les fonds de commerce et les biens immobiliers et notifiait un redressement si nécessaire.

Le receveur avait notifié aux contribuables l'avis comportant les sommes à payer, au vu des déclarations déposées, avant contrôle.

Un travail intéressant et très motivant venait de commencer pour moi, c'est-à-dire le stade du contrôle d'environ 3 000 déclarations, puis le calcul des droits complémentaires pour omission ou insuffisance relevées, également des contacts avec l'extérieur, notamment les banques, pour des recherches de renseignements complémentaires.

---

4. *Impôt de solidarité nationale* : Voir note n° 19 du chapitre IV et note n° 11 de l'introduction au chapitre IV.

5. *Profits illicites* : L'ordonnance du 18 octobre 1944, complétée en janvier 1945, prévoit la confiscation des profits illicites, profits effectués entre le 1er septembre 1939 et la date légale de cessation des hostilités et résultant « des opérations faites directement ou par intermédiaire avec l'ennemi, des opérations réalisées en violation de la réglementation des prix et de la réglementation économique ». Les contribuables doivent compléter leur déclaration de bénéfices de 1945 par l'indication des profits illicites réalisés depuis 1939.

Ce contrôle dura environ deux années à temps plein, puis diminua d'ampleur progressivement, jusqu'à extinction naturelle tout ayant été vu et revu. En 1952 une loi d'amnistie arrêta toutes opérations pour les petits redressements, les affaires importantes en cours étant toutefois maintenues pour règlement du contentieux.

C'est alors qu'il a fallu envisager de résorber le retard accumulé non seulement pendant cette période consacrée à l'ISN, mais aussi celui résultant de la guerre, par suite de la mobilisation d'un certain nombre d'agents dont beaucoup sont restés prisonniers de guerre, ou déportés ou soumis au Service du travail obligatoire.

Le registre sur lequel tous les décès étaient reportés, « la table des décès », révéla que 500 déclarations de succession n'avaient pas été déposées. Il a fallu les recenser et faire une liste pour chaque notaire intéressé.

On ne pouvait pas les décourager en leur fournissant des listes complètes auxquelles ils n'auraient pas pu faire face en bloc.

Une méthode douce a été utilisée : fixer avec chacun d'eux un rendez-vous hebdomadaire au cours duquel il leur était remis un extrait de cette liste, comportant dix à douze déclarations de succession seulement à nous faire parvenir.

Ces listes établies en fonction de l'importance présumée du patrimoine comportaient cinq à six successions moyennes et une à deux successions importantes.

Il a fallu suivre cela de très près, relancer souvent, et patienter environ cinq ans pour résorber le retard, ce qui n'est pas étonnant, car il fallait aussi faire face aux travaux courants.

À partir de 1954 il a été établi chaque année une fiche intitulée « nature des opérations confiées à l'agent ». Elle fixe les fonctions exercées et fait apparaître leur ampleur et leur diversité. […]

Les autres fonctions étaient exercées par :

1) Un auxiliaire (devenu agent de constatation cadre C) : recherches des locataires non déclarés, consignations et liquidations des droits puis classement des déclarations dans les dossiers immobiliers.

Recherches et annotations des demandes de renseignements émanant du procureur et des percepteurs (sur le patrimoine des personnes faisant l'objet d'une enquête – et ce au vu du « répertoire »).

Annotations au répertoire (sauf déclarations de succession, celles-ci m'étant réservées, étant la phase préalable au contrôle des biens déclarés et détection de ceux omis).

Le répertoire a été créé en 1866, il se composait de fiches et de registres :

a) Les registres comportaient des cases numérotées et des colonnes relatant succinctement les références des actes enregistrés au nom d'une personne déterminée, et permettant de s'y reporter. C'était le reflet du patrimoine de chacun, c'était une mine d'or pour effectuer les recherches dont nous avions besoin – une sorte de casier fiscal. Il a été envisagé de le remplacer par un dossier individuel tenu par l'Enregistrement, projet mort-né puisque abandonné en haut lieu au moment où les réunions d'étude étaient tenues à la base dans les directions départementales. Aujourd'hui les renseignements sont fournis par des extraits des actes notariés destinés aux divers services fiscaux intéressés.

b) Les fiches étaient annotées de l'état civil du contribuable (éventuellement nom et prénom du conjoint) et des numéros du volume et de la case du registre-répertoire. [...]

Les premières fiches étaient annotées très brièvement, comportant quelquefois seulement un nom et un prénom, ce qui ne permettait pas toujours l'identification exacte d'un contribuable déjà fiché, d'où de nombreuses fiches en double, en triple, ou davantage devenues inexploitables. [...]

Ces fiches sous la responsabilité du chef de service (receveur à l'origine, inspecteur ensuite) étaient rangées dans des boîtes à chaussures souvent à même le sol dans un coin du bureau. Puis au gré du responsable il a été installé des meubles divers, souvent des tables plus ou moins boiteuses achetées d'occasion des deniers personnels du receveur. On m'a dit qu'il s'était établi une coutume : le responsable vendait ce meuble à son successeur sous déduction de 10 % par rapport au prix payé à l'achat. Réalité ? Légende ?

Ici nous avons été gâtés. En effet, à la faveur de l'espace nécessité par l'installation de l'impôt de solidarité nationale, conjuguée avec une rénovation des bureaux, et grâce à l'esprit compréhensif de notre inspecteur principal, nous avons eu un meuble neuf à tiroirs spécialement conçu par un artisan menuisier.

Les tiroirs du bas étaient réservés au « cimetière ». Il contenait les fiches des contribuables décédés, annotées des références de la déclaration de succession ou de la date de leur décès avec la mention « pas d'actif apparent » pour ceux ayant disposé de leurs biens de leur vivant.

2) Un contrôleur (devenu inspecteur cadre A) : contrôles des prix exprimés dans les ventes et des évaluations portées dans les déclarations de succession et les donations pour les fonds de commerce et les biens immobiliers (en cas d'insuffisance, rehaussements des prix ou des valeurs, débouchant sur un supplément de droits à payer).

Enquêtes domaniales pour l'évaluation des biens à acquérir par les services dépendant de l'État ou des collectivités locales en vue d'obtenir une cession amiable ou à défaut d'entamer la procédure d'expropriation.

Ces enquêtes étaient très nombreuses et il fallait y consacrer la majeure partie du temps de service.

Michel Guillot

LE STYLO À BILLE

L'atmosphère de ce service sans chef n'est ni chaleureuse, ni hostile, tout au plus indifférente. J'attaque donc avec ardeur mes premiers travaux, en l'occurrence une tâche de recoupement. Très rapidement je vois que mes collègues, pourtant apparemment d'un naturel assez froid, paraissent beaucoup s'intéresser à mes œuvres. Je comprends vite qu'ils sont surtout intrigués par mon stylo à bille, manifestement le premier qui ait franchi le seuil de la direction.

J'avais été subjugué, quelques semaines auparavant, par le bagou d'un camelot qui vantait l'invention du siècle : le stylo sans plume qui écrivait, grâce à une bille. Des kilomètres d'écriture étaient garantis. Qui plus est, après épuisement de la réserve d'encre, il suffisait de remplir à nouveau le stylo. C'était d'une simplicité enfantine : dévisser le tube réservoir de cuivre et se réapprovisionner en le vissant dans le col d'un petit tube d'étain, grand comme un petit tube échantillon de dentifrice. Ne pressez pas trop fort insistait le camelot car « l'encre est d'excellente qualité et elle tatouerait vos mains pendant quelques jours. Cet instrument est très économique, mais économisez encore sur la quantité d'encre et dans cinq ans, si vous voulez un nouveau tube écrivez-moi ». Malgré le prix élevé de l'engin, je n'avais pas hésité longtemps à acquérir le lot proposé se composant d'un stylo-bille et d'un stylo-plume, tous deux d'une magnifique couleur grenat.

P.-S. Comme prévu, je n'ai passé que quelques semaines à ce service, mais le volume du papier noirci, je veux dire bleui, était spectaculaire et on voyait que j'étais outillé pour travailler vite et bien.

Ce n'est que quelques semestres plus tard, après quelques intérims et au retour du service militaire, que j'ai su combien la direction avait peu apprécié mon travail.

En effet, l'encre de mon stylo magique était à base de glycérine et le papier intercalaire ISN (impôt de solidarité nationale) sur lequel j'avais travaillé n'était pas en pur vélin. En quelques mois, l'encre glycérinée s'était donc étalée lentement mais sûrement sur le papier « quasi buvard » pour transformer mes écritures en un amas de papier huilé, marbré de taches bleues, totalement illisible par tout autre qu'un chartiste…

Il n'est donc pas étonnant que l'usage du stylo à bille ait été interdit à la direction pendant quelques années… jusqu'à ce que, en 1953, le baron Bich ait perfectionné et rendu plus fiable la géniale invention du Hongrois Biro.

Paul Bessède

Mes outils de travail

À mes débuts, ma première armoire était loin d'être pleine, comme le seront les autres armoires de mes bureaux successifs, inexorablement envahies par la documentation. Elle renfermait essentiellement :

- toute une série de volumes reliés composés d'anciennes instructions, en petit format ;

- quelques circulaires anciennes dites autographiées (elles étaient classées dans les si utiles chemises cartonnées 265 E (sociétés) ou 85 E) ;

- les petits fascicules agrafés du bulletin qui avait remplacé les anciennes instructions (en ces heureux temps, la documentation annuelle était renfermée dans un seul classeur de quelques centimètres d'épaisseur) ;

- le répertoire alphabétique dit « RA », qui n'était déjà plus à jour, car la réforme fiscale de 1948 était passée par là.

La remarquable instruction ISN (impôt de solidarité nationale) était toujours là, mais elle ne servait plus si ce n'est pour le contentieux. Bien longtemps plus tard, lors de l'élaboration de l'IGF (impôt sur les grandes fortunes), devenu ISF (impôt sur la fortune), les concepteurs la recherchaient désespérément.

L'outil de travail essentiel (devant être acquis à titre onéreux) était le dictionnaire de l'Enregistrement de M. Castellani et son complément naturel : l'Indicateur de l'Enregistrement, qui relatait les décisions de justice et les principales instructions. Des tables annuelles et pluriannuelles en permettaient une lecture aisée.

Ces dernières publications étaient assurées par le syndicat (ultérieurement affilié à FO).

Il y avait aussi :

- le savant et malheureusement « antique » traité alphabétique (TA) de Maguero ;

- une série de volumes de la revue de l'Enregistrement, des Hypothèques, du Timbre et du Domaine de M. Maguero, faisant suite au traité alphabétique, au code manuel de l'Enregistrement, au répertoire de manutention et au dictionnaire des Domaines ;

- le non moins savant traité de M. Dementhon.

M. Dementhon était directeur à Lyon, pendant ma scolarité.

Lors de l'arrivée de la nouvelle promotion de surnuméraires, il avait eu la délicate attention de convier à souper, à son domicile du cours de la Liberté, à la table familiale, en présence de sa femme et de ses filles, les fils d'agents de l'Enregistrement.

J'avais été très sensible à cette invitation, mais n'avais pas été très à l'aise tout au long de cette entrée dans le monde, car si M. Dementhon était charmant, il était aussi très impressionnant.

Il faisait partie de ceux que l'on nommait les « grands directeurs », c'est-à-dire de ceux qui alliaient à de très solides connaissances professionnelles un caractère endurci et savaient assumer leurs responsabilités.

Figurait, enfin, dans ma bibliothèque, un autre outil de travail essentiel, irremplaçable et irremplacé : l'annuaire. Il était, lui aussi, acquis à titre onéreux, son achat ne pouvait cependant être regretté.

Paul Bessède

Un contrôle de l'Enregistrement

Professionnellement, je venais d'être nommé, en 1955, dans un contrôle. C'est-à-dire que j'avais la responsabilité du contrôle des évaluations, base des impositions dans les mutations à titre onéreux (ventes d'immeubles et de fonds de commerce, apports en société, cessions de parts…) ou à titre gratuit (donations et successions). J'étais également chargé des évaluations domaniales et des opérations concernant le domaine de l'État et des collectivités publiques. Territorialement, mon « diocèse » s'étendait sur les quatre cantons constituant le ressort de la recette de Riberac et sur les trois de celle de Mussidan soit une petite centaine de commune réparties dans un rayon de 30 à 40 kilomètres autour de mon point d'attache.

Naturellement, j'avais une excellente formation technique en matière de droits d'enregistrement, une formation recette en quelque sorte et aucune préparation en ce qui concernait mes nouvelles fonctions. Pouvait-il en être autrement d'ailleurs ? Comment apprécier la valeur des biens dans une région qu'on ne connaît pas, région aussi peu homogène que possible car qu'y a-t-il de commun entre les riches vallées de l'Isle et de la Dronne et les marécages désolés de la Double ou du Landais, entre les régions céréalières du Verteillacois et les landes rocheuses du nord-est du secteur ?

Il me faudrait également découvrir qu'à l'intérieur de certaines communes, les maisons et les terres s'arrachaient à prix d'or dans ou à proximité de hameaux bien précis et ne valaient pas grand-chose quelques kilomètres plus loin.

Tout le monde sait que la fraude fiscale est le sport national le plus pratiqué. D'autant que l'intérêt, à l'époque, n'était pas mince, les droits de vente s'élevant alors entre 16 et 21 % et de 5 à 60 % en matière de donation et succession, droits auxquels on pouvait ajouter 3 à 4 % d'honoraires du notaire. On comprend la tentation de minimiser le prix du bien vendu ou transmis et prouver la dissimulation était quasiment impossible. Le législateur avait bien perçu cette difficulté et avait essayé d'y parer par deux dispositions :

1. Les droits étaient appliqués sur le prix déclaré ou sur la valeur vénale du bien transmis si cette dernière lui était supérieure. [...]

Si l'adversaire était par trop coriace, on pouvait saisir du différend la commission départementale de conciliation voire en dernier ressort, le tribunal civil. Il est évident que ces procédures lourdes n'intervenaient que rarement. Il fallait déjà être très sûr de son fait pour proposer à l'Administration de se lancer dans de telles aventures.

2. Il existait bien une arme absolue, la dissuasion intégrale : la préemption. Elle permettait à l'Administration de se substituer à tout acquéreur en préemptant le bien pour un prix supérieur de 10 % à celui exprimé dans l'acte. Si le prix était exact, l'acquéreur évincé faisait une bonne affaire. Si la dissimulation était importante, il risquait de perdre beaucoup d'argent. Malheureusement, comme toute arme absolue, elle était surtout psychologique. Elle permettait de menacer mais son utilisation était rarissime.

Comment les choses se passaient effectivement sur le terrain ? Chacun avait sa petite recette. Il y avait ceux qui attaquaient systématiquement toute opération importante partant du principe que tous les chiffres étaient sous-estimés ce qui, globalement, n'était pas loin de la vérité. Ensuite, le fer étant engagé, ils tâtaient les faiblesses de l'adversaire et se contentaient d'engranger les résultats sur ceux qui se laissaient convaincre. D'autres se constituaient un réseau d'indicateurs ou d'amitiés divers auprès de particuliers ayant eu affaire à eux ou de professionnels à la conscience pas complètement limpide. Enfin, on pouvait combiner les deux méthodes suivant les circonstances.

En toute hypothèse, il fallait se constituer un fichier aussi complet que possible des valeurs déclarées pour tâcher d'en tirer argument dans la discussion avec le redevable. C'était aussi indispensable dans le rapport qui était rédigé pour le directeur lorsqu'on lui soumettait pour approbation les bases de l'accord intervenu avec le contribuable.

Il existait d'autres repères éventuels comme la précédente évaluation si elle était récente ou la capitalisation du revenu en cas de location ou l'application de coefficients au chiffre d'affaires et au bénéfice s'il s'agissait de fonds de commerce. [...]

Par la suite, j'appris aussi à bien connaître ceux avec lesquels nous étions en contacts permanents : les officiers publics (notaires, huissiers) et les agents immobiliers. Il suffisait d'exploiter leurs petits travers car il y avait les bavards, les anxieux, les jaloux, ceux qui n'avaient pas la conscience tranquille parce qu'ils n'étaient pas ponctuels ou pire, pour les intermédiaires, parce qu'ils oubliaient de déclarer tout ou partie de leurs commissions. Personne n'arrivait à vous donner le prix et les conditions exactes de la négociation mais un détail au détour d'une phrase, quelques sous-entendus, tout cela joint à des propos à bâtons rompus recueillis en mairie ou ailleurs, le tout précieusement engrangé, trié, filtré, pouvait se révéler d'un grand secours.

Ainsi je m'efforçais de n'intervenir qu'à bon escient, lorsque la fraude était manifeste et laissait suffisamment de marge pour une transaction « honnête » : un accord qui satisfasse un peu tout le monde. Il fallait que personne ne se sente floué et que chacun puisse se féliciter d'avoir limité les dégâts. Par contre, une fois la réclamation lancée, je ne l'abandonnais pas facilement. Il fallait me convaincre que mon appréciation pêchait à l'aide de faits précis.

C'était épuisant ces discussions de marchand de tapis avec des interlocuteurs souvent de mauvaise foi qui bataillaient des heures durant. Jamais, dans la vérification des autres impôts, je n'ai été aussi désemparé qu'en matière d'enregistrement. La notion de valeur n'est pas très concrète. C'est même souvent subjectif. Circonstance aggravante, les redevables en la matière, étaient des occasionnels. Ils savaient qu'on ne les reverrait pas et que leur combat serait unique et sans conséquence ultérieure. Ils se défendaient avec la dernière énergie. Tandis qu'en matière de contribution directe ou de TVA, ils avaient affaire à nous si souvent qu'ils comprenaient vite que s'ils se payaient notre tête, un jour ou l'autre, nous pourrions prendre une revanche.

Jean Grellety

RÉDACTEUR

Je me suis installé comme rédacteur à la direction de l'Enregistrement et des Domaines de l'Oise à Beauvais le 16 mai 1957.

Il n'y avait donc pas d'épreuves de sélection officielles pour accéder à cette fonction. Le directeur exerçait librement son choix. Des modalités qui laissaient au responsable départemental une marge de manœuvre non négligeable pour constituer son état-major. Un peu de déconcentration pour certains, le fait du prince pour d'autres, de la souplesse sûrement. Avec la mise en place de la fusion des régies et d'une gestion des personnels très centralisée dans le cadre de mouvements nationaux, cette marge de manœuvre disparaîtra.

J'allais passer cinq ans à Beauvais dans le même bureau que nous partagions à deux rédacteurs. Nous étions installés au centre vital de la direction avec d'un côté, l'accès aux bureaux de la secrétaire, des dactylos et de l'inspecteur de comptabilité, personnage ô combien important : tenir les cordons de la bourse en faisait une éminence grise redoutée aux yeux de tous. De l'autre côté, notre bureau donnait accès au cabinet du directeur avec sa porte capitonnée, signe extérieur manifeste de l'autorité.

Cette disposition faisait de notre bureau un carrefour obligé de la vie de la direction. Un lieu de passage avec un va-et-vient permanent ; une ruche en quelque sorte avec ses abeilles ouvrières s'agitant autour du chef.

Notre bureau servait également de salon d'attente pour les visiteurs du directeur. Parfois l'attente était longue et nous devions faire la conversation. C'est dire que nous étions dérangés en permanence dans le déroulement de nos travaux. Or je n'apprendrai rien aux spécialistes du contentieux : le traitement d'un dossier exige tout le contraire, le calme et la tranquillité indispensables à la réflexion et à l'efficacité. Que d'agitation stérile, que de temps perdu pour tous et… ce vieil inspecteur principal de direction qui, en plus, venait régulièrement nous entretenir de ses problèmes personnels. Il m'arrivait d'être vraiment agacé. […]

Nous étions encore loin de l'idée de déconcentration. Après instruction par les services de base, tous les dossiers remontaient donc à la direction sur nos bureaux pour nouvel examen et décision. Cette organisation centralisée générait inévitablement des problèmes de liaison, de compréhension entre agents de terrain et direction, et des délais supplémentaires dans le traitement des dossiers. En particulier, il était souvent difficile d'être exactement informé de tous les faits eux-mêmes. Une proposition de solution erronée émanant du service n'était souvent que la conséquence d'une connaissance imparfaite des circonstances de l'affaire.

Les notes interlocutoires avaient donc la plupart du temps pour objet d'explorer plus avant leur réalité. Ces notes provoquaient parfois l'irritation de certains inspecteurs ou receveurs particulièrement irascibles. Ils acceptaient mal que la qualité de leurs travaux soit suspectée, leurs propositions désavouées par ces jeunes « blancs becs » de la direction. Il fallait alors faire assaut de diplomatie pour faire passer la pilule, surtout auprès de quelques vieux pontes intouchables.

Mais à l'époque il n'était pas encore de mode de s'interroger sur les relations entre services de base et services de direction.

J'étais d'ailleurs surpris de constater combien le directeur était le personnage central, incontournable de toute l'activité des services de la direction et du département. Directeur, le mot n'était pas vain.

À la fois présent au cœur de tous les problèmes, attendu sur tout ce qui survenait, épié avec une curiosité avide, jugé sans complaisance en bien ou en mal, mais bénéficiant toujours d'un respect formel souvent excessif pour ne pas dire hypocrite, objet de rumeurs vraies ou fausses, mais manifestant en toutes circonstances une autorité incontestée sur tout ce qui concernait la « maison ».

Même les représentants du syndicat FO avaient un comportement très civilisé à son égard, voire complaisant... D'ailleurs le directeur n'était-il pas invité lui-même chaque année à l'occasion de son assemblée générale. J'ai encore une photo de presse de l'une de ces réunions suivie d'un repas présidé par lui.

Qui l'appréciait à sa juste valeur ? Peut-être nous qui étions ses plus proches collaborateurs.

En fait, malgré d'excellentes relations personnelles au quotidien, il demeurait relativement lointain et secret, n'affrontant jamais l'ensemble de ses collaborateurs en les réunissant. Le conseil de direction n'existait pas. En fait il n'y avait jamais de débats collectifs. [...]

Mais les temps n'étaient pas encore venus de s'interroger sur le rôle du directeur et sur les fonctions de la direction. Moi-même, tout en émettant des critiques, je pensais que cette façon de diriger était sans doute immuable. Le chef décidait de tout, point final... Circulez, il n'y a rien à voir... En était-il de même dans les deux autres régies ? Vraisemblablement.

Il faudra attendre longtemps avant d'entendre parler de façon de diriger, de « management ». Attendre longtemps aussi pour voir évoquer la déconcentration. En dépit de quelques avancées partielles antérieures, notamment en matière de contentieux, c'est pratiquement la grande crise sociale de 1989 qui amènera la DGI à repenser de fond en comble son système d'organisation et de fonctionnement : ce sera « la démarche de changement » des années 1990. D'ici là, plus de trente ans s'écouleront. [...]

Nos dossiers contentieux sitôt mis au point par nous parvenaient, avec un projet de décision, sur le bureau du directeur lui-même pour visa, sans contrôle intercalaire. Quelle angoisse dans les premiers temps avec toujours la même question lancinante : dans quel état allait-il revenir ? Approuvé purement et simplement c'était rare ; approuvé au fond mais modifié en la forme, le cas le plus souvent ; non approuvé avec injonction de revoir l'affaire dans tel ou tel sens, hypothèse assez rare. Je ne pouvais m'empêcher de penser qu'un directeur devait sûrement avoir des choses plus importantes à faire que de passer la majeure partie de son temps à réviser le travail de ses rédacteurs dans le plus infime détail.

C'est là que j'ai découvert ce vocable affreux, « le caviardage ».

Contrairement à ce que pourraient imaginer les non-initiés, celui-ci n'avait rien à voir avec la ponte des œufs d'esturgeon. C'était simplement, selon le dictionnaire *Larousse*, le fait de caviarder, le caviar étant un enduit noir dont on recouvrait les articles censurés d'un journal sous Nicolas Ier, grand adepte de l'autocratie. De là à penser que le mot, si on le rapproche du comportement des directeurs des années 1968, n'était pas innocent... ce serait un raccourci de l'histoire que je me refuserai à emprunter. Ce mot barbare allait en tout cas empoisonner ma vie administrative trop longtemps, un véritable supplice dont j'ai souffert à maintes reprises avant d'en faire moi-même souffrir les autres.

Qui n'a pas connu les affres du caviardage n'a rien connu ; une espèce de torture des temps modernes à l'intention des bureaucrates. [...]

Que de temps perdu trop souvent, que d'encre et de papiers gaspillés, que d'énergie dépensée jusqu'au plus haut niveau et que d'argent public dépensé inutilement. Et, tout ça, pour dire trop souvent la même chose, parfois en plus compliqué... pour un résultat final qui ne méritait pas tout ce déploiement de moyens, guère mieux que le projet initial et encore perfectible... toujours perfectible ! Tout dépendait du nombre d'intervenants placés sur le circuit ! Aujourd'hui je reste convaincu que c'était bien là l'un des maux endémiques les plus pervers de la machinerie administrative. Les choses se sont peut-être améliorées...

Quant au comportement des agents de la direction, il n'était bien évidemment que le reflet contraire de la propre attitude du directeur. Quelles que soient leurs fonctions, ils ne décidaient jamais sans en référer au supérieur, la célèbre loi du « parapluie hiérarchique » fonctionnait à plein.

Pour quelques-uns parmi les moins courageux, l'objectif prioritaire était d'assumer la moindre responsabilité personnelle possible en évacuant par tous moyens le travail trop pénible. Ils savouraient un véritable exploit quand ils parvenaient à transmettre un dossier sous un bordereau d'envoi portant la mention « pour suite à donner » ou « pour attribution ». Le fin du fin était alors atteint : un numéro de plus dans la statistique sans fatigue excessive.

Je dénonce ce phénomène en forçant – à peine – le trait car j'ai rencontré ce type de comportement tout au long de mon périple administratif. J'avoue l'avoir traqué et utilisé tous les moyens à ma disposition pour tenter de réveiller les plus fainéants. C'était certes un phénomène extrêmement minoritaire mais qui donnait à l'extérieur une image déformée de l'Administration. Je crois qu'il s'agit d'un devoir de dénoncer ces errements pour mieux défendre la très grande majorité des agents qui fait convenablement son travail. Ce qui est rassurant c'est que ces errements ne sont pas l'apanage de l'administration fiscale. Ils sont visibles partout dans le privé comme dans le public. Seule différence, ils sont plus difficiles à pourchasser dans le public que dans le privé.

Louis Menuet

« Une chasse gardée »

G. change de cap. C'est une nouvelle expérience : en 1985, elle quitte la direction pour connaître le service des hypothèques.

Après une demande d'affectation, elle est nommée à la première conservation – il y en a deux.

Statistiquement, la première est plus importante. Le service des hypothèques est un univers en petit ; en vérité, autre que celui de la fiscalité proprement dite. Tant, il est vrai, que le conservateur des hypothèques est le seul fonctionnaire salarié.

C'est une chasse gardée : on est observé à la loupe avant d'entrer dans ce noble service. C'est vrai que le secret professionnel est absolu, mais que le travail est intéressant. D'abord la composition du service : le conservateur, cela va de soi ; les chefs de contrôle, au nombre de deux ; deux contrôleurs et dix agents d'assiette. C'est une véritable ruche.

Le travail débute sur les actes notariés. D'abord, le calcul des différentes taxes et droits, ainsi que le salaire du conservateur. Vient ensuite le travail d'analyse, qu'il s'agisse d'achat, de vente, de succession, de partage, de donation ou de changement de régime matrimonial, ou encore d'échange. Tous les événements sont relevés.

Des fiches individuelles, avec la date de naissance – et l'alphabet – remplissent les fichiers qui sont mécaniques électriques. Rien n'est informatisé : rares sont, en France, les bureaux des hypothèques bénéficiant de ces nouvelles techniques.

L'analyse des actes est faite au jour le jour. Il n'y a pas de retard dans cette conservation. Les dépôts des notaires s'effectuent tous les deux jours.

Certains actes demandent plus de temps que d'autres, tout d'abord, les recherches des actes relatifs. C'est un premier travail. Viennent ensuite l'analyse et l'application sur la fiche individuelle.

Tous les renseignements demandés au bureau des hypothèques sont payants. On comprend en cela, en particulier, les états de renseignements : il y a les simples renseignements succincts, il y a les renseignements « généraux » avec état de créance et remboursements. Ces états sont très élaborés.

Le travail de collationnement est très important, respectant l'ordre d'inscription au service de la comptabilité.

Seuls les notaires ou personnes habilitées ont droit d'accès au fichier, qui est neutralisé en fin de journée par un système électrique.

L'ambiance du bureau est originale, due sans doute au travail. Rien à voir avec les services de direction.

Au service des hypothèques, on retrouve les personnels d'exécution qui ont débuté leur carrière dans les services de l'Enregistrement pour la plupart. Ils connaissent leur travail de base.

G. fournit des efforts, on l'observe comme elle observe. Son travail est toujours cadencé au rythme toujours plus grand, toujours plus important que les autres.

C'est un service qui ne connaît pas de changements comme les Contributions directes ou les recettes, par exemple.

Les personnels sont en place depuis trente ans ; ils assurent une sécurité de travail. C'est pourquoi les mutations aux Hypothèques sont au choix.

G. a beaucoup aimé ce travail qui la plaçait dans l'amphithéâtre d'une faculté de droit. Elle s'est régalée pendant trois ans et puis est partie en douce, comme toujours.

Georgette Fontan

Détournements

On peut dire que l'honnêteté, souvent très scrupuleuse, était la règle générale dans l'Enregistrement. Certes, on pouvait y trouver quelques brebis galeuses, mais ce n'étaient que des exceptions qui confirmaient la règle [...].

La plupart des agents indélicats que j'ai connus ou dont j'ai entendu parler étaient les héros d'affaires médiocres qui présentaient deux caractères particuliers.

Tout d'abord, les détournements étaient généralement peu importants, souvent alambiqués et paraissaient l'œuvre de gagne-petit.

Une deuxième particularité tenait au désir de l'Administration (et de ses agents) de ne pas présenter au public un visage trop dévalorisé. Comme dans les familles, on avait le souci du bon renom de ses enfants : l'Enregistrement, comme la femme de César, devait être au-dessus de tout soupçon. C'est pourquoi – tout au moins dans les petites affaires dont j'ai eu connaissance – si le coupable remboursait les sommes détournées, on se bornait à le rayer des cadres sans déposer une plainte contre lui [...].

Le premier détournement dont j'ai entendu parler concernait l'avant-dernier titulaire de la recette de C... où je fus nommé, personnage éminemment calculateur à tous points de vue [...].

Ce receveur, qui fut radié quand on s'aperçut de ses malversations, avait une imagination fertile et à longue portée pour dissimuler ses soustractions ; aucun moyen, fût-il le moins rentable, ne l'arrêtait. C'est ainsi que, pour timbrer un document à 3,50 F, il utilisait un timbre à 3 centimes au lieu de 3 F et collait le timbre complémentaire de 0,50 F de façon qu'il empiète sur le précédent en dissimulant le « c » : il n'y avait pas de petit profit.

S'il enregistrait un bail fait pour 3, 6 ou 9 ans, il notait 3, 6 ans sur le registre de surveillance *ad hoc*, de façon à se réserver, 6 ans plus tard, l'encaissement des droits afférents à la troisième période du bail.

Les dissimulations étaient si ingénieuses que l'on en découvrait encore quelques années après qu'il avait été rayé des cadres [...].

Je citerai, enfin, une affaire à l'origine de laquelle j'ai été involontairement mêlé :

Ayant été reçu au concours d'inspecteur principal, j'avais accompagné un collègue expérimenté (comme c'était la coutume) pour m'initier aux beautés et aux subtilités de l'établissement d'une situation de caisse au bureau de M. Pour vérifier l'exactitude de la caisse, il fallait tenir compte de toutes les recettes encaissées depuis le début du mois comptable, notamment de celles effectuées sur les registres à souches ; or, plusieurs de ces registres manquaient, alors que le bureau était géré par un intérimaire, en l'absence du titulaire en congé. Mon collègue et moi passâmes une bonne partie de la journée à chercher ces fameux registres, y compris parmi les archives stockées au grenier où nous eûmes l'occasion de soulever et respirer une bonne dose de poussière. Finalement, le receveur titulaire dut avouer qu'il avait détruit les registres absents, ce qui obligea un autre employé supérieur à les reconstituer, non sans mal, pour chiffrer le montant des détournements et identifier les contribuables qui avaient régulièrement payé les sommes non portées en comptabilité, dont ils étaient redevables.

Celui-ci eut ainsi l'occasion de bavarder avec le fonctionnaire indélicat ; il lui demanda ce qu'il comptait faire après sa révocation et lui suggéra, en plaisantant, de se faire agent immobilier, en raison des connaissances communes existant entre cette profession et celle d'inspecteur de l'Enregistrement et des

Domaines. Il eut la surprise d'entendre son interlocuteur lui répondre : « Ah non ! Il faut être trop crapule pour ça ! »

Louis Traissac

LE DOMAINE

(1943-1971)

SÉQUESTRES

Un petit rappel historique : l'affaire commence en juillet 1943…

Parmi les attributions juridiques du service des Domaines, figuraient la gestion et la liquidation, au profit de l'État, des biens mis sous séquestres, « biens ennemis » pour la plupart ; c'est-à-dire qu'en 1939, étaient considérés comme biens ennemis les patrimoines allemands et italiens tandis qu'à partir de juillet 1940, c'étaient les avoirs anglais, et ensuite américains, qui devenaient « biens ennemis ».

Sous l'occupation allemande, en cet été 1943, aucun bien anglais ou américain ne figurait dans le ressort du bureau ; par contre, un sujet allemand, du nom de Vitold von H., avait acheté et restauré une fermette, à quelque trois kilomètres de Saint-André. C'était un homme important, bien en cour auprès de la Wehrmacht à laquelle il avait, disait-on, fourni les plans d'une fusée et, accessoirement (par quelle voie ?), quelques tonnes de café.

L'existence de ce personnage m'avait été révélée par le maire de la commune, à qui von H. avait présenté ses civilités ; le maire, à son tour, lui avait fait visite, une visite pittoresque, telle, du moins, qu'il me l'avait racontée, d'une voix gaillarde et joyeuse, en se tapant bien fort sur les cuisses. « Je sonne, me dit-il, au portail. Jugez de ma stupéfaction : une jeune femme, entièrement nue, m'ouvre et me précède dans le jardin où von H., en slip, assis sur le gazon, devise avec une autre femme nue. Il me présente ses deux amies, des danseuses : l'une est grecque, née en Roumanie, elle a surtout vécu en Russie, l'autre est russe, de parents hongrois ou roumains, peu importe… Elles sont très belles, insiste le maire, et c'est avec quelque regret pour moi que s'achève le porto ».

Septembre 1944…

Le destin de la guerre tournait vite en cette époque et, dès septembre 1944, je me retrouve « séquestre » de deux usines de fabrication de peignes de corne à

Ezy-sur-Eure, d'une entreprise de battages et, bien entendu, de la fermette du sieur von H., personnage courtois mais inquiétant… Mon premier travail était de faire inventaire, en présence du maire, moins joyeux, et de l'une des danseuses, très habillée cette fois. Instruit par une certaine expérience et craignant je ne sais quelle vindicte du seigneur von H., j'avais sciemment « oublié » de noter le mobilier de l'une des pièces de l'habitation : gage, précaution, monnaie d'échange ou simple intuition ?

Même le retour des Allemands n'était pas formellement exclu. Et comment, en cette époque évangélique, ne pas penser à user pour soi-même du pouvoir insolent des « biens d'iniquité » ?

Quelques semaines plus tard, le maire me prévient : « Les voisins ont l'impression qu'il va se passer quelque chose ». Je décide de faire une ronde vers 23 heures, avec un huissier : tout est calme. J'apprends le surlendemain qu'un camion est venu, de nuit, enlever tout le mobilier… Que faire ?

La réponse est venue, très vite, pour dissiper toutes mes craintes : l'URSS ayant absorbé les États baltes et la Prusse orientale, von H. s'était souvenu d'être né en Lituanie ; son « véritable » état civil était H. V. ; il était Lituanien, donc citoyen soviétique, donc allié ! Je refermai le dossier.

Quelques mois plus tard, un article du Figaro me donne la dernière des bonnes nouvelles du jongleur : « M. H. V. a été écroué à la Santé pour trafic de faux tableaux ».

D'autres épisodes ont émaillé cette curieuse période ; ils ont occupé tout mon automne…

Je rappellerai tout de même – et sans l'ombre d'un sourire – que lorsqu'il s'agissait d'une affaire industrielle ou commerciale, le Domaine était tenu d'assurer la continuité de l'exploitation… ne fût-ce que pour ne pas encourir le reproche d'avoir laissé ou fait péricliter l'affaire. Alors, je gérais… je gérais tant bien que mal, vaguement protégé par cette sorte de mansuétude dont use la jurisprudence à l'égard d'une gestion « en bon père de famille ».

Mon bilan, bien entendu, connaissait des fortunes diverses : l'entreprise de battages ne me causait pas trop de soucis, la saison des battages achevée. Celle des usines de peignes était un peu plus délicate, mais on apprend des choses : je sais désormais choisir entre cent *le* peigne de corne qui ne se cassera pas !

J'avais aussi à contrôler (!) une exploitation agricole, détenue par trois femmes belges – la mère et les deux filles, toutes trois rondelettes – poursuivies pour faits de collaboration avec l'ennemi, mais qui, en ma présence, maîtrisaient une faculté extraordinaire : celle de fondre en larmes toutes trois ensemble, dans un accord absolument parfait et de pleurer aussi longtemps que je refusais de signer le permis d'abattre un bœuf ou un cochon ! Et, comme, devant leurs silhouettes faméliques, je ne signais pas ! Car le point délicat était le cheptel, à cause du nombre, toujours contesté, des naissances, le plus souvent destinées au marché noir… Me voyant dans cette galère, mes ancêtres paysans ont dû frémir !

J'ai parlé de « fortunes diverses » et je présume que sur les séquestres, mes collègues ont pu écrire bien des pages originales.

Par exemple, il m'a été conté, par le frère de l'intéressé, qu'un inspecteur principal de la région parisienne, non content de séquestrer l'entreprise, en avait épousé la présidente, cas non prévu par la déontologie administrative mais qui prouve que, parfois, la gestion du Domaine était infiniment satisfaisante.

En fut-il de même pour une autre affaire parisienne où le bien, réputé « ennemi », donc à gérer « en bon père de famille », était… une maison close ?

Mais, en définitive, l'époque me laisse plutôt de bons souvenirs ; j'aime le cocasse, et particulièrement quand il pimente la sévérité administrative et fait danser de pieuses allégories sur les charbons ardents. Et puis, il faut le dire : le domaine est un métier d'une extrême simplicité : il faut savoir tout faire… et surtout ne jamais demander d'instructions.

Marcel Mousset

Confiscations et séquestres

Au lendemain de la Libération, fut constituée à Guéret (Creuse) une cour martiale. Ce tribunal entreprit de juger toutes les personnes qui, présumées coupables d'avoir collaboré avec les occupants étaient amenées devant elle à la suite de dénonciations.

Les statuts de la cour élaborés je ne sais comment, paraissaient avoir été inspirés par le Comité de salut public de l'an II. Peu après sa constitution, la nouvelle juridiction, pour ses débuts, condamna à mort une quinzaine de personnes qui furent fusillées séance tenante. Chacun des arrêts avait prononcé la confiscation des biens des condamnés et chargé l'administration des Domaines de procéder à ces confiscations.

Je reçus mission d'effectuer les opérations que ces peines comportaient. Je devais en exécution des sentences :

- faire un inventaire des biens mobiliers confisqués et dresser procès-verbal de prise de possession par l'État des immeubles ;

- vendre aux enchères, soit directement, soit avec le concours d'officiers ministériels tous ces biens.

Mais les juges de la cour martiale avaient ignoré, semble-t-il, que dans tous les cas où des biens confisqués dépendent d'une communauté entre époux, ainsi que dans le cas où le condamné laisse des héritiers réservataires (enfants ou parents), seule une partie des biens en cause revient à l'État et ces biens doivent faire l'objet d'un partage.

Au demeurant, je n'aurais eu aucune hésitation à donner suite aux arrêts qui m'étaient notifiés si les sentences avaient été rendues dans des conditions régulières par une juridiction issue de dispositions législatives et en vertu de lois pénales élaborées conformément à des règles constitutionnelles. Mais il était bien évident que la cour martiale avait usurpé les pouvoirs qu'elle s'était donnés. Qui plus est, aucune des personnes conduites devant elle ne paraissait avoir mérité la peine capitale. Parmi ses victimes il y eut, notamment, un poivrot sans malice à qui on pouvait reprocher tout au plus d'être trop bruyant quand il parvenait à un certain degré d'ivresse. Un soir, dans un bistrot, il avait importuné des maquisards qui, excédés par ses cris et ses chants, l'avaient proprement éjecté. Sur le trottoir, le bonhomme avait poussé des hurlements imprécatoires contre les résistants du coin allant jusqu'à souhaiter que ces garçons se fassent « botter le cul ». […]

Alors j'ai fait dresser des inventaires pour constater la consistance des biens confisqués en vue de donner l'illusion de mettre à exécution les arrêts de la cour martiale. Le nouveau préfet de la Creuse, venu de la résistance, m'avait d'ailleurs fait comprendre que, s'il désapprouvait les excès commis par les membres de la juridiction créée à Guéret, il ne disposait pas de moyens pour les empêcher et qu'il considérait la situation où nous nous trouvions comme provisoire.

Le président du tribunal, pour sa part, m'avait conseillé de continuer à « faire semblant » en attendant que la justice ordinaire puisse être rétablie.

Un beau jour, la cour cessa de prononcer des condamnations à mort. Mais elle continua à envoyer en prison des personnes présumées coupables d'avoir eu des relations avec les Allemands et elle assortit ses condamnations de nouvelles confiscations.

Enfin, le général de Gaulle parvint à reprendre en main le gouvernement du pays après la dissolution des « milices patriotiques ». La cour martiale de Guéret fut dissoute au début de novembre, mais les arrêts par elle prononcés ne furent pas immédiatement réformés. Et puis le gouvernement provisoire, à ce moment-là, organisa des procédures nouvelles tendant à la mise sous séquestre des biens ayant appartenu aux personnes reconnues coupables de faits de collaboration ou d'avoir réalisé des profits illicites durant l'Occupation. Et, comme il va de soi, la gestion des biens séquestrés fut confiée au Domaine.

Dans l'application des mesures de séquestre, j'étais beaucoup plus à l'aise que dans l'exécution des confiscations. Une mise sous séquestre est une mesure purement provisoire. Celles alors ordonnées avaient d'ailleurs uniquement pour objet de priver certaines personnes de la gestion de leurs biens pour les empêcher de se rendre insolvables ou de fuir la justice.

À un moment j'eus à m'occuper de soixante séquestres environ. Fort heureusement la plupart d'entre eux portaient sur des biens dont la gestion n'était pas difficile comme, par exemple, dans les cas où je me bornais à faire encaisser par un receveur de l'Enregistrement des loyers ou fermages et à assurer le paiement d'impôts.

Un seul de mes séquestres nécessita le recours à des mesures particulières. Il s'agissait d'une entreprise de collectes de cuirs et peaux associée à une entreprise de « chargeur en filature » qui fabriquait des fils de laine utilisés naguère par les tapissiers d'Aubusson.

En temps normal, ces entreprises employaient à elles deux une vingtaine de personnes. Elles appartenaient à un industriel qui, accusé d'avoir eu des sympathies pour les occupants et d'avoir bénévolement vendu des peaux à des organismes allemands, vivait alors caché à Paris.

Sur mes propositions, un administrateur fut nommé pour faire fonctionner les ateliers. Mais, bien entendu, je gardais la haute main sur la gestion du patrimoine séquestré qui comprenait, non seulement les entreprises, mais encore une maison d'habitation et un solide portefeuille de valeurs mobilières.

J'ajoute que j'eus aussi à m'occuper plus tard de la confiscation des biens immobiliers ayant appartenu à De Brinon qui avait été ministre dans le gouvernement de Vichy et qui avait secondé Laval à maintes reprises dans la mise en application de mesures propres à faciliter des déportations.

Jean-Paul Massaloux

UNE MISSION TRÈS SPÉCIALE

Un beau matin du printemps 1958, l'inspecteur de B. chargé des affaires domaniales reçoit de la direction une note de service prescrivant, en dehors des plus élémentaires précautions :

- de procéder, dans les meilleurs délais, à l'estimation du bâtiment sur le ban de Natzwiller constituant une dépendance de l'hôtel Idoux, appelé « salle des touristes », utilisé durant la guerre comme « chambre à gaz » dans le cadre des sinistres activités du camp d'extermination du Struthof ;

- de négocier, en vue de l'acquisition par le ministre des Anciens Combattants, le montant de l'indemnisation qui sera due aux héritiers des propriétaires de l'hôtel (valeur de l'immeuble, de son assiette et indemnités accessoires) ;

- en cas d'échec de ces négociations, de représenter l'État en qualité de commissaire du gouvernement auprès de la juridiction d'expropriation (tribunal de grande instance de Saverne).

Assez désemparé par le caractère même de la mission dont je viens d'être investi, conscient, au surplus, de l'absence de tout précédent sur lequel je pourrais éventuellement m'appuyer (le camp de Struthof n'avait, en effet, pas d'équivalent en France), je confie, par téléphone, mon désarroi à la direction de Strasbourg qui, sur le ton le plus aimable, me fait répondre : « On ne sait pas… Débrouillez-vous… On vous fait confiance… » Nouvelle tentative, cette fois auprès de la direction départementale des Anciens Combattants qui se contente de me fournir un plan du site et un plan du bâtiment. Il ne me reste donc qu'à me rendre sur place pour essayer de glaner quelques informations auprès des gens du cru.

Mais, tout d'abord, un petit retour dans le passé. En 1939, le randonneur qui remonte la vallée de la Bruche peut trouver, après Schirmeck, à une cinquantaine de kilomètres à l'est de Strasbourg, un petit « hôtel de montagne » appelé le Struthof, flanqué de sa « salle des touristes » à usage éventuel de salle de bal, bref une modeste station de sports d'hiver située en pleine forêt, à 800 mètres d'altitude, dans le massif du Champ du Feu (1 100 mètres).

Dès septembre 1940, Himmler en personne décide l'implantation sur le site d'un camp de concentration et d'extermination. Les propriétaires sont purement et simplement spoliés et expulsés : le bâtiment principal abrite la Kommandantur.

Mises en service le 21 mai 1941, les installations concentrationnaires fonctionneront jusqu'à la fin 1948, « accueillant », après la Libération, miliciens volontaires dans la Waffen SS, membres influents nazis (NSDAP).

De 1949 jusqu'au jour de mon intervention, aucune visite, aucun passage officiel ne viennent troubler l'extrême solitude des lieux. Le portail d'entrée (analogue à celui d'Auschwitz) est d'ailleurs condamné par une série de chaînes cadenassées et un impressionnant réseau de barbelés dissuade toute volonté d'intrusion.

Au cours de mes investigations, j'apprends que la route de 4 km qui permettait l'accès au camp depuis la localité de Rothau fut construite par les détenus du « camp de redressement »[6] de Schirmeck sur le tracé d'un chemin d'exploitation forestière à peine carrossable. 17 065 malheureux l'ont emprunté à pied depuis la gare de Rothau, 14 000 d'entre eux pour leur dernière destination. Tel a été le sort, en particulier, du général Frère, chef de

6. De ce camp, il ne reste rien. Les habitants de Schirmeck et de Labroque ont tout détruit le 25 novembre 1944 (note de l'auteur).

l'Organisation de résistance de l'armée, du général Delestraint, à la tête de l'Armée secrète, de monseigneur Piquet, évêque de Clermont-Ferrand, mais aussi de douze « incorporés de force », originaires tous de Ballersdorf, village alsacien proche de Dannemarie.

C'est par la même route qu'un matin de juin 1958 j'arrive avec ma petite 4 CV devant l'entrée du camp établi sur un haut plateau d'environ 1 km^2. J'ai l'impression d'avoir rendez-vous avec ces 17 065 internés (dont 4 471 Français). [...]

En face de l'entrée, une carrière abandonnée où traînent encore un certain nombre de brouettes rouillées (sur cette carrière sera élevé le mémorial qu'on visite actuellement). Ce paysage de cauchemar, lugubre, fantasmagorique, semble écrasé par un silence trop lourd à porter, à peine troublé par le vent du nord. À 800 mètres en contrebas, vers l'ouest, se trouve l'hôtel de Struthof, rendu en 1950 à ses propriétaires.

Encore submergé de sentiments d'horreur, je m'y rends. Poliment et aussi brièvement que possible, on m'explique que le dossier concernant la « chambre à gaz » est détenu par l'un des avocats présents au procès d'Oradour, et que, pour toutes explications complémentaires, il convient de s'adresser à la mairie de Natzwiller. On me montre toutefois le bâtiment nommé, ô tragique dérision, « salle des touristes ». On m'assure que plus personne n'y a pénétré depuis 1944.

Je prends alors le chemin de Natzwiller[7], où le maire m'indique qu'à compter de 1949, aucun habitant du village ne s'était rendu sur ces « lieux de honte ». Il précise que le camp du Struthof avait été également un « centre d'expérimentation » à la disposition de la faculté de médecine de Strasbourg sous autorité allemande et qu'une « commission médicale » avait enquêté sur ces pratiques relevant d'une science dévoyée.

Je demande finalement au maire de m'accompagner pour la visite des lieux. Il se contente de me remettre un gros trousseau de clefs dans lequel, selon lui, je trouverai ce qu'il me faut.

Seul, terriblement seul, je repars en direction du camp et me dirige vers l'ancienne « chambre à gaz ». Après maints essais infructueux, j'arrive à faire fonctionner la serrure, et je pénètre dans le bâtiment en simple rez-de-chaussée sur cave, pourvu de fenêtres grillagées. La découverte des « aménagements », en tous points semblables à ceux décrits dans plusieurs publications autorisées, me glace malgré une température presque estivale.

Ayant rapporté les clefs à la mairie, je retourne au bureau et confie mon désarroi à l'inspecteur principal qui accepte de m'accompagner pour une prochaine visite des lieux... Ce qu'il entreprend effectivement, sans pour autant

---

7. Seul village dialectophone dans le canton francophone de Schirmeck (note de l'auteur).

m'apporter l'aide escomptée. Confus, pétrifié d'angoisse, il me dit gentiment, me prenant par l'épaule : « *Junger ! Mach was da kascht* » (Fils ! Fais ce que tu peux).

Au vu de mes notes, je rédige un rapport d'évaluation, proposant une estimation pour l'immeuble proprement dit et une indemnité accessoire pour perte de jouissance durant de nombreuses années.

L'inspecteur rédacteur, manifestement mal inspiré[8], me renvoie le dossier, m'enjoignant d'étayer mes calculs par des « éléments de comparaison ».

Excédé, je réagis de manière délibérément outrancière – ce dont, avec le recul du temps, je ne saurais assurément tirer gloire – en sollicitant de la direction l'établissement d'un ordre de mission pour Dachau, Buchenwald, Bergenbelsen, etc. Mon « initiative » ne reçoit bien sûr aucune suite.

Quelques jours plus tard, je suis, en revanche, désigné comme commissaire du gouvernement représentant le directeur à l'audience d'expropriation auprès du tribunal de grande instance de Saverne, puis convoqué, à une date qui m'a échappé, devant cette juridiction. Le représentant des propriétaires vient à ma rencontre. Nous nous interrogeons mutuellement sur l'attitude qu'il y aurait lieu d'adopter au cours de l'audience publique.

Le président donne la parole successivement à l'avocat et à moi-même. Chacun s'en remet à la « sagesse du tribunal » dissimulant mal un sentiment de gêne qui n'épargne visiblement pas non plus le président. Après quoi, l'affaire est mise en délibéré, le jugement étant attendu sous quinzaine.

Alphonse Bihry

LE MÉTIER « D'ÉVALUATEUR »

Le département de la Seine éclata en 1965 en quatre départements : Paris intra-muros, nouveaux départements de la Seine, Hauts-de-Seine, Seine-Saint-Denis et Val-de-Marne. De ce fait, la direction des Domaines de la Seine, comme les autres directions spécialisées de ce département, transféra une partie de ses attributions aux directions départementales des services fiscaux nouvellement créées.

---

8. Si le recours à la litote me semble aujourd'hui de mise, il ne traduit pas la sainte colère dans laquelle la « gaffe » dont il s'agit avait plongé le jeune inspecteur de 34 ans que j'étais, aux prises avec de sérieuses difficultés (note de l'auteur).

Dès lors que j'étais domicilié à Rosny-sous-Bois, ville englobée dans le nouveau département de Seine-Saint-Denis, je pus choisir d'être affecté à sa direction des services fiscaux, provisoirement installée place de l'Argonne à Paris. Je participai ainsi à la mise en place de la cellule d'évaluations domaniales de ce département nouveau-né.

Le métier d'évaluateur exigeait, outre des connaissances techniques dans tous les domaines et notamment ceux de la construction immobilière, la constitution d'un fichier établissant avec le plus d'exactitude possible la valeur vénale des terrains, celle des bâtiments d'habitation ou d'exploitation qui y étaient édifiés et, dans certains cas, celle de la valeur d'échange de fonds de commerce dont la diversité et la spécificité ne facilitaient pas la classification.

D'où la difficulté d'établir des indemnités d'éviction proches de la valeur réelle des biens considérés, faute de termes de comparaison fiables touchant aux entreprises industrielles, aux exploitations commerciales ou agricoles installées dans un périmètre conséquent. Sol et sous-sol étaient également à prendre en compte car de nombreuses carrières avaient été exploitées sur le territoire du secteur considéré, en l'occurrence l'emprise de l'autoroute A3.

Nos enquêtes étaient minutieuses et pointues et les recherches passionnantes, touchant aussi bien à l'économie de marché qu'à la découverte de la géologie du bassin de la région parisienne.

Plus délicat encore, le contact avec les expropriés dont certains, très âgés, habitant depuis des lustres de petits pavillons certes vétustes mais qui constituaient leur seul bien, me déchirait le cœur par leur détresse manifeste, devant l'inéluctable départ pour un problématique appartement en habitation à loyer modéré. La pauvreté du remède proposé m'apparaissait alors dans toute sa dureté. Hélas, nous n'étions pas maîtres de l'opération.

Par contre, il nous fallait lutter pied à pied contre certains spécialistes en opérations immobilières dont le but avoué était la réalisation d'une affaire « juteuse ». Dès lors, stimulés par l'enjeu, nous nous efforcions d'accumuler des arguments irréfutables.

Puis-je ajouter que nous eûmes parfois à évaluer des arbres fruitiers, des plants de thym ou de tournesol et que j'eus le rare privilège de fixer une indemnité pour l'ombre portée qu'un immeuble de six étages projetait sur l'atelier d'un collège professionnel.

Là, je manquai totalement de termes de comparaison et mon estimation fut essentiellement subjective. Elle fut tout de même admise par le promoteur.

Je commençais à bien connaître Paris et sa région. Je fus extrêmement surpris d'apprendre, qu'en plein centre de la capitale, sur des terrains évalués à dix mille francs le mètre carré, à l'époque, des bonnes sœurs cultivaient des carottes. Magnifique symbole de la foi et du mépris des richesses. Les enquêtes nous menaient partout.

Je vis ainsi des cours d'immeubles vétustes abriter des merveilles d'architecture, parfois de magnifiques sculptures.

De petits jardins douillets s'épanouissaient derrière des façades rébarbatives. Un monde caché s'offrait ainsi à mes yeux.

Secrets de l'éternel Paris que l'on côtoie sans les voir.

À Montreuil-sous-Bois, visitant des caves installées sous un immeuble banal, j'appris que le chemin sur lequel débouchaient leurs portes d'accès conduisait au château de Vincennes, bien sûr sans certitude aucune de le suivre sans rencontrer d'obstacles ni même de le trouver quelque part complètement obstrué.

Je pus rêver de fuites éperdues ou de rendez-vous secrets dont il avait pu être témoin.

J'œuvrai ainsi durant trois ans, étendant le champ de mes connaissances, fortifiant mes bases d'évaluation et estimant sans désemparer tout ce que l'administration des Domaines voulut bien soumettre à ma réflexion.

Norbert Batiat

Expropriation

L'évaluation immobilière n'est pas une science exacte et requiert beaucoup d'observation et de bon sens.

À cette époque, les agences immobilières encore peu nombreuses n'affichaient pas comme aujourd'hui la photographie des biens à vendre, leurs caractéristiques, les prix demandés. Les valeurs tirées des transactions récentes n'étaient pas fiables : minorations de prix dans les actes, plus ou moins importantes, inflation en cours.

Le contrôle serré des valeurs déclarées pouvait avoir atténué sensiblement la fraude dans certains secteurs alors qu'elle continuait à prospérer dans d'autres. Il existait même des prix majorés, dans le but d'obtenir un crédit plus important.

La liquidation des indemnités d'expropriation annexes, parfois très importantes, était délicate : indemnités pour dépréciation des surfaces des propriétés du fait de l'emprise, indemnités dues aux locataires, fermiers, pour troubles divers d'exploitation (emprise d'une route séparant une partie des champs du principal corps de ferme). Cela nécessitait des connaissances techniques en matière de construction, d'agriculture, de sylviculture, de chasse (emprise coupant en deux un territoire cynégétique). Il fallait savoir se renseigner. Inspecteur D (domaine) signifiait alors système débrouille. J'avais du goût pour l'agriculture et rédigeai en particulier une note sur l'influence de la législation des baux ruraux en matière d'expropriation. [...]

Dans une expropriation, un intérêt collectif majeur prime sur les convenances personnelles les plus respectables ; l'indemnité ne compense que la valeur du capital perdu, augmenté des frais, débours, préjudices évaluables en argent. Le trouble apporté dans les familles, la valeur des souvenirs liée à une maison appelée à disparaître, l'inutilité des efforts accomplis parfois pour la construire, pendant plusieurs années, ne sont pas indemnisables. C'est pourquoi elle frappe plus durement les personnes âgées, malades, fragiles, de ressources modestes, appelées à se refaire un cadre de vie ailleurs.

Le dossier de la rénovation de l'îlot insalubre du quartier de l'église, à Livry-Gargan, fournit un triste exemple des conséquences excessives qu'entraîne l'annonce d'une telle mesure.

Au début d'un bel après-midi, j'arrêtai ma voiture à la limite du secteur concerné ; tout était silencieux, les rues désertes. Adoptant ma tactique habituelle, je sortis ma lourde serviette, déployai les plans, considérai les maisons d'un air méditatif, légèrement ennuyé. Le résultat de mon manège ne tarda pas à venir : une jeune femme ouvrit sa fenêtre, m'interpella, me fit bientôt entrer, m'offrit du café. Non, elle n'était que locataire ; oui, elle connaissait le projet, on en parlait assez ! Tout le monde était « à cran ». Ah ! Je rencontrerais bien des difficultés. Et j'avais bien du courage d'oser me montrer après ce drame. Je cessai alors de faire semblant de comprendre, avouai mon ignorance. J'appris que le conseiller général, maire de la ville, venait d'être abattu à l'apéritif du soir, par un propriétaire exproprié.

Remue-ménage et remue-méninges dans le quartier. J'en eus bientôt la preuve en me présentant à la maison voisine sans écouter les avertissements de l'aimable locataire, qui, pourtant, m'introduisit.

Dans une maison ancienne bien garnie de meubles, mais non entretenue, sombre, où tout était triste et poussiéreux, je trouvai la propriétaire prostrée sur un divan, puis en proie à une crise nerveuse. Elle confondait expropriation, vol, expulsion légale, internement en maison de santé, que sais-je ? La preuve du vol ? Les Domaines n'offraient que 4 F du m^2 (« Oui monsieur, le juge a confirmé »). Qui a dit ça ? Mais, dans son bulletin, la présidente du comité de défense des expropriés et spoliés.

En réalité, la base de 4 F le m^2 avait été retenue dans une affaire ancienne ; le propriétaire, privé de quelques mètres carrés d'un passage étroit donnant accès à sa maison, inutilisable pour un autre usage, n'avait subi en fait aucun préjudice.

D'autres visites me confirmèrent les folles rumeurs, l'effervescence qui régnait dans le quartier, le choc provoqué par l'assassinat du maire. Vers 20 heures, je me présentai à la porte de Mme la présidente du comité de défense. Après un temps, celle-ci parut à la fenêtre et entreprit aussitôt de proférer les invectives qu'elle avait eu le temps de méditer. Je l'interrompis en m'inclinant très civilement et en lui présentant mes respectueux hommages. Évoquant sans transition le différend qui l'opposait à la ville de Livry-Gargan, je lui représentai ma mission comme purement technique, le service des Domaines n'ayant pas à prendre partie dans ce différend. Je me heurtai à l'incrédulité la plus complète. Alors j'eus recours à d'autres moyens. Je cherchai à connaître sa province d'origine : c'était l'Anjou ! Je tenais le bon bout par nos origines voisines : mon père n'était-il pas du haut Poitou, ma mère tourangelle, ancienne commerçante à Tours, avenue de Grammont (elle connaissait). Après plus d'une heure, elle me dominant d'un demi-étage, moi fatigué de rester debout, elle consentit à me fixer un rendez-vous. Elle m'accueillit l'un des jours suivants et me fit visiter son pavillon, situé un peu à l'écart des autres, entouré d'un jardin. Tout en prenant des notes techniques, et comme me parlant à moi-même, je proférai d'un ton professionnel des appréciations élogieuses du genre « beau tapis, cuisine bien aérée, pièce agréable à vivre ». Son mari, admis dans la conversation, s'efforçait de tempérer les ardeurs belliqueuses qu'elle manifestait parfois. J'affirmai le caractère sain, non insalubre de son bien, très différent des voisins, pour la désarmer définitivement.

Avant de clore mes opérations sur place, l'automne suivant, au début de la nuit, quand la banlieue se repeuple, je me présentai sous la pluie, près d'un réverbère qui faisait miroiter les pavés disjoints au domicile de l'auteur du crime. Son épouse fit mine de m'envoyer au diable et s'abstint de calmer le chien des plus impressionnants qui s'était jeté sur la porte de la cour en aboyant avec furie. Je jouai alors le jeune premier, non encore lancé, qui tente de se faire admettre dans un salon mondain, en protestant de la pureté de ses intentions. Après bien des hésitations, elle consentit à parlementer, puis à m'ouvrir, me fit traverser la cour, entrer au chaud.

Ayant reconnu d'emblée qu'elle se trouvait dans une situation morale et matérielle catastrophique méritant beaucoup de compréhension, je me transformai en confident attentif, en confesseur : son mari, un travailleur acharné, avait été expulsé sans dédommagement d'un atelier qu'il occupait dans le faubourg Saint-Antoine ; le propriétaire des murs l'avait présenté comme un occupant sans titre. Il était entré dans les lieux, probablement, avec une simple autorisation verbale. Après ce coup du sort qu'il considérait comme une injustice, il avait acheté à vil prix, en ruines, la maison où je me trouvais et entrepris courageusement seul, sa restauration. J'imaginais le désespoir de cet homme, condamné une nouvelle fois à ne pas recevoir le bénéfice de ses efforts : aucune indemnité ne pouvait compenser les heures perdues, au fil des jours, à bâtir une œuvre destinée désormais à demeurer non aboutie, sans valeur marchande dans sa plus grande partie, un chantier ouvert aux intempéries.

Pour l'honneur de l'Administration, mes propositions, tout en demeurant dans le cadre de la loi, nécessairement générale, s'inspirèrent de la notion d'indemnité entendue dans son sens le plus large de compensation de dommage. Je fus suivi sans difficulté.

Robert Augiron

« Un petit air vieillot »

Le service des Domaines, dont le nom avait un petit air vieillot qui me plaisait et inspirait moins de craintes auprès des foules, comptait à partir de son renforcement une demi-douzaine d'inspecteurs plus un ou deux rédacteurs dont un chargé de la gestion des successions vacantes parente pauvre entre toutes on ne sait trop pourquoi, tant aux yeux de la Justice dont il ressortait en partie, que des Finances ; sans doute jugeait-on avec raison que les morts peuvent attendre. Il y avait quatre inspecteurs sur Saint-Étienne dont l'un résidant en fait dans la vallée du Gier, un à Roanne au nord et un au centre en ma personne. Ceci correspondait assez bien aux populations mais pas à l'étendue. Les collègues de Saint-Étienne avaient l'avantage d'être ensemble et avec un personnel commun. Ce service était coiffé par un inspecteur principal qualifié de « chef de brigade » terme que l'un d'entre eux détestait par son assimilation au caporal de l'armée. Son action était assez sinusoïdale, variant avec les moments, les tempéraments, l'atmosphère de la direction. Elle se renforcera avec le temps dans un souci d'homogénéité encore que l'on se soit décidé, dans les années 1980, à accorder aux inspecteurs chevronnés des délégations de signature.

Il existait bien entendu toute une série de barrages sur les propositions de base : rédacteur, inspecteur principal, directeur, voire la région ou Paris pour les grosses affaires. C'était rarement le cas ici et les seuils de compétence ont été fréquemment relevés dans un souci de déconcentration.

Ce service n'était pas l'enfant chéri de l'Administration encore que son rôle « politique » pouvait compter au moins jusqu'aux lois de décentralisation. Il ne rapportait rien sauf de virtuelles économies et une tutelle foncière des pouvoirs locaux facilement mégalomanes à leur échelle. On parla même parfois de nous rattacher à l'Équipement, énorme service né de la transformation des Ponts et Chaussées dans le grand élan de l'aménagement de l'après-guerre.

Les postes d'inspecteur des Domaines étaient assez recherchés paraît-il, de par l'indépendance qu'ils semblaient conférer, indépendance réelle mais à l'image des inspecteurs d'entreprises beaucoup plus nombreux et soumis aux résultats. Malheureusement, les tâches étant assez neuves, l'ancienneté coutumière jouait pour attribuer ces postes à de notoires incompétents par rapport à la formation de tous les inspecteurs de ce département issus de l'Enregistrement. On vit ainsi l'affectation d'un inspecteur d'un mystérieux service viticole supprimé. Cet agent se réfugia dans un rendement minimal au grand dam de ses collègues et tout au plus sanctionné par quelques milliers de francs de primes annuelles pour lui sans conséquence, car il était aisé, disait-on ! Il faut cependant estimer que l'emploi avait des avantages car sur ces six collègues, deux seulement ont fait une carrière d'avancement, aidée bien sûr par le hasard d'une promotion sur place.

Au fur et à mesure de l'organisation de la DGI, on créera des réunions plus ou moins périodiques de rencontre entre les agents sous la présidence de leur inspecteur principal ou du directeur, pour rechercher une harmonisation nécessaire. Ces réunions étaient intéressantes car elles permettaient de conforter des points de vue parfois divergents ne serait-ce que par les tempéraments. Sans doute la notion de valeurs vénales est bien différente entre grandes villes, petites villes ou rase campagne variant de 1 à 100 ou plus, mais on arrivait ainsi plus facilement à des approches. Ces réunions se terminaient par des « agapes fraternelles » dans un des restaurants de l'un ou l'autre des arrondissements car les rencontres se faisaient parfois au-delà de Saint-Étienne ; à vrai dire je ne fus jamais un fanatique de ces repas.

Il arriva une fois que cette réunion fût présidée par le directeur à la suite du débarquement de *missi dominici* de la direction générale chargés de vérifier le service. Mon secteur n'était pas en cause et je pus même discuter fort librement avec l'un d'eux, mais leurs conclusions furent assez acides et le directeur opéra une diminution des primes collectivement, ce dont je fus ulcéré. Elle tombait d'autant plus mal que cette année-là, j'avais statistiquement fait 289 enquêtes ou dossiers sur les 1 150 du département, et pour six inspecteurs et quatre autres agents plus ou moins impliqués ! Évidemment mes protestations furent vaines.

À cet égard, nous jouissions de ces petits privilèges dont l'Administration est facilement friande ne serait-ce que pour régner plus facilement. Il y avait par exemple les remboursements de frais dits de tournée remontant à l'époque du cheval et censés rembourser les repas à l'extérieur. Il est évident qu'avec l'automobile, les retours au logis étaient plus fréquents, même en demi-journée. En gros je pense que j'étais absent tout au plus un jour par semaine voire deux et encore, dans la plupart des cas, les repas étaient offerts par les nombreuses sociétés d'économie mixte pour lesquelles on travaillait. Ces indemnités représentaient environ 10 % du traitement brut officiel. Nous avions également droit, en vertu de je ne sais quelle décision, à des « vacations » versées par ces sociétés d'économie mixte pour les estimations faites pour leur compte dans leurs vastes opérations. Elles étaient au moins au moment de leur grande activité entre 1960 et 1980 assez substantielles et justifiées par un surcroît incontestable de travail. Petit à petit, on améliorera le système des remboursements kilométriques calculés certes au plus juste, mais tournés par le biais de la « grosse voiture » prise en compte alors que je roulais, en ce qui me concerne, avec une antédiluvienne Ami 6 de 3 CV. Ces indemnités nous étaient parfois reprochées ! Avec 8 000 ou 9 000 km l'an, elles me semblaient correctes. Au surplus l'État consentait des prêts très avantageux pour l'achat de véhicules dont j'userai plusieurs fois et curieusement presque sans les inévitables paperasses administratives réduites au minimum.

Ce système de primes ou avantages est d'ailleurs bien plus développé dans d'autres services de l'État comme l'Équipement et le Trésor. [...]

Le travail était bien plus intéressant, même avec ses plages d'uniformité, que la routine des recettes, par exemple, car il était rempli de contacts, source d'étonnement renouvelé par les propositions ou les réactions des intéressés. Je pourrais ici raconter que le summum d'une demande dans une affaire d'expropriation fut de 9 500 000 F dans un bourg de 5 000 âmes et le minimum accordé dans une affaire en campagne reculée sur un droit de passage : 50 F. La première affaire traîna quatre ou cinq ans entre juge, juge d'appel, Cour de cassation et à nouveau cour d'appel.

À raison de quelque 200 rapports annuels, petits ou grands, sur plus de trente ans, combien ai-je pu noircir de pages dont j'ai gardé une vingtaine de gros volumes (les fortes reliures prévues pour des fiches successorales) et d'au moins 500 pages l'un, au nom de l'on ne sait quelle vanité. [...]

Il fallut au fil des années assimiler toute une législation d'urbanisme qui se mettait en place sous la poussée des villes en leurs faubourgs. Cette législation embryonnaire datait de l'Ancien Régime avec les alignements, mais en toutes autres proportions avec les fameux documents d'urbanisme, au départ sous la tutelle de l'Équipement. Il fallut ainsi s'intéresser aux POS (plans d'occupation des sols) sans cesse modifiés dans leur zonage avec leurs sigles ; zone rurale, zone U (habitation), d'activité, réserves foncières ou ZAC (zone d'aménagement concerté), ZAD (zone d'aménagement différé), droits de préemption divers. Chaque année on en rajoutait complexifiant et généralisant les documents pour aboutir parfois à des absurdités : un carrefour avait son flanc droit en terrain à bâtir, l'autre en terrain agricole parfois provenant d'un même partage ! Voire sur une autre commune non dotée d'un plan. On discutait à longueur de temps sur ces documents devenus la base de travail d'expert et obligatoires pour les juges. J'avais fort bien assimilé cette législation changeante qui me permettra à la retraite de devenir commissaire enquêteur sur le POS. [...]

Ce que l'on nomme pompeusement les « collectivités territoriales » au lieu de « communes et départements » étaient nos principaux « clients ». Les grandes opérations se faisaient comme je l'ai déjà dit par l'intermédiaire de sociétés d'économie mixte. La principale mais non la seule était la Société d'équipement de la Loire – SEDL ; son empire a déchu mais elle existe encore. Elle travaillait sur tout le département en réalisant de vastes opérations d'urbanisme ou d'industrialisation. [...]

Le consultant le plus fréquent après les collectivités territoriales était l'Équipement, d'ailleurs scindé en deux parties en 1985 : voirie départementale et voirie nationale avec de manifestes doubles emplois mais, il faut le constater, une réussite du côté des routes départementales devenant des boulevards à grands frais. [...]

L'expropriation était une partie de notre activité sous-jacente à chaque estimation de valeur en acquisition par les collectivités, susceptible de déclencher une lourde procédure entraînant l'intervention du préfet et des tribunaux.

En fait en une trentaine d'années je n'ai eu à m'occuper tout au plus que d'une centaine de dossiers portés devant le juge et en comptant les affaires groupées, sur peut-être 5 000 ou 6 000 rapports d'évaluation. Cette procédure s'est sensiblement modifiée au fil des temps, sans que l'on sache si elle est plus ou moins efficace, car au fur et à mesure la manie procédurière s'est affirmée en proportion des interventions publiques et du développement des contestataires emplis de « bons sentiments ». Les formalités préalables sont de plus en plus interminables, s'ajoutant aussi dans les petites communes la réticence à ce mode d'acquisition. [...]

Le rôle des inspecteurs de la base a été largement étendu à la fin des années 1970, où il devenait – au lieu d'un représentant de la direction – le commissaire du gouvernement (joli titre), rédigeant les conclusions nécessaires en les défendant devant la juridiction foncière. [...]

Il y avait un aspect, à vrai dire, mine d'anecdotes dans la partie du service relative à la gestion des successions vacantes ou des biens abandonnés. Il était un parent pauvre de la DGI il faut en convenir, car il n'intéressait que peu, au niveau élevé, la Justice et les Finances.

Pourtant, bon an mal an, j'avais bien une dizaine de dossiers, avec des variations d'intensité tenant aux fonctionnaires de la direction de l'aide sociale plus ou moins zélés, car la plupart des successions vacantes étaient diligentées à leur requête. Les uns appliquaient strictement les circulaires pour récupérer les dettes de cet organisme accumulées dans les maisons de retraite. C'était fréquent dans les régions rurales désertées par de vieilles personnes ne délaissant que quelques masures ou parcelles dont la valeur était bien inférieure à la dette et où les héritiers potentiels avaient renoncé bien entendu.

À la différence de collègues qui les laissaient traîner et, en connaisseur de mœurs rurales, je m'intéressais à débrouiller des dossiers complexes à vrai dire. Il fallait procéder à des inventaires, après l'apposé des scellés en compagnie d'une greffière affolée par les rats (sic), le mobilier sale et poussiéreux, puis à la vente par notaire ou huissier, voire à l'amiable pour quelques chiffonniers. Ces ventes lorsqu'elles avaient un certain intérêt donnaient lieu dans les villages à « un grand encan » annoncé par la presse et les affiches en vertu des coutumes locales existantes pour les « sorties de bail ». J'en ai programmé des dizaines se déroulant sur place avec une foule d'amateurs et une atmosphère folklorique. Avançant dans la vie, je ne vis plus tard que la tristesse de ces ventes d'objets mobiliers qui avaient entouré une vie entière et humble, dispersés dans les rires et les plaisanteries. [...]

L'aliénation des immeubles avait lieu suivant adjudication publique « à la bougie » sauf les affaires minimes où le directeur autorisait les ventes amiables et obligatoirement si la SAFER (société d'aménagement foncier et d'établissement rural, possédant, dans certaines conditions, un droit de préemption sur les terres ou exploitations agricoles mises en vente par les propriétaires) s'intéressait au bien ; au moins jusqu'à la crise, car j'avais pris l'habitude de lui offrir sans qu'elle puisse refuser les friches dont nous ne savions que faire !

Francisque Ferret

« Le fleuron de l'Enregistrement »

Si l'on excepte les cellules expérimentées, je fus parmi les premiers vérificateurs généraux, parmi les premiers chefs de centre, et un des premiers agents issus des Contributions indirectes à être admis dans le service des Domaines, fleuron de l'Enregistrement. Puis, le premier en Aquitaine à intervenir en service foncier. J'aimais assez figurer parmi les pionniers et j'ai pratiqué la quasi-totalité des services, préférant les réapprentissages répétés à l'encroûtement comme certains dans les directions ou les emplois comptables.

Je pris mon service aux Domaines de Bordeaux qui étaient logés à la direction, place du Champ de Mars, le 1er septembre 1971. Nous n'étions que cinq évaluateurs dépendant directement du directeur avec non pas un chef de brigade mais un vieil inspecteur principal qui faisait simplement les attributions de dossiers et plaidait les affaires en appel. Il consacrait le reste du temps à la lecture des journaux de bourse. Il gagnait rarement les procès car les juges donnaient systématiquement raison aux expropriés. Il faut dire que cette juridiction avait la particularité d'ignorer tout du terrain, base essentielle de l'estimation. Les seuls qui connaissaient vraiment le cas, le premier juge et l'inspecteur étaient écartés du prétoire ! Quand, dans le cadre du service foncier établi vers 1975, les inspecteurs plaidèrent directement, les jugements furent moins partiaux.

Je fus fort bien accueilli par mes collègues malgré leur comportement compassé. Ils furent surpris par mon intrusion dans leur corps d'élite mais m'acceptèrent car j'étais auréolé de mon passé de chef de centre. Mon exemple fut vite suivi et, par la suite de l'accroissement des effectifs, nous étions six sur douze évaluateurs issus des Indirectes.

Je restai d'abord près de deux mois avant de partir en stage. Plus encore que par les conseils d'un ancien, j'appris bien des choses en respectant le conseil « reportez-vous aux antérieurs ». Je lisais les rapports de mon prédécesseur. En remontant de plusieurs années, je découvris que pendant très longtemps, il n'avait eu à traiter qu'une quinzaine d'affaires par an. Une vraie sinécure ! Mais depuis trois ans leur nombre croissait en progression géométrique. En 1973, il dépassa la centaine. Or, un dossier ne contenait pas toujours une seule propriété mais souvent de très nombreuses, par exemple lors des interventions le long d'une route à élargir.

Le stage théorique eut lieu à Paris dans le 11e arrondissement. Contrairement à celui des chefs de centre, je le trouvai très intéressant et instructif car les matières nouvelles pour moi ne présentaient aucune difficulté, sauf le calcul du loyer selon la surface corrigée. […]

Je fis mon stage pratique à Aix-en-Provence. Le chef de brigade régionale m'accueillit en me disant que mes deux mois de terrain déjà accomplis suffisaient et que ses inspecteurs se la coulaient douce car les grandes opérations sur autoroutes étaient terminées depuis plusieurs mois. Je l'accompagnai à trois audiences de procès en appel et à une visite sur les lieux où un propriétaire exigeait plus de cinq francs du mètre carré pour sa mauvaise garrigue. C'était alors le prix des meilleures vignes de l'entre-deux-mers ! À l'exception de ces deux jours, je passai un beau mois d'automne à visiter la Provence et à paresser dans cette charmante ville d'Aix.

De retour à Bordeaux, je procédai seul aux estimations d'abord en banlieue puis surtout en campagne. En accord avec mes collègues qui préféraient les interventions en ville je me fis attribuer un très vaste secteur rural. Beaucoup de dossiers concernaient les achats de la SAFER (société d'aménagement foncier et d'établissement rural) en vue du remembrement dans les cantons éloignés de Pellegrue, Sauveterre, La Réole et Targon. Vers 1975, mon secteur fut sensiblement élargi à toute la partie est et sud de la Gironde qui est le département le plus étendu. Longeant la Charente-Maritime, la Dordogne et les Landes avec les arrondissements de Blaye, Libourne, Langon et Bordeaux entre-deux-mers, le secteur passa de 231 à 421 communes sur les 555 du département.

Si je ne suis pas intervenu dans toutes, j'ai sillonné la totalité de leurs routes et beaucoup de chemins, même à l'abandon. Heureusement, on m'adjoignit un vieil ami avec qui je m'entendis fort bien après lui avoir appris l'essentiel du métier car il venait aussi des Indirectes.

Je puis dire que les six ans que j'ai passés aux Domaines furent les plus heureux de ma carrière. Plus de documentation en perpétuel renouvellement, plus de procédures compliquées et d'impôts irrationnels. Ce service imposait beaucoup de déplacements ce qui n'était pas pour me déplaire. Levé de bonne heure, je pouvais accepter des rendez-vous avant huit heures du matin, ce qui étonnait les ruraux distants de 80 kilomètres. Très souvent, j'interrompais mon périple pour visiter une vieille église ou un château ou bien me promener dans les bois avec mon chien. Je rentrais chez moi fort tard en savourant de magnifiques couchers de soleil et en humant l'odeur des feux de bois qui s'étalaient dans la campagne.

Il n'était pas rare que je parcoure plus de 200 kilomètres dans la journée mais je me reposais ensuite en rédigeant les rapports qui étaient autrement aisés que ceux des vérifications générales. Je disposais ainsi d'une très grande latitude, n'allant au bureau d'ordre qu'un matin par semaine. [...]

Ce qui me plaisait dans les Domaines, c'étaient les nombreux contacts humains, en particulier avec les maires et les responsables de diverses administrations. Au lieu de leur écrire, j'allais voir les ingénieurs de l'Équipement, les responsables de la SNCF (qui nous offrirent un des premiers voyages du TGV) et les inspecteurs de la SAFER. Cinq ans après ma retraite, des secrétaires de mairie me téléphonaient pour avoir des conseils. L'inspecteur des Domaines était un personnage considéré en raison de son rôle d'arbitre et de conseiller.

Quant aux expropriés, si certains étaient réticents, le fait qu'ils sentaient que je comprenais leur peine d'avoir à se séparer d'un bien de famille facilitait la transaction. Je n'eus qu'un seul cas de violences verbales de la part d'un gendarme surexcité. Il ne s'agissait que de deux mètres carrés de broussailles et, comme c'était en présence du juge, je dus le rappeler à l'ordre pour outrage à magistrat. Car je me considérais comme un magistrat de première instance de par la rigueur exigée de mes évaluations. De plus j'étais officiellement délégué commissaire du gouvernement auprès du juge et de la SAFER. Plus tard, je pus plaider en appel sans aucun contrôle.

Ayant estimé le mieux possible après une sérieuse étude du marché local et offrant le prix qui me paraissait le plus avantageux pour l'exproprié, je n'eus que de très rares contentieux, pas plus d'une vingtaine en six ans pour plus de deux mille évaluations. Et en proportions bien moindres que les anciens des Domaines qui appliquaient encore la technique du marchandage en offrant au départ les prix les plus bas. D'où prévention des juges. [...]

J'appréciais aussi le service par contraste avec ceux des Impôts parce qu'au lieu de réclamer de l'argent, j'en offrais. Il y eut peu de cas douloureux de personnes âgées à qui l'on voulait prendre leur maison. Abandonner les lieux où l'on avait passé toute une vie avec ses souvenirs de joies et de peines était une torture. Dans trois cas, j'obtins par mes relations personnelles et mon insistance auprès des maires que, bien que l'acquisition eût lieu, la démolition n'intervînt qu'après le décès des occupants. Ce fut en particulier le cas pour une maison de Lestiac-sur-Garonne. Le couple qui l'habitait avait soutenu un siège héroïque de la milice puis était revenu de déportation. On l'assura qu'après travaux, une plaque fixée non loin de là rappellerait ce siège. Ce qui fut fait.

Pour les retraités, la simple amputation d'un fond de jardin potager était un drame psychologique qui de plus réduisait leur activité physique. On citait le cas de certains qui en moururent.

L'autre satisfaction du service était que l'on se sentait utile pour la collectivité en participant à des opérations telles que l'alignement ou l'élargissement de routes ou bien la construction de déviations. J'intervins notamment pour des rocades autour des petites villes de Saint-Macaire, Castillon et Sainte-Foi-la-Grande. Je regrette que lors des inaugurations le rôle des Domaines soit oublié.

Henri Souque

Plaidoyer pour un inspecteur des Domaines défunt

Il ne faut voir en cet écrit qu'un exercice de l'esprit…

Naguère je souffrais pour l'Administration
Sur un mémoire difficile
Et j'exhortais en vain mon imagination
À prendre le relais de ma science fragile
Quand une pensée m'est venue
Singulière à première vue
Mais de bons sens non dépourvue.

Devant une juridiction
Inconnue du Code de procédure
Un jour je recevrai ma propre citation,
La chose est sûre.
Le délai de la loi est court en l'occurrence
Si bien que j'ai cru sage, en homme de prudence,
De préparer déjà mes propres conclusions.
Sans avocat, ça va de soi, car je présume,
Que de par mes fonctions et à titre posthume,
Je serai dans le ciel ainsi que sur la terre
Dispensé de leur ministère[9]
Plaise au tribunal […].
Attendu qu'un bon fonctionnaire
Est, parmi les mortels,
Celui qui tend le plus au repos éternel,
Il convient de mes droits que je dresse inventaire

9. Le service des Domaines plaide sans avocat (note de l'auteur).

Court et fidèle.
La vérité souvent est chose malaisée
Je ne l'ai jamais déguisée,
Si ce n'est quelquefois pour la rendre plus belle…
Mais qui, sérieusement,
Peut dire sans mentir que jamais il ne ment.

Attendu, nonobstant, qu'il est ostentatoire
De citer ses bonnes actions
Que sur ce point la discrétion
Est la plus sage précaution
Contre les excès de mémoire
Que du nombre d'amis suivant ma sépulture
Tirer quelque argument serait désinvolture
Lors même que la foule en fût considérable
Si ce jour-là était ouvrable,
Je craindrais qu'à vos yeux ce moyen ne succombe,
Les qualités des gens fleurissent sur leur tombe,
Que lors me bornerais si cela m'est permis
À parler des péchés que je n'ai pas commis.

Attendu tout d'abord
Qu'au domicile de mes morts[10]
C'était avec scrupule
Rare vertu à s'honorer de ridicule
Qu'insensible aux écus, de même qu'au parfum,
J'inventoriais le patrimoine du défunt,
Que c'était par surprise et sans que je le susse
Que je le débitais, certains jours, d'une puce
À mon corps défendant et non point sans que j'eusse
La sincère intention
Dès la constatation
De la rendre à mon *de cujus*.

Attendu, *secundo*, que pour un fonctionnaire
Parler de son travail vaut mieux que de le faire
Et qu'en faire beaucoup, dans l'ombre et sans tapage,
Est le plus sûr moyen d'en avoir davantage,
Mais vu que nonobstant
N'ayant jamais pris sur mon temps
Celui de gravir mon échelle,
Je suis resté au bas d'icelle,
N'étant point par définition

10. Formalité légale de l'inventaire successoral (note de l'auteur).

De ces champions de natation
Fonctionnaires par vocation.

Attendu, *tertio*, que sans hésitation
On reconnaît la profession
Au parapluie que chacune porte,
Et l'on en voit de toute sorte
Suivant le grade et l'ambition,
Des parapluies géants dont l'aile malveillante
Inonde le voisin d'une pluie malfaisante,
Des parapluies sournois dont la baleine aiguë
Dispense aux alentours la piqûre qui tue.
Le mien était petit.
Il l'était de naissance et n'a jamais grandi
Un parapluie sans avenir
Pour du crachin me garantir,
Lorsque je songeais à l'ouvrir,
Encore que ce défaut de nature perverse
M'ait valu quelquefois de sérieuses averses.

[…]

Par ces motifs […]

Après avoir considéré,
Le temps d'un court délibéré,
Que dans la vie d'un fonctionnaire,
Tant cette voie est secondaire,
Les péchés que l'on a commis
Ne sauraient excéder les risques qu'on a pris. […]

Me donner acte enfin que si le seul critère
N'est pas ici comme sur terre
Celui du rendement,
Invincible argument
Dont le zèle, toujours, n'a pas le bénéfice,
Lors je m'en remets à Justice.

Jean Rouquié

LES CONTRIBUTIONS DIRECTES

LA « TOURNÉE »[11]

(1940-1970)

Une activité importante et attrayante

Une activité importante, et qui ne manquait pas d'attrait, du contrôleur des Contributions directes consistait en la tournée générale annuelle des mutations. Activité agréable, surtout par beau temps, car lors des années 1940-1950, le jeune contrôleur ne disposait souvent que d'une simple bicyclette.

Le contrôleur se rendait chaque année à la mairie de chaque commune afin de fixer les bases des contributions directes de l'année suivante. Il était, généralement, le midi, invité à la table du maire ou d'un habitant de la commune. Personnellement, je préférais un repas sommaire payé par moi-même, pris seul dans un restaurant de campagne.

Le contrôleur avait envoyé au maire un avis indiquant la date et l'heure de la séance. À l'heure fixée, le contrôleur trouvait à la mairie le maire, le secrétaire de mairie et un nombre variable de répartiteurs.

- Désignation des membres de la commission des Contributions directes :

Une liste de vingt-quatre hommes (je ne me souviens pas d'éléments féminins) était dressée par le maire et le secrétaire de mairie qui était habituellement l'instituteur du village, et était adressée à la direction départementale des Contributions directes. La direction envoyait la liste au contrôleur qui proposait six titulaires et six suppléants dont un titulaire et un suppléant, propriétaires dans la commune, qui avaient leur résidence habituelle en dehors de la commune. La direction envoyait au maire la liste des commissaires retenus.

- Déroulement de la séance :

Le maire ou, quelquefois, le secrétaire de mairie donnait le ton. Cependant, la séance était orientée par le contrôleur qui énonçait à voix haute les nom, prénom, lieu-dit et bases d'imposition de chacun des contribuables de la commune classés dans l'ordre alphabétique. Une ou des voix s'élevaient : « il est parti », « il est décédé », « il a changé de maison », « ess finme est morte » (sa femme est décédée), « y a pu ed'tien » (il n'a plus de chien), le maire : « il a eu

11. *Tournée des mutations* : Voir note n° 4 de l'introduction au chapitre IV.

un incendie, on peut baisser sa cote mobilière pendant un an ». Parfois, le nombre de commissaires était réduit : « il n'est pas venu, il est en train de moissonner sur la côte d'Upen » ou bien : « il a dit de l'excuser, il est parti à l'enterrement d'un cousin de sa femme ».

Le contrôleur demandait s'il y avait des constructions nouvelles. Dans l'affirmative, il s'enquérait des dimensions approximatives et du nombre de pièces, pour communiquer les renseignements au service du Cadastre. L'évaluation de la valeur locative était effectuée par le contrôleur des Contributions directes, d'après les renseignements reçus en retour de l'agent du Cadastre.

- Après la séance :

Après la séance, un passage à l'estaminet s'imposait ; en bavardant, l'on vidait verres de bière ou tasses de café « aromatisé ». Le contrôleur partait éventuellement visiter un établissement industriel soumis à la contribution des patentes afin d'y constater les changements en constructions et matériels. Rentré au bureau, le contrôleur ajoutait une ou deux signatures à celles recueillies pendant la tournée afin d'obtenir le quota. Le complément de signatures « authentiques » se faisait à partir de documents conservés au bureau : des états signés en blanc, lors de la tournée ; ce qui évitait d'envoyer en communes, pendant l'année, des documents qui seraient restés moisir ou jaunir soit dans la salle de mairie humide, soit chez le maire ou un répartiteur. La direction départementale m'a renvoyé une fois seulement un document sur lequel figuraient des signatures malhabiles ; cette fois-là, les signatures étaient vraiment authentiques !

- Intérêt fiscal, économique et fiscal de la tournée générale des mutations :

. Mise à jour de la liste des contribuables de la commune.

. Mission vaguement statistique : nombre de chevaux, et de chiens de première et de deuxième catégories, de voitures à deux roues et de voitures à quatre roues.

. Mise au point, dans la bonhomie et sous une apparente démocratie, des bases de la contribution mobilière, de taxes annexes, de la contribution foncière des propriétés bâties et de la contribution des patentes. [...]

Après l'heureux temps de la tournée générale et des congés, le contrôleur entreprenait la tournée générale de la ville recensée (plus de dix mille habitants au chef-lieu d'arrondissement) ; après la clôture de cette tournée, vers la mi-décembre, le contrôleur hivernait : il vérifiait rapidement des dossiers d'impôt sur le revenu et d'impôt sur les sociétés, traitait des affaires contentieuses, se rendait aux cérémonies d'obsèques et parfois de mariage, participait à des parties de pêche ou de chasse, s'il était particulièrement vaillant et libre il courait le guilledou.

Alfred May

L'INSPECTEUR ET LES IMPÔTS LOCAUX

Ne rien négliger dans une division territoriale où l'inspecteur était sans cesse appelé à « aller au charbon » était plus facile à dire qu'à faire. Dans la mesure où il eût été opportun de dégager une priorité plutôt qu'une autre, il eût fallu pour cela bénéficier de quelques temps morts. Ce qui n'était certes pas le cas, les travaux se succédant sans cesse à cadence accélérée.

Après avoir apuré son « contentieux » et s'être consacré en début d'année à la fixation des forfaits de bénéfices ainsi qu'aux travaux d'émission des impôts sur les revenus, l'inspecteur devait presque aussitôt préparer son « itinéraire » des tournées dans les communes rurales rattachées à sa circonscription. Sauf autorisation préalable, cet itinéraire devait être exécuté sans aucune modification. Son parcours était précédé d'un minutieux travail de préparation des dossiers au bureau et, au retour, d'une non moins minutieuse mise au point de la documentation de base annotée des changements constatés sur place.

Venait ensuite la constitution du dossier foncier de la zone urbaine, une liasse considérable de « feuilles de mutations » concernant les changements de propriétaires, les constructions nouvelles ou additions de constructions ou, le cas échéant, les suppressions d'immeubles.

La fin d'année était presque entièrement consacrée au recensement urbain des contribuables passibles soit de la contribution mobilière, soit de la patente, soit des deux à la fois.

Avec l'apparition des premières 4 CV, la plupart des inspecteurs remisèrent leur bicyclette. Quoi qu'il en soit, même motorisées, les tournées en communes ont toujours conservé, à bien des égards, un côté archaïque, une ambiance d'un autre temps. Traditionnellement, elles débutaient avec la saison d'été, période agréable mais au cours de laquelle, par contretemps, il était souvent difficile de réunir le quorum des membres de la commission communale affairés aux travaux de la vigne ou des champs. Le concours du secrétaire de mairie s'avérait parfois très utile. S'agissant la plupart du temps de l'instituteur, ce dernier n'était pas toujours disponible en période de vacances.

Censées venir en appoint de ma circonscription urbaine, les tournées finissaient par constituer au fur et à mesure de l'évolution de la matière fiscale une sorte de handicap qui alourdissait sensiblement la gestion sédentaire d'un poste déjà bien nanti. Plus tard, un nouvel équilibre des charges de service fut réalisé à la faveur du transfert des dix communes concernées à une autre division de contrôle essentiellement rurale. Mises à part ces considérations, les tournées ne manquaient ni de folklore, ni d'agrément.

En mairie, dans la salle du conseil, régnait cette odeur de mobilier qui me rappelait celle de l'école le jour de la rentrée. L'atmosphère y était détendue. Tout le village était passé en revue, tantôt avec humour, tantôt avec la gouaille paysanne qui pimentait le commentaire de telle ou telle situation. Le travail lui-même était simplifié, s'agissant notamment de la notion de valeur locative à partir de laquelle il convenait de fixer le « loyer matriciel » à retenir comme base de la contribution mobilière. Cet élément était généralement fixé au multiple d'un chiffre conventionnel appliqué au nombre de pièces d'habitation (par exemple 5, 10, 15, 20…). Comme pour les autres taxes communales, sa mise à jour était assurée lors de « l'appel du rôle » qui par ailleurs concernait aussi bien la taxe sur les chiens que les éléments de la taxe de voirie, laquelle pouvait encore être acquittée sous forme de prestations en nature. Dans les communes relativement importantes, cet appel pouvait durer plusieurs heures, selon la fréquence des changements. Les « commissaires » avaient alors tendance à s'endormir. Je m'entends encore énumérer chaque article d'une voix monocorde :

« M. Untel-Letruc Justin, dit Henri, mobilière 25… 1 chien de 1re catégorie, 1 homme, 1 cheval, 1 voiture ».

Dans l'une de « mes » communes, le maire, conseiller-général, tenait absolument à m'inviter à déjeuner. Il était fin gourmet, connaisseur en bons vins et, ce qui ne gâtait rien, sa femme était excellente cuisinière. Bien entendu, ce jour-là, il n'était pas question de prévoir autre chose au programme !

Je me suis heurté parfois à quelques imprévus. Il arrivait en effet que le maire oubliât de convoquer la commission et fût contraint de battre le rappel en catastrophe. Un cas assez exceptionnel ! Le maire avait tout simplement perdu de vue le renouvellement de la commission et avait convoqué la commission sortante. Bien entendu c'est sur cette commune que tomba par hasard mon inspecteur principal lorsqu'il procéda à la vérification de cette partie du service !

À une époque où les communes ne connaissaient pas encore l'aggravation de leurs charges due à la décentralisation et pouvaient se contenter d'un modeste budget, la façon d'opérer que je viens d'évoquer n'entraînait que des disparités ou des distorsions peu apparentes sur la feuille d'impôt et ne donnait lieu qu'à de rares contestations. Par contre en concentration urbaine, le recensement de la matière imposable à la contribution mobilière ou à la patente nécessitait des évaluations beaucoup plus affinées qui impliquaient une stricte corrélation avec celles retenues pour la contribution foncière.

Jean Bône

La tournée

On appelait répartiteurs, d'un mot très explicite que je n'ai pas vu disparaître sans nostalgie les membres de la commission communale des impôts directs. Ils devaient, entre autres fonctions moins essentielles, fixer la part de chacun dans la charge de la contribution personnelle mobilière ; il s'agissait d'un impôt de répartition. C'était l'ancêtre de la taxe d'habitation qui triomphe actuellement et qu'on avait vu, pendant plusieurs décennies, s'introduire sournoisement, comme un impôt annexe, sous les jupes de sa devancière la plus universelle des quatre vieilles contributions directes.

Cette commission ne comprenait pas que des élus, autour du maire ; les candidats municipaux malheureux y trouvaient une consolation, sinon une revanche. C'est l'Administration qui en arrêtait la composition, après chaque renouvellement municipal, en choisissant à partir d'une liste dressée par la mairie. Nous procédions subtilement à un mélange qui devait déplaire le moins possible au maire, nous choisissions, parmi les « je-sais-tout » locaux les authentiques qualifiés, et parmi les « enquiquineurs » (obligatoirement accueillis « pour le sport ») les moins stupides.

L'entregent du secrétaire de mairie-instituteur nous était, dans l'affaire, particulièrement précieux.

J'avais établi en 1950, et je retrouve avec le sourire, une collection de cartes postales des 59 communes de ma division, où la prévision de durée des séances s'accompagnait de portraits succincts et ultra-confidentiels des acteurs de la comédie.

Le plus clair du temps était consacré à l'appel du rôle de la « mobilière » ; plus exactement de l'état général d'imposition, matrice du rôle, où figuraient tous les assujettis aux « quatre vieilles » (contributions directes) et aux taxes assimilées.

Ces trois registres (état, matrice, rôle) étaient manuscrits. Les copistes étaient des salariés à domicile, payés à la tâche. Cela durait encore dans les années soixante.

Nos crayonnages brouillonnés sur l'état général, avant et pendant la tournée servaient discrètement de liaison entre l'assiette de l'impôt sur le revenu et celui des impôts locaux. Je crois bien qu'il a fallu attendre les années soixante-dix pour que ce lien soit rationnellement mis en place.

Rentrant de tournée, nos états étaient mis à jour, ou du moins prêts à être mis à jour à l'encre. Ils avaient enregistré les décès, les départs, les arrivées, ils consacraient la ruine des bâtiments effondrés, l'émergence des habitations nouvellement construites. Nous relevions aussi les noms des personnes arrivant à l'âge requis pour être automatiquement dégrevées au titre des catégories sociales « économiquement faibles ». L'expression avait surpris, à l'époque, on a vu mieux, ou pire, depuis.

La base de la « mobilière » s'appelait majestueusement « loyer matriciel » et ce qui était plutôt rigolo, c'est qu'il s'agissait d'un chiffre, d'un indice, plutôt que d'un nombre, un multiple de 1, de 5 ou de 10 convenu selon l'usage de chaque patelin, selon un barème local censé tenir compte de la situation, de l'état de splendeur ou de vétusté, du nombre de pièces, de la grandeur, des agréments du jardin... c'était l'âge d'or de la pifométrie et nous en étions dignes, nous approchions la justice et la justesse mieux qu'aucune loi ou règlement de « surface corrigé » ne sut le faire.

Contrairement aux bases de la contribution foncière, celles de la « mobilière » n'étaient absolument pas fixes, et les répartiteurs pouvaient revenir sur les appréciations de l'année précédente. Ils s'en donnaient à cœur joie. Malheur aux absents ! C'était à nous de contrecarrer les excès, spécialement les années de renouvellement de la commission. Et nous étions au spectacle ! Ça valait largement celui que les débats politiques et autres nous offrent à présent sur le petit écran. Ce fut pour moi la découverte de personnages paysans tels que je n'en avais encore rencontrés qu'au théâtre ou au cinéma. Je m'étonnais de voir les meilleurs comédiens en faire vraiment beaucoup pour composer ce genre de rôle. J'avais tort, leurs imitations étaient plutôt en deçà de ce que j'ai rencontré, au naturel jusqu'aux années cinquante et même soixante.

Je n'eus pratiquement jamais à me poser le problème qui divisait mes camarades à propos des lettres anonymes. Devait-on les emmener en tournée ? J'aurais fortement penché pour la négative, la corbeille à papiers la plus rapidement accessible étant celle de mon bureau, mais je dois reconnaître que mon prédécesseur avait réussi à enrayer cette épidémie méprisable (séquelle des années noires) en déchirant ostensiblement sans les avoir lus les courriers de l'espèce, en mairie, devant les répartiteurs indignés, bien sûr, que leur village puisse abriter un corbeau. Mon camarade était persuadé que l'un ou l'autre, amateur de puzzle, se mettrait à quatre pattes, après la dislocation de la commission et que, d'une manière ou d'une autre, il se créerait des soupçons, bonne voie pour un assainissement des mœurs locales.

Le plus souvent, mon auxiliaire (pardon ! mon agent d'assiette) m'accompagnait, et je pouvais la laisser psalmodier l'appel des contribuables pour aller m'aérer dans le village, trancher sur place une évaluation litigieuse, avoir un œil sur les établissements patentables, voire sur le nombre des chiens dans les cours de ferme.

En arrivant en mairie, nous avions trouvé, sagement alignés sur un banc, des réclamants prévenus de notre passage par le tambour du garde-champêtre. Il était bien entendu qu'à la différence des déclarations de revenus, les procédures de fixation des loyers matriciels n'étaient pas confidentielles, au contraire chaque assujetti avait le droit de savoir sur quelle base payait son voisin.

Si les délibérations se tenaient prudemment à huis clos, leur résultat devait être assumé publiquement.

J'avais coutume de laisser au maire et aux répartiteurs la grande table et les nobles sièges et de diriger la conversation avec les réclamants assis à côté d'eux sur le banc ce qui encourageait les timides, apaisait les impétueux et puis – je ne sais pourquoi – me faisait personnellement plaisir.

Je dois dire, toutefois, que cette tournée générale, qui avait enchanté mes débuts, qui perpétuait les délices du métier exercé par les générations précédentes, perdit très vite dans les années soixante-dix (sinon soixante) tous ses attraits. Nous étions coincés par le temps, par l'importance croissante de l'émission de l'impôt sur le revenu et surtout, en face, le monde rural évoluait, que dis-je, disparaissait au profit d'un autre monde rural qui renvoyait aux vieilles lunes mes chers répartiteurs et l'instituteur secrétaire de mairie, en même temps que la taxe sur les chiens. Nous avions pu en avoir le pressentiment dans les mairies où nous avions déjà du mal à réunir notre petit monde et où les édiles s'abstenaient sans souci. Le secrétaire se préoccupait simplement de leur faire signer en blanc un stock suffisant d'imprimés, ainsi que l'avaient toujours fait les répartiteurs, nous laissant le soin de transcrire au propre, au bureau, le fruit de leur labeur.

Ces imprimés étaient variés et nombreux. Un contrôleur bénéficiaire d'une mutation en léguait habituellement une provision à son successeur. J'avais, pour ma part, reçu en prime un superbe mais très vétuste cachet de la République, dont le caoutchouc avait été soigneusement élimé sur le nom de la commune et dont l'usage devenait ainsi universel.

Certains camarades m'ont dit qu'ils s'embarrassaient moins de ce genre de choses et que leurs états, procès-verbaux et matrices étaient souvent authentifiés par les signatures (lisibles ou illisibles !) des répartiteurs Machin, Dutruc ou même Lenfoiré ou Ducon.

Pour moi, j'avoue aussi quelques gestes apocryphes mais on ne m'a quand même jamais vu reproduire par transparence, m'appuyant sur la vitre et tirant la langue, la signature d'un maire.

Marc Lacrouts

En tournée

La mise à jour annuelle des documents d'assiette des impôts locaux oblige l'inspecteur ou le contrôleur de chaque inspection à parcourir les communes de son secteur. Traditionnellement, cette tâche est prévue de juin à septembre pour des raisons bien compréhensibles d'opportunité saisonnière.

L'agent transporte avec lui le lourd cahier d'imposition à la contribution mobilière, les fiches de patente et quelques réclamations en cours d'instruction. Il profite de son passage pour s'informer d'une manière générale sur tous les éléments matériels qui peuvent présenter un intérêt au point de vue de la fiscalité. Il est aidé dans sa tâche par la commission communale des impôts qui comprend habituellement six à huit commissaires et autant de suppléants.

Ma première tournée sera pour Anzat-le-Luguet, petite commune de deux cent quatre-vingt-quinze habitants située à une quarantaine de kilomètres d'Issoire, dans les monts du Cézallier.

On est dans cet endroit à l'extrême limite sud du département du Puy-de-Dôme. La Haute-Loire et le Cantal sont tout proches et tout aussi montagneux. De la route qui serpente sur le haut plateau, on aperçoit le signal du Luguet qui culmine à 1 551 mètres d'altitude.

À 9 heures, je gravis les quelques marches de la mairie, mais la porte est fermée. Le maire a pourtant été convoqué dans les formes et délais habituels.

Mais nous sommes au mois de juin et les fenaisons battent leur plein. Je l'ai bien observé en arrivant et je présume que le retard sera imputable aux travaux des champs de cette population rurale.

Assis sur les marches de granit, je découvre au loin cette immensité ondoyante et verdoyante qui vous emplit les yeux et donne à l'esprit cette sensation de rare liberté.

Juin : le printemps n'est pas encore oublié, l'été s'annonce doucement. Ici, on est loin de l'océan mais on imagine *une mouette blanche ouverte sur le ciel comme une main de femme contre la flamme d'une lampe…*

Dix heures. Le secrétaire de mairie arrive d'un pas nonchalant tenant à la main une clef impressionnante qui, de toute évidence, doit correspondre à la serrure qui se trouve derrière moi.

Je ne suis pas très content et j'entends bien le faire savoir.

« La commission n'est pas là ? Le maire non plus ?

- Vous savez, ici, tout le monde travaille la terre et le temps est au beau, il faut rentrer les foins. Il n'y a pas de temps à perdre. Demain, il va pleuvoir, les nuages commencent à s'amonceler à l'ouest.

- Nous n'allons pas tenir la réunion tous les deux. Le quorum étant loin d'être atteint, les modifications et changements apportés aux bases d'imposition seront irrégulièrement établis. Je ne peux pas me contenter de votre seule présence : je le regrette. Allez chercher les suppléants.

- Les suppléants sont aux champs, comme les titulaires : ils ne peuvent pas venir. D'ailleurs, il n'est pas possible d'entrer en contact avec eux avant la nuit. Avec votre prédécesseur, la tournée se passait toujours dans ces conditions et cela ne posait pas de problème. Je suis né ici et je connais tout le monde. Je vous indiquerai tous les changements intervenus depuis l'année dernière.

- Mais qui signera le procès-verbal ? »

J'ignorais à ce moment-là que celui qui se trouvait devant moi était à la fois l'homme lige de la commune et de l'administration fiscale locale : entièrement dévoué et compétent dans sa double fonction.

À la fin de la séance, il extirpa de son tiroir encombré un vieux procès-verbal aux coins racornis qui servait depuis plusieurs années et se mit en devoir d'en imiter habilement les signatures. Je rangeai sans commentaire le précieux document dans ma serviette. Il attesterait auprès du directeur de manière irréfutable de la collaboration efficace de la commission locale réunie au grand complet en bonne et due forme.

Avant de partir, l'homme se leva, fit grincer la porte d'un placard et me tendit un objet de forme oblongue enveloppé d'un exemplaire de *La Montagne*.

« C'est un saucisson. Il a été séché à Boutarès. Votre prédécesseur avait l'habitude d'en emporter un à chacun de ses passages. Il l'appréciait beaucoup. Avec un verre de Saint-Pourçain, vous m'en direz des nouvelles. Mais vous le trouverez aussi à Issoire, à la charcuterie de la rue du Fer. »

Les jours suivants, je passai par hasard rue du Fer. Dans un coin de la vitrine, mes yeux se portèrent naturellement sur un échantillon de cette haute production locale mise en évidence par la mention écrite au feutre noire sur un morceau de carton : « saucisson sec de Boutarès ».

Il y a aujourd'hui longtemps que la charcuterie de la rue du Fer a disparu et que le soupçon de vitrine se devine derrière des panneaux de bois. L'inspecteur ne se rend plus dans la commune d'Anzat-le-Luguet qui ne présente décidément plus d'intérêt du point de vue fiscal.

Pour mon compte personnel, ma première visite à Anzat-le-Luguet conforme au protocole administratif, n'avait pas été sans enseignement.

J'avais appris que si l'on ne trouve dans le Cézallier ni château, ni manoir, ni église à l'architecture savante, par contre, on est assuré de ressentir dans cet espace intégral une certaine chaleur à l'occasion d'une rencontre fortuite ou épisodique.

J'appris plus tard que, dans ce pays de volcans sans doute mal éteints et de sources cachées où les étés, comme dit le poète, sont glorieux, ivres de fleurs, de papillons et d'odeurs, les hivers y sont interminables et sévissent avec une rigueur inouïe quand souffle ce blizzard qu'on appelle la *burle* ou l'*écir.*

L'habitant du lieu vous dira qu'au mois de février, il faut enfiler trois ou quatre chandails de laine du pays les uns sur les autres et que pour aller chercher du bois sous le hangar, on doit pousser la neige avec son ventre.

Dans le Cézallier si âpre où le vent furieux balaye les croupes chauves, on croit entendre encore les cloches de tourmente sonner à l'intention des égarés.

Sur le cahier de la contribution mobilière, en regard du local affecté au presbytère, j'ai continué de noter à la suite des mentions annuelles portées par mes prédécesseurs : « local vacant ».

On raconte volontiers dans le pays que le dernier curé est arrivé ici il y a fort longtemps, un soir de novembre. On chuchote que c'était par mesure disciplinaire. En entrant dans son nouveau et misérable logis, il a posé son sac à terre, s'est accoudé à la table et a pris sa tête dans ses mains pour réfléchir jusqu'au matin. Au lever du jour, quelqu'un est venu lui apporter un chien pour compagnon.

On n'oublie pas de vous préciser, ironie du fait divers, qu'il s'appelait l'abbé Paris.

L'état des locaux vacants, tenu à jour chaque année pour surveiller éventuellement leur remise en service, n'existe plus sous sa forme manuscrite qu'il a longtemps connue.

Sans doute cette pièce a-t-elle été reprise sur un listing informatique qui donne à la première sollicitation l'identification d'une maison inoccupée.

Ce que l'ordinateur ne sait pas, c'est qu'à Anzat-le-Luguet, à Creste, à La Godivelle ou dans tant d'autres petites communes rurales, lorsqu'une maison se ferme et que ses occupants s'en vont ailleurs, les tuiles ne résistent guère au degré de la pente, les volets et les portes s'agitent sous le vent. Bientôt, les enfants du village, ceux du moins qui vont encore à l'école à pied, s'emparent des lieux et brisent par jeu tout ce qui peut encore être brisé. Les branches des arbres plantés trop près cherchent à pénétrer à l'intérieur pour voir ce qu'il s'y passe. Ce qui fut la maison aux murs de pierres ou de pisé, *l'oustal* des joies simples mais aussi des peines et des mauvaises nouvelles venues du front, s'abandonne doucement aux caprices du temps.

Colas Morton Roule a écrit un jour : « Ce pays de montagnes où la vie disparaît au loin et où l'accessoire envolé, il ne reste plus que les maximes de l'Ecclésiaste… Elles sont belles, mais elles ne sont pas gaies. Vous n'imaginez pas le vide de ce pays. On y voit des maisons, mais il n'y a personne. Je me sens seul. C'est une atonie sans limite. »

Il y a fort à parier qu'avec la suppression des tournées de l'inspecteur dans les petites communes, ces biens devenus sans maître malgré eux ne restent longtemps après leur disparition que l'ombre incertaine de locaux vacants susceptibles de n'être jamais réoccupés.

Gilbert Bretagnol

LE SERVICE DES RÔLES

(1948-1965)

UN « SERVICE PHARE »

Quant au service des rôles, il était en réalité le service phare de la direction et de l'Administration dans le département. En effet, les impôts directs faisaient essentiellement l'objet de rôles établis à la direction à partir des documents d'assiette envoyés par les inspections ou par le Cadastre : ces rôles étaient ensuite homologués par le directeur pour mise en recouvrement et déposés à la trésorerie générale, avec les avertissements destinés aux contribuables, pour enregistrement et transmission aux percepteurs.

Comme la mise en recouvrement des rôles conditionnait naturellement l'encaissement des impôts par le Trésor public, qui en avait généralement le plus urgent besoin, l'administration financière à tous les échelons surveillait la manœuvre avec une attention fébrile et tout retard prévisible déclenchait aussitôt une alerte qui descendait rapidement jusqu'au directeur départemental et par voie de conséquence, quelle que fût la bienveillance de celui-ci, jusqu'à l'infortuné rédacteur.

Ledit rédacteur devait donc se prémunir contre un tel déshonneur et pour cela il lui fallait :

1°) obtenir des inspections divisionnaires des Contributions directes et des services du Cadastre la transmission à bonnes dates des documents d'assiette en état d'être utilisés ;

2°) obtenir de son personnel et en particulier du contrôleur des rôles, qu'on appelait dans le passé « le premier commis de direction », l'exécution rapide et sûre des travaux de confection des rôles.

Les inspecteurs divisionnaires du département étaient pour la plupart des agents anciens et expérimentés, mais il fallait quand même surveiller l'envoi et la qualité des documents, car tous les agents n'avaient pas forcément conscience des impératifs à respecter. On ne devait pas hésiter, le cas échéant, sans en avoir vraiment les galons, à leur demander, comme un service qui ne se refuse pas, les accélérations ou rectifications nécessaires. Quant au service du Cadastre, il avait pour chef un inspecteur central d'origine Contributions directes qui veillait au grain.

Les documents d'assiette étant reçus et vérifiés en la forme, il fallait en « sortir » les rôles et ce n'était pas une mince affaire. C'était la tâche du service spécialisé comprenant un contrôleur, un commis, un agent d'assiette et une petite armée d'expéditionnaires à la tâche travaillant à domicile.

Le contrôleur des rôles, âgé d'environ 50 ans, était entré à la direction comme saute-ruisseau à l'âge de 14 ans après avoir arrêté ses études secondaires, n'ayant pas voulu, disait-il, « remettre les pieds dans un lycée où il avait été puni à tort ». Travailleur et habile calculateur, il avait gravi ses échelons et acquis une grande expérience du service des rôles qu'il menait avec compétence ; mais comme beaucoup de spécialistes endurcis, il était susceptible et têtu et ne s'entendait pas très bien avec mon prédécesseur. Il me fallait donc me familiariser à son école avec la technique du poste, afin de pouvoir suivre les travaux sans le surveiller comme un bleu, en lui assurant discrètement la couverture hiérarchique vis-à-vis de l'extérieur.

Le contrôleur et ses deux collaborateurs permanents étaient chargés d'exécuter tous les travaux de calcul préalables à la confection des rôles. Quant à la confection même des rôles destinés à la Comptabilité publique et des avertissements à envoyer aux contribuables, elle était confiée, comme on l'a dit plus haut, à une petite armée d'expéditionnaires à la tâche travaillant à domicile.

C'est qu'à l'époque tout était fait à la main par des expéditionnaires que le service des rôles avait la charge de recruter, employer et rémunérer.

Les expéditionnaires étaient des personnes de Lons-le-Saunier ou des environs qui avaient la possibilité de faire chez elles des travaux de calcul ou de copie dans des conditions satisfaisantes. Le recrutement était souvent difficile dans une ville de 15 000 habitants car il fallait que les expéditionnaires puissent venir, une ou deux fois par semaine, chercher ou rapporter leur travail, avoir un rythme d'exécution suffisant et l'accélérer dans les périodes de « bourre », soigner les documents à rapporter en évitant par exemple de les poser sur des tables de cuisine. On devait aussi écarter les candidats qui croyaient s'adresser à une sorte d'aide sociale. L'expéditionnaire idéal était le retraité – à l'époque il y avait peu de retraités – qui avait été employé aux écritures ou à la comptabilité dans une entreprise ou une administration. Les travaux étaient rémunérés selon des tarifs à l'article, fixés par l'Administration, qui étaient naturellement plus avantageux pour le calcul que pour l'écriture ou la copie. Tous les travaux étaient faits manuellement ; les calculateurs ou taxateurs n'avaient pas de machine à calculer, mais on leur confiait des tables de multiplications.

Le recrutement, la formation et la gestion de ce corps d'expéditionnaires constituaient pour les trois agents du service, une tâche d'autant plus lourde que les travaux étaient d'une importance très variable suivant les périodes de l'année et il fallait donc avoir, en tout temps, des troupes de couverture en position, avec des réserves mobilisables au premier appel. Il était naturellement tentant d'aller moins vite avec de vieilles troupes plutôt que d'appeler en renfort des « bleus » à former et le rédacteur devait exercer sur ce point les impulsions nécessaires au respect du calendrier.

Il y avait deux catégories principales de rôles à établir :

- les rôles des impôts sur le revenu ;
- les rôles des anciennes contributions directes.

L'impôt sur le revenu comprenait une taxe proportionnelle sur les revenus non salariaux et une surtaxe progressive sur l'ensemble des revenus[12].

Les déclarations des contribuables étaient reçues dans les inspections pendant les deux ou trois premiers mois de l'année pour les revenus de l'année précédente. Après un contrôle rapide, les inspecteurs reportaient les revenus déclarés sur des matrices collectives établies par perceptions, qu'ils envoyaient à la direction aux dates prévues par les instructions. Pour la distribution aux expéditionnaires, les matrices étaient découpées en deux parties, la partie noms et la partie chiffres, de telle sorte que le même expéditionnaire n'eût pas connaissance à la fois des noms et des sommes, cela pour préserver le secret professionnel, particulièrement strict en matière d'impôt sur le revenu. Le percepteur recevait de la sorte, par émission, un rôle collectif, un paquet d'avertissements sans noms, des enveloppes vides avec noms et il lui appartenait de procéder au récolement avec les numéros d'articles et le rôle pour l'envoi aux contribuables.

En principe, les rôles primitifs devaient être homologués durant le 2e trimestre de l'année et il y avait ensuite, de toute façon, des rôles supplémentaires pour la taxation des revenus forfaitaires ou des rehaussements de déclaration. Mais l'Administration insistait chaque année, dans l'intérêt du Trésor, pour une émission rapide des impositions et il appartenait au rédacteur aux rôles d'obtenir de ses collègues les accélérations éventuellement utiles.

Cependant, c'était encore plus en matière d'anciennes contributions directes que le travail du service des rôles était important.

Il faut d'abord rappeler que les quatre contributions à base foncière (contribution foncière des propriétés bâties et non bâties, contribution mobilière et contribution des patentes) avaient été créées en 1789-1790 par l'Assemblée constituante pour remplacer tous les impôts de l'Ancien Régime. Au principal revenant à l'État s'ajoutaient des centimes additionnels au profit des collectivités locales (départements et communes). Toutefois, cette fiscalité indiciaire, même complétée par la création progressive de droits indirects, répondait de moins en moins aux besoins d'une république moderne et en 1917 ces contributions furent supprimées comme impôts d'État et remplacées par l'impôt sur le revenu ; elles ont cependant été conservées, comme anciennes contributions, souvent appelées les « quatre vieilles », au profit des départements et des communes parce que leur assise, essentiellement foncière, convenait bien pour des collectivités locales. Comme on n'avait plus de clé de répartition entre les contributions et les collectivités, puisqu'il n'y avait plus de principal de l'État, on a conservé

---

12. *Taxe proportionnelle, surtaxe progressive* : Voir note n° 16 du chapitre II.

l'ancien principal de l'État, devenu « principal fictif », en tant que clé de répartition, en le mettant à jour chaque année au prorata des bases d'imposition.

Chaque année, durant les mois de mai à septembre, les inspecteurs divisionnaires effectuaient dans toutes leurs communes rurales la tournée générale des mutations pour la préparation des rôles de l'année suivante et ils mettaient à jour l'état général d'imposition (n° 2051) et le cahier auxiliaire des patentes (n° 2013). Dans les villes, où les changements étaient plus nombreux et plus importants, il y avait un recensement de la mobilière et de la patente au début de l'année d'imposition, les propriétaires d'immeubles bâtis étant tenus de déclarer leurs locations au préalable.

Les documents d'assiette ainsi établis ou mis à jour étaient transmis au service des rôles de la direction qui faisait monter ou mettre à jour par des expéditionnaires les matrices générales dont les résultats étaient centralisés par commune. Les trois agents du service, qui disposaient de deux ou trois machines à calculer des modèles de l'époque, calculaient, par commune et par contribution, les nouveaux principaux fictifs dont le centième représentait le centime communal ou départemental, ce « centime » auquel les élus locaux attachaient tant d'importance, parce qu'il mesurait l'évolution et la valeur relative des moyens fiscaux de leur collectivité.

La valeur du centime était ensuite reportée sur des tableaux, soit un par commune, qui étaient envoyés à la préfecture ou aux sous-préfectures pour transmission à chacun des maires concernés. Après le vote du budget par le conseil municipal, le maire inscrivait, sur le tableau et avec le produit, le nombre de centimes correspondant à la recette votée, soit par exemple 8 000 centimes pour avoir une recette de 4 000 000 avec un centime de 500 francs. Les tableaux revenaient ensuite à la direction par l'intermédiaire et sous le contrôle des autorités de tutelle, les mêmes opérations étant faites par les services préfectoraux pour la taxe départementale.

Ensuite, ce service des rôles devait centraliser sur des grands tableaux, par contribution et pour chacune des 544 communes du département, ces produits de la taxe communale et de la taxe départementale[13], les additionner et, en divisant leur somme par le montant des bases d'imposition de la commune, en tirer le taux ou centime-le-franc à appliquer à chacune des bases d'imposition individuelles ; par souci de sécurité, c'étaient les agents titulaires du service qui reportaient les centimes-le-franc sur les feuilles de tête des rôles.

13. *Taxe communale, taxe départementale* : Les finances locales, départementales et communales étaient alimentées en grande partie par des centimes additionnels aux contributions directes. Ces dernières ayant été transformées ou supprimées, il en est résulté des règles particulières pour le calcul des centimes additionnels. Tous les centimes locaux étaient calculés en fonction de principaux fictifs. Ce système fut inauguré en 1890, lors de la transformation de l'impôt foncier des propriétés bâties en impôt de quotité.

L'exécution des travaux était ensuite distribuée aux expéditionnaires : taxateurs chargés de calculer et de reporter les cotisations sur les rôles, copieurs chargés de remplir en noms et chiffres – car il n'y avait pas de secret professionnel en la matière – les avertissements destinés aux contribuables ; il y avait aussi des expéditionnaires chargés, par équipes de deux, des collationnements qui étaient évidemment indispensables.

Et tout cela devait être fait à un rythme qui permît de sortir les rôles aux dates prévues par les instructions dans l'intérêt du Trésor.

Le service des rôles se comportait en définitive, en la circonstance, comme un prestataire de service chargé de répartir entre les redevables, avec une main d'œuvre rémunérée par lui exclusivement à la tâche, l'impôt prélevé par les collectivités locales sur leurs ressortissants. La constatation était d'ailleurs la même pour l'impôt sur le revenu, mais il n'y avait alors là qu'un seul donneur d'ouvrage, l'État, et la main d'œuvre était moins importante.

On pouvait, certes, se demander si cette activité de fournisseur de main d'œuvre, avec les va-et-vient qu'elle entraînait, avait bien sa place dans les locaux d'une direction et la question a été effectivement résolue par la négative, vingt ans après, avec la création des centres départementaux d'assiette. D'ailleurs, la mise en place des centres informatiques de la DGI a ensuite réduit considérablement les travaux de confection des rôles.

Il reste qu'à l'époque dont je parle en ce récit, le service des rôles avait une importance qui méritait bien, me semble-t-il, d'être signalée dans l'histoire de la direction générale des Impôts.

Lucien Perreault

Le « service des rôles » à la direction des services généraux de la Seine

Au moment où le directeur adjoint, principal collaborateur du directeur, reçoit une affectation en province, le glissement programmé des affectations à l'intérieur de la direction peut se réaliser. L'inspecteur principal, actuel chef du service des rôles, libère alors son poste et son bureau, qui me sont attribués comme prévu.

Mes nouvelles attributions, dans les années cinquante, concernent désormais l'ensemble du service des rôles.

Parmi celles-ci, figurent les rapports avec la préfecture et les municipalités, en ce qui concerne les budgets et la modification ou la création des taxes communales. Ces rapports sont parfois compliqués par les retards des conseils municipaux à voter les budgets. Certains budgets ne parviennent à la direction qu'en octobre de l'année de leur réalisation. Auparavant, les mairies ont demandé au service des rôles des renseignements, des évaluations, certaines désirant faire porter une plus forte partie de la charge fiscale sur l'une ou l'autre des catégories de contribuables (commerçants, industriels, résidents ou propriétaires d'immeubles), ou désirant établir des abattements pour éliminer de la masse imposable soit les petits appartements, soit les familles avec des enfants, etc.

Les anciennes contributions fonctionnant encore sous le système de la répartition, il n'est pas possible de calculer les cotisations individuelles tant que n'est pas connue la masse globale demandée aux contribuables.

Heureusement, les contrôles, qui déterminent les bases d'imposition, ne sont pas tributaires de ce vote qui conditionne le début des travaux du service des rôles.

Le calcul des cotisations individuelles (que nous appelons la taxation) constitue la masse de travaux la plus spectaculaire du service des rôles. Elle concerne en effet plus de cinq millions d'articles (trois millions pour les anciennes contributions directes (mobilière, patentes, foncier et taxes locales), et deux millions pour les impôts sur le revenu), pour lesquels nous calculons la cotisation, rédigeons le rôle pour le service du recouvrement, l'avertissement destiné au contribuable, et même, pour respecter le secret professionnel en matière d'impôt sur le revenu, l'enveloppe opaque sous laquelle l'avertissement anonyme sera expédié à son destinataire.

Ces travaux sont exécutés par plus de mille six cents expéditionnaires (en sus des huit cents autres employés par ailleurs aux bulletins de salaires) travaillant à leur domicile et rétribués à la tâche. Ces emplois temporaires sont très demandés, car la plupart des travaux sont simples, ne demandent pas de connaissances particulières, et sont expliqués par des instructions écrites, détaillées et précises, qu'il m'appartient de rédiger. Une petite équipe d'agents, procédant à la distribution des travaux, et contrôlant leur retour et la qualité de leur exécution, est en mesure de préciser au besoin ces instructions.

Cette organisation donne à la direction une puissance de travail et une mobilité d'emploi exceptionnelle. Ces expéditionnaires ont des profils très différents. Beaucoup sont des employés de l'Administration ou d'autres entreprises, cherchant, en travaillant pendant leurs heures de loisirs ou de repos, à arrondir leur salaire, d'autres sont des personnes assez âgées cherchant à améliorer leurs droits à la retraite, d'autres encore sont provisoirement sans emploi, ou disposent de temps libre (mères de jeunes enfants, gardes-malades, gardiens de toute sorte, etc.).

Ainsi, en estimant très modérément qu'en moyenne un expéditionnaire peut fournir vingt-cinq heures de travail par semaine, il est possible, sur simple envoi d'une série de convocations, de mobiliser, en moins de quarante-huit heures, une puissance de travail pouvant atteindre quarante mille heures hebdomadaires, soit l'équivalent de celle de mille agents titulaires pendant la même période.

Les rôles (que j'homologue par la délégation), ainsi que les avertissements, sont transmis aux percepteurs chargés de leur recouvrement, et sont comptabilisés à la direction par le service de la comptabilité des rôles. Ce service est animé par un contrôleur appelé premier commis des rôles, personnage très important dans les anciennes directions des Contributions directes.

Après avoir calculé les principaux fictifs (ancienne part de l'État dans les impôts locaux) en fonction du total des bases d'imposition, et les centimes le franc (taux de l'impôt) de chaque taxe, en fonction des centimes additionnels votés par les communes, il centralise le montant des rôles homologués et, pour les impôts sur le revenu, les statistiques par nature de revenus qui permettront des évaluations et simulations futures.

Les agents de ce service sont tellement entraînés au traitement des colonnes de chiffres, qu'ils font les additions non pas chiffre par chiffre comme tout le monde, mais deux chiffres à la fois. Quand la direction a reçu ses premières machines à calculer électromécaniques, la plupart d'entre eux ont continué pendant longtemps à additionner à la main, organisant même des concours de vitesse où le traitement manuel battait régulièrement le traitement machine.

L'expérience de mécanisation des rôles d'impôts sur le revenu par cartes perforées est maintenant effectivement appliquée dans deux quartiers de Paris, l'un dans le 18e arrondissement, comportant une majorité d'impositions simples, et l'autre dans le 16e arrondissement où se rencontrent des impositions plus complexes. Les résultats en sont assez satisfaisants, mais ont nécessité quelques aménagements. C'est ainsi que n'avait pas été prévue la taxation, certes exceptionnelle, d'un revenu à dix chiffres (c'est-à-dire dépassant le milliard de francs) pour un célibataire.

Il y a aussi quelques « bavures » de saisie des données. L'une d'elle amène un jour dans mon bureau une ancienne écuyère de cirque, reconvertie en cocher de fiacre. Vêtue d'une ample cape rouge et coiffée d'un chapeau melon, elle dépose théâtralement sur ma table un avertissement de taxe proportionnelle, en pointant un doigt accusateur sur les 3 600 180 francs réclamés pour un revenu artisanal imposable de neuf mille francs. L'employé chargé de la carte avait tout simplement mis bout à bout les 6 000 francs d'abattement et les 3 000 francs résiduels taxables, et la machine avait imperturbablement taxé à 6 % les 60 003 000 francs de revenu ainsi créés.

Georges Guicherd

LE « SERVICE DES RÔLES » À NANTES

Le service des rôles avait la charge de la confection des documents (rôles et avertissements) en vue du recouvrement des impôts. À Nantes, les travaux de base étaient assurés principalement par deux contrôleurs expérimentés. Le matériel très sommaire se composait essentiellement d'une machine à calculer mécanique (Monroe) dont le fonctionnement particulièrement bruyant nécessitait une grande attention. Les travaux d'écriture (tenue des registres et autres) se faisaient à l'ancienne : encriers, portes-plumes sergent-major.

En ce qui concerne les anciennes contributions, il fallait en premier lieu déterminer pour les collectivités locales les éléments leur permettant d'établir leur budget annuel. On parlait avec beaucoup de sérieux de « principaux fictifs » dont le mécanisme restait mystérieux sauf pour quelques initiés. Le calcul des taux des différentes contributions intervenait après réception, par l'intermédiaire de la préfecture, des renseignements extraits des budgets des collectivités locales. La détermination des cotisations individuelles se faisait ensuite à partir :

- des matrices quinquennales mises à jour au vu des dossiers de mutation pour l'ensemble des impôts des communes rurales et pour la seule contribution foncière des villes recensées ;

- des matrices annuelles établies par les services d'assiette en ce qui concerne la contribution mobilière et la contribution des patentes de ces mêmes villes recensées.

Pour ce travail important, la direction devait faire face :

- aux achats d'imprimés ;

- à l'emploi de nombreux expéditionnaires travaillant à leur domicile.

Les achats d'imprimés concernaient l'ensemble des activités, mais la commande afférente à la confection des rôles en constituait une part très importante. Les prix étaient fixés par la direction générale. La direction n'intervenait que pour le choix du fournisseur parmi ceux agréés par la direction générale (Allier, Delmas, Desfossés, Lang et Oberthur). Pour diriger ce choix, les représentants de chaque société visitaient périodiquement la direction pour présenter leurs offres de service. Nous avions parfois droit à cette occasion à de menus cadeaux (livres, agendas, almanachs…). Je crois même me souvenir que l'un de ces fournisseurs avait fait appel à un directeur récemment retraité en espérant sans doute que ses visites à ses anciens collègues seraient fructueuses.

La confection des rôles et avertissements nécessitait également l'emploi de très nombreux expéditionnaires. Il fallait apprécier leurs compétences pour répartir au mieux les travaux variés et plus ou moins difficiles. La rémunération calculée uniquement à la tâche résultait de l'application de tarifs établis par l'administration centrale. Le personnel, en particulier celui du service des rôles, participait à ces travaux en se réservant bien évidemment ceux qui étaient les plus rentables. Des tables de multiplication cartonnées (multiplicateurs de 1 à 999) facilitaient tous les travaux de calcul. On ne relevait que peu d'erreurs matérielles en raison des recoupements et preuves prévus. Les travaux de copie faisaient l'objet de reports successifs d'un document sur un autre. Le collationnement entre le premier et le dernier de ces documents assurait la régularité de l'ensemble.

Ce collationnement assez fastidieux était quelquefois peu ou mal exécuté. On racontait à ce sujet la surprise advenue à un directeur ayant amené un ami de passage consommer dans un café voisin de la direction. Curieux il demanda au commerçant si les documents du service posés sur une étagère correspondaient à une activité d'expéditionnaire exercée par quelqu'un de sa famille. Le brave cafetier répondit qu'il s'agissait simplement de documents déposés pour être repris et remplacés régulièrement chaque semaine par des documents analogues. Ainsi ces collationneurs s'évitaient même la fatigue du transport à leur domicile.

Il y avait aussi au nombre des expéditionnaires de Nantes, une dame chargée d'apposer les différents cachets (services d'assiette et de perception) sur les avertissements. Nous l'avions surnommée la mère Tape-dur. Ses qualités, dextérité, virtuosité, rapidité, auraient dû lui valoir de figurer en bonne place sur le Livre des records.

Cependant, malgré toutes les précautions, on ne pouvait éviter toutes les erreurs dont certaines prêtaient à sourire. En Lot-et-Garonne, on racontait l'histoire concernant le curé de Bon-Encontre, commune voisine de la ville d'Agen. La paroisse consacrée à la Vierge « Notre-Dame de Bon-Encontre » voyait défiler beaucoup de fidèles à l'occasion de nombreuses cérémonies et aussi de pèlerinages. Le prêtre pour réaliser quelques profits vendait des cierges et de menus objets de piété. Cette activité lui avait valu d'être imposé à la contribution des patentes en qualité de « marchand d'oribus ». Mais les copies successives aboutirent sur l'avertissement qui lui était destiné à la mention « marchand d'orémus ». Malgré les excuses et les explications du service, notre contribuable ne fut pas convaincu qu'il s'agissait d'une simple erreur matérielle. Je n'oserais garantir qu'il s'agit de l'origine exacte de cette anecdote car de nombreux départements ont fait état de cette même confusion.

J'ai personnellement été témoin d'une bévue d'un genre analogue. Les documents quinquennaux faisaient l'objet d'un renouvellement à leur expiration. Tous les cinq ans, on établissait donc de nouveaux documents pour chaque commune : état d'imposition, matrice générale, copie destinée à la municipalité. Après l'achèvement des travaux un maire rapporta les documents qui lui avaient été adressés en faisant part de son étonnement de relever au nombre de ses concitoyens plus de cinquante horlogers. Il s'agissait d'une petite commune rurale des bords de la Loire au territoire composé en grande partie de prairies. On découvrit alors que les nombreux éleveurs d'animaux à l'origine « herbagers » étaient devenus « horlogers ».

En matière d'impôt sur le revenu, la conception des matrices collectives établies par les services de base permettait de préserver le secret professionnel lors de l'exécution des travaux d'expédition. Une partie détachable comportait le nom et l'adresse des contribuables, l'autre partie ne mentionnait que les bases d'imposition. Le numéro d'article assurait la liaison entre ses deux fractions.

Au vu de la première partie, les expéditionnaires établissaient le rôle (noms et adresses) et les enveloppes destinées à l'envoi des avertissements. La deuxième partie après le calcul des impositions permettait d'établir les rôles (montant des cotisations) et les avertissements.

Le mécanisme rigoureux du calcul des droits et l'organisation rationnelle des autres tâches assuraient la régularité quasi parfaite de ces travaux. Ils étaient en règle générale les mieux rémunérés et donc les plus recherchés.

L'apparition des centres d'informatique a entraîné la disparition de la procédure qui vient d'être décrite. Pour la Loire-Atlantique la mécanisation relative à l'établissement des rôles et avertissements est intervenue à partir de :

- 1971 pour la taxation des revenus de 1970 ;
- 1974 pour la taxe foncière ;
- 1975 pour la taxe d'habitation.

L'emploi d'expéditionnaires n'a survécu pendant quelques années que pour de menus travaux avant sa disparition totale liée à l'implantation de terminaux et imprimantes dans les différents services et notamment au centre départemental d'assiette ayant dans ses attributions celles dévolues antérieurement au service des rôles.

Les méthodes de travail décrites seraient jugées archaïques actuellement, mais étant rédacteur, j'ai connu plusieurs personnes âgées titulaires de maigres retraites qui retiraient des travaux d'expédition une part non négligeable de leurs moyens d'existence.

Jean Ayméric

« Le service le plus important de la direction »

Affectée au service des rôles où elle passe vingt-cinq ans, après avoir passé le concours (agent d'assiette) auquel elle est reçue bien classée, elle prête serment devant le tribunal et reçoit sa commission d'emploi.

Le service des rôles constitue, dans les années soixante, le service le plus important dans la direction : un rédacteur-inspecteur, un contrôleur et huit agents d'assiette, plus les expéditionnaires, font fonctionner ce service.

La moyenne d'âge est de trente-cinq ans, c'est-à-dire « pleine forme au travail », même pour G., qui garde les secrets de ses antécédents de santé. Elle suit la cadence de la vie sans se poser de questions. [...]

Le calcul des anciennes contributions ou quatre vieilles est de loin l'attribution la plus importante du service.

La discipline, la ponctualité, la vélocité ont raison de ces taxes qu'il faut « sortir » en recouvrement chaque année avant de partir en vacances, c'est-à-dire en juillet.

Le département se décompose de 475 communes et de 29 perceptions. Le Cadastre met à jour les modifications apportées aux propriétés bâties et non bâties. Les secteurs d'assiette fournissent les précisions pour les taxes mobilière et patente qui deviennent taxe d'habitation et taxe professionnelle en 1970, celles-ci avec de nombreuses réformes depuis, et ce n'est d'ailleurs pas fini.

Les principaux fictifs et les taux d'imposition des quatre taxes sont définis d'après de minutieux calculs (division quatre décimales) et correspondent aux budgets départemental et communal votés par le département et les communes. Ce travail est intéressant, mais combien d'organisation et de travaux à la chaîne au sein de cette cellule qui est le service des rôles proprement dit !

À partir des taux et des bases d'impôts sont calculées les différentes taxes. Les rôles sont confectionnés pour la trésorerie générale et les avertissements pour les perceptions. Les mises à jour sont effectuées sur les matrices générales à la suite des « tournées » pour ce qui est des communes rurales et du recensement pour les villes de plus de cinq mille habitants.

Ces travaux entraînent des attentions particulières. Il faut dire que les communes rurales sont classées par ordre alphabétique et les villes recensées de manière topographique.

Le service des rôles finalise la taxe sur les chiens (abolie en 1959) en communes rurales, et encore, toutes ne la votent pas. Ces pauvres chiens sont immuables, ils n'ont jamais de descendants et ne meurent jamais.

Il ne faut pas oublier les prestations équivalentes de journées de travail soit d'impôt.

Le service des rôles a pour mission, cela va de soi, le calcul des matrices individuelles d'impôt sur le revenu et des sociétés à la suite de vérifications, cessations, cessions ou omissions. L'impôt est calculé sur les bases et éléments fournis par les secteurs d'assiette concernés. Pénalités, intérêts de retard ou amendes sont éventuellement infligés et appliqués.

Le collationnement de tous les travaux est impératif. La perfection est absolue avant la signature du directeur. Il ne faut pas oublier le grand travail des statistiques.

Georgette Fontan

LES SERVICES DE DIRECTION ET LES CONTRÔLES

(1930-1970)

LES CONTRIBUTIONS DIRECTES AUTREFOIS

Les vieux « assujettis » avaient connu les « impositions directes », auxquelles, en souvenir, on a donné le nom des « quatre vieilles » : 1) Propriétés bâties, 2) Propriétés non bâties, 3) Contribution mobilière (devenue taxe d'habitation), 4) Patente, pour les commerçants (devenue taxe professionnelle).

Les locaux loués faisaient l'objet d'une déclaration souscrite par les propriétaires d'immeubles.

Il y eut une taxation pour « les portes et fenêtres ». En milieu rural, il y avait matière à imposition, car les bâtiments étaient très vastes et les ouvertures nombreuses… Mais, dès la création de la taxe, les propriétaires en firent murer beaucoup. De ce fait, cet impôt fut abandonné par la suite.

Les contribuables connaissaient aussi les déclarations d'animaux, souscrites par les possesseurs de : « chevaux, mules et mulets » – et chiens – taxés respectivement suivant les catégories auxquelles ils appartenaient. […]

Les chefs de service étaient recrutés par un concours national exigeant diplômes universitaires. Ils percevaient cependant un traitement moyen. Ils disposaient d'un bureau particulier et avaient de l'autorité sur le personnel.

Les agents d'exécution, groupés par services, étaient qualifiés d'employés auxiliaires. C'étaient certains d'entre eux qui enseignaient très laborieusement aux futurs exécutants le calcul des impositions individuelles au moyen de barèmes établis par ces derniers, sans le secours d'aucune machine. C'étaient… les taxateurs ! Ils travaillaient à domicile.

Ces travaux qui demandaient, à la fois, grande rapidité et grande attention, étaient rétribués à des tarifs honteusement faibles. Bien que travaillant pour le service des Impôts, les « taxateurs » allaient retirer leurs paies au guichet de la Banque de France, boulevard Ledru-Rollin. Ils devaient être considérés comme des « fournisseurs » : la trésorerie générale payait les traitements et salaires des fonctionnaires.

Durant une autre partie de l'année, les « taxateurs » devenaient des « applicateurs ». Ils étaient alors chargés « d'appliquer », sur les documents administratifs, les modifications intervenues, au cours de l'année, dans les propriétés des « assujettis ».

Ces deux activités seraient, de nos jours, qualifiées de « petits boulots ». Elles étaient plus intéressantes et un peu mieux rétribuées que les autres travaux, exécutés également à domicile, qui étaient « les rôles » (listes des contribuables) et les « avertissements » (actuellement : avis d'imposition).

Tout cela formait un cadre : celui des « expéditionnaires ».

Les employés du lieu y consacraient eux-mêmes de longues veillées. Les habitants du quartier Saint-Roch connaissaient bien ceux qui, quatre fois par jour, circulaient le long des deux côtés de leur église paroissiale, emportant, le soir, de grands cartons contenant documents et imprimés sur lesquels ils travaillaient.

L'organisation, vraiment artisanale, de ces travaux dits « d'assiette », fonctionna de très longues années, jusqu'à la création de centres mécanographiques régionaux.

La modernisation dans les bureaux pour l'accomplissement des tâches d'exécution fit son entrée avec la dotation d'une simple machine à écrire…

Quel événement ! Car, jusque-là, on ne concevait pas que l'on pût écrire autrement qu'au moyen d'un porte-plume métallique et d'un encrier d'encre noire !

Les lettres, bien peu nombreuses il est vrai, étaient écrites entièrement à la main par les chefs de service et recopiées, avec quel soin, par un employé auxiliaire, très ignorant, mais ayant (comme on disait alors) une « belle plume » !

Pour la diffusion des notes-circulaires aux agents départementaux, c'était la reproduction d'un certain nombre d'exemplaires sur papier stencil et rouleau d'encre grasse.

Plus tard, on obtint une machine à copier électrique… Autre événement, complétant le si modeste équipement !

Tous les progrès dans les services n'avançaient qu'avec une désespérante lenteur. Heureusement, les exécutants faisaient preuve d'une remarquable patience et quelques-uns d'un vrai dévouement.

Avant l'avènement du Front populaire, les salariés ne connaissaient guère les jours de vacances… C'est alors que l'on se mit à parler des « congés payés » qui permirent à tant de gens de condition modeste de connaître mer, campagne, montagne… Une révélation pour eux ! […]

Les agents d'exécution étaient vraiment dévoués dans l'exercice de leurs modestes fonctions. Très attachés à un travail plutôt ingrat.

Leur condition était des plus modeste : sans statut, sans protection sociale pour situation de famille, maladie, retraite… Ils travaillaient souvent jusqu'à un âge avancé. Ils soutenaient aussi leurs parents âgés…

S'ils n'étaient pas, à leur tour, accueillis chez leurs enfants, ils terminaient leurs jours à l'hospice (hôpital général) où quelques-uns de leurs successeurs dans les bureaux leur rendaient visite…

Les membres de cette petite corporation étaient qualifiés par la société bourgeoise d'alors, de « méritants » et de « naïfs, crédules », voire « bonnes poires », par leurs successeurs dans le cadre.

Plus tard ils se sont mis à espérer une amélioration de leur sort dans l'Administration. L'avenir leur a donné raison… Un petit nombre « d'anciens » a pu en bénéficier durant plusieurs années d'activité, et ensuite dans une assez longue retraite bien méritée.

Les « auxiliaires permanents », piliers de la pyramide des grades, sont devenus des « commis » (hommes) et « dames employées » (femmes). Les titres actuels sont : contrôleurs, agents de constatation ou d'assiette, agents de bureau. […]

Avant la guerre de 1914-1918, il n'y avait aucun personnel féminin dans l'administration des Contributions directes. Une exception avait été faite à Montpellier pour Mme d'A. qui, de ce fait, était fort remarquée !

Elle était veuve, sa fille unique, mariée, résidait dans une autre ville.

Sans autre jour de congé que le dimanche, l'après-midi de ce jour-là, elle faisait une promenade solitaire à pieds, ayant pour but une visite au cimetière. Elle parcourait l'avenue Saint-Lazare, deux fois, ramassant au passage les débris de verre qui, disait-elle, « pouvait blesser les petits chiens ».

Mère et fille, très connues dans la ville d'alors, étaient considérées par leurs amis, comme des phénomènes d'originalité et de « débrouillardise ». La fille, à son tour veuve prématurément d'un professeur de lycée, faisait des travaux d'expédition à domicile, comme sa mère ; mais elle avait réussi à entrer en relations avec deux successifs présidents de la République française : Raymond Poincaré et Gaston Doumergue ! Elle avait pu, de ce fait, obtenir la rente d'un bureau de tabacs, sis à Lyon.

Ses amis et connaissances en étaient restés… pantois !

Marguerite Jobez

Commis des Contributions directes en 1939

Depuis mon entrée au bureau des Contributions directes de Boulogne, en 1929, ma vie a bien changé. J'ai maintenant de nouvelles amies ; je vois moins souvent les anciennes qui travaillent également dans des lieux différents. Je me marie en 1931 et habite à présent à Boulogne et j'ai la grande joie d'être maman de mon premier fils Paul, en 1932. [...]

Puis mon deuxième fils naît en 1938 ; c'est la période où j'étudie avec acharnement la préparation du concours que je désire réussir pour devenir « commis des Contributions directes ». Je suis reçue dixième sur les 2 000 présentés ; je suis très heureuse mais il me faut aller à Lyon suivre des cours intensifs de droit fiscal. C'est le cœur bien gros que je quitte ma famille et mes chers enfants le 1er février 1939 pour quatre mois.

Lyon est une très jolie ville avec la rencontre du Rhône et de la Saône mais je ne prends pas le temps de la visiter. Je suis les cours très sérieusement et travaille sans répit dans ma chambre d'hôtel. Je réussis l'examen de sortie dans les dix premières et je reviens à Boulogne un mois avant la déclaration de guerre britannique et française à l'Allemagne. Déjà à Lyon, nous suivions avec émotion les nouvelles alarmantes affichées aux vitrines du journal local. Et maintenant, c'est la guerre et le départ des hommes mobilisés ; les rues sont calmes et silencieuses. C'est la « drôle de guerre ». Mais nous écoutons, inquiets, à la radio, les événements de Pologne puis de la Finlande et surtout les discours pleins de hargne hurlés de sa voix gutturale par Hitler. Tout cela est de mauvais augure ; aussi la direction ordonne le transfert du personnel à Hardelot, avec tous nos dossiers et archives. Hardelot est une jolie petite ville balnéaire où le Grand Hôtel, puis des villas particulières ont été réquisitionnés à notre intention. Le travail y est impossible. Aussi, le calme persistant, nous recevons, quelques mois plus tard, l'ordre de rentrer et nous reprenons nos occupations. [...]

Mais cette période de calme relatif est vite troublée par l'invasion de la Norvège puis de la Hollande et de la Belgique ; le 6 mai 1940, les Allemands entrent en France. L'Administration a réquisitionné un bateau qui doit nous conduire à Nantes. Je vais à Desvres décider maman, mon oncle et ma sœur de quitter la région, qui est très menacée ; ce qu'ils firent le 19 mai. Quant à moi et mes enfants, nous allons tous les matins au bureau attendre ce bateau fantôme, qui n'est jamais venu, et le soir nous revenons bien déçus à la maison, et ce jusqu'au 22 mai.

Ce soir-là nous quittons le bureau, il faisait encore chaud et soudain des vrombissements d'avions allemands nous obligent à nous réfugier sous les portes des remparts. C'est là que nous rencontrons sept Belges, trois hommes et quatre femmes ayant quitté leur pays et se trouvant complètement perdus et démunis. Je les invite à venir chez nous passer la nuit. Après un bref et frugal repas, nous descendons à la cave avec des chaises et c'est là que nous subissons le premier bombardement allemand. Vers minuit, la véranda est atteinte et nous entendons une multitude de morceaux de verre tomber dans le jardin, et nous sommes recouverts de la suie qui tombe de la cheminée. Mes enfants dorment serrés sur mes genoux. Le lendemain, nous remontons tous au rez-de-chaussée nous préparer un repas plus complet. La journée est calme mais le soir nous nous installons un peu mieux à la cave après y avoir descendu d'autres sièges et des matelas. Et c'est ainsi pendant plusieurs jours ; puis les Belges nous quittent pour regagner leur pays et quelques semaines plus tard nous apprenons que leur voyage de retour s'était bien effectué.

Quant à moi, je retourne au bureau dès le matin du 24 mai ; les rues sont jonchées de pierres, de morceaux de murs démolis, de cadavres d'hommes et de chevaux. Dans une avenue, une trentaine de camions anglais abandonnés sont rangés dans un très bon ordre sous les arbres. Les soldats anglais avaient quitté Boulogne dans des bateaux envoyés par leur gouvernement.

Plus j'avance dans le centre de la ville, plus je vois des boutiques ouvertes, leurs vitres cassées, leurs marchandises éparpillées et prises par des gens sans scrupule. C'est d'une tristesse infinie et j'arrive bien émue, au bureau où je trouve plusieurs contrôleurs et employés qui y étaient restés depuis le 22. La consternation est intense et nous nous communiquons les rares nouvelles qui nous sont parvenues. Les contrôleurs présents prennent quelques décisions pour y organiser le travail mais nous n'avons aucun courage. Tous les jours cependant, je prends l'habitude de venir au bureau.

Quelques rares soldats allemands armés circulent dans les rues mais le gros de leurs troupes continue son avance vers la Somme où, nous dit-on, les combats sont violents et nous apprenons, avec consternation, que l'Italie est entrée dans la guerre à leur côté le 10 juin.

Le soir, avec quelques voisins, nous écoutons avec un poste de radio bien camouflé les nouvelles transmises par Londres et nous avons la grande joie d'écouter, le 18 juin, le discours du général de Gaulle qui continue le combat et nous remplit d'espoir.

Bientôt les Allemands sont plus nombreux et méchants. Ils installent un bureau dans un immeuble voisin du mien. Les journées sont calmes mais le soir nous voyons de nombreux avions anglais pris en chasse par les Allemands et des quantités de fusées de toutes les couleurs clignotent dans le ciel. Ce serait très beau si ce n'était si triste et si alarmant. Toutes les nuits nous sommes réveillés par des bombardements anglais sur le port et les positions allemandes, mais aussi malheureusement sur des quartiers paisibles et les dégâts sont énormes. Une nuit, un bruit épouvantable nous réveille. Nous n'osons pas sortir mais le matin nous voyons un trou profond dans le jardin, dans lequel est logé un obus de marine non explosé. La Kommandantur avisée, le fait désamorcer dans la journée. Nous avons eu beaucoup de chance mais le soir même nous quittons notre cave et acceptons l'offre de voisins, dont la leur est plus solide, d'aller chez eux chaque soir. Nous y rencontrons d'autres personnes et je constate avec bonheur la solidarité régnant parmi nous. C'est très réconfortant, d'autant plus qu'avant la guerre, nous nous ignorions. [...]

Enfin le 20 décembre 1940, l'Administration m'avise que je suis affectée comme commis dans le 17e arrondissement de Paris. Mais il me faut attendre les laissez-passer que les Allemands doivent me délivrer pour passer la ligne de démarcation de la Somme. Je dois maintenant m'occuper seule du transport de quelques meubles, du linge et de la vaisselle que je dois envelopper et protéger car le déménageur ne peut que les déposer à la gare de marchandises.

Le 2 mars 1941, je quitte donc Boulogne où les ruines s'amoncellent, après être allée chercher mes fils et faire des adieux touchants à toute ma famille. Nous arrivons à Paris, relativement plus calme, et nous nous installons dans un petit appartement, trouvé par mon mari, qui nous paraît bien petit et si triste eu égard à la jolie maison de Boulogne.

En attendant notre maigre mobilier, nous nous installons chez mes beaux-parents qui habitent le même quartier.

Dès le lendemain matin, je me rends à mon nouveau bureau près de l'Étoile, dans un immeuble d'habitation très luxueux et dont le quatrième étage est loué à notre administration.

Me voici donc dans mon nouveau bureau.

Le contrôle comprend, sous la direction d'un contrôleur central :

- six secteurs, qui se partagent une grande partie du 17e arrondissement avec pour chacun un bureau assez grand, un commis et deux auxiliaires dont une seule travaille dans la pièce et seconde le commis, l'autre est employée au service général ;

- quatre contrôleurs qui possèdent les dossiers des contribuables ayant de très gros revenus, de ceux exerçant une profession libérale : médecins, dentistes, avocats, notaires... ; des commerçants importants et des grosses sociétés ; chacun a sa spécialité ;

- le service général qui occupe une très grande pièce, près de l'entrée, avec six auxiliaires ayant la charge :

. du standard téléphonique,

. de la réception et du départ du courrier,

. du classement et de la répartition par secteurs de tous les papiers reçus. [...]

Je dois aussi maintenant m'habituer à ma nouvelle vie à Paris. Comme tous mes collègues, je rentre tard chez moi où mes enfants m'attendent avec impatience. Et je dois faire de longues queues pour obtenir le ravitaillement délivré à présent au vu des cartes individuelles, comportant des tickets numérotés, et qui nous sont distribués par les mairies. Encore une fois, je m'aperçois avec bonheur que la solidarité est très forte et efficace en ces moments difficiles. C'est ainsi qu'une collègue, dont le mari est typographe, nous donne gratuitement de faux tickets de pain, qu'une autre va tous les week-ends dans la vallée de Chevreuse et en rapporte quelques œufs et des légumes, achetés à des paysans et qu'elle partage avec nous. Moi-même, je reçois du Pas-de-Calais un peu de beurre et de viande fumée dont je fais bénéficier mes amis et aussi des tickets de pain, qui ne peuvent servir qu'au buffet de la gare du Nord. Je n'ai plus de poste radio mais j'ai toujours les échos des nouvelles transmises par Londres et aussi des messages mystérieux, de plus en plus nombreux, adressés à des pseudonymes. [...]

Dans une ambiance désolée, notre travail au bureau s'effectue normalement mais le contentieux est plus important. Nous devons proposer des remises ou des modérations d'impôts aux femmes dont les maris sont prisonniers, des dégrèvements d'impôt foncier aux propriétaires dont les appartements ou immeubles sont vacants et à ceux qui acquittent des intérêts hypothécaires. Nous n'avons aucun contact avec les Allemands et le gouvernement de Vichy ne nous donne aucune directive particulière. Cependant nous devons descendre au sous-sol à la moindre alerte ; les bombardements nocturnes sont plus fréquents et plus importants, surtout près des gares.

Marie-Louise Graux

Un contrôle pendant la guerre

Je trouve à la direction le même accueil cordial qu'à Grenoble. Le directeur et mon inspecteur principal m'accueillent chaleureusement, et me posent beaucoup de questions sur la vie en zone non occupée et sur mon voyage. Puis ils m'apprennent que la ville de Vernon, qui était une résidence très agréable, compte environ quinze mille habitants et qu'elle a subi des dégâts très importants en juin 1940.

Le contrôle comprend environ soixante communes rurales et une ville recensée, situées en partie dans la vallée de la Seine, à la fois résidentielle et industrielle, et de part et d'autre de cette vallée, sur deux plateaux agricoles : une partie du Vexin normand, au nord de la Seine, et le plateau de la Heunière et une partie de la vallée de l'Eure au sud.

Le bureau a été entièrement détruit en 1940, et un vieil auxiliaire permanent, rappelé à l'activité, a commencé à reconstituer les documents. Le titulaire du poste, mobilisé en 1938, puis prisonnier de guerre, conservant son affectation, je serai, sans gestion, chargé de gérer le poste.

Je termine la matinée en faisant connaissance avec les agents de la direction, et particulièrement avec les rédacteurs, et l'un d'eux a la gentillesse de m'inviter à déjeuner chez lui.

Ainsi réconforté, je pars pour Vernon où je découvre un spectacle pire que ce que j'imaginais. Tous les immeubles du centre ville et des abords du pont ont été détruits et brûlés par des bombes incendiaires en 1940. Depuis, les ruines ont été déblayées, laissant les caves béantes à ciel ouvert.

Excepté quelques immeubles endommagés qui ont été sommairement réparés, la reconstruction n'est pas commencée. Commerces et habitants sinistrés ont été relogés dans des baraquements provisoires en bois installés dans toutes les avenues, sous les tilleuls taillés en voûte qui faisaient la fierté de la ville.

Le bureau, dont il ne restait après le bombardement ni une pierre ni un papier, a été réinstallé dans une pièce unique dans l'annexe de la salle des fêtes. Dans les quinze mètres carrés de cette pièce ont été installés deux tables (une pour le contrôleur, une autre pour l'auxiliaire), des classeurs à rideaux pour les dossiers de revenus, des rayonnages pour les bulletins de propriétés bâties, les calepins de recensement, les réserves d'imprimés, etc. et deux chaises pour les contribuables. Le couloir, bien que trop étroit pour accepter des chaises, fera office de salle d'attente, et un carton vide sera la boîte aux lettres. Il n'y a ni téléphone, ni machine à écrire.

Les destructions ont été si importantes dans cette ville que cette installation précaire ne choque personne.

À mon arrivée, un homme, apparemment très âgé, me salue avec respect et dignité. Je crois voir un personnage échappé du théâtre de Courteline avec son col cassé, son veston boutonné serré sur un gilet et un pantalon de nankin gris jaune, le tout, surmonté, pour la ville, d'un canotier à large ruban noir. C'est le vieil auxiliaire annoncé par la direction. Je découvrirai vite que sous cet aspect inattendu, il possède de grandes qualités personnelles et professionnelles, tout à fait en accord avec sa tenue vestimentaire.

Il a un profond respect pour l'Administration et la hiérarchie, allié à une très grande conscience professionnelle et le goût du travail bien fait. Il connaît bien les anciennes contributions directes, mais ne s'intéresse guère aux impôts sur le revenu, qu'il considère être du domaine réservé du contrôleur.

Il entend limiter son action à ce qu'il estime être dans son statut d'auxiliaire, et ne s'autorise pas à contrôler une déclaration de bénéfice réel, ni à fixer un forfait un peu élevé, ni à signer un rapport sur réclamation.

Son épouse a été recrutée sur crédits spéciaux d'auxiliaire, et mon arrivée va la contraindre à travailler chez elle, car le bureau ne peut recevoir trois tables. [...]

Un rapide état des lieux fait avec l'auxiliaire m'apprend que le bureau contrôle environ mille commerçants dont quatre-vingt-dix pour cent de forfaits (non révisés depuis 1939), cent professions libérales (dont les forfaits sont dans la même situation), neuf cents bénéfices agricoles (qui n'ont pas été imposés depuis 1940), trois mille imposables à l'impôt général sur le revenu, taxés en 1941 sur leur déclaration non vérifiée ; la tournée des mutations n'a pas été faite depuis 1939, les fiches de la révision bâtie sont rédigées, mais les évaluations ne sont pas faites. Il y a un gros dossier de mille cinq cents réclamations à instruire. Enfin, toutes les déclarations de revenus de 1942 restent à exploiter.

Je mesure ainsi l'ampleur du travail à réaliser pour rétablir une situation normale. Mais je pense qu'après tout, je suis célibataire, je n'ai pas de famille à proximité, je ne connais encore personne dans cette ville meurtrie, et cela me laissera du temps pour travailler. Si cette solitude personnelle ne m'inquiète pas trop, en me retrouvant en fin d'après-midi seul dans mon bureau, je prends conscience de ma solitude professionnelle.

La direction et mon inspecteur principal sont à Évreux, je n'ai pas le téléphone, mes collègues, que je ne connais pas et qui vraisemblablement ignorent mon arrivée, sont disséminés dans tout le département. Où m'adresser si j'ai besoin de connaître une coutume locale, une jurisprudence ou un usage administratif ? Où trouverai-je la documentation dont ma jeune expérience peut avoir besoin, puisque le bureau ne possède que les circulaires postérieures à juin 1940, et que l'Administration n'a jamais établi de documentation de base ?

Je tire la conclusion pratique de ces interrogations, et malgré l'importance de la dépense pour mon budget (traitement annuel = dix-huit mille cinq cents francs, 4246 euros), je commande les cinq gros volumes de la collection complète des feuillets de documentation Lefebvre. […]

J'entreprends la révision générale des forfaits BIC (bénéfices industriels et commerciaux) et BNC (bénéfices non commerciaux), dont aucun n'a été modifié depuis 1939. Ce ne sera pas un petit travail, car chaque fixation d'un forfait demande un examen du dossier, une notification qui entraîne une réponse, puis l'examen de cette réponse, une nouvelle notification, et généralement une entrevue au bureau pour discussion et conclusion. […]

Pour déterminer le bénéfice forfaitaire à proposer, je ne dispose que de la déclaration de recettes, seule obligation déclarative des intéressés, mais certaines de ces déclarations sont si faibles qu'elles apparaissent évidemment sous-évaluées.

Je m'aperçois d'ailleurs rapidement que la comptabilité de la plupart des commerçants est uniquement constituée par un cahier « Recettes-Dépenses », tenu plus ou moins régulièrement. Mieux encore, je dois souvent expliquer que le bénéfice fiscal n'est pas seulement ce qui reste à la fin de l'année à la maison ou à la caisse d'épargne, mais aussi ce qui a été nécessaire pour vivre. […]

Quand il y a une comptabilité, nous discutons de marge brute sur achat (dans la plupart des cas, trente-trois pour cent est appliqué systématiquement et sans discernement par les commerçants), et de pourcentages de bénéfices brut et net sur recettes.

Tous ces procédés et taux ne figurent pas dans les circulaires, et ils n'ont été évoqués que rapidement à l'École de Bordeaux. Mais ils s'apprennent en fait assez vite au cours des discussions en écoutant les commerçants et en orientant les débats. [...]

Sur place, je reçois de temps en temps la visite de l'inspecteur principal. Comme c'est souvent le cas dans les Contributions directes, où l'absence de caisse permet à cet agent supérieur de privilégier la mission d'orientation et d'information à celle de pure vérification, ces visites n'ont pas le caractère de visites de contrôle strict. Dans la plupart des cas, elles ressemblent plus à la visite d'un agent plus âgé, plus confirmé dans son métier, et disposant de plus d'informations. Il m'apporte des directives et des renseignements sur les orientations ou sur les projets de la direction départementale ou de la direction générale. Ensemble, nous examinons l'état des travaux du contrôle, faisons l'état des problèmes et des besoins, et recherchons les meilleures solutions possibles. À ma demande, ou à la sienne, nous étudions une affaire délicate ou signalée par la direction. Peu à peu s'établissent entre nous des rapports de sympathie réciproque, respectueuse de ma part, et cordiale de la sienne. Possédant à la direction toutes les informations chiffrées et données statistiques nationales et départementales, il peut pour chaque contrôle placé sous son autorité, faire des comparaisons, détecter des lacunes, des insuffisances, et donner les instructions nécessaires pour y remédier. Annuellement, il établit pour chaque contrôleur un rapport de gestion, reprenant point par point tous les éléments du service, chiffrés au vu des rôles émis, et il conclut par une appréciation générale sur la méthode et la qualité du travail fourni et les résultats de la gestion du contrôleur. [...]

Pendant l'année 1942, des événements très importants se passent en France et dans le monde : Bir Hakeim, Pearl Harbor et l'entrée en guerre des États-Unis, Dieppe, le débarquement allié en Afrique du Nord, et l'occupation de la zone non occupée.

Mais, très absorbé par mon travail, ces événements n'ont pas pour moi le retentissement qu'ils auraient eu si j'avais été plus disponible.

Il est vrai que l'occupation allemande est assez discrète à Vernon, où les Allemands occupent principalement la caserne et une usine qu'ils ont transformée en dépôt de matériels d'intendance.

Bien sûr, il y a un couvre-feu après 22 heures, et les patrouilles allemandes. Mais elles sont surtout préoccupées par le camouflage des lumières, et dans la nuit, le bruit des bottes les signale de loin et permet de les éviter aisément.

Un soir, je rentrais de Pacy-sur-Eure, à bicyclette, bien après l'heure du couvre-feu, après avoir dîné avec le percepteur, un maire et des amis. Je montais, sans lumière, la rude côte m'éloignant de la vallée de l'Eure. À un carrefour, je me trouve soudain face à face avec une moto de l'armée allemande et deux soldats, mitraillettes braquées. Ils me demandent un *ausweis* que je n'ai pas, et me fouillent pour savoir si je suis armé. Je leur explique que je suis agent des Impôts, que je reviens de tournée, en montrant mon dossier, et j'entreprends de leur traduire en allemand ma commission d'inspecteur, en insistant sur le début : « Au nom du peuple français, le directeur général, etc. » Ils se regardent hésitants, et soudain l'un d'eux me fait signe de disparaître en vitesse par un autre chemin que la route nationale.

Je ne saurais jamais s'ils étaient l'avant-garde d'une unité en déplacement, s'ils étaient eux-mêmes en situation irrégulière, ou si, tout simplement, ils n'avaient pas envie de s'encombrer d'un prisonnier dont ils ne savaient que faire.

Pendant cette année 1942, presque chaque fin d'après-midi, les sirènes d'alerte se déclenchent, mais bien peu de gens s'en préoccupent, et beaucoup regardent dans le ciel les grosses formations de forteresses volantes qui vont bombarder l'Allemagne, en laissant derrière elles de longues traînées blanches de condensation qui, dans le soleil couchant, se colorent de rose. [...]

Pendant l'été 1944, à Vernon, les événements se précipitent.

Le 26 mai 1944, un gros bombardement allié détruit le pont sur la Seine et plusieurs immeubles alentour. Engagé dans les équipes d'urgence de la Croix-Rouge, je passe plusieurs jours à déblayer les ruines pour rechercher d'éventuels survivants ou dégager les corps des quarante-cinq victimes civiles.

Les Allemands ayant reconstruit un pont léger sur les ruines de l'ancien, un nouveau bombardement le détruit dès le lendemain, en même temps que la batterie de DCA installée tout près, et malheureusement aussi quelques immeubles proches.

Le 6 juin au matin, des petits groupes de Vernonnais tendent l'oreille vers l'ouest, d'où parvient un sourd grondement. On ne s'interroge pas longtemps, car bientôt la nouvelle se répand et la joie éclate. À cent kilomètres de là, le débarquement est en cours. C'est le jour J, le *D Day* pour les Alliés.

En préparation de cette gigantesque opération, la surveillance aérienne alliée sur la Seine, les routes et les carrefours, s'est accrue ces derniers jours. Elle est devenue constante, car les avions attaquent pratiquement tout ce qui bouge.

L'histoire locale dénombre au moins quarante-deux bombardements aériens sur le seul territoire de la ville, mais ignore le nombre de mitraillages. Malheureusement, les bombes ont aussi fait soixante-quinze victimes civiles au total.

Après le premier bombardement, beaucoup d'habitants, qui n'ont pas oublié juin 1940, vont dormir, ou même vivre, dans la campagne environnante.

La municipalité a déplacé loin du pont les bureaux de l'hôtel de ville, et conseille l'évacuation des quartiers menacés. Le commissariat de police, les banques et la plupart des commerçants l'ont déjà fait. Mon bureau était à moins de cent mètres du pont à vol d'oiseau, j'accepte l'offre de mon collègue du Contrôle économique, me proposant de m'installer provisoirement dans sa villa pendant qu'il irait dans un village rural. Ainsi il me fournissait un refuge confortable… et trouvait un gardien pour sa villa.

À l'ouest de la ville, depuis les bombardements, le dépôt de matériel allemand brûle, ainsi qu'une partie de l'usine Bata. En ville, il n'y a plus d'électricité, plus de téléphone, parfois pas d'eau. Le ravitaillement et le courrier n'arrivent plus. Le centre ville est désert. Notre restaurant a fermé ses portes, mais le patron continue à servir une dizaine de fidèles habitués (dont je fais heureusement partie) dans une maison particulière excentrée.

Après la percée américaine d'Avranches fin juillet, les Allemands deviennent de plus en plus nerveux, et réquisitionnent après chaque bombardement tous les hommes passant à leur portée pour déblayer routes et carrefours endommagés.

Début août, des soldats allemands, isolés ou en petits groupes non encadrés, visiblement en débandade et fuyant l'avance alliée, arrivent et pillent dans le dépôt de matériel abandonné et brûlant partiellement tout ce qui peut se manger et rouler.

Puis certains se mettent à voler, sous la menace de leurs armes, des vivres et des bicyclettes dans les maisons et dans les rues.

Bientôt un détachement allemand fait sauter le central téléphonique de la poste, puis disparaît.

Le 20 août, toute la journée, sur le plateau de la Heunière entre Pacy-sur-Eure et Vernon, se déroule un combat de chars avec appui aérien pour les Alliés. Un calme relatif s'établit après le décrochage vers l'est des quelques chars allemands non détruits.

Le 22 août, quelques jeeps américaines sont signalées à l'est de la ville. La nouvelle se répand vite et, d'un coup, la ville apparemment déserte jusque-là, s'anime. Les fenêtres s'ouvrent et des drapeaux tricolores apparaissent partout. Quantité de gens se précipitent pour rencontrer les GI qui, après s'être renseignés sur ce qui se passait en ville, repartent. C'était une patrouille qui explorait le flanc ouest de l'armée américaine, car Vernon se trouve à la jonction des secteurs anglais (Montgomery) et américain (Patton), mais en secteur britannique.

Les Américains partis, l'attente reprend. De petits éléments de reconnaissance anglais sont signalés au sud de la ville, mais n'avancent pas.

Soudain, trois chars lourds arrivent par l'ouest. Ce sont des blindés allemands. Ils traversent la ville d'ouest en est, tirant quelques rafales et obus, tuant un résistant armé, pendant que les drapeaux disparaissent des fenêtres.

Enfin, une force importante anglaise arrive, pendant que commence un duel d'artillerie par-dessus la Seine et la ville, qui va durer jour et nuit, sans interruption, pendant quatre jours.

Pendant ces journées, les Anglais amènent des troupes et un matériel considérable, et le 25 août vers 19 heures, se déclenchent les opérations de franchissement de la Seine, de vive force. D'abord des voitures amphibies franchissent le fleuve. Dans la nuit, un pont léger est construit. Une vive bataille d'infanterie se livre dans les collines sur la rive droite. Le pont léger, d'abord détruit par l'artillerie allemande, est reconstruit. Enfin, les Allemands sont repoussés et un, puis deux ponts lourds flottants permettant le passage des blindés sont établis dès le 28 août, et la progression vers le nord reprend.

Mais au moins cent soixante-cinq soldats britanniques ont été tués dans cette opération.

À partir de ce jour commence dans la ville un défilé ininterrompu de blindés, de pièces d'artillerie, de camions de carburant et de munitions, toute la logistique de la deuxième armée britannique, qui se dirige très vite vers le Nord et la Belgique.

En sens inverse, des colonnes de prisonniers allemands traversent la ville en direction d'un camp provisoire d'internement.

Très rapidement, la vie reprend. Beaucoup ont l'impression que la guerre est finie. L'hôtel de ville, où le changement d'édiles s'est fait en douceur, est ouvert à nouveau. Les boutiques le sont aussi. J'ai réinstallé mon bureau dans sa petite pièce.

Toute la ville est pavoisée. Les soldats anglais sont invités partout. La salle des fêtes est mise à la disposition d'un orchestre de jazz militaire anglais qui, plusieurs fois par semaine, fait danser Britanniques et Vernonnais sur une musique autrement plus rythmée et plus dynamique que celle du traditionnel bal de la Croix-Rouge dans les salons de l'hôtel de ville. Le « tube » du moment est *In the mood*, cent fois répété, et je sais déjà que je ne pourrai plus entendre cet air à l'avenir sans penser à ces moments intenses.

Tradition anglaise oblige, à minuit précis, l'orchestre attaque solennellement le *God save the King*, repris en chœur par toute l'assistance, et la soirée est terminée.

Mais si une page de l'histoire locale est tournée, les réalités professionnelles subsistent. L'émission d'impôt sur le revenu est à peu près faite, mais la tournée n'est pas commencée, et il me faut profiter des beaux jours restant pour la faire… et je reprends ma bicyclette.

En décembre, les derniers dossiers de tournée transmis à la direction, le recensement fait à Vernon avec la constatation des bâtiments détruits, je peux souffler un peu, et le contrôle étant maintenant à jour, travailler à un rythme normal. Je m'aperçois alors que je n'ai pas demandé un seul congé depuis mon arrivée à Vernon, il y a plus de deux ans, et je répare cette omission en allant passer en famille les fêtes de fin d'année 1944.

Georges Guicherd

« Adieu les Contributions directes »

Le samedi 19 août 1944, nous travaillons le samedi, Maurice vient me retrouver au bureau. Il est pâle car il vient de voir place de la Concorde un car de police, drapeaux tricolores au vent, occupé par des agents en armes, certains couchés sur les marchepieds latéraux. Des événements graves se préparent…

Il décide de rejoindre sa banlieue. Quant à moi je rejoins la rue Chevert. Surprise ! Un jeune garçon est dans l'entrée de l'hôtel, discutant avec les hôteliers. C'est leur fils, que l'on disait en Allemagne au STO et qui en fait était « planqué » dans une maison voisine. Jean deviendra avec Maurice le compagnon d'une aventure qui nous mènera jusqu'à Coblence.

Les rumeurs les plus folles circulent. La préfecture de police, l'hôtel de ville, les mairies, les lycées et les hôpitaux seraient occupés par la Résistance. Le drapeau français flotte à nouveau sur les édifices.

J'ai appris l'usage des armes, c'est le moment d'être utile.

Jean et moi, plus tard Maurice, nous rejoignons rue du Cherche-Midi une unité FFI dépendant du commandement de Paris-Sud. Son chef pour le 6e arrondissement est le docteur D.

Mes connaissances militaires me valent d'être chef d'un groupe d'une dizaine de garçons dont l'enthousiasme compense mal l'instruction militaire qu'ils n'ont pas reçue. Il me faut les former rapidement à l'utilisation de leurs armes. Pour le moment, c'est la trêve. Nous n'y croyons pas trop, mais nous n'intervenons pas.

Mais je suis fonctionnaire, et comme tel, rivé à mon poste, je ne dois pas m'absenter sans autorisation.

Le lundi 21 à 9 heures, je suis au 34 boulevard Haussmann. Quelques minutes plus tard, venu de son 16e arrondissement à bicyclette arrive M. L. Nous sommes et serons les seuls de la journée à être présents. Le cœur n'est pas à l'ouvrage. Paris s'enflamme, des événements graves s'annoncent. Mon chef comprend mon impatience. Il me dispense de venir le lendemain. Je ne le reverrai que le 28 août.

Paris se libère, Paris est libéré… libéré par lui-même…

Entre-temps il m'aura été donné de participer à diverses actions dans les quartiers Montparnasse, Invalides, La Tour Maubourg, École militaire et rue de Rivoli. Rue de Rivoli, face à la statue de Jeanne d'Arc, où le 25 août lors du passage du général de Gaulle je serai amené à tirer sur le palais du Louvre de l'intérieur duquel un « salopard » tirait sur la foule. Les traces de la rafale de mon pistolet-mitrailleur en sont encore visibles sous l'œil de bœuf qui surplombe le Jardin des Tuileries où j'étais embusqué.

Sans doute suis-je le seul agent des Finances pouvant se flatter d'avoir tiré sur son ministère.

Le 27, je retrouve M. L. L'entretien est très cordial. L'ancien combattant a refait surface. Je lui explique ma situation : ma formation militaire exige que je serve mon pays les armes à la main… Il téléphone à la direction : je dois rédiger une demande de mise en disponibilité pour la durée de la guerre. Ce sera chose faite. Adieu les Contributions directes ! Une nouvelle vie s'annonce.

Paul Bretxa

« Un certain panache »

On en était encore au temps où l'Administration ne se chargeait pas de la logistique des services excentrés. En contrepartie d'une indemnité forfaitaire, elle en laissait le soin au titulaire du poste qui devait lui-même faire face à tous les frais relatifs au fonctionnement et à l'entretien de son bureau. J'ignore si la règle était générale, mais telle était du moins la tradition locale.

Le contrôleur des Contributions directes, puisqu'il s'agit de lui, n'avait souvent d'autre solution que d'installer son bureau dans une partie de son appartement privé. Si cela était de nature à créer une certaine intimité dans le travail, on imagine l'impression qui en résultait à l'égard du public qui, les jours de réception, attendait son tour dans le couloir ou dans l'escalier.

Le contrôleur était également conduit à « tirer sur les frais » pour ne pas, selon l'expression, « y être de sa poche ». Ce n'est que beaucoup plus tard, en raison de l'intensification du recrutement et des difficultés rencontrées dans le domaine du logement par les agents mutés, que l'Administration en vint à s'engager directement par bail, chaque fois que cela était possible et à prendre en charge sur factures les frais inhérents à l'exécution du service. […]

Le grade de contrôleur des Contributions directes a été longtemps attribué à l'agent du cadre principal (cadre A) chargé, dans sa circonscription, de l'assiette et du contentieux des impôts directs, qu'il s'agisse, dans cette catégorie, de ceux perçus au profit de l'État ou de ceux recouvrés pour le compte des collectivités locales. Cet agent, quoique placé sous la tutelle de la direction des Contributions directes et du Cadastre, était spécifiquement désigné ès qualités par le Code général des Impôts pour ce qui concernait la nature et l'étendue de sa compétence. Il exerçait de ce fait, dans le domaine qui lui était dévolu, une véritable magistrature fiscale.

Certes, en cas de litige, la décision appartenait au directeur départemental. Mais, si, sur le plan des principes (et convenons-en des principes seulement !), ce dernier pouvait passer outre l'avis du contrôleur, il ne détenait pas le pouvoir de l'en faire changer. En fait, tout s'arrangeait par concertation avec le collègue « rédacteur au contentieux » qui remplissait à merveille son rôle de tampon.

Par ailleurs, le contrôleur avait tout intérêt à ne pas perdre de vue qu'il était en grande partie jugé et noté sur son « contentieux ». Trop de contentieux ou pas assez de contentieux constituaient deux éléments à partir desquels l'autorité hiérarchique était encline à se faire une idée de la sûreté des connaissances théoriques de l'agent et de son efficacité dans la manière de les mettre en application.

Dans ce contexte, la fonction de « contrôleur des Contributions directes » n'était pas sans revêtir un certain panache et elle inspirait à la fois confiance et respect. Je me suis laissé dire qu'en des temps plus reculés, le contrôleur des Contributions directes était une personnalité importante, admise au port du bicorne et de l'épée. Dans l'ordre des préséances, il prenait place, paraît-il, immédiatement après le sous-préfet !

Il convient de savoir que, dès 1947-1948, l'appellation des différents grades usités a eu davantage pour but d'illustrer l'avancement linéaire de carrière des agents, que d'établir entre eux une véritable hiérarchie fonctionnelle. Le contrôleur est devenu inspecteur, tandis que le grade de contrôleur, transféré au cadre subalterne, était attribué aux anciens commis. Le contrôleur adjoint a été rebaptisé « inspecteur-élève » avec accession naturelle au grade d'inspecteur adjoint, puis d'inspecteur et nomination plus restrictive à celui d'inspecteur central.

Qu'ils fussent adjoints ou non, centraux ou non, tous les inspecteurs avaient vocation aux mêmes postes et exerçaient les mêmes fonctions. Le seul grade fonctionnel assurant la charnière entre l'inspecteur et le directeur, était celui d'inspecteur principal, doté de fonctions de commandement dans le cadre de la surveillance et de la vérification des services. Sur sa lancée, l'inspecteur principal voyait le plus souvent sa carrière s'éteindre dans le grade de directeur départemental adjoint, sans pour autant être adjoint à quiconque, ni exercer des fonctions de direction. Avec beaucoup de patience et de chance, il lui arrivait parfois d'accéder au grade de directeur et d'être nanti d'une direction. Cette dernière et rare possibilité lui a été définitivement retirée dès la fusion des directions départementales des trois régies et la création du grade de directeur divisionnaire.

En désespoir de cause, les directeurs adjoints les plus méritants ou les plus chanceux, purent se voir attribuer soit une petite conservation des hypothèques, soit une recette principale des Impôts. Ces postes étaient qualifiés de « postes de débouchés ». L'un d'eux, une recette principale m'échut à la fin de ma carrière. [...]

Jean Bône

Rédacteur à la direction des Contributions directes de Loire-Atlantique

J'ai exercé les fonctions de rédacteur à la direction des Contributions directes de Loire-Atlantique de 1945 à 1954. Pendant la durée de ma présence à ce poste, j'ai surtout eu comme supérieurs un seul directeur et un seul inspecteur-rédacteur principal. Peut-être suis-je excessif dans mes jugements et tendancieux en rappelant mes souvenirs, mais je me permets d'indiquer que le directeur n'apparaissait que très rarement dans les bureaux et que l'inspecteur rédacteur principal tout en assurant très fermement la marche du service était certainement très préoccupé par la suite de sa carrière.

Une des consignes avait pour objet de faire face honorablement à la visite de l'inspecteur régional des Finances, que nous avions irrévérencieusement baptisé « inspecteur Pastille » et qui arrivait toujours de façon inopinée. Alors, la stratégie finement élaborée se déroulait de la façon suivante : le chef des bureaux sonnait la dactylo pour lui remettre un carton dont j'étais le destinataire. Il m'appartenait de partir aussitôt avec la voiture de l'Administration pour quérir le directeur. L'inspecteur des Finances était-il dupe de ce cérémonial ? Nul ne peut le dire.

Il ne restait à l'ancienne adresse de la direction que le logement du directeur et les relevés de coupons. Les autres services répartis dans la ville de Nantes avaient ensuite été regroupés dans une résidence de maître sise place Mellinet. Des baraquements complétaient les bureaux, mais il restait un peu de terrain et notre grand chef en avait profité pour réaliser un mini jardin potager et aménager un enclos pour élever quelques poules. Cette situation n'a duré que peu de temps, car le transfert définitif dont il sera question en évoquant la fusion est intervenu rapidement.

J'ai participé à l'activité de tous les secteurs de la direction à l'exception du contentieux. Il y avait en particulier la gestion du personnel et du matériel. Assez hétéroclite, ce matériel faisait l'objet périodiquement d'inventaires détaillés le plus souvent à la demande de l'administration centrale. On y relevait ainsi un téléphone intérieur semblable à celui utilisé par les acteurs Raimu et Delmont dans le film *Mamzelle Nitouche*. Au nombre d'autres vieilleries figurait une carriole à bras destinée au transport des colis. Peu à peu, ces différents objets ont disparu des listes officielles sans susciter de demandes d'explications de la part des autorités parisiennes.

En contrepartie d'une indemnité forfaitaire, le directeur avait la charge des fournitures de bureau et de certains imprimés destinés essentiellement au service de la comptabilité. Cette situation n'était pas toujours facile à vivre car il fallait concilier les demandes du personnel et les soucis d'économie de la hiérarchie.

Mon affectation au service des vérifications ne m'a pas éloigné de la direction. J'ai souvent été chargé en effet de travaux spéciaux. Il y a eu ainsi le secrétariat de la commission départementale, l'apurement de dossiers contentieux délicats et en attendant l'arrivée de la direction régionale la préparation des travaux de péréquation de la notation des agents des trois régies pour l'ensemble des cinq départements des Pays de la Loire. À l'occasion de ces différents travaux, j'ai pu apprécier la bienveillance à mon égard de tous les directeurs qui se sont succédé à la tête du département.

Jean Ayméric

Auxiliaire et contrôleur

La rentrée approchait. J'ai décidé de ne plus retourner en pension et de chercher un emploi. Il faut dire qu'à l'époque, en 1945, à Bayeux, on trouvait facilement du travail. Les troupes anglaises étaient toujours présentes et employaient bon nombre de Français et Françaises en leur attribuant un très bon salaire. Ce travail ne me tentait pas car j'avais l'impression qu'il n'était que provisoire. Je ne regrette pas la décision qui m'a fait acheter le journal local. On demandait une employée de bureau ayant le brevet élémentaire. Je suis donc allée me présenter au contrôle des Contributions directes de Caumont-l'Éventé, en résidence à Bayeux. Il y avait peu de candidats. On m'a demandé d'écrire un texte car il fallait avoir une écriture lisible. J'ai été embauchée. Je suis venue travailler les derniers jours de novembre et le 1er décembre je prenais officiellement mon poste d'auxiliaire. J'avais été informée que la titularisation était prévue au bout de sept ans.

Les débuts furent assez difficiles car il y avait un tas de choses à apprendre. Heureusement, j'étais dotée d'une bonne mémoire. Il n'y avait qu'une seule pièce et je travaillais face au « contrôleur ». Ce dernier s'absentait souvent. Le secteur était étendu et comprenait six perceptions et soixante-neuf communes.

Je me souviens très bien de mon premier salaire du mois de décembre 1945 : trente francs et quelques centimes.

J'aimais le classement des documents et j'ai appris avec ces derniers beaucoup de choses, notamment avec les copies d'actes notariés. Nous avions des relations avec les autres régies fiscales : les Contributions indirectes résidaient dans la même rue et le bureau de l'Enregistrement était à Caumont-l'Éventé. Chaque année, j'accompagnais mon patron pour relever divers actes : contrats de mariage et créances, car ce bureau était très important à ce titre.

La réception des contribuables avait lieu le samedi jour de marché. Lorsqu'il y avait affluence, ces derniers attendaient dans un couloir qui donnait dans la rue et ne communiquait pas avec le bureau. Rien à voir avec le confort actuel !

J'ai tout appris « sur le tas ». C'était assez aisé puisque j'assistais à toutes les discussions avec les redevables. J'aimais beaucoup la période de fixation des forfaits de bénéfices industriels et commerciaux. Il m'est arrivé d'en faire accepter : la première fois, il s'agissait d'un fabricant de ferments lactiques approvisionnant une fromagerie industrielle de camemberts. [...]

Je faisais aussi l'application des mutations sur les matrices cadastrales, lesquelles circulaient par la poste dont le bureau était éloigné et c'est moi qui transportais ces lourds fardeaux à pied.

Mon patron ayant demandé sa mutation, le secteur fut confié, pour un temps, à l'inspecteur de Bayeux. La guerre était finie depuis trois ans mais il avait gardé l'habitude de correspondre avec les autres services, de retourner les enveloppes reçues. C'était tout un art ! Le bureau était installé dans la bibliothèque d'un bel hôtel particulier comme il y en a tant dans cette ville du Bessin. Il y avait plusieurs employés dont l'épouse de l'inspecteur. [...]

Au bureau, je préparais les dossiers pour la tournée générale. J'aimais beaucoup ce travail et au retour de l'inspecteur, je rédigeais les états nécessaires pour expédier le dossier complet à la direction départementale. Je me souviens de l'état concernant la taxe sur les biens de mainmorte et aussi de la mise à jour de la taxe sur les prestations avec le recensement du nombre d'hommes (18 à 65 ans), des chevaux, des vaches... sans oublier la taxe sur les chiens de première et seconde catégorie, ce qui suscitait de nombreuses réclamations. Bien sûr, la vérification de l'impôt sur le revenu occupait tout le reste du temps.

Et puis, j'ai eu l'intention de me marier et mon époux travaillait à la centrale EDF de Caen. J'ai donc demandé et obtenu quelques mois après mon mariage ma mutation pour le chef-lieu du Calvados. J'étais affectée à la direction départementale et au service des rôles en particulier. Là, l'ambiance était spéciale : nous n'avions pas la possibilité d'échanger un mot et il régnait un silence de mort dans cet immense bureau où nous étions une dizaine. De plus, le travail ne me plaisait pas trop : toujours d'interminables additions à faire. Seuls les chefs de service avaient une machine à calculer. J'aspirais à retourner dans un contrôle où je me plaisais beaucoup. À cause de cela, je me suis présentée, en novembre 1952, au concours externe d'agent d'assiette. C'était à la préfecture du Calvados. J'ai aimé la composition française : commentez cette phrase du poète anglais Carlyre : « Il y en a qui sont comme des pendules bien remontées et ils appellent cela la vertu ». Les inspecteurs qui surveillaient m'avaient dit que mon devoir était bon. Réussite aussi pour le devoir de droit et pour les mathématiques. Je réussissais moins bien le tableau de chiffres à faire en écriture ronde selon certaines données. La présentation et l'écriture étaient bonnes mais j'ai trouvé le moyen d'avoir un mauvais résultat dans une opération. Il ne fallait pas faire trop d'erreurs car ce concours était ouvert à cinquante femmes et à deux cents hommes ! J'étais sixième et bien contente. Quant à la titularisation, j'avais été complètement oubliée et j'ai été obligée de réclamer pour l'obtenir au bout de dix ans !

Je suis quand même restée à la direction quatre ans mais avec deux congés de maternité. Au retour de ma deuxième absence, une bonne nouvelle m'attendait : j'étais nommée au contrôle de Cabourg, encore installé dans des baraquements édifiés à Caen après les désastres du débarquement. J'étais très contente. L'ambiance était excellente entre les employés et je retrouvais le travail intéressant d'un secteur. [...]

Pendant toutes ces années, nous copions toujours les matrices d'impôt sur le revenu et celles des taxes d'habitations des villes. Peu à peu le système informatique s'installa. Il concerna d'abord l'impôt sur le revenu pour prendre l'ampleur qu'il connaît actuellement.

Il y avait un autre travail, dont le dernier arrivé dans le secteur héritait immanquablement : la rédaction manuelle des matrices individuelles. Elles étaient répertoriées sur un cahier. Il y avait lieu de reprendre le dossier, rédiger, collationner et ranger. Seulement au bout de dix ans, c'était toujours moi la dernière arrivée. En 1965, la direction générale institua le premier concours interne spécial de contrôleur. La situation de cet agent me tentait : il communiquait avec les redevables, les recevait, faisait les tournées, le recensement et s'occupait du contentieux. C'était plus intéressant.

J'avais une chance inouïe : dans ce secteur, à part les vignobles, je crois que nous avions tous les cas qui pouvaient se présenter en matière d'impôt sur le revenu. Je me plongeai donc dans les révisions sachant très bien qu'il y avait beaucoup d'appelés et peu d'élus. Déjà un point positif, l'Administration n'était plus misogyne : les deux sexes étaient logés à la même enseigne ! Le concours de 1966 eut lieu les premiers jours de janvier 1967. Dans mon cas, il s'agissait de vérifier une déclaration de revenus. Armée du Code général des Impôts, la chose me parut aisée. Les résultats arrivèrent et je faisais partie de ceux qui devaient passer l'oral à Paris. À la maison, j'ai donc laissé de côté le linge à repasser et tous les soirs, je révisais pendant deux heures. [...]

Au bout de quelques jours, j'ai appris que j'étais reçue. J'étais fort heureuse et j'avais su, de surcroît, que le contrôleur en fonction dans le secteur où j'étais, voulait demander son changement. La bonne entente qui régnait dans ce contrôle et la variété des usagers dont il gérait les dossiers m'incitèrent à demander ce poste et il me fut accordé au 1er septembre 1967.

Vint le moment de faire la tournée générale dans les communes « réservées ». Il y en avait quelques-unes sur la Côte fleurie : Houlgate, Villers-sur-mer. J'aimais beaucoup ce travail de communication avec les membres de la commission communale. Je profitais de l'occasion pour apurer le contentieux resté en souffrance faute de renseignements. J'appelais régulièrement les états de cotes irrécouvrables. [...]

Venait ensuite le recensement des deux villes. Dives-sur-Mer et Cabourg, complètement différentes : la première était une cité ouvrière avec son usine « Cégédur » importante, la seconde, une station balnéaire avec son casino, son Grand Hôtel, ses multiples commerces saisonniers qui changeaient chaque année de place et ses innombrables locations meublées. Une partie du travail se faisait en mairie et le reste sur le terrain. Parfois des stagiaires venaient nous aider. [...]

En 1970, l'hôtel des Finances étant devenu trop exigu, les contrôles ruraux déménagèrent et nous nous sommes retrouvés dans un immeuble du centre ville, prévu pour être des appartements. Le secteur augmentait sans cesse. Bruno Coquatrix, nommé maire de Cabourg, avait donné un essor à cette commune. Les constructions nouvelles étaient multiples et nous avions un travail d'évaluation important. Un deuxième contrôleur avait été attribué à notre contrôle.

La période des forfaits de bénéfices industriels et commerciaux connaissait une activité intense de dénonciation, de fixation et de discussion. Je me souviens d'un jour où l'inspecteur principal s'est installé dans la pièce où j'étais afin de contrôler des dossiers d'impôt sur le revenu. C'était en pleine période de discussion de forfaits BIC. Je n'étais pas très à mon aise lorsque le premier contribuable convoqué est arrivé mais finalement, j'ai pris l'habitude de discuter le forfait devant l'autorité supérieure. Quelque temps après, le secteur a été doté d'une employée supplémentaire. C'était la veuve d'un des quatre-vingt-un résistants fusillés à la prison de Caen, la veille du débarquement. [...]

La fusion des régies et la construction d'un hôtel des Impôts firent que nous déménagions à nouveau en juin 1976. Ceci était assorti d'une prime appréciable. La fixation des forfaits des bénéfices commerciaux revenait désormais à la fiscalité des entreprises.

Huguette Beaunieux

Inspection centrale de la Chaussée d'Antin

Le 15 décembre 1946, après quelques jours de congé à Argelès, je retrouve le contrôle de la Chaussée d'Antin.

Le contrôle central est devenu inspection centrale, les contrôleurs et contrôleurs principaux sont devenus inspecteurs et inspecteurs centraux. Les commis sont restés commis : plus tard ils deviendront, et je deviendrai, dans la foulée, agents de constatation et d'assiette (catégorie C) puis contrôleurs (catégorie B).

L'inspection centrale de la Chaussée d'Antin comprend quatre inspections divisionnaires : sous les ordres de quatre inspecteurs centraux :

Italiens, M. B. ; Mogador, M. B. ; Victoire, M. A. et Caumartin, M. P.

Une cellule regroupant les services communs, sous les ordres de M. L. effectue tous les travaux matériels : classement, copie des matrices ; quatre dames employées : c'est bien peu, car l'Administration consomme déjà beaucoup de papiers.

Une équipe de trois vérificateurs officie sur l'ensemble de l'inspection centrale. M. L. inspecteur central de plein exercice est responsable de l'ensemble des services placés sous le contrôle et l'autorité de M. G. inspecteur principal.

Pour l'heure, commis des Contributions directes, je suis affecté à l'inspection divisionnaire « Italiens » sous les ordres de M. B. ; je partage mon bureau avec Mme B., dame employée d'un âge certain, restée très jeune de caractère. Un personnage ce M. B. ; vieux garçon, il vit avec sa gouvernante qu'il vouvoie – c'est normal – mais ne peut s'empêcher de la tutoyer lorsqu'il la malmène au téléphone. Cela nous fait sourire… car il est très bruyant. Artiste éclairé, il fréquente assidûment la salle des ventes de Richelieu Drouot et entrepose ses acquisitions, parfois encombrantes, lorsqu'il s'agit d'un lit, dans son bureau. Ce dernier est garni de meubles anciens, de tableaux de maître et de tapis à l'exclusion de tout mobilier administratif. En fait, il considère sa profession comme une activité libérale et ses rapports avec la hiérarchie sont assez vagues. Il disparaît quelquefois durant plusieurs jours et ne réapparaît que le mardi, jour de la visite de l'inspecteur principal. En contrepartie, il ne prend jamais de congé et travaille très vite.

Grâce à lui j'apprendrai mon métier et ses carences m'amèneront à prendre des responsabilités bien supérieures à celles de mon grade. Merci M. B.

Plus tard, devenu inspecteur, je prendrai conscience des risques encourus ; mais le goût du risque est-il un défaut ou une qualité ? J'ai personnellement le culte du risque.

Ancien combattant de 1914-1918, M. B. est très fier d'avoir sous ses ordres un jeune lieutenant, ancien combattant comme lui. Mythomane, il force un peu la dose et conte sa conquête du Tonkin où il n'a jamais mis les pieds, avec force anecdotes puisées dans le livre de bord de l'un de ses cousins décédé depuis fort longtemps. Je ne lui ferai jamais remarquer qu'il n'était pas né en 1884… À quoi bon, il plane et se fait plaisir.

Grâce à lui – il me présente à tous ses amis – et à ses absences, je ferai connaissance de contribuables hors du commun. Certains sont célèbres, d'autres connaîtront une célébrité pas toujours de bon aloi.

Je resterai onze années sur ce poste et l'inspection « Italiens » sera pour moi une merveilleuse école de la vie. […]

Mais revenons à l'année 1946. Le 15 décembre je me retrouve donc à l'inspection divisionnaire « Italiens » de l'inspection centrale de la Chaussée d'Antin. Deux années s'étaient écoulées depuis mon départ.

Les uns et les autres me marquent beaucoup de sympathie et puis, je ne suis plus seul à Paris, je vais me marier en janvier.

L'ambiance est bien différente ; les cinq inspecteurs centraux sont tous d'anciens combattants. L'un d'eux, M. P., est en outre un résistant authentique. Avec lui se noueront des liens de profonde sympathie. Il a l'âge de mon père et sera mon guide et mon modèle durant toute ma carrière.

Les vérificateurs et mes collègues ont à peu près mon âge ; ils seront vite des amis et certains malgré les mutations le sont restés.

L'équipe du service général, des femmes d'âge mûr, me traite comme le benjamin de la maison avec toute la chaleur amicale qu'elle pense devoir à mon passé récent.

Lors de mon mariage, le 11 janvier, tous me témoigneront par leurs cadeaux une amitié que je n'ai pas oubliée.

Arrivé le 15 décembre, je trouve le secteur en pleine effervescence ; c'est le recensement. À l'époque cette opération s'effectuait sur place, rue par rue, immeuble par immeuble. On y apprenait beaucoup de choses. L'appel des occupants se faisait chez le concierge (il y avait des concierges). Plusieurs bâtiments, plusieurs escaliers qu'il fallait gravir en scrutant les plaques commerciales sur les portes ; au besoin frapper et entrer pour demander des précisions ; cela prenait du temps dans ce quartier d'affaires où il n'est pas rare de trouver plusieurs, voire des dizaines de sociétés. Je me souviens encore du groupe Printemps et de ses filiales. Pour certains immeubles du boulevard des Capucines ou de la rue des Italiens c'était l'enfer.

M. B. et un jeune inspecteur stagiaire ancien commis guidèrent mes premiers pas ; très vite il me sera possible de me débrouiller seul. Recenser sur place, mettre à jour les calepins pour les confier à la copie demandaient du temps et celui-ci nous était chichement mesuré car le 8 janvier les matrices – documents sur lesquels étaient recopiées les données des calepins – devaient être déposées en mairie pour être mises à la disposition des contribuables qui désiraient les consulter. Ils étaient nombreux à effectuer cette démarche en présence des commissaires répartiteurs de la ville de Paris.

C'est en fonction de cette date impérative pour le dépôt de nos documents que nous avons fixé au 11 janvier la date de notre mariage. [...]

Après ces quelques jours au soleil du Roussillon, nous reprenons notre travail ; mon épouse au secrétariat de la cantine et moi à la Chaussée d'Antin.

Ce n'est plus l'affolement de fin décembre ; mais avant de s'attaquer à l'examen des dossiers et à la fixation des forfaits, il faut instruire les réclamations.

M. B. signe sans difficulté les rapports que je lui présente. Finalement, au bout de quelques mois il m'apprendra à imiter sa signature. Oh !

Le court répit du mois de janvier me permit de m'installer. Une vingtaine d'armoires à clapets en bois, deux bureaux, celui de Mme B. et le mien, une table de décharge, un énorme poêle à sciure qui sera bien utile en cet hiver 1947 (nous y brûlerons de vieux papiers) constituent l'ensemble du mobilier. Pas de place pour ma documentation. Heureusement, un débarras meublé de quatre armoires, attenant au bureau me permettra de loger celle-ci. La précédente expérience m'a suffit... surtout ne jamais laisser voir que l'on ne sait pas. Au début, ce débarras me sera bien utile car il faut me remettre à jour. M. B. étant bien souvent absent, les questions sont quelquefois ardues. Quelques minutes d'absence pour consulter et je reprends la discussion après un passage dans le débarras d'où je ressors avec quelques imprimés pour donner le change.

Puis vient l'époque de fixation des forfaits ; exercice délicat qui demande beaucoup de doigté car le bénéfice qui sera fixé servira de base à l'impôt ; il s'ensuit de longues discussions, de longs palabres. Mais je n'aime pas cette « méthode de marchand de tapis » et détermine mon bénéfice au plus près, après une étude sérieuse. Ma méthode est bonne et M. B. relèvera que la moyenne des bénéfices est passée de 108 000 F à 235 000 F. Durant toute ma carrière je m'abstiendrai de ces bases fantaisistes que l'on trouve encore trop souvent dans les services.

Au fil des années, je me suis affirmé dans mes fonctions. Certes, je suis contrôleur mais il me manque toujours quelques bases essentielles que mon administration n'a pas pu ou pas voulu me donner. Une inscription au Conservatoire national des arts et métiers et la fréquentation régulière des cours de « techniques financières et comptables », « droit commercial » et « organisation scientifique du travail » combleront mes lacunes. Organisation scientifique du travail car au fil des ans, j'ai eu maintes fois l'occasion de constater que le travail était organisé en dépit du bon sens – ça marche quand même me disait-on – et que les imprimés étaient – à l'époque – plus faits pour séduire l'œil que pour une utilisation pratique. Administrativement mes trois années de cours (trois soirs par semaine et le samedi entier) ne serviront à rien. Le congé sabbatique n'existait pas et de ce fait le stage pratique de six mois, nécessaire à la délivrance de mon diplôme d'ingénieur n'a pu être effectué ; et puis, dans mon administration quelque peu sclérosée, qui prêterait attention aux propositions d'un contrôleur ? À la direction générale une cellule existe pour régler ces problèmes, tant pis si cette cellule est routinière et se contente de temps à autre de modifier le numéro plutôt que la texture ou le format. À l'époque, c'est cela l'innovation. Vive la routine.

Officier de réserve, j'assiste et participe aux cours d'entretien et de perfectionnement. Nous sommes en pleine « guerre froide » et la perspective d'avoir à nouveau à commander sous le feu m'incite à ne pas négliger mon instruction militaire. La vie d'un homme est un bien précieux qui mérite que les cadres fassent l'effort de se tenir à jour ; la leçon de juin 1940 et le spectacle de troupes débandées sont restés dans ma mémoire. S'instruire est une obligation morale. Pratiquement, deux soirées et deux dimanches par mois sont occupés par des séances d'instruction ; cela vaut bien la chasse et me donne l'occasion de sortir de la routine journalière.

Cette soif d'apprendre que je peux enfin étancher, ce désir de me perfectionner, l'appui que je sais trouver auprès de M. P., tout cela a métamorphosé le petit commis. Je suis contrôleur et me sens bien dans ma peau. N'est-ce pas l'essentiel ? Merci à mon épouse qui a toléré mes nombreuses soirées et mes dimanches d'absence.

Paul Bretxa

« J'AIMAIS MON MÉTIER »

En 1955, l'inspecteur des Contributions directes à Langres bénéficiait d'une certaine considération, faisant un peu figure de notable. On ne manquait pas de l'inviter aux cérémonies officielles et aux réceptions de la mairie ou de la sous-préfecture. Ces manifestations se déroulaient selon des rites bien établis, à la fois un peu solennels et bon enfant. Chacun se connaissait, se côtoyait quotidiennement et il eût été déplacé d'apparaître trop guindé. Bon nombre de participants, langrois de toujours, entretenaient des liens remontant à leur prime enfance. L'intimité de leurs relations n'allait pas sans inspirer aux autres, essentiellement les fonctionnaires, l'impression de demeurer, quoi qu'ils fassent, des « étrangers ».

Pour moi, ce sentiment s'imposait avec encore plus de netteté. Toute relation étroite avec un notaire, un avocat, un médecin, un commerçant serait apparue déplacée, aurait suscité des interrogations, des commérages et même fait naître le soupçon. Notre administration contestée, brocardée, beaucoup plus, sans doute, à cette époque que de nos jours, n'en semblait pas moins investie de pouvoirs mystérieux, exorbitants, permettant d'infléchir l'impôt, au gré de ses sympathies ou de ses préventions.

J'étais ainsi amené à privilégier dans mes amitiés d'autres salariés ou mieux, d'autres fonctionnaires.

Pour autant, il eût été malséant d'ignorer ceux qui ne s'inscrivaient pas dans ce cercle relativement étroit. Il ne fallait pas manquer de les saluer, d'échanger avec eux quelques propos anodins et convenus, tout en maintenant une sorte de distance tempérée de sourires et de courtoisie. Un dosage subtil fait d'amabilité et de réserve réglait, ainsi, mon comportement.

On le voit, la spontanéité et la fantaisie étaient assez largement bannies dans cette petite cité choisie par un écrivain d'avant-guerre pour situer l'intrigue de l'un de ses romans – *Ces dames aux chapeaux verts* – dont les héroïnes, « vieilles filles » dévotes et compassées, menaient une existence sans éclat, à l'abri de leurs remparts et de leur clocher. [...]

J'aimais mon métier. [...]

Rien n'égalait à mes yeux, l'intérêt des rencontres avec les contribuables. Parfois aimables et détendus, parfois rugueux et acerbes, parfois émouvants, ces contacts me laissaient rarement indifférent. Révélateurs des comportements et des caractères, ils déclinaient, en outre, toutes les inflexions que peuvent suggérer la diversité des professions, des milieux et des cultures.

La discussion des forfaits qui revenait, selon un rite immuable, en février et mars, s'affirmait chaque année comme une source inépuisable d'échanges variés et pittoresques.

Il faut rappeler que la très grande majorité des commerçants, des artisans et membres des professions libérales relevaient alors du régime forfaitaire. Le nombre de discussions qu'il fallait mener à bien, dans un temps limité, exigeait la participation conjointe et active de l'inspecteur et du contrôleur.

Nous disposions, l'un et l'autre, d'un bureau. Mais un seul poêle chauffait les deux pièces qui étaient contiguës. Le bureau du contrôleur donnait sur une cour étroite et sombre et prenait un peu de la lumière venant de chez moi. La double porte qui nous séparait devait donc demeurer constamment ouverte.

Le contrôleur, alsacien d'origine, solide, loyal, profondément gentil, était pour moi un excellent compagnon. Sa proximité ne me gênait nullement. Rien ne me conduit à penser que mon propre voisinage lui fût désagréable. En revanche, la nécessaire confidentialité des discussions était mise à mal, chaque fois – et c'était souvent le cas – que deux contribuables se trouvaient simultanément dans nos bureaux. Cette promiscuité était d'autant plus déplorable que la plupart de nos visiteurs se connaissaient de longue date. Pourtant ils ne s'indignaient, ni même s'étonnaient d'un état de fait fort ancien, qu'ils imputaient avec une sorte de fatalisme à la topographie des lieux et à un certain dénuement de l'Administration.

Chaque campagne forfaitaire amenait donc dans le couloir qui nous tenait lieu de salle d'attente, de forts contingents de contribuables qui se côtoyaient assis sur de dures chaises de bois alignées le long du mur. [...]

Ainsi se succédaient face à chacun de nous dans nos bureaux, le commerçant fortuné, le petit menuisier, le chauffeur de taxi, l'épicier, l'hôtelier et tant d'autres. Tous s'efforçaient de nous amener à réduire aussi fortement que possible nos propositions de départ. Ils le faisaient avec une habileté très inégale. Certains se signalaient par une surprenante maladresse. D'autres, excellents avocats d'une mauvaise cause, développaient une dialectique apparemment solide et savaient se montrer convaincants. Il fallait tenter d'extraire la part de vérité de chaque argumentation, de réunir un maximum de données objectives, souvent difficiles à appréhender. D'autant plus que le forfait, fixé pour deux ans, était débattu au début de la deuxième année que le contribuable était tenté de charger d'une foule de difficultés réelles ou supposées. Pour l'artisan, c'était le très prochain départ du meilleur de ses ouvriers. Le commerçant invoquait l'installation imminente d'un redoutable concurrent. [...]

Certains de nos interlocuteurs venaient accompagnés de leur épouse. C'était généralement le fait des plus modestes. La femme s'imposait très vite dans la discussion. Elle s'efforçait de pénétrer les arcanes de la comptabilité, de la fiscalité, multipliait les questions, confessait sans état d'âme son ignorance et se défendait bec et ongles. Tassé dans son coin, le mari s'enfermait dans une attitude réprobatrice et bougonne, semblait comme étranger à un débat dont il ne perdait pas un mot cependant. L'accord conclu, le couple partait. À la porte, l'homme m'adressait curieusement un regard presque complice. La femme avait encore aux joues tous les feux de la discussion. Je les voyais s'éloigner, persuadé que le mari redevenant lui-même et retrouvant sa superbe n'allait pas tarder à accabler son épouse de reproches aussi vifs qu'injustifiés.

En période estivale, la tournée générale des mutations que nous nous partagions également avec le contrôleur nous conduisait dans chaque commune rurale pour établir avec les membres de la commission les bases des impôts directs locaux au nombre desquels figurait alors la taxe sur les chiens, à l'origine de litiges aussi dérisoires que folkloriques. Je crois encore entendre les cris indignés d'un contribuable imposé pour une véritable meute de onze chiens alors qu'il avait signalé l'année précédente la mort de son unique et fidèle compagnon. Cette imposition extravagante ravivait, pour le réclamant, le souvenir d'une perte qui lui avait été douloureuse. Elle ne pouvait s'expliquer selon lui que par une machination particulièrement malveillante. Il s'agissait, en réalité, d'une regrettable erreur due à une mauvaise lecture de l'état général d'imposition. Les guillemets apposés sur ce document pour traduire la disparition de tout élément imposable étaient devenus le nombre 11 lors de la retranscription sur le rôle !

Les agriculteurs siégeaient très majoritairement dans les commissions communales aux côtés de quelques artisans ou commerçants et plus rarement de salariés. Les antagonismes, les jalousies, les rivalités qui opposaient les habitants de certaines localités, parfois depuis plusieurs générations, se manifestaient presque inévitablement à un moment de la réunion. [...]

Souvent, ces réunions se prolongeaient dans l'unique café du village où l'on parlait de choses et d'autres, de manière détendue, en buvant un vin rouge d'une production locale, qui permettait de mesurer toute la distance qui nous séparait de la Bourgogne. La prudence commandait d'éviter, comme je le fis parfois à mes tous débuts, de vider trop rapidement son verre. Il était rempli aussitôt. Je me mis donc à « déguster » à petites gorgées le breuvage qui m'était servi en émettant de temps en temps des appréciations aussi élogieuses qu'hypocrites.

Certains de mes interlocuteurs étaient tentés de mêler à nos propos anodins des insinuations assez perfides sur les activités de tel ou tel de leurs concitoyens. Mais, c'était chose assez rare. Le sentiment de solidarité, la méfiance instinctive à l'égard de l'Administration et plus encore la présence des autres membres de la commission étouffaient les velléités de confidences.

Dans quelques communes, le maire m'invitait à déjeuner à sa table. C'était l'occasion de repas plantureux, aux nourritures solides, largement arrosés. Dans le secret de l'intimité familiale, les langues se déliaient plus volontiers. Pour ne pas être totalement objectives, les informations qui m'étaient tantôt soufflées, tantôt assénées, selon le caractère de mes commensaux, n'en comportaient pas moins une part de vérité.

Mes contacts ne se limitaient pas aux seuls « notables ». Les nécessités de l'instruction d'une réclamation, le règlement d'un forfait en litige, l'évaluation d'une maison ou d'une usine, me conduisaient chez des chefs d'entreprise ou de simples habitants de la commune. Sensibles à ma démarche, ils me réservaient presque toujours un accueil ouvert et bon enfant.

Chaque année, la tournée des mutations m'apportait ainsi cette connaissance du terrain qui éclairait l'action à conduire ensuite dans l'isolement du bureau. Elle s'affirmait comme une source de réalisme, de mesure et d'humanité. En filigrane des déclarations froides, maladroitement chiffrées des artisans-vanniers, nombreux dans le secteur, surgissait ainsi l'image des maisons misérables où j'avais rencontré nombre d'entre eux, travaillant dur, assis parfois sur un sol de terre battue.

Henri Gibot

« L'ENTHOUSIASME DE LA JEUNESSE »

Et d'abord le montant de nos rémunérations !

Il me faut rappeler ou préciser qu'en 1955-1957, un inspecteur des Contributions directes, ayant comme nous une ancienneté d'une dizaine d'années dans le cadre A, percevait un salaire annuel imposable de l'ordre de 950 000 anciens francs ce qui représente une rentrée mensuelle de 8 000 à 8 500 de nos francs actuels. Plus concrètement, il fallait un mois et demi de salaire pour acheter un simple réfrigérateur de 120 litres et près de deux mois pour une machine à laver semi-automatique « Vedette » d'une contenance de 3,5 kg. Alors, tout naturellement nous estimions que nous n'étions pas assez payés.

Or, voilà qu'à l'occasion de l'ouverture du concours organisé en 1955 (je crois) pour l'emploi d'inspecteur-élève, les organisations syndicales des Contributions directes et de l'Enregistrement, pour une fois réunies, avaient édité un tract dénonçant les mauvaises conditions financières des jeunes agents du cadre A et mettant en garde les éventuels candidats contre la faiblesse de la rémunération qui leur serait allouée dans l'Administration. Je n'avais pas hésité à remettre ce feuillet aux jeunes qui venaient s'informer ; je crois même avoir cherché à leur démontrer, chiffres à l'appui, l'exactitude des informations données par le tract. Quelques années plus tard, j'ai rencontré l'un de ces jeunes candidats qui, ne m'ayant pas écouté, exerçait le métier quelque part en France. Avec un sourire complice, il m'a rappelé mes tentatives de dissuasion d'entrer dans l'Administration : la dimension et la qualité de mon bureau et surtout la satisfaction qui, paraît-il, se lisait sur mon visage lui ont semblé contredire complètement le défaitisme de mes propos.

Et il avait bien observé : nous ne gagnions pas beaucoup, c'était vrai, mais nous avions l'enthousiasme de la jeunesse.

Henri Grossein

DOCUMENTATION FISCALE

La direction de la documentation fiscale avait été créée de toutes pièces, il y avait environ une vingtaine d'années, à la mesure des ambitions d'un ancien chef de division de l'administration centrale devenu ultérieurement président directeur général du Bon Marché. Elle avait en théorie une quadruple activité.

Statistique tout d'abord : une section s'occupait de l'exploitation des documents annexés par les entreprises à la déclaration de leurs résultats ; elle délivrait moyennant paiement à tout demandeur – et dans les limites compatibles avec l'obligation du secret professionnel – des éléments interprétatifs variés, susceptibles de commander des politiques d'investissement ou de marketing.

Comptable en second lieu : le directeur assurait la représentation de l'Administration auprès de l'ordre régional des experts-comptables, tâche qui serait ultérieurement dévolue au directeur délégué régional de la région parisienne. De plus, la mise au point des plans comptables par branches d'activités et du plan comptable national était suivie de très près par un employé supérieur spécialisé.

Monographique en troisième lieu : trois brigades d'agents se consacraient à la rédaction de documents fort complets qui analysaient les structures, les techniques de production, les particularités comptables des diverses professions commerciales ou non-commerciales, avec leurs conséquences sur l'assiette et le contrôle des différents impôts leur incombant. Les travaux réalisés qui nécessitaient des contacts astucieux avec les organisations représentatives, des entreprises témoins acceptant le dialogue, de multiples recherches dans les rapports de vérifications, les dossiers d'impôts sur le revenu, étaient délicats et leur mise au point s'échelonnait sur des périodes assez longues. Mais leur qualité était grande : les monographies complètes, sur les professions libérales notamment, sur les charges et offices, sur les opérations de promotion immobilière resteraient des modèles du genre.

Sans doute, cette question des monographies devait-elle soulever des querelles au cœur desquelles François-Maxime fut ultérieurement placé puisqu'il en devint, en 1969, le directeur divisionnaire responsable. En fait ces querelles étaient vaines. Il y avait place en effet, dans l'administration fiscale, à la fois pour des documents assez savants et complets (les monographies traditionnelles) mis au point par des agents chevronnés et destinés à des vérificateurs spécialisés devant descendre dans les détails, et des notices plus sommaires pouvant être élaborées par des agents « de terrain », monographies « abrégées » dont la finalité était très différente (fixation des forfaits, contrôles plus sommaires). En tout état de cause, la direction de la documentation fiscale avait en la matière une expérience incomparable, une mine de renseignements de toute nature, une banque de données comptables, et était la seule en France à bénéficier du concours d'inspecteurs-rédacteurs dotés de diplômes de documentalistes spécialisés.

Le quatrième secteur d'activité visait les « enquêtes » : il était très souvent des plus passionnants. Dans ce domaine, la direction exécutait les désirs de n'importe quel bureau des services centraux, souhaitant être éclairé, soit préalablement sur les conséquences d'une disposition envisagée, soit sur l'influence réelle de mesures appliquées et dénoncées comme insupportables par des organismes professionnels. Initialement, la patente avait été son terrain d'élection. À un moment où les ordinateurs n'étaient pas encore d'un usage courant à la direction générale des Impôts, les enquêteurs devaient constituer des échantillons et exploiter manuellement les renseignements recueillis sur l'ensemble du territoire pour apprécier la charge moyenne de patente d'une profession qui avait le plus généralement saisi de ses doléances la commission nationale du tarif de patente.

Le travail impliquait de fréquents déplacements en province, assortis de contacts parfois houleux ou décevants avec les syndicats locaux, mais également de réceptions souvent agréables. [...]

Par ailleurs la direction de la documentation fiscale participa très largement à la rédaction de la documentation de base, dans les séries fiscalité des entreprises et fiscalité personnelle, afin d'aider les services centraux qui ployaient sous de multiples autres travaux.

Il faut convenir à cet égard que des chefs de brigade travaillant chez eux – le cas échéant dans le silence de « leur » forêt, comme c'était le cas de François-Maxime – avaient l'esprit beaucoup plus libre pour se livrer à cette tâche que les malheureux administrateurs civils et « détachés » de la rue de Rivoli, en proie à un bruit perpétuel et à des coups de téléphone ininterrompus.

En quelques mois, le héros devait rédiger trois « parties » qu'il considère également comme appartenant à ses meilleurs travaux : amortissements, classification générale et définitions des revenus de capitaux mobiliers, impôts sur les sociétés. Devenu directeur, il eut également la tristesse de constater que certains développements « pointus » relatifs à des sujets délicats visant les amortissements (report d'amortissements différés en période déficitaire par exemple) étaient inconnus des inspecteurs de fiscalité d'entreprises et même de certains employés supérieurs.

Jacques Meunier

En route vers le cadre A

Dès 1964, un collègue du département qui avait subi à peu près les mêmes déboires que moi aux concours d'inspecteur, postule, et est nommé inspecteur délégataire en Alsace.

Lorsque je le peux, c'est-à-dire en 1968, je pose ma candidature à de nombreux postes en France. Je précise que les postes mis à la disposition des délégataires chaque année, sont ceux qui restaient vacants après le mouvement normal des lauréats des concours. C'est-à-dire qu'il ne restait que des emplois comportant de grosses difficultés de gestion. Ma candidature n'est pas retenue, étant primé par des agents encore mieux notés que moi. Je réitère en 1969 et reçois une réponse positive. Mais je me garde de pavoiser avant la notification officielle. Je suis affecté dans la Manche, à Valognes.

Entre-temps, la fusion approchait ; les directions uniques départementales vont être mises en place. L'Administration procède à un aménagement de ses cadres principaux et supérieurs. Elle crée notamment les grades de chef des services fiscaux, directeur divisionnaire, de receveur principal et l'emploi de chef de centre, accessible aux inspecteurs centraux. Elle prévoit aussi une implantation plus stricte des postes B, C, D. Je sus par la suite que, si je n'avais pas accédé au cadre A, il m'aurait fallu néanmoins quitter mon service du versement forfaitaire. La suppression de cet impôt en 1969 pour tous les assujettis à la taxe à la valeur ajoutée (TVA) allait provoquer une importante diminution de la charge de travail, non compatible avec la présence d'un contrôleur divisionnaire.

C'est aussi dans ce service du versement forfaitaire que je me trouve lors de l'apparition en 1960 des nouveaux francs. Cela se passe en douceur et je ne me souviens pas d'avoir subi d'ennuis professionnels du fait de cette réforme monétaire. Les erreurs se produisirent surtout au niveau du recouvrement lors, notamment, de la rédaction des chèques.

Je ne voudrais pas quitter cette fonction et ce service sans narrer, pour l'anecdote, un événement mineur, au milieu d'autres, ayant trait à nos relations de service avec les contribuables.

La détection des employeurs nouveaux passait par un rapprochement, d'une part avec la Sécurité sociale, d'autre part avec les déclarations souscrites par les petits commerçants, notamment pour la fixation de leur bénéfice commercial forfaitaire. Dans ces déclarations (modèle A2), les commerçants indiquaient les salaires versés à leurs employés et étaient tentés de les majorer puisqu'ils venaient en déduction de leur bénéfice imposable.

Un jour donc, nous relançons une femme ne figurant pas à notre fichier et lui indiquons que dans sa déclaration A2 elle avait porté des salaires pour lesquels elle devait acquitter le versement forfaitaire. Elle répondit verbalement lors d'une visite aux bureaux : « Mais monsieur, je ne suis pas " à deux ", je suis seule ».

C'est en définitive le cœur gros que je quitte le service du versement forfaitaire devenu entre-temps le service de la taxe sur les salaires, sans modification importante de fond, sans me douter que j'y reviendrais neuf ans plus tard, comme inspecteur.

Mon accession au grade d'inspecteur est la consécration de ma carrière bien qu'intervenant un peu tard, puisque j'ai quarante-cinq ans. Après la traversée du désert qui a suivi mon échec au concours d'inspecteur, c'est un succès couronnant vingt ans d'efforts, de patience, de ténacité, de conscience professionnelle.

Mais cette promotion, si prestigieuse soit-elle, ne m'apporte pas dans l'immédiat les avantages matériels que j'étais fondé à attendre d'elle. En effet, si je gagne quelques points d'indice sur mon traitement brut, je perds certaines indemnités dont je bénéficiais auparavant en qualité d'agent de direction.

Ce n'est que cinq ans plus tard, par le jeu des échelons, que je commencerai à recueillir le bénéfice de mon avancement. De plus, mon épouse n'a plus les travaux d'écriture qu'elle effectuait pour la direction. D'autre part, il faut se loger à Valognes et la crise du logement sévit encore. [...]

Le contrôle de Valognes est essentiellement rural, avec une seule ville de plus de cinq mille âmes. Je suis stupéfait de constater, après un passage de quatorze ans en direction, la dégradation subie par le service de base des Contributions directes, du fait principalement de la surcharge croissante des tâches, qui n'a pas été accompagnée d'une augmentation corrélative du nombre d'emplois. Et cela est encore plus vrai à Valognes qu'ailleurs.

La complexité des tâches s'est accrue. Les contribuables, surtout les commerçants forfaitaires, sont plus au courant de leurs droits et font le plus souvent appel à des comptables, ce qui, en dépit de l'appellation « forfait » entraîne une approche plus précise et plus tatillonne de la réalité. Il s'ensuit une aggravation des discussions et de la tâche du service. Enfin, les revendications parfois brutales des commerçants du Cid-Unati, mouvement de défense des artisans et commerçants, ajoutent au désarroi dans lequel m'a plongé mon affectation à Valognes.

D'autre part, je n'avais jamais encore effectué certains travaux incombant spécialement aux inspecteurs ou relevant de leur compétence : les discussions avec les membres des professions libérales, notamment médecins, vétérinaires, dentistes, en vue de la fixation de l'évaluation administrative de leurs revenus professionnels, notaires, l'imposition des plus-values immobilières, les bénéfices réels des commerçants...

Il y a toute une législation à apprendre « sur le tas » et à assimiler, car pour les inspecteurs délégataires, l'Administration n'a pas prévu de formation théorique.

Enfin, la révision des propriétés bâties apporte son quota de perturbations à une gestion qui n'avait pas besoin de ça.

La première campagne de forfaits qui demandent incontestablement à être relevés, entraîne la réception d'une lettre de menaces dont je n'ai jamais connu l'auteur et où l'on me prédit, en termes non équivoques une issue fatale avant la fin de l'année.

Une autre fois, un revirement administratif sur une position initiale m'amène à imposer en revenu l'augmentation en capital à l'encontre des possesseurs d'or et entraîne la réception de quelques lettres tout à fait dépourvues d'aménité.

En définitive, en travaillant plus d'une heure par jour en plus de l'horaire officiel, je fais face à mes fonctions d'inspecteur à la satisfaction de mes supérieurs, remarque faite que l'inspecteur principal ne ménage pas ses efforts pour m'apporter son soutien en maintes occasions. Par ailleurs, la direction eu égard à la charge exceptionnelle de mon service, me dispense des vérifications de comptabilité en principe exigées des inspecteurs des contrôles.

J'ai de bons rapports avec la municipalité de la ville de Valognes où l'inspecteur des Contributions directes est une personnalité que l'on invite à toutes les cérémonies commémoratives. Le maire lui-même est un commerçant forfaitaire.

Je suis titularisé dans le grade d'inspecteur avec effet du 1er septembre 1971. Ayant ainsi passé les deux années requises dans le même poste, je pense à un retour dans les Côtes-du-Nord, en souhaitant être affecté à un emploi de direction.

En effet, bien qu'ayant fait honorablement face à l'ensemble de mes tâches à Valognes, je ne désire pas courir le risque de me retrouver dans une pareille galère.

Paul Le Pivert

LE CADASTRE

(1931-1972)

DESSINATEUR CONTRACTUEL

Le 28 juillet 1931, j'entrai dans l'administration des Impôts directs, au service temporaire de la révision exceptionnelle des évaluations foncières des propriétés non bâties, rue Admyrault à La Rochelle, comme dessinateur contractuel.

Ce service, sous l'autorité du directeur départemental des Impôts directs, était dirigé par un chef de service titulaire de l'administration des Impôts (inspecteur des impôts).

Seul titulaire, il avait la charge du service pour tout le département de la Charente-Inférieure (1931). Cette unité territoriale était divisée en circonscriptions : la première réservée au chef de service concernait l'arrondissement de La Rochelle, la deuxième les arrondissements de Rochefort et Marennes, la troisième celui de Saint-Jean-d'Angély et la quatrième ceux de Saintes et Jonzac. Toutes les circonscriptions, à l'exception de la quatrième excentrée à Saintes, avaient leur siège à La Rochelle.

Chacune d'elle était dirigée par un adjoint au chef de service, contractuel. À mon arrivée, le chef de service désigné effectuait un stage de six mois en Gironde. La responsabilité du service incombait à l'adjoint chargé de la troisième circonscription. Il est à signaler, qu'à cette époque, les adjoints au chef de service étaient des retraités à l'exception de celui résidant à Saintes. La deuxième circonscription était dirigée par un capitaine du génie en retraite, la troisième par l'ancien ingénieur en chef du service vicinal de la Charente-Inférieure et la quatrième par un ancien agent d'assurance.

À chaque circonscription étaient affectés des agents de terrain chargés de la mise à jour du plan cadastral.

Par contre, les travaux de bureau étaient groupés au chef-lieu du département et au bureau excentré de Saintes, sous la surveillance d'un adjoint principal, ils étaient exécutés par des dessinateurs, des calculateurs, des auxiliaires et des expéditionnaires. Il est intéressant, je pense, de rappeler que tous les agents, y compris les adjoints au chef de service, étaient contractuels.

À mon entrée au service, après une étude rapide d'instructions écrites que l'on m'avait remises, j'effectuai pour l'adjoint chargé de la deuxième circonscription des travaux de dessin et de calcul.

Mais un mois après mon arrivée, le directeur des Impôts m'informa qu'en raison de mon âge (18 ans, mineur), mon contrat était irrégulier et que je ne pouvais prétendre à un emploi de contractuel. Par contre, en raison de mes qualités professionnelles reconnues, l'Administration voulait bien, par bienveillance, me maintenir dans mes fonctions en tant qu'auxiliaire (de huit cents francs par mois mon salaire tombait à cinq cents francs (243 euros) – francs de l'époque bien entendu). Il est à signaler, d'ailleurs, que j'assurais le même travail. Je suis resté, dans les mêmes conditions, employé au service jusqu'à mon service militaire, le 15 octobre 1934. Il y avait, à cette époque, une grave crise qui rendait les recherches d'emplois stériles. [...]

Sous l'impulsion du chef de service, les travaux s'organisaient. Nous préparions, sous l'autorité de l'adjoint principal, chef de bureau, les documents destinés aux agents de terrain pour la mise à jour, en commune, du plan cadastral. [...]

Après la séance d'ouverture des travaux en mairie, l'agent de terrain, en possession du dossier, parcourait la commune pour la mise à jour du plan. [...]

Les travaux de terrain terminés et après vérification, le dossier revenait au bureau. Les dessinateurs effectuaient par feuille un calque du nouveau plan. Le nouveau plan et les calques étaient adressés à l'usine de Saint-Germain-en-Laye qui en réalisait divers tirages.

Au bureau les agents effectuaient :

- le calcul des contenances ;

- la confection d'une fiche R, par parcelle, portant l'identification et les caractéristiques du bien ;

- la correspondance entre les anciens et les nouveaux documents.

Les travaux de bureau terminés, les résultats étaient transmis à la direction départementale des Impôts qui établissait les nouveaux documents.

J'avais la responsabilité de la vérification des travaux de calcul, lot de parcelles pris au hasard et j'effectuais les corrections sur les nouveaux plans, suite aux vérifications des travaux de terrain par le chef de service et ses adjoints. J'assurais, d'autre part, des travaux de dessin.

De cette époque à mon service militaire peu de changement, sauf en 1933-1934 où je fus chargé de rechercher, sur les anciens plans, les éléments anciens susceptibles d'être repérés au bureau (première photo aérienne).

Pierre Petit

Mise à jour du plan cadastral

Les travaux débutaient dans chaque commune à la suite d'une séance d'ouverture. Au début du printemps 1936, accompagné du chef de circonscription, je rejoignis mon nouveau lieu de travail à Brie-sous-Archiac.

Le maire, assisté de la commission communale[14], nous reçut dans la salle de la mairie. Il ouvrit la séance en présence du chef de circonscription et de moi-même. Le chef de circonscription fit un exposé sur la nécessité de la mise à jour et exposa les méthodes retenues pour nos travaux. Ensuite la partie la plus

---

14. *Commission communale* : Le cadastre est un état descriptif, établi dans chaque commune, de toutes les parcelles de biens-fonds soumises ou non à la contribution foncière, avec l'estimation des revenus de chacune d'elles. En matière d'impôt sur les propriétés non bâties, la loi du 29 mars 1914 a posé le principe de la révision des évaluations tous les vingt ans. Le travail de révision (nombre de classes à établir pour chaque catégorie de cultures ou de propriétés, tarif d'évaluation présentant la valeur locative moyenne à l'hectare pour chaque classe de chaque catégorie, classement des propriétés dans les diverses classes), se fait en associant aux agents de l'Administration des agents électifs et des propriétaires fonciers. Les principaux intéressés disposent aussi de recours.

délicate des opérations de la révision des évaluations foncières des propriétés non bâties fut abordée.

Par secteur, il fut opéré un choix de parcelles types par nature de culture pour permettre d'effectuer pendant les travaux un classement provisoire. Le classement définitif n'étant effectué qu'à la fin des travaux.

Un aide, payé par la commune, connaissant bien toutes les parties du territoire communal, fut désigné par le maire, avec avis de la commission, pour m'apporter son concours. Le maire de la commune, gros entrepreneur des travaux publics, homme moderne, désirait vivement la mise à jour du plan cadastral.

La documentation qui m'avait été remise pour les travaux comportait les documents suivants :

- répertoire des propriétaires ;
- la liste des natures de cultures ;
- le plan de la voie de chemin de fer pour les communes traversées par une ligne ;
- les plans particuliers divers que le service pouvait avoir à sa disposition ;
- la liste des voies routières traversant le département ;
- le procès-verbal de l'ouverture des travaux ;
- tous les renseignements pouvant intéresser la mise à jour ;
- un tirage bistre par feuille du plan ancien ;
- un tirage bleu par feuille du plan ancien ;
- une liste des cotes irrécouvrables.

Le lendemain, seul représentant de l'Administration dans la commune, je partais, avec mon chaîneur, sur le terrain. Mon aide, secrétaire de mairie, intelligent, 60 ans environ, pensait se promener en augmentant ses émoluments, huit jours plus tard il abandonnait.

Chaque jour, je partais, avec mon aide, effectuer mes relevés. Mon répertoire des propriétaires dans ma poche et non plus autour du cou, mon calque bistre annoté, fixé sur ma planchette de 50 cm sur 60 cm, un crayon dur pour tracer les nouvelles limites, un encrier rempli d'une éponge imbibée d'encre de chine noire pour noter les renseignements, porte-plume à dessin et gomme, je parcourais le terrain pour réaliser mes travaux.

Après une reconnaissance sur les lieux, recherche des points anciens pour matérialiser l'ossature du levé et vérification par sondage de la valeur du plan, j'établissais une liste des propriétaires du secteur.

Ces propriétaires, convoqués les jours suivants, me montraient leurs limites, les bornes et m'indiquaient l'identité des propriétaires absents, ne résidant pas dans la commune ou empêchés d'assister à cette reconnaissance.

Les intersections des limites étaient matérialisées par un petit piquet portant à une extrémité le nom du propriétaire. Ce travail terminé, partant de l'ossature ancienne (points de rattachements), j'effectuais la mise à jour dans le cadre de l'ancien plan.

Sur le tirage bistré, les anciennes parcelles ou parties de parcelles maintenues étaient matérialisées par des traits noirs (encre de chine) et les nouvelles étaient tracées au crayon dur à partir des cotes relevées à l'arpentage. Les noms des propriétaires anciens maintenus étaient soulignés à l'encre noire et le nom des nouveaux propriétaires, après annotation du répertoire, inscrit dans la parcelle après radiation de l'ancien propriétaire.

Les travaux de terrain terminés, dans une salle de la mairie ou une salle annexe appartenant à la commune, j'établissais le nouveau plan.

Mon matériel de dessin, table, une ligne, règle, té, kutch, etc., restait dans cette salle, où à période irrégulière, en fonction de l'avancement des travaux et des intempéries, j'effectuais ma mise à jour sur un tirage de l'ancien plan. Les limites anciennes étaient maintenues en noire (encre de chine) et les limites nouvelles tracées à l'encre indélébile rouge.

La mise en place des limites nouvelles s'effectuait au kutch (règle de bois graduée en fonction de l'échelle) à partir des cotes relevées sur le terrain.

Les points de rattachement (éléments de base tirés de l'ancien plan) étaient entourés d'un cercle noir de 2 mm. Le nouveau plan terminé, j'effectuais le numérotage de chaque parcelle, par lieux-dits (divisions du territoire portant le même nom), dans le sens des aiguilles d'une montre, pour l'ensemble de la feuille du plan.

Dans chaque parcelle, j'inscrivais le numéro, matricule du propriétaire pris sur le répertoire, la nature de culture et la classe. À la fin des opérations de terrain, relatives à deux feuilles de plan, je demandais au maire de convoquer la commission communale des impôts directs pour effectuer un classement définitif des parcelles. Ce classement, secteur par secteur (lieux-dits) et par parcelles, était établi par comparaison avec les parcelles types choisies à la séance d'ouverture.

Ce travail donnait parfois lieu à des litiges, la valeur des parcelles appartenant à certains commissaires étant d'après eux trop évaluée. Après maintes discussions, en conciliation, le problème était presque toujours résolu. [...]

Nous avions, parfois, des problèmes sérieux à résoudre ; en raison de la valeur contestable de l'ancien plan (zone de nombreuses modifications, points de rattachements insuffisants, etc.) ou du jeu du papier (humidité, chaleur, etc.).

Nous avions, d'autre part, pour la première fois des photos aériennes pour faciliter notre tâche, mais ces photos, non redressées, ne pouvaient être utilisées qu'à titre de renseignements.

Il est à rappeler que la photo aérienne non redressée ne donne qu'une image déformée de la représentation de la zone photographiée, en raison des différences d'altitude de chaque point reproduit. Tandis que la représentation cadastrale, qui est la projection à l'horizontale de chaque point, donne une image différente. [...]

Il est à noter que chaque année, de 1937 à 1939, j'assurais, du mois de janvier au mois de mai, pour la 4e circonscription, la tournée des mutations cadastrales.

Après une séance en mairie, présidée par le maire assisté de la commission des impôts directs, j'effectuais avec le garde-champêtre le parcours en commune pour prendre les éléments nécessaires à la mise en place des nouvelles limites et constater les changements concernant les biens (constructions nouvelles, agrandissement, changement de nature de cultures, etc.).

En séance en mairie, après consultation du registre des états civils, des registres de changements de natures de cultures et des constructions nouvelles, etc., une consultation des extraits d'actes de vente, transmis par les hypothèques, permettait d'obtenir des commissaires tous les renseignements nécessaires à la mise à jour annuelle des documents.

À l'issue de la séance, un procès-verbal était signé. Ensuite, au bureau de la circonscription, j'établissais un croquis sur papier calque pour chaque changement modifiant le plan cadastral.

Pour les changements sans modification des limites, des feuilles de mutations simples étaient rédigées puis ajoutées aux feuilles de mutations complexes issues des changements entraînant une modification de limites.

Le croquis était établi dans les mêmes conditions que celles retenues pour les travaux de mise à jour (encre noire ancien plan, encre rouge nouvelles limites). Le dossier servait aux expéditionnaires des Contributions directes pour la mise à jour annuelle des documents.

Les travaux de mutations dans les communes à cadastre non mis à jour ont été assurés jusqu'en 1942 par les percepteurs pour la constatation et par les expéditionnaires de la direction des Impôts directs pour l'application des mutations.

Pierre Petit

Au Cadastre dans les années trente

Le jour qui suit mon admission au service des révisions foncières et du Cadastre, je commence à travailler. Je passe le reste de la semaine au bureau où j'étudie les instructions sur l'impôt foncier et j'apprends à rédiger des imprimés identiques à ceux que j'utiliserai.

Le samedi soir, M. M., mon chef de circonscription (celui qui m'a fait passer l'examen) me présente à M. S. et me dit : « Il est géomètre, il travaille très bien. Nous avons été ensemble à l'École centrale des mines, et en sommes sortis ingénieurs. Vous serez avec lui toute la semaine prochaine. Il vous apprendra à travailler ».

S. me donne rendez-vous lundi à 8 heures place de la Cathédrale, mais quand M. s'est éloigné, il ajoute : « Ne viens pas avant 9 heures ».

Le lundi j'arrive à l'endroit prévu un peu avant l'heure, mais à 9 heures, personne, les quarts d'heure passent. Je ne vois personne. Je suis inquiet, aurais-je mal compris ? Que faire ? Aller au bureau, impossible, car nous devrions être partis depuis 8 heures. Enfin, vers 10 heures, S. arrive. Il me conduit en voiture à Fresne-le-Plan, petite commune située à une quinzaine de kilomètres à l'est de Rouen. Nous allons chez le chaîneur (un employé temporaire qui aide le géomètre). S. lui demande d'être devant la mairie à 2 heures et nous allons à la mairie. Il me montre une feuille de l'ancien plan et me dit : « C'est un plan identique sur lequel tu porteras, à l'encre de chine noire, les limites anciennes maintenues et en rouge les limites nouvelles ! » L'après-midi, nous allons chez un cultivateur lui demander de nous indiquer les limites de ses propriétés. Quand cela est terminé, il me donne un plan croquis sur lequel sont marquées les limites figurant sur l'ancien plan et les noms des propriétaires actuels. Il me dit : « Maintenant, prends les mesures dont tu as besoin pour mettre à jour le plan définitif. Je ne vais pas t'aider car le meilleur moyen d'apprendre, c'est de faire son travail seul ». Il va rejoindre son auto et part. [...]

Je mesure les distances que je crois nécessaires, heureusement que C. m'a expliqué ce qu'il faut faire. Le soir, S. revient, regarde ce que j'ai noté sur le plan croquis et me dit : « C'est bien », sans aucune observation et nous rentrons à Rouen. Le mardi et le mercredi, même comédie. Par contre, le jeudi nous allons à la mairie où il me demande de reporter sur le plan définitif les limites des parcelles à l'aide des mesures que j'ai prises sur le terrain. Pendant ce temps, il lit un journal puis reporte à l'encre les mesures que j'ai marquées au crayon sur le plan croquis. Le jeudi et le vendredi, même comédie que les premiers jours de la semaine. Le samedi, je fais aussi du report de plan. Dans la soirée, nous allons au bureau à Rouen où M. lui demande si j'ai bien travaillé. Il lui répond : « Je lui ai appris à faire de la révision et aussi un plan neuf en décomposant chaque parcelle en triangle. Pourquoi t'obstines-tu à faire de la révision ? Le neuf est plus facile, rapide et juste ». [...]

Pour faire un plan sans utiliser le plan ancien, S. prétend qu'il faut décomposer chaque parcelle en triangles et ensuite les assembler. À chaque report sur le papier, il y a une légère erreur due à l'épaisseur du trait, il est préférable de décomposer chaque feuille de plan en grands triangles et d'y inclure ensuite les limites des parcelles. C'est ce que je fais, c'est plus juste et plus rapide. Comment S. et M., ingénieurs des Mines, n'ont-ils pas pensé à cela ? En employant cette méthode, en travaillant même le dimanche tout le jour et une partie de la nuit, en une bonne quinzaine je n'ai terminé qu'une feuille et il m'en reste quatre à faire. Je n'aurai jamais terminé tout le plan de la commune dans les délais qui m'ont été imposés. Une partie boisée est difficile à lever. […]

Depuis mon entrée au Cadastre j'essaye de former un syndicat. Beaucoup de mes camarades sont hésitants devant les pressions et les menaces de nos chefs. Deux géomètres et moi écrivons à des collègues de départements voisins. Bientôt se forme le syndicat national du Cadastre auquel adhère presque tout le personnel du Cadastre de France, sauf les chefs.

En juin 1934, je reçois une note m'informant que je suis révoqué du service. Je demande à notre secrétaire départemental d'intervenir pour essayer de me réintégrer. Voici sa réponse : « Je n'interviendrai pas car je risque moi aussi d'être licencié. Tu sais, le président Laval cherche tous les prétextes pour diminuer le nombre de fonctionnaires ». J'écris alors au secrétaire national qui me répond : « Je suis aussi révoqué car nous sommes les deux seuls de France du Cadastre à avoir fait grève le 12 février 1934. Je vais intervenir pour toi. Je crains de ne pas obtenir de succès ». Mon père, apprenant ma révocation me demande : « Celui qui t'a dénoncé a-t-il été révoqué comme il aurait dû l'être puisqu'il t'a vu défiler, c'est qu'il n'était pas lui aussi à son travail ? » À ma réponse négative, lui qui n'a jamais été syndiqué adhère au syndicat des retraités des douanes (CGT). Il en devient le trésorier (à cette époque, la CGT était plutôt socialisante).

Alfred Bréjon

Débuts au Cadastre

J'ai passé le brevet élémentaire à la session de rattrapage. J'ai aussi décidé d'arrêter là mes études. […]

Un jour de février 1941, un de mes anciens camarades de Jules Ferry m'indiqua qu'un emploi au Cadastre de Fontenay lui avait été proposé et qu'il n'était pas intéressé. Je m'y présentai à sa place. Dans un immeuble, annexe de la mairie, en haut d'un escalier mal éclairé, je découvris un bureau sommairement agencé et me trouvai en présence de deux hommes, chacun âgé d'une trentaine d'années. Ils étaient, tous deux, géomètres du cadastre. Je fus embauché sur le champ, comme manœuvre, pour débuter le lendemain. Le destin avait frappé.

Rentré à la maison, j'en fis part à mes parents, comme d'une solution d'attente, tout en avouant mon ignorance du Cadastre en général et de celui dont je venais de faire connaissance en particulier. Là, mon père souligna, d'emblée, l'importance de l'institution en m'indiquant, que, référence à l'Ariège faite, lorsqu'un litige survenait entre paysans, à propos d'une limite, ceux-ci déclaraient : « *Que faram portar le Cadastra* ». En clair : nous ferons porter le Cadastre.

Le Cadastre prit alors, à compter de ce jour, la signification du saint sacrement. Pas moins.

Dès le lendemain, je débutai dans ces nouvelles fonctions. Elles consistèrent à servir d'aide à M. D., l'un des deux géomètres, qui portait culotte de cheval et leggins. Tenue qui s'accordait, parfaitement, à son comportement de sergent-chef fraîchement démobilisé. Ces premières opérations étaient fort simples. Elles consistaient à prendre une série de mesures, le géomètre tenant un décamètre enroulé dans un boîtier, je devais tirer le ruban d'acier et en fixer l'extrémité sur le point qu'il me désignait. Il lisait la cote, l'inscrivait sur une feuille de papier jaune, dont il prenait grand soin, et l'opération recommençait un peu plus loin, sans que je sache à quoi elle servait. À quelques jours de là, j'appris que ces opérations n'étaient qu'accessoires et que j'étais destiné à servir d'aide à son collègue, M. B., pour participer aux travaux d'arpentage proprement dits. […]

La charpente du plan est constituée de points, dits de triangulation, connus en coordonnées X, Y, transférables, de ce fait, dans un quadrillage décimétrique, dont chaque carreau représente 50 m, au cas particulier d'un plan au 1/500e. Ces points sont reliés entre eux par des lignes brisées, dites de polygonation, qui suivent, en général, la voirie. Chaque sommet de ces polygones est calculé en X, Y, et transférable dans le quadrillage décimétrique. Tous ces points sont matérialisés sur le terrain par des bornes ou des gravures.

L'arpentage consiste à enserrer les éléments à faire apparaître au plan, par des lignes d'opérations ou alignements. Les têtes des alignements principaux s'articulent sur les côtés de la polygonation. Les autres alignements sont dits secondaires. L'ensemble constitue un maillage, plus ou moins serré, selon la densité des éléments à faire figurer au plan.

Des règles de 5 mètres, en bois, graduées, servaient à mesurer ces alignements, en rattachant, par prolongements ou par perpendiculaires, les limites de propriété et les angles des bâtiments, qui constitueront le plan parcellaire, avec tous les détails intéressants. Les règles, bien que d'un maniement moins facile que le décamètre à ruban, assuraient une plus grande précision, par leur rigidité, et avaient l'avantage de pouvoir être glissées derrière les obstacles (haies, tas de bois). Souvent il était nécessaire de tracer un alignement en coupant plusieurs limites de propriétés. Les jalons servaient à obtenir une ligne d'opération bien droite et s'il arrivait qu'un mur fasse obstacle, une petite échelle permettait de se hisser pour voir de chaque côté du mur et opérer l'alignement correct des jalons.

Le géomètre tenait le croquis d'arpentage qui était généralement dressé à une échelle voisine de 1 cm pour 2,50 m. Le croquis était constitué d'une feuille de papier de couleur jaune, assez épais, dit « peau d'âne », d'un format 66 x 50, que l'on tenait, plié en quatre, sur un support rigide, généralement en fort carton double. Le croquis devait être tenu à l'encre de chine sur le terrain. Pour ce faire, le géomètre possédait un encrier que l'on voyait également aux agents de la Cie Dufayel chargés à l'époque de recueillir, à domicile, les mensualités de prêts consentis aux gens modestes qui avaient recours à ce type de crédit. Cet encrier, en buis, était astucieusement constitué d'un cylindre en forme de petit tonneau, doublé d'une seconde paroi, ouverte en bas, de forme tronc conique. L'encrier se fixait à la boutonnière, par une agrafe à ressort. L'astuce de conception permettait à l'encre de circuler entre les deux parois, lors des mouvements de balancier que subissait l'encrier, sans pouvoir sortir par le haut. Un porte-plume à dessin trempait au fond et un bouchon qui se vissait dessus, et dessous, encrier ouvert, complétait le tout.

Au fur et à mesure de l'arpentage, le géomètre inscrivait les cotes lues sur les règles, au centimètre près, et représentait sur son croquis les éléments du futur plan : murs, avec trois traits pour les murs mitoyens, bornes, bâtiments et détails à faire figurer au plan. La définition des limites de propriété : appartenance des murs, bornes, qu'il fallait souvent chercher à la pioche, retenait particulièrement l'attention du géomètre. [...]

Début 1942, l'Administration créa l'emploi d'agent technique du Cadastre, assorti de celui d'élève-agent technique. Ce fut ma première promotion, agrémentée d'une augmentation de salaire.

Gabriel Galy

Le service des évaluations foncières devient le service du Cadastre

Le service des évaluations foncières était devenu le service du Cadastre (décret du 17 septembre 1941).

Pour nous, agents techniques d'exécution, comme pour le personnel de bureau, peu de changements. D'agents contractuels du précédent service nous étions auxiliaires permanents du nouveau, avec pour nous, techniciens, un traitement égal sinon supérieur aux contrôleurs des impôts.

À la création du service en 1942, les adjoints au chef de service furent titularisés avec le grade d'ingénieur adjoint des travaux cadastraux, tandis que les autres personnels ne furent titularisés qu'en 1946, malgré le décret du 22 mars 1943 relatif à l'organisation du Cadastre.

En 1946, eut lieu le reclassement des personnels non titularisés de la catégorie B en fonction de l'ancienneté. [...]

Pierre Petit

LE CADASTRE EN 1945

Le samedi qui suit mon retour de déportation, je vais au bureau du Cadastre de Rouen. Dès que j'ai ouvert la porte du service du Cadastre, un monsieur vient vers moi et me dit :

« Le Cadastre est fermé au public le samedi.

- Je suis Bréjon, un géomètre du cadastre.

- Excusez-moi me réplique mon interlocuteur car je n'étais pas ici avant la guerre, je suis le chef de service à titre provisoire. Je me présente : B., inspecteur central. Je vous connais un peu, j'ai eu de vos nouvelles par mon ami C. Vous avez été ensemble en Ukraine et en Pologne. Il m'a écrit et cité quelques-uns de vos exploits. Il a été séparé de vous en août 1944. Vous étiez condamné à mort et attendiez votre exécution ; il craignait que vous ne soyez plus en vie. Je me permets de vous féliciter. Excusez-moi, j'attends le directeur technique. Montez au bureau de dessin où sont plusieurs de vos collègues j'irai vous voir dès que je serai libre ».

Je suis accueilli avec joie par mes collègues. Je fais connaissance avec un nouveau dessinateur, H., le secrétaire du syndicat. Il est le frère d'un de mes collègues. Pendant que nous bavardons, M. B. me demande de le suivre au bureau du directeur départemental qui veut me voir immédiatement. Nous partons ; arrivés devant le bureau du directeur, sa secrétaire lui annonce notre venue. Après une heure d'attente, il nous fait entrer dans son bureau. Je lui dis : « Bonjour monsieur le directeur ».

Il me répond :

« Bonjour M. Bréjon. Vous voilà enfin. Pourquoi n'êtes-vous pas rentré plus tôt comme vos collègues MM. H. et P., ils sont de retour depuis trois ans. Votre dossier indique que vous êtes aussi intelligent qu'eux. Mes prédécesseurs se sont donc trompés sur vous. Il est vrai que l'un a été aidé par son père et l'autre par…

- Monsieur le directeur, ni mon père, ni ma femme ne pouvaient m'aider. Tous deux faisaient de la résistance, et moi étant prisonnier, j'ai fait des sabotages et me suis évadé. J'ai été déporté. Dans de telles conditions, je ne pouvais être libéré.

- J'ai su que vous avez refusé de travailler et fait de la propagande gaulliste. Cela, c'est du passé. Vous reprendrez votre travail lundi prochain.

- Mais, monsieur le directeur, l'autorité militaire a accordé un mois de congé à tous les rapatriés et, avant, je dois aller à l'hôpital comme me l'ont ordonné les médecins militaires.

- Vous êtes en civil, donc vous n'êtes plus militaire, le grand air vous fera du bien. Vous reprendrez votre travail lundi ; sinon vous n'aurez pas de congé. Vous avez compris : au travail lundi.

- Mais…

- Vous avez compris : au travail lundi sinon… »

M. B. s'est placé derrière le directeur. Il me fait signe de me taire et dit :

« Monsieur le directeur, le directeur technique doit venir me voir ce matin, je verrai avec lui le travail que nous allons donner à M. Bréjon ».

Nous sortons ; quand nous sommes dans le couloir M. B. me déclare :

« Le directeur n'aime pas les résistants. Il a servi servilement Pétain, son fils serait en prison ».

Nous entrons dans le bureau de M. B. où est le directeur technique. En me voyant celui-ci me serre la main et me dit :

« Je suis heureux de vous voir. M. B. m'a téléphoné et m'a conté vos exploits héroïques. Je vous félicite. Je comprends pourquoi le ministre des Finances ne vous a pas nommé inspecteur, malgré la proposition du directeur général. Tous ceux qu'il a proposés qui étaient après vous ont tous été promus. Je pars en retraite cette semaine et ne peux plus rien pour vous. Je vais suggérer à mon successeur de vous proposer au grade supérieur lors des prochaines nominations ».

M. B. lui explique la discussion que je viens d'avoir avec le directeur départemental. Le directeur technique me dit :

« Ne vous tracassez pas, vous reprendrez votre travail quand vous serez en bonne santé ». S'adressant à M. B., il ajoute :

« Quand il sera complètement guéri, vous lui donnerez à faire le plan d'une commune tout près de chez lui.

- Les seules communes de sa région prévues au programme sont à faire à l'aide de photos aériennes dont les clichés ont été pris avant guerre.

- M. C. (inspecteur en chef) veut innover une nouvelle méthode de lever à l'aide de photos aériennes, lui répond M. B.

- Cela tombe bien, ce travail est dans les capacités de M. Bréjon, vous lui adjoindrez son collègue d'Yvetot ». [...]

La liste des postes vacants paraît. Je demande Dieppe, je l'obtiens, mais ce poste ne sera créé que dans quelques années.

Les chefs de circonscription ont un adjoint, un divisionnaire. Pendant la guerre, les divisionnaires ont fait un stage de six mois pour être confirmés dans ce grade. Les anciens combattants peuvent faire un stage pour obtenir ce grade. Je pose ma candidature et suis accepté. Je vais donc faire un stage à l'École du Cadastre à Toulouse et suis reçu à l'examen de sortie.

De retour à mon domicile, le directeur m'envoie une note m'informant que je suis reçu divisionnaire mais ce grade est supprimé, aussi je reste géomètre. Mais en raison de mon stage, de mes bonifications d'anciennetés et de guerre, je suis nommé géomètre principal si j'accepte d'être nommé au Havre. Ainsi mes bonifications et mon stage n'ont servi à rien.

Alfred Bréjon

Le Cadastre dans les années cinquante

Désormais, la réfection l'emportait sur la mise à jour et les travaux techniques, sur le terrain, demandaient l'utilisation d'un matériel topographique précis, ainsi que la tenue de croquis de levée d'une bonne facture. Le stylo, de type Rotring, avait avantageusement remplacé l'encrier des encaisseurs de la maison Dufayel.

Dans les communes de plus de 5 000 habitants, un réseau de repères altimétriques était implanté, et chaque carrefour, déterminé en altitude, dans le réseau du nivellement général de la France. Le plan était dessiné avec un crayon à mine très dure, finement aiguisé sur un papier de verre. Un piquoir à loupe permettait d'apprécier le 1/10e de mm sur la fameuse réglette de M. Kutsch pour mettre en place toute la charpente du plan. Celle-ci s'imbriquait à partir du réseau des points de la polygonation, fixés par leurs coordonnées, des alignements principaux qui s'y appuyaient, puis des alignements secondaires, joignant ces derniers. Ensuite, de proche en proche, étaient reportés les détails qui représenteraient, rigoureusement, à l'échelle, la voirie, les limites de propriété et les bâtiments de diverses natures (habitations, hangars, usines, etc.). Seuls les éléments qui allaient constituer le plan cadastral proprement dit étaient repassés au tire-ligne très fin, à l'encre de chine : voirie, cours d'eau, parcelles, bâtiments ; les bornes, dessinées au compas balustre, avaient un diamètre imposé de 1 mm. Chaque parcelle était numérotée et annotée du numéro de propriétaire, à l'encre violette. Le plan était ensuite habillé des inscriptions utiles : nom des voies, des rues, numéros sur rues dans les parties urbaines. Pour la précision, le plan « minute » établi par le géomètre utilisait un support de format grand aigle (1,05 x 0,75) constitué de deux feuilles de papier à dessin, dotées d'un quadrillage décimétrique. Elles étaient collées sur une feuille d'aluminium. Le géomètre était également chargé de la mise à jour des bulletins des propriétés bâties et de celle du répertoire des propriétaires. Le parcours du territoire permettait, en effet, de déceler les constructions et additions de constructions non imposées, et de fixer, avec le concours des commissaires de la commission communale des impôts directs, l'attribution précise des différentes parcelles.

Ainsi, le temps du géomètre se trouvait pratiquement partagé entre travaux de terrain et de bureau. Ceux-ci étaient généralement effectués dans une pièce de la mairie mise à la disposition.

À la fin d'un chantier communal, on établissait un ratio de rendement journalier, en additionnant le nombre d'hectares levés, de parcelles, de bâtiments, reportés au plan minute. Rapprochée du ratio moyen national, la comparaison soulevait les contestations de nombre de géomètres, soumis à l'heure de vérité.

Pour ma part, je trouvais l'exercice assez stimulant, et même, lorsque après mes dix années de détachement, je suis retourné sur le terrain, mon ratio était là pour prouver que je n'avais pas perdu la main !

Gabriel Galy

Renouvellement de plan cadastral par photographie aérienne

Sans vouloir ennuyer le lecteur, je pourrais en gros lui donner un petit aperçu des différentes phases d'une opération de renouvellement de plan cadastral par photographie aérienne.

A priori, il est vraisemblable que le procédé ne diffère guère de celui utilisé pour un relèvement topographique ordinaire, si ce n'est que le plan s'attache à ne représenter que les limites de parcelles bâties ou non bâties, subdivisées en natures de culture, ces dernières étant susceptibles d'évoluer.

Les opérations débutaient par l'établissement d'un plan de vol. Ce plan permettrait de matérialiser au sol à l'aide de panneaux de 40 cm de côté, peints pour les rendre plus visibles, en jaune chrome, un canevas de points à calculer en coordonnées Lambert. Le calcul de ces coordonnées se ferait à l'aide des points géodésiques IGN connus repérés de la même façon. À noter que la brigade topographique nationale du Cadastre utilisait un procédé qu'elle avait mis au point pour donner au problème une solution graphique. Cependant, les entreprises continuaient à calculer les points du canevas de triangulation cadastrale, par la méthode dite du point approché, nécessitant l'utilisation d'un théodolite. Nous avions la charge de vérifier le résultat de ces calculs qui devaient être obtenus dans les règles édictées par la direction générale.

Les travaux de rénovation faisant appel aux procédés dits photogrammétriques, s'effectuaient au moyen d'un appareil stéréorestituteur. Le plan étant tracé à partir des images en relief, des contrastes repérés sur un couple de photos aériennes se superposant aux deux tiers. Je passerai sur les détails pour arrêter là un exposé devenu trop technique.

Robert Bouchon

Chef de circonscription en Ardèche

Par notification du 4 juin 1964 on m'informait que j'étais affecté avec mon grade, par arrêté ministériel du 31 août 1964, en qualité de chef de la 2e circonscription, en résidence à Privas. Un autre arrêté de la même date me faisait passer du premier échelon d'inspecteur central, au deuxième.

Même avec d'autres ambitions qui devaient se révéler utopiques, je ne devais plus quitter ce poste jusqu'à la fin de ma carrière.

Cette affectation, qui me permettait d'accéder à la gestion d'une circonscription cadastrale eut pour effet de mettre à mon service une secrétaire dactylo. Dans les postes que j'avais occupés avant mon admission au sein du personnel de la DGI, j'en avais toujours eu une à ma disposition. Je retrouvais donc les conditions de travail dans lesquelles j'avais pratiquement toujours vécu. Cette nouvelle situation me donna l'impression d'un retour aux sources dont je me réjouissais. En somme, peut-être étais-je un homme aimant ses habitudes, qui n'aurait jamais été satisfait s'il ne les avait pas retrouvées…

Vers cette époque, notre service dépendait de la direction technique de Marseille. Le directeur technique venait nous rendre visite de temps à autre. […]

À présent, nous étions en pleine révision des évaluations des propriétés non bâties[15]. Les maires étaient priés de convoquer les membres des commissions communales des impôts avalisés par le directeur départemental. Pendant les séances, nous préparions les tarifs des valeurs locatives par nature de culture, en comparaison avec ceux déjà fixés dans les communes voisines. La règle était d'éviter les distorsions évaluatives en établissant des valeurs locatives équivalentes pour des parcelles de terres de valeurs sensiblement égales. Nous disposions de fourchettes établies à l'échelon départemental entre lesquelles nous pouvions choisir les tarifs devant être proposés pour chaque nature de culture. De plus, afin d'assurer la concordance des évaluations avec les départements limitrophes, les chefs de circonscription des départements intéressés s'étaient réunis autour d'une table, dans un lieu adéquat pour ce faire. Il devenait évident que c'était également l'occasion de prendre place autour d'une autre table, plus conviviale, où l'assiette bien garnie remplaçait avantageusement les dossiers ennuyeux de la révision.

Je ne sais trop comment procédaient mes collègues devant les membres d'une commission prêts à faire baisser au maximum les tarifs que nous leur proposions ; je me souviens seulement de ma tactique personnelle. Dans l'intention d'obtenir une fixation de tarifs que j'estimais équitables pour tous, je présentais à chaque fois des évaluations toujours raisonnables mais plus élevées que prévu. Il fallait absolument que le combat qui s'engageait dans chaque réunion pour une baisse des tarifs que je défendais tournât à l'avantage de mes adversaires. En connaissance de cause, pour leur faire plaisir, je baissais les tarifs que je leur proposais, jusqu'à atteindre le niveau des estimations correctement calculées ! Ce machiavélisme me permit d'établir des tarifs corrects et, je le pense, en concordance avec la fertilité des terres de chacune des communes limitrophes. C'est aussi à partir de ce moment-là, que l'on dut tenir compte de la valeur apportée aux parcelles de vignes comprises dans les périmètres reconnus d'appellations contrôlées et des VDQS. Bref ce fut la seule révision dite quinquennale à laquelle je participai activement. Par la suite, on procéda par application de coefficient de réajustement des valeurs locatives en fonction de l'inflation qui se poursuivait irrémédiablement. [...]

---

15. *Révision des évaluations des propriétés non bâties* : L'ordonnance du 7 janvier 1959 prévoit une réforme des contributions directes locales en précisant que la valeur locative cadastrale sert de base commune aux nouveaux impôts. La réforme implique une révision préalable des évaluations foncières et il faudra attendre quinze ans pour que sa mise en œuvre commence à prendre effet. La révision générale des évaluations foncières concerne tout d'abord les propriétés non bâties : mise à jour des natures de culture ou de propriété, avec le concours des commissions communales, détermination des tarifs, classement des parcelles. Le repérage des parcelles, l'identification des cultures peuvent se faire à l'aide de photographies aériennes (cf. témoignage précédent). La révision des valeurs locatives des propriétés non bâties s'effectue en deux temps : une révision générale a lieu au cours des années 1960 et 1961 ; elle est suivie d'une révision simplifiée prescrite par la loi du 22 décembre 1967 qui consiste à appliquer aux valeurs locatives précédentes des coefficients d'adaptation traduisant l'évolution au 1er janvier 1970 des prix des loyers et des frais déductibles. Voir aussi notes nos 14 et 17.

En 1965, une mise en œuvre par la direction générale des techniques informatiques adaptées au traitement de masse, devait voir le jour. L'application de ces nouvelles techniques devait amener la constitution de quatre fichiers magnétiques de base, concernant les propriétaires, les propriétés bâties, non bâties et celui des voies. On adapta également un système informatique de mise à jour des informations cadastrales (MAJIC)[16]. La révolution informatique faisait son entrée au service du Cadastre.

Robert Bouchon

La révision du bâti

En application de la loi du 2 février 1968 on devait procéder à la révision des évaluations servant de base à certains impôts locaux[17]. Il s'agissait d'évaluer les locaux d'habitation et à usage professionnel, ce que nous baptisâmes révision du bâti. Cette nouvelle révision allait succéder à celle du non bâti dont les résultats allaient être incorporés dans les documents cadastraux.

De nouveaux critères dans l'évaluation des valeurs locatives de chaque maison allaient donner une valeur mathématique à ce système de tarification qui remplaçait avantageusement, Dieu me pardonne, la méthode plus ou moins « pifométrique » qu'utilisaient autrefois les inspecteurs des impôts chargés de cette opération. La notion de superficie habitable et de confort liée aux équipements sanitaires allait contribuer à asseoir le nouveau procédé. La division en lots des immeubles en copropriété devait également faciliter

---

16. *MAJIC* : Mise à jour des informations cadastrales. Ce système informatique qui représente une première base homogène de données foncières comprend quatre fichiers principaux : le répertoire informatisé des voies et des lieudits, le fichier des propriétaires, le fichier des parcelles, le fichier des locaux.

17. *Révision des évaluations pour l'assiette des impôts locaux* : L'ordonnance du 7 janvier 1959 substitue aux « quatre vieilles » contributions quatre taxes, toutes basées sur la valeur locative foncière : la taxe foncière des propriétés bâties, en remplacement de la contribution foncière des propriétés bâties, la taxe foncière des propriétés non bâties, en remplacement de la contribution foncière des propriétés non bâties, la taxe d'habitation, en remplacement de la mobilière, et la taxe professionnelle, en remplacement (loi du 29 juillet 1975) de la patente. Cette mutation implique tout d'abord la révision générale des évaluations foncières, processus particulièrement lent. La révision des valeurs locatives des propriétés bâties devant servir de base à la taxe d'habitation et à la taxe foncière correspondante est opérée pendant les années 1971 et 1972 selon les règles énoncées par la loi du 2 février 1968 et modifiées par la loi de finances rectificative pour 1970. Les premiers résultats de la révision générale des évaluations foncières ne seront incorporés dans les rôles qu'en 1974. Deux lois de 1979 et 1980 instituent un régime d'entretien de l'actualisation des valeurs locatives. La loi du 2 février 1968 précède des réformes importantes qui vont restructurer la fiscalité directe locale, avec en particulier une personnalisation accrue de la taxe d'habitation. La loi du 10 janvier 1980 abandonne le système de la répartition et le mécanisme de l'impôt fictif au profit de l'impôt de quotité et du vote direct des taux par les collectivités locales. Voir aussi note n° 15.

l'identification de la propriété des appartements, des caves ou des garages dans le même immeuble. La publicité foncière y trouverait des bases solides pour conforter le fichier immobilier…

La compétence des chefs de circonscription en matière de tarification s'arrêtait là où commençait celle de l'inspecteur des impôts directs à qui l'on avait réservé les villes d'une certaine importance. C'est ainsi qu'allaient commencer de nouvelles tournées dans les communes pour déterminer les nombres de classes qui se révéleraient utiles pour la fixation des nouvelles valeurs locatives de chaque immeuble recensé. Les propriétaires durent remplir des imprimés sur lesquels ils devaient mentionner le nombre de pièces de leur maison, le nombre de salles de bains, toilettes et points d'eau dont ils disposaient, sans oublier les combles, caves et garages. En inscrivant tous ces renseignements dans leur déclaration, la plupart, sans doute, se demandèrent à quelle sauce ils allaient être mangés. D'aucuns prétendirent que l'inclusion des W.-C. et des baignoires dans le calcul de l'impôt foncier rappelait l'impôt sur les portes et fenêtres, lequel fut supprimé pour cause d'incitation à l'insalubrité.

Sous notre impulsion, les commissions des Impôts durent choisir parmi les habitations, les constructions de références dites « parcelles types », auxquelles seraient comparées toutes les autres en vue de leur classement. Tout ceci ne présentant d'ailleurs qu'un aspect du problème auquel viendraient s'ajouter les autres évaluations, commerces, industries. Enfin tout ce qui était digne d'être taxé d'un impôt foncier ou d'une taxe professionnelle.

Dans le même temps, au cours des années 1967 et 1970, on va assister à la fusion des directions départementales des trois régies, séparées jusque-là. Des modifications concernant l'organisation des services fonciers sont également dans l'air.

Robert Bouchon

Le Cadastre en Moselle

Le Cadastre des trois départements d'Alsace-Moselle restait marqué par la loi locale du 31 mars 1884. La publicité foncière était assurée par le service du Livre foncier, dépendant du ministère de la Justice.

Tout était compliqué comme à plaisir. Pour les agents du Cadastre, les notaires, les géomètres-experts, l'application de ces lois locales était l'occasion d'afficher une sorte de supériorité. Comme souvent, elle tirait sa seule force de pratiques confites par le temps, au seul usage des initiés !

Ici, il y avait le Livre foncier et dans les autres départements, on disait d'ailleurs, par opposition, « les départements de l'intérieur », on paraissait en être encore à l'âge du troc !

En attendant, je devais me débrouiller, avec de l'imagination et par des relations constantes avec les responsables du CRI[18] pour faire entrer dans le programme des données cadastrales les références inusitées à « l'intérieur ».

La révision bâtie était dans la phase terminale. On avait vérifié les déclarations souscrites pour les propriétaires avec le concours d'une nuée d'auxiliaires. Il fut un moment où, entre les agents du Cadastre, ceux des Impôts, les inspecteurs et contrôleurs stagiaires, je coordonnais l'activité de plus de 300 personnes. [...]

J'avais arrêté, par délégation du directeur, les tarifs d'évaluation pour les 727 communes du département et terminé, avec mes collègues inspecteurs principaux, l'évaluation des établissements industriels. C'était encore la Lorraine de la sidérurgie !

L'informatique a tout avalé après quelques allers et retours d'anomalies et sorti l'incorporation dans les rôles de 1974. Là on eut les retombées !

Un contentieux, en nombre, comme jamais vu ! [...]

On a pu souffler un peu et s'occuper de ce cadastre d'Alsace-Moselle : la merveille des merveilles au dire des autochtones ! À y voir de plus près, il existait une montagne de complications pour assurer la mise à jour des plans. Quant au Livre foncier, y rechercher une parcelle dans les feuillets « De Wendel » relevait du jeu de piste en l'absence de fichier parcellaire. Au fur et à mesure de la rénovation du cadastre, un registre des parcelles était fourni par notre administration, il était annoté du numéro du feuillet du Livre foncier correspondant au propriétaire de la parcelle. Ce qui constituait un progrès. Les notaires n'étaient pas tenus de produire un extrait cadastral. Les mutations s'effectuaient à partir d'une photocopie de l'acte, qu'il convenait de dépouiller pour rédiger les feuilles de mutations. Aux lenteurs du service du Livre foncier s'ajoutaient celles du service. D'où une augmentation du contentieux lors de la sortie des rôles fonciers, toujours en retard d'une ou deux années de transactions. Les changements de limites de propriété étaient de la compétence des géomètres-experts qui fournissaient un simple croquis coté de la situation nouvelle après avoir obtenu du service du Cadastre le nouveau numérotage des parcelles constituées. Il s'ensuivait que chaque changement devait faire l'objet d'un report graphique par les dessinateurs du service sur le plan de conservation. Il existait un système complexe d'application provisoire sur les plans de conservation, tant que la nouvelle situation n'était pas publiée au Livre foncier. Lorsque, par exemple, on touchait à la voirie, on pouvait en être encore à

18. *CRI* : Centre régional informatique. Les centres régionaux informatiques sont progressivement mis en place à partir de 1963. Voir note n° 21 du chapitre III, *Centre mécanographique.*

l'application provisoire, alors que les travaux d'élargissement ou la réalisation de la voie nouvelle étaient depuis très longtemps terminés. Dix ans après, les circonstances qui n'avaient pas permis d'aller au terme de la formalité n'étant toujours pas éclaircies, on en restait là !

Alors, le plan ne correspondait plus à la situation de fait sur le terrain et l'enchevêtrement des inscriptions nuisait à sa compréhension. [...]

Gabriel Galy

LES CONTRIBUTIONS INDIRECTES

LES SERVICES DES CONTRIBUTIONS INDIRECTES

(1934-1965)

Service des blés

En 1934, l'Administration créa le « service des blés » ; je fis acte de candidature pour le Finistère où devaient exercer deux agents, l'un pour le Finistère-Nord, à Landerneau, l'autre, pour le Sud, à Châteaulin, que j'obtins.

Le 1er juin 1934, nous voici à Châteaulin, charmante petite ville sur la rivière l'Aulne, que M. Jean Moulin, alors sous-préfet, venait de quitter. J'avais à opérer dans une région importante et très étendue. L'Administration avait décidé que mes déplacements seraient effectués à motocyclette mais, devant les dangers d'un tel mode de circulation et surtout sur les instances de mon épouse, nous fîmes l'acquisition d'une automobile d'occasion à Paris. Ce fut son premier voyage en Bretagne ; là, il y eut une première difficulté : ayant échoué à l'épreuve du permis de conduire à Paris, ce fut un parent qui voulut bien conduire. J'obtins le permis à Châteaulin, très peu de temps après.

Mon chef de service, à Quimper, me fit connaître mes attributions : contrôle des petits moulins, des marchands de grains, des boulangers et surveillance et contrôle à la circulation des céréales et des farines.

Ce fut grâce aux cartes d'état-major que je trouvais les minotiers : ce ne fut pas simple ! Personne pour me guider ou me donner une liste quelconque, aussi la mise en œuvre de mes attributions prit donc un bon moment !

De nombreuses obligations avaient été édictées : le transport des céréales et des farines devait être accompagné de titres de mouvement, acquits-à-caution, congés, etc. selon le cas.

Les minotiers étaient astreints à la tenue des comptes d'entrée des céréales et de leur mise en œuvre. Des registres de congés et acquits-à-caution leur étaient confiés.

Les boulangers devaient tenir un registre comportant l'inscription des entrées et de la mise en œuvre des farines, au jour le jour, avec indication du stock en fin de mois ; les sacs de farine (les culasses !) devaient être plombés. Existaient, dans le Finistère, des habitudes ancestrales d'échange blé-pain ou farine-pain ; des « bons d'échange » leur étaient attribués. Il était très délicat de contrôler cela ; dans toutes les boulangeries de campagne, les pains énormes obtenus ainsi étaient disposés à même le sol dans la boutique, le nom de leur propriétaire était indiqué sous chacun d'eux.

Le moindre faux pas, en ce qui me concernait, aurait pu déclencher des réactions.

Je rendais compte de mes activités chaque mois, par le détail, mais j'étais assez ennuyé de le faire car, surtout pendant l'Occupation, je fermais les yeux sur certains agissements qui, bien que répréhensibles, consistaient à aider les Français à se ravitailler.

Ces messieurs du « contrôle des prix » ont souvent été pris à parti en raison de leur intransigeance : le tocsin était mis en branle, les fourches entraient en action ; il n'y avait plus qu'à rendre à leur propriétaire le pain déjà saisi et embarqué dans leur voiture ; encore bien heureux s'il n'y avait pas coups et blessures !

Tout cela, pour moi, était bien complexe, surtout au début, et je considérais mon rôle plutôt comme enseignant. Afin de les mettre au courant de leurs obligations, j'ai visité tous les boulangers du Sud-Finistère : j'ai trouvé très peu de récalcitrants, il faut dire que j'y mettais la forme. Mais en ce qui concerne le transport, la détention et la mise en œuvre des farines, nombreuses étaient les fraudes ; aussi une grosse partie de mes occupations était sur la route, à la circulation, souvent seul, parfois avec mon chef de service, une seule fois avec la gendarmerie de Châteaulin une nuit.

C'est ainsi que nous décidâmes, un dimanche de fête, un contrôle de nuit ; aux abords d'une minoterie que nous suspections de fraude, la nuit prenait fin et nous décidâmes de cesser la surveillance ; à ce moment, apparut un véhicule sortant de là et nous le suivîmes jusqu'au village voisin où il livra plusieurs sacs de farine ; intervenant, nous avons constaté l'absence de titre de mouvement et verbalisé contre le minotier et son client.

Auparavant, nous étions passés devant le magasin d'un autre boulanger voisin qui, semble-t-il, paraissait satisfait de notre intervention ; pour ne pas être « en reste » nous nous rendîmes aussi chez lui où le même chef d'infraction fut relevé.

Une autre fois, seul, j'étais posté à un carrefour de routes, assez tôt le matin ; interpellant le chauffeur d'un camion de minotier important, je le priai de me présenter les documents accompagnant le chargement de sacs de farine. Je lui fis connaître que je désirais contrôler le chargement ; il avait un sourire qui me semblait narquois, pensant sans doute que je n'y arriverais pas ; c'était mal me connaître. Le camion était plein, sauf un endroit duquel avaient été déchargées auparavant quelques culasses de farine. Déplaçant culasse par culasse au prix de gros efforts, je réussis à parvenir vers le fond du véhicule ; à ce moment, le chauffeur me déclare que le restant du chargement ne comportait plus que des sacs de son, ce que je voulus vérifier. Je constatai alors la présence de sacs de farine très bien dissimulés ; on ne put me présenter de titres de mouvement pour ces marchandises et je verbalisai. Me rendant ensuite au siège du délinquant, on me présenta le registre de titres de mouvement qui lui était confié et je constatai qu'il avait été falsifié.

Cet événement arrivait à point pour corroborer les doutes que mon chef de service avait en procédant à la vérification de la comptabilité du redevable mis en cause.

Les infractions étaient rapportées par procès-verbal et saisie de marchandises. Ces actes étaient enregistrés au bureau de l'Enregistrement et transmis à la direction, laquelle proposait une transaction, ou portés en justice, le cas échéant. Aussi, j'attachai beaucoup de soins à la rédaction des procès-verbaux. [...]

Autre emploi du temps : on permit à des producteurs de blé qui le désiraient de procéder à la dénaturation de cette céréale destinée ensuite à la nourriture des animaux. Chargé de cette opération, je fus mis en possession de bleu de méthylène. Me rendant auprès des producteurs, on procédait à cet exercice. Le blé était répandu sur l'aire de la ferme où il recevait la solution « eau et bleu », qui devait le rendre impropre à la consommation. Je me suis laissé dire que certains, le soir à la chandelle, recherchaient des grains ayant échappé au désastre ! Mais, quelle corvée pour moi ! J'étais imprégné de couleur bleue ; pourtant, je prenais soin de laisser au garage les boîtes contenant le produit à dénaturer. L'Administration a cependant accepté de me remplacer un vêtement abîmé.

Ferdinand Dehaudt

Les CI dans les années trente

En ce qui concernait mon métier, l'Administration m'avait informé de mon affectation à la recette-contrôle de Marquion, commune située dans le Pas-de-Calais, mais à une douzaine de kilomètres seulement de Cambrai, soit à une distance trois fois moindre que le Quesnoy.

J'avais la certitude, désormais, de coucher tous les soirs à la maison, en prenant toujours, cependant, quelques précautions, car l'obligation de résidence était toujours en vigueur.

Il y avait, par ailleurs, une ombre au tableau : mon nouveau chef, nommé Lucien B., âgé d'une quarantaine d'années, époux d'une femme charmante et père d'un garçon de huit ans, était l'un des agents les plus mal notés du département et avait la réputation – amplement méritée comme j'ai pu le constater – d'un alcoolique invétéré.

Il avait fait une partie de la guerre de 1914 et avait pris dans les tranchées l'habitude du pinard, sans préjudice, naturellement, de boissons plus corsées. Il avait pleinement fait sienne, en tout cas, la célèbre parole de Clémenceau qui, parlant des anciens combattants, avait dit, au lendemain de la guerre, « ils ont des droits sur nous ».

Il était membre du parti radical et se montrait fort actif sur le terrain politique en période électorale en profitant des facilités que lui offraient ses déplacements professionnels.

Je lui rendis visite, retins une chambre et pris contact avec le charcutier-restaurateur chez qui j'allais prendre mon repas de midi durant deux ans et demi. Et une nouvelle vie commença.

La recette-contrôle de Marquion était « à bicyclette » et son secteur, assez étendu, comprenait 18 communes rurales, deux brasseries, une demi-douzaine de marchands en gros de boissons, autant de recettes-buralistes[19]. La bicyclette ne me faisait pas peur car j'avais pratiqué cet engin avec amour depuis que j'avais eu le bonheur d'en posséder un et je l'ai utilisé toute ma vie selon mes possibilités.

Cependant, le kilométrage de certaines journées s'avéra assez vite un peu excessif. Je partais de Cambrai en vélo, me rendais naturellement chez mon receveur où l'une des pièces servait de bureau administratif – c'était là que nous accomplissions les travaux d'écritures et recevions les redevables – puis nous partions en tournée, assez souvent pour la journée entière, perchés chacun sur nos coursiers à pédales.

---

19. *Recette-buraliste* : Voir note n° 5 du chapitre IV.

Rapidement, je repris la moto, M. B. prenant place sur le siège arrière. Ce compagnonnage ne me souriait guère, mais avais-je le moyen de faire autrement ?

Parvenu à destination, M. B. intervenait chez certains clients – ceux qui avaient l'apéritif facile – et m'envoyait chez les antialcooliques. Mais quand on a le verre à la main (mon noble chef avait un art inimitable, quand on lui disait, d'une voix engageante : « Vous prendrez bien quelque chose, M. B. ? » pour hésiter longuement, puis conclure « Si vous y tenez, mais alors en vitesse ! »), on ne peut pas se sauver sur le champ, au mépris de toutes les convenances. Et de palpitantes conversations se prolongeaient tandis que je me morfondais sur la voix publique.

M. B., je dois le dire, fut un agent électoral aussi actif et efficace qu'il était mesuré dans le domaine administratif. Il contribua certainement au succès d'Abel Guidet, élu député de Bapaume en 1936, futur héros de la Résistance mort en déportation et avec qui j'eus le plaisir de déjeuner plusieurs fois durant la campagne.

Mais je me revois certains soirs, attendant indéfiniment mon chef tandis qu'il conversait durant des heures avec un conseiller général. À la fin exaspéré, je mettais mon moteur en marche et ne l'arrêtais pas avant notre départ.

Un beau jour, M. B. réussit à se faire offrir par sa mère qui, devenue veuve, demeurait à Bertincourt, un de ces véhicules révolutionnaires qu'on appelait des « tractions avant », c'est-à-dire les 7 CV Citroën. [...]

Sur le plan administratif, M. B. avait une ligne de conduite qu'il m'avait exposée d'emblée : « On ne peut rien dire à un receveur si sa caisse est juste ! » Ses chefs malheureusement, ne partageaient nullement ce point de vue et, quand j'intervenais à la direction, j'entendais des critiques acerbes sur l'activité de l'intéressé, notamment en matière contentieuse.

Décidé à demander mon affectation à Cambrai, dès que possible, je me rendis compte qu'un effort particulier dans ce domaine était indispensable.

Ce n'était d'ailleurs pas tellement facile, car les fraudeurs n'abondaient pas dans notre secteur rural et nous étions un peu en concurrence avec les gendarmes, Marquion étant le siège d'une de leurs brigades. Nous avions cependant avec eux d'excellents rapports et faisions parfois des interventions communes. Il faut noter que leur secteur ne coïncidait pas exactement avec le nôtre et donc nous rencontrions parfois leurs collègues des brigades voisines, ce qui donna lieu un jour à l'incident suivant. Ma moto devait porter quatre plaques dont l'une indiquant l'identité du propriétaire. J'avais négligé cette formalité lors de l'achat de la machine, puis l'avais tout bonnement oubliée.

Intervenant dans un village, j'avais garé l'engin sur un trottoir et étais allé procéder à mes travaux ; quand je revins, deux gendarmes inconnus montaient la garde. L'un d'eux, après un petit salut, me dit : « C'est à vous, monsieur, qu'appartient cette belle machine ? – Mais oui, monsieur, pourquoi cette question ? – C'est que vous êtes en défaut, monsieur, vous n'avez pas de plaque d'identité et nous nous voyons obligés de vous dresser procès-verbal. – Vraiment, messieurs ?... Mais, j'y pense, ces deux bicyclettes que je vois appuyées sur le mur vous appartiennent sans doute ? Oui ? Alors je vous serais obligé de vouloir bien me présenter leurs plaques de cette année ».

Stupéfaction des pandores qui, comme n'importe quel cycliste de l'époque, devaient apposer sur leurs machines une plaque portant le millésime de l'année courante que l'on se procurait dans les recettes-buralistes ou les débits de tabacs. Bien entendu, aucun d'entre eux ne faisait cette dépense, sûrs qu'ils étaient de l'impunité. Après avoir examiné ma commission, ils s'empressèrent de capituler.

À ce moment surgit M. B. qui, embusqué un peu plus loin, n'avait rien perdu de la scène et s'empressa de conclure : « On va arroser ça ! »

Mais, en définitive, je réussis à déceler assez d'irrégularités pour que le rapport qui fut établi à la suite d'une vérification générale du service comportât les éloges qui m'étaient indispensables.

Mes souvenirs de Marquion, hors le service, concernent notamment les repas que je prenais en commun, sauf les jours de grande tournée, avec M. P. et Melle P. M. P., receveur de l'Enregistrement, était un petit-neveu du maréchal Pétain, ce dont il était naturellement très fier, mais de la façon la plus discrète. Parfois, cependant il me racontait des épisodes de la vie de son illustre parent qu'il tenait de la bouche du héros.

Un médecin qui avait examiné Pétain à l'occasion d'une affection banale mais ignorait son identité s'était extasié sur la vigueur et la parfaite conservation de son client et lui avait dit en conclusion : « Vous n'avez pas dû vous fatiguer beaucoup pendant la guerre ». [...]

Nous avions également pour commensale Melle P., postière, excellente fille que nous taquinions gentiment. [...]

Nous étions, en somme, entre fonctionnaires la plupart du temps. Les employés supérieurs de l'Enregistrement ou des Contributions indirectes (mais non ceux des PTT je ne sais pourquoi) prenaient généralement leurs repas de midi avec nous lorsqu'ils intervenaient dans nos services. De temps à autre, nous avions la compagnie de voyageurs de commerce ou de politiciens. Au total la vie n'était pas désagréable pour moi car elle m'offrait deux avantages que je ne devais plus toujours retrouver au cours de ma carrière : l'activité et, dans une certaine mesure, la liberté. Ceux de mes collègues qui, dans d'autres recettes, faisaient équipe avec un chef valable, coulaient des jours heureux. Ce n'était pas mon cas, aussi ai-je maintenu sans hésitation ma demande de mutation pour Cambrai jusqu'à ce que j'obtienne satisfaction. [...]

Dans ma ville natale, je m'intégrai à un service urbain et non plus rural, dont la structure était naturellement différente. Alors que, dans les recettes-contrôles,

les mêmes agents procédaient à l'assiette et au recouvrement des droits, dans une ville comme Cambrai le premier travail incombait à un service appelé « inspection », le second à une « recette sédentaire[20] » dont le personnel n'avait pas à se déplacer.

L'inspection comprenait une demi-douzaine d'agents dirigés par un inspecteur. Ils étaient de grades différents, mais les services qui leur étaient confiés étaient pratiquement sans rapport avec leur rang hiérarchique, chacun ayant la prétention d'être apte à toutes les tâches.

J'ai trouvé parmi eux un ancien receveur, W., rétrogradé pour une histoire que j'ai toujours ignorée et qui terminait dans l'amertume une carrière ratée ; un vérificateur principal, B., dont le grade était en cours de disparition et qui attendait sa nomination au nouveau grade de contrôleur principal ; un contrôleur, D., recruté avant la réorganisation, mais intégré dans le nouveau grade de contrôleur.

Cette intégration s'était faite à la suite d'un examen de passage dont la difficulté avait été déclarée au moins égale à celle du baccalauréat.

Les renseignements que j'ai pu recueillir par la suite me révélèrent une vérité quelque peu différente. Les redoutables épreuves se réduisaient à un certain nombre de questions peu méchantes et les candidats avaient, je crois, été munis de petits cours appropriés.

Mon ami D. m'avoua avoir pénétré dans la salle d'examen les poches bourrées de nombreuses notes que d'opportuns et prolongés séjours dans les toilettes lui avaient permis de se remettre en mémoire. D'autres n'hésitèrent pas à poser directement aux surveillants les questions les plus embarrassantes et reçurent généralement sans difficulté la réponse qu'ils attendaient.

L'immeuble qui nous abritait, ancien et délabré était un hôtel particulier qui avait sans doute eu grand air au temps de sa splendeur. Nous y cohabitions avec l'entrepôt des tabacs et, grâce à lui, nous disposions avec parcimonie d'un téléphone.

---

20. *Recette sédentaire* : Il y a, dans les recettes sédentaires, deux catégories d'agents : les uns sont chargés des exercices, c'est-à-dire de la constatation des droits ; les autres, de la perception des droits. Chargés du recouvrement des droits constatés par suite d'exercice, les receveurs particuliers sédentaires remplissent également les fonctions de receveur-buraliste (voir note n° 5 du chapitre IV). Ils centralisent les recettes faites pour le compte du Trésor par les receveurs-buralistes et remplissent souvent les fonctions d'entreposeur des tabacs et de poudres à feu (voir note n° 21 du chapitre IV). Dans les recettes sédentaires, les sections d'exercice sont placées sous la direction d'un inspecteur ou d'un contrôleur principal, lesquels ont sous leurs ordres plusieurs agents de grade inférieur. Le chef de service participe aux exercices, vérifie les écritures, les recettes particulières sédentaires, les recettes-buralistes, les bureaux d'entrée et d'octroi. Les contrôleurs principaux, placés éventuellement sous les ordres de l'inspecteur, dirigent, sous le contrôle immédiat du chef de service, le travail des employés avec lesquels ils forment section.

Nous étions, je l'ai dit, sous les ordres d'un inspecteur. Ce dernier, M. A., avait été promu par liste d'aptitude, vers la fin d'une carrière impeccable. Très compétent, il se montrait bienveillant avec nous et ferme avec les redevables.

Mon séjour à Cambrai m'a laissé, en somme de bons souvenirs. J'occupais l'emploi de contrôleur mixte, c'est-à-dire que, durant la campagne betteravière, j'étais détaché dans une usine, distillerie ou sucrerie ou les deux à la fois, où l'Administration exerçait une surveillance permanente tant que se poursuivait la distillation de l'alcool ou la fabrication du sucre.

À cet effet, elle recrutait des agents temporaires, souvent de modestes retraités, qui, se relayant toutes les huit heures, assuraient les services 24 heures sur 24. Le chef de poste, c'est-à-dire moi-même au cas particulier, était présent 8 heures durant la journée, mais devait faire des visites inopinées la nuit ainsi que le dimanche et les jours fériés.

En général les agents temporaires étaient de braves gens dont le rôle consistait essentiellement à s'assurer que les produits taxables, alcool principalement, ne disparaissaient pas irrégulièrement. L'un d'eux, toutefois, ancien sous-officier, avait gardé le goût du commandement et n'hésitait pas à donner parfois des ordres aux employés de l'établissement.

C'est ainsi qu'un beau matin, j'appris en arrivant à mon bureau que dix hectolitres d'alcool s'étaient échappés d'une cuve et avaient été absorbés par le sol. Renseignements pris, il se révéla que mon illustre agent s'était opposé à une transvasion que voulait pratiquer l'ouvrier responsable, manœuvre qui était de l'unique ressort de l'industriel, en prétendant que le moment était inopportun !

L'opération avait été faite la nuit et mon gaillard, qui ne s'était pas aperçu du désastre, était allé tranquillement se coucher à la fin de son service. J'allai aussitôt le réveiller pour lui faire les compliments qu'il méritait, puis alertai sans retard l'inspecteur des services industriels dont je dépendais. Tout finit par s'arranger moyennant la rédaction d'un rapport très étudié, d'où il ressortait que l'incident était le résultat d'une inexplicable fatalité…

Peu après la fin de la campagne, M. A. prit sa retraite et, après l'intérim d'un agent en fonction dans une recette-contrôle, fut remplacé par un jeune inspecteur issu du dernier concours, M. M. Ce dernier, venu de la région des Landes, était l'époux d'une institutrice qui avait pu obtenir de son côté sa nomination à Cambrai. J'ai gardé de lui un excellent souvenir.

Il avait exercé quelque temps à Paris et avait été le secrétaire de la section de la Seine du Syndicat national des agents des Contributions indirectes, organisation où je devais moi-même militer par la suite, assumant successivement des responsabilités sur les plans local, régional, puis national.

Le métier syndical – car c'en est un – donne à ceux qui le pratiquent une formation spéciale, développe l'esprit critique et combatif, avec le souci constant d'œuvrer efficacement dans l'intérêt de la collectivité.

M. M. sut rapidement mener son monde et se révéla un excellent chef.

Nous connûmes des succès. Un jour, un de nos marchands en gros de boissons fut discrètement sollicité par un gaillard nommé L. qui, ramoneur de son état… officiel, se livrait occasionnellement à la fraude sur les alcools de betterave.

Le marchand, fort honnête redevable, fit semblant d'accepter l'achat, à prix d'ami, d'une centaine de litres du produit, puis s'empressa de nous alerter, en nous indiquant la date et l'heure de la livraison.

Le jour fixé, vers 19 heures, nous étions tous planqués à peu de distance du magasin, assistés du commissaire de police, requis aux fins de visites domiciliaires.

Notre homme ne se fit pas attendre. Nous le vîmes pénétrer dans la cour du négociant à bord d'une petite camionnette. Aussitôt nous nous ruâmes sur le véhicule tandis que la grille d'entrée était prestement refermée.

Fait comme un rat, L. expliqua qu'il avait trouvé ses bonbonnes d'alcool sur le bord de la route, ce qui expliquait l'absence de titres de mouvement. Peu convaincus, nous le confiâmes à deux agents de police qui l'emmenèrent au commissariat où il put goûter un sommeil paisible dans la chambre de sûreté.

De notre côté, nous nous rendîmes sans retard au domicile de la famille L. L'épouse du fraudeur, informée de notre intention de passer la maison au peigne fin, se montra aussitôt à la hauteur des circonstances en nous disant : « Et le papier du juge, vous l'avez ? » Ce qui montrait que notre interlocutrice, digne épouse de son mari, n'était pas une apprentie. Nous découvrîmes sans peine quelques bonbonnes supplémentaires qui allèrent rejoindre le gros de la troupe.

Le lendemain matin, tout le monde se retrouvait au commissariat. M. M. avait auparavant alerté la direction qui avait fixé le montant de l'amende encourue. Informé du chiffre (15 000 F environ), L. se fit fort de verser la somme, ce qui lui éviterait la prison, mais, bien entendu, il ne l'avait pas sur lui.

M. M. décida de conduire le délinquant, sous bonne escorte, à son domicile. Parvenu à destination, L., muni d'un tournevis, ouvrit une petite cachette pratiquée dans une machine à coudre. Son trésor de guerre, dont semble-t-il, sa femme ignorait l'existence, fit son apparition. Et l'amende fut payée.

De retour au commissariat, nous y trouvâmes la presse locale, soucieuse d'écrire au plus vite un papier sur l'événement. Le lendemain, l'affaire L. était le fait du jour à Cambrai où le héros était assez connu. Il passait chez les honorables bourgeois pour un individu assez peu recommandable, que ses opinions politiques situaient à l'extrême gauche. Nous reçûmes des félicitations teintées d'étonnement car les gens comprenaient mal qu'un tel personnage pût se libérer à prix d'argent au lieu d'aller pourrir un moment sur la paille humide.

L'article paru dans la presse souleva, par ailleurs, un petit incident : les journalistes, constamment tributaires de la police qui leur fournissait de précieux tuyaux, avaient raconté l'histoire de telle manière que M. le commissaire apparaissait comme le grand instigateur de l'opération, les agents des Indirectes n'ayant fait qu'obéir à ses ordres.

M. M. n'était pas particulièrement susceptible, mais il ne put s'empêcher de décrocher le téléphone pour faire observer au commissaire qu'il y avait là un curieux renversement de situation. Le policier répliqua qu'il n'y était pour rien, ce que notre chef contesta aussitôt. Il s'en suivit une brouille temporaire entre les deux représentants de la loi.

Mon service à l'inspection comportait, notamment, la suite des affaires contentieuses, c'est-à-dire les enquêtes et démarches qui nous étaient demandées par la direction quand les contrevenants intéressés résidaient sur notre territoire.

Les incidents auxquels j'étais ainsi mêlé étaient souvent bizarres, parfois cocasses. J'étais assez fréquemment appelé à me rendre à la prison où mes clients étaient parfois logés.

Louis Filliette

En Lorraine occupée

Dès lors, les événements se précipitèrent ; mais la relation qui nous en était faite dans la presse et la radio ne reflétait pas la gravité de la situation. Des signes avant-coureurs de la débâcle nous inquiétèrent : destruction du dépôt militaire d'Ars, abandon et pillage des casernes de Moulins-les-Metz…

Au matin du samedi 15 juin 1940, alors que je me rendais à mon travail, je ne me doutais pas que je m'engageais dans une aventure, brève, mais mouvementée. La route était encombrée de troupes. M. G. m'attendait au bureau ; il avait reçu, le matin même, de la direction des Contributions indirectes, l'ordre de repli : nous devions nous rendre au point de rassemblement fixé à Chambrey, petite localité aux confins de la Meurthe-et-Moselle, en faisant suivre les documents de service. Passant par Metz, Mme G. nous accompagnant, nous sommes arrivés à Chambrey à 22 heures à bord du véhicule d'un collègue. Il nous fallut six heures pour franchir les 50 km en raison de l'encombrement des routes et de pannes mécaniques. La nuit fut passée dans la salle d'école du village où nous avions retrouvé une trentaine d'employés des Contributions indirectes.

Le lendemain 16 juin, nous avons été réunis vers 10 heures par M. G., directeur départemental des CI, qui nous communiqua les directives reçues de la préfecture de la Moselle : nous devions nous rendre à La Rochelle, à 800 km de là, par nos propres moyens. Il nous fit distribuer des ordres de mission qu'il signa et sur lesquels il nous demanda d'indiquer notre nom et le lieu de destination.

À midi, M. G. donna l'ordre de départ. Les quelques voitures automobiles appartenant à des collègues furent vite pourvues de passagers avec leurs bagages, les documents administratifs étant laissés dans l'école de Chambrey.

Mais nous restions dix à n'avoir pas trouvé place dans les autos. Un rapide examen des moyens de transport restant à notre disposition permit de recenser une dizaine de bicyclettes ; le compte y était donc, nous pouvions partir pour La Rochelle !

De cette administration en mouvement, un seul agent atteint le but fixé, qui fit le chemin à pied, usa plusieurs paires de chaussures, et arriva à La Rochelle à la fin de l'été.

Dès le premier jour, nous avons perdu en route quatre de nos coéquipiers et c'est à six que nous avons atteint Épinal où nous avons passé la nuit sur les bords de la Moselle, mitraillés à plus reprises par des avions italiens.

Au matin du lundi 17 juin, notre petite troupe comprenant, outre M. G. qui la dirigeait, deux agents dames et trois hommes, reprenait la route. D'après les renseignements que nous obtenons, nous comprenons qu'il nous est impossible de prendre la direction du sud-ouest pour atteindre la lointaine La Rochelle. Les troupes allemandes, dans un vaste mouvement tournant, remontent vers la ligne Maginot qu'elles veulent prendre à revers. Nous envisageons donc de nous diriger vers la frontière suisse via Belfort. La montée du ballon d'Alsace, 9 km, par un temps très orageux, est éprouvante. Imaginez l'allure de ces cyclistes peu entraînés aux grands parcours, en tenue de ville, chargés de bagages, équipés de véhicules en plus ou moins bon état…

Nous rencontrons quantité de soldats ayant perdu le contact avec leur unité.

Nous effectuons les trente kilomètres de descente sous la pluie et traversons Belfort, prenant la direction du sud, vers Montbéliard. Nous atteignons Chatenois-les-Forges, localité industrielle à 8 km après Belfort. Le soir arrivant, nous décidons d'y faire étape et couchons dans une grange. Vers minuit, nous sommes réveillés par un bruit sourd et continu ; ayant risqué un œil par la porte entrebâillée, nous assistons, la gorge serrée, au défilé des troupes blindées allemandes d'avant-garde.

Ne pouvant poursuivre notre périple vers La Rochelle, nous avons obtenu de la municipalité de Chatenois l'autorisation de nous installer, pour quelques jours, dans une maison inoccupée mais convenablement meublée. Nous y sommes restés jusqu'au mercredi 26 juin, les autorités allemandes représentées à

Chatenois par une Kommandantur nous ayant ordonné de regagner notre poste en Moselle. Un *passierschein*, laissez-passer précisant notre itinéraire, nous fut remis le 25 juin.

Entre-temps, nous avions appris l'armistice du 22 juin. Par contre, nous n'avons pas eu connaissance de « l'appel du 18 juin » du général de Gaulle.

Le 26 juin, nous reprenions donc la route sur nos bicyclettes, remises en état par nos soins. Le soir du vendredi 28 juin, nous étions de retour à Chambrey, point de départ de notre périple qui aura duré treize jours, dont cinq de route au cours desquels nous avons parcouru 500 km. Le samedi 28 juin, nous étions de retour dans nos foyers, retrouvant la Moselle déjà fortement marquée par la mainmise allemande :

- plaques indicatrices des rues surchargées : c'est ainsi que la place de la République de Metz est devenue du jour au lendemain : Platz des Führers et l'avenue Serpenoise : Hermann Goering Strasse ;

- il en était de même du nom des localités, Sainte-Ruffine devenant Ruffingen, Ars-sur-Moselle, Ars an der Mosel et Jouy-aux-Arches, Gaudach !

Tout ce qui pouvait rappeler la France fut banni : usage de la langue française, port du béret. Les guérites des casernes, les mâts de drapeaux furent repeints en noir, blanc et rouge, les boîtes aux lettres passèrent du bleu azur au jaune. Et les étendards à la croix gammée flottaient partout. Les tickets de rationnement allemands remplacèrent les titres français distribués au printemps.

M. G. n'étant pas revenu, M. Joseph R., qui assurait à titre intérimaire les fonctions de directeur départemental des CI, me chargea de rouvrir la recette-contrôle d'Ars-sur-Moselle.

Pour me permettre de voyager librement dans la circonscription M. M., maire d'Ars-sur-Moselle, m'établit un *ausweis* libellé en langue allemande m'autorisant à circuler dans tous les lieux des cantons de Gorze et de Verny ainsi qu'à Cherisey (localité dans laquelle avait été repliée la direction des CI dès l'été 1939) et Metz, pour les besoins du service. Ce document surprenant, rédigé en langue allemande et daté, à Ars an der Mosel, le 25 *juli* 1940, est signé par le Bürgermeister et contresigné, à défaut de l'Ortskommandant par le Polizei Oberwachtmeister. Il est revêtu du timbre de la mairie d'Ars-sur-Moselle au sigle RF.

Pendant le temps que je gérai seul le bureau, ma tâche fut réduite : plus rien ne fonctionnait.

M. G. fut de retour vers la fin de juillet et reprit la direction du service.

L'annexion de fait par l'Allemagne des trois départements d'Alsace-Lorraine se manifestait de multiples façons :

- emploi obligatoire de la langue allemande écrite ou parlée ;

- mise en circulation de la monnaie allemande en Deutschmark et Rentenmark. La fausse monnaie abondait.

Nous reçûmes un jour la visite d'un *zollrat* (conseiller des douanes), venu de Berlin ; heureux de retrouver en M. G. un membre de l'administration allemande du temps de l'annexion et comptant sur sa collaboration active. Il nous arriva en grand équipage un après-midi de septembre. Je ne sus rien des propos qu'il échangea avec mon supérieur, mais j'eus l'impression qu'il n'avait pas trouvé en lui le collaborateur empressé qu'il souhaitait.

L'emprise allemande s'accentuait :

- installation des Gauleiters Joseph Burkel à Metz et Robert Wagner à Strasbourg ;

- obligation pour les Lorrains d'adhérer à la Volksgemeinschaft (association populaire) ;

- menaces de conscription et de déportation ;

- rationnement sévère des denrées alimentaires et leur remplacement par des ersatz.

Mes deux beaux-frères étaient prisonniers de guerre ; mes sœurs et leurs enfants se rongeaient d'inquiétude.

Un événement majeur se produisit à Metz le 15 août 1940.

Par une entente tacite et pour protester contre la mainmise allemande sur leur ville, des milliers de Messins portèrent, au pied du monument de la Vierge érigé sur la place Saint-Jacques, au lendemain du retour de l'Alsace-Lorraine à la France, des fleurs en pots, en gerbes, en bouquets qui formèrent un immense parterre tricolore, débordant sur toute la place. Une foule innombrable – j'en fus – séjourna silencieusement sur la place tout l'après-midi du jour de l'Assomption. Les autorités allemandes ne réagirent pas, sur le moment du moins, mais, dès le lendemain, à la première heure, la répression s'abattit brutalement : toutes les personnalités rappelant la souveraineté et l'influence françaises furent appréhendées à leur domicile, menées à la gare et expulsées vers la France : maire, évêque, etc.

L'atmosphère devenant pesante, j'envisageai de fuir vers la France. [...]

Mais différentes raisons, en particulier l'impossibilité de franchir désormais les limites des départements annexés de fait, puis de la zone interdite, me firent différer mes projets de fuite et je continuai à occuper mon emploi.

M. G. continuait consciencieusement à exercer ses fonctions mais apprenait avec peine toutes les brimades exercées par les occupants.

Jacques Gaspard

« NOS FONCTIONS PENDANT L'OCCUPATION »

L'exercice de nos fonctions fut-il modifié par l'Occupation ? Bien que la zone interdite, destinée dans l'esprit d'Hitler à faire partie d'un état nouveau, fût déjà rattachée à Bruxelles à bien des égards, nous recevions toujours les ordres de la direction générale des Contributions indirectes demeurée à Paris, laquelle dépendait du gouvernement de Vichy.

En ce qui concerne mon service, les dispositions prises par Laval à l'égard des juifs[21] et des francs-maçons avaient contraint chaque agent à signer deux déclarations. Par l'une il certifiait qu'il n'était pas juif, par l'autre qu'il n'était pas membre d'une société secrète. Bien entendu, les candidats à nos concours externes devaient satisfaire aux mêmes exigences, mais en outre, ils étaient l'objet de diverses enquêtes lesquelles aboutissaient, notamment, à « un avis du préfet ».

Mais d'une façon générale, les rapports avec l'occupant étaient rares. Tous les mois, un jeune auxiliaire portait à la Kommandantur une note mentionnant les chiffres de nos recettes. Le messager recevait en retour un reçu comportant le cachet officiel, c'est-à-dire le dessin d'un oiseau stylisé, aux ailes déployées.

Un jour le bureaucrate allemand avait omis ce dernier détail. Le gamin s'en aperçut et dit aussitôt : « Eh bien, et le pigeon ? – Le pigeon, dit le scribouillard froissé, apprenez jeune homme, qu'il s'agit du grand aigle allemand ! » [...]

Et la vie reprit son cours, bien monotone et ne laissant donc que peu de souvenirs. Cependant la guerre se déroulait. Nous n'en étions pas les témoins directs mais les bombardements, d'abord assez rares s'intensifièrent progressivement. À Arras, le but essentiel des Alliés était la destruction des voies ferrées à laquelle ils se livrèrent avec persévérance et plein succès. Les pilotes anglais, après avoir survolé d'assez haut l'église Ronville, plongeaient en prenant des risques certains et bombardaient de très près leurs cibles ferroviaires en épargnant le plus possible les immeubles avoisinants.

En 1943, d'ailleurs, les bombardements étaient encore d'assez faible intensité. Ils ne nous avaient pas encore obligés à modifier certaines de nos habitudes, telles que les trajets journaliers.

Ce qui nous préoccupait davantage c'était, plus que jamais, les insuffisances alimentaires. Aux rations officielles, qui faisaient figure de plaisanteries, s'ajoutaient un peu de marché noir (dont la sédentarité de nos fonctions rendait la pratique bien difficile) et surtout les produits du jardin. [...]

J'ai déjà évoqué le marché noir qui restera une des données inséparables de l'époque. Mais qui dit marché noir dit répression de la part des pouvoirs publics. Les services de police, la gendarmerie, les Douanes, le Contrôle économique

21. *Statut des Juifs* : Voir note n° 8 du chapitre II, *loi du 3 octobre 1940*.

étaient chargés de traquer et de punir les fautifs. Nos services y participaient peu, à l'exception toutefois de « la brigade de surveillance » des Contributions indirectes qui, chargée en temps normal de déceler les fraudes commises en matière de tabacs et d'alcools principalement, avait trouvé dans la répression du marché noir une activité offrant des résultats à peu près garantis. [...]

Le Service du travail obligatoire ou STO allait éclaircir les rangs de nos jeunes camarades. [...]

Tous les agents du sexe masculin ayant l'âge requis reçurent une convocation, mais ce fut alors la grande débandade. Les plus chanceux se virent embaucher par les Houillères et occupèrent dans les mines des emplois bidons, mais qui équivalaient officiellement au STO. Le reste trouva généralement à se cacher, le plus loin possible, chez des parents ou des amis.

La suite était pour nous assez réjouissante. Deux gaillards revêtus de l'imperméable mastic et coiffés du chapeau mou qui sont fixés à jamais pour l'histoire, la découpure du parfait gestapiste, se présentaient à la direction et le dialogue s'engageait : « M. un tel travaille bien ici ? – Plus exactement, il y travaillait, monsieur, mais il nous a quittés pour accomplir le STO. – Il n'est pas arrivé au lieu fixé. – Vous m'étonnez, monsieur, car il s'agit d'un agent sérieux, dont le travail... – Où est-il ? – Mais je l'ignore, monsieur, comment pourrais-je le savoir ? »

Après de plus ou moins longues palabres, les deux personnages, se rendant compte qu'ils perdaient leur temps, combien précieux, se retiraient en maugréant.

Louis Filliette

Aux Contributions indirectes pendant la guerre

En 1940, la direction générale procéda au recrutement de « commis temporaires ». Mon irrésistible... et lente ascension commençait, très doucement. De cinq cents francs, mon traitement passa à mille deux cents francs. La gloire. En échange de quoi, je fus immédiatement envoyé à Bréhal pour remplacer un agent mobilisé. Mes premières armes administratives commencèrent sous la direction d'un homme admirable. C'est avec lui que je fis connaissance avec les bureaux de déclarations. Chaque semaine nous nous rendions, le jour du marché, à Cérences, pour encaisser les sommes payés par les récoltants, concernant les forfaits des bouilleurs de cru. Après un sympathique repas, offert par le buraliste, nous regagnions Bréhal en vélo.

C'est dans cette localité que je vis arriver les premières troupes allemandes d'occupation.

Un matin vers 11 heures, le temps était superbe, nous attendions très inquiets l'arrivée de la colonne blindée venant de Granville. Les bruits les plus alarmants circulaient : « Ils volent, pillent, violent ». Tout à coup, une moto, puis un side-car, une auto-mitrailleuse, puis une autre. Les véhicules stoppent et d'athlétiques jeunes en tenue noire en descendent. Quelques-uns se dirigent vers la pompe à eau communale pour boire ou se laver, d'autres entrent dans les magasins. Tous repartent rapidement. Les attroupements des Bréhalais et les commentaires commencent. « *Ils* ont été corrects et ont payé leurs achats »... en marks spéciaux, à vingt francs il est vrai. La suite devait être moins rose !

La veille du jour prévu pour l'arrivée des soldats allemands, je suis allé avec des copains passer la nuit sur la plage de Saint-Martin-de-Bréhal (Manche) pour y étudier nos possibilités de rejoindre Jersey... l'Angleterre ! Par peur d'inquiéter mes parents, de perdre mon travail, par peur tout court, je ne donnai pas suite à ce projet hautement patriotique. Les formidables humiliations encaissées conduisaient tout naturellement à un énorme besoin de revanche. Aussi, j'accueillis avec enthousiasme le plan proposé par Winston Churchill et Jean Monet devant conduire à une fusion entre la France et l'Angleterre. Aucune suite ne fut donnée. Paul Reynaud voulait continuer la guerre ; avec mes amis nous pensions qu'il avait raison et qu'il convenait de résister contre l'occupant. Comment ?

Bref, nous étions gaullistes sans le savoir, avant l'heure.

Aussi, c'est avec une immense joie que j'ai entendu, sur mon petit poste de TSF, l'appel du 18 juin.

De Bréhal, je fus muté à Valognes, où sous la direction amicale du futur directeur, je m'exerçais aux difficiles mystères de « la feuille de journée ». Qui n'a pas connu les angoisses, les découragements du débutant qui constate que le produit de la base d'imposition par le taux n'a rien à voir avec les taxes perçues, ignore tout de ce que l'on appelait alors « la jouissance du comptable », lorsque l'erreur retrouvée, tout « colle ». Seule distraction, peu honorable, en ce Valognes que je n'ai jamais beaucoup aimé, la chasse aux contrevenants en matière de plaques de vélos[22]. Par beau temps, avec mon collègue, nous allions nous installer au sommet d'une côte, le Mont à la Quesne, et attendions nos clients époumonés. Jeunes, sadiques, épris de pouvoir, nous demandions aux épuisés, au nom de la loi, de nous présenter leur plaque !

---

22. *Taxe sur les vélocipèdes* : Créée par la loi du 28 avril 1893, elle est devenue une taxe indirecte en 1907 (de même que la taxe sur les automobiles, impôt direct à sa création puis indirect par la loi du 25 juin 1920). Les vélocipèdes acquittent un impôt annuel perçu au moyen de la vente de plaques de contrôle dont ils doivent être munis. Le propriétaire paie une contravention quand la plaque est absente ou a été volée.

J'en ai encore honte !

Premiers contacts avec le couvre-feu à partir de vingt heures et autorisation spéciale *ausweis* pour exercer mon travail.

Début 1941, je reçus une note m'enjoignant de rejoindre Barneville-sur-Mer. J'y suis resté jusqu'à mi-1943. Cette période fut pour moi tout à fait extraordinaire. En compagnie de mon nouveau receveur, M. P., homme d'une gentillesse et d'une compétence professionnelle exemplaires, j'ai continué à apprendre mon métier. [...]

L'emploi du temps chez M. P. était rituel. À 9 heures, je me présentais au bureau, un café m'y attendait. Examen du courrier, plan de travail pour la journée. Visites l'après-midi de quelques bureaux ruraux de déclarations. Quelquefois avec mon receveur nous passions une partie de l'après-midi à jouer aux dames. Un jour, en écoutant la radio, j'appris que les Alliés avaient pour la première fois lancé plus de milles tonnes de bombes sur Cologne. Grâce à un réseau ami, je fus rapidement déclaré inapte pour le STO : malade. Quelques jours après cette sérieuse alerte, je fus invité à regagner le contrôle de Saint-Lô et y retrouvai mon ami et chef ainsi que mes copains les plus anciens. Dans le même temps, je me retrouvai au cœur de mon réseau, l'OCM (Organisation civile et militaire).

Anecdote, maintenant amusante. La guerre se prolongeant, les travailleurs français vers l'Allemagne se raréfiant, les autorités d'occupation demandèrent à la direction générale de désigner ceux de ses agents devant obligatoirement rejoindre le Reich. Peu fière de cette mission, la DG désignait en priorité ceux qu'elle savait ou croyait « malades ». De ce fait, j'étais régulièrement signalé pour le « voyage », ce qui m'obligeait, à chaque fois, à trouver de nouvelles combines pour maintenir mon *statu quo* !

Lancé dans des opérations de résistance, plus ou moins bien préparées, mon réseau fut décimé et notre chef, un collègue de bureau, arrêté.

Avec mes amis nous décidâmes de prendre le large quelques jours.

Les événements se précipitent. Chaque jour nous apprenons l'arrestation de camarades conduits à la prison. Le soir, avec mes parents, nous écoutons à la BBC les commentaires de l'émission « Les Français parlent aux Français ». Les messages personnels se succèdent de plus en plus nombreux. Les Allemands semblent inquiets, les Vichyssois se taisent. Les Américains sont à Cassino, partout les Soviétiques avancent, Rome est délivrée. Il est évident qu'il va se passer quelque chose. Toutes les conversations tournent, avec précautions, autour d'un éventuel débarquement. Où ? Jamais je n'ai entendu pronostiquer la Normandie. Dans les bureaux, chaque jour, un collègue disparaît *dans le maquis* dit-on. Juste avant l'arrestation de mon chef je suis informé que je dois faire partie, le moment venu, d'un groupe franc !

Jean Roger

« Rat de cave »

Aussitôt après mon mariage je fus affecté, en 1945, à l'inspection centrale de Saint-Lô installée dans l'ancienne caserne du 8e régiment d'infanterie, rafistolée après la tourmente. J'étais chargé principalement des questions concernant les marchands en gros, les distilleries, les vérifications des bureaux auxiliaires. Cette période active de redémarrage de l'Administration m'a été professionnellement très agréable et instructive. Dans une ambiance de liberté récupérée, de camaraderie permanente, au milieu des ruines, nous remontions les dossiers détruits, assurions le travail courant et avions tous le sentiment d'être constructifs.

C'est à cette époque que j'ai néanmoins connu le premier incident d'après guerre survenu entre bouilleurs de cru et « rats de cave ». Un cultivateur du centre Manche, verbalisé par les agents des Douanes, pour avoir fabriqué du Calvados en sus de sa déclaration, avait eu son alcool saisi et déposé au bureau auxiliaire le plus proche. Attisé par les dirigeants de sa fédération, notre cultivateur, appuyé par quelques collègues, vint en force, récupérer le Calva. Une échauffourée s'ensuivit et le buraliste… tomba mort foudroyé par une inopportune crise cardiaque.

Son inhumation fut à la fois triste et cocasse.

Le cercueil dont les cordons étaient tenus par un bouilleur de cru, un représentant de leur fédération, un douanier et un agent des Indirectes, précédait de très fortes délégations de cultivateurs venus de tout le département, d'agents des CI (« rats de cave »), de douaniers, tous en armes ! Dans les environs immédiats du cimetière, discrets mais visibles, des CRS. Aucun incident ne fut à signaler durant cette cérémonie, se déroulant dans une atmosphère très tendue. Délégué syndical je fus reçu quelque temps après par le directeur général à Paris. La gloire.

Ce problème des bouilleurs de cru et des dix litres a été très longtemps un des motifs opposant la régie aux récoltants. Ces derniers particulièrement actifs dans le sud de la Manche, poussés par des leaders sans perspectives sérieuses, ont maintenant perdu cette bataille du Calvados. Avec le cidre, leur savoir-faire en matière d'alcool, les récoltants auraient dû accepter, admettre le contrôle de l'Administration. Comme leurs collègues du Cognac et de l'Armagnac, ils auraient mis en valeur un produit reconnu excellent par les plus exigeants.

Cette « guéguerre » menée et perdue contre les CI les a conduits à arracher les pommiers et souvent à boire de l'eau. Ce qui n'est pas le plus dramatique.

Cette période de l'après-débarquement, de remise en état d'une administration démantelée, m'a laissé des souvenirs des plus agréables. Entre miraculés, un travail important a été effectué. […]

J'ai pris mon poste à Falaise le 1er septembre 1965. Durant deux années, en compagnie de mon adjoint, et en collaboration avec mes collègues de Caen, j'ai tenté, le plus souvent en vain, de découvrir les fraudeurs d'alcool.

De jour et, le plus souvent de nuit, avec l'aide des gendarmes, j'ai effectué de très nombreux contrôles afin de découvrir du Calva transporté frauduleusement. J'ai également été appelé à effectuer plusieurs perquisitions chez des récoltants dénoncés comme trafiquants.

Quelques opérations me sont restées en mémoire. Le jour de ma prise de fonction, un collègue me dit : « Nous avons une information, M. L. a distillé il y a quelques jours et caché dans son grenier une quantité assez importante de calvados ; si tu veux nous ferons cette affaire ensemble, ainsi tu pourras juger du travail à effectuer ».

Le jour convenu, mes collègues et moi, munis de documents administratifs autorisant une telle opération, accompagnés de deux gendarmes, nous nous sommes présentés au domicile de notre client. Ce dernier, quelques années auparavant, avait déjà connu les rigueurs de l'Administration pour des fautes semblables. Il nous reçut néanmoins très correctement.

« Bonjour monsieur.

- Messieurs.

- Nous sommes employés des Contributions indirectes et venons vérifier la véracité de la déclaration que vous avez faite lors de votre récente distillation.

- Je vous reconnais, j'ai été pris une fois, depuis je travaille régulièrement, j'ai payé assez cher, vous ne m'aurez pas à nouveau ! »

M. L. nous présente alors un petit fût contenant, selon lui, la totalité de l'alcool distillé ; volume, degré, tout était parfaitement en règle. Nous avons alors déclaré à notre cultivateur que nous allions effectuer une perquisition.

« Allez-y, fouillez partout, je n'ai rien à me reprocher ! »

Après quelques recherches sommaires, effectuées pour la forme, au rez-de-chaussée de la ferme, nous demandons à visiter le grenier. Aucun escalier ne permet d'y accéder. Seule une trappe fermée indique sa présence. Une échelle trouvée dans la cour en facilite l'accès. La nervosité grandissante de L. confirme nos informations. L'échelle installée, notre malheureux cultivateur me précède ainsi qu'un gendarme chargé de veiller à la régularité de l'opération. Mes collègues restés au pied de l'échelle attendent le résultat. Le grenier, sans fenêtre, sans éclairage, se trouve dans une obscurité totale. Nous ne pouvons marcher que sur les poutres en raison de l'extrême fragilité apparente du sol. Je ne suis pas rassuré. Au bout de quelques instants, j'entends un glou glou persistant et comprends que L. a retiré la bonde d'un tonneau qu'il vide sur le sol. Ne sachant comment agir, ne voyant presque rien, je demande à mon collègue :

« Il vide sa barrique, que faire ?

- Jette-toi dessus, nous avons besoin de preuves » fut ma seule instruction.

Facile à dire, difficile à exécuter. C'est ma première « affaire », une certaine fierté m'oblige à ne pas paraître trop nul aux yeux de mes collègues. Le glou glou continue, l'odeur du Calvados commence à se répandre. Toujours en équilibre sur mes poutres, je décide d'agir et plonge sur une masse sombre située devant moi. J'entends un cri : « Arrêtez, je suis le gendarme ! » Je commence à m'habituer à l'obscurité et crois deviner mon fraudeur dans un coin du grenier arc-bouté sur son tonneau. Il m'est impossible de le rejoindre. Décontenancé, un peu piteux, je descends de l'échelle et sur les recommandations de mon ami, prends une éprouvette pour recueillir l'alcool qui commence à suinter, petit à petit, du plafond. Il nous est indispensable, pour établir nos constatations, de connaître le degré alcoolique de notre liquide. La situation est surréaliste : quatre personnes, un petit récipient à la main essayent de récupérer, au vol, quelques gouttes qui tombent à différents emplacements dans le couloir de la maison, le tout sous les vertes injures du récoltant et de ses enfants arrivés sur les lieux. Je suis en pleine « récolte » lorsque tout à coup… un craquement, sous le poids du liquide, le plafond s'effondre et je reçois sur le dos environ trois cents litres de Calvados et de nombreux plâtras en prime !

Brusquement, sortant son briquet, M. L. descendu du grenier s'écrie :

« Je suis foutu, je mets le feu à la baraque ».

Aidés des gendarmes, nous réussissons à le maîtriser et à le calmer. Pour une première affaire, c'était réussi…

En arrivant à la maison, Juliette, mon épouse, crut que j'étais tombé dans une citerne de Calvados… c'était un peu vrai !

Jean Roger

Auxiliaire puis inspecteur en recette

J'ai été embauchée en qualité d'auxiliaire de recette par le chef du personnel de la direction de Paris-Ouest et affectée à la recette TCA du 8e Nord au salaire mensuel de 1 400 F (212 euros). J'avais 20 ans, c'était le 1er mai 1944, le chef du personnel m'a dit que par la suite je pourrais me présenter à des concours, mais à cette époque c'était l'occupation allemande et travailler dans une administration offrait une sécurité car des rumeurs se propageaient selon lesquelles les femmes pourraient être requises pour travailler en Allemagne.

Je me suis présentée à la recette du 8e Nord qui était située 23 rue de Rome. À cette époque les services administratifs occupaient des appartements très vastes dans de beaux immeubles.

J'ai été reçue par le receveur qui m'a présentée à mes collègues. J'étais installée à la caisse derrière une banque avec deux dames plus âgées que moi qui étaient depuis très longtemps dans l'Administration, mais toujours auxiliaires. Ces collègues m'ont accueillie très gentiment et m'ont appris le travail de la caisse : il y avait une caissière qui s'occupait également des versements par CCP et une autre dame qui faisait les quittances des chèques bancaires (à noter que ces quittances étaient établies sur des quittanciers des douanes de couleur rose. Les recettes étaient classées en TCA pour la part de l'État et en TCA pour les taxes locales. Je devais inscrire les chèques sur un registre en détaillant le nom du tireur, la banque, etc., et en établir un bordereau qui comportait des colonnes de 42 lignes, ces deux documents devaient être additionnés et correspondre avec le total du quittancier que tenait la collègue). En plus de nous trois venait une collègue de l'inspection centrale qui établissait « une feuille de journée » par base et par taux, laquelle devait correspondre aux totaux des chèques bancaires, postaux et du numéraire. Nous écrivions à la plume. La comptabilité générale était tenue par le receveur ou son adjoint. [...]

Il existait un autre service à la recette : c'était le service du contentieux où étaient tenus les comptes des reliquataires. Les recettes opérées pour le compte de ce service étaient également comptabilisées, mais le total en était fait séparément et figurait dans une comptabilité à part.

À l'étage supérieur se trouvaient les inspecteurs et les contrôleurs-vérificateurs sous la direction d'un inspecteur principal qui supervisait également la recette. Il était très sévère pour les horaires que tout le monde respectait.

Nous travaillions du lundi au samedi (avec permanence le samedi après-midi) de 9 h à 12 h et de 14 h à 18 h 30.

Dans ce bureau il existait une bonne entente peut-être à cause de la période que nous vivions : c'était une période difficile et travaillant toute la semaine nous avions peu de ravitaillement, mais nous gardions quand même le moral avec l'espoir d'un changement. [...]

L'hiver 1944 a été très pénible, de même l'hiver suivant : pas de chauffage. Certaines collègues mettaient un vieux manteau pour travailler, à la caisse il faisait -2 degrés : l'appartement était très haut de plafond et les fenêtres étaient garnies de vitraux. Dans la galerie marchande de la gare Saint-Lazare il y avait un cinéma permanent ; nous y allions à l'heure du déjeuner non pour le spectacle mais pour nous réchauffer.

Nous avons eu un nouveau receveur qui est resté de longues années avec nous. Il y avait toujours une bonne entente dans le bureau, il y avait toujours les mêmes collègues.

Enfin en 1946 nous avons eu du chauffage, ce qui a eu un effet surprenant : à la recette tout le monde a eu la grippe sauf moi. Aussi, comme je connaissais à présent le travail j'ai essayé de faire face et de recevoir le public : je tenais la caisse, les CCP, les chèques et je recevais également les reliquataires seulement s'ils désiraient connaître le montant de leur dette ou s'ils désiraient faire un versement, mais je ne prenais aucune proposition de règlements échelonnés. Le receveur avait également été touché par l'épidémie. Si la somme contenue dans le coffre atteignait une certaine somme, j'allais verser l'argent à la paierie générale du Trésor. Tout ceci était supervisé par l'inspecteur principal sur qui je pouvais compter s'il y avait un problème. Au bout de huit jours les malades ont été rétablis. [...]

Au cours de l'année 1948, il y a eu la fusion avec les Contributions indirectes. Comme j'étais la plus jeune du service, j'ai dû apprendre avec les inspecteurs des CI qui avaient été affectés à l'inspection la délivrance des titres de mouvement ; si j'éprouvais une difficulté ces messieurs étaient toujours disponibles pour me conseiller.

Au bout de quelques mois, je connaissais cette partie du service qui me plaisait bien. Dans le 8e arrondissement il y avait des parfumeurs, des gestionnaires de caves et je savais quel titre de mouvement délivrer ou quel registre leur confier, je connaissais également le règlement concernant la délivrance des acquits-à-caution, les délais de route à accorder, etc.

Par la suite deux collègues du contentieux ayant eu leur mutation, le receveur m'a affectée à ce service ; j'étais avec une collègue que je connaissais depuis ma nomination, il y avait aussi un contrôleur.

J'ai pu apprendre les règles comptables des restes à recouvrer. Le gouvernement n'ayant pas fait cesser l'état de guerre, la prescription n'avait pas été rétablie. [...]

Ensuite, en 1953, j'ai passé le concours de contrôleur auquel j'ai été reçue : j'avais un salaire meilleur. [...]

J'ai été mutée à Paris-Est dont la direction se trouvait 40 rue du Louvre. J'ai été affectée à l'inspection centrale du 20e Nord au service des CI. Je devais effectuer des vérifications dans un laboratoire médical mettant en œuvre de l'alcool à presque cent degrés qui se trouvait dénaturé par l'addition de substances diverses, je devais assister à la dénaturation de cet alcool qui après l'adjonction de ces substances avait un taux de 40 degrés. Ou bien je devais aller chez les bouchers vérifier les vignettes viandes. Puis je suis restée au bureau car c'est à ce moment qu'a été instituée la taxe sur les transports routiers de marchandises. J'ai dû me familiariser avec les tracteurs-porteurs, les remorques, les ensembles articulés. Cette taxe a été instituée en même temps que la vignette automobile.

Le directeur de Paris-Est m'avait dit lorsque je me suis présentée qu'il envisageait de me nommer à nouveau dans une recette. [...]

C'est au cours de cette période que la comptabilité de la recette a été modifiée : l'ancienne comptabilité a été remplacée par une comptabilité à partie double avec tenue de livres auxiliaires. Avec le receveur nous nous sommes adaptés à cette méthode comptable que je connaissais : nous n'avons eu aucun mal à changer de méthode. Il y avait de nouveaux registres pour enregistrer les chèques bancaires et les chèques postaux, seul le quittancier numéraire était à souches pour pouvoir donner des quittances. Je portais le numéraire à la paierie rue Notre-Dame-de-Lorette, cela ne m'a jamais posé de problème par la suite, les fonds pouvaient être déposés au bureau de poste le plus proche.

À cette époque la recette a été dotée d'une machine à calculer : seule une de nos collègues s'en servait, elle avait suivi des cours de dactylo, pour nous, habituées à faire des additions de plusieurs lignes et de calculer de tête, cette machine ne nous attirait pas. [...]

En 1964, j'ai passé avec succès le concours de contrôleur divisionnaire et je suis toujours restée à la recette : je m'occupais des restes à recouvrer, de l'état 80 A qui récapitulait les recettes du mois, de la tenue du 89 B, parfois je tenais la comptabilité, j'établissais les productions aux règlements judiciaires et aux liquidations des biens. Avec toujours une bonne ambiance laquelle je crois existait dans les recettes. [...]

Comme nous arrivons à un tournant de l'aménagement de notre administration, je vais évoquer un service qui existait depuis environ 1954 : il s'agit du service de la mécanographie. Ce service s'occupait entre autres choses de traiter les déclarations de TCA ou TVA pour lesquelles le travail de recouvrement avait été fait : chaque jour les déclarations étaient envoyées à ce service. C'étaient les débuts de la mécanographie : le traitement des documents était fait par cartes perforées, certaines statistiques étaient peut-être réalisées au vu de ces documents, mais nous n'avons jamais su lesquelles. Pour nous c'était un service qui nous était étranger, il était installé rue des Pyrénées dans le 20ᵉ. Par la suite ce service a pris une extension encore inconnue de nous, c'est l'avenir qui nous l'apprendra.

En 1969 il était question de fusion avec les services de l'Enregistrement ; vers la fin de cette année j'ai dû suivre des cours sur l'Enregistrement mais théoriques dans le cadre d'une formation en vue de la fusion.

Celle-ci eut lieu le 1er janvier 1970 : nous avons été séparés de certaines collègues. En ce qui me concerne je suis allée dans une recette d'Enregistrement avec certains de mes collègues, recette qui a pris la dénomination de recette principale des impôts 20e Charonne. [...]

En 1975, j'ai été nommée inspecteur dans le cadre de la loi prévoyant la nomination d'agents du cadre B à des emplois d'inspecteurs. Mes attributions n'ont pas changé : j'étais toujours adjoint de recette, je m'occupais des restes à recouvrer et des poursuites, je produisais les créances de l'Administration aux règlements judiciaires et liquidations des biens, je tenais une minute pour confectionner l'état R 101 lequel comportait beaucoup de reliquataires : sur un registre j'inscrivais les restes à recouvrer qui restaient en fin d'année par ordre alphabétique, j'y inscrivais les prises en charges, les paiements ainsi que les admissions en non-valeur le tout ajusté avec la comptabilité de la recette, je tirais un solde provisoire au mois de novembre, je n'avais plus qu'à y ajouter les prises en charge et les paiements de décembre pour avoir le solde définitif qui devait correspondre à la comptabilité et recopier le tout sur les imprimés prévus et à mettre les observations pour chaque reliquataire. Cet état qui comprenait de nombreuses pages devait être fourni début janvier à la recette divisionnaire de Paris-Est.

Yvette Prévoté

« UN TRAVAIL TRÈS DIVERSIFIÉ »

Notre travail était très diversifié. Beaucoup d'écritures, qui maintenant seraient qualifiées de surannées. Dans les temps creux, mon chef me faisait vérifier la longueur des aiguilles (heures-minutes) portées sur les cadrans de certains registres détenus par les négociants en boissons alcoolisées.

Nous effectuions des tournées dans les communes, à bicyclette, luttant bravement contre les intempéries fréquentes en cette région côtière du Nord, souvent trempés et frigorifiés en arrivant à pied d'œuvre. Heureux quand même ! Le point extrême de notre secteur se trouvait à 15 km.

Nous devions procéder à des encaissements, le contrôleur étant également receveur. Nous manipulions et transportions parfois des sommes relativement importantes, les paiements en espèces primant ceux par chèques.

Notre mission de surveillance portait notamment sur les licences de débits de boissons, les spectacles, les tabacs, les céréales, les vins et spiritueux, les antiques « plaques à vélos[23] » et, évidemment, sur les taxes sur le chiffre d'affaires.

---

23. *Taxe sur les spectacles* : La taxe sur les spectacles et divertissements a été créée par la loi du 30 décembre 1916 puis modifiée par de nombreuses dispositions nouvelles. Les spectacles passibles de la taxe sont divisés en plusieurs catégories : théâtres, cafés-concerts, concerts symphoniques, cirques, bals de sociétés, etc. ; music-halls, courses pédestres, vélocipédiques, etc. ; cinématographes ; matches de lutte, courses de taureaux, thés-concerts, dancings, etc. ; matches de boxe ; établissements de patinage. Il existe aussi des impôts sur les jeux de hasard dans les cercles et maisons de jeux, les courses de chevaux. À ces droits peuvent s'ajouter des taxes communales. Un « droit des pauvres » a été institué par la loi du 7 frimaire an V, au profit des établissements de l'Assistance publique. La taxe sur les spectacles se substituera aux trois impôts perçus initialement (impôt d'État, droit des pauvres, taxes municipales) pour n'être plus recouvrée qu'au profit des communes. Ce sera la taxe communale sur les spectacles.
Taxe sur les vélocipèdes : Voir note n° 22 de ce chapitre.

Les titulaires de licence de débit de boissons figuraient sur des registres côtés et paraphés par le juge de paix. Nous en vérifions le bien-fondé surtout à l'occasion des transferts d'exploitants. La gendarmerie effectuait les enquêtes de moralité.

La taxe sur les spectacles comportait des taux spécifiques différents selon la nature du spectacle. Les séances faisaient l'objet de nos contrôles à l'entrée des spectateurs et, quand il s'agissait de troupes de passage (cirques, représentations théâtrales, bals ambulants, spectacles forains) nous procédions à l'encaissement immédiat des taxes. Ces contrôles, surtout dans les salles de cinéma, soumises à une surveillance permanente, constituaient des « vacations », rémunérées très modestement. Le jeune couple que nous étions, hantait les salles de spectacles. Joignant l'utile à l'agréable, que de beaux films avons-nous dégustés.

Un agent des Indirectes est disponible 24 heures sur 24, nous disait-on. Lors des congés annuels, obligation de laisser son adresse de vacances afin que l'Administration puisse inopinément rappeler l'un de ses agents, si besoin en était. Règle surtout théorique !

Les recettes-buralistes[24], annexées ou non à un débit de tabacs, constituaient la base de l'organisation administrative. Il fallait les « arrêter » (comprendre : solder les comptes) chaque mois ou trimestre suivant l'importance du bureau. Elles assuraient le contact direct avec les redevables : déclarations fiscales très diverses à enregistrer officiellement, délivrance de certains titres de circulation pour les vins, alcools, céréales et surtout, la vérification décadaire des écritures tenues par les grossistes en boissons, avec encaissement des droits.

Fréquemment, ces buralistes n'avaient pas le statut de fonctionnaire. En général, leur dévouement nous était pleinement acquis. Ils accordaient grande confiance à leur contrôleur. [...]

Les débits de tabacs faisaient l'objet de notre attention particulière. Nous intervenions lors des cessions, des litiges avec la clientèle, des changements fréquents du prix de vente des produits de la SEITA (Société d'exploitation industrielle des tabacs et allumettes). Nous assurions le contrôle des ventes à prix réduits pour les hospices, la Douane, la gendarmerie.

Les céréales, elles aussi, circulaient sous le couvert de titres de circulation à la sortie des magasins des grossistes.

Les vins et spiritueux étaient strictement surveillés : à la circulation sur la voie publique, dans les chais des grossistes, accessoirement chez les détaillants. Les boissons entraient chez les marchands en gros, en suspension du paiement des droits, sous acquits-à-caution. Elles en sortaient, pour la mise à la consommation, avec le paiement des droits, accompagnées de « congés ». Les grossistes avaient un compte individuel que le service tenait sur un registre

---

24. *Recettes-buralistes* : Voir note n° 5 du chapitre IV, *Receveur-buraliste.*

officiel (le portatif 50 A). Ils détenaient généralement des registres de congés arrêtés tous les dix jours (la décade) présentés à la recette-buraliste pour la liquidation des droits.

Deux fois l'an – minimum – le service procédait, à l'improviste (en théorie) au recensement des stocks pour comparer aux « doit rester » résultant des écritures. En volume pour les vins, en alcool pur pour les spiritueux. Ces grossistes, habitués depuis des générations à ces contrôles tatillons, avaient ordinairement de bons rapports avec les agents.

Les légendaires « plaques à vélos » justifiaient du paiement de ce que l'on appelait pompeusement « taxe sur les vélocipèdes ». Initialement en métal frappé du millésime, elles devaient alors être apposées sur le cycle lui-même. Puis, elles devinrent « carton » à présenter à toute réquisition d'un agent qualifié. Ce que je n'ai jamais osé faire, vu la médiocrité de la taxe et… des gens contrôlés !

Comme elles étaient renouvelées d'année en année, nous avions en charge de les vendre, par buralistes interposés. De ce fait, en janvier, nous transbahutions des paquets de « plaques à vélos » d'un bureau à l'autre… nous-mêmes à bicyclette. Quand la taxe fut supprimée, peu rentable eu égard aux tracasseries engendrées, tout le monde poussa un soupir de soulagement.

J'arrivai trop tard pour « l'impôt sur les maisons de tolérance » supprimé un peu avant. Cette taxe faisait l'objet d'une franche rigolade. Périodiquement, un agent – en service commandé – devait se rendre dans ces maisons spéciales, se faire représenter le registre sur lequel s'alignaient… des bâtons sous le nom des diverses pensionnaires. On m'a relaté que certaines avaient assez de bâtons pour en faire un fagot ! Il fallait percevoir en espèces… et non pas en nature.

L'essentiel de notre activité courante se portait toutefois sur les taxes sur le chiffre d'affaires. Y étaient assujettis les commerçants, artisans, industriels. Pour les ventes au détail : taxe sur les transactions et taxe locale[25]. Pour les autres affaires : taxe à la production[26]. Les plus modestes contribuables avaient un forfait. Les autres déclaraient leurs affaires, déposaient des déclarations mensuelles ou trimestrielles. Ils faisaient parfois l'objet de vérifications très sommaires et de rappels d'imposition souvent modestes. Cela se passait, sinon dans la bonne humeur, au moins sans acrimonie, presque en famille.

Pour procéder aux encaissements, nous faisions périodiquement des tournées dans les communes, à renfort de grands coups de pédales pour y parvenir. Nous connaissions nos « clients ». Bien peu étaient récalcitrants. Parfois l'agent avançait l'argent de sa poche, quittançait le montant dû et en réclamait le

25. *Taxe sur les transactions et taxe locale* : Voir note n° 10 du chapitre IV et notes n°s 3 et 6 du chapitre III. Voir aussi note n° 32 de ce chapitre.
26. *Taxe à la production* : Voir note n° 11 du chapitre IV.

remboursement… quand il rencontrait le négligent ou l'étourdi, en lui passant gentiment un savon.

André Seeten

CHEF DE DISTILLERIE

Notre secteur comprenait plusieurs distilleries produisant de l'alcool de betteraves à sucre, réservé à l'État. Durant la campagne de distillation, dans chaque usine, un agent des services industriels des Contributions indirectes était affecté à la surveillance de la production. L'un d'eux fit défaut et, au pied levé, je devins « chef de poste de distillerie ».

J'ignorais tout de ce nouveau travail. Un collègue, distillateur chevronné, m'initia, à la hussarde, aux mystères de la production et des écritures adéquates. À l'usine, suivant une coutume ancestrale, les ouvriers me donnaient du « chef » à tout propos, ce qui me causait un malaise, conscient que j'étais de mon incompétence.

Un contremaître me demanda, sans malice, dans les premières heures de mes fonctions, ce que je pensais du « pied de cuve ». Terme tout à fait inconnu. Ne voulant pas afficher mon ignorance et perdre la face, je m'en tirai avec un « bof » évasif, j'appris par la suite que c'était le prélèvement de jus de betterave fermenté, tiré d'un bac, destiné à ensemencer le prochain brassin.

Je commençai par apposer moi-même des scellés (des plombs) sur cuves, conduits, raccords, etc., où passerait l'alcool. Je me rendis compte, par la suite, que j'avais inspiré une crainte salutaire aux ouvriers qui n'avaient jamais vu le « chef » opérer ainsi lui-même. Avais-je pris les instructions trop à la lettre ?

La surveillance se faisait 24 heures sur 24. Je recrutai trois auxiliaires à qui je dus inculquer les rudiments du métier (ce que l'on connaît bien s'énonce facilement ?). Je surveillais leur vigilance de nuit comme de jour en intervenant à l'improviste à des heures impossibles, aussi bien à 23 heures qu'à 3 heures du matin.

Dès le premier jour, l'un de mes « artistes » dégringola d'un bac d'une hauteur de plusieurs mètres. Le contremaître, le voyant inanimé à terre fit irruption en mon bureau en clamant, avec désespoir, la mort du malheureux. Heureusement, il n'en était rien. Lorsque, au pas de course, nous arrivâmes sur les lieux, mon acrobate manqué s'ébrouait en reprenant ses esprits, tout gêné de nous avoir causé une si belle peur. Ayant rebondi sur une tuyauterie avant de toucher terre, il s'en tirait avec quelques légères contusions.

La campagne de production terminée, je repris mes anciennes fonctions.

Il arriva une fois que nous dûmes procéder à l'ouillage (le remplissage) de demi-muids contenant de l'alcool à haut degré saisis par le Trésor public en garantie du paiement de droits et stockés depuis longtemps sous hangar au port de Dunkerque. Du fait de la texture en bois des récipients, une évaporation se produisait à la longue qui s'accentuait plus le creux augmentait d'importance. Il fallait donc siphonner par un tuyau de caoutchouc de l'alcool dans une éprouvette, vérifier la teneur alcoolique avec alcoomètre, thermomètre et barème et faire le plein en prélevant dans un demi-muid de réserve.

Il y avait plus de trente de ces énormes fûts à traiter ainsi. Sans en avoir bu une seule goutte, les seules vapeurs suffisant, mon collègue et moi finîmes la journée légèrement euphoriques. Nos poumons devaient avoir une certaine analogie avec un alambic en pleine activité. Heureusement les contrôles par éthylotest ne se pratiquaient pas encore !

André Seeten

Au temps où les « rats de caves » chaussaient les skis de fond

En 1948, jeune auxiliaire des Contributions indirectes, j'apprenais, sous la houlette d'un vieux contrôleur de la Régie, le métier ingrat de « rat de cave » dans le haut Pays jurassien.

L'été, nous partions, à bicyclette, en tournées de surveillance et de contrôle. Les automobiles réquisitionnées durant l'Occupation étaient devenues rares et trop chères pour les chefs de postes des Contributions. L'Administration nous allouait une modeste indemnité pour l'entretien de nos vélos et les repas pris lors de nos déplacements.

L'hiver, nous prenions le train et rejoignions ensuite, skis aux pieds, les villages où se situaient les recettes-buralistes où nous allions effectuer les sacro-saints arrêtés mensuels ou trimestriels des écritures.

L'endroit le plus difficile d'accès était le sauvage plateau du Grandvaux surnommé « La Petite Sibérie ». À cette époque, il n'existait pas encore de chasse-neige mécanique dans la région. On ouvrait les routes aux « triangles », lourdes étraves en chêne tirées par six ou huit chevaux.

Sur les chemins mal dégagés battus par une bise féroce qui faisait descendre en janvier-février le thermomètre à moins trente, moins trente-cinq degrés, nous rencontrions, le matin, les facteurs des PTT effectuant leurs tournées quotidiennes. Moi qui venait de Dole, dans le bas Pays jurassien et m'initiais peu à peu au ski utilitaire, au fartage et à la peau de phoque, j'admirais et enviais la vélocité de ces braves postiers qui nous distançaient avec facilité.

La pratique du ski, dans le Jura, ne remontait qu'à une cinquantaine d'années. C'était paradoxalement un Anglais, un des fameux majors de l'armée des Indes qui avait fait connaître ce sport aux habitants de la région. Souffrant de paludisme, l'officier de Sa Majesté était venu en convalescence en Europe où, selon les prescriptions médicales, il devait séjourner dans des pays au climat sec et froid. Après quelques semaines passées en Norvège où il ne s'était pas plu, il s'était installé dans le Haut-Jura.

On vit bientôt le major se déplacer d'une manière fort curieuse sur la neige. À l'aide de deux grandes planches sous les pieds, tenant à la main un long bâton qu'il utilisait comme un marin se sert de la godille.

On vient de tout le plateau pour voir l'Anglais glisser sur la neige. Lorsqu'il entreprit un jour de gravir puis de descendre la Dôle, sommet culminant à 1 677 m, sur ses lattes, l'exploit eut un retentissement considérable. Jusque-là, les « montagnons » ne se déplaçaient qu'en utilisant les « cercles », de longues raquettes qui ne permettaient pas des déplacements très rapides.

Le maire de la commune des Rousses s'intéressa immédiatement à ce qu'on appelait à l'époque « la glisse sur planches ». Il comprit que ce procédé se révélerait fort utile aux populations du Haut-Pays.

De fait, l'hiver suivant, des artisans se mirent à confectionner des « glissières » à l'aide de douves de tonneaux et de lattes munies d'attaches rudimentaires en cuir. Certains se rendirent compte qu'ils pouvaient aller encore plus vite en enduisant les lames de bois de cire d'abeille ou de bougie. Le ski utilitaire et bientôt sportif venait de naître dans le Jura.

Les douaniers et les agents des Contributions indirectes ne tardèrent pas à adopter ce nouveau mode de déplacement qui leur permit d'atteindre plus facilement l'hiver, des villages isolés.

En 1948, mon contrôleur et moi n'étions pas devenus des champions de ski dans l'exercice sportif de nos fonctions. Nous avons souvent soupçonné les facteurs des PTT qui nous doublaient avec un petit sourire ironique d'alerter les bouilleurs de cru clandestins de l'arrivée imminente des « rats de caves ». En effet, lorsque nous arrivions dans les hameaux perdus du Grandvaux, les chaudières étaient éteintes, les matières premières épandues sous la neige. Il ne restait plus, flottant dans l'air glacé que l'odeur tenace de la gentiane comme pièce à conviction.

André Besson

Contrôleur dans les Ardennes

Au 1er janvier 1948, une transformation importante s'opère. En effet, c'est à cette époque que les « petites recettes-contrôle » disséminées un peu partout dans la nature ont été supprimées pour devenir les recettes centrales d'une part et les contrôles ruraux d'autre part ; dans les grandes villes subsistaient les recettes sédentaires devenues centrales et la création des inspections centrales regroupait les contributions indirectes et les services de taxes sur le chiffre d'affaires. En ce qui concerne les contributions indirectes, elles étaient exercées par un contrôleur principal, puis par la suite par un contrôleur. Suite à ce changement, il est bien évident que les constatations relevées aux états de produits, qui cette fois étaient remis dans les mains du receveur central, faisaient apparaître des différences avec les perceptions, d'où la naissance des restes à recouvrer plus nombreux qu'auparavant. Presque seul, avec l'assistance d'un inspecteur, ex-contrôleur principal receveur, j'ai appris des travaux qui jusqu'à présent m'étaient inconnus. C'est ainsi que j'ai effectué les premiers arrêtés de recettes dites buralistes[27] ou de dépôt de registres avec versement d'acomptes en cours d'année tous les mois ou chaque trimestre et régularisation en fin d'année par un système très complexe : les rétributions étaient calculées au nombre de points, il était attribué des points par délivrance de titres de mouvement, par encaissement. Au 1er juillet 1948, suite à une longue attente, après mon mariage en février 1947, je suis affecté au contrôle rural de Monthermé à quatre ou cinq kilomètres de mon domicile. Pendant deux mois seulement, juillet et août, j'ai continué à effectuer les travaux qui m'étaient devenus familiers. Au 1er septembre de la même année, je suis envoyé « en intérim » à la recette centrale de Revin, me permettant de rentrer chaque soir. Le travail consistait essentiellement à la perception des taxes sur le chiffre d'affaires et des droits indirects. Je me rappelle d'un fameux registre dénommé « 415 ter » où étaient portés les versements des redevables soumis aux TCA. Cette recette ayant été créée peu de temps auparavant, les versements affluaient de partout et étaient portés au petit bonheur sur le registre en question. La tâche n'était pas facile car bien des redevables ayant été transférés d'une autre recette étaient inconnus. Je ne vous précise pas combien la régularisation de ces comptes ouverts a été pénible et pas toujours très juste. Je dois expliquer brièvement ce qu'étaient les frais d'intérim : c'était le versement d'une indemnité mensuelle à un agent qui avait été déplacé de son poste. Elle était destinée à couvrir les frais de restaurant et d'hôtel et représentait la moitié environ du traitement. C'est dire que, dans mon cas personnel, les sommes versées étaient loin de représenter les sommes reçues, rentrant chaque soir à la maison, donc pas de frais d'hôtel. Cette situation particulièrement intéressante au point de vue finance allait durer plus de quatre ans. En effet, le 1er mars 1953, je retourne au contrôle rural de Monthermé où je devins l'adjoint du chef de service (poste à deux agents). Je reprends donc les tâches des droits indirects qui me devenaient familières, avec

27. *Recettes-buralistes* : Voir note n° 5 du chapitre IV, *Receveur-buraliste*.

quand même un travail que j'ignorais jusqu'à présent : le contrôle sur place des spectacles – cinéma, tournées théâtrales, bals… […]

Je fus nommé le 1er mai 1954 à l'inspection centrale de Mézières, partie droits indirects.

Alors là, changement total, quelle usine ! La circonscription était immense, le nombre de redevables était impressionnant et la tâche très grande. Le nombre de marchands en gros dépassait la dizaine (certains bien connus comme les coopérateurs de Lorraine avaient un mouvement important de boissons, aux entrées par beaucoup d'acquits-à-caution et en sortie pour les congés qu'ils délivraient eux-mêmes, étant autorisés à détenir les registres), les recettes-buralistes étaient arrêtées tous les mois avec des encaissements importants. Quant aux dépôts de registres simples (les recettes-buralistes en modèle réduit), leur nombre avoisinait les quarante-cinq. Ces dépôts étaient arrêtés chaque trimestre et les registres qu'ils détenaient concernaient les transports de céréales de la ferme jusqu'à l'organisme de stockage, le n° 937, le transport des matières à distiller à l'alambic, le 2 D et le retour de l'eau-de-vie jusqu'au domicile du récoltant, le n° 3. Ces arrêtés d'écriture se faisaient bien souvent sur la table dans l'unique café-tabac du village, au milieu des clients. […]

Nous étions donc le 1er février 1955, quand je retrouvai Maubert-Fontaine après sept ans d'absence. Comme je n'habitais pas sur place, mes tournées étaient très longues, mais malgré cela, je les faisais bien souvent à bicyclette, ayant la force physique de les accomplir ainsi, en prenant un certain plaisir à pédaler par monts et par vaux ! C'était une vie intéressante, qui allait durer jusqu'au 1er novembre 1969, soit quatorze ans. Intéressante en ce sens que le service actif, sur le terrain, alternait avec le travail de bureau.

Pendant cette longue période de service actif, bien des bouleversements sont intervenus par la création de nouveaux impôts et de nouvelles taxes. En voici quelques-unes[28] :

---

28. *Taxes uniques* : En 1951 sont réintroduites la taxe unique sur les viandes et la taxe unique sur les vins (loi de finances du 24 mai 1951). Puis, en 1955, c'est la taxe unique sur les cafés et les thés, en 1956, la taxe unique sur les véhicules servant au transport des marchandises. La taxe sur les viandes est une taxe de circulation perçue à la sortie des abattoirs selon un tarif spécifique dépendant du poids ; elle est vérifiée au moyen de vignettes délivrées aux professionnels. Ces taxes uniques remplacent, pour les produits concernés, l'ensemble des taxes sur le chiffre d'affaires, taxe à la production comprise. De 1925 à 1934, une quarantaine de taxes uniques portant sur des biens de consommation courante avaient été créées, en partie pour corriger les défauts de la taxe sur le chiffre d'affaires (son caractère cumulatif en particulier, pénalisant les circuits longs), dont la taxe sur les viandes (loi du 13 juillet 1925), les vins (1930), les sucres (1927), le charbon (1925), les alcools, les corps gras, les huiles minérales (1932), des catégories entières de produits fabriqués (en 1934-1935 : boissons, produits pharmaceutiques, parfumerie, produits alimentaires, automobiles), etc. Elles avaient été supprimées à l'occasion de l'instauration de la taxe à la production (loi du 31 décembre 1936). La généralisation de la TVA (loi du 6 janvier 1966, entrée en vigueur de la réforme au 1er janvier 1968) voit la disparition des taxes uniques sur les transports de marchandises, les vins, les cidres, les cafés, les thés, la taxe unique sur les viandes étant supprimée à compter du 1er décembre 1968.

La taxe différentielle sur les véhicules à moteur, autres que ceux soumis au régime des transports en matière de TCA, la « vignette », est créée en 1956 par Paul Ramadier, ministre socialiste des Finances.

- *Taxe spécifique sur les viandes.* A été instituée vers les années 1952-1953. Elle remplaçait différentes taxes sur le chiffre d'affaires. Elle concernait les viandes bovines, porcines, ovines et caprines (volailles exclues) et s'appliquait sur le poids de viande nette lors de la pesée de la carcasse. Le boucher était dans l'obligation de posséder un registre d'entrée des bêtes vivantes et un registre d'abattoir. [...] L'impôt était perçu par l'achat de vignettes représentatives de poids, achat effectué à la recette centrale des Contributions indirectes. [...]

Cette taxe a été supprimée dès 1960.

- *La taxe différentielle sur les véhicules à moteurs.* Instituée également vers 1952-1953. L'assiette et le recouvrement étaient assurés par les services de l'Enregistrement, sauf pendant le mois de novembre où les recettes-buralistes (aujourd'hui recettes locales) prêtaient leur concours à la perception. Cette taxe était représentée par une vignette à coller sur le pare-brise. [...] Le personnel actif des Contributions indirectes n'intervenait qu'en matière de contrôle et de surveillance à la circulation. Dans ce dernier cas, le service demandait le concours de la gendarmerie ou des douanes. [...]

- *Taxe sur les transports.* Instaurée entre 1956 et 1960, elle concernait les transports routiers de marchandises. L'assiette de cette taxe était calculée suite à une déclaration du transporteur, déposée à la recette-buraliste. Le receveur délivrait un récépissé cartonné de couleur rouge pour les transports publics, jaune pour les transports privés et bleu pour les transports exonérés. [...]

- *Remboursement forfaitaire sur les ventes de produits agricoles.* À l'inverse de ce qui a été écrit ci-dessus, une indemnité forfaitaire, dont le taux était variable, était versée aux exploitants agricoles non assujettis à la TVA sur le montant des ventes de leurs produits. Le pourcentage variait suivant les céréales, le bétail, les œufs... Les bénéficiaires remplissaient des déclarations, vérifiées par le service, qui déterminaient le montant de l'indemnité ; cette dernière était ensuite versée par les perceptions. Par la suite, le calcul de cette indemnité fut confié à un centre mécanographique.

À côté de ces nouvelles taxes subsistaient toujours des droits indirects ancestraux comme le droit de circulation sur les vins, cidres, poirés, hydromels ainsi que les droits de consommation sur les alcools. Des allégements sont intervenus comme par exemple l'utilisation de la facture-congé représentée par une vignette de couleur différente suivant les boissons et qui était collée par le redevable sur la facture commerciale. Cette méthode a permis de ne plus utiliser les titres de mouvement traditionnels (1er MG, AMG, 4CC). De plus, une vignette dite « mixte » légitimait le déplacement des vins, du cidre et des spiritueux. C'était un gain de temps appréciable pour les marchands en gros de boissons. Par la suite, des machines à timbrer ont été utilisées et, plus on avançait dans le temps, plus le service avait recours au centre mécanographique. C'est ainsi que les augmentations de prix des cigarettes et tabacs n'étaient plus calculées par le service mais par le centre. À ces transformations qui allégeaient notre tâche, il faut ajouter la disparition de certaines recettes dites recettes de poche comme l'impôt sur les vélocipèdes[29] avec la suppression des plaques de métal (ou de carton) de contrôle, l'estampille apposée sur les briquets, l'impôt sur les jeux de cartes, la taxe sur le ferrio-cérium (pierre à briquet) ; d'autres constatations d'impôt changèrent également de mains : les taxes sur les céréales furent centralisées par les services de direction, et encaissées mécanographiquement ; l'impôt sur le spectacle fut supprimé pour certaines catégories. Tout ceci annonçait le déclin des Contributions indirectes qui se poursuivra jusqu'à leur disparition.

Jacques Laurent

« Me voici inspecteur »

Notre vieille administration voulait se rajeunir. Le système du contrôleur principal receveur rural accompagné de son inséparable adjoint avait fait son temps…

Il fut décidé qu'il y aurait un receveur sédentaire, dans les centres administratifs importants, tels les sous-préfectures auxquels on attribua une circonscription correspondant approximativement à l'arrondissement. À l'intérieur de cette circonscription, il y aurait des inspections d'assiette pour la taxe sur le chiffre d'affaires rayonnant en principe sur plusieurs cantons, tandis qu'au chef-lieu de canton resterait un contrôleur (nouvelle appellation des commis) pour s'occuper des autres impôts ressortissant à la Régie.

C'est ainsi qu'en 1948 il me fut attribué l'inspection d'assiette de Champeix. J'avais le titre d'inspecteur et je rayonnais à peu près sur trois cantons. L'avantage pratique qu'il y eut dans cette innovation, ce ne fut pas une augmentation importante du traitement non, mais le fait que je pouvais gérer mon domaine à partir de Clermont ; je n'avais ainsi pas à changer de résidence.

Me voilà donc seul maître à bord de l'inspection de Champeix. Il faut m'organiser et d'abord bien étudier quel est mon rôle, quelles sont mes fonctions, pour accomplir de mon mieux ce qui m'incombe dans ma charge nouvelle :

1°, établir des forfaits chez ceux pouvant en bénéficier ;

2°, vérifier ceux qui sont soumis au régime de la déclaration ;

3°, répondre aux demandes de renseignements.

---

29. *Taxe sur les vélocipèdes* : Voir note n° 22 de ce chapitre.

Le dossier de chaque redevable est conservé à la recette. Il est constitué de ses propres déclarations imposables aux taxes sur le chiffre d'affaires, ou du double de l'accord conclu s'il bénéficie du forfait. Et rien d'autre !… Ma circonscription est très touristique, il y a de nombreux « meublés » et hôtels-restaurants.

Quels sont l'importance et le nombre de meublés de M. un tel ? Rien au dossier.

Quel est le nombre de chambres dont dispose tel hôtel ? Rien au dossier !

Quel a été le montant des achats de M. un tel, restaurateur ou simple détaillant en produits alimentaires ou autres ? Rien au dossier !

Sur quelle marge bénéficiaire s'est-on basé pour établir tel ou tel forfait ?… Toujours rien au dossier !

Ah ! Ça va changer ! Je n'établirai pas les forfaits à partir de mon bureau c'est-à-dire à partir de mon appartement ! Non, j'irai sur place. Je verrai d'abord les maires des diverses communes ; eux pourront déjà me donner une idée plus précise de chaque commerce, sur le train de vie du redevable… Je pourrai même voir le percepteur, le collègue contrôleur du canton qui doit approcher tous ces redevables d'assez près…

Muni de tous ces renseignements, je pourrai alors discuter ferme l'imposition forfaitaire.

Une fois tous ces renseignements recueillis, ce fut du travail à la chaîne : les gens étaient convoqués à la mairie du lieu et le forfait conclu sur place. Certains forfaits furent doublés, triplés, car le nombre de pièces meublées louées était bien supérieur à celui sur lequel s'était basé le collègue m'ayant précédé dans ce travail d'imposition…

Henri Verdier

UNE INSPECTION DU CHIFFRE D'AFFAIRES DANS LES ANNÉES CINQUANTE

J'exerçais mes fonctions sans trop de difficultés, me limitant à la réception du public et à la conclusion des forfaits de chiffre d'affaires, ceci tant que la direction départementale ne donnait pas l'ordre de reprendre les vérifications de comptabilité, décision qui sera prise, si mes souvenirs sont exacts, en septembre 1956.

Les travaux de la campagne forfaitaire, s'ils étaient assez étoffés, n'entraînaient pas de difficultés particulières, d'abord parce que les déclarations exigées des redevables étaient relativement réduites, ensuite parce que les impositions relevaient habituellement de la taxe sur les transactions et de la taxe locale[30], peu élevées, auxquelles s'ajoutait parfois la taxe sur les prestations de services[31].

Ainsi que je le disais, les renseignements fournis étaient succincts, rarement exacts et il était souvent nécessaire de se déplacer pour recueillir les éléments indispensables à la conclusion du forfait.

Dans de nombreux cas d'ailleurs la solution venait du chiffre du bénéfice accepté par le contribuable au titre du forfait BIC (bénéfice industriel et commercial). À cette époque chaque régie constituait un service distinct, sans guère de coordination et, habituellement, la campagne de conclusion des forfaits des BIC précédait celle relative aux forfaits des TCA. Et nous recevions, par l'intermédiaire de la direction, une copie des forfaits ainsi conclus, lesquels faisaient apparaître le montant du bénéfice fixé au commerçant ou à l'artisan, celui-ci acceptant souvent un chiffre supérieur à celui qui aurait été normalement produit par son activité, pour la raison simple qu'il ne tenait pas souvent de comptabilité et que le bénéfice qui lui était proposé se situait juste au-dessous du seuil d'imposition ou n'entraînait qu'une imposition minime.

Il était simple alors, en partant du bénéfice accepté de démontrer l'inexactitude des renseignements déclarés pour l'établissement du forfait de chiffre d'affaires et ainsi d'aboutir à la conclusion de contrats se rapprochant davantage de la réalité.

C'était souvent de l'approximation très relative, mais dans son ensemble assez exacte et bien significative dans un secteur rural où dominaient le commerce de proximité et le petit artisanat.

En septembre 1956 nous reçûmes donc l'autorisation de reprendre les vérifications de comptabilité.

Joseph Mounié

Affecté aux taxes sur le chiffre d'affaires et au service général

Les bureaux étaient installés au 1er étage d'un immeuble d'habitation et les locaux me semblèrent petits, comparés à ceux que j'avais connus à Paris. Il y avait le bureau de l'inspecteur central, celui du receveur principal, celui du

30. *Taxe sur les transactions, taxe locale* : Voir note n° 10 du chapitre IV et notes nos 3 et 6 du chapitre III. Voir aussi note n° 32 de ce chapitre.

31. *Taxe sur les prestations de services* : Voir note n° 11 du chapitre IV, *Taxe à la production,* et note n° 3 du chapitre III. Voir aussi note n° 32 de ce chapitre.

chiffre d'affaires, de la recette, du service général. La circonscription dépendant du service couvrait les communes de Gennevilliers, Villeneuve-la-Garenne, Épinay-sur-Seine et l'Île-Saint-Denis.

L'inspecteur central territorial me reçut très cordialement. C'était un « Ch'timi », jovial et bon vivant, qui s'était installé provisoirement en célibataire à Gennevilliers, après sa nomination, ayant laissé sa famille dans le Nord. Il décida de m'affecter aux taxes sur le chiffre d'affaires, sous la responsabilité d'un inspecteur central plus réservé, mais néanmoins très sympathique, vieux garçon un peu maniaque. Il y avait également dans le bureau, une charmante auxiliaire de 21 ans, grande et jolie. Ses yeux bleus, son sourire et ses cheveux châtain clair, me firent grande impression.

Je fus chargé de la tenue et de la surveillance du fichier des redevables des taxes sur le chiffre d'affaires ainsi que de la vérification des déclarations souscrites. Il s'agissait d'en contrôler l'exactitude des éléments : taux appliqués, calculs, totaux, d'établir et adresser des avis d'erreurs de décompte, de calculer et réclamer d'éventuelles pénalités de retard, d'émarger le dépôt des déclarations périodiques (trimestrielles ou mensuelles) sur une fiche ouverte au nom de chaque redevable. Il m'appartenait d'effectuer la relance des retardataires, de procéder à l'identification de nouveaux assujettis, de suivre les modifications intervenues (cessions, cessations, transferts, transformations…).

Je retrouvai certaines tâches auxquelles j'avais participé à Paris 18e, mais j'assumais l'ensemble des travaux dans ce domaine. L'auxiliaire assurait la tenue de la feuille de journée, analysant par taux les paiements intervenus en matière de taxe sur le chiffre d'affaires, la gestion des dossiers et les travaux de classement. L'inspecteur recevait et renseignait les redevables et avait en charge les travaux de conclusion des forfaits et le contrôle fiscal.

Je m'initiai à la législation des taxes sur le chiffre d'affaires[32], il s'agissait à l'époque de la taxe sur les transactions, de la taxe locale, de la taxe sur les prestations de service et de la taxe à la production, ainsi qu'au régime des pénalités et sanctions applicables dans le domaine de l'assiette. Mais en 1954, un nouvel impôt fit son apparition, il s'agissait de la TVA (taxe sur la valeur ajoutée) qui se substitua à la taxe à la production pour s'appliquer dans un premier temps aux activités industrielles de production. […]

L'inspecteur central territorial et l'inspecteur principal pensèrent qu'il n'était pas souhaitable que mari et femme se retrouvent dans la même cellule de travail. Il fut donc décidé que j'abandonnerais les taxes sur le chiffre d'affaires pour le service général, ce qui m'amena à changer de bureau et de collègues. Ainsi en six ans, j'aurais découvert toutes les facettes des Contributions indirectes : les taxes sur le chiffre d'affaires en qualité d'auxiliaire puis de contrôleur dans un service d'assiette, la recette et le recouvrement également comme auxiliaire puis comme contrôleur, enfin les impôts indirects au service général avec le grade de contrôleur. […]

Notre service avait en charge l'assiette des impôts indirects proprement dits, c'est-à-dire les droits sur les boissons hygiéniques et spiritueuses (droit de circulation, de consommation, de fabrication, surtaxe sur les boissons anisées et alcools de grains), droit de licence sur les débits de boissons, impôt sur les spectacles. Cette législation fiscale se doublait d'une réglementation

---

32. *Taxes sur le chiffre d'affaires* : L'appellation générale de « taxes sur le chiffre d'affaires » s'applique à diverses catégories de taxes qui sont généralement assises sur le montant des opérations réalisées par les commerçants. Le prélèvement sur le chiffre d'affaires peut être envisagé sous différentes formes : il peut être unique ou il peut y avoir perception à chaque transaction ; le plus souvent, il s'agit d'une série de taxes, les unes à cascades, les autres à perception unique à un stade déterminé de la production ou de la vente.

Les importantes dépenses occasionnées par la Première Guerre mondiale conduisirent à la création d'impôts indirects à grand rendement, en particulier d'une taxe sur les paiements (1917), puis d'une taxe sur le chiffre d'affaires (1920). À la taxe sur le chiffre d'affaires qui atteignait les transactions industrielles et commerciales à tous les stades vinrent se substituer, à partir de 1925 et pour un certain nombre de produits, des taxes uniques destinées à corriger les irrégularités résultant de la perception en cascade et à libérer les commerçants de toutes obligations fiscales. Ces taxes frappaient une seule fois chaque objet, soit à la production, soit au cours du cycle commercial. Malgré la création en 1934 de taxes uniques en envisageant non le produit mais un commerce déterminé, pour atteindre les divers produits faisant l'objet de ce commerce, ce régime mixte (taxe sur le chiffre d'affaires, taxes uniques) était très critiqué. Aussi, le 1er janvier 1937, la taxe sur le chiffre d'affaires et la plupart des taxes uniques ont-elles été remplacées par la taxe à la production (frappant les ventes réalisées par les producteurs fiscaux au dernier stade de la production) et la taxe sur les prestations de services. De 1936 à 1948, les taxes uniques ont été successivement supprimées, les produits étant alors placés dans le champ d'application de la taxe à la production. En 1939, de nouvelles exigences budgétaires conduisirent à créer une taxe d'armement, dénommée en 1940 taxe sur les transactions, analogue à l'ancienne taxe sur le chiffre d'affaires et qui se superposait aux taxes à la production (sur les ventes, sur les prestations de services). Se sont aussi ajoutées d'autres taxes calculées également sur le chiffre d'affaires et perçues au profit, soit des collectivités locales (taxe locale additionnelle), soit d'organismes divers (taxes forestières). Précisons que les conditions d'assiette, variables suivant les différentes taxes, ont subi parfois de profondes modifications pendant la période d'application de ces taxes.

Avant l'instauration de la TVA par la loi du 10 avril 1954, les taxes sur le chiffre d'affaires comprenaient plusieurs impôts : une taxe unique sur le chiffre d'affaires comprenant, d'une part, la taxe à la production, non cumulative, due par les producteurs et ne frappant qu'une fois la valeur du bien acquise au dernier stade de la production, d'autre part, la taxe sur les prestations de services, cumulative, perçue à l'occasion de toute prestation de service réalisée ; une taxe sur les transactions, cumulative ; une taxe locale, cumulative ; des taxes uniques, en partie réintroduites en 1951 après leur suppression en 1936 (taxes uniques sur les viandes, les vins, en particulier). La loi du 10 avril 1954 (suivie du décret du 30 avril 1955) remplace la taxe à la production et la taxe sur les transactions par une seule taxe sur la valeur ajoutée (TVA : sa base est constituée par la différence entre prix de vente et prix d'achat). Coexistent aussi une taxe sur les prestations de services (elle est déductible de la TVA facturée lorsqu'elle frappe les frais généraux autres que les services à caractère personnel et les transports de personnes), une taxe locale perçue sur les ventes au détail, les ventes à consommer sur place, les spectacles, et des taxes uniques (sur les vins, viandes, cidres, jus de raisin, thés, cafés, transports de marchandises) exclusives de la TVA et de la taxe sur les prestations de services. La généralisation de la TVA (loi du 6 janvier 1966, qui entre en vigueur à partir du 1er janvier 1968) s'accompagne de la suppression de la taxe sur les prestations de services, de la taxe locale, des taxes uniques.

Voir notes nos 10 et 11 du chapitre IV, *Taxe sur les transactions*, *Taxe à la production* et notes nos 3 et 6 du chapitre III.

économique et administrative dans le domaine du régime des alcools, de la surveillance des débits de tabacs et de boissons, du monopole des poudres et de la garantie. Ces travaux étaient totalement différents de ceux de la cellule des taxes sur le chiffre d'affaires et comportaient de nombreuses interventions sur le terrain. [...]

Au bureau, je découvris mes nouvelles attributions. Parmi les travaux d'écritures, figurait la tenue du portatif 50 A, sur lequel était suivie la comptabilité des matières des marchands en gros de boissons et entrepositaires assimilés. Les formalités à la circulation permettaient, grâce aux titres de mouvement obligatoires, de suivre le déplacement des produits imposables, avec en entrées, les réceptions de marchandises sous acquit-à-caution en franchise des droits et en sorties, les expéditions à la consommation par congés ou factures congés, avec règlement décadaire des droits exigibles. Les assujettis étaient titulaires de différents crédits, de liquidation, d'entrepôt, d'enlèvement assortis de garanties correspondantes.

Le droit de licence était assis et liquidé, à partir du portatif 51L, en fonction de la classification des débits de boissons, selon la nature de leurs opérations (ventes à consommer sur place, ventes à emporter, restaurants) et selon les caractéristiques des boissons commercialisées, regroupées en cinq catégories allant des boissons sans alcool aux spiritueux à base d'alcool. [...]

Le portatif 52S était réservé à l'assiette et à la liquidation de l'impôt sur les spectacles, eux-mêmes classés en cinq catégories selon leur nature : variétés, cinéma, boxe et courses automobiles, cercles et jeux, appareils automatiques, soumis à des tarifs différenciés. [...]

Deux fois par an, un inventaire des marchandises en stock chez les marchands en gros de boissons et entrepositaires assimilés devait être effectué, le premier dit intermédiaire, l'autre de fin d'année. Après arrêté de la comptabilité matières en entrées et sorties, comptabilisation effectuée en hectolitres, litres et centilitres d'alcool pur pour les boissons spiritueuses et alcools et en hectolitres et litres en volume pour les boissons hygiéniques (vins, cidres, poires et hydromels), la balance était établie pour dégager le stock théorique ou « doit rester ». [...]

La réglementation des alambics nous amenait également à intervenir chez certains utilisateurs. La définition des alambics englobait tous les appareils permettant d'effectuer des distillations, certains étant employés dans l'industrie pour de tout autre usage que la production d'alcool. [...]

En 1956, j'eus le « privilège » d'assister à la mise en place de nouvelles impositions. Il s'agissait d'une part de la vignette automobile, instituée pour alimenter le Fonds national de solidarité en faveur des personnes âgées et qui s'appliquait aux véhicules de tourisme, et d'autre part, de la taxe sur les transports routiers de marchandises, qui concernait les véhicules utilitaires. La délivrance de la vignette automobile fut confiée aux receveurs locaux et aux débitants de tabacs ; aussi son impact sur la charge de travail de notre service fut limité, hormis bien sûr l'étude de la réglementation et le contentieux éventuel sanctionnant les infractions relevées.

Par contre, la création de la taxe sur les transports routiers de marchandises, s'accompagna de la mise en place de différents supports permettant l'assiette, la liquidation et le recouvrement de ce nouvel impôt indirect.

Alfred Chauvet

« Saut dans l'inconnu »

Il s'agissait, comme pour ma mutation à Tarbes en 1948, d'un saut dans l'inconnu ; mais cette fois, j'étais décidé à m'accrocher.

Brioude, sous-préfecture de la Haute-Loire comptait alors 8 000 habitants. Centre d'une région de culture et d'élevage, la ville était un important marché agricole et le siège de scieries ainsi que de deux fabriques de bijouterie en or. Un pittoresque marché aux veaux blancs se tenait le samedi.

Dans le courant de juillet, je me présentai à la direction des Contributions indirectes au Puy, où je fus aimablement reçu par le directeur.

À Brioude, je fis la connaissance de mon chef de service, inspecteur central, des deux contrôleurs principaux, qui furent pour moi de charmants collègues, ainsi que du personnel de la recette-entrepôt.

L'accueil de toutes ces personnes fut chaleureux et c'est avec plaisir que j'envisageai notre installation matérielle et mon insertion dans le service.

J'occupai mon poste le 1er septembre 1956 et, en attendant l'arrivée de ma famille, je pris pension dans un hôtel-restaurant. Assez rapidement, je trouvai à louer une maison meublée au centre ville, si bien que ma famille put s'installer assez tôt pour que nos enfants d'âge scolaire puissent fréquenter, dès le jour de la rentrée, les établissements correspondants à leur âge. Nous quittâmes d'ailleurs ce garni pour nous installer, avec nos meubles dans une villa neuve, située route de Saint-Flour.

La recette-entrepôt[33] occupait le rez-de-chaussée et l'inspection centrale le premier étage de l'hôtel de Talairat, vaste et vétuste immeuble du centre ville.

Dès mon arrivée, je fus affecté au secteur des taxes sur le chiffre d'affaires, en collaboration avec le chef de service qui me proposa de renouveler tous les

33. *Recette-entrepôt* : Voir note n° 21 du chapitre IV.

documents de base de l'assiette : répertoires, portatifs et dossiers individuels. Ce travail était déjà bien engagé lorsque je fus appelé à assurer l'intérim de la recette-entrepôt, une première fois dans le courant de novembre, puis en fin d'année ; ce second détachement devait durer jusqu'à mon départ de Brioude, le 1er août 1957. L'emploi de receveur-entreposeur n'étant pas pourvu de titulaire, les intérimaires s'y succédaient depuis des mois. La reprise d'un service comptable quelques jours avant la fin de l'année est un exercice difficile. Je fus heureusement secondé par un personnel de qualité ; mes collègues de l'inspection centrale me furent également d'un grand secours.

L'arrêté comptable et le versement des documents étant effectués, non sans mal, je pus dresser l'état des lieux :

Charges du service :

La circonscription de la recette correspondait à l'arrondissement de Brioude.

- recouvrement des taxes sur le chiffre d'affaires et droits indirects ;

- engagement des poursuites pour le recouvrement des sommes restant dues ;

- vente des produits du monopole et des poudres à feu, conservation de ces matières ;

- tenue de la comptabilité.

Moyens de service :

Personnel : deux dames agents de constatation, un livreur-manutentionnaire, et une dame auxiliaire, tous employés de qualité.

Locaux vastes mais vétustes :

. sanitaires primitifs,

. magasin pour le stockage des tabacs passable,

. mobilier vieux et hétéroclite.

L'entrepôt, approvisionné par les manufactures nationales, en premier lieu par celle de Riom, servait en produits du monopole et en tabacs étrangers, soit :

- tabacs à fumer, cigares, cigarillos, cigarettes ;

- tabacs à mâcher et à chiquer (rôles, carottes) ;

- tabacs à priser ;

- jus de nicotine, les débits de l'arrondissement de Brioude et de quelques communes de l'est du département du Cantal, notamment Massiac.

La gestion du stock de tabacs manufacturés engageait la responsabilité de l'entreposeur qui devait veiller à son renouvellement et à sa bonne conservation ; par temps d'orage, la chasse aux gouttières était son souci majeur.

En contrepartie de ces lourdes sujétions, l'entreposeur avait droit à du tabac de « dégustation ». Chaque mois, la manufacture de rattachement lui faisait parvenir un bon d'un montant déterminé à prélever dans le stock des produits du monopole d'origine française. C'était un avantage appréciable. Le directeur de la manufacture de Riom m'informa que l'objet de cette libéralité n'était pas seulement de faire plaisir à l'entreposeur mais aussi de lui permettre de faire connaître ces produits.

Inconséquence de l'esprit humain : c'est à cette époque que je cessai de fumer !

La recette-entrepôt de Brioude avait également la charge de la gestion d'un stock de poudres à feu destiné à l'approvisionnement des utilisateurs de la circonscription. À dates convenues, les armuriers et industriels autorisés venaient prendre livraison des produits commandés quelques jours à l'avance. Le stock de ces marchandises était entreposé dans une casemate située en dehors de l'agglomération.

Une question majeure m'occupa en ce début de 1957 : l'étude d'un projet de modification du système d'approvisionnement des débits de tabacs. Jusqu'alors, les débitants adressaient leurs commandes à l'entrepôt et venaient en prendre livraison à date convenue. Le nouveau système envisagé court-circuitait les entrepôts en assurant directement l'approvisionnement des débits par la manufacture de Riom qui se chargeait de la livraison. C'était, en quelque sorte, nous demander de programmer notre autodestruction !

En ce qui concernait l'entrepôt de Brioude, il m'appartenait donc, dans un temps déterminé, d'imaginer un système de tournées par camion à partir de Riom. Il convenait, pour assurer la rentabilité du système, de prévoir des tournées journalières en tenant compte de divers éléments, tels que : longueur du parcours journalier, charge totale, cohérence du circuit, difficultés de parcours notamment en hiver… Connaissant peu le pays, mais me référant à la carte Michelin n° 76, j'imaginai un schéma, qui fut, après agrément du Seita, mis au concours auprès des entreprises de transports routiers. J'eus, des années plus tard, la satisfaction d'apprendre que le système que j'avais imaginé sur le papier et de mon bureau fonctionnait, de fait, correctement.

La Régie allait donc perdre un de ses fleurons ; d'autres suivraient… et en dernier lieu, la Garantie du titre des métaux précieux.

Le directeur de la manufacture de Riom et l'inspecteur des ventes qui me rendirent visite en la circonstance reprochaient d'ailleurs à la Régie sa gestion à caractère trop administratif des entrepôts et insuffisamment commercial. Ils avaient peut-être raison ; mais n'était-ce pas une gageure que de confier des opérations commerciales à des agents du fisc ?

Pour ma part, ayant goûté l'agrément des relations avec le personnel de direction et d'exécution de la manufacture, je ne pouvais que regretter la mise hors circuit des CI.

Jacques Gaspard

À Saint-Tropez

Il me fallait partir à nouveau, rompre avec mes habitudes et tout mon environnement familier. Car je venais de vivre neuf ans dans cette ville (Brignoles dans le Var) que j'avais appris à aimer, dans laquelle j'avais eu un enfant. J'avais le cœur gros de laisser mes copains, mes amis, tous ceux avec qui j'avais tant partagé, ceux que j'affectionnais plus particulièrement. Car partir, c'est toujours mourir un peu ! [...]

Le 1er août 1957, je me présentai à l'inspecteur central, chef de service de Toulon-Est. Je le connaissais très bien, car il avait été l'un des deux secrétaires de notre syndicat qui comportait deux sections (Toulon et Draguignan), qui dira pourquoi ?

Me voici donc devant le bureau de mon nouveau chef. Salutations d'usage ! Et tout de suite, pour créer l'ambiance, une bonne douche froide !

En voici la cause ! « Ne pose pas ta serviette, tu pars en intérim à Saint-Tropez ! Tu veux bien me signer l'ordre de la direction ! » Et voilà reparti votre serviteur, toujours à moto, pour de nouvelles aventures.

Car, arriver à Saint-Tropez, en 1957, le 1er août, cela représentait bien une véritable aventure, autant pour se loger que pour se restaurer. Et le pire, c'était les prix pratiqués. Heureusement, dans les Contributions indirectes, jouait à fond la solidarité et je pus obtenir assez vite chambre et table. Cette dernière, nous avons pu l'avoir grâce à la gentillesse du gérant de la cantine de l'atelier des torpilles, annexe de l'Arsenal de Toulon.

Heureusement pour ma bourse, je percevais des frais d'intérim assez intéressants. Mais je ne pouvais rejoindre ma famille que le dimanche. Ah ! Cette moto, fallait-il l'aimer ! Que de joies m'a-t-elle procurées, mais que de bûches m'a-t-elle occasionnées, heureusement sans trop de gravité. Car Saint-Tropez est tout de même à 85 km de Toulon.

Le plus difficile à vivre, c'était la mentalité particulière qui voulait, par exemple, qu'un bon nombre de Tropéziens louaient, pour la saison, leur appartement et logeaient tout l'été, dans une cave ou un grenier.

Dans cette ville où tout était truqué, seul l'argent régnait, à tous les niveaux, et réglait la vie quotidienne. J'avais à gérer dix communes dans un contrôle de petite superficie. J'exerçais une distillerie dont je connaissais bien le propriétaire, fraudeur notoire que j'avais sanctionné maintes fois lors des livraisons « fantaisistes » qu'il effectuait dans les deux établissements où j'étais chef de poste.

Je suis resté plus de quatre mois dans ce contrôle dont je n'ai pas gardé un bon souvenir et dont je languissais de partir. J'ai pourtant en mémoire (il faut savoir apprécier les aspects positifs en toutes choses) deux faits. Le premier concerne le régime des tournées que nous pratiquions à longueur d'année. C'est en effet le seul poste qui m'a permis d'exercer la commune de Sainte-Maxime en utilisant le bateau qui traversait le golfe. Très agréable surtout par beau temps.

Le second est assez particulier. Nous avions, il faut bien l'avouer, une tenue quelque peu négligée ! Il faut se mettre dans l'ambiance d'une ville balnéaire, en pleine saison, pleine d'estivants avides de soleil, de mer… et de jeux. Cette clientèle très particulière, d'assez haut niveau financier, en général, animait les boîtes, les bars du port, les boutiques de mode ou de souvenirs. Elle pratiquait aussi un laisser-aller notamment vestimentaire. Un jour, arriva dans nos services, un inspecteur principal pour vérification partielle. Opération banale, habituelle mais toujours dérangeante ! Choqué par notre comportement, il organisa une réunion de tout le personnel. Tous mes camarades, au courant de mon engagement syndical, me demandèrent de les défendre. Ce que je fis, dans un esprit de justice et de vérité. Après avoir laissé s'exprimer notre vérificateur, je lui ai simplement expliqué que nous vivions à Saint-Tropez, dans un climat particulier, qu'il avait pu constater par lui-même la façon d'y vivre et que dans ces conditions, il devenait difficile d'exiger de nous le port de la cravate et des manchettes.

Il était courant qu'une « cliente » arrive au guichet de la recette en slip et quelquefois en démonstration d'opération « seins nus ». Quelle réaction avoir face à cette attitude ? La seule chose à faire était de se calquer sur elle, ce qui pouvait expliquer, en partie, notre tenue relativement correcte, se limitant au port du short et de la chemisette.

Notre inspecteur principal, avec les réserves habituelles, a tout de même fini par reconnaître le bien fondé de notre position.

C'était la grande époque du succès de cette station que fréquentaient assidûment nos artistes et vedettes. Par exemple, Françoise Sagan se faisait verbaliser journellement, sa monstrueuse « Osmobile » étant toujours mal garée. J'ai souvent plaisanté en citant le fait que je buvais tous les jours le café avec Michèle Morgan.

Le plus fort, c'est que c'était vrai ! Nos fauteuils, sur le port, étaient assez proches, aux alentours de 14 h.

Ce sont les bars qui étaient différents ! Mais cette grande dame du cinéma était admirée et aimée de tout le monde, pour sa gentillesse et sa discrétion.

Il est vrai que notre métier nous obligeait à affronter toutes sortes de situations, plus ou moins difficiles, souvent délicates, et il fallait sans cesse s'adapter, s'efforcer de rester humain dans la limite stricte des règlements et textes à appliquer.

Mais le temps, ce grand maître, était passé et, l'automne venu, qu'elle était devenue triste, cette ville désertée, avec ses boutiques fermées, ses rideaux baissés.

Trop souvent, le ciel était gris et la mer démontée battait les quais, secouant les yachts à l'ancrage. Tous les touristes avaient réintégré leurs pénates et les Tropéziens repris leurs habitudes.

Enfin, arriva l'ordre de la fin de mon intérim. Une fois de plus, passage du service au titulaire avec inventaire des valeurs, commentaires des instances et des difficultés à éviter, bref, le rituel habituel !

Fin novembre, je quittais ce joli port pour rejoindre mon poste à Toulon. J'allais aborder une vie nouvelle, professionnellement parlant, car je n'appréhendais nullement cette ville que je connaissais bien et dans laquelle je me sentais à l'aise.

René Fiol

INSPECTION CENTRALE (TOULON-EST)

Les inspections centrales, que je découvrais, étaient des structures importantes créées en 1948 lors des premières réformes de nos services. Elles étaient dirigées par un inspecteur central chargé de l'animation d'une dizaine d'agents de tous grades de l'inspecteur à l'auxiliaire.

Ces inspections étaient accolées à des organismes de recouvrement à la tête desquels il était nommé un receveur principal, comptable chargé de recouvrer les créances, de relancer les impayés, de tenir la comptabilité et d'assurer la répartition des droits encaissés aux diverses parties prenantes. J'ai eu la chance, là aussi, de retrouver le receveur principal dont j'avais été l'adjoint quelques années auparavant, à Brignoles.

Il y avait toujours, dans notre métier, à apprendre.

Par exemple, ayant la gare de marchandises SNCF dans notre secteur, j'avais couramment à intervenir pour constater les pertes de boissons destinées à nos marchands en gros, pertes dues à la casse des récipients et annoter en conséquence les titres de mouvement qu'étaient les acquits.

Nous étions depuis plusieurs mois dans les remous et les provocations du mouvement poujadiste, ces organisations antifiscales qui ont, dans certaines régions de France, fait souffrir nombre de nos collègues. Personnellement, compte tenu de mes attributions, j'ai pu traverser cette période sans accroc !

Mais ce qui avait bien changé, pour moi, en dehors du milieu professionnel, c'était mon évolution au niveau syndical et mutualiste. En effet, j'évoluais journellement au contact de camarades engagés à des niveaux plus élevés et c'est ainsi que je suis devenu membre du bureau syndical en plus de mon engagement à la commission exécutive départementale.

Parallèlement, je me suis engagé au plan mutualiste, ce qui allait de pair avec un idéal syndical.

Dans un autre domaine, durant les années difficiles de la guerre d'Algérie, du fait de notre position géographique, nous avons eu à affronter des situations ambiguës. En effet, notre cité administrative jouxtait un quartier réservé de la ville où les boîtes à filles créaient un climat particulier.

Tout l'espace situé entre ce quartier et le port (qu'on appelait d'ailleurs la basse-ville) était le repaire de la pègre toulonnaise infiltrée par un milieu arabe. Les règlements de comptes, le racket étaient courants, le FLN (Front de libération nationale) algérien y faisant la loi, quelquefois l'arme au poing ! Bien entendu, nous y avions un indicateur, « Saïd ». Nous n'aurions pas pu travailler sans lui ! Il me souvient que, plusieurs fois, nous sommes intervenus, avec lui, accompagnés de deux policiers en uniforme, le receveur principal et moi-même, pour encaisser sur place, dans un bistrot crasseux, le chiffre d'affaires de nos assujettis arabes retardataires.

Il est à peu près certain que peu d'agents de notre administration ont vécu des situations analogues.

Notre collaborateur, « Saïd », anti FLN notoire, a perdu, un jour, le plus gros de sa denture, sur les escaliers de la gare Saint-Charles, à Marseille, en écopant d'une balle qui lui a perforé les deux joues.

Je me souviens aussi d'une anecdote amusante qui s'est déroulée dans notre bureau statistique où travaillaient trois de nos agents « dames ». Au cours d'une mise au point, un matin, l'une d'elles, Josette, dit dans la conversation : « Mais comment je vais me défendre, moi ? » Saïd dégaina son « artillerie », un très beau 7,35 et le lança sur la longue table, bousculant les dossiers, en lui disant :

« Tiens, avec ça ! » Je laisse le lecteur revenir de sa surprise pour pouvoir lui dire que ces coutumes ne nous choquaient plus. [...]

Pour revenir à ce quartier si particulier, c'était pour nous une mine de « procès-verbaux » pour garnir notre tableau de « contentieux ». À ce sujet, il me revient en mémoire une intervention avec un bon collègue dans l'un de ces « paradis artificiels » en voie de disparition puisque nous étions en pleine application de la loi dite « Marthe Richard ». Après nous être faits houspiller par la tenancière et devant l'impossibilité d'avoir les renseignements recherchés, nous sommes intervenus auprès du commissariat de police tout proche. Il fallait, en effet, que je contacte impérativement un proxénète notoire justiciable d'un commandement à régler une dette importante à nos services. Nous avons été reçus très cavalièrement, d'ailleurs, par le commissaire en personne s'exprimant ainsi : « Vous croyez que je n'ai que ça à faire, courir derrière vos clients ? »

Devant le blocage de notre entretien, je me devais d'user d'autorité. Sortant ma commission de ma poche : « Je suppose que vous connaissez ? » Réponse de l'intéressé : « Ça va, vous avez gagné ! Quand voulez-vous votre bonhomme ? » « Le plus tôt possible, le tribunal l'attend ».

Quarante-huit heures après, ledit commissaire me téléphonait : « Vous avez Untel, ici au commissariat ». Quelques minutes plus tard, j'avais réglé mon affaire. J'emmenais notre redevable à la cité toute proche où il acquittait la totalité de sa créance. Une affaire de plus était terminée ! Au mieux, pour tout le monde, peut-être un peu plus pour le commissaire en cause que j'étais prêt à réquisitionner pour « non-assistance ».

La vie continuait, et comme tout change, j'étais passé contrôleur principal. Le départ à la retraite d'un camarade provoqua l'arrivée d'un collègue et le service dut être modifié quant à mes attributions. Je perdis la majeure partie de mes tournées extérieures et ne gardai que trois recettes locales, justifiant quelques frais de déplacement. En compensation, je vis l'accroissement de mes tâches de bureau, notamment avec les viandes, les taxes transports marchandises[34] et je gardais la gestion de la totalité des débits de tabacs.

Les viandes, nouvelle attribution, me permirent de découvrir un monde nouveau. Je dois ici m'excuser de devoir préciser quels pouvaient être mes états d'âme dans ce domaine.

Ces précisions vont peut-être choquer certains lecteurs mais je les dois à la vérité pour illustrer le rôle de nos agents. Déguster une côtelette d'agneau sortant d'un barbecue, quel délice pour un gourmet !

---

34. *Taxe sur les viandes, taxe sur les transports de marchandises* : Voir note n° 28 de ce chapitre.

Mais l'amener à l'étal du boucher est une tout autre affaire. Pendant des années, en ai-je vu abattre des animaux de toutes sortes, des plus petits aux plus gros, des agneaux bêlants aux chevaux foudroyés.

Je ne veux pas noircir le tableau, mais j'ai souvent admiré ces abatteurs, ces inconnus passant leur vie dans le sang, les viscères pour assurer notre subsistance journalière. […]

Une particularité, dans ce monde, c'est celle de l'abattage des moutons par les musulmans à la fin de leur ramadan. En ai-je vu sacrifier, égorgés face à La Mecque, selon leurs coutumes, mais obligés de satisfaire aux obligations fiscales. J'étais là pour les faire observer ! Durant la fameuse époque « Suivez le bœuf », c'est plusieurs fois que nous avons passé la nuit pour contrôler, à l'aube, l'arrivage des viandes amenées par camions frigos aux chevillards toulonnais. C'est vrai que les agents chargés des impôts indirects étaient taillables et corvéables à merci, bons à toutes les sauces, traquant toutes les fraudes possibles, partout où se nichait un impôt à récupérer.

Sur une autre activité, celle des TTM (taxes sur les transports de marchandises) outre la tenue des comptes très lourds, par catégories (publics-privés, exonérés) suivant la qualification de chaque transporteur, j'organisais deux ou trois fois par mois des barrages routiers pour vérifications. Pour ce faire, nous devions solliciter l'aide des organismes de contrôle et de répression en uniforme, tels que gendarmerie, douanes ou CRS.

À ce sujet, ayant travaillé avec tous ces collaborateurs du fisc, dont je connaissais bien les us et coutumes, je prends la liberté d'exposer mon choix quant à leur valeur. En premier, la gendarmerie, arme d'élite, à la rigueur militaire, avec qui, j'ai beaucoup travaillé en milieu rural, puis les brigades motorisées des douanes, avec qui nous sympathisions beaucoup. Je mettrais en troisième position, la police nationale avec qui j'ai collaboré surtout en ville et en dernier les CRS, utilisés occasionnellement et avec qui les rapports étaient assez distants.

Dans cette branche du service, j'avais, de par sa nature même, un travail important à fournir pour instruire les dossiers contentieux qui m'arrivaient de toutes les régions de France pour les transporteurs relevant de mon inspection. Quant au service des débits de tabacs, le plus difficile était l'augmentation du prix des produits (mise en place des nouveaux tarifs, contrôle dans les moindres détails des stocks déclarés, puis décomptes à l'infini, pour ne pas perdre la main).

Cette pratique, je l'ai vue appliquer toute ma carrière. C'était une coutume habituelle en période de recherche d'argent par les gouvernements.

Je devais aussi instruire les demandes de gérance de débits (dossiers importants comportant plus de vingt-cinq pièces de renseignements) et les fameuses « réceptions des veuves ». Tout le mois de novembre, je faisais, deux fois par semaine, des kyrielles de certificats de vie aux titulaires de redevances de débits de tabacs, qui étaient, en général, des veuves « ayant droit ».

René Fiol

UNE ADMINISTRATION DÉSHÉRITÉE

À l'inspection centrale territoriale de Saumur à laquelle était rattachée la cellule des TCA, je fus accueilli avec satisfaction. En effet, contrairement à ce qu'avançait le directeur départemental quelques jours plus tôt, le département était déficitaire en cadre A. L'inspection des taxes sur le chiffre d'affaires, qui comporte deux postes, était dépourvue d'inspecteurs. Un poste était vacant pour cause de promotion, l'autre était resté libre après le mouvement national. C'était avec satisfaction que l'on me vit m'installer.

Là, j'ai mesuré l'exactitude des propos du directeur lorsqu'il disait avoir besoin d'agents d'exécution. L'importance et le poids des tâches matérielles étaient considérables, il apparaît normal qu'un inspecteur soit contraint d'effectuer ces travaux indispensables mais qui ne demandaient pas de connaissances spécifiques particulières.

À l'époque, les anciens se souviendront, l'ensemble des déclarations, après vérifications et qu'elles aient été suivies ou non de paiement, étaient reportées sur un registre connu sous la numérotation « registre 43 ».

Les taxes sur le chiffre d'affaires étaient constituées pour une grande partie de taxes locales[35]. Le taux de celles-ci, pour ce qui concernait la revente, pouvait être modifié par décision du conseil municipal. Cette particularité imposait la tenue d'une feuille sur laquelle toutes les déclarations suivies de paiement étaient analysées.

À l'heure où l'informatique offre un panel de sous-produits intéressants, l'esprit a de la peine à imaginer une époque tout de même récente où tout se faisait à la main.

En 1960, j'ai tenu « la feuille de journée » et le « 43 ». Toute erreur pouvait poser d'énormes problèmes et les vérifications à la machine à calculer restaient problématiques. Il n'y avait qu'une calculatrice qui se trouvait à la recette centrale, heureusement dans le même bâtiment.

35. *Taxes locales* : Voir note n° 32 de ce chapitre.

Le côté folklorique de l'équipement concernait, non seulement le matériel mais aussi les locaux. Je ne résiste pas à l'envie de raconter une anecdote relative au confort des lieux.

L'inspection centrale territoriale et la recette centrale étaient installées dans un ancien presbytère de la ville. La cellule des TCA s'était vue attribuer un local d'une vingtaine de mètres carrés dans lequel devaient trouver place deux inspecteurs et deux agents. Cette pièce avait été la chambre d'un vicaire officiant à l'église Saint-Pierre attenante. Ce brave prêtre ayant demandé à l'inspecteur central de revoir ce qui avait été son logement fut étonné de retrouver la tapisserie qu'il avait connue quelque quarante ans auparavant.

Le reste du mobilier était à la mesure de la tapisserie. Les tables servant de bureau dataient de l'occupation allemande et leur fabrication légère les rendait fragiles. Les meilleures chaises servaient aux agents, les autres présentaient un risque évident. Elles étaient rangées le long d'un mur, et je me sentais dans l'obligation de prévenir tout visiteur que leur déplacement comportait un danger énorme.

En outre, nous avions le désagrément d'avoir dans notre bureau le standard téléphonique qui desservait l'inspection et la recette.

L'administration fiscale était sans doute pauvre et certainement peu dépensière. La direction des Contributions indirectes semblait particulièrement déshéritée.

Georges Gaugain

LES SERVICES DE LA GARANTIE

(1957-1975)

Un bureau de Garantie

L'annonce du mouvement annuel d'inspecteurs, inséré dans un BO (*Bulletin officiel des Impôts*) du printemps 1957, allait donner une nouvelle orientation à notre vie. Le poste de chef du bureau de Garantie de Montpellier était signalé vacant. Après en avoir parlé en famille, j'établis ma demande de mutation, faisant valoir, pour être affecté à cet emploi spécialisé, que j'avais été déclaré admis dans les cadres de la Garantie. L'Administration m'informa que la commission paritaire du 15 mai 1957 avait confirmé ma nomination au poste demandé, ma prise de service à Montpellier étant fixée au jeudi 1er août 1957. [...]

Il convient de présenter ce bureau de Garantie de Montpellier, son annexe de Perpignan et sa circonscription, qui allaient être mon champ d'action pendant près de quinze ans.

Circonscription d'exercice :

Départements = Hérault, Gard, Aude, Pyrénées-Orientales, Aveyron, Lozère.

Charges de service :

- Essai et marque des ouvrages présentés par :

Les fabricants bijoutiers, joailliers, orfèvres, monts-de-Piété, officiers ministériels procédant à des ventes aux enchères publiques d'ouvrages en métaux précieux, importateurs, exportateurs.

Ouverture des bureaux :

. à Montpellier : mardi matin et samedi matin ;

. à Perpignan : mercredi après-midi ;

- Assiette des droits d'essai et de marque :

- Contrôle des ventes publiques dans lesquelles sont proposés des ouvrages en métaux précieux et surveillance des encans ;

- Contrôle des ateliers de fabrication et de réparation d'ouvrages en métaux précieux ou en métaux communs, plaqués, doublés, dorés, argentés ;

. des importateurs et exportateurs de ces mêmes catégories d'ouvrages ;

. des marchands grossistes et détaillants ;

. des instruments monétaires dont la détention et l'utilisation étaient soumises à autorisation.

Personnel :

- relevant de la direction de la Garantie : le bureau de Montpellier était à un seul agent, l'inspecteur.

Un emploi d'adjoint fut créé en 1968. Le poste est maintenant géré, comme tout le service de la Garantie, par l'administration des Douanes et comporte actuellement quatre agents ; un bureau d'essai et de marque à deux agents a été créé à Mende (Lozère).

- Essayeur :

M. le professeur C., doyen de la faculté de pharmacie de Montpellier et essayeur titulaire de la Garantie, souvent remplacé par M. le professeur M., s'étant retiré en 1955, c'est l'inspecteur, chef du bureau qui assurait, depuis, les fonctions d'essayeur, comme le prévoit l'article 191 de l'annexe III du Code général des Impôts. [...]

Le recouvrement des droits d'essai et de marque était assuré par les receveurs des CI de Montpellier et de Perpignan – les droits d'essai étant reversés aux essayeurs.

Locaux :

La Garantie a rarement été logée, tant à Montpellier qu'à Perpignan, dans des locaux qui lui soient spécialement affectés. Depuis leur création en 1797 et plus particulièrement depuis 1816, date à partir de laquelle le service de la Garantie a été géré par la direction générale des CI, les petits bureaux de province ont été déplacés de droite et de gauche.

Pour faciliter le recouvrement des droits, ils étaient établis à proximité de la recette de rattachement. C'est ainsi que, lors de ma prise de service en 1957, le bureau de Montpellier était logé, de façon très précaire, par l'inspection centrale des CI, boulevard Victor Hugo, sur le même palier que la recette. [...]

À Perpignan, la situation n'était pas plus confortable : les opérations d'essai et de marque étaient effectuées dans une pièce occupée par deux agents de l'inspection centrale des CI, les documents de service étant rangés dans un placard près des toilettes. Mais, tant à Montpellier qu'à Perpignan, la situation alla en s'améliorant entre 1960 et 1970.

Le mobilier de bureau :

Dans les deux bureaux, le mobilier dont disposait la Garantie était prêté par les services locaux. C'est à la suite de l'effort d'équipement de l'Administration et de la mise à notre disposition à titre exclusif de locaux, que, progressivement, nous avons été équipés de mobilier adapté à nos besoins. Quel plaisir lorsque nous avons reçu les premiers bureaux métalliques, classeurs à clapets, tables de décharge, armoires... Quel progrès en comparaison de ce que j'avais connu depuis mon entrée dans les CI !

Le matériel spécifique :

- Marque : les poinçons et bigornes, fournis par l'administration des Monnaies, étaient suivis avec une attention extrême. Des inventaires périodiques étaient soigneusement établis. Après usure normale ou dégradation accidentelle, ils étaient retournés à la Monnaie qui en donnait décharge.

Rappelons que chaque poinçon comporte le signe distinctif, ou « différent » du bureau ; sa lecture sur les empreintes dont sont revêtus les ouvrages permet de localiser leur origine.

Les tables de marque étaient dans un état passable. Montpellier fut doté d'une machine à marquer vers 1960.

- Coffre-fort : le coffre en bois à trois serrures, prévu par la loi du 19 brumaire an VI, avait été remplacé dans les deux bureaux par un coffre-fort métallique.

- Balance : une balance récente équipait chacun des deux bureaux.

- Trois catégories de méthodes peuvent être appliquées pour déterminer le titre des alliages de métaux précieux :

. Méthode de tri : le touchau, dont l'usage remonte à l'Antiquité, avec ses avantages – rapidité, respect de l'intégrité des ouvrages – et ses inconvénients – l'imprécision.

. Méthodes exactes : la coupellation, pratiquée depuis le Moyen Âge pour l'essai des alliages d'or ou d'argent ; la voie humide : introduite par Gay-Lussac en 1830 et perfectionnée par Volhard a remplacé la coupellation pour les essais de l'argent.

. Méthodes relatives : spectrographie et fluorescence aux rayons X semblent mal adaptées aux besoins du service.

Dans les grands bureaux, le service des laboratoires du ministère des Finances était responsable des essais ; il disposait des installations voulues pour pratiquer, outre le touchau, la coupellation et la voie humide.

La plupart des petits bureaux de province, dont Montpellier et Perpignan, ne pouvaient procéder aux essais qu'à la touche et recouraient exceptionnellement, en cas de doute, à l'arbitrage du service des laboratoires du ministère des Finances. [...]

Les séances de marque :

À Montpellier :

Le bureau de Montpellier était ouvert aux usagers le mardi matin et le samedi matin à 8 h 30. L'inspecteur arrivait à 8 heures pour mettre en place, dans la pièce libérée par le collègue de l'inspection centrale :

- le matériel d'essai,
- la balance,
- les instruments de marque,
- les registres.

Les clients se pressaient dans le couloir bien avant l'ouverture du bureau : maîtres et apprentis, compagnons, commissionnaires et chauffeurs de cars accomplissant cette formalité pour le compte de fabricants ; il s'agissait d'habitués, venant d'horizons très divers, mais ayant l'habitude de se retrouver là fréquemment.

Dès que le bureau était à même de fonctionner, les clients étaient introduits un par un pour assurer un minimum de discrétion.

Pour chaque apport, l'inspecteur procédait à la reconnaissance du lot détaillé sur une « fiche d'apport » au nom du bijoutier et indiquant, par catégorie d'ouvrages, leur nombre, leur nature, le métal constitutif et leur poids. Celui-ci était exprimé en décigrammes pour l'or et le platine, en grammes pour l'argent.

Les ouvrages devaient être présentés terminés mais non achevés c'est-à-dire comportant toutes leurs parties constitutives, mais non polis et non sertis.

L'inspecteur procédait à la reconnaissance de l'apport en vérifiant l'exactitude des indications portées sur la fiche et s'assurait que les ouvrages étaient bien revêtus de l'empreinte du poinçon de fabricant ou de responsabilité pour les importations. [...]

Lorsqu'ils n'étaient pas reconnus au titre, compte tenu des tolérances accordées, les ouvrages étaient, soit restitués aux apporteurs, après avoir été brisés, soit soumis à un essai par coupellation ou voie humide pratiqué au laboratoire du ministère des Finances de Paris, Lyon ou Marseille.

L'inspecteur s'assurait aussi que les ouvrages qu'on lui présentait n'étaient pas fourrés, c'est-à-dire qu'ils ne comportaient pas du métal commun dissimulé ou de la soudure en quantité exagérée, tous subterfuges qui auraient abaissé le titre du métal constitutif. [...]

L'inspecteur procédait ensuite au décompte des droits dus : une ampliation de la déclaration ainsi annotée était remise au client pour règlement des droits à la recette des Contributions indirectes voisine. Sur justification du paiement des droits, l'inspecteur revêtait les ouvrages des empreintes légales appropriées. Sept poinçons étaient utilisés de façon courante pour l'accomplissement de cette formalité : poinçons à la tête d'aigle, à la tête de chien, au crabe, au hibou, au cygne, de remarque et mixte.

Pour être marqués, les objets étaient posés sur une petite enclume appelée bigorne, elle-même gravée de silhouettes d'insectes. Le coup de maillet dont on frappait le poinçon permettait, en une seule opération, de revêtir l'ouvrage de l'empreinte de cet instrument et, par contrecoup, l'empreinte de la bigorne, celle-ci authentifiant celle-là.

Lors de leur présentation au bureau de Garantie, les ouvrages devaient déjà être revêtus de l'empreinte du poinçon du fabricant ou de l'importateur ; ce poinçon, véritable « signature métallique » comportait, dans un losange pour les fabricants, dans un ovale pour les importateurs, les initiales et un symbole choisi en accord avec le service. Lors de sa mise en activité, il était insculpé, à titre de référence, sur une planche de cuivre argenté conservée au bureau.

Les instruments officiels de marque, poinçons, bigornes et plaques d'insculpation étaient fournis par l'administration des Monnaies. Leur détention et leur utilisation donnaient lieu à la tenue d'une comptabilité minutieuse. [...]

Outre l'essai et la marque des ouvrages présentés aux bureaux de Montpellier et de Perpignan l'inspecteur avait la charge de la vérification, sur place, de tous les assujettis installés dans les six départements de la circonscription, soit, à visiter :

- chaque année : une centaine de fabricants ;

- tous les cinq ans : un millier de marchands : bijoutiers, antiquaires, brocanteurs ;

- à périodicités diverses : quatre salles de ventes, deux crédits municipaux, ainsi que le prêt gratuit de Montpellier,

ce qui représentait environ 350 interventions par an, soit sept à huit par semaine. [...]

L'intervention se pratiquait toujours sans préavis. Il était rarement nécessaire de présenter sa carte professionnelle. L'inspecteur de la Garantie était connu de tous les bijoutiers de la région. La connaissance des usages professionnels, l'emploi judicieux des termes techniques, la façon de manipuler les ouvrages auraient, s'il en avait été besoin, dissipé les dernières hésitations, les visités craignant toujours, à juste titre, l'intrusion de malfaiteurs usurpant la qualité d'agent de la Garantie.

Les interventions se passaient aussi toujours dans un climat de confiance et de courtoisie. [...]

L'inspecteur intervenait aussi dans les crédits municipaux et dans les salles de ventes pour procéder au contrôle préalable des ouvrages proposés à l'encan lorsqu'ils sont trop nombreux pour être présentés au bureau de la Garantie.

Dans toute la mesure du possible, il assistait aux ventes. Après leur adjudication, les ouvrages reconnus en situation régulière au regard de la réglementation de la Garantie étaient remis sans formalité à l'acquéreur. Dans le cas contraire ils étaient, préalablement à leur remise, soit brisés, soit régularisés.

Des dispositions particulières étaient prévues pour les ouvrages anciens reconnus à bas titre mais ayant un caractère d'art ou de curiosité. [...]

Le service était constamment à la recherche des opérations frauduleuses pouvant être commises dans le domaine du commerce des ouvrages en métaux précieux au sein de la profession comme nous l'avons vu, mais surtout en marge de celle-ci : commerce clandestin, recel d'objets volés, importations frauduleuses, contrefaçon des marques légales, enture (transport d'empreintes légales d'un ouvrage sur un autre). Les interventions étaient alors généralement menées de concert avec la direction des Douanes et la section financière de la police judiciaire.

Jacques Gaspard

CHIMISTE ET ARTISAN

Je suis donc invité à me présenter au directeur des services fiscaux de la DGSI[36], 14 rue Perrée à Paris, le 1er septembre 1970 et à suivre, à compter de cette date, un stage de 8 semaines. [...]

Le chef d'un bureau de Garantie est tout à la fois :

- un chimiste par les analyses des titres des alliages qu'il est appelé à réaliser ;

- un artisan qui, après s'être assuré que le titre est légal, marque les ouvrages en métaux précieux à l'aide des poinçons d'État dont il a la garde, la responsabilité.

Une réglementation précise édicte les différentes étapes des ouvrages en métaux précieux entrant dans le bureau de Garantie : pointage, pesée et reconnaissance des ouvrages, essais, assiette et liquidation du droit de garantie, marque, pesée avant restitution.

Tous les ouvrages en métaux précieux doivent passer par le bureau de Garantie avant d'être mis à la consommation, qu'ils soient fabriqués en France, importés des pays membres de la CEE ou non, exportés aux titres légaux ou à bas titres. La législation est complexe mais bien assise.

Le travail réalisé à la Garantie est très délicat : les ouvrages présentés aux essais et à la marque sont terminés, il reste à effectuer le sertissage et le polissage. Mais cette règle n'est plus respectée par les fabricants et ne peut pas l'être pour les ouvrages présentés par les antiquaires et les commissaires-priseurs.

Les formalités de garantie s'insèrent dans le processus de production : elles se situent en cours de fabrication des ouvrages en métaux précieux, elles apportent un label de qualité par l'essai et par l'insculpation du poinçon d'État approprié à l'alliage d'une part, au titre de l'alliage d'autre part ainsi qu'à l'origine de la fabrication.

---

36. *DGSI* : Direction de la Garantie et Services industriels (Contributions indirectes). Anciennement sous-direction rattachée à la Monnaie, transformée en direction de la Garantie en 1921 et réorganisée en 1948.

La garantie, comme les autres contributions indirectes, relève depuis le 1er janvier 1993 de la direction générale des Douanes et droits indirects.

Garantie des matières d'or, d'argent et de platine : le droit de garantie est d'origine très ancienne puisqu'il remonte aux droits de marque et de contrôle qui existaient sous la monarchie. Les règles fondamentales en l'espèce sont encore celles de la loi du 19 brumaire an VI. Ce droit est perçu à titre de rétribution pour l'apposition, par les « bureaux de garantie », d'un poinçon qui atteste le titre des objets. Au droit de garantie s'ajoutent les droits d'essai, perçus en rémunération des opérations de laboratoire nécessaires pour déterminer le titre.

Je me retrouve donc le 2 novembre 1970 dans mon bureau de Garantie d'Angoulême et j'avais hâte, je n'ai pas honte de le dire, de me retrouver à mon poste car je suis particulièrement et pécuniairement intéressé à rejoindre ce poste.

Outre le droit de garantie perçu, pour le compte de l'État, sur les ouvrages en métaux précieux marqués des poinçons d'État, un droit d'essai est perçu par l'essayeur sur les ouvrages présentés aux essais de titres. Or, lorsque le bureau de Garantie est implanté dans une ville dépourvue de laboratoire du ministère des Finances (appellation de 1970), l'inspecteur chef de bureau de Garantie est légalement essayeur et, à ce titre, perçoit le droit d'essai pour son propre compte.

Le droit d'essai est supprimé le 31 décembre 1970. [...]

Cette suppression du droit d'essai au 31 décembre 1970 ne me laisse plus que deux mois pour profiter de cet avantage substantiel.

J'ai donc le privilège de percevoir le droit d'essai sur les ouvrages en métaux précieux, en ma qualité d'essayeur, mais j'ai aussi la malchance d'être parmi les derniers à le percevoir.

Mais il y a beaucoup d'incohérences dans l'Administration : l'inspecteur, chef de bureau de Garantie-essayeur ne fait le contrôle de titres des ouvrages d'or, d'argent et de platine qu'en utilisant la « méthode du touchau », les analyses de titres pratiquées par coupellation, voie humide, plus complexes, sont réalisées par les chimistes du laboratoire du ministère des Finances.

À partir de 1975, les bureaux de Garantie furent équipés de laboratoires d'essais : les inspecteurs après avoir réalisé des stages appropriés sont habilités à réaliser les contrôles de titres par coupellation pour les alliages d'or et de platine et par voie humide pour les alliages d'argent en plus, évidemment, des vérifications des titres par la méthode du touchau.

C'est, je pense, à partir de ce moment-là que l'inspecteur devient un essayeur à part entière et c'est à partir de ce moment-là qu'il aurait été normal qu'un droit d'essai lui soit versé. [...]

Qu'il s'agisse d'essais ou de marques des ouvrages, les travaux réalisés exigent délicatesse, application et minutie. Lorsque les ouvrages de fabrication française ne sont pas aux titres légaux (750 % pour les ouvrages en or, 800 % pour ceux en argent, 950 % pour les ouvrages en platine), ils sont purement et simplement brisés, s'ils sont importés, ils sont renvoyés dans leur pays d'origine.

Le travail des essayeurs de la Garantie et des laboratoires du ministère des Finances (ou du Budget par la suite) a permis d'éviter des importations massives d'ouvrages en alliage d'or à bas titre en provenance notamment d'Espagne ou d'Italie, de Thaïlande et autres pays peu respectueux des titres légaux imposés en France.

La Garantie, un havre de paix. J'ai mal supporté l'emprise continuelle de la hiérarchie depuis 1968, mais là, je me retrouve seul dans un bureau, mes collaborateurs manquent d'expérience, d'initiative et ne veulent surtout pas prendre de responsabilités. La direction, la DGSI, se trouve à Paris.

Je ne peux donc que compter sur moi seul.

Après un an d'exercice, je commence à maîtriser le métier et je suis fort satisfait de mon isolement.

Claude Dhenin

LES SERVICES CENTRAUX

(1945-1980)

LA DIRECTION GÉNÉRALE DE L'ENREGISTREMENT

Entre la tension de la journée et la quiétude du soir, je n'avais guère l'esprit à préparer le concours de la direction générale. Je n'oubliais pourtant pas la promesse que j'avais faite, deux ans plus tôt, sur le lit de mort de mon bien aimé père dont c'était le vœu le plus cher. Me reposant sur la formation précédente, je rafraîchissais tout au plus, à temps perdu, des connaissances déjà acquises.

Les épreuves, fixées du 31 juillet au 7 août 1945, se déroulèrent à Paris : sept épreuves écrites de sept heures de suite chacune, interrompues, il est vrai, le dimanche. Nous entrions en salle à 11 heures du matin pour n'en sortir qu'à 17 heures. Sandwiches et boissons, emportés par chacun, étaient consommés sur place. Destiné à s'assurer de notre résistance, ce modeste marathon, auquel je ne connais aucun semblable, portait, chaque jour, sur un thème différent permettant de jauger l'étendue et la variété de nos connaissances. Comme pour l'inspection mais encore plus complexes et plus pointus, les sujets servaient à tester notre acuité et notre agilité intellectuelle. À vrai dire, les problèmes posés ne comportaient pas de solution toute faite ; là encore, mais plus sévèrement, nos exposés étaient appréciés en fonction de la finesse de l'analyse, de la rigueur du raisonnement, de la perspicacité de la synthèse, de la clarté de la présentation : une tête bien pleine peut-être, mais surtout une tête bien faite. Moins bien armé que certains de mes concurrents, dont quelques-uns, prisonniers de leur savoir, cherchaient en vain le « précédent », je dus me rabattre sur un certain tourisme intellectuel. Nous ne disposions cette fois que des Codes Dalloz, à l'exclusion de tout autre documentation.

J'avoue, le dernier soir, avoir atteint les limites de la résistance et m'être surpris à parler tout haut dans le métro. Deux de mes beaux-frères, restés seuls à Paris, me remirent sur pied par un dîner bien arrosé. [...]

À la fin de mon congé annuel passé en famille à la campagne, j'appris que j'étais reçu, en même temps d'ailleurs, que deux de mes meilleurs amis. [...]

La fin de la guerre et de l'Occupation ouvrit une ère de transformation profonde pour les administrations fiscales, les régies financières comme on les désignait alors. Depuis l'ère napoléonienne (1801), celles-ci relevaient de trois directions générales distinctes : Contributions directes ; Enregistrement, Domaines et Timbre ; Contributions indirectes. Chacune d'entre elles avait à sa tête un directeur général, doté de tous pouvoirs sous l'autorité du ministre. En ce qui concerne notamment notre administration, le directeur général était en principe issu d'un grand corps de l'État tel que l'inspection générale des Finances, Conseil d'État, Cour des comptes.

Telle était encore la situation lors de mon installation au service central au mois de septembre 1945. Notre directeur général, assisté d'un chef de cabinet, était installé avec la plupart de ses services au palais du Louvre, rue de Rivoli. Il coiffait trois divisions outre le service des Domaines considéré comme une entité distincte, placées chacune sous l'autorité directe d'un administrateur chef de division. Chaque division était répartie en bureaux se composant d'un chef de bureau, éventuellement d'un sous-chef et de rédacteurs.

Comportant quatre bureaux, la division centrale avait pour compétence : les travaux législatifs et l'élaboration des instructions, la suite des instances devant la Cour de cassation, le secrétariat de la commission des valeurs mobilières, la documentation et la codification des textes, les méthodes et l'organisation du travail, la mécanographie ; elle avait à connaître également d'un certain nombre de taxes en matière de revenus des valeurs mobilières, entreprises d'assurance et de capitalisation, chiffre d'affaires de certaines professions (banquiers, lotisseurs, marchands de biens), opérations de bourse, avoirs à l'étranger, taxe d'accroissement, etc.

La première division, dite de l'administration générale, comprenait, à côté du bureau du personnel dont le prestige lui valait d'occuper une position un peu à part, trois bureaux. L'un veillait sur l'organisation générale et la marche des services, les tableaux d'avancement et la surveillance des agents (sous le titre redouté de « papier jaune »). Un autre s'occupait des pensions de retraite, de la comptabilité, de l'ordonnancement du budget des dépenses, des prélèvements sur les salaires des conservateurs des hypothèques, de la Sécurité sociale. Le troisième suivait les problèmes de concentration des services, de matériel, de marchés de travaux, d'achat de fournitures, de cautionnement des conservateurs des hypothèques, ainsi que des services sociaux et des accidents du travail.

La deuxième division, composée également de trois bureaux, avait à connaître du contentieux de l'Enregistrement, en ce qui concernait respectivement : les actes civils, les actes judiciaires et extra-judiciaires, les droits de mutation par décès.

Enfin, avec la même hiérarchie et la même structure, venait, doté d'une personnalité à part, plus théorique que réelle, le service des Domaines. Outre un service des enquêtes nationales, ce dernier comprenait cinq bureaux dont la compétence, résumée à l'extrême, portait sur le domaine mobilier de l'État ; le domaine immobilier, les forêts et les immeubles vacants ; les évaluations immobilières et la passation des actes ; les séquestres et liquidations de biens, les confiscations ; la gestion des cités administratives.

À côté et distinctement des trois régies, un service de la coordination législative assurait avec elles les liaisons en matière de technique fiscale et préparait les projets de réponse aux questions écrites comme aux interventions remontant à la signature du ministre.

Tout demeura ainsi en l'état jusqu'en 1948. À cette époque, fut amorcée une vaste réforme tendant à la fusion complète des trois anciennes administrations fiscales en une seule et même direction générale des Impôts. À sa tête fut nommé un directeur général unique assisté, le temps de la mise en place, de trois chefs de service remplissant le rôle d'administrateurs délégués. L'annexion de la direction de la Comptabilité publique fut même, quelques années après, sur le point d'être prononcée. Un mouvement de grève, de dernière heure, bien que limité, fit pressentir au ministre les dangers de réunir assiette et recouvrement des Impôts dans les mêmes mains et le projet avorta.

La première mesure à prendre pour amorcer la réforme était d'unifier le recrutement et la gestion des personnels. Ce rôle fut confié, dès le départ, à un service dit de la coordination du personnel et du budget, placé auprès du nouveau directeur général. La mise en place d'un bureau d'études et de contrôle fiscal et des bureaux de la réorganisation des services devait suivre peu après.

Dès mon installation en qualité de rédacteur principal à la direction générale de l'Enregistrement, je fus affecté au premier bureau de la division du contentieux, spécialisé en matière d'actes civils.

Selon la tradition, j'entrepris mes visites protocolaires de présentation aux différentes autorités qui m'avaient été désignées. Après l'interruption des concours pendant les années précédentes, la promotion, habituellement de trois ou quatre places par an, s'élevait à douze pour compenser les vacances accumulées ; le nombre des candidats avait évidemment augmenté dans la même proportion. Nous nous croisions dans les couloirs, échangeant rapidement nos impressions en attendant d'être reçus individuellement. L'accueil était généralement empreint de sympathie. Je ne flottais pas moins dans un état d'indicible intimidation. Depuis des années, j'entendais parler de la direction générale avec le respect porté à des cimes inaccessibles peuplées d'êtres supérieurs. Je me sentais indigne et misérable en ce saint des saints où je m'étonnais de me retrouver. Quelle ne fut pas ma stupéfaction en voyant un jour le chef de bureau qui devait me recevoir arriver en tenue négligée et portant sous le bras un papier de journal dont dépassaient la tête et la queue d'un poisson déniché par chance à la coopérative en cette ère de pénurie.

Dans le même temps, je m'installai 11 rue Tronchet où se tenait notre service. Certes, je ne disposais ni d'une cheminée, ni d'une pendule, signes extérieurs d'autorité réservés avec un trou aux chefs de bureau et avec deux trous aux administrateurs chefs de division. Mais j'étais seul dans une pièce claire et calme.

Jean Vannier-Moreau

PRÈS DU SOLEIL

Par cooptation – selon la procédure de l'époque (fin des années cinquante) – j'avais donc été détaché à la direction générale pour y être affecté dans un bureau du service de la législation.

Mon directeur, qui m'avait encouragé à accepter ce détachement, m'avait toutefois prévenu : « Au contact du soleil il n'y a qu'une alternative : on se dore ou on se brûle ».

Arrivant donc près du soleil, je n'étais pas rassuré.

Durant les sept années passées en direction à diriger le service du personnel et de la comptabilité, mes connaissances fiscales s'étaient singulièrement amenuisées et j'ignorais pratiquement tout des évolutions de la législation.

Une dernière année au service du contentieux ne m'avait guère permis de récupérer qu'une mince partie du savoir perdu.

Mais j'avais du moins la prétention d'être rompu au style administratif et, dans ce domaine, j'étais confiant en mes moyens. Je devais très vite déchanter. [...]

Il y avait, dans ces bureaux du service de la législation, trois grandes règles à ne pas perdre de vue.

En dehors des textes législatifs et des circulaires d'application à préparer, on y traitait de toutes les questions de législation non solutionnées à d'autres échelons : questions écrites des parlementaires ou demandes de solution des grandes entreprises ou des services extérieurs.

Arrivées à ce stade, les affaires à examiner étaient donc généralement complexes et délicates à solutionner ; autant dire qu'il fallait commencer à réfléchir là où tous les autres avaient échoué et cessé de le faire.

Dans ces exercices difficiles, il ne nous était pas tenu rigueur de nous tromper de solution. Mais il n'était jamais pardonné de ne pas avoir fait au préalable le tour absolument complet de la question posée.

L'étude exhaustive des affaires était la première des règles à observer impérativement.

La deuxième en découlait en partie : pour parvenir à cette exhaustivité, mais aussi pour ne pas se contredire par rapport à de précédentes réponses faites sur le même sujet, il était prescrit de rechercher ces précédents classés dans des cartons ouverts pour chaque article du Code. C'est ce qui s'appelait « le culte du précédent ».

La deuxième règle concernait la manière de se comporter avec les dactylos.

Celles-ci étaient une denrée rare. Or, les travaux de dactylographie à exécuter dans les bureaux de la direction générale exigent d'excellentes dactylos.

Les chefs de bureau s'attachaient dès lors à conserver à tout prix celles qui donnaient entière satisfaction dans leur travail, excusant par avance toute espèce d'écart de leur part et passant outre tous défauts de caractère ou de mentalité.

Mieux valait donc ne pas entrer en conflit avec une dactylo ; dans le cas contraire, entre la dactylo et le détaché il n'y avait pas d'hésitation du chef de bureau : c'est le détaché qui avait tort et qui était remercié.

« L'administrateur en chef » se rendit un jour dans le bureau des dactylos et s'adressant à celle qui était en charge d'en diriger le groupe, lui demanda : « Alors, on est en forme, ce matin ? » L'autre, dans un état de nervosité extrême dû à sa charge de travail, de répliquer : « En forme de quoi, monsieur l'administrateur, en forme de poire ? » et de brandir sa machine à écrire à bout de bras et de la jeter de toute sa hauteur et de toutes ses forces à ses pieds.

L'administrateur se retira sans rien dire et la dactylo hérita, dans l'heure qui suivit, d'une machine à écrire toute neuve…

Pierre Peter

Dans les services centraux

Le ministère des Finances était encore installé (dans les années soixante-dix) dans ses anciens locaux de la rue de Rivoli, devenus aujourd'hui l'aile Richelieu du musée du Louvre et la sous-direction III E en occupait les bureaux, pour la plupart cloisonnés au mépris des conceptions architecturales d'origine, qui s'étendaient au rez-de-chaussée entre les guichets du Louvre et le musée des Arts décoratifs.

Je dois à la vérité de dire que je ne me suis jamais senti véritablement à ma place dans le milieu très particulier dont je ne voudrais pas faire ici un tableau trop injuste… de l'administration centrale. Du fait de la technicité très particulière de sa matière, le gros des rédacteurs de la DGI est constitué par des agents détachés des services comme je l'étais, ou par des lauréats des Instituts régionaux d'administration.

Les cadres naturels de l'administration centrale, issus de l'ENA, y occupent en conséquence les postes hiérarchiques et constituent un groupe très distinct qui a, seul, l'optique assez large pour pouvoir juger de façon autorisée du fonctionnement d'ensemble de cette « grande maison », les rédacteurs, au rôle essentiellement technique, n'en ayant que la vue très étroite des compétences très délimitées qui leur sont dévolues. De cet observatoire subalterne, l'organisation générale du service ne correspondait pas à la haute idée que je me faisais d'un service de législation ; trop de motivations personnelles me paraissaient y présider pour en faire un instrument efficace à l'objet qu'il se propose. Le visible parti pris de tenir à distance d'observation suffisante les rédacteurs de base s'opposait à la tenue de toute réunion susceptible d'élargir les cloisons de leur champ de vision et la confidence des finalités ou du contexte d'origine des travaux qui leur étaient commandés ne leur était jamais faite. Il y avait, de fait, quelque motif à cette situation, car l'obsession des rapports de pouvoir et la méfiance qu'elle engendre s'étendaient largement à leur niveau. Le confinement y était même aggravé par la réelle importance dont beaucoup paraissaient se sentir investis ; c'est une tentation fréquente des agents subalternes de se prêter à eux-mêmes les prestiges du service auquel ils appartiennent. À la sous-direction III E, le côté flatteur d'être au carrefour des préoccupations de plusieurs administrations et d'approcher les hautes sphères de l'État à l'occasion des procédures de ratification législative ne pouvait manquer de pénétrer les attitudes de ceux qui n'y avaient pourtant aucun pouvoir de décision. À ce niveau, le service ne m'apparaissait que comme une juxtaposition de patientes ambitions qui prolongeaient de longues carrières frileuses loin des affrontements qu'elles supposaient être le lot quotidien de la vie des services d'exécutions, espérant des tours extérieurs de recrutement de l'administration centrale de pouvoir y échapper à jamais. Elles avaient transformé le service en une citadelle fermée où il y avait sacrilège à laisser pénétrer, comme je le fis imprudemment un jour, le cadre financier d'une importante société en litige avec une administration étrangère qui avait sollicité notre interprétation de la convention applicable. Pressé de donner les sources des précieuses informations dont j'avais, grâce à lui, enrichi le dossier je dus révéler comment je les avais obtenues et je vis luire des lueurs d'effroi rétrospectif dans les regards de certains collègues. [...]

M'étant fait objecter, au cours d'une réunion au ministère des Affaires étrangères que la DGI avait modifié sa position sur la rédaction de l'article fiscal d'un accord aérien par rapport à celle d'un accord antérieur, dont je n'avais trouvé aucune trace dans la documentation du service, j'avais pris l'initiative, bien qu'il soit très inhabituel à ce niveau d'avouer une ignorance, de demander au président de la séance s'il lui était possible de me fournir le recueil complet des accords aériens et maritimes en vigueur. Avec la courtoisie qui fait le charme des fonctionnaires du Quai d'Orsay, il m'assura que je pourrais venir en prendre livraison quelques jours plus tard, le temps nécessaire à ses services pour rechercher ce document. Au jour convenu, mon chef de bureau, oublieux de la relation que je lui avais faite à mon retour de cette initiative, s'enquit des raisons de mon absence ; ayant appris que j'étais allé au Quai d'Orsay il laissa éclater une contrariété révélatrice de l'état des esprits de ce milieu en déclarant qu'il était « intolérable que des rédacteurs puissent prendre des initiatives de diplomatie personnelle ». Il n'en fut soulagé que quand je lui eus à mon retour rememoré les véritables raisons de mon absence d'ailleurs annoncée.

Christian Costes

Absence de dialogue

D'abord la direction générale (services centraux de la DGI), aujourd'hui comme hier, paraît aux agents d'exécution, surtout provinciaux, très lointaine et, avant tout, coupée des concrètes réalités quotidiennes. Le contact des cadres supérieurs de la rue de Rivoli (dans les années soixante-dix) avec la base se manifeste, essentiellement, par l'envoi à cette dernière d'instructions et circulaires, les instances départementales jouant, à cette occasion, le rôle d'intermédiaire. Placés aux échelons les plus élevés, ces fonctionnaires, aux connaissances théoriques très étendues, appartiennent à ce groupe important, rencontré dans toutes les administrations et désigné du nom de technocrate, précision faite que les gens de cette catégorie expriment trop fréquemment leurs idées dans un langage dépourvu de la clarté nécessaire avec toutes les difficultés d'application découlant de leurs savantes obscurités.

Par contre, les relations entre les directions et les services se sont améliorées. Ainsi, dans le passé, il arrivait souvent qu'un receveur de l'Enregistrement ait de rares rapports avec son directeur se traduisant uniquement par les visites protocolaires d'arrivée et de départ à moins d'être convoqué par ce supérieur à l'occasion d'une affaire déterminée ou de requérir lui-même une entrevue avec ce dernier. Aujourd'hui, il y a un mieux sensible sur ce point, les chefs de service (receveur divisionnaire et principal, chef de centre, responsable du service foncier) étant appelés, de par leur fonction, à s'entretenir avec leurs directeurs à intervalles réguliers ; de surcroît ces agents, étant donné l'étendue de leur compétence et aussi l'évolution des esprits, bénéficient de la part des directions départementales d'une considération et d'une liberté que, dans le passé, les receveurs de l'Enregistrement étaient loin de posséder.

Toutefois il y a, me semble-t-il, toujours au vu de mon expérience personnelle, née de constatations faites, encore beaucoup à faire pour qu'un véritable courant passe de haut en bas et vice versa pour le plus grand profit de l'Administration.

Mais il arrive aussi, à la suite de diverses circonstances malheureuses, que l'on assiste, comme cela a été mon cas, à un refus de dialogue se concrétisant par diverses manifestations allant de l'omnipotence humiliante à l'indifférence polie en passant par l'autorité distante, autant d'attitudes contraires au principe de la dignité humaine.

René Robin

L'AFRIQUE DU NORD ET L'OUTRE-MER

CONTRIBUTIONS DIVERSES[37]

(1946-1950)

« MON » ADMINISTRATION FISCALE

Sur les trente-six années que j'ai passées dans l'administration fiscale française, seize l'ont été dans l'administration des Contributions diverses d'Algérie. Comme ce dernier service fiscal a disparu en fait avec l'Algérie française en 1962 ; et comme au sein des services fiscaux métropolitains, je n'ai ensuite exercé effectivement des fonctions que pendant sept ans puisque j'ai été détaché, en 1968, auprès d'une organisation internationale jusqu'à mon départ à la retraite ; comme les anciens des « Diverses » ne doivent plus demeurer très

---

37. *Contributions diverses* : Voir notes n° 12 de l'introduction au chapitre IV et n° 3 de l'introduction au chapitre II.

nombreux en cette fin de siècle, c'est sur les Diverses d'Algérie que j'insisterai. [...]

Dès les premiers jours de la conquête d'Alger, en juillet 1830, l'armée française a créé (avec probablement quelques officiers d'intendance) un rudimentaire service des Domaines pour gérer les biens immobiliers du bey d'Alger, devenus biens du domaine public ou privé du royaume de France. Je crois me souvenir qu'un service civil des Domaines doté de fonctionnaires civils a été mis en place à Alger en 1831.

Je crois aussi me souvenir que c'est en 1834 qu'a été créée en Algérie une première administration fiscale française, une sorte de fourre-tout, qualifiée, faute de mieux, de « Contributions diverses ». Il me semble qu'il y a, ou qu'il y a eu, une ou d'autres administrations du même nom dans des pays qui étaient naguère des colonies africaines de la France. Peut-être défaillante ou confuse, ma mémoire me souffle que la première imposition française fut, dès 1830, un droit de un dixième perçu sur certaines marchandises importées par mer.

Ce n'était pas un droit de douane puisque l'Algérie française a toujours (que je sache) été en union douanière avec la métropole. L'« octroi de mer » a été étendu progressivement, concernant tant son champ d'application territorial (au fur et à mesure de la conquête) que sa matière imposable par toute une série de textes à caractère législatif.

En fait, après une évolution que je ne saurais préciser faute de documents, cet octroi de mer est pratiquement devenu un droit intérieur de consommation sur les boissons alcooliques, dont le contentieux a longtemps conservé un caractère douanier. Est peu à peu venu s'y ajouter un droit de circulation sur les vins, etc.

Évidemment, ces impôts indirects *stricto sensu* nécessitaient un réseau serré de bureaux d'assiette et de bureaux de recouvrement. Comme les recettes des Contributions diverses étaient implantées sur tout le territoire (en expansion continue) de la « colonie », c'est aux receveurs des Diverses qu'on a confié le recouvrement de tous les impôts qu'on a progressivement créés en Algérie, sauf les droits d'enregistrement et de timbre. Les services du Trésor n'étaient, de loin, pas si étoffés en Algérie qu'en métropole, de sorte que les receveurs des Diverses étaient pratiquement sur le terrain des comptables uniques ; ils cumulaient les fonctions confiées en métropole aux percepteurs (ils étaient comptables communaux comme ces derniers) et aux receveurs des Indirectes. Le Trésor public était essentiellement un organe centralisateur.

Puis, les impôts indirects *stricto sensu* prenant peu à peu plus d'importance et les taxes sur le chiffre d'affaires étant créées et s'amplifiant, l'administration des Contributions diverses d'Algérie a été scindée en deux services extérieurs, mais communicants, deux branches d'un tronc commun : service de la perception, d'une part ; service des impôts indirects et des taxes sur le chiffre d'affaires, d'autre part (précédemment appelé : « des impôts indirects, de la culture et du contrôle technique des fabriques de tabac »).

Sur le terrain, il y avait deux directions départementales dans chacun des trois chefs-lieux de département : Alger, Oran, Constantine (pour mémoire, on a multiplié les départements dans les dernières années de l'Algérie française). Bien entendu, il y avait deux réseaux de services locaux dans chaque département. Mais tout le personnel des deux branches appartenait à la même administration des Contributions diverses d'Algérie ; sans être très fréquents, les passages des agents d'une branche à l'autre n'avaient rien d'exceptionnel.

À l'échelon de l'administration centrale de l'Algérie française (Gouvernement général de l'Algérie pendant très longtemps, puis noms passagers de circonstance : ministre résidant en Algérie, délégation générale du gouvernement en Algérie… que sais-je encore…) les Diverses relevaient d'une division de la direction générale des Finances, placée sous l'autorité d'un sous-directeur et comprenant trois services (homologues des bureaux du ministère parisien) : contributions diverses (perception et personnel) ; impôts indirects et lois économiques (céréales et viticulture) ; taxes sur le chiffre d'affaires et contentieux.

Fruit d'un constant effort de modernisation, de rationalisation et de codification des textes et instructions, la fiscalité indirecte (au sens large) que la France a « léguée » (par force) à la République algérienne comprenait essentiellement en 1962, outre quelques impositions d'importance secondaire (taxe à l'abattage, taxe sur les spectacles…) d'une part, des impôts indirects *stricto sensu* combinant des droits spécifiques et des taxes *ad valorem* et portant sur les matières traditionnelles, boissons alcooliques et vins, ainsi que sur les tabacs et les allumettes (ces deux dernières matières imposables n'étaient pas monopolisées en Algérie) ; d'autre part, deux taxes générales sur le chiffre d'affaires : une taxe à la production (trois taux et régime suspensif) et une taxe sur les prestations de service (transférée aux communes avec un éventail de trois taux).

Je laisse de côté les droits de douane, les impôts directs et les droits d'enregistrement et de timbre : l'assiette et la perception des premiers étaient confiées au service des Douanes, l'assiette des seconds au service des Impôts directs, l'assiette et la perception des troisièmes au service de l'Enregistrement, des Domaines et du Timbre. N'ayant pas pratiqué ces impositions, je suis mal placé pour en parler pertinemment.

Pour en revenir à ma modeste personne, je me bornerai à signaler que, entré par concours extérieur dans les Diverses, début 1946, avec le grade de contrôleur stagiaire de l'époque, je fus successivement (après avoir décroché une licence en droit au prix de loisirs sacrifiés) contrôleur rebaptisé inspecteur, puis inspecteur-rédacteur (par concours interne), puis inspecteur principal (par concours interne). La promotion interne par concours jouait un rôle important : j'ai personnellement connu, par exemple, un garçon travailleur et intelligent qui, d'agent auxiliaire, est monté par plusieurs concours jusqu'à la catégorie des « employés supérieurs ». Et le dernier directeur général des Finances de l'Algérie française avait débuté en tant que modeste employé d'une petite recette des Diverses d'un petit village de la vallée du Cheliff.

Après avoir servi quelques mois à la Régie (impôts indirects) puis quelques années à la « taxe unique » (service d'assiette puis service des recherches et des vérifications), je fus détaché à la « direction générale des Finances de l'administration centrale du Gouvernement général de l'Algérie » (on disait plus simplement « le GG »). Là, pendant onze ans, le temps passant, les concours aidant et l'expérience s'acquérant, j'ai finalement exercé des fonctions analogues à celles d'un (petit) bureau de ministère parisien.

Soit dit en passant et sans aigreur : à cause de l'ignorance, de la suffisance et des préjugés des bureaux parisiens, il n'y a pas eu de concours d'inspecteur principal des Diverses pendant dix longues années (1946-1955) !

Le personnel des Diverses était réparti (héritage de l'histoire !) en deux sections qui n'étaient pas interpénétrables du tout : un « cadre métropolitain » correspondant à la catégorie A de la fonction publique, un « cadre colonial » correspondant aux catégories B et C. Ces appellations n'ont évidemment pas survécu à l'intégration des Diverses dans les Indirectes puis dans la DGI.

Dans les Diverses, cette administration financière de l'Algérie française qui était la plus riche d'effectifs, la « convivialité » régnait et le personnel circulait. Par exemple, tous les agents détachés ou affectés à la Centrale (au GG) avaient exercé dans les services extérieurs ; ayant eux aussi commencé par – si j'ose dire – mettre les mains dans le cambouis, ils s'efforçaient de raison garder dans les textes juridiques et les instructions administratives qu'ils pondaient, et de ne rien proposer ni décider (sauf ordre supérieur formel) qui eût été inapplicable sur le terrain, bref de garder le contact des réalités.

Pour y avoir modestement participé, je puis témoigner de la qualité de toute l'administration fiscale de l'Algérie française, de son modernisme, de son dynamisme, de son pragmatisme.

De ses origines, les Diverses avaient gardé un caractère quasi militaire. Toujours respectée, la hiérarchie n'excluait certes pas la camaraderie virile ni les liens d'amitié transcendant les grades. Comme tout groupement humain, il y avait aussi, naturellement, des incompatibilités d'humeur, voire des inimitiés, mais elles n'ont jamais nui, que je sache, à la discipline (force principale des armées) ni au « bien du service » (premier souci du commandement, immédiatement suivi par celui du bien-être de la troupe).

À la fin de ce sommaire rappel (que certains jugeront peut-être dithyrambique), j'évoquerai sommairement les difficultés du service dans le bled, c'est-à-dire les régions les moins civilisées de l'Algérie. Un ancien des Diverses que j'ai bien connu (un oncle de ma femme) devait prendre son poste, après concours, le

1er août 1914 ; il l'a effectivement pris en 1919 (certains oublient parfois qu'il y a eu quelques hostilités entre-temps). Il faisait ses tournées de perception sous la garde de plusieurs cavaliers de commune mixte (et d'un certain nombre de… parasites corporels) et couchait parfois sous la tente avec, en guise d'oreiller, la cassette de la recette et à côté de son revolver modèle 1892 d'ancien lieutenant mobilisé. Sous Vichy, brimé à cause de ses idées de gauche modérée et exilé, près de la retraite, dans un poste de débutant, il a eu la preuve en 1943, le vent politique s'étant renversé, que les Diverses l'avaient bec et ongle défendu tant qu'elles l'avaient pu ; elles l'ont alors « réhabilité ».

À titre anecdotique, et sur une note plaisante, j'indiquerai qu'au début du vingtième siècle, un agent des Diverses avait fait une compilation des textes et instructions de l'époque (le « Moevius », analogue au « Hourcade » de feu les Indirectes), que je regrette d'avoir, par scrupule, laissée dans les archives à Alger et qui contenait un paragraphe décrivant l'uniforme officiel (style Second Empire) des agents des Diverses. Je cite de mémoire : pantalon de casimir blanc, habit de drap vert foncé à la française (plus ou moins chamarré), bicorne (orné de plumes noires pour les directeurs), épée (sic), etc. Toutefois, une note en bas de page précisait que le port de l'uniforme était tombé en désuétude.

[…] Ce qui a duré tout au long du siècle et quart des Diverses, c'est, façonné par l'histoire et la géographie, l'esprit pionnier : vitalité, ténacité, pragmatisme, stoïcisme, dynamisme, courage… C'est le « vent de l'histoire » (il a, si j'ose dire, bon dos) qui a emporté tout cela, paraît-il. Dommage !

André Kappès

Receveur en Tunisie

Le temps des affectations arrivait et fin 1945, il fallut choisir. Je rêvais d'Indochine où la relève avait commencé, cela au grand désespoir de mes parents qui auraient été si loin de leur fils après un mois de bateau. Je renonçai et partis pour la Tunisie qui demandait trois agents. C'était mieux que le Nord ou l'Est, la banlieue parisienne. Entre-temps je m'étais marié et mon épouse approuvait le départ pour l'Afrique du Nord. Elle était institutrice et il y avait de la demande.

Tout fut réglé et bien décidé. Il fallait attendre une place sur le « Chanzy » très sollicité. Ma vraie carrière allait commencer, j'allais sur mes 26 ans, le « surnu » devenait inspecteur adjoint et… en avant pour l'aventure !

La carrière administrative, décidément, me convenait. […]

Le jour se leva et nous découvrîmes le désert dans une aube colorée d'ocre et de rose avec au loin des montagnes bleues, par endroit, un bouquet de palmiers et quelques oliviers. Des caravanes passaient au pas lent des chameaux. Nous étions ravis, émerveillés, inquiets. Où allions-nous ? Comment allions-nous faire pour nous adapter ?

Une nouvelle vie s'annonçait après une sorte de mort qui nous avait fait quitter la douce France pour une renaissance dans un monde inconnu et nous n'étions pas au bout de nos surprises… Mais nous étions jeunes et curieux.

À Maknassy le train s'arrêta et je cherchai de l'eau pour ma femme qui avait soif. Hélas, l'eau coulait chaude du robinet, nous faisions connaissance du « Sud » ! Dans la lumière étrange et chaude du Sud nous découvrîmes Gafsa, la gare et notre nouvel environnement : des hommes tous vêtus de djellabas et coiffés de chéchias rouges, des maisons blanches, le désert et l'oasis masse de verdure avec au loin une ligne de montagnes bleues et mauves sur fond de sable ocre orangé au petit jour. Et, par-dessus tout cela, un ciel d'un bleu intense et pur. Comme nous étions loin de chez nous ! J'aidai mon épouse à descendre, chargeai mon sac à dos et pris en main les deux lourdes valises. Je me précipitai vers le wagon de queue pour récupérer notre malle-cabine. Tout à coup je fus « agressé » par des gaillards solides qui essayaient de me prendre mes bagages, je résistai de mon mieux et, me retournant, j'aperçus mon épouse qui discutait avec un Tunisien d'une cinquantaine d'années, revêtu d'une djellaba brodée, d'un blanc impeccable. Muni d'une canne à pommeau d'argent et coiffé d'une chéchia prolongée d'un gland noir qui descendait dans son dos (je devais apprendre par la suite que la longueur du gland est en rapport avec la notabilité), il me regarda s'inclinant, me dit d'un air amusé :

« Monsieur le receveur, ces gens sont à votre disposition ! Je suis Mokdad K., l'intérimaire » (surpris et froissé le modeste « surnu » !).

Ces « gens » étaient des employés municipaux venus accueillir le nouveau receveur. Le camion municipal attendait. […]

Puis apparurent Gafsa-ville et la « recette des Contributions diverses ». La maison était impeccable mais vide. Mokdad avait fait installer un lit venant de la « chambre de service » destinée aux autorités de passage. Le jardin abandonné nous inquiéta, évoquant vipères et scorpions, les pieds du lit avaient été équipés de vieilles boîtes de conserve remplies d'un mélange d'eau et de pétrole pour faire fuir les scorpions. Tous les matins, le *chaouch* (ancien sergent des tirailleurs et portier, commissionnaire et factotum) lavait le sol avec un mélange d'eau et de pétrole. Charmant pays ! Charmant accueil pour ce premier contact. Au premier, une belle salle de bains avec baignoire et douche, mais nouveauté, nous avions le téléphone.

On passa aux présentations : trois anciens, Si K., Si Hadj G. (il avait fait le pèlerinage de la Mecque, d'où le titre de Hadj), Si M., puis les jeunes entre autres Si H. qui avait mon âge et devint vite mon ami, Si Ahmed C., Si R., Si B. et le vieux gardien de nuit E.

J'appris que Si M. était caissier et responsable des pensions militaires, de tous les règlements et du paiement surtout des fonctionnaires et charges de la commune et de l'hôpital de Metlaoui (centre phosphatier dépendant de la commune de Philippe Thomas ; j'étais aussi trésorier de cet hôpital et de cette commune). Le caissier recevait tous les droits : impôts personnels, droits d'enregistrement, droits de succession, droits de douane, vente des timbres et des tabacs (centralisé par Si Hadj G.).

En effet, Si G. était le « patron » du tabac et contrôlait le « magasin général » installé en annexe. Nous étions livrés une fois par mois et nous faisions de concert avec lui le recollement de la livraison avec procès-verbal pour les paquets détériorés qu'il y avait obligation de détruire, mais la coutume voulait qu'ils soient distribués au bureau, usage que je me gardai bien de changer.

Parmi ces produits, il y avait le *takrouri*, autrement dit le hachisch qui se mélangeait au tabac dans le narghileh souvent installé à la terrasse des cafés maures (débits où l'on vendait uniquement thé et café).

Il y avait enfin le « coffre de réserve » qui contenait pour l'époque une somme considérable, de 40 à 50 millions d'anciens francs, coffre alimenté par la Trésorerie de Tunis et fermé par deux serrures. Ces disponibilités exigeaient, pour des raisons de sécurité, qu'une des clés soit confiée au « contrôleur civil », *el Mourako* en arabe, notre préfet en somme faisant fonction pour nous de « consul de France ». Cette réserve m'aidait en fin de mois à payer l'armée, les fonctionnaires locaux et les chantiers de travaux publics.

Mes attributions étaient d'une façon générale la responsabilité de l'ensemble, le contrôle de la caisse et de toutes les activités du service et, en particulier, ce qui pouvait éventuellement concerner les Français (enregistrement, successions, poursuites, etc.). Il faut reconnaître que j'ai été privilégié par la qualité extrême de mon personnel, bonheur qui ne fut pas celui de tous mes collègues d'autres bureaux de la régence. […]

Tout le monde était gentil autour de nous, du personnel aux collègues : un contrôleur des impôts directs (surtout indigènes – les *canouns* des cultures et élevages) et un contrôleur des Indirectes, tous deux indépendants de la recette et considérés comme relevant du « service actif », sans oublier le service des Douanes. […]

Au bout d'un an, j'avais en somme fait mon apprentissage dans un contexte et un environnement qui n'avaient rien à voir avec l'activité de « receveur de l'Enregistrement » en France. Dernière remarque : les actes des notaires arabes, les actes personnels (décision du cadi, magistrat religieux à compétence « personnelle ») étaient rédigés en arabe et je signais la mention d'enregistrement sans rien comprendre, mais en faisant confiance par force à

Si A., chargé de cette matière. Il y eut pendant mon séjour quelques successions de Français à régler. Le consul de France faisait fonction de notaire. Elles se réglaient à l'amiable en nous mettant d'accord sur les évaluations des biens de l'actif. La France était loin avec ses procédures !

Au-delà de l'aspect professionnel existait le très important environnement. À Tunis on m'avait averti que, dans l'ordre protocolaire, j'étais le second après le juge et que je devais, en arrivant, faire le tour des autorités en commençant par le contrôleur civil et le caïd, maire de la ville.

Robert Pouyfourcat

« La Légion… »

Jusqu'en 1962, ma carrière s'est déroulée en Algérie, dans l'administration des Contributions diverses. Cette administration comportait deux services distincts, ayant chacun leurs directions départementales respectives à Alger, Oran et Constantine.

Lorsque je fus admis au concours d'inspecteur principal, je fus affecté au service du recouvrement. L'essentiel de mes fonctions consistait alors à vérifier la caisse et la comptabilité des receveurs, lesquels étant également comptables en recettes et en dépenses des communes, étaient appelés à manipuler des sommes très importantes.

Je fus, un jour, appelé à vérifier une importante recette des territoires du sud. Arrivé sur place par le train, je me présentai au receveur et, suivant l'usage, je lui demandai de me remettre, sur le champ, les fonds et documents de caisse. À mon arrivée, il était assis à son bureau, tournant le dos à son coffre-fort, dont la porte, contrairement aux instructions, était grande ouverte. Se levant pour me saluer, il claqua la porte du coffre et, soudain, je le vis pâlir : il venait, ainsi, d'enfermer son trousseau de clefs dans le coffre ! Certes, un double des clefs était déposé à la direction… mais à 500 km de là, avec trois liaisons ferroviaires par semaine, cela ne manquait pas de poser des problèmes incompatibles avec l'exercice de ma mission… sans parler du fonctionnement normal du bureau.

Le receveur était effondré, à la limite de la crise de nerfs, quand tout à coup, ses yeux s'agrandirent, et il articula : « La Légion… » Bon ! me dis-je, voilà que pour tout arranger, de désespoir il veut s'engager à la Légion étrangère dont, effectivement, il y avait une caserne dans le patelin, ce qui n'apportait, d'ailleurs, pas l'ombre d'une solution à la situation du moment…

Il m'expliqua, alors, comme j'avais pu l'apprendre auparavant en travaillant à Sidi-bel-Abbès (le berceau de la Légion étrangère) qu'on trouvait, à la Légion, des spécialistes de toutes les activités… les plus nobles comme les plus douteuses ! J'appelai donc « la Légion », demandant à l'officier de service, s'il n'avait pas sous la main un spécialiste du crochetage des coffres… ! Une demi-heure plus tard, arriva un légionnaire, l'air plutôt narquois. Après un coup d'œil au coffre réfractaire, il demanda une lime, la démancha et, avec sa pointe arrière se mit à trifouiller dans la serrure qui, naturellement, résistait à ses assauts et ses jurons. On entendait les mouches voler, dans l'intervalle des jurons qu'il proférait dans la langue de Goethe (si l'on peut dire), car, à l'époque, la Légion comprenait un nombre important d'ex-prisonniers allemands de l'armée Rommel, vaincus en Lybie et en Tunisie.

Se relevant pour se détendre, il aperçut, devant lui, sur le rebord d'une fenêtre, une vieille fourchette. Son visage s'éclaira, il demanda une pince, tordit deux des dents de la fourchette d'une certaine façon, les introduisit dans la serrure, tâtonna un moment et nous vîmes la porte du coffre s'ouvrir ! J'avais envie d'applaudir, le receveur était à la limite de l'extase… et aussi de la terreur, pensant à l'avenir et à sa responsabilité pécuniaire.

Après l'apéritif général qui s'ensuivit, il me jura que désormais, la clef du coffre resterait attachée à la ceinture de son pantalon, et que le code secret de blocage serait toujours utilisé comme d'ailleurs les instructions le prévoyaient.

Je n'ai jamais eu l'occasion de vérifier l'application d'un tel serment, mais je n'ai, non plus, jamais entendu dire que cette situation se fût reproduite, dans ce bureau !

René Salètes

CONTRIBUTIONS INDIRECTES

(1940-1962)

Le statut des Juifs

Dès le début de septembre 1940, nous recevons une circulaire nous demandant de souscrire une déclaration sur l'honneur de notre appartenance, ou non, à la franc-maçonnerie. Je souscris cette déclaration, je n'étais pas franc-maçon. Peu après, il nous est demandé de justifier de la nationalité française de nos grands-parents. Je fournis cette justification.

Vichy, Pétain se manifestaient pour la seconde fois contre les juifs fonctionnaires[38]. Cette fois pour nous ce fut une franche rigolade, si je puis dire, car nos fascistes d'origine espagnole pullulaient en Algérie et dans l'Administration. Ils n'avaient pas leurs grands-parents français, tout juste leurs parents. La gaffe de Pétain a été immédiatement annulée. Cela ne pouvait plus durer, alors Pétain, par décret antijuif du 19 septembre 1940, nous met à la porte, purement et simplement, avec ordre de plier bagages le 19 décembre 1940.

C'était le « statut des Juifs » qui démarrait.

Par le dictionnaire j'ai appris qu'il n'a été publié que le 3 octobre. À partir de ce 19 septembre, chaque samedi, sans exception, *L'Écho d'Oran* publiait un décret d'application du statut des Juifs : interdiction d'être surtout instituteur et dans l'enseignement, assorti d'un *numerus clausus*, pour les enfants juifs, dans les écoles ; interdiction d'être médecin, avocat, d'appartenir à une profession libérale, interdiction de posséder une propriété agricole. Progressivement, des syndics ont été désignés pour gérer les biens immobiliers des juifs. Les syndics commençaient par s'attribuer des rémunérations importantes qui rendaient les affaires exsangues. Pétain rayait les juifs de partout. [...]

Je me suis marié le 21 juin 1941. C'était une fille du pays, amie de la famille et nous nous connaissions depuis toujours. Elle était institutrice, bien entendu licenciée par Pétain. Le 23 juin, l'Allemagne a déclaré la guerre à l'URSS, et nous avons pensé à Napoléon. L'histoire nous a donné raison.

Dès juillet 1942, soit dix-huit mois après mon licenciement, un employé des Indirectes est venu me trouver au magasin de meubles, avec une note de la direction portant « statut des Juifs ». J'en ai pris connaissance ; l'Administration voulait que je demande à être radié des cadres ! Ni plus ni moins. J'ai répondu verbalement et évasivement et mon ancien collègue est parti avec sa feuille. De temps à autre cet agent revenait à la charge avec une nouvelle note du service général, note que je connaissais bien, écrite en bleu, sur la partie gauche. Aussi régulièrement il repartait sans rien. [...]

Les mois passent tant bien que mal. Nous suivons les événements par *L'Écho d'Oran*, tendancieux et vichyste, bien entendu, et avec de multiples précautions, à la radio de Londres.

Vient le 8 novembre 1942 et le débarquement américain au Maroc et en Algérie. Le 2e chasseurs d'Afrique de Mascara, motorisé, fasciste à 80 %, et je suis modeste, part aussitôt pour Oran, afin de bouter l'ennemi hors du sol algérien. Deux jours après, il revient tout « péteux », et dès la semaine qui suit, entre dans la guerre contre Hitler.

Les Américains n'ont rencontré aucune résistance à leur débarquement au Maroc et en Algérie. Comme ils n'aimaient pas le général de Gaulle, ils avaient

---

38. *Statut des Juifs* : Voir note n° 8 du chapitre II.

été, avec un sous-marin, chercher à Marseille le général Giraud qui s'était évadé du fort où il était prisonnier. Giraud a pris le pouvoir en Algérie. L'amiral Darlan, venu en Algérie avant le 8 novembre, a été surpris par le débarquement. Qu'à cela ne tienne, il criait à tous les échos avoir été envoyé par Pétain, et celui-ci en France affirmait le contraire.

Darlan s'est installé au Gouvernement général, à Alger, où peu après, un jeune, Bonnie de la Chapelle, l'a tué assez aisément.

De Gaulle est venu en Algérie, et les Américains ont été contraints de partager le pouvoir entre lui et Giraud : avec ce dernier, les gens étaient restés partout au pouvoir, surtout dans les mairies.

À Mascara, nous n'avons jamais vu autant de fumée sortir des cheminées du tribunal de première instance. Tous les dossiers compromettants y sont passés. Dès le mois de novembre 1942, l'Algérie est entrée en guerre contre l'Allemagne. Les corps francs d'Afrique ont été formés et sont partis aussitôt vers la Tunisie. Ainsi, mon frère, croix de guerre 1939-1940, qui était resté français, a été aussitôt mobilisé. Les jeunes juifs jusqu'à la classe 1933 ont été rappelés, envoyés et parqués à Bedeau, au sud de Sidi-bel-Abbès.

Une fois encore, mais après le 8 novembre, je reçois la visite de l'employé des Indirectes. Il m'apporte une note de la direction, service du personnel, objet : statut des Juifs. Je la lis et lui dis : « C'est fini Pétain ». Je lui vide mon sac, sachant qu'il répéterait tout mot à mot à son chef qui le rapporterait au directeur, son ami, parrain de son fils. L'on voulait encore ma demande pour me radier de l'Administration. Je rends la feuille à l'agent qui me dit : « Qu'est-ce que vous répondez ? » Je dis : « Rien », et il s'en va.

Joseph Pinto

RETOUR À ALGER

Le retour à Alger s'effectuait dans un contexte différent : les services extérieurs qui m'avaient reçu dès 1947 étaient toujours là pendant que je prenais ma place comme rédacteur au service du Contentieux dont le responsable était un inspecteur principal compétent, cordial et compréhensif. Son contact était enrichissant. La direction était logée sur trois étages d'un bel immeuble situé en plein centre mais à l'écart de la circulation et du bruit. Une ambiance de camaraderie et de solidarité régnait dans le service et avec les autres rouages de l'unité départementale.

Chargé du contentieux viticulture et céréales, il m'arrivait de rencontrer l'action de mes collègues de ces services et la formation reçue à Constantine m'aidait à gérer le mieux possible les secteurs placés sous ma responsabilité.

Cependant, la situation née du conflit qui se développait dans le pays ne manquait pas d'avoir des répercussions sur l'activité économique et sur celle des différents services, notamment à l'intérieur du département. Face à l'insécurité, les mesures de sécurité tendaient à se renforcer.

À mon retour dans la capitale, je trouvai un climat bien différent de celui que j'avais connu et laissé à Constantine. Épargnés par la vague d'attentats qui déferlait sur l'est du pays, les Algérois continuaient de manifester une certaine indifférence à l'égard de la situation. L'animation quotidienne et nocturne ne connaissait aucun changement et la fréquentation des plages était toujours aussi dense.

Après les attentats aveugles qui touchèrent coup sur coup le casino de la corniche, le *milk-bar* et la cafétéria, lieux fréquentés par les jeunes, la prise de conscience fut significative avec l'instauration du couvre-feu. Ce changement d'attitude se manifesta davantage dans la vie quotidienne. La fracture atteignit les familles, les groupes sociaux, les individus selon la perception de chacun devant l'évolution du conflit. Les uns optaient pour le *statu quo*, les autres étaient favorables à la cause indépendantiste, enfin une solution intermédiaire rencontrait des partisans. L'élément européen de la direction était presque unanime pour la voie militaire, tandis que l'opinion opposée était représentée par un seul agent d'origine musulmane : comme préposé au courrier, il occupait un emploi subalterne. […]

Le lecteur voudra bien m'excuser de me voir citer les temps forts qui ont marqué ces années noires. 1957 vit le déclenchement de la bataille d'Alger, avec une lutte sans merci des parachutistes contre le terrorisme urbain. Elle fut accompagnée d'actes de torture qui eurent un énorme retentissement dans le monde. L'enlisement du conflit déboucha sur le soulèvement d'éléments actifs issus de la population européenne le 13 mai 1958.

Même après le retour aux affaires publiques du général de Gaulle et les manifestations de rue qui suivirent, la vie administrative demeura suspendue.

En 1959, on assista à un vaste plan de réformes administratives, assorties de mesures économiques pour une mise en valeur du pays, en associant davantage les populations musulmanes.

C'est en septembre que fut prononcé pour la première fois le recours possible à l'autodétermination, ce qui déclencha une hostilité catégorique de la part des Européens. Sur le plan administratif, les mesures prises permirent le recrutement de jeunes Algériens. En outre, le nombre de départements passa de trois à douze. Notre direction devenant régionale, il fallait pourvoir les nouveaux départements d'inspecteurs principaux et des concours furent organisés à cet effet. De retour à la résidence après trois ans d'éloignement, il n'était pas possible d'envisager un second départ en cas de succès. J'abandonnai toute idée de candidature, mon avancement était ainsi stoppé.

L'année 1960 devait débuter avec la semaine des barricades en plein centre d'Alger dès janvier. Cette péripétie franco-française se termina par l'éloignement des éléments de l'armée qui avaient participé à cette initiative et un durcissement des positions en présence. L'évolution du conflit devait être marquée en décembre de cette année-là par le séjour en Algérie du général de Gaulle qui envisagea à cette occasion l'éventualité d'un état algérien indépendant en coopération avec la France. La réaction de la rue fut spontanée et vive. La fumée des bombes lacrymogènes lancées par les forces de l'ordre s'infiltrait dans nos bureaux, arrêtant toute activité. La cassure était totale, l'opposition au projet criait à la fin du *statu quo*, tandis que les populations musulmanes s'exprimaient dans leurs quartiers : le bilan de ces affrontements était lourd.

Cette évolution s'accentuait en 1961. En avril, l'opération qu'on appela « le putsch des généraux » éclata dans la capitale. Pendant trois jours, appels à la rébellion, ralliements d'unités et de leurs chefs, mais aussi déclarations hostiles se succédèrent sur les ondes, dans la presse ou par tracts. À l'issue de cette période, le mouvement se dispersa, certains de ses dirigeants se constituaient prisonniers, tandis que d'autres formèrent une structure de lutte : l'Organisation de l'armée secrète (OAS).

Le conflit prenait désormais une autre tournure, gagnant l'Oranie jusqu'alors épargnée. Jusqu'au cessez-le-feu qui devait intervenir le 19 mars 1962 après plus de sept ans de combats, d'embuscades, attentats individuels ou collectifs, le pays connut une période ininterrompue d'événements tragiques, les deux parties répondant à la violence par la violence.

Les rues étaient devenues peu sûres, le départ sur le lieu de travail et le retour au domicile s'avéraient plein d'incertitude. Les règlements de compte intervenaient en tous lieux, créant une situation intenable.

Le 20 mars, comme au lendemain d'un cauchemar, la ville était en état de choc, déserte, un lundi pas comme les autres. Le travail n'avait pas repris, la peur gagnait les esprits. On attendait la suite : elle vint sous la forme de nouveaux attentats qui touchèrent les femmes de ménage, des enseignants, des dockers sur le port. Pratiquant la politique de la terre brûlée, l'OAS incendiait la bibliothèque, l'université, la direction des Impôts directs vide de son personnel.

Un matin, regagnant mon bureau, je trouvai sur une table un tract annonçant la suppression physique d'un Européen qualifié de traître et menaçant du même sort ceux qui ne suivraient pas les options de l'organisation clandestine. Par ailleurs, les écoles avaient été fermées pour éviter de mettre les enfants en danger, ma femme qui enseignait dans un quartier mixte, se trouvait ainsi en chômage forcé. Placés devant une situation sans issue, nous décidâmes de demander à jouir de notre congé d'été. En possession de l'autorisation officielle délivrée par l'Administration, nous quittâmes notre appartement malgré les menaces de plastiquage qui étaient adressées à ceux qui regagnaient la métropole. [...]

Notre retour s'effectua début août dans des conditions presque normales : la tuerie avait cessé, quelques inévitables séquelles subsistaient.

Cependant, les changements étaient grands. Le retour à la paix s'accompagnait de déplacements de populations : les Européens partis avaient été remplacés par des masses rurales chassées par les conséquences du conflit ou attirées par les avantages supposés de la vie urbaine. La chasse au logement laissé inoccupé battait son plein. Le nôtre avait été préservé par un placer officiel collé sur la porte par un ami algérien prévenu de notre absence.

Il va sans dire que de profonds bouleversements s'étaient opérés dans l'ambiance générale et dans les multiples aspects de la vie quotidienne. Pendant que ma femme s'était investie bénévolement dans les bureaux de l'académie en attendant la rentrée des classes et en vue de son organisation, j'avais rejoint la direction en pleine mutation.

L'ensemble des agents avait été rattaché suivant le grade et l'ancienneté à des résidences administratives en France, de Lille à Marseille, en passant, pour la plupart d'entre nous, par la région parisienne, le Massif central et le Sud-Ouest.

Les départs pour les nouveaux postes avaient commencé et devaient être achevés au 31 décembre 1962, pour ceux qui avaient opté pour cette solution. Avec une minorité, le choix s'était porté sur des contrats d'un à deux ans pour continuer à servir en Algérie sous le régime de la coopération prévue par les accords d'Évian. Il régnait dans les bureaux une atmosphère particulière propre à cette période de passation de pouvoirs qui caractérisait la situation en Algérie en ce dernier trimestre de 1962.

Ceux qui avaient choisi de tirer un trait sur leur carrière algérienne expédiaient les affaires courantes consciencieusement, mais avec une part de détachement bien compréhensible, ceux qui restaient faisaient connaissance avec la nouvelle hiérarchie mise en place, peu nombreuse en l'occurrence : j'ai eu l'occasion de préciser que l'élément local était représenté par un seul agent à la direction, préposé à la réception et à la distribution du courrier, à l'accueil et au standard. Les réformes décidées en 1959 avaient porté cet effectif à deux agents, le second étant affecté au service des imprimés. Dans les services extérieurs désertés par leurs éléments européens, les agents en place étaient aidés par de nouvelles recrues qui apprenaient sur le tas.

Le vide était total, la tâche immense. Mais l'ambiance générale n'était pas favorable alors qu'il était difficile d'en faire abstraction, lorsqu'on a vécu jour après jour et pendant des années le fil des événements qui, à eux seuls, demanderaient un livre entier.

André Hanoun

Inspecteur principal en Algérie

Je n'étais jamais allé en Afrique. Le dépaysement fut total, dès l'arrivée à l'aéroport des « Salines ». De « la navette » – un autobus grillagé (je compris vite pourquoi), ce qui me mit immédiatement dans l'ambiance – surgit un paysage qui devait être le mien pendant plus de deux ans : de chaque côté de la route, bordée de grands eucalyptus, des cultures, avec cette herbe verte à la couleur fanée que je devais retrouver un peu partout ; des véhicules hippomobiles, de plus en plus nombreux au fur et à mesure que nous approchions de la ville, des hommes en djellabas et enturbannés juchés sur des petits ânes qui avançaient au rythme des jambes qui s'agitaient de part et d'autre de leur dos. Bref, une véritable couleur locale. Cependant, une présence militaire se faisait sentir, rassurante et inquiétante à la fois. La chaleur, elle aussi, était omniprésente.

Bône était une grande ville (plus de cent mille habitants à ce moment-là), où les grands immeubles n'étaient pas rares, avec un port actif. La préfecture, elle, avait toutefois l'apparence – au moins dans le centre ville, où les rues convergeaient vers le fameux « cours Bertagna » où déambulaient les pieds-noirs – d'une sous-préfecture de province métropolitaine. [...]

Le service des TCA était installé dans un petit immeuble, angle rue d'Anjou et de Bretagne, en bordure de la vieille ville. C'est là que j'avais mon bureau, qui était proche de celui de l'inspecteur central de Bône qui, avec un inspecteur, un agent de constatation un commis et une auxiliaire, avait en charge l'arrondissement. Les arrondissements de Guelma, Souk-Ahras et Tebessa étaient administrés, le premier par un inspecteur, les deux autres par un contrôleur, mais celui de Tebessa s'occupait également des impôts indirects.

À Bône, tous étaient des pieds-noirs et fiers de l'être ; ils furent respectueux, gentils et affables ; l'adjoint à l'inspecteur central, un jeune inspecteur avait un père « français musulman » (comme on disait alors) ; il avait une réputation de paresseux ; en réalité, il souffrait quelque peu de son origine ; il était très intelligent et se montra très serviable ; nous avons sympathisé et cette sympathie continua jusqu'à son départ pour la métropole et dura jusqu'après sa retraite (bien qu'il ne fût jamais plus sous mes ordres). L'auxiliaire était une musulmane habillée comme une Européenne, une jeune fille timide et réservée qui venait d'être recrutée comme dactylographe.

Je remarquai d'ailleurs que les locaux étaient très correctement meublés (sans doute le mobilier était de bois, mais c'était un bois épais, et les meubles étaient différenciés) et qu'ils étaient très bien équipés (à la différence des services extérieurs de la métropole, les machines à écrire étaient nombreuses, de même que les machines à calculer électriques, certaines même faisant les quatre opérations) ; l'inspecteur principal était lui-même doté d'une machine à écrire portable (dont très vite je ne pus plus me passer).

L'inspecteur principal des impôts indirects m'avait très aimablement proposé de m'emmener dans son automobile pour faire connaissance avec mes subordonnés de Guelma, Souk-Ahras et Tebessa, lui-même devant y effectuer plusieurs « tournées » mensuelles. Ce fut aussi l'occasion de mieux le connaître, et à son avantage.

À Guelma, – une sous-préfecture importante –, il y avait un inspecteur, assisté d'un commis. Le contrôle était installé dans un immeuble du centre ville qui hébergeait aussi la recette-conservation des hypothèques. On y voyait peu d'Européens et (est-ce le souvenir des émeutes de 1945) l'endroit et la campagne étaient assez sinistres. Je ne devais pas m'y rendre volontiers, en tout cas jamais seul.

Souk-Ahras n'était pas non plus très attrayant. C'était un gros bourg, situé sur la route qui menait à Tebessa, non loin de la frontière tunisienne. Les femmes avaient la particularité d'être enveloppées dans une ample tunique noire qui tranchait avec le blanc des maisons. Le contrôle était logé dans un petit bureau et était géré par un contrôleur, un métropolitain en carrière en Algérie qui ne donnait pas l'impression de vouloir s'éterniser ici, bien qu'il eût l'air d'y connaître beaucoup de monde et y paraissait à son aise.

Tebessa, en revanche, me plut davantage. Le calme qui régnait provenait sans doute d'une très forte implantation militaire, dont on retrouvait les officiers dans l'hôtel où je descendis – très convenable d'ailleurs – et dans un grand restaurant de la ville, « le Café français », très bien tenu par un couple d'Européens (dont le mari devait acquérir une certaine célébrité au moment de l'OAS dont il fut un des responsables). Nous y fûmes toujours très bien reçus, tout au moins jusqu'au « putsch » (le restaurant fut alors fermé). Le contrôleur de Tebessa était un homme plus jeune que moi, un pied-noir descendant d'une famille d'Alsaciens qui s'était installée en Algérie après la guerre de 1870. Il parlait couramment l'arabe, connaissant lui aussi beaucoup de monde (notamment parmi les militaires haut gradés). [...]

L'inspection centrale de Bône couvrait un vaste territoire s'étendant depuis l'Edough[39] jusqu'à la frontière tunisienne ; les nombreux villages qu'il fallait traverser pour aller à la frontière étaient très peuplés bien qu'apparemment les commerces y fussent très rares. À La Calle (dernier village près de la frontière) le maire me montra fièrement l'île, située en haute mer, qui avait été prise à bail par François Ier quand il s'était allié avec la « Sublime Porte » dans sa lutte contre Charles Quint.

Les tournées étaient longues (plusieurs centaines de kilomètres) le long de routes presque droites (sauf bien entendu au bord de la mer) traversant des étendues caillouteuses ou boisées, qui paraissaient désertes et inexploitées (en réalité il suffisait de s'arrêter un instant pour découvrir très vite qu'il y avait des

39. Massif montagneux qui dominait Bône (note de l'auteur).

habitants). Ces tournées s'effectuaient surtout le long de la « ligne Morice » (un intense réseau de fil de fer barbelé qui courait le long de la frontière tunisienne et bénéficiait d'une implantation militaire), si bien que nous les effectuions sans aucune appréhension.

Il y avait pourtant des localités où l'on ne pouvait se rendre que certains jours et au sein d'un convoi militaire, ainsi à Bugeaud, une station climatique de montagne (un casino y fonctionnait autrefois), situé non loin de Bône mais dans l'Edough (après une forêt de chênes lièges remarquable mais dense, que nous traversions rapidement, l'œil aux aguets). Le lieu était autrefois prisé des Bônois (et ils avaient raison : l'endroit était magnifique avec une vue splendide sur la Méditerranée, l'altitude était de plus de mille mètres et la mer, au loin, paraissait immense).

Il est certain que la vie autrefois devait être enchanteresse et je comprenais mieux la nostalgie des pieds-noirs et l'enthousiasme des « métros » qui avaient fait ici leur carrière. Mais aujourd'hui la vie quotidienne était tout autre[40].

Ainsi, le voyage à Constantine devait s'effectuer strictement dans les limites imposées par l'autorité militaire, qui avait décidé le couvre-feu dans toutes les grandes villes. La route qui y menait était très belle, mais il valait mieux ne pas faire de tourisme (certains endroits avaient même une très mauvaise réputation)[41].

Pour toutes les « tournées » qui nous effectuions, il fallait se munir d'un « laissez-passer »[42] ; c'était un document, que nous rédigions nous-mêmes à la machine à écrire, signé par l'inspecteur principal (moi-même en l'occurrence) qui avait reçu une délégation à cet effet de l'autorité militaire.

Petit à petit d'ailleurs, il fallut interrompre ces « tournées » ; en particulier au moment du « putsch des généraux » et peu avant et surtout après la signature des accords d'Évian.

La législation algérienne des TCA était sur bien des points différente de celle appliquée en métropole. La TVA ne fut instaurée en Algérie qu'en 1961 et ses modalités d'application eurent encore quelques différences. Auparavant, c'était le règne de la « taxe unique », un peu analogue à la taxe métropolitaine « sur les

---

40. Au point de vue avantages ne subsistaient guère, outre le « tiers colonial » pour les Européens, que le nombre de fêtes chômées, les calendriers juif et musulman ajoutant leurs festivités à celles du calendrier européen (je me souviens d'un mois de mai pendant lequel les jours fériés furent par hasard, les plus nombreux). J'avais essayé d'apprendre l'arabe dialectal (le livre était d'ailleurs très curieux, par ses illustrations et ses exemples qui paraissaient remonter à l'exposition coloniale de 1931) mais j'eus peu l'occasion, sinon aux cours, de constater mes progrès (note de l'auteur).

41. Aussi le chauffeur appuyait-il sur l'accélérateur, d'autant plus que la route était déserte… et la vitesse limitée seulement par les accidents de terrain (note de l'auteur).

42. Selon un arrêté préfectoral pris par le général Vanuxem, il fallait nommément s'y référer lorsqu'il était préfet de Bône (note de l'auteur).

paiements fractionnés » instituée peu après la Libération. Heureusement pour étudier soigneusement ces différences, j'avais à ma disposition une brochure (distribuée dans les services) très bien faite et surtout tenue à jour : le « Code algérien annoté des taxes sur le chiffre d'affaires ».

Quand la TVA fut mise en application, à l'inverse, ce fut moi qui dus la commenter, au vu des instructions fournies par Alger, compte tenu de l'expérience acquise en métropole.

Les déclarations de chiffre d'affaires étaient exploitées par un centre mécanographique installé à Alger[43]. Outre cette exploitation, le centre éditait des relances pour les retardataires et établissait des statistiques intéressantes. Le système marchait très bien et était apprécié, mais il devait être stoppé peu avant l'indépendance (le local fut même « plastiqué »). [...]

Les Français musulmans étaient assez nombreux dans l'Administration, mais ils ne détenaient que des emplois subalternes ; les rapports ont toujours été normaux (le métropolitain avait même une certaine cote). [...]

Jusqu'en janvier 1962 et malgré les secousses politiques apparues, l'Administration poursuivit son petit bonhomme de chemin : l'assiette et le recouvrement étaient peu ou prou assurés comme il convenait ; le contrôle, lui, était toutefois pour ainsi dire inexistant. [...]

Un plan avait prévu la construction de l'hôtel des Impôts de Bône, qui devait regrouper tous les services fiscaux de l'arrondissement (recettes des Contributions diverses comprises) et même le Trésor public (qui, je le rappelle, était chargé seulement – outre des opérations de trésorerie comme en métropole – de la centralisation des écritures financières au plan départemental). [...]

L'hôtel était spacieux et les besoins en bureaux avaient été généreusement calculés. L'équipement des bureaux fut même revu et les meubles métalliques, particulièrement fonctionnels, firent leur apparition (les archives ne furent pas oubliées). Bref, ce fut une belle réalisation qui s'érigeait boulevard de Narbonne, non loin du centre ville.

À cette occasion, l'Administration avait décidé, comme à Sétif auparavant, d'y implanter l'inspection centrale expérimentale des Impôts de Bône, qui réalisait la « fusion », avant la lettre, de tous les services fiscaux de l'arrondissement (Directes, Enregistrement et TCA). Dans l'organigramme, il était prévu que l'inspecteur central qui la dirigerait devait le faire sous l'autorité et le contrôle d'un inspecteur principal ; le directeur de Constantine, devenu dans l'intervalle « chef des services fiscaux de l'Est du Constantinois », me désigna. Ce ne devait pas être une sinécure, surtout au moment, qui arriva très vite, où l'OAS, qui avait déjà décidé l'arrêt des contrôles, voulut instaurer la

43. Le centre, qui délivrait les prestations sociales, était lui aussi exploité mécanographiquement et fonctionnait très bien (note de l'auteur).

grève générale des services. Pendant deux mois, pratiquement chacun était à son poste mais aucun courrier n'était transmis ; ce fut ainsi jusqu'à la signature des accords d'Évian et après, malgré les déboires de l'OAS, le fonctionnement général fut plus que ralenti (ne serait-ce qu'à cause du reflux progressif des pieds-noirs en métropole). Comme l'OAS avait aussi interdit – sauf autorisation donnée par elle – les transports à destination de la métropole, nous métropolitains, avions l'impression d'être prisonniers, et ma femme et moi nous étions inquiets pour les enfants restés en métropole. Ce furent des jours difficiles.

En juin les événements se précipitèrent : le reflux massif et désordonné des pieds-noirs, qui prirent d'assaut les derniers bateaux, fut indescriptible et atroce, chacun n'ayant pu emporter avec soi que le strict nécessaire dans de lourdes valises, abandonnant sur place voitures automobiles et équipements divers dans le plus grand désordre. Décidément, ce terrible premier semestre de 1962 demeurera gravé dans ma mémoire. [...]

L'indépendance de l'Algérie, le 1er juillet 1962, mit fin à notre détachement d'office ; nous avions cependant la possibilité de continuer au titre de la « coopération », lorsque le passage de service aurait été effectué avec les nouvelles autorités et les personnels qu'elles auraient désignés. Il y avait avec nous (inspecteurs principaux de la promotion de 1959 détachés d'office) d'autres détachés, soit volontaires soit désignés par l'Administration parmi les agents de la métropole qui n'étaient pas chargés de famille ; la délégation générale en Algérie du gouvernement français devait pallier le départ des fonctionnaires algériens. Il avait été promis à ceux-là qu'à l'issue de leur détachement ils seraient en métropole nommés sur le poste qu'ils avaient quitté ou à défaut sur un poste vacant de leur choix, ou, à défaut, en surnombre sur leur ancien poste. Leur retour – coïncidant avec le nôtre – nous fut favorable et l'Administration dut se résigner comme nous étions peu nombreux – trois pour toute l'Algérie – à nous nommer en surnombre si nous le désirions dans notre département d'origine où (ainsi que je l'ai déjà dit) nous avions été nommés « pour ordre ». [...]

Je retournai en Algérie pour assurer, jusqu'au 31 décembre 1962, le passage du service aux fonctionnaires algériens ; la transition fut sans histoire. Ce dernier séjour se déroula dans le calme ; on eut même l'occasion de faire tranquillement du tourisme dans des endroits jusqu'alors inaccessibles.

Jacques Gandini

L'AVENTURE ALGÉRIENNE

Alger était vraiment une très belle ville méritant bien son surnom d'« Alger la Blanche », avec un panorama grandiose sur la mer.

Je me suis présenté le lundi matin rue Auber, j'y ai vu mon nouveau directeur, un certain B., que je n'ai plus jamais revu depuis. Il me tint un joli petit discours sur mes mérites : « Malheureusement nous n'étions pas nombreux, pourtant la France en Algérie avait grand besoin de cadres administratifs, etc. » Suivit une vague description des tâches qui m'attendaient comme « chef de contrôle des droits indirects et des lois économiques » – tel était mon nouveau titre – dans un poste vacant depuis plusieurs années, en limite d'une zone interdite qui s'étendait jusqu'à Tenès. « Bienvenue en Algérie et bonne chance ». [...]

Je fus surpris, dans l'après-midi même, de voir les services des Contributions diverses groupés dans un immeuble de belle apparence, l'hôtel des Impôts, où le chef de contrôle des Droits indirects, c'était moi, disposait d'un bureau pour lui tout seul. L'Algérie était, sur ce point, en avance sur la métropole où les centres ou hôtels des Impôts ne devaient pas être nombreux en 1960. Je fis connaissance de mon agent de constatation, Henri B., un pied-noir enfant du pays, qui officiait dans une autre pièce. Nous en avions même une troisième, inoccupée, à notre disposition. Avec tables, classeurs, armoires et chaises. Je fus admiratif devant un tel luxe. B. me fit la meilleure impression. Plus vieux que moi, j'avais 36 ans déjà, avec la quarantaine à peine passée. Je devais découvrir vite qu'il était sérieux et travailleur, mais paralysé dans son action car natif de Cherchell et seul, à un petit grade, pour tenir son poste. Je me fis expliquer ce que serait ma tâche : les droits indirects avec une législation identique à la métropole et que je connaissais *grosso modo* et les lois économiques, pour les céréales et la viticulture, que je ne connaissais pas du tout. J'avais beaucoup à faire en ce domaine pour me mettre au courant et je m'y attelai, dès le lendemain. Je lui ai demandé de m'aider à trouver un petit meublé, trois jours après, c'était fait.

J'étais plein d'un certain nombre de préjugés que la lecture des journaux métropolitains ou l'écoute de la radio m'avaient peu à peu mis en tête. Outre que j'imaginais un pays à la vie rythmée par les explosions de bombes dans la rue, de grenades dans les cafés ou d'attentats individuels, je m'étais forgé une opinion mitigée des pieds-noirs, riches colons meilleurs à faire travailler les autres qu'à travailler eux-mêmes, fonctionnaires paresseux et chefs d'entreprise plus ou moins négriers. Je me rendis rapidement compte que tout cela était faux, que la vie de tous les jours était parfaitement normale, Européens et Musulmans côte à côte, que les petits propriétaires, surtout viticulteurs, ne subsistaient qu'au prix d'un gros labeur et que mes nouveaux collègues étaient tout pareils à leurs homologues de métropole, avec des bons et des moins bons.

Nous commencions tôt le matin, entre 7 heures et 8 heures, l'heure d'ouverture des caisses et des bureaux, avec des jours de réception. Je préférais venir très tôt, car je supportais assez mal la chaleur encore forte et le gardien, un ancien d'Indochine, venait m'ouvrir au premier coup de sonnette. Je me réfugiais ensuite jusqu'à 16 heures dans la fraîcheur de notre logement. B. qui connaissait très bien son affaire entreprit mon apprentissage de bonne grâce non sans mal, car si les portatifs des marchands en gros n'eurent bientôt plus de secret pour moi, les registres et les états mensuels de la grosse coopérative céréalière de Marengo ne me devinrent pas familiers d'un seul coup. Mais, d'après B., je comprendrais mieux quand nous irions, sur place, à la fin du mois, remplir les états avec les documents fournis par la coopérative. En plus de celle-ci, nous avions deux marchands en gros, deux coopératives agricoles, et une recette-buraliste qu'il nous fallait « arrêter » chaque mois à Dupleix, en plus de celle qui couvrait la circonscription de Cherchell, à même l'hôtel des Impôts. Ainsi qu'un cinéma qui n'était jamais exercé, par mesure de sécurité, m'avait dit B. Au bout de quelques jours, j'étais déjà bien installé, même si la législation sur les céréales m'apparaissait comme une forteresse qu'il me serait difficile d'emporter.

Je décidai un soir d'aller voir comment ça se passait, à ce cinéma. La séance commençait à 19 heures, car le couvre-feu, toujours en vigueur, était fixé à 21 heures ou 21 h 30, je ne me souviens plus au juste. J'arrivai un moment avant le début, et je pus me rendre compte que, si tous payaient, autant entraient avec ou sans billet. Dès le lendemain j'envoyai une convocation au propriétaire de l'établissement, un musulman du nom de N. À l'heure dite, se présenta un homme d'une cinquantaine d'années, assez grand, moustache rase, chéchia rouge sur la tête, parfaitement habillé à l'européenne. Une indiscutable allure. Il se décoiffa, s'assit à mon invitation, et déposa une enveloppe sur la table. Sur mon interrogation, il m'indiqua que c'était « un petit cadeau de bienvenue ». J'ai pris l'enveloppe, la lui ai tendue et je lui ai dit : « M. N., j'arrive de métropole, comme vous le savez déjà, et c'est une pratique qui n'y existe pas. J'entends bien qu'il en soit de même ici. Vous serez bien aimable d'en tenir compte et même de le faire savoir, si vous voulez que nous soyons en bons termes. Ceci étant, j'ai pu constater l'autre soir que les billets qui vous sont remis pour contrôle ne sont pas systématiquement utilisés pour les entrées. Je veux bien tirer un trait sur le passé, mais désormais vos déclarations hebdomadaires devront être en conformité avec tous les billets vendus, et croyez que je m'en assurerai ». L'homme remit l'enveloppe dans sa poche, acquiesça discrètement, et sortit. […]

Fin novembre, j'étais déjà parfaitement coulé dans la vie cherchelloise et je me sentais devenir plus pied-noir que les pieds-noirs eux-mêmes, tout au moins sur le problème du destin de l'Algérie. C'est dire si l'autodétermination annoncée par de Gaulle me surprit et me choqua. Je n'avais pas tout laissé en métropole, famille, maison, amis, pour ça. Quand le sous-préfet nous annonça que le Général, dans le cadre de sa grande tournée algérienne, allait s'arrêter à Cherchell et que je lui serai présenté, puisque je faisais partie de ce que l'on appelait les « corps constitués », je me promis de le lui dire et d'exprimer mon mécontentement en quelques phrases soigneusement préparées. Mais quand le cortège arriva à ma hauteur, le Général et notre sous-préfet en tête, ma gorge commença à se nouer. Il se dégageait de cet homme, que je portais aux nues depuis 20 ans, une telle personnalité, une telle majesté même, que j'en tremblais presque. Le sous-préfet annonça : « Voici M. Marenaud, inspecteur des Contributions récemment arrivé de métropole » et le Général, me regardant droit dans les yeux, me tendit la main, disant simplement de sa célèbre et profonde voix « Bonjour, monsieur l'inspecteur ! » Pourtant pas spécialement impressionnable, je n'ai pu articuler un seul mot.

Le référendum sur l'autodétermination eut lieu un jour de fin janvier 1961, que je passai dans le bureau de vote de Gouraya où le sous-préfet m'avait expédié avec un musulman de Cherchell pour surveiller la régularité des opérations. Tout se passa parfaitement, avec, c'était remarquable, beaucoup de femmes venues de leurs douars. J'en parle car j'avais reçu de Bordeaux quelques jours auparavant un journal occasionnel de propagande publié par les instances gouvernementales et qui s'appelait *France référendum*, distribué partout en métropole, mais pas en Algérie. Évoquant la longue visite algérienne du Général, cette éphémère publication avait illustré l'article par une belle photo : de moi serrant la main du Général !

Les semaines passaient et je ressentais un certain changement dans l'atmosphère de la ville. Même K., le serveur principal de l'hôtel Césarée, volontiers bavard et familier, ne nous parlait plus qu'avec une retenue à peine perceptible, et certainement moins de chaleur. Je n'en assurai pas moins ma tâche quotidienne ; j'avais effectué chez mes deux marchands en gros avec B. – inquiet des résultats – un recensement des alcools et des vins qui s'était avéré bien moins catastrophique que je ne l'avais prévu et j'avais adressé à la direction les deux PV que j'avais dressés. [...]

J'appris le putsch d'avril 1961 par la radio. J'écoute toujours la radio en me rasant. Il devait être 6 ou 7 heures du matin et je me dépêchai d'arriver au bureau pour y voir la réaction des gens. Joie chez les uns, réprobation chez les autres, surprise pour tous. Mes sentiments étaient partagés. De cœur avec les rebelles, je voyais mal l'issue de la crise dans un affrontement avec la métropole, et sans doute n'étais-je pas le seul, car aucune unité militaire du secteur ne bougea. Le seul à se manifester vraiment fut un ancien combattant musulman, Z., qui se promena pendant trois jours dans Cherchell avec un drapeau tricolore sous le bras. Le malheureux fut assassiné à coups de couteau quinze jours plus tard, au marché, sans que l'on puisse mettre la main sur les meurtriers, que vingt ou trente personnes avaient pourtant vus, et sans doute reconnus. C'était le premier attentat à Cherchell depuis plus de trois ans.

Les travaux préliminaires au remembrement du vignoble commencèrent peu après, comme si rien ne s'était passé. En fait, rien ne s'était passé. Nous eûmes la visite d'un inspecteur principal, C., venu d'Alger nous expliquer quelle serait la nature de ces travaux et nous transmettre les félicitations du directeur, satisfait des deux procès verbaux que nous avions envoyés trois ou quatre mois auparavant et qui montraient que « la marche du bureau avait repris son cours normal ». [...]

Rentré à Cherchell sans ma femme restée à Bordeaux, j'ai vu aussitôt qu'une cassure s'était opérée entre Européens et Musulmans. Les attentats individuels se multipliaient un peu partout, je ne me sentais plus en sécurité comme j'avais pu l'être depuis plus d'un an et je portais maintenant mon pistolet en permanence. Les notes de la direction se faisaient de plus en plus rares, nous n'avions plus de raisons d'entreprendre quoi que ce soit, nous ne voyions plus personne et tout respirait l'abandon. [...] J'ai décidé de prendre mon congé dès que possible, et de partir sans espoir de retour. [...]

À Alger, mon bateau était là. Sur les quais, des centaines de personnes, femmes et enfants surtout, assis partout au milieu de bagages entassés, attendaient. D'imposantes forces de police gardaient l'accès du navire, et cette multitude, apeurée et passive, me rappelait les réfugiés de juin 1940 sur la place des Quinconces à Bordeaux. Eux, du moins, avaient été poussés par l'Allemand victorieux et la vue de cet exode m'inspira un sentiment de honte voisin de celui ressenti vingt-deux ans plus tôt.

Vers le début de juillet, je suis monté à Paris, rue de Rivoli. Je voulais des vues précises sur ce que je devais faire. J'ai été reçu, après palabres et attente par un sous-directeur, je crois, qui m'a dit en substance que j'avais signé un contrat de trois ans, et que je devais en conséquence l'honorer. La paix régnait désormais en Algérie, il était de mon devoir de revenir à mon poste pour aider le jeune État algérien à démarrer. Bien sûr, je pouvais refuser de repartir, mais dans ce cas, je devrais reverser la prime de départ au prorata du temps restant à courir pour terminer mes trois ans. [...]

J'ai retrouvé Cherchell bien changé. On ne voyait presque plus d'Européens dans les rues, les boutiques et cafés étaient fermés, on ne servait plus d'anisette au Césarée, ouvert sous la responsabilité d'un membre du FLN. Mon appartement n'avait pas été occupé, mon bureau non plus. B., très surpris de me voir de nouveau, s'apprêtait discrètement à quitter sa terre natale. Nous n'avions toujours aucune directive, aucune note, et ne savions que faire, sauf attendre en discutant. Et nous attendions, quand je reçus un télégramme de Paris, envoyé par la fille des amis qui m'avaient hébergé un mois plus tôt, comme ils le faisaient à chacun de mes séjours. Hôtesse de l'air, elle arrivait le 18 août pour quelques jours. Je me devais d'aller la chercher à l'avion, lui expliquer que l'heure du tourisme n'avait pas encore sonné dans l'Algérie nouvelle, et la convaincre de le reprendre en sens inverse. J'ai obtenu sans peine, à la sous-préfecture où ne restait plus aucun Européen, un laissez-passer nécessaire pour sortir de Cherchell, si j'y étais entré sans problème. Je suis arrivé au poste de garde le

18 août 1962, vers 8 heures, dans la Dauphine de B. – qui venait de la vendre pour un prix dérisoire à son voisin musulman – mais avait bien voulu me la prêter. J'allais repartir après visa de mon laissez-passer quand un jeune soldat de l'ALN que j'avais remarqué assis sur une borne, un pistolet-mitrailleur MAT 49 en bandoulière, se leva, ouvrit la portière et s'installa à côté de moi, disant simplement « Tu m'emmènes à Tipasa ». Ça ne me plaisait pas du tout, mais que faire ? Il me parlait gentiment : « La guerre est finie, il faut se réconcilier et vivre en frères… » On venait de dépasser Zürich et je me rassurais quand il me demanda d'arrêter pour satisfaire un besoin naturel. Je me suis exécuté sans méfiance. Il est sorti, a braqué son MAT 49 sur moi et m'a ordonné de descendre en levant les bras. La route était déserte, longeant la mer en surplomb d'un ravin parsemé de roseaux. Il me poussait devant lui sur la pente du ravin, je pensais qu'en bas je serais abattu. J'avais peur, mon cœur battait très fort, trop fort sans doute quand, me retournant brutalement, j'ai tenté de le désarmer avec mes souvenirs de close-combat appris à Saint-Cyr. Trop lointains, car je n'ai réussi qu'à le déséquilibrer et me suis retrouvé face à lui. Il a tiré. Un coup de feu. Je me suis rué sur lui, tête en avant et l'ai fait tomber. Plus grand et plus fort, j'aurais certainement pu, à ce moment-là le mettre hors d'état de nuire. Mais je n'ai pensé qu'à m'enfuir. Mes jambes de sportif m'ont fait remonter le ravin et courir sur la route de toutes mes forces. En me retournant, je l'ai vu à genoux à côté de la voiture et me tenant en joue, mais aucun coup de feu. J'ai continué à courir, mon ventre commençait à me faire mal, j'ai entendu la voiture faire demi-tour pour repartir à Cherchell. Mon short était plein de sang qui dégoulinait sur mes jambes. En vue de Bérard, j'ai été recueilli par une camionnette militaire qui se rendait à Alger et s'est arrêtée au camp de la légion de Zéralda pour des premiers soins. L'infirmier à qui j'ai dit que j'avais une balle dans le ventre m'a nettoyé et pansé sommairement : « Ce n'est pas une, mais deux balles que tu as reçues ». J'avais en effet deux trous, un de chaque côté. Roulant vers Alger sur une civière installée dans la camionnette, j'ai pensé que ma bonne étoile m'avait abandonné, et que j'aurais du mal à m'en tirer, avec deux balles dans le ventre.

Cinq jours après, j'ai quitté l'hôpital Mustapha, très affaibli parce que j'avais perdu beaucoup de sang, mais avec seulement trois ou quatre points de suture, un peu plus bas de part et d'autre du nombril. Un seul coup de feu avait bien été tiré, la balle avait traversé le ventre sans rien déchirer que le muscle abdominal. Sans doute avais-je eu un réflexe instinctif de me détourner quand j'ai senti qu'il allait tirer, mais le second miracle, c'est que le MAT 49, arme très sûre, se soit enrayé après la première cartouche. À bout portant, j'aurais dû être presque coupé en deux !

L'aventure algérienne était terminée, fin août j'étais à Bordeaux pour un mois de convalescence.

Jean-Louis Marenaud

Je quitte l'Algérie

La situation devenait de plus en plus difficile, tendue. En juillet 1961, je suis parti en congé en métropole avec mon épouse, et nous nous sommes retirés dans le Lot à Puy-l'Évêque. Je ne suis pas retourné en Algérie, ai produit un certificat médical, le premier et le dernier, depuis mon entrée dans l'Administration en 1935. C'est seulement que j'ai réalisé qu'ayant participé à la guerre d'Algérie par mon engagement, j'étais en danger là-bas.

Par les accords d'Évian de mars 1962, de Gaulle a fait cadeau de l'Algérie aux Arabes, avec le cheptel mort et vif. Le vif, c'était le million de pieds-noirs qui, n'ayant rien compris à cette finesse sont partis et ce fut l'exode.

Ironie de la vie, mes ancêtres ont quitté l'Espagne en 1492 et moi dans des conditions presque similaires, j'ai quitté l'Algérie. La différence cette fois c'est qu'il s'est agi de tous les Français sans distinction. [...]

L'Administration nous a tous recasés en France. J'ai été nommé à Rodez aux Impôts indirects et ai été affecté à la taxe sur les affaires, à l'inspection centrale où se trouvait également le service des impôts indirects proprement dit. Je suis resté trois mois à ce service, puis le directeur m'a désigné comme chef du personnel en remplacement de l'inspecteur central, muté à Montpellier pour raisons de famille. À mon avis, ce directeur avait obligatoirement étudié mon dossier, qui n'a pas dû lui déplaire.

Joseph Pinto

CONTRIBUTIONS DIRECTES

(1954-1960)

Tournées dans le *djebel*

Le bureau étendait sa compétence sur la ville de Guelma, bien sûr, mais aussi sur un grand nombre de communes rurales, dont les plus éloignées se situaient à une quarantaine de kilomètres. Les problèmes, avec ces dernières, se posaient d'ailleurs, moins au regard des distances qui les séparaient du service, que par rapport à leur nature administrative.

Cela mérite une explication. En effet, les communes de petite taille qui, en général, étaient situées dans les montagnes (le fameux *djebel*), relevaient d'une administration dite « mixte », qui combinait le pouvoir de l'autorité française représentée par un administrateur civil, et celui des autorités locales issues des traditions et de l'organisation des populations, telles qu'elles existaient, à quelque chose près, avant la colonisation.

C'est ainsi, qu'à la place du maire on trouvait un « caïd » (terme dont l'acception fut notablement élargie, comme chacun sait). La justice était rendue, quant à elle, par un « cadi », qui était aussi une sommité religieuse, souvent sollicitée, de par cette dualité d'attribution, aussi bien pour les problèmes de droit civil que pour ce qui touchait au sacré.

Au plan territorial, le village s'appelait « *douar* », tandis que le hameau se nommait « *mechta* ».

Enfin, qui ne sait que le « gourbi » n'était rien d'autre qu'une humble demeure de torchis, archétype de cet habitat pauvre et rural.

Les habitants de ces communes, sauf exception, et en particulier pour les notables, vivaient chichement des produits d'un petit lopin de terre, de l'élevage de volailles, de quelques chèvres parfois et, pour les mieux nantis, d'une ou deux vaches.

L'impôt ne les concernait pratiquement pas au niveau des revenus, dès lors que ces personnes se situaient au-dessous des seuils de déclenchement de l'impôt sur les bénéfices agricoles (catégorie dont ils relevaient).

En revanche, ils étaient très souvent concernés par cette fiscalité, que l'on qualifie aujourd'hui de « locale », elle-même vague résurgence des célèbres « quatre vieilles ». La taxation s'établissait en prenant en compte la possession de certains éléments fonciers, avec, notamment, les maisons et les terrains.

À cela s'ajoutait une imposition locale très particulière : la taxe des prestations. Survivance d'une époque lointaine, où l'impôt frappait des indices et non des revenus ou des transactions, cette taxe était assise sur certains éléments que possédait le contribuable. En milieu rural, ce qui était le cas, elle se fondait principalement sur la consistance du cheptel : animaux relevant des espèces bovine, ovine et caprine. Les bœufs et les chevaux n'étaient retenus que dans la mesure où ils étaient affectés au trait, et à ce titre, entraient dans le champ d'application de l'impôt, tout comme les « chevaux mécaniques » des tracteurs et des véhicules automobiles.

Ensuite, et cela va surprendre, cette taxe frappait aussi les « hommes », sous réserve qu'ils soient valides et âgés de plus de dix-huit ans et de moins de soixante ans. Le principe de cet assujettissement résidait dans la possibilité pour le citoyen de pouvoir bénéficier des routes et chemins construits et entretenus par l'État ou les collectivités. La contrepartie de ces services était donc cette taxe, qui pouvait, sur la demande du contribuable, être remplacée par sa participation effective aux travaux de voirie.

En d'autres termes, celui qui ne pouvait ou ne voulait pas se libérer en argent de son imposition avait le choix de devenir « cantonnier » pendant trois jours. Un volet détachable de l'avertissement lui permettait d'informer l'Administration de l'option qu'il souhaitait exercer.

Je ne dirai pas pourquoi les femmes étaient exonérées de cette cotisation, il y avait sans doute une raison, mais que je serais bien incapable de retrouver après tant d'années écoulées.

Enfin, les chiens, classés en deux catégories, suivant qu'ils ne quittaient pas les dépendances immédiates de la maison, ou qu'au contraire, ils étaient en totale liberté, faisaient partie des éléments imposables, et représentaient une source de contestations inépuisable.

Comme on l'imagine aisément, la complexité de tout ce système provenait davantage des difficultés qu'il y avait à établir, au plus près de la vérité, la liste des éléments à taxer, que de leur nature propre, ou des règles relativement simples qui présidaient à leur taxation. C'est une commission dite « des impôts directs » qui fournissait, pour chaque contribuable, le détail des biens sur lesquels devait être assise la taxe, et cela une fois par an. Cet organisme présidé par le maire (ou le caïd) comptait un nombre variable de conseillers municipaux, lesquels, notamment en milieu rural, jouaient un rôle déterminant mais éminemment approximatif.

L'importance de la commission était décisive et incontournable, dès lors qu'il n'y avait strictement aucun autre moyen pour appréhender la matière imposable. [...]

Cette collecte d'informations en mairie s'appelait « la tournée de recensement », que d'un commun accord, nous qualifions tout simplement de « tournée ».

C'est dire que le rôle essentiel du contrôleur des Impôts consistait dans la mise à jour des listes des habitants avec, pour chacun d'eux, le détail des éléments taxables. S'agissant des villes, et des centres les plus importants, l'imposition des revenus s'opérait, à peu de choses près, dans les mêmes conditions qu'en métropole.

Ce recensement annuel était une opération d'envergure.

L'organisation des territorialités dites « mixtes », la spécificité de la vie rurale, et la mentalité de ces rudes paysans rendaient cette tâche bien différente de celle, analogue (au moins sur le fond) que j'ai pu ensuite accomplir en métropole, après mon rapatriement, dans les petites communes de l'Oise.

Nous nous partagions le travail avec O., comme cela était prévu par les instructions. Le contrôleur allait sur le terrain, et l'agent s'employait à mettre à jour les documents du bureau, au vu des informations ramenées à l'issue des travaux effectués en mairie.

Les localités où je devais me rendre se situaient dans un périmètre, comme je l'ai déjà précisé en commençant ce chapitre, de quelques dizaines de kilomètres, ce qui ne semble pas être une distance excessive. C'est vrai, mais les moyens de communication avec ces unités administratives étaient peu développés, et même, les routes ne présentaient pas le minimum de qualité pour que l'on puisse les pratiquer facilement. Les villages (douars) étaient souvent accrochés à des flancs de montagne, ou, au contraire, dominaient la vallée du haut d'un piton rocailleux, et un unique chemin bordé d'épineux et de figuiers de barbarie, permettait d'y accéder. Dans les cas les plus difficiles, n'ayant pas de véhicule personnel (ce qui n'était pas rare à cette époque), je bénéficiais d'une voiture que me dépêchait le « caïd » (le maire), et l'on venait me chercher à la gare, et parfois – luxe appréciable – au bureau. Il faut dire que la masse de documents à emporter était considérable. Elle emplissait plusieurs vieux cartables, et même parfois une ou deux valises fatiguées, que des grands tours de ficelle essayaient de rendre utilisables sans trop de risques. Ce chargement constituait, pour moi, en tout cas, l'un des obstacles le moins aisé à surmonter. Aussi, lorsque la chance m'envoyait un véhicule depuis mon point de départ, le travail prenait une autre allure, et s'en trouvait facilité.

Mon bagage était constitué, pour l'essentiel, de fiches légèrement cartonnées, prévues, par un jeu subtil de colonnes et de cases, pour engranger toutes les indications que la commission allait fournir. Certains éléments étaient portés une fois pour toutes, et ne variaient que suite à des motifs exceptionnels. C'était en particulier le cas de la valeur locative des terrains et des constructions qui servait de base à l'assiette des contributions foncières.

Si tout cela, au fond, ressemblait étrangement à ce que j'appliquerai quelques années plus tard en métropole, je dois avouer que les travaux se fondaient sur de telles approximations, de telles négociations (pour ne pas dire marchandages), que j'eus bien du mal, ultérieurement, à penser que j'exerçais le même métier, sur l'autre rive de la Méditerranée.

Chaque tournée était une aventure par elle-même, et ne ressemblait jamais à la précédente. Seule la qualité de l'accueil leur était commune, et la gentillesse et la bonne volonté de ces personnes méritent, encore aujourd'hui, d'être soulignées. En revanche, les voyages, le travail sur place, la compétence des membres des commissions constituaient un ensemble d'aléas, dont il n'était jamais possible de prendre une juste mesure par anticipation. Le jour venu, après avoir sacrifié avec plaisir au cérémonial de l'accueil, accepté toutes les congratulations exprimées à mon intention, et absorbé une ou deux tasses d'un café dont l'arôme n'avait certes pas besoin de spot publicitaire, le travail pouvait commencer. J'appelais fiche par fiche les différents contribuables de la commune et attendais que la commission me donne les éléments à retenir au titre de l'année d'imposition. Le spectacle était autour de moi, et, en quelques tournées, j'en ai appris probablement plus sur la vie locale de ces régions que par une classique étude livresque.

Chaque nom lancé semblait plonger l'auditoire dans une perplexité qui pouvait laisser penser un instant que l'intéressé était totalement inconnu ici. Puis les choses évoluaient rapidement. Les plus anciens membres de l'assemblée prenaient soudain un air entendu et, comme par magie, après un bref échange en arabe, les différents acteurs se mettaient tout à coup d'accord pour m'affirmer que tout était bien comme cela et qu'il fallait se contenter de reconduire la situation pour un an. Je m'habituais à cette manière de procéder et avais compris qu'il fallait laisser du temps aux participants et ne pas les bousculer. Leur rythme n'était pas le mien. Je soupçonne que cette lenteur affectée procédait du désir de valoriser leur rôle et que cette pseudo-réflexion qui semblait les habiter pour chaque cas évoqué n'avait d'autre explication qu'une recherche de reconnaissance.

D'autres motivations plus subtiles expliquaient également les pesanteurs qui retardaient considérablement la marche des travaux. D'une part, les membres de la commission trouvaient dans cette mission annuelle un dérivatif, rare par nature, et n'entendaient pas, cela peut se comprendre, s'en priver trop rapidement. D'autre part, aux yeux de la population, il eût été déplorable que la séance ne s'achevât en quelques heures. Les suites qui en découlaient n'auraient pas manqué d'être commentées de façon négative, et auraient suggéré une action bâclée. En effet, la longueur des opérations intriguait les villageois et, bien sûr, donnait, par voie de conséquence, beaucoup d'importance à ceux qui y siégeaient. Ils faisaient partie du clan des décideurs, et cela, dans ce milieu simple, emportait le respect.

Par ailleurs, de nombreuses pauses-café interrompaient fréquemment l'activité de notre assemblée, pour apporter détente et convivialité. Cela restera toujours un mystère pour moi que de savoir comment se déclenchaient ces dégustations et qui en prenait l'initiative. Rien ne les laissait présager, et tous, sauf moi, semblaient connaître le moment où un jeune garçon apparaîtrait avec un plateau garni de tasses emplies de café fumant et, suivant les régions, d'un flacon d'eau de fleur d'oranger, pour corser davantage le liquide brûlant et odorant.

La tournée terminée, il fallait prendre le chemin du retour, et c'était bien souvent des tribulations bien plus compliquées que celles qui m'avaient conduit jusqu'ici.

André Malleck

Une insécurité quotidienne

En 1955, la guerre d'Algérie, que l'on ne nommait pas encore comme cela, avait commencé, et même, si les exactions n'atteignaient pas le niveau des années qui suivirent, l'insécurité s'étendait un peu plus chaque jour et rendait hasardeux tout déplacement hors des villes.

Les voyages en train se limitaient à l'indispensable et l'avion seul assurait sur les grandes distances une réelle sécurité. Pour la route, la solution adoptée passait par la mise en place de convois militaires pour encadrer les voitures durant leurs trajets. La fréquence de ces escortes et les difficultés matérielles rencontrées pour connaître très précisément les horaires du dispositif ajoutaient à la pénibilité des missions extérieures.

La vie personnelle n'était pas épargnée non plus et le couvre-feu, sévissant à compter de vingt heures le soir, avait définitivement convaincu le monde des noctambules de revoir sa conception des plaisirs de la nuit.

Les réunions conviviales, les invitations à dîner, les théâtres, les cinémas, tout cela n'était plus possible. La population s'enfermait, non seulement physiquement dans ces interdits, mais commençait, aussi psychologiquement à se recroqueviller sur elle-même.

La vie s'était comme raccourcie, amputée douloureusement des meilleures heures de la journée, celles réservées, après le labeur, aux distractions et aux contacts.

Cette grisaille durera longtemps, trop longtemps, et la jeunesse de toute ma génération fut littéralement escamotée. Ces belles années me furent volées et, encore aujourd'hui, j'en ressens toujours une frustration qui, certainement, ne me quittera pas de sitôt.

Dans ces conditions, chaque déplacement devenait dangereux et les familles de ceux qui parcouraient les routes n'étaient enfin rassurées qu'à leur retour. L'incertitude régnait et il suffisait qu'une période d'accalmie soit tragiquement interrompue par un attentat ici ou là pour que la crainte revienne et, avec elle, au fur et à mesure, le découragement de la colère.

Ce jour-là, il me fallait partir en tournée à Mila, une ville de moyenne importance du Constantinois, agricole par son économie, et dont la population, hormis l'existence d'une petite bourgeoisie, vivait très modestement.

En tout début d'après-midi, je me rendis au lieu convenu pour les départs de convois, et essayai de chasser de mon esprit les craintes exprimées par mes proches, en me disant que ce qui devait arriver était, de toute façon, inéluctable.

Un mot arabe, bien connu, résume parfaitement cette recherche de sérénité : « *Mektoub* », ce qui signifie « c'est écrit ».

À mi-chemin entre la foi et le fatalisme, combien de fois l'ai-je entendu prononcé par mes amis arabes, chaque fois qu'un coup du sort les frappait.

Je m'approchai du lieu du rendez-vous des automobilistes en partance ce jour d'octobre encore ensoleillé, où tout aurait été tellement agréable, si tout simplement, nous avions pu travailler en paix. [...]

Le convoi avait commencé à se former avant mon arrivée et des derniers lacets de la route qui le surplombaient, je voyais sa longueur, déjà importante, ce qui laissait envisager un départ imminent.

Une automitrailleuse à chaque extrémité, cette chenille pitoyable devenait l'ultime rempart contre l'adversité, pour qui voulait toujours travailler, négocier, soigner, et peut-être aussi, assurer la présence de la France auprès de ceux qui y croyaient encore.

Une fois tous les véhicules alignés, le cortège s'ébranla vers la vallée. Sa longueur était telle qu'aucun des automobilistes ne pouvait l'apercevoir tout entier. C'est seulement dans les virages que l'on avait l'occasion de voir celui des blindés qui ouvrait ou fermait, selon le cas, cette marche surréaliste dans l'absolu mais qui ne nous étonnait plus.

On peut s'habituer à tout.

La traversée des villages apportait aux enfants, amassés de chaque côté de la route, le dérivatif que leur curiosité réclamait. Ils riaient, saluaient, certains applaudissaient, d'autres enfin, par leurs pitreries, essayaient de se faire remarquer des occupants des voitures.

Plus par lassitude, que par réelle sympathie, nous répondions d'un geste furtif à leurs gesticulations, préoccupés que nous étions par la suite de cette expédition.

Lentement, au rythme des engins militaires, nous approchions de notre destination.

À quelques kilomètres du but, il y avait toujours un automobiliste qui, estimant le danger passé, se permettait de déboîter, de remonter le convoi et ainsi accomplissait seul la fin du trajet. Une sorte de contagion s'emparait alors de la plupart des autres chauffeurs qui, à leur tour, se dégageaient de la file, et terminaient leur parcours sans la protection des blindés, qu'ils laissaient loin derrière eux. [...]

J'arrivai à Mila en fin d'après-midi, et regagnai... l'hôpital où l'on m'avait réservé une chambre. [...]

Je me rendis vers l'unique restaurant de la petite ville et j'espérais que cette détente forcée me remettrait de meilleure humeur. Cela faillit réussir.

Hélas, au moment où, grâce à la gentillesse des propriétaires de l'établissement, et à la qualité de leur cuisine, je me laissai aller à des pensées plus souriantes, la patronne vint rompre le charme de l'instant :

« Excusez-moi monsieur.

- Oui…

- J'ai cru comprendre que vous êtes le contrôleur des impôts.

- C'est exact, madame.

- Où êtes-vous logé ?

- On m'a réservé une chambre à l'hôpital.

- Ah, parfait. Permettez-moi de vous rappeler qu'il est déjà 19 h 40, et vous savez que le couvre-feu est à 20 heures.

- Je le sais madame, j'ai l'habitude. Chez moi, c'est aussi comme cela.

- Oui bien sûr, mais ici, en ce moment les militaires sont très alertés, et ne font pas de cadeaux. Tenez, hier, un brave monsieur, que nous connaissions bien mon mari et moi, a été tué parce qu'il n'avait pas répondu aux sommations d'une patrouille. Le pauvre, ce n'était pas de sa faute, il était sourd… mais les militaires ne pouvaient pas le deviner.

- Quel malheur. Comme c'est stupide…

- C'est pour cela que je préfère vous prévenir. Il vaut mieux ne pas traîner ».

La fin de mon repas se révéla soudain de qualité beaucoup plus quelconque et l'envie de déguster me quitta au profit de celle de rentrer le plus vite possible.

Je partis et me rapprochai de mon hébergement.

À la lueur vacillante des phares de ma 2 CV, j'aperçus effectivement quelques groupes de soldats armés et tout dans leur attitude laissait apparaître leur vigilance, leur détermination, mais aussi leur crainte.

Une sentinelle m'arrêta à l'entrée de l'hôpital, et après s'être minutieusement assurée de mon identité, m'ouvrit la barrière basculante. […]

Le lendemain, le travail s'effectua comme si rien de particulier ne s'était passé, hormis la mort d'un homme sourd, victime innocente de ceux qui étaient là pour le protéger.

André Malleck

« Si l'on demande où je vais… je suis en Afrique »

Le 8 janvier 1960, je reçois de la direction générale des Impôts (bureau 1er B1) cette notification :

« M. Martin (Éric), inspecteur des impôts au service des Contributions directes dans le département de la Côte-d'Or, sera affecté d'office en Algérie par application des dispositions de la loi du 1er août 1957 […]. L'intéressé devra rejoindre l'Algérie le 1er février 1960 […] ».

Cette fois, c'est officiel.

Pendant ce mois de janvier je suis en vacances forcées. Mes années d'insouciance s'achèvent.

Mais je joue de malchance. Le dimanche 24 janvier, un cafetier poujadiste d'origine espagnole, Joseph Ortiz, barricade le centre d'Alger ; Pierre Lagaillarde et une dizaine d'étudiants se « retranchent » dans le carré des facultés ; une poignée d'activistes civils et militaires bascule dans l'illégalité.

Des voitures klaxonnant les cinq notes « Al-gé-rie fran-çaise » sillonnent les rues.

Ce dimanche, vers 18 heures, sur le plateau des Glières, un coup de feu, « d'origine inconnue », déclenche une fusillade. Triste bilan : 20 morts (14 gendarmes, 6 civils), 147 blessés dont 123 gendarmes.

Le samedi 30 janvier « la rébellion d'Alger », privée du soutien des militaires et des musulmans, s'achève piteusement.

Le lundi 8 février je reçois (enfin) des instructions précises (et précipitées) du directeur des Contributions directes de la Côte-d'Or – mon département de rattachement administratif :

« Je vous invite à prendre vos dispositions pour rejoindre d'urgence Alger. Vous devez, en conséquence, quitter Lyon le mardi 9 février prochain et vous présenter le 12 février à 8 heures à la direction générale des Finances à Alger ».

Jeudi 11 février : arrivée à Alger. Je loue une chambre dans un petit hôtel de la rue d'Isly, près de la grande poste.

Vendredi 12 février : au Gouvernement général (on dit : le « GG »), je suis introduit auprès du chef du service des Impôts directs.

Ce fringant quinquagénaire, à l'élégance négligée savamment entretenue – chemise de popeline de coton à rayures blanches et bleues, pantalon de flanelle grise au pli impeccable – affecte une confraternité condescendante : « Bienvenue parmi nous, cher collègue (un silence). Alors, c'est pour le pavillon de banlieue ? » D'abord interloqué, je comprends que pour lui la motivation d'un fonctionnaire volontaire pour servir en Algérie est l'argent (prime et « tiers colonial »). Vexé par cette réplique méprisante – ou peut-être se voulait-elle seulement amusée ? –, je réponds : « Non, pour moi c'est un château en Espagne ! » Je tourne les talons et je sors. Je ne suis pas certain qu'il ait entendu ma réponse. Il reprend la conversation là où mon arrivée l'avait interrompue. Un jeune collègue me rattrape en courant : « Vous avez oublié votre commission d'inspecteur ». Il s'agit de notre carte d'identité professionnelle portant cette formule rituelle : « Au nom du Peuple français, le délégué général du Gouvernement en Algérie requiert les autorités constituées de prêter à (ici le nom du titulaire de la carte) aide, appui et protection en tout ce qui se rattache à l'exercice de ses fonctions ». « Ne soyez pas vexé, cher ami, le directeur aime plaisanter ». Je crois bien que je perds un peu mon calme ; je lui réponds sèchement : « Assurez à M. le directeur départemental adjoint – j'appuie sur le mot adjoint – que je n'investirai pas une seule *peseta* en Espagne tant que le général Franco sera au pouvoir ». L'autre me regarde bouche bée.

Ma visite à la direction des Contributions directes d'Alger, 119 rue Michelet, correspond mieux à l'idée que je me fais des relations hiérarchiques. Je suis reçu par le directeur, sur le point de quitter Alger pour rejoindre Metz, en Moselle.

Il m'accueille amicalement. Je lui raconte mon premier contact avec le « GG » ; il s'en amuse. À ma demande, il me délivre sur le champ cet ordre de service :

« M. Martin Éric, inspecteur des impôts, mis à la disposition du délégué général en Algérie, est affecté d'office, et dans l'intérêt du service à l'inspection de Médéa ». [...]

Natif d'Oran, ancien administrateur civil, cet homme séduisant, spirituel, voltairien, possédait une vaste culture humaniste et une rare élégance de style. D'un abord un peu froid, parfois caustique – et même vachard avec les jean-foutre –, il savait demander à chacun de ses collaborateurs ce qu'il attendait de lui et en obtenir tout ce qu'il pouvait. Je l'ai toujours tenu pour un maître. Je lui dois en grande partie ce que je suis.

Le samedi 13 (nombre néfaste) je pars pour Médéa. Mon seul viatique est *Une année dans le Sahel* d'Eugène Fromentin : « À tous ceux qui me croient un voyageur, tu laisseras en effet supposer que je voyage, et tu diras que je pars. Si l'on demande où je vais tu répondras que je suis en Afrique : c'est un mot magique qui prête aux conjectures, et qui fait rêver les amateurs de découvertes » (lettre à Armand du Mesnil datée du 5 novembre 1852).

J'arrive à Médéa en début d'après-midi après un voyage en chemin de fer de près de deux heures : Maison-Carrée, Boufarik, Blida, les Gorges de la Chiffa – qu'en 1836, S.A.R. Henri d'Orléans qualifiait avec emphase de « Thermopyles de la Numidie ».

Personne ne m'attend à la gare. Je descends vers la ville par une avenue bordée de platanes ébranchés.

Yves L., inspecteur en titre du secteur, confie à Hadj H., contrôleur, le soin d'assurer ma formation. En cinq mois, je me familiarise avec le Code algérien des Impôts directs (un volume, il est vrai, de faible épaisseur).

Hadj H., un homme grave, discret et réservé, répond avec une infinie patience à toutes mes questions. Nous sommes à peu près du même âge et, tout de suite, j'éprouve de l'amitié pour lui. Je crois que c'est réciproque. Ce n'est qu'en mai 1962, bien après mon retour en France, lorsqu'il m'adressera sa photo en moudjahid – avec cette dédicace altière : « Meilleur souvenir d'Algérie » – que j'apprendrai son engagement dans les rangs de l'insurrection. À dire vrai je m'en doutais. [...]

Créé en juin 1956 à la suite du découpage de l'Algérois en quatre nouveaux départements, le Titteri est, en 1960, peuplé de 700 000 habitants (davantage peut-être). C'est un vaste territoire de près de 50 000 kilomètres carrés limité au nord par le versant interne du *djebel* Gontas ; son flanc ouest est constitué par les monts de l'Ouarsenis et le plateau du Sersou, son flanc est par les Kabylies, son flanc sud par les grands espaces steppiens des Hautes-Plaines.

Il est traversé par trois grands axes routiers : du nord au sud, la Nationale 1, Maison-Carré-Boufarik-Blida-Médéa-Laghouat-Ghardaïa ; d'ouest en est, la Nationale 18, Affreville-Médéa-Berrouaghia-Bouïra, et la Nationale 40, Tiaret-Boughzoul-M'Sila, qui va jusqu'au pied des monts du Hodna, anciennes pistes des marchands et des nomades.

Administrativement, ce département est divisé en sept arrondissements et en cent seize communes. Ses villes principales sont Médéa, le chef-lieu, Berrouaghia, Boghari (aujourd'hui Ksar El Boukhari), Aumale (Sour El Ghozlane), Djelfa (1 167 mètres d'altitude) et Bou-Saâda.

Le secteur des Contributions directes de Médéa, géré jusqu'au 30 juin 1960 par Yves L., inspecteur, s'étend de Médéa à Boughzoul sur près de cent kilomètres de long et soixante-dix de large. C'est une zone de montagnes aux horizons toujours renouvelés où voie ferrée et routes s'ouvrent difficilement un passage à travers les gorges de l'oued Chelif et les massifs de l'Ouarsenis. On a peine à imaginer qu'à une si faible distance d'Alger (cinquante kilomètres à vol d'oiseau) existe une région aussi déshéritée, aussi marginalisée.

Tel est le décor. [...]

L'hôtel des Finances de Médéa est situé au centre ville dans un minuscule parc ombragé où trône, juché sur un piédestal d'un mètre cinquante de haut, le buste en bronze de M. Edmond Daudet, ancien maire de la cité.

C'est un cube de béton sans élégance : au rez-de-chaussée le Trésor public ; au premier étage les Contributions directes, l'Enregistrement et les Contributions diverses – un service spécifiquement algérien qui regroupe les Contributions indirectes et leur recouvrement.

Son plus éminent personnage est sans conteste l'appariteur, le « *chaouch* ». C'est un homme corpulent, la quarantaine déjà avancée, les cheveux noirs bouclés, vêtu, hiver comme été, d'un impeccable complet veston noir à boutons d'argent. Il remplit avec beaucoup d'autorité ses fonctions d'agent de sécurité et de gardien-concierge – ses disputes avec la femme de ménage, qui n'est autre que son épouse, s'entendent jusque dans la rue. Il n'est pas sans défaut : il cède, par exemple, volontiers à une pratique assez répandue en Afrique du Nord, celle du *bakchich*. Il le fait avec beaucoup d'adresse : lorsqu'un contribuable se présente, il lui demande, avec une certaine condescendance, les raisons de sa présence. Celui-ci lui tend une liasse de documents que notre cerbère étudie avec une feinte attention ; puis il a inévitablement ce commentaire laconique : « Il manque une pièce ». Tout un chacun comprend assez vite qu'il s'agit d'une pièce de monnaie.

Bien sûr il nous embobine. Nous en sommes tous conscients : mais nous l'aimons bien. Son travail n'est pas si simple.

Malgré leurs angoisses, leurs peurs et parfois même leurs peines et les raisons qu'ils peuvent avoir de ressentir de la haine, les agents des Finances font preuve dans leur comportement de la plus grande réserve et d'une parfaite dignité[44].

Le service des Contributions directes, dirigé par un inspecteur, comprend un contrôleur, Hadj H., fils d'une famille de Médéa renommée et respectée, et quatre agents d'assiette : Mme M. – qui en 1961 aura la douleur de perdre son gendre, lâchement assassiné par un commando FLN –, Mme Q., dont le mari est originaire de Corse, B. une « métro », et M. B., de Sétif, déplacé d'office, à ce qu'on dit, parce que suspect d'avoir entretenu des « relations suivies » avec des rebelles kabyles.

La ville de Médéa reste celle que Jules Roy, jeune sous-lieutenant de tirailleurs, connut à la fin des années vingt, « un vrai nid de cancans, une fabrique de ragots »[45].

Dans les dîners entre amis, au Lions Club, les conversations n'échappent jamais à l'ennui. Chacun reste sur son quant-à-soi ; on évite d'évoquer les « événements ».

Dans le bled, les agriculteurs, Français d'Algérie, ne sont guère plus bavards. Certains, dès 1955, ont déjà choisi l'exode. En 1960, sur 1 406 hectares de terres agricoles de la commune de Médéa propriétés d'Européens, la moitié seulement reste en exploitation – contre 80 % trois ans plus tôt.

---

44. Un de nos collègues, inspecteur central, qui avait ses assises au café du Stade, y sera tué lors d'un attentat FLN. Cet attentat fera plusieurs victimes, toutes des fonctionnaires (note de l'auteur).
45. Jules Roy, *Amours barbares*, Paris, Albin Michel, 1993, p. 21 (note de l'auteur).

Beaucoup de ces agriculteurs jurent qu'ils n'abandonneront jamais leurs terres ni leurs ouvriers avec lesquels ils vivent. Ils sont sincères. M. M., viticulteur à Ben-Chicao, est de ceux-ci.

La soixantaine, le front dégagé, le visage tanné par le soleil, grand, sec, le regard clair, cet homme discret, généreux est un sage. J'éprouve pour lui une estime affectueuse.

Un jour, il m'amène sur un piton qui domine l'oued El Malah. Deux jeunes Arabes, solidement bâtis, vêtus de treillis, nous suivent à quelques pas.

« Croyez-vous au miracle ? m'interroge M. M.

- Non.

- Moi, j'y crois, j'y croirai toujours. Regardez cet aigle qui plane là-haut, dans un instant il va fondre sur sa proie, sans doute un mulot caché dans les broussailles près de l'oued ».

Au même instant le rapace amorce un grand virage, puis soudain pique au sol.

« Comment de si haut cet aigle a-t-il vu sa minuscule victime ? Ça, c'est un miracle ».

Sur le chemin du retour, il me confie d'une voix grave, presque sourde :

« Je suis de ceux qui refusent de donner du vin aux soldats qui gardent la ferme. Les militaires du contingent me lancent : " On défend vos biens et vous nous refusez un simple verre de vin ? " Dès que j'ai le dos tourné je sais qu'ils me traitent de " sale colon ". Eh bien oui, je leur refuse un verre de vin. Savez-vous pourquoi ? Parce que je me sens responsable de la vie de ces jeunes garçons. Un militaire qui boit de notre vin trop concentré en alcool perd un peu de sa vigilance et on le retrouve la gorge tranchée ».

La vie en Algérie est aussi faite de ces incompréhensions entre « pieds-noirs » et « métropolitains ».

Éric Martin

À pied, à cheval et en voiture

Je sais que mes missions de recensement sont parfaitement inutiles mais je m'en acquitte volontiers. Je n'ai pas le tempérament – et pas encore l'âge – de me limiter à un travail sédentaire ; et pourtant c'eût été la sagesse.

Les « tournées », dont la date, les horaires, le kilométrage sont minutieusement vérifiés par ma direction d'Alger, m'occupent beaucoup – trop peut-être. Mais je les tiens pour nécessaires. D'abord, elles me permettent d'avoir le contact avec la population ; ensuite, c'est pour moi l'occasion de régler les réclamations contentieuses, laborieusement rédigées par un écrivain public retors, de fixer les bénéfices forfaitaires – selon ma méthode très personnelle –, de recueillir les doléances.

Et j'aime le bled.

Il y a aussi des situations cocasses. Par exemple, le plus difficile dans ce travail est d'obtenir la signature du maire, ou de son représentant, au bas du procès-verbal de tournée. À C., près d'Arthur (aujourd'hui Seghouane), le maire, un hôte d'une parfaite courtoisie, est analphabète. Je demande à la ronde qui, à sa place, signe les documents administratifs.

Sous le cachet de la municipalité je porte déjà la traditionnelle mention : « Pour le maire illettré… » Un homme s'avance ; je lui tends le procès-verbal et il appose sans ciller l'empreinte de son pouce au bas du document.

Voici une autre complication qui peut surgir dans l'appel du rôle : savoir qui est qui. Il y a, par exemple, le problème des « prénoms inavouables », ceux des « petits Lavigerie ». Je m'explique. Dans les années 1870, un peu avant peut-être, sous l'impulsion du cardinal Charles-Martial Lavigerie, archevêque d'Alger, les pères blancs de la congrégation des missionnaires de Notre-Dame d'Afrique avaient fondé des orphelinats. Ils y accueillaient de jeunes enfants arabes et kabyles qui, baptisés, recevaient des rudiments d'éducation catholique. Ces « petits Lavigerie » – c'est ainsi qu'on les appelait – se prénommaient Jean-Marie, Pierre, Paul, Antoine ou Joseph…

Un jour, à la fin du printemps 1961, de passage à Damiette, je demande où se trouve le café de Jean-Marie B. Ce nom n'évoque rien. Un petit groupe se forme ; on s'interroge. « Qui peut bien être Jean-Marie B. ? » Haussements d'épaules, gestes d'impuissance. « On ne connaît pas » ; « Tu es sûr qu'il existe ? » Tout à coup, un homme sort des rangs : « Ah oui ! C'est moi. Mais mon nom est Jean-Marie B., dit Mohamed B ».

Je parcours ma circonscription en autobus, parfois à dos de mulet, le plus sûr et le plus docile des guides ; puis, un peu plus tard, au volant de ma Dauphine couleur sable, ou, parfois, à bord de l'hélicoptère civil mis à la disposition du préfet et basé sur la DZ de Damiette. […]

En Algérie nos auxiliaires dans les « tournées » sont les agents de recensement, souvent des employés communaux.

L'agent de recensement de Médéa, B., cumule les fonctions : garde-champêtre, braconnier, traqueur et homme de guerre. C'est un homme d'une cinquantaine d'années aux grosses moustaches tombantes, superbe d'allure, plus d'un mètre quatre-vingt, large d'épaules, le visage buriné, coiffé d'un turban de goumier – souvenir de ses campagnes d'Italie en 1944 –, toujours vêtu d'une combinaison de combat impeccable ou, l'hiver, d'une *djellaba* de laine brune, comme en portent indistinctement moghaznis, harkis et moudjahidin. Ses compatriotes le craignent ; il les méprise. Fier de ses origines turques, ce solitaire, aux réflexes rapides, aux instincts félins, est, à sa façon, un *condottiere*. Mais il n'appartient à personne ; il refuse tout embrigadement. Il livre son combat personnel. Le jour, il est à la terrasse du café de la place Daudet devant un verre d'anisette, un fusil de chasse à double canon calé entre les jambes. La nuit il parcourt seul le *djebel* Nador dont il connaît les moindres caches. Il se met à l'affût et abat tout ce qui bouge. Il revient en ville tôt le matin, parfois un sanglier égorgé sur les épaules. Il ne se vante jamais de ses exploits guerriers.

Je fais rarement appel à ses services. Ce personnage provocateur est trop encombrant. Et puis à quoi bon l'employer puisque les agents de la mairie de Médéa et le commandant, chef de la SAS (section administrative spécialisée), m'apportent leur concours efficace.

En juillet 1962, personne ne pourra convaincre B. de se réfugier en France. Sa fin sera atroce – elle m'a été racontée par un ami algérien, huissier devenu, au moment de l'indépendance, collaborateur du ministre de la Justice du gouvernement du président Ben Bella.

B. sera crucifié sur la place de Médéa : écorché vif, mutilé, émasculé, le nez, les oreilles, la langue arrachés, les yeux crevés, son supplice durera deux jours et deux nuits. Ses cris seront ceux d'un fauve acculé par une meute. La foule serrée fera cercle autour de lui et assistera sans mot dire à son agonie. Même moribond il fait encore peur.

À Berrouaghia, j'ai pu recruter deux auxiliaires bénévoles, un commerçant juif et un ancien gardien du pénitencier agricole, tous deux piliers de bistrot. Je leur ai confié une copie du rôle qu'ils tiennent à jour avec le plus grand scrupule.

À Boghari, M. H. m'assiste dans mes tournées. Zélé, prudent, solennel, cet agent municipal, déjà sur l'âge, le visage anguleux et sévère, la peau cuivrée, le nez en bec d'aigle, me marque beaucoup de déférence. Mais je sais que ce vieux renard n'est pas franc, qu'il tient un double langage et qu'il joue de son autorité pour obtenir de ses compatriotes de substantiels *bakchichs* en échange de menus services. Cependant je ne peux me passer de ses services : il connaît tout le monde, tout le monde le connaît et le respecte. M. H. n'est pas n'importe qui. Au demeurant, ce « caïd », bavard comme une pie, inspire plutôt la sympathie et je tiens à m'en faire un allié. Été comme hiver il est vêtu d'une *djellaba* blanche et chaussé de babouches de cuir brodé. Coiffé d'un chèche ou, lorsque le soleil tape, d'un haut chapeau de paille conique aux larges bords, il aime se donner de l'importance : de sa canne brandie il se fraie un chemin au milieu de la foule dans le sinueux lacis des ruelles du Ksar de Boghari ; d'un air hautain il salue les gens d'un rapide mouvement de tête ; certains, les plus humbles, lui baisent l'épaule ou la main ; d'autres, les hommes de son rang, lui donnent l'accolade. Parfois, il me prend par le bras et me présente à ceux qu'il juge les plus respectables : « *Bou Lah Ya, le Djirect* ». Ce surnom, « Bou Lah Ya », c'est-à-dire « celui qui porte la barbe », me restera et sera bientôt ma seule identité pour les gens du Sud. Le « Djirect » c'est le contrôleur des Contributions directes, une des rares fonctions administratives françaises dont le nom a un correspondant en arabe – est-ce vraiment flatteur ? [...]

En ces temps-là, je parle des années cinquante-soixante, la fixation du « forfait » des « entreprises artisanales, industrielles et commerciales », c'est-à-dire l'évaluation du « bénéfice qu'une entreprise peut produire normalement » (mais peut-on parler de « normalité » en Algérie ? Ce mot est, ici, vide de sens), accapare une grande partie de l'énergie des inspecteurs et des contrôleurs des Contributions directes bien que l'opération ne soit, le plus souvent, qu'une laborieuse tractation que je qualifierais volontiers de « marchandage ».

En Algérie, du moins dans le bled, cet exercice relève de l'exploit. Pour trois raisons : la première, le courrier (expédition des déclarations, relances, notifications...) n'est pas distribué dans les zones d'opérations militaires ou interdites qui couvrent plus de 95 % du territoire de ma circonscription et touchent parfois la périphérie des villes ; la deuxième, les contribuables musulmans, le gros bataillon des forfaitaires, ne comprennent pas notre langue et ne savent pas lire les imprimés de l'Administration, ils se perdent dans les « anciens francs », les « nouveaux francs » – comme tout le monde – , les « dinars » ou les « douros », la troisième, le recouvrement des impôts directs est une mission quasi impossible puisque les agents de poursuite du Trésor ne peuvent intervenir à l'extérieur de l'agglomération.

Las de m'évertuer à démontrer la justesse de mes évaluations, j'adopte rapidement une méthode pragmatique, mais peu orthodoxe, qui consiste à reconstituer le bénéfice d'un redevable à partir de l'impôt qu'il propose de verser, généralement une somme modique, cent à deux cents francs. Ce système, que M. F., inspecteur des Finances, ne désapprouvera pas, a l'intérêt d'éviter toute procédure de recouvrement puisque ma « victime » consentante – souvent bien heureuse de s'en tirer à si bon compte (le « percepteur » FLN fait généralement preuve de moins de mansuétude que moi) – acquitte sur le champ sa cotisation contre délivrance d'un reçu extrait d'un carnet de quittances. Je reste ainsi fidèle aux grands principes de notre Révolution, celle de 1789 :

« Pour l'entretien de la force publique, et pour les dépenses d'administration, une contribution commune est indispensable, elle doit être également répartie entre tous les citoyens, en raison de leurs facultés » (article XIII de la Déclaration des droits de l'homme et du citoyen voté le 24 août 1789). Piètre argument, j'en conviens.

Autre avantage de ma « méthode », celui-ci purement statistique, c'est-à-dire « hautement » probant : en une seule année les bases d'imposition forfaitaire sont, dans le secteur de Médéa, multipliées par cinq !

Éric Martin

Rencontre avec un collecteur de fonds FLN

Durant la guerre d'Algérie, les collecteurs de fonds du FLN vont adopter une fiscalité calquée sur la fiscalité ottomane.

Fin juillet 1961. Au retour d'une tournée à Berrouaghia, accompagné d'Hadj H., ma voiture est prise sous le feu d'un fusil-mitrailleur près du col de Ben Chicao. Coup de frein, embardée, dérapage incontrôlé, la Dauphine chasse sur le gravillon du bas-côté de la route et bascule dans un petit ravin. Hadj H. me sort du véhicule. Je suis groggy. Très vite des hommes en armes, des fellaghas, nous entourent. Hadj H. engage une conversation assez vive avec eux. « C'est une erreur, me dit-il avec ce calme froid dont il ne se départ jamais. Ils vont nous reconduire à Médéa et faire réparer votre voiture ». L'un de nos agresseurs me dit : « Je connais votre travail. Nos méthodes fiscales à nous sont beaucoup plus efficaces que les vôtres… et nos impositions plus exactes ». C'est de lui que je tiendrai mes informations sur les contribuables payant tribut au FLN, tribut plus lourd que les impôts mis en recouvrement par le Trésor français.

Les rebelles imposent à leurs concitoyens, et parmi eux des Français d'Algérie honorables et connus pour leurs sentiments « ultras », des taxations élevées en contrepartie de leur « protection ». Ils instituent aussi un « péage » sur les axes routiers – les nationales A, 18, 40, les départementales 56, 144. Pour y circuler sans risque et sans escorte militaire il faut acquitter un droit de passage. De nombreux transporteurs européens s'y soumettent de gré ou de force. Et se taisent. Ceux qui refusent « l'impôt de la Révolution » sont victimes de représailles : véhicules détruits, cultures saccagées, arbres coupés, plants de vigne arrachés, fermes incendiées, ouvriers agricoles enlevés.

Éric Martin

ENREGISTREMENT (1947-1962)

« Sid Doumaine »

En novembre 1947, j'étais promu surnuméraire, et je continuais de gérer la recette de Boghari. Une carrière s'ouvrait devant moi. […]

Le « Sid Doumaine » – traduisez monsieur Domaine – que j'étais, avait une belle circonscription à gérer : jugez plutôt… Environ cent cinquante kilomètres d'est en ouest, quelque cent vingt, du nord au sud, à la limite nord des territoires du sud. J'espère que vous me suivez.

La routine, c'était la perception des redevances domaniales de tous ordres : loyers de baux agricoles, prises d'eau, etc. Ces dernières donnaient lieu à la perception d'une taxe d'un franc par an, destinée davantage à affirmer un droit de l'État qu'à remplir ses caisses. Toujours est-il qu'il me fallait la recouvrer en envoyant mon adjoint en tournée, à cheval, pendant une ou deux semaines, nanti d'un carnet à souches. De même ai-je eu à réaliser, durant mon séjour à Boghari, une adjudication concernant des baux domaniaux visant des terres labourables. Elles étaient rares dans le secteur et se trouvaient à une centaine de kilomètres de ma base, à Victor Hugo, dans la plaine du « Sersou ». Pour me rendre dans ce village, l'Administration me laissait carte blanche. En d'autres termes, je devais me débrouiller tout seul. Je n'avais pas de véhicule personnel, pas plus, bien entendu que de véhicule administratif. Restait le recours à l'administrateur ou à l'ingénieur des Ponts et Chaussées, susceptibles de se déplacer dans cette région, en tenant compte, pour fixer la date de l'opération, de différents paramètres tels que le jour et l'heure d'arrivée et de départ, et les délais nécessaires pour assurer les publicités légales. Les baux visaient des terres destinées à la culture des céréales.

Selon la sacro-sainte règle administrative, unique pour tout le territoire, et applicable notamment aux plaines du nord de l'Algérie, ces baux couvraient une période de trois ans, renouvelables deux fois, et courant du 1er octobre au 30 septembre suivant. Les dates fixées prenaient pour base des labours effectués en septembre-octobre, suivis de semailles en octobre.

Or, sur les hauts plateaux, le climat est sec. Pour permettre aux terres d'absorber les quelques pluies de l'automne, les labours se faisaient en juillet-août, et les semailles en septembre. La « pertinence » des choix de l'Administration fit monter le prix des loyers de terrains déjà labourés et semés avant la mise en adjudication à des sommets bien supérieurs à la norme. Le conflit était inévitable, d'autant que la concurrence opposait Français dits de souche, et Français musulmans.

La contestation monta jusqu'au Gouvernement général. L'adjudication fut annulée, et des indemnités compensatrices enfin attribuées aux anciens locataires lésés. Je pris conscience dès cet instant de la difficulté d'assurer sans heurts des fonctions qui devaient tenir compte, malgré la rigidité des textes, des contingences humaines. [...]

Les années 1947 et 1948 s'écoulèrent sans autres difficultés majeures. Ma gestion était vérifiée, une fois l'an par un inspecteur principal venu d'Alger, qui passait avec moi un jour ou deux, me donnait quelques conseils et filait plus loin.

Norbert Batiat

En Algérie, dans l'Enregistrement

Alger est la quatrième ville de France par sa population après Paris, Lyon et Marseille. Elle est le siège du Gouvernement général et de l'Assemblée algérienne et dispose de tous les services d'une capitale régionale. [...]

L'administration de l'Enregistrement comprend à Alger, la direction de l'Enregistrement, l'atelier du Timbre et le service de la Propriété foncière, 6 recettes centrales, 4 contrôles et une conservation des hypothèques. Elle comprend par ailleurs 8 recettes et contrôles répartis dans le département, à Medea, Miliana, Orléansville, Tizi Ouzou, Ménerville, Aumale, Blida et Laghouat.

À mon arrivée, je fus chargé par mon directeur de regrouper tous les services de la ville dans l'immeuble du Trésor qui venait de se terminer.

Cette première mission me permit de prendre contact avec les agents de tous les grades concernés.

La sécurité du pays était alors assurée en vertu de la loi sur l'état de siège qui conférait à l'autorité militaire la responsabilité du maintien de l'ordre et instaurait un droit pénal plus sévère.

Le 7 avril 1955, l'Assemblée nationale vote une loi sur l'état d'urgence aux termes de laquelle la responsabilité du maintien de l'ordre reste à l'autorité civile. En réalité, les résultats de l'application de ce texte sont assez décevants. D'abord l'arrêté du gouverneur général n'applique l'état d'urgence qu'à l'Aurès, région proche de la Tunisie, devenue autonome le 8 juillet 1955, et complice de la rébellion. Les arrêtés d'application sont très bénins mais, surtout, la machine judiciaire est sans efficacité, la justice militaire étant soumise à la même procédure que la justice civile : pour toutes ces raisons, la loi sur l'état d'urgence, dans sa formule de 1955 n'est qu'un épouvantail pour hommes politiques timorés et n'exerce aucune action sur les révolutionnaires. Il faudra attendre plusieurs mois et l'aggravation de la situation pour que ces textes soient abolis et la responsabilité de l'ordre rendue aux militaires. [...]

La vérification des bureaux de l'Enregistrement présentait sur les plans comptables et techniques les mêmes exigences et les mêmes méthodes qu'en métropole, avec cependant une priorité toute particulière, notamment pour les bureaux extérieurs : rompre l'isolement et l'impression d'abandon de plus en plus présente dans l'esprit des agents, au fur et à mesure que les relations avec la direction d'Alger devenaient plus rares, compte tenu de l'insécurité grandissante des voies de communication. Au cours de la période du 1er juillet 1955 au 1er mars 1960, date de ma nomination au poste de chef des brigades domaniales actives, je m'initiai progressivement aux particularités locales en matière d'enregistrement, notamment à celles qui concernaient le régime de la propriété musulmane. Je procédai par ailleurs à de multiples vérifications de service. J'en retiendrai trois.

I. Bureau d'Aumale.

Aumale est une sous-préfecture de 10 000 habitants, située à 124 km au sud-est d'Alger, à 886 m d'altitude sur le versant nord du *djebel* Dira. Le bureau de l'Enregistrement était géré par un jeune inspecteur venu de métropole, marié à une jeune femme de l'endroit, d'une famille de colons mais de colons pauvres, la fertilité des terres n'excédant pas 500 kg de blé à l'hectare. Le jeune ménage qui n'avait reçu aucun envoyé de la direction depuis plusieurs mois se sentait quelque peu abandonné. J'y suis pour ma part retourné trois fois en 1956 et 1957, empruntant la route Ménerville, Palestro, Bouira. [...]

II. Bureau de Laghouat.

Laghouat, située à 432 km au sud d'Alger est une petite ville de 18 000 habitants dont un millier d'Européens, au milieu d'une oasis de 250 ha en plein Sahara.

Le bureau de l'Enregistrement était tenu par un jeune inspecteur fort désœuvré, trouvant chez la pharmacienne un remède à son isolement et à ses moments de cafard. Je gagnai Laghouat en avril 1957, au moyen d'un avion DC 3 quelque peu vétuste : je vérifiai le bureau sans difficulté : par chance, dépendait de celui-ci, un caïd notaire à Ghardaia dont je me fis un devoir de vérifier la gestion.

Je parcourus, en autobus fort décati, les 203 km qui séparait les deux villes. [...]

III. Bureaux d'Orléansville.

Orléansville est une ville de 35 000 habitants, siège d'une sous-préfecture. Elle fut fondée en 1843 par le maréchal Bugeaud sur les rives de l'oued Chelif qui fertilise la riche région qui porte son nom.

Orléansville possède des services d'Enregistrement, recette, contrôle et conservation des hypothèques. La vérification de ces bureaux ne présentait aucune difficulté particulière, si ce n'est des problèmes de communication ; celles-ci étaient assurées par le CAF (chemins de fer algérien) au moyen d'un train moderne appelé l'« Inox » reliant Alger à Oran. La ligne était assez souvent sabotée, malgré une surveillance toute particulière et la mise en place de postes militaires fixes aux endroits sensibles (ponts ou tunnels). De plus, les trains circulaient poussant devant eux des plates-formes destinées à faire sauter les mines. [...]

En 1960, est instaurée en métropole la fusion des anciens services centraux des trois régies, première étape vers la fusion des directions départementales en 1967-1970. Ces réformes ne furent pas sans résonance en Algérie.

Le centre choisi par l'Administration centrale fut celui de Blida, où venaient de se terminer la construction et l'ouverture d'un hôtel des Impôts. Il fut décidé dans un premier temps de réaliser la fusion de l'Enregistrement et des Contributions diverses. Cette dernière administration, spécifique à l'Algérie comprenait tous les services des Contributions indirectes en métropole, auxquels s'ajoutait le recouvrement de taxes diverses, particulièrement celles destinées à la gestion des bureaux de Bienfaisance européens et musulmans, ainsi que de l'hôpital civil Mustapha.

Je fus désigné pour mettre en place à Blida, en étroite collaboration avec un inspecteur principal des Contributions diverses, une recette unique.

Nos rencontres furent nombreuses et s'accompagnèrent de séances d'initiation aux services concernés et d'études sur les moyens permettant de parvenir au but recherché. Après mise au point de procédures nouvelles et grâce à la création d'un imprimé en trois volets, nous avons pu présenter conjointement aux autorités de l'Administration centrale un projet complet qui fut mis à l'essai le 1er octobre 1960… et abandonné à la suite d'un attentat en mai 1961 aboutissant à la destruction totale du centre des Impôts de Blida.

Mes fonctions au poste de chef des BDA (brigades domaniales actives) furent brèves. Mon directeur me confia en effet dès le 1er décembre 1960 le poste de chef du premier bureau, me faisant de ce fait son collaborateur immédiat.

Mes attributions portaient sur le service général, la gestion des personnels, la comptabilité, les vérifications des services, la réforme hypothécaire et le recouvrement des débets métropolitains.

Ma prise de fonction se déroula dans un climat général qui se dégradait rapidement. Après mai 1958, devant l'élan de fraternisation, hélas éphémère dû au formidable prestige du général de Gaulle auprès des Musulmans, le FLN avait craint une forte baisse d'audience.

En janvier 1960, les journées des barricades virent Alger descendre une fois de plus dans la rue, mais cette fois pour conspuer le Général et sa politique, et la fraternisation des journées de mai ne se renouvellera pas.

J'entrai en fonction le 15 décembre 1960 à quelques semaines du putsch des généraux, le 21 avril 1961, de l'ouverture des négociations d'Évian et de l'entrée en action de l'OAS, qui par le chantage et l'assassinat tenta de s'opposer au règlement du problème algérien. Parmi mes attributions, une seule retint toute mon attention, maintenir la cohésion du personnel par une présence dans les services plus fréquente, par la prise en compte plus attentive des soucis et angoisses des uns et des autres : les Européens avaient perdu tout espoir de rester au pays ; les Musulmans se sentaient écartelés entre le FLN de plus en plus présent et la perspective d'un exil qui ne pouvait être que douloureux. Les incidents que l'on pouvait craindre entre les uns et les autres furent heureusement fort rares. Il n'en fallut pas moins obtenir le rapatriement des fonctionnaires israélites et pallier les défaillances de quelques Musulmans. Les Européens cherchèrent presque tous à quitter l'Algérie sans y parvenir, le Gouvernement général s'opposant à tout départ. Seuls y parvinrent cinq inspecteurs principaux arrivés en 1956 avec un contrat de trois ans ; quelques autres profitèrent de leurs vacances en France pour y rester.

Quant à moi, je passai mes vacances en Moselle, avec femme et enfant et décidai de rentrer seul à Alger, début septembre. J'eus alors connaissance d'une décision du délégué général autorisant le rapatriement des invalides de guerre. Ma demande de réintégration déposée le 11 septembre 1961 fut acceptée le 30 novembre. Je gagnai aussitôt mon nouveau poste d'affectation, à savoir le département de la Moselle.

J'embarquai sur le « Ville d'Alger » à destination de Marseille début décembre. Sur le pont du bateau, je regardais s'éloigner cette côte d'Algérie avec une infinie nostalgie. Je m'étais attaché à cette terre pour laquelle je n'avais pas ménagé mes forces et qui me paraissait un havre de bonheur par le rayonnement de son soleil, l'éclat de son ciel, la chaleur de sa mer, la joie bruyante de ses habitants. Tout cela me paraissait gâché par la bêtise des hommes et promis à la misère et à l'anarchie dans un proche avenir. Me revinrent alors à l'esprit ces vers bien connus du poète latin Lucrèce, « *Suave mari magno turbantibus aequora ventis e terra magnum alterius spectare laborem* » (Il est doux quand sur la vaste mer les vents soulèvent les flots de regarder de la terre ferme les terribles périls d'autrui).

Ma joie n'en était pas moins assombrie à l'idée des perspectives incertaines qui attendaient mes collègues restés sur place.

Jean Watrin

Est Algérien

De la fenêtre de mon bureau, je regardais la pluie tomber sur Batna. Elle délayait la poussière jaune de l'été dans une boue différente de celle de mon Hainaut natal. Des troubles venaient d'ensanglanter la ville et l'Aurès, préludant à ce que l'on appelle pudiquement « les événements d'Algérie » et bientôt, mais officieusement, la « guerre d'Algérie ». Inspecteur au contrôle de l'Enregistrement à Batna, j'avais en poche depuis un mois ma nomination à la brigade des estimations basée à Constantine.

La brigade, c'était un bien grand mot. Un inspecteur central au visage recuit par les soleils des hauts plateaux constantinois m'accueillit avec aménité. C'était à lui seul la brigade. Nous étions chargés d'évaluer les immeubles et les fonds de commerce que l'État, les collectivités locales et en général tout organisme recevant leur concours financier désiraient acquérir ou prendre à bail. La diversité des biens convoités, la variété des localisations, celles des autorités et des personnes, à l'origine des projets qui nous étaient soumis faisaient de ces attributions un métier très vivant, bien qu'en marge des tâches traditionnelles de la Régie. La circonscription d'exercice à parcourir était vaste car c'était le département de Constantine tel qu'il existait alors, c'est-à-dire en gros du cap Sigli à l'ouest de Bougie à la frontière tunisienne, à l'est de La Calle, soit 340 kilomètres à vol d'oiseau, et du nord au sud sur 250 kilomètres de la côte jusqu'aux portes du désert aux confins de l'Aurès et des Nementchas. Descendre en latitude en empruntant la route Philippeville-Biskra, axe central nord-sud de ce département, c'était apprécier tout le charme de la bigarrure des paysages sur un parcours relativement court. Alors que s'éloignait la baie de Philippeville, voici, sur les coteaux de Beni Melek, les petits vignobles et les cultures de primeurs puis les belles plantations d'agrumes alternant avec la vigne. Les premiers lacets de la route entamaient la barrière rocheuse de l'Atlas tellien et permettaient d'accéder à Constantine et aux hautes plaines intérieures des pâturages à moutons et des maigres terres céréalières. Puis, dans un paysage rude, parfois steppique, après la zone des lacs salés, apparaissait Batna, antichambre de l'Aurès. La route qui s'était élevée jusqu'à 1 000 mètres allait maintenant descendre lentement jusqu'à Biskra, laissant à l'ouest les monts prédésertiques du Hodna et à l'est le massif impressionnant et âpre de l'Aurès. On baignait déjà dans la luminosité si particulière du Sud avant de s'élancer vers Biskra par une brèche dans l'Atlas saharien à l'oasis d'El Kantara. Les paysages évoquant les causses avaient disparu ; nous étions à l'orée du grand désert.

Le travail de l'évaluateur domanial nécessitait de fréquents déplacements. Or, l'insécurité, bien que fluctuante dans l'espace et le temps, avait tendance à croître. Des bandes rebelles s'implantaient dans le bled, coupant les routes et les pistes, faisant tomber parfois dans des embuscades meurtrières les convois et les automobilistes isolés. La préfecture nous avait dotés d'une autorisation d'achat et de port d'armes et fourni un laissez-passer permanent dans l'est algérien. Mais l'Administration était incapable d'assurer la protection de nos déplacements. Le chemin de fer ne desservait que les grandes localités. Beaucoup d'affaires nous obligeaient à prendre la voiture. Il fallait donc, soit se fondre dans un convoi militaire, soit rouler à deux voitures, ce qui remontait le moral, soit se déplacer avec d'autres fonctionnaires mieux outillés comme ceux des Eaux et Forêts, soit combiner les moyens de transport comme le train et une escorte à solliciter de l'autorité consultante, soit se fier à sa chance. Dans ces années de feu, à ma connaissance, nous allâmes partout où on nous prescrivit d'aller. Cela n'alla pas sans quelques petites mésaventures qui, après quarante ans, bourgeonnent encore parfois à mon esprit. [...]

Les sections administratives spécialisées, les SAS, s'installaient dans le bled, en général dans des constructions isolées qu'il fallait évaluer. J'allai un jour visiter le bâtiment administratif d'une mine de pyrite dans une région rendue sinistre par un épouvantable massacre d'hommes, de femmes et d'enfants par les rebelles en août 1955. À la gare de Philippeville, l'escorte promise vint me chercher. Deux hommes dans une jeep, le chauffeur et un *moghazni* armé d'un long fusil, genre canne à pêche, certainement rescapé de la bataille de la Marne. La piste traversait une zone de grandes herbes propice aux embuscades. Je m'en ouvrai au capitaine qui me reçut. Ce vieux briscard me répondit d'un air goguenard : « Mais mon vieux, le coin a été pacifié ». Je pensais à ces paroles optimistes quand je lus, quelques jours après dans le journal local, que cet officier était tombé dans un guet-apens à l'endroit qui m'avait paru bien aléatoire et qu'il avait été blessé d'une balle dans la jambe.

Léonce Bernard

D'ALGÉRIE EN ALSACE

Mon mari a pu choisir la nouvelle affectation en Algérie. Le 20 mars 1948, nous sommes arrivés à Bougie, belle petite ville de six mille habitants européens et soixante mille kabyles et arabes, située au bord de la mer dans un écrin de verdure. [...]

Le 17 novembre 1960, nos quatre enfants étant scolarisés, j'ai recommencé à travailler, à la recette-conservation des hypothèques de Bougie. Le « palais des Impôts » était tout neuf et abritait le Trésor, les Directes, les Indirectes (anciennement les Diverses), la TVA et la recette-conservation. Au sous-sol nous avions même une coopérative.

J'ai repris pied dans la comptabilité et le courrier, sans trop de mal. C'était le début des microfilms. Sans la guerre d'Algérie, nous aurions pu être heureux en profitant des bains de mer, de la montagne et de notre appartement de quatre pièces situé au quatrième étage que nous avions fait construire en rassemblant nos économies : notre héritage de Lorraine, le prix de vente de notre première voiture.

Dans l'immeuble, cohabitaient vingt-cinq familles : musulmanes, israélites, catholiques et protestantes. Mon mari, nommé syndic, avait fort à faire. Les deux buanderies situées sur le toit, l'ascenseur, les vide-ordures étaient sujets à discorde. Une fois par semaine mon mari partait aux unités territoriales pour une nuit de garde avec le fusil.

Tout devenait difficile ! Au bureau aussi, les collègues autochtones vivaient dans la peur comme nous. Les enfants n'avaient classe qu'à mi-temps.

Le 19 mars 1962, le conservateur nous a annoncé : « Nous allons tous partir ». Mon mari, partisan de l'Algérie française, espérait encore. [...]

Au mois de juin 1962 mon chef m'a conseillé d'envoyer mes enfants en France chez ma mère, ce qui n'était pas possible. Aussi, une fois de plus, j'ai démissionné et suis rentrée au pays, après quinze ans d'Afrique. Le conservateur a pris son congé et jusqu'au 15 août, mon mari a dû assumer cette lourde charge. Les journées de l'indépendance (1er juillet) n'étaient pas faciles, ni pour lui, ni pour nous en Alsace. Après son congé d'un mois, mon mari a reçu son affectation au bureau des Domaines à Mulhouse. [...]

La recette de l'Enregistrement ayant fusionné avec celle de la TVA, mon mari a été nommé receveur des Impôts à Saint-Louis dans le Haut-Rhin. Par miracle il y avait une place vacante. Je ne pensais pas être reprise pour de bon : c'est l'inspecteur-vérificateur qui, m'ayant jugée apte, m'a conseillé de « faire mes quinze ans ». Et je ne le regrette pas.

Augustine Ludmann

COOPÉRATION

(1962-1980)

LES ANNÉES DE COOPÉRATION

Ma tâche consistait surtout à encourager la reprise des différentes opérations de contrôle, tant au bureau que sur le terrain, tout en assurant un minimum de formation professionnelle. Les contrôles viticoles à la propriété se heurtaient souvent à l'ignorance de la réglementation ou à l'hostilité des nouveaux occupants. Les exploitations abandonnées par les vignerons français et déclarées « biens vacants » étaient gérées par des comités désignés par les autorités.

Dans un tel environnement, la formation professionnelle devenait primordiale. [...]

Dans tous les domaines, les besoins étaient importants. Comme il est habituel en pareilles circonstances, la Haute Administration s'était entourée des meilleurs éléments, d'ailleurs en nombre limité, tandis que le recrutement s'effectuait pour les cadres A, B, C et D avec les mêmes exigences de diplômes universitaires pour pourvoir aux besoins des services extérieurs. C'est ainsi que je fus appelé à animer un cours de législation portant sur les impôts indirects à l'intention des jeunes employés par l'industrie pétrolière. [...]

Les années de coopération se déroulaient dans un climat d'intense activité et dans un pays en pleine mutation. Un nouveau directeur – également ancien agent d'assiette principal – davantage expérimenté, volontaire et au talent d'organisateur certain, donna un rythme plus dynamique aux différents échelons de son unité. Le personnel français, dont l'effectif diminuait à chaque rentrée de congé, jouissait de sa confiance et bénéficiait d'une totale liberté d'action pour la mise en œuvre de ses initiatives.

Au renouvellement du contrat de coopération conclu directement avec l'administration algérienne, j'avais été investi des fonctions de vérificateur des services. Les opérations effectuées périodiquement étaient sanctionnées par un rapport détaillé sur l'application de la législation et mes interventions étaient l'occasion de corriger et de compléter la formation des agents.

Les observations du vérificateur provoquaient les réponses du service et le directeur portait son appréciation finale. Ces vérifications étaient réalisées sur toute l'étendue de la direction régionale, les départements créés en 1959 n'étant pas pourvus de structures propres. Aux difficultés inhérentes à tout démarrage d'une administration, il faut ajouter les conséquences d'une instabilité permanente. La formation prodiguée ne profitait pas au personnel car celui-ci était trop mobile. Les agents recrutés étaient soucieux de trouver l'emploi avantageux ou conforme aux objectifs personnels recherchés.

Les éléments de valeur rapidement mis en évidence étaient appelés à servir dans les institutions privées, le secteur public et semi-public. Les services de base de l'Administration étaient ainsi soumis à un constant renouvellement qui nuisait à un développement harmonieux. D'ailleurs, l'État offrait peu de possibilités d'épanouissement et de promotion à une jeunesse majoritairement masculine, la scolarisation des filles n'étant que partielle. La population algérienne possédait un taux élevé de naissances et le marché du travail recevait régulièrement une demande d'emplois difficile à satisfaire. C'est dans ces circonstances particulières qu'on s'apercevait du niveau scolaire des candidats et du retard accumulé pendant des années. La formation professionnelle la plus élaborée ne pouvait nourrir l'ambition de remédier rapidement à cette situation malgré l'urgence des besoins.

J'évoquais souvent ces problèmes avec ma femme qui exerçait dans l'enseignement primaire. Nommée dans un groupe scolaire fréquenté uniquement par des musulmanes, elle constatait un retard aussi grand que le désir d'apprendre. Pour combler les vides laissés par les enseignants français et malgré l'apport des coopérants, les autorités algériennes accéléraient la formation de nouveaux maîtres et faisaient appel à des remplaçants venus d'autres pays arabes : Égypte, Palestine. […]

L'œuvre était évidemment de longue haleine. Les répercussions de cette situation se ressentaient dans le niveau présenté par les candidats à un emploi dans la fonction publique, qui reflète, sur bien des points, le degré de développement d'un pays. La hiérarchie était consciente de ces faiblesses : elle appréciait la contribution des coopérants et, avec l'ensemble des agents, était reconnaissante envers ceux qui étaient restés pour aider leur pays. […]

Que ce soit dans les bureaux ou dans d'autres lieux de rencontre, rancœur ou hostilité n'ont jamais marqué nos relations, malgré des années de conflit qui avaient engendré tant de deuils et de ruines.

Détachés de la direction générale des Impôts, les liens demeuraient grâce au bulletin reçu régulièrement et au mouvement annuel auquel nous pouvions participer. […] L'avancement normal nous était appliqué : grâce aux bonifications accordées au grade d'inspecteur-rédacteur, ma nomination comme inspecteur central était intervenue en 1959, et je me trouvais au 4e échelon en 1966, année de la fin de mon détachement.

Sur le plan local, la création d'une association groupant l'ensemble des coopérants avait permis de solutionner les problèmes pouvant se poser aux intéressés. […]

Malgré des avantages financiers certains, un cadre de vie agréable à bien des égards, la sécurité étant redevenue une réalité, la lassitude, l'absence de perspectives s'installaient dans les esprits. Nous avions assisté, un matin de juin 1965, à un déploiement insolite de blindés dans les rues d'Alger. Il s'agissait d'une révolution de palais organisée par le ministre de la défense contre le président élu. Des arrestations avaient été opérées : des amis et connaissances algériens et européens se trouvaient parmi les gens privés de liberté.

L'ambiance devait rapidement évoluer vers une accélération de l'arabisation du pays. La population d'origine ou de culture européenne voyait ses effectifs se réduire. Il en était de même pour nos parents, nos amis qui, progressivement, perdaient leurs attaches. Nous commencions à penser que l'avenir de nos enfants – ma fille née en 1959 avait un petit frère depuis 1963 – n'était plus assuré et le soleil méditerranéen ne maintenait plus son pouvoir de séduction.

Ces considérations nous amenaient à demander notre réintégration pour la rentrée 1966. […]

Penché sur le bastingage du navire, je voyais le port d'Alger s'éloigner peu à peu, sur les hauteurs, notre immeuble qui surplombait la mer. La passe franchie, la côte disparut progressivement, mon émotion était intense. Je revoyais mon village natal, son petit cimetière et nos morts abandonnés, toute une existence défilait, mon enfance, la scolarité, le lycée, le premier emploi, la guerre et trois années d'exil, le retour, les concours et la transhumance à travers les différentes résidences dans les trois départements algériens. Enfin, la longue nuit qui devait durer huit ans et conduire à cette situation irréversible due à l'incompréhension des hommes.

André Hanoun

Retour en Algérie

En fin d'année 1974, le bulletin du personnel porte à la connaissance des agents les besoins de l'Algérie en matière d'enseignants. Un collègue de la brigade, qui avait été coopérant à Alger, pendant quelques années, me pousse à faire acte de candidature.

En juin 1975, je quitte Nice à destination d'Alger à la suite de l'acceptation de ma candidature dans le cadre de la coopération technique.

L'avion amorce une descente vers Dar el-Beïda (ex-Maison-Blanche). Je distingue, peu à peu, les carrés des champs cultivés, les maisons et, plus au loin, Alger la Blanche, baignée d'une moiteur étouffante. [...]

Seize ans après avoir quitté l'Algérie, je me retrouve, à nouveau, comme en 1952, à Alger.

L'accueil à l'École d'application économique et financière, rue Tirman, le lendemain de mon arrivée, a été sympathique. Je fais la connaissance de quelques collègues venus d'un peu partout en France, trois de Paris.

Je me propose d'enseigner les taxes sur le chiffre d'affaires algériennes. Il s'agissait de la taxe unique globale à la production, l'aïeule de la TVA, avec les règles de déduction physiques et financières, la règle du butoir, et la taxe sur les prestations de service. [...]

Pendant six ans, j'ai dispensé les cours de TCA à l'École, participé à des séminaires à Alger, Oran, Constantine portant sur la technique de vérification de comptabilité. Par période, il a été organisé des cours par correspondance.

Au cours des vacances, j'ai parcouru, avec ma famille, le territoire algérien, notamment l'Oranie où des êtres chers reposent à tout jamais sur le sol qui les a vus naître.

Il me souvient, lors de la première visite, en quittant Oran en direction d'Aïn-Témouchent, d'une impression étrange qui m'a saisi en traversant les villages connus dont le seul changement figure sur les panneaux indicateurs en plus du nom français, le nom du village en arabe. Tout est resté en l'état, rien n'a changé. La guerre d'Algérie, comme il est habituel de le dire et de l'écrire, ne semble pas avoir eu lieu. Le paysage de mon enfance garde intact mes souvenirs, mes amours, toute ma jeunesse. La surprise est apparue à l'entrée du village d'Aïn-Témouchent où je suis né, voilà bientôt 47 ans. Les rues, les places sont « noircies » de monde. De 15 000 habitants, la population est passée à plus de 60 000. Le village tranquille, serein, que j'ai connu, a disparu.

L'arabisation gagne, peu à peu, les ministères. Seul coopérant à l'EAEF, j'ai été informé, en 1981 de la résiliation du contrat de coopérant.

Bernard Linarès

OUTRE-MER

(1945-1981)

« Muni de mon simple CEP »

J'avais 23 ans, j'étais marié et habitais Agen, lorsque j'entrai aux Contributions indirectes, le 8 novembre 1945.

Muni de mon simple CEP, j'étais engagé en qualité d'auxiliaire de renforcement. Je signai un document par lequel je reconnaissais que j'entrais dans l'Administration à titre précaire et révocable, sans prétendre à aucune indemnité de licenciement.

Je débutai dans les bureaux de la direction. Après quelques mois, le chef du personnel me proposait un poste de caissier-comptable à l'entrepôt des tabacs. J'y restai 16 ans…

Mais d'années en années, grâce aux examens et concours internes, j'étais passé : cadre complémentaire, employé de bureau, agent de constatation et, enfin, contrôleur en 1962. Après mon stage à l'École nationale des Impôts, à Paris, j'étais nommé le 16 septembre 1963, à Mauriac (Cantal). Secteur très difficile, en raison d'une forte fraude sur les viandes et les vins.

Un an plus tard, j'obtenais ma mutation pour la Guadeloupe, à Moule, ville de 18 000 habitants, où j'arrivais le 16 septembre 1964, avec femme et enfants.

Avec les cinq gendarmes et un instituteur landais, nous étions les seuls « métros » résidents.

Le travail du contrôleur des Contributions indirectes consistait à :

- contrôler les distilleries et les sucreries ;

- contrôler les débits de boissons ;

- assurer l'application de la législation sur les viandes (abattage et circulation) ;

- effectuer des contrôles routiers (avec les gendarmes) pour la vignette auto.

Le travail ne manquait pas, car je reprenais un secteur un peu « abandonné » depuis quelques années et les mauvaises habitudes avaient pris le dessus. De plus, j'arrivais avec une certaine réputation que je devais défendre. En effet, à Mauriac j'avais obtenu de très bons résultats… Alors…

Il me fallait donc redresser la barre. Mais, attention ! Jeune métro, je devais remettre de l'ordre sans faire de vagues, sans faire de « révolution ». Doigté, diplomatie, prudence s'imposaient, si je ne voulais pas me couper de mes assujettis et de la population qui m'observait. Cela peut paraître puéril après 35 ans, mais c'était la situation, à l'époque…

Pour les distillateurs et usiniers, pas de problème, il suffisait de contrôler les degrés et les quantités et on limitait la fraude, sans avoir la prétention de la supprimer. Pour les bouchers et les débitants de boissons, c'était bien différent… les mauvaises habitudes étaient là…

Pour les bouchers, par exemple : les vignettes viandes étaient pratiquement inexistantes sur les carnets d'abattage. Je décidai donc de réunir tous les bouchers à l'abattoir, un jour d'affluence, et je leur tins ce langage : « Voilà un mois que je suis là et j'ai constaté que vous étiez nombreux à ne pas acheter les vignettes. Vous êtes donc en infraction et je devrais vous verbaliser. Je ne le ferai pas aujourd'hui, mais je vous donne un mois pour vous mettre en règle. Passé ce délai, je verbalise ».

Le mois écoulé, je dressai deux PV ; les autres avaient régularisé leur situation.

Pour les débits de boissons, c'était pareil : un avertissement, un seul, puis PV.

Tout rentra dans l'ordre, au grand étonnement de mon inspecteur principal plutôt partisan des PV. Je lui expliquai que, fonctionnaire, je m'efforcerais toujours d'être honnête envers mon employeur – l'État – et humain envers les redevables que je devais surtout informer. C'était ma conception du « service public ».

Joseph Salvagni

DOUALA (CAMEROUN)

C'est donc le mardi 23 avril 1946 que je prends effectivement mes fonctions au sein du service camerounais. J'ignore comment celui-ci s'est créé, probablement à l'arrivée de B. en 1938.

Antérieurement, le budget local ne devait être alimenté que par les droits perçus en douane (qui demeurent prédominants) et par l'impôt de capitation auquel sont toujours assujettis les Africains non passibles de l'impôt sur les revenus. La taxe sur le bétail a dû être instituée plus récemment. Quoi qu'il en soit, ces impôts directs existent en 1946 mais sont assis et perçus sous la responsabilité du « commandement territorial » : les chefs de subdivisions et leurs aides *ad hoc*, les « agents spéciaux ». En ce domaine, le service n'intervient qu'en tant que chargé de faire réaliser l'impression des « tickets » représentatifs du paiement de l'impôt de capitation, de leur mise en place dans les lieux de perception (comptage, procès-verbaux et expédition aux subdivisions), de la vérification matérielle et de la mise en recouvrement des rôles. Savoir si les impositions sont équitablement assises par l'entremise des chefs traditionnels n'est pas plus de sa compétence que de s'assurer que les tickets sont effectivement remis aux assujettis censés devoir les présenter à toute réquisition. Je serais d'ailleurs assez curieux de connaître l'usage qui peut en être fait lorsqu'il s'agit des nombreuses populations du Nord dont tout le vêtement se limite à un paquet de feuilles par-devant et un autre par-derrière, ou une peau de chèvre pendant derrière et un étui pénien par-devant, voire l'un seulement ou rien du tout.

De création plus récente sont les patentes et licences dont la responsabilité est partagée entre le Commandement local et le service. Le premier assure en brousse l'établissement des petites impositions payables « par anticipation », c'est-à-dire avant remise du titre aux redevables trop instables pour pouvoir être soumis à l'impôt par voie de rôle normal. Le service, quant à lui, se charge du même travail sur Douala et, bien entendu, est responsable de toutes les autres impositions de cette nature, y compris dans les subdivisions, qu'il visite au cours de tournées spéciales annuelles. À noter que, d'après ce que j'ai pu constater ailleurs, il semble que le Cameroun soit le seul pays d'administration française où cette façon de procéder soit systématique. Dans les colonies on ne se déplace pas… du moins pour le service.

Mais la grosse affaire a dû être, lorsque B. est arrivé, de faire entrer dans les mœurs d'Européens habitués à ne pas payer d'impôt direct, les impôts sur les revenus. L'organisation en est simplement calquée sur le système français comprenant impôts cédulaires et impôt général de superposition et leur assiette relève de la seule compétence du service. La constitution des dossiers des contribuables est aussi la même qu'en France avec renseignements permanents, renseignements annuels, feuillet et bulletin d'imposition débouchant sur matrice, rôle, avertissements et recouvrement par le Trésor public. Il n'y a pas de retenues à la source.

En 1946 le service est en fonctionnement depuis plusieurs années mais il est réduit à sa plus simple expression. B. est seul avec une vingtaine d'employés y compris chauffeur, plantons, manœuvre d'entretien, gardien. Le personnel qualifié se limite à une demi-douzaine de commis et quelques dactylographes. Le reste est personnel journalier de formation élémentaire exécutant par routine des tâches simples. Encore les commis eux-mêmes ne savent-ils que ce qui leur a été appris « sur le tas » car il n'y a jamais eu d'autres moyens de formation. Leur compétence se limite donc aussi à une spécialisation. [...]

Il convient cependant de préciser que si le service est dit « des Contributions directes et du Cadastre » cela exclut à juste titre la notion « d'Indirectes » car il n'y a pas de taxe sur le chiffre d'affaires et les licences ne sont qu'une forme de patente spéciale à l'usage des marchands et débitants de boissons ; mais la référence à la notion de Cadastre, bien que gravée dans le béton de nos futurs bâtiments, n'est qu'une vue de l'esprit ! Il n'y a jamais eu de Cadastre durant mes quinze ans de séjour au Cameroun et probablement pas davantage maintenant à moins que l'on ne veuille entendre par là des relevés topographiques plus ou moins limités pour des besoins ponctuels extra-fiscaux.

Outre les préposés aux petites patentes visés plus haut, le personnel est réparti entre deux secteurs : aux impôts sur les revenus deux commis et deux aides sont chargés de tous les travaux matériels, depuis l'enregistrement du courrier à l'arrivée et au départ jusqu'à la copie des matrices, etc. en passant par le classement des bulletins de renseignements de toutes sortes, l'ouverture et la manipulation des dossiers. Un bon dactylo est affecté en permanence à ce bureau et un autre épisodiquement.

Tout le reste du personnel se partage les tâches considérées comme relevant du secteur « direction », aussi bien les opérations relatives à l'utilisation des crédits budgétaires, comptabilité, gestion des stocks d'imprimés, que des écritures plus techniques, arrêtés de mise en recouvrement des rôles ou dégrèvements, etc., étant entendu qu'il ne s'agit jamais que de travaux routiniers ou de mises en forme selon des schémas bien connus de ce qui a été préparé par le chef de service qui joue les hommes orchestres. Mais le voici maintenant en mesure de se libérer d'une partie de ses responsabilités. [...]

La législation camerounaise n'étant qu'un démarquage du code métropolitain, l'adaptation est aisée. Précisons sans plus attendre que la charte de l'ONU interdisant toute discrimination a pour conséquence pratique d'exonérer, à de très rares exceptions près, les Africains, des impôts sur les revenus.

Commerçants au petit détail ou salariés, ils ont tous quelques enfants et leurs ressources n'atteignent pas le minimum imposable.

Agriculteurs, quel que soit l'objet de leur activité il est quasi impossible de savoir à combien s'élève leur production pour plusieurs raisons dont la première est qu'il n'y a pas, dans la coutume locale, appropriation du sol mais attribution de zones à cultiver par le « maître de la terre » ; alors qui cultive et récolte quoi ? Ce n'est pas toujours décelable. En toute hypothèse cela n'a d'ailleurs aucune importance car la culture est affaire de femmes, entre autres raisons parce que la femme est la source de la vie. Mais beaucoup plus prosaïquement, puisque la culture est affaire de femmes, pour avoir des bras il faut avoir des femmes : la polygamie est donc la règle. Et qui dit femmes dit enfants et charges de famille. On confond les moyens de production avec les sources de réductions d'impôt, en attendant de parler de quotient familial : Johnny B., chef du village bamiléké de même nom et important planteur de café souscrit une déclaration de revenus, au demeurant invérifiable, sur laquelle il fait état de 138 femmes dont 90 femmes « laborieuses » et je ne sais plus combien de centaines d'enfants ! On pourrait peut-être contester la qualité d'épouses, il n'y a pas mariage devant le maire ; il n'y a d'ailleurs pas de maire et guère plus d'état civil qui vient seulement d'être créé. Mais contester comment, devant qui, pour aboutir à quoi ? La réalité est bien là. À la chefferie il y a la case du chef, la case des palabres et, de part et d'autre d'une immense cour en longueur, les cases des femmes bien réelles et occupées. C'est l'Afrique !

Hors ceux-là, et en admettant qu'ils ne soient pas eux-mêmes polygames avec une nuée d'enfants, ne restent guère à imposer que quelques commis de commerce ou d'administration et quelques commerçants, transporteurs…, ainsi que des personnalités politiques traditionnelles ou non. Si pour les premiers on peut envisager une action coercitive, il est évident que la situation ne se présente pas dans les mêmes termes pour les derniers : l'assujettissement fiscal relève alors du bénévolat. Leur credo est en effet, conformément aux usages locaux, que les avantages dont ils jouissent ne comportent pas de contrepartie, en tout cas pas celle consistant à payer des impôts. La règle ancestrale veut que le petit entretienne le puissant. Sous peine de risquer de se retrouver dans le premier avion en partance pour la France, il n'est pas dans les pouvoirs d'un inspecteur des impôts de remédier subitement à cet état d'esprit. […]

Nul ne peut quitter le territoire sans avoir apuré sa situation fiscale à moins de partir clandestinement via le Nigéria, ou par le Sahara, ce qui, matériellement n'est pas impossible ; il existe même une « transsaharienne », entreprise de transport camerounaise (française en fait). Mais il faut bien admettre que ce n'est qu'une solution extrême… non exempte de risques, et dont le débit est au reste dérisoire. Le visa de la Sûreté est nécessaire pour embarquer par mer ou par air et son obtention est subordonnée à la présentation d'un certificat délivré par les Contributions d'abord, par le Trésor ensuite. En cette période de relève, mon bureau est donc assailli par une foule de postulants au départ de toutes provenances (ce qui, accessoirement, entraîne d'importantes pertes de temps en manipulation de dossiers). […]

En 1947, B. démissionna. La responsabilité du service fut alors confiée à un administrateur en chef assisté de deux chefs de bureau d'administration coloniale. Cela se traduisit alors par une nouvelle hypertrophie de la direction et un manque de concertation tel que l'on pourrait presque, en ironisant, voir, dans le service, deux entités distinctes juxtaposées : une direction dont les faits et gestes me sont inconnus, installée dans le bâtiment qui en affiche la qualité en lettres de béton de 60 cm de haut, et une entreprise familiale « Impôts sur le revenu » tapie sous la chambre de commerce que je gouverne avec mon épouse ! La première citée absorbe les 4/5e de l'effectif et beaucoup plus en crédits de fonctionnement de la rubrique « personnel ».

Quant à N., il a été en grande partie avalé par la direction. Je le rencontre de temps à autre et nous nous fréquentons, sa famille et la mienne ; mais surtout nous effectuons ensemble les tournées dans l'intérieur du pays ; seul, c'est physiquement très fatigant, cela dure trop longtemps en devenant psychiquement de plus en plus fastidieux, alors qu'à deux, sauf mésentente, ce qui ne sera jamais le cas, avec lui ou avec tout autre, cela se présente sous un tout autre aspect.

Début avril 1947, nous parcourons ainsi le Sud depuis Sangmélima jusqu'à Kribi et Edéa, premier véritable contact avec la vie économique de la brousse et particulièrement avec la région de production du cacao. Nous y prenons conscience de deux réalités.

Il est pratiquement impossible de contrôler les résultats d'exploitation d'un intermédiaire dans le circuit de commercialisation du cacao : tout y relève de la spéculation hasardeuse. Celui-là passe, avec l'exportateur, un contrat de livraison à terme pour un prix convenu sur des bases totalement hypothétiques. À lui de se débrouiller ensuite pour acheter au mieux aux producteurs les quantités nécessaires pour honorer son contrat. Selon la concurrence qu'il rencontre alors et selon l'évolution des cours mondiaux, selon aussi la spéculation à laquelle chacun se livre sur cette évolution, les bénéfices réalisés peuvent être considérables ou le résultat catastrophique. L'Administration est impuissante à réglementer ce commerce sauvage. Et pour le fisc, il est impossible de prétendre détecter où, quand, comment les achats ont été effectués, impossible par conséquent de contester un compte d'exploitation, d'autant que toutes ces opérations se traitent bien évidemment en argent liquide ; il ne peut pas en être autrement.

L'autre constatation concerne les petits commerçants du marché dans les centres de quelque importance : nombreux sont ceux qui tiennent à leur manière les éléments d'une comptabilité qu'ils dissimulent (si peu) sous le papier qui recouvre leur comptoir, où personne (de l'Administration) n'a eu, avant moi, l'audace d'aller fouiller. On y fait parfois des découvertes que le maigre achalandage visible sur le rayon ne laisserait jamais supposer. […]

Ces expéditions sont effectuées en principe entre décembre et début avril au plus tard, pour deux raisons principales : climatique d'une part, car c'est la saison où les routes ont le moins de chance d'être des patinoires ou des fondrières, professionnelle d'autre part et surtout, car, en période d'assiette de l'impôt sur le revenu, je ne dispose d'aucun loisir me permettant de parcourir le pays. [...]

L'objectif poursuivi au cours de ces tournées est, pour moi, à cette époque, en premier, l'assiette des patentes de tous ceux qui présentent assez de stabilité pour pouvoir être inscrits au « rôle primitif » (c'est-à-dire avec recouvrement ultérieur par l'agent du Trésor), ce qui va du petit commerçant du marché jusqu'à celui ayant pignon sur rue ; en second lieu figurent les sondages inopinés dans les éléments de base de la comptabilité de ceux qui relèvent de l'impôt sur le revenu : carnets tenus par les boutiquiers, relevés d'achat de cacao... qui peuvent être facilement obtenus parfois grâce à l'effet de surprise, ou par ce qui traîne sur une table ! La réception du public qui profite de notre passage pour nous rencontrer sans avoir à se déplacer fait aussi partie du programme.

Pour ce qui est de l'établissement des rôles, le chef de subdivision participe à l'opération finale, au bureau, après que nous avons effectué les recherches sur place en parcourant tout le centre commercial ; une commission désignée par lui nous assiste alors pour compléter notre information s'il y a lieu.

Raymond Gradelet

Côte-d'Ivoire

En 1951, le « Foch » glisse doucement le long des 3 km de ruban clair du canal de Vridi. Depuis la toute récente percée du cordon lagunaire, Abidjan et sa lagune Ebrié communiquent librement avec l'océan.

Accoudée au bastingage, la tribu Favre au grand complet, papa, maman et trois petites têtes blondes, contemple un rien dubitative ce rideau de cocotiers qui s'est brusquement déchiré sur un lac immense aux eaux troubles. Et là-bas, tapie dans une anse, la capitale de la Côte-d'Ivoire hérissée de chantiers et de grues : Abidjan.

Sur ces mêmes rives quelques mois plus tôt, les Favre auraient pu croiser M. Mitterrand, alors ministre des Colonies, venu inaugurer en grande pompe le nouveau port. [...]

Des nuées de porteurs taillés dans l'ébène s'arrachent les malles de cabine et les déposent sans ménagement devant les grilles poussiéreuses du quai. La douane, en short et casque, veille, pointilleuse et goguenarde, à l'affût d'on ne sait trop quoi ou qui. Bousculés, abasourdis, les Favre vivent une mauvaise séquence, l'oasis du bateau évanouie.

Marseille est si loin, Marseille n'est déjà plus qu'une belle carte postale quittée voici onze jours à peine. Et pourtant rarement mutation n'aura été si vivement souhaitée et si impatiemment attendue. Lui, jeune inspecteur adjoint, issu depuis quatre ans à peine de l'École des Contributions directes de Bordeaux. Affecté dès sa sortie à un secteur territorial de Marseille en qualité de vérificateur de comptabilité. En réalité, détaché *illico* en compagnie de trois autres comparses, à la brigade départementale de vérifications.

Initiative particulièrement judicieuse car notre formation comptable, pourtant sérieuse, ne nous était pas dans les débuts, de grand secours. Heureusement encore, les techniques de fraude du petit commerce marseillais restaient sommaires et permettaient le plus souvent un rejet en bloc de la comptabilité.

Une chance aussi que les anciens de la brigade, ces briscards chevronnés, rompus à toutes les contorsions, à toutes les dérives comptables aient accepté de tendre à ces quatre innocents une main fraternelle. Et leur éviter de graves déboires sinon la Bérézina. Six mois, un an peut-être : en quelque sorte un stage en entreprise d'une remarquable efficacité.

Le métier prend forme. L'expérience affermit la confiance et ce régime de semi-indépendance s'avère fort agréable, seul point noir, une rémunération particulièrement indécente, tout juste « alimentaire ». Se présente alors l'opportunité d'améliorer l'ordinaire : l'Afrique occidentale française recrute des fiscalistes.

Cela doit convenir. On saute sur l'occasion et quelques semaines plus tard on largue les amarres à bord du « Foch », ce paquebot flambant neuf de la compagnie Freycinet. [...]

À peine débarqué, le couple Favre va de déconvenues en mauvaises surprises. L'appartement réservé toujours occupé... pour quelque obscur motif jamais éclairci. Moment de panique. Le seul hôtel convenable, totalement prohibitif... Alors hébergement providentiel – trois semaines – à 17 km de la ville dans la station de recherches scientifiques de l'ORSTOM sous l'aile bienveillante du grand patron et professeur de la Sorbonne. [...]

On nous explique laborieusement l'organisation militaro-administrative qui régente la vie matérielle de chaque fonctionnaire. D'abord le grade, puis la situation de famille. Pour vous, jeunes promus, un logis de trois pièces, pénurie oblige. Lavabo-douche ; vous ne pouvez prétendre ni à une baignoire ni à un chauffe-eau : indice insuffisant. Quatre fauteuils, pas un de plus. Vous voulez changer votre matelas alangui ? Demandez à votre chef de service s'il consent à vous établir un bon pour le chef de service de l'Équipement. Votre petit dernier traîne sa coqueluche ? Demandez à votre chef de service un bon de visite pour le médecin-chef de l'hôpital.

Votre femme a une dent de sagesse douloureuse ? Demandez… Ça va, *basta* ! On a compris… Trop c'est trop…

Les crises de larmes succèdent aux bouffées de colère… L'épouse craque : « Je vais me plaindre au gouverneur » (race privilégiée aux pouvoirs exorbitants disparue avec l'ère coloniale). Le mari qui flaire le danger : « Je n'y vois pas d'inconvénient mais mon statut ne me permet pas d'émarger une telle lettre ». Quelle belle envolée… Tout y est. Y compris la comparaison peu flatteuse avec les régimes de droit divin. Réponse téléphonique éclair par la voie hiérarchique et l'intermédiaire du chef de service (évidemment) : « Nous tenons à la disposition des Favre un ordre de réquisition sur le prochain navire en partance pour la France ».

Elle essuie ses larmes, la femme du fonctionnaire, ils restent, les Favre, dos au mur, confiants dans leur jeune vitalité et leurs facultés d'adaptation.

… Et le chef de service (de l'Équipement) tombé sous l'éloquence ensorceleuse de cette voisine provençale (il est Corse) dépêche ouvriers peintres après ouvriers maçons. Une nouvelle cuisine hygiénique installée à l'étage et une impressionnante batterie en acajou massif, plafonds rafraîchis, murs peints de gris clair, ainsi que les persiennes extérieures.

Grande jalousie et petite révolution chez les voisins fonctionnaires. On veut, on veut pareil… […]

Le cœur de l'Abidjan 50, c'est le « Plateau », cette sorte de langue qui surplombe la lagune. En fronton le pudding à la crème du gouverneur. Au centre, la place Bressolle agrémentée d'un très provincial kiosque à musique. « Notre » maison dans un angle. L'école primaire en vis-à-vis. Le service des Impôts tout proche. Les immeubles enfouis sous une végétation proliférante : palmiers à huile, papayers, manguiers, flamboyants, bougainvilliers, frangipaniers, alamanda. Quartier résidentiel calme. Le soir, il se vide de ses travailleurs noirs qui, en longues processions, réintègrent leurs cases d'Adjamé et de Treichville.

Pas d'animosité particulière. Encore moins d'agressions. Rapports interraciaux empreints d'une forte dose de paternalisme.

Il est vrai qu'après les émeutes de 1948 et une répression brutale, le jeune député ivoirien à l'Assemblée constituante et futur père de l'indépendance, Houphouët Boigny, amorce son virage et commence à offrir des gages multiples de coopération à l'administration coloniale. […]

Et déjà visibles, les premiers signes de cette expansion effrénée qui, moins de dix ans après, fera d'Abidjan une ville champignon, « gratte-ciel sur lagune » et la Côte-d'Ivoire un des rares pays africains florissants avec ses autoroutes, son

Brasilia-Yamoussoukro, sa réplique de la basilique Saint-Pierre… et ses forêts massacrées pour payer la note…

Pour l'heure, les colons français accumulent leurs dividendes et les Favre vont tenter de ramasser quelques petites miettes.

Dans ce contexte particulier, l'arrivée d'un agent du fisc qui prétend consulter les livres comptables et récupérer une part du gâteau pour le Trésor ivoirien ne soulève pas nécessairement l'enthousiasme des foules.

C'est en tout cas de mémoire de colon, la première fois qu'une telle ingérence, qu'un pareil détournement de beaux et gras francs CFA péniblement ensachés, ose se pratiquer. D'autant disent-ils, qu'en ces temps où la Côte-d'Ivoire est devenue la « vache à lait » de l'Afrique occidentale française (AOF), ce surcroît de recettes va être dilapidé sous le couvert de subvention à quelques expériences extérieures non rentables.

La Côte-d'Ivoire, est-il besoin de le rappeler, constitue à l'époque d'avant l'indépendance, l'un des huit maillons de cette fédération de territoires regroupés sous la dénomination d'AOF. Dakar en est la capitale administrative avec son haut-commissaire. […]

L'organisation interne des Finances se veut la réplique de celle de la métropole avec pourtant ses énormes contraintes géographiques et ses spécificités de recrutement : un directeur en poste à Dakar assisté d'un inspecteur principal et d'un modeste contingent de rédacteurs. Quatre inspecteurs-vérificateurs à vocation fédérale mais qui, dans les faits, exercent rarement hors du Sénégal.

Chacune des huit colonies dispose d'un chef de service dont les attributions hybrides s'apparentent en quelque sorte à celles de l'actuel chef de centre mâtiné de directeur départemental.

Bénéficiant sans partage d'un budget de fonctionnement, d'un vaste appartement de fonction, d'une voiture avec chauffeur, de véhicules utilitaires, jardinier, personnel d'entretien, il représente officiellement les Contributions diverses auprès des autorités civiles, administratives et économiques. Responsable de la discipline, de la bonne marche du service, il intervient dans tous les dossiers et détient, en dehors de toute procédure contradictoire, le droit de notation sur l'ensemble de son personnel.

Il est l'interlocuteur privilégié pour le directeur au Sénégal et aucun autre agent n'a latitude d'être informé directement de l'évolution du droit fiscal ou des directives particulières de sa direction.

Prérogatives apparemment démesurées et assurément mal vécues par cette dizaine d'agents métropolitains venus dans les années 1950-1951 réanimer des effectifs exsangues. En tout cas injustifiables au regard des différences d'âge et de grade entre anciens et nouveaux tout juste quatre à cinq ans dans la majorité des cas. À cette distorsion, s'ajoutent celles liées à la présence d'un corps local de fonctionnaires dont le statut reproduit fidèlement celui des métropolitains. Avec néanmoins un détail d'importance, autrement dit un déroulement de carrière plus rapide et des indices supérieurs…

Quelque part les nouveaux arrivants se disent que les cartes sont truquées…

La Côte-d'Ivoire n'échappe pas à la règle commune. Ici, un jeune vérificateur découvrant des comportements fiscaux quelque peu marginaux et un laxisme administratif à coloration coloniale. De plus, confronté à la suspicion sinon à l'hostilité de son chef de service.

Une espèce de pêcheur solitaire invité à jeter son filet en eau trouble et à ramener de bonnes prises sans jeter l'émoi dans cette population de vertébrés bien nourris et agressifs.

Situation pour le moins inconfortable et périlleuse.

Le programme des interventions s'adapte nécessairement au tissu économique. L'Abidjan des années cinquante reste encore une petite ville occupée en son centre par 10 000 Européens et en périphérie par 300 000 autochtones. Au sommet les grosses compagnies coloniales « import export » à l'enseigne CFAO, SCOA… dont les comptabilités sont centralisées et les résultats déclarés par leurs sièges sociaux métropolitains.

Ces entreprises vont essentiellement être utilisées comme outils de recoupements à l'égard du commerce de détail, sauf quelques escarmouches visant des questions de principe. Quelques rares industries agroalimentaires en déficit chronique. Des entreprises de travaux publics à structures nationales, les prestataires de service, certaines professions libérales, etc.

Mais le commerce de détail demeure la chasse gardée des gros contingents de Libanais, travailleurs âpres au gain et parfaitement adaptés aux besoins de la population indigène. Le comptoir libanais de la rue du Commerce : un vrai capharnaüm, un énorme bric-à-brac où la machine à coudre Singer voisine avec le faitout, le boubou à la mode avec les boîtes de sardines, le réfrigérateur américain avec les bidons d'huile de palme, le fauteuil à balancier avec les torchons de cuisine…

Un rien déconcertant. Mais le système du bon d'achat avec paiement à 30 jours, largement ouvert aux Français, sans frais et sans formalité d'aucune sorte, dissipe bien des réticences.

La plupart de ces souks affichent une fréquentation fiévreuse mais les indices visuels de prospérité sont indécelables chez leur propriétaire, humblement tassé sur une chaise, matou et matois, prêt à prendre le ciel à témoin de sa proche faillite…

La comptabilité, une somme d'écritures fantaisistes que le cabinet comptable vous remet sans conviction en attendant de se réjouir *mezza voce* de votre compétence. Les motifs de rejet surabondent, mais le niveau réel du chiffre d'affaires et des résultats est beaucoup plus délicat à appréhender. Il faut donc rétablir la caisse en demandant avec conviction que soit ouverte la porte du coffre dissimulé derrière une tenture, reconstituer la comptabilité matière de certains articles bien repérables, examiner les comptes bancaires et surtout procéder au relevé systématique des déclarations en douane.

Travail long et fastidieux mais largement efficace. À tel point qu'il fut décidé d'affecter en permanence à ce travail de recherche un commis suffisamment consciencieux. Las ! Quelques semaines plus tard, le livre d'achats du Libanais vérifié accusait un chiffre supérieur à celui répertorié par notre préposé. Il a bien fallu se rendre à l'évidence et réintégrer derrière son bureau cet agent indélicat que les futures victimes avaient repéré et vraisemblablement soudoyé… On ne peut d'ailleurs reprocher à la communauté libanaise d'avoir manqué d'esprit imaginatif pour limiter le danger financier que représentaient ces interventions répétées. Certains ont vu leur chiffre d'affaires progresser dans la proportion de 1 à 10 et celui des bénéfices atteindre des niveaux plus proches de la réalité. Mais cette réalité est bien difficile à vivre ! Puisque ce Saint-Just d'un autre âge simule l'incompréhension, il va falloir monter les enchères…

On se renseigne sur le domicile des Favre, les horaires de travail, la situation de famille : trois bambins, un cœur de mère forcément compatissant… Voilà le point sensible… On va déléguer à la maman son équivalence libanaise. Avec mission de l'apitoyer sur le sort misérable dont sont menacés femmes et enfants de ces honnêtes commerçants à la suite des exigences exorbitantes de son inspecteur de mari.

Et de profiter de la surprise et de l'effarement de son interlocutrice pour exhumer de son voile et déposer discrètement ce mouchoir anonyme à carreaux bleus et blancs, noué aux quatre coins, le ventre rebondi sous la pression des diamants bruts et des pépites jaunes de production locale.

C'est au tour du mari, le soir venu, d'être effaré avant de se précipiter en toute hâte vers les bureaux des Finances, quérir le veilleur de nuit et placer fébrilement dans le coffre cette grenade à retardement…

Les mois passent, mais pas la cadence des contrôles… Certains, parmi les fatalistes dont les projets de vacances risquent d'être perturbés, viennent au préalable s'enquérir de la date d'intervention qui les concerne. Plus tard une délégation représentative, vestonnée et cravatée, propose un contrat en bonne et due forme : que le ci-devant demande à son administration un rapatriement prématuré en métropole pour raisons de santé… Moyennant quoi la communauté libanaise s'engage à lui verser une indemnité équivalente à douze mois de son salaire colonial…

Les Français pour leur part adoptent des approches plus viriles.

La presse locale fustige l'inquisition et son exécutant en basses œuvres… L'article est nettement inspiré par un avocat, à la tête d'un important cabinet et d'un monomoteur de tourisme. Ledit avion sert occasionnellement pour des déplacements professionnels mais principalement pour des expéditions de chasse à l'éléphant vers Sassandra : refuser une partie de l'amortissement, de l'entretien et des frais de carburant à ce seul motif, quelle preuve de mesquinerie…

Un autre, parmi les pharmaciens, invoque une violation du secret professionnel et réclame une expertise des empreintes digitales sur ses livres comptables emportés au bureau du vérificateur. En dépit de son plein accord. Première escarmouche d'une longue série qui bien des années plus tard va alimenter un abondant et délicat contentieux. […]

Quoi qu'il en soit, on travaille dur, beaucoup plus qu'en métropole tout au long d'une semaine de 6 jours. Dans le privé comme dans les administrations. Seuls entractes, les dimanches et fêtes carillonnées. Deux années de ce régime, puis six mois de congé. Fainéants, pas de place pour vous : go métropole… On se reçoit au même rythme… Le champagne est de toutes les soirées. […]

Le salaire indiciaire correspond effectivement à celui de la métropole mais il est divisé par deux en fonction du rapport de cotation entre franc CFA et franc français. L'opération aurait été nettement désavantageuse s'il n'avait existé un système d'indemnités compensatrices et majorations diverses que la fonction publique a toujours su manier avec à-propos. Tant et si bien que la rémunération nette en CFA correspond approximativement à celle du collègue métropolitain, majorée de 30 à 35 %. Il n'y a pas de quoi s'accorder des largesses ni escompter remplir son bas de laine. Les produits importés demeurent très onéreux pour avoir subi frais de transport et droits de douane.

Par contre, la discrète « prime de rendement » dont bénéficient les inspecteurs des impôts s'avère hautement bénéfique dans le cas d'un vérificateur : individualisée pour chaque agent, calculée sur un certain pourcentage des pénalités d'assiette en matière de taxe locale sur le chiffre d'affaires, plafonnée au niveau de chaque dossier, mais non limitée en quantité d'infractions…

Dès sa prise de fonction et dûment informé de ces modalités, notre jeune et naïf vérificateur s'enquiert de l'existence d'un fonds commun de répartition comme cela se pratique à Dakar. Émoi chez les collègues : « Vous n'y pensez pas. Il revient à chaque agent ce à quoi il peut prétendre par sa propre activité et rien de plus ».

Erreur magistrale qui se reflète assez bien dans les humeurs de plus en plus sombres de l'entourage professionnel. Un vérificateur, cela paraît si évident, consacre tout son temps à redresser des situations fiscales irrégulières, à exiger des suppléments de droits qui à leur tour engendrent des pénalités… des pénalités qui, pour partie, reviennent à leur auteur… mais aussi, de façon indirecte, et à hauteur de 6 %, au chef de service en personne…

Robert Werner

VÉRIFICATIONS AFRICAINES

En 1953, la direction de Dakar insiste dans les notes qu'elle nous adresse pour que nous procédions à des vérifications de comptabilités. En Haute-Volta, aucun contrôle concernant l'impôt sur les sociétés ou l'impôt sur les revenus n'a jamais été mis en œuvre. Le terrain est vierge.

Au vu et au su de tous les contribuables, je procède à Bobo-Dioulasso à des recoupements systématiques auprès de la Douane, des trois grosses maisons de commerce (CFAO, CFCI, SCOA). Au siège de la seule banque présente sur le territoire, la BAO, je recueille les relevés des comptes ouverts au nom des commerçants les plus importants. À la poste, je consulte et j'effectue les relevés des comptes courants postaux qui m'intéressent. Ainsi, muni de ces différents renseignements et utilisant ma machine à calculer, je me lance dans une série de vérifications. Les redressements sont presque automatiques et frappent sans distinction les commerçants libano-syriens, européens ou africains.

Cette opération m'occupe pendant plusieurs mois, elle est si rentable que je décide de la poursuivre à Ouagadougou. Il n'y a pas dans cette ville d'agence de banque, tout passe par la poste. Je relève donc les opérations figurant sur les comptes courants postaux. Il suffit ensuite de les comparer avec les chiffres portés dans les comptabilités. Chez l'importateur de célèbres cigarettes, par exemple, les montants déclarés n'atteignent pas cinquante pour cent de la réalité.

J'ai presque terminé mon programme, et je n'ai pas de renseignements marquants concernant B. le plus gros commerçant libanais, porte-parole de ses compatriotes auprès de l'administration générale. Au demeurant ses déclarations sont substantielles et le chef de cabinet du gouverneur m'a déjà dit que c'était un homme intègre. Je veux en avoir le cœur net. J'ai visité les alentours du marché et remarqué une petite boutique tenue par un préposé africain et appartenant à M. B. Tôt le matin, à l'heure où beaucoup dorment encore, je me promène et j'interroge le boutiquier qui est en train d'étaler ses marchandises. Faisant état de ma qualité, je veux savoir comment en fin de journée il justifie sa recette et obtient le quitus. Sans faire de difficultés il me montre trois papiers signés par son employeur et sur lesquels figurent les recettes des trois dernières journées, je note les chiffres. J'adresse un avis de vérification à M. B. et quelques jours plus tard, je me présente à son bureau. La lumière filtre, à travers les rideaux des deux petites fenêtres qui donnent sur la cour, un gros ventilateur tourne au plafond, les livres comptables sont présentés sur une grande table en acajou. Le contribuable m'explique qu'il tient lui-même la comptabilité avec l'aide d'un commis africain. Les documents qu'il me présente sont bien tenus et à jour. Toutefois, dans la colonne adéquate, les recettes de la boutique du marché, pour les trois jours qui m'intéressent sont inférieures à celles dont j'ai déjà connaissance. En regardant, sur une étagère tout en bas, je remarque, malgré la pénombre, des registres du même format que ceux que je compulse. Je demande à les examiner et, surprise, ils enregistrent eux les vraies recettes, il ne me reste plus qu'à les relever. M. B. blêmit et panique. L'après-midi, il ne peut pas me recevoir, il aurait une crise de paludisme et accuse quarante degrés de fièvre.

Mon passage dans la ville a provoqué quelques remous. J'ai devant moi quelques jours de répit. Mon chauffeur, Georges, inactif depuis plus de deux semaines, me suggère d'aller contrôler un important café africain dans le quartier indigène. Nous partons en voiture, il s'arrête brutalement devant une grande demeure construite en briques de boue séchée. Je descends, les clients quittent rapidement le comptoir. Je me présente et cherche à évaluer l'importance de l'établissement ; au fond de la pièce, une porte s'ouvre sur un couloir dans lequel donnent plusieurs petites pièces sommairement meublées où se tiennent de jeunes femmes. J'ai compris ! Je n'en évalue pas moins le nombre impressionnant de bouteilles de bière vides qui s'entassent dans l'arrière-cour. L'Africain qui se tient derrière le comptoir prétend ne pas parler, ni comprendre le français. Un grand noir plutôt distingué se présente alors et se propose comme interprète. Je discute, mais il me répète que le cafetier ne veut rien savoir, il ne comprend pas. Le commerce n'étant pas déclaré, je dresse procès-verbal.

Le soir au buffet-hôtel, arrivent deux Africains fort bien habillés, je reconnais mon interprète de l'après-midi. Ils demandent à me parler. Nous nous installons un peu à l'écart et ils m'annoncent qu'ils viennent pour arranger l'affaire du café, ils vont faire payer les droits et l'amende. Quand ils partent le gérant du buffet-hôtel qui riait dans sa barbe me glisse : « Le vrai propriétaire du " boui-boui " c'est celui habillé à l'européenne, il est l'élu du deuxième collège au conseil de la République à Paris ».

À mon retour à Bobo-Dioulasso le secrétaire général du gouvernement me reçoit et me dit en souriant : « Vos visites vous réservent parfois des surprises, mais vous devriez partir plus souvent en tournée, vos sorties rapportent de l'argent ». [...]

À Gagnoa, à quelque trois cents kilomètres au nord-ouest d'Abidjan, un Africain, Y., dont les activités sont multiples (transporteur, commerçant, planteur, etc.) est entré en conflit avec le contrôleur des Contributions de Daloa. Il est urgent d'intervenir pour ne pas laisser s'envenimer le différend. Le contribuable refuse tout dialogue et aurait même demandé à ses chauffeurs de ne pas éviter le véhicule des Contributions de Daloa s'ils le rencontrent sur les routes. M. B., inspecteur principal, chef de service à Abidjan, me demande de me rendre sur place afin de régler ce problème.

Je pars donc effectuer quelques vérifications dans le cercle de Gagnoa. J'ai adressé les avis de vérification réglementaires et un matin, à l'heure convenue, je me présente au domicile de Y. Je suis en définitive bien accueilli. L'intéressé m'explique que, grâce à ses différentes activités, il subvient aux besoins de sa nombreuse famille, deux ou trois cents personnes, que cela lui impose beaucoup de charges ce que le contrôleur de Daloa refuse d'admettre. Je lui expose que nous sommes dans un État de droit et qu'il ne peut pas rester en marge de la légalité. Je suis là, lui dis-je, pour, en toute équité, régulariser sa situation. Il appelle alors son fils qui, étudiant à la faculté de droit à Paris, est à ce moment-là en vacances. « Il sera votre interlocuteur, je veux bien payer si je dois mais pas plus. Ce que je gagne est " bouffé " par les membres de ma famille » précise le père. Le dialogue est lié, je vais pouvoir travailler. J'accepte, sans façons, le thé qui m'est servi et avec son fils, nous nous installons dans une pièce attenante. Il existe bien des livres de comptes scrupuleusement tenus qui enregistrent, dans un souci de contrôle des nombreux responsables, les recettes et les dépenses relatives à chaque magasin, à chaque factorerie de brousse, aux camions, à l'usine d'électricité, au service postal, à la plantation. Avec tous ces éléments, il est possible de déterminer le chiffre d'affaires réalisé et approximativement les bénéfices correspondants.

Je suis en présence d'une situation particulière, propre aux coutumes africaines et à laquelle le Code des Impôts ivoirien (inspiré du Code général des Impôts de métropole) ne s'adapte pas. C'est là l'origine des difficultés qui sont apparues avec mon collègue de Daloa qui veut appliquer strictement les textes.

J'ai un problème, je dois le résoudre vite, seul et sans incident. J'explique à Y. et à son fils que je veux bien considérer que tous les membres de la famille qui travaillent effectivement comme responsables des factoreries, mécaniciens, chauffeurs ou encore comptables, puissent percevoir un salaire comme leurs homologues africains de la CFAO ou de la SCOA et que cette masse salariale soit déduite des bénéfices. J'ajoute que les intéressés resteront en dessous du minimum imposable à l'impôt sur les revenus mais qu'en revanche ils seront classés dans les catégories supérieures de l'impôt de capitation qui sera mis en recouvrement par voie de rôle. Le principe étant accepté, il me reste à effectuer de longs et fastidieux calculs et à établir de multiples tableaux. Enfin, après plusieurs jours de travail je peux conclure. Les chiffres retenus sont raisonnables, le contribuable donne son accord et, pour montrer sa bonne volonté, accepte de payer un acompte important sur les quelques millions de francs CFA de rappels de taxes sur le chiffre d'affaires, d'impôt sur les bénéfices et d'impôt sur les revenus.

À mon retour, je suis reçu par M. B. nouveau directeur des Contributions d'AOF qui de passage à Abidjan, est venu visiter ses services. Il me demande de lui adresser une copie de mon rapport de vérification dès que je l'aurai établi.

Pierre Gratianne

CENTRAFRIQUE

À Bangui, où nous étions tantôt trois, tantôt cinq fiscalistes en coopération, je suis resté de janvier 1963 à août 1968. Je serai :

- Représentant de la direction dans les commissions interministérielles pour l'économie ; j'y défendrai la nécessité d'une dévaluation importante (sans penser à 50 %) car le cours du franc CFA est si élevé qu'il crée deux économies étanches : celle de traite, et le commerce local ; réponse du ministre d'État Banza : « Les gens en brousse n'achètent pas plus, faute de commerçants ». Mais je pense toujours qu'une monnaie chère arrange la traite : à production étroite par nécessité, les coûts nuls sont la meilleure réponse.

- Secrétaire général du Comité national des assurances (avec toutes les implications induites en matière de TVA, lieu de perception, rétrocessions, etc. ; problèmes d'aujourd'hui avec l'Europe).

- Expert près les tribunaux en matière d'abus de confiance, d'escroquerie, de détournements de deniers publics ; avant mon arrivée, ces expertises étaient fort bien faites par un expert-comptable, mais selon une terminologie et des modes de pensée étrangers à ceux des juges ; je pratiquai une rédaction très simple, dont les conclusions furent immédiatement transposables en attendus.

- Chargé d'enquête sur la comptabilité de l'Office de développement régional (ORD) de Bouar, dont le directeur était accusé de détournement de fonds ; en réalité il était d'une honnêteté absolue, que confirmaient largement ses comptes ; mais il était aussi incapable de voir où et comment son personnel volait, et incapable de suivre ses stocks ; j'ai établi le projet de constitution d'un office central des ORD (écritures sur place, simplifiées à l'extrême, centralisation et tenue des livres à Bangui).

- Syndic de faillite.

- Chargé d'une enquête sur le service de l'Enregistrement en 1965 ou 1966 ; R., le collègue qui le gérait, l'avait passé à un Africain, et le rendement avait connu une décrue de plus en plus vive ; le schéma essentiel mis en pratique était des plus sommaire : discordance de 9/10e entre les souches et les quittances attachées côte à côte (on ignorait le papier carbone) ; il m'a fallu trois semaines pour faire le tour de toutes les recettes de la période, mais trois mois pour faire tout comprendre au juge d'instruction, et encore j'ai dû demander à être confronté au prévenu, pour le faire avouer.

- Avocat ; pour sortir de prison un receveur des postes tombé dans un traquenard qu'il n'avait pas vu venir ; le jury l'a libéré sur le champ ; on lui en avait promis pour vingt ans.

- Conseiller à la cour d'appel ; quatre ans de formation et d'informations exceptionnelles.

Et je ferai aussi des impôts, comme prévu. Ma mission initiale : cinq années de contentieux en souffrance. C'était pratiquement terminé en six mois, quand j'ai eu à remplacer à l'improviste un collègue en secteur. Je propose des modifications législatives et vais les défendre en commission des Finances à l'Assemblée – en ce temps-là, oui, oui… une démocratie formelle, trente ans avant La Baule.

Je m'étais entiché d'informatique ; on en était toujours aux cartes perforées, mais j'y voyais tout de même quelques garanties de sérieux. J'en parle au directeur, qui me renvoie au ministre, mais devant son conseiller, lequel se récrie : « L'informatique, ça se trompe tout le temps ». J'étais mal parti.

L'année suivante, retour de congé, je trouve sur mon bureau douze dossiers de mes « erreurs de gestions » ; le même conseiller les avait présentés au directeur lui demandant de « me laisser en France, puisque j'y étais ». Réponse : « Je ne condamne pas quelqu'un sans qu'il ait pu se défendre ». Simple ? Extraordinaire ; rarissime ; et à l'époque, je vois peu de Noirs susceptibles de s'opposer à un Blanc sur une affaire comme celle-là. Je ne l'oublierai pas. Or, sur les douze dossiers, onze étaient irréprochables ; le dernier faisait conclure à la nécessité d'une vérification. Je rends compte du tout au directeur qui apprécie comme il convient : je l'avais justifié ; bien sûr, c'est moi qui lui suis infiniment reconnaissant. Il a tenu à régler le problème seul avec mon contradicteur : sage précaution.

Mais très vite ce même conseiller part en congé en France pour quatre mois : l'imprudent. Sautons à l'informatique. Le responsable du centre de traitement est un bon ami ; j'y passe la moitié de mes nuits pendant un mois, jusqu'à bien comprendre, non l'informatique, mais comment la gérer, et ses techniciens. Je conclus pour mon chef de centre : « Retiens 500 F par mois sur la paye des fonctionnaires, et verse le tout au Trésor ; tel compte, tel impôt forfaitaire de 6 000 F l'an ». Pas d'ordre écrit, pas de mission verbale, pas de pouvoirs ; mais le pouvoir. Tout fonctionne à merveille. Retour du conseiller, qui tempête : « Scandaleux… Vous n'avez pas le droit de retenir mois par mois un impôt annuel… » Le sol me manque ; j'ouvre mon code ; il est fort clair, cet impôt doit être retenu chaque mois sur les salaires. Ahurissant ; on ne le faisait ni pour les fonctionnaires, ni pour les salariés du secteur privé. Vous me direz que j'aurais pu regarder mon code avant ; je plaide coupable, de naïveté. Mais si cet article n'avait pas existé, je sais aussi que j'aurais agi de même. Le directeur m'envoie chez le ministre faire le point. Je lui présente mes excuses pour le procédé, j'expose le code, et les résultats ; en trois mois, sur ce seul poste, et au titre des seuls fonctionnaires, j'ai récupéré la moitié du montant annuel de cet impôt, et cela compense déjà la location éventuelle du centre informatique par les Finances pour l'année pleine. Je suis couvert, bien sûr, et prié de continuer. Un contrôleur d'exception, originaire de Nice, informatisera tout le service. Bangui, 1964 ; Paris, 1984-1986, et plus.

Je fais la connaissance de Bokassa, alors commandant et chef de l'armée, dès 1963 ; mon épouse s'occupe du jardin d'enfants qui accueille son fils aîné, et l'enfant ne jure que par elle, « maman ». Première rencontre sympathique et étrange : « En tant qu'Africain, je suis pour l'indépendance algérienne ; mais je ne veux pas savoir ce que tu as fait en Algérie… Les pieds-noirs se sont défendus, c'était normal. – Mais je n'étais pas OAS… – Quoi que tu aies fait, tu as bien fait ». Inattendu, et pas évident, ce discours, chez un Africain. Peut-être savait-il que j'avais été « honorable correspondant » du SDECE, à Oujda, durant la guerre d'Algérie ? Cette folle aventure est liée aux Impôts, puisque ce sont les informations que je pouvais réunir à mon poste qui étaient fort utiles. On m'objectera sans doute le secret professionnel, etc. ; mais j'avais au bout de mon stylo « le bien du pays et l'honneur de la France » ; j'y avais surtout la vie des pieds-noirs menacés d'attentats ; je pense que rien ne peut résister à cela, quoi que l'on pense, et que je pensais des événements. Mais je n'étais pas du genre à être complice des « porteurs de valises » ; eux, c'est eux, et moi, c'est moi. Je pense qu'après quarante ans, ce genre de renseignements n'est plus dangereux pour personne et ne manque pas d'intérêt, montrant que les hasards de la vie nous mettent parfois dans d'étranges situations.

Nous nous verrons plusieurs fois en 1963 et 1964 ; rencontres instructives ; il ne me dit pas un mot de ses projets, évidemment. J'avais rencontré le président Dacko, une fois, et le tenais pour un honnête homme. Mais comment ferait-il le poids devant Bokassa, phénomène débordant de vitalité et d'ambition ? Au début de 1964, j'écris à un interlocuteur du Quai d'Orsay, qui s'en souviendra, que « Dacko ne passera pas l'année parce qu'en Centrafrique, ni dans l'Administration, ni dans l'agriculture, ni nulle part, pratiquement rien n'est fait ». Alors que le 28 décembre, l'ambassadeur conclura ainsi sa dépêche de synthèse pour 1964 : « Le président Dacko a la situation bien en main », le 31, c'était le coup d'État de la Saint-Sylvestre. Quels faits choisir, lors de l'analyse, pour trouver la synthèse correcte ?

Après sa prise de pouvoir, j'écris à Bokassa qu'étant donné ses nouvelles charges, il est difficile que nous continuions à nous voir régulièrement ; que je reste à sa disposition et ne manquerai pas de le saisir de mes difficultés ; que bien sûr, nos épouses, etc.

Nous ne nous sommes revus qu'une fois, la dernière.

Maurice Aubert de Vincelles

« Attirés par l'outre-mer »

Ma femme et moi-même étions attirés par l'outre-mer, et j'ai postulé pour un emploi de chef de centre au Marin, Martinique. Le poste étant vacant, l'Administration a estimé, compte tenu de mon dossier, de m'y affecter.

Le 31 octobre 1981, après quelques semaines de stages en France, je me retrouve, à nouveau, pour sept heures de voyage dans l'avion qui me mène au Lamentin (Martinique).

À la sortie de l'avion, une bouffée de chaleur humide me saisit brutalement.

Le 3 novembre, je me présente au centre où m'attend un collègue, ancien coopérant en Algérie. [...]

De type A, le centre des Impôts ne comporte que neuf agents en tout.

La prise de contact avec les agents m'a permis de rompre la glace assez rapidement tout en maintenant une attitude respectueuse avec chacun d'eux.

Le retard dans le classement, le nombre important d'affaires contentieuses, la majorité en matière d'impôts locaux, a nécessité une réunion immédiate de travail. Deux agents, pendant trois mois, traitèrent le contentieux en instance.

Désireux de donner la possibilité d'effectuer un travail responsable, j'ai proposé, en faisant une entorse à la notice du centre des Impôts, de confier, à chacun d'eux, la gestion des dossiers d'une ou deux communes, en fonction du nombre de contribuables. La proposition a été acceptée sans réticence par les agents qui classent, relancent, notifient un redressement sous la responsabilité du contrôleur SAID.

En quelques années, le nombre de contribuables recensés a augmenté de manière très sensible.

Outre les tâches dévolues à un responsable d'un centre de type A, la fonction de chef de centre comporte, par ailleurs, dans la sous-préfecture du Marin, des sujétions auxquelles on se plie aisément. Représentant la direction des Impôts auprès des 7 communes relevant du centre, il est tenu de participer aux manifestations publiques, aux réunions de travail avec le préfet. Il est, quelquefois, mêlé indirectement dans les discours électoraux, sans que son nom ne soit prononcé. Responsable des dossiers des personnalités politiques, maires, conseillers, sénateurs, j'ai veillé, tout en vérifiant des situations personnelles, à ce que rien ne filtre.

Bernard Linarès

CHAPITRE VI

LA FUSION DES RÉGIES

Les témoignages rassemblés ici évoquent la fusion des trois anciennes régies financières, une fusion dont la première tentative remonte à 1926.

UNE PREMIÈRE TENTATIVE DE FUSION (1926-1934)

Le décret du 17 septembre 1926[1] fond les Contributions directes et l'Enregistrement en une seule administration placée sous l'autorité d'un directeur général.

Cette idée n'est pas nouvelle : Raymond Poincaré, président du Conseil, ministre des Finances, annonce ainsi, à la séance du Sénat du 31 juillet 1926, son intention de procéder à une mesure qui doit renforcer le contrôle fiscal d'une façon plus efficace : « J'avais, il y a longtemps, songé à cette fusion. J'y avais songé il y a vingt ans quand j'étais ministre des Finances ; j'y avais songé, j'ose à peine le dire, il y a trente-deux ans lorsque j'étais ministre des Finances »[2].

Comme le précise Jean Lesgourgues, « la création d'un concours unique ouvert aux bacheliers de l'enseignement secondaire pour une nomination au surnumérariat de l'Enregistrement et des Contributions directes est le premier pas » vers cet essai de fusion qui se concrétise par la création d'un centre de formation, l'École de Lyon[3].

En même temps, dans neuf cent quarante-sept cantons, un même agent est chargé d'assurer à la fois le service des Contributions directes et celui de l'Enregistrement[4], ce qui n'est pas parfois sans entraîner quelques réticences de la part de certains fonctionnaires aux dires d'Edmond Delcamp. Effectivement, « le receveur-contrôleur des cantons ruraux doit tour à tour appliquer deux législations et deux systèmes de contentieux complètement différents. À la fois comptable et non comptable, il doit fermer la recette les jours où il part en tournée, comme contrôleur des Contributions directes »[5].

---

1. Voir note n° 1 du chapitre II.

2. Jean Castagnez, *La fusion des Contributions directes et de l'Enregistrement*, Paris, A. Pedone, 1928, chapitre III.

3. Un arrêté du 18 décembre 1926 institue un concours unique pour l'accès au surnumérariat des deux administrations fusionnées.

4. Un décret du 24 décembre 1926 confie à 861 receveurs de l'Enregistrement, dans 947 cantons ruraux, les fonctions de contrôleur des Contributions directes. Si les contrôleurs des Contributions directes restent spécialisés, les receveurs de l'Enregistrement deviennent des agents mixtes.

5. Edgard Allix, *Traité élémentaire de science des finances et de législation financière française*, Paris, Rousseau, 1931, p. 283. Il est prouvé, à l'époque, que les deux fonctions de contrôleur des Contributions directes et de receveur de l'Enregistrement sont difficiles à tenir cumulativement.

Les deux administrations réunies ne fusionnent ni leurs services centraux, ni les échelons départementaux : « Une fusion intégrale a tout de suite été reconnue impossible. Elle a été réalisée au sommet, où un seul directeur général rassemble les deux régies sous son autorité, et aux échelons inférieurs qui ont un recrutement unique, les surnuméraires pouvant indifféremment être affectés aux deux services, et où les receveurs de l'Enregistrement se sont vu adjoindre les fonctions de contrôleurs des Contributions directes. Mais aux échelons intermédiaires, inspecteurs, directeurs départementaux, ainsi que pour les postes de receveur et de contrôleur des villes, la dualité subsiste »[6].

Aussi cette expérience est-elle officiellement abandonnée en 1931. Son échec est analysé par Jean-Paul Massaloux qui montre bien « qu'une fusion des services de base de plusieurs administrations ne peut réussir qu'après la mise en place d'échelons de commandement uniques, préparés eux-mêmes à mettre en application la réforme ». « La leçon porta ses fruits plus tard », lorsque, dans les années qui suivent la Libération, l'évolution de la législation fiscale et la nécessité d'améliorer l'échange de renseignements détenus par chacune des régies financières afin d'agir efficacement contre la fraude fiscale conduisent à la création de la direction générale des Impôts par le décret du 16 avril 1948 (*JO* du 20)[7] alors que René Mayer est ministre des Finances et des affaires économiques.

LA CRÉATION DE LA DGI (1948)

Le décret du 16 avril 1948 est pris en exécution de la loi du 25 juin 1947 (article 1er : mesures tendant à réduire les charges du budget) qui fait partie du projet de réforme fiscale préparé par le gouvernement souhaitant une plus

6. *Ibid.*, p. 283. Edgard Allix pense « qu'une réforme plus modeste et plus efficace eût consisté non dans la fusion, mais dans la pénétration des deux administrations, par l'institution, à l'administration des Contributions directes, d'un service de recherches qui aurait eu, en particulier, pour mission, de consulter et d'utiliser les renseignements détenus par l'Enregistrement ». Pour le professeur Allix, la fusion de 1926 va à l'encontre du principe de spécialisation qui s'impose de plus en plus à mesure que le système fiscal se complique et pose aux fonctionnaires des problèmes de plus en plus difficiles à résoudre.

7. Il existait déjà, avant la création de la direction générale des Impôts, une administration unique, l'ancienne direction du Contrôle des régies financières, devenue le Service de la Coordination des administrations financières, qui imposait l'unité nécessaire, non seulement aux administrations fiscales proprement dites, mais également à des administrations parafiscales (administration des Tabacs etc.) et qui s'est progressivement transformée en un simple bureau, sorte d'annexe du cabinet du ministre ayant essentiellement pour fonction, en matière législative et réglementaire, de mettre au point, selon les directives du ministre, les textes demandés aux directions générales fiscales.

La direction générale des Impôts est créée afin de procéder à une réorganisation des services financiers et à une modernisation de leurs méthodes de travail. Cette réorganisation et cette modernisation sont considérées comme indispensables pour assurer, de pair avec une réforme de la législation, une meilleure répartition de la charge fiscale.

grande unité des contrôles fiscaux et désireux d'éviter les doubles emplois[8]. Il fait suite à la loi du 6 janvier 1948 (dont les textes d'application ne sont pas intervenus) instituant le casier fiscal pour améliorer le contrôle et le rendement de l'impôt selon trois principes. Article 45 : création d'un casier fiscal (il s'agit de recouper les déclarations, de centraliser, d'exploiter le renseignement)[9]; article 46 : unicité et simultanéité des vérifications ; article 49 : établissement d'un code unique des impôts (avant le 31 décembre 1948 ; le Code général des Impôts, qui regroupe l'ensemble des dispositions intéressant la fiscalité et témoigne de l'effort d'unification poursuivi dans le domaine législatif, sera publié en avril 1950). Il précède le décret du 9 décembre 1948 portant réforme fiscale.

Cependant, la fusion n'a pas d'effet immédiat sur le fonctionnement interne des trois anciennes administrations, si ce n'est de les placer chacune sous l'autorité d'un chef de service directement rattaché au directeur général. Par contre, des liaisons beaucoup plus étroites que celles existant jusque-là sont progressivement instaurées entre ces services. La formule du conseil d'administration fonctionnant dans chaque régie comme organe de consultation et de décision pour les questions les plus importantes (elle est maintenue postérieurement à l'institution d'un directeur général unique) est alors élargie à l'échelle de la direction générale des Impôts par un décret du 26 octobre 1948.

Au niveau central, il est apparu nécessaire d'instituer des organes de coordination destinés à faciliter l'étude des problèmes communs aux trois services, à préparer l'intégration de ces derniers dans des structures nouvelles. Trois bureaux travaillent en ce sens : législation (l'ancien bureau de coordination des régies financières spécialement chargé des questions de législation est incorporé au sein de la DGI ; son objectif est d'instituer des centres dits de casier

8. Désormais, « le directeur général des Impôts connaît aussi bien des contributions sur le revenu que des taxes sur le chiffre d'affaires, des droits d'enregistrement conçus au sens étroit du mot et des impôts occasionnels sur la fortune (mutation gratuite ou onéreuse entre vifs ou à cause de mort). Et cela est logique. Comment, en effet, séparer les impôts sur les bénéfices industriels et commerciaux (taxe proportionnelle et surtaxe progressive sur le revenu des personnes physiques, impôt proportionnel sur le revenu des sociétés et autres personnes morales) des taxes sur le chiffre d'affaires (taxe à la production, taxe sur les transactions commerciales, taxe sur les prestations de services) ? Il suffit de réfléchir que le chiffre d'affaires est à l'origine du bénéfice, […] pour taxer de monstrueux le régime dans lequel une administration connaîtrait du chiffre d'affaires, l'autre du bénéfice. Dans le même ordre d'idées, il est logique et normal que le directeur général des Impôts connaisse et les éléments de fortune du contribuable (Enregistrement) et les revenus fondés qui en découlent (Contributions directes) » : Henry Laufenburger, *Économie du système fiscal français national et local,* Paris, Éditions du recueil Sirey, 1954, p. 36.

9. « Pour connaître la vraie et totale capacité contributive, il faut confronter les assiettes aux impôts les plus divers : non seulement le bénéfice avec le chiffre d'affaires, mais aussi les éléments de fortune avec les éléments quantitatifs et qualitatifs des revenus, les successions et les donations recueillies avec les revenus fondés, les loyers ou jouissances immobilières en nature avec les autres dépenses. Le casier fiscal, qu'un décret doit mettre en pratique, est la négation même des cloisons étanches ou même transparentes entre diverses catégories fiscales » : *Idem*, p. 37.

fiscal, d'unifier les contrôles fiscaux, les recouvrements, ainsi que la procédure de contrainte et de recouvrement), personnel, service d'études et de contrôle fiscal (il poursuit, depuis sa création, l'unification des méthodes de contrôle fiscal et la préparation d'une fusion, d'une réorganisation des services extérieurs).

Les décrets du 18 mai 1948 (*JO* des 17, 18 et 19 mai) nomment M. Pierre Tissier, conseiller d'État, directeur général des Impôts et M. Massaloux chef du service des Domaines, service qui reste autonome avant que le décret du 31 décembre 1952 ne précise que le directeur général des Impôts (c'est alors M. Allix, depuis le décret du 10 juin 1949) exerce aussi les fonctions de chef du service des Domaines.

L'UNIFICATION DES STATUTS

La première condition préalable à remplir pour que la fusion se concrétise est d'unifier les recrutements, les statuts, les rémunérations, les débouchés, de manière à parvenir à un corps réellement unique, ceci dans le cadre de la loi du 19 octobre 1946 qui instaure le statut général de la fonction publique et fait obligation, en son article 2, à toutes les administrations, de modifier leur statut particulier en vue de le rendre conforme aux dispositions nouvelles.

Dix ans seront nécessaires pour réaliser progressivement la fusion des personnels.

En ce qui concerne le cadre A, les principales étapes sont, tout d'abord, la création de l'ENI en 1951, puis, le décret du 30 août 1957 qui harmonise les carrières des agents des trois services et crée un statut unique : ainsi, les inspecteurs peuvent être affectés suivant leurs fonctions à des services de direction, des services de base, des services de vérifications de comptabilités, ou à des brigades de surveillance (qui existent dans les Contributions indirectes).

Pour le cadre B, un statut unique des contrôleurs principaux et contrôleurs des services extérieurs de la direction générale des Impôts fait l'objet du décret n° 54-77 du 23 janvier 1954 ; le décret n° 64-460 du 25 mai 1964, modifié par le décret n° 66-1061 du 22 décembre 1966, fixe le statut particulier des contrôleurs des impôts qui, sous l'autorité d'un inspecteur central ou d'un inspecteur, participent à l'ensemble des missions dévolues à l'Administration, à l'exception toutefois des travaux de vérifications de comptabilités, des travaux d'assiette et de contrôle des taxes sur le chiffre d'affaires (contrôleurs des Contributions indirectes), leur activité s'exerçant dans le cadre des services des directions départementales, des services de base, et des brigades de surveillance (Contributions indirectes).

Un statut provisoire des agents de constatation ou d'assiette (cadre C) fait l'objet du décret du 6 février 1950 et deux recrutements, en 1950 et 1952, ont lieu par la voie d'un concours externe unique. Des modalités communes de recrutement sont aussi prévues pour les agents de bureau (cadre D) régis par le décret du 6 juin 1951.

Parallèlement à ces réformes, les services centraux poursuivent une politique d'harmonisation des situations pécuniaires, aussi bien pour les indemnités accessoires aux traitements que pour celles représentatives de frais. De plus, il convient de préciser que les chapitres du budget de la DGI sont unifiés.

Après l'échec de la fusion de 1926 avec l'Enregistrement, échec qui n'empêche pas une timide tentative de Vincent Auriol d'instaurer, en 1936, une direction départementale unique aux trois régies financières, ce qui témoigne de la conscience persistante des problèmes que pose la division des administrations financières[10], la régie des Contributions directes s'engage, à partir de 1939, dans une réorganisation de ses services[11].

L'objectif de la réforme est d'améliorer les travaux de contrôle et d'assiette de l'impôt confiés au cadre principal en les séparant des tâches purement matérielles. À cette occasion, s'opère un reclassement du personnel, les contrôleurs deviennent peu à peu des inspecteurs et les commis accèdent, plus lentement, au grade de contrôleur[12].

En 1948, ce changement d'appellation, commencé donc dans les Contributions directes, a cours dans les trois régies financières. Dans l'Enregistrement, il est réalisé par un décret du 13 juin 1946[13] : le contrôleur reçoit le titre d'inspecteur, cette qualification visant désormais le contrôle de la matière imposable, comme dans les Directes, et non plus celui, interne, du service des agents :

- « C'est aussi en 1947 que l'on vécut le premier acte de la création de la direction générale des Impôts, sans d'ailleurs s'en préoccuper à ma modeste échelle. C'était en préalable la première réforme type " armée du Mexique " dont tous les pouvoirs sont friands. [...] On baptisa tous les receveurs ou

---

10. F. Tristram, *La direction générale des Contributions directes 1917-1948*, mémoire de DEA, 1994, p. 96.

11. Décret du 20 juillet 1939, *JO* du 22 juillet, fixant le statut du personnel du service départemental des Contributions directes.

12. Article 1 du décret du 20 juillet 1939 (titre 1er, organisation générale) : « Les services extérieurs de l'administration des Contributions directes comprennent : un cadre de direction ; un cadre d'inspection et de contrôle comportant les grades et emplois de contrôleur régional (nouvelle appellation : inspecteur principal régional), inspecteur principal, contrôleur central (nouvelle appellation : inspecteur central), inspecteur et contrôleur (nouvelle appellation : inspecteur adjoint) ; un cadre d'exécution comportant les grades et les emplois de commis principal et commis, de dame employée principale et dame employée ».

13. *JO* du 14 juin 1946. « Une réforme administrative en voie de réalisation prévoit la transformation des titres de receveur et de contrôleur en celui d'inspecteur, pour mieux marquer le caractère des nouvelles attributions du cadre principal, de plus en plus orientées vers la vérification des opérations imposables » : *Codes annotés d'impôts et sociétés, publiés sous la direction de M. René Lotte, Code de l'Enregistrement,* tome I, Paris, octobre 1946.

contrôleurs de l'Enregistrement inspecteurs adjoints ou inspecteurs, donc le titre du grade supérieur en vigueur depuis Napoléon Ier. Les inspecteurs devenaient inspecteurs principaux. Les commis devinrent contrôleurs et nombre d'auxiliaires titularisés plus tard agents d'assiette » (F. Ferret).

- « Le fait que de contrôleur on soit élevé au grade d'inspecteur, ce qui fut mon cas le 14 janvier 1947, permet de situer cette importante réforme en 1946-1947 » (G. Colomb).

Dans les Contributions indirectes, Jacques Gandini devient, peu avant la fusion, « de contrôleur automatiquement inspecteur adjoint (premier grade du nouveau cadre A). [...] Le contrôleur principal se retrouva inspecteur central. [...] Les anciens grades disparurent pour faire face à de nouveaux grades insérés dans les nouveaux cadres (A, B, C ou D) prévus par le statut de la fonction publique ».

Parfois, l'accession des commis au grade de contrôleur a lieu à l'issue d'un examen professionnel, lorsqu'elle ne se fait pas par liste d'aptitude, comme en témoigne Paul Le Pivert pour les Contributions directes.

LA MODERNISATION DE LA FISCALITÉ

La fusion de 1948 s'effectue dans un contexte de modernisation d'une fiscalité qui paraît inadaptée aux ambitions de la France en reconstruction.

En effet, la loi du 17 août 1948 donne mission au gouvernement de réaliser par décrets une réforme fiscale, condition préalable de toute réorganisation des services administratifs. Dans ces conditions, le décret du 25 septembre 1948 modifie le régime de la taxe à la production pour remplacer la suspension de taxes par les paiements fractionnés, premier pas vers la TVA instituée par la loi du 10 avril 1954. Le décret du 9 décembre 1948 supprime tous les impôts cédulaires et l'impôt général sur le revenu : ils sont remplacés par l'impôt sur les personnes physiques (taxe proportionnelle et surtaxe progressive) et l'impôt sur les bénéfices des sociétés et autres personnes morales avant que la loi du 28 décembre 1959, premier texte fiscal majeur de la Ve République naissante, ne fusionne les deux composantes, instaurées en 1948, de l'impôt sur le revenu des personnes physiques par la création d'un impôt unique sur le revenu.

La réforme fiscale du 9 décembre 1948, aménagée par les lois du 31 juillet 1949, est codifiée en un code général des Impôts (décret du 6 avril 1950). Ce code se substitue alors aux divers codes propres à chaque régie.

LA RÉPRESSION DE LA FRAUDE FISCALE

Dès 1948, la DGI naissante entreprend de réprimer la fraude fiscale : au mois de juin est organisé le « contrôle unique » (les vérificateurs spécialisés des trois régies sont placés sous un commandement commun).

En 1950 est constitué dans le département de la Seine un corps de « vérificateurs polyvalents » alors que 42 brigades de « contrôle unique » opèrent en province.

En 1951, le principe de la « bivalence » qui consiste à faire vérifier indistinctement par des agents des Contributions directes ou de l'Enregistrement la situation des sociétés contrôlées en matière d'impôt sur les sociétés est adopté puis généralisé dans l'ensemble des départements.

Puis, une note du directeur général des Impôts, M. Allix, en date du 30 octobre 1952, réorganise le contrôle sur place en province en instituant le régime de la « vérification d'ensemble » (intervention de deux vérificateurs : l'un pour les Contributions directes et l'Enregistrement, l'autre pour les taxes sur le chiffre d'affaires), les coordinations nécessaires étant assurées par une « réunion des directeurs du département ».

En 1955, le régime des « vérifications polyvalentes » ou « vérifications générales » est appliqué, en plus du département de la Seine, à cinq départements d'expérience avant d'être étendu par une note du directeur général, M. Blot, du 21 mai 1958, à l'ensemble du territoire.

LES DÉBUTS DE LA FUSION DES SERVICES EXTÉRIEURS

(*Les années « mixages »*)

Première étape dans la fusion de ses services de base, la DGI, après une expérimentation commencée en 1956 dans cinq départements, élabore un plan de réorganisation concernant l'ensemble du territoire, à l'exception de la ville de Paris, dont les principes directeurs sont approuvés par le ministre le 10 mai 1958.

Sont visées par ces mesures les inspections centrales et divisionnaires des Contributions directes, les recettes et inspections de contrôle de l'Enregistrement, les recettes centrales, inspections centrales, les inspections d'assiette et les contrôles ruraux des Contributions indirectes.

L'idée de base de la réorganisation est l'unification des circonscriptions et l'installation matérielle des agents d'un même centre fiscal dans des locaux communs[14].

Un rapprochement est effectué entre les Contributions directes et l'Enregistrement, qui donne lieu à la concentration de l'assiette et du contrôle des impôts directs et du contrôle des droits d'enregistrement : ce sont la création d'inspections centrales mixtes CD/E, avec à leur tête un inspecteur central chargé de la surveillance des travaux communs, de la conduite d'une brigade de vérificateurs, dans les centres fiscaux importants où sont regroupés inspecteurs des Contributions directes et de l'Enregistrement, et la mise en place de secteurs mixtes CD/E dans les zones à faible densité fiscale où un même agent effectue à la fois les travaux des Contributions directes et de l'Enregistrement. Une documentation unique est élaborée, les tâches d'assiette et de recouvrement des droits d'enregistrement sont séparées des tâches de contrôle, un nombre important de recettes est supprimé.

Quant aux Contributions indirectes, la réorganisation a pour effet de réunir au siège de chaque centre fiscal l'ensemble des services d'assiette et de recouvrement. À noter que la circonscription globale de ces services est la même que celle des services fusionnés des Contributions directes et de l'Enregistrement. Des inspections divisionnaires du chiffre d'affaires, au ressort plus étendu, installées au siège du centre fiscal, se substituent aux inspections d'assiette ; un grand nombre de contrôles ruraux isolés est supprimé et sont mis en place des contrôles divisionnaires des Contributions indirectes ; plusieurs recettes disparaissent.

Les auteurs racontent leurs « années " mixages " » (J. Meynial) : « Un certain nombre de secteurs mixtes Directes-Enregistrement furent juxtaposés à quelques autres restés provisoirement cantonnés dans leurs anciennes attributions. [...] Il fallait se familiariser avec une nouvelle terminologie. Ainsi, le « sommier des découvertes » évoquait pour le néophyte des Directes aussi bien une idée de farniente que la glorieuse épopée des voyages vers les terres inconnues, au gré de l'imagination de chacun. Le terme de « découverte », à connotation quelque peu ambitieuse, correspondait généralement à la constatation par le service d'une sous-estimation de la valeur d'un bien à l'occasion d'une mutation » (A. Marque).

---

14. Une instruction administrative en date du 16 mai 1959 de la DGI porte à la connaissance du personnel des Impôts les grandes lignes des premières mesures arrêtées pour la réorganisation des services de base : unification des circonscriptions pour constituer dans chaque département des circonscriptions communes correspondant chacune à un centre des Impôts où sont concentrés tous les services ; ces nouvelles structures sont implantées dans 21 départements, les centres des Impôts doivent fonctionner à la fin de 1960, 1961. Sont prévues aussi : la création de directions fusionnées (Contributions directes/Enregistrement) sous l'autorité d'un même directeur, dans certains départements ; la réunion, dans d'autres, sous l'autorité d'un directeur unique, de l'ensemble des trois services.

Devenant « mixtes », comme l'écrit Marcel Audurier (« Cela ne signifiait point que mon statut masculin fût mis en cause [...] encore que les regards coulés et curieux de certains contribuables intrigués par cette mixité laissaient planer un doute. [...] Mes fonctions se virent étendues, au-delà des Contributions directes aux nobles fonctions relevant de l'Enregistrement. [...] Je surveillais à la fois les matrices d'impôts directs et les " sommiers des découvertes " »), les agents doivent parfois suivre des stages :

- « Le mariage Directes-Enregistrement entraîna la création de secteurs dits mixtes. Des stages furent organisés à Paris en vue d'apprendre les droits d'enregistrement aux agents des Contributions directes et les impôts directs à leurs collègues de l'Enregistrement » (A. Marque).

- « Il s'agissait de fusionner les deux administrations sœurs des Directes et de l'Enregistrement, en créant des secteurs mixtes prenant en charge les attributions des inspections des Contributions directes et des contrôles de l'Enregistrement. La réforme entraînait une redistribution des compétences territoriales et un regroupement des services dans les principales villes du département. [...] La réforme était abordée avec une curiosité inquiète, inspirée par les nombreuses questions que chacun se posait. [...] J'appris aussi que j'allais suivre un stage d'extension de compétences de six semaines qui me permettrait de retrouver l'ENI » (H. Gibot).

De fait, cette union des Contributions directes avec l'Enregistrement dont l'objet « était avant tout d'apporter un renfort au service des Contributions directes qui en avait, il est vrai, bien besoin » (J. Boirin), s'accompagne d'un important dispositif de formation professionnelle dit « d'extension de compétences ».

Les inspecteurs principaux des deux régies sont aussi concernés par les formations dispensées, et sont chargés « après un stage préalable, de mettre la nouvelle organisation sur les rails » (J. Boirin), de « vérifier et surveiller ces inspections mixtes » (L. Perreault). « C'est ainsi que je participai au stage pour l'Enregistrement au centre de perfectionnement de la direction générale, 6 rue Saint-Maur à Paris, du 16 janvier au 23 février 1962. En même temps était ouvert dans le même centre, mais pour une période plus longue, un stage de formation aux Contributions directes réservé aux agents issus de l'Enregistrement » (L. Perreault).

La réforme entamée en 1958 marque un tournant dans le processus de fusion : « À partir de 1961, mon activité professionnelle a véritablement changé. Cela a marqué, pour moi, la fin de l'Enregistrement car, plus jamais, je n'allais désormais exercer une profession dans les conditions où je l'avais exercée durant les seize premières années de ma carrière. Je venais vraiment de changer de métier » (J. Boirin).

La nouvelle orientation donnée à l'organisation des services de base implique la création d'un service unifié au niveau départemental. Aussi la DGI s'oriente-t-elle, dès 1959, vers une fusion des directions des Contributions directes et de l'Enregistrement dans les départements où l'importance de la matière imposable le permet et vers la réunion, sous l'autorité d'un directeur unique, de l'ensemble des trois anciens services dans les départements où la densité de la matière imposable est plus faible. À partir de 1960, des directions régionales sont constituées.

LA FUSION DES SERVICES CENTRAUX

Les services centraux sont également réorganisés progressivement.

Alors qu'en 1948 le directeur général des Impôts était assisté par trois administrateurs délégués chargés des services des trois anciennes régies, se mettent peu à peu en place des échelons de coordination dans les domaines du personnel, du matériel et des crédits, de l'organisation des services, de la législation et du contrôle fiscal.

Le 1er janvier 1960, l'intégration des services centraux des trois anciennes régies, préparée par une commission spéciale, est réalisée ; une structure fonctionnelle comprenant huit services se substitue aux anciennes structures.

C'est au 3e bureau du service de coordination (les services centraux de l'époque, la coordination, comprennent trois bureaux et le service d'études et de contrôle fiscal), chargé des travaux concernant les questions de personnel et de matériel qu'est affecté Jean Vannier-Moreau, administrateur civil nommé au tour extérieur, en 1951. Il y réalise « une tâche considérable et déterminante pour l'avenir. Le préalable à toute fusion fonctionnelle des services à réorganiser tenait à l'harmonisation des personnels. Il consistait essentiellement dans la refonte des anciens statuts en un seul et même document. [...] Seuls les fonctionnaires des services extérieurs entraient dans nos travaux ».

En 1958, les « services de coordination » comprennent la législation, le personnel et budget, le contrôle fiscal. Un an plus tard, est ajouté le service d'études et de réorganisation auquel travaillent M. et Mme Rouchon. Ce service, qui devient en 1960 la sous-direction 2A du service de l'administration générale nouvellement créé, a pour mission « l'étude et la mise au point des structures de la DGI ; trois administrateurs (un par ancienne régie) dirigeaient plusieurs équipes. L'une travaillait sur la fusion des échelons de commandement, l'autre élaborait les textes pour le fonctionnement de l'inspection mixte Contributions directes/Enregistrement, une troisième avait la charge d'établir la carte territoriale de la DGI du futur ». En effet, « il fallait, tout à la fois, harmoniser les circonscriptions des services de base, fusionner les structures, moderniser les procédures et méthodes de travail. La DGI s'ouvrait aux nouvelles techniques d'organisation ».

Chef du bureau 2A4 de la sous-direction 2A du service de l'administration générale dans les années soixante, Jean Vannier-Moreau s'occupe des questions immobilières pour l'installation matérielle des nouveaux services de base fusionnés appelés à être regroupés dans des centres des Impôts communs. Serge Elophe assiste à la fusion, en 1965, de deux bureaux du service de l'administration générale, qui deviennent le bureau 2BC-3 (comptabilité des recettes des Contributions indirectes et de l'Enregistrement, responsabilité et cautionnement des comptables).

LES IFAC

Afin de réaliser l'intégration des services de base des trois anciennes régies, la DGI, répondant à l'évolution de la fiscalité (généralisation de la TVA en 1968, changements dans la fiscalité directe locale, réforme de la taxe professionnelle en 1976), prépare, dans une deuxième étape, une fusion complète de tous les services d'assiette et de contrôle dont les circonscriptions sont harmonisées dès 1960. C'est en effet à partir de cette date qu'est acquise l'idée d'une telle restructuration. Il s'agit de poursuivre l'expérience des services mixtes (Contributions directes/Enregistrement) en y associant cette fois les Contributions indirectes que l'évolution de la fiscalité ne permettait pas de laisser à l'écart : « Celui qui, avant la guerre, aurait prédit qu'un jour les trois services de l'Enregistrement, des Contributions directes et des Contributions indirectes seraient réunis en une seule et même administration, celui-là aurait à coup sûr été considéré comme cérébralement dérangé tant les différences entre les régies étaient importantes et marquées. [...] Réunir tout ce monde dans une seule et même administration pouvait paraître relever du pari impossible. Et pourtant, ce pari a été gagné » (J. Boirin).

Le 17 décembre 1964, le schéma d'une cellule de base polyvalente est mis au point et présenté au comité technique paritaire central de la DGI. Le but est de réunir au sein d'une même cellule les tâches d'assiette et de contrôle relevant précédemment des trois anciens services, de regrouper la documentation en vue d'une utilisation commune et de faire exécuter en série les travaux d'assiette et de contrôle élémentaire pour permettre un meilleur rendement du contrôle confié à des inspecteurs spécialisés.

Quatre expériences de fusion des services d'assiette et de contrôle sont lancées, portant sur des unités de tailles différentes. La première commence à Chartres le 1er octobre 1965. C'est ensuite Chaumont le 1er octobre 1966, Langres le 12 décembre 1966 et Joinville le 1er octobre 1967.

Les résultats sont dans l'ensemble positifs et la réforme, soumise à un groupe d'études le 16 mai 1968, est adoptée par le comité technique paritaire du 23 juillet. Sa mise en œuvre débute à l'automne 1969. Commencent donc à être installées des inspections fusionnées d'assiette et de contrôle (IFAC) dont l'importance varie suivant la densité de la population, mais les structures restent identiques[15].

On trouve quatre types d'IFAC : type A, en zone rurale, B, en zone semi-rurale, C et D, en zone urbaine, sachant que les IFAC les moins importantes comptent une dizaine d'agents, les plus importantes une soixantaine.

Chaque IFAC ou centre des Impôts comprend tout d'abord une inspection d'assiette et de documentation où sont réalisés :

- d'une part, les travaux communs (gestion de la documentation unifiée : tous les renseignements concernant un même contribuable sont rassemblés dans un même dossier ; liaisons ; statistiques ; travaux divers), au sein de la section d'ordre et de documentation (ORDOC) animée par un contrôleur divisionnaire ou contrôleur,

- d'autre part, les travaux d'assiette et de contrôle élémentaire, au sein de deux sections (assiette des impôts directs, droits indirects) divisées en secteurs territoriaux dirigés par des contrôleurs.

À côté de l'inspection d'assiette et de documentation, placée sous l'autorité d'un chef de centre, inspecteur central ou inspecteur de formation polyvalente, existent des inspections spécialisées chargées des tâches les plus qualifiées (fiscalité personnelle, FP : imposition des bénéfices non commerciaux et travaux de vérifications sur place correspondants ; fiscalité des entreprises, FE : imposition des bénéfices des entreprises industrielles, commerciales, artisanales et de leurs dirigeants, vérifications sur place des entreprises dont le chiffre d'affaires n'excède pas un certain montant ; fiscalité immobilière, FI : contrôle

---

15. Avant la réforme des services d'assiette et de contrôle, chaque régie disposait de ses propres services :

Dans les Contributions directes existaient des inspections divisionnaires, comptant un seul agent du cadre A, placées sous l'autorité immédiate du directeur départemental ; ces inspections étaient groupées en inspections centrales dans les centres importants où les inspecteurs conservaient leur indépendance technique et la direction d'un personnel particulier, l'inspecteur central dirigeant le personnel des services communs, ayant un rôle de coordination et dirigeant une équipe réduite d'inspecteurs chargés des vérifications de comptabilités à l'intérieur de la circonscription de l'inspection centrale.

Dans les Contributions indirectes, l'organisation variait suivant la densité de la population. En zone urbaine, les inspections centrales placées sous l'autorité d'inspecteurs centraux regroupaient, d'une part les agents chargés de l'assiette des taxes sur le chiffre d'affaires, d'autre part, les agents chargés de l'assiette des droits indirects proprement dits. En zone rurale ou semi-rurale, ces deux catégories d'attributions étaient confiées à des services distincts.

Dans l'Enregistrement, les « contrôles » vérifiaient la sincérité des déclarations de mutation et la vraisemblance des valeurs déclarées. Dans chaque département, un ou plusieurs « contrôles » étaient spécialisés dans les tâches domaniales les plus importantes ou les plus délicates.

des déclarations de mutation ou de succession, missions et enquêtes de caractère domanial de faible importance) ayant chacune à leur tête un inspecteur assisté le plus souvent d'un contrôleur.

Si le chef de centre a la responsabilité directe du service d'assiette et de documentation et assure pour l'ensemble de l'IFAC la gestion du personnel, règle la circulation des documents, les inspecteurs des services spécialisés relèvent, pour le contrôle de leurs travaux, d'un inspecteur principal des services placé auprès du directeur départemental. Ce n'est qu'en 1995, bien que l'idée soit apparue au moment de la création des IFAC, sans avoir pu se concrétiser alors[16], que les chefs de centre exerceront aussi leur autorité sur les inspections spécialisées devenant ainsi responsables de centre, interlocuteurs uniques du directeur.

Il convient de remarquer, enfin, qu'une réforme des inspections spécialisées restera plus tard à l'ordre du jour comme en témoigne Louis Menuet qui, dans les années 1980, insiste sur la nécessité de mieux séparer les fonctions de gestion de celles de contrôle afin de faire du cadre A « un vrai patron dans les structures de gestion, un spécialiste pointu du contrôle externe dans les brigades de vérifications ».

La naissance des IFAC entraîne « une transformation sensible des mentalités, un abandon des vieux clivages entre les régies, une sorte de révolution culturelle » (H. Gibot). C'est « un enrichissement certain » pour Marc Lacrouts qui, « issu des Directes », rencontre les Indirectes : « Nous tombions d'accord, en bons disciples de Vaugelas, pour dire que ses « redevables » étaient mes « contribuables ». Toutefois, sans nier le caractère transitif du verbe « exercer », ma langue se refusait à l'usage qu'en faisait mon copain qui avait appris à exercer les spectacles ou à exercer les marchands en gros. En outre, il n'était à l'aise pour travailler que sur des listes ou des cahiers tandis que je tenais fermement à mes fichiers ».

La création des IFAC implique « un effort d'adaptation considérable et rapide de la part des agents. Certains accédaient à des fonctions inexistantes jusqu'alors, nées des structures fusionnées. Il leur fallait prendre la mesure de leurs responsabilités nouvelles. D'autres étendaient leur compétence à des secteurs de la fiscalité qui leur étaient, sinon étrangers, du moins très mal connus. Certains, enfin, étaient appelés à changer véritablement de métier. Pour faire face à ces situations, dans leur diversité, dans leur complexité, il fallut organiser un " brassage " pédagogique assez extraordinaire » (H. Gibot).

---

16. « Les inspecteurs des services spécialisés conservent la responsabilité technique de leurs travaux car il serait difficile au chef de centre, étant donnée l'ampleur et la variété des tâches, d'exercer un contrôle effectif en ce domaine ; cette mission incombe aux inspecteurs principaux des services, placés auprès du directeur départemental, et déchargés normalement de tous travaux de gestion » : c'est ce que l'on peut lire à ce sujet dans l'article « La réorganisation des services extérieurs de la Direction générale des Impôts », *Bulletin de l'Économie et des Finances*, 1970, p. 70.

Georges Gaugain doit par exemple, comme d'autres, « assimiler une législation qui ne m'était pas d'application courante. Ce n'était pas insurmontable. [...] L'Administration avait organisé des stages d'extension de compétence. Pendant cinq semaines, avec mes collègues inspecteurs et contrôleurs, j'ai bénéficié de conférences et de travaux pratiques qui m'ont facilité l'adaptation à la nouvelle gestion du service ». Jean Grellety indique que « le bonheur tranquille d'autrefois devait être bouleversé par une nouvelle réorganisation administrative. On avait fusionné les Directes avec l'Enregistrement. Il restait à absorber les Indirectes ». Il doit se contenter « de courtes périodes de formation accélérée à Bordeaux. À la différence de la première fusion, il n'est plus question de longs stages de mise à niveau à Paris ». Yves Pouget « cesse au 1er septembre 1969 d'être un agent des Contributions directes pour entrer dans une nébuleuse assurément plus complexe, pleine d'incertitudes ». Auparavant, il « effectue un stage de cinq semaines à Paris qui n'est pas du tout adapté aux fonctions qu'[il aura] à assumer » puis exerce les fonctions de chef de centre tout en étant également chargé des fiscalités personnelle et immobilière. C'est une IFAC de type A dans laquelle il n'y a pas de contrôleur divisionnaire responsable de la section d'ordre et de documentation et de la section des droits indirects, au contraire de l'IFAC de type C, et où les postes de fiscalité personnelle et de fiscalité immobilière peuvent être tenus par le chef de centre.

L'installation des IFAC s'étale sur plusieurs années : « C'est seulement au cours de l'année 1970 qu'ont été créées les IFAC. Les inspecteurs centraux et inspecteurs de la région avons subi à Toulouse un stage de TVA, d'impôts directs et de comptabilité » (J. Pinto). Henri Mirabail précise à ce sujet : « En fait, la transition sera lente puisqu'en 1970, je gère encore ma division de contrôle. Quoi qu'il en soit, polyvalent ou inspecteur spécialisé, je ne suis pas dépassé, mais, selon l'expression populaire, je râle devant le volume des tâches. Je ne suis pas le seul ».

La réorganisation des services de base « comporte pour corollaire la possibilité ou le risque pour les agents d'être affectés sur n'importe quel poste sans rapport avec leurs fonctions initiales, dans un panel allant des Directes aux Indirectes, jusqu'aux Domaines et à l'Enregistrement » (M. Audurier).

Se pose le problème des nouvelles affectations : « Si le nombre des agents d'exécution augmentait régulièrement, les agents du cadre A, c'est-à-dire l'encadrement, voyaient leur nombre diminuer notablement. Au plan départemental, plusieurs enregistreurs avaient disparu à la première fusion. Il y allait encore avoir des surnombres à la suite de cette dernière réforme, y compris au plan local. Le choix sur les nouvelles structures se ferait à l'ancienneté sans tenir compte des administrations d'origine. Il en résulta des traumatismes qui ne furent pas toujours faciles à gérer » (J. Grellety).

Préalablement à sa mise en place, la fusion des services d'assiette et de contrôle engendre, de par certains aspects qui peuvent paraître négatifs, quelques réactions. Connaissant les conditions de la fusion et ses échéances, les quatre organisations syndicales les plus représentatives déclenchent une grève administrative d'une grande ampleur, en mars 1968 : « Au mois de mars débuta une grève administrative de tous les services, elle se poursuivit en avril pour prendre fin début mai au moment où les étudiants de Nanterre s'agitaient » (R.-G. Lesperon). Le mouvement est considéré à l'époque comme la première grève de la nouvelle direction générale des Impôts. Ce n'est pas le principe de la fusion qui est contesté mais l'insuffisance des moyens mis en œuvre pour sa réalisation.

LA RESTRUCTURATION DES ÉCHELONS DE COMMANDEMENT TERRITORIAUX

La transformation des cellules de base est précédée d'une restructuration des échelons de commandement territoriaux.

Il faut en effet faire opérer la fusion des services de base par des directeurs départementaux uniques. La création de directions départementales, soumise à un groupe d'étude le 16 mai 1968, est adoptée par le comité technique paritaire le 23 juillet.

Le 1er juillet 1969, la réforme des directions départementales est réalisée, des directions des services fiscaux sont installées dans tous les départements. La structure de ces directions varie selon l'importance de la circonscription.

Le directeur départemental des services fiscaux, qui est parfois assisté par un ou deux directeurs départementaux assistants, l'est aussi par des directeurs divisionnaires, nouveau grade (créé pour rajeunir le corps des directeurs), chargés de l'administration générale et du personnel, ou bien de la législation et du contentieux, du contrôle fiscal, ou du service foncier.

« Le directeur divisionnaire devait, selon les départements, soit être l'adjoint direct du directeur unique, soit devenir attributaire, au plan départemental, d'une division sous l'égide d'un ou de plusieurs directeurs départementaux. [...] Ayant la possibilité d'être candidat au grade de directeur divisionnaire, j'eus la possibilité de faire partie de la première promotion, particulièrement nombreuse, vu les circonstances. [...] Le nouveau grade assurait une promotion intéressante aux inspecteurs principaux en même temps qu'il permettait de dégager un cadre devenu pléthorique avec la fusion des régies » (J. Gandini).

À l'occasion de la réforme des structures départementales, « tout, absolument tout reposait sur les épaules des directeurs divisionnaires, laissés sans directives, abandonnés, je n'hésite pas à le dire, par une troïka de directeurs dépassés par les événements » selon Pierre Peter, qui « passe de l'emploi d'inspecteur principal, chef des bureaux d'une direction départementale des Contributions directes à celui de directeur divisionnaire, lors de la création du grade ».

En ce qui concerne les inspecteurs principaux, ils ont désormais pour mission la vérification et l'animation des services locaux. Leur rôle ne se borne donc plus à vérifier les cellules de base ; ils doivent également informer et assister ces nouveaux services : « C'est pendant la période allant de la fin de l'année 1968 à la fin de l'année 1971 que l'animation des services sera essentielle. Pour pouvoir expliquer et convaincre, il fallait d'abord être soi-même convaincu de la nécessité et du bien-fondé de la fusion des services, ce qui était le cas, il faut le souligner, de la majorité des inspecteurs principaux, même s'ils n'adhéraient pas aveuglément à tous ses aspects » (J. Mounié).

Dans la nouvelle organisation départementale, « les inspecteurs principaux sont placés en retrait par rapport à leur position précédente, puisque leur participation aux travaux de l'équipe de direction n'est prévue que dans le cadre d'un autre organisme, dénommé " conseil de direction élargi ", qui se réunit sur ordre du jour et dont la périodicité est surtout fonction de l'avancement des travaux des services. L'interlocuteur habituel de l'inspecteur principal n'est plus le directeur, comme dans le passé, mais le directeur divisionnaire, avec lequel se traite la majorité des questions relevant de sa division. Cet éloignement a été, dans l'ensemble, assez mal ressenti par les intéressés » (J. Mounié).

Complétant la réforme des directions départementales, sont mis en place à partir du 1er octobre 1969 des centres départementaux d'assiette (CDA). Placé, dans chaque département, sous l'autorité du directeur des services fiscaux mais doté d'un responsable propre, le centre départemental d'assiette regroupe les tâches matérielles assurées auparavant par les anciennes directions départementales et dont l'exercice n'apparaît pas lié aux fonctions de commandement (établissement des rôles d'impôt sur le revenu, relevés de coupons de valeurs mobilières, réception et exploitation des déclarations de salaires et d'honoraires, centralisation des acquits-à-caution, etc.).

Dans les services centraux, Georges Guicherd a travaillé, « dès les premiers jours de janvier 1968, sur un projet " d'atelier départemental " qui deviendra vite, et définitivement, centre départemental d'assiette [...] dont la création aura pour résultat de libérer sur le plan national environ quatre cents agents, qui pourront être utilisés plus efficacement pour d'autres travaux ».

Sont aussi institutionnalisées, en septembre 1969, les directions régionales[17] installées à titre expérimental à partir de 1960 : « La fusion complète des anciennes régies eut pour conséquence [...] la réorganisation complète des organes de direction, qui aboutit à une multiplicité des échelons hiérarchiques : là où il n'existait auparavant qu'un directeur entre lui et le directeur général de

17. Elles sont dirigées par un directeur régional : le décret du 30 septembre 1968 crée ce nouvel emploi.

sa régie d'origine, l'inspecteur principal eut au-dessus de lui, dans un ordre ascendant : quatre directeurs divisionnaires, deux directeurs assistants, un directeur des services fiscaux, un directeur régional » (L. Traissac).

Intermédiaires entre les services centraux et les directions départementales, les directions régionales ont essentiellement une mission générale d'harmonisation et de coordination[18]. En région parisienne, une délégation régionale est créée le 1er janvier 1968 pour coordonner les actions d'intérêt commun engagées en Île-de-France. Jean Vannier-Moreau rappelle qu'avec « l'accord du ministre, un ensemble de notes, en date du 24 novembre 1967, institua donc, tout en définissant leurs compétences et leur mode de fonctionnement, une délégation pour la région parisienne et un comité régional des chefs des services fiscaux et directeurs. [...] Le point de départ de la réforme était fixé au 1er janvier 1968 ».

C'est en région parisienne que les premières directions départementales uniques avaient été organisées en 1968, à l'occasion de la réforme administrative de la région Île-de-France (« La direction des services fiscaux du Val-de-Marne est une des premières directions fusionnées créées. Elle a été mise en place le 1er janvier 1968 » : G. Guicherd)[19].

La ville de Paris est dotée de trois directions territoriales, Paris-Ouest, Paris-Nord-Est, Paris-Sud-Est (« Cette opération constituait une entreprise colossale, aussi bien sur le plan purement matériel, que sur celui de l'organisation et de l'affectation nouvelle à donner aux personnels » : J. Jézéquel), dont les travaux sont allégés par une direction des services généraux et de l'Informatique (1970) et une direction des services fonciers (1969).

S'ajoutant aux deux directions spécialisées chargées du contrôle des grandes entreprises[20], et alors que le nombre des directions de vérifications de comptabilités appelées à intervenir sur le territoire de l'ancien département de la Seine est porté à trois (trois DVCRP, directions de vérifications de comptabilités de la région parisienne, se substituent aux deux anciennes), une direction nationale d'interventions domaniales et une direction nationale d'enquêtes fiscales voient le jour en 1969.

---

18. Outre leur mission générale d'harmonisation et de coordination, les directions régionales s'occupent aussi de l'instruction des demandes d'agréments fiscaux au titre de l'aménagement du territoire, effectuent une partie importante du contrôle fiscal, au moyen des brigades de vérifications qui leur sont rattachées, gèrent les centres d'informatique dont 14 régions sont dotées en 1971, veillent à l'application, dans les départements, des grandes orientations définies au niveau central (gestion de l'impôt, réorganisation des services de base).

19. La direction des services fiscaux de Seine-Saint-Denis fonctionnait à titre expérimental depuis 1967. Des directions des services fiscaux sont également mises en place, en 1968, dans l'Essonne, les Hauts-de-Seine, la Seine-et-Marne, le Val-d'Oise et les Yvelines.

20. Ces deux directions des enquêtes et vérifications nationales des Contributions directes et des Contributions indirectes sont fusionnées en 1971 pour donner naissance à la direction des vérifications nationales (DVN).

LA RÉFORME DU RÉSEAU COMPTABLE

Suite logique de celle des services d'assiette et de contrôle, la réforme du réseau comptable intervient afin de ne pas maintenir dans une même zone territoriale deux recettes à spécialisations différentes alors que les opérations correspondantes d'assiette et de contrôle sont dévolues à un même service.

Précédée à compter de 1960 par l'unification des lieux de résidence et par l'harmonisation des circonscriptions, cette réforme, approuvée par le comité technique paritaire central le 29 juillet 1969, intervient dès le 1er janvier 1970 : « La fusion des trois régies avançait à petits pas. [...] Mais la fusion des services d'assiette restait subordonnée à des questions de locaux et le recouvrement de l'ensemble des taxes recouvrées par les Indirectes et l'Enregistrement demandait une réforme du réseau comptable. Celle-ci était déjà à l'étude et l'année 1969 a été celle de son élaboration pour être mise en place au 1er janvier 1970 » (A. Massis).

Au 1er janvier 1970, les recettes de l'Enregistrement et des Contributions indirectes sont donc fusionnées après une année d'expérimentation dans deux départements. Les nouveaux postes prennent le nom de recettes des Impôts[21]. L'effectif de ces dernières passe ainsi de 1821 à 779, nombre voisin de celui des IFAC installées ou prévues.

La hiérarchie des recettes des Impôts compte trois échelons :

- les recettes divisionnaires (une par département, il y en a 99), outre les attributions normales d'une recette, centralisent les écritures des autres recettes et interviennent dans le domaine du contentieux du recouvrement, le receveur divisionnaire étant le correspondant du trésorier-payeur général ;

- les recettes principales (il y en a 600) recouvrent la TVA et les droits d'enregistrement non transférés aux conservations des hypothèques : « Dans ses nouveaux locaux, la recette principale Thibaudière devait continuer sous cette appellation ses précédentes attributions jusqu'en 1975, où elle vit naître à sa place la recette Lyon 8 Vénissieux. L'année 1971 fut marquée par l'arrivée d'agents issus de l'Enregistrement. L'effectif se composait du receveur principal et de son adjoint, en général inspecteur ou contrôleur principal, de deux contrôleurs, l'un CI, l'autre E, de sept à huit agents C en majorité féminins. Il n'y eut aucun problème d'hostilité entre ces agents malgré leurs formations différentes » (G. Colomb) ;

---

21. Avant la fusion, la DGI disposait de trois réseaux comptables : les recettes des Contributions indirectes, celles de l'Enregistrement et, à un moindre titre, les conservations des hypothèques chargées, en particulier, d'encaisser la taxe de publicité foncière, les actes présentés aux conservations ayant au préalable donné lieu à la perception de droits par une recette de l'Enregistrement (ces actes devaient donc être analysés deux fois).

- les recettes non classées (elles sont au nombre de 80) exercent les mêmes attributions que les principales, mais, moins importantes, elles sont dirigées par un agent du cadre B (c'est là une promotion fonctionnelle pour ces agents car, avant la réorganisation, les recettes étaient confiées à un agent A).

Ajoutons aussi qu'au niveau du réseau local, les anciens bureaux de déclaration (au nombre d'environ 23 000, ils comprennent des recettes locales animées par des fonctionnaires de catégorie C, des recettes auxiliaires animées par des agents ayant le statut de receveur auxiliaire, des bureaux auxiliaires confiés à des personnes extérieures à l'Administration : débitants de tabac par exemple, rémunérées en fonction du volume des affaires), spécialisés dans les droits indirects portant essentiellement sur les boissons, sont réorganisés :

- le nombre des recettes locales est accru et leurs compétences étoffées (recouvrement et gestion de certains impôts indirects et de certains droits d'enregistrement ; leur travail sera allégé grâce à l'aide de correspondants locaux, des débitants de tabacs dans la plupart des cas ; leurs attributions concernant les droits indirects seront transférées aux Douanes le 1er janvier 1993) ;

- les postes auxiliaires sont appelés à disparaître de façon progressive.

Et puis, il existe aussi des recettes spécialisées (les recettes dites « actes judiciaires » installées près de gros tribunaux) et des entrepôts régionaux du timbre.

La fusion des recettes s'accompagne d'une révision complète des méthodes de travail, des procédures comptables et des imprimés. Plusieurs centaines d'agents de catégorie A sont remplacés par des B eux-mêmes remplacés par des agents de catégorie C, ce qui augmente l'effectif du personnel disponible pour d'autres travaux, notamment de contrôle fiscal.

Le 1er octobre 1970, une partie des compétences des recettes des Impôts (formalité de l'enregistrement) est transférée aux conservations des hypothèques. C'est la « fiscalisation » des conservations : la taxe de publicité foncière recouvrée par les conservations des hypothèques se substitue aux droits d'enregistrement, tant pour les transactions immobilières que pour les actes déclaratifs et confirmatifs portant sur les immeubles.

Taxe de publicité foncière, auparavant perçue par les conservations des hypothèques, et droits d'enregistrement, précédemment perçus par les recettes, sont donc fusionnés sous l'appellation de taxe de publicité foncière (loi du 26 décembre 1969) et recouvrés par les conservations qui perçoivent également, dans certains cas, la TVA immobilière.

En même temps, le nombre des conservations est légèrement augmenté (le 5 décembre 1969, 80 conservations des hypothèques avaient été mises en place pour adapter aux nouveaux besoins dus à l'urbanisation un réseau demeuré inchangé depuis 1926).

LES SERVICES FONCIERS

Les services fonciers (Cadastre, Domaine), éloignés de par leurs spécificités des activités fiscales à proprement parler, restent un temps en dehors des travaux de réorganisation des services fiscaux.

Avant la création de centres des impôts fonciers (CDIF), en 1976, regroupant les missions du Domaine et du Cadastre, chargés des évaluations de valeurs vénales et locatives, la fusion des services du Cadastre et des Impôts, évoquée dans la loi de finances du 31 décembre 1969, donne lieu dans un premier temps à l'intégration des agents du Cadastre dans les corps correspondants des Impôts (décrets de 1971) : « Une réforme de structure des services extérieurs de la DGI était dans l'air. Les syndicats furent consultés sur une éventuelle intégration des inspecteurs du cadastre dans le corps de leurs homologues, les inspecteurs des impôts. [...] Le 29 juin 1971, je recevais notification d'un avancement au 4e échelon de mon grade d'inspecteur central à compter du 1er mars 1971 » (R. Bouchon).

Le 30 novembre 1971, un comité technique paritaire approuve une réorganisation partielle du service du Cadastre dont les circonscriptions doivent désormais coïncider avec celles des conservations des hypothèques.

UN EXEMPLE SANS PRÉCÉDENT

La fusion des régies, exemple sans précédent dans l'histoire de l'Administration française, a demandé aux personnels confrontés à de si importantes mutations de se reconvertir, de remettre en cause leurs cadres de travail traditionnels en adoptant de nouveaux métiers. Travailler avec d'autres collaborateurs, d'autres supérieurs hiérarchiques, dans d'autres conditions, fut parfois délicat, ce dont rendent compte les témoignages mentionnés dans le chapitre.

Cependant quelques avantages non négligeables accompagnèrent ce changement radical qui disposa ainsi des moyens nécessaires à sa réussite. Une prime exceptionnelle de fusion[22] fut par exemple accordée à tous les agents appelés à subir les mesures de réorganisation : « La DGI venait d'arrêter – dans la douleur, il est vrai, malgré des avancées intéressantes – la nouvelle structure des directions uniques avec la création des grades de directeur divisionnaire, chef de centre, receveur principal fusionné, entre autres, et la perspective du versement d'une " indemnité de fusion " destinée à apaiser l'inquiétude des personnels ainsi bouleversés dans leurs habitudes » (R.-G. Lesperon).

---

22. Une indemnité dite de réorganisation pour tenir compte de l'extension de compétences a été créée en 1955 et établie sur de nouvelles bases en 1965.

La promotion interne fut aussi accélérée grâce à des emplois supplémentaires créés, de nouveaux grades. Les agents A ont obtenu des fins de carrière plus intéressantes en devenant chefs de centre (emploi créé par le décret du 30 décembre 1968 et qui permettait de déborder l'indice normal de fin de carrière du cadre A de la fonction publique) ou receveurs principaux. Des titularisations d'auxiliaires ont été effectuées. Enfin, la DGI put améliorer les conditions de travail des agents à l'occasion des réformes entreprises successivement. Ceci se traduisit concrètement par l'aménagement de locaux plus décents et fonctionnels, par une modernisation des postes de travail.

Présentant à la commission de la fonction publique, le 14 avril 1948, le projet de réorganisation de l'administration centrale du ministère des Finances qui prévoit la suppression d'un certain nombre d'administrations et la création d'autres administrations en plus petit nombre, dont la DGI, destinées à remplacer celles qui sont supprimées, le conseiller d'État, M. Rastel, concluait ainsi[23] : « Le projet constitue un bouleversement par rapport à l'organisation actuelle et, dans le présent, donnera lieu à des difficultés d'application que le gouvernement ne se dissimule pas. Il annonce d'autres mesures qui joueront sur les services extérieurs et sur les services centraux actuels, en fonction de l'évolution du régime fiscal. Il ouvre donc des perspectives très étendues. [...] Ce sera un effort de longue haleine que le gouvernement entend poursuivre pas à pas au cours du temps et au cours duquel il y aura une spécialisation plus grande et un meilleur rendement ». Entre 1948 et 1970 il faudra plus de vingt ans pour que la direction générale des Impôts se construise.

M. Rastel fait aussi remarquer que le projet de texte présenté à la commission de la fonction publique ne contient aucune disposition relative au recouvrement des impôts : « C'est volontairement que le gouvernement a désiré que la question du comptable unique ne soit pas posée », question qui reste encore en suspens.

23. Rapport de M. Rastel, conseiller d'État, présenté à la commission de la fonction publique le 14 avril 1948 au sujet de la réorganisation de l'administration centrale du ministère des Finances. SAEF, B 58861/1.

Choix de textes

LES SERVICES CENTRAUX

1951-1968

« Une tâche considérable et déterminante pour l'avenir »

Nous étions parvenus en 1951. Le service de coordination du personnel venait d'être créé. Son existence étant encore mal connue, il était loin de mes pensées. À mon grand étonnement, je me vis un jour convoqué par l'administrateur, chef de division responsable du personnel. Celui-ci m'informa de mon affectation audit service. Sensible à ce choix, mais lui objectant que je ne connaissais rien à l'affaire, il m'assura que c'était précisément ce que l'on recherchait. Perplexe et flatté, je rejoignis sans délai mon nouveau poste.

Je m'installai ainsi dans un vaste bureau situé au rez-de-chaussée de l'aile Rivoli, proche du musée des Arts décoratifs et donnant de plain-pied sur les jardins du Carrousel, face à son Arc de triomphe. J'y retrouvai deux collègues, un peu plus âgés que moi, issus respectivement des Contributions directes et indirectes. Un peu plus tard allait nous rejoindre un autre compagnon, venant comme moi de l'Enregistrement et fraîchement sorti de l'ENA. Nous dépendions directement d'un chef de bureau, venant également de mon administration d'origine. Avec un homologue chargé du budget et de la comptabilité, ils relevaient tous deux d'un chef de service placé directement sous l'autorité du directeur général des Impôts.

Une tâche considérable et déterminante pour l'avenir nous y attendait. Le préalable à toute fusion fonctionnelle des services à réorganiser tenait à l'harmonisation des personnels. Il consistait essentiellement dans la refonte des anciens statuts en un seul et même document ; il appelait immédiatement un recrutement et une formation professionnelle uniques ; il supposait le reclassement des agents anciens sur des listes d'ancienneté unifiées, des règles d'avancement communes, un système de notation homogène.

Seuls les fonctionnaires des services extérieurs entraient dans nos travaux. Ceux des services centraux, donc les administrateurs civils pour ce qui nous concernait, relevaient, sur proposition de notre directeur général, de la direction du Personnel et des Services généraux du ministère des Finances agissant en liaison avec la direction de la fonction publique. Depuis 1946, en effet, les concours particuliers d'accès aux grands corps de l'État et aux ministères avaient été fusionnés et remplacés par un recrutement propre à l'École nationale d'Administration. À la sortie, les élèves choisissaient leur affectation en fonction de leur rang de classement. Quant à leurs collègues plus anciens, issus des précédents recrutements, ils furent généralement intégrés et reclassés selon leurs positions respectives dans le nouveau corps. C'est ainsi que, pour ma part, issu du dernier concours propre à mon administration, je me retrouvai administrateur civil de 2e classe à compter du 1er janvier 1946.

À la direction générale des Impôts, les personnels des services extérieurs se répartissaient, comme ailleurs, en catégories de niveaux différents. Pour simplifier en faisant abstraction des anciens particularismes, il convient de s'en tenir à la classification retenue : catégorie A, inspecteurs et au-dessus du niveau licence ; catégorie B, contrôleurs, niveau baccalauréat ; catégorie C : agents de constatation et d'assiette, niveau BEPC ; catégorie D : agents de bureau et de service.

À la base de la catégorie A, les inspecteurs tenaient des postes chargés de l'assiette comme du recouvrement de l'impôt ou du contrôle des déclarations souscrites par les contribuables. Sur examen, comme on l'a vu, ils pouvaient occuper les fonctions de rédacteur dans les directions. Au-dessus, promus sur examen, se situaient les inspecteurs principaux chargés de la vérification des services ou d'enquêtes : l'ancienne distinction en deux degrés – inspecteurs vérificateurs et inspecteurs principaux – devait en effet disparaître. Parmi ceux-ci, étaient sélectionnés au choix les directeurs adjoints et directeurs départementaux, eux-mêmes susceptibles d'accéder au grade de directeur régional. Dans les chefs-lieux de département, des recettes, dites divisionnaires, jouaient en outre un rôle de centralisation par rapport aux autres recettes.

Enfin, un corps d'une certaine manière à part et chargé de fonctions tout à fait spécifiques héritées de l'administration de l'Enregistrement, comprenait les conservations des hypothèques. Les moins importantes remplissaient en même temps des fonctions d'assiette sous le nom de recettes-conservations. Toutes avaient pour mission d'assurer la publicité foncière. Les conservateurs des hypothèques relevaient de la même hiérarchie que les autres fonctionnaires des impôts. Mais la responsabilité pécuniaire personnelle qu'ils assumaient sur leurs biens propres, le fait qu'ils relevaient seuls et directement des tribunaux civils, et non administratifs, l'importance et les moyens de leurs interventions au regard des activités économiques leur valaient une autonomie d'action certaine. Un système de rémunération apparenté, comme leurs fonctions du reste, à celui des officiers ministériels, en faisaient des postes, dits « emplois de débouché », recherchés en fin de carrière jusque par les titulaires des grades les plus élevés. [...]

Ainsi donc, nous nous attelâmes dès le départ, hors de toutes considérations partisanes, à l'élaboration d'un statut des agents de catégorie A, statut de synthèse mais tourné vers l'avenir. Comment pressentir des structures encore à l'étude ? Sauvegarder les acquis de régimes affinés au cours des temps ? Simultanément, les concilier entre eux en même temps qu'avec les perspectives de la conjoncture nouvelle commune à l'ensemble de la fonction publique ? Ménager les susceptibilités, répondre à des légitimes aspirations, protéger, dans la mesure du possible, des droits considérés comme réservés aux anciens ? Modestes artisans libres du passé, nous raisonnions en toute objectivité. Mais il ne nous fallait pas moins affronter les anciennes hiérarchies toujours en place, les instances représentatives des personnels, sans compter en sens inverse les obstacles à franchir auprès de la direction du Personnel face aux autres administrations de notre ministère et, tout en haut, la fonction publique. Les uns nous trouveraient inéquitables ou timides, les autres, excessifs.

Que serait-ce le jour où nous aurions à définir les conditions d'accès aux emplois de débouché ? L'Enregistrement apportant généreusement les conservations des hypothèques dans la corbeille de la mariée, entendait sauvegarder les légitimes expectatives de ses agents recrutés avant la réforme. Les Contributions indirectes invoquaient l'apport de leurs recettes divisionnaires, moins intéressantes mais tout de même recherchées. Bien qu'arrivant les mains vides, les Contributions directes, alléchées, n'en avaient pas moins les dents longues et freinaient de tout leur poids les mesures transitoires restrictives. Pour ne pas bloquer l'étude, le problème fut reporté à plus tard. Une solution drastique ne finit pas moins par être imposée, au dam des vieux enregistreurs qui payèrent le prix de la réforme.

Parallèlement à l'élaboration du statut, nous entreprîmes la fusion des anciennes listes d'ancienneté en un même classement. Il va de soi, en effet, que l'avancement des agents et leur accès aux grades supérieurs successifs supposaient des tableaux homogènes consécutifs à des reconstitutions de carrières opérées sur des bases comparables et équitables. Faute de mieux, la méthode retenue reposait sur les anciennetés acquises par des groupes de plus en plus restreints au fur et à mesure qu'on s'élevait dans la hiérarchie. La liste d'ancienneté des directeurs, reposant sur des reconstitutions de carrières individuelles, fut repoussée à plus tard, d'ailleurs pour m'incomber le moment venu.

Les pièces du puzzle s'emboîtant les unes dans les autres, l'avancement des agents devait répondre à une même méthode d'appréciation touchant leur manière de servir. L'élaboration d'un nouveau système général de notation fut donc confiée à notre collègue fraîchement arrivé. Il importait aussi, sans plus attendre, d'unifier le recrutement et la formation professionnelle. En plus de ma participation aux autres travaux, c'est moi qui fus chargé des concours et de la tutelle de l'École. [...]

L'École nationale des Impôts, nouvellement créée, était installée dans un hôtel particulier, rue de Montmorency à Paris. Son directeur avait pour assistant un secrétaire général particulièrement actif et compétent qui menait de main de maître le personnel administratif et le corps professoral. Toujours pressé et parfois pressant, ce dernier venait presque tous les soirs vers 19 heures – un peu tard à mon goût – m'entretenir de la marche de l'établissement. Il me soumettait les affaires de principe ou de quelque importance relevant de la tutelle centrale.

Notre collaboration se déroulait dans une atmosphère de totale confiance et je retirai une grande satisfaction de cette partie de mes attributions.

Je recevais aussi des collègues étrangers, chacun avait son originalité. Tels Marocains, d'une susceptibilité maladive, exigeaient des stages d'un niveau manifestement trop élevé pour leur formation. Un Turc à qui je demandais, à mon tour, de quelles sanctions étaient passibles les fraudeurs dans son pays, me répondit le plus sérieusement du monde : « Chez nous, on les décapite ».

Jean Vannier-Moreau

Service d'études et de réorganisation

Au 93 rue de Rivoli, nous occupions de vastes pièces, à l'entresol nord, ouvrant sur la rue et éclairées, chacune, par une fenêtre se déployant en arc de cercle au niveau du sol. Le manque de lumière était manifeste tant et si bien que les trois ou quatre tables de travail étaient serrées devant cette ouverture afin de bénéficier du maximum de lumière. Le surplus de la pièce demeurait vide et sombre. Malgré l'inconfort, nous nous en accommodions tout en maugréant parfois.

Le service avait reçu pour mission l'étude et la mise au point des structures de la DGI ; trois administrateurs (un par ancienne régie), MM. G., B., O. dirigeaient plusieurs équipes. L'une composée d'inspecteurs principaux travaillait sur la fusion des échelons de commandement (direction-IP). Une autre élaborait les textes pour le fonctionnement de l'inspection mixte Contributions directes-Enregistrement. Enfin une troisième avait la charge d'établir la carte territoriale de la DGI du futur. Ce dernier groupe était organisé en deux équipes constituées chacune d'un inspecteur CD-E, d'un inspecteur CI et d'un contrôleur. J'étais l'un des deux inspecteurs CI.

À cette époque, les résidents et les circonscriptions des services de base des anciennes régies n'étaient pas identiques. Notre travail a consisté, pour chaque département, à choisir un certain nombre de villes qui deviendraient centre des Impôts, regroupant, à terme, les services fusionnés et à délimiter, par centre, une circonscription d'exercice identique pour toutes les attributions de la DGI.

La méthode utilisée fut essentiellement pragmatique. L'étude a pris en compte les données économiques et physiques de chaque département : importance relative des villes, lieux où étaient déjà implantés les services, moyens de communication, habitudes locales. À cette époque, compte tenu du nombre relativement restreint de véhicules automobiles, les problèmes de communication étaient primordiaux pour les redevables mais également pour les agents des CI.

En effet, compte tenu de la nécessité, pour la perception des droits indirects, d'être sur le terrain, il a fallu compenser le regroupement des services CI au siège du centre par l'implantation de contrôles CI excentrés en secteur rural.

À l'initiative de M. P., inspecteur central des CI attaché au service des Contributions indirectes dont le directeur était M. M., nous avons acquis la totalité des cartes routières Michelin couvrant l'ensemble du territoire français. La jeune inspectrice que j'étais (24 ans) se penchait donc avec « l'ancien » sur les cartes, étudiant chaque route, chaque côte, chaque col, et implantant les contrôles ruraux de telle façon que leur circonscription puisse être facilement accessible… en bicyclette. […]

Ce travail de « géographe » était accompagné d'un examen des charges de travail au sein de chaque régie. Un barème s'appuyant sur des éléments caractéristiques prépondérants permettait une estimation de cette charge et, par voie de conséquence, de vérifier si la circonscription initialement prévue autorisait l'implantation d'un ou de plusieurs services dotés d'un nombre « entier » d'agents tant pour les structures CD-E que pour les CI. Dans la négative, il fallait restreindre ou agrandir la circonscription de manière à ajuster les implantations. Gare au demi-agent !

Quand l'étude était achevée pour un département, les trois administrateurs civils se rendaient sur place pour la présenter aux directeurs départementaux des régies et recueillir leurs observations. De retour à la direction générale, le projet était souvent aménagé à partir de leurs remarques avant d'être soumis au CTPL (comité technique paritaire local). À l'issue de la réunion du CTPL, une ultime révision pouvait avoir lieu avant que le projet ne devienne définitif.

Depuis bientôt quarante ans notre maison fonctionne à partir de ce découpage territorial ; quelques aménagements ont dû être apportés aux limites de certains centres mais dans l'ensemble, l'harmonisation des circonscriptions d'exercice a bien résisté au temps.

Madeleine Rouchon

UNE PÉRIODE FRUCTUEUSE

En 1959, changement d'orientation, je suis affecté à la direction générale, au service d'Études et de Réorganisation nouvellement créé et placé sous l'autorité de M. J. La fusion des régies, décidée en 1948, entrait dans une phase active. Il fallait, tout à la fois, harmoniser les circonscriptions des services de base, fusionner les structures, moderniser les procédures et méthodes de travail. La DGI s'ouvrait aux nouvelles techniques d'organisation. C'est ainsi qu'avec d'autres collègues, j'ai participé à des stages organisés par le SCOM (Service central organisation et méthodes) ; des inspecteurs principaux du service ont même acquis un diplôme d'organisateur délivré par le Conservatoire des arts et métiers. Des études d'analyse critique du fonctionnement de notre maison étaient également entreprises en relation avec des organismes du secteur privé (CEGOS).

Pendant cette période fructueuse, j'ai participé à la délimitation des secteurs d'exercice des centres des Impôts ; le groupe de travail était constitué de deux équipes de trois agents chacune : deux inspecteurs CD-E et CI et un contrôleur. Il a fallu plusieurs années pour mener à bien ce grand projet auquel ont été associés les directions territoriales et les CTPL. Après quarante ans, on doit reconnaître que cette harmonisation a bien résisté au temps.

Ce stade franchi, il fallait s'occuper des méthodes de travail. Alors que deux de nos collègues rédigeaient les instructions fixant les modalités de constitution et d'emploi du dossier patrimonial P/1 et le fonctionnement de l'inspection mixte CD-E, M. B. et moi-même, nous nous attelions à la suppression de la sacro-sainte feuille de journée découverte au tout début de ma carrière. Il fallait en finir avec les recopies inutiles, le système du Peg-Board nous a paru tout à fait adapté pour y parvenir (système permettant de disposer des documents en tuile ne laissant visible que les éléments chiffrés à centraliser). Il a fallu concevoir de nouveaux imprimés : déclaration de chiffre d'affaires et fiche forfait.

Mis en application en 1965, ce procédé a été utilisé pendant plusieurs années. Un article de présentation de la méthode a été publié dans la revue du SCOM et préfacé par M. Laxan, directeur général à cette époque.

Après cela, d'autres chantiers allaient remplir notre emploi du temps au sein du bureau II A2 créé entre-temps :

- réforme de la comptabilité des recettes locales (ex-recettes buralistes) avec la suppression de la distinction entre les droits « au comptant » et les droits « au constaté » et l'élaboration de nouveaux imprimés ;

- création d'un réseau de recettes locales à compétence élargie ;

- fusion des recettes E/CI : implantation d'un nouveau réseau, calcul des effectifs, définition de nouvelles méthodes de travail.

Maurice Rouchon

Questions immobilières

La réorganisation effective et le démarrage des cellules appelées à être fusionnées supposaient leur installation matérielle dans des conditions appropriées à leur bon fonctionnement. [...]

Bien qu'autonomes, mes fonctions s'articulaient étroitement avec les études purement structurelles. J'entretenais d'étroites relations avec mes collègues qui en étaient chargés et dont l'un venait, comme moi, de la coordination. Partant de trois réseaux spécialisés répartis différemment, il lui fallait créer de toutes pièces des cellules d'assiette, de contrôle, de recette « nouvelle formule », ayant chacune leur compétence propre mais regroupées dans des centres des Impôts communs. Le poids et la spécificité du tissu fiscal décidaient de la nature des services à créer, de leur consistance, de leur lieu d'implantation, du nombre et de la nature des personnels à leur affecter. C'est dire la complexité de l'exercice. Et si, théoriquement, je me situais en aval de leurs travaux qu'il m'appartenait de traduire en mètres carrés et en aménagement des lieux, la nécessité de réutiliser dans la mesure du possible nos anciens locaux me conduisait assez souvent à éclairer leur réflexion. Au départ, il advint que certains collaborateurs emportés par le zèle viennent empiéter sur mon domaine. Quelques mises au point eurent vite fait de rétablir les frontières et la machine, une fois bien huilée, fonctionna pendant des années à la satisfaction générale. [...]

Durant les premiers temps de mise en route, ce furent les opportunités et l'urgence qui décidèrent des mises en place. Il fallait que les procédures se rodent ; notre savoir-faire également ; mais une bonne réforme s'avérant d'autant meilleure qu'elle est menée rondement, l'autorité se montrait, à juste titre, pressée et par suite pressante. Avec l'aval du ministre sur la réforme, notre directeur général avait obtenu la promesse du financement qui devrait suivre. Encore fallait-il justifier le montant et l'échelonnement des crédits nécessaires, par une étude solide. C'est à l'élaboration d'un tel document, concernant la France et l'outre-mer, que je me livrai, sur la base des besoins définis par les bureaux d'organisation. L'exercice était d'autant plus difficile que les solutions immobilières étaient loin d'être encore connues pour toutes les implantations, et qu'il leur faudrait, en dépit des opportunités, se plier à un échelonnement budgétaire purement théorique. Encore n'était-on pas à l'abri d'un éventuel arbitrage du ministre, tels ces quatre millions de francs qui nous furent, une année, supprimés brusquement, d'un trait de plume, au profit de la direction de la Comptabilité publique, pressée de construire sa trésorerie générale de Lille.

On doit à la vérité de dire qu'une fois approuvés les principes du programme élaboré, les enveloppes financières demandées et actualisées annuellement furent honorées. Pour ma part, je m'attachais par tous les moyens à utiliser en temps utile les crédits d'engagement et les crédits de paiement dont les reports d'une année sur l'autre restaient toujours aléatoires. [...]

Au fur et à mesure que la structure d'un nouveau centre des Impôts lui était notifiée, le directeur concerné commençait une prospection en vue de l'installer. Pendant tout le temps où les directions départementales n'étaient pas encore fusionnées, la coordination entre elles était assurée par les directeurs régionaux déjà implantés. Dans certains cas, c'est l'un des trois directeurs qui remplissait les fonctions de régional. La notion de préséance plutôt floue jouant davantage que celle de hiérarchie, j'eus plus d'une fois à intervenir en conciliateur. Tel fut le cas à Boulogne-sur-Mer où les intéressés ne se serrant plus la main, je ne pus les réconcilier qu'au prix d'un déjeuner largement arrosé. Les opportunités recensées nous étaient soumises. Il ne me fallut guère attendre pour comprendre la nécessité de me confronter aux réalités en me rendant fréquemment sur place. De sédentaire jusqu'ici, je devins *globe-trotter*. Combien de fois je revins à mon bureau le matin après deux nuits consécutives dans le train. À l'époque, les rares lignes aériennes intérieures existantes ne nous étaient pas accessibles. Il m'avait fallu une autorisation spéciale, visée du Contrôle des dépenses engagées, pour emprunter les trains rapides. Finalement, j'obtins un abonnement en première sur tout le réseau français. Pour gagner du temps, je rédigeais mes comptes rendus de déplacement en chemin de fer, sachant qu'à mon retour, je serais repris dans le tourbillon des dossiers, des visites, des séances en commissions.

Une fois retenue, toute opération se voyait soumise à une course d'obstacles nous entraînant dans un parcours du combattant.

En premier lieu, toute opération commune à plusieurs administrations du ministère des Finances ou présentant une certaine importance était examinée par une commission restreinte, située à mon niveau. Le secrétariat était assuré par la direction du Personnel et des Services généraux. Celle-ci disposait d'un service technique dont elle nous prêtait le concours à l'occasion. Les affaires considérables ou conflictuelles remontaient à la commission plénière composée des directeurs généraux et de directeurs du ministère. [...]

Les opérations mettant en jeu un aspect architectural sensible devaient recevoir l'aval de la commission de l'Architecture, au ministère des Beaux-Arts. [...]

Tout projet d'implantation à Paris ou en région parisienne devait aussi être soumis au comité de décentralisation. [...]

À partir d'un certain seuil, les dossiers de travaux relevaient de la compétence de la commission des Marchés. [...]

Cependant, les consultations les plus assidues relevaient de la commission régionale des opérations immobilières de l'architecture (CROIA) de la région parisienne. [...]

Appelée à n'émettre que des avis, cette commission disposait en fait d'un pouvoir absolu, en ce sens qu'on ne pouvait passer outre à ses conclusions que sur avis favorable après appel auprès du ministère des Finances. Autant dire qu'il n'était à peu près jamais déposé de recours. Si cette instance n'avait, en théorie, pas à se prononcer sur l'opportunité de l'affaire, sa compétence s'étendait à tous les autres aspects. Pratiquement, toutes nos opérations devaient donc lui être soumises.

Jean Vannier-Moreau

Le mariage Contributions indirectes/Enregistrement

La fusion des régies qui n'était pas encore effective dans les services de base était, en revanche, en cours de réalisation à la direction générale.

Claude fut affecté au bureau du recouvrement et de la comptabilité de l'Enregistrement, lequel faisait double emploi, malgré certaines attributions spécifiques, avec le bureau voisin des Contributions indirectes.

Malgré son appellation, le bureau effectuait, en fait, de multiples tâches dont certaines étaient très éloignées du réseau comptable et qui furent, en conséquence, rapidement transférées à d'autres services.

Installé rue de Rivoli, dans une des nombreuses annexes du ministère, le bureau était, comme beaucoup d'autres, dirigé par un administrateur civil, issu de l'ancien recrutement, en raison de la création trop récente de l'ENA.

Les attributions de Claude furent, dans les débuts, assez limitées : elles concernaient le cautionnement des comptables soit à l'égard du Trésor, soit à l'égard des tiers pour les conservateurs des hypothèques, le règlement de certains dossiers touchant à la responsabilité des comptables (chèques impayés), l'apurement de la situation des anciens magasiniers départementaux du Timbre et des imprimés et la comptabilité des entreposeurs régionaux du Timbre et des imprimés qui les avaient remplacés. […]

Claude eut l'information à son retour de congé : les deux bureaux du recouvrement venaient de fusionner, celui de l'Enregistrement était absorbé par celui des Contributions indirectes et il était le seul à être incorporé dans la nouvelle cellule. Compte tenu de la spécificité de certaines attributions propres à son ancien bureau, il craignait d'hériter d'un secteur assez chargé. Les faits confirmèrent ses craintes.

Outre les dossiers relatifs à la comptabilité matières dont celui de l'atelier général du Timbre, au cautionnement envers les tiers des conservateurs des hypothèques et à celui des comptables à l'égard du Trésor, au paiement fractionné des droits de mutation, au timbre, aux interventions en matière de droits d'enregistrement, il héritait d'un véritable fonds de commerce représenté par l'assistance judiciaire et les frais de justice criminelle, correctionnelle et de police.

L'un de ces dossiers prit subitement des proportions inattendues. Le cessez-le-feu en Algérie avait été signé le 18 mars 1962 et les rapatriés rentraient en masse en métropole. Pour faciliter leur réinstallation, des dispositions particulières avaient été prises tant au plan du financement des prêts qu'ils souhaitaient souscrire, qu'en matière fiscale pour leur permettre de bénéficier d'un système de paiement fractionné des droits de mutation.

Si la mise en place de ces dispositions fut aisée, les difficultés se firent jour lorsqu'il s'est agi, pour les bénéficiaires des prêts, de payer aux comptables des Impôts le solde souvent très élevé des droits de mutation. [...]

L'ambiance du bureau était excellente, le mariage Contributions indirectes-Enregistrement ne posait aucun problème. Claude avait changé de viseur et ses notes continuaient à être copieusement caviardées, à tel point que le sous-directeur en place crut bon, un jour, de demander au chef de bureau de tenter de conserver, autant que possible, la « prose » initiale des rédacteurs.

Le sous-directeur avait, sans doute, également plaidé pour sa cause, en raison de la difficulté de sa tâche : les notes manuscrites qui lui étaient présentées étaient illisibles et vouloir reconstituer une phrase constituait un véritable jeu de piste.

Le projet initial était, en effet, corrigé par un chef de section qui biffait, raturait, écrivait en marge et encerclait dans des « lassos » les quelques mots et les rares phrases qu'il avait la bonté de conserver, le tout à l'encre bleue. Le chef de bureau intervenait, ensuite, et accomplissait le même travail à l'encre noire, avant que n'intervienne le sous-directeur qui parachevait le travail à l'encre rouge. Devant un tel gribouillis, les dactylos n'avaient plus qu'une solution pour effectuer leur travail : consulter le rédacteur pour tenter de déchiffrer avec lui le texte exact et définitif, fruit de la cogitation de quatre personnes.

Serge Elophe

LES SERVICES EXTÉRIEURS

« Un enrichissement certain »

C'est vrai qu'il était difficile d'acquérir une culture commune. « Issus des Directes », nous n'étions pas préparés à opposer sereinement une valeur vénale à un quidam sans être impressionnés par la preuve apportée par ce pauvre homme du prix exactement déboursé. Il nous fallut du temps pour comprendre le sens (le bon sens) et la logique des lois qu'appliquaient nos collègues.

Pour ce qui est de l'autre vieille régie, j'ai été très marqué par une heureuse circonstance. Un jeune agent des Contributions indirectes, nouveau sur son poste « taxes sur le chiffre d'affaires », sur le même territoire que le mien, avait tenu, ce qui n'était vraiment pas encore évident, à faire ma connaissance, recueillir quelques informations sur la mentalité des redevables et des comptables qui, de plus en plus, étaient nos interlocuteurs.

Nous avions sympathisé très vite, et pas seulement dans le domaine de nos professions. Nous nous amusions des mœurs et du vocabulaire de nos vénérables boîtes. Je ne m'étais jamais avisé que mes « calepins » étaient « portatifs ». Il fut surpris de me voir « servir » des imprimés qu'il se contentait de « remplir » comme tout le monde. Nous tombions d'accord, en bons disciples de Vaugelas, pour dire que ses « redevables » étaient mes « contribuables ».

Toutefois, sans nier le caractère transitif du verbe « exercer », ma langue se refusait à l'usage qu'en faisait mon copain qui avait appris à exercer les spectacles, ou à exercer les marchands en gros. En outre, il n'était à l'aise pour travailler que sur des listes (qui n'étaient pas encore des listings !) ou des cahiers tandis que je tenais fermement à mes fichiers.

N'empêche qu'à une époque où la fusion des services locaux était encore loin, il avait suffi qu'il rencontre un forfait de chiffre d'affaires établi par son prédécesseur à hauteur inférieure au forfait de bénéfices industriels et commerciaux pour que nous organisions tous deux un travail en duo qui avait le bonheur de générer des résultats fiscaux remarquables en conjuguant nos connaissances du terrain et nos petits talents comptables. Il va sans dire que nous économisions aussi beaucoup de temps, soulagement fort appréciable.

C'est ainsi que mes camarades syndicalistes, divisés sinon opposés entre fusionnistes et anti-fusionnistes, me cataloguaient dans la première catégorie. [...]

Je voudrais m'attarder encore un peu sur ce que fut, historiquement, pour nos générations, la grande affaire. Fusionniste, mais fusionniste critique, je dois remarquer que chez nombre d'agents favorables à ce bouleversement régnait la conviction inavouée que dans les autres régies, tout au moins dans certains services, la masse des instructions était fort raisonnable, leur stabilité tout à fait paisible, et la matière à traiter proportionnée aux moyens mis en œuvre.

Pour ma part, je ne voyais chez les agents des Indirectes que la placidité avec laquelle ils se baladaient, chez l'un ou chez l'autre de leurs assujettis, sur un territoire où pour ma part, je sautais d'une mairie à une autre comme un rat empoisonné, sans même le temps de m'offrir un demi de bière au café du coin.

Quant aux collègues du chiffre d'affaires, je les enviais de n'avoir, à leur répertoire, qu'un seul type d'impôt.

Habitué par ma chère administration à être plutôt livré à moi-même, j'avais rencontré avec des yeux ronds, lors de mes incursions dans les bureaux de l'Enregistrement, la superbe notice explicative qui orne le verso de la couverture des paquets d'extraits d'acte, modèle n° 80 de temps immémorial, modèle n° 2635 de nos jours. J'étais jaloux de mes collègues dont les travaux étaient si précisément guidés par le menu. […]

Pour redevenir sérieux, et surtout honnête, je dois dire que ma confrontation une fois la fusion accomplie, avec des camarades élevés, que ce soit en couveuse ou en plein vent, dans les autres familles fiscales, me conduisit à réviser beaucoup d'appréciations, et je crois sincèrement que chacun des fusionnés a apporté à tous les autres un enrichissement certain.

Mes colères ponctuelles passent plus facilement aux oubliettes que la satisfaction d'avoir été acteur d'une mutation culturelle majeure, et mes petites chansons devenaient plus paisibles quand je me bornais à fredonner sur l'air de Trenet :

« Longtemps, longtemps, longtemps après que les Directes aient disparu

Leurs façons traînent encore dans les rues… »

Marc Lacrouts

« UNE PÉRIODE DE MUTATION CONTINUE »

Je dirai volontiers qu'une période de mutation ne doit pas être automatiquement considérée comme période de crise. Ce demi-siècle dont je peux témoigner a été une période de mutation continue, un mouvement aussi normal que celui qui maintient l'équilibre des bicyclettes, pas du tout une période de crise. La vraie crise, dangereuse par nature est celle qui engendre l'immobilisme de gens accrochés à leurs habitudes. Nous avions, à l'intérieur des Directes, antérieurement à la grande fusion, vécu une expérience éprouvante en la matière.

Le Cadastre, service technique à finalité juridique, aurait pu être une administration autonome et, de fait, sa culture le conduisait à fonctionner ainsi, mais l'une de ses utilités, l'assiette des deux vieilles contributions foncières, l'avait conduit à faire partie intégrante des Contributions directes. Je me permettrai de dire que, sans la nécessité d'asseoir des impôts à caractère annuel, le Cadastre eût risqué d'être une institution léthargique.

Entre les calculateurs de mètres carrés et les calculateurs de valeurs locatives, il s'était instauré, dans la même vieille boîte, une cohabitation sympathique. Et puis l'effervescence de la matière imposable dans les décennies d'immédiate après-guerre avait quelque peu gâté cette fraternité.

Il fallut de longues années pour que nous puissions répartir efficacement nos attributions, dans la perspective enfin atteinte grâce à l'actuel « centre des Impôts foncier » (foncier au singulier, comme centre et pas au pluriel comme impôts, ah mais !) et en attendant, on s'en souviendra, quelle tristesse que cet acharnement à vouloir nous faire travailler ensemble mais chacun chez soi, en inventant, entre nous, la surcharge d'un « dossier réduit » espèce de navette artificiellement créée dans la seule intention de nous respecter dans ce que nous avions de plus dérisoire : nos routines et nos crispations identitaires.

Ainsi donc l'administration dont je suis sorti n'était pas celle dans laquelle j'étais entré, et si l'on s'en tient à la carte de visite, j'aurai donc changé de profession. De fait, l'essentiel n'a jamais changé : la satisfaction sans cesse renouvelée mais constante de mon insatiable curiosité naturelle ; les structures pouvaient évoluer, la révolution informatique pouvait surgir, c'était vécu, non comme des épreuves, mais comme un enrichissement.

Ceci dit, je dois reconnaître qu'à la différence de beaucoup de mes collègues j'ai été préservé, personnellement, presque jusqu'au bout, par des affectations qui me maintenaient dans la fiscalité des personnes. […]

La perspective de l'indice de chef de centre pour le calcul de ma proche retraite et l'opportunité d'être nommé sur place déterminèrent peut-être ce qui fut mon chant du cygne mais je me plais à parler de ces quelques années comme de l'épanouissement de mon enthousiasme fusionniste.

Je pus enfin me vanter d'une compétence fiscale universelle. Me vanter, c'est bien le mot juste, compétence, je le dirai un peu plus vite.

Certes la VIe directive européenne avait jeté la fiscalité personnelle dans les bras de la TVA, géniale invention qui m'avait toujours littéralement épaté. J'aimais la TVA, mais je crois que la TVA ne m'aimait pas, j'ai dû comprendre que l'on ne s'exprime bien que dans sa langue maternelle, prendre conscience de mon âge et envier mes jeunes camarades, admettre qu'il était plus facile de se « DGIfier » en s'y prenant avant que les cheveux ne blanchissent (ou ne tombent).

Certes l'impôt sur les grandes fortunes m'avait appris l'art des enregistreurs, l'évaluation des valeurs vénales ; en échange, ces camarades se mettaient à appeler comme moi « redressements », les « forcements » dont ils avaient le secret ; mais je me gardais bien de trop fourrer le nez dans leurs affaires.

Quant au dernier personnage de mon roman : la vieille régie des Indirectes, je n'eus avec elle qu'une aventure bien superficielle, avec la vague impression de me mêler de ce qui ne me regardait pas. J'en garde le souvenir violent d'un alambic que je détruisis à coups de marteau, transpirant sous un effort qui n'était plus de la force d'un très prochain retraité. […]

Pour en revenir à ma génération, elle aura été la charnière entre deux époques, je les aurai vécues sans avoir changé de planète, sans avoir eu à me transformer en agent de la DGI. J'ai été un agent des Impôts sans cesser d'être agent des Contributions directes.

Mon regret, ma nostalgie ne s'éterniseront qu'à propos du vocabulaire. C'était tout de même plus riche de sens, plus citoyen, quand les impôts s'appelaient contributions.

Marc Lacrouts

1926-1935

« Aller compter les chiens »

En 1926, nous fûmes tous convoqués à Ajaccio pour quelques jours. Il avait été décidé de fusionner l'Enregistrement et les Contributions directes. Un inspecteur de celles-ci devait nous préparer à la fusion.

Le soir, à l'hôtel, les receveurs qui considéraient leur charge comme leur propriété, des chapeaux italiens à large bord (Borsalino ? Il me semble) soulignant leur qualité de « *Gio* » (propriétaire en corse), en vinrent à la fusion ce qui signifiait d'abord « aller compter les chiens » (taxés), chose incompatible avec leur état de petits seigneurs, propriétaires fonciers.

Le lendemain, la mauvaise volonté des auditeurs était flagrante et lorsque l'inspecteur des Directes en vint à leur dire qu'il faudrait visiter leurs communes, il y eut immédiatement la sotte question de mauvaise foi, puisqu'ils étaient bien obligés eux aussi, dans leur vie privée, d'utiliser pour circuler le seul moyen de la plupart des cantons, la mule ou le petit cheval corse : comment ferons-nous pour y aller ? Naïvement, l'homme des Directes, en toute bonne foi, répondit : « Mais à cheval. » Une consternation tombe sur cette assemblée dont la plupart des membres, moi y compris, n'avaient pas d'autre moyen de sortir de leur résidence. Bien sûr, l'inspecteur des Directes comprit un peu tard qu'il aurait dû leur répondre : « Comme vous le faites chaque fois que vous sortez de chez vous ».

La réforme ne fut pas appliquée en Corse.

Edmond Delcamp

Les prémices d'un long cheminement

La fonction d'enregistrement est tout à fait différente de celle de l'agent des Contributions indirectes ou directes. Le degré d'activité est mesuré à la faveur d'un classement par catégories, d'une à vingt par ordre d'importance. Or il faut se rendre à l'évidence : compte tenu d'une implantation de principe d'un bureau dans chaque canton, l'évolution des niveaux d'activité conduit à ne plus justifier dans certains cas cette situation. Autrement dit, au début du classement catégoriel (d'une à cinq en général) le receveur, dans son propre intérêt, ne connaît pas une charge de travail à sa mesure.

Inévitablement, une amélioration d'ensemble s'impose. Les Contributions indirectes, avec la taxe sur le chiffre d'affaires toute nouvelle, les Contributions directes prenant en main les impôts sur le revenu connaissent un état de choses auquel elles peuvent tout juste mettre en œuvre leur maintien du niveau des services.

De là l'idée d'une meilleure répartition de tâches entre les agents. Or, compte tenu du niveau des recrutements des surnuméraires, seul Enregistrement et Contributions directes peuvent être mis en ligne. Charger le receveur de l'Enregistrement du contrôle des Contributions directes de son secteur d'activité paraît concevable. [...]

Le bureau idéal sera la recette-contrôle. Former de jeunes agents à la maîtrise des deux services garantira l'avenir.

La création d'un concours unique ouvert aux bacheliers de l'enseignement secondaire pour une nomination au surnumérariat de l'Enregistrement et des Contributions directes est le premier pas.

Le succès à ce concours sera l'admission à un centre de formation professionnelle. Y seront exprimées, puis développées, les connaissances de principe permettant l'entrée dans l'une ou l'autre de ces deux régies. Suivra un stage pratique à travers les départements, qui, sanctionné par un examen professionnel, aboutira à une titularisation en qualité de receveur-contrôleur adjoint des Contributions directes et de l'Enregistrement. Elle sera suivie d'une nomination à un poste comportant aptitude à l'une ou l'autre des fonctions, ou aux deux s'il s'agit d'une recette-contrôle. [...]

Sans l'ombre d'une exagération on peut dire que l'École de Lyon a été une réussite.

Au point de vue formation des surnuméraires issus de la fusion des deux régies (première formation 1927-1928) c'est indubitablement un succès.

D'une manière générale elle marque le début d'un processus de fusion des régies. Elle a tracé les prémices d'un cheminement qui durera plus de vingt ans.

Jean Lesgourgues

ÉCHEC D'UNE TENTATIVE DE FUSION

Revenu à la vie civile en octobre 1935, je trouvai une administration un peu différente de celle que j'avais quittée un an plus tôt parce que, dans l'intervalle, l'amorce de la fusion des services de l'Enregistrement et des Contributions directes, décidée en 1926, avait été abolie.

L'échec de cette tentative était d'ailleurs inévitable. Son instauration avait été, certes, le fruit d'un raisonnement paraissant découler du bon sens. Puisqu'il y avait, d'une part, des receveurs de l'Enregistrement bénéficiant de loisirs scandaleux et, d'autre part, des contrôleurs des Contributions directes surchargés de besognes avec l'accroissement du nombre des assujettis à l'impôt sur le revenu et trop éloignés des contribuables en leurs résidences urbaines pour être performants, la réunion des deux services dans les cantons ruraux avait paru être la seule mesure judicieuse à prendre.

On avait oublié, dans ce raisonnement, que les mentalités des agents étaient très différentes selon qu'ils appartenaient à l'une ou à l'autre des administrations concernées. Il régnait d'ailleurs, à cette époque, dans chaque service, un esprit de corps très marqué.

Les agents gérant des « recettes-contrôles » avaient deux directeurs, deux vérificateurs. Ils étaient presque tous issus de la régie de l'Enregistrement et c'est sans indulgence qu'ils étaient jugés par les inspecteurs des Contributions directes. On accusait les receveurs lancés dans de nouvelles fonctions d'être coupés des réalités parce qu'habitués à traiter une matière imposable immatérielle née de conventions juridiques. Leurs défenseurs affirmaient que la fiscalité des Contributions directes, pour reposer sur des faits concrets et une législation entièrement autonome, ne pouvait être mise en œuvre que dans un esprit primaire.

D'un côté, on pouvait faire toute sa carrière sans connaître aucun des numéros de nomenclature attribués aux imprimés les plus courants, de l'autre, une pareille ignorance était inadmissible.

Le remplacement de la contribution des portes et fenêtres par des taxes sur les chevaux, les balcons, les chiens et les pianos n'avait pas rehaussé le prestige des contrôleurs. Certains receveurs de l'Enregistrement ne manquaient pas de le dire bien haut. Mais on leur faisait remarquer en réplique, qu'on voyait mal pourquoi on exigeait une licence en droit dans le bagage intellectuel d'un bonhomme qui se destinait à vendre des feuilles de papier timbré que n'importe quel épicier regrattier à demi-illettré était capable de débiter.

Pour déterminer si un jeune chien devait faire l'objet d'une taxe ou non au titre de l'année suivant sa naissance, se posait la question de savoir s'il tétait encore sa mère au 1er janvier précédent. Et, dans le même temps, pour savoir si deux dispositions d'un acte notarié devaient faire l'objet de deux perceptions distinctes, il fallait se prononcer sur le point de savoir si ces deux dispositions étaient dépendantes ou indépendantes en considération de leurs effets juridiques.

Bref, les employés de chacune des régies méprisaient les travaux des autres. Et les jeunes agents issus des premières promotions de l'École de Lyon sur lesquels on comptait pour implanter la fusion ne tardèrent pas à marquer des préférences parce que, notés de deux côtés, ils eurent tendance à se diriger vers celui où ils avaient les meilleures chances de réussite.

D'autres difficultés étaient venues des contraintes qu'exerçait sur un agent, bien évidemment isolé, l'exécution de deux séries de tâches très différentes. En principe, un bureau de l'Enregistrement devait être ouvert tous les jours, du lundi au samedi, matin et soir. Or le service des Contributions directes nécessitait l'exécution de travaux extérieurs, notamment pendant la période dite « des tournées », époque à laquelle le contrôleur devait se rendre dans chacune des communes de sa circonscription pour établir, en mairies, l'assiette des impôts perçus au profit des collectivités locales.

Le décret de 1926 organisant la fusion avait donc pris des dispositions pour permettre des fermetures de bureaux de l'Enregistrement certains jours, en temps utile. [...]

C'était, à l'évidence, beaucoup trop de difficultés réunies pour que l'expérience soit poursuivie longtemps. Au demeurant, l'échec de ces essais ne fut pas inutile. Il avait montré qu'une fusion des services de base de plusieurs administrations ne peut réussir qu'après la mise en place d'échelons de commandement uniques, préparés eux-mêmes à mettre en application la réforme. La leçon porta ses fruits plus tard.

Après l'abolition des mesures sur lesquelles on avait compté pour mieux utiliser certains agents de l'Enregistrement, il ne restait qu'une seule solution capable de mettre fin à la situation : supprimer des bureaux. Ces suppressions avaient donc été décidées.

Le 31 décembre 1934, de nombreuses recettes avaient été fermées et leurs services rattachés à ceux des cantons voisins. Dans certaines régions, le Massif central en particulier, près de 10 % des bureaux avaient ainsi disparu.

Jean-Paul Massaloux

1948-1950

La fusion vue par un enregistreur

C'est au cours de l'année 1948 que, par un décret du 16 avril, la direction générale des Impôts avait été créée pour regrouper, en les fusionnant, les services des trois régies fiscales.

Peu après la publication de ce décret, nous avons appris que deux hauts fonctionnaires avaient été placés à la tête de la nouvelle administration : M. Allix, nommé directeur général des Impôts, M. Delouvrier, nommé directeur général adjoint. Mais, bien entendu, ces décisions ne changeaient rien pour nous.

Qui plus est, l'organisation des trois services centraux alors en place ne subit aucune modification à cette époque car des administrateurs issus de chacun d'eux reçurent délégation du nouveau directeur général des Impôts pour faire fonctionner les services de la manière dont ils avaient été gérés avant le 16 avril. En province, la plupart des agents ne tardèrent pas à oublier qu'une fusion était en cours parce que les décisions concernant cette réforme n'avaient aucune incidence à leurs yeux.

Pour ma part, j'aurais sans doute pris place parmi ces agents, si mon père, chef du service des Domaines depuis 1946, n'avait été désigné pour exercer les fonctions d'administrateur délégué à la tête de nos services. Il remplissait d'ailleurs encore ces mêmes fonctions quand il arriva à l'âge de la retraite, en 1953.

Ainsi donc, en 1949, notre vieille administration paraissait avoir gardé ses anciennes structures, ses traditions, ses méthodes de travail. Et si le Domaine avait pris une importance un peu plus grande que celle dont il était revêtu jadis, ces extensions n'intéressaient qu'un nombre très limité d'employés.

Les anciennes méthodes de travail subsistaient puisque les receveurs continuaient à servir les registres, tables, et sommiers comme leurs prédécesseurs les servaient cent cinquante ans plus tôt.

Les anciennes traditions étaient revenues, après une éclipse durant l'Occupation, puisqu'à cette époque, quelques épouses d'agents de l'Enregistrement avaient décidé de reprendre des « jours » pour recevoir en leurs salons les personnes souhaitant leur rendre visite.

Des anciennes structures survivaient par place puisqu'il y avait encore des petits bureaux de l'Enregistrement tenus par le receveur tout seul.

Et des anciens errements n'avaient pas disparu puisque quelques-uns de ces bureaux étaient logés d'une manière misérable comme certains l'étaient jadis. C'est ainsi qu'à cette époque, j'ai vu un bureau installé dans une pièce de 2,50 mètres de large sur 7 mètres de longueur environ où des rayonnages occupaient plus de la moitié de la surface et entre lesquels trois personnes pouvaient à peine se mouvoir. [...]

En 1948, on mit à l'étude une réforme de la formalité de l'Enregistrement qui devait aboutir à l'usage de machines à écrire pour l'exécution de cette formalité et, par la suite, au remplacement des registres par des feuillets mobiles débouchant au surplus sur la création de centres de duplication chargés de diffuser des copies d'analyses d'actes juridiques utiles pour des contrôles fiscaux. [...]

Et on n'allait pas tarder à supprimer les derniers bureaux de receveurs sans commis. [...]

Au demeurant, nous sentions alors confusément que les services de l'Enregistrement étaient en train de perdre le prestige qu'ils avaient eu jadis parce que leurs recouvrements représentaient des parts de recettes budgétaires de plus en plus réduites.

J'ai sous les yeux un tableau publié par l'Institut national des Statistiques et des Enquêtes économiques. J'y vois qu'en 1951, sur 22,7 milliards de francs de produits fiscaux, 1,1 milliard seulement étaient issus de la perception des droits d'enregistrement (moins de 5 %). [...]

En 1949, entre en vigueur une réforme des statuts des fonctionnaires qui se traduit par la répartition des grades en quatre catégories.

Désormais, les agents des trois régies fiscales qui portaient l'appellation de contrôleurs deviennent des inspecteurs ou des inspecteurs centraux, les rédacteurs sont des inspecteurs-rédacteurs, les surnuméraires des inspecteurs-élèves.

De cette époque date la création du cadre de la catégorie B, composé principalement chez nous d'agents qui reçoivent le titre de contrôleurs, la création du cadre C formé d'anciens commis devenus agents de constatation et celle du cadre D composé d'agents de bureau et d'agents de service. [...]

En 1951, l'École nationale des Impôts avait été créée et installée à Paris, rue de Montmorency. D'ailleurs, à partir de 1953, j'avais été chargé de donner, dans cet établissement, quelques cours sur les évaluations immobilières. Mais alors, les élèves recevaient, en fin de stage, des formations différentes selon la nature des fonctions auxquelles ils se destinaient en sorte qu'à leur niveau, la préparation à la fusion des trois régies était encore incomplète.

En 1954, nous avons vu se mettre en place des brigades d'inspecteurs dits « polyvalents » chargés de vérifications comptables ou d'examens de situations fiscales. Un pas en avant avait été franchi ainsi vers l'organisation prévue en 1947.

Plus tard, en 1960, fut réalisée la fusion des services centraux des trois régies. [...]

En 1962, la mise en place de directions régionales des Impôts dans la plupart des villes devenues les chefs-lieux des nouvelles circonscriptions administratives créées l'année précédente acheva de nous convaincre que le projet de fusion n'était pas oublié.

Évidemment tous les agents ne réagissaient pas de la même manière en présence des signes précurseurs des bouleversements qu'on leur promettait. Si presque tous redoutaient la réforme, certains la considéraient comme un mal nécessaire, alors que d'autres la jugeaient, par principe, inutile et pernicieuse. Au demeurant, c'étaient les personnels de la catégorie C, spécialement les anciens commis des bureaux de l'Enregistrement qui manifestaient la plus vive aversion pour des changements. J'ajouterai que, dans mon entourage tout au moins, rares étaient les agents qui souhaitaient une rapide mise en place de la fusion.

Pour ma part, j'avais depuis longtemps compris que les structures des trois anciennes régies n'étaient plus adaptées aux conditions économiques de notre temps et que les résistances à des réorganisations relevaient d'attitudes irréalistes.

Dans de nombreuses entreprises, dans diverses administrations déjà, les ordinateurs avaient fait leur apparition et les bénéfices tirés de l'exploitation de ces machines se manifestaient clairement. La création de centres d'informatique pour l'exécution de multiples tâches relevant des services fiscaux s'imposait donc. Mais, comme l'imbrication des fonctions exercées par chacune des régies faisait qu'aucune d'elles n'était autonome, toutes les trois devaient obligatoirement avoir recours à ces centres. Ne pouvant tourner le dos aux progrès fournis par l'exploitation d'ordinateurs, elles devaient fusionner.

Jean-Paul Massaloux

UNE RÉFORME TYPE « ARMÉE DU MEXIQUE »

C'est aussi en 1947 que l'on vécut le premier acte de la création de la direction générale des Impôts, sans d'ailleurs s'en préoccuper à ma modeste échelle. C'était en préalable la première réforme type « armée du Mexique » dont tous les pouvoirs sont friands, le dernier avatar étant la transformation récente des instituteurs en professeurs des Écoles, ou des inspecteurs de police en lieutenants ou capitaines à l'image de Colombo.

On baptisa tous les receveurs ou contrôleurs de l'Enregistrement inspecteurs adjoints ou inspecteurs, donc le titre du grade supérieur en vigueur depuis Napoléon Ier. Les inspecteurs devenaient inspecteurs principaux et ceux-ci directeurs adjoints. Les commis devinrent contrôleurs et nombre d'auxiliaires titularisés plus tard agents d'assiette, de recouvrement ou titres ronflants sans changer grand-chose. Seuls les pauvres directeurs le restaient. On se rattrapera plus tard avec d'autres titres pompeux de directeurs divisionnaires, directeurs assistants, directeur des services fiscaux, etc.

Il faut ajouter pour être honnête que ce changement d'appellation était tout de même assorti d'avantages financiers qui mettront d'ailleurs des années pour être liquidés à coups de rappels tardifs mais bienvenus après avoir perdu 20 ou 30 % de leur valeur. Nos petites vanités étaient satisfaites et concrétisées par des cachets tous neufs.

Avec le recul du temps, cette décision de fusionner les trois régies en une seule administration était bonne et inscrite dans le « vent de l'histoire ». Elle fut précipitée, certes, par le grand mouvement de la fin de la guerre qui concrétisait d'ailleurs des projets antérieurs jamais menés à terme. Il semblait incohérent de conserver, surtout en milieu rural, trois administrations gérant une foule d'impôts ou taxes diverses sans cesse remaniés, aggravés, compliqués, au fil des budgets annuels d'un État perpétuellement impécunieux ! Il y avait des doubles emplois manifestes et une perte d'efficacité certaine. Il faut aussi constater que le Trésor restera en dehors de ce mouvement.

En ce qui me concerne, j'attendrai plus de trente ans pour me retrouver au sein d'un centre des Impôts bien qu'en marge, époque où je pourrai mesurer la redoutable efficacité d'une réforme un peu en allure d'escargot permettant de prélever sur les citoyens quelque 1 500 milliards et 30 % de leur revenu sans manifestation notoire alors que les familiers de la petite histoire connaissent tous les « jacqueries » des siècles passés contre des prélèvements en fait plus légers mais très mal répartis et différents de pays à pays dans une France encore mal unifiée.

Il est vrai que dans ces chiffres, la seule TVA représentait avec les taxes sur l'essence en 1988 près de 50 %, tandis que l'impôt sur le revenu en représentait moins de 20 % et l'ex-Enregistrement en droits de mutations moins de 10 %, situation totalement différente depuis le début de la réforme de 1947.

En attendant la mise en place il fallait suivre ses tâches journalières.

Francisque Ferret

1948 : Naissance de la DGI

Le fait que de contrôleur on soit élevé au grade d'inspecteur, ce qui fut mon cas le 14 janvier 1947, permet de situer cette importante réforme en 1946-1947.

La célèbre grille de classement classait ainsi les agents : A : inspecteur, B : contrôleur, C : agent de constatation ou recouvrement, D : agent de service. Avec une échelle indiciaire.

Fut créée également une catégorie hors échelle, réservée aux cadres supérieurs (directeur des services fiscaux, directeur régional). Ce classement indiciaire était applicable à toutes les catégories de fonctionnaires (PTT, Éducation nationale, etc.). Les rémunérations étaient fonction de la valeur du point d'indice fixée selon les possibilités budgétaires.

La fusion des régies s'organisait timidement. Il n'était pas simple de réunir des services très différents, dont les uns liquidaient et encaissaient des droits, avec un autre qui établissait des rôles qui seraient recouvrés par la Comptabilité publique.

On évoqua, par la suite, une fusion avec les services du Trésor qui semble complètement abandonnée.

Il fallut aussi faire abstraction des traditions de ces anciennes régies, dont les méthodes de travail étaient souvent différentes. La tentative de fusion E-CD en 1933 n'eut aucune suite malgré le recrutement et la formation unifiée enseignée à l'École de Lyon.

On devait donc, en 1948, employer d'autres méthodes. En ce qui concerne l'administration de l'Enregistrement dont les agents étaient peu habitués à sortir de leurs bureaux, la création de postes de contrôleurs mobiles en 1945, 1946 et 1947 était une première contribution à la réforme.

Georges Colomb

La fin des « Commis »

En 1948, l'Administration « transforme » les commis en agents d'assiette sur place. Seuls quelques commis, très mal notés, restent commis. La même année, une partie des agents d'assiette sont transformés en contrôleurs, moitié sur liste d'aptitude, moitié par examen professionnel, en restant également à leur poste. Je suis déçu en apprenant par mon syndicat que je ne figure pas sur la liste d'aptitude. Je me présente donc à l'examen professionnel qui est en réalité un concours, puisque le nombre de places est limité.

En vacances en Bretagne au moment des épreuves, j'écourte mon séjour et rejoins Rouen pour les passer. Je suis reçu 185e sur 209 admis, donc presque *in extremis*.

Bien que l'augmentation de traitement en résultant soit modique, ce succès m'enchante puisqu'il me détache de cette qualification abhorrée de commis ou d'agent d'assiette, guère plus enviable. L'appellation me déplaît à tel point que, recevant un jour un contribuable adressé à moi par l'inspecteur, qui lui avait dit : « Allez voir mon commis », je lui rétorque poliment mais fermement : « Alors il ne s'agit pas de moi, monsieur, car je suis contrôleur ». Je l'ai néanmoins reçu comme je le devais.

Paul Le Pivert

Les débuts de la fusion

La fin de l'année 1948 est marquée par la réorganisation partielle des contrôles ruraux, redistribués territorialement et regroupés en une inspection centrale comprenant six secteurs (au lieu de cinq contrôles indépendants) placés sous l'autorité fonctionnelle, mais non hiérarchique, d'un inspecteur central titulaire de l'un des secteurs. Elle eut surtout pour effet de renforcer légèrement les effectifs et d'alléger ainsi les tâches, devenues de plus en plus lourdes, de l'ensemble des services ; elle amorçait aussi une meilleure coordination des travaux, une harmonisation des méthodes et une unité de liaison avec la hiérarchie, inspecteur principal des services et direction. Peut-être d'aucuns imaginèrent-ils alors que c'était là l'une des premières conséquences de la fusion des anciennes « régies financières » dont le décret du 16 avril 1948 posait le principe en créant la direction générale des Impôts. Ce ne fut certainement pas le cas des agents des services de base, surtout pour les plus anciens qui avaient participé entre 1925 et 1930 aux tentatives avortées de la fusion Directes-Enregistrement. Chaque régie avait en effet sa propre culture, tant au plan et au niveau du recrutement et de la formation de ses agents que de ses méthodes de travail : l'une était à dominante sédentaire et juridique, ne touchant très ponctuellement que certains contribuables, l'autre se voulait plus ouverte et proche du terrain, parce qu'elle suivait tous les assujettis dans toutes leurs activités quotidiennes. Les Contributions indirectes, pour leur part, restaient marquées par l'image parfois peu reluisante des anciens « rats de cave », malgré un recrutement plus sélectif depuis la création des taxes sur le chiffre d'affaires. Ces particularismes se retrouvaient au niveau local, jusque dans les formations syndicales et mutualistes qui n'avaient entre elles que des contacts épisodiques, comme étaient également peu fréquentes les relations entre agents des régies différentes.

Par contre, le décret du 9 décembre 1948 portant réforme fiscale, surtout dans le domaine des impôts directs : suppression des impôts cédulaires, de la retenue à la source sur les salaires, création de l'IRPP (taxe proportionnelle et surtaxe progressive) et de l'impôt sur les sociétés, obligations de déclarations des forfaitaires, etc., marquait une évolution importante de la législation qu'il nous fallait assimiler par nos propres moyens. Il n'y avait en effet aucune formation professionnelle continue institutionnalisée, l'adaptation des agents reposant exclusivement sur leur volonté propre ou les dons pédagogiques des cadres moyens ou supérieurs. Les inspecteurs âgés, très férus des « quatre vieilles » mais peu familiarisés avec les règles de la comptabilité et le contrôle fiscal, même sur pièces, éprouvaient quelques difficultés pour adapter leurs connaissances et les transmettre à leurs collaborateurs. Les premières brigades de vérifications, devenues polyvalentes par la suite, attirèrent les meilleurs agents soucieux de spécialisation, peu portés à l'encadrement de personnel ou amoureux d'une totale liberté d'action.

Rolland-Gérard Lesperon

« Un grand événement à la DGI »

En 1948, grand événement à la DGI ! À la demande des syndicats FO, CGT, CFTC, qui demandent de meilleures conditions de travail pour le personnel et surtout de nouvelles structures dans leur profession, grève générale à la DGI. Elle durera un mois : tout le mois de juillet 1948.

Ainsi fut obtenue la reconstitution des carrières du personnel de la DGI.

Quatre cadres furent créés :

Le cadre D : agents de bureau (dactylo) ou de service (courrier accueil) ;

Le cadre C : commis ;

Le cadre B : contrôleurs, contrôleurs principaux ;

Le cadre A : inspecteurs ;

Le cadre A supérieur : inspecteurs principaux, directeurs des impôts.

Un reclassement du personnel s'imposait ; auxiliaires et agents du cadre complémentaire furent reclassés en commis. Les commis en contrôleurs, les contrôleurs en inspecteurs.

Toutes ces transformations furent acceptées avec joie par tous les agents qui voyaient leur carrière devenir plus importante et principalement les auxiliaires qui devenaient fonctionnaires à part entière. [...]

Et le 1er avril 1949, je reçois ma titularisation en qualité de commis principal des Contributions directes. Je faisais partie des six auxiliaires ou agents du cadre complémentaire titularisés dans le département des Pyrénées-Orientales et que l'on appelait les commis « Bolet », du nom de Mme Bolet, secrétaire du Syndicat général des Impôts Force ouvrière, qui œuvrait depuis plusieurs années pour obtenir la titularisation des auxiliaires.

Simone Rugaille

Une nouvelle cellule fiscale

Depuis quelques années, une question était dans l'air : celle de la « fusion » des administrations fiscales.

Auparavant, chacun voulut s'y préparer. C'est ainsi que vit le jour une réorganisation des services extérieurs, qui fut conduite en fonction du nouveau statut de la fonction publique et basée sur la création des « inspections centrales ».

La nouvelle cellule fiscale regroupait, sous l'autorité de l'inspecteur central, différents services épars et le plus souvent autonomes et une recette centrale lui était accolée. Les anciens grades disparurent pour faire place à de nouveaux grades insérés dans les nouveaux cadres (A, B, C ou D) prévus par le statut de la fonction publique. Certains agents durent donc soit changer de lieu de travail, soit satisfaire à certaines conditions pour bénéficier du nouveau grade.

Pour ma part, de contrôleur je devins automatiquement « inspecteur adjoint » (premier grade du nouveau cadre A), toujours à Grasse.

L'inspection centrale de Grasse peut être prise comme un bon exemple des transformations opérées par cette réorganisation des services.

Le contrôleur principal de Grasse se retrouva inspecteur central, l'inspection centrale étant classée en deuxième catégorie. Un réexamen des charges du service entrepris peu après (à la demande du nouvel inspecteur central précisément) devait amener son classement en première catégorie. L'inspecteur central fut alors invité soit à demander un autre poste de deuxième catégorie, soit à être promu en première catégorie mais, en compensation, à demander sa retraite au bout de six mois ; il choisit la seconde solution et fut remplacé au bout de six mois par un inspecteur principal (un ancien inspecteur du cadre supérieur d'avant 1948) venu de Cannes, d'une brigade départementale de vérification des taxes sur le chiffre d'affaires.

La nouvelle circonscription comprenait, outre le secteur de l'ex-contrôle de Grasse, ceux des ex-contrôles de Grasse-banlieue et de Vence. Les contrôleurs principaux qui occupaient ces deux postes se retrouvèrent inspecteurs à Grasse[1].

Le receveur-entreposeur fut nommé normalement receveur central à Grasse et resta sur place quand le poste se trouva lui aussi classé en première catégorie (c'était lui-même un « ancien inspecteur », issu du concours interne).

Le contrôleur « mobile » se retrouva inspecteur à Grasse en « surnombre » ; il occupa normalement le poste quand celui-ci devint rapidement vacant lors de la mise à la retraite de l'ex-contrôleur principal de Grasse-banlieue.

Moi-même, je fus nommé « inspecteur adjoint », mais comme le poste, récemment créé, de contrôleur principal « non motorisé » était vacant, la direction me demanda de l'occuper. C'est ainsi que je dus à nouveau m'occuper des impôts indirects[2]. [...]

L'agent de constatation se retrouva contrôleur et le restant des impôts indirects (marchands en gros proprement dits de vins spiritueux et « divers ») lui échut.

Le commis principal subit un examen[3] et fut nommé agent principal de constatation (il conserva, jusqu'à la retraite, son poste « à l'atelier clos », l'industriel ayant demandé le maintien de ce système).

Un commis venu de Corse fut nommé, pour servir d'adjoint aux deux inspecteurs, chargé plus spécialement des tâches matérielles.

L'auxiliaire fut maintenue à son poste. Elle devait un peu plus tard réussir au concours interne d'agent de constatation et, à ce titre, fut nommée sur place où elle continua les fonctions qu'elle avait exercées jusqu'alors.

---

1. Le premier demanda sa retraite quelque temps après ; le second, dès qu'il le put, demanda son changement pour occuper à Lunéville (Meurthe-et-Moselle) un poste d'inspecteur central de deuxième catégorie (note de l'auteur).

2. Cette nouvelle situation n'était pas pour me déplaire. J'ai déjà expliqué que j'avais dû épauler l'agent de constatation dans sa tâche de contrôle des « parfumeurs » compte tenu de la législation et de l'application de la nouvelle instruction les concernant. Je connaissais donc le terrain. D'autre part, de par mes études, le caractère chimique de ce travail ne me posait pas de problèmes, au contraire, c'était l'occasion de mettre en pratique ce que j'avais appris au lycée. Cependant, cette situation particulière (un inspecteur adjoint devait normalement s'occuper des taxes sur le chiffre d'affaires) s'étant prolongée en raison de circonstances pourtant indépendantes de ma volonté, elle devait me porter préjudice. Dans l'immédiat, j'y trouvais un petit avantage : compte tenu de la configuration du terrain et du nombre des interventions sur place nécessitées par les opérations « d'infection » et de « dénaturation » ; je fus autorisé à me servir d'un vélomoteur pour l'exécution du service (note de l'auteur).

3. Presque de pure forme, étant donné le très grand nombre des admis et les questions techniques posées (note de l'auteur).

Cette réorganisation avait été mise au point par l'Administration avec le concours actif du syndicat des Contributions indirectes (à l'époque il n'en existait pratiquement qu'un seul)[4].

Les syndicats avaient en effet été à nouveau autorisés après la Libération. Comme ils avaient pris une part importante dans la Résistance et participé à l'élaboration de la Charte (clandestine, puis reconnue) du Conseil national de la Résistance (CNR), ils prirent rapidement un poids (celui des Contributions indirectes en particulier) qu'ils n'avaient pas avant la Seconde Guerre mondiale.

Ce poids fut particulièrement sensible dans notre administration à tel point que, pendant quelques années, nous avions l'impression qu'il suffisait qu'une motion fût votée par le syndicat pour être reprise par l'Administration, surtout que pendant cette période, tout le monde – ou presque –, du directeur à l'auxiliaire, y était adhérent[5]. [...]

Exerçant les industriels parfumeurs, je dépendais aussi, dans la réorganisation, des services industriels. Ceux-ci, placés sous l'autorité de la nouvelle direction (à Paris) de la Garantie et des services industriels étaient – ils le sont toujours, je crois – divisés en de vastes circonscriptions régionales dirigées par un inspecteur principal, assisté dans les départements, selon les besoins, d'un ou plusieurs inspecteurs.

Jacques Gandini

« MÉNAGE À TROIS »

La direction des Contributions directes de Loire-Atlantique avait, au cours des années quarante, été morcelée puis regroupée avant son installation dans des locaux abandonnés par l'armée. Ce sont d'ailleurs ces locaux qui peu à peu ont servi à réunir l'ensemble des services fiscaux de la ville de Nantes. L'historique de cette occupation est lié à la fusion.

---

4. Cette situation devait changer, mais peu après la scission de la CGT, intervenue en 1948 avec la création de Force ouvrière. Après un bref passage dans l'autonomie, le syndicat des Contributions indirectes revint dans le giron de la CGT et maintint à peu près ses effectifs ; toutefois, dans les Alpes-Maritimes par exemple, la CFTC (confession chrétienne) devait s'implanter quelque peu (le syndicat FO ayant la faveur dans les Contributions directes et l'Enregistrement) (note de l'auteur).

5. Personnellement, le syndicat m'attira par son dynamisme. Je fis rapidement partie de la « commission exécutive départementale » et fus même, une année, un des délégués des Alpes-Maritimes au congrès annuel. Avec d'autres, je devais en particulier jouer un rôle dans l'affaire de la nomination sur place des inspecteurs adjoints (note de l'auteur).

En qualité de rédacteur, j'ai eu en effet l'honneur de compter au nombre des premiers occupants de la caserne Cambronne au début du mois de juillet 1950.

Tels des pionniers de la première heure, nous avions pris possession des lieux à l'état brut. […]

J'ose à peine avouer que les régiments de puces étant restés sur place, nous avions le privilège de sortir tous les soirs avec quelques unités de ce contingent spécial.

Cependant, la direction générale nous avait octroyé quelques crédits qui, utilisés avec parcimonie, avaient permis de repeindre les bureaux du directeur et de l'inspecteur rédacteur principal et même, « luxe suprême », de badigeonner la seule partie centrale du couloir du 1er étage où ces deux bureaux étaient situés face à face. Ainsi, en empruntant le dit couloir, nul ne pouvait se méprendre grâce à ce signe extérieur de la hiérarchie.

Le chauffage des bureaux était assuré par de vieux poêles récupérés en divers lieux et dont la variété et l'ancienneté auraient pu ravir un collectionneur spécialisé. […]

Nos chefs, directeur et surtout inspecteur-rédacteur principal, étaient particulièrement conscients de leur rang administratif. Je m'excuse d'évoquer à ce sujet une situation dont le rappel pourra paraître déplacé. Il existait à l'étage trois W.-C. dont l'un doté d'une serrure. Le chef des bureaux en conservait soigneusement la clef. C'était le seul approvisionné en papier hygiénique réglementaire. Les deux autres réservés au personnel n'étaient pourvus que d'anciens avertissements inutilisés. Une telle situation aurait pu motiver dans la presse syndicale un pamphlet à la manière du *Canard Enchaîné*. Très respectueux, nous nous contentions pour notre part de supposer que leur massif fessier était plus fragile que celui de leurs subordonnés.

Notre direction avait pris sa vitesse de croisière, quand, plusieurs mois plus tard, nos chefs – d'ordinaire assez calmes – furent pris d'une grande panique à l'annonce de l'arrivée des Indirectes. Et, en m'excusant auprès des camarades d'origine CI, je dois rapporter que nous fûmes mis en garde, sans répit et avec insistance contre les dangers très graves auxquels nous allions être exposés du fait de la promiscuité de cette « horde de rats de cave envahisseurs ». Aussi, par mesure de prophylaxie, toutes les portes de communication entre les deux régies furent soigneusement cadenassées. L'utilisation de barbelés avait même été envisagée. […]

Ensuite, pendant cette coexistence à peine pacifique, les différents métiers du bâtiment donnèrent aux locaux un aspect plus bureaucratique et ainsi notre caserne Cambronne devint la cité administrative du même nom.

Après ces travaux, faisant fi de leur prudence légendaire, les enregistreurs vinrent exiger leur part d'un gâteau devenu nettement plus appétissant et, assez curieusement, ce furent eux, derniers conquérants, qui eurent peur de nous, malheureux assiégés. Ainsi, il me souvient qu'il ne nous était accordé l'autorisation d'emprunter le couloir desservant les bureaux de la direction de l'Enregistrement, des Domaines et du Timbre qu'après la promesse formelle de marcher à pas feutrés, une main en permanence devant la bouche, afin d'éviter tout bruit intempestif susceptible de troubler les puissants cerveaux qui officiaient dans ce temple du travail et de la réflexion.

Directes, Enregistrement et Indirectes, nous formions un ménage à trois, chacun faisant chambre à part, avec, comme régime matrimonial, celui très répandu de la « communauté réduite aux aguets ».

Il est certain que cette situation ne nous préparait guère à réaliser la fusion qui pourtant s'imposait à nous. Les plus opposés à la réforme étaient sans nul doute les agents les plus anciens. Notre directeur, en quittant l'Administration parlait de la « tourmente » qui s'était abattue sur nous. Il vitupérait en ces termes : « Les réunions, les coordinations, les assimilations, les fusions et confusions qui nous ont été imposées n'ont laissé derrière elles qu'une caricature méconnaissable du grand corps financier que nous constituions ».

Évidemment le directeur général des Impôts n'ignorait pas cet état d'esprit et nous eûmes droit à sa visite. Réunis dans une grande salle de la ville, tous les bénéfices à retirer de la fusion nous furent abondamment expliqués. À l'époque, le respect envers les supérieurs était presque de la timidité. Il n'y eut pas plus de demandes d'explications que de protestations. La réunion se termina « au champagne ». Était-ce un argument supplémentaire ? Quoi qu'il en soit, ce dernier procédé fut unanimement apprécié.

Par la suite, la mise en place des services fusionnés s'opéra sans d'importantes difficultés. D'ailleurs, cette nouvelle organisation eut des avantages secondaires très importants notamment ceux :

- de nous permettre de mieux nous connaître ;

- de nous révéler qu'en définitive nous étions parfaitement semblables les uns aux autres ;

- et de nous persuader que notre étiquette d'origine ne constituait en aucun cas un label exclusif de qualité.

Reste-t-il de nos jours quelques nostalgiques du passé ? Trente ans après, cette éventualité est peu probable. D'ailleurs, la fiscalité est une matière bien vivante et depuis ma cessation de fonctions, bien d'autres transformations, harmonisations et autres réformes ont vu le jour. La presse syndicale qu'il m'arrive de feuilleter en apporte le témoignage. Qu'il soit permis à un ancien de souhaiter longue vie aux services fiscaux ainsi qu'une grande sérénité et beaucoup de bonheur à tous les agents.

Jean Ayméric

1951-1967

ENI ET MIXITÉ

La création de l'ENI en 1951 ne fit ni chaud ni froid dans les services. Puis, compte tenu d'un petit impact médiatique lors de la construction de ses bâtiments, je ressentis un bout de fierté à entendre parler de notre École « dans le poste ». Pensez donc : chez le ministre, en Auvergne !

Ces nouveaux inspecteurs qui allaient en sortir seraient à n'en pas douter des puits de science fiscale ! Oui, mais ne devions-nous pas craindre d'être dévalués à leur contact, nous les plus vieux ? Nous feraient-ils de l'ombre ?

C'est bien plus tard que deux d'entre eux furent nommés à ma résidence, sur un poste éclaté, précédemment tenu par un « central » dit de 1re catégorie qui n'en finissait pas de retarder son départ en retraite, par bonifications d'enfants. Ils n'étaient pas morphologiquement différents de l'existant. Pas verts avec de gros yeux martiens, pas antipathiques du tout, absolument pas extra-terrestres. Ou alors, ils cachaient bien leur jeu. On verrait bientôt à l'usage. Ils ne nous firent pas honte ni par excès, ni par défaut. Ils riaient comme nous, s'énervaient comme nous, travaillaient autant. Et venaient nous demander conseil à l'occasion, c'était tout bon !

Ils n'avaient pas été transformés en surhommes. D'autant qu'ils exerçaient dans des secteurs de « Directes » purs, analogues au mien. Peut-être possédaient-ils tout de même un champ de vision plus ouvert sur la fiscalité en général ? Sans doute.

J'allais prendre ma revanche en 1960 lorsque se produisit un événement important dans ma carrière personnelle. Je devins « mixte ». Ne souriez pas. Cela ne signifiait point que mon statut masculin fût mis en cause… encore que les regards coulés et curieux de certains contribuables intrigués par cette mixité laissaient planer un doute. Non, tout bonnement mes attributions se virent étendues, au-delà des Contributions directes, jusqu'aux nobles fonctions relevant de l'Enregistrement, des Domaines et du Timbre. L'Enregistrement dont j'avais fait fi au départ, l'Enregistrement me rattrapait. Et d'un coup, moi aussi, je voyais large.

Je surveillais à la fois les matrices d'impôts directs et les « sommiers des découvertes ». Je tenais deux atouts maîtres autrefois séparés : le revenu déclaré et la fortune acquise. Grâce au rapprochement de ces paramètres souvent discordants je prenais le fraudeur à revers. J'étendais ma puissance de tir, je taxais les ressources et j'évaluais les biens ! Plus tard, il m'arriva même de les vendre aux enchères. Vis-à-vis des distingués collègues de l'ENI je n'avais plus aucun complexe.

De surcroît, ces fonctions nouvelles tombaient bien, tombaient juste. Le règne des directeurs « CD pur jus » se terminait. Le département passait sous l'autorité d'enregistreurs. Ce serait mentir que de nier qu'un ressaut d'amour propre ne nous a pas alors effleurés car au tréfonds de nous-mêmes c'était un peu de notre identité première qui s'éteignait… Mais quand le roi est mort, vive le roi. Dans l'ensemble, cet élargissement des compétences et ce rapprochement des services se déroula convenablement.

Oh ! Il y eut bien quelques frictions, ici et là, dues essentiellement à des heurts de caractères individuels. Untel, par exemple, adepte du béret et fragile des sinus refusait ostensiblement de retirer son couvre-chef devant son nouveau patron issu d'un autre lit et aussi têtu que lui. Ce ne fut qu'amusement.

Personnellement, je vis arriver dans mes bureaux l'un de mes supérieurs de la direction qui m'indiqua tout de go :

« Bon, j'ai besoin d'apprendre votre fichu métier. Il me faudra du temps. Donnez-moi du travail ».

Il s'installa dans un coin, à une petite table, et se mit à l'ouvrage, exactement comme mes employés, allant assidûment jusqu'au bout de son pensum. Je sus en ces moments que cette « fusion » donnerait un bon alliage.

Il est vrai que j'avais là-dessus quelques préjugés favorables. Plusieurs années auparavant, quatre agents du Contrôle économique avaient été réaffectés dans les Directes locales, trois aux vérifications générales et le quatrième en qualité d'inspecteur principal : le mien. Je garde de tous un souvenir des plus chaleureux, surtout peut-être de celui qui devenait mon « chef ».

Marcel Audurier

De l'Enregistrement aux Contributions directes

Que devenait ma carrière au cours de ces premières années d'activité ? Non pas que j'aie retrouvé des ambitions mais les temps étaient durs dans les années cinquante. En 1957, j'étais toujours inspecteur adjoint de deuxième classe près de 10 ans après mon entrée dans l'Administration ! J'avais tout juste franchi un échelon sur les sept me séparant de mon bâton de maréchal que constituait la hors classe. Je ne songeais même pas au centralat qui était, alors, un aboutissement très exceptionnel. Mais à cette cadence, je risquais de prendre ma retraite sans avoir parcouru la moitié du chemin !

En fait les choses n'allaient pas tarder à s'améliorer singulièrement. Suite sans doute à de longues négociations syndicales dont je n'avais guère suivi le déroulement, même de loin, on venait d'obtenir un déroulement linéaire de carrière du grade d'inspecteur.

C'était l'objet du statut du cadre A arrêté en 1957 et inchangé depuis quant à ses grandes lignes, statut qui était passé pour moi inaperçu. Il faut dire que le syndicalisme n'avait pas grand sens dans notre antique administration et que je n'étais pas personnellement informé et partant motivé. Un collègue, à mon arrivée à la Cité administrative en 1952, m'avait dit qu'il était traditionnel d'adhérer au syndicat et à la mutuelle maison ce que j'avais fait sans état d'âme. Ce n'est que plusieurs années plus tard que j'appris l'affiliation à Force ouvrière et le quasi-monopole de cette confédération parmi les enregistreurs de la Dordogne : à l'exception de deux inspecteurs inscrits à la CFTC, tout le personnel, du sommet à la base, dépendait de FO. [...]

Bien que le statut ait vu le jour en 1957, la reconstitution de la carrière qui en était la conséquence n'apparut qu'en 1959 et c'est seulement à la fin de cette année charnière que le chèque du rappel pécuniaire concomitant nous parvint, augurant sous les meilleurs auspices de la décade qui s'annonçait. Et effectivement les sixties devaient marquer un véritable nouveau départ pour la vie de tous les Français.

Professionnellement sautait ainsi le verrou de la répartition des postes budgétaires par niveau, pratique antérieure qui amenait des barrages et des piétinements, notamment entre inspecteur adjoint de première classe et le grade d'inspecteur. Comme beaucoup de mes collègues, je bénéficiai d'un reclassement qui me fit enjamber allégrement deux échelons. [...]

Je profitais du moment présent tout en sachant que les choses ne pouvaient pas rester en l'état. Sans les tâches domaniales exceptionnelles, j'aurais été notoirement sous-employé. L'Enregistrement vivait ses derniers beaux jours d'administration indépendante. Toute la fiscalité dépendait déjà d'une direction unique à Paris : la direction générale des Impôts. Mais les services extérieurs dans les départements restaient séparés. La réforme envisagée visait à fusionner les attributions des Contributions directes et celles de l'Enregistrement, ces nouvelles compétences étant attribuées à des inspections dites mixtes. Nos collègues des Directes croulaient sous les dossiers alors que nous, les enregistreurs, continuions à manier précautionneusement la pince à épiler dans des distinguos juridiques subtils. [...]

Notre administration avait gardé de beaux restes de son prestigieux passé. On se voulait entre gens de bonne compagnie, d'une urbanité parfaite composant une sorte de grande famille sans grands rapports conflictuels. La pérennité de ces traditions était rendue possible par le petit nombre des agents du département et par une certaine unanimité syndicale et mutualiste. [...]

Une harmonie de façade était ainsi organisée, une sorte d'esprit de famille qu'on cultivait soigneusement avec application et pas mal d'efficacité. C'est ainsi qu'étaient gommés entre les différents grades les rapports hiérarchiques si l'on excepte, au début de ma carrière, les employés supérieurs qui se complaisaient encore à jouer les aristocrates sur leur piédestal. [...]

C'est cette existence paisible que j'allais quitter. Une partie importante de ma vie allait se terminer, partie que je regretterais, regrets faits pour une part de la nostalgie de mes vertes années et aussi de l'exercice feutré d'une profession à laquelle j'avais été minutieusement préparé. C'est surtout le travail dans les recettes qui m'a fait longtemps rêver, avec ses rapports avec des gens diserts et courtois, ses travaux de cabinet méticuleux, l'application de règles contraignantes mais stables, polies par une longue pratique et une jurisprudence abondante, un monde calme et désuet qui n'était plus qu'un anachronisme. [...]

Pour une administration fiscale, un rendement faible est un vice rédhibitoire et comme on l'a vu, la fusion des vieilles régies était en marche, une progression lente car il fallait aménager transitions et surmonter des réticences. Aussi commença-t-on par le plus pressé : venir au secours des Contributions directes par un apport de sang neuf provenant des gros bataillons des inspecteurs de l'Enregistrement. Il ne subsisterait plus que les recettes implantées aux chefs-lieux d'arrondissement. C'étaient autant de postes du cadre A qui allaient pouvoir renforcer les rangs exsangues et épuisés de la régie sœur.

Mais, avant de nous lancer dans le monde inconnu des Contributions directes, il fallait nous initier à cette législation que nous ne connaissions guère que par les avertissements que nous distillaient tout au long de l'été les percepteurs. D'autant qu'on nous avertit que ces nouvelles attributions nous occuperaient au moins les trois quarts de notre temps, les débris de l'Enregistrement devant se contenter de quelques plages laissées libres par les impératifs du calendrier d'émission des impôts directs. C'était donc une réorientation complète de notre vie professionnelle pour nous, les enregistreurs. [...]

En fait nous étions un peu angoissés par ce saut dans l'inconnu dans une ambiance qui ne s'avérait pas spécialement confraternelle. Jusque-là, nous nous ignorions à peu près complètement bien que travaillant dans le même immeuble. Et même lorsque les fonctionnaires de l'agglomération se réunissaient de temps à autre autour d'une bonne table, on retrouvait le percepteur, l'inspecteur des Contributions indirectes, les membres du tribunal et les enregistreurs, mais le collègue des Directes prenait prétexte de l'énormité de sa tâche pour ne pas se joindre à nous.

Pour nous familiariser avec nos nouvelles attributions, on nous convia à Paris pour deux stages de chacun une douzaine de semaines de part et d'autre des mois d'été.

Jean Grellety

Une tâche délicate

En 1958, et pour peu de temps encore, le grade et la fonction d'inspecteur principal jouissaient, dans la ligne d'une tradition plus que séculaire, d'un lustre qu'ils ont complètement perdu depuis.

À l'époque donc, l'inspecteur principal était immédiatement en dessous du directeur. Aucun autre grade ne venait s'interposer entre les deux. Les jeunes inspecteurs principaux – hormis les questions de préséance protocolaire – n'étaient en rien subordonnés aux plus anciens. Et c'est parmi les inspecteurs principaux, un peu après la cinquantaine, qu'étaient recrutés les directeurs. […]

Mes fonctions de vérification des services ne me cantonnaient pas dans un rôle de censeur. J'étais aussi un peu l'agent de liaison entre la direction et des services qui se sentaient parfois un peu isolés. En outre, et cela répondait à leur attente, je m'intéressais à leurs questions et m'efforçais de résoudre avec eux les difficultés qui pouvaient se présenter, même si cela me retirait quelques affaires dont j'aurais pu orner mon tableau de chasse l'année suivante. […]

La Haute-Marne venait d'être désignée, avec six ou sept autres départements, pour une première phase d'application d'une réforme de structures, récemment expérimentée dans quelques petits centres de l'hexagone : il s'agissait de faire assurer, par un seul et même agent, des tâches qui jusque-là, étaient accomplies séparément par un agent des Contributions directes d'une part, et par un agent de l'Enregistrement d'autre part.

Je ne veux pas entrer dans des détails techniques oiseux. Je dirai simplement que l'objet, sous-jacent, de la réforme était avant tout d'apporter un renfort au service des Contributions directes qui en avait, il est vrai, bien besoin.

Quatre inspecteurs et un inspecteur principal de chacune des administrations concernées furent désignés pour, après un stage préalable, mettre la nouvelle organisation sur les rails. Pour l'Enregistrement, l'inspecteur principal, c'était moi.

La symétrie entre les deux lignes s'arrêtait au nombre des participants. En fait, dans les nouvelles cellules, appelées « inspections mixtes », 80 à 85 % des tâches concernaient les Contributions directes, l'Enregistrement ne constituant, en définitive, qu'un modeste appoint.

Pour moi, originaire de l'Enregistrement, ma tâche était donc délicate. Elle l'était d'autant plus que, sur les quatre inspections mixtes que j'étais chargé de diriger, trois étaient tenues par des inspecteurs issus des Contributions directes qui possédaient en cette matière une expérience pratique qui me faisait complètement défaut.

Ajoutez à cela les tensions, les frictions entre agents d'origines différentes, avec tout le cortège de complexes, de susceptibilités promptes à s'exacerber. Je devais constamment veiller à apaiser le climat, détecter le moindre malaise avant qu'il ne prenne des proportions importantes. Bref, pendant cette période – qui s'est étendue du début de l'année 1961 jusqu'à mon départ de Haute-Marne – j'ai fait plus d'action psychologique que de fiscalité.

Ces quelques explications suffiront à montrer comment, à partir de 1961, mon activité professionnelle a véritablement changé. Cela a marqué, pour moi, la fin de l'Enregistrement, car plus jamais je n'allais désormais exercer une profession dans les conditions où je l'avais exercée durant les seize premières années de ma carrière. Je venais vraiment de changer de métier.

Jean Boirin

DES RÉFORMES INÉLUCTABLES

Courant 1959, des rumeurs de plus en plus précises et insistantes annoncèrent une prochaine réorganisation des services de la Haute-Marne. Ce petit département comptait, dans ses effectifs, une majorité de jeunes inspecteurs, dont certains issus des premières promotions de l'ENI. Le terrain apparaissait donc favorable à la mise en place de nouvelles structures.

Nous sûmes assez vite que ces rumeurs étaient fondées. Notre grande préoccupation fut, dès lors, de connaître, très exactement, les changements qui nous attendaient.

Il s'agissait de fusionner les deux administrations sœurs des Contributions directes et de l'Enregistrement en créant des « secteurs mixtes », prenant en charge les attributions des inspections des Contributions directes et des contrôles de l'Enregistrement.

La réforme entraînait une redistribution des compétences territoriales et un regroupement des services, dans les principales villes du département.

Pour l'arrondissement de Langres, trois secteurs mixtes et deux recettes, implantés au chef-lieu, étaient appelés à se substituer aux deux inspections des Contributions directes, au contrôle et aux quatre recettes de l'Enregistrement. [...]

Côté administration, la réforme était abordée avec une curiosité inquiète, inspirée par les nombreuses questions que chacun se posait. Qu'adviendrait-il des actuelles directions, des inspections principales ? Et, pour répondre à des préoccupations plus personnelles, on s'interrogeait sur son futur service d'affectation, sur ses collègues de travail, sur la formation qui serait dispensée, pour assurer la préparation aux tâches nouvelles.

Les réponses arrivèrent, peu à peu. Une seule direction allait prendre en main les destinées des deux régies. Un seul inspecteur principal interviendrait, par service. Ainsi, éviterions-nous les tiraillements qu'aurait provoqués la survivance d'une double hiérarchie. [...]

J'appris, aussi, que j'allais suivre un stage « d'extension de compétences », de six semaines, qui me permettrait de retrouver l'ENI.

Restait à régler le problème immobilier. À Langres, aucune des localisations administratives existantes ne pouvait accueillir l'ensemble des nouveaux services. Il fallut chercher un bâtiment suffisamment important, pour permettre ce regroupement. [...]

Une plaque de cuivre, indiquant « hôtel des Impôts », fut apposée sur l'un des piliers du portail, commandant la cour d'entrée. Cette signalisation devait être, pendant la période estivale, à l'origine de certaines confusions, de la part de touristes étrangers, en quête d'un gîte pour la nuit. [...]

Ces questions matérielles avaient, bien sûr, leur importance, mais la réussite de la réforme dépendait, avant tout, de l'adhésion des esprits.

Elle était loin d'être acquise d'avance. Dans un premier temps, les réticences, voire les oppositions visèrent le principe même de la fusion des deux régies. On en contesta l'intérêt. [...]

Dans ce climat difficile, l'annonce de la venue du directeur général – M. Blot – offrit aux mécontentements une opportunité exceptionnelle, pour s'exprimer. M. Blot avait souhaité clôturer sa visite, par une réception offerte, à Chaumont, à tous les agents du département. Les organisations syndicales décidèrent, aussitôt, le boycott de cette réunion.

Il apparut, très vite, que ce mot d'ordre serait suivi. Mais, nul ne souhaitait aller trop loin, ni les agents, ni leurs représentants et, moins encore, l'Administration. On négocia et on trouva une formule qui permit de concilier les objectifs de chacun. Le directeur général recevrait une délégation du personnel qui répondrait, ensuite, à son invitation. [...]

Cette réunion mit un terme aux contestations de principe. La réforme fut sinon acceptée, du moins considérée comme inéluctable. Chacun s'attacha, alors, à en mesurer les conséquences pratiques, sur son activité de tous les jours. On surveilla, avec attention, les solutions apportées aux problèmes qui se posaient, encore, dans certaines résidences, pour les affectations ou pour les locaux.

« L'esprit de clocher » restait, toujours, bien présent. Il se manifestait dans la manière d'aborder les problèmes, d'en apprécier l'importance. Il y avait, aussi, tous les *a priori* entretenus depuis des lustres qui contribuaient à inspirer une approche caricaturale de « l'autre ». Pour les agents des Contributions directes, les « enregistreurs », imprégnés d'une culture juridique tatillonne manquaient manifestement de dynamisme. Aux yeux des « enregistreurs », leurs collègues des Contributions directes, submergés par les dossiers, traitaient leur besogne d'une manière par trop expéditive.

Chacun, également, était conditionné, par l'organisation de sa régie d'origine. Les « agents des Directes », habitués à une stricte séparation des travaux d'assiette et de recouvrement, éprouvaient des difficultés à appréhender le type de relations qu'ils allaient devoir entretenir avec les receveurs de l'Enregistrement dont la mission comportait, aussi, la liquidation des droits. [...]

Par ailleurs, la fusion avivait les rivalités, brouillait les perspectives, en intégrant, dans un même ensemble, des agents dont les carrières s'étaient développées, jusque-là, de manière indépendante. Les « étiquettes de régie », les origines de chacun n'allaient-elles pas peser sur les appréciations et sur les choix ?

Ces craintes antagonistes inspirèrent des intrigues, provoquèrent même des incidents. [...]

Les stages pratiques que nous fûmes appelés à accomplir, les uns chez les autres, tantôt comme stagiaires, tantôt comme moniteurs, en complément de la formation théorique de l'ENI, permirent d'établir des liens de camaraderie entre les agents des deux régies. La défiance fit, très largement, place à la compréhension.

On arriva, ainsi, au 1er mars 1961, date de la mise en place des nouvelles structures, dans l'ensemble du département. Il fallut peu de temps pour que les services trouvent leur régime de croisière. [...]

Je garde un souvenir ébloui de la période où se réalisa la fusion des services locaux des trois régies.

J'étais, depuis quatre ans, inspecteur principal des Contributions directes, à Mulhouse, lorsque j'obtins mon affectation, à la direction des services fiscaux de Colmar. Cette nomination prenait effet au 1er juillet 1969.

J'eus la chance de travailler, tout de suite et jusqu'en 1974, à la division de l'organisation et du contrôle fiscal. C'était un poste véritablement privilégié qui me permit, au sein d'une petite équipe de six personnes (un directeur divisionnaire, un inspecteur principal, un inspecteur, un contrôleur et deux agents d'assiette) d'être, constamment et très directement, associé aux transformations profondes que connurent, alors, les services des trois régies, dans le département du Haut-Rhin.

Des changements analogues s'opéraient simultanément, dans toute la France.

Peut-être ai-je tendance, malgré moi, aujourd'hui, à embellir mes souvenirs de cette période, mais les mots « changements » et même « transformations » que je viens d'employer me semblent bien insuffisants pour traduire l'espèce de révolution, hardie, fébrile et cependant maîtrisée, que connut notre administration.

Qu'on en juge par le nombre et l'importance des réformes réalisées, au cours du deuxième semestre 1969 et des trois ou quatre années qui suivirent.

Le 1er juillet 1969 se mettaient en place, sur tout le territoire national, les directions des services fiscaux qui prenaient en charge, avec une organisation interne entièrement nouvelle, les attributions des trois anciennes régies.

Six mois plus tard, le 1er janvier 1970, était installé un nombre significatif d'inspections fusionnées d'assiette et de contrôle – les IFAC – dont la désignation, ésotérique, pour le profane et dissonante, pour tous, devait être, bientôt, remplacée par celle de centre des Impôts. Le mouvement était, ainsi, fortement enclenché. Il devait se poursuivre, jusqu'à son terme, au fur et à mesure que se réglaient les problèmes immobiliers liés à l'installation des nouveaux services.

À la même date, les recettes des Contributions indirectes et de l'Enregistrement fusionnaient et donnaient naissance au réseau comptable unifié.

Ces réformes impliquaient un effort d'adaptation considérable et rapide de la part des agents. Certains accédaient à des fonctions inexistantes jusqu'alors, nées des structures fusionnées. Il leur fallait prendre la mesure de leurs responsabilités nouvelles. D'autres étendaient leurs compétences à des secteurs de la fiscalité qui leur étaient, sinon étrangers, du moins très mal connus. Certains, enfin, étaient appelés à changer véritablement de métier.

Pour faire face à ces situations, dans leur diversité, dans leur complexité, il fallut organiser un « brassage » pédagogique assez extraordinaire.

Mais, ces bouleversements postulaient aussi – et sans doute surtout – une transformation sensible des mentalités, un abandon des vieux clivages entre les régies, une sorte de révolution culturelle.

Les problèmes matériels suscités par la fusion n'étaient pas moins redoutables. Le parc immobilier, composé d'unités souvent dispersées, disparates, aux superficies réduites, se prêtait mal à une concentration des services. Il fallut imaginer des solutions, redistribuer, aménager, transformer, construire.

Le souffle réformateur ne devait pas, d'ailleurs, se limiter aux structures. Très vite, il s'orientait vers les méthodes de travail.

Les changements, dans ce domaine, résultèrent, en premier lieu, de la nouvelle répartition des tâches induite par l'organisation interne des centres des Impôts. Elle impliquait une nette démarcation entre les travaux de masse, pris en charge par l'inspection d'assiette et de documentation et les opérations plus techniques relevant des inspections spécialisées.

L'institution d'une programmation du contrôle fiscal modifia, ensuite, en profondeur, l'organisation de ce secteur d'activité. Les techniques d'intervention devaient, elles-mêmes, évoluer.

Enfin, l'énoncé de ces réformes majeures ne saurait occulter la révision des évaluations des propriétés bâties qui fut entreprise, dans le même temps. Pilier de la refonte de la fiscalité locale, cette opération mobilisa des moyens particulièrement importants. Elle fut conduite dans d'excellents délais et appliquée dans les rôles de 1974.

Comment ne pas être impressionné par autant de réalisations capitales et diverses, assurées, au surplus, pendant une période relativement courte ?

Dans le Haut-Rhin, la réforme disposait de différents atouts qui n'étaient pas, véritablement, spécifiques, car ils ont pu exister sur d'autres points du territoire, mais qui facilitèrent sa mise en place.

Le département vivait, en effet, depuis dix-sept ans, sous un régime de fusion entre les Contributions directes et l'Enregistrement. En réalité, les agents de chaque régie avaient conservé leurs attributions propres, au sein d'une même inspection centrale dont les services communs assuraient la « logistique ».

Cette cohabitation trouvait rapidement ses limites. Chaque régie avait conservé une hiérarchie distincte : inspection principale et direction. Mais la création des inspections centrales CD/E avait rapproché les hommes et les femmes des deux services. Les particularismes s'estompaient, au fil des années. [...]

Les Contributions indirectes avaient gardé leur autonomie. Leurs agents avaient, sous les yeux, l'image des deux autres services. Il serait tout à fait excessif de prétendre qu'ils souffraient de leur relatif isolement. Mais, ils avaient le sentiment que cette situation ne pouvait se prolonger très longtemps et, qu'à leur tour, ils allaient être appelés à s'intégrer dans un plus vaste ensemble.

La localisation des services favorisait, en outre, les rapprochements. Dans la plupart des résidences, les agents des trois régies avaient leurs bureaux dans le même immeuble érigé en cité administrative ou en hôtel des Impôts. Ils se connaissaient, se voyaient quotidiennement, échangeaient des informations et, presque toujours, s'appréciaient.

Enfin, à la différence d'autres départements, les promotions et les affectations, dans les nouveaux grades créés par la fusion, annoncées, fin 1968, début 1969, intervinrent, dans des conditions qui éludèrent, du moins au sommet de la hiérarchie, les rivalités et les rancœurs.

Henri Gibot

De grands changements

En ce qui concerne la situation administrative des agents, le déroulement des carrières s'effectuait dans la majorité des cas sans autres aléas que la lenteur quelquefois décourageante des avancements d'échelons ou moins souvent de leur accélération plus ou moins attendue mais toujours bien accueillie. Jusque-là, il paraissait établi que, sauf demande expresse de l'agent ou plus rarement par suite d'une mesure exceptionnelle prise par l'autorité « dans l'intérêt du service », on finissait sa carrière dans la spécialité choisie ou imposée au départ : contrôle d'assiette, fonctions de rédacteur de direction, vérification de comptabilité. On voyait partir à la retraite des agents « blanchis sous le harnois » qui, nourris dans le sérail, en connaissaient les détours, habitués à s'adapter aux subtilités changeantes des mesures d'application de la fiscalité. On ne saurait cependant en déduire que leurs conditions de travail ont constitué une sinécure tout au long de leur carrière. [...]

Mais, en ce qui les concerne, on pouvait vraiment parler de carrière linéaire. Vers 1960, la fusion des anciens services des trois régies fut, dans le département, le premier signe annonciateur de grands changements. Dans les Hautes-Pyrénées, la visite traditionnelle à la direction de Pau, aux alentours du jour de l'an 1962, fut l'occasion pour les agents d'apprendre la fusion très prochaine des secteurs d'impôts directs avec les services de l'Enregistrement. Ce mariage entraîna la création de secteurs dits « mixtes » Directes-Enregistrement. Des stages furent immédiatement organisés à Paris en vue d'apprendre les droits d'enregistrement aux agents des Contributions directes et les impôts directs à leurs collègues de l'Enregistrement. Ainsi, par un matin brumeux de février, passant inaperçus dans la fourmilière de la capitale, la quasi-totalité des agents du cadre A des Hautes-Pyrénées débarquèrent à Paris pour apprendre à devenir « encore plus savants » en matière de fiscalité. [...]

C'était, paraît-il, à peu près l'époque où le premier ordinateur arriva à la direction générale des Impôts. Cet événement historique ne fut pas sur le moment porté à la connaissance des valeureux combattants de la base. Pour toucher de près la réalité de ce nouveau et formidable moyen d'action, il allait falloir attendre encore une dizaine d'années et un mini stage d'informatique à Bordeaux.

À Paris, la capitale, des notions d'enregistrement essentielles, mais forcément résumées en raison de la brièveté du stage comprenant trois périodes de quinze jours chacune furent donc dispensées à des étudiants résignés dont l'âge moyen dépassait largement la quarantaine.

Habitués à établir des impositions à caractère périodique suivant le principe de l'annualité, les agents des Contributions directes se mirent à étudier un aspect de la fiscalité intéressant surtout des « formalités » de nature occasionnelle : écrits ou actes rédigés pour faire la preuve d'un fait juridique, partage, donation, et d'une manière générale toute transmission d'un droit d'une personne à une autre. Inversement, leurs collègues « fusionnés » de l'Enregistrement durent s'initier aux arcanes de la fiscalité directe. [...]

Ainsi donc un certain nombre de secteurs mixtes « Directes-Enregistrement » furent juxtaposés à quelques autres restés provisoirement cantonnés dans leurs anciennes attributions. Les agents eurent naturellement tendance à privilégier dans leurs activités les tâches correspondant à leur ancienne spécialisation. Mais la masse énorme et plurielle des impôts directs suffisait déjà amplement à remplir l'emploi du temps. Même situation pour les travaux des services de l'Enregistrement, volumineux dans leur exécution, et qui se distinguaient pour la plupart, malgré l'afflux continuel des actes à examiner, par un caractère non périodique qui les différenciait des premiers. [...]

De leur côté, les agents des Directes étaient souvent déconcertés par la nouveauté des règles et des procédures concernant les droits d'enregistrement. Évaluer la valeur vénale d'un bien immobilier, argumenter sur un chiffre déterminé sans beaucoup de certitudes, notamment par comparaison avec les prix de transactions similaires, faire procéder par un huissier à une vente de biens mobiliers en cas de déshérence, ou par un notaire à l'ouverture d'un coffre bancaire, tout cela constituait une nouveauté quelquefois délicate et qui demandait du temps au détriment des autres tâches.

Ces changements entraînèrent par ailleurs quelques modifications d'affectation du personnel qui ne se passèrent pas toujours sans grincements de dents. [...]

La ronde de ces bouleversements entraîna aussi le déménagement d'une grande masse d'archives qu'il fallut provisoirement entreposer ici et là dans la cité administrative. Une légère grogne se fit jour, assez bien contenue, toutefois, au prix d'une mutuelle compréhension teintée de fatalisme. D'un local rempli à ras bords par de vénérables documents venant de l'Enregistrement, un inspecteur principal des Directes tira un jour une chemise jaunie par le temps et, l'ayant examinée, dit avec impatience à son collègue de l'Enregistrement qui se trouvait à ses côtés : « Un PV pour la vente d'un cheval aux Domaines annulée pour vice rédhibitoire et datant de 1910, vous avouerez quand même… » Vexé, son collègue lui répliqua vivement : « Eh ! Vous imposez bien les chiens, vous ! » Ce qui ne constituait pas exactement une justification d'un conservatisme exagéré, mais montrait bien la survivance d'un certain esprit de camp en même temps que celle de quelques pratiques paperassières obsolètes.

Le secteur mixte CD/Enregistrement dont Bertrand se trouvait chargé désormais était pourvu d'un contrôleur issu de l'Enregistrement dont la collaboration vint heureusement compenser l'adjonction des tâches nouvelles. Pour le familiariser avec les anciennes contributions, Bertrand l'emmenait dans les communes pour les tournées. […]

Dans la grande cité administrative, l'ambiance conservait un caractère de confraternité. Mais l'esprit de franche camaraderie pouvait avoir de la difficulté à devenir une règle œcuménique. Empêtrés dans des travaux qui n'étaient pas tous coutumiers, certains agents ne parvenaient pas à se défaire complètement d'un esprit de corps hérité de très anciennes habitudes. D'autre part, il fallait se familiariser avec une nouvelle terminologie. Ainsi, le « sommier des découvertes » évoquait pour le néophyte aussi bien une idée de farniente que la glorieuse épopée des voyages vers les terres inconnues, au gré de l'imagination de chacun. Le terme de « découverte », à connotation quelque peu ambitieuse, correspondait généralement à la constatation par le service d'une sous-estimation de la valeur d'un bien à l'occasion d'une mutation (achat, héritage…). […]

Cependant, de part et d'autre de la barrière symbolique des deux anciennes régies, quelques services avaient conservé leur spécialisation originelle. Pour les autres, les « fusionnés », le temps faisait son œuvre, mais ils conservaient toujours une plus grande attirance pour la partie du service qu'ils connaissaient le mieux. Certains tiraient même une grande satisfaction de cette préférence nostalgique. Un ancien enregistreur disait un jour : « Quand j'ai travaillé longtemps sur des dossiers d'impôt sur le revenu, je m'accorde comme une récompense quelques travaux d'enregistrement ». […]

Plusieurs éprouvèrent plus que d'autres les difficultés de ces reconversions. De très rares, même, ne parvinrent pas à les surmonter, qui n'étaient sans doute pas des fanatiques de l'effort d'adaptation à des tâches nouvelles. En général assez âgés, faisant le gros dos et jouant de la solidarité de leurs collègues, ils se laissèrent tout doucement pousser vers la retraite dont ils anticipèrent la venue. Il s'agit de cas exceptionnels mais bien réels.

Bon gré mal gré, facilitée par le renouvellement des effectifs (effet conjugué des départs à la retraite et de l'arrivée des troupes fraîches issues des concours d'entrée), la fusion se trouva réalisée. D'autres élargissements de compétence attendaient les agents du fisc avec la création progressive des IFAC (inspections fusionnées d'assiette et de contrôle), où se trouvait réuni l'ensemble des services des anciennes régies y compris notamment ceux de la TVA.

Bertrand apprécia le plaisir de ce nouveau changement en obtenant son affectation à une fiscalité d'entreprises (FE) à Saint-Gaudens. [...]

Chaque secteur de fiscalité d'entreprises avait la charge d'un certain nombre de catégories professionnelles : à l'un la TVA agricole, à un autre les métiers du bâtiment... La quatrième fiscalité, dont hérita le nouveau venu, comprenait une plus grande diversité de professions comportant chacune un moins grand nombre d'exploitants. Ce mode de répartition avait pour effet de permettre une meilleure connaissance des particularités des branches d'activité dont on avait la charge et par suite une relative spécialisation. Cela pouvait apporter aussi une plus grande aisance dans les vérifications de comptabilité. Celles-ci étaient également facilitées par l'usage des monographies professionnelles établies par l'Administration.

André Marque

LES ANNÉES « MIXAGE »

À Challans (Vendée), où était prévue l'installation des services réorganisés, la pénurie de locaux se faisait cruellement sentir. Il y avait bien une grande et vieille maison que la mairie avait achetée pour son usage. Voilà qui pourrait faire l'affaire ! Et c'est ainsi que début janvier 1962, nous nous trouvâmes, deux autres collègues et moi, installés comme inspecteurs CD/E, après rapatriement sur Challans de tous les documents – vétustes, oh combien, pour certains – en provenance des anciens bureaux de Saint-Gilles, l'Île-d'Yeu et Noirmoutier.

L'installation matérielle laissait nettement à désirer et, outre le manque total d'adaptation des locaux à l'usage, l'absence de confort était remarquable : chauffage assuré par poêles à charbon s'éteignant fréquemment en raison d'un tirage défectueux, toiture présentant des fuites, plancher vermoulu... Mais cela n'était que provisoire, nous disait-on !

Les moyens en personnel, eux aussi, n'étaient guère adaptés. Il fallut avoir recours à un recrutement d'auxiliaires « sur le tas » et, bien entendu, assurer leur formation sans délai car le temps pressait à cette époque de l'année : fixation des forfaits BIC, des évaluations administratives BNC, « campagne » des déclarations d'impôt sur le revenu suivie de très près par l'émission « accélérée » des rôles. Certains jours, la réception du public, soit au bureau – y compris le samedi matin, jour de marché – soit dans les mairies des deux communes principales où je me rendais une fois par mois réunissait un nombre impressionnant de personnes. Mais tout se passait pour le mieux, mis à part quelques incidents mineurs comme cet entretien – le troisième je crois – avec un médecin, qui arriva un jour à mon bureau pour discuter son évaluation, muni d'un magnétophone, afin, me dit-il, « d'enregistrer notre entretien ». Il n'y eut pas d'enregistrement, l'entretien fut assez bref, et la commission départementale fut chargée de régler le litige.

Le temps passait très vite et il fallait rapidement penser à établir « l'itinéraire de la tournée des mutations », c'est-à-dire le calendrier de mes visites en commune pour la mise à jour des bases des impositions locales. Et début juin, cela commença. [...]

La contribution des patentes tenait une place à part en raison de sa complexité. Le tarif, déjà, bien désuet à l'époque prêtait sur certains points à sourire. Ce qui frappe au premier abord, à sa lecture, c'est l'extrême précision de la désignation des activités imposables. [...]

Une charge de travail et une activité importantes, donc, car, outre tout cela, il fallait assurer les travaux relatifs au contrôle des droits d'enregistrement : successions, surveillance des engagements de construire, contrôle des évaluations et des prix... Et tout cela avec un personnel peu nombreux et inexpérimenté. [...]

Ainsi passèrent ces années de jeunesse, avec chaque fois le retour des tâches saisonnières des contributions directes : impôt sur le revenu, forfaits, puis tournées en commune. Celles-ci, qui permettaient d'aller au-devant des élus et des contribuables – on dira plus tard, des usagers – étaient d'un agrément et d'une utilité irremplaçables.

Jean Meynial

Extension de compétence

J'étais donc bien installé pour le long cours et j'allais même risquer d'être un jour gagné par la routine.

Mais ce souci me fut épargné par une première extension de ma compétence Contributions directes voulue par l'Administration.

En effet, la direction générale des Impôts, considérant que dans certains secteurs ruraux les missions respectives de l'inspecteur des Contributions directes et de l'inspecteur de contrôle Enregistrement pourraient être confiées à un seul et même agent, décida de créer à cet effet des inspections dites mixtes dont le titulaire, d'origine CD ou E, exercerait l'ensemble des attributions des deux services d'assiette et de contrôle.

Corrélativement, la vérification et la surveillance de ces inspections mixtes devaient relever d'inspecteurs principaux également bivalents.

Les agents concernés par cette réorganisation avaient à suivre des stages de formation pour la matière correspondant à leur compétence.

C'est ainsi que je participai au stage pour l'Enregistrement au centre de perfectionnement dc la direction générale, 6 rue Saint-Maur à Paris du 16 janvier au 23 février 1962. En même temps était ouvert dans le même centre, mais pour une période plus longue, un stage de formation aux Contributions directes réservé aux agents issus de l'Enregistrement.

Mon stage d'enregistrement se déroula dans un très bon esprit de la part des maîtres et des élèves. Certes, la matière ne nous était pas totalement méconnue en raison de nos communications entre services, mais il fallait bien un stage pour nous donner, à partir de nos connaissances lacunaires, la formation théorique et pratique indispensable.

La réorganisation qui s'ensuivit me vit personnellement chargé, outre de sept inspections CD conservées, de deux inspections mixtes gérées, l'une par l'ex-inspecteur CD, l'autre par l'ex-inspecteur E. J'avais donc à patronner un ex-CD en enregistrement et un ex-E en contributions directes.

Or, par définition, l'inspecteur CD était surtout un recenseur et taxateur de personnes, alors que l'inspecteur E était surtout un vérificateur d'actes.

Je m'étais donc attaché à surveiller spécialement, chez l'un, la marche des travaux d'émission et, chez l'autre, le contrôle des actes, cela sans perdre de vue l'ensemble de la gestion. J'étais d'ailleurs tenu, dans la période de rodage, de passer au moins deux demi-journées par mois dans chacun des deux postes. [...]

En définitive, les deux inspections mixtes n'entraînèrent pas une augmentation sensible de mes charges de services ; elles étaient seulement les plus éloignées de Dijon et celles aussi que je devais visiter le plus souvent et le plus longuement. Je dépendais aussi, en ce qui les concernait, de deux directions et je me rappelle à ce propos l'anecdote suivante.

Je devais participer à la réunion de notation des agents de l'Enregistrement et je n'avais que deux agents à noter, appartenant à la même catégorie. Sur ma demande, la réunion devait commencer par la catégorie de ces deux agents afin que je puisse ensuite me retirer. Ainsi fut fait et dès que je fus libéré, le directeur de l'Enregistrement me dit avec un grand sourire : « Partez maintenant. Allez vite faire des contributions directes ». Je m'en allai donc et, comme je devais passer à la direction des recettes, je me trouvai sur le passage du directeur qui me dit avec sa vivacité coutumière : « Ah vous voilà vous, on ne vous voit plus. Vous ne faites plus que de l'enregistrement ».

Tout cela, d'un côté comme de l'autre, était dit sans aucune hargne car les deux directeurs s'entendaient bien. Mais si ce n'avait pas été le cas ? Alors la situation des « seconds couteaux » n'aurait pas été facile.

Lucien Perreault

De Brioude à Saint-Nectaire

Le grand distributeur de hasard m'a désigné la recette de l'Enregistrement de Brioude en Haute-Loire, pour polir mes nouvelles armes de contrôleur.

Mes premières fonctions dans le grade ne vont donc pas être très différentes de mes précédentes sauf à bénéficier de quelques bonnes années d'expérience et d'un approfondissement théorique de base non négligeable : je suis à l'aise dans l'exercice du métier et les intérims vont se succéder sans problème. [...]

Nous sommes en 1962. Le centre comprend deux cellules : l'inspection de Brioude-Ville et celle de Paulhaguet. Brioude-Ville est gérée par l'inspecteur des Contributions directes, ancienne formule ; l'inspection de Paulhaguet par l'inspecteur chargé de l'ancien contrôle de l'Enregistrement et des Domaines.

La fusion engendre des difficultés d'adaptation pour les personnels à tous les échelons. Chaque agent donne priorité à la partie du service issue de son administration d'origine. Il réalise qu'il est moins compétent à régler la partie nouvelle de sa cellule. [...]

Certes, l'inspection de Saint-Nectaire porte géographiquement à juste titre le nom d'un fromage à la pâte veloutée et savoureuse, célèbre dans tout l'hexagone et sans doute au-delà. Mais l'inspection en elle-même n'est pas un fromage : l'assimilation connaît ses limites.

Le titulaire est issu de l'Enregistrement et passe sans stage préalable d'adaptation à l'impôt sur le revenu et aux impôts locaux. La matière est différente. Les méthodes de travail divergent sensiblement. De surcroît, le personnel de collaboration est jeune et sans expérience ou est issu d'horizons divers : service de la révision bâtie, Cadastre. La formation fait cruellement défaut. L'adaptation demande du temps. La bonne marche du service marque le pas. Mais c'est la rançon de la fusion qui gagne progressivement tous les services pour concrétiser l'entité de la direction unique Enregistrement-

Contributions directes, avant de recevoir plus tard celle du chiffre d'affaires et des impôts indirects.

Tous les agents sont confrontés à une remise en cause des connaissances acquises et à la rupture avec la routine établie, cette mécanique de l'irréfléchi. Il faut reconnaître que la hiérarchie est, elle aussi, soumise à cette mutation et tiendra compte d'une manière bienveillante des hésitations qu'une telle révolution engendre. Au sein de l'administration, c'est le début de la mobilité de l'emploi à laquelle peu d'agents ont été sérieusement préparés et qui commence à se généraliser dans le secteur privé.

Les méthodes de travail dans les inspections des années 1970 sont surannées et archaïques. Elles n'ont pratiquement pas évolué depuis la création de l'impôt sur le revenu en 1917. On continue de percevoir la taxe complémentaire sur les revenus non salariaux n'ayant pas fait l'objet d'une déclaration par les tiers.

Les liaisons avec le centre départemental d'assiette installé à Clermont-Ferrand engendrent des difficultés de communication incessantes du fait des transferts des documents utilisés par les deux services.

L'inspection reçoit régulièrement des quantités importantes de « bulletins de recoupements » destinés à figurer au dossier de chaque contribuable, qu'il faut au préalable classer par perception, par commune, par ordre alphabétique, intégrer dans les dossiers et enfin seulement exploiter en contrôle sur pièces.

Les services sont débordés de documents inexploités et qui s'entassent pêle-mêle à même le sol faute de meubles de rangement. Mon collègue de l'inspection d'Issoire-ville en mesure la hauteur avec un mètre et me tient au courant par téléphone de la progression de la pile. Il envoie régulièrement à la direction ses SOS désespérés qui en disent long sur la progression du désastre. Pour ma part, j'attends la visite de l'inspecteur principal : j'expose, il constate, il conseille… et puis s'en va. Il n'y aura pas de renfort en personnel. D'ailleurs, où pourrait-on le loger ? Quand le tas est trop vieux et n'autorise plus le passage, je fais brûler.

Cependant, le contrôle sur pièces demeure prioritaire dans les instructions mais reste à peu près inefficace dans la réalité.

L'extrême lourdeur de la mise au point des impôts locaux (mobilière et patente) ne permet pas de consacrer à l'impôt sur le revenu le temps et l'attention que normalement on devrait lui apporter.

J'ai plus particulièrement la charge de l'imposition des industriels, commerçants et professions libérales soumis au régime de la comptabilité et des sociétés. Tout comme mon collègue, je connais quelques dossiers importants qui exigeraient une intervention approfondie immédiate. Mais d'autres tâches plus urgentes m'interdisent d'agir : les vérifications de service évitent ces écueils et la prescription effacera ces lacunes au fur et à mesure. […]

Le service de la programmation du contrôle fiscal exige trois vérifications de comptabilité par an. La disponibilité d'esprit que requiert une telle intervention ne permet pas que cette tâche soit assurée dans des conditions satisfaisantes. Mais la solution sera trouvée : les collègues du contrôle des taxes sur le chiffre d'affaires effectuent ces opérations à longueur d'année et ils sont parfaitement rodés à ces exercices. Ils nous communiquent aimablement leurs résultats lorsqu'ils sont directement exploitables en matière d'impôt sur le revenu. Les redressements sont alors effectués du bureau sans aucune intervention sur place et sans examen d'aucun document comptable.

La fiche 3909[6] de vérification sera donc transmise à la direction avec un rapport circonstancié des opérations effectuées. L'honneur est sauf. Mais apparemment, personne n'est dupe. Il faut bien que les statistiques départementales en compétition les unes avec les autres et transmises à la direction générale correspondent aux directives données en la matière. […]

Le 30 septembre 1982, j'enlève enfin la plaque émaillée du 13 rue Auguste Bravard, portant les heures de réception du public. […]

C'est donc au numéro 3 du nouveau boulevard Léon Blum que sont concentrés tous les services fiscaux de la ville. Pour l'heure, cette voie n'a pas deux cents mètres de long, mais il est prévu qu'elle doit compléter plus tard la ceinture de la ville. […]

Les agents des anciens services des Contributions directes voient arriver avec soulagement le terme de leurs attentes et se réjouissent des nouvelles conditions matérielles de travail qui leur sont offertes. Mais pour beaucoup d'autres, c'est aussi l'incertitude d'une affectation différente qui prédomine si ce n'est pas l'abandon regretté du cercle étroit de leurs vieilles habitudes.

Le vaste recrutement au sein de la fonction publique du début des années 1980 permet la création de six inspections : trois cellules pour les commerçants et industriels, une pour le secteur agricole, une pour les activités libérales et une pour la fiscalité immobilière. Cette dernière m'aurait particulièrement convenu puisqu'elle regroupait les tâches qui étaient les miennes à Château-Chinon. Mais il faut laisser la place aux plus anciens dans la fonction. Et l'inspection de la fiscalité personnelle me convient particulièrement. Tous les postes sont pourvus. Le nouveau centre peut démarrer dans les meilleures conditions.

Avec les dossiers dits *importants* (directeurs de sociétés, personnalités du monde administratif ou politique), l'inspection FP a la charge de cinq cents contribuables. Le poste ne comporte pas d'agent de collaboration. La gestion courante de ces dossiers s'accompagne de huit vérifications de comptabilité par an. Le travail de l'assiette de l'impôt et le contrôle sur pièces et sur place peuvent donc s'effectuer dans des conditions tout à fait satisfaisantes.

---

6. *Fiche 3909* : fiche sur laquelle sont mentionnés les résultats de la vérification.

À partir du 1er janvier 1983, la TVA va frapper désormais l'ensemble des activités libérales. Cette particularité va nécessiter ma participation à un stage d'extension de compétences de trois semaines à Paris qui sera donc le dernier de ma vie professionnelle.

Mon séjour à la fiscalité personnelle qui se terminera le 5 février 1993 restera celui qui aura laissé les meilleurs souvenirs de toutes mes affectations administratives malgré l'arrivée de l'informatique dans les années précédant mon départ. L'informatique : point noir de tous les agents arrivés en fin de carrière, quels qu'ils soient, du fait de l'importance des adaptations qu'elle suppose et des tâtonnements inévitables de sa mise en route.

L'absence de collaboration dans une inspection est à mettre au passif des conditions de travail. Mais la possibilité d'organiser ses tâches librement est une large compensation à cet inconvénient. Les vérifications de comptabilité sont en particulier l'occasion de rompre la monotonie ou la grisaille des jours passés au bureau.

La vérification de comptabilité et l'examen approfondi de situations fiscales personnelles sont les deux activités de l'inspection auxquelles la hiérarchie accorde la plus grande importance.

Elle est à la base de l'appréciation de l'activité et de l'efficacité de son titulaire. Les professions libérales ne sont pas les plus aisées à vérifier car à l'inverse des activités commerciales ou industrielles, la comptabilité de celles-ci ne comporte pas d'achats destinés à la revente ou n'en traduit que très peu. Il est rare que, dans ce dernier cas, l'expression de ce poste soit significative. Il s'agit là d'une première difficulté dans un secteur où l'examen du train de vie ne conduit pas généralement à des découvertes très révélatrices.

Au cours des années 1970, les directives données aux vérificateurs interdisaient l'emport des documents et pièces comptables du contribuable vérifié dans les locaux de l'inspection. Mais une certaine forme de tolérance s'était instaurée qui permettait sans inconvénient le déplacement de ces documents au bureau du vérificateur.

Tout le monde y trouvait son compte : l'inspecteur, qui pouvait se pencher en toute sérénité sur les écritures du redevable, en prendre photocopies et les garder par-devers lui le temps nécessaire ; le contribuable, qui ne voyait pas sans plaisir le *polyvalent* rester chez lui et disparaître pour un temps de son champ de vision.

Dès 1980, la réglementation en la matière fut rappelée avec autorité et les agents durent admettre qu'il fallait, une fois pour toutes, rompre avec cette pratique commode mais désormais bien révolue. De nombreuses instances au tribunal administratif confirmèrent, si besoin était, que l'emport des documents du contribuable – même avec son autorisation dûment accordée – conduisait inexorablement au vice de procédure de la vérification, donc à l'annulation pure et simple des redressements effectués.

Gilbert Bretagnol

La direction régionale de Bordeaux

Au mois de juillet 1966 fut créée la direction régionale, installée au 72 rue Abbé de l'Épée, qui entraîna la suppression de la réunion des directeurs et de son secrétariat.

L'immeuble comprend trois niveaux. Le premier étage servait de logement au premier directeur régional, logement qui fut abandonné trois ans plus tard par son successeur, au profit des services qui jusqu'alors étaient inconfortablement installés au rez-de-chaussée. Le centre de duplication et la formation professionnelle partageaient le sous-sol sur rue, donnant de plain-pied sur la cour. Le centre de formation, trop à l'étroit, fut plus tard transféré à une autre adresse, dans des locaux plus vastes et mieux adaptés. [...]

Le personnel comprenait, sous l'autorité du directeur régional et de son chef des bureaux :

- quatre inspecteurs-rédacteurs : trois chargés chacun des impôts directs, des taxes sur le chiffre d'affaires et de l'enregistrement ; le quatrième emploi « gelé » m'était attribué. Dénommé SOP (service des opérations préliminaires), il fonctionnait avec l'aide de quatre agents,

- un contrôleur et deux agents de constatation géraient le personnel,

- un contrôleur et un AC la comptabilité,

- trois dactylos et un AC occupaient le courrier et le standard téléphonique,

- le centre, chargé de la duplication des extraits d'enregistrement était dirigé par un contrôleur assisté de plusieurs agents C,

- le CRI – centre régional d'informatique – créé quelques mois après la direction régionale, en dépendait.

Les moyens opérationnels dont disposait le directeur régional consistaient en :

- une brigade de recoupements de six à huit agents, dirigée par l'ancien secrétaire de la réunion des directeurs,

- cinq brigades de vérifications à Bordeaux dont trois exerçaient uniquement en Gironde, les deux autres en partie sur la Gironde, l'une sur la Dordogne avec sous-brigade à Périgueux et l'autre sur le Lot-et-Garonne, avec sous-brigade à Agen,

- une brigade à Pau avec sous-brigade à Mont-de-Marsan,

- une brigade à Bayonne avec sous-brigade à Dax.

L'effectif complet des vérificateurs, outre les sept chefs de brigade, s'élevait à environ trente-cinq agents. [...]

Aidé par quatre agents, j'étais chargé de nombreux travaux concernant la préparation des dossiers de vérifications.

Je devais également préparer les projets de programmes de vérifications, travail important puisqu'il fallait sélectionner plus de quatre cents affaires.

Après avoir retenu celles proposées par les chefs de brigade et la brigade des recoupements, celles signalées par les services d'assiette, de nombreuses affaires devaient encore être découvertes. Le fichier constituait la principale source de renseignements.

Les critères retenus étaient classiques : déficits alternant avec des bénéfices – chiffre d'affaires en dent de scie – déficits chroniques lorsque la profession était connue pour sa rentabilité... Je pouvais ainsi motiver l'inscription de chaque affaire.

Je dois souligner qu'après avoir convaincu le directeur régional de leur valeur très relative, je ne tenais pas compte des constantes analysées sur le fichier (150 je crois), élaboré à partir des déclarations de résultats.

Ces constantes fournissaient des pourcentages de rentabilité qui ne tenaient pas compte de l'objet précis ainsi que des conditions d'exercice de chaque profession. Dans ces conditions leur examen ne pouvait, à lui seul, motiver une inscription au programme. [...]

Mon service participait également à la préparation des statistiques nécessaires à l'élaboration de la note sur l'évolution de la conjoncture dans la région. Le rédacteur du contentieux CD représentait le directeur auprès de la commission préfectorale réunissant les responsables des grandes administrations.

Le rôle de la direction régionale consistait notamment à suivre l'évolution de la consommation des ménages, l'importance du chiffre d'affaires réalisé par les entreprises, le nombre de créations, de cessations, etc. [...]

Les vérifications se déroulaient dans un climat satisfaisant ; toutefois l'élévation du niveau de compétence des experts-comptables et conseillers fiscaux, associée à l'adoption progressive de l'informatique améliorant la qualité des comptabilités, rendaient la tâche des vérificateurs de plus en plus difficile. Elle n'était d'ailleurs pas allégée, bien au contraire, par le respect rigoureux des garanties offertes aux contribuables vérifiés, garanties juridiques, garanties de procédure qui contribuaient à ralentir les cadences. Néanmoins, l'Administration devenait de plus en plus exigeante et prescrivait, si ma mémoire est fidèle, que chaque vérificateur termine douze affaires par an. Ce chiffre, pendant le séjour de trois ans que je fis à la direction régionale, ne fut jamais atteint. Par contre, la qualité des vérifications motivait les agents. Chaque année, la conclusion d'importantes affaires dénotait du niveau de certains vérificateurs.

Jean Ustariz

La délégation régionale de l'Île-de-France

La région parisienne, nommée plus tard Île-de-France, se composait à l'époque, comme aujourd'hui, de la ville de Paris et des sept départements de la petite et de la grande couronne. L'ensemble était géré fiscalement par dix directions à toutes attributions dont trois – portées à quatre par la suite – pour Paris et une pour chacun des autres départements ; chacune d'elles avait à sa tête un chef des services fiscaux.

Étaient également implantées dans la capitale des directions spécialisées : d'abord, des directions à compétence nationale, à savoir la direction des vérifications nationales, chargée du contrôle fiscal des grandes sociétés les plus importantes de France et la direction nationale d'interventions domaniales, dont les responsables avaient l'un et l'autre le grade de directeur régional ; puis, la direction nationale d'enquêtes fiscales, trois directions de vérifications de comptabilité se partageant les entreprises de la région et la direction des services fonciers de Paris, placées chacune sous l'autorité d'un chef des services fiscaux ; enfin, divers services conduits par un directeur, chargés respectivement de la formation professionnelle, du Cadastre, de l'atelier général du Timbre. Les directeurs régionaux et les chefs des services fiscaux étaient eux-mêmes secondés par un ou deux assistants ayant grade de directeur. L'ensemble de cet état-major représentait une bonne quarantaine de personnes dont il m'incombait, selon les cas et à des titres divers, de coordonner l'action et d'apprécier la gestion.

Avec l'accord du ministre, un ensemble de notes, en date du 24 novembre 1967, institua donc, tout en définissant leurs compétences et leur mode de fonctionnement, une délégation pour la région parisienne et un comité régional des chefs des services fiscaux et directeurs. En même temps, j'étais nommé délégué régional à la tête de la première, et chargé de la présidence du comité. Parallèlement, il était créé un comité des chefs des services fiscaux et des directeurs de la ville de Paris dont la présidence confiée au départ à l'un des chefs de service fiscaux viendrait, sous peu, à m'être transférée. Le point de départ de la réforme était fixé au 1er janvier 1968.

Pour rendre à César ce qui est à César, il faut préciser que ces documents connus sous le nom de notes constitutives avaient été élaborés par notre collègue de la coordination, passé en même temps que moi au service de l'administration générale, puis appelé, à l'époque dont nous parlons, au cabinet du ministre en attendant de parvenir, par la suite, à l'un des postes les plus élevés du ministère. Par leur conception comme par leur expression, ces notes étaient un chef-d'œuvre de clarté dans les motivations, dans la précision apportée aux futures missions, dans la souplesse d'exécution prévue par respect des compétences de chacun. Elles définissaient parfaitement, dans un même esprit d'ensemble, les bases de départ, les voies à développer, les objectifs à atteindre. Pour ma part, et comme il se doit, je n'avais pas été associé à leur élaboration. Mais, en ami attentionné, leur rédacteur m'avait toujours tenu discrètement informé de l'évolution des choses et je lui en garde encore une fidèle reconnaissance.

En tête de cette charte, il était rappelé que la gestion de l'Impôt en région parisienne avait posé de tout temps des problèmes de liaison et de coordination. Il en allait ainsi dans l'application des textes aussi bien dans l'organisation et le fonctionnement des services. Une exécution homogène ne s'imposait que davantage à la suite des fusions et réorganisations intervenues dans un contexte démographique et économique de cette ampleur et au cœur d'une circonscription géographique, n'accusant plus de différence marquée entre Paris et les départements périphériques. D'un autre côté, en raison de la fraction importante des ressources que l'État en retirait et des problèmes en jeu, les fonctions d'animation et d'harmonisation à mettre en œuvre s'apparentaient davantage à celles relevant de services centraux qu'à celles de services extérieurs. Tel est l'esprit dans lequel le délégué, agissant au nom du directeur général à l'égard des directeurs, le représenterait aussi auprès des instances de la région, à commencer par le préfet.

Les attributions du nouveau chef de service en découlaient.

Tout d'abord, dans le cadre de son action collégiale, le délégué pouvait s'appuyer sur un comité régional composé des chefs des services fiscaux, des directeurs et, en fonction des ordres du jour, des directeurs spécialisés à compétence nationale ou non. Recueillis à titre consultatif, ces avis laissaient au délégué son entière liberté de décision dans son domaine propre d'impulsion et de contrôle de la politique tracée par l'Administration.

Plus précisément, le délégué était appelé à homogénéiser les divers régimes d'imposition et d'évaluation. En fonction des directives reçues du service central en matière de contrôle fiscal, il veillait à la concordance des programmes de vérification, il coordonnait l'harmonisation des règles appliquées en matière de sanctions et pour l'action contentieuse ; il centralisait et transmettait à l'administration centrale les comptes rendus d'activité et les travaux statistiques ; il tenait la main à la préparation et à l'exécution des plans de réorganisation, à la recherche et à l'application des mesures propres à faciliter l'action des services en matière d'information, de documentation, de méthodes et de procédés nouveaux. Il centralisait et adressait à la direction générale les comptes rendus périodiques propres à chacune des directions de la région. En sens inverse, il transmettait à ces dernières les directives centrales. Dans le même souci de synthèse, il examinait en comité régional les questions qu'il lui était demandé d'évoquer d'un côté comme de l'autre.

Indépendamment de ces missions d'ensemble, la délégation disposait d'attributions propres. Ainsi, en matière immobilière, jouait-elle, dans le cadre de la région, le rôle assumé précédemment par mon ancien bureau, sauf à le faire en liaison avec lui. Elle aurait, à bref délai, à connaître des problèmes de recrutement et de formation gérés par le centre d'études et de formation professionnelle de la région parisienne. Elle centralisait les informations statistiques de la région, tenait le tableau de bord régional et établissait la note trimestrielle correspondante. Elle exerçait, en outre, la tutelle du centre de renseignements fiscaux.

Enfin, au titre de la représentation de l'Administration auprès des autorités et assemblées régionales extérieures, le délégué siégeait personnellement à un certain nombre d'instances.

Tout ne se mit pas en place en une seule fois. Mais l'opportunité du système imposa de répondre rapidement à des besoins de plus en plus impérieux. Si nous étions partis à quatre, notre effectif théorique initial de quarante-huit personnes fut rapidement pourvu. Il devait approcher de quatre-vingt à mon départ en 1977. […]

Dès le mois suivant mon installation, le directeur général me précisait, dans une note personnelle, les lignes directrices qu'il jugeait prioritaires et resserrait mes liens avec les chefs de service au plan central. De mon côté, je pus, après neuf mois d'existence, lui confirmer officiellement que le principe même de la délégation n'appelait plus de réserves dans les esprits et que nous étions en mesure d'entreprendre une nouvelle étape sur la voie tracée par la note constitutive.

Jean Vannier-Moreau

1968-1975

Un aboutissement inéluctable

Je fus donc affecté à Angers. Cette mutation eut l'avantage de me permettre de trouver des locaux moins inadaptés sinon fonctionnels. [...]

La vague de modernisation, voire de rationalisation, commencée au début des années 1960 se poursuivait et la décennie 1970 allait connaître la fusion des directions départementales et la réorganisation des services locaux.

Ce n'était que l'aboutissement inéluctable d'une fusion commencée dans les services centraux dix ans plus tôt.

Avant les années 1970, dans un même département trois directions cohabitaient : la direction des Impôts directs, la direction des Contributions indirectes et celle de l'Enregistrement. Cette situation particulière alourdissait l'organisation puisque l'harmonisation des actions de l'administration fiscale imposait des réunions périodiques de directeurs.

La fusion des directions amena rapidement la réorganisation des services et l'extension des compétences de l'inspecteur et du contrôleur des inspections spécialisées.

Avant d'être connue sous le nom de centre des Impôts, la nouvelle cellule prenait celui d'inspection fusionnée d'assiette et de contrôle (IFAC).

La dénomination importait peu, l'organisation du travail était essentielle. Pour ce qui me concerne et très rapidement, il fallut assimiler une législation qui ne m'était pas d'application courante. Ce n'était pas insurmontable. Mon recrutement « Impôts » m'avait permis une culture générale de la fiscalité suffisante pour pallier les premières difficultés.

Les plus grands problèmes furent rencontrés lorsqu'il a fallu préparer l'assiette des anciennes contributions notamment de la patente. Le calendrier de présentation des budgets communaux ne permettait aucun retard.

Je me souviens de l'angoisse qui m'avait envahi en écoutant les collègues de la régie concurrente, vantant les subtilités de cette cotisation. Une étude des textes et documents mis à notre disposition me permit d'en assurer l'assiette sans difficulté majeure et avec un certain bonheur.

Pour le futur plus éloigné, l'Administration avait organisé des stages d'extension de compétence. Pendant cinq semaines, avec mes collègues inspecteurs et contrôleurs, j'ai bénéficié de conférences et de travaux pratiques qui m'ont facilité l'adaptation à la nouvelle gestion du service. Pour la région, cette formation se déroulait à Nantes.

Le temps de mise à niveau pouvait paraître court, l'expérience acquise dans une spécialité et une pédagogie pratique claire ont permis une mise au point relativement aisée.

Modestement, je dirais qu'elle n'était pas exhaustive mais suffisante pour gérer une cellule de fiscalité. Trois spécialités étaient offertes : fiscalité des entreprises, fiscalité personnelle et fiscalité immobilière. Compte tenu de mon parcours personnel, j'ai opté pour une fiscalité des entreprises. Mon ancienneté m'a permis d'obtenir satisfaction.

Cette nouvelle organisation, rendue nécessaire par l'évolution de la législation et de la technique comptable, présentait, à mon sens, au moins trois avantages : elle améliorait la culture de l'agent, rationalisait le traitement des dossiers et facilitait les relations avec le redevable. [...]

Enfin, cette nouvelle organisation avait le mérite de simplifier la relation avec le redevable. Avant 1970, toute intervention et notamment toute vérification de comptabilité par un inspecteur, impliquait automatiquement une régularisation par son collègue de la régie voisine. Si la vérification était le fait d'une brigade c'était plusieurs vérificateurs spécialisés qui intervenaient. Depuis 1970, pareille situation n'existe plus, le redevable a un seul interlocuteur.

Cette nouvelle formule modifia de façon significative le travail et la nature des relations avec la hiérarchie. La notion de productivité faisait son apparition.

Le volume des dossiers à vérifier a toujours été un des objectifs prioritaires des directeurs quelle que fût l'époque. J'imagine facilement que la carotte d'une promotion n'était pas étrangère à cette orientation.

Georges Gaugain

L'ESPRIT INDIRECTES

En 1968, je suis nommé chef de service dans une unité CA-CI qui va bientôt disparaître : l'inspection centrale des Contributions indirectes de Schiltigheim, faubourg nord de Strasbourg, situé à 3 km du centre ville, et capitale des brasseurs.

Je dois remplacer le chef de service, malade, et dont le retour à ce poste n'est pas prévu par l'Administration.

Le bureau des Contributions indirectes – il a encore ce nom – est tout à fait vétuste. Il est implanté au centre de cette ville, non loin de l'hôtel de ville, flambant neuf, qui deviendra aussi plus tard, sur les deux étages supérieurs, le siège du centre des Impôts de la DGI enfin fusionnée.

Le local où nous sommes installés comprend trois ou quatre bureaux. En tout, seize agents sont entassés dans un espace assez restreint.

Outre le chef de service, le site comprend : deux inspecteurs, trois contrôleurs, l'un d'entre eux est spécialiste du chiffre d'affaires, les deux autres chargés des impôts indirects. On trouve encore deux agents d'exécution CA et un receveur local des Impôts. Dans les mêmes locaux est implantée la recette centrale, avec un receveur central et trois ou quatre agents d'exécution.

Mon travail à Schiltigheim, outre la charge de diriger le service (malgré des conditions de logements précaires, il fonctionnait bien) comprend la fiscalité immobilière, déjà tenue par mon prédécesseur.

J'ai en plus effectué un certain nombre de vérifications comptables dans le secteur. Avec 44 communes, dont un grand nombre en zone rurale, le secteur était assez étendu sur le plan géographique.

Les forfaits sont faits par le contrôleur CA. La tenue des comptes et des dossiers des redevables est du ressort des agents C (agents de constatation).

L'ambiance, comme toujours était bonne, mais je n'ai pu conserver, avec les anciens de Schiltigheim, les mêmes liens qu'avec les agents encore vivants de l'ancienne structure de Strasbourg-Neudorf.

Mais j'approche de la fin de ma carrière. J'ai déjà dépassé 51 ans et lors de mon passage à Schiltigheim, qui a duré six ans, intervient la fusion des services, dans le courant de l'année 1970.

Mais, en ce qui me concerne, je l'ai mal vécue, puisque, du moins je le suppose, elle était mal préparée. Comme beaucoup de mes collègues de l'époque – dois-je faire mon *mea culpa* ? – je suis resté avec l'esprit « Indirectes » et TCA.

Sans doute, puisque la DGI a pris naissance en 1948 – à ce moment, nous sommes en 1970 – aurait-il été préférable, à mon sens, de détacher les agents pendant quelques périodes dans les autres services de la DGI. Ils auraient pu se familiariser avec les méthodes de travail et les procédures en matière de Contributions directes et d'Enregistrement. Il existait bien quelques contacts avec les services voisins, principalement en matière de vérification, mais c'était insuffisant. [...]

Des stages ont bien fonctionné lors de la fusion. D'une durée de deux ou trois semaines, ils ne pouvaient remplacer des années de pratique.

Serge Dantz

« UNE ŒUVRE DE LONGUE HALEINE »

Si l'année 1968 fut celle de la généralisation de la TVA, elle vit aussi se mettre en place la réforme des recettes locales, l'ensemble des recettes-buralistes se voyant chargé de la vente des timbres et vignettes jusqu'alors débités par les bureaux de l'Enregistrement. Ce regroupement des tâches annonçait non seulement la réforme à intervenir dans les services comptables et la fusion prochaine des directions et services départementaux, mais aussi la restructuration du réseau des recettes auxiliaires par la suppression de la quasi-totalité des bureaux jusqu'alors implantés dans la plupart des communes d'un département, particulièrement dans les pays du vignoble.

Cette disparition programmée de ces implantations locales entraînera une modification de la législation applicable en matière de droit de circulation des boissons, par la mise en place de nouvelles formules d'acquits-à-caution mises à la disposition des négociants, la mise en place d'horodateurs, l'étude des capsules-congés, toutes nouveautés allant dans le sens d'une meilleure utilisation des services, de la modernisation des méthodes et de la suppression de nombreuses rigidités administratives, souvent regardées avec raison comme trop tatillonnes. [...]

C'est pendant cette période allant de la fin de l'année 1968 à la fin de l'année 1971 que l'animation des services sera essentielle. Pour pouvoir expliquer et convaincre il fallait d'abord être soi-même convaincu de la nécessité et du bien-fondé de la fusion des services, ce qui était le cas, il faut le souligner, de la majorité des inspecteurs principaux, même s'ils n'adhéraient pas aveuglément à tous ses aspects.

Dans un délai relativement court, il allait falloir que les personnels des trois anciennes régies apprennent à travailler ensemble, acquièrent des connaissances nouvelles, mettent en pratique de nouvelles méthodes de travail, acceptent des chefs de service nouveaux et aussi l'autorité de supérieurs hiérarchiques issus d'une autre régie, programme perturbateur qui, pour être admis, n'en était pas moins difficile à mettre en pratique.

Heureusement les modifications législatives récemment intervenues, telles la généralisation de la TVA, l'harmonisation des forfaits du chiffre d'affaires, la réforme des recettes locales, avaient déjà permis l'organisation de rencontres, de réunions entre les agents, l'instauration d'un dialogue. La participation aux divers stages de formation ainsi que la systématisation des réunions d'information et de travail, leur faciliteront l'approche des législations, des techniques nouvelles, pour aboutir, après un temps normal d'apprentissage, à une maîtrise de leur service.

Les relations personnelles seront vite harmonieuses, les contacts avec les supérieurs hiérarchiques ou les subordonnés seront ceux qui s'établissent normalement suivant la personnalité, le caractère, le savoir-faire, l'approche de chacun.

Cette « fusion » sera une œuvre de longue haleine, basée sur l'information, la formation, le contact étroit entre les personnels de tous grades, l'assistance aux difficultés et le soin porté aux solutions retenues, l'écoute et l'explication. Sa réussite sera, en quelques années, l'œuvre de tous, y compris celle des organisations syndicales de la DGI qui ont toujours soutenu ce grand projet, tout en lui apportant non seulement leurs critiques mais aussi leurs suggestions, comme c'était leur rôle.

C'est en 1969 que, dans le département de l'Aude, la fusion est devenue effective, d'abord par la mise en place de la nouvelle organisation des directions des services fiscaux.

À la tête du département est placé le directeur des services fiscaux, assisté d'un directeur départemental et de deux directeurs divisionnaires auxquels est dévolue la charge de l'administration de l'ensemble des services du département. La première division regroupe l'administration générale (organisation, contrôle fiscal, personnel, crédits, débits de tabacs), la surveillance du centre départemental d'assiette et de la brigade de contrôle et de recherches, service se substituant aux brigades de surveillance des Contributions indirectes. La deuxième division couvre les services de la législation et du contentieux et assure la surveillance des services du Cadastre et du Domaine.

Un nouvel organisme, le conseil de direction, se réunissant une fois par semaine, permet au directeur des services fiscaux, entouré de ses trois principaux collaborateurs auxquels se joint, pour la circonstance, le receveur divisionnaire, coordinateur des services comptables, de faire le point des problèmes, de définir les orientations, de connaître les difficultés des services.

Dans cette nouvelle organisation, les inspecteurs principaux sont placés en retrait par rapport à leur position précédente, puisque leur participation aux travaux de l'équipe de direction n'est prévue que dans le cadre d'un autre organisme, émanation de l'original, dénommé « conseil de direction élargi », qui se réunit sur ordre du jour et dont la périodicité est surtout fonction de l'avancement des travaux des services.

L'interlocuteur habituel de l'inspecteur principal n'est plus le directeur, comme dans le passé, mais le directeur divisionnaire, avec lequel se traite la majorité des questions relevant de sa division.

Cet éloignement a été, dans l'ensemble, assez mal ressenti par les intéressés, à quelque régie qu'ils aient auparavant appartenu, qui ne contestaient d'ailleurs pas la nouvelle organisation ni la création du grade de directeur divisionnaire, dont les premiers promus venaient de leurs rangs, mais qui auraient souhaité être davantage associés à la marche du département. C'est pourquoi, dans la région Languedoc-Roussillon, l'idée avait été émise de la présence, au conseil de direction, d'un inspecteur principal des services, délégué par ses collègues ou nommé par le directeur des services fiscaux à titre de membre de droit du conseil.

Ce n'était pas de leur part une manifestation de mécontentement ou une réaction de dépit. Il faut en effet se reporter au contexte de l'époque où l'importance et l'étendue de la mutation intervenue ont modifié radicalement l'ensemble des rapports existant antérieurement entre les services traditionnels et les directions, lesquels devenaient désormais plus lointains, moins nombreux, plus impersonnels. [...]

Ce climat de confiance réciproque était essentiel car l'époque ne se prêtait guère aux atermoiements ni aux états d'âme. Il fallait en effet poursuivre l'assimilation et la mise en place des réformes générées par la fusion des services : création des IFAC (inspections fusionnées d'assiette et de contrôle) dirigées par un chef de centre, assisté d'un contrôleur divisionnaire chargé de l'ORDOC (section d'ordre et de documentation), nouveau service chargé du classement, de la tenue et de la mise à jour des dossiers des contribuables ; mise en place des services de fiscalité des entreprises (FE), de fiscalité personnelle (FP), de fiscalité immobilière (FI) ; réforme des services comptables par la modification du réseau comptable, la centralisation des écritures par la recette divisionnaire et la création des recettes principales fusionnées, la réforme consécutive des méthodes et des règles comptables avec l'instauration de nouveaux instruments de procédure, les avis de mise en recouvrement et de mise en demeure, l'étude des conditions d'harmonisation des forfaits BIC-TCA.

Par ailleurs, il fallait assurer la révision foncière des propriétés bâties, opération de grande envergure à laquelle les inspecteurs principaux des services étaient étroitement associés puisqu'ils avaient la charge de certaines enquêtes spécifiques telles que celles portant sur les établissements industriels ou les établissements hospitaliers et assimilés.

Pour être menés à bien, tous ces travaux exigeaient qu'un excellent esprit existe entre les agents des divers grades, d'autant que le climat fiscal s'était à nouveau détérioré depuis la fin de l'année 1969 où une majorité de commerçants et d'artisans avaient adhéré aux théories de certains groupements dits de « défense des intérêts des commerçants et artisans » dont le plus important et le plus actif était le Cid-Unati, qui d'ailleurs regroupera ensuite tous les autres groupuscules de nature identique.

Comme dans les années cinquante, lors de l'apparition du « poujadisme », furent notées d'abord certaines réticences à répondre aux demandes de renseignements des agents des Impôts, des retards plus nombreux que d'habitude dans l'envoi des documents, l'assistance de conseils dans des cas plus nombreux de discussion des forfaits, des difficultés plus grandes dans le recouvrement.

Et la dégradation des relations avec les assujettis et les contribuables s'accentua rapidement, dès le deuxième semestre de 1970, se manifestant par de nombreuses oppositions à contrôle fiscal. Et, comme par le passé, la solidarité entre agents joua à plein, renforcée, pour les plus anciens, dont je faisais partie, par l'expérience acquise au temps du poujadisme.

Joseph Mounié

Le grand changement administratif

À la direction aussi, l'année 1968 fut celle de tous les bouleversements. [...]

À l'automne, les prémices du grand changement administratif étaient en place : la fusion des directions départementales des anciennes régies (Contributions directes, Contributions indirectes, Enregistrement et Domaine) était programmée pour le 1er juillet 1969 et devait faire suite à un échelon précurseur, mis en place dès le mois de mars. En sus des tâches habituelles, nous eûmes à rechercher des solutions rationnelles et réalisables à apporter aux problèmes posés. Si certains services, ceux du contentieux notamment, pouvaient demeurer simplement juxtaposés, du moins dans un premier temps, d'autres comme ceux de l'administration générale devaient faire l'objet d'une véritable fusion : regroupements des tâches, détermination des effectifs des nouvelles cellules, répartition des personnels entre les services reconstitués. [...]

L'organigramme de la nouvelle direction fut soumis à l'avis du Comité technique paritaire local commun aux trois régies. S'agissant de la fixation des effectifs de la section chargée de l'organisation et du contrôle fiscal, qui me tenait particulièrement à cœur, je n'étais pas parvenu à convaincre le président de la réunion des directeurs que les trois agents prévus par le service central ne pourraient pas suffire si l'on voulait pouvoir mener une action spécifique et vigoureuse d'orientation, de stimulation et de coordination des vérificateurs. En séance, j'exprimai mes réserves sur ce point et émis un vote négatif. Mais le président balaya ma suggestion, sans même me répondre sur le fond. Il m'a ensuite fait savoir qu'un représentant de l'Administration était là pour approuver les propositions élaborées par la hiérarchie et non pour les contester. Mais alors, me demandai-je, pourquoi la parité administrative était-elle invitée à donner ses observations et à participer aux votes ?

Opération délicate et lourde de conséquences, le transfert des mobiliers, des dossiers et des archives dans les mêmes locaux nécessita de laborieuses études. Il n'y eut ni perte ni casse. Une réussite pour les deux inspecteurs centraux chargés de l'opération.

En me nommant directeur divisionnaire en 1969, l'administration m'a permis de renouveler complètement mes fonctions sans m'imposer de changement de résidence. À 41 ans, j'avais déjà accompli 23 ans de service, presque la moitié de mon parcours administratif total.

Si la formation des centres des Impôts ne me posa pas de réels problèmes, en revanche, la fusion des réseaux comptables des Contributions indirectes et de l'Enregistrement appartenait à un monde qui m'était complètement étranger : je ne connaissais ni le recouvrement en général (pour les impôts directs, les paiements sont encaissés par le percepteur), ni les spécificités, ni les traditions de ces deux services qu'il fallait réunir en un réseau unique. Encore imprégné des usages de mon ancienne administration où il fallait faire beaucoup soi-même, je cherchais mais ne parvenais à trouver ni la méthode ni le temps de m'atteler à cette tâche. Heureusement, le directeur assistant, me donna la solution, à vrai dire toute simple, et qui me paraît maintenant évidente : confier toute l'opération à un employé supérieur aguerri en matière de recouvrement et lui demander de rendre compte à temps pour permettre au directeur de prendre les décisions nécessaires. Décidément, le métier prenait de nouvelles orientations.

Quelques mois plus tard, je participai, à Paris, à un stage de formation de vérificateur du réseau comptable, mon seul vrai stage de formation professionnelle en cours de carrière. J'étais animé de bonnes intentions : dès mon retour, je commençai la vérification de la recette divisionnaire qui était de ma compétence mais, après la situation de caisse préliminaire obligatoire, je fus pris par le temps et par le tourbillon du travail. La vérification fut achevée par l'inspecteur principal qui m'avait servi de moniteur. [...]

Il m'a été rapporté que, dans plusieurs départements, les relations entre le chef des services fiscaux et son directeur assistant n'avaient pas été toujours faciles en raison de heurts de leurs personnalités, surtout au cours des premières années. La direction du Doubs n'a pas échappé à ce genre de conflits.

Henri Grossein

Réorganisation des services extérieurs : la création des CDA et du centre des Impôts des non-résidents

Dès les premiers jours de janvier 1968, je me présente rue de Rivoli au chef du service de l'administration générale, qui m'accueille chaleureusement. Il me rappelle que son service, auquel j'appartiens désormais, travaille depuis plusieurs années sur les réorganisations rendues nécessaires par la fusion des régies. Dans ce service, un bureau étudie la réforme des directions, tandis qu'un autre, avec lequel je travaillerai, s'occupe de la réorganisation des services extérieurs.

Peu après, le chef de ce bureau, en me présentant ses collaborateurs, mes nouveaux collègues de travail, m'apprend que le bureau comporte plusieurs équipes, une s'occupant des services d'assiette et de contrôle, une autre du regroupement du réseau de recettes.

Ces projets nécessitent des études complexes, car il ne faut pas laisser de place à l'improvisation, et leur mise en œuvre va créer un bouleversement complet des méthodes de travail. Cette nécessaire reconversion sera très importante, surtout pour la plupart des agents du cadre A, déchargés de travaux secondaires et de gestion, mais dont le rôle de vérificateurs d'affaires est confirmé comme étant leur principale mission.

Les nouvelles structures sont testées dans deux centres expérimentaux, à Chartres et à Chaumont, que j'aurai l'occasion de présenter à plusieurs reprises à des visiteurs.

Pour ma part, je travaillerai sur un projet « d'atelier départemental », qui deviendra vite, et définitivement, centre départemental d'assiette (en sigle : CDA).

En premier lieu, je recense les effectifs actuels des services qui me paraissent être intéressés par cette réforme.

En attendant les réponses des directions départementales consultées, je vais suivre un stage très intéressant à la CEGOS.

Concernant le service des rôles, depuis la mise en service de gros ordinateurs, l'expérience du traitement par cartes perforées est abandonnée, et les rôles sont traités par ordinateur. Cela signifie la disparition des expéditionnaires, calculant les cotisations individuelles et copiant rôles et avertissements. Mais il faut conserver un service des rôles, d'une part pour assurer les liaisons avec les préfectures et les mairies, et d'autre part pour traiter les impositions qui ne peuvent être intégrées dans un circuit de masse, comme les rôles individuels complexes ou urgents, ou l'impôt sur les sociétés par exemple.

Malgré le peu d'enthousiasme manifesté par certains directeurs des Contributions directes très attachés par tradition à leur service des rôles, ce service sera séparé de la direction proprement dite, et confié au CDA.

Il en est de même pour le service des coupons. La plus grosse masse de travail, pour celui-ci, consiste en la confection d'une fiche individuelle récapitulative regroupant pour chaque contribuable les différents revenus de valeurs mobilières encaissés dans l'année dans divers établissements financiers. Ce système a été un instrument efficace de contrôle des déclarations tant que les possesseurs de titres les conservaient à la maison, et découpaient les coupons sur leurs titres pour aller les encaisser à la banque de leur choix. Depuis la fin de la guerre, les titres sont de plus en plus fréquemment laissés en dépôt dans une banque qui en assure la gestion, ce qui diminue considérablement le nombre de bordereaux. Cette évolution ne peut que se confirmer, d'autant qu'une éventuelle dématérialisation des titres est parfois évoquée, ce qui rendrait tout à fait inutile la fiche récapitulative.

En proposant d'intégrer le service des coupons dans le CDA, je propose aussi de supprimer l'actuelle fiche récapitulative et de classer les bordereaux au dossier individuel, comme les autres bulletins de renseignements.

D'autre part, le service des coupons est actuellement destinataire des avis d'ouverture et de clôture des comptes, obligatoirement souscrits par les établissements financiers. Avec ces avis, il établit un fichier des comptes, classé par adresse du titulaire.

Il apparaît que beaucoup de comptes n'indiquent pas l'adresse exacte du domicile, mais celle d'une résidence secondaire ou une adresse de complaisance. Le fichier départemental n'est, de ce fait, pas d'une grande utilité et est peu consulté. Je propose donc de créer un fichier national, classé par ordre alphabétique des noms avec les prénoms, fichier qui pourra être aisément informatisé ultérieurement. Toutefois, le CDA restera chargé de la surveillance des déclarations d'ouverture par les banques, et de leur transmission.

Enfin, je propose de donner au CDA un certain nombre de missions actuellement exercées par les directions des Contributions indirectes ou de l'Enregistrement, comme par exemple la surveillance du retour des acquits-à-caution qui accompagnent la circulation de marchandises soumises à des droits indirects.

La création d'un centre départemental d'assiette chargé de ces différentes missions, après avoir reçu approbation du directeur général et celle du Comité technique paritaire central (où siègent les syndicats), deviendra effective le 1er octobre 1969.

Ces diverses mesures auront pour résultat de libérer sur le plan national environ quatre cents agents, qui pourront être utilisés plus efficacement pour d'autres travaux.

J'ai moins de succès quand, à la demande du directeur général, qui désire accélérer le recouvrement des impôts sur le revenu, je propose de gagner beaucoup de temps en faisant adresser les déclarations directement au CDA. Les impositions seraient établies, sans vérification préalable, au risque de quelques erreurs (anciens francs, centimes à ne pas déclarer pris pour des francs, etc.), le contrôle étant effectué au retour des déclarations au centre des Impôts, après imposition accélérée. Ce projet, accepté et soutenu par le directeur général, est abandonné en comité technique devant la vive opposition des syndicats très attachés aux circuits traditionnels.

Par ailleurs, pendant mon séjour à la direction des services généraux, j'ai constaté qu'un nombre non négligeable de bulletins de salaires, d'honoraires ou de cachets versés à des sportifs ou des artistes, comportant des adresses hors de France, restaient inutilisés.

De même, les recettes des Impôts du lieu de décès d'un ressortissant étranger (ce lieu pouvant être un hôpital ou un carrefour routier), ignorant si cet étranger possède des biens en France, ne peuvent pas surveiller efficacement la souscription de la déclaration de succession dont elles sont légalement destinataires.

Pour une meilleure imposition des revenus et des biens perçus ou possédés en France par des personnes domiciliées à l'étranger, je propose, avec succès, la création d'un centre des Impôts des non-résidents, chargé d'utiliser, d'orienter ou de réclamer tous les renseignements concernant des personnes non domiciliées en France, et d'établir les impositions correspondantes.

Georges Guicherd

Une entreprise colossale

Mais l'événement qui a révolutionné ce monde, c'est la décision de l'Administration de faire passer dans les faits ce qui était prévu lors de la création de la direction générale des Impôts, c'est-à-dire la fusion effective des trois anciennes régies, l'expérience devant débuter par la ville de Paris, à la fin de l'année 1968. Cette opération constituait une entreprise colossale, aussi bien sur le plan purement matériel, que sur celui de l'organisation et de l'affectation nouvelle à donner aux personnels. Elle impliquait un déménagement de la plus grande partie de ceux-ci, de leurs documents de travail, registres, papiers divers et archives, puisque deux sur trois des directions fusionnées soit Paris-Nord-Est et Paris-Sud-Est, doivent s'installer au n° 40 de la rue du Louvre, dans l'immeuble totalement occupé précédemment par les directions des Contributions directes. Seule la direction de Paris-Ouest conserve les locaux abritant auparavant la direction des Contributions indirectes de Paris-Ouest, et quelques locaux annexes. Les directions des anciennes régies occupaient les mêmes immeubles depuis de très nombreuses années, et avaient eu le temps d'y emmagasiner des stocks considérables de registres, de papiers et d'archives de toutes sortes. Certaines d'entre elles avaient même des sujétions particulières de stockage. C'était le cas de la direction des Contributions indirectes de Paris-Est qui conservait dans le sous-sol du n° 6 de la rue du Cloître Notre-Dame tous les objets et produits frauduleux saisis à l'occasion de procès-verbaux dressés par la brigade spécialisée de surveillance, et par l'ensemble des services de Paris, y compris la gendarmerie et les services de police, alcools, tabacs, et tous produits circulant en contravention avec la réglementation. Si ces produits étaient livrés périodiquement au service des alcools et à la manufacture des Tabacs pour être réutilisés ou détruits, il restait les contenants, barriques, touques, sacs, et tous objets litigieux.

Chargé personnellement par le directeur de Paris-Sud, qui assurait également à titre provisoire l'intérim de Paris-Est, d'organiser le déménagement des deux directions, j'ai été en mesure d'apprécier à l'usage, la complexité de l'opération, choix de l'entreprise de transport, directives aux personnels pour l'emboîtage des documents, leur marquage, etc. La mise en place des nouvelles unités ayant été prévue pour le 1er janvier 1969, déménagement et transfert doivent s'effectuer entre le jour de Noël et le jour de l'An. Ces opérations absorbent pendant ces quelques jours l'intégralité de l'activité des agents aux dépens de leurs tâches habituelles. [...]

En ce qui concerne l'installation des personnels eux-mêmes dans les nouveaux locaux, les choses ont été plus simples. Le plan détaillé en avait été établi avant les opérations. Malgré tout, des difficultés sont apparues, pièces trop exiguës pour l'effectif et le matériel prévus, locaux inadaptés aux gens et aux appareils qu'ils doivent utiliser pour leur travail, sans compter toutes les récriminations concernant l'exposition, la lumière, le bruit, etc. Par ailleurs, les effectifs prévus au départ pour certains services avaient été sous-évalués, notamment pour les services du personnel et de la comptabilité dépenses, dont l'importance de la charge est directement fonction du nombre des agents en compte dans la division. Or, précisément, la concentration des services en trois unités territoriales seulement pour la ville de Paris implique pour chacune d'elles un nombre très élevé d'agents, en comparaison des effectifs des anciennes directions. Ainsi pour la direction de Paris-Nord-Est que j'ai le mieux connue, l'effectif global, bureaux de direction et services extérieurs, oscillait entre 1875 et 1950 unités, sans qu'il ait été possible d'en connaître le nombre théorique exact dans les trois premiers mois de la mise en place, car il en arrivait tous les jours des directions constitutives, rentrant de congés de maladie, de maternité, du service militaire, ou encore de disponibilité. Pour les mêmes raisons, il était impossible de déterminer avec exactitude, au jour le jour, le nombre des agents présents parmi ceux déjà théoriquement en compte. Les services de nos directions traditionnelles n'étaient ni entraînés, ni équipés pour une gestion rapide et aisée de tels effectifs. L'Administration n'était pas encore informatisée. Ils y sont parvenus tant bien que mal, grâce à leurs qualités administratives et à leur dévouement, étant souligné que les services de gestion, personnel et comptabilité dépenses notamment, étaient confiés à des agents chevronnés et compétents, qui n'hésitaient pas à payer de leur personne. [...]

Cette mise en place des nouvelles directions a constitué une perturbation véritable pour l'unité administrative dans son ensemble, comme pour tous les acteurs, à quelque niveau de décision ou d'exécution qu'ils se soient trouvés.

Chacun en conservera toute sa vie le souvenir d'une période de travail d'au moins six mois, rendue particulièrement difficile à cause des bouleversements survenus, et de l'obligation de s'adapter à un nouveau cadre, à de nouvelles conditions, quelquefois à de nouvelles méthodes, et parfois dans une certaine confusion. [...]

Alertée par les responsables, l'administration centrale en prendra conscience elle-même, et finira par adopter un nouveau découpage de la ville de Paris, afin d'obtenir des unités territoriales moins lourdes à gérer.

Jean Jézéquel

1968-1969 EN INDRE-ET-LOIRE

L'année 1968 avait commencé par le début de la fusion des services extérieurs de la DGI dans le département ; encore balbutiante, elle ne concernait que deux régies (Contributions directes/Enregistrement) sur un seul centre, celui d'Amboise, créé de toutes pièces dans les nouvelles structures proposées par la direction générale et approuvées à la majorité par le comité technique paritaire local, composé de la réunion des trois comités techniques de chacune des trois régies. D'aucuns soutenaient que cette implantation était due à la pression exercée par le ministre de l'Économie et des Finances, également maire d'Amboise ; il n'était pourtant pas niable que cette ville faisait preuve d'un dynamisme certain et qu'elle constituait effectivement un centre industriel, commercial, économique et touristique reconnu de tous, et donc un pôle d'attraction suffisamment développé pour drainer une population fiscale justifiant cette structure administrative nouvelle. Les plans de construction de cette unité durent d'ailleurs être modifiés en cours d'édification, l'Administration ayant enfin pris la décision d'y regrouper tous les services d'assiette et de recouvrement de la DGI couvrant la circonscription d'exercice. Les agents affectés – dont certains sortaient de l'ENI sans expérience pratique – s'y installèrent le 1er novembre et l'immeuble fut officiellement inauguré le 7 décembre, par le ministre-maire, M. Debré, le directeur général des Impôts, M. de la Martinière, M. R., directeur départemental des Contributions directes et ses collègues, accompagnés de tous les agents en fonction à Amboise. Pour la première fois, j'eus la conviction que l'immense entreprise qu'était la mise en place au plan extérieur des services fusionnés de la DGI serait conduite à son terme, tant paraissait manifeste la volonté d'aboutir du ministre et du directeur général.

Pourtant, les « événements de mai » ne semblaient guère propices à l'optimisme, même s'ils étaient au départ très éloignés des préoccupations de la DGI qui venait d'arrêter – dans la douleur, il est vrai, malgré des avancées intéressantes – la nouvelle structure des directions uniques avec la création des grades de directeur divisionnaire, receveur principal fusionné, de l'emploi de chef de centre, entre autres, et la perspective du versement d'une « indemnité de fusion » destinée à apaiser l'inquiétude des personnels ainsi bousculés dans leurs habitudes. Au mois de mars débuta une grève administrative de tous les services, elle se poursuivit en avril pour prendre fin début mai au moment où les étudiants de Nanterre s'agitaient pour ensuite manifester évidemment sur les boulevards du Quartier latin. La confusion gagna la province avec l'occupation de certains services publics, de locaux universitaires ou autres centres culturels. À Tours, une circulaire syndicale interne relativement « incendiaire » eut l'effet contraire à celui attendu par ses rédacteurs en raison de sa tendance politique marquée ; présent sur le « front des grévistes », je dus faire preuve d'autorité… presque physique pour récupérer certains documents retenus illégalement par quelques inspecteurs. […]

Avec le mois de juin et les élections législatives anticipées, le calme revint dans les esprits, d'autant que certaines améliorations des conditions de travail (horaire hebdomadaire ramené de 42 heures 30 à 40 heures en 5 jours), appliquées immédiatement après la réunion du CTPL (comité technique paritaire local) du 27 juin, ne pouvaient laisser les agents tout à fait indifférents. Sans doute les retards constatés dans les travaux d'assiette des impôts sur le revenu, rigoureusement encadrés dans des délais spécifiques imposés par les procédures de traitement mécanographique des bulletins-matrices, ne furent-ils comblés qu'en fin d'année ; mais la croissance économique se poursuivant, les rentrées fiscales en furent peu affectées, tandis que le processus de fusion s'accélérait, avec la réunion à Tours, le 22 octobre, de l'ensemble des CTPL pour la réorganisation des directions départementales en une direction unique, placée sous l'autorité d'un chef des services fiscaux, assisté d'un directeur départemental et de deux directeurs divisionnaires. À défaut d'un immeuble de regroupement unique, les services devaient être répartis sur deux sites différents, en attendant la construction, ou la location, d'un immeuble fonctionnellement adapté aux nouvelles structures. Cette perspective, qui allait se traduire par un mouvement de personnel de direction et d'encadrement sans précédent, n'était pas sans inquiéter la majorité des directeurs jusque-là autonomes qui s'apprêtaient, selon les termes d'un directeur d'Orléans, à être dispersés… volatilisés ; aussi, dans un dernier sursaut d'appartenance à « leur famille », organisaient-ils souvent des réunions régionales d'amitié qu'ils étendirent à leurs proches collaborateurs et à leurs épouses. Il y avait beaucoup de nostalgie et une marque profonde d'émotion à entendre nos directeurs parler de leur carrière, de l'attachement qu'ils portaient à une administration qu'ils avaient toujours servie et qui allait perdre son âme dans le brassage inévitable des hommes et des traditions qu'allait engendrer la mise en place des directions uniques. Cela pouvait paraître risible aux plus jeunes d'entre nous qui n'avions pas encore acquis cette culture maison qui constitue le ciment d'une communauté d'entreprise, fut-elle administrative et publique. Plus tard, beaucoup plus tard, nous avons à notre tour éprouvé ce sentiment de rupture lorsqu'après trente ou quarante ans de carrière, nous avons fait valoir nos droits à la retraite… […]

La direction unique fut donc officiellement installée le 1er juillet 1969, juste après la tourmente politique qui avait suivi la démission du général de Gaulle de la présidence de la République après l'échec du référendum sur la réforme des régions et du Sénat du 27 avril, et l'élection du président Pompidou lors des scrutins des 8 et 15 juin suivants. La permanence politique du pouvoir étant assurée, on pouvait penser que la fusion ne subirait plus de retards autres que ceux liés aux problèmes immobiliers ce qui était le cas pour les services extérieurs de l'Indre-et-Loire. Les services de direction, en effet, avaient pu être regroupés dans deux immeubles éloignés de quelques centaines de mètres, l'un – ancienne direction des Contributions directes – concernant les divisions du personnel et de l'organisation, l'autre, propriété du Domaine, recevant les divisions du contentieux, législation, domaine et cadastre. Mais, dès ce moment, le principe était acquis de la construction d'un hôtel des Impôts sur un emplacement réservé par la SEMAVIT (société d'aménagement de la ville de Tours) près de la gare, où devait s'élever un ensemble de bureaux à usage de services publics (Urssaf, CPAM, services départementaux, hôtel des Finances). […]

Si l'osmose des personnels affectés dans les services de la direction se fit dans des conditions somme toute satisfaisantes, grâce au savoir-faire de l'équipe dirigeante, il fut plus difficile de faire évoluer l'état d'esprit, les habitudes de pensée et les moyens d'action des agents des services extérieurs. On dira à leur décharge que le maintien obligé des anciennes structures et les difficultés de fonctionnement inhérentes à une mauvaise répartition des charges ne facilitaient pas leur adhésion à ce qui était attendu par tous comme une amélioration sensible de leurs conditions de travail. Par contre, la cellule fusionnée d'Amboise, à taille humaine, bien pourvue en personnel – inexpérimenté mais enthousiaste – et en matériel – presque entièrement neuf – tenait ses promesses. Placée sous ma responsabilité et dirigée sur place par un chef de centre de valeur, je m'attachais à sa pleine réussite en multipliant mes visites et en organisant au mieux la formation des agents. Nous voulions en faire une « vitrine » du nouveau visage de la direction générale des Impôts, tant au regard des conditions de travail des agents que du « guichet unique » mis à la disposition des contribuables locaux pour toutes les questions d'ordre fiscal, d'assiette et, pour partie du recouvrement.

Rolland-Gérard Lesperon

De nouvelles fonctions

Un nouvel organigramme des services départementaux avait été décrété : il fut mis en place progressivement.

Dans un premier temps, il concerna cependant tout le cadre appelé « supérieur » : des directeurs uniques furent nommés, soit en avancement d'inspecteur principal, soit en avancement de directeur départemental. Deux nouveaux grades apparurent : le receveur divisionnaire, chargé de la centralisation, au plan départemental, des écritures comptables (une recette territoriale lui était en outre confiée), le directeur divisionnaire, qui, selon les départements, devait soit être l'adjoint direct du directeur unique, soit devenir attributaire, au plan départemental, d'une division sous l'égide d'un ou de plusieurs directeurs départementaux. Le grade de directeur départemental fut ainsi conservé mais l'emploi correspondant ne fut maintenu que pour les grands départements, où un directeur départemental (ou plusieurs), était l'adjoint du « directeur unique ». Les inspecteurs principaux, qui n'étaient pas promus, restèrent vérificateurs des services ou purent alors prétendre à un poste d'inspecteur principal de direction, adjoint au directeur divisionnaire.

Ayant la possibilité d'être candidat au grade de directeur divisionnaire, j'eus la chance de faire partie de la première promotion, particulièrement nombreuse, vu les circonstances ; mais je fus nommé en Corrèze. En effet, je n'aurais pas dû être compris dans la première promotion des directeurs divisionnaires.

Chaque réorganisation des services – notamment quand elle s'accompagne de la création de nouveaux grades – provoque inévitablement des « coups d'accordéon », qui avantagent les uns et pénalisent les autres. Ce fut le cas pour la création du grade de directeur divisionnaire, avec l'affectation – dans une seule promotion (au nombre d'environ cinq cents) – des agents nommés à ce titre dans tout le territoire métropolitain au printemps 1969.

Le nouveau grade assurait une promotion intéressante aux inspecteurs principaux en même temps qu'il permettait de dégager un cadre, devenu pléthorique, avec la « fusion des régies ».

Aucune difficulté ne se posait pour ceux (les plus anciens) qui pouvaient être affectés sur place dans leur département d'origine. Cela fait, l'Administration pensa connaître des problèmes pour les autres affectations et, pour les résoudre, elle offrit d'étendre la « plage d'appel » aux inspecteurs principaux des quatrième et troisième échelons.

Pensant trouver là une occasion de combler le handicap d'ancienneté que je traînais, je crus bien faire de poser ma candidature en me mettant « à la disposition de l'Administration »[7]. C'est ainsi que je fus, comme d'autres[8], installé dans mes nouvelles fonctions (mais en Corrèze) à partir du 2 mai 1969.

Ce devait être un « marché de dupes ». La DGI décida en effet[9] de ne considérer pour les candidatures au grade de directeur départemental que le rang d'ancienneté dans le grade d'inspecteur principal au moment de l'instauration des « directions uniques » et non dans le grade de nomination au grade de directeur divisionnaire.

Mon collègue corrézien – comme moi – avons ainsi attendu plus de cinq ans.

Surtout, ce faisant, j'ouvris, pour moi (à l'image de la boîte de Pandore), une ère de longs déplacements qui devaient jalonner la suite de ma carrière jusqu'à la retraite.

La Corrèze était un des départements que je ne connaissais pas ; je dus, pour mieux le situer, me pencher sur une carte géographique de la France, et, pour mieux le connaître, acheter une brochure qui venait précisément de paraître. [...]

La préfecture (Tulle) où était implantée la « direction unique », qui devait très vite être appelée « direction des services fiscaux », était une ville de vingt mille habitants environ, où le nombre de fonctionnaires (y compris ceux de la manufacture d'armes, où était fabriqué, entre autres, le fameux MAT 49) était avec leurs familles un élément important de la population. La ville formait comme un long couloir où serpentait la Corrèze, bordée de chaque côté par des collines sur lesquelles s'étageaient les immeubles urbains.

Le « directeur unique », qui avait été installé un peu avant nous, était un ancien inspecteur principal de l'Enregistrement qui occupait, à la direction générale, les fonctions de chef de cabinet du « directeur des Domaines »[10] pour l'ensemble du territoire métropolitain. [...]

Mon collègue était un ancien inspecteur principal des Contributions directes, lui aussi issu de la direction générale (où il occupait un poste « d'inspecteur principal détaché » à la deuxième division, à l'époque « organisation des services et contrôle fiscal »). C'était un homme du même âge que moi, mais à

---

7. Le nombre des postulants dans les Alpes-Maritimes excédait largement les besoins en directeurs divisionnaires, surtout compte tenu du fait que, pour la première promotion, l'administration centrale entendait « panacher » les directeurs divisionnaires de façon à ce qu'il y ait au moins un représentant de chaque ancienne régie au sein de la direction « unique » (note de l'auteur).

8. Dont un collègue des Directes nommé comme moi en Corrèze (note de l'auteur).

9. Sans doute pour ne pas léser le rang d'ancienneté des inspecteurs principaux qui, avant la création du grade de directeur divisionnaire, avaient tous, à rang d'ancienneté égal, vocation à être candidats au poste de directeur départemental (note de l'auteur).

10. Dans l'organigramme d'alors (note de l'auteur).

l'allure et au comportement tout à fait différents ; en quelque sorte nous nous complétions.

Nous avons été chargés, dans un premier temps, d'installer la nouvelle « direction unique » en recherchant des locaux adéquats et en y installant, avec l'aval de la direction générale, les agents que nous avions choisis pour former le personnel de la direction. Cette mission devait être achevée le 1er juillet suivant ; elle se fit avec la collaboration des deux anciens directeurs départementaux[11] qui pouvaient porter un jugement sur la qualité et la compétence de nos futurs collaborateurs, à l'appui de leurs dossiers ; c'étaient tous deux des personnages proches de la retraite, qui collaborèrent avec nous sans problème[12].

La nouvelle direction fut installée dès le 1er juillet dans l'ancienne direction fusionnée Directes-Enregistrement, qui occupait, avenue Bournazel, un bel immeuble de construction récente, au toit d'ardoises (comme presque tous les immeubles de Tulle) dont les murs étaient recouverts d'un granit rose du plus bel effet. Deux cellules à vocation départementale (la brigade de contrôle et de recherches – BCR – et le centre départemental d'assiette – CDA –) y furent également installées. Les autres services de Tulle, non fusionnés, restèrent l'un à l'avenue Bournazel (l'inspection des Contributions directes), les autres à la rue Anne Vialle, dans l'ancien immeuble qui abritait la direction des Indirectes et les services des « Indirectes » de Tulle. [...]

Dans l'organigramme de la « direction unique » – puis de la « direction des services fiscaux » – de la Corrèze, le directeur – comme dans tous les « petits départements » – était assisté simplement de deux directeurs divisionnaires.

Cette situation particulière avait son bon côté : les deux directeurs divisionnaires pouvaient à bon droit se comporter comme des directeurs pour la division attribuée à chacun, l'un et l'autre de nous ayant bien l'intention d'assumer une telle responsabilité, tout en référant, bien entendu, au directeur.

Elle avait aussi son côté pervers : elle créait certes une saine émulation, mais elle pouvait faire naître aussi un esprit de concurrence, laquelle pouvait être plus ou moins bien vécue. Cette possibilité était d'autant plus réelle que, dans notre cas, nous avions tous deux à peu près la même ancienneté (à six mois près en ma faveur) et la même ambition de parvenir au poste de directeur départemental, espérance qui pouvait donc se réaliser en même temps.

L'intérêt pour chacun était de prendre tour à tour en charge les deux divisions, mais la première (qui avait dans ses attributions, outre le personnel et la comptabilité, l'organisation des services et le contrôle fiscal, alors que la

---

11. L'un était le directeur des Contributions directes, l'autre le directeur de la direction fusionnée « Directes-Enregistrement » (note de l'auteur).

12. Ils devaient être nommés tous deux peu après, avant leur retraite, receveurs divisionnaires dans les départements voisins (note de l'auteur).

seconde avait en charge le contentieux et les affaires foncières et domaniales), présentait l'avantage de mieux préparer aux futures fonctions de directeur. [...]

D'entrée, nous fîmes connaissance avec les responsables syndicaux. L'installation de la « direction unique » impliquant une organisation nouvelle des services, il fallait recueillir l'avis du Comité technique paritaire local (le CTPL, où sont examinées les questions concernant les moyens en personnel ou en matériel, et l'organisation des services). Les services extérieurs à la direction n'étant pas encore fusionnés, les responsables syndicaux étaient assez nombreux, mais les débats n'en furent pas troublés. Les responsables syndicaux se montrèrent attentifs et vigilants, certes, mais les débats ne furent jamais houleux tout au long de ces années passées en Corrèze.

Au cours du deuxième semestre de 1969 fut décidée la réorganisation du réseau comptable par la création de la recette divisionnaire des Impôts de Tulle et celles, concomitantes, des recettes principales des Impôts de Brive et d'Ussel. Là encore, il fallut faire des arbitrages quelquefois douloureux, les anciens titulaires des recettes principales des Contributions indirectes et de l'Enregistrement ne pouvant pas tous être nommés receveurs (chefs de services) dans la réorganisation. Il fallut en outre faire en sorte que la recette divisionnaire et les nouvelles recettes principales puissent être en état de fonctionner le même jour (la date du 1er octobre fut retenue).

Fin décembre 1969, on put se rendre compte déjà que le nouvel ensemble fonctionnait bien.

Pour accomplir la fusion définitive de tous les services du département, il fallait au préalable concevoir, éventuellement bâtir et installer les « hôtels des Impôts » préconisés par la direction générale. Ce fut fait, par degrés.

Le premier à être installé fut l'hôtel des Impôts d'Ussel : la municipalité, y tenant particulièrement, put mettre à notre disposition le bâtiment adéquat dès 1971. Tous les services devenus fusionnés y furent installés, très convenablement.

À peu près en même temps, fut installé l'hôtel des Impôts de Brive. [...]

Enfin, en 1974, le système fut achevé grâce à la construction au centre ville de la « Cité administrative » de Tulle où furent regroupés, outre les services locaux des Impôts de Tulle, la plupart des autres services administratifs (y compris les directions, sauf celle des Impôts) à l'exception toutefois de la préfecture. L'installation de l'inspection centrale des Impôts de Tulle mit un terme à l'opération de fusion dans le département.

Jacques Gandini

IFAC ET FISCALITÉ PERSONNELLE

Une note du directeur général des Impôts en date du 15 octobre 1969 a pour objet la mise en place des services fusionnés, directions uniques et IFAC (inspections fusionnées d'assiette et de contrôle).

L'organigramme d'un centre des Impôts comprend un chef de centre, un service administratif et des inspecteurs spécialisés. En ce qui me concerne, dès le 3 octobre 1969, je suis nommé à un service nouveau : la fiscalité personnelle. J'ai le grade, à cette époque, d'inspecteur central de 4e classe. En fait, la transition sera lente, puisqu'en 1970 je gère encore ma division de contrôle. Quoi qu'il en soit, polyvalent ou inspecteur spécialisé, je ne suis pas « dépassé », mais selon l'expression populaire, je râle devant le volume des tâches. Je ne suis pas le seul. Dans une feuille ronéotypée locale, mon ami et collègue A. s'exprime ainsi : « Les agents ont le dos large, qui supportent sans broncher la rupture de la charge. Or, dans les maisons de verre où les IFAC sont logées, les sujétions sont sévères et pas du tout relâchées ».

Dans les mois qui suivent cette réorganisation, je vais m'occuper essentiellement des PNC (professions non commerciales), en récupérant l'effectif de Saint-Gaudens-Est, représentant au total plus de 300 dossiers. Il faut ajouter à ce chiffre 12 charges et offices (avoués, huissiers, notaires). En dehors des professions libérales classiques (médecins, dentistes, vétérinaires, agents d'assurance, masseurs, métreurs, avocats, exploitants d'auto-école, comptables…), je supervise, si je puis dire, un spéléologue célèbre : Norbert Casteret et deux hongreurs. Cette dernière profession est en voie de disparition. Il faut rendre hommage à ceux qui l'exercent encore de façon artisanale. C'est un travail traumatisant que de castrer certains animaux, et en particulier les cochons. J'ai gardé un durable souvenir des renseignements techniques donnés par des exécutants que j'ai fiscalement ménagés.

Il est instructif et parfois amusant, lorsque l'on observe les faits et gestes des gens côtoyés chaque jour dans la même commune, de voir leurs réactions différentes dans le bureau de l'inspecteur. L'avocat a abandonné ses effets de manche. Il est seul devant le représentant du fisc et sait, je pense, que le mensonge auquel son métier le contraint souvent, n'a aucun effet sur son interlocuteur. Le comptable est un technicien, il fait face à un autre technicien, et, sauf exception, les discussions se terminent pour le mieux. Il faut être psychologue pour comprendre les psychiatres. Dans mon secteur, ils ne se manifestent en général que par personnes interposées. L'un d'eux délègue chaque année son épouse pour discuter le montant de son EA (évaluation administrative). Je demande à cette dernière pourquoi il ne se déplace pas lui-même. Elle me répond : « Il est paumé avec les impôts ». Je la comprends d'autant mieux que la loi de finances pour 1971 (instruction du 4 mars, BO

5 juin 1971) a modifié le régime d'imposition des BNC (bénéfices non commerciaux). [...]

L'appui de l'inspecteur principal m'est bien utile pour trancher certains cas litigieux. C'est aussi par son intermédiaire que sont transmis rapports de vérifications et statistiques à la direction départementale des Impôts. Il me conseille de solliciter le poste de chef de centre. J'hésite car le travail FP me plaît. Je n'ai pas de personnel directement sous mes ordres, mes efforts ne sont pas dispersés, je suis indépendant. Mes rapports sont tapés par l'ORDOC (section d'ordre et documentation). Le chef de centre doit coordonner les diverses fiscalités, entendre les récriminations des uns et des autres et résoudre les problèmes matériels. Au cas particulier, la gestion du bâtiment que nous occupons pose beaucoup de problèmes au titulaire du poste qui sollicite sa mutation à Toulouse.

Henri Mirabail

« Nous devenions polyvalents »

Début 1969, l'Administration a décidé la fusion des services, et c'est notre directeur qui a mangé les Directes, l'Enregistrement, les Hypothèques et le Cadastre. J'ai procédé à cette fusion pour tous les personnels sans difficultés particulières. Du fait de cette fusion ont été créés en Aveyron six centres des Impôts. [...]

C'est seulement au cours de l'année 1970 qu'ont été créées les inspections fusionnées d'assiette et de contrôle (IFAC). Les inspecteurs centraux et inspecteurs de la région avons subi à Toulouse un stage de TVA, d'impôts directs et de comptabilité. Ce fut un stage identique à celui que j'avais effectué à Alger, en 1953. Nous devenions polyvalents et tous nos travaux à l'avenir porteraient sur l'ensemble des impôts, sauf la fiscalité immobilière et les impôts indirects, proprement dits, alcools, vins, spiritueux et tabacs, restés autonomes, mais rattachés au même centre des Impôts. J'étais maintenu à Toulouse-Est, mais à la fiscalité des entreprises, entreprises réparties en secteurs d'après les numéros d'identification de l'Institut national de la statistique (INSEE). De mon secteur dépendaient la mécanique, l'automobile et l'électricité. Au début, j'avais 120 dossiers soumis au régime réel et réel simplifié, et le contrôleur avait 800 forfaits. Ces chiffres augmenteront sans cesse avec les années.

Chaque centre était doté d'ORDOC avec un contrôleur divisionnaire et quatre employées, toutes femmes. Ce service recevait le public, enregistrait les déclarations d'existence et de cessation d'activité, classant les documents dans leurs dossiers respectifs. Au rez-de-chaussée, se trouvait notre recette qui percevait tous les impôts indirects, dont la TVA.

Le contrôleur et moi occupions chacun une place distincte, nous nous consultions souvent tout en restant indépendants. Les dossiers de nos entreprises restaient dans nos bureaux, nous classions nous-mêmes toutes les pièces les concernant, en particulier les bilans et pièces adjointes, comptes d'exploitation, pertes et profits, immobilisations, provisions, résultats. J'en faisais des tableaux portant sur toutes les années, afin de suivre l'évolution de l'entreprise, et par des ratios déceler les anomalies. Ce travail avait pour but de choisir les vérifications intéressantes. Nous devions faire neuf vérifications par an, dont j'avais adressé la liste à la direction. L'informatique de Bordeaux à laquelle nous adressions un exemplaire de chaque bilan nous envoyait des listings avec de multiples ratios faisant apparaître les entreprises à vérifier en priorité.

Ce travail me passionnait et n'a pu qu'augmenter l'éventail de mes connaissances. J'ai trouvé logique et raisonnable qu'un seul vérificateur contrôle une entreprise et non trois ou quatre, successivement chacun pour un seul impôt. [...]

Dans ce travail il fallait fouiller les comptabilités en vue d'y découvrir des anomalies. Le dossier à produire après chaque vérification comportait un nombre impressionnant de feuillets remplis de tableaux, attendu qu'il portait sur quatre années. Il fallait justifier avec minutie tous nos chiffres et commentaires, et la direction désirait surtout du rendement. Mon amour des chiffres et des tableaux a trouvé là à s'exprimer. [...]

Je crois me souvenir que c'est le Premier ministre, Chirac, qui avait institué la taxe professionnelle. En raison des entreprises que je vérifiais : mécanique, électricité, automobile, cela a donné un surcroît de travail considérable, car il a fallu établir cette taxe pour la première fois, compte tenu des bâtiments, des machines, des ouvriers, de tout ce qui était susceptible de produire. Les années suivantes ce n'était que mises au point ou modifications.

Joseph Pinto

1969 : L'année des changements

Les nouvelles structures de la direction générale des Impôts ont été mises en place à titre expérimental dans certains secteurs, notamment à Chartres, Dreux et Nogent-le-Rotrou.

Dans les départements, les comités techniques paritaires discutent des possibilités de création des futurs centres, dans la mesure où les locaux administratifs se prêtent aux adaptations nécessaires. [...]

Au mois de mars 1969, la direction générale publie la liste des centres créés et lance un appel à candidatures.

Les nouvelles structures ne me conviennent guère, car trop spécialisées, mais j'admets leur nécessité.

Le poste d'inspecteur de fiscalité personnelle, que je convoite, sera demandé par un collègue plus ancien.

Je postule pour les postes de chef de centre créés dans la région, pas trop éloignés toutefois de ma résidence actuelle. Avec l'accord de ma femme, pour des raisons familiales, j'étends ma demande à quelques centres de l'Hérault et du Gard ; mais je n'ai guère d'espoir, car âgé de 45 ans, j'ai juste l'ancienneté requise pour obtenir un tel emploi.

Dans un premier temps, le syndicat m'informe de ma nomination à Ambert, ville située à 80 km de Riom, cela me pose effectivement un problème. Mais les organisations syndicales obtiennent que l'Administration accepte la candidature de certains collègues proches de la retraite, ce qu'elle refusait obstinément jusque-là. Par le jeu des « chaises musicales », je suis finalement éjecté de mon siège de chef de centre d'Ambert… et nommé à Uzès ! [...]

Il s'agit d'un centre de type A, c'est-à-dire que j'aurai en charge l'inspection de fiscalité immobilière, dont le contrôle des droits d'enregistrement, et la fiscalité personnelle, qui concerne essentiellement les revenus des professions libérales.

Avant de prendre mon poste, le 1er septembre 1969, j'effectue un stage de cinq semaines à Paris, qui n'est pas du tout adapté aux fonctions que j'aurai à assumer : ce stage est en effet aux trois quarts centré sur la taxe à la valeur ajoutée, alors que celle-ci n'entrera que très exceptionnellement dans mes attributions. Par contre, quelques heures seulement seront consacrées aux droits d'enregistrement et au domaine.

Une page est tournée. Le 1er septembre 1969, je cesse d'être un agent des Contributions directes pour entrer dans une nébuleuse assurément plus complexe, pleine d'incertitudes. Serai-je à la hauteur de mes nouvelles fonctions ? [...]

J'ai exercé les fonctions de chef de centre des Impôts à Uzès de 1969 à 1984. Ce fut une rupture complète avec ce que j'avais connu précédemment. [...]

Le centre, de type A, comprend l'IFAC (inspection fusionnée d'assiette et de contrôle) et la recette non classée, gérée par un contrôleur divisionnaire.

Chef de centre je suis également chargé des fiscalités personnelle et immobilière. J'aurai sous mes ordres deux contrôleurs et six agents pour l'ensemble des droits indirects et des impôts directs. La fiscalité des entreprises est gérée par un inspecteur et un contrôleur.

Une partie de la fiscalité immobilière, les droits d'enregistrements, est prise en charge par un inspecteur, ancien receveur, proche de la retraite, laissé pour compte par la réorganisation, que la direction maintient à la résidence. Je me chargerai des plus-values immobilières.

Le nombre de dossiers relevant de la fiscalité personnelle est réduit : 120 bénéfices non commerciaux environ, dont 7 seulement imposés au bénéfice réel (2 huissiers, 5 notaires) et une vingtaine de dossiers « délicats » ou « sensibles ». Au bout de quelques mois, mon équipe est soudée, bien que provenant de divers services de la direction générale des Impôts. Les résultats sont satisfaisants ; je peux sans difficulté apurer mon programme de vérifications.

Les premières difficultés surgissent en 1974 avec la mise en place de la taxe professionnelle – qui sera jugée plus tard « imbécile et antiéconomique » – mais qui perdure toujours. Elle prend beaucoup de temps au service et donne lieu à un lourd contentieux.

Survient ensuite l'informatisation de l'impôt sur le revenu, d'abord avec les fiches mécanographiques, puis avec les déclarations codifiées. Cela n'apporte aucun soulagement au service de base, car les manipulations et la vérification sont plus délicates. Le nombre de déclarations envoyées au centre régional d'informatique passe rapidement de 6 000 à 12 000.

Tous les contribuables imposés à la taxe d'habitation pour leur résidence principale reçoivent une déclaration de revenus à souscrire, même s'ils ne sont pas imposables : le précieux avis de non-imposition leur servira à obtenir certaines prestations sociales. Les tâches augmentent, les effectifs stagnent, les agents du secteur d'assiette des impôts directs auront de plus en plus de difficultés pour assurer le contrôle des déclarations.

Responsable de la gestion de l'immeuble, je m'aperçois très vite que des bâtiments annexes sont très délabrés et constituent un danger pour les agents, les visiteurs… et les passants. Les bureaux eux-mêmes sont inadaptés : grandes pièces jouxtant des réduits, vastes dégagements, etc. Le bureau d'accueil du public est situé au 1er étage, alors que des services sont installés au rez-de-chaussée. Absurde ! J'alerte sans succès la direction. […]

En 1977, j'obtiens le feu vert pour entamer les pourparlers avec la mairie afin que la municipalité prenne en charge la construction de l'hôtel des Impôts, moyennant un loyer restant à déterminer. Le maire, avec qui j'entretiens de bons rapports, est favorable à ce projet, surtout que la ville a failli perdre son lycée. […]

En juin 1980, j'ai la grande satisfaction de prendre possession d'un vaste bâtiment administratif, aux bureaux clairs, tapissés de moquettes, parfaitement isolés. Je n'ai pu éviter la grande salle ORDOC, secteur d'assiette à laquelle j'ai toujours été opposé, car source de bruits... et de distractions pour les agents... Outre les bureaux, le personnel dispose d'une salle de repos, d'une salle de restaurant avec cuisine, d'une grande salle de réunion. La direction générale a même imposé la construction d'un appartement de concierge ; le poste d'agent de service sera plus difficile à obtenir. Avec persévérance... et astuces j'obtiendrai mon concierge en 1981 ! Les agents disposeront d'un parc à voitures et, autour des bâtiments, un paysagiste plantera fleurs et arbustes.

C'est avec une certaine émotion que je revois, presque vingt ans après, l'hôtel des Impôts. Il n'a pas vieilli extérieurement : la végétation est devenue plus dense. Un seul ennui : en 1980, on n'a pas prévu assez grand ; les services sont très à l'étroit...

Yves Pouget

Intégré (venant du cadastre) dans le corps des inspecteurs des impôts

Une réforme de structure des services extérieurs de la DGI était dans l'air. Les syndicats furent consultés sur une éventuelle intégration des inspecteurs du cadastre dans le corps de leurs homologues, les inspecteurs des impôts. La base fut ensuite appelée à donner son avis sur les modalités de cette intégration. Sentant venir le vent, je votai contre cette mainmise éventuelle des services extérieurs de la DGI sur tous les postes de direction des centres fonciers qui devaient, dans un proche avenir, remplacer les services départementaux du Cadastre. Je sentais que les possibilités de fin de carrière qui pouvaient m'être offertes m'échappaient définitivement. L'avenir me donna raison, noyés dans l'ensemble des personnels de catégorie A des services extérieurs de la direction générale des Impôts, nous avions perdu notre identité cadastrale. Ainsi, avec la création des centres fonciers, les postes de chefs du service départemental du Cadastre, qui nous étaient pratiquement réservés, étaient supprimés. Si nous voulions accéder aux postes de chef de centre, nous allions entrer en compétition avec l'ensemble des inspecteurs des impôts, auxquels nous allions être assimilés. Par contre, si la direction des centres fonciers était accessible, l'heure venue, à l'inspecteur des impôts d'origine, l'ancien inspecteur du cadastre avait peu de chance de devenir chef de centre des impôts directs. Considéré comme possédant des compétences techniques plus qu'administratives, ce dernier devenait peu fiable aux yeux des directeurs départementaux. [...]

En raison de la nouvelle réorganisation en cours, les inspecteurs principaux, chefs de service du Cadastre, avaient été appelés à d'autres fonctions au sein de la direction départementale. De ce fait, les services départementaux, comme ceux des services excentrés, allaient être administrés sous l'autorité d'un inspecteur prenant le titre de gestionnaire. J'étais le plus ancien des deux inspecteurs du bureau de Privas, on m'accorda d'office la gestion du service départemental. À compter du 1er janvier 1971, mon indemnité de bureau, qui ne représentait pas grand-chose, fut doublée pour marquer l'importance de la charge que l'on venait de m'imposer. En retour, je devais faire ouvrir un compte postal à mon nom personnel, grâce auquel, je devais assurer la tenue comptable des recettes procurées par les extraits délivrés au vu des documents cadastraux. Je tiens à faire remarquer que le comptable, ancien militaire, chargé d'établir les factures et de faire rentrer les fonds dont j'étais responsable, était d'une rigueur exemplaire et ne délivrait les pièces demandées qu'une fois la facture réglée. Notaires, géomètres-experts, certaines administrations et même des particuliers étaient nos principaux clients. Les notaires et les géomètres-experts, grands utilisateurs d'extraits cadastraux, déposaient une provision sur laquelle les factures les concernant étaient débitées. Factures et extraits pouvaient ainsi leur être expédiés dans la même enveloppe, sans attendre le paiement du montant de la valeur des fournitures systématiquement imputé sur celui de la provision. Seul inconvénient au procédé, il fallait avertir le détenteur de cette dernière de songer à la renouveler lorsqu'elle risquait de ne plus couvrir les débits engagés. Tous ces garde-fous utilisés contre les mauvais payeurs qui n'étaient pas nombreux mais étaient toujours à craindre, accroissaient la complexité de la comptabilité à tenir.

Les travaux de préparation de la première révision quinquennale du bâti se poursuivaient et la rénovation des derniers plans cadastraux arrivait à sa fin. Le service du Cadastre allait bientôt pouvoir s'informatiser, enfin !

Notre intégration dans le corps des inspecteurs des impôts avait été fixée au 1er janvier 1969. Le 29 juin 1971, je recevais notification d'un avancement au 4e échelon de mon grade d'inspecteur central à compter du 1er mars 1971.

Robert Bouchon

Interdépendance et impermanence

La fusion de tous les services sous une direction unique et secondairement la création des centres des Impôts comportaient en corollaire la possibilité – ou le risque – pour les agents d'être affectés sur n'importe quel poste sans rapport avec leurs fonctions initiales, dans un panel allant des Directes aux Indirectes, aux recettes, au Cadastre, aux Hypothèques, jusqu'aux Domaines et à l'Enregistrement.

Un effort sans précédent de formation professionnelle et d'élargissement des connaissances fut donc entrepris au stade national, régional et départemental ; étant observé que la nécessité de remise à niveau des compétences liée à la mobilité des emplois n'existait pas que dans le « privé ».

L'avantage me fut donné de participer à cet effort.

J'y ai appris à me méfier du petit père tranquille qui soudain se réveille, là-bas au fond de la classe, pour vous poser une question piège, totalement insolite et désarçonnante. Situation qui vous rappelle qu'en domaine fiscal, très mouvant, il n'y a pas de science infuse. Et en ce cas, mieux vaut reconnaître avec un sourire que l'on ne sait pas, lorsqu'on ne sait pas sur le champ, quitte à rechercher la solution après, dans une bonne solidarité et camaraderie de groupe.

Un ami semblait ignorer cette vérité et jouait trop au « professeur ». Il ne supportait pas d'être mis en difficulté. Un beau matin, après s'être entêté outre mesure, il fut contraint d'admettre l'évidence : il venait de se planter bel et bien. Malgré ses grandes connaissances il n'était pas infaillible. Il ressentit l'aventure comme un camouflet. Fier à l'excès, vexé, il cessa de collaborer.

À la DGI, ainsi qu'à la chambre des députés, les adultes en groupe sont de grands enfants prêts au chahut si l'on pousse le bouchon trop loin. Pas toujours admise, parfois déniée, une constatation me paraissait s'imposer : l'interdépendance des agents dans les nouvelles structures.

Des maillons de chaîne auparavant éparpillés se raccordaient bout à bout, suscitant des solidarités, traçant des cheminements qui n'étaient pas toujours perçus autrefois. L'idée que chacun se faisait de l'administration fiscale réunie gagnait en cohésion et en puissance.

C'est ainsi que le « centre » se révélait à l'extérieur et à l'intérieur comme une entité réelle. Ceux qui y travaillaient, à quelque service qu'ils appartiennent, prenaient conscience de leur sort commun et des liens de leurs tâches.

Les moins enthousiastes devaient au moins reconnaître, au départ, qu'ils s'abritaient sous le même toit de la même galère. Peu à peu, le renforcement de ces solidarités s'observait partout y compris dans les stages de formation où l'on voyait des personnels venus parfois d'horizons variés organiser et fondre leurs efforts vers un but partagé.

L'effet fédérateur de la « fusion » était incontestable. Jour après jour, il s'installait dans la durée mais aussi dans le changement. Car rien n'est stable, surtout en matière fiscale.

Marcel Audurier

LE MARIAGE DE LA CARPE ET DU LAPIN

Celui qui, avant la guerre, aurait prédit qu'un jour les trois services de l'Enregistrement, des Contributions directes et des Contributions indirectes seraient réunis en une seule et même administration, celui-là aurait été à coup sûr considéré comme cérébralement dérangé tant les différences entre les régies étaient importantes et marquées.

L'Enregistrement, c'était l'aristocratie de la fiscalité. Jusqu'à la Seconde Guerre mondiale, la plupart des chefs-lieux de canton avaient leur receveur de l'Enregistrement, personnage estimé et respecté. Un certain dilettantisme tenant pour l'essentiel à la faible charge de travail rendait l'homme plutôt sympathique. On ne compte plus parmi eux ceux qui s'adonnaient à des activités extra-administratives diverses, allant de la littérature à la pêche à la ligne. De ce type de fonctionnaire maintenant disparu, on n'a conservé aujourd'hui que l'image du rond de cuir payé à ne rien faire, mais dépourvu des qualités artistiques et humaines qui en faisaient tout le charme.

Dans une circonscription, grande comme trois ou quatre fois celle du bureau de l'Enregistrement, le contrôleur des Contributions directes (tel était son titre avant 1948) étendait sa juridiction sur l'ensemble de la population. Par le biais de la cote mobilière (ancêtre de la taxe d'habitation), personne ne lui était inconnu. Cette omnipotence en faisait un personnage d'autant plus redouté qu'il était anonyme et lointain.

Si l'agent des Contributions indirectes était au contraire inconnu de la majorité des citoyens, certaines catégories professionnelles le connaissaient, elles, trop bien. Il s'agit pour l'essentiel des marchands de vin, des gérants de débits de boisson et des bouilleurs de cru. Là, cet agent était considéré comme la peste. Inutile d'entrer davantage dans le détail, il apparaît à l'évidence que l'action de chacune de ces trois catégories d'agents était fort différente ce qui n'a rien de surprenant puisqu'il s'agissait de gens provenant de recrutements différents, avec des niveaux de diplôme qui n'avaient rien d'équivalent.

Réunir tout ce monde dans une seule et même administration pouvait paraître relever du pari impossible. Et pourtant ce pari a été gagné. Il a fallu, certes, du temps, le principe posé dès 1948 n'a reçu son application qu'au début de 1970. Cette longue gestation a, du moins, permis aux esprits de se préparer à l'événement. De fait, le changement s'est opéré sans trop de grincements de dent malgré la nostalgie qu'éprouvaient bon nombre d'anciens agents, parmi lesquels je me range, en évoquant le souvenir de leur ancienne administration à taille plus humaine.

D'ailleurs la réforme n'était pas sans contrepartie pour le personnel. La création de grades nouveaux (directeur des services fiscaux, directeur divisionnaire, chef de centre, etc.) s'accompagnait d'avantages indiciaires non négligeables.

Seuls les inspecteurs principaux se trouvaient défavorisés sinon quant à leur rémunération, du moins quant à leur fonction. J'ai comparé l'inspecteur principal au berger du troupeau, désormais il se trouvait ravalé au rang de chien de berger.

Pour ma part comment ai-je vécu les premiers temps de la réforme ?

Nommé à l'un des trois postes de directeur divisionnaire créés à la direction de Dijon, je conservais, au moins au début, mes attributions domaniales. Voilà qui, à première vue, m'était entièrement favorable puisque je ne changeais apparemment pas de métier tout en tirant un certain avantage de ma promotion. Mais en fait, il n'en était rien. Car aux attributions domaniales, qui étaient déjà lourdes je le rappelle, s'ajoutaient les affaires foncières ce qui recouvrait pour l'essentiel le Cadastre. Or, le Cadastre jouissait jusqu'alors d'une quasi-autonomie au sein de la direction des Contributions directes. La nouvelle organisation distinguait nettement les missions de commandement incombant aux directions et les tâches d'exécution revenant aux services de base. Le service du Cadastre se trouvait tout naturellement rangé parmi ces derniers. Passer d'une indépendance de fait à une subordination, qui plus est, au niveau d'un simple directeur divisionnaire, voilà qui n'était pas de nature à créer un climat de franche collaboration. Pour couronner le tout, l'Administration entreprenait en même temps un travail d'une ampleur considérable connu sous le nom de « révision des évaluations foncières des propriétés bâties ». Pour résumer très schématiquement, disons qu'il s'agissait d'actualiser les bases – non révisées depuis de nombreuses années – servant aux calculs des impôts locaux (taxe foncière et taxe d'habitation). La difficulté de l'opération résidait moins dans les principes relativement simples que dans le volume du travail (au plan national, plusieurs centaines de millions de locaux) et dans les délais stricts à respecter. Je m'efforçai de faire face, tant bien que mal, à mes responsabilités sans parvenir toutefois – du moins est-ce ce que j'ai ressenti – à apaiser un climat demeuré quelque peu tendu. [...]

Fort heureusement le départ d'un collègue, nommé directeur, entraîna une permutation des directeurs divisionnaires et c'est ainsi que dès le début de l'année 1971, je quittai le service des affaires foncières et domaniales pour la division « organisation et contrôle fiscal ». Ce dernier service était à juste titre considéré comme la clé de voûte des directions. À ce titre, il était généralement tenu pour être un service aux tâches lourdes et délicates. Moi, sortant de la galère que j'avais connue au cours de l'année 1970, j'avais plutôt l'impression du contraire.

Finalement elle ne tournait pas si mal cette fusion des régies dans laquelle bon nombre d'agents étaient entrés un peu à contrecœur. Il faut cependant distinguer l'objectif, non dissimulé, du ministère des Finances qui était de réunir sous la même vache ces deux mamelles de la fiscalité que constituent l'impôt direct (impôt sur le revenu, impôt sur les sociétés) et la TVA. Sur ce plan, on peut considérer que l'opération a atteint son but et que le bilan est tout à fait positif même si l'on peut regretter que l'Administration ait privilégié la constitution de gros centres par rapport à une répartition géographique plus large.

L'ennui – et c'est la raison pour laquelle j'ai fait allusion en titre à « un mariage contre nature » – l'ennui, c'est que chacune des anciennes régies traînait dans ses bagages des attributions diverses qui n'avaient que des rapports ténus avec la fiscalité moderne. Il a bien fallu caser, tant bien que mal, ces encombrantes annexes en attendant de pouvoir les « larguer », comme tel a été le cas dans les années 1990 des anciennes contributions indirectes. Certains verront peut-être dans ces propos la réaction nostalgique d'un vieil enregistreur, un peu trop attaché aux traditions d'une régie vieille de près de deux siècles. Peut-être ceux-là ont-ils en partie raison ; lancé résolument dans la nouvelle aventure de la fusion, je ne reniais pas pour autant le passé.

Jean Boirin

Les inspections spécialisées

En 1970, le bonheur tranquille d'autrefois devait être bouleversé par une nouvelle réorganisation administrative. On avait fusionné les Directes avec l'Enregistrement. Il restait à absorber les Indirectes. L'unification avait commencé à l'échelon central depuis plus de dix ans. Elle allait être effective dans les cellules de base. C'était rationnel car il n'était pas normal que deux agents différents déterminent, en s'ignorant plus ou moins, le niveau d'activité d'un contribuable. On pouvait arriver à des distorsions ridicules comme par exemple un chiffre d'affaires arrêté par le collègue des Indirectes à un niveau inférieur au bénéfice retenu par l'inspecteur des Directes pour la seule raison que celui-ci détenait des renseignements que celui-là ignorait. L'intérêt d'un seul dossier fiscal regroupant le patrimoine, les activités et toutes les sources de revenus était évident comme la gestion de ce dossier par un seul agent.

Mais cette logique supposait une réadaptation des agents formés à déterminer l'assiette d'un seul groupe d'impôts. Cette fois, à la différence de la première fusion, il n'est plus question de longs stages de mise à niveau à Paris. On se contentera de courtes périodes de formation accélérée à Bordeaux. En pratique, cette réorganisation est liée à la mise en place matérielle de nouveaux centres regroupant dans un même immeuble, tous les services fiscaux. Outre ceux qui avaient été touchés à la première fusion, on devait accueillir le Cadastre maintenant déconcentré du chef-lieu du département et c'était un service volumineux et pesant. Il fallait donc quitter le précédent immeuble insuffisant et en trouver ou construire un plus vaste et mieux adapté notamment quant à la surface au sol. [...]

Au-delà de ce problème matériel mineur vu par les intéressés, restait celui des nouvelles affectations. Si le nombre des agents d'exécution augmentait régulièrement, les agents du cadre A, c'est-à-dire l'encadrement, voyaient leur nombre diminuer notablement. Au plan départemental, plusieurs enregistreurs avaient disparu à la première fusion. Il allait y avoir encore des surnombres à la suite de cette dernière réforme, y compris au plan local. Le choix sur les nouvelles structures se ferait à l'ancienneté sans tenir compte des administrations d'origine. Il en résulta des traumatismes qui ne furent pas toujours faciles à gérer. Des deux inspecteurs des indirectes, le plus ancien demanda à faire valoir ses droits à une retraite bien méritée. Le plus jeune se trouva provisoirement en surnombre et affecté à la révision des propriétés bâties en ce qui concernait les immeubles exceptionnels comme terrains de sport, tennis, piscines, dépôts... Le receveur de l'Enregistrement se vit supplanté, pour le nouveau poste comptable regroupant ses anciennes attributions et celles de la recette des Indirectes, par un collègue venu d'un autre département. Il ne lui restait, comme à moi, qu'une inspection de fiscalité des entreprises (FE en abrégé).

Cette structure était tout à fait nouvelle. Elle était spécialisée dans le traitement des seuls dossiers des professions industrielles et commerciales. Ce n'est plus le secteur territorial qui est partagé en deux, ce sont les professions exercées qui sont redistribuées entre les deux cellules comportant chacune un inspecteur chargé essentiellement de la gestion et de la vérification des contribuables imposés selon un mode réel de détermination de l'activité et des résultats et un contrôleur s'occupant des autres dossiers de ces mêmes professions mais imposables au forfait. Enfin chacun des deux chefs de service doit également mettre à jour annuellement les bases de l'imposition des établissements industriels à la toute nouvelle taxe professionnelle destinée à remplacer l'antique patente. [...]

Mon collègue auquel va échoir la deuxième FE va s'avérer encore plus handicapé que moi, à la fois sur le plan technique et sur le plan psychologique. Il ne connaît que la législation en matière d'enregistrement que nous n'aurons plus guère l'occasion d'appliquer. [...]

C'est le parfait receveur de l'enregistrement comme on le concevait dans une époque révolue : c'est un homme d'une grande culture mais un homme de cabinet rompu à la dissection des actes, des textes législatifs, des instructions, des décisions jurisprudentielles, un agent à l'aise dans un emploi où l'esprit d'analyse prévaut sur les impératifs de rendement, où selon une formule imagée « on travaille avec la pince à épiler ». En FE, il va falloir utiliser la pelle mécanique pour déblayer des masses de documents de plus en plus considérables.

Quant aux adversaires, au lieu de joutes juridiques courtoises avec quelques notaires connus, éclairés et souvent amicaux, il va devoir affronter des centaines de contribuables quelquefois hargneux, pas toujours de bonne foi, appuyés de cohortes d'experts d'autant plus retors qu'ils vont souvent instrumenter sous l'œil de leur clientèle. Et il est évident que leur rétribution sera directement proportionnelle au zèle apporté à nous contredire et aux résultats fiscaux de leurs interventions. [...]

Chronologiquement, le premier centre des Impôts mis en service en Dordogne est celui de Sarlat. C'est l'occasion pour les agents qui seront ultérieurement concernés d'aller se rendre compte sur place de leur sort futur. L'après-midi est occupé par un gigantesque repas en commun dans une auberge des rives de la Dordogne. Malgré la chère recherchée et copieuse, l'ambiance reste morose. Beaucoup sont justement inquiets de ce nouveau saut dans l'inconnu. Sous les plaisanteries on devine nettement les appréhensions. Et puis l'âge moyen a augmenté depuis la première fusion. Ce n'est plus la joyeuse insouciance de la trentaine. Les anciens en profitent pour se retirer sur la pointe des pieds. Malgré ces départs, l'âge moyen s'étage de 40 à 47 ans[13]. Une reconversion à ce stade de la carrière perturbe davantage que pour des gens 10 ou 15 ans plus jeunes. D'autre part, c'est l'éclatement des équipes antérieurement parfaitement rodées tant du point de vue professionnel que des affinités. Mon adjoint, plutôt que de me suivre à la FE, va postuler pour un poste, très chargé, en secteur d'assiette. Il continuera là les tâches qui étaient les siennes depuis une quinzaine d'années. [...]

Avec mon copain, nous sommes les plus touchés par la réorganisation. On nous impose l'obligation de vérifier dix entreprises par an, surveiller nos 200 dossiers qui seront bientôt plus de 500, les forfaits disparaissant, et de mettre à jour les bases d'imposition à la taxe professionnelle d'une trentaine d'établissements industriels, travail qui soulèvera bien des problèmes. Comme adjoint, j'ai choisi un jeune contrôleur qui nous arrive de l'extérieur mais qui n'a comme spécialisation que la conservation des hypothèques. Il sera donc entièrement à recycler. [...]

Les compétences, il va les acquérir un peu à Bordeaux et beaucoup sur le tas. Je suis sûr de ne pas être déçu. D'autre part, l'autre contrôleur est issu des Indirectes. Il a l'habitude des forfaits de chiffre d'affaires. Mon coéquipier n'aura pas à le seconder, il a déjà assez de mal avec ses propres tâches !

Jean Grellety

---

13. Ceci pour les cadres A de Riberac (note de l'auteur).

Une des premières directions fusionnées : la direction des services fiscaux du Val-de-Marne

Le 23 mars 1970, comme suite à ma nomination, je quitte la direction générale pour prendre mes nouvelles fonctions à Créteil.

La direction des services fiscaux du Val-de-Marne est une des premières directions fusionnées créées. Elle a été mise en place le 1er janvier 1968.

D'ailleurs, ici, tout est nouveau, en création ou en expansion.

Le département lui-même a été créé en 1964, et n'est devenu département de droit commun que le 1er janvier 1968 (à l'exclusion toutefois des services de police qui restent dépendants du préfet de police de Paris). Les quarante-sept communes qui le composent totalisaient six cent mille habitants en 1936 : elles en ont un million deux cent mille maintenant. La ville de Créteil qui avait dix mille habitants en 1936 en compte plus de soixante mille aujourd'hui.

Le métro a été prolongé jusqu'à Créteil en 1969.

Le réseau d'autoroutes autour de Paris et la route nationale 186 qui sera la rocade Créteil-Versailles sont toujours en chantier.

Le Marché d'intérêt national de Rungis, où ont été transférées les Halles de Paris, s'est ouvert en 1969, et continue à se développer.

Le nouvel aéroport d'Orly-Ouest est en construction, celui de Roissy, qui est partiellement sur le Val-de-Marne, est en cours de construction depuis 1966, et ne sera pas mis en service avant plusieurs années.

Le centre commercial de Créteil-Soleil n'a encore que quelques magasins ouverts.

À Ivry, une des plus grandes usines mondiales d'incinération des ordures ménagères fonctionne depuis peu de temps, de même que l'immense hôpital Henri Mondor à Créteil.

La direction des services fiscaux (en sigle : DSF) est installée dans un bâtiment provisoire inclus dans une cité administrative, elle-même provisoire, où sont également installés la trésorerie générale, la police, le tribunal de grande instance et plusieurs autres services.

La préfecture est, elle aussi, installée provisoirement dans une très belle propriété. Son nouvel immeuble est en voie d'achèvement. Il a une belle allure, au bord du lac, avec ses façades entièrement vitrées en verre polarisé, qui lui donnent une belle couleur de bronze doré. Comme j'en félicitais le préfet lors de ma visite de présentation, il m'a dit que lui et ses collègues des nouveaux départements avaient reçu mission, au moment de la création des nouveaux départements, de construire les cathédrales du vingtième siècle.

La DSF est constituée suivant le nouvel organigramme sous l'autorité d'un chef des services fiscaux, assisté par deux directeurs départementaux.

Dans le département, peu de centres des Impôts sont déjà installés en raison du manque de locaux.

À la direction, la nouvelle formule du conseil de direction élargi réunit au moins une fois chaque mois tous les cadres du département, inspecteurs principaux inclus, c'est-à-dire plus de trente personnes. Chacun peut y prendre la parole, mais il faut un meneur de débat énergique pour canaliser les interventions et faire respecter l'ordre du jour.

Dans cette ambiance de renouvellement et de création permanente, l'atmosphère est différente de celle qui régnait dans les anciennes directions. Les « précédents » qui, comme cela a été souvent dit, font la force principale des administrations, sont rares. Il faut à tout moment innover, prendre des décisions sans références. Les ignorances partielles inévitables rendent nécessaires une aide mutuelle et une plus grande solidarité. Chacun se sent plus libre, mais aussi plus responsable, plus désireux d'avancer. Un de mes collègues a très exactement résumé cette situation en disant que nous vivons le temps des pionniers.

Cette impression existe à tous les niveaux hiérarchiques dans les services fusionnés. Non seulement les agents travaillent maintenant dans de nouvelles structures administratives et fiscales, mais ils doivent assimiler une autre législation que celle qui leur est coutumière, et l'appliquer en contact permanent avec de nouveaux collègues qui ont une autre culture de service, qui ont d'autres traditions, et qui cotisent à d'autres syndicats et à une autre mutuelle.

Même au niveau des directeurs, la différence apparaît aussitôt. Ceux issus des Contributions directes tutoient leurs camarades de promotion et quelques autres ; pour ceux de l'Enregistrement, le tutoiement est plus rare, alors qu'il est à peu près systématique dans les anciennes Contributions indirectes.

Une des questions les plus fréquemment évoquées au conseil de direction élargi est l'acceptation, parfois réservée, par certains agents du cadre A, de la nouvelle orientation de leurs fonctions donnée par la réforme des centres des Impôts.

Ils étaient auparavant les chefs de petites cellules groupant quelques agents de collaboration. Désormais, la tenue des dossiers et les impositions simples (y compris les forfaits) sont confiées à des agents du cadre B encadrant des agents d'exécution. Les inspecteurs sont rendus à leur vraie mission de vérificateurs d'affaires et de dossiers importants ou complexes, soit sur pièces, au bureau, en comparant les déclarations avec les différentes pièces du dossier et les bulletins de renseignements qu'il contient, soit sur place, au siège de l'entreprise, par un examen complet et détaillé de la comptabilité.

Mais certains ne se sentent pas préparés à ces travaux, et hésitent beaucoup à se lancer dans des vérifications à l'extérieur de leur bureau.

Les inspecteurs principaux vont avoir un rôle très important à jouer à ce sujet, pour faire comprendre, accepter et appliquer cette réforme, et nous le rappelons à chaque conseil de direction.

Mais précisément, certains inspecteurs principaux ont les mêmes hésitations. En outre, ils ont été formés dans des régies différentes, où leur rôle était parfois perçu différemment. Certains se veulent stricts vérificateurs des travaux des agents placés sous leur autorité, constatant les erreurs et les retards éventuels, sans vraiment en chercher les causes, ni tenter d'y remédier. D'autres privilégient le rôle d'animation, restent à l'écoute de leurs agents dont ils se sentent souvent plus proches que de la direction, sont toujours prêts à les aider et, au besoin, à couvrir leurs lacunes face à la direction.

Mais tous sont de bonne volonté, et le conseil de direction, après discussion, se met d'accord sur un comportement type.

Les inspecteurs principaux doivent être le lien entre la direction et les agents placés sous leur contrôle, sans perdre de vue qu'ils sont des agents d'autorité représentant la direction.

Ils doivent informer leurs agents des objectifs et des directives de l'Administration, et doivent en surveiller l'exacte application. Ils doivent aussi être à l'écoute de leurs agents, et faire connaître à la direction leurs difficultés, leurs besoins, et le cas échéant, leurs demandes et leurs suggestions. Ils doivent les assister, les aider au besoin, mais aussi rechercher et signaler sans délai les erreurs, défaillances ou retards persistants à leurs observations.

Pour le chef des services fiscaux (le CSF) et ses deux directeurs assistants, il est évident qu'ils doivent avoir une stricte unité d'action. Étant en contact permanent, ils peuvent prendre en commun les décisions importantes. Les règles de la discipline intellectuelle, qui veulent que l'assistant expose et défende son point de vue avant la décision, et qu'il applique ensuite la décision prise comme si elle était la sienne, trouvent ici leur pleine application. Néanmoins, il peut arriver que, dans ce petit groupe de trois personnes, les personnalités des intéressés soient très différentes et parfois s'opposent, mais tous devront obligatoirement faire un effort pour trouver un *modus vivendi*. Mais il faut aussi que les assistants, dans leurs rapports avec le CSF, puissent pleinement exercer leur autorité dans le domaine qui est le leur, comme ils devront eux-mêmes laisser agir leurs directeurs divisionnaires.

Il sera donc nécessaire d'apprendre à pratiquer largement l'art difficile de la délégation de pouvoirs et de son contrôle.

À ce sujet, je pense que l'organisation, par la direction générale, d'un séminaire pour les nouveaux promus, serait une mesure intéressante. Ce séminaire pourrait réunir tous les agents inscrits au tableau d'avancement pour le grade de directeur départemental, dès la publication de ce tableau, et avant leur prise de poste. Ils pourraient ainsi mieux se connaître, et partager les enseignements de leurs expériences personnelles. Sous la conduite de spécialistes professionnels et de moniteurs de stages, ils pourraient étudier et réfléchir aux problèmes de commandement, et notamment, à l'usage, aux limites et au contrôle des délégations de pouvoirs et de signatures. Ils pourraient également préciser la manière de conduire leurs rapports avec la direction générale, avec les autorités locales, avec leurs collaborateurs et les syndicats, ainsi que celle de préparer et de diriger un conseil de direction élargi ou un comité technique paritaire. Ils pourraient aussi aborder les problèmes du contrôle fiscal, et notamment la sélection des dossiers à vérifier.

Dans les DSF à deux assistants, une nouvelle tradition paraît s'établir : le dernier assistant nommé prend la direction de la législation et du contentieux, le plus ancien à la DSF prenant l'administration générale. C'est ce qui se passe à mon arrivée.

Je suis assisté par trois directeurs divisionnaires, l'un chargé des domaines, un autre du cadastre, et le troisième de la législation et du contentieux proprement dits.

Georges Guicherd

Réforme du réseau comptable

Si la direction générale des Impôts avait été créée, la fusion des trois régies avançait à petits pas. Des brigades régionales de vérifications générales dirigées par les directions régionales fonctionnaient déjà. Mais la fusion des services d'assiette restait subordonnée à des questions de locaux et le recouvrement de l'ensemble des taxes recouvrées par les Indirectes et l'Enregistrement demandait une réforme du réseau comptable. Celle-ci était déjà à l'étude et l'année 1969 a été celle de son élaboration pour être mise en place au 1er janvier 1970.

J'ai eu la surprise d'être contacté par le bureau des méthodes de la direction générale en vue de mettre mes connaissances et mon expérience de receveur au service des initiateurs de cette réforme. Tout mon temps disponible a été consacré utilement à cette collaboration. J'ai participé à l'élaboration du manuel du comptable et à la mise au point du passage de l'ancien au nouveau système comptable par la création d'une recette unique des impôts en supprimant les recettes des Indirectes et de l'Enregistrement. En préalable, l'Administration avait déterminé le nombre et le classement des recettes créées dans chaque département et un appel de candidature avait été lancé en vue de nommer le titulaire de chaque recette. C'est ainsi que j'ai été nommé receveur principal de 1re classe à la recette de Paris-Bercy les Quinze Vingt, dépendant de la direction des services fiscaux de Paris-Sud-Est.

Dans chaque département, les comités techniques paritaires sont intervenus dans la répartition des effectifs nécessaires à chaque recette nouvellement créée. À celui tenu à la direction de Paris-Sud-Est j'avais soumis un projet évaluant le nombre et la qualification des agents qui devaient être affectés dans chaque recette. Ce projet ayant été accepté, la mise en place des nouvelles structures s'est effectuée à la date prévue dans de bonnes conditions.

Dans le 12e arrondissement, les recettes des Indirectes et de l'Enregistrement ont été supprimées ainsi que celles de Bercy-Nord et Bercy-Sud pour donner naissance à deux recettes de 1re classe : l'une, appelée Paris 12e arrondissement Picpus, avait pour limite le territoire occupé par ce quartier, l'autre, Paris 12e arrondissement Quinze Vingt, se limitait au territoire occupé par ce quartier avec en plus les deux enceintes de Bercy où deux recettes locales supplémentaires ont été créées pour porter leur nombre à quatre.

Le personnel composant le service de l'inspection d'assiette et de contrôle et des recettes principales a été installé au 2e étage d'un important immeuble conçu à l'usage de bureaux sis boulevard de la Bastille.

Bien installés dans trois grandes pièces bien éclairées, et compte tenu de leur grade et de leur spécificité, quatre agents ont été affectés pour la réception, la caisse et la comptabilité, trois pour les créances à recouvrer et le contentieux, deux pour l'enregistrement, le fondé de pouvoir et le receveur ayant chacun un bureau distinct.

Chaque agent ayant des tâches précises à assumer, j'ai, par les connaissances acquises, pu diriger sans difficulté la mise en place de la réforme comptable basée sur le principe de la comptabilité en partie double.

Il est vite apparu que l'ancienne comptabilité bien que simpliste, était plus précise dans la classification des droits et taxes où la constatation préalable par le service d'assiette apportait au receveur une sûreté efficace pour le classement de ses recettes.

La centralisation des feuilles de journée afférentes à chaque mode de paiement ne permettait pas, sans avoir de repère particulier, de déceler les anomalies qui pouvaient se produire involontairement par la transcription dans une ou l'autre des colonnes répertoriées, surtout lorsqu'il s'agissait de taxes perçues pour le compte de collectivités locales ou de certains organismes ou pouvant donner lieu à des répartitions, telles les remises sur obligations cautionnées.

Soit directement par l'intermédiaire de l'inspecteur principal chargé des contrôles de la recette, soit au cours de réunions de receveurs organisées par la direction de Paris-Sud-Est avec la présence de représentants de la direction générale, j'ai préconisé des solutions pour éviter ces anomalies et mettre au point les instructions nécessaires à l'ensemble des recettes.

L'exploitation des déclarations de chiffre d'affaires par les services de la mécanographie donnait lieu à de très nombreux envois de rectification obligeant le service de la recette à des recherches pour constater le plus souvent des erreurs matérielles dont la perle a sans doute été l'application d'une amende de 200 % sur une échéance forfaitaire payée dans les délais. Une quantité d'exemples ont été produits auprès du chef de bureau chargé de ce service à la direction générale. Ces problèmes ont trouvé une solution au cours d'une réunion avec le chef de service de la mécanographie. [...]

Le personnel, stable et compétent, a permis de pallier facilement les premières difficultés pour arriver à une gestion correcte. J'ai pu porter plus particulièrement mon attention sur les parties où ma responsabilité était directement engagée : cautionnements, crédits divers et le numéraire. Car paradoxalement les paiements en numéraire étaient nombreux et m'obligeaient chaque vendredi et à certaine échéance deux fois par semaine à en verser le montant au bureau de poste.

Depuis que j'exerce les fonctions de receveur, j'ai toujours eu pour souci de surveiller et contrôler la prise en recette des différents paiements en vue de sécuriser mes responsabilités pécuniaires. Ces contrôles pour être efficaces devaient permettre de rassembler et de rapprocher certains éléments de base qui pendant les heures de bureau auraient perturbé et distrait les agents dans leur travail. J'ai donc consacré beaucoup de samedis matins pour vérifier soit en totalité, soit par épreuve, les écritures qui avaient été passées au cours de la semaine écoulée. « Méfiance est mère de sûreté ».

Antoine Massis

La fusion autour d'un buffet

Passé de l'emploi d'inspecteur principal, chef des bureaux d'une direction départementale des Contributions directes, à celui de directeur divisionnaire, lors de la création du grade, j'allais vivre la période de fusion des services départementaux.

C'est la période de ma carrière dont je garde le plus mauvais souvenir, tant elle fut épuisante et pénible à vivre.

J'en ai tellement souffert que je ne peux m'empêcher ici d'être sévère, l'espace d'un instant.

Tout, absolument tout, reposait sur les épaules des directeurs divisionnaires, laissés sans directives, abandonnés, je n'hésite pas à le dire, par une troïka de directeurs dépassés par les événements.

Dans cet attelage d'impuissants, chacun cherchait encore désespérément ses marques, sans prendre aucune initiative. Incapables de se débarrasser de leurs anciens habits, ils laissaient faire, sauf à veiller à la sauvegarde, ici où là, des méthodes ou des habitudes précédemment adoptées, et pourtant souvent contestables, et à s'attacher au maintien des droits acquis, même sans titre et en violation des règles, par leurs anciens agents.

Je n'en dirai pas plus, mais, dans de telles circonstances, ce fut quasiment un miracle que de réussir la fusion.

Dans cette nouvelle organisation, j'avais hérité de la division du « personnel, des crédits et du matériel », formée de la réunion d'agents en provenance des services correspondants des trois anciennes directions départementales.

La direction fusionnée devait s'installer dans de tout nouveaux locaux. Dans ceux qui m'étaient attribués, je disposais d'une grande pièce. C'est là que j'avais décidé de faire déposer caisses et cartons de documents avant qu'en soient faits l'inventaire, puis la répartition entre les autres bureaux.

Au jour prévu pour le déménagement, mes agents arrivés à pied d'œuvre, avec armes et bagages, de trois points différents, en trois vagues distinctes, envahissaient la grande pièce.

Ils ne se connaissaient pas ; chaque groupe s'était réfugié dans un coin et ils se regardaient les uns et les autres en « chiens de faïence », dans un silence pesant.

Serrant des mains, de groupe en groupe, je les interrogeai sur l'organisation de leur travail, les méthodes employées, l'octroi des indemnités de frais et la vérification des décomptes, le contrôle de l'utilisation des crédits, les divers fichiers mis en pratique, etc., essayant de provoquer des échanges de vue constructifs entre eux sur les sujets qu'ils allaient aborder en commun. Ce fut peine perdue.

L'atmosphère était délétère, laissant mal augurer de la suite, au plan de la distribution des tâches et de l'indispensable harmonisation des méthodes.

Il fallait à tout prix « casser la glace », sans quoi les jours à venir seraient difficiles.

Une idée me vint alors à l'esprit.

Prétextant les fatigues du déménagement, je les renvoyai chez eux et leur accordai, au grand dam des directeurs, vingt-quatre heures de repos, jusqu'au lendemain à 17 heures.

Profitant de cette journée du lendemain, j'improvisai à la hâte un buffet campagnard au milieu des caisses et des cartons disposés en guise de tables et de sièges.

Jambon, saucissons, friands, pâté de campagne, rillettes, petites salades, pain de paysan, tonnelet de vin rouge et petites pâtisseries, tout y était pour 17 heures.

Ils arrivèrent alors, tout ébahis devant ce buffet qu'en quelques mots de bienvenue je les conviai à partager en guise de prélude à notre collaboration.

Je fus applaudi, les langues se délièrent très vite, on fit connaissance, les conversations sur le travail allaient bon train et certains échanges me permirent même de régler, séance tenante, des problèmes de méthode.

Cette fin d'après-midi se prolongea fort tard dans la soirée…

Elle me coûtait cher, mais le jeu en valait la chandelle. La partie était gagnée. La fusion de mon service s'était faite autour d'un buffet !

Pierre Peter

UN TRAVAIL TRÈS LABORIEUX

La fusion complète des anciennes régies eut pour conséquence l'inscription dans un corps unique des employés supérieurs (inspecteurs principaux et directeurs adjoints) ainsi que la réorganisation complète des organes de direction, qui aboutit à une multiplicité des échelons hiérarchiques : là où il n'existait auparavant qu'un directeur entre lui et le directeur général de sa régie d'origine, l'inspecteur principal seine-et-marnais eut au-dessus de lui, dans un ordre ascendant :

- quatre directeurs divisionnaires,
- deux directeurs assistants,
- un directeur des services fiscaux,
- un directeur régional.

Les services de base furent eux-mêmes regroupés dans des centres des Impôts au sein duquel les inspecteurs eux-mêmes étaient spécialisés suivant la nature des activités des contribuables (bénéfices industriels et commerciaux, bénéfices non commerciaux, bénéfices agricoles, enregistrement, etc.), les services d'assiette de l'impôt sur le revenu, la mise à jour et la conservation des dossiers, l'assiette des impôts locaux étant confiés à des services particuliers.

L'ensemble était d'une extrême lourdeur et fut difficile à mettre en place ; la conservation et la mise à jour des dossiers appelés à devenir de véritables casiers fiscaux devinrent, notamment, très laborieuses. L'ancien répertoire général de l'Enregistrement fut supprimé et remplacé par des extraits d'enregistrement très encombrants, à classer dans les dossiers avec de nombreux autres feuillets de renseignement. Outre que les feuilles volantes sont essentiellement... volantes, les dossiers se gonflèrent exagérément ; les employés n'arrivant pas à tout classer, des paquets d'extraits et de fiches de renseignements commencèrent à traîner, inutilisés. On s'employa alors à alléger le volume des renseignements à conserver ; les doubles des cartes grises, par exemple, ne furent plus utilisés, bien qu'ils eussent une réelle utilité pour la vérification du train de vie de certains contribuables. Tout finit, cependant, par se tasser, la gestion des centres des Impôts demeurant, toutefois, assez difficile.

La question se posa alors de l'utilisation du corps des employés supérieurs. Devaient-ils demeurer, comme dans l'Enregistrement, de simples vérificateurs appelés à informer le directeur sur le fonctionnement des services et le travail des agents ? Ou bien devaient-ils coiffer des centres des Impôts ou autres organismes et devenir eux-mêmes des gestionnaires responsables ?

Un jeune énarque fut chargé d'étudier ce problème et de déterminer avec précision l'activité actuelle de ces agents. [...]

Petit à petit, après certains stages d'extension de compétence, l'activité des employés supérieurs fut étendue à toutes les diversités de la fiscalité, étant cependant précisé que certaines matières, très particulières, restèrent, tout au moins au début, l'apanage des anciens des CD (taxes locales, cadastre), des CI (alcools, céréales, etc.) ou de l'Enregistrement (domaine, hypothèques).

Les anciennes recettes de l'Enregistrement et des Contributions indirectes furent fusionnées dans des recettes uniques où les anciens droits de l'Enregistrement firent figure d'accessoires à côté des taxes sur le chiffre d'affaires. Or, on a déjà expliqué que le receveur de l'Enregistrement ne se contentait pas de recouvrer des droits mais qu'il était également chargé de leur assiette. Cette particularité ne soulevait pas de problème majeur lorsque le comptable était issu de cette régie, mais il n'en allait pas de même dans le cas contraire. [...]

Le problème était le même pour les agents de collaboration ; on organisa, à leur intention, des stages assez brefs où, après des explications théoriques, on leur donna quelques exemples pratiques parmi les plus courants. Je fus, ainsi, appelé à fournir, pendant une demi-journée, quelques modèles d'enregistrement à d'anciens agents des CI. [...]

J'ai déjà signalé comment l'Administration crut trouver une parade à cette situation, tout en améliorant l'efficacité des recettes, en forçant les notaires à établir eux-mêmes les extraits d'enregistrement moyennant une rémunération à la charge… de leurs clients. On ne peut dire que la qualité des enregistrements y a trouvé son compte.

Plus grave était, sans doute, l'incompétence de bon nombre de receveurs pour la vérification des perceptions prévues par les notaires et surtout pour l'examen préalable des déclarations de successions. Je suis sûr que des sommes importantes ont été ainsi perdues par l'État car, les rares fois que j'eus à m'y intéresser, j'ai relevé de nombreuses imperfections ou irrégularités. C'était, peut-être, un des prix à payer pour obtenir, au moyen de la fusion des régies, une administration plus moderne.

La vérification des services par les employés supérieurs ne manquait pas, non plus, de soulever certains problèmes lorsqu'il fallait intervenir dans un service mal connu. Ce fut le cas lorsque j'eus la charge de la surveillance d'une inspection chargée des bénéfices agricoles, alors que leur régime d'imposition changeait pratiquement tous les ans. […]

J'étais plus à l'aise pour vérifier des inspections chargées du contrôle de l'enregistrement. […]

Vers la fin de ma carrière, en tant qu'ancien enregistreur, je fus chargé de la vérification des conservations des hypothèques. C'était un travail qui n'attirait personne, de sorte qu'on ne me disputa pas ce privilège qui ne manqua pas de m'attirer par la suite certaines difficultés.

Louis Traissac

Réorganisation du réseau comptable dans le Rhône

C'est seulement en 1971-1972 que fut concrétisée la réorganisation du réseau comptable d'abord par la fusion des régies CI et E. On doit reconnaître que les responsables des diverses recettes furent consultés par les services de la DGI.

La fusion, si lente à se réaliser, était enfin décidée.

Dans ses nouveaux locaux, la recette principale Thibaudière devait continuer sous cette appellation ses précédentes attributions jusqu'en 1975, où elle vit naître à sa place la recette Lyon 8 Vénissieux. L'année 1971 fut marquée par l'arrivée d'agents issus de l'Enregistrement.

L'effectif, sauf erreur, se composait :

- du receveur principal et de son adjoint, en général inspecteur ou contrôleur principal ;

- de deux contrôleurs, l'un CI, l'autre E ;

- de sept à huit agents C en majorité féminins.

Il n'y eut aucun problème flagrant d'hostilité entre ces agents malgré leurs formations différentes. L'essentiel était d'affecter chacun à une tâche bien précise, ce qui n'excluait pas une entraide en cas de besoin. C'est ainsi que le fondé de pouvoir était surtout responsable des recherches et poursuites des contribuables défaillants (hélas trop nombreux).

La décision d'engager des poursuites était réservée au receveur.

Le secteur comptable était l'apanage :

1) du caissier, chargé en même temps de la réception des contribuables. Ce rôle fut dévolu à un ancien adjudant-chef d'origine pied-noir, bénéficiaire d'un emploi « réservé », parfois très précieux au contact de la clientèle maghrébine, car il parlait parfaitement l'arabe. Très consciencieux, il n'y eut jamais une seule erreur de caisse ;

2) des contrôleurs CI et E qui connaissaient bien leur métier.

La centralisation comptable était assurée par deux employés CI, bien adaptés aux nouvelles méthodes qui nous étaient imposées.

Les agents E exerçaient le métier pour lequel ils étaient formés : enregistrement des actes notariés (sous forme d'extraits), etc.

Quant au receveur principal, coordinateur de cet ensemble, il s'attachait à maintenir un climat amical et vécut une période relativement calme, malgré la hantise des « restes à recouvrer ». Il faut avouer qu'il eut affaire à une bonne équipe de collaborateurs efficaces et assidus.

L'obligation la plus désagréable était la notation annuelle des agents, suivant des critères stéréotypés. Le quart de point accordé ou refusé avait une répercussion sur les primes.

Notons enfin l'existence des obligations cautionnées qui autorisaient les entreprises à différer le versement de leur TVA d'un à trois mois, après souscription d'une obligation envers le Trésor, caution garantie par leur banque.

Ces obligations étaient l'objet de remise au profit du personnel pour des montants non négligeables.

La gestion finale des opérations comptables était du ressort de la recette divisionnaire.

Puis intervint la réorganisation territoriale des services fiscaux du département du Rhône et de l'agglomération lyonnaise en particulier. Les anciennes recettes CI disparaissaient, il en était de même pour les recettes E, et faisaient place aux recettes principales fusionnées, déjà décrites ci-dessus sous l'appellation Thibaudière.

Les secteurs étaient complètement modifiés et leurs limites devaient donc être déterminées.

On avait estimé qu'il était logique de retenir comme référence les arrondissements de l'agglomération lyonnaise en étendant certains secteurs à des villes de la proche banlieue ou en créant une recette principale dans une ville importante de la périphérie.

C'est ainsi que Villeurbanne eut sa recette principale et que Vénissieux fut rattaché au 8e arrondissement.

Dès lors, l'ex-Thibaudière ne géra plus le 7e arrondissement et devint Lyon 8 Vénissieux, ses locaux restant inchangés.

Georges Colomb

Une expérience concluante

Mais poursuivant la fusion, en 1971, c'est au tour des services de l'administration locale de fusionner.

Secrétaire départementale du syndicat général des impôts FO, je représentais le personnel aux commissions paritaires. Car cette fusion entraîna la création d'un centre des Impôts. Les débats s'engageaient : achat d'un terrain pour la construction de ce centre, puis sa mise en place. Nous avions beaucoup de réunions avec le directeur régional.

Dès la construction du centre terminée, nouveau déménagement : en effet, la réunion des agents des trois directions s'impose. Et c'est avec beaucoup de regrets que nous abandonnons notre direction de la rue Franklin pour nous installer dans l'immeuble situé 5 rue Mailly, à Perpignan, alors direction de l'Enregistrement. Cette direction devient donc la direction unique des services fiscaux. Les bureaux ont été transformés, ils sont très agréables, et tous les agents s'installent. L'équipe du Contentieux emménage dans les locaux sis au 2e étage de l'immeuble. Comme nous avions beaucoup de visites de contribuables, un bureau avec une banque nous a été attribué. Nouveaux visages, nouveaux contacts, nouveaux collègues !

Au début, ce fut assez difficile, mais il fallait bien coopérer. Alors, l'entente se fit peu à peu. Mais nous n'avions pas retrouvé cette entente, cette amitié qui existait entre nous, malgré cela il fallait que les services fonctionnent, donc, à tout prix, nous devions nous entendre.

Il faut dire que notre formation était bien différente de celle des deux autres régies.

L'expérience fut concluante tout de même, avec une nouvelle façon de travailler, un enrichissement supplémentaire s'offrait à nous, il fallait en profiter. [...]

Au centre des Impôts, les services d'impôts directs, de fiscalité des entreprises, de fiscalité immobilière, recettes des Impôts, service du Cadastre, service des Hypothèques fonctionnaient.

Simone Rugaille

1976-1985

« LE TOURNANT HISTORIQUE »

Le tournant historique de la vie administrative à Lyon se situe au mois de mai 1976. Juste avant la fusion effective des services de base, la direction organisa une journée d'information à l'université de Bron, pour nous présenter les nouvelles structures : le centre des Impôts, les cellules spécialisées FE, FI, FP, SAID et leurs tâches respectives. Un court exposé sur l'informatique clôtura la séance.

Affecté à la FE3, du CDI de Lyon 6e, je revois cette première journée passée au 6e étage de la cité administrative de la Part-Dieu. Les cloisons mobiles qui séparaient les bureaux, l'éclairage permanent au néon, l'absence de fenêtres classiques, l'air conditionné nous surprenaient désagréablement. Nous regrettions nos anciens locaux. Une jeune collègue, à peine arrivée sur le plateau, s'excita rapidement. « Je ne pourrai jamais travailler dans cet environnement », déclara-t-elle. Elle disparut et nous ne la revîmes jamais.

Petit à petit, les rouages administratifs se mirent en place. Pour la première fois à Lyon, des agents formés dans des spécialités différentes travaillaient ensemble. Spontanément, l'entraide et la collaboration complétèrent la notoire insuffisance de notre préparation à des tâches nouvelles. Le chef de centre, originaire des Contributions directes, nous apporta une aide précieuse quand les réclamations concernant les impôts directs, la taxe professionnelle surtout, affluèrent.

Le contrôleur assurait la totalité de la campagne forfaitaire TVA-BIC (bénéfices industriels et commerciaux). La contestation du CA (chiffre d'affaires) ou du BIC ou des deux composantes du forfait alourdissait sa tâche. Les fichiers des redevables établis avant la fusion, s'avérèrent très incomplets.

Je découvris le contrôle sur pièces qui, au début, me posa certains problèmes. La direction se montrera de plus en plus intransigeante dans le détail des statistiques le concernant. Dans ces dernières, figuraient les taxations et les évaluations d'office. J'appliquais aux nouveaux impôts et taxes ma méthode habituelle en matière de TVA. Après l'envoi de la mise en demeure obligatoire, restée sans effet, je régularisais immédiatement et systématiquement toutes les situations irrégulières.

Les retardataires habituels de la TVA, vite repérés, figuraient sur la liste établie par le centre informatique.

Par téléphone, je les incitais fermement à m'apporter leurs déclarations à une date précise. Depuis longtemps, j'avais remarqué qu'une réclamation orale énergique avait plus d'effet qu'une lettre recommandée. Très souvent, le redevable m'indiquait que, faute de trésorerie, il avait conservé ses déclarations. Après lui avoir précisé que le taux croissant des pénalités aggraverait sa situation, je l'invitais à préparer un plan de paiement destiné au receveur principal à qui je le présentais. L'efficacité de cette méthode réduisait à quelques unités les retardataires impénitents. [...]

L'obligation de rendement, en matière de contrôle sur place surtout, s'affirmera progressivement. Elle jouera un rôle important dans l'attribution de la prime annuelle. Quelques années plus tard, elle atteindra, pour les vérificateurs spécialisés une dimension exagérée. [...]

Chaque année, quelques lettres anonymes parvenaient au bureau. Le plus souvent, l'examen rapide du dossier de l'accusé permettait de conclure à une malveillance gratuite. La dénonciation par téléphone était beaucoup plus rare.

Lucien Paoli

Enfin la DGI dans ses meubles

En 1981, la fusion des services dans un même centre flambant neuf devint effective. On regroupait ainsi une centaine d'agents des Impôts, avec une douzaine d'inspecteurs, outre le conservateur des hypothèques ; le reste était réparti entre les contrôleurs du cadre B et les agents de recouvrement, d'assiette, du cadre C compris dans les nombreuses classifications chères à l'Administration. On avait conservé en alibi pour les « catégories les plus défavorisées » dans le jargon syndical, un emploi unique dit du cadre D en la personne du gardien concierge. Il y avait bien sûr le personnel non titulaire en quelques auxiliaires et les agents de service.

Sauf au début de l'installation au centre, le *turn over* pour parler franglais était peu important, sauf en cas d'avancement sans possibilité de rester. Avec la multiplication des diplômes, les recrutements depuis la création de la DGI avaient beaucoup évolué ; la promotion interne du cadre B s'était largement développée. Antérieurement, on admettait à concourir aux emplois de receveur de l'Enregistrement 1/8e des commis et seulement après quinze ans de service. Ce temps s'est réduit à cinq ans, le quota relevé et en outre beaucoup d'étudiants passent les deux concours A et B.

La titularisation d'auxiliaires s'était aussi largement développée. Le personnel était particulièrement stable ici, ville agréable, dans les services très organisés comme recette, Hypothèques et certains secteurs. [...]

Je préférais en fin de course, et encore six années, rester dans mon pigeonnier en observateur désabusé des trois étages de notre centre des Impôts, occupé par une centaine d'agents de tous ordres : recette principale et locale, laquelle disparaîtra vite, chef de centre et la cellule ORDOC, inspections diverses aux sigles nombreux, conservation et, enfin, le Cadastre, rapatrié de Saint-Étienne, avec qui je voisinais dans un mythique centre foncier. Ce centre foncier était seulement sous la responsabilité d'un inspecteur qui changeait très souvent mais avait un grand nombre d'agents sous ses ordres, et variés, des géomètres, techniciens, aux agents d'assiette. Le Cadastre était très autonome dans ce centre, et vit sa première réforme avec les microfilms remplaçant les registres anciens trop lourds à manier. L'informatique suivra assez vite permettant de combler des retards homériques.

Je découvrais réellement pour la première fois de façon globale l'organisation née de la réforme de 1947, occupant un unique centre regroupant les anciens services épars dans sept cantons et 100 000 habitants jadis pourvus des agents des trois régies, occupant les deux tiers de l'arrondissement entre la Loire et la barrière des monts du Forez, mais étendu sur plus de 60 km et laissant des bourgs à 40 km du centre. Il vient d'ailleurs récemment d'être amputé, fiscalement parlant, d'un de ses cantons pour renforcer le centre de la vallée de l'Ondaine de moins en moins actif de par la mort industrielle de la vallée.

Les structures subsistaient en filigrane sous les nouvelles appellations peut-être à l'image des survivances de l'Ancien Régime ! L'Enregistrement était baptisé fiscalité immobilière (FI) avec un unique inspecteur aidé de deux agents B ou C. Les Contributions directes étaient muées en fiscalité personnelle (FP) qu'elles partageaient avec les Contributions indirectes chargées de la fiscalité des entreprises (FE) groupées par secteurs géographiques. Ces inspecteurs étaient une dizaine accompagnés de nombreux contrôleurs dont la compétence avait été singulièrement élargie. Les comparaisons pouvaient s'arrêter là, car tout avait changé. D'une part, les agents issus des anciennes régies n'étaient plus depuis 1947 qu'un quarteron et encore en me comptant. D'autre part, on avait créé des inspecteurs de vérifications d'entreprises couplés avec des « brigades » départementales ou régionales selon l'importance des sociétés. L'ORDOC (section d'ordre et de documentation), sous l'autorité du chef de centre assisté du contrôleur et un grand nombre d'agents, recevait, triait, classait une énorme masse de documents, rangés dans des dossiers suspendus. [...]

Dans ce nouvel univers de la décennie 1980, « les vieux » comme moi issus des anciennes administrations, et il y en avait encore, découvraient la vie en groupe avec ses avantages et ses inconvénients et cette particularité, que je percevais encore mal, de la féminisation totale de l'univers administratif, car il y avait dans ce centre environ 80 % de gent féminine surtout dans les cadres B et C, mais elles ne tarderont pas à envahir le cadre A. Cette véritable mutation de société n'est nullement propre aux Impôts et encore plus accentuée dans l'Éducation nationale et la Magistrature. On verra par exemple un couple occuper les fonctions de receveur, et de chef de centre au même endroit, ce qui pourrait poser des questions. [...]

Les services et les inspections travaillaient de façon autonome, le chef de centre n'ayant autorité que sur l'ORDOC et la gestion quotidienne. Les agents ressortaient de leur inspecteur principal, ce qui créait des situations ambiguës parfois conflictuelles. Depuis, on a amélioré le système en donnant plus de pouvoir au chef de centre paraît-il.

Francisque Ferret

Gestion et contrôle

Grenoble me verra plonger dans un dossier de longue haleine, celui consacré à la réforme des inspections spécialisées. Ce dossier avait mûri lentement au fil des années autour de l'idée de séparer les travaux de gestion et ceux de contrôle, jusqu'alors réunis au sein des fiscalités d'entreprises (FE), des fiscalités personnelles (FP) et des fiscalités immobilières (FI). Traditionnellement, en effet, chaque inspection avait jusqu'alors en charge la gestion et le contrôle des dossiers relevant de son ressort territorial : chaque inspection comprenait un inspecteur et, dans la plupart des cas, un contrôleur. L'inspecteur s'occupait des dossiers de régime réel et du contrôle externe, le contrôleur, des dossiers de régime forfaitaire ou d'évaluation administrative et de leur contrôle sur pièces. Or, la gestion encombrait certaines inspections très chargées au détriment du contrôle. Par ailleurs, certains inspecteurs préféraient se réfugier dans la gestion, quitte à diluer à l'excès, plutôt que de s'exposer en première ligne en contrôlant sur place.

Au surplus l'équipe inspecteur-contrôleur fonctionnait souvent très mal, chacun travaillant de son côté en ignorant l'autre. Un couple séparé, constitué parfois d'un vieil inspecteur central, rassis, fonctionnant au ralenti et d'un jeune contrôleur encore ardent mais risquant dans un tel contexte d'être vite démobilisé. Une véritable confrontation des générations…

Enfin, il était évident que les jeunes inspecteurs ne trouvaient pas là l'occasion réelle de se préparer à des fonctions d'encadrement, ce qui était pourtant une part importante de leur vocation en tant que cadre A. Et, surtout, on pouvait être un gestionnaire excellent, et inapte au contrôle fiscal, et vice versa. Un inspecteur des impôts, malgré sa formation initiale polyvalente n'est pas forcément un homme à tout faire. Chacun a ses aptitudes propres, ses goûts personnels. D'où l'idée, qui s'est progressivement affirmée, de séparer les fonctions de gestion et de contrôle en créant pour chacune d'elles des structures spécifiques. Personnellement j'ai été un ferme partisan de cette évolution. Elle a connu des péripéties, des expériences multiples, des appellations nouvelles, de la FE – lourde, comportant un plus ou moins grand nombre de contrôleurs – à la FPG, fiscalité personnelle de gestion, avec, en corollaire, la création de brigades de vérifications. […]

Pour ma part, je reste convaincu du bien-fondé de ces évolutions qui conduisent à faire du cadre A un vrai « patron » dans les structures de gestion, un spécialiste pointu du contrôle externe dans les brigades de vérifications. Au total, une clarification des missions de chacun, une meilleure définition de leurs responsabilités.

Mais j'allais m'impliquer personnellement encore plus à l'occasion du lancement, par la direction générale, d'une expérience concernant les inspections FI (fiscalité immobilière) et les brigades domaniales d'évaluation. Je participai à plusieurs réunions préparatoires à Paris. Puis il fallut mettre en œuvre l'expérience sur le terrain avec le concours des agents, après les avoir longuement informés de ses modalités. Cette expérience s'inspirait très largement des préoccupations qui avaient guidé la réforme des inspections FE et FP et, plus particulièrement, de la volonté de séparer les fonctions de gestion et de contrôle. Car, en FI aussi, la gestion envahissait certains agents au point de leur servir d'alibi pour ne pas faire suffisamment de contrôle. Or, depuis mon entrée dans l'Administration, j'étais sidéré de l'élasticité des travaux administratifs, notamment en matière de gestion. Là où les uns bouclaient un dossier en « X » heures, d'autres multipliaient ce temps par « Y » fois et certains, rares heureusement, n'en finissaient jamais. Je me disais parfois que la gestion était comme la culture « moins on en avait, plus on l'étalait ». Ce mal sévissait dans les inspections FI comme ailleurs et, trop souvent, les résultats du contrôle semblaient en deçà des potentialités du tissu fiscal.

Mais, à l'argument tenant à l'intérêt de dissocier gestion et contrôle, s'ajoutait, dans le cadre de cette expérience, une autre considération, tout aussi importante. En effet, les agents des brigades d'évaluation domaniale pratiquaient en fait, de leur côté, le même métier que leurs collègues des FI, les uns et les autres étant des spécialistes de la connaissance du marché immobilier et des techniques d'évaluation des prix et valeurs, les uns et les autres devaient donc être nécessairement rapprochés pour partager leur expérience et mettre en commun leur savoir. La réunion traditionnelle tenue entre eux chaque année ne pouvait y suffire. De là l'idée de constituer des brigades de contrôle et d'évaluation regroupant les inspecteurs FI et les domanistes. Parallèlement seraient créées des structures FI de gestion au sein de CDI sous la forme, en particulier, des « SAFI » (secteur d'assiette de la fiscalité immobilière).

Inutile de dire que ce projet heurtait de front des habitudes ancestrales notamment du côté des domanistes qui s'étaient toujours quelque peu considérés hors DGI et, en tout cas, non concernés par le contrôle fiscal.

C'était un peu vouloir mélanger « les torchons et les serviettes », le Domaine s'étant estimé au fil des ans comme un service plus noble que les autres avec une clientèle – collectivités locales et assimilées – plus digne de considération que les contribuables ordinaires.

J'ai tenu je ne sais combien de réunions avec les agents intéressés, avec les représentants syndicaux. J'ai accordé un nombre important d'entretiens individuels. J'ai donné « X » fois les mêmes explications pour vaincre les réticences et convaincre finalement de l'intérêt de participer à l'expérience sur les résultats de laquelle chacun au surplus donnerait son avis. L'impression de naviguer sur un bateau avec un vent contraire et une mer démontée… Mais les eaux se calmèrent… En définitive, l'expérience démarra dans d'excellentes conditions, la grande majorité jouant loyalement le jeu. Des réunions d'étapes eurent lieu à Paris. Les services centraux vinrent souvent sur place. J'ai quitté Grenoble avant de tirer les enseignements définitifs de l'expérience ; difficiles à dégager du côté de la gestion, plus faibles en matière de contrôle dont les résultats s'étaient déjà fortement améliorés. Mais je reste convaincu de l'intérêt de dissocier, là également, la gestion du contrôle, sous réserve de quelques adaptations concernant la structure gestion (inspection FI de gestion ou « SAFI » ?).

Louis Menuet

CHAPITRE VII
LE CONTRÔLE DE L'IMPÔT

ASSIETTE ET CONTRÔLE

À propos de la réorganisation de l'administration des Contributions directes, qui a lieu en 1939, l'article 5 de la loi portant fixation du budget général de l'exercice 1939 (loi du 31 décembre 1938) dispose : « En vue de combattre la fraude fiscale sous tous ses aspects, il sera procédé, par décret contresigné du président du Conseil et du ministre des Finances, à une réorganisation des cadres de l'administration des Contributions directes tenant, sans augmentation de crédits, à la répartition rationnelle d'une part des travaux de vérification et de recherche, d'autre part, des autres tâches entre les agents de la Régie ».

Ainsi, l'intention du législateur, telle qu'elle s'exprime dans ce texte, rejoint exactement la préoccupation qui anime constamment l'administration fiscale depuis l'instauration des impôts sur les revenus : réserver au cadre dit « principal » les opérations d'investigation et de contrôle, les autres missions étant assurées par le « cadre secondaire ».

Afin d'améliorer le rendement de l'impôt qui dépend, à partir du moment où il est établi d'après les déclarations souscrites par le contribuable, de l'étendue et de l'efficacité du contrôle de ces dernières, l'administration des Contributions directes agit de deux façons : en créant tout d'abord un cadre de commis de contrôle (1937), ce qui permet au contrôleur (cadre principal), responsable dans un secteur déterminé de l'assiette de tous les impôts directs, de se consacrer essentiellement au contrôle, puis en mettant en place, pour suppléer le contrôleur dans l'impossibilité d'assurer dans sa division de contrôle un nombre suffisant de vérifications approfondies, un service de vérifications (dès 1933)[1] doté d'agents spécialisés exerçant leur activité en « brigades » dans une circonscription territoriale étendue sous l'autorité du directeur départemental ou dans le cadre national[2].

---

1. La loi du 28 février 1933 (*JO* lois et décrets du 1er mars 1933, p. 1994) crée les premières brigades spécialisées dans la vérification de comptabilités. « Nous demandons un crédit modeste [...] destiné à permettre le recrutement de contrôleurs et d'inspecteurs, et l'organisation d'un service chargé spécialement d'examiner les comptabilités industrielles. [...] Il s'agit seulement de recruter un certain nombre d'agents et de les spécialiser de telle façon qu'ils puissent exercer un contrôle efficace » précise le ministre du Budget à la Chambre des députés le 12 février 1933 (intervention reproduite dans le *Bulletin mensuel du syndicat national des Contributions directes* du 1er mars 1933, n° 209). En 1938, 19 brigades regroupent près de 200 agents. 15 sont concentrées dans les cinq directions de la Seine (SAEF, B 42114).

2. Une direction des Enquêtes et vérifications nationales est instituée le 1er février 1940, son homologue pour les Contributions indirectes est créée en 1946 ; une direction de la Documentation fiscale est aussi installée en 1941.

Les réformes de 1939[3] et de 1942[4] vont dans ce sens. En effet, « les contrôleurs, débordés par le service courant resté dans leurs attributions n'exécutent en matière de vérifications qu'un travail insuffisant ». Pourtant, « dans l'assiette de l'impôt, la vérification de comptabilité ne constitue pas à proprement parler une opération distincte des attributions du contrôleur. Tout agent qui n'est pas en mesure d'effectuer des vérifications est un contrôleur incomplet. Mais la vérification prend du temps, elle s'avère plus efficace lorsqu'elle est effectuée en série ; à mesure qu'elle concerne des affaires plus importantes elle met en jeu une technique spéciale ; enfin, elle exige une concentration d'efforts qui laisse peu de place aux autres activités »[5].

La nécessité d'affecter un certain nombre d'agents à titre exclusif aux opérations de vérifications est donc vite reconnue : l'administration fiscale poursuit son action dans le sens d'une spécialisation qui doit entraîner un rendement accru du contrôle tout en étant confrontée au problème posé par cette spécialisation du cadre A dont il faut faire assurer les anciennes tâches par un autre agent.

La création d'impôts déclaratifs pousse les anciennes régies financières puis la DGI à se réorganiser pour mettre progressivement l'accent sur leur nouvelle mission de contrôle fiscal qui s'affirme de plus en plus nettement par rapport à leur traditionnelle mission d'assiette. Les travaux d'assiette sont peu à peu séparés des travaux de contrôle. Les Contributions indirectes, par exemple, après avoir distingué les taxes sur le chiffre d'affaires des autres droits, créent des brigades spécialisées pour contrôler cet impôt déclaratif comme le font les Contributions directes en matière d'impôts sur les revenus.

UN CONTRÔLE FISCAL JUGÉ INSUFFISANT

Jusqu'en 1948, les résultats du contrôle fiscal sont jugés insuffisants[6] et ce, en matière d'impôts directs, malgré les réformes effectuées par l'administration des Contributions directes en 1939 et 1942.

M. Paul Reynaud, ministre des Finances, tient à ce sujet les propos suivants au cours de la discussion à l'Assemblée nationale (séance du 9 août 1948) du projet de loi portant redressement économique et financier : « J'avais pris des mesures

3. Décret du 20 juillet 1939.

4. Décret du 28 août 1942. La formule de 1942 augmente la tâche des commis substitués aux contrôleurs dans les secteurs territoriaux pour spécialiser le cadre principal dans l'exécution des opérations jugées les plus difficiles : vérifications de comptabilités, règlement des dossiers délicats.

5. *Organisation de l'administration des Contributions directes* : remarques de l'administrateur de la deuxième division sur les observations et suggestions présentées par l'inspection générale des Finances, octobre 1946, SAEF, B 42115.

6. Avant-guerre, le nombre d'agents spécialisés dans les vérifications de comptabilités est de 200 pour les Contributions directes, de 650 pour les Indirectes.

pour accroître le contrôle fiscal en 1939, et ces mesures, me dit-on, ont été d'une certaine efficacité. Cependant, [...] il y a encore une fraude considérable. Contribuer à la chose publique, à la défense nationale, n'est-ce pas un grand honneur ? Je souhaite que toutes les propagandes répandent des idées aussi saines. Nous escomptons, je ne vous le cache pas, d'un meilleur contrôle fiscal, un accroissement considérable du rendement de l'impôt, qui s'ajoutera aux plus-values à provenir du développement de la matière imposable »[7].

Un an auparavant, en 1947, M. Robert Schuman, ministre des Finances, dénonçait aussi la fraude fiscale et souhaitait y remédier : « L'amélioration du contrôle exige un travail de longue haleine car, malgré le dévouement et la ténacité qu'elles n'ont cessé d'y apporter, les administrations financières ne parviennent plus aujourd'hui à l'assurer d'une manière suffisamment complète. Pour qu'elles puissent concentrer leurs efforts sur cette mission essentielle, il convient donc de les libérer dans toute la mesure du possible, par une simplification profonde de la législation qu'elles appliquent, des tâches accessoires d'un faible intérêt fiscal qui leur incombent. Il faut, également, les mettre en mesure de recruter un corps de vérificateurs suffisamment nombreux et les doter d'un équipement moderne »[8].

La fusion des régies va permettre de relancer les opérations de contrôle, de les rationaliser suivant de nouvelles formules. Moderniser le contrôle fiscal est alors une priorité. Néanmoins, dans les années soixante, les moyens dont dispose le contrôle « sont encore malheureusement très insuffisants en effectifs de vérificateurs » d'après M. Fichard, chef du bureau en charge de la politique générale du contrôle fiscal à la sous-direction 2D du service de l'Administration générale, qui précise, dans une conférence faite en 1961 à l'ENI : « Pour pallier cette disproportion entre les besoins et les moyens, on demande beaucoup aux vérificateurs ; pourtant, les vérifications, très insuffisantes au regard du nombre des entreprises, doivent être approfondies et rapporter. [...] Les perspectives d'avenir sont peu brillantes à cause du manque d'effectifs ; la priorité est donnée à l'assiette mais ce sera grave à longue échéance ». Renforcer la mission de contrôle fiscal par rapport à celle d'assiette jusqu'à dissocier les deux reste donc l'objectif de la DGI.

LE RENFORCEMENT DE LA MISSION DE CONTRÔLE FISCAL

Au lendemain de la Libération, période à laquelle commence ce chapitre, le contrôle fiscal semble totalement désorganisé et la fraude fiscale en augmentation[9].

---

7. SAEF, B 58847.

8. Cité par la fédération des Finances CGT dans son *Projet de réforme des régies financières et du Trésor*. SAEF, Z 15383.

Les agents spécialisés dans le contrôle, les vérificateurs, sont versés au Contrôle économique ou appelés à des travaux de confiscation des profits illicites et l'Administration s'occupe du séquestre des biens ennemis[10].

Ainsi, Raymond Gradelet, affecté en 1942 dans une brigade de vérifications des Contributions directes (ce sont les premières créées), se voit chargé à la Libération de nouvelles missions ; il « opère pour le compte du Comité de confiscation des profits illicites qui vient d'être créé à l'échelon départemental ». C'est aussi le cas de Lucien Perreault, de Louis Traissac. L'autre impôt fournissant une part importante des ressources budgétaires dans les deux années qui suivent la Libération et la fin de la guerre est l'impôt de solidarité nationale institué par l'ordonnance du 15 août 1945[11].

Dès 1948, la nouvelle DGI s'attache, afin de procéder à une remise en ordre des services et pour renforcer l'efficacité du contrôle fiscal, à améliorer le potentiel de vérification. Rappelons qu'en 1948, les Contributions directes ne disposaient que de dix vérificateurs spécialisés tandis que 262 autres étaient affectés aux comités de confiscation des profits illicites, les Contributions indirectes disposaient de 961 vérificateurs spécialisés, 416 autres étant affectés aux comités de confiscation des profits illicites[12].

---

9. Le rapport de l'inspection générale des Finances (tournée de 1948) : *Observations sur l'état actuel de la fiscalité française,* précise : « Même lorsqu'il est efficace, le contrôle est peu fréquent. [...] Insuffisant, le contrôle est de plus inégalement exercé. [...] Ainsi, un contrôle arbitraire parce que rare, et trop indulgent parce que conscient de son arbitraire, est à l'origine des incohérences pratiques de notre système fiscal. [...] C'est dire que les services fiscaux ne sauraient échapper au très grand effort d'adaptation qu'exigent, et de manière urgente, l'indispensable reprise des contrôles et l'amélioration du rendement et de l'équité. Les observations consignées dans le présent rapport permettent de toute évidence de dégager clairement quatre lignes de forces dans l'ensemble des moyens à mettre en œuvre pour redonner aux contrôles fiscaux efficacité et régularité : 1) Amélioration des conditions matérielles d'existence et de travail des agents ; 2) regroupement des contrôles concernant un même contribuable ou une même matière imposable ; 3) de la même manière, centralisation de tous les renseignements concernant une même personne physique ou morale ; 4) répartition des tâches aboutissant à une spécialisation des agents de contrôle, assez poussée pour leur conférer l'expérience et leur permettre d'acquérir la tournure d'esprit correspondant à leur mission. En l'absence de ces quatre conditions, il ne paraît pas possible que les contrôles retrouvent leur efficience, à moins d'un très considérable et difficilement concevable accroissement des effectifs. Et tant que le contrôle n'aura pas repris sa nécessaire ampleur, il sera vain de parler de réforme fiscale ». SAEF, B 58857/3.

10. « Dans tous les services, les agents ont été requis par des tâches exceptionnelles : confiscation des profits illicites, assiette de l'impôt de solidarité nationale, gestion de biens confisqués ou placés sous séquestre, etc. Pour ne prendre qu'un exemple, les employés supérieurs du service de l'Enregistrement qui, jusqu'en 1944 et dans tel département, consacraient encore 50 % à 75 % de leur temps aux tâches de contrôle, en consacraient à peine 10 % en 1947. Dans tel autre département, sur 91 agents de tous grades que compte le service, 6 seulement consacrent la majeure partie de leur temps au contrôle ». *Idem.*

11. *Impôt de solidarité nationale* : Voir notes n° 19 du chapitre IV et n° 11 de l'introduction au chapitre IV.

Profits illicites : voir note n° 5 du chapitre V.

12. Renseignements tirés de la plaquette *Dix ans de contrôle fiscal en France*, Ministère des Finances, février 1955, p. 14.

En 1949, la DGI, après avoir pu ramener vers des travaux fiscaux les vérificateurs occupés aux profits illicites en confiant certaines de ces affaires aux agents des services d'assiette, pouvait se prévaloir de 409 vérificateurs des Contributions directes et de 1468 vérificateurs des Contributions indirectes. Il n'y avait plus que cinq vérificateurs des Contributions directes et treize des Indirectes détachés aux profits illicites[13].

Dans les années soixante, les contrôles fiscaux sont exercés par un peu plus de 2000 vérificateurs spécialisés regroupés en brigades dont 750 sont issus des Contributions directes, 1 200 des Contributions indirectes et 400 de l'Enregistrement ; des inspecteurs des services d'assiette sont aussi censés faire du contrôle, mais pas à temps complet, ils sont 1 800 inspecteurs des Contributions indirectes, 1 600 des Directes[14].

Plusieurs formules sont expérimentées pour perfectionner les méthodes de détection de la fraude, unifier, coordonner l'action des trois anciennes régies et multiplier ainsi le nombre des opérations de contrôle organisées désormais de façon cohérente. Il est question, essentiellement, d'agir dans le domaine des Contributions directes où la fraude est la plus importante et où, au contraire des Contributions indirectes (la DGI se contente là de poursuivre une réorganisation administrative déjà commencée qui permet d'augmenter le nombre de vérificateurs : en 1955, les vérificateurs de taxes sur le chiffre d'affaires sont au nombre de 900), les vérificateurs spécialisés sont les moins nombreux.

---

13. *Ibid.*

14. Chiffres donnés par M. Fichard, *Le contrôle fiscal, sa mission, ses objectifs, son organisation, ses méthodes, ses résultats et ses perspectives*, conférence faite à l'École nationale des Impôts le 27 avril 1961.

Avant la fusion des services extérieurs de la DGI et la création de directions départementales uniques, les services spécialisés dans les vérifications de comptabilité comprenaient :

- dans les Contributions directes : les vérificateurs attachés aux inspections centrales (un ou deux par inspection centrale) opérant sous la conduite de l'inspecteur central également chargé des services communs ; les vérificateurs groupés en brigades départementales dirigées par des inspecteurs principaux (les investigations de la brigade départementale qui regroupait de 5 à 7 vérificateurs ne portaient que sur les impôts sur les revenus) ; les vérificateurs dépendant de la direction des Enquêtes et Vérifications nationales des Contributions directes spécialisés dans la vérification sur place, en matière d'impôts sur les revenus, des entreprises dont l'importance dépassait le cadre départemental.
- dans les Contibutions indirectes : les inspecteurs groupés en brigades départementales dirigées par des inspecteurs principaux (les investigations des brigades départementales comprenant en moyenne 5 ou 6 vérificateurs ne portaient que sur les taxes sur le chiffre d'affaires) ; les vérificateurs dépendant de la direction des Enquêtes et Vérifications nationales des Contributions indirectes, spécialisés dans la vérification sur place, en matière de taxes sur le chiffre d'affaires, des entreprises très importantes.
- dans l'Enregistrement : les inspecteurs groupés en brigades départementales dirigées par des inspecteurs principaux et spécialisés, depuis 1952, dans la vérification sur place des impôts sur les revenus et droits d'enregistrement dus par les sociétés (d'où l'appellation d'inspecteurs « S » donnée aux membres de ces brigades) et par les entreprises individuelles soumises au régime du bénéfice réel.

La mise en place, en 1948, du « contrôle unique » dans 42 départements de province, formule associant les vérificateurs des trois régies pour chaque vérification, assure alors le vérificateur des Contributions directes du renfort des deux autres administrations fiscales pour la réalisation de ses objectifs.

Puis, c'est l'institution de la polyvalence, en 1950, dans le département de la Seine. La polyvalence permet de faire effectuer par un seul agent la vérification de tous les impôts et aboutit, entre autres, à affecter au contrôle des impôts directs des agents des Indirectes et de l'Enregistrement (dans la Seine, les agents des Directes devenus polyvalents ne représentent que le cinquième des effectifs de vérificateurs polyvalents).

Il convient de préciser que la polyvalence est une réalisation originale de la direction générale des Impôts puisque ce mode de contrôle n'avait jamais été pratiqué auparavant si ce n'est à titre expérimental, au cours du printemps 1947, à l'occasion d'une tournée de l'inspection générale des Finances dans un département témoin (le Maine-et-Loire), tournée dont le thème était d'examiner une refonte éventuelle, par fusion, des services fiscaux. Le succès de cette première expérience de polyvalence, la nécessité d'améliorer le fonctionnement des divers services financiers confrontés à une fraude bouleversant l'assiette de l'impôt alors que son recouvrement était à peu près satisfaisant est d'ailleurs à l'origine de la création de la direction générale des Impôts.

L'action des quarante brigades polyvalentes de la Seine, spécialisées par professions, est rapidement couronnée de succès : ces brigades sont celles, parmi les brigades spécialisées (nationales, vérifiant les sociétés très importantes, et départementales), qui constatent les pourcentages les plus élevés entre les rehaussements et les déclarations initiales, aussi bien en matière d'impôts sur les bénéfices qu'en matière de taxes sur le chiffre d'affaires.

La bivalence, quant à elle, mise en place sur tout le territoire dès 1951[15], a pour effet de renforcer les Contributions directes à l'aide d'agents de l'Enregistrement par la constitution de brigades de vérifications des impôts directs : celles-ci vérifient en même temps l'impôt sur les bénéfices des sociétés et la taxe proportionnelle sur les revenus de capitaux mobiliers dont l'assiette est traditionnellement assurée par l'Enregistrement.

La direction générale des Impôts met aussi au point certaines réalisations destinées à renforcer les contrôles. En novembre 1949 sont ainsi organisées à Paris les premières brigades de recoupements et de contrôle des stocks qui permettent d'intensifier et de systématiser la recherche des ventes sans factures. Les agents des brigades de « contrôle des revenus » créées, l'une à Paris, en juin 1952, la « brigade Macart »[16], l'autre à Antibes, en avril 1953, la « brigade

---

15. Le principe de la bivalence est adopté le 23 mai 1951 en réunion du comité technique paritaire central des services extérieurs de la DGI.

16. Du nom de son chef de brigade.

Crispel »[17], taxent les contribuables qui se soustraient à leurs obligations fiscales d'après les signes extérieurs de dépenses en se basant sur des informations d'origine très diverse (recensement des voitures de luxe, des grands hôtels, examen des comptes en banque, des échos de presse). Les échanges de renseignements entre services fiscaux, entre ces services et d'autres administrations, deviennent plus efficaces. L'action répressive de la direction générale des Impôts se perfectionne par l'harmonisation des pénalités fiscales et un exercice accru des poursuites correctionnelles conduisant à l'application de sanctions pénales.

Enfin, l'animation de la lutte contre la fraude est assurée, au niveau départemental, par la « réunion des directeurs »[18] qui dirige les brigades de recoupements, établit les programmes de vérifications, réprime la fraude, au niveau central, par le service d'Études et de Contrôle fiscal, qui suit l'action des réunions des directeurs, oriente la politique de contrôle fiscal, dirige directement les organes de contrôle fusionnés et les organismes spéciaux : brigades polyvalentes, brigades d'enquêtes, brigades de contrôle des revenus.

Étendre progressivement la compétence des vérificateurs chargés du contrôle fiscal est le but recherché par le comité technique paritaire central des services extérieurs de la direction générale des Impôts qui, dans son avis du 4 octobre 1951, propose de remplacer le « contrôle unique » par le « règlement (ou vérification) d'ensemble ». C'est fait à partir de l'année suivante : les contribuables sont vérifiés simultanément par deux vérificateurs dont l'un examine les contributions directes et les droits d'enregistrement, l'autre, les taxes sur le chiffre d'affaires. Le système est néanmoins jugé trop lourd. Pour cette raison, il est suggéré, dès 1954[19], de généraliser par étape la polyvalence à l'ensemble du territoire.

Ainsi, le régime des « vérifications polyvalentes » ou « vérifications générales », d'abord seulement appliqué dans le département de la Seine, puis, à partir de 1955, dans cinq départements d'expérience (Gard, Charente, Pas-de-Calais, Haut-Rhin, Vaucluse) et dans quatre départements ayant pour chef-lieu une grande ville (Lille, Bordeaux, Lyon, Marseille) est étendu partout en mai 1958. « L'Administration, qui avait déjà fusionné les trois régies pour former la direction générale des Impôts, parachevait son œuvre en mettant en place des vérificateurs dits polyvalents. Désormais, un seul agent se présenterait chez le contribuable et aurait compétence pour les trois types de fiscalité, directe, indirecte et enregistrement. [...] En raison de leur nouvelle qualification, les vérificateurs furent pendant un temps appelés polyvalents. Pour cela, il fut

17. Située à proximité de Monaco, elle recherche, entre autres, les faux résidents monégasques.

18. Organisme constitué des directeurs des trois régies et présidé par le plus ancien d'entre eux.

19. Séance du 12 février 1954 du comité technique paritaire central des services extérieurs de la DGI. SAEF, B 58847.

mis en place des actions de formation de plusieurs mois pour familiariser les vérificateurs en poste à leurs nouvelles attributions » (A. Maurin).

L'activité des vérificateurs généraux groupés en brigades de six agents en moyenne, sous la conduite d'un employé supérieur (directeur départemental adjoint ou inspecteur principal) chef de brigade, est limitée aux entreprises dont le chiffre d'affaires annuel est supérieur à un certain seuil, les autres vérifications étant du ressort des inspecteurs de chaque régie. Dans la Seine, les brigades forment les 1re et 2e directions de vérifications de comptabilités, nées en 1961 ; en province, elles relèvent, au début, de la « réunion des directeurs » avant d'être rattachées aux directions régionales qui se créent progressivement. Ce rattachement encourage une spécialisation accrue des vérificateurs par catégories d'activité professionnelle, une meilleure harmonisation des méthodes.

Cependant, l'installation de directions départementales uniques conduit à donner à ces dernières autorité sur les brigades de vérifications (les brigades départementales de vérifications se développent essentiellement dans les années quatre-vingt), les directions régionales conservant dans ce cas, outre l'animation de brigades de vérifications régionales, une mission d'orientation et de contrôle de la politique des vérifications.

L'action des brigades de vérifications se heurte à la jurisprudence du Conseil d'État qui freine un temps toute modernisation de l'administration fiscale en matière de contrôle. En effet, un arrêt du 15 juillet 1964 annule le redressement effectué par un vérificateur général, en matière d'impôt sur le revenu, au motif que ce redressement n'est pas opéré par l'inspecteur territorialement compétent, celui qui reçoit les déclarations du contribuable.

Le Conseil d'État manifeste ainsi son attachement aux anciennes structures représentées, en matière de contributions directes, par l'inspecteur territorial, « magistrat fiscal ». « Pour parer aux conséquences de cette jurisprudence, il fallut l'intervention d'urgence d'un texte législatif à caractère interprétatif (loi du 23 décembre 1964, art. 37.1) étendant la compétence de l'agent territorial à l'inspecteur chargé des fonctions spéciales de vérification et de contrôle »[20]. L'opposition du Conseil d'État prend fin avec le décret du 15 avril 1971 qui reconnaît qu'il appartient à l'Administration de définir la compétence de ses agents (après, cependant, avis du Conseil constitutionnel et confirmation par celui-ci, le 4 avril 1968, de la nature réglementaire d'une telle disposition).

La mise en place des IFAC et la nouvelle organisation des centres des Impôts permettent ensuite d'augmenter l'effectif des personnels affectés au contrôle fiscal au fur et à mesure que des emplois sont libérés de par le regroupement des services d'assiette.

---

20. Jean-Yves Nizet, *Fiscalité, économie et politique, l'impôt en France, 1945-1990*, LGDJ, 1991, p. 262.

À partir de 1974, certains inspecteurs de la fiscalité des entreprises (FE) des centres des Impôts sont spécialisés en vérifications externes. Ces structures spécifiques de vérifications (FEV : FE-vérification) se distinguent des inspections dites gestionnaires (FE-gestion) qui conservent les travaux d'assiette, de contrôle sur pièces (effectué au bureau à l'aide des documents dont dispose le service, une forme de contrôle dont la qualité s'améliore, surtout grâce au développement de l'informatique dès la fin des années soixante-dix), et effectuent aussi quelques vérifications sur place (contrôle externe). Des limites de compétence sont établies entre les inspecteurs vérificateurs rattachés à un centre des Impôts et ceux des brigades de vérifications générales.

Au début des années quatre-vingt, toujours afin de renforcer la mission de contrôle fiscal externe, est expérimentée une formule de fiscalité des entreprises : ce sont les « FE lourdes », puis, confirmant cette orientation, mais en intégrant, en outre, les travaux confiés aux fiscalités personnelles, naît l'idée de créer des fiscalités professionnelles de gestion[21]. Ces nouveaux services doivent permettre de dégager des cadres A pour les affecter exclusivement aux opérations de contrôle fiscal externe et de confier aux agents du cadre B les tâches d'assiette et certains travaux d'encadrement précédemment confiés au cadre A. On retrouve là l'esprit de la réforme entamée en 1939 dans les Contributions directes.

Il peut être objecté que ces réorganisations privilégiant le contrôle fiscal externe en dissociant de façon accrue ce dernier des missions d'assiette et de contrôle conduit « à nier le lien naturel qui existe entre les tâches d'assiette et un contrôle fiscal de qualité. Totalement détachés de l'assiette, les vérificateurs ne disposent plus de critère objectif pour orienter leurs investigations vers ce qui devrait être leur objectif principal : la fraude fiscale de grande ampleur »[22]. On considère aussi parfois que les restructurations menées privilégient à tort une politique répressive au détriment d'une politique préventive, qui serait, plus efficace, et réalisée au sein des structures de gestion, le contrôle externe devant être dans ce cas axé surtout sur la répression de la fraude importante.

Distinguer la gestion du contrôle externe continue d'être un des axes de la réorganisation actuelle des services de la DGI, réorganisation qui se traduit par la création d'inspections de fiscalité professionnelle (IFP) regroupant la fiscalité d'entreprise et la fiscalité personnelle, dans les centres des Impôts, et, parallèlement à cette restructuration des cellules de gestion, par l'implantation, au niveau départemental, de brigades de vérifications chargées de l'essentiel du contrôle fiscal externe.

---

21. À cette époque, la généralisation de la TVA se traduit concrètement par un rapprochement entre les spécialités de fiscalité personnelle et de fiscalité des entreprises.

22. Pascale Bertoni, « La réorganisation de l'administration fiscale », *La revue du Trésor*, n° 8-9, août-septembre 1995.

En même temps que sont réorganisés les IFAC, les centres des Impôts, le contrôle fiscal se perfectionne par la création de services orientés vers la recherche de renseignements sur la fraude :

- l'ancienne direction des enquêtes et recherches de la région parisienne est remplacée par la direction nationale d'enquêtes fiscales (DNEF, 1969, elle effectue en outre le contrôle des gros revenus d'après les éléments du train de vie, etc. ; plus tard, l'arrêté du 17 mai 1983 modifie ses attributions créant la direction nationale des vérifications de situations fiscales, DNVSF, divisée en 14 brigades de contrôle des revenus qui assurent la vérification approfondie des situations fiscales d'ensemble des contribuables importants sur l'ensemble du territoire, et spécialisant la DNEF dans la recherche et l'exploitation des renseignements nécessaires à l'assiette et au contrôle de l'impôt) ;

- les brigades de surveillance des Contributions indirectes deviennent les brigades départementales de contrôle et de recherches (BCR, 1972).

En Île-de-France, trois directions de vérifications de comptabilité de la région parisienne (DVCRP) prennent en charge les attributions des directions régionales et remplacent les deux directions de vérifications de comptabilité de la Seine, la direction des sociétés de Paris, et les brigades de vérifications générales de l'Essonne, de la Seine-et-Marne, du Val-d'Oise, des Yvelines.

La vérification des très grandes entreprises est facilitée par la création, en 1971, d'une direction nationale particulièrement chargée de ce type de travail, la direction des vérifications nationales, issue de la fusion de la direction des enquêtes et vérifications nationales des Contributions directes avec celle des Contributions indirectes ; elle devient, en 1982, la direction des vérifications nationales et internationales (DVNI) à laquelle sont rattachées, en 1986, des brigades de vérifications des comptabilités informatisées (BVCI).

LES RÉSISTANCES AUX CONTRÔLES FISCAUX

Alors que les mesures prises dans l'intention d'améliorer les résultats du contrôle fiscal commencent à porter leurs fruits de façon significative, un mouvement fondé en juillet 1953 par Pierre Poujade, libraire-papetier à Saint-Céré dans le Lot, mouvement qui devient l'UDCA (Union de défense des commerçants et artisans), prend rapidement de l'ampleur (52 députés à l'Assemblée nationale en 1956, 13 % des voix).

Le poujadisme, né chez les petits commerçants du Sud-Ouest menacés par une évolution économique caractérisée par ses tendances libérales et le retour à la stabilité monétaire s'oppose violemment aux opérations de contrôle fiscal. Apparu dans des départements pauvres qui portent encore la marque de révoltes fiscales ancestrales et où « la stagnation économique rend plus évidentes les inégalités de développement et plus pesant le poids de l'impôt »[23], ce mouvement refuse « l'intrusion de l'État, les formes modernes de production et de distribution »[24]. Il dénonce une fiscalité « injuste, boiteuse et incompréhensible »[25] ; ses attaques visent particulièrement les « polyvalents », véritable « Gestapo fiscale », ce qui est d'autant plus étonnant que les brigades polyvalentes en question ne concernent pas les contribuables dont Pierre Poujade se fait le défenseur (ces derniers sont en général de petits contribuables relevant du régime du forfait, un régime qui se caractérise par l'instauration d'un dialogue entre le contribuable et le fisc pour déterminer les bases d'imposition, bases pratiquement jamais remises en cause lorsqu'il y a eu accord du contribuable). Il faut dire que « la volonté de " créer un effet de choc " en valorisant l'efficacité des nouveaux modes de contrôle a donné lieu à une publicité excessive et maladroite. [...] Ces procédés ne valorisèrent pas l'image de marque de ces formes plus rationnelles et efficaces de vérification et donnèrent du crédit aux accusations d'arbitraire et de discrimination qui leur étaient portées »[26].

Le contrôle fiscal, qui ne prend pas seulement la forme de la polyvalence, mais dont le renforcement, voulu par la DGI, suscite certaines craintes[27] est devenu un symbole pour un mécontentement qui dépasse, dans ses causes, la seule fiscalité, la polyvalence est devenue un symbole du contrôle fiscal.

---

23. P. Beltrame, *L'impôt*, MA édition, 1987, p. 29-30.
24. G. Ardant, *Histoire de l'impôt*, Paris, Fayard, 1971.
25. Circulaire adressée par M. Poujade aux députés en date du 25 juin 1954. SAEF, B 58847.
26. Jean-Yves Nizet, *Fiscalité, économie et politique, l'impôt en France 1945-1990*, LGDJ, 1991, p. 136.
27. Dans un document envoyé à l'occasion du concours autobiographique, un auteur (F. Bouriquet) analyse ainsi les origines du poujadisme : « Dans la période qui a précédé, j'étais en poste à la direction départementale. Deux fois par an, les inspecteurs y étaient convoqués. Les anciens de la direction disaient en riant : « ils viennent présenter leur tableau de chasse ». Les uns avaient des compliments : " Vous avez un bon nombre de vérifications (50 à 70 par semestre) avec un bon rendement en moyenne, je vous crois capable de continuer ainsi et même de faire mieux ". D'autres se faisaient tirer les oreilles par le directeur (rendement insuffisant) avec mise en garde pour la note et les primes. Et c'était partout pareil en France. Ainsi, les vérifications allaient bon train : toujours plus. Et tout le monde se sentait menacé. Dans les campagnes et jusque dans les villes moyennes, tous les commerçants et artisans, ou presque, se connaissaient et parlaient de ce qui leur arrivait : un tel, un tel, dans ma rue, y sont passés, on y passera tous. On racontait comment ça se passait et naturellement, on exagérait, on amplifiait, on en rajoutait. Il se créait une psychose de crainte et d'affolement, tout le monde se sentait visé. Poujade, redoutable tribun, est arrivé là avec un succès foudroyant ».

Le poujadisme n'a pas de programme précis, se contentant de prôner, en matière fiscale, la suppression de tous les impôts directs et indirects pour les remplacer par une seule taxe sur l'énergie et les matières premières comme le propose Eugène Schueller[28].

Face à l'agitation poujadiste, des mesures d'apaisement sont prises par les pouvoirs publics en octobre 1954 et en avril 1955 (loi du 2 avril 1955) qui vont dans le sens d'un renforcement des garanties attribuées au contribuable vérifié : les rehaussements apportés aux bases déclarées doivent faire l'objet d'une motivation explicite, la durée des vérifications sur place pour les entreprises dont le chiffre d'affaires ne dépasse pas un certain seuil est limitée à trois mois, il y a interdiction de renouveler une vérification pour un impôt et une période déterminés lorsqu'une vérification s'est achevée portant sur le même impôt et la même période, etc.

Mais la loi du 2 avril 1955 prévoit aussi que l'opposition individuelle au contrôle fiscal peut être sanctionnée par une amende fiscale prononcée par le tribunal correctionnel (article 1737 du code général des Impôts) et une peine d'emprisonnement en cas de récidive (article 1746 du CGI). Il en est de même en cas d'opposition collective (article 1746 du CGI). Quant à l'article L 74 du livre des procédures fiscales (loi du 14 août 1954) qui donne aux agents des Impôts le droit d'évaluer d'office les bases d'imposition lorsque le contrôle fiscal ne peut avoir lieu du fait du contribuable ou de tiers, c'est aussi une réponse à l'agitation antifiscale.

En 1957 et 1958 on dénote encore des oppositions à contrôle fiscal dans certains départements.

Le modèle de Pierre Poujade continue à faire des émules lorsqu'en 1969, alors que la fusion des services extérieurs de la DGI permet une relance du contrôle fiscal, un petit cafetier de l'Isère, Gérard Nicoud, réunit au sein du Cid-Unati (Confédération intersyndicale de défense et Union nationale d'action des travailleurs indépendants) les commerçants et artisans antifiscaux. Suite à ce mouvement contestataire, lié à l'augmentation des charges sociales, au développement des grandes surfaces concurrençant le petit commerce, de nouvelles dispositions interviennent en faveur des personnes vérifiées et pour améliorer les relations entre l'Administration et les contribuables : création en

---

28. Né en 1881, mort en 1957, Eugène Schueller, président fondateur de L'Oréal, publie en 1952 son ouvrage, *L'impôt sur l'énergie* et s'appuie, pour défendre son projet, sur d'importants moyens financiers et un réseau d'influences dans la presse et le monde politique. Il s'adresse directement à l'opinion publique dans une série de conférences à l'occasion desquelles il est parfois amené à confronter son point de vue avec Maurice Lauré, créateur de la TVA. Eugène Schueller souhaite remplacer les impôts existant par une taxe sur les sources d'énergie, charbon, électricité, gaz, essence ou fuel, impôt spécifique perçu une fois pour toutes lors de la vente au consommateur final. Voir thèse de Frédéric Tristram soutenue en décembre 2003 et bientôt publiée par le CHEFF, *La direction générale des Impôts et la politique fiscale en France de 1948 à la fin des années 1960 : modernisation et adaptation de la fiscalité aux règles du marché.*

1974 des centres de gestion agréés, obligation d'informer les contribuables vérifiés des résultats de la vérification, création en 1976 de l'interlocuteur départemental chargé de trouver une solution aux problèmes rencontrés à l'occasion d'un contrôle fiscal et qui a un rôle de conciliateur entre l'administration fiscale et le contribuable.

Concernant les garanties accordées aux contribuables vérifiés, la commission Aicardi de 1987 insiste sur le rôle prépondérant des procédures d'office dans l'accroissement du caractère conflictuel des rapports entre l'Administration et les contribuables. Les procédures d'office feront ainsi l'objet de réformes à partir de 1987 et notamment par la loi de finances pour 1987.

LE MÉTIER DE VÉRIFICATEUR

Les auteurs figurant dans ce chapitre ont connu, pour certains d'entre eux, les débuts de la polyvalence dont le principe a été mis au point par Maurice Lauré qui dirigeait le service d'Études et de Contrôle fiscal comme le rappelle Dominique Mignucci : « Il eut la conviction que pour réprimer la fraude fiscale existant en France et empêchant notre pays de se rétablir rapidement, il était nécessaire de multiplier, dans toute la mesure du possible, les vérifications de comptabilité. L'idée de polyvalence découlait d'une simple constatation : lorsqu'il subissait une vérification de comptabilité, un contribuable était dérangé deux fois s'il était une personne physique et trois fois s'il était une personne morale. […] M. Lauré avait décidé qu'il serait plus rationnel que ce soit le même inspecteur, quelle que soit son administration d'origine, qui soit compétent pour l'ensemble des impôts et taxes dus par le contribuable vérifié ».

Le terme « polyvalent » a été trouvé par Maurice Lauré, polytechnicien de formation, qui l'a emprunté à la chimie : les corps chimiques polyvalents sont nommés ainsi parce qu'ils peuvent s'unir à plusieurs corps, d'où l'analogie avec les fonctionnaires des Impôts polyvalents qui contrôlent à la fois les impôts directs, indirects et les droits d'enregistrement[29].

Sont relatées, dans les extraits qui permettent de suivre l'évolution des méthodes de contrôle, les expériences :

- de contrôle unique : « La fusion des régies se manifesta tout d'abord, au plan local, par des vérifications faites en commun par trois agents, chacun œuvrant dans sa spécialité ; cet aspect " commando " était assez mal supporté par le contribuable qui voyait faire irruption chez lui – parfois à l'improviste – trois individus, certes bien élevés, mais animés d'intentions sinon agressives, du moins inquisitoriales » (P. Lheureux) ; « l'entente entre les trois vérificateurs était parfaite » (G. Colomb) ;

---

29. Laure Agron, *Histoire du vocabulaire fiscal*, LGDJ, 2000, p. 38.

- de bivalence (vue par des enregistreurs qui, spécialisés en contrôle « S », c'est-à-dire chargés de contrôler l'impôt sur le revenu des valeurs mobilières, vérifient également les impôts sur les bénéfices des sociétés ; regroupés en brigades départementales, les inspecteurs « S » vérifient l'impôt sur les sociétés, les impôts directs dus par leurs dirigeants et ceux recouvrés par l'Enregistrement) : « Une brigade bivalente étant créée dans le département à l'aide d'agents volontaires, sous la direction d'un inspecteur principal, tous issus de l'Enregistrement, je fus chargé, en tant que rédacteur, d'examiner les rapports de vérification provenant des deux anciennes régies et de les exploiter pour ce qui nous concernait ; je fus ainsi appelé à effectuer à Paris un stage d'extension de compétence » (L. Traissac) ;

- de règlement d'ensemble ;

- de brigade de contrôle des revenus : « Me voici désigné pour étoffer la brigade de contrôle des revenus dirigée par M. Macart. M. Lauré avait en effet décidé la création de " brigades spéciales " en vue de contrôler efficacement certains contribuables dont les revenus étaient quelque peu difficiles à saisir mais menant grand train de vie » (P. Lheureux).

On voit que les agents chargés du contrôle de l'impôt sont au préalable formés dans des centres de perfectionnement où ils renforcent leurs connaissances en comptabilité commerciale et étudient les applications de la fiscalité en matière de vérifications : « Ma première année d'activité est plutôt décousue en raison des événements du mois de mai 1968 et d'un stage d'extension de compétence en matière de TVA que j'effectue au cours du dernier trimestre de l'année. Stage d'une réelle importance dès lors que la TVA est généralisée depuis le 1er janvier 1968 » (J-P. Romanetti).

Mais c'est surtout le métier de vérificateur (le vérificateur est l'agent de l'administration fiscale, ayant au moins le grade de contrôleur des Impôts, chargé d'opérations de contrôle sur place : vérification de comptabilité, ou examen contradictoire de la situation fiscale personnelle : anciennement VASFE[30]), « un métier pas tout à fait comme les autres » (A. Bérard), exercé en brigades de vérifications générales ou au sein de grandes directions nationales (DVNI, DNEF), qui est décrit dans ce chapitre.

Quelle est sa spécificité ? « Elle tient à un fait majeur : le vérificateur travaille chez le contribuable et dans l'entreprise, en aucune manière dans des bureaux administratifs pour les constats à effectuer. Au surplus, il y travaille habituellement seul, sans aucune collaboration, c'est-à-dire qu'il ne bénéficie alors d'aucun soutien moral, celui que conférerait la participation simultanée de collègues dans les mêmes lieux » (A. Bérard).

---

30. Voir note n° 33.

La solitude du vérificateur est un thème souvent repris. Si le vérificateur dispose d'une grande liberté d'action (thème également récurrent), organise son travail comme il l'entend (c'est « la profession libérale de l'Administration », R. Pouyfourcat), travaille chez lui lorsqu'il a fini ses interventions sur place, ce qui explique que pour nombre d'auteurs le souvenir de ce métier évoque « les années les plus heureuses » de leur carrière, « la solitude demeure la compagne habituelle : seul à chaque séance, au siège de l'entreprise offrant silencieusement un front uni composé du président directeur général ou du gérant, du chef comptable, de l'expert-comptable, du conseiller juridique ; seul, à nouveau, dans le silence de son bureau ; seul, de retour dans l'entreprise, pour présenter verbalement les conclusions, prêt à affronter les assauts d'un aréopage sur le qui-vive ; seul, pour rédiger le projet de notification de redressements soumis à la perspicacité d'un chef de brigade vigilant et attentif au moindre détail ; seul, encore, pour établir un rapport ; et, si l'affaire bifurque vers le contentieux, il faudra assumer, toujours seul, la défense de ce dossier devant les instances compétentes, tout en supportant néanmoins une continuelle tutelle de la hiérarchie » (A. Boyer).

Maître de ses initiatives, sous réserve des instructions de son chef de brigade, le vérificateur, malgré son indépendance, est tenu par une obligation de résultats : il doit effectuer douze à quatorze vérifications par an (les inspecteurs des services d'assiette sont tenus de rendre environ cinq vérifications par an, en général) choisies parmi les contribuables dont le contrôle a été programmé[31] (« Ce ne fut qu'à partir de 1955, avec la création de brigades polyvalentes, que des orientations virent le jour, orientations nationales et départementales qui désignaient les familles professionnelles à vérifier » : J. Ustariz), rédiger un rapport à l'issue de chaque vérification[32]. Pour respecter les échéances de son programme de vérification, il se soumet donc à une discipline stricte.

La recherche du rendement, au détriment parfois de la qualité des vérifications, est quelquefois dénoncée :

« Il nous était demandé quatorze vérifications par an. [...]. Mais ce qui déplut à l'ancien " enregistreur ", ce fut progressivement la nécessité du rendement. [...]. Peu à peu, la " fiche statistique ", devenue simplement " la fiche ", aboutit à la course à la fiche. À l'extrémité du principe, on trouvait de gros redressements

31. Des structures de sélection des dossiers, d'élaboration des programmes de vérifications, se mettent en place au niveau départemental au fur et à mesure que les services de base et de contrôle spécialisés sont réorganisés. Au niveau central sont définies les grandes orientations à donner à la programmation du contrôle fiscal.

32. « L'établissement d'un rapport de vérification est, pour l'agent vérificateur, une excellente discipline, qui l'oblige à préciser et à contrôler ses idées. C'est également, pour ses supérieurs, un moyen d'apprécier la qualité du contrôle. Le rapport est, enfin, un document auquel il est possible de se reporter lorsque surgissent des difficultés postérieures à la conclusion de la vérification, ou pour préparer une vérification ultérieure » : extrait de *Dix ans de contrôle fiscal en France*, Ministère des Finances, février 1955.

jamais acceptés qui, après avoir traîné pendant des années au contentieux, étaient souvent abandonnés. Mais ça faisait une " belle fiche " au montant jamais recouvré » (R. Pouyfourcat).

La question est de savoir comment concilier un travail approfondi avec des normes de production annuelle satisfaisantes.

Le travail de vérificateur, et c'est son aspect positif, permet d'appréhender les réalités économiques et sociales dans leur complexité : « Ce métier a été pour moi une source jamais tarie de l'approche d'activités professionnelles très différentes, de la connaissance des hommes aussi bien pour ce qui est du caractère que des mentalités » (G. Saquer).

Les relations avec les contribuables vérifiés ne sont pas forcément conflictuelles car « le vérificateur, aussi, informe, explique, rassure » (J. Calvez) : « Un an après, le contribuable m'a rencontré par hasard et m'a remercié de la vérification. [...] Le contrôle avait eu pour effet d'assainir son entreprise et ne lui avait en définitive rien coûté » (G. Gény). De fait, des liens se créent avec les contribuables, même si « les accueils à bras ouverts n'étaient pas toujours aussi sincères qu'ils pouvaient paraître à première vue » (E. Cocar), avec les comptables (« On savait s'apprécier mutuellement et en tirer les conséquences appropriées », A. Boyer).

Cela reste un métier difficile, « il exige d'excellentes connaissances techniques, du flair, de la diplomatie et du bon sens. Si les contribuables qui reçoivent un avis de vérification sont généralement anxieux, c'est également le cas de beaucoup de vérificateurs débutants » (L. Traissac). Le climat dans lequel se déroule une vérification dépend non seulement de la nature et de la quantité des irrégularités décelées par le vérificateur, qui doit faire preuve de prudence et de fermeté, mais aussi de son attitude.

Le vérificateur peut se trouver confronté à des situations particulièrement délicates dont les extraits fournissent quelques exemples : agressions de la part de contribuables, intimidations en tout genre, tentatives de corruption (« Il poussa sur la table dans ma direction une grosse enveloppe : « Monsieur l'inspecteur, on pourrait peut-être s'arranger... », R. Pouyfourcat), interventions politiques remettant en cause ses conclusions et « le fait même qu'il est seul à se livrer aux opérations de contrôle lui ôte pratiquement la possibilité de prouver les agissements irréguliers à son encontre et d'en tirer les conséquences » (A. Bérard), sans compter qu'il ne se sent pas toujours assez soutenu lorsque survient un incident que l'Administration préfère ignorer : « Nous étions poussés par l'administration fiscale (c'est son rôle...) ne voulant quand même pas trop de vagues » (A. Seeten).

Quelles sont les techniques de vérifications les plus couramment employées ? Il y en a ici plusieurs illustrations : reconstitutions de recettes, comptabilité matière (les stocks permettent de reconstituer une comptabilité en partant d'éléments matériels), « VASFE »[33], utilisation des recherches et recoupements, etc. Le vérificateur s'appuie parfois « sur des monographies qui l'informent en détail du fonctionnement – méthodes de vente, modalités de fabrication, normes professionnelles – de chaque type de commerce ou d'industrie qu'il a à vérifier » (J. Hussonnois).

Le rôle du « chef de brigade », qui ne fait pas de vérifications mais encadre le travail des vérificateurs, les informe de l'évolution de la législation fiscale, suit le déroulement des vérifications, aide à leur conclusion, supervise les rapports de vérifications (« Monsieur vu et transmis » ?) est précisé à travers certains témoignages. Compte tenu de l'organisation de leur travail, les vérificateurs ont une conception de leurs rapports professionnels avec la hiérarchie différente de celle qui prévaut dans les autres services. Si le chef de brigade a un rôle d'animation et de coordination semblable à celui des autres inspecteurs principaux, il peut quelquefois être considéré comme un « associé » direct dans les opérations de vérification.

Enfin, une partie des extraits est consacrée au poujadisme et au Cid-Unati vus à travers quelques anecdotes qui relatent l'origine, le développement de ces mouvements et montrent quelles sont les motivations des contribuables en révolte contre le fisc ainsi que la façon dont se déroulent les manifestations d'opposition à contrôle fiscal[34] auxquelles les vérificateurs doivent faire face.

33. *VASFE* : vérification approfondie de situation fiscale d'ensemble, remplacée plus tard par l'examen contradictoire de la situation fiscale personnelle : ESFP. Elle a pour but de rechercher la cohérence entre, d'une part les revenus déclarés et, d'autre part, la situation patrimoniale, la situation de trésorerie et les éléments du train de vie.

34. Lorsque le contrôle fiscal ne peut se dérouler normalement du fait du contribuable ou d'autres personnes, il y a opposition au contrôle fiscal (opposition individuelle ou collective). Dans ce cas, le vérificateur est en droit d'évaluer d'office les bases d'imposition sans formalité préalable. La procédure d'imposition d'office déroge à la procédure normale, qui est contradictoire, et s'effectue sans que le contribuable puisse exposer sa position. Ce dernier supporte la charge de la preuve s'il conteste l'imposition. Les rappels de droits mis à sa charge sont assortis d'une lourde majoration (150 % actuellement) et le contribuable vérifié, exclu des travaux des commissions administratives des Impôts, peut se voir infliger, outre des sanctions fiscales, des sanctions pénales prononcées par le tribunal correctionnel.

Choix de textes

LES CONTRÔLES FISCAUX

1942-1985

PREMIÈRES BRIGADES DE VÉRIFICATIONS

Fin 1942, sont créées des brigades de vérifications, qui ne sont pas encore polyvalentes, les régies n'étant pas fusionnées. À Nancy, j'y suis affecté ainsi que deux collègues beaucoup plus âgés que moi. Je ne gérerai plus jamais de contrôle en France. Mon expérience aura été de courte durée et se sera, de plus, située dans un contexte très particulier : la prise en charge momentanée de secteurs dépourvus de titulaire depuis plusieurs mois, nécessitant un travail de rattrapage en parant au plus urgent.

Les brigades de vérifications ayant été constituées pour une part majeure avec des agents anciens n'ayant pas bénéficié des programmes que nous avons connus à Bordeaux, l'Administration juge, à juste titre, indispensable de soumettre à un stage de perfectionnement tous ceux qui y sont affectés. Nous sommes donc rassemblés à Paris en janvier 1943.

Dans les circonstances particulières à l'époque, un transfert à Paris implique, pour chacun d'entre nous, des difficultés d'ordre matériel et quasi vital qu'il est difficile d'imaginer en 1996. La France survit, plutôt mal, avec les cartes d'alimentation, les quelques produits non rationnés et le recours à d'éventuelles relations campagnardes. Passons sur le « marché noir » qui, outre les réserves morales qui s'imposent, n'est pas à la portée d'une bourse de contrôleur CD ! [...]

C'est dire que les mois de février et mars 1943, passés à Paris, n'ont pas laissé le souvenir d'une partie de plaisir.

Pourtant, techniquement parlant, théorie et pratique se conjuguant heureusement ont fait de ce stage le complément utile et intéressant d'une formation comptable antérieure et de ce qu'a pu m'apprendre le *Précis de vérification de comptabilité*, édité par Francis Lefebvre. Il est dommage seulement qu'il se soit déroulé dans des conditions aussi calamiteuses.

De retour à Nancy, nous prenons nos fonctions sur le terrain. Nous ne nous retrouvons que pour des réunions (dont la périodicité m'échappe maintenant) au cours desquelles nous faisons avec le chef de brigade le point de l'état d'avancement de nos travaux et des difficultés que nous pouvons rencontrer, qu'il s'agisse des recherches préalables, de la vérification comptable proprement dite, des pénalités, des risques de contentieux, etc.

Les dossiers des entreprises à vérifier nous sont remis par le chef de brigade, qui ne participe jamais aux travaux sur place. Ils sont répartis entre nous avec le souci d'une relative spécialisation en vue d'un meilleur rendement, par une meilleure connaissance des activités exercées par nos justiciables. Cela n'exclut pas cependant une grande diversité. C'est ainsi que, parmi d'autres, j'ai eu dans mon lot : une fabrique d'outillage de précision, des usines de chaussures, une fabrique d'appareils de pesage, des restaurants, un fondoir industriel, une confiserie industrielle, etc.

Cette diversité est infiniment plus attrayante que le travail quelque peu répétitif et abstrait effectué sur dossiers dans un contrôle, d'autant plus vivante aussi qu'elle se double de la nécessité de comprendre, avant toute chose, le fonctionnement de chaque entreprise vérifiée, y compris dans ses aspects techniques.

Fort agréable également est la liberté de planifier à son gré son activité entre les travaux de bureau (étude préparatoire des dossiers, courrier, rédaction des rapports) et les travaux extérieurs (vérification sur place, recherches…). Et non négligeable non plus est l'absence de bureau à l'extérieur qui fait confondre chez soi et lieu de travail ; d'autant moins négligeable au surplus, en cette période de disette, qu'elle permet d'obtenir une petite dotation de charbon pour le chauffage !

Notons au passage que, sur le plan de la procédure, les choses étaient beaucoup plus simples il y a un demi-siècle que de nos jours. L'action du vérificateur n'était pas entravée par un arsenal de règles complexes né du souci de protéger le contribuable contre les excès de cruauté des agents du fisc (! ?), mais dont l'effet le plus marquant est de faciliter les manœuvres échappatoires de fraudeurs en mesure de financer les services de conseillers juridiques retors. […]

Avec la Libération, la brigade se voit chargée de nouvelles missions, en premier lieu, l'échange des billets de banque, par lequel sont poursuivis plusieurs objectifs, notamment :

- neutralisation des coupures pouvant encore être mises en circulation par l'occupant, dans les zones non libérées entre autres ;

- neutralisation aussi des « lessiveuses de billets », ainsi que l'on dit à l'époque, que les trafiquants du marché noir n'osent sortir de leur cachette par crainte de représailles ou de sanctions ;

- détection des bénéfices illicites de ceux qui, ne nourrissant pas les mêmes craintes, n'ont pas eu la prudence de les convertir en placements discrets.

Cette opération ne présente aucune difficulté et se traduit simplement par des tournées spéciales pour lesquelles, cette fois, un véhicule nous est fourni, marchandise transportée oblige !

L'autre mission dont on nous charge est apparemment non moins salutaire, mais parfois d'une opportunité beaucoup plus contestable qu'il n'y paraît de prime abord.

Il s'agit d'opérer pour le compte du Comité de confiscation qui vient d'être créé et regroupe, si je me souviens bien, à l'échelon départemental, sous présidence préfectorale, les administrations intéressées. Sont passibles de confiscation, aggravée, le cas échéant, de lourdes pénalités, tous les profits qualifiés d'illicites, qu'ils résultent d'activités frauduleuses au regard des réglementations en vigueur, ou qu'ils aient été acquis dans des opérations traitées avec l'ennemi. Cela peut englober depuis les gains du marché noir jusqu'aux bénéfices fiscalement non déclarés dont l'origine légale ne peut être démontrée.

Il est à peine besoin de préciser que, dans les circonstances particulières du moment, la sélection des contribuables dont la situation doit être vérifiée se fait autant sur dénonciations que sur la base de la notoriété publique évidente.

Raymond Gradelet

Enquêteur du Comité de confiscation des profits illicites

De la rédaction au contentieux de la direction à la vérification des comptabilités dans l'ensemble du département, il y avait un monde et je n'étais pas tellement rassuré en m'installant à mon nouveau poste.

D'abord, pour vérifier une comptabilité, il fallait au moins savoir la lire et les quelques leçons reçues au stage de Bordeaux ne me laissaient à cet égard que de vagues souvenirs.

D'autre part, alors que le rédacteur bénéficiait d'un environnement technique et humain favorable, éventuellement protecteur, le vérificateur était un homme seul, seul chez lui pour étudier et conclure ses dossiers, seul surtout chez le contribuable vérifié, lui-même entouré de ses conseils et de son personnel.

Au surplus, les vérificateurs spécialisés des trois régies financières étaient exclusivement chargés, à l'époque, des enquêtes ordonnées par le Comité départemental de confiscation des profits illicites. Ce Comité était chargé de récupérer au profit du Trésor public les « bénéfices de guerre » réalisés du 1er septembre 1939 au 4 juin 1945. On entendait par là, d'une part, les bénéfices réalisés avec les Allemands, réputés illicites par nature, même en cas de réquisition et, d'autre part, les profits réalisés en infraction, à la réglementation économique (marché noir, ventes sans factures, etc.). Ces profits illicites étaient intégralement confisqués et leur montant pouvait encore être augmenté d'amendes considérables en cas, notamment, de collaboration économique avec l'ennemi.

Les citations étaient prononcées souverainement par le Comité, qui recueillait à cet effet les renseignements nécessaires auprès des services fiscaux, du Contrôle économique, de la police et de la gendarmerie, ainsi que des Comités locaux de Libération. Il appartenait bien entendu au Comité de comparer et d'apprécier les indications reçues, qui étaient parfois trop « générales », comme celle-ci par exemple, concernant divers cafetiers du chef-lieu : « Pendant toute la guerre, a vendu de plus en plus cher un vin de moins en moins bon dans des verres de plus en plus petits ». Cela dit, les personnes citées étaient invitées à fournir une déclaration détaillée de leurs biens et revenus pour la période de guerre. Le dossier constitué était confié pour enquête à l'un des inspecteurs mis à la disposition du Comité, qui établissait un rapport sur ses constatations et conclusions. C'était ensuite au vu de ce rapport et de l'ensemble des pièces du dossier que le Comité prenait sa décision, qui était notifiée au redevable ainsi qu'au trésorier payeur général chargé du recouvrement.

Dans les premiers temps, les intéressés ne pouvaient même pas obtenir la communication de leurs dossiers ; et si, par la suite, leurs moyens de défense s'améliorèrent (possibilité d'appel devant le Conseil supérieur siégeant au plan national ou de demande de révision au Comité mieux informé), ils restaient, de toute façon, très inférieurs à ce qu'ils eussent été en matière fiscale.

Il s'agissait donc d'une véritable épuration économique et financière et les enquêteurs sans uniforme, qui étaient seuls au contact, étaient accueillis sans chaleur particulière. [...]

Je me souviens encore, comme si c'était hier, de ma première intervention. J'étais allé à Morez (Jura) avec mon collègue et je n'étais pas très faraud en me présentant à 8 heures chez mon « client », un fabricant de lunettes qui ne semblait d'ailleurs pas plus à l'aise que moi. On me présenta des liasses de factures, des livres auxiliaires et un centralisateur tenu selon le système de la « balance carrée » qui était à l'époque celui de la Fiduciaire de France. Je voyais sur la balance des chiffres sans libellé, en long, en large et en travers et c'est seulement en me faisant expliquer un certain nombre d'opérations à partir des livres auxiliaires ou des factures que je commençai à comprendre le mécanisme des comptes. Mais mon inexpérience n'avait pas échappé au conseil de mon client et j'en étais d'autant plus vexé que ledit conseil était un ancien commis « défroqué » de mon administration. Toutefois, la superbe du susdit s'effrita quand je sortis de ma serviette des bulletins de renseignements rédigés par un inspecteur principal des Indirectes, qui avait relevé à la poste de Morez les expéditions de colis faites pendant la guerre par les lunetiers de la ville. Dès les premiers pointages, il apparut que toutes les ventes de mon client par la poste n'avaient pas été comptabilisées. L'espoir changea de camp, le combat changea d'âme, l'inspecteur reprit le pas sur l'ancien commis et il n'y eut plus qu'à récapituler les manquants, puis à procéder à un calcul global des revenus non déclarés, réputés illicites dans leur ensemble.

De cette enquête et de celles qui suivirent, je pus tirer ainsi des enseignements essentiels qui me serviraient tout au long de ma carrière.

D'abord, contrairement à ce que j'avais pensé, on arrivait très vite sur le terrain à comprendre le jeu des comptabilités présentées ; il suffisait pour cela d'un peu de logique et d'attention à partir des explications que le comptable était tenu de fournir sur sa méthode.

Ensuite, la vérification des comptabilités ne consistait pas, ou pas seulement, à rechercher par de nombreux pointages des erreurs comptables ou des frais et débits injustifiés ; elle devait aussi, et même surtout, comporter un contrôle des recettes par l'extérieur, soit par l'utilisation des bulletins de recoupements, soit par la comparaison globale de l'enrichissement du contribuable avec les revenus déclarés pour la période considérée.

Or nous disposions précisément, sur la période de guerre, d'un exemplaire des déclarations d'impôt de solidarité nationale[1] transmis par l'Enregistrement, ainsi que des déclarations de biens et revenus obligatoirement souscrites par les personnes citées devant le CCPI. Il y avait eu aussi un échange des billets au 4 juin 1945 et nous avions ainsi des renseignements précieux sur les patrimoines et les revenus réels de nos clients, cela en des temps anciens où les moyens informatiques étaient inconnus. [...]

Quand mes enquêtes pour le CCPI furent terminées, je repris, ou plutôt je pris mes fonctions d'inspecteur-vérificateur des Contributions directes. [...]

Il faut bien reconnaître toutefois que les enquêteurs du CCPI avaient opéré dans un contexte particulier : une période bien délimitée, une législation d'exception justifiée par une situation elle-même exceptionnelle (la guerre), des pouvoirs administratifs d'abord discrétionnaires et peu limités par la suite, une opinion publique largement favorable. Il n'en reste pas moins que, sous réserve des adaptations nécessaires et de démonstrations préalables, la méthode dite de « l'enrichissement » ou de « la caisse privée » est restée un moyen utile de contrôle des revenus.

Lucien Perreault

---

1. *Impôt de solidarité nationale* : Voir note n° 19 du chapitre IV et note n° 11 de l'introduction au chapitre IV.

Confiscation des profits illicites

L'Occupation fut un temps très favorable pour les « margoulins » de tout genre dont certains s'enrichirent soit en se mettant au service des autorités d'occupation, soit en se consacrant au marché noir ou à toutes sortes de combinaisons plus louches les unes que les autres. Les autorités de la Libération créèrent des comités de confiscation des profits illicites, pour faire rendre gorge, si possible, à ces mauvais citoyens.

Ces comités n'intéressaient pas directement l'Enregistrement et je ne puis rien dire de la procédure qu'ils pratiquaient, si ce n'est qu'ils utilisaient des agents des Contributions directes en tant qu'enquêteurs. Cependant, nous en avions des échos par notre directeur qui en était membre comme ses collègues des Contributions directes et des Contributions indirectes, ainsi que le trésorier payeur général.

Notre directeur nous raconta comment se passa la séance inaugurale, très caractéristique de l'humeur qui régnait parfois à cette époque.

Au nombre des membres du Comité figurait un représentant du Comité départemental de Libération qui arriva, l'air farouche, regarda tout le monde, s'assit au bout de la table et sortit de sa poche un gros revolver qu'il posa violemment devant lui. Tout diplomate qu'il fût, M. C. se demanda ce que cela signifiait.

Les choses ne tardèrent pas à se régulariser et les Comités se mirent à fonctionner avec le doux ronronnement des services administratifs bien huilés, mais sans que les décisions emportent toujours l'adhésion des chefs des services financiers. Je les entendis parler, notamment, d'une certaine personne qui, grâce à la protection d'un certain parti, avait échappé à toutes mesures confiscatoires alors qu'on s'en était pris à un cafetier du quartier, motif pris qu'il avait commercé avec des soldats allemands. Nous nous demandions comment ce pauvre type aurait pu refuser de servir ces soldats lorsque, par hasard, ils venaient s'asseoir à sa terrasse.

Louis Traissac

Un travail entièrement nouveau

Le 14 décembre 1948, une circulaire directoriale m'enjoignit, ainsi qu'à mes camarades, d'aller à Lyon, suivre une série de conférences en vue de développer le contrôle extérieur, en liaison avec les agents des autres régies, en particulier des Contributions directes. On perfectionnerait aussi les contrôleurs de l'Enregistrement en matière de chiffre d'affaires et en particulier des taxes dues par les services bancaires, les marchands de biens, les lotisseurs, qui relevaient du service de l'Enregistrement. Étaient programmées, aussi, des notions pratiques de comptabilité communale.

Ce stage était prévu pour un mois minimum et devait être complété par des travaux pratiques (vérifications d'entreprises). À noter, cependant, qu'aucun contact n'était prévu avec les Contributions indirectes…

Ce stage ne fut pas inutile, notamment la mise à jour des notions de comptabilité commerciale, bien oubliées depuis l'École de Lyon, et le contact sur le terrain avec des entreprises industrielles et commerciales. La mise en application des enseignements de ce stage n'allait pas tarder.

Une note du 15 février 1949 décida mon affectation, à l'expérience de contrôle unique dans l'ensemble du département. De quoi s'agissait-il ?

Une équipe était constituée en vue de procéder à la vérification d'entreprises commerciales ou industrielles. Au début, deux agents y participaient (Contributions directes et Enregistrement) puis ils furent assez rapidement rejoints par un vérificateur des Contributions indirectes. Autrement dit, la brigade devenait polyvalente.

C'était un travail extrêmement nouveau, parfois difficile, car le contact avec les assujettis manquait de cordialité ! Ce qui, à vrai dire, était normal.

Par contre, l'entente entre les trois vérificateurs était parfaite. Nous parcourions le département de l'Ain en privilégiant les zones industrialisées et, en principe, désignées par un inspecteur principal chargé de coordonner notre action. […]

L'ambiance était généralement tendue, le premier jour. Le « vérifié » était représenté par son comptable habituel et, parfois, dans les entreprises importantes, par un conseiller fiscal. La collaboration entre les trois agents était très efficace et cordiale. L'enregistreur apprit beaucoup car ses camarades étaient des agents déjà anciens et formés à la technique de la vérification.

Le camarade des Contributions indirectes, en particulier, était un ancien major de l'École de Reims et doté d'une mémoire remarquable. Il était accompagné souvent de son beau-père encore en fonction qui représentait la vieille Régie. C'était un Corse égaré sur le continent, qui avait un sens développé de la persuasion, très utile lors de la conclusion d'une vérification.

Théoriquement, le contribuable disposait d'un délai de vingt jours pour accepter les redressements imposés. Mais nous arrivions, souvent grâce à notre ancien, à une acceptation *in fine*. La rédaction du rapport m'incombait (après accord amiable) ainsi qu'au vérificateur des Contributions directes et au camarade des Contributions indirectes pour la partie TVA. Une dactylo assurait la frappe.

Le rendement était très variable, parfois important dans des affaires passibles de profits illicites, réalisés pendant l'Occupation. Il était difficile d'établir l'existence d'une double comptabilité, il aurait fallu procéder à des perquisitions qui nous étaient interdites.

Nous étions persuadés que certaines entreprises étaient des spécialistes en la matière. Mais les méthodes préconisées par les « monographies » établies par type de profession donnaient des résultats aléatoires et facilement contestables.

Par la suite, l'Administration créa des brigades de recherches qui donnèrent de bons résultats. Par exemple, l'examen des ventes de matières premières d'une entreprise A à une entreprise B pouvait révéler des anomalies dans la transformation et la fabrication ressortant de la comptabilité de B.

Mais cela impliquait un travail de recherches difficile à assumer dans les délais qui nous étaient impartis pour clore un dossier.

Georges Colomb

« Une pièce de théâtre »

Libérés en partie du contrôle de l'impôt de solidarité[2], plusieurs inspecteurs ont suivi un stage à Dijon.

Ce stage avait pour but d'initier les inspecteurs à leurs nouvelles tâches de vérificateurs ; il portait sur la comptabilité commerciale, avec cours pratiques suivis d'exercices.

À tour de rôle, un inspecteur principal de chaque régie venait nous donner des renseignements élémentaires sur l'organisation et la compétence de sa régie. C'était l'amorce des vérifications de comptabilité et cela s'articulait avec la loi du 9 décembre 1948 sur l'impôt sur les sociétés.

Par la loi du 9 décembre 1948, l'impôt sur les sociétés a été institué alors que jusqu'à présent, les sociétés étaient soumises à l'impôt sur les bénéfices industriels et commerciaux. Une situation nouvelle qui mettait en concurrence deux administrations : les Contributions directes pour l'impôt sur les sociétés, l'Enregistrement pour l'impôt de distribution.

Devant la dualité des deux administrations concernant l'impôt des sociétés, en Meurthe-et-Moselle, il a été établi un *modus vivendi* : trois inspecteurs de l'Enregistrement dont je faisais partie ont été chargés de vérifier sur pièces la

---

2. *Impôt de solidarité nationale* : Voir note n° 19 du chapitre IV et note n° 11 de l'introduction au chapitre IV.

moitié des sociétés de Nancy, tant au point de vue de l'impôt sur les sociétés que de l'impôt de distribution. [...]

Le 6 avril 1950, apparition du Code général des Impôts, pour l'ensemble des impôts et taxes en vigueur en France métropolitaine et d'outre-mer. [...]

D'abord le contrôle unique opéré par trois vérificateurs chacun dans sa matière. Puis la bivalence : Enregistrement-Directes ; Indirectes-Directes.

Ensuite la polyvalence ; à la suite de stages, chaque vérificateur était compétent pour l'ensemble des impôts et taxes auxquels l'entreprise était soumise. Nous avons assisté en 1954 à la création de la TVA faisant suite aux différentes taxes et droits indirects.

La vérification apparaissait comme une pièce de théâtre où il fallait situer chacun et rechercher le rôle qu'il tenait au sein de l'entreprise et le vérificateur devait souvent faire preuve de plus de psychologie que de connaissances comptables et fiscales. Il n'était pas inutile de prendre une heure ou deux à bavarder de la pluie ou du beau temps, des enfants, de la famille, des loisirs et apprendre :

- que la bonne au service des dirigeants était appointée par l'entreprise ;

- que le bateau utilisé pour les croisières était aussi immobilisé dans l'entreprise ;

- que le château soi-disant affecté au service social du personnel était, en fait, la résidence des dirigeants et de leur famille.

Quelques vérifications prises au hasard montrent la complexité et les qualités dont devait faire preuve le vérificateur, qui avait seul à faire front en face : du chef d'entreprise, du comptable, de l'expert-comptable, de l'expert-fiscal et, parfois, d'un avocat. Et lorsque l'un était à bout d'arguments, un autre enchaînait ; pour vous défendre, vous n'aviez que votre logique et votre patience.

Le vérificateur opérait sans distinction de spécialités. Chez un fabricant de beurre et fromage, il devait suivre le cheminement de la matière grasse ; dans d'autres entreprises, il fallait souvent faire un dépouillement des produits achetés et vendus et un comptage très long pour déterminer que le bénéfice ressortant de la comptabilité était minoré.

Vérifiant un marchand de meubles dont le bénéfice brut apparaissait très faible, j'ai dû faire un comptage de tous les articles achetés et vendus. La difficulté résidait dans le fait qu'une salle à manger représentait huit articles, une chambre à coucher quatre articles, ce qui a fait dire à l'expert-fiscal (un ancien de l'Administration) que j'avais additionné des choux et des navets et j'ai dû le convaincre que, si un commerçant achetait vingt choux et vingt navets et que dans la vente, on ne retrouvait que 20 choux ou navets, il manquait 20 articles (choux ou navets) sauf si on justifiait des pertes.

Mon comptage a permis de démontrer qu'entre les achats et les ventes, il y avait un nombre très important de manquants et de ce fait, j'ai pu redresser le bénéfice.

Antoine Duchet

Du contrôle unique à la polyvalence

Le contrôle unique : il s'agissait d'une expérience de contrôle fiscal, tentée par l'Administration, dès l'année 1948, dans cinq départements je crois, dont celui de la Gironde.

À cet effet, trois brigades avaient été créées, dirigées respectivement par un inspecteur principal de chacune des trois administrations. Chaque brigade comprenait deux agents des Contributions directes, deux agents des Contributions indirectes et deux agents de l'Enregistrement. À l'intérieur de la brigade, toutes les compétences se trouvant ainsi réunies, chaque vérificateur devait procéder au contrôle des trois impôts (directs, TVA et enregistrement).

Des affinités se formèrent, plus particulièrement entre agents des CI et de l'Enregistrement qui procédaient ensemble aux vérifications. Rares étaient les solitaires.

Cette expérience donnait, dans le département, de très bons résultats car après quatre années d'exercice, les vérificateurs avaient acquis la formation polyvalente.

En ce qui me concerne, spécialiste des TCA, j'ignorais tout des autres impôts. Je dus apprendre par mes propres moyens car mon prédécesseur, muté à Paris pour prendre son grade d'inspecteur, ne put en quarante-huit heures que m'indiquer sommairement la liste des travaux du secrétariat.

Le président, directeur des Contributions directes, me laissa « carte blanche », c'était son expression, à laquelle il ajoutait « pas d'em… », pour organiser mon travail qui consistait :

- à réunir à la demande des vérificateurs les dossiers CD, TCA, E des entreprises à vérifier ;

- préparer les dossiers des décisions des directeurs et les éclater sur chaque administration, pour taxations ;

- centraliser sur une fiche statistique unique les résultats de la vérification. Un exemplaire était adressé à la direction générale. […]

Bien que l'expérience se soit déroulée avec succès dans le département, tant par le nombre des vérifications que par leur qualité, bien que les agents soient devenus polyvalents, l'Administration supprima ce système pour le remplacer dès le mois de décembre par celui du « règlement d'ensemble ».

Avant la création du contrôle unique, les trois administrations n'avaient guère de contacts entre elles. Les quelques relations qui existaient entre les Contributions indirectes et les Contributions directes se limitaient à l'envoi par les CI aux CD de bulletins de renseignements (je crois qu'ils portaient le n° 395), établis à la suite des vérifications TCA.

Par ailleurs, des jalousies se manifestaient çà et là. J'ai entendu des propos fort critiques de la part d'agents d'une administration, jugeant sévèrement ceux de l'administration voisine considérée comme inférieure.

Le mixage à l'intérieur des brigades a rapidement effacé les préjugés. Après quelques mois de travail en commun, les agents ont reconnu la qualité des autres. Une véritable osmose s'est créée dans un esprit de complémentarité. Des liens de camaraderie se sont formés, plus particulièrement entre ceux qui travaillaient en tandem.

Ils ressentirent très mal la suppression du contrôle unique et la séparation se fit dans la tristesse.

Cet embryon de fusion avait été une réussite.

Pendant la durée du contrôle unique (1948-1952), le contrôle fiscal a connu une période de facilité presque excessive.

Avant l'amnistie Pinay, qui permit à de très nombreuses entreprises de régulariser leur situation, la fraude existait dans la majorité des branches du négoce ou de l'industrie. Elle atteignait parfois un niveau tel qu'elle contraignait les entreprises à frauder davantage afin de maintenir un équilibre apparent de la comptabilité.

Les vérificateurs la soupçonnaient presque partout et n'hésitaient pas à déclarer une comptabilité non probante s'ils découvraient quelques erreurs typiques du genre caisses créditrices, comptabilisation à la date d'un dimanche…

La reconstitution des résultats, la plus approchée possible des éléments de base (recettes-achats-stock), relevait parfois de l'approximation. Rares étaient les contestations devant une juridiction, les vérificateurs obtenaient les acceptations sans trop de difficultés. Je n'ai pas eu connaissance en Gironde d'excès quelconque mais il n'est pas exclu de penser qu'ils existèrent ailleurs puisque plus tard, vers les années 1965, des garanties furent offertes aux contribuables avec la charte du contribuable vérifié.

Ces garanties s'accompagnèrent d'une plus grande sévérité des juges à l'égard de l'Administration. Des présomptions, bien que concordantes, suffisaient rarement pour les convaincre.

Le règlement d'ensemble (décembre 1952-juillet 1955) [...] :

Ce système entraînait la suppression des trois brigades de contrôle unique et le retour des vérificateurs dans leur administration d'origine. Ils redevenaient monovalents dans leur spécialité.

Le corps des vérificateurs comprenait désormais :

- pour les impôts directs et les droits d'enregistrement, quatre brigades : trois de l'Enregistrement et une des Contributions directes soit une vingtaine d'agents, aidés par les inspecteurs divisionnaires des secteurs qui chacun devaient vérifier trois ou quatre affaires ;

- pour les TCA, huit brigades de trois à quatre agents complétées par les inspecteurs d'assiette ayant eux aussi un programme de trois à quatre affaires.

Ce système fut très lourd à gérer.

Les programmes visant les TCA étaient identiques à ceux concernant les impôts directs. Pour chaque affaire des Contributions directes, était indiqué le service homologue des TCA et inversement.

Selon les prescriptions, l'agent des CI devait intervenir le premier pour contrôler les TCA et plus particulièrement l'exactitude des recettes et du compte d'exploitation. Il devait informer le secrétariat du début de la vérification, lequel avisait immédiatement l'homologue des CD qui devait intervenir dès la fin du contrôle TCA.

Lorsque cette deuxième vérification était achevée, le secrétariat, c'est-à-dire moi-même,

- préparait un résumé explicite des redressements impôts directs et enregistrement qu'il vérifiait, motivait les pénalités (le service du contentieux des CI préparait le même travail pour les TCA) ;

- présentait l'affaire devant la réunion des directeurs qui se tenait une fois par mois pour harmonisation des pénalités ;

- annotait les dossiers et les bulletins d'imposition des décisions des directeurs et les acheminait sur les services d'assiette pour imposition supplémentaire ;

- assurait la centralisation des résultats sur une fiche statistique globale.

La direction générale, informée par la réception mensuelle des fiches statistiques, par le procès verbal de séance, et par les comptes rendus semestriels, suivait de très près le déroulement de l'expérience et demandait très souvent communication de dossiers, pour s'assurer de la qualité des vérifications et plus particulièrement de l'application des sanctions. Dans ce domaine, les observations n'étaient pas rares, le service de la DG se montrant souvent plus sévère que la réunion des directeurs.

Ce système connut un départ difficile, car les vérificateurs ne se montrèrent pas toujours disciplinés et travaillèrent parfois en ordre dispersé.

Les agents des Contributions indirectes, encouragés par leur syndicat, n'étaient pas favorables à cette nouvelle expérience, qu'ils jugeaient trop lourde et trop contraignante. Ils montrèrent leur mécontentement en entreprenant des vérifications différentes de celles prévues initialement avec l'agent homologue, chargé des impôts directs. Il s'ensuit que lors du premier compte rendu semestriel on relevait cent vingt dossiers TCA, soixante-dix dossiers impôts directs et seulement vingt règlements d'ensemble terminés au lieu de soixante-dix prévisibles.

Ce ne fut pas facile de justifier cette situation auprès de l'administration centrale.

Après mise au point sévère, les principes furent respectés et le secrétariat put présenter chaque mois une quarantaine d'affaires devant la réunion des directeurs. [...]

Outre les fonctions ci-dessus, le secrétaire disposait d'une brigade de recoupements qui travaillait sur programme national, départemental ainsi que, ponctuellement, à la demande des vérificateurs, qui très souvent, sollicitaient son concours.

Le travail de cette brigade, portant sur les branches professionnelles désignées, précédait d'une année l'inscription des affaires au programme des vérificateurs. Ses interventions, à la demande des vérificateurs, étaient très variées et allaient du simple rapprochement d'écritures, relevés de comptes clients ou fournisseurs, jusqu'à des travaux plus élaborés, contrôle des stocks notamment. [...]

En raison de la bonne volonté de chacun et d'un suivi de tous les instants, ce lourd système parvint à se rôder mais ne survécut pas à l'année 1955. L'Administration le supprima pour lancer une nouvelle expérience. La brigade des CD ainsi que trois brigades de l'Enregistrement devinrent polyvalentes. Parmi les vérificateurs CI, deux chefs de brigade et dix agents furent choisis pour former deux brigades supplémentaires.

Les vérificateurs CI non intégrés dans les brigades polyvalentes, les inspecteurs d'assiette et les inspecteurs divisionnaires des CD demeurèrent monovalents dans leur spécialité d'origine. [...]

La polyvalence, 1955-1966. Une nouvelle expérience venait de naître.

Après les stages de formation d'usage, impôts directs et droits d'enregistrement pour les agents CI et TCA pour ceux issus des CD et de l'Enregistrement, les six brigades qui réunissaient une trentaine d'agents se mirent au travail après élaboration des programmes.

Dans un but d'efficacité, l'Administration avait prescrit que chaque brigade soit spécialisée par famille professionnelle, espérant que cette spécialisation permettrait d'améliorer et d'accélérer les cadences. […]

Parallèlement aux vérifications polyvalentes, l'exercice des vérifications simples était dévolu à une dizaine de vérificateurs CI, aux inspecteurs d'assiette CI et aux inspecteurs divisionnaires CD.

Par rapport au règlement d'ensemble, ce système gagnait en simplicité puisque chaque vérificateur vérifiait seul tous les impôts, mais par contre, provoquait l'allongement de la durée des vérifications. En moyenne, les agents arrivaient difficilement à terminer dix affaires par an, car dans les premières années, ils se livraient à de véritables travaux d'expertise.

Par la suite, les pressions de l'Administration pour augmenter les cadences, en contraignirent certains à des travaux moins fouillés. […]

Comme à l'époque du « règlement d'ensemble », le secrétariat aidait matériellement les vérificateurs en leur constituant les dossiers complets des entreprises à vérifier et en leur fournissant tous les imprimés et la documentation nécessaires.

Jean Ustariz

« Le choix des affaires »

Lorsque j'étais jeune agent, chargé d'un secteur d'assiette, au cours des années 1948-1950, l'inspecteur principal nous encourageait à procéder à des vérifications que nous entreprenions sans trop d'enthousiasme mais en toute liberté. Aucune orientation n'était donnée sur le choix des affaires. Seul l'examen personnel des déclarations comportant des anomalies apparentes pouvait nous guider.

En 1950, je rejoignis en Gironde une brigade de vérifications. Le procédé était sensiblement le même. Le chef de brigade, aidé par des vérificateurs, glanait auprès des services d'assiette le maximum de renseignements susceptibles de déceler les affaires intéressantes. À défaut, on puisait au hasard dans les répertoires.

Hormis les vérificateurs lancés dans l'expérience de « contrôle unique » de 1948 à 1952 qui travaillaient sur listes, les véritables programmes virent le jour en 1952 avec la création du « règlement d'ensemble » qui, rappelons-le, visait tous les services du département, assiette et vérificateurs des trois régies.

Ces programmes n'avaient d'autre but que de coordonner l'action des agents et de les contraindre à effectuer un nombre imposé de vérifications, mais ils ne correspondaient à aucune directive qualitative.

Ce ne fut qu'à partir de 1955, avec la création de brigades polyvalentes, que des orientations virent le jour, orientations nationales et départementales qui désignaient les familles professionnelles à vérifier.

Les brigades de recoupements et de recherches organisaient leur travail dans le même sens, avec une année d'avance, dans le but, autant que faire se pouvait, de constituer des dossiers de base pour les vérificateurs.

La spécialisation des brigades par familles professionnelles n'intervint véritablement qu'avec la création de la direction régionale en 1966. Cette spécialisation devait permettre une meilleure connaissance technologique et comptable dont on attendait une amélioration des cadences et des rendements.

À défaut de pouvoir réaliser le contrôle exhaustif de toutes les entreprises de la région, les choix se portaient notamment sur celles dont les résultats présentaient des anomalies apparentes. [...]

Autrefois appelé « deuxième tour » par les Contributions directes, le contrôle sur pièces devait permettre le contrôle de toutes les déclarations d'impôt sur le revenu de l'inspection, dans la limite de la prescription.

Déjà en 1973, année précédant la création du CDI de Bordeaux-Ouest, de nombreuses inspections n'y parvenaient plus, notamment les services dont je devais prendre la charge. Il fallait donc trouver les moyens d'orienter le contrôle sur pièces sur des bases *a priori* positives.

Des statistiques que je tenais par nature de redressements me permirent, après trois ou quatre ans d'exercice, de découvrir les thèmes recelant le maximum d'erreurs ou de tricheries. C'est donc dans ce sens que j'orientai les travaux à l'avenir.

L'informatique joua également un rôle important, tout d'abord en permettant aux agents de repérer les déclarations de revenus à revoir, en cochant simplement à l'époque la case K de la déclaration 2042, car il est bien évident qu'ils n'avaient pas le loisir, pendant l'émission accélérée, de relever les noms et adresses des intéressés.

En fin d'émission, le Centre régional d'informatique restituait la liste de toutes les déclarations cochées.

Par suite, les possibilités de l'informatique s'affinèrent en fournissant les noms des contribuables dont les déclarations répondaient à divers critères choisis par option. Chaque année de nouveaux choix étaient formulés.

Parallèlement, le CRI chargé sur le plan national du dépouillement des déclarations de salaires, souscrites par les employeurs, restituait sur demande le montant des salaires perçus par les contribuables choisis. L'apport de l'informatique bien que souvent contraignant, fournissait chaque année une aide de plus en plus élaborée. [...]

Jean Ustariz

« Une complète reconversion »

En 1948, ce fut la grande révolution (le millésime 48 est propice aux révolutions...) : la fusion des trois régies et la création de la direction générale des Impôts. Au plan local, cela se manifesta tout d'abord par des vérifications faites en commun par trois agents, chacun œuvrant dans sa spécialité ; cet aspect « commando » était assez mal supporté par le contribuable qui voyait faire irruption chez lui – parfois à l'improviste – trois individus, certes bien élevés, mais animés d'intentions sinon agressives, du moins inquisitoires. Pour parfaire cette fusion, il fallait donc former des agents « polyvalents » compétents dans les trois disciplines... Et me voici à nouveau à l'école en vue de m'initier aux mystères des impôts directs et des taxes sur le chiffre d'affaires.

Que n'a-t-on raconté sur les inspecteurs polyvalents, dépeints comme d'affreux tortionnaires effectuant des redressements injustifiés, conduisant les contribuables à la ruine, voire au suicide ! J'avoue que, quant à moi, je n'ai pas de telles extrémités sur la conscience, mais seulement le renvoi de quelques gérants indélicats, dont la comptabilité révélait des inexactitudes, pas seulement fiscales...

Me voici donc affecté à une brigade chargée spécialement du contrôle des hôtels, restaurants et marchands de vin en gros de Bercy. Pour un « enregistreur », c'était une complète reconversion dans les méthodes de travail.

Ne parlons pas des marchands de vin en gros, qui, soumis à un contrôle draconien des entrées et sorties de boissons alcooliques, exercé par les Contributions indirectes, n'ont guère de possibilités de tricher, du moins sur leurs recettes, mais parlons plutôt des hôtels et surtout des restaurants.

À l'époque, les hôtels tenaient un livre de police, régulièrement vérifié par celle-ci, avec, le cas échéant, contrôle dans les chambres. Le simple rapprochement avec la « main courante », base de la facturation au client, révélait parfois qu'un voyageur, présent du 10 au 25 du mois d'après le livre de police, n'était soi-disant resté que deux jours selon la main courante... ce qui révélait une double comptabilité...

Quant aux restaurants, les moyens de contrôle – maintenant bien connus – étaient nombreux : citons la consommation de pain ou de boisson, le nombre de serviettes envoyées au blanchissage… Le plus sûr étant de se présenter à l'improviste vers la fin du déjeuner, de saisir les doubles d'additions enfilés sur une tige métallique à côté de la caisse, et d'en faire le total, afin d'avoir une idée de la recette moyenne de l'établissement.

En 1954, toujours dans le cadre de la « polyvalence », me voici désigné pour étoffer la « brigade de contrôle des revenus » de la région parisienne. M. Lauré, alors directeur adjoint des Impôts, avait, en effet, décidé la création de trois brigades « spéciales » en vue de contrôler efficacement certains contribuables dont les revenus étaient quelque peu difficiles à saisir, tels que : artistes en tout genre, acteurs, étrangers résidant en France, voire personnages sans ressources avouées, mais menant grand train de vie. En dehors de la brigade parisienne, siégeant à l'hôtel des Finances, place Saint-Sulpice et dirigée par M. Macart, existaient une brigade à Marseille et une autre à Nice. Ce travail était fort éloigné de ma formation d'origine, et conduisait souvent à recourir à des procédés de contrôle pittoresques mais efficaces, non enseignés à l'École de Lyon.

Le recours à la taxation sur les revenus par application des textes sur l'évaluation du train de vie, ou l'estimation des dépenses « personnelles, ostensibles et notoires » était à la base de notre travail. Une de nos tâches consistait à relever le numéro d'immatriculation des somptueuses et immenses voitures américaines, très à la mode à l'époque, et à rechercher, au service des cartes grises, le nom du propriétaire. Bien souvent, le contribuable prétendait vivre « de l'air du temps » : « Monsieur l'inspecteur, je roule en Cadillac, mais je dîne le plus souvent d'un œuf à la coque et d'une orange », affirmait tel personnage aux revenus déclarés plus que modiques ; tel autre soutenait – sans pouvoir le justifier – gagner régulièrement aux courses ou à la Loterie nationale.

Mais il fallait réunir des éléments plus sérieux pour étayer nos dossiers ; c'est ainsi que j'ai passé tout un après-midi dans l'escalier d'un immeuble minable, le visage dissimulé derrière un journal, à pointer les clients qui entraient (et qui ressortaient) chez un guérisseur, en vue d'évaluer ses recettes ; une autre fois, ayant réglé (à la seconde près) ma montre avec celle d'un collaborateur, je chargeai celui-ci, dépêché sous un prétexte quelconque chez un « chiropracteur » d'éplucher son livre de rendez-vous tandis qu'au même instant, je « baratinais » longuement, sous des prétextes divers, ledit praticien au téléphone.

Les bureaux de la brigade virent défiler les personnages les plus divers : fakirs, voyants extra-lucides, marchands d'amulettes porte-bonheur, joueurs de football, artistes lyriques, tenants de profession libérale, femmes (ou hommes) entretenu(e) s, milliardaires étrangers aux ressources incontrôlables, ces derniers acceptant parfois d'être taxés sur un « forfait » pour avoir la paix fiscale… Le commerce clandestin d'œuvres d'art, en particulier des tableaux de maître, était souvent l'activité réelle de nombreux de mes « clients ». L'un d'eux, par exemple, résidant dans un somptueux appartement voisin de l'Étoile, vivait – fort largement – en vendant, de temps à autre, un bon prix, une toile accrochée dans son salon, provenant d'une magnifique collection qu'il avait acquise dans des conditions inespérées pendant la guerre.

Pierre Lheureux

« Bivalence »

Le 19 décembre 1949, le comité technique paritaire central des services extérieurs de la direction générale des Impôts (qui avait pris la place des directions générales des trois anciennes régies) approuva le principe d'une expérience de polyvalence dans le département de la Seine, où furent créées quarante brigades de vérification, et mit en place quarante-deux brigades de contrôle unique Contributions directes/Enregistrement.

Le 23 mai 1951, le même comité décide d'un nouveau partage des tâches entre les Contributions directes et l'Enregistrement en matière d'impôts sur les sociétés ; le principe de la bivalence est adopté ; il consiste à faire vérifier indistinctement par des agents des deux services la situation des sociétés contrôlées aussi bien du point de vue de l'impôt sur les bénéfices (domaine des Contributions directes) que de l'impôt de distribution (domaine de l'Enregistrement).

Une brigade bivalente étant créée dans le département à l'aide d'agents volontaires, sous la direction d'un inspecteur principal, tous issus de l'Enregistrement, je fus chargé, en tant que rédacteur, d'examiner les rapports de vérification provenant des deux anciennes régies et de les exploiter pour ce qui nous concernait ; je fus ainsi appelé à effectuer à Paris un stage d'extension de compétence. Cette partie du service m'intéressait beaucoup ; j'étais convié à participer aux réunions de brigade mensuelles où je faisais l'apprentissage des rapports vérificateurs/vérifiés que les membres de la brigade exposaient ponctuellement et souvent avec beaucoup d'humour.

Par la suite, les programmes de vérification furent étendus aux contribuables relevant des bénéfices industriels et commerciaux ou des bénéfices non commerciaux, les opérations étant effectuées par deux agents travaillant en équipe : le premier chargé des CD/E, l'autre de la TVA.

Louis Traissac

« UN SERVICE D'AVANT-GARDE »

En 1952, me voici donc affecté dans un service d'avant-garde, qui assure la vérification, par un seul inspecteur « polyvalent », de l'ensemble des impôts auxquels une entreprise est assujettie. [...]

Neuf mois auparavant, j'enviais les agents qui travaillaient dans le cadre extraordinaire de Notre-Dame de Paris. Me voici dans le même cas avec mon affectation à Saint-Sulpice.

Je pénètre dans l'établissement qui abrite différents services fiscaux. Un grand hall. Une réceptionniste qui accueille et oriente les contribuables :

« La Polyvalence ? Quelle brigade ? La 5e ? À votre droite, au 1er étage ».

Tout a été refait, adapté, aménagé. Les bureaux sont bien éclairés, nets, le mobilier en bois clair est neuf.

M. G., inspecteur principal, chef de la brigade me reçoit. Agréable, jovial, sympathique en un mot très accueillant. Il m'interroge sur mon ancienneté, mon expérience et me met au courant de la marche de la brigade, me précise mes fonctions :

La vérification terminée, le vérificateur me remet son dossier afin que je le complète des pièces annexes et que je le porte à la dactylographie. Enfin, je classe tous les éléments.

Je dois remettre un dossier parfait tant au fond qu'en la forme, au chef de brigade (en ce qui concerne le fond, je ne m'en suis jamais occupé !). Je suis en outre à la disposition des inspecteurs pour réaliser des recoupements à Paris ou en banlieue, chez les fournisseurs des contribuables vérifiés, ceci pour les aider dans leurs travaux et investigations. Or, la brigade est composée de cinq inspecteurs, il y a donc beaucoup de travail.

Les brigades sont spécialisées dans la vérification de catégories socioprofessionnelles. La 5e brigade est chargée de vérifier les cafés hôtels-restaurants.

Je fais la connaissance de mon collègue, agent de constatation, adjoint de la brigade des parfumeries. Il me présente aux collègues, agents de constatation des autres brigades. Tous sont emballés par leur fonction. Ils sont jeunes et dynamiques. Quelques-uns préparent leur licence en droit et le concours d'inspecteur-élève.

Les locaux se composent de deux bureaux, l'un pour le chef de brigade, l'autre pour les vérificateurs et adjoints de brigade. Deux brigades se partagent ces bureaux : la brigade de M. G. dispose des locaux les lundi, mercredi, vendredi, la brigade de M. S. les occupe les mardi, jeudi et samedi matin.

Les agents adjoints de brigade ont accès à leur bureau chaque jour de la semaine. […]

C'est en général le matin que les inspecteurs me remettent leurs dossiers, contactent le chef de brigade, discutent les cas particuliers rencontrés, soumettent leurs difficultés, consultent la documentation mise à leur disposition.

Chaque matin, de 9 heures à 13 heures, il y a un tel va-et-vient, un tel brouhaha dans les bureaux qu'il est impossible de faire un travail suivi. Par contre, professionnellement, ce sont des moments extraordinaires, vivants, enrichissants : lorsqu'un problème est énoncé, chacun apporte sa thèse pour arriver à le résoudre. Rares sont les cas traités qui ne trouvent pas l'exacte solution après hésitations, affirmations, discussions, consultations des documentations ; le chef de brigade participe, c'est évident, à ces grands débats au cours desquels chacun a la certitude de détenir la vérité.

Tout le monde participe, explique, cite, démonte, démontre, désapprouve, prouve. Et puis soudain, silence : on n'en entend plus qu'un. Il en profite, il énonce sa théorie et c'est parti pour une nouvelle cacophonie.

La polyvalence, c'est une école pour moi.

Tous ces inspecteurs aiment leur métier, chaque vérification est une aventure qu'ils vivent intensément, qu'ils sont heureux de faire partager : ils décrivent les astuces des fraudeurs, les moyens qu'ils ont utilisés pour les dévoiler.

Je m'intéresse à leurs travaux, je suis pas à pas l'avancement de leurs vérifications. Lorsque le vérificateur a besoin de mon aide, je suis encore plus près de son aventure et intéressé par son travail.

Les recoupements ne sont pas toujours payants mais lorsqu'ils apportent une preuve de fraude, ils sont redoutables. Les assujettis ne sont pas encore avertis de cette pratique par les agents du fisc, aussi ne se méfient-ils pas des conséquences de leurs dissimulations. Je suis souvent sollicité par les vérificateurs pour effectuer des relevés chez les fournisseurs des contribuables contrôlés.

Je ne suis pas bien accueilli mais, en général, je suis accepté. Et puis, il faudra bien que je m'y fasse, le métier c'est aussi cela.

Il m'est arrivé de me voir refuser l'entrée chez un commerçant grossiste, malgré mon insistance et la présentation de ma commission d'emploi. C'est la seule fois où j'ai eu recours à un agent de police pour pénétrer dans les locaux commerciaux. Je n'ai pas eu à le regretter, ce renfort m'a permis de poursuivre ma mission, les recoupements réalisés ont abouti à la découverte d'omissions de comptabilisations d'achats chez le client vérifié et de ventes chez le commerçant grossiste, car, c'était le résultat de son opposition, il a immédiatement été vérifié.

Les inspecteurs de la 5e brigade ont un principe : lorsqu'ils reçoivent une dénonciation anonyme, par lettre ou par téléphone, ils vérifient évidemment l'entreprise dénoncée mais ils essaient toujours de connaître le mouchard et, s'ils y parviennent, ils le vérifient également. En général, il est rarement blanc !

Claude Dhenin

Nouvelle orientation

À partir de novembre 1952, ma carrière s'oriente vers le contrôle fiscal : en premier lieu, « contrôle S », « bivalence-contrôle unique », puis « polyvalent ». C'est à partir du 14 novembre 1952 qu'en qualité d'inspecteur hors classe, débute mon affectation à l'inspection S de Chaumont (bivalence) après avoir subi, entre-temps, en novembre et décembre 1945, un stage de formation en matière de vérification de comptabilités à Dijon, puis un deuxième stage d'extension de compétence à Nancy, en mars et avril 1952, en vue de mon incorporation dans une brigade de contrôle unique placée sous les ordres d'un chef de brigade, inspecteur principal. Cette expérience devait déboucher sur des réactions vigoureuses d'associations de contribuables, provoquant parfois de violentes oppositions à contrôle fiscal, nécessitant l'appui de la force publique. Les interventions de ces brigades composées de quatre agents dont le chef de brigade furent, maintes fois, sources d'affrontements avec des redevables et leurs conseils, sensibilisés par ces nouvelles méthodes d'investigations. Ce genre de confrontations s'apparentait à des démonstrations de force et d'intimidation mettant en présence quatre agents du fisc face à un seul redevable, assisté de son conseil. [...]

Il faut convenir que le déséquilibre existant entre le redevable, son conseil et les quatre agents du fisc, mettait effectivement le redevable en état d'infériorité, souvent, déconcerté par l'étendue du droit de communication dévolu à l'Administration et dont l'exercice à son encontre lui semblait être une intrusion dans sa vie personnelle. Il est vrai que, parfois, ces investigations extra-comptables décelaient des irrégularités mettant en cause la sincérité de la comptabilité.

Pour compléter ma formation et accéder à la polyvalence, je fus invité à suivre, pendant trois mois, à Paris, de novembre 1957 à janvier 1958, un dernier stage au cours duquel furent dispensés les enseignements relatifs aux taxes sur le chiffre d'affaires. J'étais dès lors, à pied d'œuvre, pour procéder, seul, à une vérification de comptabilité au regard de l'ensemble de la fiscalité. Le rapport de force entre le fisc et le redevable était, désormais, inversé en faveur du redevable et de son conseil ou de ses conseils. De ce fait, à défaut toutefois d'être conviviales, les relations entre vérifié et vérificateur, sous le contrôle et l'arbitrage du « conseil fiscal », conscient des conséquences dommageables de résistances inconsidérées, devenaient moins discourtoises.

Le 14 avril 1961, je devais être confirmé dans mes nouvelles fonctions, affecté à la direction régionale de Chalons-sur-Marne, pour exercer au sein de la brigade des VG (vérifications générales), Aube, Haute-Marne.

Lucien Séguy

« UNE ACTIVITÉ INTENSE ET VARIÉE »

Lorsque l'on commença à envisager le contrôle des sociétés et de l'assiette de l'impôt sur le revenu des valeurs mobilières, je fus volontaire pour suivre, à Lille, un premier stage de formation à la suite de quoi je suis nommé, le 1er septembre 1953, au 4e contrôle « S » à Rouen.

Et je vais faire mes premiers pas, d'abord mal assurés et hésitants dans le contrôle fiscal sur place, au siège social des sociétés avant que de le faire au domicile des contribuables.

La confection d'un programme sera le souci déterminant ; elle sera bien réalisée jusqu'à ce que l'administration centrale plaçant la course au rendement au premier rang de ses objectifs, ne pollue tout le système.

D'ici là, on pratique la « bivalence » et cela met les agents de l'Enregistrement en contact avec les agents des Contributions directes. Oh ! Surprise, ils vont découvrir des fonctionnaires semblables à eux, ni illettrés, ni incultes, mais animés par le désir de bien faire et la passion du service public. De fidèles amitiés nées à cette époque et toujours existantes m'ont appris la futilité des légendes et des préjugés. La fusion des régies qui suivra entraînera la disparition des mêmes idées toutes faites et des mêmes préventions à l'égard des agents des Contributions indirectes. Nous serons alors en 1960 et je serai nommé à la direction régionale de Normandie qui vient d'être créée. Néanmoins, et pour garder l'apparence de l'indépendance d'esprit, dans un contexte d'humour douteux, nous persisterons à affirmer que « la fusion c'est le passage des métaux de l'état solide à l'état liquide et des administrations à l'état vaseux ».

Le souci primordial demeure la confection et la proposition d'un programme. En ces temps où le contrôle était pratiquement inexistant, ce sera sur la sélection des affaires les plus apparemment susceptibles de procurer des résultats que reposera le produit final, et l'on commence à s'interroger sur une sélection en fonction de thèmes généraux mettant en cause l'ensemble d'une profession : la confection de vêtements et de chemises, la boulangerie, etc., qui mettront en évidence la nécessité d'études préalables et d'opérations de recoupements conjointes.

C'est à cette époque qu'apparaissent les premiers mouvements d'opposition au contrôle fiscal : mouvement Poujade, Cid-Unati, et je me souviens des premières et maladroites répliques administratives mettant en jeu la force publique de la gendarmerie et des CRS, alors que les agents de terrain que nous sommes et les contribuables vérifiés préféreront anticiper ou retarder quelque peu les dates prévues sur les avis de vérification. J'ai en souvenir la présence à mes côtés à plusieurs reprises de M. H., directeur départemental, puis régional qui n'hésitait pas à venir de sa personne sur le terrain pour désamorcer les conflits possibles.

De cette période de la brigade « S » de la direction départementale depuis le 7 janvier 1954, puis de la 3e brigade de vérifications générales à la direction régionale de Normandie le 1er août 1961, je garde le souvenir d'une activité de service intense et variée, nécessitant, dans un esprit clair et précis, de toujours dégager l'essentiel. Il fallait développer la capacité à convaincre et faire preuve d'un esprit d'initiative et de décision développé.

La période de la brigade « S » fut fertile en anecdotes, car les contribuables ne concevaient pas qu'un fonctionnaire pût sortir de son bureau et venir s'installer quelque temps dans leur entreprise. Surprise qui, au moins dans les premiers temps, s'exprimait par des coups de téléphone aux services de la direction pour s'assurer du bien-fondé de l'intervention. Puis, ceci confirmé, longues hésitations pour déterminer quels documents pouvaient être communiqués, longs atermoiements avant de le faire. J'ai même connu des cas où les papiers étaient confiés un par un, puis aussitôt reclassés avec un soin jaloux. La présence d'un expert-comptable, comptable agréé ou conseil fiscal n'était pas toujours un gage d'apaisement et la méfiance caractérisait le climat général.

Et puis, il y avait les moments de gloire. Je me souviens, au moment le plus violent du poujadisme, avoir pénétré dans une entreprise textile de la banlieue rouennaise, en passant en revue un détachement de CRS envoyé là par la préfecture, alertée par ailleurs. Je n'étais quant à moi, armé que de mon stylo et de mon bloc-notes.

Autre anecdote que celle d'une équipe de reporters de la radio régionale envoyée pour faire un reportage sur le départ en vérification d'une brigade et tout étonnée et déçue de devoir constater que nous n'étions pas armés, que nos véhicules n'étaient pas blindés et que les contribuables que nous allions vérifier étaient sélectionnés sur un programme dont nous n'étions pas les auteurs et qui n'était pas le fruit de notre fantaisie.

En 1961, et avec la création des directions régionales, débute une nouvelle expérience. Les brigades dites « de vérifications générales » regroupent des agents de toutes les régies financières, déjà, dans leur maison d'origine, rompus aux opérations de vérification. Je me retrouve dans la 3e brigade avec un chef de brigade issu de l'Enregistrement, un autre inspecteur également enregistreur, un inspecteur des CD et deux autres inspecteurs issus des CI. La confrontation des méthodes de travail va être enrichissante.

Dans le cadre d'un programme établi en fonction de données plus souples, laissant plus de place à l'initiative et donnant accès à un territoire plus vaste, nous allons pouvoir expérimenter des vérifications groupées en direction de l'ensemble d'une profession. Je participerai ainsi aux vérifications d'entreprises de confection de chemises d'hommes, d'entreprises de caoutchouc, de produits chimiques, de l'ensemble de la boulangerie reposant sur des recoupements quasi complets effectués chez les fabricants de levures, de l'ensemble de la distribution pharmaceutique nécessitée par la pratique, chez les grossistes et laboratoires, de la livraison de quinze produits pour douze factures. Il en résultait, dans tous les cas une reconstitution du chiffre d'affaires taxable et la constatation d'un profit taxable, mais non déclaré. Le fait de mettre en cause l'ensemble de la profession permettait de résister plus facilement aux pressions des organismes professionnels et aux éventuelles interventions des hommes politiques.

Robert-Jean Pouillieute

MAÎTRE X

Avec la multiplication des vérifications de comptabilité, la pression fiscale s'accentuait. Certaines catégories de contribuables, artisans et commerçants surtout, renâclaient. Un mouvement de contestation et de refus de l'impôt prenait chaque jour de l'ampleur : le poujadisme s'étendait partout. On ne comptait plus les bureaux saccagés, les agents molestés.

Ici même, l'un de mes collègues fut malmené puis enfermé dans une cochonnière et promené sous les huées.

On n'était pas fier !

Dans cette ambiance inquiétante, je décidai de vérifier les notaires. Non point par bravade car, tout au contraire, je supputais que ces administrés en notables calmes et respectables ne me feraient subir aucun sévice !

En premier lieu, je m'adressai à Maître X. Ses déclarations de revenus me parvenaient rituellement en retard. Il s'en excusait, confus, et convaincu de sa bonne foi, prétendant que ce n'était pas de sa faute : il était débordé ! Certaines années, malgré de véhémentes relances il oubliait carrément de souscrire ; on devait taxer d'office.

La vérification sur place fut programmée : elle m'incombait. À dire vrai, j'appréciais ce notaire, malgré ses défaillances, nos rapports étaient très amicaux. Sa réputation d'homme droit, plutôt bon enfant, cadrait bien avec sa silhouette à la Léo Ferré et avec un train de vie modeste. Son organisation comptable obéissait à des errements très personnalisés. Tout autour de la pièce qui lui servait de bureau, et à hauteur d'homme, s'étirait une bande horizontale de longues pointes, espacées de quarante à cinquante centimètres et dont le bout libre, soigneusement limé, se recourbait vers le haut. Dans un ordre connu de lui seul, il y enfilait des documents.

Telle pointe se voyait affecter les frais de téléphone, telle autre les dépenses d'entretien de l'étude ; celle-ci le courrier banal, celle-là les charges sociales, etc.

Plusieurs années se trouvaient ainsi réparties, créant un papillonnement joyeux lorsqu'un courant d'air champêtre se glissait par la fenêtre ouverte directement sur la prairie et la rivière. Le plus étonnant c'est qu'il s'y retrouvait !

« Ah ! les factures d'électricité ? Attendez, attendez ! »

Il se levait, allait vers un mur, tendait la main, hésitait un instant, et, triomphant, extrayait les justifications demandées d'une liasse empalée.

J'eus tôt fait de buter sur une difficulté majeure. Les livres réglementaires et de comptabilité se révélaient pratiquement illisibles ! Autant sinon plus que ces ordonnances de médecins qui oublient que la première politesse envers leurs malades consiste à essayer de rédiger clairement les prescriptions. La belle écriture est peut-être la science des ânes, mais bien sot est celui qui ne sait écrire correctement à l'usage d'autrui.

Ce n'était pas tout à fait le cas de Maître X. D'abord, il ne le faisait pas exprès. Ensuite, personne ne regardait ses comptes. Le drame étant qu'en plus il ne pouvait pas toujours se relire !

Je me trouvais dans une totale impuissance en face d'une comptabilité en langue et chiffres étrangers, pire, en hiéroglyphes impénétrables… et sans traducteur.

Les représentants de la chambre des notaires passaient pourtant de temps en temps, sans influence… À moins que… À moins que leur contrôle ne se soit principalement orienté vers la table réputée de l'auberge d'à côté ? Comment allais-je sortir de ce fatras ?

De manière exceptionnelle, je décidai de procéder par comparaison avec des études voisines traitant un nombre d'actes équivalents et exerçant dans des conditions identiques. Je notifiai mon évaluation à mon cher maître, année par année, en lui expliquant ma démarche qui, si elle n'avait rien de comptable, permettait de boucher les trous des années manquantes tout en assurant la normalisation des bénéfices des autres périodes en évitant à la fois toute faiblesse et tout excès.

Il accepta, sans rechigner trop, le rappel d'impôt correspondant assorti d'une majoration incitative pour l'avenir.

« Vous comprenez… Je ne savais pas exactement ce que je gagnais… Ça me soulage de l'apprendre ! »

La pénalité ne supprimait pas l'humour.

Depuis longtemps, il avait cessé de fumer et tenait bon grâce à un stratagème qui m'amusait assez : l'astuce se bornait à ne pas allumer la gauloise… ou plutôt la moitié de la cigarette préalablement cassée en deux qu'il avait continuellement aux lèvres.

Peu à peu, Maître X fut gentiment poussé vers la sortie. Il n'était plus dans la ligne du temps. Il détonnait et gênait. Vieillissant, on supprima sa charge. Les minutes fleurant bon le terroir furent emprisonnées comme anti-conformistes dans les armoires métalliques d'une société civile de cinq ou six confrères siégeant en pleine ville à vingt kilomètres de là.

Cette association disposait déjà d'une comptabilité informatisée, propre, nette, impeccable, dont les incompréhensibles codes d'accès s'avéraient aussi hermétiques que les précédents hiéroglyphes.

Tout au moins pour l'inspecteur des impôts.

Marcel Audurier

LE SERVICE D'ÉTUDES ET DE CONTRÔLE FISCAL

Arrivé à Paris en juin 1946 comme contrôleur de 1re classe, en juin 1953, j'avais le grade d'inspecteur-rédacteur hors classe, c'est-à-dire que j'étais en ligne pour pouvoir accéder au grade d'inspecteur principal. Je précise que si, jusqu'alors, cette accession se faisait au choix, il n'en était plus de même en 1953 car, à partir de cette année 1953, elle a été subordonnée au succès au concours institué à cet effet. J'ai eu la chance de subir avec succès les épreuves écrites et orales de ce concours. Toutefois, lors de l'annonce de mon succès, un bruit qui courait m'a fort inquiété. Il était en effet envisagé, disait-on, d'envoyer les plus jeunes des inspecteurs principaux – et j'en faisais partie – exercer leurs nouvelles fonctions en province plus ou moins éloignée. [...]

La chance m'a permis de demeurer à Paris car j'ai appris avec soulagement que, par suite d'heureuses circonstances dues notamment à la vacance survenue dans son effectif, j'étais affecté au service d'Études et de Contrôle fiscal. Ce service était dirigé par M. Maurice Lauré qui l'avait créé au sein des services centraux de la direction générale des Impôts au début de 1954 ; c'était un célibataire de 36 ans qui ne pensait qu'au travail au point que, lors de ses rondes nocturnes, le gardien des bâtiments de l'hôtel des Impôts de la place Saint-Sulpice s'imaginait qu'un fonctionnaire avait omis d'éteindre les lumières de son bureau. Quelle n'était pas sa surprise en constatant que même après minuit, M. Lauré était toujours en train de travailler à son bureau. Il ne prenait pas de vacances car il s'ennuyait dès qu'il ne s'occupait plus.

Polytechnicien et inspecteur des Finances, il avait appartenu à plusieurs cabinets ministériels. Il avait entendu dire dans des conversations avec de hautes personnalités étrangères, notamment américaines, que la fraude fiscale existant en France empêchait notre pays de se rétablir rapidement. À la suite de ces conversations, il eut la conviction que pour réprimer cette fraude fiscale il était nécessaire de multiplier, dans toute la mesure du possible, les vérifications de comptabilité. C'est ainsi que lui vint l'idée de faire procéder à des vérifications polyvalentes. Cette idée de polyvalence découlait d'une simple constatation : lorsqu'il subissait une vérification de comptabilité, un contribuable était dérangé deux fois s'il était une personne physique et trois fois s'il était une personne morale. Je m'explique : lorsque le vérificateur était un inspecteur des Contributions directes, le redressement imposable ne pouvait s'appliquer qu'au bénéfice, aussi cet inspecteur transmettait à son collègue des Contributions indirectes les renseignements concernant les insuffisances de recettes qui avaient entraîné le redressement de bénéfice. Ce collègue allait alors chez le contribuable déjà vérifié pour asseoir les taxes sur le chiffre d'affaires que n'avait pu imposer l'inspecteur des Contributions directes, l'assiette de ces taxes n'entrant pas dans ses attributions.

Inversement, lorsque c'était un inspecteur des Contributions indirectes qui agissait le premier, c'était alors l'inspecteur des Contributions directes qui prenait le relais et qui procédait à une seconde vérification pour taxer le redressement de bénéfice. Lorsque le contribuable vérifié était une personne morale, il recevait une troisième visite : celle de l'inspecteur de l'Enregistrement compétent, lui, pour taxer des bénéfices redressés par son collègue des Contributions directes. C'est pourquoi M. Lauré avait décidé qu'il serait plus rationnel que ce soit le même inspecteur, quelle que soit son administration d'origine (Contributions directes, Contributions indirectes ou Enregistrement) qui soit compétent – en cas de vérification – pour l'ensemble des impôts et taxes dus par le contribuable vérifié. C'est ainsi qu'ont été créés les vérificateurs polyvalents. J'ai relevé dans les documents que j'ai conservés, que l'article 46 de la loi 48-23 du 6 janvier 1948 avait été codifié comme suite au code général des Impôts :

« Article 1649 sexiès 1 : Un décret pris sur la proposition du ministre des Finances, réorganisera le contrôle fiscal en vue d'assurer l'unité ou la simultanéité des vérifications de la situation fiscale des contribuables ; 2 : Les agents des Impôts ont le pouvoir d'assurer le contrôle et l'assiette de l'ensemble des impôts ou taxes dus par le contribuable qu'ils vérifient ».

Si le texte législatif précité date de 1948, ce n'est que bien plus tard que des textes ont véritablement fixé l'organisation et l'exécution des vérifications polyvalentes.

Une loi du 2 avril 1955 (article unique) a prévu tout d'abord que l'activité des contrôleurs polyvalents ne pouvait pas s'exercer sur les entreprises dont le chiffre d'affaires annuel était inférieur à 600 000 F ou à 150 000 F pour les entreprises de prestations de services. Cette même loi qui a accordé au contribuable vérifié certaines garanties : notamment l'information obligatoire de la possibilité de se faire assister d'un conseil, la notification des motifs et du montant des redressements envisagés et l'impossibilité de procéder à une nouvelle vérification au regard des mêmes impôts ou taxes et pour la même période que celle déjà soumise à vérification.

À l'époque, le délai de reprise accordé à l'Administration était de quatre années, aussi s'appliquant à une période relativement longue, les rappels d'impôts et de taxes ont souvent été d'un montant total très élevé. Pour diminuer l'importance du rappel des impôts sur les bénéfices et éventuellement de celui sur les distributions, la déduction dite « en cascade » a été créée, l'article 1649 septiès E du CGI prévoyant en effet qu'en cas de vérification simultanée des taxes sur le chiffre d'affaires, de la taxe complémentaire, de l'impôt sur le revenu des personnes physiques ou de l'impôt sur les sociétés, les contribuables avaient la faculté de demander que (sous certaines conditions) les droits simples résultant de la vérification soient admis en déduction des redressements apportés aux bases d'imposition.

Peu de temps après la création des brigades d'inspecteurs polyvalents, M. Lauré a reçu de nombreuses critiques selon lesquelles ces brigades ne vérifiaient que des entreprises ayant « pignon sur rue » et qu'elles épargnaient, par conséquent, tous les fraudeurs qui ne souscrivaient pas de déclaration de revenus. Après enquête, il s'avéra qu'en effet, très souvent, les inspecteurs chargés de l'assiette de l'impôt n'arrivaient pas à retrouver les fraudeurs même s'ils détenaient des renseignements concernant certains de leurs revenus (commissions, honoraires, vente immobilière, etc.). Il suffisait à ces fraudeurs de changer fréquemment de quartier ou de vivre à l'hôtel. Connaissance prise du résultat de cette enquête, M. Lauré décida de créer une équipe de vérificateurs plus spécialement chargés de la recherche des fraudeurs, il s'agissait de la première brigade de contrôle des revenus des personnes physiques. Étant dispensés des multiples tâches incombant aux agents des centres d'Impôts, à savoir : notamment l'assiette des taxes locales (patentes, taxes d'habitations, etc.), de la réception et du contrôle des déclarations de revenus et de l'émission des rôles, ces nouveaux vérificateurs pouvaient consacrer leur temps à la détection des personnes encore inconnues des services des Impôts ou suspectées de souscrire des déclarations insuffisantes. Autant que je me souvienne, ces inspecteurs ont commencé à examiner la situation fiscale des propriétaires de voitures automobiles de grosses cylindrées après avoir établi un répertoire desdits propriétaires au bureau des cartes grises de la préfecture de police. Quand, malgré une enquête approfondie, ils ne parvenaient pas à réunir les éléments nécessaires de preuve – alors qu'ils étaient convaincus de se trouver en présence d'un fraudeur –, les agents de cette brigade ont souvent été conduits à déterminer la base d'imposition du contribuable vérifié en utilisant soit le barème de l'article 168 du CGI (signes extérieurs de richesse) soit les dispositions de l'article 180 du même code général (dépenses ostensibles et notoires).

En dehors des personnes possédant des voitures luxueuses ou ne déclarant que des revenus modestes alors qu'ils vivaient dans des immeubles de grand standing (avenue Foch par exemple), étaient en même temps examinées de préférence les situations de personnes sous le feu de l'actualité (artistes de théâtre ou de cinéma, académiciens, cyclistes, joueurs de football, etc.).

Comme je l'ai dit, il s'agissait de la première brigade de contrôle de revenus, mais elle n'est pas longtemps restée la seule car il a été rapidement reproché à M. Lauré de ne traquer que les fraudeurs de la région parisienne et d'ignorer les fraudeurs de la Côte d'Azur et de Monaco. Deux autres brigades ont alors été créées, l'une à Antibes (aucun local disponible n'ayant été trouvé à Nice) et l'autre à Marseille. Cette dernière n'a eu qu'une courte existence parce que son chef n'a pas compris le genre de vérifications qu'on attendait de lui. Il s'obstinait, en effet, à limiter l'activité de ses vérificateurs à l'examen de situations fiscales des contribuables déclarant d'importants revenus.

La brigade d'Antibes en revanche a, dès le début de sa création, réussi à imposer des agents d'affaires jusque-là inconnus des services des Impôts du Var et des Alpes-Maritimes. Elle a également été assez habile pour obtenir des services fiscaux de la principauté de Monaco des renseignements sur les revenus perçus dans cette principauté par des contribuables domiciliés en France.

Je peux parler en toute connaissance de cause de la création et de l'activité de ces premières brigades de contrôle de revenus parce que tous les rapports de vérification émanant d'elles m'étaient adressés pour examen. Les conclusions de ces rapports n'entraînaient effectivement d'impositions qu'après mon approbation car le service d'Études et de Contrôle fiscal faisait office de direction pour ces brigades. M. Lauré n'avait en effet pas voulu que les dites brigades soient placées sous la dépendance de directions départementales.

Compte tenu, tant de ses fonctions à la direction générale des Impôts que de son désir de sanctionner les fraudeurs, il avait estimé être le fonctionnaire le plus apte à résister aux interventions que ces fraudeurs ne manqueraient pas d'obtenir en leur faveur, de parlementaires et même de personnages importants. D'ailleurs, il a payé cher son refus de donner une suite favorable à certaines interventions du moment, lorsqu'il jugeait justifiée l'imposition dont on lui demandait un allégement.

On se souvient certainement qu'un commerçant de Saint-Céré (département du Lot), M. Pierre Poujade, a créé une Union de défense des commerçants et artisans. Y ont notamment adhéré ceux qui critiquaient la création des vérificateurs polyvalents. Aux élections législatives de 1956, ce mouvement sous le titre « Union et Fraternité françaises », a obtenu l'élection de 53 députés (dont M. Jean-Marie Le Pen). Ayant par son intransigeance mécontenté bien des parlementaires et même des ministres, M. Lauré n'a pas trouvé de nombreux défenseurs parmi eux ; aussi, le ministre des Finances de l'époque l'a-t-il retiré de son poste à la direction générale des Impôts pour donner une satisfaction aux « poujadistes ». Deux hauts fonctionnaires ont dû quitter la direction générale des Impôts : le directeur général, qui a été muté au Crédit foncier comme sous-gouverneur, et M. Lauré, chef de service, qui ne s'est vu attribuer que des fonctions de faible importance pour un inspecteur des Finances. Toutefois, le service d'Études et de Contrôle fiscal n'a pas été supprimé et je suis resté à mon poste, avec un autre chef de service.

Dominique Mignucci

En brigade de vérifications

En 1954, j'avais rejoint ma brigade de vérifications qui se composait d'un inspecteur principal et de trois inspecteurs.

Nous agissions parfois dans le cadre dit du « contrôle unique ». Un agent d'une brigade Impôts directs/Enregistrement vérifiait les impôts de sa compétence, dus par une entreprise qui, avant ou après, mais pas simultanément, était vérifiée en matière de taxes sur le chiffre d'affaires.

L'efficacité de ce système était assez douteuse, faute de coordination suffisante et quelquefois par suite de la mauvaise volonté de certains, habitués à trop d'individualisme.

Ma brigade fut affectée par un événement dramatique. Un de mes collègues, ancien conseiller général, fut arrêté par la brigade financière de Lyon et interrogé toute une nuit avant d'être convaincu de détournement de la TVA au profit d'escrocs qui se faisaient rembourser des avoirs fictifs par de fausses déclarations d'exportations. Ces documents étaient visés par cet agent qui avait fait subtiliser le cachet d'authenticité du chef des bureaux de la direction par un employé subalterne du service du courrier.

La presse se montra très discrète sur cette affaire aux relents politiques, mais mon chef de brigade en fut très éprouvé et nous-mêmes très choqués.

Le coupable fut aussitôt arrêté, puis interné à la prison des Baumettes à Marseille et révoqué. Il mourut peu de temps après.

Les réformes se succédaient, tant en matière de fiscalité que des modalités de la vérification, et des garanties aux contribuables, sans toutefois désarmer dans notre région les opposants aux contrôles, avec lesquels il fallait parfois ruser.

Les stages de formation nous étaient dispensés, le plus important étant celui qui nous préparait à la polyvalence, suivi par la création des brigades de vérifications générales. Les anciennes brigades furent réorganisées, puis progressivement étoffées avec l'adjonction de dactylos-secrétaires, et ensuite d'un contrôleur chargé de la préparation des dossiers et d'autres tâches telles que des décomptes et des statistiques.

Mais, en attendant ces améliorations, nous devions nous-mêmes récapituler les déclarations de chiffre d'affaires, les relevés des bilans et des comptes d'exploitation, adresser les avis de vérification, faire des notifications, les rapports dits « sommaires », les fiches statistiques, etc. [...]

À mes débuts de vérificateur, l'Administration nous abonnait à la documentation des éditions Francis Lefebvre qui était un excellent outil de travail.

Plus tard, avec la création du *Bulletin officiel* de la DGI, cet abonnement fut supprimé, remplacé par la documentation officielle, très complète mais dont les abondantes mises à jour prenaient beaucoup de notre temps.

Au cours de ma longue période de vérificateur, j'ai vu évoluer de façon extraordinaire les méthodes comptables.

Quelques années après la guerre, beaucoup d'entreprises utilisaient encore des systèmes datant de plusieurs décennies, sinon du siècle dernier, les plus perfectionnés étant la balance carrée et les bons vieux grand-livre et livre journal, servis par de nombreux employés dont beaucoup ignoraient le principe de la comptabilité à partie double.

Ensuite vint la méthode des fiches tenues par duplication, puis des procédés mécanographiques et bien d'autres trouvailles pour arriver à l'utilisation des ordinateurs.

Il fallait se familiariser avec ces changements ainsi qu'à ceux de la fiscalité qui n'étaient d'ailleurs parfois qu'un retour plus ou moins déguisé aux anciennes recettes. En revanche, les dotations pour renouvellement des stocks, les réévaluations du bilan et surtout la nouvelle fiscalité immobilière étaient des nouveautés qu'il fallait non seulement assimiler, mais aussi, souvent en rectifier une application parfois insolite chez certains contribuables. En effet, dans les années cinquante, beaucoup de conseils fiscaux et de « comptables agréés » manquaient de compétence tant en matière fiscale que comptable, jusqu'à la remise en ordre de la profession par l'ordre des experts-comptables.

Julien Coullaud

Impôt sur le revenu : contrôles et vérifications

On a vu se développer les vérifications de comptabilités surtout après 1940. Au début d'ailleurs, en ce qui concerne les entreprises peu importantes, le face-à-face entre les fabricants de comptabilités peu qualifiés et les inspecteurs souvent peu motivés s'apparentait à une discussion de marchands de tapis.

La formation d'agents spécialisés et aussi la nette amélioration professionnelle des comptables et experts-comptables ont profondément modifié l'exécution de cette partie du service. D'ailleurs, à partir de 1953, la technique a été remaniée. On a créé des brigades polyvalentes et il était exécuté des vérifications simultanées par des agents des trois régies. Par la suite des stages ont été organisés pour que chaque inspecteur soit à même d'opérer seul pour l'ensemble des impôts. Nommé vérificateur, sur ma demande, en 1954, j'ai souvent été chargé d'autres fonctions particulières notamment le secrétariat de la commission départementale des Impôts. Je suis ainsi resté vérificateur simple à temps très partiel.

Le nouveau système mis en place avait amené le directeur général, lors de l'assemblée de la Société de prévoyance[3] de 1953, à insister sur la nécessité de multiplier les contrôles sur place pour lutter contre la fraude fiscale et en particulier contre les ventes sans factures.

Cette nouvelle rigueur a-t-elle motivé la rébellion de certains contribuables ? Toujours est-il qu'en 1954, on a vu naître le poujadisme et se développer les oppositions au contrôle fiscal. D'ailleurs, le directeur général évoque cette

---

3. Créée le 26 juin 1867, « la Société de prévoyance des membres des Contributions directes et du Cadastre » avait pour objet « de venir en aide en cas d'infortune aux membres de l'administration principalement à ceux qui sont ou ont été adhérents et à leur famille et, en outre, de contribuer dans la mesure de ses ressources à l'éducation des orphelins ». Au cours de son assemblée générale annuelle, le directeur général donnait aux agents réunis les principales orientations et informations concernant l'administration des Contributions directes (note de l'auteur).

situation qui touche principalement le Centre et le Sud-Ouest de la France et indique que les pouvoirs publics sont décidés à agir pour éviter de la voir se développer.

Mais la politique doit prendre en compte ce mouvement qui recueille des opinions favorables dans une partie non négligeable de la population. Aussi en 1955, notre directeur général justifie les mesures de détente prises en faveur des contribuables par le caractère économique de la crise. Après avoir évoqué les menaces et les vexations dont certains agents ont été l'objet, il précise : « Vous avez trop conscience de vos fonctions pour ne pas " oublier " ou pour ne pas faire semblant " d'oublier " et vous conduire comme si vous aviez oublié ».

Ces mesures favorables n'auront pas les effets escomptés et l'on vit se développer les oppositions collectives à contrôle fiscal. En 1956, notre directeur général, après avoir demandé de ne pas mêler les vérificateurs et les forces de police, demande au service d'utiliser sans hésiter la procédure de taxation d'office.

L'agitation antifiscale continue et prend une tournure plus grave avec des injures contre les agents et même des attentats contre des immeubles administratifs. Cette situation nécessite des interventions auprès du ministère de la Justice, du ministère de l'Intérieur et des Parquets.

Peut-être est-ce à cause des événements politiques, mais le mouvement antifiscal s'effiloche peu à peu et en 1958, il est constaté la nécessité de renforcer l'action des Contributions directes ce qui sera possible avec la fusion des régies. [...]

Vers 1970, le Cid-Unati de M. Nicoud a provoqué une crise par certains points analogue à celle des années 1954 à 1957. Bien qu'importante, elle n'eut cependant pas la même ampleur.

Jean Ayméric

VÉRIFICATEUR GÉNÉRAL

À Bordeaux, nous fûmes répartis en deux brigades. Il y en eut deux autres formées de collègues issus des Directes et de l'Enregistrement. La mienne était dirigée par R. Ce dernier mettait en pratique la politique des employés supérieurs dont j'ai parlé : dur travail pour passer le concours puis repos jusqu'à la retraite. Ceux qui voulaient devenir directeurs faisaient exception. Esprit brillant et caustique, il nous réunissait une fois chaque semaine et ne nous était d'aucun secours mais, intelligemment, nous laissait tranquilles. Il signa tous mes rapports sans faire une seule fois une observation ou apporter une modification. [...]

La situation de ces chefs était enviable car leur travail était fortement réduit du fait que les vérificateurs ayant seuls la responsabilité des vérifications s'opposaient à leur présence chez les contribuables. Ils n'allaient donc jamais sur le terrain mais bénéficiaient néanmoins de confortables indemnités – non imposables – de déplacements et kilométriques.

L'instruction venait surtout des réunions entre vérificateurs ou à l'occasion des rencontres avec les vérificateurs issus d'autres régies. Les liaisons étaient très amicales et s'accrurent lors de la création de la direction régionale en 1965.

Je m'efforçais d'effectuer une moyenne de dix vérifications générales par an. La direction générale estimait qu'il fallait en faire onze à douze, ce qui prouvait que nos bons esprits n'y connaissaient rien. Au moins dans trois cas, je conclus au bout de plusieurs mois des rappels très importants, de l'ordre d'un à plusieurs millions de francs actuels. Cela grâce à mon obstination à aller au fond des comptabilités. Or, dans chaque cas, j'aurais pu obtenir un rappel honorable, en quelques jours, par simple examen approfondi des dossiers. Pendant ma dernière année de VG, écœuré pour diverses raisons, je me contraignis à me borner à cette solution de facilité. La DG (direction générale) pouvait être satisfaite mais le Trésor y perdait !

J'ai discuté par la suite avec deux directeurs qui soutenaient qu'une vérification pouvait se faire en deux ou trois jours. Ces deux lascars avaient fait partie du service du contrôle fiscal de la DG. Comme par définition les membres de ce service étaient des gens intelligents, il n'est pas possible qu'ils ne se soient pas rendus compte que la poursuite effrénée du nombre aboutissait à une baisse du rendement de l'impôt. Cela était si évident que l'on peut soupçonner qu'ils voulaient plaire aux politiciens à double langage : annoncer de belles statistiques tout en limitant les effets.

Une politique de même inspiration était palpable dans la région parisienne où la faiblesse des moyens d'assiette aboutissait à des absences de taxation et à des vérifications limitées alors qu'y résidaient les plus gros contribuables. Les provinciaux étaient mieux surveillés.

En fin d'année, une prime spéciale était attribuée aux vérificateurs en fonction de la moyenne du nombre de vérifications de chaque région c'est-à-dire le total divisé par le nombre d'agents présents. Or celui-ci était faussé en Gironde par le fait de quelques individus défaillants se limitant à deux ou trois dossiers annuels par paresse ou bien par suite de maladies. [...]

Dans quelques cas, je réussis des rappels importants grâce à mon obstination. Après des journées exaspérantes de pointages sans résultat, au lieu d'abandonner, je les fis tous les cinquante articles et là, je trouvai. Cela confirmait un de mes adages préférés « on a la chance que l'on mérite ». [...]

Avant toute vérification, je prenais contact avec les comptables et me présentais aux dirigeants comme un réviseur et non un verbalisant. Je n'ai ainsi jamais eu d'accrochage sérieux et fort peu de contentieux. Il faut dire que les cas de fraude organisée étaient rares.

J'expliquais le plus possible les motifs de redressements et, à une époque où les photocopieuses étaient rares, j'étais le seul vérificateur bordelais à adresser les notifications dactylographiées et en double – dont un exemplaire à conserver par le vérifié.

À la suite de plusieurs de mes vérifications, certains chefs d'entreprise licencièrent leur chef comptable ou changèrent d'expert-comptable, voire d'associé. Quelques-uns me proposèrent de leur servir de conseil après ma retraite. J'aurais plus que doublé mon traitement mais j'ai toujours refusé.

À ma connaissance, il n'y eut qu'une seule intervention politique, celle de Robert Boulin, en faveur d'un gros négociant corrézien de Libourne. Je lui avais notifié des insuffisances et des fraudes nombreuses et importantes. Le directeur régional fut bien ennuyé parce que mon dossier était solide. Craignant une critique de l'inspection des Finances, il attendit pendant trois ans pour accorder un rabais injustifiable quelques jours avant sa retraite.

Je poursuivrai en évoquant les rapports. Avant d'en rédiger, j'ai suivi le sage conseil qui valait bien tous les stages : reportez-vous aux antérieurs. J'ai lu plusieurs rapports établis pendant les années précédentes par les collègues des autres régies. C'étaient des romans fleuves qui détaillaient abondamment mais sans grande utilité les origines de l'entreprise et les postes du bilan.

Par l'intermédiaire du syndicat, je réunis quelques types de rapports simplifiés créés dans d'autres régions. Après concertation, je proposai le principe de fiches et des modèles qui furent adoptés presque sans changement par la DG. Ses archives doivent pouvoir en témoigner. Cela limita le temps à consacrer après la vérification mais, pour une vérification moyenne, on passait presque autant de jours à étudier les dossiers puis à rédiger les trop nombreuses pièces annexes que dans l'entreprise.

Henri Souque

« Une activité intéressante, prenante et très éprouvante ! »

Nos premiers pas de vérificateurs généraux furent heureusement guidés par un chef de brigade remarquable pour lequel la fiscalité était un véritable « apostolat ». Les réunions de brigade au cours desquelles étaient commentés les nouveaux textes législatifs ou jurisprudentiels et les problèmes rencontrés en vérification donnaient lieu à des débats animés et passionnés où chacun apportait son point de vue.

La tâche était rude. Le métier nécessitait de longs travaux préparatoires d'analyses des dossiers, d'études de monographies professionnelles, de sélection de recoupements, d'examen des disponibilités des dirigeants…

La première journée d'intervention était réservée à la visite des lieux et des matériels de production en présence du chef d'entreprise et à l'examen du système comptable utilisé commenté par le chef comptable et le cabinet d'expertise comptable. La technique de vérification consistait en l'examen de la régularité des écritures comptables mais aussi et surtout en leur confrontation avec la réalité : conformité avec les données réelles ou les disponibilités des dirigeants. Ces recherches de cohérences se révélaient passionnantes et aboutissaient, parfois, à des situations frauduleuses inimaginables et imprévisibles…

Le rôle du vérificateur était là pour informer, expliquer et rassurer. Dès le premier jour de l'intervention, il convenait d'informer le contribuable que le contrôle se situait dans la logique de son régime fiscal de la déclaration contrôlée et ne portait que sur une période limitée eu égard à la durée d'exercice de sa profession et qu'il avait pour objet de régulariser les excédents de déclarations ou les insuffisances. Ce langage avait pour effet de rassurer et d'établir un climat détendu favorable au bon déroulement des opérations… Je dois témoigner que ces méthodes courtoises conformes au respect de la personne humaine, dénuées de toutes suspicions injustifiées, m'auront permis dans la quasi-majorité des cas de conclure les vérifications sur des bases acceptées conformes aux principes de la justice fiscale.

Bien sûr, il existait des cas de fraudes manifestes qui nécessitaient la parution en commissions, au tribunal administratif ou correctionnel, après parfois de longues expertises qui avaient souvent pour résultat d'allonger les procédures…

Quelques cas restent présents à ma mémoire par leurs procédés assez inattendus.

La vérification d'un laboratoire de prothèses dentaires permit de constater que seuls figuraient en comptabilité les travaux courants n'utilisant pas les métaux précieux. Sur les doubles de factures passées en comptabilité était inscrite une lettre O tandis que certains devis découverts dans les archives portaient un sigle NO. La solution du rébus conduisait à la traduction O : officiel, les factures O étant seules comptabilisées.

L'ouverture du coffre, en présence de la brigade des fraudes et des métaux précieux révéla la découverte d'un stock clandestin… L'affaire se termina par des redressements importants au titre des bénéfices distribués et des recettes non comptabilisées. Les dirigeants traduits en « correctionnelle » plaidèrent les circonstances atténuantes en invoquant la nécessité de lutter contre la concurrence « sauvage » ! [...]

La situation d'un vérificateur général ou « polyvalent », possédant son bureau et téléphone à domicile, chargé d'un programme annuel de vérifications d'affaires importantes, pouvait, parfois, susciter « l'envie » de certains collègues peu portés à « affronter » le contribuable dans son entreprise.

C'était méconnaître les difficultés inhérentes à cette spécialité : déplacements, repas à l'extérieur, longues séances sur place à la convenance des comptables, travaux imposés par des recherches complémentaires, climat parfois tendu malgré l'attitude conciliante du vérificateur, procédures d'avis de vérification et de notifications... [...]

Il ne suffit pas d'effectuer des redressements, il faut encore les faire accepter ou recourir à la commission[4] ou aux procédures contentieuses devant les tribunaux. Une notification bien construite sur des arguments clairs et précis facilite, dans bien des cas, l'acceptation.

Durant plus de six ans, les vérifications générales m'occupèrent bien au-delà de quarante heures par semaine, dans les services, au domicile des entreprises, sur route ou à mon bureau à la préparation et à la conclusion des dossiers ou à la réception de certains experts-comptables. Cette activité intéressante et prenante était aussi très éprouvante... Un besoin de changement me poussa à découvrir d'autres horizons.

Jean Calvez

---

4. *Commission départementale* : Lorsqu'il existe un désaccord entre un contribuable et l'Administration à la suite d'un redressement, ce désaccord peut être soumis pour avis à la commission. La commission départementale des impôts directs et des taxes sur le chiffre d'affaires est amenée à intervenir (dans le cadre de la procédure de redressement contradictoire) en matière d'impôt sur le revenu, d'impôt sur les sociétés, de taxes sur le chiffre d'affaires. Présidée par un magistrat du tribunal administratif ou de la cour administrative d'appel, elle comprend, outre le président, des représentants de l'Administration et des représentants des contribuables, représentants dont le nombre et la qualité diffèrent selon la nature du litige soumis à l'appréciation de la commission. En matière de droits d'enregistrement, de taxe de publicité foncière, d'impôt sur la fortune, est compétente la commission départementale de conciliation, présidée par un magistrat de l'ordre judiciaire et comprenant en outre quatre représentants de l'Administration, un notaire et trois représentants des contribuables.

Direction des vérifications nationales

J'ai rejoint la direction des vérifications nationales à Paris en septembre 1957. [...]

Les bureaux de la direction des vérifications nationales étaient situés rue Royale et ensuite place Saint-Sulpice dans les locaux de l'ancien séminaire confisqués par l'État français. J'avais été affecté à la brigade des assurances constituée seulement un an après mon arrivée et j'ai rejoint la brigade des grands hôtels et restaurants de la capitale. J'ai vérifié entièrement l'hôtel California, 4 étoiles, situé près de l'avenue des Champs-Élysées et dépendant de la chaîne des grands hôtels situés près de la place de l'Étoile. Les résultats de cette vérification ont été fructueux. J'ai constaté que dans le hall de l'hôtel, les « belles des Champs-Élysées » venaient chercher des clients en louant des chambres « réservées » au dit hôtel. Le prix de ces chambres n'était pas porté dans la comptabilité de l'hôtel. Après examen des comptes des entreprises lavant le linge j'ai pu constater dans la comptabilité du California une différence notable. Après une longue discussion avec les dirigeants des grands hôtels de l'Étoile mes redressements ont été admis et l'impôt payé en invoquant « leur bonne foi ».

La brigade des assurances a commencé à fonctionner en octobre 1958, tout d'abord à la direction des Sociétés, rue des Pyramides, puis à la direction des Domaines de la Seine, rue de la Banque, et plus tard 42 rue de Clichy entre la place de la Trinité et celle de Clichy.

Sous l'impulsion des chefs de la brigade qui se sont succédé, les inspecteurs avaient pour mission de vérifier les assurances françaises et étrangères possédant une direction en France. Nous vérifiions tous les impôts payés par les compagnies d'assurances et notamment la taxe unique d'assurance portée dans les primes d'assurances et réglée d'avance par les compagnies d'assurances pour le compte de leurs assurés. J'ai été très intéressé par mon travail pendant dix-huit ans.

Les assurances n'avaient pas été vérifiées auparavant à l'exception de la taxe unique. Leurs bilans et leurs comptes d'exploitation étaient différents de ceux des autres sociétés commerciales. [...]

Les vérificateurs de la brigade des assurances (19e brigade) allaient en province pour contrôler les compagnies d'assurances dont les sièges sociaux étaient situés hors de Paris.

Robert Duperron

UN REDEVABLE TRÈS ANTIPATHIQUE

Tous les services des Contributions indirectes se trouvaient dans une ancienne caserne, de part et d'autre d'un long couloir. Le programme des vérifications couvrait, en partie, les mêmes entreprises pour les spécialistes des TCA, des Contributions directes et de l'Enregistrement. Je proposai à un collègue, d'origine corse, d'effectuer ensemble certains contrôles. Après examen commun de la comptabilité, chacun opérerait dans sa spécialité et l'enseignerait à l'autre.

Notre première expérience concernait une entreprise de charpente. Dès le premier jour, le redevable, très antipathique, afficha son hostilité. Curieusement, il critiqua sévèrement le gouvernement et le général de Gaulle. Il semblait espérer une approbation de notre part. Surpris, mon collègue et moi nous consultâmes du regard. Notre réaction fut identique et immédiate. Pas de commentaires.

Le lendemain à mon bureau, je reçus la visite du frère de ce redevable. « Je vais parler contre moi, me dit-il, car je suis associé dans l'affaire. Mon frère est un salaud, il essaie de m'évincer pour diriger, seul, l'entreprise ». Il me révéla certains procédés utilisés par le personnage précité, pour éluder la TVA et minorer le BIC (bénéfice industriel et commercial). Avant de partir, il me signala que son frère avait dissimulé un magnétophone dans l'armoire à pharmacie qui se trouvait dans le bureau où nous étions présents la veille. « Dans quel but », demandai-je. « Il espérait que vous tiendriez des propos compromettants pour vous menacer éventuellement », me répondit-il. Très irrité, je lui conseillai de m'indiquer par un signe de tête, lors de notre prochaine visite, si le magnétophone était toujours en place. Je me souvins avoir remarqué un fil électrique, non fixé, qui longeait un côté du bureau de l'entreprise.

J'exposai la situation à mon collègue sidéré par la perfidie du procédé. Nous décidâmes que l'un de nous deux resterait sur place pendant que l'autre se rendrait directement à la direction pour rendre compte si le dispositif sournois se trouvait toujours en place. Dans tous les cas de figures, la sévérité maximum fut décidée en ce qui concerne les pénalités. Un peu tendus, lors de notre retour sur les lieux, nous remarquâmes l'absence du fil baladeur. Le hochement de tête négatif du frère, nous confirma la disparition du dispositif.

Au terme de la vérification, tous les redressements furent approuvés par l'expert-comptable mais le redevable resta silencieux. La réponse à nos notifications de redressements nous stupéfia. Elle se résumait en une phrase : « Je conteste tout ». Avisé, l'expert-comptable nous informa qu'il se désolidarisait complètement de son client, « un individu particulièrement borné », ajouta-t-il.

Furieux mais décidés à affronter ce redevable hors norme, nous lui rendîmes une dernière visite. Tous les redressements furent repointés et l'expert-comptable confirma son accord. Au redevable toujours silencieux, je précisai que son attitude relevait d'une certaine stupidité et que les pénalités les plus élevées possibles seraient appliquées.

Quelques semaines plus tard, les quatre pneus de la voiture de mon collègue qui stationnait devant son domicile furent crevés. Pas de témoins donc pas de preuves. L'entrepreneur s'était vengé. [...]

Comme d'habitude aux CI, la plus grande cordialité régnait entre collègues. L'inspecteur qui dirigeait le service des CI et des TVA me raconta ses souvenirs de travail. L'un deux me laissa perplexe. Dans les déplacements avec son supérieur il portait la serviette de ce dernier. Au restaurant, ils ne mangeaient pas à la même table. Devant mon étonnement, il précisa que juste après la Première Guerre mondiale, l'appartenance à l'Administration était considérée comme un honneur et que le plus grand respect caractérisait les rapports entre les supérieurs et les subalternes.

Lucien Paoli

Le bottier

L'efficacité des brigades polyvalentes tenait essentiellement à leur spécialisation. Les inspecteurs s'appuyaient sur des monographies qui les informaient en détail du fonctionnement – méthodes de vente, modalités de fabrication, normes professionnelles – de chaque type de commerce ou d'industrie qu'ils auraient à vérifier.

Ma brigade d'affectation se limitait aux industries des cuirs et peaux, de la tannerie à la vente des chaussures, des gants et de la maroquinerie. On me confia un jour le dossier de M. X, important bottier parisien. Magasin spacieux, bien situé ; fournisseurs de haut de gamme et artisans spécialistes du sur mesure ; personnel nombreux et trié sur le volet : tout concourait à satisfaire une clientèle aussi fortunée qu'exigeante.

À l'examen du dossier, la comparaison des ratios justifiait qu'on mît en doute l'exactitude du bilan (la réglementation n'avait pas encore tenté d'en finir avec la possibilité pour le chef d'entreprise de présenter légalement trois ratios différents : le bilan du patron, celui qu'il destinait aux banques et la liasse dite « fiscale »).

Mon bottier m'avait aussitôt mis entre les mains de son comptable :

« On ne peut pas tout faire, monsieur l'inspecteur, le temps manque, et les compétences. Parlez-moi de peaux, de semelles de trépointe : je vous suis. Mais pour les chiffres, je m'en remets à l'homme de l'art ».

Le comptable me paraît en effet très compétent, mais il ne peut travailler qu'à partir des documents qu'on veut bien lui fournir. Quand mon questionnement, un peu plus poussé, l'embarrasse :

« Ah ! Moi, vous savez, dit-il comme s'il préparait un repli stratégique, je comptabilise ce qu'on me donne… »

Je réunis bientôt les preuves suffisantes pour démontrer que mon bottier dissimule une bonne part de ses recettes. Il va falloir le lui dire… C'est toujours pour moi le même paradoxe : autant je me passionne pour l'enquête – investigations, recoupements, recherche des indices –, autant je répugne à l'annonce douloureuse des conclusions. Je n'ai jamais, de ma vie, tiré la queue d'un chat, arraché leurs pattes aux hannetons. Je vous l'avais bien dit en commençant, que je n'étais pas venu à ce métier par vocation !

Le comptable prévenu décline toute responsabilité. Il faudra donc trancher directement dans le vif. Je l'avais depuis quelque temps avisé que quelques écritures posaient problème :

« Broutilles, monsieur l'inspecteur. Je vous le dis, ici c'est une maison de verre. Je tiens à dormir tranquille, moi ».

Le nombre de contribuables soudain soucieux de leur sommeil ! Ce jour-là, tout sourire :

« Alors, monsieur l'inspecteur (il n'oubliait jamais mon titre), votre contrôle touche à sa fin. Mon comptable vous a tout dit ?

- Hélas ! Non, j'ai relevé plusieurs anomalies qu'il ne peut m'expliquer.

- Vous m'étonnez, monsieur l'inspecteur. Quoi donc ? »

Je sors de mon dossier les feuillets accusateurs. Mon savetier, qui ne savait parler que cuirs et peaux, s'avère soudain financier avisé, comprend aussitôt de quoi il s'agit, ne songe plus qu'au chiffre du redressement.

« Ça va monter à combien ? (Plus de " monsieur l'inspecteur ").

- Je n'ai pas fait tous les calculs. Je voulais entendre vos explications, des justifications peut-être ».

Mouvement d'impatience. Il ne conteste rien de mes déductions, n'a de reproche que pour l'État, dont la boulimie pousserait à la fraude les plus honnêtes gens. Un chiffre, il veut un chiffre, tout de suite, même approximatif. J'énonce mon estimation. Il pâlit. Veut-on qu'il mette la clef sous la porte, qu'il licencie tout son personnel ? L'État a-t-il décidé de tuer la poule aux œufs d'or ?

« D'ailleurs, c'est bien plus simple, si vous maintenez votre estimation, je n'ai plus qu'à me suicider ».

Je savais, certes, que le bonhomme ne serait pas à la rue : pavillon de chasse en Sologne, pied-à-terre à Antibes, voitures, bijoux, fourrures. Et cependant, s'il allait commettre l'irréparable ? J'avertis le soir même mon chef de brigade qui connaît le dossier, et qui me dit de convoquer le suicidaire pour le surlendemain 10 heures dans son bureau.

Le bottier arrive à l'heure dite, paraît remis de ses émotions, me salue sans réticence. Bien calé dans son fauteuil, M. R, mon chef de brigade, puissant, sanguin, ayant gardé de ses années de rugby le nez écrasé et le sens de l'attaque frontale, lui fait signe de s'asseoir, et tout à trac :

« Alors, M. X, il paraît qu'on veut se suicider ? Un bon conseil : la Seine est à deux cents mètres et, compte tenu du froid, même si vous savez nager, c'est la congestion pulmonaire ».

Je regarde X : il est médusé, comme moi. Jamais, même avec l'expérience, je ne serai capable de cette brutalité d'attaque. À chacun son style.

Long silence. R. attend, ses yeux en vrille rivés sur X. Le bottier soupire, puis sourit, avec l'air beau joueur du bluffeur démasqué : il réglera très vite, il veut que sa maison redevienne ce qu'elle fut si longtemps, avant quelques fâcheuses négligences, « une maison de verre ».

« Vous êtes encore bien jeune », me dit M. R., dans un grand rire roulant cailloux comme les torrents de ses Pyrénées natales. « Il n'y a que les honnêtes gens qui se suicident ».

Jean et Pierre Hussonnois

FEMME FATALE

« Allo, M. Hussonnois ? Le commissaire à l'appareil. Pourriez-vous passer d'urgence ?... Oui... J'ai avec moi M. C. J'aurais besoin de vous entendre ».

Qu'était-ce encore que cette histoire ? Qu'avions-nous à faire au commissariat ? C. était plus qu'un collègue, presque un ami. Je le savais tiraillé entre une mère veuve, une sœur célibataire, toutes deux fort possessives, et sa jeune femme que les deux autres traitaient en usurpatrice. Scènes terribles, dont il me faisait confidence. « Quand on se marie, répétait-il dans les moments de lassitude, on devrait passer les familles à la mitraillette ! » Laquelle des trois venait-il de tuer ? Les trois peut-être ?

Le commissaire me reçoit à part.

« M. C. vous a-t-il parlé d'une vérification qu'il effectuait ces jours derniers chez un épicier de l'arrondissement ?

- Oui. Je crois même qu'elle est très avancée.

- Était-il en mesure d'informer l'épicier de ses conclusions ?

- Il se proposait d'avoir incessamment une discussion avec lui. Ou plutôt avec elle. C'est la femme qui s'occupe de la comptabilité, le pauvre bougre n'y entend rien et se contente de signer les déclarations ».

Le commissaire paraît soulagé, demande qu'on fasse entrer C. Il vient s'asseoir, pâle et flegmatique, et j'apprends le fin mot de toute l'histoire.

C. s'était installé avec tous ses documents au-dessus du magasin, dans l'appartement de l'épicier. Anormal, mais habituel : neuf fois sur dix le propriétaire de ces petites boutiques préférait que nous travaillions à l'écart de la clientèle, ce qui nous arrangeait aussi. C. tenait enfin la preuve d'importants achats clandestins. L'épicière était sur ses gardes, car le grossiste, son fournisseur complaisant, l'avait prévenue qu'un inspecteur était venu relever chez lui des listes de livraisons. En bas, l'épicier vendait ses pois cassés ; en haut l'épicière, droite et blême, écoutait C. mesurer, preuve après preuve, l'étendue de son désastre. Et voilà soudain qu'elle arrache son corsage, déchire sa jupe, se précipite à la fenêtre : « Au viol ! Au viol ! Au secours ! » Attroupement des passants, cavalcade du bonhomme de mari qui déniche deux « hirondelles ». En un moment, mon pauvre C. est conduit au commissariat, entre les deux gendarmes et sous les huées des badauds.

Le commissaire, persuadé de l'innocence de mon collègue et qu'il s'agit d'une grossière mise en scène, juge bon cependant de décider la garde à vue. J'obtiens que C. passe la nuit dans un bureau annexe, plutôt que dans la cage aux poivrots et aux filles. Je lui apporte des sandwichs, préviens sa femme et notre inspecteur principal. Le directeur se rend le lendemain matin au commissariat. C. est libéré, l'épicière ayant entre-temps avoué son mensonge. Mais le mari, sur le conseil d'un avocat, s'arc-boute sur les règlements : le Code des Impôts stipule en effet que les contrôles doivent s'effectuer exclusivement dans les locaux professionnels du contribuable. Nos épiciers y gagnent que leur vérification, entachée de ce vice de procédure, est abandonnée. C., lui, l'innocent, doit essuyer une très vigoureuse admonestation hiérarchique, dont il ressort traumatisé.

Nos carrières bifurquant, je le perdis de vue quelques années. Je retrouvai un atrabilaire ayant échoué à ses concours internes, persuadé, sans doute à juste titre, que l'affaire des épiciers le poursuivrait comme une tare, bloquant irrémédiablement son ascension professionnelle. Son ménage battait de l'aile, sous les coups redoublés de la mère et de la sœur, dans des querelles dont il voulait me faire arbitre. Nos relations cessèrent rapidement.

On parle souvent de vies gâchées par l'intrusion des affreux inspecteurs du fisc ; jamais des ravages provoqués de l'autre côté, par l'action conjuguée de redevables calomniateurs et d'une hiérarchie bien peu secourable. Il y aura du moins ce témoignage.

Jean et Pierre Hussonnois

Paroles, paroles…

À mi-parcours de ce livre, mon aimable lecteur s'étonne que ce métier, qu'il croyait sèchement comptable, ait tant à voir avec les relations humaines. Je suis donc en passe de gagner mon difficile pari : montrer que l'inspecteur des impôts, homme de chiffres, peut-être aussi – doit être – homme de sentiments. Car s'il est souhaitable que l'expérience permette au *vérifiant* d'anesthésier sa propre angoisse, il serait fâcheux que l'assurance acquise lui fasse oublier l'autre angoisse, celle du *vérifié.*

Devenu chef de brigade, j'ai toujours tenu à accompagner dans sa première enquête le débutant frais émoulu de l'École, afin de lui montrer l'importance psychologique du premier contact. On peut certes toujours débouler en pourfendeur brandissant l'étendard de la loi : on croit gagner du temps et l'on en perd. Les petites minutes passées à demander son âge au bambin venu furtivement regarder le méchant monsieur ; à s'informer de la race du chien qui flaire le bas du pantalon ; à maudire le vent glacial qui vous a plaqué la pluie sur les lunettes, ces minutes-là – ne haussez pas les épaules ! – sont souvent le « Sésame, ouvre-toi » des anxiétés verrouillées. On voit alors se détendre les postures, s'effacer les rictus, et le *travail* (au sens quasi gynécologique du terme) commence, du moins sans animosité.

Ne pas tomber cependant dans l'angélisme, et savoir flairer la manœuvre, comme j'en fis la cocasse expérience au siège social d'une petite entreprise familiale. Deux associés et l'épouse de l'un d'eux, une de ces vaillantes femmes-orchestres, à la fois secrétaire, réceptionniste, comptable, et qui trouvait encore le temps d'être ménagère et maman.

C'est sa fillette que, fidèle à ma méthode, je rattrapai par une boucle pour mon entrée en grâce. Elle minauda comme une petite femme pour me révéler son prénom et son âge ; s'éclipsa et revint avec une poupée dont elle me pria d'admirer les dessous.

« Laisse donc le monsieur tranquille ».

Mais à peine la petite eut-elle tourné les talons, que les trois adultes se relayèrent pour entretenir la conversation. Le registre demandé arrivait toujours fort lentement et le porteur se mettait en devoir d'assortir son offrande de propos à bâtons rompus sur le dernier match de football ou les plaisirs insoupçonnés du jardinage. Cela sentait la stratégie. J'étais pris à mon propre piège. À ce train-là la vérification s'éterniserait. Je ne pouvais conduire un examen solide, mon attention constamment détournée, mes déductions interrompues, mon raisonnement fragmenté par ces paroles, paroles, paroles.

Et voilà qu'au bout de deux séances ainsi perturbées, le disert trio me prie d'avoir la gentillesse de repousser à quinzaine mon intervention suivante : ils se préparaient à tenir un stand de foire-exposition, le magasin serait fermé. Demande assez fréquente, à laquelle on donne généralement satisfaction. J'accepte le report.

Or, les besoins d'une autre enquête – et aussi quelque idée de derrière la tête – me conduisent une, deux, trois fois devant le magasin de mes roués bavards. Devanture animée, rideau levé, quelques clients, et même, qui faillit m'apercevoir, la femme-orchestre dans son rôle à cabas pour l'approvisionnement familial. On me menait en bateau. Il faut savoir qu'à l'époque (j'ignore ce qu'il en est aujourd'hui), au-dessous d'un certain chiffre d'affaires, nous étions légalement tenus d'achever nos contrôles dans le délai de trois mois après la première intervention. Ces bougres jouaient la montre.

« Eh bien, cette foire-exposition ?

- Fatigant, mais tellement utile ! Si vous saviez comme c'est réconfortant de se retrouver de temps en temps entre gens du métier ! Et l'on rencontre des clients détendus, disponibles, qui viennent en promenade, qui prennent leur temps, qui…

- Vous n'étiez pas à cette foire.

- Mais… monsieur l'inspecteur, comment pouvez-vous…

- Montrez-moi le contrat de location du stand et les factures d'installation.

Silence accusateur.

- Je vous signale d'autre part que votre chiffre d'affaires dépasse le plancher requis pour la loi des trois mois, que vous semblez connaître. Vous pouvez donc continuer vos conversations dilatoires. Je prendrai le temps qu'il faudra ».

De ce jour-là, les documents m'arrivèrent en service accéléré… et en silence. Croyez pourtant que cet accroc, s'il renforça ma vigilance, ne remit pas en cause ma foi dans la méthode douce.

Jean et Pierre Hussonnois

Un redevable redevable

Laissez-moi vous emmener maintenant sur un terrain où vous ne m'attendez pas, où je ne m'attendais pas moi-même : celui du redevable content de mon passage, aidé par mon enquête, du redevable *redevable*.

Celui-ci est un garagiste, régnant (vous savez bien) sur « une maison de verre ». Or, cette fois, la métaphore n'était pas usurpée. Au sens propre : ateliers, magasin de pièces détachées et bureaux impeccables ; et au sens figuré : le patron me présenta tous ses chefs, le chef d'atelier, le chef magasinier, le chef comptable, le chef des ventes et le chef de direction, son bras droit, toutes personnes courtoises auxquelles il fut donné consigne de répondre diligemment à mes demandes.

Le patron, à force d'exigence, était devenu le concessionnaire général pour toute la région d'une des grandes marques d'automobiles françaises. Je ne pouvais prétendre tout contrôler dans une telle entreprise. Je choisis donc de centrer la vérification sur le secteur des réparations et pièces détachées.

Travail de routine : analyse des achats, examen des factures à la clientèle, détermination des marges bénéficiaires par catégories de produits, rapprochement avec les normes conseillées ou imposées par le fabricant. Or la « maison de verre » n'est pas exempte d'opacités. Les pourcentages de bénéfice brut sont inférieurs à ce qu'ils devraient être. Je refais mes calculs : pas d'erreur, on note des écarts significatifs.

J'interroge les chefs. Font-ils des remises ? Non, ce n'est pas le genre de la maison. Y a-t-il des pièces défectueuses ? Le fabricant les remplace. Du gaspillage ? Pas chez nous. Je m'en ouvre au patron. Très vite je le sens pris par le sujet. Il discute en connaisseur, examine mes chiffres, prend des notes, veut comprendre autant que moi.

« En effet, monsieur l'inspecteur, quelque chose ne va pas. Je trouverai ce que c'est. Donnez-moi quinze jours ».

Quinze jours plus tard, dans le même bureau :

Le garagiste. – Ah ! Cher monsieur, vous auriez dû venir me vérifier plus tôt.

L'inspecteur. – C'est bien la première fois qu'on me dit une chose pareille ! Et pourquoi donc ?

Le garagiste. – Je n'aurais pas tant tardé à démasquer mon contremaître. Le soir et les jours de congé, il faisait à domicile des réparations importantes, bien autre chose que le petit bricolage sur lequel on ferme les yeux. Un véritable atelier parallèle, et c'est moi qui payais les pièces détachées ! Le chef magasinier ne peut pas tout voir, et d'ailleurs il avait confiance. Comme moi. Ah ! La confiance, la confiance… Enfin, établissez votre redressement, je ne conteste rien.

L'inspecteur. – Et le contremaître ?

Le garagiste. – J'ai d'abord pensé le virer et porter plainte. Mais c'est un mécano hors pair, je ne veux pas m'en séparer. Je l'ai fait venir et je lui ai mis le marché en mains : ou la porte et la plainte, ou une reconnaissance de dettes à retenir mois par mois sur son salaire. Il a accepté. Et je renforce la surveillance au magasin.

L'inspecteur. – En somme, si je puis dire, je vous ai aidé sans le savoir à " resserrer les boulons " ?

Le garagiste. – Tout à fait ça. Et si je peux vous faire une demande insolite : revenez me contrôler dans quatre ou cinq ans.

Jean et Pierre Hussonnois

Le récupérateur

On m'avait signalé, dans les environs de Champméry, un personnage suspect, inconnu du service, qui exerçait l'activité rémunératrice de « récupérateur », bien grand mot pour désigner un chiffonnier. Je décidai de lui rendre visite pour l'informer de ses obligations fiscales et, éventuellement, régulariser sa situation.

Il fallait prendre une petite route empierrée, franchir un pont de bois, abandonner la route au virage, emprunter un chemin boueux, un « rouin ». À partir de là, les dépôts d'objets les plus hétéroclites jalonnaient la voie et indiquaient la direction à suivre.

Jusqu'au pont de bois, la voiture se comporta bien. Mais après, la qualité du chemin était nettement surfaite. On grimpait une colline à travers une lande inculte, au gré des surfaces relativement planes, parmi les chardons et les genêts rabougris. La voiture méprisait ces menus obstacles. Elle était plus sensible à la sévérité de la pente. Nous parvînmes péniblement, de concert, au sommet de la butte. Là, il fallait s'engager dans le « rouin », sorte de sentier creux, très étroit, bordé d'aubépines. Fort heureusement, la carrosserie et la peinture n'avaient plus rien à craindre.

Enfin, nous débouchâmes dans une cour de ferme, accueillis par une meute hurlante de chiens efflanqués. Les matériaux les plus divers s'amoncelaient en un désordre chaotique. Au milieu de l'étroit passage, des tas d'os dont les lambeaux de chairs pourrissaient au soleil, attiraient des myriades de mouches multicolores de toutes dimensions : une véritable ruche où seule manquait la saveur du miel… mais une puanteur à réveiller un cadavre en putréfaction…

Sur le pas de la porte, attiré par le vacarme, un étrange individu femelle apparut. Échevelée, déguenillée, édentée, elle semblait rescapée de quelque sabbat fantastique. De son poitrail béant surgissait une énorme mamelle crasseuse au bout de laquelle pendait un avorton avide, barbouillé d'un lait étonnamment blanc. Deux piliers éléphantesques, chaussés de savates informes, soutenaient un bassin qui, vu de dos, rappelait l'arrière-train d'un percheron de labour.

C'était apparemment la maîtresse de céans. D'un sourire qui se voulait hospitalier, comme le soleil éclaire et souligne une façade lépreuse et lézardée, en l'absence du « patron », elle me fit signe d'entrer.

Sur le seuil, je fus suffoqué par un relent de ménagerie mal tenue. Les mouches s'y trouvaient plus nombreuses qu'à l'extérieur, sans parler d'une faune familière de poules, canards, chats qui vaquaient paisiblement à leurs occupations en satisfaisant leurs besoins naturels sans la moindre contrainte.

Les vestiges d'un antique buffet éventré supportaient l'équilibre incertain d'un amas invraisemblable d'objets les plus inattendus. Une pendule comtoise délabrée, veuve de sa porte, penchée comme la tour de Pise, indiquait vaillamment une heure approximative. À son sommet, comme du faîte d'un clocher, un coq dominait la situation. Dans le fond de l'antre, un lit défait laissait apercevoir, sous l'amas de couvertures mitées et l'édredon exsangue d'une hémorragie de duvet, ce qui aurait pu être des draps, malgré leur couleur de terre de Sienne brûlée.

Au milieu, une table massive, visqueuse de graisse et de vinasse, était encombrée d'ustensiles divers, de vaisselle sale, de bouteilles vides et, trônant au milieu, d'un pot de chambre d'enfant encore garni de son contenu *sui generis*. Quelques centimètres carrés me furent attribués précautionneusement cachés par un vieux journal en guise de nappe. Une chaise bancale, à moitié dépaillée me fut aimablement approchée.

Sans conviction et sans illusion, je tentai de rédiger quelques instructions élémentaires à l'adresse du « patron ». Parmi la nichée d'enfants de tous âges qui se vautraient au milieu de la basse-cour, et de ses fientes, une gamine d'une dizaine d'années, l'air niais et égaré, s'intéressait, par-dessus mon épaule, à mon ouvrage. Soudain, un filet de morve que la langue n'avait pu rattraper à temps, coula de son nez et vint s'écraser sur mon papier.

Cette goutte fit déborder le vase de mon héroïsme ! Je suspendis là mon intervention, assailli par des nausées sournoises que j'avais grand peine à maîtriser. J'esquivai poliment le verre de vin qui m'était offert dans un récipient fort douteux. La voiture ne fit aucune difficulté pour s'évader de ces lieux malsains. Je l'arrêtai cent mètres plus loin et respirai avec délice l'air pur des champs et des bois.

Je ne voulus plus entendre parler de « mon » récupérateur dont l'infime contribution n'eût comblé en aucune façon le déficit du budget de l'État. [...]

Jean Tavernié

Le curé épicier

Dans un hameau perdu au fond d'une vallée isolée, bien à l'écart de la grand-route, un seul commerçant figurait sur mes registres. Son chiffre d'affaires était des plus minimes ce qui n'avait rien d'étonnant en raison de la situation des lieux et surtout du nombre fort restreint des habitants : quelques masures autour d'une petite église.

Et pourtant, ses activités étaient multiples, tout au moins sur le papier : épicerie, mercerie, tabacs, débit de boissons, cabine téléphonique. C'était mon unique redevable connu sous le nom de M. X. Cela méritait le déplacement, moins dans l'intention de service que par esprit de curiosité.

Ce matin-là, rien n'incitait au travail sérieux, tout prédisposait à la flânerie, à la promenade, à l'indulgence. La voiture piaffait d'impatience après avoir reçu son picotin d'essence. Les aubépines portaient toilettes printanières, les oiseaux bâtissaient leurs nids en clamant bien fort leur enthousiasme, les arbres fiers de leurs costumes neufs tentaient d'en défroisser les feuilles, le soleil clignait de l'œil en se levant paresseusement derrière la colline, une brise ménagère chassait dans les moindres coins les nuages honteux de salir un si pur azur.

La route musardait nonchalamment aux flancs de frais vallons, tantôt côtoyant de grasses prairies où les vaches ruminaient avec sagesse, tantôt s'enfonçant sous les sombres frondaisons imprégnées du parfum humide des mousses et des champignons. Bref, une randonnée pour sous-préfet aux champs.

Le chemin avait perdu le peu d'asphalte dont un service parcimonieux l'avait camouflé plus que recouvert. Il consentit enfin à nous mener, après bien des hésitations, à un bijou de petit village posé comme un jouet d'enfant dans un écrin de verdure, sur un tapis de prairies ourlé de la bordure sombre des forêts : un clocher menu auprès duquel se pelotonnaient frileusement quelques maisons rustiques.

Quelqu'un m'indiqua l'épicerie-buvette à deux pas de l'église. Je fus reçu par une vieille dame très sourde qui semblait ignorer parfaitement qui était ce monsieur « d'épice » :

« Ah, c'est monsieur le curé que vous voulez dire… Il est à l'église, pour la messe… Tiens justement, le voilà… »

Que venait faire M. le curé en cette histoire ? J'eus l'explication du mystère à l'apparition d'un vieil homme de prêtre dans une soutane élimée, au chef branlant sous une auréole de cheveux blancs, que l'âge et la prière pliaient vers la terre.

« C'est monsieur le contrôleur…

- Bonjour, monsieur, que Dieu vous bénisse… Je suis le curé X. Nous ne sommes pas bien riches, ici… Il faut bien vivre… Je rends service à mes misérables ouailles… Le plus proche village se trouve à plus d'une lieue… Mais veuillez vous donner la peine d'entrer ».

De fait, « l'établissement » n'avait rien de florissant. L'installation « commerciale » était plus que sommaire… Dans une cavité du mur, trois étagères supportaient quelques boîtes de conserve, quelques kilos de sucre, des paquets de café, de sel, de poivre et autres ingrédients divers. Les rayons d'un vieux buffet présentaient des boîtes d'allumettes et les « produits du monopole », deux ou trois paquets de cigarettes et du « gris »…

Je le rassurai sur le motif de mon intervention. Nous parlâmes de beaucoup de choses en buvant le café et… une excellente prune. Et je repartis, simplement, le cœur gonflé de pureté candide, avec sa bénédiction…

Jean Tavernié

« Un long passage dans le métier de vérificateur »

Les années ont passé et, un jour il a fallu prendre une décision concernant la suite de ma carrière administrative. N'ayant pas été admis au concours tout nouveau de l'inspection principale, je postulai pour le poste vacant de vérificateur de comptabilité. Cela n'était pas évident pour moi qui, comme je l'ai expliqué, n'avais passé que six mois à l'École des Contributions directes. Les cours de comptabilité y étaient rares et en tout cas insuffisants pour se familiariser totalement avec l'examen d'un bilan. Bien entendu, il y eut un stage à Paris qui me permit d'acquérir quelques notions élémentaires. Mais rien ne remplace le travail sur le tas. Mon bref passage dans un contrôle extérieur ne m'avait pas permis, compte tenu des impératifs de l'époque, de procéder à de nombreuses vérifications. Heureusement pour moi, le long séjour dans une direction, notamment au service du contentieux, m'avait permis d'assimiler la législation et la jurisprudence, ce qui me fut d'un grand secours. […]

Je partageais mon bureau avec un autre collègue bien plus aguerri que moi dans le service des vérifications de comptabilité. Grâce à lui et aux nombreux conseils qu'il me donna, je commençai un long passage dans le métier de vérificateur qui allait durer vingt ans. Ces années furent les plus heureuses de ma carrière. Cela tient au fait que nous disposions dans ce service d'une grande liberté. Même si le programme nous était en principe imposé, nous avions toujours notre mot à dire dans sa composition. Par la suite, nous organisions notre travail comme bon nous semblait. La seule contrainte fort logique était la production échelonnée de nos rapports de vérification et, bien entendu, la qualité de notre travail. Celle-ci résultait à la fois des redressements opérés et de la valeur de nos arguments en cas de contentieux ultérieur ou de procédure administrative.

Cette période a comporté deux phases différentes. Dans un premier temps, je n'ai eu à effectuer de vérifications qu'en ce qui concerne les impôts directs, essentiellement en matière de bénéfices industriels et commerciaux et de bénéfices non commerciaux, ainsi qu'en impôts sur les sociétés.

Très rapidement, un premier rapprochement se produisit avec les collègues des Contributions indirectes, chargés de la vérification des taxes sur le chiffre d'affaires. Il était évident en effet que les redressements concernant les recettes pouvaient intéresser l'une ou l'autre direction. Il se créa ainsi des équipes de deux vérificateurs qui travaillaient en commun, soit en même temps, soit par une étroite collaboration au bureau. Des rapports étroits et confiants s'établirent entre les vérificateurs de chacune des anciennes régies. Comme nous avions un bureau commun, nous pouvions échanger non seulement nos résultats, mais aussi nos points de vue et nos méthodes.

Ce travail en équipe était une excellente chose, tant au point de vue de la camaraderie que des résultats. Pour resserrer les liens entre nous, nous organisions de nombreuses rencontres amicales qui étaient l'occasion de banquets dans différents restaurants de la région. Nous avions pu connaître leur savoir-faire à l'occasion des vérifications qui s'étendaient sur l'ensemble du département. Heureusement, la situation géographique très centrale de Blois diminuait les distances. Les localités les plus éloignées n'étaient pas à plus d'une heure du chef-lieu.

J'ai parlé de deux phases successives au cours de cette période. L'Administration, qui avait déjà fusionné les trois régies pour former la direction générale des Impôts, parachevait son œuvre en mettant en place des vérificateurs dits polyvalents. Désormais, un seul agent se présenterait chez le contribuable et aurait compétence pour les trois types de fiscalité, directe, indirecte et enregistrement. [...]

Dans l'ensemble, le climat des vérifications était relativement détendu. La présence d'un expert-comptable permettait souvent d'atténuer les conflits. Par contre, les comptables agréés, récemment créés, n'avaient parfois qu'une formation comptable insuffisante. C'était alors une véritable aubaine pour les vérificateurs que de tomber sur un dossier préparé par l'un d'eux. Les redressements s'en ressentaient, et cela constituait parfois des situations des plus cocasses. […]

La politique de la direction générale évoluait d'année en année en ce qui concerne le service des vérifications. Puisque nous appartenions désormais à une seule régie, il n'y avait plus de raisons d'envoyer plusieurs agents pour procéder au contrôle sur place des déclarations au regard des contributions directes et indirectes, ou de l'enregistrement. En raison de leur nouvelle qualification, les vérificateurs furent pendant un temps appelés « polyvalents ». Pour cela, il fut mis en place des actions de formation de plusieurs mois pour familiariser les vérificateurs en poste à leurs nouvelles attributions. Pour ma part, j'ai donc effectué un stage d'impôts indirects portant essentiellement sur la TVA. Sans prétendre avoir acquis les mêmes connaissances que mes camarades issus d'une autre régie que la nôtre, je fus cependant capable de vérifier seul l'ensemble des impôts dus par un même contribuable.

Un redressement de recettes nous conduisait automatiquement à faire des rappels tant en matière de bénéfices qu'en ce qui concerne les taxes sur le chiffre d'affaires. En raison des rapports excellents qui existaient entre collègues d'une même brigade, nous n'avions aucune difficulté pour nous faire aider dans les cas les plus difficiles. Le rôle du chef de brigade était aussi très important. Quand il connaissait bien son affaire, il était d'un grand secours pour les vérificateurs qu'il avait en charge.

André Maurin

EN BRIGADE POLYVALENTE

Pour des raisons climatiques, j'ai pu obtenir en 1960 ma mutation à Marseille, dans une brigade bivalente de l'Enregistrement et très vite est intervenue la fusion des trois régies. Après un stage à Paris pour apprendre la législation des contributions indirectes, j'ai été versé dans une brigade polyvalente, avec à la fois des collègues des Directes, des Indirectes et de l'Enregistrement.

Le travail avec ces nouveaux collègues n'a rencontré aucune difficulté. Par contre, l'importance du chiffre d'affaires des entreprises vérifiées (5 000 000 F) a conduit à rencontrer des entreprises beaucoup plus importantes, avec du personnel plus qualifié, des opérations plus compliquées et un volume de documents à examiner plus important. Si l'on ajoute à cela le grand nombre de textes fiscaux importants chaque année qu'il fallait étudier et appliquer rapidement, ainsi que le changement très rapide, chaque année, d'une grande partie de ces textes pour une même période vérifiée, on comprend que le travail du vérificateur était très éprouvant.

Il convient d'ajouter à cette situation le contrôle statistique sévère effectué par la direction sur le travail des vérificateurs, ce qui était normal, mais qui constituait une obsession pour le vérificateur, lequel devait choisir, dans son comportement vis-à-vis du contribuable, une attitude agressive ou réaliste. […]

À cette époque, j'ai été amené à me spécialiser dans le contrôle des bouchers et, grâce aux monographies, à obtenir certains résultats.

Lors de la vérification d'une grande entreprise de boucherie qui disposait d'un conseil fiscal ancien inspecteur des Contributions directes, j'ai été en opposition avec lui sur les résultats bruts de l'entreprise, lui s'attachant à défendre le pourcentage de bénéfice brut, et moi le pourcentage de bénéfice brut au kilo de viande en carcasse (élément que le conseil fiscal n'avait jamais pris en considération). […]

Dans une autre entreprise de boucherie comportant trois magasins, le contrôle a conduit à effectuer des redressements importants très contestés au moment de la signature de la notification.

Un an après, le contribuable m'a rencontré par hasard et m'a remercié de la vérification, en précisant que le montant des droits redressés correspondait approximativement au vol dont il avait été l'objet de la part d'un employé qu'il avait pris sous son aile : en conséquence de quoi, au lieu de le mettre dehors, il l'avait obligé à rester et à lui restituer selon un planning le montant du vol, de sorte que le contrôle avait eu pour effet d'assainir son entreprise et ne lui avait en définitive rien coûté. Cette situation, assez rare, a provoqué chez moi une grande satisfaction.

Au cours d'une autre vérification concernant une usine de mécanique, à la demande du contribuable, je me suis présenté à l'usine un soir à 19 heures. Derrière moi, on a fermé la porte à clé, et je me suis trouvé seul, en face de deux frères dirigeants de la société, le comptable et le conseil fiscal.

L'un des deux frères, très énervé, a manifesté à mon égard des menaces, et son intention de réagir avec violence par des voies de fait immédiates ne faisait aucun doute, avec une quasi-passivité des personnes présentes. Il m'a fallu faire preuve d'une grande maîtrise pour obliger les assistants à neutraliser ce frère belliqueux et à accepter de signer la notification. J'ai toujours essayé, lorsque j'ai pu le faire, d'avoir un contact direct avec le contribuable lors de la notification. […]

Au cours de la vérification d'un marchand de porcs, le contribuable m'a installé dans la chambre à coucher de sa fille et en la présence de celle-ci, avec une attitude équivoque. J'ai dû me montrer très prudent pour éviter le piège.

Un autre marchand de porcs a fait l'objet de redressements importants après contrôle. Quelques semaines après, le contribuable était arrêté par la gendarmerie et mis en prison pour malversations.

Si par négligence ou erreur j'avais omis certains redressements relevés par la gendarmerie, on aurait pu croire à une complicité de ma part – et cela met en lumière les dangers encourus par les vérificateurs.

Guy Gény

« La vérification sur place »

Pour autant, et comme beaucoup de collègues, la vérification sur place ne m'attirait guère. Bien sûr il est normal que soient vérifiés les chiffres de contribuables qui en déterminent eux-mêmes le montant ; les salariés n'ont pas cette possibilité. Mais se le dire est une chose ; avoir en face de soi un homme, le plus souvent également sa femme, et savoir que le résultat de l'intervention, portant alors sur quatre exercices, peut être l'annulation de leurs futures vacances ou le report du remplacement de leur vieille voiture, en est une autre. Aussi bien, ce que je considérais comme mon premier travail était de décrisper l'atmosphère initiale, toujours correcte mais le plus souvent tendue. Il ne fallait pas toutefois tomber dans l'excès inverse et faire tomber leur garde. À la fin, en effet, il y avait toujours la conclusion douloureuse. Il n'y a guère que deux fois, si mes souvenirs sont exacts, où mon passage ne s'est pas traduit par un redressement.

En vérification sur place, le rapprochement des factures d'achat et de la comptabilité constituait mon premier travail. [...]

À cette époque déjà, les comptabilités étaient généralement « régulières en la forme » ; il fallait toutefois s'assurer également de « leur sincérité », donc ne pas se limiter aux livres et tenter de repérer des recoupements possibles. [...]

Les boulangers-pâtissiers n'utilisaient pas la même farine pour le pain et les gâteaux. Ces derniers dégageaient bien sûr une meilleure marge à partir d'une farine plus chère. Nous disposions de monographies établies au niveau national et aussi départemental qui établissaient, par exemple, la quantité de pain que l'on pouvait tirer d'un quintal de farine panifiable. Je trouvai sur le livre de cuisine de ma femme la quantité de farine nécessaire pour faire les gâteaux les plus courants (ce qui, en principe, ne devait pas léser ce professionnel) et, vu leur prix de vente que je m'étais fait communiquer, déterminai un coefficient. Celui-ci se révéla correct ; en revanche celui de vente de pain était faible. C'était apparemment curieux. On aurait pu penser qu'une tentative de minoration de recettes aurait plutôt porté sur les gâteaux, plus rentables, que sur le pain à la fabrication normalisée. Je fis part de ma perplexité et ajoutai que j'insisterais sur place tant que je n'aurais pas d'explication satisfaisante. Le boulanger-pâtissier, poussé par son comptable, finit par dire que, le matin, il commençait par faire son pain puis, sur la même table de travail, la pâtisserie ; il était bien possible qu'un peu de farine panifiable ait ainsi été mélangée à la pâtissière. À partir des ventes de pain, je calculai donc la quantité de farine correspondante ; la différence avec la farine panifiable utilisée me donna la base à laquelle il ne restait plus qu'à appliquer le coefficient « pâtisserie » et ainsi le montant annuel de redressements qui fut accepté sans trop de difficulté.

Ces procédés paraîtront sans doute artisanaux à un vérificateur spécialisé. Mais les entreprises étaient petites, et le travail de vérification n'a jamais été qu'accessoire dans l'ensemble de mes tâches : je ne fis jamais plus de cinq ou six vérifications par an, ce qui était bien assez pour mon goût, mais suffisait à me permettre de dire avec vraisemblance à un contribuable qui, contre toute évidence, n'acceptait pas le redressement proposé à la suite du contrôle sur pièces : « J'ai toujours la possibilité d'aller chez vous examiner votre comptabilité ».

Il est aussi des circonstances où il est difficile de concilier les exigences de l'honnête homme et celle du justicier. J'avais repéré un pourcentage de bénéfice brut insuffisant chez un garagiste-réparateur, même si celui-ci, qui avait quatre ou cinq salariés, ne mettait pas lui-même la main à la pâte. Lorsque je vis la blancheur de ses mains je n'eus aucun doute sur ce point. Son épouse, salariée par ailleurs, tenait la comptabilité de base, mise en forme par un expert-comptable. Il y avait incontestablement une insuffisance de marge. Je m'attardai sur cette vérification et fis plusieurs tentatives de découverte de « caisse créditrice » qui consistait (à partir du début de l'exercice ou de sa fin) à dresser un solde en reprenant toutes les opérations transitant par caisse, principalement après une sortie importante. C'était long et fastidieux, mais la découverte de caisse créditrice permettait de rectifier la comptabilité en reportant sur le contribuable la charge de la preuve de l'exagération du bénéfice rectifié. Je ne trouvai rien. Et pourtant, par rapport aux achats et au coût de la main d'œuvre, il manquait régulièrement 24 000 F par an (je gagnais alors à peu près cette somme). L'épouse du garagiste ne disait rien mais rentrait de plus en plus tôt de son travail pour assister à la vérification. Je finis par trouver, en épluchant les factures, une différence entre le nombre de batteries acquises et vendues, et fis part au garagiste de mon intention de lui notifier un redressement de 24 000 F par an, sur quatre ans, ce qui fut fait. Le garagiste vint alors au bureau et me dit sans détour que le montant des bénéfices rectifiés n'était pas inexact. Mais il avait une maîtresse à qui il donnait régulièrement de l'argent, à l'insu, bien entendu, de sa femme. Celle-ci se doutait de quelque chose, bien qu'elle tienne les comptes, et ma venue sur ce point n'avait rien arrangé. Il ne pouvait, évidemment, accepter le moindre rehaussement. Nous allâmes donc devant la commission départementale des Impôts directs, de composition mixte, et y développâmes nos arguments, purement professionnels. Bien entendu la commission trancha en coupant la poire en deux. Je n'ai jamais su si le garagiste était sincère. Était-ce une raison pour risquer d'être cause de la rupture d'un ménage ?

Serge Perrin

« Quel métier je fais ! »

Premiers pas vers la vérification polyvalente ?

Afin d'acquérir les qualités exigées pour être un bon inspecteur-vérificateur (contact avec le redevable, pédagogie et psychologie, assurance et comportement du vérificateur) je suis affecté auprès d'un inspecteur central, avec lequel je devrai intervenir « pour me faire la main ».

J'apprends très vite, sans son aide, qu'une bonne étude préalable du dossier constitue une source de renseignements importante, nécessaire pour la vérification : dépouiller les déclarations de chiffre d'affaires, examiner les déductions, étudier l'activité de l'entreprise, les taux de TVA applicables, les exportations, les investissements et, dans la mesure où l'on peut avoir les bilans, comptes d'exploitation et le dossier des contributions directes, l'étude est complète et on a une vue très précise de l'affaire.

Au cours de nos interventions chez les redevables, avec mon guide, mon « formateur », je me familiarise avec les éléments de comptabilité à examiner : les pièces justificatives, factures d'achats, double des factures de ventes ou de travaux à éplucher, rapprochement avec les écritures.

Après trois vérifications « téléguidées », je m'aperçois que mes progrès sont tels que mon « moniteur » n'intervient plus que pour me donner ses instructions, me commander comme si j'étais un de ses employés. Il devenait mon chef et moi, son exécutant. À la quatrième vérification, j'ai tout réalisé seul, du début de la procédure à la fin, rédaction du rapport. Me jugeant apte à réaliser, seul, les vérifications, je demande au chef de brigade de me « lâcher dans la nature ».

Je constitue donc un programme que je lui soumets. Le programme était facile à constituer à l'époque. Trois catégories d'entreprises étaient à exclure :

- les forfaitaires ;

- les entreprises déjà vérifiées ;

- les établissements ayant un chiffre d'affaires inférieur à 50 000 F, et ceux réalisant un chiffre d'affaires supérieur à 1 000 000 F.

Entrent donc dans la catégorie des entreprises à vérifier :

- les dossiers prioritaires tels que faillites ou règlements judiciaires (répartis entre les vérificateurs et attribués par le chef de brigade) ;

- les dossiers pour lesquels une intervention des vérificateurs est jugée nécessaire par les inspecteurs d'assiette de l'inspection centrale territoriale (le chef de bureau de Paris-Sud les appelait « les inspecteurs de la sieste » considérant que la place d'un inspecteur était de préférence chez les redevables, pour les vérifier, plutôt qu'assis à son bureau).

Cela représentait environ le quart des dossiers, le reste des dossiers à vérifier, le « tout-venant », était facile à sélectionner… à Paris : il suffisait d'ouvrir les classeurs de n'importe quel secteur d'assiette, de prendre les dossiers de redevables exclus du forfait. Il était fort rare que l'entreprise ait déjà fait l'objet d'une vérification de TCA dans les dix dernières années et, la plupart du temps, les dossiers sélectionnés n'avaient jamais été contrôlés.

Outre l'étude préalable du dossier de chiffre d'affaires, je côtoie mes collègues des Contributions directes. Ils me confient les bilans, comptes d'exploitation, tableaux d'amortissements des entreprises, ces pièces étant riches en éléments d'information.

Ma première intervention est faite dans une entreprise réalisant un chiffre d'affaires important, au-delà des limites de la compétence de la brigade mais, réalisant des exportations, l'inspecteur central territorial a préféré qu'une vérification de la brigade soit faite avant d'instruire les demandes de remboursement de taxes[5].

Je me trouve en présence du P.-D.G., du comptable salarié de l'entreprise, de l'expert-comptable et du conseil fiscal et ils sont très à l'aise autour de moi.

Après étude des dossiers, rien d'anormal n'apparaît. C'est une entreprise en pleine expansion, née il y a douze ans, jamais vérifiée.

Contrôles, vérifications, pointages : rien ! Acquisitions, cessions, déductions, régularisations : rien ! Application du prorata, décalage d'un mois, butoir[6] : rien !

Quatre interventions, je ne vois rien ! Pas une erreur, rien à « gratter ».

---

5. *Exportations, demande de remboursement de taxes* : Les livraisons de biens expédiés ou transportés en dehors de la Communauté européenne actuellement – hors de France à l'époque – sont exonérées de TVA. Malgré l'exonération, les exportateurs conservent la possibilité de déduire la TVA ayant grevé les éléments du prix des biens exportés. Lorsqu'ils ne peuvent récupérer cette TVA déductible par imputation sur la TVA collectée, les exportateurs peuvent en obtenir le remboursement selon une procédure spéciale de restitution propre aux opérations du commerce extérieur ou suivant la procédure générale de remboursement (qui comporte certaines conditions).

J'envisage une cinquième intervention ! Trois semaines de recherches… il ne faut pas se polariser sur ce dossier. Pourtant, c'est bien connu, c'est dans les entreprises où on ne trouve rien qu'on passe le plus de temps. Mais, pour une première, ce n'est pas une réussite !

Et si j'étais passé à côté de grosses erreurs ?

Erreurs de principe, dans l'application des textes, des taxes, erreurs matérielles. Je rends compte au chef de brigade. On examine ensemble. Non, et bien ! Ce sera une « conforme » pour débuter ! « Chou blanc » !

La question que je me pose, je pense que beaucoup de vérificateurs se la posent aussi :

« Je viens de contrôler cette entreprise, ai-je bien tout vu, ai-je bien repris toutes les anomalies, ne suis-je pas passé à côté d'une fraude importante ? »

Parfois, c'est avec un peu de chance qu'on arrive à déceler une fraude. C'est le cas de cette SARL dont le gérant s'appelle M. X et qui fabrique des transistors. La chance, on peut en parler ! Elle n'était pas de leur côté !

Lors de ma première intervention, M. X me présente son personnel… mais un jeune homme, que je pense être employé de la société, s'éclipse de l'atelier. Je ne le reverrai pas de la journée.

Deuxième intervention, deux jours plus tard. Même scénario que précédemment. Ce jeune homme se comporte d'une façon familière dans

---

6. *Prorata, décalage d'un mois, butoir* : Les redevables partiels (qui réalisent des opérations situées dans le champ d'application de la TVA mais dont certaines n'ouvrent pas droit à déduction) ne peuvent déduire qu'une fraction de la taxe qui grève leur prix de revient puisque la déduction de cette dernière est subordonnée à la réalisation d'opérations ouvrant droit à déduction. La fraction de la taxe déductible s'obtient en appliquant au montant de la taxe grevant les immobilisations un pourcentage général de déduction, appelé prorata, égal au rapport existant entre le montant annuel du chiffre d'affaires afférent aux opérations ouvrant droit à déduction et le montant annuel du chiffre d'affaires afférent à l'ensemble des opérations situées dans le champ d'application de la TVA.

La règle du décalage d'un mois, supprimée par le décret du 28 janvier 1993 et l'article 2 de la loi du 22 juin 1993 (loi de finances rectificative pour 1993), concernait la date de la déduction de la taxe afférente aux services et aux biens ne constituant pas des immobilisations. Cette dernière était en effet imputée sur la taxe due par l'entreprise au titre du mois suivant celui au cours duquel le droit à déduction avait pris naissance.

La règle du butoir, qui avait cours jusqu'en 1972, concernait aussi les modalités d'exercice du droit à déduction de la TVA (« taxe d'amont ») ayant grevé les éléments du prix de revient. Normalement, cette déduction s'effectue par imputation sur le montant de la TVA collectée (taxe « d'aval », correspondant au prix de vente), exigible au titre d'une période (mois, généralement, trimestre, année), le solde, la différence entre la taxe facturée aux clients et la taxe déductible ayant grevé l'ensemble des acquisitions de biens ou de services réalisés au cours d'une période de même durée étant versé au Trésor. Si la TVA déductible est supérieure à la TVA collectée, elle peut faire l'objet d'un remboursement, en principe annuel (il peut aussi être trimestriel) qui doit être demandé. Avant 1972, l'Administration refusait le remboursement de ce crédit de taxe non imputable, c'était le « butoir » (le droit à déduction venant buter, en quelque sorte, sur le montant de la taxe exigible). Le crédit de taxe devait obligatoirement être imputé sur les taxes exigibles des périodes suivant son apparition jusqu'à épuisement.

l'entreprise mais, lorsque j'arrive, vers 9 heures, il sort, je ne le revois pas de la journée.

Mon esprit policier va se mettre en branle.

Est-ce une façon d'agir habituelle ou est-ce ma présence qui précipite son départ ?

Allez, il ne faut plus n'avoir que l'esprit policier. Il faut agir en policier.

Le lendemain, j'arrive à 8 heures et j'observe les allées et venues. Une planque « à la manière de »… car il est assez difficile de passer inaperçu dans ce coin ! Je manque d'ailleurs de rater mon coup, le gérant de la société qui n'était pas encore arrivé, passe à quelques mètres de moi. Ouf, heureusement, il ne me remarque pas ! Je n'ai pas du tout l'habitude de faire le métier de flic… et pourtant, ça me réussit. J'ai peut-être loupé ma vocation !

Après une demi-heure de planque, environ, le jeune homme sort de l'entreprise. L'aventure commence. Je le suis en évitant de me faire repérer. Il n'y a pas grand monde dans la rue Amelot !

Pourtant, préoccupé par autre chose, sans doute, mon bonhomme ne s'aperçoit pas qu'il est filé. Il me conduit dans une cour où… je ne pénètre pas. Je me contente de lire sur le portail de l'entrée de la cour, parmi les plaques professionnelles qui y sont scellées, celle qui m'intéresse :

« M. X. Fabrication, vente de radios transistors ».

Et je commence à glaner tous les éléments concernant cette entreprise individuelle : dossier chiffre d'affaires – dossier des directes. Je consulte, compare, calcule, analyse… puis lance un avis de vérification afin de jumeler les deux contrôles.

M. X est le fils du gérant de la SARL. La SARL vend les transistors qu'elle fabrique à M. X fils à des prix inférieurs au prix de revient. La règle du butoir en matière de déductions de TVA s'applique, un rappel important de taxes est effectué sur les déclarations de la SARL.

En m'acharnant sur les stocks et la comptabilité matière, je démontre la vente sans factures d'appareils chez le fils X et c'est également un rappel de TVA important qui résulte de mes investigations.

M. X me dira, lors d'une dernière intervention au cours de laquelle je lui ai donné la conclusion de la vérification :

« Vous me mettez sur la paille, et pourtant vous n'êtes pas antipathique. Mais quel métier vous faites ! »

C'est vrai, il a fraudé, il va falloir payer ! Mais quel métier je fais !

Claude Dhenin

MONSIEUR « VU ET TRANSMIS »

J'ai donc pris mon service à la direction régionale des Impôts de Dijon, le 21 septembre 1964, comme chef de la brigade de vérifications générales de la Côte-d'Or. [...]

Bien entendu, en entrant en polyvalence, il fallait participer au stage *ad hoc* et c'est ce que je fis au centre de perfectionnement, 6 rue Saint-Maur à Paris, du 1er octobre au 18 décembre 1964. [...]

Le stage était indispensable, en particulier pour bien faire comprendre, par des leçons et des exercices animés, plutôt que par de simples lectures, le mécanisme de la TVA et tout le jeu des taxes brutes et des déductions ; quant aux nombreux cas particuliers qu'on nous avait signalés, on les assimilerait encore mieux en les retrouvant sur le terrain.

S'agissant de vérifications générales, les dossiers que j'avais à examiner posaient des problèmes de TVA et aussi d'impôts directs, voire de droits d'enregistrement. Par exemple, la dissimulation des recettes d'une société de capitaux avait minoré de proche en proche, outre la TVA (CI), l'impôt sur les sociétés (CD), puis la taxe sur les revenus mobiliers (Enregistrement) et enfin l'impôt sur le revenu des associés bénéficiaires de la fraude (CD). Il y avait donc quatre sortes de droits à reprendre et leur déduction éventuelle en cascade[7] était un excellent exercice pour l'appréhension de la fiscalité globale.

L'exécution d'une vérification générale comportait ainsi des opérations de synthèse telles que la reconstitution des recettes globales par l'application des marges de l'entreprise et le contrôle du bénéfice global par l'étude de la caisse privée des exploitants ou associés. Mais elle comportait aussi, cette vérification, de nombreuses opérations d'analyse, surtout en matière des taxes sur le chiffre d'affaires : examen des déclarations et calcul des taxes, contrôle de la validité des déductions de TVA, etc.

Tout cela fait, il restait à le relater dans un rapport et là, chacun avait sa méthode.

Les uns écrivaient sur place au fil de la plume parce que, selon eux, cela allait plus vite que de rédiger ensuite en langage clair un rapport argumenté au vu des

---

7. *Cascade* : La procédure de la cascade (décret du 4 novembre 1954) fait partie des droits et garanties dont bénéficient les contribuables faisant l'objet d'une vérification en contrepartie des pouvoirs étendus de contrôle et de redressement reconnus à l'administration fiscale. La déduction en cascade permet de déduire les suppléments de droits simples résultant d'une vérification des rehaussements apportés aux bases d'autres impôts également vérifiés. Ainsi, par exemple, la déduction en cascade permet, en cas de vérification simultanée des taxes sur le chiffre d'affaires et de l'impôt sur les bénéfices (impôt sur le revenu ou impôt sur les sociétés) de déduire le supplément de taxe sur le chiffre d'affaires du bénéfice imposable du même exercice (cascade dite « simple »). Cette procédure est destinée à atténuer les lourdes conséquences financières qu'entraîne souvent le contrôle simultané de différents impôts.

notes prises. Moyennant quoi, tout y était, et même plus, mais on avait de la peine à lire, à distinguer les constatations principales du reste et à faire dactylographier en l'état. D'autres se limitaient au contraire à exposer leurs constatations et redressements sans parler du reste.

Alors que faisait l'inspecteur principal ? Allait-il être celui qu'on appelait, paraît-il, dans certaines sphères « Monsieur vu et transmis » ? Ou bien allait-il choquer un vérificateur expérimenté par des observations en marge du genre de celle-ci que j'avais vue dans un vieux dossier : « Les frais à payer comptabilisés au 31 décembre… ont-ils été contre-passés au 1er janvier suivant ? » À quoi le vérificateur avait répondu sèchement : « Évidemment ».

En fait, tout cela était une question d'hommes et de contacts ; les rapports de vérification faisaient « évidemment » l'objet d'entretiens entre chef de brigade et vérificateur ; tout était mis au point et l'inspecteur principal pouvait, sous sa responsabilité, rassurer la hiérarchie tout en validant le travail de son collaborateur. Ce n'était qu'en cas de désaccord entre eux que les deux points de vue devaient être contradictoirement exposés dans la marge ou à la fin du rapport.

Lucien Perreault

DNEF

En 1964, l'Administration prépare le transfert de l'ENI à Clermont-Ferrand. Nous sommes plusieurs à demander notre maintien sur Paris. La direction des Enquêtes et Recherches de la région parisienne (DERRP) qui deviendra quelques années plus tard, la direction nationale d'enquêtes fiscales (DNEF) et son directeur m'accueillent le 1er juillet 1965. Avec mon camarade K., jusque-là professeur à l'École, nous prenons la direction des deux brigades de contrôle des revenus qui succèdent à celle de M. M., rue Volney, connue pour faire application des dispositions particulières des articles 168 (élément du train de vie) et surtout 180 (dépenses personnelles ostensibles et notoires) du Code général des Impôts, à l'encontre notamment de certaines catégories de contribuables souvent ignorées du service et vivant un peu en marge de la société (prostituées, proxénètes, guérisseurs, trafiquants…). Nous sommes maintenant confrontés à des problèmes de recouvrement et à un contentieux difficile, la jurisprudence du Conseil d'État devenant de plus en plus restrictive en ce qui concerne l'article 180. Au demeurant, ces dispositions ne sont à mes yeux, qu'un palliatif, un pis aller, quand tout autre méthode de recherche des revenus réels est devenue vaine. Il faut donc innover, revenir aux sources. Le directeur nous fait confiance, la direction générale semble nous observer. [...]

Si le contrôle de certaines activités plus ou moins illicites ou occultes relève à l'évidence de notre ressort, il nous semble qu'il faut élargir notre champ d'action, les artistes de renom, les professionnels du sport, certaines professions libérales, les dirigeants de sociétés qui se croient protégés par leur statut de salariés alors qu'ils ont le pouvoir de décision dans l'entreprise, méritent notre attention.

Nos vérifications ont pour but de rechercher la sincérité des déclarations de revenus. Il s'agit donc de s'assurer de la cohérence entre, d'une part, les revenus déclarés par le contribuable et, d'autre part, sa situation patrimoniale, sa situation de trésorerie et ses dépenses de train de vie. L'examen méthodique et critique du dossier fiscal nous permet souvent de relever certaines anomalies qui nous incitent à poursuivre nos enquêtes.

Une fois le dossier retenu, le vérificateur doit établir le dialogue avec le contribuable. Le bon sens nous ayant appris que les revenus dont celui-ci a disposé, mis à part les revenus en nature, ne peuvent être perçus que par le crédit des comptes (encaissements de chèques, virements, inscriptions au crédit d'un compte courant...) ou en espèces, le vérificateur s'applique avec en général l'aide du contribuable, à analyser les crédits des comptes et par la méthode que nous baptisons « caisse privée » ou « balance espèces » à rechercher les revenus perçus en espèces.

À l'issue de ce dialogue, s'il reste encore des sommes inexpliquées, les dispositions de l'article 176 du CGI permettent aux vérificateurs de demander des éclaircissements et des justifications[8] et l'article 179 stipule que : « est taxé d'office, sous réserve des dispositions relatives au mode de détermination des bénéfices industriels et commerciaux, des bénéfices agricoles et des bénéfices

---

8. *Demandes d'éclaircissements ou de justifications* : Lorsqu'elle contrôle la déclaration d'ensemble des revenus d'un contribuable, l'Administration peut lui demander des éclaircissements ou des justifications (articles L 16 et L 16A du Livre des procédures fiscales : ancien article 176 du Code général des impôts). En particulier dans le cadre d'un examen contradictoire de la situation fiscale personnelle (ESFP, ancienne VASFE). Le défaut de réponse du contribuable à une demande d'éclaircissements ou de justifications entraîne la taxation d'office de ce dernier à l'impôt sur le revenu (article L 69 du Livre des procédures fiscales : ancien article 179 du Code général des impôts). La procédure de taxation d'office est une procédure dérogatoire à la procédure normale qui est contradictoire.

Taxation forfaitaire d'après les « signes extérieurs » : L'article 168 du Code général des impôts, évoqué plus haut dans l'extrait, précise qu'en cas de disproportion marquée entre le train de vie d'un contribuable et ses revenus, la base d'imposition à l'impôt sur le revenu est portée à une somme forfaitaire déterminée en appliquant à certains éléments de ce train de vie un barème fixé par la loi.

L'article 180 a été transféré sous l'article L 71 du Livre des procédures fiscales, article qui a ensuite été abrogé.

non commerciaux, le contribuable qui s'est abstenu de répondre aux demandes d'éclaircissements ou de justifications de l'inspecteur... »

Ces dispositions jusque-là peu exploitées vont nous permettre de réussir plusieurs vérifications particulièrement significatives. La méthode est efficace, mais elle doit, je le souligne, souvent être maniée avec tact, bon sens et discernement par des agents expérimentés et bien encadrés. [...]

L'administration centrale, forte de notre expérience, veut se donner les moyens de lutter efficacement contre la fraude fiscale. La direction nationale d'enquêtes fiscales s'installe rue Ampère dans le 17e arrondissement, le nombre de brigades de contrôle de revenus est porté à dix. En 1969, je suis nommé au poste de directeur divisionnaire chargé de l'animation du contrôle fiscal. Je dois, dans un délai relativement restreint, préparer une notice qui servira de base au guide de l'examen approfondi de situation fiscale qui sera distribué dans tous les services.

L'efficacité et l'exemplarité de notre action nous obligent à développer au maximum l'échange de renseignements avec les administrations voisines notamment : les douanes (DNED), la police (sections économique et financière), l'Urssaf. Les brigades d'intervention interrégionales (BII), héritières des brigades de surveillance des Contributions indirectes, dépendent maintenant directement de la DNEF, elles peuvent intervenir en perquisition en vertu de leurs propres attributions ou éventuellement dans le cadre de l'article 16 des ordonnances du 30 juin 1945. Notre direction est donc armée pour lutter contre la grande fraude organisée.

Il faut pourtant souligner que les moyens d'investigation dont il s'agit conservent un caractère exceptionnel et restent particulièrement contraignants pour le contribuable. Ils constituent néanmoins un élément de dissuasion très important. Le risque existe toutefois, en cas de « dérapage », de provoquer un phénomène de rejet de la part de l'opinion publique. Jusqu'ici, ces procédures employées, à bon escient, par des agents avertis, sont bien acceptées et la jurisprudence du Conseil d'État reste favorable.

Pierre Gratianne

Les acrobates de l'impôt

La fraude fiscale serait, en France dit-on, un vrai sport national et nos compatriotes s'y livreraient avec délices.

Pourtant, l'expérience m'a appris que ce sport n'est pas à la portée du premier venu. Pour frauder, pour que cela en vaille la peine, il faut avoir des moyens, c'est-à-dire des revenus, des capitaux. Il faut encore savoir lire, comprendre, « tourner » les lois ou être entouré d'experts adéquats.

Dans les différents postes que j'ai occupés, notamment à la direction nationale d'enquêtes fiscales, chef de brigade, directeur divisionnaire, chef des services fiscaux, j'ai « plongé » dans beaucoup de types de fraudes. Maintenant retraité et retiré dans ma campagne, je me remémore.

Sans domicile fixe.

La situation fiscale du « comte de X » personnalité connue du tout-Paris, nous paraît anormale. Chaque fois que le service de base essaie de lui rappeler ses devoirs de contribuable, il exhibe un passeport délivré dans un territoire d'outre-mer où il se prétend domicilié. Une enquête discrète nous apprend qu'il occupe un hôtel particulier dans le 16ᵉ arrondissement, qu'il emploie du personnel et que le centre de ses intérêts pourrait bien se trouver en France. Au surplus, le hasard veut que le chef du service des Contributions de ce territoire soit un camarade que j'ai connu en Afrique. Je lui écris, il me répond aussitôt en me précisant que l'intéressé n'a pas de résidence dans le territoire et qu'il descend à l'hôtel quand, entre deux avions, il s'arrête parfois dans la capitale où il ne saurait être fiscalement domicilié.

Avant d'entreprendre des recherches plus poussées, je prends, en ma qualité de chef de brigade, rendez-vous avec M. le « comte de X ». Il me reçoit dans un grand bureau qu'une banque met à sa disposition. Je dois néanmoins patienter un long moment dans l'antichambre, avant qu'il ne sorte en raccompagnant un personnage que je crois reconnaître. La conversation s'engage :

« Monsieur l'inspecteur, j'ai été retenu par M... Vous connaissez ? Un ancien président du Conseil ! Rentrez, asseyez-vous. Un de mes collaborateurs m'a dit que vous chassiez l'éléphant, j'espère avoir un jour l'occasion de me mesurer à vous la carabine à la main !

- Monsieur le Comte, ce sera difficile, j'ai quitté l'Afrique depuis bientôt dix ans ! »

J'en viens au sujet qui me préoccupe et développe les arguments permettant de penser que son domicile fiscal est situé dans notre pays.

Il m'interrompt : « Monsieur l'inspecteur, le passeport que je vous présente indique que mon domicile est à l'étranger. Je ne dois pas payer l'impôt en France. Au demeurant, les lourdes responsabilités internationales que j'exerce n'ont d'autre but que la défense des intérêts du sport français et au surplus vous n'ignorez pas que mes ancêtres se sont battus à Fontenoy ! »

La réplique part : « Monsieur le Comte, ma famille n'a pas eu cet honneur, mes oncles sont simplement tombés à Verdun et au Chemin des Dames ! »

Le ton de la conversation change. Je lui annonce que nous serons obligés d'examiner en détail ses comptes en banque et certainement de lui demander quelques explications ou justifications. Grand seigneur, il me donne les coordonnées de son fondé de pouvoir qui n'aura aucune difficulté me dit-il à tout justifier.

Quelques jours plus tard, avec l'inspecteur chargé du dossier, nous nous présentons au siège de la banque. Très vite, notre interlocuteur ne peut nous répondre sur l'origine des sommes importantes figurant au crédit des comptes. Il nous dit qu'il s'agit d'affaires à caractère personnel qu'il n'a pas à connaître.

À ma lettre recommandée lui demandant des éclaircissements et des justifications, M. le comte me répond sèchement que ce sont des opérations personnelles sur lesquelles il refuse de s'expliquer.

La chose est entendue, les éléments recueillis nous permettent d'établir le domicile en France et, en application des dispositions de l'article 179 du CGI, des impositions d'office portant sur plusieurs centaines de milliers de francs (nouveaux) sont établies au titre des années vérifiées.

Cette affaire ne donne pas lieu à contentieux et les sommes réclamées sont rapidement réglées auprès du percepteur.

Pierre Gratianne

« Quelle liberté d'action ! »

Mon emploi n'était pas déplaisant en ce sens que j'étais pratiquement mon maître : chaque semestre je recevais la liste des redevables à vérifier et j'étais libre de commencer par qui je voulais. Quelle liberté d'action !

Mais devant un dossier vide de tout document autre que les déclarations aux taxes sur le chiffre d'affaires comment agir ?

J'essayais de me mettre à la place de mon client, de déceler le moyen que j'emploierais pour soustraire des ventes à la déclaration, pour grossir le montant de la TVA à déduire, pour inclure dans mes investissements des achats qui leur étaient bien étrangers… Cela tout en présentant une comptabilité tenant debout sinon probante…

C'était bien difficile, car on passait d'un marchand de tissus à un fabricant de couteaux, d'un fabricant de vêtements à un vendeur de ferraille. Chaque cas était un cas particulier et toujours là, près de vous, l'expert-comptable ou le conseiller fiscal qui connaissait la législation autant que vous et la façon de comptabiliser plus que vous… Sa présence était vraiment gênante.

Chaque entreprise comptabilisant ses produits et ses dépenses à sa façon, fut créé le « plan comptable ». Plan qui vous cataloguait, qui vous mettait en chapitres et sous-chapitres toutes rubriques comptables, afin d'uniformiser les méthodes et de nous faciliter la lecture des comptes... Dans ma vie de vérificateur, j'ai peut-être rencontré deux entreprises pratiquant ce plan. [...]

Mes résultats, autrement dit mes redressements, ne furent pas sensationnels ; ils se limitaient le plus souvent à des erreurs d'interprétation, à des déductions abusives de TVA ; quant à démonter une comptabilité, la rejeter... il n'en fut jamais question.

Il faut d'ailleurs convenir que certaines natures d'entreprises se prêtaient davantage à la fraude que d'autres. C'est notamment le cas des hôtels et restaurants !

Quand j'en eus sur ma liste, les résultats furent meilleurs. Pour eux, je m'étais déjà fait la main dans mon inspection d'assiette.

Je me fis pourtant posséder, j'en suis encore persuadé, par un certain hôtelier restaurateur d'une station thermale ; il fournissait des croissants au petit déjeuner de ses clients.

J'avais eu le nombre de curistes séjournant chez lui par l'établissement des Bains, et le nombre de croissants chez le pâtissier fournisseur qui, sans méfiance, m'avait donné le détail de ses factures.

Le nombre de croissants consommés par rapport au nombre de clients figurant au registre de police et correspondant en principe à celui donné par l'établissement me laissait à penser que des « accompagnants » des curistes ou des clients de passage n'avaient pas figuré dans les livres...

Là, je crus avoir trouvé la faille qui me permettait de discuter les comptes...

Eh bien, le personnel prévenu par le patron vint me donner l'assurance que pour leur part ils en mangeaient trois ou quatre chacun à leur propre petit déjeuner ! Et le patron et sa famille de même bien sûr ! Ainsi huit personnes à trois croissants par jour cela fait tout de même vingt-quatre croissants hors commerce !...

Cela était bien un peu surprenant que tout ce monde-là soit autorisé à se goinfrer de croissants, mais, comment prouver le contraire ?

Allez devant le tribunal administratif avec de tels arguments et vous serez tout simplement ridiculisé ! Alors ? Alors, allons voir ailleurs...

D'autant plus que comme tous mes camarades vérificateurs j'avais reçu une note me disant de ne point m'éterniser sur les affaires qui ne donnaient rien ! L'auteur de la note ne se doutait pas que c'est dans ces affaires-là que l'on passe le plus de temps car on ne voudrait pas se retirer sans le moindre redressement, nous doutant bien qu'il y a à redresser !

Bien des comptables, sans nous le signaler, bien sûr, semblaient faire exprès de nous « laisser un os à ronger », pas trop gros évidemment, mais, nous permettant de « marquer notre passage », nous engageaient à ne pas trop nous attarder là et de partir à la découverte chez un autre client…

Henri Verdier

UN CHOIX JAMAIS REGRETTÉ

Quand j'ai présenté ma demande d'affectation à un poste de vérificateur qui venait de se libérer dans le département, le directeur, qui n'était là que depuis deux ans, se demanda quelle mouche avait bien pu me piquer. Nos rapports étaient très bons et je n'avais jamais eu l'occasion de lui parler de ce vœu. Il ignorait tout de ma motivation. La voilà.

Quand j'avais obtenu ma mutation pour le Midi, je remplissais les conditions pour présenter le concours d'accès au grade d'inspecteur principal. Comme, par ailleurs, cet emploi ne me paraissait pas le fin du fin et que, en cas de succès, il fallait repartir vers des cieux moins ensoleillés, que ma femme n'y tenait pas… Par contre, je ne me voyais pas continuer le métier de rédacteur jusqu'à la retraite. D'autant que, dans le cadre de la fusion, j'allais perdre les possibilités de contact direct avec le directeur, que j'aurais affaire à un directeur divisionnaire qui se réserverait le plus intéressant du « boulot »… Sans perdre de vue que, pour lui, cet emploi ne pouvait être qu'une étape… Pas vraiment enthousiasmant.

C'est pourquoi, je m'étais informé au maximum sur les avantages et les inconvénients du métier de vérificateur, sur les méthodes et autres artifices dont usaient les vérificateurs très expérimentés que je pouvais envisager de remplacer.

Le directeur n'ignorait pas que mes connaissances en comptabilité étaient bien légères, comme celles d'ailleurs de l'inspecteur principal dont j'allais dépendre. Et j'étais le seul vérificateur Contributions directes en résidence à Carcassonne. Il savait aussi que mon remplaçant avait besoin d'être initié à un emploi nouveau pour lui. Il me chargea d'y procéder. En contrepartie, il me laissa le soin d'établir mon programme, sous réserve de son accord.

C'est là que jouèrent à plein les informations recueillies auprès de mes prédécesseurs.

D'abord quelques notaires. Une profession peu vérifiée. Une monographie assez détaillée. Enfin, des personnes que j'imaginais bien élevées et ouvertes. Puis, quelques BIC (bénéfices industriels et commerciaux) réels dont l'expert-comptable jouissait d'une bonne réputation. Si possible avec un employé teneur de livres, ce qui impliquait *a priori* que les opérations ne pouvant être effectuées que sur place seraient exécutées dans le bureau de cette personne. Autant que possible, éviter d'entreprendre des vérifications susceptibles d'entraîner un rejet de comptabilité. Je pensais préférable d'attendre d'être un peu aguerri avant de m'occuper de ce genre d'affaire. Bien entendu, je fis le tour des collègues pour leur demander les motifs de leur choix.

Par la suite, je n'eus plus voix au chapitre pour la confection du programme. Et c'est tant mieux. Cependant, il n'était pas interdit de demander l'inscription de certaines affaires connexes. [...]

Je n'ai jamais hésité à perdre du temps pour mieux cerner la personnalité de ma « victime », m'informer sur les problèmes de sa profession, l'organisation de son entreprise, etc. C'était aussi l'occasion de le convaincre que je n'arrivais pas avec des idées préconçues et que j'étais soucieux d'éviter l'arbitraire.

Ce faisant, je le préparais à la confrontation par laquelle j'ai toujours terminé une vérification. En effet, aucune notification de redressements n'est partie sans que, au préalable, le contribuable et ses conseils aient été informés de ce qu'ils allaient y trouver. Ces réunions n'ont pas toujours été faciles à vivre. Je pense que cela m'a évité des observations écrites et, surtout, un contentieux reposant sur des malentendus. Bien entendu, cette manière de procéder accusait des variantes sensibles selon la nature des redressements envisagés et la personnalité des interlocuteurs.

Quoi qu'il en soit, je n'ai jamais regretté mon choix. Bien au contraire. L'exercice de ce métier a été pour moi une source jamais tarie de l'approche d'activités professionnelles très différentes, de la connaissance des hommes (et des femmes) aussi bien pour ce qui est des caractères que des mentalités. Cela a même été l'occasion de rencontrer quelques personnes réellement remarquables ; généralement des autodidactes qui avaient l'intelligence de leur métier. Pour d'autres, le seul vrai talent avait été d'avoir su s'entourer de collaborateurs valables. Pour le plus grand nombre, c'était vraiment du tout venant.

Cependant, mon témoignage serait incomplet si je ne précisais pas que je n'ai jamais perdu de vue que je n'avais pas à faire d'une vérification une affaire personnelle même lorsqu'on avait essayé de me faire prendre des vessies pour des lanternes et que je m'en suis aperçu. [...]

Dans notre province profonde, il faut prendre en compte que les vérificateurs sont très vite catalogués par les professionnels de la comptabilité. C'est ainsi que je me suis aperçu que, jouant sur ma propension à bavarder, dans une entreprise, le patron et le personnel du bureau se relayaient auprès de moi, jusqu'au moment où je lui dis :

« Vous n'avez pas fini de me voir. C'est très intéressant nos conversations mais mon travail n'avance pas ».

Cela mit un terme à leur astuce. [...]

J'ai déjà dit que les anciens m'avaient alerté sur la nécessité de faire le tri entre l'essentiel, l'important et l'accessoire. Comment le faire ? Mon emploi de rédacteur m'avait permis de voir les critères qui étaient retenus pour l'appréciation des vérifications.

D'abord, le nombre de vérifications terminées. Inattendu non ? Comment y parvenir ? D'abord, débuter avec des vérifications qui, *a priori*, ne doivent pas comporter de difficultés particulières. Éventuellement, obtenir l'inscription au programme d'affaires connexes faciles. [...]

Bien entendu, il était judicieux d'avoir en permanence une réserve de quelques vérifications pratiquement terminées : surtout ne pas dépasser le quota. D'ailleurs personne ne le demandait.

Autre objectif, s'efforcer de donner l'impression d'une rigueur certaine. [...]

Enfin, si possible, trouver des chefs de redressements qui sortent un peu de l'ordinaire. C'est dans ce but que je m'étais abonné à la publication spécifique des éditions Francis Lefebvre. Cela est devenu de plus en plus nécessaire car on risquait de passer à côté de montages concoctés par les conseillers fiscaux auxquels les contribuables ont fait de plus en plus appel. Autre avantage, cette revue comportait parfois des commentaires dont je me suis quelquefois fortement inspiré pour la rédaction de mes rapports.

Georges Saquer

« Brigade mondaine »

Ma mutation à la DNEF, que j'ai demandée, est retardée de quelques semaines par les événements de Mai 68. Comme son nom l'indique, « direction nationale des enquêtes fiscales », la vocation de cette direction est de faire des enquêtes, spécialité où je me sens tout à fait à l'aise.

Mon premier chef de brigade est un homme affable et courtois, que j'ai le plaisir de retrouver, l'ayant connu, il y a vingt ans, comme instructeur rue Cardinet. Il sera, bientôt, nommé conservateur des hypothèques à La Rochelle.

L'arrivée de M. C. comme nouveau directeur, secoue la DNEF de la torpeur dans laquelle elle semblait s'enliser. Il a la volonté d'en faire le fer de lance de la recherche de la fraude fiscale. Il crée ce qu'il appelle la « brigade mondaine », dont j'ai l'honneur de faire partie.

Nous sommes une demi-douzaine d'inspecteurs qui partons en mission dans les stations balnéaires les plus renommées, La Baule, Deauville, Biarritz, Cannes, Saint-Tropez... relever dans les palaces, les chantiers navals de plaisance, les agences immobilières, les factures les plus importantes des clients et nous les rapprochons ensuite de leurs déclarations de revenus. Les résultats de ces investigations sont souvent spectaculaires et toujours douloureux pour les clients concernés.

M. C. me convoque, un matin, dans son bureau pour m'expliquer qu'une vaste opération visant un célèbre cabaret est envisagée par la DGI. Cette opération doit être précédée par le recueil d'un maximum de renseignements. J'ai donc pour mission d'y passer une soirée complète, avec mon épouse, de jouir de toutes les prestations offertes à la clientèle, de tout observer, de tout noter. J'avoue que ce genre de mission m'agrée tout particulièrement.

Dans le même esprit, toujours avec mon épouse, nous assistons, en tenue de soirée, au gala des Courses au casino de Deauville et, le lendemain, à la vente des yearlings. Le temps d'un week-end, à côtoyer les propriétaires de pur-sang, Omar Sharif, Boussac et Cie, j'ai l'impression de vivre un bon moment.

Dans sa recherche des signes extérieurs de richesse, la direction désire connaître les noms des membres des clubs de golf les plus huppés, tels que ceux de Saint-Nom-la-Bretèche, Saint-Cloud, Chantilly ou Saint-Germain-en-Laye. Le montant des droits d'entrée et de la cotisation annuelle dénote, indubitablement, pour les heureux adhérents, un niveau de ressources élevé. Mais à cette époque, en 1971, l'Administration n'a pas le « droit de communication »[9] en ce domaine. C'est donc par d'aimables complicités et des moyens « indirects » qu'il faut se procurer les fichiers de ces clubs pour satisfaire à la demande de la direction.

Je suis tout naturellement désigné pour traiter certains dossiers particuliers. [...]

Peu après le départ de M. de la Martinière de la DGI, M. C. est nommé conservateur des hypothèques à Créteil. Avec son successeur, la « brigade mondaine » est mise en sommeil. Les inspecteurs qui l'animaient doivent rejoindre leurs anciennes brigades et retrouver, sans joie, des travaux plus fastidieux.

Une certaine incompatibilité d'humeur avec un chef de brigade, étriqué dans son petit costume et dans sa tête, m'incite alors à changer de direction. Je n'ai qu'à traverser la rue Ampère pour entrer à la Documentation fiscale.

Sous les directives de Mme L., directeur divisionnaire, nous faisons des enquêtes, des monographies, des « simulations » en vue, par exemple, de la révision du mode de calcul de la taxe professionnelle (éternel serpent de mer),

---

9. Selon l'article L 81 du Livre des procédures fiscales, le *droit de communication* permet aux agents de l'Administration, pour l'établissement de l'assiette et le contrôle des impôts, d'avoir connaissance de certains documents et renseignements détenus par des personnes ou des organismes limitativement énumérés par la loi.

et, surtout, les évaluations foncières d'établissements industriels de dimension nationale tels que l'aéroport de Paris, la SNECMA, les centrales nucléaires, etc.

Marcel Chaussée

CHEF DE BRIGADE DANS LA SEINE

Toujours attiré par la fiscalité des entreprises et la vérification de comptabilités, j'obtiens un poste de chef de brigade à la 1re direction des vérifications de comptabilités de la Seine (VCS). Poste rendu vacant par le départ de son titulaire à la tête d'un service spécialement créé pour la mise en œuvre de la participation des salariés aux fruits de l'expansion des entreprises.

Au mois de février 1968, j'exerce mes nouvelles fonctions rue Tronchet où sont rassemblées la direction et les vingt et une brigades qui ont compétence sur l'ancien département de la Seine.

Chaque brigade est composée d'un inspecteur principal, de sept vérificateurs en moyenne et d'une secrétaire. La 1re brigade que je dirige a, comme la deuxième brigade voisine, la charge de vérifier les entreprises entrant dans la catégorie « produits chimiques » au sens large puisqu'on y trouve des laboratoires pharmaceutiques, des officines, des entreprises de peinture, etc.

Les impôts directs constituent le domaine principal d'intervention des vérificateurs en raison de l'importance relative de la législation qui les régit, ce qui facilite mon intégration dans le système de la polyvalence. J'utilise enfin les connaissances acquises au stage d'extension de compétence en matière d'enregistrement. Mais pour ce qui concerne la TVA, je suis davantage les vérificateurs que je ne les pilote.

Ma première année d'activité est plutôt décousue en raison des événements du mois de mai et d'un stage d'extension de compétence en matière de TVA que j'effectue au cours du dernier trimestre de l'année. Stage d'une réelle importance dès lors que la TVA est généralisée depuis le 1er janvier 1968 date d'entrée en vigueur de la loi du 6 janvier 1966.

Je retrouve un rythme de croisière en 1969 alors que la 1re direction des VCS devient la 1re direction des vérifications de comptabilités de la région parisienne (VCRP). Sa compétence territoriale est calquée sur celle de la direction des services fiscaux de Paris-Ouest, de la DSF des Hauts-de-Seine et de la DSF des Yvelines.

Pour assurer un équilibre entre les productions des vérificateurs et leur permettre d'accomplir le programme de onze vérifications annuelles, je choisis les dossiers à vérifier, les examine et les répartis en fonction des qualités personnelles des inspecteurs mais aussi du lieu de leur domicile.

Nous constituons une équipe soudée qui se retrouve tous les mercredis, au cours de la rituelle réunion de brigade qui permet à chacun d'exposer ses difficultés dont nous débattons pour tenter de les résoudre collectivement. Il y est également souvent question des garanties nouvelles périodiquement accordées aux contribuables en contrepoids aux pouvoirs de l'Administration. Les vérificateurs en excipent régulièrement pour justifier l'allongement des délais de règlement des affaires et, parfois, la faiblesse des résultats obtenus.

Je découvre combien de tempéraments différents, de qualités diverses comme quelquefois d'inaptitudes au contrôle sur place peuvent être rassemblés au sein d'une formation administrative aussi réduite. [...]

Sur proposition du directeur, l'Administration me confie la charge d'exposer aux inspecteurs principaux nouvellement promus le rôle et les méthodes d'un chef de brigade de vérifications générales.

À l'occasion d'une réorganisation, la direction est installée place Saint-Sulpice et les brigades qui ont déjà changé d'étage dans l'immeuble de la rue Tronchet emménagent rue des Mathurins. [...]

La fin de l'année 1971 devait nous offrir une surprise, peu divertissante.

Quelques jours avant Noël, convoqué à la direction, j'apprends que celle-ci est soumise à une inspection des Finances et je rencontre les deux inspecteurs qui interviendront dans ma brigade. D'une extrême courtoisie, ils m'exposent la manière dont ils entendent opérer et font mine de s'inquiéter de mes éventuelles réserves.

La vérification débute dans les premiers jours de janvier. Un nombre élevé de dossiers traités dans la brigade sont étudiés. Pour certaines affaires, les inspecteurs des Finances vont dans les entreprises s'enquérir des conditions du déroulement du contrôle fiscal et parfois examinent des points soulevés ou, au contraire, apparemment non étudiés. Ils assistent sans mot dire à une réunion de brigade dont, prévenu, j'ai arrêté l'ordre du jour avec les agents.

Dans le rapport des inspecteurs des Finances, je relève de nombreuses observations justifiées et d'autres qui le sont beaucoup moins. J'exprime mes réserves dont la très grande majorité sont contredites dans ce qu'il est convenu d'appeler la « 3e colonne » du rapport.

Rencontré par hasard, l'inspecteur des impôts chargé du secteur de Houilles, lieu de mon domicile, m'apprend que mon dossier personnel a été demandé par l'inspection des Finances. Je le rassure immédiatement sur l'issue de ce contrôle dont je me doutais puisque je savais que les dossiers personnels des vérificateurs de la brigade avaient été examinés.

Jean-Pierre Romanetti

Liberté d'action et solitude

L'administration départementale confirmait son intention de modifier les attributions de chaque cadre. Au cours d'une réunion des inspecteurs, les positions étant demeurées inchangées, le directeur décida que tous les inspecteurs seraient chargés des vérifications, un seul restant à la tête d'une inspection centrale, tandis que les contrôleurs se verraient confier l'établissement de l'ensemble des forfaits.

Pendant trois ans, c'est-à-dire jusqu'à la fusion des trois régies, nous devions affronter des tâches toutes nouvelles pour la plupart d'entre nous. C'était une structure originale qui venait s'ajouter aux brigades départementales et régionales déjà opérationnelles. Les entreprises sélectionnées faisaient l'objet d'un programme soumis à l'approbation de l'inspecteur principal : fixé au départ à 24 vérifications pour l'année, il fut ensuite porté à 26. À raison de 20 jours ouvrables par mois, l'effort demandé se révélait important, car le premier jour de l'intervention était consacré aux contacts nécessaires et à la mise en place des opérations ; le dernier jour, à la discussion et à la conclusion qui faisait l'objet d'une éventuelle notification de redressements.

Il y avait enfin, la rédaction du rapport de vérification et des pièces annexes à transmettre aux services compétents de la direction. Pratiquement, le vérificateur disposait de sept jours pleins pour mener son travail à sa fin, dans de bonnes conditions et sans compter les imprévus toujours possibles. Les opérations se déroulaient sur place ou à la cité administrative pour d'éventuelles consultations de documents ou répondre à des rendez-vous. La tranquillité du bureau situé au domicile était souvent sollicitée, mais dans ce cas, les soirées et la matinée du dimanche étaient englouties dans des recherches ou la rédaction, parfois au détriment de la vie familiale.

Manquant de toute formation, pourvu seulement de mes propres connaissances, d'une expérience professionnelle déjà ancienne, acquise dans plusieurs domaines de la pratique fiscale, mais surtout animé d'une volonté certaine de réussir, j'abordai cette nouvelle activité sans complexe. Mais au fil des mois et des années, je devais apprécier la liberté d'action, mêlée certes à la solitude du bureau, sans aucune restriction tant en amont qu'en aval, le jugement final de l'Administration ne se faisant qu'à l'arrivée, en fonction des résultats obtenus.

Je pénétrais seul comme représentant accrédité de l'État dans le monde de l'entreprise. L'accueil était en général courtois, compréhensif, parfois condescendant. L'heure du rendez-vous n'était pas respectée, puis la réception avait lieu : président, directeur général, conseil juridique, chef comptable, tandis que j'étais seul. Après maintes péripéties et avoir franchi une série d'obstacles, il me fallait constater que le fonctionnaire désireux d'accomplir sérieusement la tâche confiée était peu apprécié, tandis que son contraire était méprisé. En ce qui me concerne, le choix avait été fait une fois pour toutes.

La sélection était faite en fonction de certains critères et après examen des dossiers détenus par le service et celui des impôts directs. La comparaison du chiffre d'affaires et du bénéfice déclaré, les pourcentages atteints, leur degré de cohérence, la moralité fiscale du contribuable entraient également en ligne de compte. À chaque vérification, il fallait s'adapter au rythme propre de l'entreprise, à son type d'exploitation, à ses méthodes d'achat et de vente, pour parvenir à dégager le bénéfice brut pratiqué ; la consultation des factures d'acquisition et des étiquettes portant le prix de cession était souvent déterminante. Ce procédé conduisait à des bases de discussion, difficiles à être remises en cause.

L'examen de la comptabilité complétait utilement ces constatations. À l'époque, l'informatisation était encore rare, et les lacunes, la tenue ou l'absence de certaines obligations ou documents comptables, permettaient le rejet pur et simple de la comptabilité présentée et la reconstitution d'un chiffre d'affaires plus conforme à la réalité et à partir d'éléments puisés sur place.

La dernière séance était consacrée à l'exposé des litiges relevés. Les justifications fournies étaient acceptées ou rejetées, et le résultat final débouchait en général sur un accord entre les deux parties, obtenu en connaissance de cause et dans la transparence la plus complète. Les conclusions finales faisaient l'objet d'une notification de redressements qui était remise au représentant de l'entreprise intéressée.

Cette procédure devait être utilisée à l'occasion de dizaines de vérifications sans rencontrer la moindre objection dans son exécution. Aucune d'entre elles n'a été clôturée sans suite. Elle a été remise en cause une seule fois par un restaurateur qui a sollicité l'arbitrage de la commission départementale[10] prévue en la circonstance. Après exposé des deux parties, cette dernière a validé les résultats, tout en accordant une légère diminution du montant du redressement proposé. Il convient de souligner l'ambiance généralement correcte, parfois empreinte de cordialité, qui a régné pendant ces rencontres, entre deux pôles d'intérêts différents et par définition opposés. Il y avait en face du représentant

---

10. *Commission départementale* : Voir note n° 4.

de l'État, des artisans (plombiers, menuisiers, maçons, ferronniers, électriciens), des commerçants (meubles, denrées, débits de boissons, des boulangers, des pâtissiers, des stations-service et des mécaniciens automobiles, des agences immobilières, des pharmaciens) et cette liste n'est pas exhaustive.

La vérité m'oblige à ajouter que si j'ai rencontré la bonne foi, je me suis heurté à la pratique de la fraude à plusieurs niveaux. Il s'agissait parfois d'omissions involontaires, d'ignorance de la législation, mais d'autres infractions étaient plus répréhensibles : encaissements non déclarés, déductions illégales portant sur des acquisitions à caractère personnel, minoration systématique du chiffre d'affaires réalisé ; cette dernière opération conduisait à éluder la restitution à l'État d'un impôt acquitté par le consommateur, et avait des incidences multiples notamment à l'égard des impôts directs dus par les personnes physiques et au détriment d'organismes sociaux ou de collectivités. […]

En tout état de cause, il convient de souligner que malgré l'importance des sommes mises à la charge des Trésoreries, les relations entre les deux parties demeuraient correctes, avant, pendant et après les interventions du service, le contraire constituant l'exception. Même les organisations professionnelles, pourtant hostiles aux contrôles fiscaux, ne se sont jamais manifestées. […]

Depuis 1946 et après trente ans de pratique fiscale, j'avais évolué dans plusieurs structures bien différentes. […]

Ces expériences successives comportaient un enrichissement indéniable sur le plan de la connaissance, des lieux, des catégories humaines et sociales rencontrées dans la vie de tous les jours et dans l'application de la loi fiscale.

Si un choix était demandé pour chacune de ces périodes, la palme reviendrait à coup sûr à la dernière, celle des vérifications, qui avait permis une approche inestimable du monde du travail et de la production. Mais elle avait aussi et surtout consolidé mes conceptions de la fiscalité et de son rôle dans une société moderne.

André Hanoun

Un métier pas tout à fait comme les autres

Comme les métiers et actions judiciaires, de policiers et de gendarmerie, il est d'ordre répressif, suscitant toujours une réaction.

Sa spécificité tient à un fait majeur : le vérificateur travaille chez le contribuable et dans l'entreprise, en aucune manière dans des bureaux administratifs pour les constats à effectuer.

Au surplus, il y travaille habituellement seul, sans aucune collaboration, c'est-à-dire qu'il ne bénéficie alors d'aucun soutien moral, celui que conférerait la participation simultanée de collègues dans les mêmes lieux.

Sa tâche exige une maîtrise de soi et un grand équilibre, assortis d'une volonté et de connaissances éprouvées, ce qui d'ailleurs paradoxalement offre une garantie pour le contribuable ou l'entreprise vérifiés. L'intervention du vérificateur constitue d'autant plus la nécessité d'une exigence sans faille qu'elle s'opère toujours dans la durée, la présence de l'agent chez le contribuable ou dans l'entreprise pouvant être nécessaire des mois durant.

Cela génère inéluctablement la trame d'une ambiance, avec et à l'égard des dirigeants et du personnel. Ce qui peut se traduire soit par de l'opposition, plus ou moins caractérisée, soit par une estime ou un respect particulier, né de et dans la sympathie. S'il y a incompatibilité, le vérificateur devra poursuivre aussi ses recherches, avec précaution. Dans le cas contraire, se profilera le terme du contrôle avec son cortège de révélations, peut-être angoissantes.

Dans l'hypothèse où le vérificateur subirait des vexations, une opposition forcenée, voire des injures, le fait même qu'il serait seul à se livrer aux opérations de contrôle, lui ôterait pratiquement la possibilité de prouver les agissements irréguliers et d'en tirer donc conséquences. Si des tentations étaient mises en œuvre à son encontre, il se trouverait encore en difficulté pour étayer et administrer la preuve de ses dires.

Enfin, en se retirant, à l'issue du contrôle, le vérificateur aura dû essayer de prévoir, d'imaginer les arguments contraires à sa thèse, arguments que ne manquera pas de produire en défense le contribuable ou son expert-comptable. Cette anticipation relève de la prouesse, mais elle est essentielle, car les tribunaux sont à juste titre particulièrement en alerte sur la qualité des démonstrations de l'Administration.

André Bérard

« Intimidation ou tentation »

L'intimidation ou la tentation peuvent surgir à tout moment et de n'importe qui. J'étais chargé de contrôler une station-service de carburants, que gérait une femme d'âge moyen et qui, sans ambages, dès la première séance dans son bureau, se livra à une série de menaces ou insinuations, focalisées autour d'un appareil enregistreur qu'avec son comptable, elle mit péremptoirement, ostensiblement, en marche, pour, dit-elle, fixer tout ce que j'allais dire, alors qu'elle procédait à des provocations en règle. Ce genre de procédé ou de comportement n'a jamais eu l'heur de me faire sortir de moi-même, mais elle ne le savait pas ; j'abhorre tout cri, toute injure, toute agression, ne fût-elle que verbale. Je le lui dis posément.

Et le contrôle ne reprit que lentement et avec force refus ou oppositions. La séance qui peut être résumée ou caractérisée par le terme globalisant d'intimidation, s'avéra, sans que je n'en laissasse rien paraître, fort pénible. Elle généra une crainte pour les interventions à venir. Quelles attitudes ou action à prévoir ?

Le bureau de la station-service ouvrait par une vitrine sur la rue et sur les pompes à carburants extérieures. Il me parut sage alors de demander à mon épouse son assistance, discrète, de fait mais inapparente, je l'emmenai et, sans que la gérante en fût le moins du monde consciente, mon épouse se tint incognito dans la rue, surveillant tous événements. Moralement, cela m'aida beaucoup.

Mais, à la nouvelle séance, la gérante changea de registre : elle s'étala sur la table-bureau où je consultais les documents comptables, développant ainsi une manière de tentation, ce qui m'interdit d'approcher le bureau et les documents, puisqu'il était essentiel de ne pas entrer dans le jeu, fût-il d'apparence. On ne peut jamais savoir comment le contribuable rapportera les faits.

Le contrôle était matériellement bloqué. Mais, je ne bougeai ni ne protestai. Au fil du temps, la gérante se lassa. Alors, commença-t-elle un autre scénario, que je qualifierais de beaucoup plus classique :

« Je suis malade… j'ai… ceci… cela… » Il s'agissait, tirant les conclusions de l'échec, de lever la pitié. Un peu, comme le chansonnier : « Je suis patraque… que c'est embêtant ! » Dans cette ambiance, se déroula toute la séance, mon épouse continuant, elle, de dérouler un pont-levis qui m'était toujours réconfort, et que je nommais désir comme le tramway.

La chose, ou plutôt, les choses furent dites, par précaution dans mon rapport de vérification, sur conseil du chef de brigade.

Les tentations peuvent revêtir des formes diverses, parfois réduites à des éléments purement matériels, mais parfois converties en chantage. Je n'ai pas pour ma part subi la tentative de corruption par proposition d'espèces, que je n'ai donc connues ni sonnantes ni trébuchantes.

André Bérard

Une grosse enveloppe

Je ne peux pas omettre ce promoteur important qui n'utilisait pas de comptables et faisait seul sa comptabilité. Par hasard et par relations, j'obtins dans un bistrot de la ville une lettre de l'intéressé qui prouvait qu'il encaissait des dessous de table. Je prouvai aussi qu'il se faisait attribuer, pour un versement de principe, un appartement dans chaque immeuble qu'il faisait édifier et vendre sur plans. L'addition allait être lourde… Lorsqu'un beau matin, assis face à moi, il poussa sur la table dans ma direction une grosse enveloppe :

« Monsieur l'inspecteur, on pourrait peut-être s'arranger… »

Il m'aurait donné un coup de poing au visage que j'aurais été moins humilié.

« Que vous a-t-on dit de moi et de nous pour que vous ayez un tel culot ? Je ne veux pas d'histoires, on en restera là, je pourrais pousser loin les conséquences de votre geste ».

Il reprit son enveloppe avec un flegme et un naturel qui m'étonnèrent. Ce genre de pratique lui était assurément familier dans ses affaires. La vérification eut un résultat « juteux » sans acharnement de ma part.

Notification acceptée, quelques jours après, rentrant chez moi à midi, la femme de ménage qui sortait me dit :

« Un monsieur est venu vous porter deux caisses de vin ».

Dans mon entrée, deux caisses de douze bouteilles de champagne et, à la description de la voiture et du personnage, je compris que c'était mon promoteur qui n'avait pas laissé sa carte. Or, le soir même, fraîchement élu, le nouveau maire invitait ses amis dans une auberge de campagne. Je lui glissai deux mots de mon plan et le lendemain les services sociaux venaient chercher le « cadeau » et adressaient à mon promoteur une lettre de remerciements de la part des pensionnaires de la maison de retraite de la ville. Le double de la lettre fut joint au dossier, ce qui amusa fort les collègues. Ce fut la seule épreuve de ce genre dans ma carrière.

Robert Pouyfourcat

« La course à la fiche »

Les méthodes de vérification.

Il y faudrait un long chapitre.

D'abord, la comptabilité devait être jugée et estimée. Dans une grosse entreprise, confiée entièrement à des salariés étrangers à la famille, elle était *a priori* exacte et conforme à la vérité… Quoi que… Mais « probante en la forme » et dressée par un expert-comptable de qualité… elle pouvait ne pas tout dire. De toute façon il y avait les points sensibles du bilan : amortissements, des immeubles en particulier au cas où les terrains auraient été compris ; les « comptes divers », issus des « opérations diverses », grand « fourre-tout » qu'il fallait décortiquer, le stock entre autres et au passif, les comptes créditeurs variés et entre autres les comptes « provisions » et « fournisseurs », ces derniers pour cas de doubles emplois fréquents. J'ai rencontré une fois une énorme « provision de TVA » injustifiée et au bout de quelques minutes j'avais déjà un important redressement. L'examen des « frais généraux » était essentiel de toute évidence, les frais de déplacement, de restaurant, de chantier et les avantages personnels qui complétaient les salaires étaient l'objet de grandes discussions.

Personnellement, après avoir lu la monographie pour toute activité nouvelle, je faisais le tour de l'entreprise. C'est là que j'ai appris beaucoup de choses sur les professions que je vérifiais, sans quoi rien n'est possible.

Venaient ensuite les essais d'investigations sur ce qui aurait pu exister en dehors de l'affaire : train de vie réel, maison personnelle, art du « savoir-faire » plus utile que le « savoir » ! […]

Au passage je signalerai quelques entreprises à gros résultats depuis longtemps, vieilles affaires tenues avec soins où nous faisions « chou blanc » et où aucun collègue ne voulait retourner quand par hasard on les mettait au programme. […]

Il nous était demandé quatorze vérifications par an. Certaines étaient expédiées rapidement en quelques séances, tandis que d'autres pouvaient traîner plusieurs mois par suite de recherches… et de longues controverses. Mais ce qui déplut à l'ancien « enregistreur », ce fut progressivement la nécessité de rendement.

À mes débuts dans l'Enregistrement, le devoir accompli ne passait pas en statistiques. On faisait de son mieux sous l'autorité de l'inspecteur principal qui nous notait. Peu à peu, la « fiche statistique », devenue simplement la « fiche », aboutit à la « course à la fiche ». À l'extrémité du principe, on trouvait de gros redressements jamais acceptés, qui après avoir traîné pendant des années au contentieux étaient souvent abandonnés. Mais ça faisait une « belle fiche » au montant jamais recouvré. Je refusais cette compétition, en marchandant les points litigieux contre un accord formel sur le reste. J'énonçais en fin de séance ultime mes redressements à vérifier et lorsque tout s'était passé sans anicroches, en présence du ou des conseils et experts-comptables :

« Vous avez un mois pour réfléchir, je ne vous envoie pas la notification parce que je peux reconsidérer les questions où j'ai accepté de modérer certains points en acceptant votre bonne foi… »

Bien entendu, j'étais d'accord, avant de tenir ces propos, avec l'expert-comptable qui avec moi avait auparavant pesé le pour et le contre. Dans le fond, personne ne souhaitait que l'affaire traîne de contentieux en procès interminables. Dans bien des cas, j'ai agi ainsi et en vingt ans de « vérifications générales », j'ai eu d'excellents résultats avec seulement deux contentieux importants où au dernier moment, après un certain délai, l'adversaire est venu me demander de transiger. [...]

À l'origine et pendant longtemps, nous n'étions logés que dans de vieux immeubles : du bureau de Surgères (Charente-Maritime) installé dans une maison ancienne louée par les receveurs successifs, aux bureaux de la Rochelle, après un séjour dans une baraque militaire venant de l'Occupation, rue Jeanne d'Albret, dans un beau quartier près de la plage, nous sommes enfin passés à la « cité administrative » installée dans l'ancienne caserne d'infanterie.

Le matériel, entre-temps, s'était modernisé : armoire et bureaux de fer, mais surtout généralisation du téléphone, etc. Après les machines à écrire, les machines à calculer se vulgarisaient. En vérification, nous disposions d'une petite machine à calculer manuelle, mais les entreprises disposaient toutes de machines électriques après les années 1950-1960. Au début des vérifications, et notamment dans les petites sociétés familiales, la comptabilité était manuelle : grand-livre et livre journal tenus à la main, remplacés au fil des ans par la comptabilité tenue par machine électrique à grand tableau avec livre journal, tenue en tapant le grand-livre sur fiches. Il en résultait une comptabilité plus lisible et mieux détaillée.

Certains cabinets comptables avaient entrepris la comptabilité sur fiches à tri mécanique, ce qui ne dura guère puisqu'arrivèrent l'ordinateur et la comptabilité électronique.

Un bilan est toujours un bilan, mais nous étions en 1970-1971 et le système qui se généralisait ne plaisait guère aux anciens dans sa forme nouvelle. [...]

À propos des questions matérielles, celle qui se posait à l'époque et qui est aujourd'hui une facilité évidente, c'était la voiture automobile. Dans les années cinquante, la France commençait à s'équiper et pour les vérificateurs c'était une nécessité. En Charente-Maritime, un département tout en longueur, un vérificateur parcourait de 8 000 à 10 000 km par an et tout le monde ne disposait pas d'une voiture neuve. Le fond du département c'était Montendre, Montguyon à 150 km avec départ entre 6 et 7 heures du matin et retour vers 20 h 30, parfois plus tard. La contrepartie, bien entendu, c'était la liberté de l'agent qui assurait un service effectif, les quatorze vérifications au minimum n'ayant rien à voir avec la vie sédentaire des bureaux et la « présence ». Et un de nos bons camarades des Deux-Sèvres, trouva la mort sur la route en partant un matin en vérification à l'extérieur de Niort, risque d'une vie active. Comme me dit un jour un expert-comptable : « Vous êtes la profession libérale de l'Administration...

Et vous les gens de l'Enregistrement, vous avez quelque chose… que n'ont pas les autres », compliment qui me toucha.

Robert Pouyfourcat

Un métier difficile

Au début, nos programmes ne comportaient que de petites affaires relevant de l'impôt sur les sociétés ou des bénéfices industriels et commerciaux (les BIC) ; plus tard, on nous confia aussi la vérification des déclarations de personnes soumises aux bénéfices non commerciaux (les BNC). Beaucoup de petits commerçants avaient l'habitude de dissimuler des bénéfices en utilisant des moyens qu'on pourrait qualifier d'artisanaux : dépenses personnelles passées en achats de l'entreprise, par exemple. Avec le temps, chapitrés par leurs comptables, ils utilisèrent des procédés moins simplistes, la minoration des ventes était, par exemple, équilibrée par la dissimulation de quelques achats.

Pour certains petits commerçants, la technique pourtant bien simple de reconstitution des ventes demeurait difficile à comprendre. Il s'agissait de partir du volume des achats utilisés (compte tenu des stocks au début et à la fin de la période), de déduire de ces achats ceux qui avaient été utilisés pour des besoins personnels et qui étaient donc réintégrés dans les bénéfices et de multiplier les « achats vendus » par le coefficient de majoration propre à l'entreprise pour obtenir le chiffre des ventes ; par exemple, dans un restaurant, les prix d'achat des denrées utilisées pour la nourriture étaient généralement multipliés par deux et les prix d'achat des biens multipliés par trois.

Un jour, un couple de cafetiers du nord du département demanda à me rencontrer en présence du vérificateur parce qu'ils n'étaient pas d'accord sur la reconstitution du chiffre d'affaires qui avait été notifié ; ils contestaient l'importance des achats utilisés pour leurs besoins personnels, prétendant qu'ils ne consommaient pratiquement rien, à part un café de temps à autre.

J'entrepris, avec l'aide du vérificateur, de leur faire entrer dans la tête que si on diminuait la consommation personnelle, on augmentait les ventes et donc le bénéfice. Lorsqu'ils eurent compris le mécanisme, ils changèrent leur fusil d'épaule : « Monsieur l'inspecteur, nous disions cela parce que nous pensions que ça nous faisait payer moins cher ; en réalité, nous consommons beaucoup plus ! En nous levant, nous prenons plusieurs cafés avec de nombreux croissants ; dans la matinée, quand nous avons un petit creux, nous prenons des œufs durs ou des sandwichs arrosés de bière ; à midi, après un apéritif de marque, nous tapons dans le vin bouché, puis c'est le café, le pousse-café, etc. ».

Le vérificateur et moi avions peine à garder notre sérieux et je finis par dire à nos « clients » : « Madame, monsieur, arrêtez-vous de boire ainsi, vous allez vous rendre malades ! »

De petites scènes de ce genre n'étaient pas rares mais nous n'avions pas affaire, généralement, à de grands fraudeurs. Souvent, les séances de vérification se terminaient devant un verre et tel vérificateur s'amusa, un jour, de voir un boucher prendre innocemment un billet dans sa caisse pour payer la consommation qu'il offrait. Il arrivait souvent aussi que la femme ou la fille prissent dans la caisse l'argent nécessaire pour aller chez le coiffeur ; la recette journalière n'était plus que le solde en caisse après ces prélèvements.

La fréquence des vérifications, le poids des redressements mirent bon ordre à ces errements ; il arriva à un petit commerçant de s'apercevoir, grâce à une vérification, que sa fille opérait en cachette des soustractions fréquentes et importantes dans la caisse.

Comme les vérificateurs sont des gens curieux qui, comme saint-Thomas, ne croient que ce qu'ils peuvent vérifier, un de mes agents eut aussi l'occasion de dévoiler à une fondation nationale qu'un de ses dirigeants prélevait dans la caisse sociale des sommes importantes qu'il qualifiait de salaires dans ses déclarations de revenus.

D'une manière générale, tous les vérificateurs que j'ai eus sous mes ordres étaient gens courtois et affables qui entretenaient d'excellentes relations avec leurs « clients »... jusqu'au moment de la présentation de la note où l'ambiance devenait parfois beaucoup plus fraîche. Il faut savoir que le métier de vérificateur n'est pas facile ; il exige d'excellentes connaissances techniques, du flair, de la diplomatie et du bon sens. Si les contribuables qui reçoivent un avis de vérification sont généralement anxieux, c'est également le cas de beaucoup de vérificateurs débutants. J'ai connu un ancien capitaine qui avait quitté l'armée pour se reconvertir dans les Impôts et qui était plus secoué lorsqu'il allait chez un contribuable que s'il avait dû participer à une bataille. Une jeune fille qu'on avait confiée à ma brigade pour faire ses premières armes avait des poussées d'eczéma avant la première séance de vérification.

Il faut aussi savoir être discret car le Code général des Impôts donne aux agents du fisc des pouvoirs exorbitants du droit commun dont il faut user à bon escient, par exemple le droit de consulter les comptes bancaires[11] et de demander des explications sur tous les mouvements car, les techniques comptables se perfectionnant et les motifs de rejet des comptabilités devenant plus difficiles à déceler, on se mit à comparer sérieusement les ressources connues avec le train

11. *Consultation des comptes bancaires* : L'administration fiscale, qui peut obtenir communication de certains documents et renseignements (article L 81 du Livre des procédures fiscales), dispose d'un droit de communication sur les comptes bancaires.

de vie. Un jour, on s'aperçut ainsi qu'un contribuable avait acheté deux manteaux de vison ; l'un était pour sa femme, l'autre pour sa maîtresse !

Pour ma part, j'ai toujours pensé que le contribuable vérifié devait, comme un justiciable, bénéficier d'une présomption d'innocence et être traité en conséquence. Ce n'était pas toujours le cas de la part des jeunes vérificateurs. J'en connus un, garçon pourtant très intelligent, à la tête d'une inspection BIC (bénéfices industriels et commerciaux) placée sous ma surveillance, qui était persuadé que tous les commerçants et industriels étaient des fraudeurs. Il s'était lancé dans des vérifications hasardeuses, notamment celle d'un atelier de chromage où il avait fait des reconstitutions de chiffre d'affaires peu probantes eu égard à la nature de l'activité. Je dus intervenir, attaquer sur d'autres points pour sauver un peu la face avant d'abandonner les redressements.

Alors que j'étais déjà retraité, un ami médecin vint me demander conseil ; il avait subi une vérification qui s'était échelonnée sur plusieurs années ; à chaque fin d'année, le vérificateur (il y en eut deux successivement) notifiait des redressements fantaisistes pour interrompre la prescription et pouvoir imputer sur leurs montants d'autres redressements décelés après l'échéance de la prescription. C'est un procédé qu'admettait l'Administration mais que, personnellement, je réprouve, car il aboutit à faire échec indirectement à la prescription. On lui notifia des redressements à propos d'erreurs que le service aurait pu constater lui-même et on prétendit lui infliger les pénalités prévues en cas de mauvaise foi, puis une majoration de 25 % parce qu'il avait oublié de signer sa déclaration. Le ministre, saisi par le contribuable, mit le holà sur cette dernière prétention.

Je persiste à penser que de telles opérations, si elles procurent quelques subsides à l'État, ont surtout pour résultat de déconsidérer l'Administration qui n'a pas besoin de cela !

La plupart des gens chez qui nous intervenions étaient de braves gens ; la lourdeur des impositions et les difficultés du moment les incitaient à tricher mais nous arrivions généralement à un accord sans être obligé de présenter l'affaire à la commission des Impôts. Je peux même dire qu'on nous considérait souvent avec une certaine considération malgré (ou, peut-être, à cause de) l'efficacité et la technicité dont nous faisions preuve.

Louis Traissac

La commission départementale des Impôts

En ma qualité de chef de brigade, je fus appelé à participer aux travaux de la commission départementale des Impôts[12]. Cet organisme, présidé par un magistrat du tribunal administratif, était de composition paritaire, trois représentants des anciennes régies faisant face à trois représentants des contribuables désignés par les organismes représentatifs des professions intéressées :

- la chambre de commerce pour les BIC (bénéfices industriels et commerciaux) ;

- la chambre des métiers pour les artisans ;

- la Fédération des syndicats d'exploitants agricoles pour les personnes relevant des « cultures générales » ;

- les divers organismes syndicaux pour les cultures spéciales (aviculture, apiculture, élevages de souris blanches, maraîchers, etc.) ;

- Conseil de l'ordre pour les médecins ;

- chambre départementale pour les notaires, etc.

Cette commission avait une triple compétence :

- en cas de désaccord entre le contribuable et l'Administration, elle donnait un avis sur la suite à donner à des redressements consécutifs à une vérification ;

- toujours en cas de désaccord, elle fixait elle-même les forfaits annuels (pour les personnes relevant des BIC) et les évaluations administratives (pour les redevables des BNC : bénéfices non commerciaux) ;

- enfin, elle fixait les bénéfices forfaitaires agricoles pour les cultures générales et pour les cultures dites spéciales en se fixant sur certains critères objectifs.

En séance, chacune des affaires faisait l'objet d'un rapport circonstancié ; le contribuable et son conseil étaient ensuite appelés à fournir leurs explications, souvent interrogés par un ou plusieurs membres de la commission ; enfin, hors la présence du contribuable, la commission délibérait et prenait sa décision qui était ensuite notifiée à l'intéressé.

Pour avoir longtemps participé à ces discussions, je puis affirmer qu'elles étaient toujours courtoises et que les commissaires cherchaient toujours, en toute indépendance et toute honnêteté, à s'approcher de la réalité, avec, cependant, quelques nuances.

---

12. *Commission départementale* : Voir note n° 4.

Les plus soucieux de la vérité étaient, à mon avis, les représentants des artisans ; si le contribuable n'était pas défendable, ce qui arrivait, ils ne le défendaient pas ; en revanche, ils n'hésitaient pas à conseiller leurs confrères et la commission se ralliait généralement à leur avis.

La bonne volonté des représentants des commerçants n'atteignait peut-être pas le même niveau, mais nous arrivions toujours à un accord et nous suivions volontiers l'avis de tel représentant de la profession lorsqu'il connaissait bien les particularités de la branche d'activité dont il était question.

Bien que j'aie des parents et des amis dans cette profession, je dois à la vérité de dire que c'étaient les représentants des médecins qui défendaient avec le plus d'acharnement leurs confrères, même lorsque leur cause était douteuse. Je me souviens d'un médecin qui fut ainsi défendu alors que, divorcé, il servait une rente importante à son ex-femme, qu'il circulait dans une grosse voiture américaine et que, ne disposant d'aucun autre revenu, il ne lui restait rien pour vivre si l'on acceptait ses dires. Depuis lors, ce genre de litige n'a guère lieu de se produire, sinon pour des motifs étrangers au montant des recettes car les médecins et le fisc sont exactement informés par la Sécurité sociale du montant des honoraires perçus dans l'année.

Les quelques difficultés auxquelles je viens de faire allusion étaient rares, le président appuyant tantôt l'Administration, tantôt les membres non fonctionnaires selon ses convictions et les décisions étant généralement prises à l'unanimité. Lorsqu'elles étaient prises à la majorité (grâce à la voix du président dans un sens ou dans l'autre) c'était souvent par pure forme quand un représentant de la profession désirait ne pas mécontenter un confrère qui aurait pu croire, en cas d'unanimité, qu'il n'avait pas été défendu.

Si la décision de la commission s'imposait à tous en matière de forfaits ou d'évaluations administratives, ses avis n'étaient pas dénués d'intérêt à la suite d'une vérification de comptabilité, dans la mesure où ils avaient un effet dans la charge de la preuve en cas de litige porté devant le tribunal administratif.

Les séances de la commission furent toujours, pour moi, très intéressantes ; elles furent souvent cocasses et quelquefois émouvantes.

Louis Traissac

« La solitude, notre compagne habituelle »

Parlons de l'organisation. Le chef de brigade remettait, à chaque vérificateur, son programme annuel : une liste de douze entreprises, avec la possibilité de se récuser si d'éventuels liens de parenté ou d'amitié avec les dirigeants pouvaient être de nature à mettre un obstacle à la conduite impartiale des opérations projetées.

À partir de ce moment, chacun organisait à sa guise un planning propre à présenter un étalement aussi judicieux que possible. En ce qui me concerne, j'avais adopté de mettre en chantier un nouveau dossier au début de chaque mois : après la collecte, auprès des centres des Impôts, de tous les documents concernant l'entreprise à vérifier ainsi que ses dirigeants, je procédais à un dépouillement qui, une fois achevé, ébauchait déjà le profil de l'affaire. Alors seulement était expédié l'avis de vérification.

Pendant treize ans, la même cadence m'a accompagné sans défaillir, sans retard ni précipitation. Une pièce de notre logement me servait de cabinet de travail : je veillais à ne point laisser à l'abandon les pièces sur lesquelles devait s'exercer mon examen. Je m'appliquais à faire table rase (au sens propre) sur mon bureau et à fermer les armoires et les classeurs, dès la fin de la journée de travail qu'une autodiscipline stricte avait calquée sur l'horaire habituel : à ce prix, la liberté prenait une dimension raisonnable.

Deux ou trois fois par mois, se tenait, autour de l'inspecteur principal, une réunion plénière de la brigade (je n'ose utiliser le terme de *briefing*), dans un local de la direction des services fiscaux : c'était l'occasion d'exposer, à tour de rôle, nos difficultés, mais aussi de faire partager le fruit de nos trouvailles : un moyen de progresser dans l'efficacité.

La solitude demeurait notre compagne habituelle ! Seul pendant la préparation préludant à l'intervention proprement dite ; seul, à chaque séance, au siège de l'entreprise offrant silencieusement un front uni, composé du président-directeur général ou du gérant, du chef comptable, de l'expert-comptable, du conseiller juridique ; seul, à nouveau, dans le silence de son bureau, pour centraliser tous les éléments ayant donné lieu à une observation, en peser le bien-fondé, étayer les arguments conduisant aux futurs redressements ; seul, de retour dans l'entreprise, pour présenter verbalement les conclusions, prêt à affronter les assauts d'un aréopage sur le « qui-vive » ; seul pour rédiger le projet de notification de redressements soumis à la perspicacité d'un chef de brigade vigilant et attentif au moindre détail ; seul, encore, pour établir un rapport passé, lui aussi, au peigne fin, avant son expédition à la direction régionale.

Et, si l'affaire bifurque vers le contentieux, il faudra assumer, toujours seul, la défense de ce dossier devant les instances compétentes (commission départementale, tribunal administratif), tout en supportant néanmoins une continuelle tutelle de la hiérarchie.

Le paradoxe d'une telle situation, c'est que le vérificateur général, livré à lui-même, quasiment abandonné, doit se soumettre totalement au verdict de son chef de brigade, avant de remettre un rapport de vérification dont il est officiellement le seul géniteur. Et, malgré toutes ces précautions, le plus petit faux pas lui sera imputé, sans partage de responsabilités.

Cela commande une extrême prudence, sans préjudice d'une efficacité constamment exigée au niveau des résultats qui – contrairement à une opinion largement répandue – ne conditionnent pas le montant de la prime de rendement, mais qui interviennent, à coup sûr, dans la « cote d'amour ».

Les relations avec l'ordre des experts-comptables, ainsi qu'avec les cabinets juridiques et fiscaux, figuraient au menu incontournable de notre quotidien : à l'évidence, de part et d'autre d'une frontière subtile et immatérielle, chaque camp défendait des intérêts divergents.

Comme dans tout combat, chaque affrontement permettait d'apprécier les qualités et les défauts de l'adversaire. Périodiquement, on se retrouvait sur un autre champ de bataille, en jurant (d'un côté comme de l'autre) que, cette fois-ci, on ne se laisserait pas berner de la même façon que lors de la précédente rencontre… Et ceci, jusqu'à la prochaine fois !

À l'occasion de ces joutes fiscales, comptables et juridiques, s'élaborait, peu à peu, un répertoire nominatif des experts-comptables et des conseillers juridiques : il va sans dire qu'il s'agit là d'une cote purement verbale, et non d'un document écrit ! La réputation des uns et des autres s'appuyait sur leurs faiblesses relativement à certaines questions, ou à leurs positions de force sur d'autres sujets où il devenait illusoire d'espérer pouvoir trouver quelque faille que ce soit.

L'expérience aidant, on arrivait ainsi à éviter de se charger d'un dossier géré par M. Untel, sûrs que nous étions d'y passer un mois (ou davantage) sans résultats. Attitude pas très charitable pour le collègue, moins informé, qui ne pouvait éviter la rencontre indésirable.

Cette pratique avait, évidemment, un corollaire : tous les vérificateurs figuraient sur les tablettes des messieurs d'en face, avec une cote de valeur personnelle (qui ne correspondait pas nécessairement à celle retenue par notre administration pour juger ses propres agents).

On savait donc s'apprécier mutuellement et en tirer les conséquences appropriées : les toquards ne se retrouvaient pas tous du même côté de la barrière et, au petit jeu de l'esbroufe, on n'était pas gagnant à chaque fois !

André Boyer

Intervention

Nouveau décor : un grossiste en matériel d'outillage. Sans surprise, je relève, notamment, l'utilisation de plusieurs véhicules de tourisme pour les besoins personnels de la famille du directeur : l'avantage ainsi retiré va faire l'objet d'une réintégration dans les bénéfices de la société anonyme ainsi que dans les revenus (capitaux mobiliers) des utilisateurs de ces voitures.

J'ouvre, ici, une parenthèse : les options politiques des chefs d'entreprises et leurs convictions religieuses n'ont jamais motivé, de ma part, sévérité ou laxisme à leur encontre. Néanmoins – toute curiosité malsaine étant exclue –, les opinions de chacun ne sont un secret pour personne et, au cas particulier, le directeur de cette société ne cache pas sa préférence pour ce qu'il est habituel de désigner par « la droite ».

Or, le gouvernement du moment est « de gauche ».

À l'annonce de mes intentions, le directeur écrit (sans vergogne) au député socialiste : gémissant dans son gilet, il lui explique son désaccord sur mes conclusions et le prie d'intervenir afin de mettre obstacle à mes prétentions.

Le député socialiste saisit son ami, ministre du Budget, qui, à son tour, se fait l'écho de cette minable affaire : bien évidemment, le vérificateur est tout à fait fondé à redresser la situation comme il l'envisage ; pourtant, dans un but de conciliation et d'apaisement, il lui est fortement conseillé de ne point insister et, pour cette fois, il voudra bien consentir à abandonner les redressements envisagés.

Telles sont les consignes venues d'en haut, par le canal de la direction régionale. J'ai eu en mains tout cet échange de correspondances : je les ai restituées sans en prendre copie. Faut-il préciser que je le regrette ?

À la réception de ce courrier, mon chef de brigade compatit avec moi : écœuré, mais obéissant, je m'incline.

Y a-t-il une morale, dans cette affaire ? Non seulement l'argent n'a pas d'odeur, mais, pour mettre son portefeuille à l'abri, l'homme est prêt à tous les reniements (ou, plus exactement, à leur apparence !), car, à l'évidence, l'intervention du député et du ministre socialistes n'a probablement pas incité ce dirigeant à changer la couleur du bulletin de vote qu'il dépose dans l'urne.

André Boyer

TENTATIVE DE CORRUPTION

Exploitant une scierie, ce négociant en bois méritait sûrement la confiance et la considération de ses compatriotes puisque ces derniers l'avaient porté à la magistrature suprême de leur petite commune.

Son activité industrielle l'amenait à fournir des poteaux à l'usage des administrations et aussi d'autres entreprises. À plusieurs reprises, il arriva que les livraisons ne soient pas conformes aux clauses des contrats : les dimensions différaient de celles qui avaient été prévues au marché ; les bois, trop verts, présentaient des vrilles ou des éclats. Bref ! Ce négociant-scieur, suspecté de manquer de scrupules, avait été sanctionné et la livraison de certaines marchandises n'avait pas été honorée de la totalité du prix convenu.

Habitué à trancher dans le vif, notre maire-scieur décida alors de se faire justice lui-même, et il estima qu'à titre de compensation légitime, une coupe sombre devait aussi être opérée sur le montant du chiffre d'affaires à déclarer au service des Impôts.

En procédant ainsi, il parviendrait à récupérer le manque à gagner. Telle fut l'explication qu'il me donna pour justifier les omissions que je n'eus pas grand mérite à détecter (un simple rapprochement entre ses déclarations et les bordereaux de chèques postaux suffit pour découvrir le système… un peu primitif !).

Faute avouée étant à moitié pardonnée, je n'allais pas me compliquer l'existence : devant le repentir apparemment sincère de ce fraudeur (car il s'agissait bien d'une fraude) je me mis en devoir de chiffrer le montant des redressements et d'en faire part, au plus tôt, au contrevenant qui, sans difficultés, en accepta le principe.

L'affaire présentant une certaine importance, je préparai la rédaction d'une « reconnaissance d'infraction » (c'était l'acte officiel ouvrant la procédure, au même titre que le procès-verbal).

Comme tous mes collègues des brigades de vérifications, je ne disposais d'aucun bureau administratif. C'est dans un recoin de notre salle à manger que se trouvait mon meuble de travail : c'est donc à mon domicile que se déroula la phase finale du vaudeville (autant qualifier ainsi cette affaire dans laquelle le contribuable se comporta en tartuffe).

Aucun témoin n'assista à notre entrevue : seule ma parole peut attester de mes propos.

À peine installé en face de moi, le négociant posa, sur ma table, une liasse de billets de banque. À ma question relative à la destination qu'il entendait donner à ce paquet – que je me gardai bien de toucher ! – il me répondit : « Ceci est pour vous ! »

Le laconisme de cette réponse ne cachait pas l'intention délétère de m'associer à la félonie. Le piège, grossier, se trouvait là : une réaction immédiate s'imposait.

Promptement, j'invitai le tentateur à reprendre son bien en lui signifiant qu'il lui serait utile pour régler une partie du redressement, et je le mis à la porte.

Informé aussitôt de cet incident, mon chef de brigade devait saisir le comptable de l'entreprise. L'absence de témoins faillit tourner à ma confusion. Le fieffé coquin ne prétendit-il pas avoir voulu simplement me remettre un acompte, à charge, pour moi, de transmettre cette liasse de billets à la recette ? Je frissonne encore à l'idée que ce filou ait pu relever les numéros de tous ces billets : n'attendait-il pas que je les prenne (même à titre d'acompte) pour se précipiter au commissariat le plus proche ?

Pour avoir échappé à un tel acte de turpitude, j'en mesure pleinement le caractère sournois et, parfois, sciemment ambigu.

En effet, l'absence de témoins participe à l'établissement d'un climat de confusion qui ne peut être propice qu'aux délinquants de mauvaise foi, quelle que soit la bannière sous laquelle ils avaient choisi de combattre – à savoir, l'Administration d'une part et, d'autre part, une entreprise industrielle ou commerciale.

Sans vouloir me poser en défenseur des rares collègues tombés dans le piège, il n'est pas douteux qu'ils ont été les victimes de contrevenants débusqués et convaincus de fautes graves. Ces derniers, assoiffés d'une vengeance qu'ils entendent exercer contre les responsables de leur infortune, n'ont plus qu'un seul but : nuire à des individus dont le tort est de présenter fragilité et perméabilité aux sirènes de l'argent.

Qu'importe, dès lors, l'importance de la concussion, puisque le tentateur sait qu'il va bientôt en récupérer le montant !

Mieux ! L'Administration, réputée (dans cette affaire) incapable de s'entourer d'agents incorruptibles, se trouvera dans l'obligation morale d'abandonner les redressements envisagés (et dont le fondement ne saurait être mis en cause, en d'autres circonstances).

Le tentateur gagnera sur tous les tableaux, car, en ce qui le concerne, rares ont été les condamnations prononcées (et appliquées) à l'encontre des corrupteurs.

Grâce au ciel, cette expérience, poussée aussi loin dans ses développements, fut la première et la dernière.

André Boyer

Contribuables et comptables

Les accueils à bras ouverts n'étaient pas toujours aussi sincères qu'ils pouvaient paraître à première vue :

« Quel plaisir de vous voir ! Quand vous aurez fini d'examiner nos comptes, je serais heureux que vous acceptiez de :

. participer à une partie de chasse aux canards dans notre gabion ;

. faire un tour en avion au-dessus de la Baie ; c'est superbe ! »

Certain vérifié vantait le confort de son yacht tandis qu'un autre planifiait à l'avance un pique-nique sur Tombelaine que l'on atteindrait à marée basse, depuis le mont Saint-Michel, à bord d'une voiture tous terrains quelque peu amphibie.

Curieusement, l'examen des comptes faisait fondre, comme neige au soleil, tous ces beaux projets si bien que je ne connus ni le gabion, ni l'avion, ni le yacht, ni l'auto magique. Par contre, certains pensaient avoir raison de leur vérificateur avec un repas exceptionnel. En écrivant cela, je ne pense pas à ce fabricant d'agglomérés perdu dans des Landes au sommet d'une colline :

« Pas d'histoires ! Ici tout le monde reste à manger à la maison… Sécurité sociale, Indirectes, EDF… C'est à la fortune du pot… Hier, j'ai tiré un lapin ».

Il n'était pas possible de résister au suave parfum d'un civet de lapin de garenne mijotant tout doucement au coin du feu. Non, je pense à cet hôtelier me déclarant :

« Vous n'allez pas me faire la honte d'aller manger chez mon concurrent voisin ? J'ai prévu un petit repas tout simple pour ne pas vous faire perdre votre temps ».

Difficile dans ces conditions de refuser un déjeuner sur le pouce. Tandis que nous prenions l'apéritif, le cuisinier nous présenta une langouste frétillante qu'il fendit d'un coup sec, mit à griller et servit avec un beurre d'escargot après l'avoir flambée à l'armagnac. L'agneau pré-salé suivit dans la foulée puis… Le tout arrosé de vins généreux. J'allais oublier un fameux Calvados « hors d'âge », issu de la même cuvée que celle des bouteilles offertes au prince de Monaco à l'occasion de son mariage avec Grace Kelly.

La vérification n'avança guère ce jour-là… et pourtant, j'avais à contrôler outre l'hôtel-restaurant X, un estaminet servant des casse-croûte, un magasin libre-service, un camping, etc.

Après avoir digéré ma langouste, je pris la décision – et la tins – d'opérer dorénavant seulement l'après-midi, sauf les jours où je savais que mon hôtelier était appelé à parader avec d'autres notabilités dans des manifestations officielles.

Son comptable agréé, X, dont le prestige reposait uniquement sur son nom à particule, apprécia peu mon comportement qui le privait de fins repas. Il insista lourdement sur le fait que son client avait le bras très long et me prévint fort charitablement que tout excès de zèle de ma part me serait très préjudiciable. Ses bons conseils ne furent pas suffisants pour protéger son client de redressements qui furent confirmés par la commission.

X était loin de pécher par excès de zèle dans la tenue de ses comptabilités. Je m'en aperçus chez une marchande de chiffons et ferrailles. Le livre recettes-dépenses n'était que la « mise au propre » d'un brouillard tenu par la commerçante. Le rapprochement des deux documents me fit sursauter : par exemple, là où la marchande avait mis 20 000 F, X avait recopié 2 000 F. Pour toute réponse à mon interrogation :

« Elle a dû se tromper avec les nouveaux francs !

- Je ne me suis pas trompée… C'est 20 000 ».

Je demandai le livre de banque.

« Il n'y en a pas. Peuh ! Pour une affaire pareille ! »

À défaut, l'on me présenta les relevés bancaires qui confirmèrent en tout point les données du brouillard.

« Ça ne va pas améliorer ma cote à la direction, soupira X ».

La commerçante explosa :

« Je ne vais tout de même pas avoir des amendes alors que je n'y suis pour rien.

- Vous n'en aurez pas, madame ».

C'est X qui écopa. […]

Qu'il y eût ou non comptable, que celui-ci fût expert-comptable, comptable agréé ou simple conseil, il ne fallait pas se faire trop d'illusions : dans bien des cas, le vérificateur des Impôts était le dangereux intrus dont il convenait de se méfier.

Avouons-le, il faut reconnaître que le vérificateur tombait souvent fort mal. Les recettes dissimulées, qui remontaient brusquement à la surface lors du contrôle, n'avaient en rien profité à l'entreprise… mais plutôt à une maîtresse qui depuis avait tiré sa révérence. Au souvenir de ses amours défuntes, le contribuable poussait un gros soupir et son comptable – qui était au courant de ce malheureux épisode – faisait tout ce qu'il pouvait pour que l'épouse étonnée et curieuse de connaître la source de l'insuffisance ne sût pas combien elle avait été trompée.

Au détour de comptes bien tenus et malgré un bénéfice correct, une somme fort coquette pouvait surgir de façon inattendue. La seule explication produite fut la vente de lingots d'or. D'où venaient ces lingots ? De la succession paternelle. Cette dévolution (non déclarée) répondait-elle à un vœu du défunt ou n'était-elle qu'un accaparement ? Le vérifié ne sembla pas souhaiter que son frère lésé fût mis au courant. Suivant le conseil de mon inspecteur principal, je ne soumis pas cette dissimulation à un rappel de droits de succession mais aux BIC.

Et c'est avec un véritable soulagement que le vérifié admit une insuffisance de recettes qui n'aurait pu être dégagée sans ces fameux lingots.

Ernest Cocar

Mon nouvel habit

Dès 1972, je sollicite une mutation pour les brigades de vérifications générales de la direction régionale des Impôts. Ma demande est acceptée et j'intègre la 6e brigade.

Comment vais-je endosser ce nouvel habit ?

Je n'ai pas trop d'appréhension. La comptabilité n'a guère de secrets pour moi et mes connaissances juridiques sont encore vivantes. Je veille à approfondir tous les domaines et me dote d'une collection impressionnante d'ouvrages de doctrine et de jurisprudence.

Par ailleurs, une grande liberté nous est laissée pour l'organisation du travail. Les seuls impératifs consistent en l'achèvement d'une douzaine de vérifications annuellement, comportant, si possible, un résultat conséquent et un contentieux faible. Les conditions ne sont pas toujours réunies, mais l'un dans l'autre on se fait vite une idée de la valeur de l'agent. Les dix années écoulées, de 1972 à 1982, furent pour moi les plus heureuses et les plus épanouissantes de ma vie administrative. Pour plusieurs raisons :

- Je crois l'avoir déjà dit. J'ai l'esprit très indépendant. Le fait de travailler chez moi – nous avions une réunion de brigade, une demi-journée par semaine–, de n'avoir aucune contrainte d'horaire (il m'arrivait, certains jours de travailler 14 heures ou de travailler le dimanche) me comblait d'aise. Je savais que je serais jugé sur mes résultats et que l'appréciation que l'on pouvait porter sur mon travail ne dépendait que de moi-même.

- J'avais à cœur de démontrer que la défiance souvent rencontrée chez mes supérieurs était injustifiée.

Les qualités exigées d'un bon vérificateur sont nombreuses et variées et il est avéré que celui qui réussit dans cette discipline doit, en principe, allier la compétence, une compétence étendue à tous les domaines de la fiscalité et de la comptabilité, à la connaissance parfaite de l'activité vérifiée.

Le vérificateur doit être discret, courtois, se garder d'inspirer la crainte par son comportement. Il ne faut pas se dissimuler que le chef d'entreprise vit depuis plusieurs jours dans les transes à l'annonce d'un contrôle. Ne pas imiter ce collègue, qui, d'entrée, faisait preuve d'humour noir, et déclarait : « Montrez-moi cette comptabilité frauduleuse, qui va vous mener tout droit en prison ».

La conduite d'une vérification fructueuse n'est pas chose simple. L'examen du dossier nécessite une bonne quinzaine, de façon à s'en pénétrer et à opérer tous les recoupements nécessaires.

Il faut savoir aussi comment le métier s'exerce, avec toutes ses variantes. C'est pourquoi un agent doit finalement se spécialiser. Tel est mon cas, j'abordais tous les domaines de l'immobilier, promotion, agences immobilières, administrations de biens, notaires.

J'obtenais des résultats. J'avais peu de contentieux et mes relations avec les contribuables étaient cordiales.

Libre de mon emploi du temps, je m'organisais de telle sorte que je puisse bénéficier de loisirs en cours d'année. Cela supposait, bien entendu, un redoublement d'activité en compensation. [...]

Savoir lâcher l'accessoire, s'attacher au principal – laisser vivre et prospérer le contribuable de bonne foi –, en soulignant les fautes commises à ne pas renouveler.

La vérification d'une entreprise est souvent bénéfique, en apportant des indications sur les erreurs de gestion.

Je me souviens notamment d'un boulanger-pâtissier, auquel j'infligeai, hélas, un sévère redressement. Je fus amené à lui indiquer que sa comptabilité était très bancale, et que le manque de surveillance de son personnel le conduisait à la ruine. Les prélèvements étaient considérables et injustifiés. Les vols étaient monnaie courante.

Je lui prédis que la reprise en mains indispensable lui permettrait, non seulement de payer le Trésor, mais qu'il réaliserait à l'avenir des bénéfices substantiels.

Cinq ans après ce contrôle, le brave homme venait me remercier de mes conseils. [...]

Les vérifications de comptabilité m'ont appris qu'aucun métier n'est facile, que les exercer nécessite très souvent des trésors de travail, de compétence, d'oubli de soi-même.

C'est pourquoi j'ai toujours abordé mes interlocuteurs avec beaucoup de respect, à la fois pour ce qu'ils étaient et ce qu'ils faisaient. Sachant par ailleurs que le contrôle de leur entreprise constituait une charge non négligeable et un surcroît de soucis à une époque pas forcément bien choisie de leur point de vue.

Je pense que l'incompréhension trop souvent rencontrée procède d'une méconnaissance fondamentale entre le fonctionnaire et le chef d'entreprise, et réciproquement.

Le fonctionnaire a la sécurité de l'emploi. Il a tout le temps d'examiner, après coup, une comptabilité, pour en extraire les imperfections. Et Dieu sait si elles peuvent être nombreuses, tant en la forme qu'au fond.

Le chef d'entreprise vit sa gestion au jour le jour. Son ou ses experts comptables ne lui apportent pas toujours un concours sans faille, et leur responsabilité est illusoire.

Je parle ici des entreprises moyennes, dont le chiffre d'affaires insuffisant n'a pas permis d'intégrer à demeure un service comptable étoffé, doublé d'un ou de plusieurs conseillers juridiques et fiscaux.

C'est pourquoi il est nécessaire d'aborder un contrôle avec un *a priori* de tolérance.

Bien sûr, il arrive de rencontrer des sociétés qui se révèlent vite marquées par un souci délibéré de fraude. Il ne peut être question de transiger. Je me suis trouvé devant un cas de ce genre. À la vérité, il ne s'agissait peut-être pas d'une volonté délibérée, mais plutôt d'une méconnaissance des règles juridiques et fiscales. L'importance du redressement était extrême et il ne pouvait être question de l'atténuer, sauf à renier tout le travail effectué. Nous en vînmes donc à tous les développements de la procédure contentieuse. Celle-ci se poursuivit devant le tribunal administratif. La décision fut un rejet, entraînant *de facto* la fin du sursis de paiement sollicité.

Les établissements financiers ne suivant pas, le directeur de société mit fin à ses jours. Ses héritiers mirent en cause le vérificateur, c'est-à-dire moi. Je fus donc astreint à un examen minutieux de mon rapport, qui ne put conclure qu'à la solidité de celui-ci.

Je n'entendis plus parler de cette affaire. Je suppose qu'une transaction favorable à la succession fut en définitive adoptée. Il n'empêche qu'il y avait eu mort d'homme. Sans que la relation étroite entre le contrôle et celle-ci ne fût clairement établie.

Je fus profondément bouleversé par ce dénouement. Je croyais à l'humanisme, et voilà qu'involontairement j'étais l'instrument d'un tragique destin.

Guy Guénot

LA BCR

(BRIGADE DE CONTRÔLE ET DE RECHERCHES)

Dans le domaine du contrôle fiscal et de la recherche de la fraude l'activité de la brigade de contrôle et de recherches était devenue très importante depuis la fusion des services puisque, changeant de nature, elle ne se limitait pas, comme dans le passé, à la recherche et à la répression des infractions relevant de la seule législation des contributions indirectes, mais, plus ambitieuse, cherchait à s'étendre à la recherche de la fraude dans tous les domaines de la fiscalité, qu'il s'agisse de la TVA, de l'impôt sur le revenu ou de l'impôt sur les sociétés.

Par rapport au passé et aux habitudes de travail des anciennes brigades de surveillance des Contributions indirectes, il y avait là une exigence de rupture, la nécessité d'une évolution des mentalités, d'un changement radical des méthodes d'investigation, toutes choses dont la mise en œuvre, dans certains départements, pourra être quelque peu freinée par l'ancienneté des agents et souvent la routine acquise.

Ce ne fut pas le cas dans le département de l'Allier où la nomination d'un jeune inspecteur à la tête de ce service, assortie par le hasard des promotions et mutations d'un renouvellement de la moitié des agents de la brigade, permit, dès le mois de septembre 1975, la mise en œuvre des nouvelles orientations. [...]

Dès le début de 1976, fut expérimentée la méthode d'aide à la vérification comptable ou à la VASFE (vérification approfondie de situation fiscale d'ensemble) par le service de la BCR, qui se chargeait, à la demande, de certains inventaires et de recoupements préalables à l'intervention du vérificateur. Ces interventions donnaient souvent à ce dernier un éclairage intéressant, parfois déterminant, sur certains aspects occultés de l'activité de l'entreprise ou du contribuable et permettaient un gain de temps appréciable dans le déroulement du contrôle.

Cette activité d'assistance donna vite des résultats intéressants, confirmant le bien-fondé de la méthode et en éclairant la pratique en faisant ressortir la nécessité d'un encadrement des demandes d'assistance des services, souvent enclins à faire systématiquement appel à la BCR pour des interventions qu'ils pouvaient eux-mêmes pratiquer.

Pour autant, cette aide à la vérification ne constituait qu'une partie du travail de la brigade dont l'essentiel était axé vers la recherche des éléments constitutifs de la fraude consécutive à des combinaisons frauduleuses astucieuses ou difficilement détectables.

Recoupements, observations, surveillance, « ratissage » systématique des petites annonces des journaux, y compris des publications distribuées gratuitement et contenant offres d'achats et de ventes des particuliers, liaisons avec les BCR des départements voisins, relations étroites avec les services de gendarmerie, de police, de répression des fraudes départementaux, recours à des informateurs, tout était bon à la BCR pour recueillir des renseignements, constituer un dossier ou une amorce de dossier qui serait ensuite étoffé, intervenir enfin dans les meilleures conditions de connaissance des modalités de la fraude.

Joseph Mounié

Une situation dramatique

Le Cid-Unati, mouvement de défense des commerçants et artisans, en sommeil depuis quelques années, se manifestait à nouveau par des actions d'opposition à contrôle, d'assistance aux contrôles en qualité de conseil, de manifestations de masse, celles-ci moins axées d'ailleurs vers les services fiscaux ou du Trésor que vers les organismes de gestion des caisses de maladie ou de retraite spécifiques à ses adhérents.

L'une d'elles, qui vit l'alliance de ce mouvement avec le mouvement de défense des contribuables, prit pourtant pour cible, en 1984, la direction des services fiscaux. Pour protester contre un contrôle fiscal, une cinquantaine de manifestants envahirent les bureaux, pendant qu'une centaine se massaient devant la porte d'entrée, rue du Haut Bourgeois. Après quelques bousculades, agressions verbales, diatribes, vociférations, ils se retirèrent, menaçant de nouvelles actions et promettant la publicité de leur manifestation. C'est ainsi que le directeur divisionnaire et le directeur départemental chargés du contrôle fiscal eurent les honneurs de *L'Est républicain* et de *Minute*.

Dans ce cadre des actions relatives aux relations souvent difficiles entre les contribuables et les agents de l'administration fiscale, je me dois d'évoquer une situation dramatique à laquelle, dans les derniers mois de l'année 1982, fut confrontée l'équipe de direction de Nancy et plus particulièrement le directeur départemental et le directeur divisionnaire chargés du service du contentieux.

Ainsi que je l'ai déjà indiqué, la direction des services fiscaux de Nancy était située dans le bas de la rue du Haut Bourgeois, à l'angle de la rue de la Craffe. De l'autre côté de la rue du Haut Bourgeois, bordant la Grande Rue, se trouvait un lot de terrain, sans construction, non clôturé. C'est là qu'un matin vint stationner une camionnette sur la carrosserie de laquelle étaient placardées de nombreuses affiches, dont l'une, en lettres de grandes dimensions, mentionnait : « GRÉVISTE DE LA FAIM – LES IMPÔTS M'ONT TUÉ ».

Très rapidement, nous apprîmes qu'il agissait d'une action engagée par le dirigeant d'une PME qui avait fait l'objet d'un redressement très important à la suite d'un contrôle fiscal et qui s'était vu retirer l'autorisation de poursuivre son activité, la fraude ayant été commise en matière de production d'alcool. […]

Les services fiscaux étaient, bien entendu, la cible de la presse écrite, tant locale que régionale, même de la télévision régionale qui traita dans son journal télévisé de la situation ainsi créée. Toutefois leurs attaques, pour virulentes et désagréables qu'elles aient été, restèrent mesurées car la situation fiscale exposée par le gréviste de la faim comme ayant entraîné sa décision, avait donné lieu, à Nancy, à deux instances judiciaires ayant, toutes les deux, entraîné la condamnation de l'intéressé pour fraude. Il leur était dès lors bien difficile de mettre en cause l'administration fiscale autrement qu'en parlant de « dureté », de « manque de cœur », « d'intransigeance excessive ». Il faut dire aussi qu'aux sollicitations des journalistes souhaitant connaître la position des services fiscaux sur cette situation, nous répondions invariablement, mon collègue et moi-même, que, si nous ne pouvions apporter aucun éclairage sur l'affaire de fraude fiscale elle-même, qui avait été jugée, par contre nous nous préoccupions, au plan humanitaire, de rechercher les moyens de faire cesser cette grève de la faim, les initiatives que nous prenions à cet effet ne pouvant bien évidemment être divulguées ni publiées.

Et il est vrai que nous recherchions tous les moyens d'entamer le dialogue avec le contribuable, qui, s'il acceptait de s'entretenir avec le public, les représentants de la presse, les officiers de police envoyés par les autorités, se refusait obstinément à avoir un entretien avec un représentant des services fiscaux. L'alternative était, pour lui, parfaitement claire : « Le classement définitif de son dossier ou la mort ! » […]

Un accord interviendra enfin, après de nombreuses discussions qui se dérouleront dans un climat apaisé.

Je n'ai depuis jamais eu d'écho sur cette affaire qui, pour moi, a constitué une expérience particulièrement éprouvante, qui n'était pas sans me rappeler la situation que j'avais connue au début de ma carrière à l'occasion du décès d'un contribuable ; mais aussi combien éclairante sur la difficulté et la complexité de la mission de l'agent des Impôts dont l'action, basée sur l'exigence rigoureuse des constatations et le respect des textes, est souvent susceptible d'entraîner des répercussions inattendues ou incontrôlables. Elle se doit, en conséquence, d'être parfaitement claire dans ses motivations ainsi que dans sa mise en œuvre et dans son application.

Joseph Mounié

L'AFFAIRE

J'ai conservé, pour la bonne bouche, l'affaire la plus pénible de ma carrière de vérificateur. Il s'agissait d'un commerce d'articles de sport tenu par l'ex-gérant d'une société, qui avait repris, à son compte propre, quelques années auparavant, ledit commerce.

Lorsque je me présentai dans le magasin, je fus reçu par l'épouse du commerçant. Elle roulait des yeux étonnés. Me doutant bien que mon charme inné (?) n'était pas en cause, je lui demandai la raison de sa surprise, l'avis de vérification étant bien parvenu à sa destination.

La dame me répondit :

« Ne faites pas attention, monsieur l'inspecteur, je suis toujours comme ça » (ah bon !), et me conduisit à l'étage où mari et expert-comptable m'attendaient.

Le commerçant était d'un abord agréable. Un ancien footballeur paraît-il. Une blessure au genou survenue sur le terrain de ses exploits, l'avait contraint à l'abandon de sa carrière et à se recycler dans le commerce d'articles de sport.

Je repêchai quelques irrégularités secondaires dans les plus récentes années vérifiées tandis que dans la première – celle de la reprise du fonds de commerce – apparut l'évidence d'un « trou » important. La marge moyenne de bénéfice brut, pour l'année en question, était au ras des pâquerettes. Pas de soldes raz-de-marée, pas de liquidation de stocks repris. Que s'était-il passé d'anormal lors de la reprise ?

Je soupçonnai la minoration du prix de reprise du fonds de commerce, dans un but d'atténuation de l'incidence des droits d'Enregistrement, et la majoration corrélative de la valeur du stock de marchandises repris. Cette opération irrégulière causait un déséquilibre quant à la valeur des achats revendus. Dénégations de mon interlocuteur.

J'entrepris bien vite un contrôle-matières, pour conforter ma position, portant sur une dizaine d'articles plus facilement repérables : tentes, glacières, remorques de camping, sacs à dos, lits de camp, etc. Des milliers de doubles de factures à pointer ! Travail long et fastidieux qui fit ressortir beaucoup de différences. Le comptable m'avoua que, lui aussi, avant moi, avait buté sur cette anomalie constatée dans la marge bénéficiaire brute. Et, également, sans trouver d'explications… J'accordai un délai de grâce de quinze jours pour y réfléchir et rechercher encore. Délai expiré : rien de nouveau. Je notifiai en conséquence un redressement de droits relativement important. C'est alors que les hostilités commencèrent.

Le commerçant, se sentant en mauvaise posture et ne sachant à quel saint se vouer, tomba dans les rets d'un syndicat de défense de la profession, assez virulent à l'époque. Pour celui-ci, c'était une aubaine, une affaire en or : leur nouveau « client », « vachement sympa » comme disent les jeunes, subissait le supplice de la question infligé par un méchant inspecteur du genre SS, à qui ne manquaient que casque, bottes et mitraillette, mais tout aussi sadique…

Le redevable fit appel auprès du directeur. Après refus, il fit recours devant la commission paritaire départementale[13]. Cette commission était composée, à parts égales, de représentants de l'Administration et des contribuables sous l'égide d'un président dont la voix était, de ce fait, prépondérante.

Là encore je fus cité comme témoin. J'attendis patiemment avant d'être admis dans la salle d'audience. En l'absence de directives, à mon entrée, j'allai m'asseoir près du représentant de l'Administration, le plus proche. Le président me rabroua vertement, me reprochant avec véhémence un crime abominable : la place du témoin était en bout de table et aucunement parmi les membres du jury. Des sourires railleurs fleurirent sur les lèvres de la partie adverse, ravie de voir « Pandore » rossé à son tour, ne serait-ce que verbalement.

Elle déchanta bien vite : la commission avalisa tous mes rappels… après m'avoir fait évacuer la salle. L'agitation syndicale haussa d'un ton et fit tant de remous que la hiérarchie administrative, là-bas, tout en haut, s'en émut et voulut, avant de persévérer dans une attitude de fermeté, s'assurer du sérieux du dossier. Je dus fournir toutes les pièces de la vérification, y compris les brouillons. Durant quinze jours, un silence feutré régna, dans l'attente de la décision de « César ». Le pouce serait-il levé ou baissé ? Y aurait-il mise à mort ? De qui ?

Le tout revint de loin (moi aussi !) en cascade : approbation, propos flatteurs, détermination de ne pas céder, dossier en granit, etc.

Que serait-il advenu si mon affaire avait été mal ficelée ? Le syndicat susvisé pouvait maintenant sortir les violons pour faire pleurer dans les chaumières et souffler le vent de la révolte. Certains adhérents se montaient de plus en plus la tête, quelques exaltés attisant le feu du brasero de la fronde fiscale.

Un commando de vigilance fut constitué et un beau (?) jour, l'hôtel des Impôts se trouva investi par une horde (quelques dizaines seulement) d'individus plus ou moins « énervés ». Ils avaient probablement bu pour se doper et se donner du cœur au ventre. Ne fournissait-on pas de la « gniole » aux fantassins de 1914-1918 avant de les faire sortir des tranchées ? Je suis convaincu, qu'à jeun, ils étaient du genre paisible, ne faisant pas de mal à une mouche. Mais dans leur état de surexcitation, ils devenaient dangereux.

Ils pénétrèrent en force dans l'immeuble. Un agent supérieur, bravement, tenta en vain de les raisonner. Ils se répandirent, en petits groupes, dans les divers étages en hurlant des slogans… malodorants. Les uns surgirent dans le bureau d'un jeune inspecteur en y lançant un nauséabond paquet de poisson

13. *Commission départementale* : Voir note n° 4.

avarié. On lui reprochait son intervention chez un marchand de poissons, d'où la nature du produit livré.

Les autres recherchaient le « grand Satan » c'est-à-dire moi-même. Ils apprirent mon absence et se répandirent en invectives contre ce bourreau laissant mourir sa victime à petit feu tandis qu'il se prélassait sur la Côte d'Azur… S'ils avaient su que de Ténérife à Lanzarote, de Los Americanos au Téide, avec mon épouse, j'arpentais alors les Canaries.

Ils terminèrent leurs opérations de représailles en brûlant un similicercueil sur la pelouse, distribuèrent des tracts aux curieux attirés par toute cette agitation. Que se serait-il produit s'ils m'avaient débusqué dans mon bureau ?

Les tracts en question m'accusaient de tous les péchés d'Israël et d'ailleurs. Ce qui me handicapa beaucoup dans la poursuite de mes fonctions de vérificateur. Les comptables n'arrangeaient pas les choses : quand ils apprenaient ma venue chez l'un de leurs clients, d'un air désolé, ils disaient : « Pas de chance ». Bien sûr, ils avaient ainsi aux yeux de leur clientèle d'autant plus de mérite à me résister ou d'excuses si le contrôle « tournait mal ».

Lorsque je revins de mon voyage, la rumeur publique, les journaux que l'on m'avait religieusement conservés, les collègues me fournirent maints détails sur cette journée mémorable que j'avais providentiellement manquée.

Les collègues présents lors de l'échauffourée s'étaient payés une belle peur devant l'invasion de cette meute plus ou moins hystérique. Quelques-uns prônaient diplomatie et bienveillance (?). La majorité était de mon côté, reconnaissant qu'une telle manifestation avait, avant tout, un but de propagande, le bien-fondé du dossier devenant secondaire pour les protestataires. J'étais devenu une pomme de discorde… et pas plus fier pour ça.

Le directeur départemental exprima le désir de me recevoir en son bureau, accompagné de mon inspecteur principal. Il n'avait pas eu l'occasion de me rencontrer lors de sa venue à Dunkerque, le lendemain de la bataille. Nous fûmes reçus très honorablement. Le directeur me félicita pour l'excellente qualité de mon travail et m'assura de son soutien indéfectible. Avant de nous laisser franchir la porte, il termina : « J'espère bien ne plus vous revoir en pareille occasion ! »

Longtemps je me suis demandé quelle interprétation exacte il convenait de donner à cette ultime flèche. L'Administration se porta partie civile afin d'obtenir réparation des préjudices matériels et moraux consécutifs à cette manifestation. Des menaces plus ou moins violentes furent proférées par certains irréductibles, non seulement contre les agents, mais aussi à l'encontre de leurs biens et de leur famille. C'est pour cette raison que j'eus droit durant une dizaine de jours, à des anges gardiens (de la paix…). Toutes les nuits, un car de police sillonnait les rues de mon quartier en y stationnant ensuite, tous feux éteints, durant quelques heures. Notre profession est parfois très plaisante ! Heureusement, les menaces ne furent pas suivies d'effets. […]

La conclusion en est que s'il est très pénible d'être vérifié, il est parfois stressant d'être le vérificateur à jet continu, du genre ange exterminateur. Lors de mon départ à la retraite, je poussai un profond et sincère soupir de soulagement.

Nous étions poussés par l'administration fiscale (c'est son rôle…) ne voulant quand même pas trop de vagues. Notre conscience professionnelle nous incitait « à ne rien laisser passer » et en même temps, en cas de litige important, une petite voix intérieure réclamait pitié et miséricorde pour tempérer notre intransigeance.

André Seeten

Ma plus importante vérification

Les années passent ; l'inspection est toujours très lourde et je ne chôme pas car en plus, la révision des propriétés bâties exige de nombreux déplacements en commune. Malgré ce surcroît de charges je poursuis mon programme de vérification ; j'ai de la chance, je peux choisir mes dossiers et les résultats sont éloquents : près de quatre millions de rappels de droits en 1975 ; je ne vole pas mon traitement.

Sûr de moi, je ne me laisse pas bousculer ; mes inspecteurs principaux approuvent mes choix et me laissent travailler tranquille. […]

« Monsieur, j'ai au téléphone une dame qui ne comprend rien ; pouvez-vous prendre la communication ? » me demande un agent.

Une petite affaire, environ trois cents francs d'ordures ménagères, allait déclencher ma plus importante vérification ; près de un million et demi de droits ; en 1976, cela représente une somme coquette.

Il est vrai que Mme X admet difficilement que la taxe d'enlèvement des ordures ménagères soit encore établie au nom de son vendeur. Mme X vient de faire l'acquisition d'une magnifique propriété dans une petite vallée du secteur. Le lieu est calme et quelques pilotes – Orly est proche – se sont installés dans ce lieu enchanteur qui a vite pris une certaine notoriété. C'est un lieu à la mode.

Nous convenons d'un rendez-vous un jour de marché car elle vient ce jour-là à Fontainebleau. Dans l'attente de sa visite, je fais rechercher son dossier fiscal. Pas de dossier, je trouve uniquement l'extrait d'enregistrement concernant l'acquisition de sa propriété. Mme X occupe sans doute là une résidence secondaire ; j'aurai donc à lui faire préciser l'adresse de son domicile principal. L'entretien est bref. Je prends note pour régulariser son petit problème d'ordures ménagères et lui demande l'adresse de son domicile.

« Mais je suis domiciliée à V. me dit-elle.

- Bien madame, mais où faites-vous vos déclarations ?

- Je n'en fais pas car je n'ai pas de revenus » répond-elle.

La conversation en restera là dans l'immédiat, mais je suis perplexe car le prix de la propriété est élevé, très élevé.

Au cours de la tournée en commune de V. à l'appel du nom de Mme X, le maire et les membres de la commission communale sont hilares et je ne peux éviter de leur demander les raisons de cette hilarité.

« Cette dame a un train de vie très important : couple de gardien, cuisinière, jardinier, voiture de sport » me dit le maire. Les réceptions sont nombreuses et il s'en passe de drôles ajoute un autre l'œil égrillard ; on me parle de séances de cinéma.

Toujours cette méfiance paysanne. Ce n'est pas mon problème ; cette dame peut faire chez elle ce qu'elle veut sauf… sauf si ce va-et-vient de voitures couvre des activités lucratives. De toute manière, pour mener un tel train de vie, elle doit avoir des ressources, à moi de les trouver.

Je décide donc d'approfondir cette question et j'inscris la dame sur mon programme de vérifications pour un examen approfondi de sa situation fiscale. Convoquée avec ses relevés bancaires, Mme X se présente avec une petite boîte sous le bras et nous examinons un par un ces documents. Les versements, tous de la même personne, sont importants : en moyenne sept cent mille francs pour chacune des trois dernières années. En mon for intérieur, je ne peux m'empêcher de comparer avec mon traitement mensuel d'environ quatre mille francs ! Tant mieux pour elle, tant pis pour moi.

Je m'enquiers de l'identité du donateur. « M. Z est mon ami et nous allons nous marier. Si vous le permettez nous reviendrons tous les deux » me dit-elle. Accord est pris. Le lundi suivant, M. Z se présente seul. La discussion s'avère très, très délicate.

« J'ai avec mon épouse des intérêts communs. Cette dame est mon amie, je n'ai nullement l'intention de divorcer et de me marier ». Point final. Je me retrouve au point de départ. D'un côté une situation fiscale choquante qui ne peut perdurer, de l'autre un monsieur qui dispose légalement de revenus très importants (il est P.-D.G. d'une très grosse entreprise) et peut faire ce qu'il veut – ou presque – avec ceux-ci.

Sans mariage envisagé, la dame doit être taxée et je dispose de trois possibilités : soit fixer un bénéfice non commercial, ce que permet un arrêt du Conseil d'État qui prévoit que des versements réguliers doivent être considérés comme des revenus et non comme un don ; soit une taxation sur les signes extérieurs de richesse ; soit une taxation sur les dépenses ostensibles et notoires.

Indécis sur la technique fiscale à adopter car dans toutes les hypothèses les sommes sont importantes, je présente le 1er août une demande de solution à ma direction. Réponse du 21 août : le vérificateur est fondé à apprécier lui-même le mode de reconstitution le mieux approprié, etc. En clair, débrouillez-vous. La direction ouvre le parapluie, le grand parapluie d'escouade. Pas sympa, mais c'est bien joué.

Pour chacune des trois années j'utiliserai donc une technique différente. Pendant des mois, Mme X invoquera une vie commune et un mariage prochain. Pendant des mois, M. Z prétendit le contraire me mettant ainsi dans l'obligation de maintenir mes conclusions. Les demandes de précisions émanant de la direction générale ne manquèrent pas ; là encore la hiérarchie tenait à être informée. La note fut très lourde. M. Z règle les rappels d'impôts. Cinq ou six ans plus tard ils se marièrent et eurent, etc.

Ce n'est pas un conte de fée mais une triste réalité fiscale car sans les dénégations de M. Z, j'aurais renoncé à toute taxation. L'annonce de leur mariage me provoqua une certaine gêne.

Paul Bretxa

Une ténébreuse affaire

À mon arrivée à Amiens, j'ai été immédiatement confronté à « l'affaire X ».

Il s'agissait d'un architecte, ou assimilé, qui avait à son actif quelques belles réalisations immobilières. Quelque temps avant mon arrivée, il avait fait l'objet d'une vérification qui avait été annulée par le Conseil d'État. Il en avait conclu que les services fiscaux voulaient sa perte.

Une autre vérification était terminée. Lui-même nourrissait ce que l'on peut appeler une haine féroce envers les « agents du fisc ». Il envoyait pétitions, lettres et autres documents, à la fois au directeur général des Impôts et au garde des Sceaux, pour se plaindre du comportement à son égard des agents des Impôts.

Je refusai ses demandes de dégrèvement, la deuxième vérification ne présentant aucun motif de dégrèvement. Devant le peu de résultat de ses diverses démarches, l'intéressé publia un livre de quelques centaines de pages dans lequel il racontait ses démêlés avec le fisc. En outre, il attaquait nommément les agents ayant procédé aux vérifications, en les qualifiant en des termes outrageants et diffamatoires. Estimant qu'il fallait mettre en œuvre les procédures légales de protection des agents, j'en ai saisi aussitôt la direction générale. Le livre litigieux étant paru fin 1977, la procédure devait être engagée au plus tard courant mars 1978. Le dernier jour utile tombait un vendredi.

Vers 12 h 30, je reçois un coup de téléphone du cabinet du directeur général, m'informant que le ministre avait signé la plainte, et que deux administrateurs civils étaient en route pour Amiens, avec le document, que je devais déposer immédiatement entre les mains du procureur de la République, ce que je pus faire en temps et en heure. L'honneur des agents mis en cause était sauf.

Edmond Montagne

Les mouches du centre hippique

Le contrôle sur place du centre équestre de X à Issoire est révélateur des conditions parfois difficiles dans lesquelles les vérifications de comptabilité allaient dorénavant se dérouler. Il n'est pas déraisonnable de penser que le contribuable lui-même trouve pour sa satisfaction personnelle, dans la nouvelle réglementation, l'occasion de fournir au vérificateur un cadre de travail auquel il est bien peu habitué.

Il est vrai que la loi prévoit d'une manière très générale que le représentant des services fiscaux peut exiger que l'on mette à sa disposition un local convenable et les éléments matériels nécessaires à l'accomplissement de sa mission sur place. Mais cette disposition est bien entendu théorique. Elle se heurte aux particularités de l'entreprise qui ne dispose pas toujours, il est vrai, des facilités que l'inspecteur aimerait y rencontrer.

Ce fut le cas de la vérification du centre équestre de X.

Car un centre équestre, qu'est-ce ? D'abord et en premier lieu une vaste écurie aménagée en box, doublée d'un manège couvert et d'un autre en plein air où les élèves s'initient à l'art de la monte.

Celui de X comportait en plus, comme beaucoup d'autres, des locaux servant de réserve pour l'alimentation des animaux : foin, paille et granulés pour remplacer l'avoine traditionnelle.

Le tour des locaux étant effectué comme l'exigent les instructions, on aurait pu chercher longtemps dans ces lieux consacrés uniquement à la promotion de l'art équestre un bureau si peu organisé soit-il.

Pour parodier une formule célèbre, on ne pouvait pas dire : « Cherchez le bureau, vous trouverez le vérificateur ». Mais si l'on ne pouvait trouver le premier, le second était pourtant là quelque part… Précisément à l'endroit où on ne supposerait qu'il se trouve. Par exemple dans cette pièce qui sert de dépôt au matériel de harnachement en cours de réparation : selles éculées à force d'avoir franchi tant d'obstacles de toutes sortes, morceaux de rênes et de guides abandonnés là parce qu'ils pourraient peut-être encore servir, ferrures à la limite du kilométrage autorisé. Le tout environné, il est vrai, d'un bric-à-brac impressionnant de coupes, de médailles, pour rehausser un peu l'austérité des lieux, de fanions et de trophées chèrement acquis mais poussiéreux, gagnés par des élèves sur des champs de course lointains.

À défaut d'une comptabilité régulièrement tenue, un polyvalent moyennement doué pouvait juger sur pièces de l'efficacité d'un enseignement pratique qui avait porté ses fruits et fait triompher les couleurs de l'École bien au-delà des limites du canton. Il n'est pas de détail visuel qui ne doive échapper à l'observation de celui que l'on veut éprouver à l'avance en le mettant d'abord en pénitence au cabinet.

Ainsi donc, comme en matière de police criminelle, en l'absence de cadavre, on fait parler les indices, en matière fiscale et à défaut des documents prévus par la loi, peut-on se référer aux traces d'un passé décidé à ne rien laisser dans l'ombre.

La pièce était située au-dessus des écuries dont elle n'était séparée que par un plancher disjoint dans les intervalles duquel on pouvait apercevoir le mouvement intense du dessous et prendre part au bruit que faisaient les hommes et les animaux qui s'y agitaient.

Du bruit ? Plutôt une clameur confuse, un tumulte ponctué de hennissements d'impatience, de mugissements, de glapissements. On ne peut imaginer, si l'on n'en a pas été le témoin, l'activité d'un centre équestre sur les 9 heures du matin, à l'heure où l'animal s'éveille et trouve le temps long avant de recevoir sa première ration quotidienne. Et le bruit inquiétant des sabots qui raclent le sol ou qui volent sans avertissement dans la cloison du box.

Si le rire est bien le propre de l'homme, le hennissement ne serait-il pas lui aussi la caractéristique essentielle du comportement du cheval ? Tous les deux procèdent d'une définition physiologique assez proche l'une de l'autre puisque le hennissement traduit, selon l'Académie, « l'expulsion violente de l'air contenu dans les poumons à travers les naseaux ».

Bergson n'a pas été au-delà, dans sa sérieuse étude sur le rire, de l'expression de la gaieté chez l'homme. On peut sans doute le regretter : l'eût-il étendue au domaine chevalin, il eût conquis plus de lecteurs.

Le hennissement, manifestation de la satisfaction et du contentement de soi du cheval… ou instrument de raillerie à l'adresse d'un vérificateur égaré sur ses terres ? Je n'étais pas loin de penser que la clef de l'énigme était dans la seconde explication.

Car j'avais cru comprendre également que les jeunes lads attachés à l'intendance de ces animaux manifestaient, lorsque les nécessités de leurs tâches les obligeaient à passer à proximité du local qui me servait de bureau, les mêmes débordements sonores.

Était-ce bien spontané ou sur commande ?

Je n'irai pas à penser un instant que le mimétisme avait joué avec tant d'efficacité, qu'il avait conduit ces honnêtes jeunes gens à s'identifier si précocement par l'apparence à leur milieu environnant.

On ne saurait de toute façon reprocher à un cheval de hennir, fût-ce en présence ou même à l'adresse d'un inspecteur des impôts.

« Méfiez-vous d'un homme qui ne rit jamais, a dit Pierre Dac, il n'est pas sérieux ». Comme lui, un cheval qui ne hennit pas doit inciter à se tenir sur ses gardes.

Et puis l'odeur, cette émanation acide du fumier mêlée aux remugles musqués des toisons qui s'ébrouaient avant la course et qui montait insidieusement à travers les planches.

Ajoutées au bruit et à l'odeur : les mouches.

Comme issues d'une manifestation de la génération spontanée, elles envahissaient la pièce par les mêmes voies et au fur et à mesure que les heures chaudes de la journée s'avançaient. Elles, du moins, ne participeraient pas aux exercices d'entraînement extérieurs et attendraient en ma compagnie le retour de leurs amis.

Par contre, elles paraissaient s'intéresser à la reconstitution des recettes du centre, n'hésitant pas à se poser sur les papiers et à examiner avec moi les fiches d'animaux, sortes de cartes d'identité des bêtes du service de l'agriculture, où elles retrouvaient des noms connus : Socrate, Platon. Les plus grands noms de la recherche philosophique grecque du beau et du bien avaient été confiés aux meilleurs quadrupèdes anglo-normands du club. Mérite oblige…

Pour ceux qui n'avaient pu trouver leur équivalent parmi les savants de la Grèce antique, on avait choisi les constellations les plus brillantes : Pégase, mais privé de ses ailes, Véga, Hercule, Castor ou Phénix. Le ciel ne tomberait pas sur leur tête.

Enfin, la mythologie était venue au secours des derniers arrivés, un lot d'anglo-arabes, lot de réforme de l'École de Saumur, obtenu par relation à un prix très intéressant : Jupiter, le plus grand, Junon, son associée, en même temps déesse de la femme, convoitée par toutes les jeunes filles parvenues à un bon niveau dans la cabriole (saut du cheval qui s'enlève des quatre pieds à la même hauteur en détachant une ruade), Vesta et son corps de prêtresse réservée.

Les divinités du Panthéon gréco-romain et leurs contemplations mystiques descendaient sur la terre. X devenait ce qu'il n'aurait jamais dû cesser d'être : d'abord un véritable centre culturel puis un centre hippique.

Il y avait aussi dans la rigueur de ce *herd-book* bien austère, des noms plus proches de l'art poétique que de la rigueur comptable : Pleine Lune, Blue Sky,

Touch of Blues et Soleil d'Été. Un vérificateur n'a pas le droit de rêver au cours de son travail…

Gilbert Bretagnol

UNE ÉTRANGE AFFAIRE

En 1976, nous déménageâmes pour rejoindre le nouvel hôtel des Impôts qui venait d'être construit. En 1981 nous eûmes un nouveau chef de brigade, le précédent ayant demandé sa mutation aux Hypothèques. Ma maladie, qui m'avait laissé quelque répit, se réveilla tout d'un coup, me handicapant plus dans ma vie privée que dans ma vie professionnelle. J'avais beau ne pas vouloir prendre de congé de maladie, j'étais tout de même obligé lors des crises aiguës de m'absenter quelques jours. C'est au cours d'une de ces absences que survinrent les faits que je vais vous raconter. Nous étions le 22 juin 1983. Dans l'après-midi je reçus à la maison un coup de fil de mon collègue dont le bureau faisait face au mien. Il me dit que des inspecteurs de la brigade financière étaient venus me voir à propos d'un dossier que j'étais en train de traiter. Je ne fis aucun cas de cette annonce, car il nous arrivait souvent de collaborer avec eux et d'échanger des renseignements. Le lendemain, mon chef de brigade, qui était un ami, me demanda de venir immédiatement à mon bureau. Je lui dis que j'étais malade et que je n'étais pas en mesure de conduire.

« Débrouille-toi, me dit-il, et surtout n'oublie pas d'apporter les clés de ton bureau et de tes armoires ».

Je demandai à ma femme de m'accompagner et nous prîmes un taxi. À peine arrivé, mon chef de brigade me demanda les clefs. Je les lui donnai et allai pénétrer dans mon bureau quand il me dit :

« Tu n'as plus le droit de rentrer dans ce bureau ni de prendre aucun document même de nature privée ».

Je le regardai éberlué ne comprenant rien à toute cette comédie. Il ajouta :

« Rentre chez toi et n'en bouge pas tant que nous ne t'aurons pas appelé ».

Nous reprîmes un taxi. Comme j'étais malade et physiquement diminué, je n'eus aucune réaction si ce n'est qu'en rentrant chez moi, mes hémorragies redoublèrent. Vers 18 heures, mon chef de brigade me téléphona pour me demander de me rendre à la direction des services fiscaux. Je repris un taxi mais cette fois tout seul.

J'entrai dans le bureau du directeur des services fiscaux. Il était entouré de tout son état-major et de mon chef de brigade. Il m'invita à m'asseoir et il commença à me poser des questions :

« Monsieur Monaco, connaissez-vous M. X. expert-comptable ?

- Bien sûr.

- Qu'en pensez-vous ?

- Que du bien. C'est un ami que j'estime beaucoup. D'ailleurs sa femme vient d'accoucher et ma fille lui a offert un cadeau.

- Vous le considérez comme un honnête homme ?

- Plus qu'honnête.

- Vous ne pensez pas vous tromper ?

- Je ne crois pas.

- C'est bien vous qui vérifiez la pizzeria Y. ?

- Absolument.

- Quel est le montant du redressement que vous leur avez indiqué ?

- Aucun. Pour la bonne et simple raison que je n'ai jamais vu la comptabilité. Lors de la première intervention dans l'entreprise, M. X., qui venait d'être pris comme comptable, m'a fait savoir que la comptabilité n'était plus tenue depuis trois ans et qu'il devait la reconstituer entièrement. Il a demandé un délai de deux mois pour effectuer cette mission. Je lui ai demandé alors de m'en faire la demande par écrit, et j'ai répondu à son courrier en lui donnant mon accord après avoir obtenu l'autorisation de mon chef de brigade. Il y a 48 heures, j'ai reçu au service un courrier par lequel M. X. me précisait qu'il avait achevé son travail et que je veuille bien lui fixer un rendez-vous.

- Mais vous ne lui avez pas dit que le redressement tournerait autour de 300 000 F ?

- C'est une plaisanterie. Comment voulez-vous faire la moindre évaluation sans connaître le chiffre d'affaires et consulter la comptabilité ? Par ailleurs, monsieur le directeur, vous connaissez l'ordre de grandeur des redressements que j'opère dans ce genre d'établissement et la somme que vous énoncez est dérisoire ».

Il se leva, vint vers moi, me tendit la main et me dit : « Monsieur Monaco je vois que vous êtes un honnête homme. Rentrez chez vous et allez vous reposer ».

Je sortis, toujours aussi ignorant et abasourdi de ce qui se passait. Une fois dehors, mon chef de brigade me dit : « X. et Z. (qui était un ancien collègue devenu conseil juridique et fiscal) sont en prison ». Cela avait l'air de le satisfaire.

Une fois chez moi, ma femme me dit que le téléphone n'avait pas cessé de sonner. Je me mouvais dans une autre dimension car je ne comprenais rien à ce qui se passait. Vers 22 h 45, le téléphone sonna à nouveau. Un ami que je n'avais pas vu depuis de nombreuses années s'inquiéta de ma santé, puis il me dit que sa femme languissait de nous voir. Je compris qu'il se passait quelque chose d'anormal et je lui dis : « Veux-tu que nous venions immédiatement ? – Oui, me répondit-il ». Et c'est ainsi qu'à 23 heures nous nous rendîmes chez lui. Il n'était pas seul. D'autres amis que j'avais perdus de vue depuis des années étaient là. Ils paraissaient tous très inquiets. Finalement, celui qui m'avait fait venir me dit :

« Nous savons que tu as des ennuis et nous voulons savoir ce que nous pouvons faire pour toi. Le commissaire principal, qui est le chef de la police, m'a téléphoné pour savoir ce que je pensais de toi et je lui en ai dit le plus grand bien.

- Je te remercie et vous remercie tous de vous inquiéter pour moi, mais vous ne pouvez rien faire car il n'y a rien à faire. Depuis cet après-midi je suis ballotté par des événements que je ne comprends pas. N'ayant rien à me reprocher, et ne sachant pas de quoi l'on m'accuse, je ne peux donc pas répondre. En tout cas, encore une fois merci de votre sollicitude ». Je les quittai sur ces mots.

Le lendemain matin à 6 h 30, je répondis au téléphone. Une voix me dit : « Tiens, vous êtes là ? – Et où voulez-vous que je sois ? » lui répondis-je. Il continua :

« Pourtant hier à 18 heures vous n'y étiez pas.

- Forcément j'étais à la direction des services fiscaux convoqué par mon directeur.

- Tiens, le bruit courait que vous vous étiez sauvé en Suisse.

- Et pourquoi aurais-je dû me sauver ?

- Écoutez, pouvez-vous vous rendre à la direction de la police, rue Gioffredo à 8 h 30 ?

- Sans problème, je serai chez vous à l'heure indiquée ».

L'interrogatoire commença de manière assez désagréable. Mon interrogateur me fixait droit dans les yeux en me posant des tas de questions. Après dix minutes, quand il eut la conviction que j'étais totalement étranger à l'affaire, il se dérida et me dit :

« Vous savez, nous sommes tous victimes des luttes que se livrent les administrations entre elles ».

J'acquiesçai sans comprendre ce qu'il voulait me dire. Pendant qu'il continuait de m'interroger, passa le commissaire principal. Il me regarda et me dit : « Si je vous avais eu hier soir, je vous aurais mis en garde à vue.

- Et pour quelle raison ?

- Aucune, c'est mon droit ».

Je n'étais pas en position de rétorquer. Finalement je demandai à mon interlocuteur si je pouvais savoir de quoi il s'agissait. Il me dit que le comptable et le conseil juridique avaient proposé aux dirigeants de la pizzeria que je vérifiais, d'arranger l'affaire moyennant 300 000 F.

« Et qu'ai-je à voir dans cette affaire ?

- Et bien jusqu'à hier nous étions persuadés que vous étiez dans le coup.

- Et qu'est-ce qui vous a fait changer d'avis ?

- La première raison c'est qu'hier soir nous avons demandé à X. s'il voulait rentrer chez lui pour embrasser son bébé à la condition qu'il avoue que vous étiez dans la combine. Il s'y est refusé en arguant que c'était faux, et que depuis votre première intervention dans l'entreprise il ne vous avait jamais revu, et cela faisait plus de deux mois. Quant au conseil juridique, cela faisait des années que nous ne nous étions pas vus. De plus, et c'était la seconde raison, nous avons trouvé une convention signée par les parties par laquelle le comptable et le conseil s'engageaient moyennant 300 000 F d'honoraires à faire en sorte que le redressement ne dépasse pas 300 000 F. Si le vérificateur n'était pas d'accord sur ce montant les honoraires seraient réduits au prorata du redressement opéré. C'était donc la preuve écrite que vous étiez ignorant de ladite convention ». Puis il ajouta : « Je tiens à vous le dire car je vous trouve sympathique et nous savons que vous êtes honnête : c'est votre administration qui vous a rendu suspect ».

Il me serra chaleureusement les mains et je le quittai.

Je me rendis directement voir le directeur des services fiscaux pour lui faire part de l'interrogatoire qui, tout compte fait, s'était très bien passé. Il en fut très content et il me dit qu'il allait convoquer les représentants syndicaux pour leur faire part de l'incident et leur apporter la preuve que l'agent de l'Administration était irréprochable. Je le remerciai mais lui fis quand même part de ce que m'avait dit l'inspecteur, du fait que c'était mon administration qui m'avait rendu suspect. Il devint fou de colère et devant moi il téléphona au procureur de la République pour le tenir au courant et exiger des excuses écrites du directeur de la police.

Cette année-là, ma note administrative fut augmentée, mais je n'avais plus le cœur à faire des vérifications. C'est pourquoi je demandai et obtins ma mutation à la brigade d'études et recoupements. On l'appelait la brigade des bras cassés car il s'agissait d'un travail de tout repos concernant des enquêtes. Le chef de brigade venait une fois par mois de Marseille, il distribuait le travail pour le mois et l'on se revoyait le mois suivant.

Entre-temps, je finis par apprendre ce qui s'était réellement passé dans l'affaire X. La comptabilité achevée, les deux cogérants de la pizzeria qui étaient deux souteneurs notoires et deux mouchards de la police, demandèrent ce qu'ils allaient devoir payer comme redressement en complément de la mise à jour de la comptabilité, alors qu'ils n'avaient pas le moindre sou et surtout pas l'intention de régler quoi que ce soit. Apprenant que le comptable et le conseil réclamaient 300 000 F d'honoraires pour régler l'affaire, ils firent semblant d'acquiescer. Ils avertirent la police avec qui ils étaient en relations étroites, en leur faisant croire que cette somme servirait à arranger l'affaire. En fait, le comptable et le conseil juridique préparèrent une convention en bonne et due forme dans laquelle prévoyant un redressement de l'ordre de 300 000 F, ils exigeaient 300 000 F d'honoraires. En attendant que l'affaire soit réglée, les clients devaient déposer ladite somme à la banque à titre de garantie. Tout le monde paraissant d'accord, rendez-vous fut pris à la pizzeria pour un déjeuner en commun. À la fin du repas, un des gérants montrant une mallette, leur dit :

« Voilà les 300 000 F que vous avez demandés.

- Non répondit le comptable, nous avons rendez-vous à 14 heures avec le directeur de la banque, c'est à lui que vous devez les remettre pour qu'il vous en donne un reçu.

- Mais c'est ridicule, que ce soit nous qui les remettions ou vous, où est la différence ? Nous pensons quand même pouvoir vous faire confiance ! » Il lui retendit la mallette que finalement X. prit. Instantanément quatre inspecteurs qui déjeunaient à la table d'à côté, se précipitèrent et mirent les menottes au comptable et au conseil. Puis, ils les promenèrent menottes au poing tout le long de la zone piétonne jusqu'au commissariat central.

X. et Z. furent condamnés par le tribunal correctionnel de Nice à deux ans de prison ferme, qu'ils firent, puis quelques années plus tard la cour d'appel d'Aix-en-Provence prononça en leur faveur un non-lieu.

Robert Monaco

« Ne soyez pas fiscal »

Raconter sa vie ne devrait pas être prétexte à radotages. Je le sais mais tant pis, j'ai l'âge et le droit du radotage et je ne répéterai jamais assez combien j'ai été heureux d'exercer un métier qui me faisait rencontrer tant de monde, n'était-ce pas là éprouver une vocation à aimer tout le monde.

Dans ces conditions, était-ce difficile de rester ferme, responsable d'une justice identique pour tous ? Dans notre rôle, il faut opter : ou bien on impose son avis au nom de l'autorité, laissant à l'interlocuteur les voies de recours juridiques que la loi lui donne, ou bien on dialogue, on explique, on persuade.

Cette deuxième option m'a procuré plus de joies que d'échecs. […]

Je remonterai dans le passé en disant que je n'ai jamais oublié un seul instant le petit discours par lequel s'était terminé mon premier stage de formation, à l'École de Bordeaux :

« Ne soyez pas fiscal ! Soyez sportifs. Dans le match qui oppose l'intérêt public et les intérêts particuliers, vous êtes dans un camp et pas du tout dans l'autre, mais dans ce sport, vous êtes à la fois joueur et arbitre. Ne prétendez pas gagner seulement parce que vous seriez le pot de fer contre le pot de terre. Ce ne serait plus du sport ».

Dans la bouche d'un homme qui avait condamné le laxisme à longueur d'année, ce « ne soyez pas fiscal » ne pouvait que nous marquer.

À son sujet, je raconterai volontiers qu'après avoir été, je crois le plus jeune inspecteur principal, il prit sa retraite comme directeur départemental adjoint, c'est-à-dire qu'il n'a fait absolument aucune « carrière ». Il y avait peut-être divers motifs, j'en évoquerai un, parce que cela aussi nous avait marqués.

Cc grand bonhomme cumulait ses fonctions avec le secrétariat de la commission départementale des Impôts directs, et officieusement, servait de mentor aux premiers vérificateurs spécialisés.

Un jour son directeur lui passa, tout ému, la communication téléphonique que lui adressait, en personne, le ministre des Finances en exercice qui avait lui-même dans son bureau le directeur général des Contributions directes.

En me permettant de raconter cette histoire parce qu'elle est assez ancienne pour que tous les acteurs soient disparus aujourd'hui, je rappelle qu'elle se situe à l'aube de la IVe République et que les mœurs bon enfant de la IIIe n'avaient pas disparu dans la tourmente.

La rue de Rivoli s'inquiétait des tracasseries dont souffrait un sportif reconverti dans le commerce bordelais, véritable gloire nationale, dont le souvenir demeure peut-être encore dans les chaumières.

« Monsieur le ministre, s'exclama avec un profond respect mon professeur, je vous dois une précieuse mise en garde, car vous alliez vous intéresser à un fraudeur, qui vole la République avec encore plus de talent qu'il n'en a prouvé par ses victoires sportives, un champion toutes catégories de la fraude fiscale… »

Le petit discours respectueux n'alla pas plus loin. Le ministre avait raccroché. Le directeur eut la migraine. L'inspecteur principal ne fut jamais directeur. […]

Eh bien oui, c'est aux Directes que j'avais par exemple appris à assumer la preuve de ce que j'avançais. Depuis mon départ, le législateur s'est prononcé sur cette charge de la preuve. Pour nous, c'était tout naturel de ne rien notifier autoritairement, sans nous être persuadés nous-mêmes, après avoir pesé le pour et le contre. C'est vrai que l'exécutif et le judiciaire étaient un peu mêlés là-dedans. Ayant passé en jugement nous-mêmes notre point de vue, nous nous prenions un peu pour des magistrats fiscaux, c'était inexact mais c'était une belle obligation de responsabilité.

Nous considérions aussi comme le premier de nos devoirs celui de gagner la confiance du contribuable. Je l'ai déjà dit, mais je ne veux pas finir d'évoquer mon époque sans insister. Entre hommes de bonne volonté partagée, il ne faudrait jamais entendre dire « vous n'aviez qu'à » sans faire découvrir par lui-même à son interlocuteur qu'il n'avait effectivement qu'à. Il ne faudrait jamais entendre dire « ce n'est pas mon problème, c'est le vôtre ». Un problème c'est fait pour être partagé, et c'est justement notre métier de le partager, de le résoudre.

Ça ne marche pas toujours, je l'ai déjà dit aussi, et j'en ai rencontré, en face, des gens de mauvaise foi enracinée. J'ai mis un point d'honneur à les faire payer (au sens propre du mot !) mais j'avais appris à ne pas soupçonner *a priori*.

Marc Lacrouts

LES OPPOSITIONS AUX CONTRÔLES FISCAUX

LE POUJADISME

(1954-1960)

VILLE MORTE

Devant les nécessités budgétaires, l'administration fiscale aggravait sa pression sur les contribuables qui, de plus en plus, manifestaient leur irritation devant la multiplication des contrôles auxquels ils étaient soumis.

Nous étions en 1955. Un mouvement de protestation s'organisait, entraîné par un certain Poujade, modeste commerçant à Saint-Céré, petite ville à 17 kilomètres de Beaulieu, autant d'Argentat, et s'étendait très vite sur mon secteur tout proche. J'étais devenu la cible des interventions de protestataires de plus en plus nombreux qui s'opposaient à ma liberté d'action.

Mes relations avec les commerçants prises individuellement étaient pourtant exemplaires. Malheureusement, entraînés par des meneurs étrangers à mon secteur, leur comportement, une fois groupés, n'était plus le même. Personne n'osait ou ne pouvait ne pas suivre les consignes données par les organisateurs de leur mouvement de défense. J'en étais tout le premier désolé.

Jusqu'au jour où j'avais programmé un contrôle chez un commerçant exploitant un négoce de confection à Argentat. Je sus ce qu'était une ville morte. Portes et fenêtres fermées, les rues désertes. Mais, à l'approche du magasin que je me proposais de contrôler, une foule silencieuse s'était formée, et me suivait de plus en plus rapprochée.

Que faire, seul, devant un magasin fermé et un rassemblement de gens hostiles et décidés. Il était inutile d'insister, et je me retirai.

Mon directeur réagit vivement au rapport que je lui adressai. C'était la première obstruction à contrôle organisée par les « poujadistes ». Il ne fallait pas permettre qu'elle se renouvelle. Je fixai une nouvelle date pour effectuer mon contrôle, accompagné par mon inspecteur principal, et sous la protection des CRS.

Peu importe. Au jour fixé, une manifestation plus importante nous attendait. Et je me trouvai vite cerné par la foule que des inconnus haranguaient violemment.

La présence des policiers suffit cependant à éviter toute aggravation de la manifestation. Le contrôle ne se fit pas. Mais des poursuites judiciaires furent ouvertes. Mes dépositions faites devant le tribunal correctionnel furent suivies de la condamnation du malheureux commerçant à qui les meneurs avaient promis de couvrir le montant des frais et amendes encourues, promesses qui ne furent jamais tenues.

Le contrôle put enfin s'effectuer, avec les regrets de l'intéressé bien décidé à ne plus s'impliquer dans de telles actions menées par des irresponsables, et dont il avait seul supporté les conséquences pénales.

Toutefois, cette première manifestation allait être suivie d'autres actions plus généralisées. L'Administration suspendit pour un temps tout contrôle. Les poujadistes remportèrent un certain succès aux élections. Et tout, progressivement, rentra dans l'ordre.

Je ne cacherai pas combien j'étais affecté par ces troubles, et le soutien de ma femme me fut particulièrement précieux. Mais cela n'est plus pour moi qu'un souvenir parmi d'autres.

Avec l'apaisement des esprits et le calme revenu, je pus reprendre mon service dans des conditions normales dans ce pays où je m'étais fixé et que j'aimais.

Jean-Sébastien Anglade

Les effets du poujadisme

Le contrôle fiscal aurait peut-être provoqué plus de contentements que de craintes si on l'avait retenu dans des limites raisonnables et orienté de préférence sur des situations bien ciblées. Beaucoup auraient pensé que ces contrôles avaient sans doute une raison d'être, qu'un tel paraissait avoir gagné beaucoup d'argent rapidement, etc. [...]

La révolte s'est propagée avec une rapidité surprenante. Partie de petits départements ruraux, elle a vite gagné les grandes villes et la capitale. Elle a atteint son sommet en 1953. À cette époque, j'étais très peu connu dans la ville où j'habitais depuis peu de temps. J'en ai profité pour me mêler par curiosité à un rassemblement poujadiste. Je regardais discrètement autour de moi s'il n'y avait pas quelqu'un qui me connaissait et qui aurait pu me reconnaître. Je craignais qu'une main s'abatte sur mon épaule et d'entendre crier : on vient de capturer un espion. [...] Poujade sur l'estrade haranguait la foule avec de grands gestes, en chemise, les manches retroussées. Je m'en souviens fort bien. Il criait très fort, tenait avec véhémence des propos qui incitaient au rassemblement et au combat. Ses violences verbales soulevaient des tempêtes d'applaudissements et des hurlements ; étaient présents naturellement les militants les plus engagés, à côté des curieux. Dans sa diatribe, Poujade attaquait les gouvernants, et il s'en prenait aussi aux fonctionnaires des services fiscaux qui, eux, n'étaient que des exécutants. Par conviction personnelle, ou pour les besoins de la cause, il leur attribuait les pires agissements, les pires mentalités : haine des commerçants et artisans, indélicatesse, autoritarisme, recours au chantage, inhumanité, etc. tout y passait. Et la foule criait, applaudissait. Il me semble que je suis parti avant la fin, écœuré. Peu d'années auparavant, quand je préparais le concours d'entrée dans l'Administration, son image était excellente, elle était respectée, considérée. Je n'aurais alors jamais imaginé que chose pareille pût arriver. Et je suis convaincu que cela n'aurait jamais dû se produire si le bon sens, le réalisme, la clairvoyance n'avaient pas fait défaut là où on était censé ne pas en manquer, et si on avait prêté attention à des signes précurseurs qui n'ont pas été pris au sérieux. [...]

Les syndicats des services fiscaux naturellement réagissaient. Ils reprochaient au gouvernement de faire preuve de mollesse électoraliste, de ne pas défendre ses fonctionnaires, de ne pas faire respecter l'ordre public, de ne pas faire appliquer avec rigueur les lois en vigueur permettant de poursuivre et d'emprisonner les délinquants, etc. Les ministres assuraient les agents des services fiscaux de leur compréhension et de leur soutien, etc. et clamaient que les coupables seraient sévèrement punis. Mais les agents des Impôts déploraient que ces vigoureuses proclamations ne fussent pas suffisamment suivies d'effets : toujours les mêmes polémiques.

Presque quotidiennement, de nouvelles atteintes aux personnes et aux biens des inspecteurs vérificateurs étaient signalées, d'où leur colère, leur indignation et un sentiment d'humiliation, et d'être abandonnés.

Comment sortir d'une telle situation au sommet de la crise ?

Mobiliser la police, procéder à des arrestations, emprisonner les meneurs et rétablir l'ordre républicain ? Non.

On en est sorti très vite, tout simplement en ordonnant d'arrêter les contrôles. C'était aussi simple que cela. Beaucoup de vérificateurs avaient d'ailleurs compris et pas attendu cette décision pour lever le pied.

La belle mécanique mise en place, de contrôle fiscal à haut rendement, qu'on avait follement accélérée, était rentrée dans le mur. C'était fini, aussi simple que cela, mais avec des conséquences gravissimes. [...]

Il restait un profond ressentiment, un profond malaise, un sentiment d'injustice parmi les inspecteurs des impôts qui avaient une bonne conscience professionnelle et rien à se reprocher dans ce métier difficile et ingrat tel qu'il avait évolué.

Je me souviens avoir entendu crier dans une réunion syndicale : « Dans la vie privée nous n'osons même plus dire, à ceux qui ne nous connaissent pas, que nous sommes des inspecteurs des impôts ». J'en étais ulcéré. Dans la population, la profession n'avait plus la cote. À preuve, pendant plusieurs années, les candidats inscrits aux concours n'ont pas été suffisamment nombreux pour le nombre de postes à pourvoir. À tel point que l'Administration en était réduite à faire de la publicité jusque dans les lycées et à employer des procédés à la limite du racolage. Quelques années plus tard, quand je passai le concours, il y avait plus de sept cents inscrits pour cent dix-sept places. À noter que depuis les années cinquante, le recrutement s'effectuait par un concours commun aux trois régies financières : Directes, Indirectes, Enregistrement. Mais ce changement ne pouvait avoir aucune influence sur le nombre des candidats et expliquer cette désaffection. [...]

Par sa manière de présenter le contrôle fiscal, Poujade avait fini d'apeurer les commerçants et artisans. La peur les amenait de plus en plus nombreux à recourir aux services d'un comptable ou d'un conseiller fiscal. Ils se le disaient entre eux et, progressivement, par imitation, le mouvement se poursuivait. Et les déclarations étaient de plus en plus l'œuvre de professionnels, donc plus cohérentes et plus exactes, ou moins fausses. Et ainsi on pourrait considérer que, sans le vouloir, Poujade a rendu au Trésor un petit service, en petite compensation d'un grand désastre.

C'est ainsi qu'il s'est soudainement produit une éclosion de cabinets de conseillers fiscaux. De temps en temps, on voyait arriver un inconnu qui venait discuter les propositions de forfait faites à son client. On pouvait s'installer librement dans cette profession. [...]

Et quelques-uns de ceux dont la carte de visite et la plaque portaient la mention « expert-comptable » ne valaient guère mieux. L'ordre avait été créé pendant la guerre et on sait dans quelles conditions et avec quelle facilité pendant un certain temps ou pouvait s'inscrire et prendre le titre d'expert-comptable. Ces professions, dont on parlait peu, ont tout à coup connu un essor et une prospérité extraordinaires.

Fernand Bouriquet

UDCA

Dans les années 1950, Wilfrid recevait du contrôleur des Contributions directes et de son homologue des Contributions indirectes, les deux notifications distinctes de son évaluation administrative et de son forfait de chiffre d'affaires.

Il fallait encore payer.

Sans s'attarder sur leur contenu, mon beau-père pliait le tout en quatre et l'envoyait à son comptable à Clermont-Ferrand qui, disait-il rassuré, était au courant et ferait bien le nécessaire.

En début d'année, le teneur de livres était monté de Clermont-Ferrand pour mettre à jour les comptes de l'année précédente.

À cette occasion, on avait fait un peu le ménage dans la maison et on s'apprêtait à passer une journée plutôt maussade avec cet étranger qui inondait de papiers la table de la cuisine et qui ne se levait que pour aller faire un tour au fond du jardin.

La consigne était de ne pas élever la voix et de marcher sans faire craquer le parquet pour éviter de le déranger pendant son travail. Pour lui faciliter la tâche et contrairement à l'habitude, la lumière resterait allumée jusqu'au soir.

Parfois l'homme s'interrompait pour demander des explications ou pour qu'on lui fasse passer une facture qui manquait. Il n'avait alors pas l'air content.

Wilfrid se mettait en peine pour répondre à sa demande, sans pouvoir souvent lui donner satisfaction.

On avait égaré la pièce. C'était son épouse qui l'avait eue en main en dernier lieu et qui ne l'avait pas remise à sa place. Elle prétendait n'y être pour rien. On était au cœur de la procédure de non-conciliation. On essayait aussi de se souvenir. En vain. Il y avait eu erreur du fournisseur : on ferait établir un autre document.

Le comptable soupirait, prenait son air contrarié et résigné, se mettait à bousculer ses documents. Vers les 7 heures du soir, il rangeait tout dans sa serviette.

Mon beau-père se proposait alors de le reconduire à la gare avec sa camionnette. Le visiteur faisait mine d'accepter de bonne grâce. Mais à défaut de cette proposition qu'il pensait bien lui être due, il n'aurait pas manqué de demander ce service.

À son retour à la maison, les soupirs de satisfaction d'être débarrassés de cette corvée annuelle prévalaient sur les reproches réciproques. Jeanne et Wilfrid étaient à nouveau tranquilles pour quelques mois. On tirerait un trait sur les suggestions et sur les remontrances et on oublierait vite de réclamer au fournisseur la facture qui manquait.

Beaucoup plus tard, les deux contrôleurs qui avaient fait une première proposition, écrivaient à nouveau en précisant les bases d'imposition définitives auxquelles ils étaient parvenus. Le comptable était allé les voir et s'était mis d'accord avec eux. Ce dernier avait au préalable écrit à mon beau-père pour lui dire d'accepter les propositions :

« Je n'ai rien pu faire cette fois pour faire baisser les chiffres, disait-il. Il faut signer et renvoyer les feuilles. Je vous remercie de bien vouloir honorer la facture jointe de mes honoraires ».

Deux ans plus tard, au prochain renouvellement du forfait, les bases d'imposition diminueraient… Pas sûr…

« On n'en finit pas de payer, disait Wilfrid. Heureusement qu'il y a Poujade et l'Union de défense des commerçants ».

Pour être agent de l'Enregistrement, assimilé plus ou moins sommairement dans l'opinion publique à ceux qui ressentent très tôt la vocation de faire payer les autres et ne pouvant donc entrer dans le camp de Pierre Poujade, je me sentais mal à l'aise dans cette famille.

Pour évoquer une formule qui est toujours à la mode, je m'y trouvais assis inconfortablement.

Mais Christiane avait opté par personne interposée pour la fonction publique. Il fallait faire avec et s'accommoder de cet inconvénient. Ses parents ne pouvaient faire autrement qu'accepter la solution trouvée par leur enfant unique.

Aux élections de 1956, cinquante-deux députés se réclamant du mouvement UDCA furent élus. Un raz de marée. Mais ils n'allaient pas conserver longtemps leurs sièges.

Wilfrid ne m'a pas caché que le jour du vote dans la circonscription de La Bourboule- Le Mont-Dore, il avait voté pour D., le turbulent négociant en fruits et légumes de la ville, contre Giscard d'Estaing, le tout jeune énarque de Chanonat au costume croisé et à la cravate assortie.

C'est à cette occasion que Wilfrid nous a descendus à La Bourboule dans l'étroit habitacle de sa camionnette de livraison pour assister à la rencontre contradictoire D./Giscard d'Estaing.

Le représentant des petits commerçants et artisans fit grosse impression, comme il fallait s'y attendre et ne ménagea pas son adversaire avec son langage coloré et ses formules de camelot à l'emporte-pièce propres à capter la clientèle des marchés. Giscard d'Estaing accepta avec beaucoup de dignité et davantage de réserve l'engagement. À aucun moment il ne tomba dans le piège qui lui était tendu. Il ne suivit pas l'adversaire et ne répondit pas au qualificatif de « fine fleur » que l'autre lui décernait.

À La Bourboule et au Mont-Dore, D. fit le plein de voix. Mais la campagne vota Giscard.

On n'entendit bientôt plus parler de D.

Gilbert Bretagnol

Dialogue avec Poujade

Courant 1954, l'attitude de certains commerçants, les erreurs psychologiques de l'Administration ou de certains de ses agents ont créé un mouvement de rébellion antifiscal. Un nommé Poujade l'anime et les exactions contre les agents se multiplient. Poujade, monté à Paris donne rendez-vous aux « fiscards » parisiens – c'est ainsi qu'il nous appelle – dans une brasserie de la place du Châtelet à 19 heures. Toujours curieux et prêts à dialoguer, un collègue et moi décidons de nous rendre à ce rendez-vous.

Sur place, nous retrouvons quelques collègues mais aussi quelques cafetiers – Aveyron oblige – de notre secteur. La salle, enfumée par tous ces hommes est relativement calme ; vingt heures, vingt heures trente, la plupart s'en vont, regrettant d'avoir perdu leur soirée. Mon collègue et moi, en discussion paisible avec le patron d'un grand café ne prêtons pas attention à ces départs. Vingt et une heures… brouhaha, M. Poujade descend du 1er étage où il était, dit-il, en réunion avec les représentants syndicaux. Je l'interpelle et lui reproche son absence à l'heure convenue. Il est accompagné par quelques gros bras de son mouvement et la discussion qui s'instaure devient vite houleuse, chacun introduisant dans les débats des anecdotes plus ou moins réelles. Mon collègue, qui intervient de temps en temps, est inquiet ; à Rochefort n'ont-ils pas promené dans une charrette des inspecteurs en tenue d'Adam. Malgré le brouhaha et l'hostilité, je fais face et petit à petit la discussion s'oriente vers les relations entre les individus. Le dialogue durera bien jusqu'après minuit. Les fiers à bras se sont calmés et nous nous quitterons en bons termes. Il n'y a plus de métro… Ils nous raccompagnent, le collègue et moi, à nos domiciles respectifs.

Avant de quitter la salle, un homme s'approche, me tend sa carte et me demande de mettre noir sur blanc les propos que je viens de tenir. Son nom, Bertrand de Jouvenel, un grand journaliste. Aurais-je été convaincant ?

Je ne donnerai pas suite, et pourtant mon ami m'y invite.

Paul Bretxa

« Sous le signe du poujadisme »

La hargne de X., comptable agréé, remontait peut-être à une vérification faite sous le signe du poujadisme.

Le directeur m'avait convoqué. Il avait son air des grands jours. Sa jovialité s'apparentait à celle d'un directeur des pompes funèbres en pleine dépression :

« Votre collègue de La-Haye-du-Puits devait vérifier la comptabilité de l'entreprise de menuiserie Z. J'ai appris qu'une manifestation poujadiste aurait lieu. Je tiens à ce que votre collègue ne perde pas la face en cette circonstance… Pour vous, cela n'a pas d'importance… Aussi j'ai décidé de vous confier cette vérification ».

Je me présentai au jour fixé. J'eus une chance inouïe… La manifestation avait eu lieu la veille. Il n'empêche que l'atmosphère était glaciale.

Le résultat était nettement insuffisant. J'en décelai rapidement la cause. En vérifiant le compte de l'exploitant, je notai l'inscription de nombreux et importants travaux exécutés pour l'entrepreneur et des membres de sa famille. J'en fis la remarque à X. qui me dit :

« Ils ont été réintégrés en recettes.

- Où ? demandai-je. Je ne vois rien ».

Il regarda et ne vit rien. En désespoir de cause, il appela le sous-fifre qui avait passé les écritures. Le pauvre ne put que soupirer. Le menuisier, qui suivait avec inquiétude le déroulement des opérations, finit par demander :

« Et alors ?

- Alors, il manque la somme de XX F.

- Hein, hein ! Quoi ! dit-il d'une voix étranglée, puis élevant le ton, il éructa : Comme tout le monde, j'aurais dû prendre la « Flibustière » (il voulait dire la " Fiduciaire ") ».

En entendant ces mots, X. pâlit : l'invasion de la « Flibustière » signifiait pour lui la fin de son quasi-monopole.

« Et ça va me coûter combien cette plaisanterie ? »

Je procédais aux calculs et annonçai un chiffre qui le fit tousser. En lui accordant un étalement sur plusieurs exercices, j'allégeai sensiblement la note à payer.

« Serait-ce la semaine de bonté ? » demanda le menuisier.

Je ne le démentis pas et le quittai sur ces mots. Le lendemain, le rapport était rédigé, remis à l'inspecteur principal qui alla le présenter au directeur. L'inspecteur principal me conta que le patron prit connaissance de mon mémoire avec intérêt mais qu'il crut bon d'ajouter :

« Il aurait pu voir ceci !

- Il en a vu assez » trancha l'inspecteur principal, trop heureux de voir terminée dans des conditions satisfaisantes une affaire qui aurait risqué d'envenimer et compliquer les relations avec les contribuables.

Mais le poujadisme n'avait pas dit son dernier mot.

J'avais envoyé un avis de vérification à un entrepreneur de bâtiments. Il me fit savoir que l'UDCA, qu'il avait contactée, lui avait dit qu'elle s'opposerait au contrôle.

C'était une vérification dite « d'ensemble ». Mon collègue des Contributions indirectes reçut une réponse analogue. Aussi, au jour dit, nous nous présentâmes chez notre contribuable. Une délégation importante et décidée nous barra le chemin et nous interdit le moindre contact avec leur adhérent. L'opposition à contrôle fiscal ayant été ainsi dûment constatée, nous avions le droit de procéder à une taxation d'office. Cela ne suffit pas à la DGI qui porta plainte. Le malheureux poujadiste reçut donc une note particulièrement salée et une convocation au tribunal. Nous y allâmes témoigner sous la pression d'une foule hostile.

Mais cela avait donné à réfléchir à notre homme qui nous supplia de venir examiner ses comptes. Il insista lourdement pour que notre intervention fût très discrète afin d'éviter d'alerter les vigilants membres de l'UDCA. Mon inspecteur principal ne tint pas à assister à cette intéressante confrontation. Ce fut donc en compagnie de mon collègue des Contributions indirectes, épaulé par son inspecteur principal, que je renouvelai ma tentative de contrôle fiscal. Notre trio avait pris l'allure de touristes décontractés pour évoluer entre les villas du quartier et enfin aboutir à la tanière de notre rebelle repenti. Mes collègues, qui avaient une envie folle de manger du lion, se montrèrent pleins de compassion pour ce pénitent qui, levant les yeux au ciel, murmurait : « Si j'aurais su ». Nous rectifiâmes la taxation dans des proportions acceptables.

Quand je soumis nos conclusions à mon inspecteur principal, il m'accusa de faiblesse insigne. Je m'en défendis et l'invitai à aller sur place constater de visu les données et aspects du problème. C'est ainsi que je retournai avec lui sur « les lieux du crime ». Après avoir joué aux promeneurs insouciants, nous atterrîmes chez notre entrepreneur que cette visite supplémentaire ne manquait pas d'inquiéter au plus haut point. L'inspecteur principal des Contributions directes retira son veto et ratifia notre décision.

L'épisode poujadiste était terminé.

Ernest Cocar

Mini manifestation

Il m'est arrivé une mésaventure due au mouvement poujadiste assez virulent à l'époque. En Alsace, où les contribuables sont plutôt disciplinés, nous nous croyions à l'abri.

Un petit commerçant de I. avait demandé la restitution d'une taxe CA payée à tort. On ne donnait suite à de telles requêtes qu'après examen des éléments sur place. J'avais expédié mon avis de passage et me suis présenté au domicile de l'intéressé. Un comité d'accueil m'attendait et m'a prié de renoncer à l'intervention, malgré mes explications.

L'Administration nous recommandait de ne pas insister. Je suis donc retourné au bureau pour alerter ma direction. L'affaire a été exploitée pour souligner que la manifestation avait empêché la restitution de l'impôt, résultat inattendu pour les contestataires. Elle a été répercutée dans les journaux locaux et même dans *France-Soir.*

André Deiss

« L'alerte avait été rude »

Localement animé par des propagandistes dynamiques et motivés, le mouvement poujadiste prit très vite de l'ampleur. Il trouvait, dans l'arrondissement de Langres, un terrain particulièrement favorable. Les commerçants traditionnels se sentaient menacés par la concurrence d'un grand magasin récemment implanté et, surtout, par les sociétés à succursales multiples, aux points de vente de plus en plus nombreux et actifs. Les artisans et les agriculteurs partageaient leur crainte de rester à l'écart de la vague de prospérité déferlant sur notre pays dans ces années, qui s'inscrivaient, déjà, parmi les Trente Glorieuses. Les suffrages recueillis, par les candidats poujadistes, jusque dans de très petites communes rurales, aux élections du 2 janvier 1956, le montraient clairement.

À leurs yeux, principaux responsables de leurs difficultés, les pouvoirs publics, l'État, leur inspiraient une hostilité croissante qu'ils reportaient tout naturellement sur les administrations en général et les administrations fiscales en particulier. D'autant plus qu'elles mettaient en place dans le même temps une nouvelle technique de vérification. La « polyvalence » sous sa forme « tripartie » – c'est-à-dire avec l'intervention conjointe d'un représentant de chaque régie – faisait ses premiers pas.

On redouta le pire lorsque le département connut, après beaucoup d'autres, ses premières oppositions à contrôle. Je n'en subis pas, pour ma part, mais on m'en fit des récits détaillés. La presse locale ouvrait, d'ailleurs, très largement ses colonnes à la relation plus ou moins fidèle de ces événements.

Le scénario était immuable. À son arrivée chez le contribuable, le vérificateur découvrait, aux abords de la maison, une foule bruyante et agitée de commerçants et d'artisans qui en interdisaient l'accès. Il devait aller au contact des manifestants pour établir, sans contestation possible, qu'il était empêché de remplir sa mission, du fait de la « présence de tiers » et pour en dresser procès-verbal.

Pour se conformer aux exigences de la procédure alors en vigueur il lui fallait ensuite notifier une nouvelle date d'intervention. Accompagné cette fois d'un inspecteur principal, il se rendait sur place, pour une seconde tentative qui se révélait tout aussi infructueuse que la première. Après avoir, comme précédemment, essuyé les quolibets, plus ou moins graveleux, lancés par quelques manifestants particulièrement surexcités, il se retirait. Dans le calme de son cabinet, il pouvait, enfin, procéder à une évaluation d'office des résultats de l'entreprise dont il n'avait pu examiner la comptabilité.

Une telle situation ne pouvait durer. On fit appel au préfet. Il dépêcha des forces de gendarmerie pour protéger les vérificateurs qui, dans l'agitation créée autour de leurs interventions, risquaient, à tout instant, d'être molestés. En fait, il n'y eut pas plus de deux ou trois de ces opérations « musclées », car les pouvoirs publics instituèrent une trêve du contrôle fiscal destinée à calmer les esprits. Les vérifications furent donc suspendues. Elles reprirent quelques mois plus tard, sans que l'on connût de nouvelles manifestations. En définitive et par rapport à beaucoup d'autres, le département sortait sans trop de dommages de cette période particulièrement troublée.

Comment expliquer cette situation relativement favorable ? Sans doute par le caractère très rural de la Haute-Marne, l'absence de toute ville d'une véritable importance. Très connus dans la commune de leur résidence, les agents de l'Administration l'étaient aussi dans la plupart des localités de leur secteur. Ils échappaient à l'anonymat des grands centres. Le « fisc » avait presque toujours un visage. Les attaques contre lui prenaient inévitablement un caractère personnel et direct. Elles devenaient dans ces conditions plus difficiles, plus hasardeuses. Elles pouvaient même provoquer des réactions contraires, les régies bénéficiant localement d'une assez bonne image.

Aussi, les représentants les plus autorisés du poujadisme, ceux-là même qui fomentaient les oppositions aux contrôles, prenaient-ils soin, chaque fois que l'occasion leur en était offerte, de bien isoler l'opinion calamiteuse qu'ils avaient de l'Administration en tant que telle, de l'appréciation beaucoup plus mesurée qu'ils portaient sur nos personnes. À les entendre, leur hostilité était tout entière dirigée contre l'institution administrative. C'est elle qu'ils visaient lors de leurs manifestations, non les vérificateurs. Cette « bienveillance » de façade – qui aspirait à devenir connivence – les poussa même à demander à certains d'entre nous de participer à telle ou telle de leurs réunions. Invitation que nous déclinâmes, bien évidemment.

La relative urbanité qui prévalait dans leurs relations personnelles avec les membres de l'Administration pouvait d'autant moins créer l'illusion qu'ils multipliaient dans le même temps les occasions de manifester leur virulence. Ils adressaient par exemple à la presse des communiqués où le ridicule et l'odieux le disputaient à l'outrance. Les vérifications polyvalentes y étaient purement et simplement assimilées aux « descentes » de la Gestapo. Le « fisc » devenait le fossoyeur de l'économie et il n'y avait pas de fermeture d'entreprise dont il ne portât, à leurs yeux, l'écrasante responsabilité.

Surpris, cédant dans un premier temps au penchant naturel de brocarder l'État et ses représentants, les Hauts-Marnais se lassèrent assez vite de cette agitation. La sérénité et le sang-froid affichés par l'Administration les impressionnaient favorablement. Ils sentaient en définitive que cette querelle n'était pas la leur. Bien des commerçants et des artisans partageaient cette opinion.

Le législateur prit de son côté quelques mesures opportunes, limitant notamment le poids sans nul doute excessif de certaines pénalités fiscales.

L'incendie qui menaçait s'apaisa, laissant couver ici et là encore quelques braises. Mais l'alerte avait été rude.

Henri Gibot

Dompteur de fauves

La jacquerie poujadiste n'atteignit pas en région parisienne la violence qu'elle connut parfois en province. Mon témoignage sur ce mouvement protestataire sera donc assez limité. Le département voisin fut le théâtre de plusieurs saccages et de quelques séquestrations qui passèrent à l'époque pour le comble de l'anarchie. On a fait beaucoup mieux depuis.

Nos consignes étaient strictes : ne surseoir à aucun contrôle, sauf à entériner la démission de l'État ; mais se garder aussi de toute provocation, n'engager aucune polémique, rester maître de soi, sans arrogance ni familiarité ; éviter d'intervenir à l'improviste, tactique en temps ordinaire très rentable mais qui risquait en l'occurrence de mettre le feu aux poudres.

Je préviens donc mon nouveau client par lettre recommandée, quinze jours à l'avance, de ma première visite. Je vais la veille reconnaître les lieux, afin de déterminer où je garerai ma voiture, ni trop loin, ni trop près, hors de portée de ces enragés dont on pouvait toujours craindre les actes de vandalisme.

Le jour du contrôle, quand je tourne l'angle de la rue qui mène au lieu du psychodrame, j'aperçois, à trois cents mètres, le comité d'accueil constitué en mon honneur : un bataillon d'une quarantaine d'hommes déployé en éventail pour mieux voir arriver l'ennemi. J'approche, puisque toute retraite est impossible. Le bataillon se resserre à mon arrivée, silencieuse montagne de muscles tendus et d'esprits cadenassés. Vont-ils m'interdire l'entrée ? « Fermeté sans arrogance », disent les consignes :

« Voulez-vous me laisser passer, s'il vous plaît ? »

Hésitations. Une brèche s'entrouvre à grand-peine, où je me faufile pour atteindre la porte. Sur le pas, se tient M. X, patron du magasin qui célèbre si chaleureusement ma venue. Je devine les raisons de son embarras. Il souhaitait l'incognito, mais une fuite à dû révéler sa vérification. Les comités poujadistes de l'UDCA auront pris les choses en main, contre son gré, chantage à l'appui. Par l'empressement qu'il met à m'installer devant les registres de comptes, il veut me prouver du moins sa bonne volonté. Le bataillon s'est engouffré à notre suite dans le petit bureau. On fait cercle autour de la table, des grands, des petits, des maigres, des ventrus, à pipe, sans pipe, à casquette, compacts, sans chapeau, silencieux, raclant de la semelle, raclant de la gorge.

Plus mon travail avance, plus s'épaissit leur perplexité. Ils avaient compté de ma part sur quelque mot acerbe, quelque geste d'impatience qui leur aurait donné prétexte à sonner l'assaut. « M'attaquer, me mettre en quartiers, Sire loup l'eût fait volontiers ». Mais je compulsais silencieusement, sans autre mot dire que pour prier M. X de m'apporter tel ou tel registre manquant. Le pauvre bougre, pour atteindre les classeurs, devait fendre la foule, qui tout aussitôt vers moi de nouveau se tournait. Quel triomphe, vraiment ! J'avais redouté de devoir jouer *Les Chouans* ; je jouais *Louis XIV et sa cour.* À l'approche de midi, je rangeai les documents, et informai l'aimable assistance que la prochaine représentation aurait lieu la semaine suivante, mercredi en matinée.

De nouveau salle comble. Mais je flaire un public démotivé. Il est temps de pousser mon avantage.

« Dites-moi, M. X, et vous aussi, messieurs, avez-vous constaté la semaine dernière, dans ma façon d'agir, un procédé condamnable ?

- Non, monsieur l'inspecteur » répond X, approuvé en chœur par le comité des fêtes.

- Alors voici ce que je vous propose. Je pense que vous avez tous autre chose à faire que de vous morfondre ici. La loi prévoit que durant toute la durée d'une vérification, le contribuable peut se faire assister par le conseil de son choix. Pourquoi ne pas choisir dans vos rangs celui qui sera chargé de contrôler le contrôleur ? »

Marché conclu. Conciliabule. La potiche désignée s'assoit dans un coin sur une chaise. On le renouvellera par tour de garde environ toutes les deux heures, chaque demi-journée de la vérification, qui s'étendit sans autre incident sur un bon mois.

J'appris non sans une secrète jouissance que mon adjudant de chef de brigade, précédé sans doute par sa réputation de brute, ou peut-être en raison de son grade hiérarchique, fut empêché, dans sa propre enquête, d'ouvrir le moindre livre de comptes, incapable même de faire entendre son indignation dans le brouhaha menaçant. Les réfractaires, échauffés par leur propre audace et les demis sifflés au café d'en face, exigeaient la présence du directeur. On le prévint par téléphone, il annonça sa venue dans l'après-midi, le temps sans doute d'honorer quelques flacons, tandis que mon adjudant dut se contenter d'avaler sous bonne garde un sandwich et une bouteille d'eau. Arrivée de Bacchus, escorté du commissaire de police, de son adjoint et de quelques hommes d'armes. Tumultes et palabres. La guerre de Troie n'eut pas lieu, mais l'alerte avait été chaude.

Jean et Pierre Hussonnois

LES PEAUX DE VACHE

Un moment assez mouvementé de notre vie de vérificateur fut celui du poujadisme. Une fois de plus, au lieu de s'en prendre aux vrais responsables, les législateurs qui votent les lois, la grogne des contribuables assujettis à l'impôt sur les sociétés ou à l'impôt sur les bénéfices industriels et commerciaux se porta sur les agents d'exécution, en l'occurrence les vérificateurs. En raison de nos grosses serviettes de cuir, on nous qualifia de « peaux de vache ». Les plus excités décidèrent de nous réserver un accueil en fanfare au moment de notre arrivée sur les lieux de la vérification afin de nous empêcher de remplir notre tâche. Avec mon ami des Contributions indirectes, nous allions chez un garagiste de la région. En voyant la grande foule rassemblée chez lui, l'idée nous est venue que cela nous concernait. Sans nous arrêter et sans être reconnus, nous avons pu obtenir confirmation, au commissariat de police tout proche, qu'il s'agissait bien d'une opposition à contrôle. Dès lors, sans avoir subi les pressions physiques qui nous étaient destinées, nous avons entrepris la procédure spéciale prévue pour ce cas-là. Le garagiste concerné a très vite compris combien sa prise de position initiale présentait de graves dangers pour lui. Il a adopté une attitude beaucoup plus conciliante. Sans poursuites judiciaires à son encontre, puisque nous n'avions pas été physiquement agressés, il a fait l'objet de rappels particulièrement importants car assortis de pénalités pour mauvaise foi.

Il faut croire que ce qui lui est arrivé a servi de leçon à beaucoup car, par la suite, je n'ai pas eu à subir d'autres oppositions à contrôle.

André Maurin

« Selon le Petit Larousse illustré »

Selon le *Petit Larousse illustré*, édition 1977 :

Poujadisme : autre nom de l'Union de défense des commerçants et artisans (UDCA) fondée en 1954 par Pierre Poujade.

Péjoratif : attitude revendicative à courte vue.

Je n'ai pas eu à subir directement dans le Berry en 1954 les excès des « poujadistes », mais un collègue des Contributions indirectes fut enfermé par des manifestants dans une porcherie ; seule l'intervention d'un inspecteur local berrichon connaissant les responsables a pu faire sortir cet agent de son inconfortable position. […]

C'est dans un climat tendu sur le plan professionnel que j'arrive dans le département de la Haute-Garonne en avril 1955.

Je ne connais pas encore mon secteur de 108 communes, mais l'Administration a déjà fixé mon programme de vérifications. La première à effectuer concerne un mécanicien installé dans la commune de ma résidence à Saint-Gaudens.

La direction des Contributions directes à Toulouse est informée par le service des Renseignements généraux d'une probable manifestation poujadiste. Mon directeur me téléphone lui-même, la veille du jour prévu, pour me rassurer, me conseillant de ne pas résister, et pour rédiger, en cas d'opposition, le procès-verbal réglementaire.

Discipliné, « un ordre est un ordre » disent les Allemands, je me rends le 14 novembre 1955 à 9 heures chez le commerçant dont l'épouse gère le magasin. Plusieurs cars, venus des communes du département, stationnent sur la place voisine. Leurs occupants sont regroupés dans la rue allant et venant devant l'entrée de l'établissement. Comme personne, je pense, ne me connaît à cette époque, je m'intègre à la foule, les mains dans les poches, j'avance doucement et je rentre dans le magasin où se trouvent cinq ou six personnes mais pas le comptable. Je suis bien obligé de me présenter à l'état-major, surpris. Le responsable paraît être un homme jeune, rondouillard et volubile, qui, lui, me reconnaît. C'est un de mes voisins, joueur de pétanque et extra-lucide. Il me serre la main, m'assure qu'il ne me sera fait aucune violence, et qu'à l'avenir l'impôt sur l'énergie évitera toute opposition… Je l'approuve chaleureusement, et lui précise que puisque les documents comptables ne sont pas à ma disposition, je vais rédiger un PV et que ma direction avisera… Je sors du magasin aussi discrètement que lors de mon arrivée, laissant les manifestants piétiner, en raison du froid, et sans avoir vu l'inspecteur, qui a joué les « Arsène Lupin ». […]

Toutes les vérifications ne se passeront pas aussi bien, et les menaces continuent. Je reçois une lettre, contenant un dessin qui se veut humoristique, mais l'expéditeur a ajouté au-dessous l'inscription suivante : « Bientôt, le petit cercueil ».

J'accroche sur le mur de mon bureau le texte d'une décision royale de Louis Philippe, roi des Français « relative aux employés mis hors de service contre des fraudeurs ou des rebellionnaires par suite d'un acte de dévouement dans un intérêt public, ou en exposant leurs jours pour sauver la vie d'un de leurs concitoyens ».

Les agents du fisc feront l'objet de menaces ou seront victimes de violences physiques durant plusieurs années.

Pour ma part, je reçois des coups de téléphone à minuit ou une heure du matin, assortis de menaces, comme cet avertissement : « On te pendra par les c… »

En 1973, un inspecteur que je connais bien, est attaché à un lampadaire, place du Capitole à Toulouse, et à Marignane, un autre inspecteur enlevé et frappé par quatre individus, doit être hospitalisé dans une clinique de Marseille.

Les quatre syndicats des Impôts protestent auprès du président Giscard d'Estaing. Le conseil des ministres exprime son estime (sic) pour l'action des agents de l'Administration.

Henri Mirabail

L'AFFICHE POUJADE

Sur ce sujet du poujadisme, les informations émanaient principalement des syndicats, et particulièrement du syndicat des Contributions indirectes, regroupant la majorité des agents de notre régie. À défaut nous devions surtout compter sur nous-mêmes, c'est-à-dire sur les agents du bourg et leurs collègues des bourgs voisins de Saint-Aignan et de Montrichard.

Nous fûmes donc très rapidement confrontés dans le département, dans tous les services fiscaux, en ville comme dans les secteurs ruraux, à un mouvement d'agitation et de rébellion des contribuables, essentiellement commerçants et artisans, qui, de la grogne au lancement de slogans antifiscaux, du rejet de courrier au refus des convocations et des rencontres, se dégrada rapidement en refus de paiement de l'impôt, refus du dépôt des déclarations fiscales, oppositions à contrôle, pour se traduire même par des actions violentes contre les personnes.

Contres était un centre important du « poujadisme », l'un des commerçants du bourg étant le responsable du mouvement pour le sud du département. Nous en connaissions les adhérents et nous suivions, grâce aux relations liées par les plus anciens d'entre nous avec les habitants des communes, sa montée en puissance, étant informés des réunions et manifestations dès leur organisation. Grâce aussi aux services de gendarmerie, avec lesquels nous entretenions d'excellentes relations et qui n'omettaient pas de nous transmettre leurs informations.

Malgré tout, en notre qualité d'agents de l'administration fiscale, nous étions assez isolés au milieu d'une population qui, pour une grande partie, nous était hostile. Aussi nous réunissions-nous le plus souvent possible avec nos collègues des secteurs voisins, d'autant qu'à cette époque, seuls les services des Contributions indirectes exerçaient encore leur activité en secteur rural, les services des Contributions directes et de l'Enregistrement ayant tous leurs services concentrés dans les grandes villes du département : Blois, Romorantin et Vendôme.

Lors de nos réunions, nous parlions donc le même langage, avions une approche le plus souvent identique des problèmes à résoudre, nous mettions toujours d'accord sur le comportement à adopter, arrêtions ensemble une position d'action commune.

Au mois de mai, notre collègue de Saint-Aignan, inspecteur du chiffre d'affaires comme moi, se heurta à une forte opposition à contrôle, de près de 500 manifestants, dont il ne peut échapper que grâce à l'intervention de la gendarmerie.

Le mois suivant, le bureau du contrôleur CI d'Oucques fut envahi par une centaine de manifestants lesquels, après l'avoir neutralisé, saccagèrent le bureau pendant que l'un des dirigeants de la manifestation téléphonait à la direction de Blois pour relater leur exploit.

Dans le même temps c'est grâce à l'intervention du receveur-buraliste de Fougères-sur-Bièvre, âgé de plus de 80 ans et respecté dans la commune, que l'inspecteur principal des Contributions indirectes, venu inspecter le bureau, ne subit que des violences légères lors de la manifestation, vite organisée pendant son intervention, et que sa voiture automobile ne fut pas poussée à la rivière.

La direction départementale avait alors décidé l'arrêt de toute vérification au domicile ou au siège de l'exploitation des redevables.

Quant à moi, au mois de mai, j'avais, comme mon collègue de Saint-Aignan, adressé un avis de vérification à une entreprise relevant de mon inspection, à Contres. Au jour « J », une heure avant celle prévue pour l'intervention, mon collègue contrôleur des CI, accompagné de l'adjudant de gendarmerie, vint m'avertir qu'une opposition à contrôle avait été décidée à mon encontre et qu'un nombre important de manifestants se trouveraient devant l'entreprise que je devais vérifier. Prenant alors contact avec l'inspecteur principal chargé du secteur, je reçus l'ordre de ne pas intervenir. [...]

Un soir de septembre 1955, vers 23 heures, notre chien, qui couchait dans le couloir du rez-de-chaussée donnant accès à la porte d'entrée, se mit à aboyer violemment. M'étant levé pour le calmer et n'entendant aucun bruit, j'ouvris la porte d'entrée et regardant à droite et à gauche, ne décelai aucun mouvement ni aucune présence. L'animal s'étant calmé, je pensai à un chat ou à un chien qui se serait approché de la porte, provoquant les aboiements de notre gardien.

Mais le lendemain matin, je connus la cause de l'agitation du chien. Ouvrant ma porte pour aller à la poste chercher le courrier, je m'aperçus qu'une grande affiche appelant à une manifestation poujadiste, pour le samedi suivant, à Blois, ornée du portrait de Pierre Poujade, avait été apposée pendant la nuit sur le mur de la maison, à gauche de la porte d'entrée. Ma première idée a été de la lacérer et de la détruire et... immédiatement après j'ai pensé qu'agir ainsi serait démontrer que cette provocation m'irritait ou même m'apeurait, donnant ainsi des gages à ces contestataires.

Je décidai donc de laisser l'affiche à la place qui lui avait été donnée. Elle attirait les regards des passants et aussi des quelques rares contribuables qui, ayant besoin d'une signature ou d'une attestation, venaient encore jusqu'à mon bureau.

Et le samedi vers 9 heures, jour où le bureau était ouvert au public pendant la matinée, partant chercher le courrier, je rencontrai, dans la même rue, où j'avais mon domicile, un commerçant, poujadiste notoire, auquel j'avais adressé plusieurs courriers, dont le dernier en recommandé, afin d'obtenir des éléments relatifs à son activité pour l'établissement de son forfait du chiffre d'affaires. Arrivé à sa hauteur, je le saluai et m'adressai à lui, rappelant que je lui avais envoyé de nombreux courriers et que j'étais étonné de n'avoir pas eu sa réponse ou sa visite. Il parut interloqué et me dit : « Mais, monsieur l'inspecteur, je ne sais pas où vous habitez ». Du tac au tac ma réponse fusa : « Oh ! Rien de difficile, vous remontez la rue et c'est la première affiche Poujade sur votre gauche ». Je le laissai ébahi et continuai mon chemin.

Après cet incident je ressentis comme un desserrement de cet étau de haine, de suspicion, d'antagonisme virulent et j'appris que cette réponse, rapportée par mon interlocuteur, avait surpris, mais aussi amusé, d'ailleurs aux dépens de ce dernier, donnant une connotation plus humaine à la tension existant entre les opposants et l'agent de cette administration si haïe.

Joseph Mounié

« Une flambée populiste »

Jusque-là, depuis la purge des profits illicites de la guerre, dont le principe n'avait pas été contesté, les vérifications de comptabilité, très diversifiées et peu fréquentes au regard du nombre total d'entreprises, n'avaient pas suscité d'hostilité collective. Les choses avaient changé avec la relance nécessaire du contrôle fiscal, favorisée par le rapprochement des régies qui permettait d'orienter et de densifier les interventions à partir d'opérations massives de recoupements par matière d'activités. Cette relance était assortie, sous la surveillance des services centraux, d'une application plus stricte des pénalités.

Le contrôle fiscal était donc à la fois dense, plus collectif et plus strict qu'il ne l'était auparavant, cela dans le cadre d'une législation fiscale inchangée qui faisait une large part à une taxe professionnelle relativement plus lourde pour les petites affaires que pour les autres.

La densification subite d'un contrôle fiscal, jusque-là épisodique, provoqua rapidement une flambée populiste dans un pays politiquement instable et divisé, peu enclin au demeurant à donner de la sorte à l'administration fiscale les moyens de sa mission. C'est ainsi qu'une Union de défense des commerçants et artisans (UDCA), créée en 1953 par Pierre Poujade, libraire-papetier à Saint-Céré (Lot) s'étendit rapidement et se mit à organiser des oppositions à contrôle en recrutant des « gros bras » parmi des membres ou parmi des étudiants plus forts « en gueule » qu'en savoir.

Il y avait donc de mauvais moments à passer pour les agents de l'Administration. Dans la Manche, il n'y eut pas d'incident grave car les souvenirs des bombardements de 1944 amenaient les Normands à relativiser les choses. D'autre part, les services locaux avaient une audience qui permit de calmer le jeu mais les vérificateurs n'étaient pas à l'aise quand ils étaient accueillis par ces mots : « Vous venez chez moi parce que vous saviez que je vous recevrais ; mais pourquoi n'êtes-vous pas allé d'abord chez… » suivait le nom du responsable poujadiste du secteur.

La flambée populiste allait s'éteindre rapidement et ce n'est pas elle, en tout cas, qui me fit quitter le département de la Manche où elle était plutôt moins vive qu'en d'autres lieux. […]

Or, la publication d'un poste vacant à Auxerre m'offrait la possibilité d'une nouvelle halte qui me replacerait pour la suite dans le grand Est. […]

Cependant, restait cette redoutable agitation poujadiste. Si redoutable que cela ? Oui, si l'on s'en tient aux élections législatives de 1956 qui lui avaient donné 52 députés. Mais la Roche tarpéienne est près du Capitole et le soufflé était retombé très vite, justement parce que l'éclairage public du mouvement en avait fait ressortir l'insignifiance politique, en dehors d'une révolte antifiscale qui ne menait à rien.

Certes, il y eut encore ici et là, dans l'Yonne comme ailleurs, des oppositions à contrôle et l'une d'elles interdit à l'un de mes vérificateurs l'accès aux locaux d'un marchand de porcs qui prétendait n'y être pour rien et fut vérifié par la suite.

Mais les divisions intestines du mouvement, des décisions gouvernementales répressives (taxations d'office, etc.) ou apaisantes (suppression de la taxe proportionnelle par la réforme de l'impôt sur le revenu) et surtout des préoccupations nationales plus importantes aboutirent à la dilution du poujadisme qui se ramena finalement à une association de défense jouant le rôle de conseil fiscal.

Lucien Perreault

Dans la tourmente du poujadisme

L'année 1955 s'annonce difficile. Un obscur papetier : libraire de Saint-Céré anime une organisation de commerçants et d'artisans, centrée essentiellement sur la fiscalité, jugée excessive, et contre les contrôles fiscaux. La direction générale vient de créer des brigades dites « polyvalentes ». Les agents de ces brigades, évidemment appelés « polyvalents », sont habilités à examiner la situation du contribuable au regard de la totalité de ses impôts, directs, indirects, voire taxes sur le patrimoine. Au niveau local, il est recommandé d'effectuer une vérification avec un collègue des Indirectes, chacun restant dans sa spécialité, bien entendu.

Des collègues sont molestés ; un inspecteur est promené toute la journée dans une ville du centre, « encagé » sur une charrette.

Le Puy-de-Dôme, proche du Lot, est particulièrement touché par cette vague antifiscale, notamment les régions d'Ambert et du Mont-Dore.

Les discussions relatives à la fixation des forfaits commerciaux sont plus dures. Les contribuables sont invités par leur organisation à refuser toute proposition du service. En définitive je n'aurai qu'un nombre réduit de litiges, une dizaine environ contre quatre ou cinq habituellement. Par contre, dans le pays ambertois, c'est par dizaines que les contribuables récalcitrants sont envoyés devant la commission départementale d'arbitrage.

Notre syndicat, avec l'accord tacite de la direction générale, donne la consigne de suspendre les vérifications : dans certaines villes, la situation est devenue intenable, non seulement pour les agents, mais aussi pour leur famille.

Yves Pouget

« Pierre Poujade en personne »

En 1958, atteint d'une vieille sinusite et opéré de la cloison nasale, je partis pour une cure à Luchon. Le hasard voulut que le nommé Pierre Poujade donnât une conférence-débat, un soir sous la halle de Saint-Gaudens. Il lança deux ou trois contrevérités où il démontra, soit son ignorance de certains points du Code des Impôts, soit sa mauvaise foi. Deux jours après, aux thermes de Luchon, j'étais installé aux « inhalations », lorsque vint s'installer devant moi, de l'autre côté de la table de marbre, Pierre Poujade en personne. Je le saluai avec une forte envie de rire, puis me levai avec bonne humeur :

« Je comprends que vous ayez besoin de vous éclaircir la voix, je me présente Pouyfourcat, inspecteur-vérificateur des Impôts ».

De là sont parties des conférences mi-sérieuses, mi-plaisantes. Poujade se montrant très à l'aise, cordial et plutôt sympathique. Les discussions entre les soins, réunissaient, dans les couloirs, quelques curistes intéressés. Je fus, à partir de ce séjour, la personne qui par hasard initia Poujade à certains points de TVA, dont l'exonération à l'exportation (sujet qu'il avait malmené à Saint-Gaudens), sur les cessions des fonds de commerce, les droits de succession qui permettaient alors de dissimuler les « actions au porteur » alors que les petits commerçants étaient soumis à déclaration de leurs fonds de commerce. Ce dernier « tuyau » l'étonna et le remplit de joie pendant que nos compagnons de cure s'amusaient. Je ne devais retrouver Pierre Poujade que des années plus tard à Toulouse dans un café du centre où je l'étonnai une fois encore en révélant le mécanisme injuste, sans limite à l'époque, du quotient familial. Décidément, pour un agitateur antifiscal, ce sympathique libraire avait bien des lacunes dans sa formation.

Robert Pouyfourcat

La fronde fiscale

En août 1954, je rejoignis enfin mon poste à la sous-brigade de vérifications de Libourne. [...]

J'y trouvai deux collègues d'une cinquantaine d'années qui y pataugeaient depuis six ans. Sans être une méchante langue, on pouvait dire que, s'ils étaient de médiocres vérificateurs, tout les différenciait.

L'un, bon camarade, souffrait d'une maladie du foie et devait à cela un teint sombre et peut-être un manque d'assurance. C'était un puits de science qui passait son temps à consulter la documentation Lefebvre. Il poussait si loin ses scrupules que, devant ses hésitations, les contribuables refusaient de signer les fiches de rappel et que les vérifications s'éternisaient souvent par un contentieux.

L'autre, puissant et fort en gueule, très connu comme arbitre fédéral de football, n'avait qu'une notion sommaire de la comptabilité et de la législation. Mais il estomaquait les commerçants par son aplomb et pratiquait souvent une méthode critiquable : au lieu de prouver ses rappels, il annonçait une somme globale à payer. À cette époque encore héritière de l'Occupation et d'une vieille tradition de fraude, rares étaient ceux qui n'avaient rien à cacher. Et la plupart acceptaient sans barguigner ! [...]

Dès 1954, se manifesta la fronde fiscale appelée poujadisme. Elle avait des raisons économiques profondes se traduisant par une psychose irraisonnée. La peur des « polyvalents » habitait les petits artisans et commerçants alors qu'ils n'étaient pas soumis à ce type de contrôle.

Dans la région du Blayais-Libournais fortement atteinte, je n'en ressentis personnellement que deux attaques bénignes.

La première fut celle d'un boucher qui cria dans un bureau : « Oui, le Souque, vous le verrez un jour descendre l'Isle le ventre en l'air ». Or je n'avais jamais eu affaire avec ce monsieur et je n'habitais plus Savignac-sur-Isle commune située à une dizaine de kilomètres au nord-est de Libourne où ma femme, institutrice, avait été logée à la rentrée 1952. À l'automne suivant, elle avait été nommée directrice à Saint-Quentin-de-Baron, bourgade placée à l'opposé, à 15 kilomètres au sud-ouest de Libourne. [...]

Le deuxième incident eut lieu près de Fronsac, chez un garagiste qui, depuis deux ans, n'avait pas souscrit de déclarations. Il cria alors à sa femme : « Téléphone à X », qui était alors le meneur local des « insurgés ». Je m'assis et lui dis tranquillement : « Attendons-le ensemble ». Il se calma aussitôt et je repartis avec ses déclarations. Je savais que les poujadistes libournais, relativement modérés, ne défendaient pas les retardataires.

Une scène cocasse eut lieu peu après. Un percepteur avait fait saisir la traction avant d'un commerçant. En salle des ventes, un seul homme avait porté enchère et sortit tout heureux du prix dérisoire. Il se trouva alors accueilli par un groupe menaçant. C'était un brave campagnard qui ignorait le mot d'ordre de boycott et qui dut accepter de revendre son acquisition au prix de l'adjudication.

Plus grave fut une forme insolite d'opposition dont fut victime un collègue des Directes. Il voulut vérifier un bistrot. On le fit monter à l'étage et on lui donna les livres, donc apparemment, pas d'obstruction. Mais, au rez-de-chaussée, un groupe de braillards mena un tel tapage qu'il dut abandonner les lieux. L'affaire se termina devant le tribunal.

Henri Souque

« Au casse-pipes »

L'affaire Astra est découverte très simplement, à l'occasion de recoupements. La firme, lors de ses livraisons de corps gras aux pâtissiers et boulangers-pâtissiers, rédigeait deux factures correspondant chacune à la moitié de la quantité livrée. L'acheteur était libre, dans sa comptabilité, d'enregistrer, l'une ou les deux factures. Attendu qu'après rejet de la comptabilité, la reconstitution du chiffre d'affaires prenait pour base la quantité de matière grasse mise en œuvre, on jouait sur le velours.

Cadence : vérification sur place tous les mardis. [...]

Un beau jour, une employée de l'inspection centrale, épouse du commissaire de police de Puteaux-Suresnes, au courant de mon travail, me dit : « Vous allez bien chez tel pâtissier, mardi prochain ». J'acquiesce et lui demande comment elle est au courant de mes activités. Elle me répond : « Mon mari vous fait savoir que vous allez vous heurter à une grosse manifestation de l'organisation poujadiste ; il souhaite en parler avec vous ».

Je me rends aussitôt à cette invitation et rencontre un homme charmant qui me dit que je vais avoir de gros ennuis le mardi suivant. Je lui fais confiance et ne demande évidemment pas ses sources. Il m'interroge alors sur mes intentions. Je lui confirme ma volonté d'effectuer ma vérification et d'en rendre compte à ma hiérarchie au plus tôt.

Le vendredi matin, visite de notre inspecteur principal que j'informe des prochaines perspectives, lequel rend compte à la 4e direction, qui informe la direction générale.

En fin d'après-midi, la réponse nous parvient. Elle tient en quelques mots : « La DG recherche l'incident ». Attendu qu'il s'agit d'envoyer au casse-pipes ma petite personne, je demande à mon inspecteur principal quelles mesures compte prendre la DG pour me protéger. Il me répond, qu'en haut lieu, on recherche l'incident : donc pas de protection. En deux mots, je dois me faire rouer de coups pour la plus grande gloire de la rue de Rivoli.

Je reprends contact avec le commissaire de police et celui-ci me dit : il y aura trois cents manifestants, cela va faire un gros incident, je n'en veux pas. Il prend contact avec sa hiérarchie qui organise une souricière sur place : quartier bouclé par cent cinquante CRS cachés dans leurs véhicules, garés sur des terrains vagues environnants. En outre, des inspecteurs en civil, planqués dans des portes cochères serviront de « sonnettes ». Mis en place au petit jour ; mon intervention est pour 9 heures.

À l'heure dite, je descends du bus au bas de la rue des Bons Enfants et vois tout de suite un énorme attroupement, à 200 mètres de moi.

Dire que je suis guilleret serait nettement exagéré, mais à 30 mètres de là, je reconnais mon inspecteur principal, blotti dans une entrée, vert de peur, car il n'est pas au courant du système de protection mis en place. Je repère les « sonnettes » sifflet aux lèvres et poursuis ma progression.

Les quolibets et autres injures commencent à fuser à mon intention. Je continue de m'approcher. Je parcours les derniers mètres dans l'état d'esprit du boxeur qui monte sur le ring avec la certitude qu'il ne verra pas la fin du premier round.

Et pourtant au contact, je m'aperçois que la foule se fend devant moi ; la plus élémentaire prudence m'aurait conseillé de fuir le piège qui va se refermer. Bien au contraire, je continue à avancer sous les injures, mais pas de coups.

Arrivé au centre de l'attroupement, je suis bloqué par un groupe qui me semble être celui des organisateurs. Dans un vacarme inquiétant, je me présente, annonce mes nom et qualité, ainsi que mon intention de rencontrer le boulanger dont la boutique est pleine à craquer de femmes virulentes, haineuses, méchantes. Heureusement, il faisait froid ce matin-là, et ces dames avaient cherché un peu de chaleur dans la boutique. Je me rends compte alors que le groupe qui m'entoure est exclusivement masculin, cela me réconforte.

Le climat se détend et j'engage la conversation avec mes proches voisins, les moins excités.

Ce ne sont pas des brigands, mais de petits commerçants, intoxiqués par une propagande violente. Après un quart d'heure de discussion, voyant que mon contribuable ne répondait pas à mes appels, j'annonçai mon intention de me retirer. Très doucement, je fis le chemin inverse de celui parcouru un quart d'heure avant, avec un esprit soulagé, malgré les injures des irréductibles. Mon repli s'effectue sans encombre et je pus redescendre la rue des Bons Enfants.

Je remerciai d'un geste les « sonnettes », toujours fidèles au poste et réconfortai mon inspecteur principal, nettement plus ébranlé que moi.

De concert, nous avons repris le bus et rejoint les bureaux de l'inspection centrale. Mon inspecteur principal rendit compte par téléphone à la 4e direction des événements de la matinée. Quant à moi, je préparai la taxation d'office de mon client.

Robert Troisgros

« Fermé pour cause de grève »

Les journaux avaient bien parlé de certaines manifestations de commerçants s'opposant à toute vérification des déclarations sur les taxes sur le chiffre d'affaires, mais rien de grave ; un signe de mauvaise humeur du moment propre à un lieu bien limité du Lot… Mais cette manifestation de mauvaise humeur d'abord spontanée s'étendit, s'organisa, sous l'égide d'un petit libraire nommé Poujade.

Dans le Puy-de-Dôme, aucun mouvement de ce genre ne semblait se dessiner. Aussi, les vérifications continuaient-elles. Il me restait quelques commerçants à voir encore à Besse en Chandesse. Je m'y employai comme mon devoir me le prescrivait. Je ne pus terminer une de mes vérifications dans la semaine et j'annonçai à une certaine commerçante que je reviendrais lundi d'après, celle-ci m'ayant même autorisé à emporter chez moi une partie de ses documents comptables.

Nous étions en mai 1954 ; ledit lundi je remontai donc à Besse, mais comme il était encore un peu tôt, la plupart des commerces n'ouvrant leurs portes qu'à partir de 9 heures, j'allai bavarder avec le receveur-buraliste du lieu, auxiliaire de ma propre administration.

De quoi bavardions-nous ? Certainement pas du service, car lui, vu sa fonction, ne dépendait que de mon collègue contrôleur habitant ledit lieu et y vivant en célibataire en attendant sa mutation pour son Midi natal.

Tout à coup un garagiste de la ville que je connaissais bien frappe à la vitrine avec le bec de canne servant à fermer sa porte de magasin et sans mot dire fait un signe à mon interlocuteur…

Celui-ci se trouble, puis m'annonce :

« Je dois vous dire M. Verdier que vous ne pourrez pas continuer votre contrôle projeté.

- Pourquoi donc ?

- Parce qu'il a été formé un comité de défense des commerçants qui a décidé de s'opposer à votre intervention !

- Ah ah ! Qu'à cela ne tienne ! Vous avez des représentants dans ce comité, des responsables, qu'ils viennent me trouver et je ne veux en rien provoquer une manifestation… »

Le garagiste qui avait fait sa tournée revint et me dit être le président du mouvement et au nom du comité me « signifia » de suspendre tout contrôle. Devant la porte bavardaient d'autres commerçants qui ayant déjà eu ma visite ne me tenaient pas particulièrement en odeur de sainteté !

« Et bien, M. le président du comité de défense, sachez que cela ne gâchera pas du tout ma journée ; ce soir en rentrant je ferai un rapport précisant la chose à mon directeur et c'est tout…

- Sûr que vous n'allez pas faire votre intervention ?

- Absolument sûr puisque vous voulez vous y opposer par la force.

- Alors remettez-moi les livres que vous a remis Mme X chez qui vous deviez intervenir.

- Non, je ne les remettrai pas à vous-même, mais bien à madame. Vous n'avez pas qualité pour les recevoir.

- Alors, allons-y ensemble !

- Si vous voulez ».

Nous quittons le buraliste et je vois des affiches sur tous les magasins portant : « Fermé pour cause de grève ».

« Votre coup était donc préparé.

- Oui, puisque nous savions que vous deviez revenir ».

Nous sommes suivis par tout un groupe de gens et les documents en ma possession sont remis à qui de droit.

Lundi est jour de marché à Besse. Il y avait du monde dans les rues et on se retournait à mon passage. Étais-je devenu subitement une bête curieuse ? Je n'y attachai pas d'importance et laissant là les « défenseurs des commerçants », je me rendis tout droit au bureau de mon collègue contrôleur où je le mis au courant des faits. Bien sûr il était bien « un petit peu » au courant de ce qui se tramait depuis quelques jours mais que faire… L'heure du déjeuner approchant et selon mes habitudes quand nous étions ensemble à Besse, je lui dis : « Allons déjeuner ». […]

Mon collègue et moi entamons notre repas sans plus penser je crois aux affiches « fermé pour cause de grève ».

Les cloches de l'église se mettent à sonner. Tiens, pensons-nous, un enterrement à cette heure-ci ! Je tournais en partie le dos aux gens accoudés au bar et, si je me tournais vers eux, ils paraissaient s'intéresser aux deux agents de la Régie attablés dans ce coin de salle. Parlaient-ils réellement sur nous ? Je ne les connaissais pas.

Mais j'eus bientôt l'impression que j'étais bien l'objet de leur conversation ! Ils me montraient presque du doigt ! Me fixant ostensiblement de leur regard ! Et les cloches sonnaient toujours… et le café s'emplissait de plus en plus… et la place elle-même semblait devenir un point de rendez-vous inhabituel…

Des hôteliers qui auraient dû être à leurs fourneaux vinrent consommer au bar ! Tout à coup, se frayant un chemin à travers les consommateurs, surgit, flanqué de gardes du corps, le garagiste qui s'était annoncé à moi comme étant le président du comité de défense des commerçants, et s'adressant à moi il s'écria :

« Vous êtes encore là vous ! Vous aviez dit que vous partiez ! Vous allez déguerpir et au plus vite !

- Je vous ai dit que je m'abstenais de tout contrôle mais vous permettez tout de même que je rende visite à mon collègue et que je déjeune avec lui, ceci n'a rien à voir avec un contrôle !

- Dépêchez-vous de partir !

- Laissez-moi terminer mon repas et je m'en irai ; je n'ai plus rien à faire à Besse.

- Faites vite ! »

Et, s'adressant au restaurateur qui devint tout cramoisi :

« Quant à toi tu vas savoir de quoi il en retourne ! »

J'ai cru que mon restaurateur allait succomber à une attaque ! Il restait muet, figé, ne sachant que faire…

Je jetai un nouveau coup d'œil sur la place. Qu'est-ce que je vois ? On a apporté des bonbonnes de vin et on distribue du vin à l'attroupement qui n'a pu sans doute pénétrer dans la salle de café… et le soleil tape fort en cette journée…

Ce n'est pas bon signe pour moi qui avais pris la chose un peu à la légère m'estimant quitte pour avoir mis un terme à mon contrôle… Les gendarmes viennent à leur tour me trouver, me disant :

« Partez vite M. Verdier, les esprits s'échauffent ! Les gens s'énervent !

- Faites attention qu'ils ne touchent pas à ma voiture leur dis-je, celle-ci se trouvant sur la place même.

- Ils n'y toucheront pas, mais partez !

- Combien vous dois-je demandai-je au restaurateur à la tête encore dans les nuages et au visage cramoisi.

- Partez, partez, vous payerez une autre fois ! »

Je n'ai pas encore payé ce repas un peu écourté puisque je partis mon dessert à la main, flanqué des deux gendarmes qui m'accompagnèrent jusqu'à ma voiture.

Traversant la foule, je fus hué bien sûr et ne compris pas tout ce qu'il me fut crié mais tout cela se résumait à la chose suivante : « On n'est pas prêts de te revoir ici ! »

Je sus pourquoi il y avait une telle foule devant l'auberge : le comité avait téléphoné à la Bourboule, au Mont-Dore, à Murol, à Saint-Nectaire, à Champeix… Si certains voulaient connaître la tête de cet inspecteur qui s'acharnait à vérifier, d'autres la connaissaient très bien, ayant eu à payer pour me connaître…

Je quittai les lieux sans autre incident et ce fut pour Besse-en-Chandesse l'occasion d'une réjouissance.

Le mouvement Poujade, puisque ce dernier en fut proclamé chef, venait donc de se manifester pour la première fois dans le département !

Je fis mon rapport. Directeur et préfet pensèrent que j'exagérais un petit peu sur les faits, histoire de me mettre en vedette. Il fallut un rapport détaillé de la gendarmerie de Besse pour les convaincre.

Alors mon directeur me dit :

« Eh bien, arrêtez provisoirement vos interventions, reposez-vous ! »

Les contrôles durent cesser dans tout le département surtout dans les zones rurales où il n'y avait au fond que de petites entreprises, car il y eut des manifestations partout où un contrôleur s'annonçait ! Et certaines furent plus violentes que celle que j'avais moi-même subie puisque des collègues furent promenés en ville dans une tenue plus que débraillée !

Henri Verdier

Après le poujadisme

Nous étions dans le début des années soixante. Le poujadisme n'était pas très loin. La violence de certaines de ces actions avait laissé quelques traces dans le comportement et l'action des services fiscaux.

Personnellement, je n'ai pas eu à subir les débordements qui ont caractérisé l'action d'une partie des commerçants et artisans dans leur attitude antifiscale.

J'ai cependant en mémoire une journée au cours de laquelle se déroulait au tribunal de Cholet le jugement d'un membre de ce mouvement. J'exerçais alors dans cette ville en attendant mon appel sous les drapeaux. Des consignes de sécurité strictes nous avaient été données. Nous sommes restés dans les bureaux dont les accès étaient sévèrement surveillés. Une foule importante avait investi les rues proches du tribunal. Ce jour-là, il n'y eut pas d'incident.

Si l'action poujadiste perdait de l'importance, le comportement de l'administration fiscale restait très prudent.

L'action du service, principalement orientée vers la gestion durant ces périodes troublées, nous imposait d'assurer une présence sur le terrain. Il fallait éviter que l'impunité s'installe. L'égalité des citoyens devant la loi constitue un des principes fondamentaux de la République. Il importait donc que la loi fiscale soit respectée par tous.

Les interventions des brigades de vérification ne comportaient pas les mêmes risques, les redevables vérifiés étant bien structurés et en capacité de présenter une défense solide dans le cadre de la loi. De toute manière, les vérifications ne constituaient nullement des opérations de commandos. Il s'agissait seulement de s'assurer de la bonne application des règles comptables et de la loi fiscale.

Les contrôles des inspecteurs chargés de la gestion d'un secteur territorial intéressaient les redevables d'importance plus modeste. Ce sont ceux-là que la fronde poujadiste avait principalement sensibilisé.

Alors, pour ne pas raviver le feu qui couvait encore, l'administration fiscale avait mis en place une procédure particulière qui avait pour but de permettre les opérations de contrôle sans provoquer de troubles.

Pour assurer cette paix fiscale, nous devions présenter à notre hiérarchie la liste des vérifications de comptabilité envisagées. Celle-ci, transmise à la préfecture, devait permettre une enquête sur le « civisme » du redevable et le degré de risque que l'intervention pouvait comporter. Cette enquête devait être diligentée de manière discrète.

Georges Gaugain

LE CID-UNATI[14]

(1969-1972)

C'ÉTAIT L'ÉPOQUE DU CID-UNATI

Je retrouvai à Marmande mon ancien travail d'inspecteur du chiffre d'affaires, poste très chargé, avec de nombreux agriculteurs en compte. C'était l'époque des mouvements revendicatifs du « Cid-Unati ». De nombreux incidents avaient lieu entre ses représentants et les agents des Impôts. J'en fis l'expérience au cours du contrôle d'un artisan rural. Le président départemental de ce mouvement avait eu la courtoisie de m'avertir qu'il serait présent au cours de la vérification, accompagné de trois de ses collègues. J'avertis ma direction qui me laissa libre d'agir à ma guise. Je me rendis donc à l'heure prévue chez le redevable vérifié. Le premier contact fut très froid, mais resta correct. J'écoutai

14. Confédération intersyndicale de défense et Union nationale d'action des travailleurs indépendants.

calmement les doléances de ces messieurs qui ne s'opposèrent pas catégoriquement au déroulement du contrôle. Puis, peu à peu, l'atmosphère se détendit, la discussion porta sur la nécessité des vérifications dans le cadre d'un système fiscal déclaratif. J'avais accepté le débat, en évitant de rompre le contact et de critiquer sévèrement leurs attitudes, ce qui aurait certainement envenimé les choses. Je pus quand même mener à bien ma vérification en ayant, au cours des séances suivantes, le seul redevable pour interlocuteur. C'était un homme violent et coléreux, qu'il ne fallait surtout pas heurter de front, mais qu'il était nécessaire de mettre en confiance et, une fois cette confiance établie, il devenait beaucoup plus aimable et coopératif.

Au cours de ma carrière, je pense avoir toujours su respecter et écouter les contribuables et fait preuve de beaucoup de patience, même envers les plus hargneux. J'ai toujours essayé d'appliquer la législation fiscale avec équité, sans dureté, et je n'ai jamais éprouvé de difficultés majeures avec les assujettis.

Roger Boyer

L'HOMME À LA CAGOULE

Et c'est ainsi qu'au tout début de janvier 1971 j'ai pris mes fonctions d'inspecteur principal à Épinal. Le directeur était un homme d'apparence un peu sévère, mais quand j'eus appris à le connaître, je me suis vite aperçu qu'au fond c'était à sa manière un brave homme et j'eus la chance d'être assez vite « dans ses papiers ». Il n'empêche qu'il n'y alla pas par quatre chemins pour définir mes tâches : « Vos qualifications antérieures vous désignent tout de go pour que je vous confie le soin de superviser les " fiscalités des entreprises " des deux centres d'Épinal et du centre de Saint-Dié. Votre prédécesseur qui est nommé à la direction générale, vous fera faire le tour de ces structures avant son départ ». [...]

Le tableau de l'IFAC de Saint-Dié était loin d'être aussi réjouissant et le moral des personnels que j'étais chargé d'encadrer n'était pas au beau fixe. Un incident sérieux venait en effet de se produire dans le secteur : l'un des inspecteurs, parti en vérification chez un boucher s'était vu dès son arrivée chez le redevable, entouré par une vingtaine de gaillards accompagnant un homme en cagoule. Plus ou moins molesté, il avait dû battre en retraite, et avait été délesté de sa serviette en cuir et du dossier fiscal qu'elle contenait. L'affaire avait fait grand bruit dans la région, car il s'agissait bien entendu d'une opération du Cid-Unati.

Qui était l'homme en cagoule à la tête de ce commando ? Sans pouvoir véritablement l'affirmer personne à Saint-Dié n'en doutait : ça ne pouvait être que le responsable régional de l'organisation, au surplus co vice-président du bureau national de ce mouvement.

La direction générale, alertée, avait déposé plainte et l'instruction de l'affaire était en cours, et avait pris une tournure inattendue. L'homme soupçonné d'être le cagoulé du commando avait entrepris en Lorraine une campagne d'agitation antifiscale dont la presse régionale s'était fait largement l'écho. On l'accusait d'antisémitisme parce que, dans une réunion publique à Nancy, il avait pris à partie les banques juives qui, à son sens, organisaient la disparition du petit commerce et préparaient le terrain pour les grandes surfaces. De surcroît, il s'était gaussé du ministre des Finances en exercice, M. Giscard d'Estaing, qu'il accusait de prendre les Français pour des imbéciles au motif pris qu'il venait de s'offrir un « safari au Kenya » dans le même temps qu'il avait limité les exportations de devises à 5 000 F. « Qu'il me donne la recette, proclamait-il dans ces réunions publiques. Je voudrais bien savoir comment il a payé le surplus du coût du voyage ». Ça devait lui valoir les pires ennuis.

Quelques jours seulement après ma visite à Saint-Dié, le directeur me convoqua.

« J'ai une mission difficile et peut-être même un peu dangereuse à vous confier. Vous savez que le responsable régional du Cid-Unati s'en prend au ministre des Finances dans les réunions publiques qu'il organise. Vous l'ignorez sans doute, ce responsable est débitant de tabac à Saint-Dié. Les Renseignements généraux ont fait un rapport sur lui et le ministère vient de décider de le traduire devant la commission de discipline des débitants, estimant sa fonction incompatible avec l'action antifiscale qui est la sienne. Cet individu dépend de votre secteur et je suis contraint de vous confier le soin d'aller sur place lui notifier cet avis de comparution. Vous en dresserez procès-verbal et vous lui demanderez de le signer. Je vais prévenir le chef de centre qui vous accompagnera dans l'exercice de votre mission ».

Ainsi, moins de deux semaines après mon installation à Épinal, mon nouveau directeur m'envoyait en première ligne pour y recevoir éventuellement le baptême du feu du Cid-Unati. Pour une première mission, je m'estimais plutôt gâté !

Dès l'après-midi même, j'ai pris la route de Saint-Dié et avec le chef de centre nous nous sommes rendus chez le débitant de tabac qui tenait boutique dans l'artère principale de la ville. Ce que nous ne savions pas ni l'un ni l'autre, c'est qu'on nous avait mis sous la surveillance discrète de quelques agents de police du commissariat pour le cas où un incident viendrait perturber notre mission.

En vérité, il ne s'est rien passé de fâcheux, le sieur X, à l'évidence, ne nous attendait pas et n'avait donc pu prévenir personne appartenant à son mouvement. Il ne fit d'ailleurs aucune difficulté pour signer mon procès-verbal et reconnaître que je lui avais bien remis en mains propres l'avis de comparution qui lui était destiné. Le temps de revenir au centre des Impôts et de téléphoner à mon directeur pour lui dire que tout s'était déroulé sans incident et je repris ma voiture et revins à Épinal… pour rencontrer à la porte de mon studio, le directeur assistant venu tranquilliser mon épouse et lui dire que j'allais bientôt rentrer. Mon épouse, éberluée, se demandait bien de quoi il voulait parler : soucieux de ne pas l'inquiéter, je ne lui avais pas dit ce que j'allais faire à Saint-Dié.

Ainsi s'était terminée à mon avantage cette première mission sur la ligne bleue des Vosges. Ça ne devait pas être la dernière, car mes démêlés avec le responsable vosgien du Cid-Unati n'allaient pas tarder à rebondir. M. X, plus d'ailleurs par principe que par négation des chiffres que le service lui avait proposés pour la conclusion de son forfait, avait opposé une fin de non-recevoir à la notification qui lui avait été adressée. Il n'y avait pas d'autre solution légale pour s'en sortir que de le déférer devant la commission départementale des Impôts chargée d'arbitrer le conflit.

La procédure étant cette fois encore de ma compétence territoriale, le directeur m'avait chargé de présenter et soutenir le dossier devant ladite commission. Mais cette fois, le sieur X était largement prévenu de la date prévue pour sa comparution et on avait donc tout le temps nécessaire pour organiser éventuellement une manifestation antifiscale devant la préfecture où devait siéger la commission. On craignait donc le pire à commencer par le préfet et le directeur des Impôts et, par précaution, avait-on envisagé la venue d'un peloton de CRS susceptible d'intervenir si manifestation il y avait pouvant dégénérer en agissements violents.

À 15 heures, quand je suis arrivé devant la préfecture avec le dossier dans ma serviette, tout était calme dans le secteur. Deux agents de police en faction pouvaient me laisser supposer la présence, quelque part aux alentours, de CRS mais, à l'évidence, il n'y avait pas de manifestants à l'extérieur du bâtiment préfectoral. Dans le hall d'entrée pas d'agitation non plus ; le sieur X attendait seul l'instant où il serait invité à pénétrer dans la salle où siégeait la commission. Sans plus de façon je me suis avancé vers lui et nous nous sommes serré la main et avons bavardé quelques instants avant la séance.

La défense au fiscal du dossier X ne présentait en vérité aucune difficulté. Les propositions de forfait qui lui avaient été notifiées étaient fort raisonnables, et ce fut très facilement que j'ai pu réfuter ses arguments. Sa cause, à vrai dire, était indéfendable et je crois qu'il en avait conscience. Ainsi, la décision de la commission fut-elle prise à l'unanimité, les montant notifiés par le service étant purement et simplement confirmés.

La séance n'avait pas duré guère plus d'une heure. Lorsque je sortis de la salle où elle avait eu lieu, j'eus la surprise de constater que le sieur X, sorti un peu avant moi, était encore dans le hall d'entrée de la préfecture ; visiblement, il m'attendait.

« Je vous félicite M. Floury, car vous m'avez bien possédé. Mais je ne vous en veux pas, car vous avez fait honnêtement votre métier. Mais j'en veux par contre aux membres de la commission représentant les commerçants qui se sont joints aux membres fonctionnaires pour me condamner à l'unanimité ; franchement je ne m'attendais pas à un tel comportement de leur part. Et pour vous prouver que je ne vous en veux vraiment pas le moins du monde je vous invite, si vous acceptez, à prendre l'apéritif avec moi au café d'en face ».

Nous avons traversé ensemble le pont sur la Moselle, pris place à la terrasse dudit café, et avons trinqué et échangé pendant près d'une heure nos points de vue sur la fiscalité. Quand il repartit pour Saint-Dié, je ne soupçonnais guère que j'allais bientôt le revoir. La commission de discipline des débitants de tabac avait rendu rapidement son arrêt ; M. X était tout bonnement destitué et un délai de six mois lui était accordé pour présenter un successeur, c'est-à-dire en fait pour liquider son commerce. La sanction était sévère, même si elle pouvait se justifier en son principe, mais, en la circonstance, on lui faisait payer très cher son comportement antifiscal et les propos qu'il avait tenus à l'encontre du ministre des Finances.

J'allais, une fois de plus, être chargé de lui notifier cet arrêt, et je confesse que je le fis un peu à contrecœur. Dans l'intervalle, M. X avait eu des démêlés personnels avec M. Nicoud et s'était démis de ses fonctions au sein du Cid-Unati et je ne risquais donc plus guère l'incident ; je me rendis donc seul dans son magasin pour accomplir ma mission. Il ne s'agissait plus d'ailleurs que d'une formalité administrative, l'intéressé ayant déjà été informé par un autre canal, en l'espèce par l'avocat auquel il avait confié sa défense, qui, si ma mémoire est fidèle, devait être l'avocat marseillais Me Lombard.

Il n'empêche que je n'étais pas très à l'aise. Je n'avais certes aucune raison particulière d'excuser M. X qui avait bien cherché ce qui lui arrivait et aurait dû davantage avoir conscience qu'il n'était pas dans les attributs d'un débitant de tabac de prendre la tête d'un mouvement antifiscal. Mais au cas d'espèce, la décision de la commission de discipline me semblait à la fois un peu injuste et contestable. En fait, M. X n'était, me semblait-il, pas le véritable propriétaire du bureau de tabac qu'il exploitait, car la concession d'origine en avait été consentie à son épouse, restée veuve avec un enfant mineur avant son remariage avec lui. On pouvait donc à mon avis prétendre que l'affaire était la propriété de Mme X et de son fils qui n'étaient pour rien dans les agissements du mari. Je ne sais pas au juste ce qu'il advint de cette sanction que les intéressés ont sans doute acceptée puisqu'en 1973, à l'occasion d'un voyage en Autriche, je suis repassé par Épinal et ai appris que M. X n'était plus à Saint-Dié et avait cédé son affaire.

Un poste d'inspecteur principal en Corrèze était devenu vacant et j'avais saisi la balle au bond et posé ma candidature, et le 15 septembre 1971, je devais être muté à la direction des services fiscaux de Tulle, tout juste huit mois après mon installation dans la cité des images.

Avant de quitter les Vosges, j'ai fait le tour des services dont j'avais la charge, et, en particulier, je suis allé à Saint-Dié dire probablement adieu aux agents de l'IFAC et au chef de centre. Et puis, discrètement, je n'ai pu m'empêcher d'aller aussi une dernière fois serrer la main de M. X dans son bureau de tabac. Alors que je me préparais à sortir, cet homme avec qui j'avais eu « maille à partir » s'est dirigé vers la vitrine de son magasin, a saisi un briquet en onyx rechargeable au gaz, et me l'a tendu.

« M. Floury, prenez ça, vous me ferez plaisir. Je vous l'offre de bon cœur. Vous le placerez sur votre bureau et ce sera l'occasion peut-être de penser à moi sans trop de ressentiment quand vous allumerez une cigarette ».

J'ai accepté le cadeau ; vingt-cinq ans après, je l'ai toujours sur mon bureau personnel. Il n'a jamais été rechargé et pour cause car il n'a jamais servi ; pour la simple raison que je n'ai jamais fumé. Mais si d'aventure quelqu'un me demande pourquoi j'ai à portée de main cet objet qui ne me sert à rien, j'ai une réponse toute prête à lui faire :

« Ce briquet, c'est un cadeau qu'un ancien dirigeant du Cid-Unati a fait à l'ancien inspecteur principal des Impôts que je fus. C'est assez surprenant, et sans doute assez rare, pour que je lui accorde un certain prix ! Vous pouvez vous en servir si vous voulez. Prenez quand même garde qu'il ne vous explose pas au nez ! Avec le Cid-Unati, même à retardement, sait-on jamais ! On peut s'attendre à tout ».

Edmond Floury

« UN CERTAIN M. GÉRARD NICOUD »

Mon séjour prévu s'achevant, je demandai ma nouvelle affectation à l'inspection divisionnaire de la Tour du Pin, sous-préfecture du département de l'Isère. Appelé en octobre 1966 à remplacer un collègue décédé depuis plus d'un an, je trouvai un service en pleine réorganisation territoriale. […]

C'est au cours de cette période que se présenta, dans mon bureau, un certain M. Gérard Nicoud, récent acquéreur d'un débit de boissons à la Bâtie-

Montgascon, pour y déposer l'acte de mutation certifiant le transfert de propriété.

Village d'environ 1 300 habitants, sans industrie notable sinon de petits façonniers sans personnel, la Bâtie-Montgascon ne semblait pas permettre un revenu lucratif dans l'exploitation d'un débit de boissons.

Correct, mais baissant la tête, avec des réponses laconiques, M. Nicoud ne manifesta tout d'abord aucune remarque désobligeante quant aux obligations fiscales et administratives que je lui signifiai.

Toutefois, après quelques mois d'activité, mon interlocuteur n'ayant souscrit aucune déclaration de chiffre d'affaires, je lui rappelais ses engagements.

Dans le même temps, mais sans preuve formelle des « on dit », j'appris que la salle de café devenait une permanence offrant aux redevables hostiles au paiement des impôts la possibilité de se réunir. Le CID prenait naissance, symbolisant le comité des commerçants indépendants qui modifia son sigle pour celui définitif et désormais connu de « Cid-Unati ».

Ainsi se regroupèrent de plus en plus nombreux, les petits artisans et les commerçants réfractaires, autour du leader Gérard Nicoud qui, doué d'une personnalité que rien ne laissait prévoir à ses débuts, développa auprès de ses auditeurs un talent d'orateur qu'il sut mettre à profit, les incitant, avec des propos erronés, à dénoncer les prétendues exagérations qu'il attribuait aux agents de l'Administration dans l'exercice de leur fonction. Témoignage mensonger, bien sûr, mais qui lui fournit pourtant un acquit de relative popularité, multipliant les difficultés du personnel des Impôts pour qui chaque jour ne suffisait plus à sa peine.

Ce climat d'inimitié contribua à l'entretien de haine, développant la révolte chez les initiés du Cid-Unati. C'est ainsi que furent défenestrés les déclarations et documents fiscaux conservés dans les services d'un secteur d'assiette des Contributions directes de la Tour du Pin. L'inspecteur présent lors de cette manifestation violente, accompagnée de menaces verbales de quelques redevables et de jets de peinture maculant les murs de son habitation, dut consacrer le pénible épilogue de son activité administrative à la recherche sur place des documents manquants et reconstituer les pièces détruites, afin de parfaire les dossiers mis en question.

En récompense, l'administration des Contributions directes de l'époque lui conféra la dignité de chevalier de l'ordre national du Mérite.

Peu de temps après, hélas, notre collègue, agent malheureux, tant dévoué à son poste, décéda, laissant à ses amis le regret de sa collaboration douloureuse et l'intime conviction qu'un traumatisme perturbateur et dégénérant pouvait avoir occasionné sa mort précoce.

Au cours des années qui suivirent, la fronde antifiscale ne nous ménagea pas, multipliant les réticences au paiement des impôts et fertilisant les hostilités. Dans ce contexte désagréable, je fus l'objet d'une opposition à contrôle fiscal, au cours d'une vérification de taxe sur le chiffre d'affaires, sur le territoire de la commune de Massieu.

Une absence de déclaration provoquait ma visite annoncée, alors que le contrevenant, assujetti sur sa demande à la TVA agricole, réclamait d'ores et déjà le remboursement de cette taxe, payée sur les achats des produits de l'espèce.

Cette situation, *a priori* anormale, m'obligeait à examiner la comptabilité en cause. J'avais observé régulièrement les mesures prescrites, respectant les préalables d'usage.

À peine arrivé au domicile du redevable en question, je fus immédiatement entouré par un groupe d'hommes ennemis qui proférèrent à mon égard des paroles peu agréables. Gérard Nicoud, présent, calma un peu ses partisans, en annonçant qu'on me garderait en otage tant que je n'aurais pas annulé ma vérification.

Or, chaque fois que je partais faire une inspection, connaissant le climat agressif de l'endroit, je confiais à ma femme le nom et l'adresse de mon opposant.

Sitôt repensé, sitôt exprimé, mon avertissement à la cohorte, assorti de la précision qu'à l'heure prédéterminée la gendarmerie locale serait informée, s'avéra encourageant pour moi, car le leader Gérard Nicoud consentit à me laisser partir. Véhiculant toutefois mon amertume, je réintégrai ma voiture, libérée elle aussi des affres de l'encerclement.

Sans attendre, j'informai la direction de Grenoble qui ne jugea pas utile de poursuivre cette affaire ; elle me conseilla de liquider le non-paiement de la TVA par un simple rappel, assorti des pénalités en la matière et de ne donner aucune suite à la demande de remboursement illégal de la TVA sur les produits agricoles.

L'atmosphère tendue de cette époque enveloppait encore les années 1969 et 1970, au moment de la fusion des régies financières.

Paul Fournier

Cid-Unati

Sur le plan professionnel, le Cid-Unati de M. Nicoud nous causa beaucoup d'ennuis. Le plus grave incident survenu à Lyon concernait un collègue rapatrié d'Afrique du Nord. Sa vérification concernait un petit commerçant, droguiste je crois, du quartier des Brotteaux. À son arrivée sur les lieux, il fut attiré dans l'arrière-boutique où l'attendait un commando du Cid-Unati. Les yeux bandés, ligoté, il dut avaler de force un breuvage amer. Sous la contrainte, il monta dans une fourgonnette qui le transporta sur la rive du canal de Jonage, je crois, où ses assaillants l'abandonnèrent.

Quand il nous raconta sa triste mésaventure, il précisa que son angoisse atteignit son maximum lors de l'absorption de la potion. « Je redoutai un empoisonnement, en fait il s'agissait d'un laxatif » conclut-il. Valéry Giscard d'Estaing, ministre des Finances tint à le recevoir personnellement. D'après notre collègue, il s'agissait d'une obligation qu'il ne pouvait pas esquiver. Je ne me souviens pas des suites judiciaires de cet incident.

Le Cid-Unati utilisait les services d'un comptable pour assister ses adhérents lors des contrôles fiscaux et des propositions de forfait litigieux. Un membre de cette organisation se présenta à mon bureau et me demanda, poliment, de me déplacer pour discuter d'une proposition forfaitaire concernant une adhérente. Il s'agissait d'une première. Rien ne m'obligeait à accéder à sa demande et à sortir de mon secteur géographique.

Curieux, je décidai d'accepter cette proposition. Prudent, je demandai à mes collègues, qui tentaient de me dissuader, de prévenir la direction si je n'étais pas rentré avant la fin de l'après-midi. Une voiture particulière, arborant le sigle de l'organisation, m'emmena à leur bureau situé vers la place des Terreaux. En cours de route, le chauffeur me précisa que sa mère, débitante de boissons, était très satisfaite de ma proposition de forfait.

Arrivé sur les lieux, je compris qu'ils pouvaient se transformer en une véritable souricière. La porte palière franchie, le visiteur se trouvait dans un petit hall. Une deuxième porte permettait d'accéder à un escalier qui menait au bureau où m'attendait l'état-major du Cid-Unati, la redevable et l'expert-comptable.

D'entrée, le responsable principal m'annonça que la discussion, bien que contradictoire, serait courtoise avec le premier inspecteur des impôts ayant accepté leur invitation. Après cette déclaration, j'estimai que l'entretien se passerait bien, sauf si des excités de la base arrivaient avant sa conclusion.

Après examen des éléments comptables, je me trouvai dans l'obligation de majorer ma première proposition. Très hypocritement, je m'excusai de les décevoir. Sportivement, ils acquiescèrent. Je me préparais à partir quand un commando excité pénétra dans le bureau. Il venait de déposer un ou plusieurs pétards chez un huissier. Quelques réflexions désobligeantes fusèrent, je ne les relevai pas. À ma grande surprise, l'un des membres du commando, que je n'avais jamais vu, m'interpella par mon nom et précisa que j'étais originaire du quartier de la Villette, ce qui était exact. Sans opposition, je quittai les lieux et mon chauffeur occasionnel me ramena au bureau, au grand soulagement de mes collègues qui exigèrent un compte rendu détaillé de mon excursion.

Un inspecteur principal me reprocha gentiment mon comportement qui, en cas d'incident, aurait embarrassé sérieusement la direction.

Lucien Paoli

CHAPITRE VIII

LA CARRIÈRE : LES FONCTIONS, LES GRADES

La fusion des régies ouvre de nouvelles perspectives d'avancement aux agents de la DGI.

LE CHEF DE CENTRE

Dès l'automne 1969, la mise en place des premières inspections fusionnées d'assiette et de contrôle (IFAC) instaure la fonction de chef de centre, « un emploi nouvellement créé » (H. Souque), généralement obtenu en fin de carrière (le chef de centre a le grade d'inspecteur central[1]).

Dans l'IFAC, structure réorganisée, le chef de centre gère un personnel relativement nombreux, entre une dizaine et une soixantaine d'agents suivant l'importance de l'IFAC[2] ; inspecteur d'assiette, il est responsable d'un nouveau service commun à tout le centre, le service d'assiette et de documentation.

Le chef de centre doit en général posséder des compétences fiscales étendues puisque sa mission polyvalente est d'autant plus accentuée que le centre dont il a la charge est petit (il peut parfois être amené à tenir, en plus de ses attributions, un poste d'inspecteur spécialisé en fiscalité personnelle et/ou en fiscalité immobilière). Pour cela, des stages d'extension de compétences sont prévus pour les futurs chefs de centre : « Le premier stage de 15 jours était consacré aux grandes lignes des législations relatives aux impôts indirects que j'avais affrontés en 1942 pour mon premier emploi, et à la fiscalité immobilière. Les matières enseignées étaient inconnues aux stagiaires qui posaient de nombreuses questions pour découvrir les détails d'un service qu'ils allaient être appelés à connaître sur le terrain [...]. Les chefs de centre issus des régies voisines étaient appelés à suivre le stage de trois semaines consacré aux impôts directs. Pour ceux qui ne connaissaient de ce service que leur déclaration annuelle des revenus, ce stage était le plus important car la gestion de ce secteur relevait de leur responsabilité [...]. Nous avons dû nous familiariser avec les subtilités de

1. Ce grade n'existe plus actuellement, depuis la création de celui d'inspecteur divisionnaire (1995).
2. Voir l'introduction au chapitre VI, *Fusion*.

l'impôt sur le revenu, les impôts locaux et de la patente qui allait être remplacée par la taxe professionnelle[3] » (A. Hanoun).

Les anciens vérificateurs sont semble-t-il avantagés, qui ont une vue plus large de la fiscalité : « Anciens des Contributions directes, nous avions déjà une certaine connaissance d'une grande partie de notre travail. Dans un centre des Impôts, l'essentiel de la tâche consiste en la mise en recouvrement de l'impôt sur le revenu et des impôts directs locaux, les inspections spécialisées se chargeant en plus de l'impôt sur les sociétés et de la TVA. Il est bien évident que nous avions une grande expérience de ces tâches, et que notre passé de vérificateur polyvalent nous avait familiarisés avec les taxes sur le chiffre d'affaires » (A. Maurin).

Le centre des Impôts, « dénomination qui remplace avantageusement *inspection fusionnée d'assiette et de contrôle* » (en 1973) est « une cellule importante et essentielle dans l'organisation de la DGI. Il constitue la première image que le contribuable aura de l'administration fiscale. Ses objectifs sont doubles : établir l'assiette de l'impôt et assurer la présence de l'Administration » (G. Gaugain). Le chef de centre est donc en relation avec le public et les autorités locales : « Le titre de chef de centre en faisait un notable » (H. Souque).

Un centre des Impôts se gère comme une entreprise dit-on ; son responsable, « théoriquement patron de l'ensemble des services » (H. Mirabail), bien qu'il n'ait pas, avant 1995, autorité sur les agents des fiscalités spécialisées, doit faire face à des problèmes matériels (gestion des locaux, etc.) parfois « nombreux et ennuyeux » (H. Mirabail), organiser le travail (campagne de déclaration des revenus, accueil des contribuables, émission de l'impôt sur le revenu, assiette des impôts locaux, contentieux de l'impôt sur le revenu et des impôts locaux), encadrer les agents des secteurs d'assiette, de la section d'ordre et de documentation, qu'il peut être amenés à former, qu'il note (c'est « le délicat problème de la notation » : H. Mirabail), tout en étant « pris entre deux feux : il reçoit les doléances du personnel et en souffre puis reçoit de la direction des services fiscaux des consignes qui ignoraient les servitudes » (H. Souque).

Le chef de centre est souvent secondé efficacement par un contrôleur divisionnaire, de catégorie B, chargé de la section d'ordre et de documentation

---

3. La loi du 29 juillet 1975, mise en application le 1er janvier 1976, transforme la patente en taxe professionnelle. Interviennent alors pour l'assiette de la nouvelle taxe deux éléments : la valeur locative des immobilisations corporelles utilisées pour les besoins de l'activité professionnelle, le cinquième des salaires (taux ramené à 18 % en 1983) versés l'année précédente ou, dans certains cas, le huitième des recettes (proportion fixée au dixième dès 1980). Si l'instauration de la taxe professionnelle donne lieu à un allégement des bases d'imposition des petites entreprises, comme cela était prévu, les contribuables des secteurs industriels ou des transports subissent par contre une augmentation très forte de leurs cotisations par rapport à l'ancienne patente jusqu'à atteindre des proportions qui n'avaient pas été imaginées. L'administration fiscale est rendue responsable d'avoir sous-estimé les conséquences de la réforme. Pour faire face aux fortes réactions de mécontentement se faisant jour, un système d'allégements destiné à limiter les augmentations de cotisations est mis en place sous forme de dégrèvements pris en charge par l'État.

ainsi que de la section des droits indirects : « C'était un poste capital à pourvoir avec discernement. [...] Ma collègue dirigeait un effectif de 15 à 18 agents, presque intégralement féminin. C'est à l'ORDOC qu'aboutissaient des milliers de documents d'origine et d'importance diverses, qu'il fallait classer, trier, et incorporer dans les dossiers : tâches monotones, ingrates, mais indispensables aux vérifications des entreprises et au contrôle sur pièces. Tous les mouvements qui affectaient les redevables : créations, cessations, modifications étaient enregistrés à l'ORDOC. Ordre, célérité, continuité dans le quotidien constituaient les qualités exigées. Le service du courrier, arrivée et départ était la clé de voûte du système » (A. Hanoun). De fait, la responsabilité du contrôleur divisionnaire, qui doit connaître la structure de chaque fiscalité et l'organisation des services fiscaux a été renforcée à la suite de la fusion des régies. De même, la tâche des contrôleurs des services d'assiette s'est également accrue : ils sont à la tête d'une cellule, ont certaines attributions autrefois confiées aux inspecteurs, alors que les contrôleurs des inspections spécialisées, autonomes dans leurs travaux (conclusion des forfaits...), sont aussi davantage impliqués.

LE RECEVEUR PRINCIPAL

Le recouvrement des taxes sur le chiffre d'affaires et des droits d'enregistrement autrefois confié aux recettes de l'Enregistrement et des Contributions indirectes relève depuis 1970 des recettes des Impôts issues de la fusion des anciennes recettes :

- « Mon prédécesseur avait parfaitement réussi, surtout depuis l'installation à l'hôtel des Impôts, la fusion morale des enregistreurs et des spécialistes de la TVA » (R. Augiron) ;

- « À mon arrivée dans ce service, en 1970, j'ai eu quelques problèmes avec le personnel, parmi lequel existaient d'ailleurs des incompatibilités d'humeur entre les anciens de l'Enregistrement et les anciens des CI » (P. Pouget) ;

- « J'entrai en possession de mon poste le 2 juillet 1976. [...] J'espérais pouvoir réaliser l'osmose de deux clans : celui des Contributions indirectes et celui de l'Enregistrement. Je n'y suis parvenu que très partiellement et force m'a été de constater combien il était difficile de procéder à l'unification des compétences à l'égard d'agents qui avaient tous été formés sur le tas dans leur spécialité d'origine et que rien n'avait préparé à travailler dans l'optique d'ensemble d'un service fusionné » (J. Bône).

Le receveur principal, en général agent du cadre A ayant atteint l'ancienneté requise pour obtenir un poste comptable, effectue les travaux de recouvrement décrits dans les extraits reproduits. La DGI respecte en effet un principe essentiel du droit budgétaire, la séparation des ordonnateurs et des comptables, en laissant à un service différent de celui de l'assiette, la recette des Impôts, le soin de recouvrer certains impôts, mission dont elle est aussi chargée.

Les receveurs des Impôts font leurs opérations de recettes et de dépenses sous le contrôle de la direction des services fiscaux, ils rendent leurs comptes au trésorier payeur général.

Les recettes principales (elles appartiennent au réseau comptable principal), ou recettes de centre (elles correspondent à un centre des Impôts), peuvent être :

- non classées, elles sont dans ce cas gérées par un agent de catégorie B (qui occupe un emploi auparavant exercé, avant la fusion, par un agent du cadre A),

- de 2e classe : le receveur principal est secondé par des agents B et C,

- de 1re classe : le receveur principal est secondé par un adjoint fondé de pouvoir (inspecteur dans les recettes surindiciées) et par des agents B et C. Le fondé de pouvoir encadre les services, il est « susceptible de remplacer le chef de service à tout moment, en cas de nécessité » (P. Pouget) ; dans une recette divisionnaire (niveau au-dessus de la recette principale), il assiste le receveur divisionnaire.

Le receveur principal s'occupe du contentieux, vérifie les recettes locales (elles appartiennent au réseau comptable secondaire et sont rattachées à la recette de centre de la circonscription), assure les liaisons avec certains interlocuteurs comme les débitants de tabac par exemple, a un rôle comptable (il comptabilise tous les moyens de paiement : TVA, droits d'enregistrement, et les dépenses, incorpore les opérations réalisées par les recettes locales, effectue la comptabilité matière des timbres et des vignettes, saisit les déclarations de TVA), de surveillance (il tient tous les fichiers et bulletins de surveillance : TVA), assoit et liquide les droits d'enregistrement, la TVA immobilière, suit les restes à recouvrer (comptes débiteurs : prise en charge des reliquataires ; engagement de poursuites pour apurer les créances, interrompre la prescription).

Problèmes de personnel, de restes à recouvrer, une recette principale n'est pas toujours, d'après les auteurs, « une sinécure dorée » (J. Grellety).

L'INSPECTEUR PRINCIPAL

Employé supérieur des Impôts, l'inspecteur principal, aux termes de l'article 6 alinéa 6 du décret du 30 août 1957 fixant le statut particulier des fonctionnaires de la catégorie A des services extérieurs de la DGI, oriente et contrôle l'action des agents et vérifie la gestion des comptables.

Bien que l'article 6 de ce même décret fasse une distinction entre le grade de directeur départemental adjoint et celui d'inspecteur principal, cette différenciation n'est pas, dans les faits, respectée, de même que l'ancienne appellation d'expert fiscal d'État ne correspondait pas à des fonctions spécifiques.

Avant la fusion des services de base des anciennes régies, l'animation et la vérification des services, confiées aux inspecteurs principaux, présentaient certaines différences suivant les administrations fiscales :

- dans les Contributions indirectes et dans l'Enregistrement, la mission des inspecteurs principaux était fixée chaque année par les directeurs, leur rôle était plutôt de vérification que d'encadrement et d'animation ;

- dans les Contributions directes, les inspecteurs principaux étaient chargés d'une division territoriale, ils assuraient l'encadrement et l'animation plus que la vérification *a posteriori* et la critique.

On pouvait néanmoins classer les inspecteurs principaux des trois régies en trois groupes :

- les inspecteurs principaux de direction (anciennement inspecteur rédacteur principal dans les Contributions directes, chef des bureaux aux Indirectes, alors qu'il n'existait pas d'implantation officielle d'inspecteurs principaux dans les directions de l'Enregistrement),

- les inspecteurs principaux des services (anciennement inspecteur principal divisionnaire dans les Contributions directes, inspecteur principal vérificateur des services dans les Indirectes),

- les chefs des brigades départementales, responsables de la bonne exécution des vérifications de comptabilités à effectuer par leur unité.

En outre, les inspecteurs principaux pouvaient être inspecteurs principaux régionaux, dans les Contributions directes, chefs de services spécialisés (brigades de surveillance des droits indirects, organismes à compétence interdépartementale ou régionale), dans les Contributions indirectes, et se voir confier, dans les trois régies, des travaux personnels ou particuliers par leur directeur : assistance à diverses commissions (commission départementale des impôts directs et taxes sur le chiffre d'affaires), mission de coordination à l'intérieur du département (homogénéité des forfaits de bénéfices industriels et commerciaux, des évaluations de bénéfices non commerciaux, etc.), participation à certaines enquêtes (sur les bénéfices agricoles par exemple), etc.

Dans le cadre des nouvelles structures mises en place à partir de 1969, la DGI revoit les différentes conceptions du rôle de l'inspecteur principal qui existent alors en commençant par harmoniser les méthodes de surveillance des services d'assiette et de contrôle des Contributions directes et de l'Enregistrement[4]. Puis l'action des inspecteurs principaux, qui appartiennent à

---

4. La mise en place, à partir de 1960, de la nouvelle organisation des services de base des Contributions directes et de l'Enregistrement par la création d'inspections mixtes, dont les titulaires cumulaient les attributions d'un inspecteur divisionnaire des Contributions directes et celles d'un inspecteur de contrôle de l'Enregistrement, avait déjà fait apparaître la nécessité d'adapter aux nouvelles structures les règles suivies par chacune des deux régies pour faire assurer par les inspecteurs principaux la surveillance de la marche générale des travaux et la vérification du service des agents. Faire fonctionner cette « inspection principale mixte » supposait à long terme une refonte complète des méthodes de vérification suivies jusqu'alors par les deux services afin qu'elles répondent aux besoins de la nouvelle organisation.

l'équipe de direction départementale, est coordonnée : ils sont chargés de missions indispensables au directeur des services fiscaux : vérification des services, soutien aux équipes locales, missions particulières. Leur rôle n'est plus seulement de vérifier les cellules de base, ils doivent aussi informer et assister ces dernières.

Les témoignages retranscrits portent essentiellement sur la période précédant la fusion des services de base (à partir de cette fusion, « il y avait une chose inquiétante, je pourrais presque dire terrifiante. Du jour au lendemain, l'inspecteur principal était censé tout savoir, tout connaître de tous les services des trois régies fusionnées », A. Vidonne), ils insistent sur les missions d'animation et de vérification des services par l'inspecteur principal, « hiérarchique élément de liaison entre la direction et l'inspecteur, apportant, à défaut de bonnes paroles, des consignes et des questionnaires d'ordre statistique » (A. Marque).

On accède au grade d'inspecteur principal par concours : « une nouveauté pour mon administration, dont les promotions étaient faites uniquement au choix jusqu'en 1958 ; l'harmonisation des recrutements et des carrières entre les trois régies financières avait conduit la DGI à sélectionner les inspecteurs principaux par voie de concours ouvert à tous les agents répondant à certains critères d'ancienneté » (R.-G. Lesperon).

En réalité, la sélection au choix était la règle jusque vers 1950 avant d'être remplacée, d'abord, par un stage probatoire[5] et ensuite par un concours. L'accès

---

5. L'arrêté du 6 août 1951 déterminant les modalités d'application de l'article 1er du décret n° 50-1288 du 18 octobre 1950 portant règlement d'administration publique pour la fixation, à titre provisoire, des conditions de nomination au grade d'inspecteur principal dans les services extérieurs des Contributions directes, par exemple, arrête (article 1) que « le choix prévu à l'article 21 du décret du 20 juillet 1939 pour l'accession au grade d'inspecteur principal dans les services extérieurs de l'administration des Contributions directes ne peut s'exercer que parmi les agents ayant satisfait au stage probatoire exigé par l'article 22 dudit décret – modifié et complété par l'article 1er du décret du 18 octobre 1950 ».

Le stage, d'une durée de deux semaines au moins et de cinq semaines au plus, s'effectue à Paris (article 4). Il comporte (articles 7, 8, 9 et 10) « des travaux écrits portant sur des questions de caractère pratique concernant l'application des lois et règlements relatifs à l'assiette et au contentieux des impôts directs et taxes assimilées ou le fonctionnement du service, une ou plusieurs enquêtes effectuées dans les services extérieurs des Contributions directes portant sur l'organisation et le fonctionnement des services extérieurs ainsi que sur l'organisation et les résultats de certains des travaux incombant à ces services, des conversations avec les membres du jury portant sur l'application pratique des impôts directs, sur l'organisation et le fonctionnement du service et plus particulièrement sur l'organisation et la marche des travaux auxquels l'agent a participé à l'occasion de ses fonctions antérieures, les difficultés rencontrées, les contingences locales influant sur l'exécution de ces travaux, les moyens d'action mis en œuvre et les résultats obtenus, elles sont conduites en vue de déceler plus spécialement les facultés d'assimilation des stagiaires, la rapidité de leurs réflexes, la clarté et la précision de leur élocution, les qualités de leur raisonnement et leurs largeurs de vue ; au cours de ces conversations, les membres du jury réunissent, en outre, des éléments d'appréciation sur le comportement général des stagiaires : éducation, présentation, distinction, autorité et traits distinctifs de leur caractère ». SAEF, B 48482.

au grade d'inspecteur principal est aussi possible sans concours, par promotion interne, à condition d'avoir l'ancienneté nécessaire, ceci en application de l'article 28 du décret d'août 1957.

LE DIRECTEUR DIVISIONNAIRE

La fusion des services extérieurs de la DGI rend nécessaire une réorganisation des échelons dits de commandement, réorganisation qui prend une ampleur particulière de par la diversité des missions dont l'administration fiscale a la charge.

Ainsi, la structure du cadre des employés supérieurs est-elle remaniée de façon à dégager assez vite parmi les inspecteurs principaux, au bout de quelques années d'exercice, des directeurs divisionnaires auxquels est confié le soin d'animer l'action des inspecteurs principaux, de coordonner leurs interventions, de diriger et contrôler l'action des services de la direction dans un domaine particulier dont ils ont la charge, une division (personnel, législation et contentieux, organisation, contrôle fiscal, affaires foncières et domaniales).

Ces nouveaux directeurs ont des tâches semblables aux anciens inspecteurs principaux de direction à ceci près que la nature de leurs fonctions, leurs responsabilités ont évolué avec l'accroissement du volume et de l'importance des affaires dû à la fusion. Préalablement à la création du grade de directeur divisionnaire, qui correspond donc à une mission précise, le grade de directeur départemental adjoint est transformé en un hors classe du grade d'inspecteur principal, consacrant dans les textes une situation de fait existante. Les inspecteurs principaux non nommés directeurs divisionnaires sont ainsi appelés à terminer leur carrière comme directeurs départementaux adjoints.

Les fonctions d'un directeur divisionnaire apparaissent à la lecture des extraits reproduits.

LE CHEF DES SERVICES FISCAUX

La création, en 1957[6], du grade de chef des services fiscaux améliore la carrière des fonctionnaires supérieurs de la DGI. C'est là un des effets de la fusion qui transforme la fonction de directeur en déchargeant ce dernier de la responsabilité immédiate de certains travaux matériels pour lui permettre de se consacrer davantage à ses activités de commandement.

Accordé initialement aux directeurs régionaux avec la création des directions régionales, le grade de chef des services fiscaux est attribué aux fonctionnaires à

6. Décret du 30 août 1957.

la tête de directions départementales uniques lorsqu'elles sont mises en place à partir de 1969[7].

Dans ces directions, le chef des services fiscaux, unique représentant de la DGI auprès des autorités locales, au plan départemental, a la responsabilité générale du service, des attributions réservées par décision de la direction générale et un pouvoir d'évocation portant sur toutes les affaires ; il définit et mène une politique adaptée à sa direction conforme aux orientations nationales de la DGI.

Dans les directions importantes, il est secondé par deux directeurs assistants, directeurs départementaux, à propos desquels la question se pose, au départ, de savoir s'ils peuvent être ou non considérés comme étant « de plein exercice ». Ces derniers dirigent les deux grands secteurs d'activité des directions uniques : administration générale et personnel d'une part, législation, contentieux, affaires foncières et domaniales d'autre part. Ils encadrent les employés supérieurs chargés des différentes divisions : « Les fonctions de directeur divisionnaire sont moins représentatives dans un département qui comporte un directeur assistant. [...] Le directeur assistant est donc l'échelon hiérarchique le plus élevé sur le plan technique. [...] Le directeur des services fiscaux pouvait ainsi vaquer à ses fonctions représentatives » (P. Vallès).

Dans les directions de moindre importance, le directeur des services fiscaux est secondé d'un seul directeur départemental ou bien il n'y a que des directeurs divisionnaires.

Avant la réorganisation de 1969, les directeurs départementaux de chacune des trois régies, chefs de service pour leur circonscription, responsables de l'exécution complète et correcte des tâches fondamentales incombant aux différents organismes, relevant de leur spécialité, installés dans leur département, représentaient la direction générale auprès des autorités locales ; ils étaient assistés dans leur travail par des employés supérieurs (directeurs départementaux adjoints et inspecteurs principaux) : inspecteurs principaux de direction, inspecteurs principaux des services, chefs de brigade.

La fusion met en place deux niveaux de responsabilités supplémentaires entre les inspecteurs principaux et le directeur des services fiscaux refondant ainsi les échelons de commandement et ouvrant de nouvelles perspectives d'avancement. Il faut ajouter que l'installation de directions départementales uniques, d'échelons de commandement unifiés et moins nombreux rend possible la déconcentration d'une large partie des pouvoirs exercés précédemment par l'administration centrale. Les services locaux cessent d'être des services d'exécution pour devenir de véritables centres de décision.

---

7. Certaines directions uniques fusionnées, de faible importance, peuvent être dirigées par un directeur ayant le grade de directeur départemental.

LE DIRECTEUR DÉPARTEMENTAL

La sélection pour le grade de directeur départemental des Impôts, nouveau type de directeur issu de la fusion, assistant du chef des services fiscaux, est réalisée parmi les directeurs divisionnaires « au vu des titres acquis et après une série d'entretiens avec les plus hautes autorités de la direction générale » (H. Grossein).

C'est « le tour de piste »[8], « nouveau procédé de sélection des futurs directeurs » (G. Guicherd) évoqué par les auteurs qui décrivent également les attributions du directeur départemental, dans les services extérieurs et centraux ainsi que, pour certains d'entre eux, leur accession au « patronat » (au grade de chef des services fiscaux) et les spécificités du métier de directeur des services fiscaux : « Il nous appartenait de prendre maintenant la mesure de toute notre responsabilité, unique et totale, dans la direction d'un département ou d'une région » (R.-G. Lesperon).

LE DIRECTEUR RÉGIONAL

Si le département constitue le cadre normal de l'action fiscale et la circonscription de droit commun pour la gestion de l'impôt, il existe également des directions régionales (il y en a 21) placées sous l'autorité d'un directeur régional qui, représentant le directeur général pour l'ensemble des services extérieurs de la région, n'est cependant pas le supérieur hiérarchique des directeurs des services fiscaux.

Le rôle du directeur régional « comporte deux casquettes » (L. Menuet) : certaines attributions lui sont propres, il gère alors directement certains services, en matière d'informatique (gestion du centre régional d'informatique), de formation professionnelle, de contrôle fiscal, d'action foncière régionale, mais, en outre, il exerce aussi des missions en tant que délégué du directeur général auprès des services départementaux : information et liaison entre la direction générale et les services départementaux, animation et coordination au niveau

---

8. On dit habituellement, dans les services de la DGI, que cette façon de sélectionner les directeurs serait l'idée d'un ancien directeur général des Impôts (M. Blot ? M. Laxan ?) qui, n'étant pas satisfait d'un directeur rencontré dans les couloirs de la direction générale, décida qu'il souhaitait désormais rencontrer personnellement les candidats.

Les candidats directeurs, préalablement sélectionnés par le service du personnel à raison de deux ou trois candidats pour un poste, s'entretiennent avec le directeur général, le directeur général adjoint, les différents chefs de service de la direction générale et un sous-directeur (du personnel). Plus tard, un directeur départemental sera associé au jury pour y représenter les services extérieurs. Si les candidats doivent avoir un bon niveau de connaissance (sur l'organisation des services fiscaux etc.), sont essentiellement appréciés la personnalité du candidat, ses principaux traits de caractère.

local (harmonisation des programmes de vérifications, des évaluations fiscales et domaniales, de l'action contentieuse, etc.). Quelques témoignages d'anciens directeurs régionaux précisent cela.

LES EMPLOIS DE DÉBOUCHÉ

Les débouchés offerts aux employés supérieurs : conservations des hypothèques, postes comptables (recettes divisionnaires) sont revalorisés sous les effets de la fusion.

L'augmentation du nombre des conservations des hypothèques, des emplois comptables dotés d'indices élevés, permet en effet à la fois de rajeunir le corps des directeurs et de lui ouvrir de nouveaux débouchés : « Avant la fusion, les agents des Contributions directes n'avaient pas d'emplois dits de débouché. La fusion des régies leur a donné la possibilité de postuler pour une conservation des hypothèques, toutes autrefois réservées aux agents de l'Enregistrement. Ces emplois sont, pour les cadres supérieurs, moins prestigieux que les emplois de direction, mais ils assurent une rétribution plus élevée et, surtout, l'accès à une bien meilleure pension de retraite » (G. Guicherd).

Les conservateurs des hypothèques et les receveurs divisionnaires relèvent de l'autorité des chefs des services fiscaux et ce n'est donc « pas une des moindres bizarreries de l'administration fiscale que de pouvoir, dans certains cas, progresser en rémunération tout en rétrogradant » (J. Boirin).

De fait, « simples services extérieurs au plan statutaire, les conservations des hypothèques étaient rattachées administrativement à la direction des services fonciers de Paris. Sans notre large indépendance fonctionnelle, notre situation aurait pu paraître curieuse en nous faisant relever d'un simple chef des services fiscaux, placé auparavant sous nos tutelles. Chacun savait apprécier la mesure des choses et tout se passait traditionnellement sans la moindre équivoque » (J. Vannier-Moreau).

Il en est de même pour le receveur divisionnaire : « On était bien entendu assujetti à l'autorité du chef des services fiscaux et de ses collaborateurs mais en outre, et j'allais dire surtout, soumis aux vérifications, parfois tatillonnes, de l'inspection principale » (J. Boirin).

Le conservateur des hypothèques

Les conservateurs des hypothèques ont ceci de particulier que leur rémunération est constituée de salaires versés par les usagers, salaires dont une part d'environ 80 % est prélevée par l'État.

Il existe six catégories de bureaux classés en fonction de l'importance des affaires traitées. Suivant son grade et son ancienneté lorsqu'il demande un poste, le futur conservateur se voit attribuer une catégorie spécifique : « L'équivalence pour le grade de directeur régional est la première catégorie (il y en a vingt) ou la deuxième (il y en a trente) » (G. Guicherd).

Chargé tout d'abord de percevoir la taxe de publicité foncière et les autres droits et taxes exigibles à l'occasion des formalités de publicité, le conservateur, comptable public, est responsable sur le plan administratif et fiscal.

La comptabilité de son bureau est vérifiée par les inspecteurs principaux : « La technicité du travail, mais aussi la personnalité du conservateur rendaient parfois difficile le travail de l'employé supérieur chargé de la vérification » (L. Traissac).

Le conservateur a également une mission civile en matière de publicité foncière : il informe toute personne qui le demande de l'existence de droits immobiliers[9]. Il est en cela personnellement et pécuniairement responsable envers les usagers des conséquences de toute erreur ou omission dans le fonctionnement de son service. Sa responsabilité pénale peut éventuellement être reconnue. « Heureusement, l'Association mutuelle des conservateurs (AMC) a souscrit un contrat d'assurance collectif pour toutes les conservations. Le prix en est inclus dans la cotisation annuelle de chaque conservateur » (G. Guicherd). L'AMC a été fondée en 1887 sous le nom de « bourse commune ».

Le conservateur des hypothèques est secondé par un chef de contrôle[10] (ce peut être un cadre A, B ou C suivant l'importance du bureau), « un corps réputé à juste titre pour sa valeur professionnelle faite de sérieux, de compétence, de dévouement » (J. Vannier-Moreau), et dispose de collaborateurs du cadre B ou C.

Le receveur divisionnaire

Le receveur divisionnaire, assisté d'un fondé de pouvoir inspecteur ou receveur principal, dirige tout d'abord la recette du centre des Impôts du chef-lieu de la direction ; il centralise aussi les écritures comptables de tous les services de recouvrement de la direction départementale (recettes ou conservations des hypothèques), coordonne l'action en recouvrement des receveurs principaux et traite le contentieux du recouvrement de certaines affaires, assure pour l'ensemble du département les opérations comptables relatives à la gestion des patrimoines privés, représente le directeur des services fiscaux au sein de la commission des chefs des services financiers. C'est alors « un comptable à double casquette, départementale et sectorielle » (J. Gandini).

---

9. La publicité foncière permet de rendre opposables aux tiers les droits afférents aux immeubles. Afin de préciser la situation juridique de chaque immeuble au fur et à mesure des mutations de propriété et des inscriptions hypothécaires dont il fait l'objet, les conservations des hypothèques tiennent pour toutes les communes de leur circonscription un fichier immobilier, document qui assure la publicité juridique des immeubles.

10. Depuis le décret du 13 juin 1946, les premiers commis des hypothèques ont le titre de chefs de contrôle.

Comme tous les comptables de la DGI, sa responsabilité pécuniaire et personnelle en matière de recouvrement est susceptible d'être mise en cause par la Cour des comptes depuis 1977 : « Si la Cour des comptes exerçait bien son contrôle juridictionnel sur la gestion des trésoriers payeurs généraux, et à travers ceux-ci sur celles des comptables du Trésor, les comptes des receveurs des Impôts ne faisaient quant à eux l'objet d'aucun contrôle de la part de la Haute Juridiction. […] Brutalement, tout devait basculer. […] La publication du décret et les premières circulaires d'application firent l'effet d'une bombe au sein de la corporation » (S. Elophe)[11].

Pour leur défense, les comptables sont assurés du soutien de l'Amicale des comptables (Amicale nationale des comptables de la direction générale des Impôts), association professionnelle créée en 1954 par les comptables des Contributions indirectes et qui a pris en 1959 sa dénomination actuelle.

11. C'est le « décret Magnet », du 1er septembre 1977, qui, rendant personnellement et pécuniairement responsables de l'action en recouvrement menée sur les créances qu'ils ont en charge les comptables de la DGI passibles désormais du contrôle juridictionnel de la Cour des comptes, a achevé le dispositif de mise en cause de leur responsabilité. Les premiers contrôles de la Cour des comptes ont suscité de vives réactions de la part des comptables.

Choix de textes

LE CHEF DE CENTRE

(1969-1980)

CARTE BLANCHE

À l'automne 1969, promu chef de centre des Impôts, et affecté au centre de Pithiviers, entre Beauce et Gâtinais, à 80 km de Paris, je me présentai au chef des services fiscaux, ancien directeur départemental des Contributions directes, qui m'accueillit avec beaucoup de cordialité : « Cher ami, me dit-il, vous êtes le chef d'un centre qui n'existe pas ». Le comité technique paritaire local n'avait pas accordé un avis favorable aux plans élaborés par la direction régionale. Dans cette situation, mon nouveau directeur faisait entièrement confiance au « spécialiste » des Domaines que j'étais la veille encore pour dresser de nouveaux plans d'aménagement des locaux, de nature à emporter l'adhésion du personnel, et pour les faire exécuter. Un architecte résidant à Montargis pouvait me servir de conseiller technique, et ses dessinateurs mettraient en forme mon projet. Un crédit de 50 000 F, à utiliser avant la fin de l'année, était à ma disposition. C'était bien peu !

Les inspections des anciennes régies et, au fond, la conservation des hypothèques, cohabitaient déjà dans l'immeuble en cause, un ancien pensionnat. L'inspecteur central de l'Enregistrement était déjà chargé de l'imposition des membres des professions libérales, charge qui devait m'échoir, sous la dénomination nouvelle d'inspection de la fiscalité personnelle, en plus de la direction de l'inspection fusionnée d'assiette et de contrôle (IFAC) et de la gestion de l'immeuble.

Mon expérience domaniale me servit aussitôt : je découvris que les plans ayant servi à l'élaboration du projet antérieur étaient faux : une erreur de mesure, à un angle unissant deux sections des bâtiments, construits probablement à des dates différentes, rendait inexact l'ensemble du plan à tous les étages, les superficies, etc.

Je m'assignai donc un travail de géomètre, en première urgence, tout en entamant la consultation de mes collègues de tous grades qui m'avaient très bien accueilli.

Puis, installé dans un couloir près d'une petite fenêtre, je réfléchis à l'emplacement des bureaux futurs, ce qui revenait à compartimenter ici, à décloisonner là. Je veillai à fournir aux contrôleurs, assistants des inspecteurs de la fiscalité des entreprises, des bureaux séparés mais contigus à ceux de leurs chefs, avec porte communicante ; pour parvenir à ce résultat, je fus contraint de me résigner à ne fournir que des bureaux exigus. Et conformément au vœu implicite du comité technique paritaire, j'installai l'IFAC sous les toits : un grenier pour la section d'assiette des impôts directs (SAID), l'autre pour la section d'ordre et de documentation (ORDOC). [...]

Après avoir mis en concurrence quelques entrepreneurs, je remis à la veille du nouvel an le dossier complet de la réorganisation des locaux. Les travaux furent entrepris peu après, les bureaux restant ouverts au public, au moins les recettes, et le personnel demeurant sur place. En dépit de la mise en œuvre des mesures de protection prévues, telles que des bâches, les démolitions provoquèrent des nuages de poussière, puis tout le monde fut requis pour le déménagement intérieur : préparation, annotation, transport des cartons, classements dans des armoires métalliques neuves. Tout fut accompli avec courage et bonne humeur.

L'adaptation aux nouvelles tâches se fit aisément, semble-t-il : les agents se connaissaient bien, souvent de longue date, et pouvaient s'épauler mutuellement en fonction de leurs origines. J'étais le seul « nouveau », j'allais dire le seul « étranger », mais je fus vite « intégré ». Le poste de contrôleur-divisionnaire, chef de l'ORDOC, restant vacant, j'assumai les tâches de l'emploi, en plus de mes autres casquettes.

Comme inspecteur de la fiscalité personnelle, ma première initiative fut de remplacer le vénérable calepin alphabétique des assujettis par des fiches mécanographiques classées par profession ; dès lors, il m'était possible d'évaluer, à la suite et comparativement, les bénéfices de chaque catégorie de professionnels, comme, dans mes anciennes fonctions, la valeur vénale d'une file de terrains contigus. Cette initiative servit d'exemple à suivre dans tout le département.

Parmi les praticiens libéraux de toutes sortes, je distinguai vite deux genres de comportement : ceux qu'on ne voyait jamais, et ceux qui venaient discuter chaque année, toujours les mêmes. La tentation était grande de minorer quelque peu au départ l'évaluation du bénéfice de ces derniers.

Les jeunes médecins de formation initiale plus scientifique (par rapport à leurs aînés) appartenaient plutôt à la catégorie des mécontents. La notion d'évaluation administrative les hérissait, leur paraissant le comble de l'arbitraire ; ils étaient surpris de mes réponses.

1. Il leur était loisible de tenir une comptabilité sérieuse à l'instar des bons commerçants, et d'opter pour le régime du bénéfice réel (déclaration contrôlée).

2. Le système, discuté avec leurs organisations corporatives, était plutôt avantageux : il comprenait une catégorie de frais que n'exposaient pas, ou très peu, la plupart des médecins, constituant dès lors pour la profession une sorte de privilège fiscal. [...]

Comme chef de centre chargé notamment des liaisons et de l'information au jour le jour, également de la centralisation des statistiques, et de la surveillance du dépôt des déclarations, notamment de TVA, je m'aperçus vite que Pithiviers était un grand village, s'étendant d'ailleurs loin dans la campagne.

Les assujettis étaient tenus à l'œil, mais en même temps, on s'ingéniait à leur faciliter la tâche, si possible : c'était l'esprit des ci-devant Contributions indirectes, dont la devise aurait pu être « agir vite » (à l'opposé, la devise des anciennes Contributions directes eût été : « chaque chose en son temps »).

Après chaque échéance prévue pour le paiement de la TVA, les inspecteurs chargés de la relance des défaillants détectaient immédiatement ces derniers et leur adressaient aussitôt des lettres de rappel personnalisées, voire de simples « coups de fil ». C'était payant pour le service. Simple tâche matérielle et répétitive, la surveillance du dépôt des déclarations incombait à l'ORDOC, selon le nouvel organigramme : je me pliai aux anciens errements et fis en sorte que les inspecteurs de fiscalité des entreprises fussent instruits avec la plus grande promptitude des échéances non respectées.

L'extension de la TVA aux activités agricoles[1] donna lieu bientôt à des spectacles pittoresques : une foule de paysans envahit tous les jours et à toute heure l'hôtel des Impôts, pour se renseigner, accomplir les formalités, surveiller le remboursement forfaitaire attendu, ou même tout simplement pour rencontrer des amis sans obligation de payer à boire ; pour discuter sans fin comme les citoyens de Florence sous les arcades des *piazze*. Ces braves gens plutôt joyeux, heureux de se détendre, confondaient l'hôtel des Impôts et la maison de l'Agriculture. Les escaliers devenaient bruyants sous le poids des gros godillots et je dus parfois inviter des groupes à libérer le passage. Je dois avouer que je m'amusais beaucoup à observer, de la vie provinciale, divers aspects de ce genre.

Comme gérant de l'immeuble, mon principal souci fut la conservation des hypothèques. Installée dans un ancien préau, élevé sur un sol marécageux en

1. La loi du 6 janvier 1966 (entrée en vigueur le 1er janvier 1968) supprime la taxe sur les prestations de services, la taxe locale (les collectivités locales reçoivent en compensation un « versement représentatif » de la taxe sur les salaires), les taxes uniques et étend, en contrepartie, la TVA au commerce de détail, aux prestations de services, aux professions libérales sur option, à l'activité agricole sur option également, tout en supprimant de nombreuses exonérations, notamment en matière de produits d'origine agricole. La TVA devient ainsi progressivement l'impôt unique de taxation indirecte.

En matière de TVA agricole, la loi impose obligatoirement à la TVA les coopératives agricoles et les exploitants se comportant en fait comme des commerçants ou des industriels ; les autres ont une possibilité d'option. Les exploitants agricoles soumis à l'imposition à la TVA, à titre obligatoire ou par option, relèvent du régime simplifié de l'agriculture, organisé par la loi de finances pour 1968, et qui comporte un certain nombre de particularités dérogatoires du droit commun. Les exploitants non soumis à l'imposition d'après le régime simplifié agricole, c'est-à-dire les non-redevables de la TVA, sont placés de plein droit sous le régime du remboursement forfaitaire, destiné à compenser la charge de la TVA ayant grevé leurs achats.

contrebas du bâtiment principal et appuyé sur un mur de clôture suintant l'humidité. On pouvait aisément la qualifier d'insalubre ; le bureau du conservateur était très exigu, très sombre, le plancher de la salle principale de surface très inégale, cambrée, glissante. [...]

Comme chef de centre, chargé d'organiser et d'animer les impositions directes, je fus chargé, sur la ville de Pithiviers, de la campagne de révision des évaluations foncières[2] (bases de calcul des impôts locaux), opération qui se renouvelle à peu près tous les 25 ou 30 ans. Il s'agissait de visiter tous les immeubles bâtis de la cave au grenier, avec leurs dépendances, de confronter les documents du service avec l'état de choses observé, de prendre note de toutes les modifications intervenues, et surtout d'apprécier la catégorie de chaque bien foncier, définie sensiblement comme la loi du 1er septembre 1948 sur les loyers.

Ce travail d'inspecteur des Domaines devait être confié à des auxiliaires temporaires, munis de fiches d'observations et d'évaluation. [...]

Je m'efforçai de leur communiquer une partie de ma propre expérience d'inspecteur des Domaines. Je leur désignai les immeubles de chaque catégorie que j'avais sélectionnés pour leur servir de termes de comparaison ; je leur fis « potasser » l'instruction de base en la matière... puis j'affectai à chacun un tiers de la ville à visiter, et les lâchai sur le terrain.

Ils travaillèrent très sérieusement, très honnêtement.

Vite repérés, ils furent bien accueillis. Je fus très satisfait.

Robert Augiron

« Un emploi nouvellement créé »

En 1968, mon ancienneté et ma notation me permettaient d'envisager deux possibilités, soit de passer inspecteur principal par promotion interne, dite article 28, soit d'être nommé chef de centre, emploi nouvellement créé. Comme j'avais décidé de faire une carrière courte, j'optai pour la deuxième solution financièrement plus avantageuse. Elle ne m'imposait qu'un éloignement passager avec l'espoir de revenir rapidement dans un centre girondin en projet de construction.

J'aurais pu postuler La Réole mais c'était un centre du type B donc sans contrôleur divisionnaire, une aberration. J'obtins Brive-Est, type C, avec effet pécuniaire du 1er janvier 1969 et mise en place au 1er septembre.

---

2. Voir note n° 17 du chapitre V, *Révision des évaluations pour l'assiette des impôts locaux.*

Un stage de formation se déroula à partir de juin 1969 à Paris suivi d'un stage pratique à la direction de Tulle. Je dois avouer que je ne suivis que très peu de cours car, sans fausse modestie, j'avais déjà une très bonne connaissance de la législation et du fonctionnement de presque tous les services de la DGI. Je m'étais occupé successivement des droits indirects, des taxes sur le chiffre d'affaires et des impôts directs et d'enregistrement. Je connaissais bien aussi les impôts locaux ayant appris leurs règles pendant mes fonctions municipales. Sauf pour la patente à laquelle j'étais allergique trouvant cet impôt compliqué, désuet et approximatif.

Le chef des services fiscaux était un homme très sympathique et qui voulait plaire mais qui ne maîtrisait pas bien son premier poste dans cette fonction. Il hésitait avant toute décision et ne voulait rien signer sans avoir tout examiné dans le détail. Il ne savait pas déléguer ses fonctions et, malgré un travail acharné, laissait les dossiers s'accumuler. Les directeurs divisionnaires s'en plaignaient. [...]

Je fus chargé de faire confectionner de multiples cachets de service. Je pensais y indiquer « centre des Impôts ». Le directeur m'obligea à faire inscrire le terme barbare et incompréhensible d'IFAC (Inspection fusionnée d'assiette et de contrôle). Cela indiquait sa méconnaissance du terrain et ma solution fut adoptée par la suite par la direction générale. [...]

Mon centre comprenait la partie de Brive comprise à l'intérieur du boulevard circulaire. Avec ses 36 000 habitants, la sous-préfecture était plus peuplée et plus vivante que Tulle, le chef-lieu. La partie rurale s'étendait sur 40 kilomètres du nord au sud avec les cantons de Donzenac, Beynac, Meyssac et Beaulieu-sur-Dordogne. C'étaient des paysages très variés et très agréables où les vieux villages étaient bâtis en grosses pierres de plusieurs couleurs. On y trouvait des lieux prestigieux comme Aubazine, Colonges-la-Rouge, Noailles ou Turenne.

Le climat était sensiblement le même qu'à Bordeaux et donc plus doux qu'aux alentours. La population ne parlait plus la langue d'oc mais en conservait l'accent si bien que je n'étais pas dépaysé. Je trouvai un pavillon à louer au nord de la cité au lieu-dit « Petit Nice » et je traversais tous les jours la ville pour me rendre à mon bureau.

Les centres des Impôts étaient situés à l'opposé, non loin de la RN 20 allant vers Cahors, au numéro 12 de la rue Auguste Comte. Ils occupaient deux bâtiments parallèles de cinq niveaux construits récemment. Le mien était le plus proche de la rue.

J'avais une trentaine de collaborateurs. Avec ses deux secteurs d'assiette, ses cinq inspections spécialisées et un ORDOC (cellule d'ordre et de documentation) en personnel suffisant, c'était une bonne unité de travail. À une exception près, j'étais le plus âgé ce qui évitait les jalousies. Le personnel avait ses racines sur place et l'entente était très bonne. Les différences d'origine étaient oubliées. Une seule exception cependant, l'ancien inspecteur des Directes de la ville qui regrettait son prestige perdu. Par sa mauvaise volonté, lors du déménagement, il laissa partir au pilon le contenu d'une caisse. Il y avait dedans les dossiers des principaux commerces !

Car il avait fallu procéder à un très important brassage des dossiers. Mon immeuble étant occupé auparavant par les Indirectes et l'autre par les Directes. Ce fut le personnel, surtout féminin, qui se chargea vaillamment des transferts de caisses avec de pénibles escaliers à monter.

Je fus chargé de la gestion de l'immeuble et de la surveillance des travaux de finition. J'obtins de l'entrepreneur le don de plantes vertes qui agrémentèrent les bureaux. C'était une nouveauté. La mise en place définitive n'intervint qu'en juin 1970 avec le remplacement total du mobilier en bois par du métallique. Cet aspect positif de la fusion ne fut pas du goût de quelques nostalgiques.

L'autre centre était dirigé par un inspecteur issu de l'Enregistrement, il maîtrisait mal les autres disciplines. Survolté et pète-sec, il ne savait pas déléguer et voulait tout voir par le menu, y compris dans les fiscalités spécialisées dotées pourtant d'une certaine autonomie. Il laissa s'installer un mauvais climat au point que des dames de son ORDOC en vinrent à se houspiller à coups de gros registres. Comme il arrivait de Béthune on lui donna le surnom de « bourreau de Béthune » du nom d'un champion de catch alors en vogue. Moi, j'étais satisfait du mien, plus flatteur : « le patron ».

Il coopéra néanmoins correctement avec moi et appliqua à l'insu de la direction ma politique consistant à accorder un jour de congé chaque mois aux services qui fonctionnaient correctement. Cette journée n'était pas perdue car elle était rattrapée par une meilleure conscience des travaux en équipe. Aucun retard ne fut à regretter.

J'étais considérablement aidé par le contrôleur divisionnaire issu des Indirectes. À l'aspect rude, il faisait merveille pour diriger l'ORDOC et m'organiser des tournées en campagne où l'on visitait les abattoirs de viande, les bouilleurs ambulants et les rares viticulteurs. Il n'avait, malgré lui, qu'un seul défaut : il était daltonien. Je m'en aperçus quand, ayant reçu des nouvelles chemises de tons pastel, je louai le bon goût de la direction générale. Il m'avoua ne distinguer que des variétés de gris. Un sixième sens lui permettait d'apprécier correctement les différences.

En stage pratique, je fis des tournées de révision des impôts locaux. Elles étaient conduites par un charmant collègue qui, venu de l'Enregistrement, avait été versé dans une structure mixte. Cela me permit de faire la connaissance des maires pour qui ces visites étaient souvent l'occasion de nous offrir un bon repas selon la vieille tradition de la convivialité corrézienne. [...]

Parfois, les maires du canton étaient réunis avec leurs conseillers municipaux. Sur cette vieille terre progressiste, alors que l'est du département était conservateur, les convives étaient radicaux ou communistes, souvenir des combats de la Résistance. Malgré cela, leur thème de conversation favori était un certain Jacques Chirac qui commençait une brillante carrière politique. Ils s'extasiaient sur ses qualités d'homme de contact et surtout d'intrépide mangeur. En visite dans les villages, il allait serrer les mains de porte en porte et ne refusait jamais le verre de l'amitié. Cela se faisait beaucoup en fin de matinée. Il ingurgitait ainsi – paraît-il – jusqu'à six omelettes et diverses cochonnailles. C'est ainsi qu'il se constitua petit à petit un électorat fidèle, se substituant au clientélisme du père Queuille, pontife radical de la IVe République.

Les Corréziens étaient d'un contact très agréable et, dans Brive qui conservait ses traditions de sous-préfecture, le titre de chef de centre en faisait un notable : inscription d'office au cercle des officiers, échange de visites avec le sous-préfet, bons rapports avec la municipalité et nombreuses invitations. Si cela avait été dans mes goûts, j'aurais pu avoir une vie mondaine très agréable. Mes absences des week-ends me permirent de la décliner poliment. [...]

Je fus nommé, avec effet du 1er novembre 1977, chef de centre à Bordeaux type C. [...]

À Bordeaux, le directeur des services fiscaux, de ma promotion, me proposa le choix entre deux centres. Je choisis Bordeaux-Aval, le plus surchargé car je savais n'y rester que quelques mois et laissai à un camarade plus jeune un centre mieux loti.

Bordeaux-Aval était de loin le plus important de la dizaine d'autres centres girondins et parmi le plus riche de France en effectifs d'inspecteurs et de contrôleurs mais avec des emplois d'exécution loin d'être en nombre suffisant.

Situé au 17e étage de la cité administrative de Bordeaux-Caudéran, il comptait une soixantaine de personnes réparties en dix inspections spécialisées avec 15 inspecteurs et 7 contrôleurs (5 fiscalités d'entreprises, 4 fiscalités personnelles et une fiscalité immobilière) plus 4 cellules d'assiette d'impôts directs et, ce qui était rare, une cellule d'impôts indirects dirigée par un deuxième contrôleur divisionnaire.

Et pour assurer la mise à jour incessante des 42 000 dossiers contenus dans 85 armoires surchargées et de surplus gérer les très nombreux dossiers demandés par les vérificateurs, il n'y avait que 8 agents à la cellule d'ordre et de documentation (ORDOC). Les services du courrier, du contentieux et de l'immatriculation des entreprises occupaient chacun une personne à temps plein.

Il y avait également, mais cela ne demandait pas beaucoup de travail, la charge de gérer une importante accumulation de très vieux registres d'enregistrement concernant tout Bordeaux. Ils avaient été confiés, je ne sais pourquoi, à ce centre. Un érudit vint y faire des recherches sur les domiciles de

Montesquieu. En accord avec mon ami directeur des archives départementales, je fis transférer ces registres dans celles-ci.

Le centre couvrait la partie de la ville au nord du cours de l'Intendance avec tous les « beaux quartiers » du « triangle des Grands Hommes », les alentours de Saint-Seurin et du Jardin public ainsi que les Chartrons. D'où abondance de notables, de commerces de luxe et de négoces de vin. Il y avait de plus les quartiers neufs en expansion du Grand Parc et du Lac.

Un inspecteur des Finances et un inspecteur principal avaient conclu dans deux rapports successifs que l'importance de ce centre équivalait à celui des autres alors qu'il était évident que la cellule ORDOC n'était pas assez étoffée. Au directeur, je dis que ces rapports ne tiraient pas les bonnes conclusions et lui conseillai d'observer plutôt les demandes de mutation, meilleur révélateur car le personnel, surtout féminin, connaissait mieux que quiconque les différences d'importance des centres. Confirmation de cette observation, quand un an plus tard je revins visiter le centre, tout l'ORDOC avait été renouvelé.

Il y avait quelques menus inconvénients inhérents à une trop grande cité administrative (deux tours d'une vingtaine d'étages chacune). Quand je pris mon service, une pétition circulait contre la surchauffe du chauffage. Plutôt que cette initiative virulente, je rendis visite au gestionnaire qui fit réparer aussitôt et me donna un stock d'ampoules électriques. Il en claquait plusieurs chaque semaine. Au lieu d'attendre un électricien, je préférai les changer moi-même. Principal inconvénient, on ne pouvait ouvrir les fenêtres en raison de violents courants d'air et l'été la chaleur était excessive.

Le travail de chef de centre ne présentait pas pour moi de difficultés et j'étais très bien secondé par le contrôleur divisionnaire. Issu du Cadastre, il s'était très bien assimilé. Je dus empêcher sa rétrogradation car, à la suite du rapport de l'inspecteur des Finances, on lui imputait des retards qui, en réalité, provenaient de l'insuffisance du nombre de personnel d'exécution.

Je profitais de la distribution du courrier pour visiter tous les bureaux. Je m'assurais ainsi de la bonne marche des services tout en maintenant des rapports amicaux. Je compare le rôle d'un bon chef de centre à celui du caporal souvent pris entre deux feux : recevoir les doléances du personnel et en souffrir puis recevoir de la direction des consignes qui ignoraient les servitudes. Je me souvenais du conseil d'un camarade à mes débuts : « Si tu veux être indépendant, supporte les chefs mais surtout n'aie pas de subordonnés ».

Dérangé à chaque instant, j'essayais de réaliser des travaux concrets. Je m'attachais en particulier à combler le retard dans l'instruction des demandes de dégrèvement des impôts locaux. Certaines dataient de trois ans ! J'instruisais les plus délicates. J'effectuais même des redressements pour alléger la charge des contrôleurs d'assiette. Il s'agissait d'affaires compliquées qu'aucun inspecteur ne voulait traiter.

Je limitais les fastidieuses séances de signatures en donnant pouvoir aux contrôleurs de signer de leur nom. Étant responsabilisés ils n'en étaient que plus consciencieux. [...]

En fin d'année 1977 tous les syndicats appelèrent à la grève. Les personnels étaient tellement exaspérés par leur situation qu'ils suivirent en totalité ce mot d'ordre. Je me portai aussi gréviste par solidarité. Cependant, j'étais de plus en plus mal à l'aise dans mon syndicat CGT. Finie la tradition démocratique et de bonne camaraderie que j'avais connue. En raison de la division syndicale et de la fin de l'esprit spécial de chaque régie, l'influence politique prédominait chez les jeunes responsables. Ils étaient sectaires et suivaient aveuglément le parti communiste qui était dans une de ses volte-face hostiles aux autres partis de gauche.

Après une vie de dévouement au syndicalisme issu des Indirectes, je donnai ma démission à quelques mois de la retraite.

Henri Souque

FIN DE CARRIÈRE

Il arrive un moment où il convient d'envisager sa propre fin de carrière. Certes le métier de vérificateur me plaisait beaucoup, et je prenais un grand intérêt au travail avec mes camarades et les chefs de brigade successifs, très exigeants, mais qui nous aidaient au maximum. Je profitai alors de la création de deux centres des Impôts à Blois pour postuler à l'un d'eux, et j'obtins le poste de chef de centre de Blois-Nord tandis qu'un de mes collègues vérificateur était affecté à Blois-Sud.

Cela nous donna l'occasion d'un dernier stage à Paris, où on nous présenta les grandes lignes de notre nouvelle fonction. À vrai dire, tous les deux anciens des Contributions directes, nous avions déjà une certaine connaissance d'une grande partie de notre travail. Dans un centre des Impôts, l'essentiel de la tâche consiste en la mise en recouvrement de l'impôt sur le revenu et des impôts directs locaux, les inspections spécialisées se chargeant en plus de l'impôt sur les sociétés et de la TVA. Il est bien évident que nous avions une grande expérience de ces tâches, et que notre passé de vérificateur polyvalent nous avait familiarisés avec les taxes sur le chiffre d'affaires.

Un stage pratique me permit de découvrir le fonctionnement d'un des centres des Impôts de Bourges, en place depuis un certain temps. Ce fut l'occasion de créer des contacts très amicaux avec les collègues d'un département voisin et de découvrir ce qui pouvait poser question dans la marche du service.

Le tout nouvel hôtel des Impôts de Blois, construit en partie sur le jardin que je cultivais, n'était pas encore achevé. Cela nous permit de préparer l'organisation future de notre travail, et en particulier la transformation de l'ancienne contribution des patentes en taxe professionnelle.

Le déménagement des volumineux dossiers d'impôt sur le revenu de l'ancien bâtiment jusqu'aux nouveaux locaux tout proches se déroula sans trop de difficultés, même si j'eus à regretter que la direction de l'époque nous privât de toute initiative en ce domaine. Bien entendu, avec mon collègue, nous avions d'un commun accord demandé aux agents d'assiette spécialisés en matière d'impôt sur le revenu de continuer à travailler dans les secteurs d'assiette, à la tête desquels furent nommés les contrôleurs déjà en place. Quant aux deux contrôleurs divisionnaires, l'un était un ancien des Directes, l'autre des Indirectes. Cela nous permit, en étroite collaboration, d'organiser au mieux les principales tâches du service. Chacun de nous dut procéder à l'embauche de nouveaux employés. L'expérience acquise par mon long passage en direction me permit de mener à bien ce recrutement. Je me félicite toujours, plus de vingt ans après, de voir que les quatre jeunes filles choisies à cette époque sont toujours présentes, et qu'elles rendent des services appréciés.

Au total, dans mon centre, nous étions une quarantaine de personnes. Mais en dehors de moi-même et du contrôleur divisionnaire, il n'y avait que des femmes. Cela présente à la fois des avantages et des inconvénients. Parmi les premiers, on peut citer une meilleure adaptation au travail. En contrepartie, les querelles souvent futiles étaient nombreuses, et il fallait déployer des trésors de patience et de persuasion pour en venir à bout. J'ai tenu personnellement à être très présent au milieu de mon personnel, partageant quelquefois ses tâches et les stimulant quand il le fallait. Cela a entraîné un climat de confiance qui a permis souvent de surmonter des difficultés.

Les rapports avec la direction étaient beaucoup plus tendus. Cela tenait sans doute à des questions de personnalités, mais aussi à une différence sensible de conception du travail. Vouloir imposer à tout prix son point de vue n'est pas toujours la meilleure manière d'éviter les conflits. La création de la taxe professionnelle reste pour moi un exemple de ce qu'il ne faut pas faire. Nous fûmes inondés de notes administratives qui ne permettaient pas de résoudre les nombreux problèmes qui se posaient à nous. Consciente de ceux-ci, la direction décida un jour de réunir les quatre chefs de centre du département afin de faire le point sur la question. On nous présenta longuement un projet préparé sans aucune concertation. Ce n'est qu'en fin de séance que la question nous fut posée de connaître nos réactions. Je fis aussitôt circuler à mes collègues un billet les invitant à rester muets. Ce n'était certainement pas ce qu'attendaient les directeurs et inspecteurs principaux, conscients des imperfections de leurs directives. La leçon fut rapidement comprise, car officieusement on nous demanda alors d'amender entre nous le texte initial. Ce fut fait en connaissance de cause, du fait notamment que nous étions tous des anciens des Contributions directes.

Grâce au travail en commun réalisé et à la bonne entente avec l'ensemble du personnel, les centres de Blois démarraient sans trop de difficultés. L'émission de l'impôt sur le revenu fut assurée dans les meilleures conditions malgré les cadences imposées. De même, les travaux concernant la taxe foncière et la taxe d'habitation ne subirent pas de retards appréciables, même si parfois cela provoqua des heurts assez violents avec la direction, pas toujours très heureuse dans ses interventions, ce qui la mit parfois en situation difficile vis-à-vis des autorités.

Ce fut le cas lorsque mon collègue de Blois-Sud se fit reprocher très sévèrement et fort injustement d'être en retard dans la transmission des documents concernant la taxe d'habitation. Il attendait en effet que l'évaluation d'environ 200 logements neufs soit effectuée par le service du Cadastre, pour ne pas priver la commune des impositions correspondantes. La direction, pressée par la préfecture pour établir les budgets, ne voulut rien entendre et lui donna l'ordre de transmettre les documents, même incomplets. Une discrète intervention auprès du maire se traduisit par une plainte auprès du ministre sur la non prise en charge des valeurs locatives de ces constructions nouvelles. La vive réaction qui s'en suivit permit rapidement de tout remettre dans l'ordre, en rétablissant les vraies responsabilités.

Il y eut, une année, une grève particulièrement dure parmi le personnel et, pour une fois, elle se déroula de façon intelligente. En effet, tous les agents continuèrent leur travail, mais aucun état ne fut fourni, ni à la direction générale, ni au Trésor. Cela occasionna rapidement une diminution sensible des ressources de la nation, car ni la TVA ni l'impôt sur le revenu ne purent être recouvrés dans les délais impartis. Je faillis payer seul les conséquences de ce mouvement puisque je me vis réquisitionné à quelques jours d'un départ en voyage à l'étranger. La fin de la grève arriva au bon moment pour moi. Malheureusement, cela n'entraîna pas pour les autres la reconnaissance de toutes leurs revendications.

Chaque année, un certain nombre d'agents demandaient leur mutation, même d'un service à l'autre à l'intérieur de la direction. Il leur semblait que le travail serait plus facile dans d'autres services. Cela n'était pas totalement faux car, dans les secteurs d'assiette, les cadences étaient souvent infernales. Sans doute étais-je assez persuasif car dans l'ensemble mon personnel resta assez stable pendant ces années où je restai en poste. J'arrivais même à utiliser le concours de quelques fortes têtes, ou tout au moins présumées telles, que la direction se plaisait à m'envoyer. Certains me rendirent de très précieux services.

André Maurin

Premiers CDI à Bordeaux

La fusion ne toucha les services de base que vers les années 1970-1971 au cours desquelles furent créés les premiers centres des Impôts. Je ne respecterai peut-être pas l'ordre exact d'installation en citant Arcachon (centre C), La Réole (centre A), Langon (centre C), Libourne (un C, un B), Lesparre (centre B).

Certaines de ces installations se firent sans difficulté apparente. Au travers des contacts nombreux que j'entretenais, dans le cadre de la 3e division, avec les collègues de tous grades, il apparaissait nettement que les CDI qui ont connu des départs faciles étaient ceux dirigés par des chefs de centre connaissant les impôts directs. Ils étaient favorisés pour organiser les liaisons nécessaires et parfaire les connaissances professionnelles des agents quelquefois ignorants dans leurs nouvelles fonctions. Il fallait par ailleurs créer l'esprit d'équipe indispensable à la bonne marche d'un CDI. Ce ne fut pas toujours le cas, hélas !

Sur le plan matériel, l'ancien agent des Contributions indirectes que j'étais, habitué à survivre administrativement avec des moyens anciens, réduits au strict indispensable, était surpris de constater l'effort accompli par l'Administration pour doter les nouveaux CDI de mobilier et de matériel parfaitement suffisants. Celui qui évaluait exactement les besoins – fallait-il le faire – obtenait toujours satisfaction.

Les plus favorisés étaient ceux qui, comme à Langon, Libourne et Lesparre, s'installaient dans des hôtels des Impôts spécialement construits. Ils disposaient au départ de la surface nécessaire et de bureaux bien agencés. Leur démarrage en fut facilité. Tous n'ont pas eu cette chance. En d'autres lieux, les incommodités résultant de la structure d'un ancien immeuble construit sur trois niveaux alourdissaient les liaisons, la communication des dossiers et favorisaient un esprit de critique entre services.

Néanmoins et malgré ces désagréments, la fusion est née bon gré mal gré.

Seuls restaient à créer le CDI de Blaye, les six CDI de Bordeaux rive gauche et les deux de Bordeaux rive droite. Le centre B de Blaye et les six centres C de Bordeaux rive gauche furent installés en 1973 et 1974.

Les nominations pour les sept CDI déjà cités eurent lieu en avril 1973. J'ai su par la suite que la candidature de soixante-cinq postulants avait été retenue pour l'attribution de ces sept postes.

Les nominations précédentes ayant visé des agents de plus de 55 ans, je m'estimais beaucoup trop jeune pour tenter ma chance (moins de 49 ans et inspecteur central depuis le début de l'année).

Or, un matin vers onze heures, le directeur de la première direction arriva dans mon bureau. Laconique et le ton sévère, il me rappela que huit jours auparavant il m'avait demandé de postuler et que je n'avais pas donné suite. Il posa devant moi l'imprimé de candidature et ajouta : « À 14 heures vous me l'apportez complété ».

Pensant terminer ma carrière en qualité de rédacteur, quelle ne fut pas ma surprise et ma joie d'apprendre quelques semaines plus tard que je figurais parmi les sept élus – cinq d'origine CI et deux d'origine CD. [...]

Les six CDI de Bordeaux rive gauche devaient occuper chacun un des étages 13 à 18 des tours A et B de la cité administrative de Bordeaux. Or, les travaux de finition de la tour B ne pouvaient être terminés qu'au mois de février 1974. Nous nous trouvions début octobre 1973.

Les postes d'inspecteurs centraux, chefs des inspections centrales réorganisées des Contributions directes, situées dans la cité, étant tous vacants, le directeur des services fiscaux nous y détacha avec mission :

- de coordonner la fin des travaux de recensement pour la mise à jour des impôts directs locaux ;

- de faire assurer la copie des matrices, par les services communs ;

- d'évaluer les besoins nouveaux en matériel pour les futurs CDI ;

- et enfin de préparer le plan d'installation du mobilier ainsi que le déménagement.

En résumé, cette heureuse décision nous permit d'une part, de commencer notre apprentissage relatif aux impôts directs car la copie des matrices représentait un important travail dans un temps limité qui exigeait une coordination entre les services et d'autre part, de mesurer avec exactitude quels seraient nos besoins futurs.

Ce dernier point était particulièrement important car les services des Contributions directes qui occupaient la tour A dotée de placards muraux n'utilisaient que très peu d'armoires pour loger les dossiers 2004 (dossiers des contribuables). Ceux-ci seraient tous transférés dans les armoires des ORDOC à installer dans les grandes salles de la tour B.

J'évaluai qu'il me faudrait environ cinq cents mètres linéaires d'étagères pour en assurer le logement, en prévoyant une marge de sécurité de 20 %.

Cette marge s'avéra rapidement insuffisante, car le CDI de Bordeaux-Ouest qui m'était attribué, couvrait les deux villes de banlieue de Mérignac et de Pessac ainsi que les quatre communes voisines de Cestas, Canejean, Saint-Jean-d'Illac et Martignas, toutes en pleine expansion démographique. C'est ainsi que des cinquante-sept armoires nécessaires en 1974, nous arrivions à cent dix en 1987, date à laquelle le CDI, devenu trop important, fut scindé en deux.

Cette période d'octobre 1973 à février 1974 fut suffisante mais nécessaire pour assurer le mixage et le transfert de services qui géraient une population d'au moins quatre cent mille habitants, et dont les bureaux qui occupaient une dizaine d'étages de la tour A seraient rassemblés sur six étages des deux tours.

À titre d'exemple, le CDI de Bordeaux-Ouest, affecté au seizième étage, recevait 80 % de dossiers 2004 du quinzième étage et le reste des quatorzième et dix-neuvième étages.

Heureusement, l'un des six chefs de centre assurait précédemment la gestion de la cité et à ce titre disposait de personnel de manutention. Remarquable administrateur, il organisa avec une précision d'horlogerie, la répartition et l'attribution du matériel neuf, nous permettant d'en assurer progressivement le remplissage en dossiers. Les armoires encombraient les couloirs de la tour A, au mépris des règles strictes de sécurité incendie !

Les déménagement et aménagement de Bordeaux-Ouest durèrent deux jours en parfaite synchronisation. Il ne fallait pas perdre de temps en ce 14 février 1974 car les déclarations de revenus allaient arriver dans un ORDOC dont le démarrage risquait d'être difficile. [...]

Ainsi que je viens de le relater, le CDI avait en charge six communes dont les deux plus grosses villes de la banlieue, Mérignac et Pessac ainsi que quatre communes rurales représentant une population de 92 000 habitants.

Bordeaux-Ouest connut un départ difficile par manque de personnel qualifié, faute de formation. En effet, la rumeur avait couru, au moment du dépôt des demandes d'affectation pour les futurs CDI, que les anciens secteurs Contributions directes de Pessac et de Mérignac étaient de véritables galères accumulant des retards de gestion importants ; retards certes mais très relatifs. Par suite, et à quelques exceptions près, ne furent affectés dans le CDI que des jeunes ne pouvant obtenir d'autres postes, soi-disant meilleurs, pourvus par les agents plus anciens.

Sur les quatre contrôleurs des SAID (secteurs d'assiette des impôts directs), un seul était opérationnel et de qualité, les trois autres, presque débutants, ignoraient pratiquement tout du travail d'assiette. Je ne pus leur adjoindre que six agents d'assiette au lieu de douze prévus. Deux agents de bureau complétèrent l'effectif.

Le plus critique se trouvait à l'ORDOC.

Le contrôleur divisionnaire, dont la carrière, avant d'être promu à ce grade, s'était déroulée en recette locale CI, ne possédait que de maigres souvenirs de l'enseignement reçu plusieurs mois auparavant au stage de Reims réservé aux futurs contrôleurs divisionnaires d'ORDOC.

Si les parties TCA et Enregistrement étaient tenues par trois bons agents de constatation, l'ORDOC-CD devait tourner avec un agent de bureau venant des services communs et dix auxiliaires, la plupart, recrutés par le Cadastre dans le cadre de la révision foncière de 1970. [...]

Afin de permettre aux secteurs d'assiette de commencer l'émission accélérée de l'impôt sur le revenu dans les meilleures conditions, je consacrai tout mon temps à la formation des agents. Pendant toute la durée de mes fonctions de chef de centre, mon souci majeur fut de parfaire la formation professionnelle des agents.

Au départ, pour que la machine se mette en route rapidement, les agents de l'ORDOC, presque tous ignorants, furent spécialisés chacun pour une matière principale – matrices, enregistrement du contentieux, registres 1504 et du courrier, acheminement des documents importants, etc. – mais cette spécialisation, indispensable au début, fut d'assez courte durée, car bien qu'efficace au plan du rendement, elle engendrait la monotonie et la lassitude.

Je leur proposai donc de les répartir par secteur, correspondant à ceux des SAID et qu'ils deviennent tous polyvalents et organisent eux-mêmes leur emploi du temps, sous contrôle évidemment. [...]

Hormis la période de retour des déclarations après traitement par le centre régional d'informatique (CRI), où en priorité elles étaient intégrées dans les dossiers dont le bulletin 2011 était annoté du numéro de l'envoi, du montant du revenu, du quotient familial, quelques heures étaient consacrées, chaque jour, au tri et au classement dans les casiers de rues. Sans cette obligation, personne n'aurait dégagé le temps nécessaire au classement.

Pendant cette période de démarrage, nous nous serrions les coudes entre chefs de centre. Nous nous réunissions tous les six, un moment chaque semaine, pour évoquer les difficultés à résoudre, les découvertes de chacun, les innovations sur le plan des liaisons entre les services...

Le chef des services fiscaux nous réunissait également chaque semaine, attentif à notre installation et à l'avancement des travaux et fournissant des solutions aux questions qui se posaient. Rares furent les chefs des services fiscaux qui, comme lui, possédaient une connaissance des services Contributions directes et Enregistrement notamment, jusque dans le détail.

Lorsque nos CDI atteignirent la « vitesse de croisière », il cessa ses rendez-vous hebdomadaires réguliers et lors de la dernière réunion et après des paroles d'encouragement, nous rappela notre rôle et souligna fortement son désir que nous soyons des « personnages » en particulier auprès des maires. [...]

En 1974, seul l'impôt sur le revenu était informatisé, la taxe d'habitation étant encore émise manuellement.

Le travail était scindé en deux parties.

L'émission accélérée qui comportait quatre envois, devait être terminée en juillet. Le traitement du maximum de déclarations était imposé avec des minima fixés pour chaque envoi.

Les émissions normales faisaient suite et comportaient plusieurs expéditions dont certaines étaient spécialisées pour répondre aux exigences du CRI. Celui-ci traitait toutes les déclarations, le recours aux matrices individuelles était très limité.

Le service disposait de plusieurs documents de travail et notamment d'un répertoire muni d'étiquettes autocollantes, comportant tous les identifiants du contribuable, à coller sur la déclaration en cas de mise à jour. Le répertoire était annoté des envois et des retours de déclarations, des contribuables nouveaux ainsi que des changements d'adresse.

Ce système de relations avec le CRI par support papier, bien qu'il subisse des modifications successives, dura jusqu'à l'informatisation des services qui intervint après 1990, année de mon départ à la retraite. Ce travail lourd nécessitait d'abord le tri et le classement détaillé des déclarations en séparant les contribuables anciens, les nouveaux, les changements d'adresse. Parmi les contribuables anciens devaient être isolés les gros revenus, les moyens, les non-imposables. [...]

La dernière émission de patente remonte à 1975 pour être remplacée par la taxe professionnelle.

La taxe d'habitation a été mécanisée en 1977. Quel travail pour créer le fichier informatique ! Ce ne fut possible qu'avec l'aide de renforts mis à la disposition des SAID (secteurs d'assiette des impôts directs). Bordeaux-Ouest reçut dix-sept auxiliaires supplémentaires, pendant plusieurs mois.

Pendant les premières années d'existence du CDI la taxe d'habitation généra d'importants travaux, car outre son informatisation, il fallait digérer les conséquences de la révision foncière de 1970.

Bien qu'étalée sur plusieurs années, cinq ans je crois, l'application des nouvelles valeurs locatives fut à l'origine de nombreuses réclamations, tant écrites que verbales.

Lors de la sortie des premiers rôles, les contribuables se présentaient en foule, les jours de réception. Nous avons décompté jusqu'à trois cent vingt personnes dans une matinée. [...]

Au sujet de la patente, mon expérience fut limitée aux années 1974 et 1975, puisque la taxe professionnelle la remplaça dès 1976.

Sa mise à jour annuelle ne représentait pas un gros travail. Cet impôt portait en lui de nombreuses injustices, mais tous les redevables y étaient habitués.

Ce ne fut pas le cas pour la taxe professionnelle dont la sortie des premiers rôles déclencha un véritable tollé lorsqu'elle frappait plus durement des professions habituées à payer de faibles patentes. Par contre, ceux dont les cotisations étaient inférieures, savouraient cette aubaine sans oser montrer leur satisfaction.

Tous les ans, soit pour calmer les esprits soit pour aplanir des disparités, des mesures d'allégements ou d'aménagements étaient prises, faisant de cet impôt moins imparfait qu'on veut bien le clamer mais simple à l'origine, un véritable maquis, dont la mise à jour exige chaque année davantage de temps. [...]

Dans les premières années d'existence du CDI, le chef de centre fournissait un avis sur chaque agent des SAID et de l'ORDOC, en qualité d'agent d'encadrement. C'est aux environs des années 1985-1987 qu'il devint notateur au premier degré, le contrôleur étant l'agent d'encadrement. [...]

Jean Ustariz

« GÉRER LE PRÉSENT »

En 1976, rapidement installés, nous prenions dès le lendemain avec un collègue le chemin de l'École, un ancien hôtel particulier, situé rue Montmorency, dans le quartier du Temple, aux abords du centre historique du Marais. Au nombre d'une trentaine, les futurs chefs de centre allaient devenir des élèves attentifs aux cours prodigués par des inspecteurs principaux chaque jour de la semaine de 9 heures à 12 heures et de 14 heures à 17 heures.

Le premier stage de 15 jours était consacré aux grandes lignes des législations relatives aux impôts indirects que j'avais affrontés en 1942 pour mon premier emploi, et à la fiscalité immobilière. Les matières enseignées étaient inconnues aux stagiaires qui posaient de nombreuses questions pour découvrir les détails d'un service qu'ils allaient être appelés à connaître sur le terrain. [...]

Après quelques jours d'interruption, les chefs de centre issus des régies voisines étaient appelés à suivre le stage de trois semaines consacré aux impôts directs. Pour ceux qui ne connaissaient de ce service que leur déclaration annuelle des revenus et l'avertissement leur indiquant la somme à acquitter au Trésor public, ce stage était le plus important car la gestion de ce secteur relevait de leur responsabilité.

Pendant quinze jours effectifs de cours, nous avons dû nous familiariser avec les subtilités de l'impôt sur le revenu, les impôts locaux et de la patente dont la disparition était déjà annoncée ainsi que son remplacement par la taxe professionnelle. [...]

Les fêtes de fin d'année arrivaient à propos pour permettre de souffler avant la reprise du dernier stage de deux semaines prévu pour définir l'organisation du centre des Impôts et les attributions de son responsable. Ce dernier devait ainsi apprendre l'existence d'un service original : l'ORDOC (cellule d'ordre et de documentation), dépositaire des dossiers désormais uniques de chaque contribuable, rangés dans des armoires imposantes pourvues de hamacs, avec à sa tête le contrôleur divisionnaire, adjoint au chef de centre.

Les secteurs d'assiette des impôts directs (SAID) tenus par un contrôleur assisté de deux à trois agents suivant l'importance de la circonscription, et placés sous la responsabilité directe du chef de centre, traitaient l'impôt sur le revenu, les impôts locaux, les forfaits des bénéfices agricoles, les contentieux afférents à l'ensemble de ces impôts.

Parallèlement à ces cellules, les fiscalités des entreprises commerciales, industrielles, artisanales, étaient gérées par un inspecteur assisté d'un contrôleur, tandis que la fiscalité personnelle, qui concernait les professions libérales, et la fiscalité immobilière, issue de l'ancienne régie de l'Enregistrement, dépendaient également d'un agent du cadre A. Enfin, l'ancienne régie des taxes indirectes (vins, alcools, tabacs) revenait à un contrôleur sous la responsabilité du chef de centre qui assurait la marche générale de l'ensemble du service. [...]

De retour à la résidence, il fallait transformer l'essai. Les locaux redécoupés, remis à neuf, se prêtaient à la mise en place. Le contrôleur divisionnaire, issu des impôts directs, était à son poste ; occupé au déménagement des dossiers et à leur installation à l'ORDOC. Mais les effectifs prévus n'étaient pas au rendez-vous : quantité et qualité faisaient défaut. Il faut préciser, qu'en l'absence de deux chefs de centre occupés à Paris, les deux autres responsables nommés en premier, ayant déjà accompli leur stage, avaient mis à profit la période de transition pour mettre sur pied leur service et s'entourer des meilleurs éléments. Il fallait combler les vides par le recrutement d'auxiliaires, pleins de bonne volonté, mais manquant de formation.

À ces difficultés concernant le personnel, s'ajoutait un problème inhérent à l'importance géographique du centre et à sa population qui approchait les 120 000 habitants, la moyenne prévue ne dépassant pas la moitié de ce chiffre. Avec ses cinq inspecteurs d'assiette, ses cinq inspections, la structure se révélait lourde à manipuler. Pour un fonctionnement correct, sa division en deux centres apparaissait nécessaire dès le départ.

Lors de l'inauguration des quatre centres de la ville, en présence des autorités et du représentant de la direction générale des Impôts, cette nécessité fut exposée, chiffres à l'appui ; le principe accepté, l'étude était aussitôt entreprise.

En attendant, il fallait gérer le présent. Dans l'immédiat, installer les services : ORDOC, secteurs d'assiette d'une part, inspections spécialisées d'autre part. Les effectifs étaient incomplets, des responsables de secteurs et leurs collaborateurs venaient d'autres structures et leurs connaissances pour affronter leurs nouvelles tâches étaient limitées. Nous devions organiser la campagne des déclarations des revenus et l'accueil des contribuables, nombreux à venir se renseigner sur leur situation.

Le centre placé sous ma responsabilité comportait cinq secteurs d'assiette : trois concernaient des quartiers nord et est de Toulon, le quatrième s'étendait sur trois communes dont deux de 25 000 habitants chacune, le cinquième englobait huit communes de moindre importance, à caractère mi-urbain mi-rural. La plus excentrée était à une trentaine de kilomètres du chef-lieu. L'ensemble présentait une diversité qui ne manquait pas d'intérêt parce qu'il contenait tous les types de population et d'activité. La structure se composait entre autres de cinq fiscalités d'entreprises, deux de fiscalité immobilière et une de fiscalité personnelle.

Mais au-delà de ces aléas, un état d'esprit volontariste régnait sur l'ensemble. Tandis qu'une concertation permanente s'établissait avec la direction, permettant de compléter les effectifs par le recrutement d'auxiliaires aux contrats renouvelables, au niveau de l'exécution, émulation et mobilité des éléments les plus efficaces nous conduisaient à respecter le calendrier des travaux prévus.

Les envois des déclarations de revenus au centre régional d'informatique intervenaient aux dates prescrites, la patente parvenue à sa dernière année était assise dans les délais.

Les relations avec le personnel et l'Administration se consolidaient progressivement, les causes de désaccord, les divergences consécutives aux différences de culture, de formation, pour des agents issus de plusieurs structures fiscales, avaient tendance à diminuer. L'osmose réussissait à s'imposer entre les services appelés à collaborer dans l'intérêt de chacun et de tous.

Pour parvenir à ce résultat, il fallait que les défauts tolérés dans les petites unités soient abandonnés à l'entrée du centre, parce que porteurs de conséquences préjudiciables à la bonne marche de ce dernier. Par la persuasion et l'exemple, le respect des horaires entra dans les habitudes quotidiennes, les pertes de temps nées d'absences ou de déplacements inutiles ou prolongés furent réduites au minimum indispensable. J'avais observé que la pause-café de l'après-midi conduisait les agents à fréquenter le local de la coopérative. Avec l'installation à l'étage d'une machine à distribuer les boissons, le but recherché était atteint, à la satisfaction de tous.

L'image de l'Administration ne pouvait que se ternir lorsque les contribuables attendaient parfois plusieurs heures avant d'être reçus par le service, tandis que plusieurs agents faisaient la causette en dégustant le café du matin. Il suffisait qu'un seul collègue fasse le déplacement, muni d'un plateau pour l'ensemble du bureau, effaçant ainsi cette mauvaise impression auprès du public. L'évocation de ces quelques exemples pris parmi tant d'autres, montrait que la facilité, l'indiscipline, l'irresponsabilité, n'étaient pas propres à la fonction publique et que la volonté suffisait parfois à éviter ces errements.

L'application d'une discipline bien comprise n'était pas incompatible avec l'instauration d'un climat propice à la cordialité entre des gens appelés à vivre ensemble huit heures par jour.

Sur le plan général, cet objectif devait être atteint. Au départ, il y avait loin de la coupe aux lèvres. L'amalgame vint progressivement. Pendant trente ans, les services qui m'avaient accueilli se composaient surtout d'éléments masculins, les impôts directs comptant surtout des femmes réparties dans les cadres de collaboration, cadres C et D en particulier. Avec la fusion, l'élément féminin devint largement majoritaire à l'ORDOC et dans les secteurs d'assiette. Motivation et comportement étaient différents. Il fallait tenir compte de ce fait de société nouveau. Certains de nos collègues femmes optaient pour le travail à l'extérieur, préférant le contact aux tâches ménagères, d'autres avaient choisi cette voie par nécessité, enfin une troisième catégorie estimait que le choix d'une profession était provisoire et celle-ci pouvait être abandonnée avec le mariage.

Dès le début de ma prise de fonctions, cette situation m'apparut dans toute sa complexité, et ma façon de gérer ces données retint mon attention. Progressivement, nos caractères respectifs se modelèrent, s'adaptèrent, et je devais par la suite me féliciter des relations entretenues avec cette partie importante de l'effectif : il fallait du doigté, de la sensibilité pour recevoir le public aux prises avec le grave problème des impôts locaux, souvent à l'origine de problèmes de trésorerie pour les ménages. Nos collègues femmes se heurtaient parfois à des attitudes discutables émanant de contribuables qui faisaient valoir leur position sociale. Pour éviter tout conflit, les contestataires devaient être adressés au responsable du centre, chargé d'aplanir le différend. En général, la réussite se trouvait assurée. D'ailleurs, les relations avec le public portaient l'empreinte de la compréhension, voire de la cordialité. Recevoir une cinquantaine de personnes en une matinée n'était pas une mince affaire pour chaque secteur d'assiette et le service n'a jamais été confronté à un problème insoluble.

Il en était de même avec les fiscalités d'entreprises tenues à observer certaines règles vis-à-vis du centre, et en particulier de l'ORDOC gérant des dossiers. Les contacts avec l'inspection des services et la direction tendaient à l'amélioration des moyens mis à la disposition de tous. Dans cette perspective, c'était un effort permanent à déployer, que les agents appréciaient à sa juste valeur. L'Administration qui accédait dans toute la mesure du possible aux demandes formulées avec les arguments nécessaires, constatait qu'elles étaient légitimes car les résultats concluaient les initiatives et les efforts accomplis.

Après un cycle d'une année, nous revenions aux opérations de départ et le bilan s'avérait positif. Parfois des mouvements internes affectaient les services, ce qui exigeait une adaptation de l'outil : le centre constituait une énorme machine qui arrivait à concerner 65 personnes en mouvement perpétuel.

Le contrôleur divisionnaire responsable de l'ORDOC ayant fait ses preuves avait été promu inspecteur au titre de la sélection interne. C'était un poste capital, à pourvoir avec discernement. Après maintes recherches, je fixai mon choix sur une collègue que j'avais vu à l'œuvre dans l'action, au cours de mouvements revendicatifs du personnel. Issue des Impôts directs où elle avait fait toute sa carrière, après des débuts comme auxiliaire, elle avait franchi les grades successifs par la voie des concours internes. Nous avions la même conception du service public et de la fiscalité. Notre collaboration devait être parfaite et fructueuse pour le service. Elle devait être à son tour happée par la promotion au grade d'inspecteur grâce à mes appréciations qui venaient récompenser son mérite. C'était en 1978, mais n'anticipons pas.

Pour l'instant, la collègue dirigeait un effectif de 15 à 18 agents, presque intégralement féminin. C'est à l'ORDOC qu'aboutissaient des milliers de documents d'origine et d'importance diverses, qu'il fallait classer, trier, et incorporer dans les dossiers : tâches monotones, ingrates, mais indispensables aux vérifications des entreprises et au contrôle sur pièces. Tous les mouvements qui affectaient les redevables – créations, cessations, modifications – étaient enregistrés à l'ORDOC. Ordre, célérité, continuité dans le quotidien constituaient les qualités exigées. Le service du courrier, arrivée et départ, était la clé de voûte du système.

Le contrôleur divisionnaire faisait preuve de compétence, d'autorité et de diligence en évoluant dans cette grande salle qui contenait près de 150 000 dossiers constamment consultés sur place, empruntés ou rendus.

Au cours de ces opérations, il fallait distinguer les bons éléments pour leur donner une chance de quitter les tâches répétitives pour des travaux d'assiette et au contact du public. La promotion proposée était rarement refusée, et je pourrais citer le cas d'une jeune collègue auxiliaire qui, en passant dans un secteur d'assiette, fut alors encouragée à affronter les concours internes pour se retrouver contrôleur quelques années plus tard. […]

La notation a toujours constitué un moment fort dans la vie administrative, les agents demeurant sensibles à cette appréciation établie par la hiérarchie sur leurs qualités et leurs défauts, la manière de servir, de réagir aux événements internes ou externes. Chaque année, il incombait au responsable du centre d'attribuer près de quarante notes. Les dossiers individuels en ma possession faisaient l'objet d'études et de comparaisons. J'acquis ainsi la conviction que les notes accordées ne correspondaient pas à la valeur réelle des agents vus sur le terrain durant l'année. Décidé à améliorer cette situation, en instaurant une approche différente, je prenais l'avis des intéressés, leur communiquant mon jugement sur leur façon de servir, avec les explications nécessaires, et mes propositions de note chiffrée. Cet échange de vues sur le problème devait se révéler positif pour les deux parties.

La discussion continuait avec l'inspecteur principal. Elle était parfois difficile, l'application d'une péréquation, souvent ignorée et toujours incomprise par les agents, ne permettant pas d'accepter les propositions élaborées en toute connaissance de cause par le chef de service. Les meilleurs arguments se heurtaient à cette procédure qui limitait à quelques quarts de points la marge de manœuvre laissée à la disposition du notateur.

Le désappointement était compréhensible, mais le processus entamé devait se poursuivre les années suivantes avec persévérance. [...]

Les projets d'aménagement des centres de la région toulonnaise avaient abouti, après trois ans d'études, à la création d'une cinquième structure, par la refonte géographique des quatre existantes. Avec l'apport de nouveaux habitants surtout à l'est et à l'ouest du chef-lieu, les données du départ demandaient à être revues. Par réaction aux attributions effectuées en 1974, c'est le centre le moins peuplé qui enleva mon adhésion, la gestion d'une unité de près de 150 000 habitants s'étant révélée pleine d'aléas, pendant quatre ans, même si elle avait été enrichissante. Le 1er janvier 1979, nous quittions la vieille cité administrative pour l'hôtel des Impôts, de construction récente.

Installée sur un seul étage, avec ses trois secteurs d'assiette, son ORDOC réduit de moitié, ma circonscription s'étendait sur la ville, la banlieue et plusieurs communes rurales. La nouvelle structure était à l'échelle humaine, mais sa gestion profitait surtout à son responsable et à son adjoint qui pouvaient mieux se pencher sur les détails d'organisation, améliorer les méthodes de travail, suivre davantage l'exécution des tâches en appliquant le contrôle nécessaire, resserrer les liens entre les différentes composantes du centre.

Ces objectifs étaient à notre portée ; nous allions nous efforcer de les atteindre.

Le paysage administratif évoluait avec l'arrivée de l'informatique. Le traitement des déclarations sur le revenu s'était affiné. À la réception, des urnes placées à l'accueil de l'immeuble administratif opéraient une première sélection. Dans chaque commune aussi, les contribuables participaient à la ventilation. Après la date de clôture, les urnes étaient récupérées par le service. Pendant toute cette période, l'ensemble du personnel apportait son aide, chacun avec ses moyens, au tri général, suivant les indications portées sur chaque déclaration. L'encadrement donnait souvent l'exemple. Dès la première semaine de mars, les envois pouvaient être respectés, s'échelonnant jusqu'en juin, et assurant à partir du 15 septembre un pourcentage important des rentrées fiscales relatives à l'impôt sur le revenu.

L'intervention de l'informatique avait doté le service de documents valables, amélioré la recherche des contribuables défaillants, contribué au renforcement du contrôle fiscal. On peut regretter que ce gain de productivité n'ait pas abouti à rendre plus aisée l'exécution des tâches, à améliorer la qualité, à établir un climat plus serein. À cela, il faut ajouter que les mathématiques, même élémentaires, trouvaient toujours une application difficile à obtenir : à titre d'exemple, deux agents exerçant leurs fonctions à mi-temps, auraient dû être remplacés par un agent à temps complet. Or ce n'était pas toujours le cas, et le déficit apparu en pareille circonstance n'était jamais récupéré.

L'informatique avait également touché les impôts locaux. Après une journée de formation, le personnel se familiarisait avec les subtilités de ces nouveaux moyens. Dans un premier temps, la transmission des documents établissant les prises en charge, les modifications et les annulations, donnait lieu à la réception de nombreuses fiches d'anomalies. Par la suite, la situation tendait à s'améliorer et rendait le système fiable. Seule ombre au tableau, le recensement débutait en novembre et était censé représenter la position des locaux au 1er janvier de l'année en cause. De multiples modifications intervenaient pendant cette période sans que le service en soit informé. La notification des impositions établies sur des bases incomplètes ou erronées entraînait des contestations et débouchait sur de nombreuses réclamations.

L'instruction du contentieux incombait au contrôleur responsable du secteur d'assiette. La solution de ces affaires revenait pour la plupart au chef de centre bénéficiaire d'une délégation de signature accordée par le directeur. Ce contentieux était lourd et constituait une tâche absorbante pendant plusieurs mois.

Autre impôt local, la taxe professionnelle qui avait remplacé la vieille patente en 1975 était basée sur l'activité réelle de l'entreprise à travers le chiffre d'affaires réalisé, les salaires versés, les investissements effectués. Elle se voulait donc un impôt moderne. Mais la fiscalité a toujours été considérée comme un instrument lié à l'économie, et son utilisation tente les gouvernements en place. En particulier, la taxe professionnelle ne pouvait échapper à cette règle. D'un exercice à l'autre, elle devait subir de profondes modifications, compliquant les travaux d'assiette. Le service était ainsi aux prises avec la lecture, la compréhension et l'assimilation de circulaires de plusieurs dizaines de pages rédigées en petits caractères.

André Hanoun

Un passage en douceur

Je me suis installé à Mortain, le 1er mars 1977.

Situé à l'extrême sud de la Manche, le secteur avait été, lui aussi, très éprouvé par la guerre. En août 1944, du 2 au 13, la « bataille de Mortain » s'y était déroulée, opposant l'occupant qui se défendait avec énergie après sa défaite du verrou d'Avranches au gros de l'armée Patton.

En arrivant, j'ai trouvé une petite ville reconstruite et coquette qui comptait environ 2 500 habitants. Je disposais à présent d'un immeuble récent bien installé, doté d'un chauffage central à mazout avec régulation automatique, de bureaux clairs et propres. Elles étaient loin l'indigence du début de carrière à La Haye-du-Puits et la pauvreté d'Avranches connue par la suite.

Des meubles neufs métalliques à dossiers suspendus, des machines à écrire ordinaires mais convenables et en nombre suffisant, quelques machines à calculer primitives (à trois opérations), des petites calculettes personnelles qui arrivaient à bas prix sur le marché : nous nous trouvions cette fois décemment équipés. Sans être comparables à ceux « du privé », nos moyens étaient corrects et nous donnaient satisfaction.

Les nouvelles structures permettaient une meilleure organisation du travail. Un bon esprit d'équipe, les relations amicales des agents entre eux malgré de petites rivalités apparues lors de la création du centre et qui, parfois, revenaient à la surface, faisaient qu'il n'existait pas de raison de se plaindre.

Le contrôleur divisionnaire, ex-agent des Contributions indirectes chevronné, avait gardé toutes ses attributions anciennes et continuait comme par le passé, excluant ainsi toutes les autres tâches normalement dévolues à son poste (gestion du contentieux, personnel, liaisons). Je devais donc m'en charger. S'agissant d'un centre « B », y parvenir ne posait pas trop de problèmes.

Le secteur s'étendait sur environ 70 communes rurales du sud de la Manche réparties en 7 perceptions. Pas de ville recensée, la plus importante, Saint-Hilaire-du-Harcouët, pouvait compter au maximum 5 000 habitants, Mortain on l'a vu 2 500, Sourdeval 3 500 et quatre autres bourgs de campagne se partageaient le plus fort de la population.

On y trouvait très peu d'industries, les plus célèbres étant, à Sourdeval, Guy Degrenne et Acome à Mortain, une coopérative ouvrière de fabrication de fils conducteurs téléphoniques et optiques qui orientait ses recherches vers le matériel de « pointe ».

Le passage aux responsabilités de chef de centre pour un ancien inspecteur des Contributions directes (durant 26 ans) se faisait en douceur, sans autres problèmes que ceux de la bonne organisation, le suivi des travaux et, bien sûr, le maintien de l'entente entre les différents services, le personnel étant plus nombreux et plus spécialisé que dans une ancienne structure.

Toutefois, changement notable en ce qui me concernait, je connaissais maintenant l'éloignement du lieu de fonctions. Attaché à Avranches par la maison acquise en 1967, la scolarité des enfants et des liens associatifs, je préférais faire la navette c'est-à-dire 40 km matin et soir avec une classique 2 CV bientôt remplacée par une Ami 6 et je mangeais au restaurant le midi. Je n'envisageais pas de finir ma carrière à Mortain, d'autant que le centre d'Avranches, encore dans les cartons, se profilait à l'horizon.

Rien ne semblait devoir troubler la sérénité du moment. Mais les soucis arrivent où et quand on ne les attend pas. Une jeune dame mariée, contrôleur dans la région parisienne et probablement tentée par la vie moins trépidante de la province, nous était venue sur sa demande. Elle avait peut-être sous-estimé les avantages et les plaisirs de la vie citadine auxquels elle était habituée. Sevrée de l'agitation de la capitale elle n'avait pas pu se faire brusquement au calme provincial. Affectée à un service différent et avec plus de responsabilités, elle perdait pied peu à peu et le cachait. Elle était mal dans sa peau, jusqu'à une crise plus sérieuse suivie d'une triste tentative heureusement ratée que le mari est venu avouer. Le pire n'avait pas eu lieu. Tout a pu rentrer dans l'ordre, le temps passé a gommé les difficultés et le mauvais souvenir s'est effacé.

Aucun enseignement, aucune méthode ne permettent de prévoir et de désamorcer de tels avatars. Une fois arrivés, ils obligent à plus de vigilance et d'ouverture. Ce fut le cas.

Le calme revenu, je pensais pouvoir travailler en toute quiétude mais il était dit que le confort matériel dont je bénéficiais enfin avait son prix, même s'il me semblait légitime. Dans cet immeuble neuf d'après-guerre on venait de découvrir que des vers xylophages, genre de termites, avaient rongé la charpente du grenier en peu de temps. Le bois d'après-guerre n'était pas traité ! Il était urgent d'y remédier mais il régnait là-haut un incroyable amoncellement d'archives de toutes sortes. Capharnaüm ! En effet, lors de la création du centre, chaque service avait apporté dans ses bagages toutes ses vieilleries. Personne n'ayant pris soin de trier et d'expurger au préalable ses documents, il régnait un désordre impressionnant qui envahissait tout l'endroit pourtant de grande superficie.

Il a fallu procéder à un tri draconien avec envoi au pilon et aux archives départementales le cas échéant, avant de pouvoir entasser ce qui restait dans une moitié du grenier et permettre aux travaux de commencer dans l'autre. Une première partie achevée, il ne restait plus qu'à faire l'opération inverse et ensuite, terminer, dans un troisième effort, l'installation définitive.

Après tous ces déménagements inattendus, j'aurais pu me préparer à une vie tranquille, mais au début de 1980 j'apprenais la mise en chantier du centre des Impôts de La Flèche « C » et je postulai.

Grâce à mon ancienneté dans le grade, un arrêté ministériel du 7 juillet 1980 m'accordait satisfaction par priorité sur les inspecteurs de la place qui s'étaient portés candidats.

Le 3 novembre 1980, je devais m'installer dans mes nouvelles fonctions.

Max Verdier

Un titre ambigu

Après avoir longuement réfléchi, je pose ma candidature. Par arrêté ministériel du 23 juin 1977, je suis nommé en qualité de chef de centre de Saint-Gaudens. Pour être complet : échelon 04 ; rang d'ancienneté 1er janvier 1978, date d'effet 1er janvier 1978.

Je choisis de conserver provisoirement mon bureau FP (fiscalité personnelle), en modifiant la disposition des lieux, puisque je me dessaisis de mes anciens dossiers. Chose curieuse, avant ma nomination officielle, je suis convoqué le 23 mai 1977 au Centre d'études, 5 rue de Montmorency, à Paris 3e, pour un « cycle d'extension de compétence fiscale » du 23 mai au 3 juin 1977 inclus. [...]

Cinquante-deux inspecteurs centraux participent à ce stage parisien, des agents expérimentés répartis en trois groupes. On nous donne le schéma du programme, et nos instructeurs sont très spécialisés. Dix jours sont consacrés aux problèmes spécifiques des secteurs d'assiette et de l'ORDOC.

Les collègues issus des Contributions directes, comme moi, les connaissent mieux que ceux dont l'administration d'origine est l'Enregistrement ou les Contributions indirectes. [...]

Je rentre à Paris, recyclé encore une fois, mais ce n'est pas fini, car les mêmes agents doivent effectuer du 3 au 21 octobre 1977 un stage pratique, « pas dans leur département d'origine, ni dans celui de leur nouvelle affectation, mais dans un département où les nouvelles structures déjà suffisamment implantées comportent au moins un centre des Impôts installé depuis un an minimum, et correspondant au type de celui que l'agent sera appelé à gérer » (note du 18 juillet 1977). Nous avons toutefois la possibilité de choisir. J'opte pour le département des Pyrénées-Atlantiques, et je suis affecté pour ce stage pratique au centre des Impôts de Biarritz. Selon les instructions, je me présente successivement à Pau, Bayonne, Biarritz, prenant contact avec les divers responsables du centre départemental d'assiette, de la recette principale, de la conservation des hypothèques, et enfin du Cadastre. Ces fonctionnaires des Finances paraissent, pour la plupart, indifférents à ma visite, mais comme je ne les importune pas longtemps dans leur travail, il me semble voir une lueur de satisfaction sur leurs visages lors de mon départ. [...]

Mon installation officielle comme chef de centre prend effet le 1er janvier 1978. Dès le 4 janvier, je réunis les contrôleurs et agents d'assiette des SAID (secteur d'assiette des impôts directs) et de l'ORDOC (section d'ordre et de documentation), pour leur exposer les grandes lignes de notre tâche. Je leur rappelle que nous sommes un service public, donc rémunérés pour être utiles à l'État et pour assurer dans la mesure du possible la justice fiscale.

Je leur demande d'être ponctuels, discrets, aimables et travailleurs. « La défaillance dans le travail, a dit Péguy, est à l'origine de toutes les lâchetés ». C'est peut-être beaucoup demander à des jeunes fonctionnaires qui ont eu une enfance difficile en raison des événements tragiques dus à la guerre. Mon expérience me permet de leur donner quelques conseils concrets, notamment vis-à-vis du public. Je sais hélas que l'expérience est comme la lampe frontale des montagnards, elle n'éclaire pas le chemin des autres.

Le titre de chef de centre est ambigu. Théoriquement, il est le patron de l'ensemble des services. Lors d'une réunion, les chefs de centre de la région toulousaine ont signalé à leur hiérarchie qu'ils n'avaient pratiquement aucune autorité sur les agents des fiscalités spécialisées.

Pour ma part, j'ai quelques accrochages avec trois contrôleurs qui estiment normal de quitter leur service avant 12 heures ou à 16 heures, selon l'heure de l'apéritif ou du café. Je les aperçois de la fenêtre de mon bureau. Ils traversent la place sous le regard désapprobateur des commerçants du secteur. Voilà comment on discrédite l'Administration, alors qu'un contrôleur d'un secteur d'assiette emporte des dossiers chez lui pour avancer dans son travail. Cette compensation me semble anormale et injuste.

J'ai pu constater au cours de ma longue carrière que le rendement, ce mot tabou, varie du simple au triple selon les agents, et je serais tenté de dire avec N. Parkinson, que « plus on dispose de temps pour accomplir un travail, plus ce travail précisément prend du temps ». Réflexion faite, je pense qu'il s'agit d'une boutade.

Les problèmes matériels sont aussi nombreux et ennuyeux. Notre hôtel des Impôts est construit je pense sur le même modèle que ceux existant déjà dans d'autres régions. C'est un grand bâtiment cubique à trois étages, entièrement vitré. Il comporte de nombreuses malfaçons. Le navire prend l'eau. Mon prédécesseur a plusieurs fois convoqué des experts pour constater les fuites. Prenant la relève, je crois avoir changé de métier, plongé dans les renseignements techniques. Sur la toiture-terrasse, l'acrotère est mal scellé. Les meneaux en acier désaxés, les allèges fragiles, les entretoises non reliées. Les murs rideaux sont de type « sandwich », explique un expert. Sandwich ou pas, ils laissent passer l'eau et cela dure depuis plusieurs années. En désespoir de cause, je sollicite l'autorisation d'acquérir un aspirateur pour pomper l'eau qui inonde les bureaux les jours de pluie. Le personnel effectue ce travail sans trop rechigner avec mes encouragements. Comble de malchance pour nous, la température des bureaux est intenable en été. En effet tout est vitré sur les quatre côtés du cube. Aucun contrevent, aucun rideau ne protège des rayons du soleil. J'ai fait peindre dès ma prise de service la partie supérieure des vitres en noir, pour essayer d'atténuer la chaleur et la luminosité, sans grand résultat. Depuis plusieurs années, je note sur des feuilles graphiques quadrillées les poussées de fièvre dues à la température, régnant dans les bureaux du troisième étage, sous la terrasse. Le thermomètre oscille entre 25 et 40 degrés en été. C'est excessif, surtout sans la climatisation dont le prix est trop élevé pour l'Administration. Deux exemples à l'appui :

- la position en épingle à cheveux d'une bougie décorative dans son petit chandelier sur le bureau de l'inspecteur FI (fiscalité immobilière) ;

- la cuisson complète d'un œuf dans un cendrier, placé sur une armoire métallique au troisième étage.

La narration de ces faits peut paraître futile, mais elle illustre les conditions difficiles de travail pour les agents sédentaires (sans distributeur de boissons à cette époque, 1970-1980). Depuis, des rideaux ont été installés. Peut-être un jour le centre sera-t-il climatisé.

Tâches professionnelles et problèmes matériels se cumulent. Au mois d'octobre 1979, l'Administration demande l'examen des dossiers fiscaux des agents. C'est sans doute normal, mais vexant. Il en résulte quelques grincements de dents. Il en est de même avec les salariés travaillant à l'étranger, particulièrement allergiques à l'impôt sur le revenu.

Avant mon départ à la retraite, je désire terminer l'aménagement du parking du centre, dont l'emplacement a été obtenu par mon prédécesseur après un long conflit avec la mairie qui le revendiquait. La construction envisagée d'une murette de 0,80 m de hauteur est contestée par l'administration des sites, car prévue dans un rayon de moins de 500 m de l'église du XIIIe siècle, classée monument historique. [...]

Après cet intermède écologique, je vais évoquer le délicat problème de la notation des agents. Elle est établie par grade, et selon des critères assez compliqués, puisque la note comprend souvent des chiffres décimaux. La note qui m'a été attribuée du début à la fin de ma carrière, c'est-à-dire en quarante ans est passée de 15,5 à 18,5, chiffre stabilisé. Les périodes intermédiaires ont affiché 16,37 ; 16,78 ; 17,10 ; etc. En ce qui concerne le personnel sous l'autorité des chefs de centre, les propositions chiffrées de ces derniers sont centralisées par les directions, examinées, homogénéisées, et la note définitivement arrêtée est signifiée aux intéressés qui s'estiment en général lésés. Cette période est habituellement une période de tension, où, en coulisse, les chefs reçoivent des noms d'oiseaux.

Problèmes de personnel, de matériel, de gestion, de manifestation, représentent les difficultés auxquelles doit faire face le chef de centre. Depuis le poujadisme, le climat d'hostilité envers le fisc s'était un peu apaisé dans notre région. Mais la colère est la maladie chronique des Français. [...]

Le 20 mai 1980, c'est une manifestation « classique » qui se passe devant le centre des Impôts. Je suis réveillé vers minuit par un coup de fil de la jeune concierge de l'hôtel des Impôts où elle est logée avec son mari. Affolée, elle précise que des personnes excitées circulent devant le bâtiment en criant des slogans hostiles. Je lui conseille de ne pas bouger. Le commissariat tout proche a été informé, sans doute par les Renseignements généraux. Le centre n'a aucune protection (ni contrevent, ni grille). Je me rends rapidement sur place, en passant par l'hôtel de police, où quelques agents observent sans intervenir. Des graffitis ont été peints sur les vitres, et des cageots incendiés devant l'entrée finissent de se consumer. Je suis inquiet car 7 500 litres de mazout ont été livrés le mois précédent. Un policier me dit qu'il s'agit d'une manifestation paysanne d'une centaine de personnes. Miraculeusement le calme revient. On a frôlé la catastrophe. En regagnant mon domicile, je rencontre des gens qui reviennent de la salle de cinéma « Les Variétés ». Ils n'ont pas vu le même film que moi.

Henri Mirabail

« Une cellule importante et essentielle »

Si l'aspiration au pouvoir n'est pas condamnable, elle doit s'accompagner d'un deuxième volet c'est-à-dire la prise de conscience de la somme des devoirs que cette promotion suppose. C'est tout le problème de la responsabilité.

C'est dans cet esprit que j'ai posé ma candidature à un poste de chef de centre. À la fois lié à ma province par des contraintes familiales importantes et très attaché à mon terroir, j'ai limité ma demande à mon département. J'obtins satisfaction.

L'incident qui m'a définitivement décidé à postuler pour un poste de commandement tient à un événement banal qui a pris une dimension particulière à mes yeux. Au cours d'une séance de travail réunissant tous les inspecteurs de la division, je pris conscience du rajeunissement du corps de ces derniers.

Le moment correspondait peut-être à un besoin plus généralement ressenti par tout individu au cours de sa vie professionnelle. Par ailleurs, la fonction de gestionnaire et de vérificateur est usante à plusieurs titres et notamment psychologiquement. J'avais à l'esprit les menaces de mort proférées à mon endroit.

Le centre des Impôts, dénomination qui remplace avantageusement « inspection fusionnée d'assiette et de contrôle », représente une cellule importante et essentielle dans l'organisation de la direction générale des Impôts. Il constitue la première image qu'aura le redevable de l'administration fiscale.

À mon sens ses objectifs sont doubles : établir l'assiette de l'impôt et assurer la présence de l'Administration.

La réalisation de ces deux objectifs est souvent difficile. L'assiette de l'impôt répond à un calendrier préalable et impératif. Il s'agit d'assurer les rentrées fiscales dans des conditions optima. L'importance des effectifs liée à une qualification qui n'était pas toujours au meilleur niveau ne permettait pas de laisser la place souhaitable à la présence sur le terrain. C'était particulièrement vrai pour les secteurs d'assiette dont les tâches, pour moins nobles qu'elles fussent, étaient néanmoins essentielles. Elles le sont toujours.

Avant mon installation dans un poste de chef de centre, un stage de plusieurs semaines était organisé à Paris. Il permettait de fixer les tâches qui incombaient à cette cellule et de donner un cadre à une organisation qui devait s'adapter aux situations particulières. Nous pouvions situer la place du centre des Impôts dans l'organisation départementale et plus généralement à l'intérieur de la direction générale des Impôts.

À mon sens une qualité importante du chef de centre réside dans sa compétence technique. Ses connaissances professionnelles doivent lui permettre d'assurer une organisation optimum.

S'il fallait effectuer un classement parmi toutes les exigences auxquelles doit répondre un chef de centre honnête, le choix pourrait s'articuler autour des connaissances techniques, du sens de l'organisation, du sens des relations humaines. Je dirais alors que la qualité primordiale qui permettrait de résoudre les problèmes au quotidien réside dans la nature de ses relations avec ses subordonnés.

Je suis persuadé que la qualité d'une organisation dépend de la connaissance que pourra avoir le responsable des sensibilités diverses qui constituent son personnel. [...]

Ce fut un souci permanent pour moi de toujours considérer que j'étais entouré d'hommes et de femmes qui méritaient la considération.

Cela impliquait que le respect de l'autre s'exerce non seulement dans l'organisation du service mais aussi dans la défense de leurs intérêts face à la hiérarchie. Il ne s'agit pas d'une attitude laxiste mais simplement du règlement équitable des problèmes. [...]

Une des tâches importantes du centre est constituée par la conservation cadastrale. Il s'agit de permettre un contrôle permanent des bases qui serviront à l'assiette des anciennes contributions.

Traditionnellement et pour les communes non recensées, les travaux de mise à jour, imposés par un calendrier rigide, étaient l'occasion de rencontres avec les commissions communales. Ces séances de travail se terminaient par des rendez-vous conviviaux qui agrémentaient et agrémentent sans doute toujours, les réunions des anciens spécialistes.

Dans l'intérêt bien compris de l'Administration et avec l'accord des mairies, nous avions un système de mise à jour qui supposait un engagement important des services communaux. Les édiles y retrouvaient un intérêt évident puisqu'ils participaient avant la lettre à l'établissement de leur budget. La connaissance de bonnes bases conditionne la fixation des taux d'imposition. [...]

Un des soucis majeurs du chef de centre consiste dans l'amélioration des conditions de travail qui, en facilitant les tâches des agents, permet un meilleur rendement.

Un de mes objectifs était d'assurer un examen rapide et fonctionnel des dossiers professionnels par les inspections spécialisées en limitant le nombre de manipulations.

Mon intention était de solliciter l'autorisation de tenter une expérience. Cette initiative était conforme à la réglementation en vigueur.

Pour respecter le principe sacré de la communication j'ai décidé d'organiser une réunion de centre. Celle-ci avait pour but de recueillir tous les avis et l'objectif annoncé était de faire la lumière tant sur l'amélioration supposée que sur les inconvénients éventuels.

Cette initiative tourna court. En effet, à la faveur d'une fuite, l'interdiction de tout essai me fut signifiée avant qu'il ne me soit permis de présenter mon projet et de solliciter l'autorisation de l'expérimenter.

À l'évidence, le fait d'avoir négligé la hiérarchie dans l'organisation de la réunion de travail sur le projet envisagé avait provoqué des réactions négatives de cette dernière.

Cet incident me fournit l'occasion de faire état de l'autorité trop restreinte du chef de centre. Ce dernier était responsable du secteur d'assiette et du service commun, laissant les inspections spécialisées sous l'autorité de l'inspection principale.

Personnellement j'ai toujours déploré cette dualité.

Le phénomène syndical constitue un élément avec lequel les responsables de l'Administration et singulièrement le chef de centre doivent compter. [...]

À mon sens, l'attitude responsable du chef de centre doit l'amener à respecter l'action syndicale tout en assurant au personnel non-gréviste la possibilité de travailler.

À la faveur de relations difficiles dans le quotidien et des mouvements de grève, la presse syndicale avait « épinglé » le directeur. S'il n'est pas fréquent, cet incident constitue une éventualité qui est facilement imaginable.

Le moment venu de la distribution des primes, je subis une pression importante pour que les leaders syndicaux qui se trouvaient dans mon centre fussent sanctionnés. Bien sûr le jeu était subtil et la consigne restait verbale.

Je m'opposai à toute sanction qui n'aurait eu comme motivation que le fait syndical. Il me semblait que les considérations à prendre en compte ne devaient pas dépasser le cadre professionnel.

Je refusai donc de participer à cette manœuvre où l'honnêteté morale ne trouvait pas sa place.

Personnellement, je ressentis le dépit de l'autorité lorsque je constatai que ma propre prime avait été ramenée à 100 %. C'était là, sans doute, une façon élégante de clore l'incident.

Outre la richesse et la qualité des relations humaines que j'ai pu entretenir dans le centre, j'ai eu la chance de connaître le début de l'informatisation des services de base. [...]

C'est dans mon centre, en collaboration avec un agent de Clermont-Ferrand, que les premières études ont été menées et qu'est né SICILE[3].

Sous ce sigle qui appelle plus au tourisme qu'à la fiscalité se cache la signification précise du nouvel outil de travail. En clair, il s'agit du système informatique des centres des Impôts et des liaisons extérieures.

À la faveur du mouvement de grève de 1989, la dotation en micro-ordinateurs a été sensiblement augmentée.

Les traitements du contentieux devinrent plus aisés. Très rapidement et grâce à la mise en réseau de plusieurs postes, l'instruction du contentieux des impôts locaux, tâche lourde, devint performante. Le traitement des différends put être traité sans délai, l'information du service de recouvrement assurée suivant un calendrier préétabli. À l'époque, cette liaison était assurée une fois par semaine.

L'outil était à la mesure des ambitions de tous. Personnellement, je n'y étais techniquement pour rien mais il me permettait d'envisager une organisation différente et plus efficace.

Les améliorations obtenues étaient suffisamment remarquables pour susciter des visites de représentants de l'administration centrale.

Georges Gaugain

---

3. *SICILE* : Système informatisé du centre des Impôts et de ses liaisons externes. Cette application permet la gestion du contentieux. Elle couvre la tenue informatisée du registre des réclamations et le traitement des dégrèvements de taxe d'habitation, CSG et impôt sur le revenu. « SICILE IR-TH-CSG » a progressivement été remplacée par ILIAD (informatisation de l'inspection d'assiette et de documentation)-contentieux.

LE RECEVEUR PRINCIPAL

(1970-1985)

Fondé de pouvoir

À la recette principale de Dijon-Sud, en 1970, je me remis rapidement, mais non sans efforts, au courant du service que j'avais quitté pendant sept ans, mais pour lequel j'avais incontestablement une nette préférence. Et pourtant, que de changements au cours de ces sept années. Il y avait bien peu de rapports entre la recette-contrôle de Givet et la nouvelle recette principale de Dijon-Sud. Certes, l'enregistrement y tenait encore une place, mais à vrai dire, une toute petite place, surtout lorsque le service des hypothèques eut repris l'essentiel des droits de mutation, avec les actes soumis à publicité foncière. En réalité, les CI et l'énorme TVA absorbaient, avec les restes à recouvrer qui s'ensuivirent, et allèrent en se développant constamment, les huit ou neuf dixièmes des forces du service. Et cela bien que Dijon-Sud assurât encore à l'époque le service de l'assistance judiciaire, devenu ensuite l'aide judiciaire, et ayant encore changé de nom aujourd'hui. Maintenant, et depuis déjà de nombreuses années, ce service est assuré par la Comptabilité publique. Le premier receveur principal que j'ai connu, et pendant seulement trois ou quatre mois, était issu des CI. Il s'occupait presque exclusivement de ces fameux restes à recouvrer. Et pourtant, ceux-ci, à l'époque, trouvaient facilement place dans l'un de ces bacs spécialement conçus pour eux, alors qu'en 1991, à Beaune, à la fin de ma carrière, il en fallait au moins quatre pour les contenir. Mon patron suivant venait de l'Enregistrement où il avait pratiqué le contrôle pendant plus de vingt ans. Nous avons aussitôt sympathisé, et sympathisons encore. [...]

Mon travail à Dijon-Sud m'a beaucoup intéressé. Il était très varié, car j'ai toujours mis un point d'honneur à m'occuper de toutes les parties du service, sans exception (assistance ou aide judiciaire comprise). C'était d'ailleurs tout à fait normal pour un fondé de pouvoir susceptible de remplacer le chef de service à tout moment, en cas de nécessité. À mon arrivée dans ce service, j'ai eu quelques problèmes avec le personnel, parmi lequel existaient d'ailleurs des incompatibilités d'humeur entre les anciens de l'Enregistrement et les anciens des CI. Ma conception du travail en équipe et mes méthodes de travail heurtaient aussi visiblement certains membres de ce personnel. Mais avec le temps, tous ces problèmes ont disparu, et nous avons ensuite travaillé ensemble en toute confiance et parfaite harmonie pendant de longues années, sans qu'il soit encore question d'incompatibilités d'humeur. J'ai quitté Dijon-Sud en 1981 dans l'espoir de réaliser une « carrière comptable » comme on disait alors. J'avais en effet appris que les fondés de pouvoir des recettes divisionnaires pourraient passer receveur principal de 2e classe dans un avenir plus ou moins proche. Aussi n'ai-je pas hésité un seul instant à demander ce poste, lorsqu'il est devenu vacant à la RD (recette divisionnaire) de Dijon-Nord. Nommé au poste convoité début septembre 1981, j'y suis resté sept ans. Confiné au départ dans les tâches d'enregistrement, comme mon prédécesseur, qui, ancien enregistreur convaincu, ne souhaitait d'ailleurs pas autre chose, j'ai aussitôt œuvré pour retrouver à Dijon-Nord le même rôle qu'à Dijon-Sud.

Pierre Pouget

La bonne occasion

Mon ami, receveur principal à Juvisy, ayant été promu conservateur des hypothèques à Autun, il ne me vint pas à l'esprit l'idée de convoiter son poste pour m'introduire parmi les employés dits supérieurs. L'épicerie du timbre, les manipulations comptables, les services de caisse, les fièvres des fins d'année, les vérifications à subir par des blancs-becs, dans la position d'un individu mis en examen – peut-être indélicat, qui sait ? – ; merci, j'avais déjà donné. Certes, ce poste m'ouvrirait la perspective d'un développement de carrière intéressant, mais semé d'embûches.

Or, le principal collaborateur de la recette entreprit une démarche auprès de moi. Au nom, dit-il, de tout le personnel, il souhaitait que je tente ma chance : on me connaissait, certains depuis longtemps, on m'appréciait. Cette démarche me fit réfléchir : une promotion sur place ne se refuse pas, pourquoi ne pas la solliciter ?

C'est pourquoi pendant les quatorze ans qui suivirent, successivement dans quatre départements, je redevins comptable public.

Mon prédécesseur avait parfaitement réussi, surtout depuis l'installation à l'hôtel des Impôts, la fusion morale des enregistreurs et des spécialistes de la TVA. J'entrais dans un milieu connu, sympathique, avec des collaborateurs compétents et dévoués.

Mais je posai assez vite le diagnostic :

- l'esprit de l'Enregistrement régnait en maître dans certains comportements, telle que la priorité accordée aux officiers ministériels, introduits par une porte séparée, ce qui leur épargnait l'attente aux guichets ;

- la comptabilité était encore tenue partiellement selon les méthodes, archaïques à mes yeux, des Contributions indirectes, qui postulaient notamment l'utilisation de feuilles de développement géantes pour les affectations, aux divers comptes, de chaque perception. Il existait des méthodes plus modernes, plus simples et plus rapides, celles de l'Enregistrement, les seules reprises dans les instructions ;

- l'action en recouvrement faisait ressortir un coefficient d'efficacité préoccupant, qui tenait d'ailleurs essentiellement à la structure des activités exercées dans le ressort.

Je fus donc contraint d'accorder la priorité à la TVA, et ne m'intéressai à l'enregistrement, sauf problèmes particuliers, qu'à l'heure des signatures.

Avec le temps, je parvins à faire disparaître les paperasses superflues, soi-disant indispensables à la recherche des erreurs. Les affectations comptables n'apparurent désormais que sur les documents *ad hoc*, au fur et à mesure de l'enregistrement des recettes.

On m'en voulut, de part et d'autre, de cette politique qui ne donnait raison à personne et condamnait des errements antérieurs mille fois consacrés par l'usage. Puis on s'inclina, on en prit son parti, on me pardonna mon audace, on oublia enfin, et on s'accoutuma aux pratiques nouvelles, qui représentent désormais la sainte et immuable doctrine.

Mes dossiers de reliquataires (c'est-à-dire débiteurs) étaient encombrés essentiellement par de très petites entreprises industrielles ou artisanales en difficulté. La cause de leur insolvabilité totale ou partielle se repérait aisément : les fonds propres avaient été dissipés, généralement dès le départ de l'activité, d'où absence ou insuffisance des fonds de roulement, recours habituel à un crédit à court terme très coûteux pour payer les échéances de fin de mois, déficits jamais comblés, mais en augmentation, bilans faisant apparaître parfois un capital négatif.

Très fréquemment, la défaillance de l'entreprise commençait vers la troisième ou la quatrième année d'activité, parfois même la cinquième, suite aux rappels de TVA après la conclusion du premier forfait (des rappels de cotisations sociales étaient réclamés également). Les taxes et cotisations diverses n'avaient pas été conservées en réserve.

Le défaut de paiement de la TVA et des cotisations sociales permet de franchir quelques caps jusqu'à la coupure de tous les crédits par les banques ; les papiers d'huissier s'accumulent alors dans les tiroirs des débiteurs, les inquiètent d'abord, les laissant à la longue sans réactions.

Dans la majorité des cas, j'observais que l'entreprise travaillait correctement, le niveau du chiffre d'affaires augmentait : parfois trop rapidement, augmentant le déficit, les dépenses nouvelles d'investissement nécessaires, appuyées par des crédits, gonflant les dettes avant que les recettes correspondantes soient encaissées.

Les mesures de coercition s'avèrent généralement inopérantes à l'égard de ces entreprises souvent marginales : ou bien la valeur des biens saisis est très insuffisante pour désintéresser le Trésor, ou bien les moyens de production appartiennent à un tiers, le dirigeant apparent n'étant que prête-nom (c'est habituel dans le textile). On rencontre toutes sortes d'obstacles : saisies antérieures, lenteur ou mauvaise volonté des huissiers, etc.

Pour redresser la situation de ma recette, considérée comme critique, satisfaire aux instructions, dégager un peu ma responsabilité, j'entamai brusquement une campagne de saisies massives, à l'aide d'un huissier débutant, très actif. J'ordonnai même un certain nombre de ventes de biens saisis. L'effet de sensation alentour fut plus notable que le produit de ces mesures. [...]

Le produit des redressements, suite à vérification de comptabilité, était généralement acquitté dans des délais satisfaisants. S'il arrivait qu'une entreprise en difficulté ait été vérifiée, ou la TVA déterminée par le service à défaut de déclaration, la cessation de paiement ne tardait pas à être déclarée, et un syndic de faillite désigné par le tribunal de commerce.

Robert Augiron

« Après la séance »

Préalablement à mon installation, je fus convié à participer, du 31 mai au 18 juin 1976, à un cycle d'information concernant le rôle du receveur en matière de taxes sur le chiffre d'affaires, de droits indirects et de recettes domaniales. Ce cycle portait également sur la comptabilité administrative, l'action en recouvrement et le contentieux de recouvrement. Du 21 au 25 juin, il fut complété par une session d'information administrative générale. [...]

Ainsi que prévu, j'entrai en possession de mon poste le 2 juillet 1976, « après la séance ». À elle seule, cette précision en disait long sur la notion de responsabilité personnelle du receveur et vous incitait à pénétrer dans le temple sur la pointe des pieds, avec une loupe et des pincettes ! La remise du service eut lieu conformément à la règle.

La recette principale des Impôts avait purement et simplement pris la place de l'ancienne recette centrale des Contributions indirectes et de l'entrepôt des tabacs. Le logement de fonction attribué à ce service avait été désaffecté pour être mis à la disposition de l'inspection centrale des Contributions indirectes. En l'absence de gardiennage, les conditions de sécurité n'étaient donc plus remplies. Les bureaux étaient répartis de part et d'autre d'une cour intérieure dont l'accès était protégé par une porte cochère et je constatai un jour que la serrure de cette porte « n'accrochait » que du bout du pêne. Il suffisait alors d'une légère poussée pour ouvrir le battant et pénétrer dans les lieux sans effraction. De quoi en attraper des sueurs froides et en perdre le sommeil à l'instar du financier de la fable ! Cette disposition des lieux était peu fonctionnelle. Qu'il pleuve ou qu'il vente, il fallait traverser la cour pour communiquer d'un bureau à l'autre, ce qui ne favorisait guère les contacts entre employés issus des deux anciens services fusionnés et avait abouti à l'instauration de petits « fiefs » personnels. Dès le début, je me persuadai que j'aurais à réagir contre cet esprit de cloisonnement. Le bureau du receveur était particulièrement inconfortable et je m'empressai de mettre en lieu sûr les documents risquant de souffrir de l'humidité des placards.

Fort heureusement, cette installation atteinte d'une incurable vétusté ne fut pas appelée à durer très longtemps. L'hôtel des Impôts de la résidence administrative commençait à sortir de terre et son édification demanda à peine un an. J'assistai néanmoins avec impatience aux réunions de chantier. Le bâtiment était principalement destiné à favoriser l'implantation des nouvelles inspections fusionnées d'assiette et de contrôle, mais également à renforcer les liaisons interservices par un regroupement des structures fiscales disséminées en différents lieux de la ville. Le transfert de l'ensemble des services de la résidence dans les nouveaux locaux eut lieu sous ma responsabilité. À cette fin, il était nécessaire de libérer un local assez vaste pour y rassembler le mobilier réformé de ces services. En effet, l'hôtel des Impôts devait être doté d'un mobilier standard, répondant aux normes de construction et de sécurité agréées.

Je choisis d'étrenner le premier la partie du bâtiment qui m'était réservée afin de pouvoir assurer sur place la réception et l'inventaire de ce mobilier selon les services de destination. Mon ancienne installation ayant été évacuée fit ainsi office d'entrepôt pour permettre l'identification et le recensement de la totalité du matériel réformé. [...]

La recette principale comportait un effectif de dix employés ayant à peu près tous franchi la quarantaine (c'était là le problème). Maintenant qu'ils se trouvaient réunis dans le même atelier, une vaste salle bien disposée et bien éclairée, j'espérais pouvoir réaliser l'osmose des deux clans : celui des Contributions indirectes et celui de l'Enregistrement. Je n'y suis parvenu que très partiellement et force m'a été de constater combien il était difficile de procéder à l'unification des compétences à l'égard d'agents qui avaient tous été formés sur le tas dans leur spécialité d'origine et que rien n'avait préparé à travailler dans l'optique d'ensemble d'un service fusionné.

De ce fait, ils n'étaient pratiquement pas interchangeables et ne se prêtaient guère volontiers à la mobilité interne de la cellule de travail. Cet état de choses avait pour conséquence de rendre particulièrement fragiles les mesures destinées à faire face à la période des congés annuels et de créer vis-à-vis du receveur une situation peu compatible avec la négation du principe du droit à l'erreur et la notion de responsabilité du chef d'autrui.

De plus, et durant la même période, la recette principale devait pourvoir au fonctionnement des dix recettes locales qui lui étaient rattachées, dont quatre d'entre elles n'étaient dotées que d'un seul agent. Pour m'aider à résoudre maintes difficultés quotidiennes, j'escomptais beaucoup du rôle du fondé de pouvoir. Il faut croire que ce poste n'était pas spécialement attractif car, en cinq ans, quatre agents s'y succédèrent. Le dernier me donna enfin entière satisfaction et me permit grâce à son expérience et son allant, d'insuffler dans le service une dose nouvelle de dynamisme et d'esprit d'équipe.

L'action en recouvrement se ressentait de plus en plus des répercussions du choc pétrolier de 1973 et les « ardoises » de la TVA avaient tendance à s'accumuler. Je dus veiller principalement, personnellement et matériellement à tout ce qui touchait à l'inscription des privilèges et des hypothèques légales, à l'interruption des prescriptions, à la constitution des cautionnements et autres garanties, aux saisies conservatoires, à l'envoi des avis à tiers détenteurs et à la participation aux procédures d'apurement collectif du passif.

La sauvegarde des intérêts du Trésor n'allait cependant pas sans certains affrontements de nature à heurter la sensibilité.

Relancé pour n'avoir pas respecté le plan d'échelonnement de paiement qui lui avait été accordé, un transporteur aux abois me menaça de revenir avec sa carabine !

À plusieurs reprises les spots lumineux de l'entrée de l'hôtel des Impôts furent brisés pendant la nuit. Mais la manifestation la plus spectaculaire eut lieu en mai 1977. Elle fut conduite par une association de jeunes vignerons qui, du fait d'une interruption imputable à la guerre d'Algérie, avaient vu leur privilège de « bouilleurs de crus » supprimé légalement. Ce privilège consistait en l'autorisation de distiller en franchise de droits une quantité de dix litres d'alcool pur. La suppression du privilège impliquait l'exigibilité des droits et j'étais donc appelé à les prendre en charge et à en exiger le paiement. En la circonstance il advint qu'une délégation de vingt-quatre de ces jeunes vignerons s'employa à réaliser l'occupation de mon bureau, exigeant à la fois l'abandon de la procédure de recouvrement et le rétablissement de leur privilège. Quant à moi, je devais leur servir d'otage jusqu'à ce que ma direction alertée par mes soins ainsi que le sous-préfet, leur fissent entendre raison, ceci assez tard dans la soirée. Avec le temps, ils finirent par payer ! Comment aurait-il pu en être autrement ?

Jean Bône

Une sinécure dorée ?

En 1977, je commençais à avoir de la bouteille et possédais l'ancienneté requise. Les rapports de mes inspecteurs principaux n'étaient pas mauvais. En un mot, j'avais le bon profil pour me voir attribuer ce poste que d'aucuns considéraient comme une sinécure dorée bien qu'en général, on ne se bousculât pas encore pour postuler à cet emploi. J'avais quarante-huit ans et je me voyais me reconvertir une nouvelle fois sans grand enthousiasme. Mais j'envisageais encore moins de passer encore douze ans à étriller les redevables des professions industrielles et commerciales suivant la terminologie administrative. [...]

Il subsistait des ombres au tableau en dehors de l'effort de réadaptation une nouvelle fois nécessaire qui allait m'obliger à un nouveau stage à Paris de six à huit semaines. J'allais trouver une équipe beaucoup plus nombreuse que celle que j'avais connue jusque-là dans ma vie professionnelle : deux contrôleurs et cinq ou six agents dont un excentré à Mussidan. Je les connaissais fort peu, à deux exceptions près. La recette était un monde à part, tant par les travaux qui s'y déroulaient, que par l'état d'esprit qu'on prêtait au personnel. Je n'ai jamais été un manieur d'hommes (ou de femmes) et mes expériences passées ne militaient pas en faveur d'une évolution favorable de mes prédispositions. Enfin, j'allais me couper presque complètement de mes anciens coéquipiers tant par mes activités, mes préoccupations, que par leur lieu d'exercice. Je changeai d'étage. Ce n'était pas un éloignement très important mais il était symbolique. Je ne rencontrerais plus aussi souvent les gens de l'assiette et, à la recette, je me sentirais bien seul sans l'amicale présence et le soutien moral de N. et de mon jeune contrôleur. Enfin, il faut savoir ce que l'on veut. Toute rose a des épines. On ne peut bénéficier du parfum sans accepter aussi les désagréments. Mais je tiens à souligner que je n'étais pas enthousiaste de ce qui pouvait paraître comme une flatteuse promotion. [...]

Je n'ai pas grand souvenir de mon installation dans mon nouveau poste. Les opérations intervinrent à la sauvette, à la fin de la journée du 31 décembre.

J'assistai, psychologiquement absent, à la présentation des documents et des valeurs, pensant, à juste titre, que j'aurais bien le temps plus tard de pénétrer progressivement dans les arcanes de mon nouveau métier. Mon prédécesseur qui vivait très à l'écart de son personnel ouvrit une bouteille de champagne et, en moins d'une heure, il m'avait passé les rênes. Il lui tardait de rejoindre son foyer distant de 150 kilomètres.

J'ai eu la chance d'aborder ces responsabilités à une époque calme. Les restes à recouvrer étaient de faible volume et les charges de travail légères rapportées à l'ensemble du personnel dont je disposais. Cette situation idyllique pour un débutant inexpérimenté devait sérieusement s'aggraver par la suite. Mais en cette année 1977, je pouvais prendre tout mon temps pour faire plus ample connaissance avec les obligations de mon nouveau métier. Mon acquis antérieur, s'il n'était pas directement utilisable, m'en facilitait la compréhension puisque j'étais maintenant à l'aboutissement de l'imposition à la TVA, au moment où l'impôt arrivait dans les caisses de l'État. [...]

L'ancienneté de mon équipe est à la fois un atout et une faiblesse. Ils sont tous originaires de la recette des Indirectes, ancêtre de la recette principale. C'est dire qu'ils connaissent leurs attributions parfaitement. Contrairement à ce qui est la règle dans l'Administration, la gent masculine prédomine ici. J'ai même trois anciens militaires reconvertis. À Riberac, je n'ai qu'une collaboratrice. Elle a pris en mains l'enregistrement des actes et s'en débrouille parfaitement. Elle s'est isolée dans un local à part mais elle est capable de participer à l'ensemble du service. À la recette locale excentrée à Mussidan, l'employée est une vieille amie qui ne me posera pas de problème. Le talon d'Achille réside dans mes cinq compagnons masculins qui forment un groupe hétérogène, source parfois de violentes disputes et en général, en état de guerre froide. Mon plus grand souci, au début, sera de parvenir à ce que ce moteur à explosion trouve un régime plus souple. J'essaie de ne rien bousculer et de faire avec le caractère de chacun. De toute manière, dans l'Administration, on ne choisit pas le personnel qui est imposé avec le poste, personnel sur lequel les moyens d'action sont très limités.

Je dois donc m'accommoder de leurs habitudes. Certains sont ponctuels et efficaces, d'autres arrivent à l'heure mais ne font pas grand-chose de ce temps de présence réglementaire.

J'ai également deux cas particuliers parfaitement symétriques. Côté clair, c'est un ancien élève de mon épouse, un jeune garçon avenant, de caractère agréable et surtout d'un dévouement à toute épreuve sur lequel je me reposerai tout au long des années passées là. Côté sombre, j'ai hérité d'un phénomène insaisissable, peu banal, qui fait ce qu'il veut quand il veut. Il peut se pointer aussi bien à 8 heures qu'à midi, repartir deux heures plus tard ou à 19 heures ou encore ne pas venir du tout. Il effectue la journée continue, avant la lettre, les jours où cela lui convient. Ces fantaisies sont connues de tous, notamment de la direction et même de la direction générale comme me l'a appris la consultation de son dossier. Tant que je ne hurlerai pas mon indignation, tout le monde s'en arrangera très bien. Bien sûr, son avancement est légèrement retardé et ses primes fixées au minimum mais il n'en a cure. Il est pourtant intelligent, peut-être trop pour se plier aux règles communes et lorsqu'il travaille, au moins les premières années, son rendement sera très satisfaisant. Je le supporterai donc longtemps sans me plaindre bien que son dilettantisme crée un malaise chez ses collègues. Par contre, à sa première absence injustifiée de plusieurs jours consécutifs, je le poursuivrai chez lui, chez ses parents, ses beaux-parents jusqu'à ce qu'il réapparaisse. À l'avenir, il sera entendu qu'il me préviendra dans tous les cas soit par une demande de congé, une autorisation d'absence ou un certificat médical qu'il semble obtenir avec facilité. Et il tiendra parole.

Pour l'instant, j'ai obtenu une sérénité de façade même si les tensions sous-jacentes émergent parfois. L'importance du personnel permet de faire face à la masse de travail qui n'est pas encore considérable. Je pense que les recettes ont été largement pourvues. À la généralisation de la TVA, l'Administration tenait à ce que la réforme aboutisse, aussi n'a-t-elle pas lésiné sur les moyens à cet endroit crucial de la rentrée des fonds. En outre, l'arrêté comptable est quotidien et les versements irréguliers, il faut donc un personnel suffisant pour absorber les pointes d'activité.

Les choses vont se gâter au fil des ans avec l'accroissement régulier des charges. Pendant longtemps, j'ai essayé de maîtriser la situation en prenant personnellement une part de plus en plus importante aux travaux matériels. Cette stratégie de l'exemple connaîtra rapidement ses limites et n'aura que peu d'influence sur le dynamisme de mes collaborateurs. [...]

En dehors de ces problèmes de personnel qui ont empoisonné mon séjour à la recette principale, le poste s'avéra rapidement être fort loin de ce qu'il promettait. Ce n'était plus une sinécure mais une galère. Au début, je pouvais me contenter de surveiller le recouvrement c'est-à-dire relancer les retardataires, enquêter sur leur situation réelle, les convoquer voire leur rendre visite. L'activité économique était soutenue et, sauf cas particuliers, mes contribuables ne connaissaient que des difficultés passagères.

Les dérapages étaient récupérés avec des délais. Mon coefficient de recouvrement était excellent et j'étais remonté au pinacle, plus du fait de la conjoncture favorable que par ma vigilance et mon activité personnelle. De ce fait, j'avais réussi à amortir quelques affaires malheureuses qui, en d'autres circonstances, auraient été sévèrement sanctionnées.

Ainsi, j'avais dû faire saisir la voiture d'un de mes débiteurs, ultime moyen de pression après des mois d'augmentation de son ardoise sans le moindre versement. Il vint me supplier de le laisser vendre lui-même le véhicule dont il tirerait un prix bien plus élevé que l'huissier. J'acceptai sur sa promesse de me remettre l'argent tiré de cette aliénation. Comme on s'en doute, je ne le revis pas. Ulcéré du non-respect de la parole donnée, je demandai à ma direction l'autorisation d'engager une action de détournement d'objet saisi (détournement assimilé à un vol). Bien mal m'en prit ! Le directeur me fit savoir dans une longue semonce que j'avais commis une lourde faute professionnelle. J'avais, par mon autorisation verbale, interrompu la procédure légale qui voulait que le bien saisi soit vendu aux enchères, l'intérêt du Trésor dût-il en souffrir.

Je me trouvai une autre fois dans la même situation avec les droits dus par un artisan qui avait cessé son activité. Beaucoup plus tard, j'apprends qu'il est salarié d'une entreprise. Je l'invite à effectuer des versements mensuels dans la mesure de ses moyens pour commencer à apurer l'arriéré d'impôt. Il fait naturellement la sourde oreille. Je me décide à lancer une saisie-arrêt sur son salaire. Cette fois, il se déplace : son patron menacerait de le licencier. Je suis bien ennuyé mais puis-je le priver de travail ? Dans ce cas, je perds tout espoir de recouvrement. C'est promis, juré, écrit et signé, il me versera tous les mois un acompte. J'accorde donc mainlevée et… je ne revis jamais mon client. Lorsque je renouvelai ma saisie-arrêt, l'employeur me signifia qu'il avait quitté l'entreprise. […]

Il était ainsi difficile de garder un juste équilibre entre les nécessités du service, l'efficacité et la simple humanité. Ces impératifs étaient souvent contradictoires et leur dosage respectif, plein de surprise. Par exemple, j'avais une grosse créance contre un transporteur auquel j'avais proposé un plan de règlement échelonné qu'il ne parvenait pas à respecter. Sa dette ne faisant que progresser chaque mois, après bien des démarches amiables et des menaces inopérantes, je me décidai à procéder à une saisie-arrêt chez un de ses clients. Le redevable ne pouvant plus faire face à ses obligations déposa son bilan… ce qui n'était pas le but recherché ! […]

On pourrait m'objecter que j'étais surtout sensible aux difficultés supportées et plus ou moins vaillamment défendues par les contribuables du sexe féminin. Cela ne correspondrait que partiellement à la réalité. Il est évident qu'on est plus facilement ému par les malheurs des filles d'Ève mais il m'est aussi arrivé d'aider quelques contribuables masculins que leur dulcinée avait laissé choir après avoir asséché les comptes en banque. Ces situations doublement désagréables, quasiment impensables quelques décennies plus tôt, n'étaient plus du tout exceptionnelles. Et les intéressés étaient d'autant plus désemparés que la loi exclut toute notion de vol entre époux. À leur éventuelle déconvenue sentimentale s'ajoutait une gêne financière extrême. La solidarité et la compréhension masculines ne pouvaient qu'être au rendez-vous !

Il fallait pourtant se montrer ferme et éviter les excès de sensiblerie qui auraient été préjudiciables aux intérêts du Trésor que j'étais mandaté à défendre. […]

Les difficultés économiques se multipliant, mes reliquataires se mirent à proliférer, quelque ardeur que je mette à les inciter à se libérer. Je passais des heures à signer des actes de poursuites. Une multitude de nouvelles taxes demandait une surveillance permanente de la péremption de ces créances. Les mesures conservatoires se multipliaient ainsi que les productions des créances aux procédures de règlement judiciaire. La prise en charge mécanographique des impayés, mal maîtrisée, nécessitait la refonte des états qui nous étaient fournis et des explications quant aux divergences constatées. Quant au contrôleur plus spécialement chargé de me seconder, quand il n'était pas aux abonnés absents, il avait bloqué son rythme de travail à un niveau tellement insuffisant que je dus le confiner dans une sinécure où il ne gênerait plus personne.

Jean Grellety

L'INSPECTEUR PRINCIPAL

(1952-1980)

« UN TOURNANT IMPORTANT »

La direction générale m'annonce en mai 1952 qu'elle m'inscrit sur la liste des agents admis à effectuer un stage probatoire pour l'accession au grade d'inspecteur principal.

C'est un tournant important dans le déroulement d'une carrière.

En effet, la nomination au grade d'inspecteur principal signifie l'accès à un poste d'employé supérieur et, de ce fait, la possibilité d'accéder ultérieurement à des emplois de plus grande autorité et même, peut-être, de directeur.

Les agents qui ne sont pas admis à ce stage, ou qui l'ont suivi sans succès, resteront inspecteurs ou inspecteurs centraux. Ils auront toutefois, mais dans plusieurs années, une possibilité de rattrapage par nomination au choix mais, en raison du décalage dans le temps, avec des perspectives d'avancement plus limitées.

Le stage, récemment créé, se substitue à l'ancienne sélection au choix des employés supérieurs. Il est très novateur dans sa forme, surtout par l'ouverture de la possibilité d'accès à l'inspection principale à des agents plus jeunes que dans le système antérieur.

C'est précisément cet aspect que certains syndicats contestent, en déclarant qu'un agent ayant moins de trente-cinq ans d'âge et quinze ans d'ancienneté ne peut avoir acquis la maturité d'esprit et la technicité nécessaires pour exercer un emploi d'autorité.

Je ne partage pas du tout cette opinion, d'autant que je n'ai pas encore trente-quatre ans, et que j'ai tout juste quinze ans d'ancienneté, mais en incluant près de quatre années de service militaire ou de mobilisation.

Le stage, qui comporte des épreuves écrites, un rapport d'enquête et des conversations avec le directeur général et plusieurs chefs de service de la direction générale, se passe apparemment bien pour moi.

Si bien que, quelques semaines après, j'apprends ma réussite et ma nomination comme inspecteur principal.

Les missions de cet agent supérieur (vérification et animation du travail des agents) étant tout à fait différentes de celles des inspecteurs (gestion et contrôle fiscal), cet avancement entraîne normalement un changement d'affectation.

En ce qui me concerne, mon directeur, après avoir recueilli mon assentiment, demande à la direction générale de me maintenir sur place, motivant sa demande par la grande spécificité du service des rôles, que je connais bien maintenant. Mon directeur souhaite m'en donner l'entière responsabilité au moment où son titulaire actuel accédera au poste de directeur adjoint de la direction, poste actuellement occupé par un agent déjà nommé directeur, mais n'ayant pas encore reçu l'affectation correspondante.

Cette demande acceptée, je continue provisoirement à exercer les mêmes fonctions qu'avant ma promotion.

Georges Guicherd

« Entre deux positions contradictoires »

L'inspecteur principal venait une fois par mois. Hiérarchique élément de liaison entre la direction et l'inspecteur, il apportait, à défaut de bonnes paroles, des consignes et des questionnaires d'ordre statistique. Il se tenait au courant de la marche du contrôle, exerçait des examens ponctuels dans des dossiers et parfois en faisait rechercher un certain nombre qu'il emportait pour alimenter ses rapports sur le travail de ses subordonnés. Il faut reconnaître que ses fonctions pouvaient le placer, et avec le temps cette situation inconfortable aura tendance à se pérenniser, entre deux positions assez contradictoires, pour ne pas dire antagonistes : les exigences de la direction, elle-même contrainte par des obligations venues du sommet, et les possibilités des services de base, à qui la charge habituelle de travail ne laissait pas beaucoup de moyens pour des missions supplémentaires et inopinées.

Ces circonstances ne pouvaient manquer de faire apparaître la personnalité de chacun des « employés supérieurs ». Le genre « adjudant de quartier » ne se rencontrait plus que rarement, mais les consignes restaient fermes. Seule pouvait varier la façon de les faire passer.

À la faveur d'une réorganisation mineure dans le département, l'inspecteur principal aux manières rugueuses céda sa place à un autre d'un abord tout à fait opposé. Vraisemblablement satisfait d'accéder à ce grade de la fonction fiscale, celui-ci, par le hasard aussi d'une heureuse nature, ne faisait pas un usage agressif ni sévère de sa nouvelle autorité. Affable dans ses manières, il accablait ses subordonnés d'un « mon cher camarade » qui semblait venir du cœur. Ce qui, pour d'obscures raisons, ne l'empêchait pas d'éplucher minutieusement des liasses entières de dossiers d'impôt sur le revenu et d'en dégager des rapports de contrôle d'une trentaine de pages. De tous les agents du département placés sous la férule de ce nouvel inspecteur principal, Bertrand ne fut pas le seul à bénéficier de cette attention très soutenue de son supérieur qui n'était mise en œuvre, disaient les rapports, que « dans un but éducatif ». Il n'en reste pas moins que la mise « au pilori » de tout ce qu'il était encore possible d'actionner après un ou plusieurs examens des déclarations ne pouvait manquer de faire naître une impression défavorable sur le travail de l'inspecteur et de ses agents. L'incriminé se contentait d'annoter les pages du rapport de la mention « vu et pris note ». Il eût été de mauvais goût d'engager par écrit le moindre semblant de justification susceptible de dévaloriser le rapport de l'employé supérieur. Bien entendu on entamait éventuellement une procédure de redressement sur les points relevés. Mais on ne pouvait s'empêcher de penser que cette tâche sans fin de l'examen des dossiers serait toujours perfectible, pourvu que l'on s'obstinât à passer son temps à la recherche du détail. Tel était du moins le sentiment consolant des agents vérifiés, très pris par des tâches multiples. Ces périodes épisodiques de tension ne purent altérer les bons rapports avec l'inspecteur principal.

André Marque

Bénéfices agricoles

Pour l'établissement de l'impôt sur le revenu, les bénéfices forfaitaires à l'hectare des exploitations de polyculture étaient fixés chaque année par une commission départementale comprenant le directeur des Contributions directes, président, trois inspecteurs principaux représentant les trois régies financières (CD, CI, E) et quatre représentants des agriculteurs désignés par les syndicats d'exploitants agricoles. Le directeur des services agricoles faisait également partie de la commission à titre consultatif. En cas de partage égal de voix, la voix du président était prépondérante. Les décisions de la commission départementale pouvaient être contestées devant une commission centrale siégeant à Paris qui statuait en dernier ressort.

En commission départementale, la profession et l'Administration présentaient chacune un compte d'exploitation-type qui avait surtout pour objet de faire ressortir une tendance par rapport à l'année précédente, tendance qui était le plus souvent à la baisse pour la profession et à la hausse pour l'Administration. Il aurait fallu normalement un compte par région agricole mais, depuis des années, les deux parités étaient d'accord pour n'établir qu'un seul compte, celui de l'Avranchin, les bénéfices moyens des autres régions s'en déduisant par l'application des coefficients.

J'étais donc chargé d'établir pour l'Administration le compte type de l'Avranchin pour le présenter ensuite devant la commission dont j'étais d'ailleurs le secrétaire. Il fallait d'abord faire une enquête sur l'évolution des rendements et des prix auprès des services agricoles et organismes divers, recouper les renseignements recueillis avec les mercuriales des foires et marchés relevées dans la presse locale et ébaucher un compte pour faire apparaître un premier résultat. L'année était d'ailleurs bonne pour ma première expérience puisque la récolte de pommes de 1952 avait été « la récolte du siècle » d'après tous les avis, sauf celui des exploitants qui était le suivant : « Pour dire qu'il y a des pommes… On peut pas dire qu'il y a pas de pommes. Mais pour dire qu'y a beaucoup de pommes… C'est une bonne demi-année ». Il n'y avait donc pas trop de problèmes pour donner un coup de pouce au compte de l'année précédente, mais encore fallait-il confronter le nouveau compte à ceux de mes collègues des autres départements normands, au cours de la réunion dite d'homogénéité, qui se tenait à Caen dans cet objet. À cette réunion, chacun veillait jalousement à ne pas être en flèche et on m'invita à remonter « mon bénéfice qui était trop bas et risquait de gêner les voisins car la profession savait aussi harmoniser ses propres comptes ». Devant mon feint embarras, on me dit : « Si vous ne pouvez pas faire autrement, remettez des pommes ». Je remis donc des pommes pour la première année, mais je retins la leçon pour l'avenir. Les années suivantes, j'allais à la réunion régionale avec mon compte sans pommes que je complétais en séance pour le mettre en harmonie avec ceux de mes collègues. Pour en revenir à mon premier compte ainsi rectifié, je le soumis à mon directeur qui me le rendit le lendemain en disant avec un sourire : « Je voulais simplement m'assurer que vous n'aviez pas fait faire à vos vaches deux veaux dans la même année ». Il voulait sans doute me taquiner et aussi me faire comprendre sans le dire que mon compte n'aurait pas beaucoup d'importance devant la commission. De fait, on échangea bien les comptes à l'ouverture de la séance, mais on n'en parla plus ensuite, bien que les discussions aient duré des heures.

J'améliorai tout de même ma connaissance du pays à l'occasion de cette réunion. Le directeur m'avait chargé de la préparer en choisissant moi-même un jour d'une semaine désignée par lui et j'avais envoyé les convocations aux membres. Le lendemain matin, mon collègue de Granville vint me voir avec ma lettre qu'il venait de recevoir et me dit : « Malheureux ! Qu'avez-vous fait. On voit bien que vous venez des terres ! Vous convoquez la commission des bénéfices agricoles le jour de la grande marée ! » J'appris ainsi que les Granvillais, toutes classes et tous âges confondus, allaient sur les grèves aux grandes marées pour ramasser soles, crabes, ormeaux et autres mollusques ou crustacés divers. C'était un moment à ne pas manquer et j'avais eu bien tort de l'ignorer. Bien entendu, la commission siégea à la date prévue et tout le monde était là. Mais je me munis pour l'avenir d'un calendrier des marées.

Lucien Perreault

« C'ÉTAIT BON À PRENDRE »

Le 19 mai 1958, je recevais du syndicat auquel j'adhérais une lettre amicale m'informant que j'étais proposé pour l'établissement du tableau d'avancement à la hors classe de mon grade en vue de la présélection des candidats au grade d'inspecteur principal. Cette éventualité remettait pas mal de choses en question. Nous occupions, avec mes beaux-parents retraités, une maison aménagée en duplex, disposition qui apportait une solution provisoire aux problèmes de cohabitation en attendant que nous puissions de notre côté accéder à la propriété. Dans cette intention, nous nous étions rendus acquéreurs d'un terrain à bâtir. Et puis ! En quel point du territoire l'inspection principale allait-elle me parachuter ? Devais-je faire ou non acte de candidature ?

M'abstenir contrariait la pointe d'amour-propre que l'offre de présélection avait suscitée dans mon esprit. C'était aussi trahir l'estime et la confiance que mes supérieurs m'avaient accordées. C'était perdre la face en quelque sorte. Mais accepter la candidature était aussi prendre un risque, celui de décevoir en cas d'échec.

Les épreuves eurent lieu à Paris début 1959. Elles comportaient un écrit d'une durée de six heures sur un thème théorique d'une dizaine de pages dont la clé se cachait bien entendu dans les dernières lignes. L'écrit était suivi d'un exercice réel de vérification au sein d'un service parisien, rapport circonstancié à l'appui. L'oral consistait à commenter ce rapport en s'appuyant sur la législation, la doctrine administrative ou la jurisprudence. L'ensemble des épreuves durait huit jours et se terminait par un entretien avec le chef du personnel.

J'en revins avec l'impression d'avoir été passé au crible, ressassant intérieurement l'appréciation finale qui me fut fournie à l'issue de cet entretien.

« En ce qui me concerne, mon opinion est faite ! » avais-je entendu. Mais étais-je bien sûr du sens de ces paroles ?

La notification portant date du 23 avril 1959 était rédigée au futur sous forme de propositions devançant la signature de l'arrêté ministériel de nomination. Elle disposait en substance, de mon inscription au tableau d'avancement dressé au titre de l'année 1958 pour l'accès au grade d'inspecteur principal ; de ma nomination à l'emploi d'inspecteur principal de 1er échelon des impôts ; de ma titularisation et de mon affectation en ma nouvelle qualité à la 2e inspection principale de la Haute-Saône en résidence à… Belfort. Il s'ensuivait toute une cascade de promotions rétroactives d'échelons au titre des années 1956 à 1959 avec rappels de traitement.

C'était bon à prendre !

Jean Bône

Montée en puissance

Dans le courant de l'année 1958, je commençai à me préparer aux épreuves du concours organisé en vue de la préparation du tableau d'avancement pour le grade d'inspecteur principal. À l'époque, il n'existait pas de préparation officielle. Aucune dispense ou réduction de service ne pouvait être espérée. Il fallait donc s'entraîner le soir et pendant le week-end. Je fus convoqué à Paris en février 1959 au titre du concours relatif à l'année 1958 (soit exactement trente ans après le concours équivalent subi par mon père). Le programme du concours était chargé et se déroulait sur deux semaines. Il comportait deux compositions écrites, chacune d'une durée de quatre heures : l'une portait sur un sujet d'ordre général, l'autre sur une question fiscale d'actualité non encore réglée ; puis, pendant quatre jours, chaque candidat devait réaliser une enquête dans un contrôle de Paris sur un thème touchant à l'organisation du service. La deuxième semaine était consacrée à une série d'une dizaine d'entretiens avec des « pontes » de la direction générale des Contributions directes et du Cadastre et se terminait par une discussion critique du rapport de stage avec l'employé supérieur responsable de celui-ci. Mon grand privilège fut d'avoir dans plusieurs bureaux des oreilles amies qui m'ont évité de perdre mes moyens en attendant mon tour.

Inscrit au tableau, j'ai été nommé à Bourges, mais, pour des raisons familiales, j'obtins un sursis d'installation à l'issue duquel mon affectation fut modifiée. Le 1er mars 1960, toujours trente ans après mon père, je rejoignis Besançon où je devais séjourner pendant presque quinze ans, mon plus long séjour administratif. [...]

Le département du Doubs est sensiblement plus important que celui que je venais de quitter. Un inspecteur-rédacteur principal et deux inspecteurs-rédacteurs constituaient la garde rapprochée du directeur qui pouvait compter sur quatre inspecteurs principaux dont un chargé du service du Cadastre. Une inspection centrale à Besançon, neuf inspections dispersées à Montbéliard, Maiche, Morteau et Pontarlier, trois ou quatre vérificateurs de comptabilités.

Le poste auquel je fus affecté – la première inspection principale – était devenu vacant par suite de la mise à la retraite anticipée de son titulaire, cet ami de mes parents que j'avais souvent rencontré dans le passé. Je ressentis comme un honneur et comme une lourde responsabilité le fait de prendre le relais de cet homme qui appartenait à la génération antérieure et dont les mérites professionnels me paraissaient immenses.

Outre des missions d'enquête sur les conditions d'exercice de certaines professions, mes fonctions comportaient l'animation et la vérification des inspections installées à Besançon et à Pontarlier. [...]

J'étais relativement jeune lorsque j'étais arrivé en Franche-Comté. Les agents des cadres A et B placés sous ma responsabilité étaient presque tous plus âgés que moi : j'ai senti que l'on m'observait et que, peut-être, l'on guettait un faux pas, une maladresse de ma part. J'ai donc redoublé de vigilance n'hésitant pas à toujours compléter mon information pour éviter toute erreur d'appréciation ou de jugement. Tout s'est fort bien passé ; mon objectif était que chacun fasse son travail dans le respect des délais et des directives reçues, ainsi que je le constatais dans mes investigations périodiques.

Si elle me paraissait administrativement indispensable, la tâche de vérification de service ne m'a pas réellement passionné, sauf lorsqu'il s'agissait d'aller en commune refaire, au cours d'une nouvelle tournée générale, le recensement des imposables aux impôts locaux, ou de procéder à des enquêtes sur certaines professions. Aussi n'ai-je pas hésité lorsque, fin 1962, le poste d'inspecteur principal de direction s'est libéré à Besançon.

Henri Grossein

IP de l'Enregistrement

En dehors des missions particulières qui pouvaient leur être confiées, l'essentiel du travail des inspecteurs principaux était la vérification des services (recettes ou inspections). Cette vérification, effectuée à chaque fois sur instruction du directeur qui fixait le temps à utiliser pour l'opération, comportait deux niveaux. Le premier était la « situation de caisse », effectuée à l'improviste et qui avait pour but principal de s'assurer de l'exactitude de la caisse. Pour ce faire, il convenait de compter l'encaisse en numéraire et en CCP, calculer la débite du timbre et les diverses recettes depuis le début du mois, vérifier les additions des registres de recettes et tenir compte des versements au Trésor ou autres dépenses effectuées par le receveur.

Il était rare, à l'époque (dans les années cinquante), avec le système comptable alors en vigueur, que la caisse fût exacte à quelques francs près en raison, notamment, du fait que le CCP était débité de 0,50 F à chaque virement et que le comptable oubliait généralement de mettre de sa poche la même somme dans le numéraire pour compenser cette dépense qui était à sa charge.

C'était tellement habituel que je connais un ancien collègue, aujourd'hui plus que centenaire, qui, lorsqu'il trouva un jour une caisse absolument juste, ne voulut pas l'admettre ; craignant de n'être pas pris au sérieux par la direction ou que le receveur, prévenu de son intervention, ait fait cadrer l'encaisse avant son arrivée, il fit apparaître dans son rapport une faible différence, au grand désespoir du comptable qui mettait un point d'honneur à présenter une caisse juste.

Le calcul de la débite du timbre n'était pas chose aisée ; il fallait décompter soigneusement le stock et tenir compte des quantités reçues depuis le début de l'année. Cette opération se compliqua sérieusement après la création des « vignettes »[4] pour les automobiles, avec leurs multiples quotités et leur montant élevé ; si vous « faisiez la caisse » (comme on disait) à l'époque de la vente des vignettes, vous n'étiez pas sorti de l'auberge.

Il ne fallait pas non plus que la situation de caisse fût effectuée trop en avant dans le mois comptable (qui se terminait le 25), sans quoi vous étiez astreint à faire une suite d'additions aussi longues que fastidieuses. [...]

La vérification de la caisse était complétée par une vérification cursive du service qui consistait à s'assurer que toutes diligences étaient faites pour recouvrer les droits en suspens, faire des révisions suffisamment fréquentes des sommiers des droits en surveillance, etc. L'inspecteur principal indiquait en marge les diligences qu'il lui paraissait opportun d'effectuer. Il fallait également s'expliquer sur la sécurité du bureau et la reliure des instructions officielles qui, fournies à l'époque sous forme de cahiers séparés, devaient être reliées tous les ans aux frais du receveur.

Ces situations de caisse périodiques étaient complétées par la vérification approfondie d'une ou plusieurs gestions annuelles pour laquelle un délai plus important était accordé au vérificateur.

L'addition des registres comptables représentait un travail particulièrement indigeste mais indispensable. Il fut confié, plus tard, à un service spécialisé de la direction pourvu d'une de ces additionneuses électroniques qui commençaient à se répandre.

La comparaison, par épreuves, des enregistrements, avec les minutes des notaires, permettait de s'assurer que les enregistrements étaient bien conformes aux actes et que les droits avaient été correctement calculés ; la recherche des erreurs de perception était une partie importante du service ; si leur nombre était trop élevé, c'était un mauvais point pour le comptable.

À l'appui de son rapport, l'inspecteur principal devait également fournir des feuillets de notation comportant des appréciations stéréotypées figurant, en ordre croissant de valeur, dans un guide du vérificateur que se repassaient religieusement les employés supérieurs.

Il convenait, également, de relever les erreurs ou fraudes pouvant être décelées au moyen de recherches extérieures (insuffisances de prix ou

---

4. *La taxe différentielle sur les véhicules à moteur*, la « vignette », droit de timbre, a été créée en 1956. Comme la taxe professionnelle, ses taux varient suivant les départements.

d'évaluations, dissimulation du véritable caractère d'un contrat, etc.). Cet examen était étendu aux déclarations de successions.

Caractéristique essentielle de ces « découvertes » : l'inspecteur principal devait lui-même en poursuivre le recouvrement, discuter avec notaires et contribuables, préparer, éventuellement, le contentieux judiciaire et rendre compte, chaque année à la direction, de la situation des articles relevés par lui. Depuis la fusion des services, cette règle a été abandonnée, la suite des découvertes étant laissée au receveur (ou au contrôleur) sous la surveillance de la direction à qui doivent être envoyées, sur fiches individuelles, des copies des consignations portées au registre des découvertes du bureau.

Louis Traissac

IP des Contributions directes

En 1960, ayant embrassé depuis plus de dix ans toutes les formes de fonctionnement d'un service de base des Contributions directes et me considérant assez armé au plan des connaissances professionnelles pour affronter des épreuves de sélection pour un emploi du cadre supérieur, je décidai de préparer le concours d'inspecteur principal. C'était une nouveauté pour mon administration, dont les promotions étaient faites uniquement au choix jusqu'en 1958 ; l'harmonisation des recrutements et des carrières entre les trois régies financières avait conduit la DGI à sélectionner les inspecteurs principaux par voie de concours ouvert à tous les agents répondant à certains critères d'ancienneté que je remplissais pour le concours de ladite année. Les discussions sur les modalités pratiques d'organisation du concours se prolongeant au-delà de la date prévue, les épreuves écrites de la sélection effectuée au titre de l'année 1960 se déroulèrent à Paris les 21 et 22 décembre 1962 seulement. Aucune préparation spécifique n'était organisée par l'Administration et j'avais donc décidé de m'inscrire à la « préparation F. Lefebvre » pour l'épreuve générale de nature économique et financière, la seule qui fasse l'objet d'une préparation appropriée au concours. Elle comportait six types d'épreuves, allant du commentaire du rapport Rueff-Armand de 1958 sur la modernisation de l'économie française à l'analyse de la loi d'orientation agricole de 1960. [...]

Je crus bien réussir « l'épreuve reine », consistant en un commentaire d'une phrase de M. Baumgartner, ministre des Finances et des Affaires économiques. [...]

L'épreuve technique posait le problème de la comptabilisation des sommes acquittées lors de l'importation d'une machine mise à la disposition d'un industriel par un fabricant étranger, en vertu d'un contrat de location-vente d'une durée de six ans. Ce système connu sous le nom de « *leasing* » n'en était encore qu'à ses débuts et l'Administration, qui n'avait pas arrêté sa doctrine en la matière, soumettait la question aux candidats afin de trouver dans leurs réponses les ébauches d'une solution. Déclaré admissible comme 90 autres candidats des Contributions directes (sur 177 au total), je fus appelé à participer aux épreuves orales à Paris sur trois semaines environ, du 19 février au 7 mars 1962. Au milieu et à la fin des conférences et visites de services ou d'entreprises, elles comprenaient deux interrogations : l'une, exclusivement technique, dite du « petit jury », présidé par le directeur du stage, l'autre, plus générale, dite du « grand jury », composé de chefs de service de la direction générale. Rassuré sur mes connaissances, je n'en restais pas moins inquiet quant au résultat ; aussi est-ce avec une grande joie que j'appris téléphoniquement mon succès le 9 mars, confirmé par la publication de la liste des admis où je figurais en très bonne position (6e rang), ce qui me laissait augurer d'une affectation pouvant correspondre à mes choix de résidence. Je fus en effet nommé à la 2e inspection principale des Contributions directes du Loir-et-Cher, en résidence à Blois, avec installation dans mon nouveau poste le 2 juillet 1962.

Les fonctions d'inspecteur principal des services avaient ceci de particulier qu'elles n'étaient soumises à aucune contrainte de présence ou d'horaire, couvrant d'une part un rôle d'animation et de vérification des services, d'autre part l'exécution de missions ou d'enquêtes, régulières ou occasionnelles, programmées ou à l'initiative de l'employé supérieur lui-même. Elles imposaient par contre une obligation de résultats, soit par la rédaction de rapports de vérifications des services, soit par la production de comptes rendus d'activités périodiques, le tout repris dans un « compte rendu annuel d'activité » individuel et personnel, constituant un exposé synthétique de la façon dont avaient été assurées les diverses tâches de l'inspecteur principal, la récapitulation de ses travaux personnels, l'appréciation du travail des agents de sa circonscription d'exercice, et enfin l'information du chef de service départemental pour lui permettre d'effectuer le contrôle de l'exécution des attributions et missions déléguées. J'appréciais au plus haut point cette grande liberté d'action et de mouvement, dans un cadre étendu de surveillance des services et de présence de l'Administration par des contacts fréquents et approfondis avec les représentants officiels ou officieux de la vie sociale et économique.

Rolland-Gérard Lesperon

VÉRIFICATION DES SERVICES

La vérification des services, si elle est parfois un peu fastidieuse, permet d'appréhender la totalité des tâches d'assiette et de recouvrement.

L'assiette des taxes sur le chiffre d'affaires est d'un contrôle relativement simple. L'essentiel est de vérifier que les indemnités de retard et autres pénalités sont convenablement calculées et recouvrées, toutes les opérations manuscrites et sans machine à calculer. Les services sont dotés de machines à écrire et du téléphone, ce qui constitue un progrès certain.

Le contrôle des différents impôts et taxes en matière de contributions indirectes est plus complexe, et aussi plus varié : contrôle des abattoirs, dont l'installation ne répond pas toujours aux mesures sanitaires les plus élémentaires, surtout dans les campagnes, car, dans les villes, les abattoirs sont un peu mieux aménagés, et un vétérinaire et son ou ses assistants y exercent leur contrôle en permanence.

Bien sûr, il n'y a aucune production de vin dans le ressort de la direction de Lille, ni aucun bouilleur de cru. [...]

En 1962 encore, je suis chargé du contrôle d'une usine de fabrication de « capsules représentatives de droits » dites capsules-congés[5].

Un agent est spécialement chargé de tenir les comptes des quantités produites par nature et catégorie de capsules ; lesquelles doivent être emmagasinées avant leur expédition chez les négociants dans un atelier fermé à clé, les machines devant être munies d'un compteur scellé par l'agent des Impôts.

La vérification des recettes est plus absorbante, étant donné l'importance des sommes mises en jeu. Outre la vérification des documents de recettes, il convient de vérifier que toutes les déclarations déposées et non suivies de paiement immédiat sont prises en charge au registre des restes à recouvrer. Il faut s'assurer de la concordance entre les quittances et les inscriptions au registre des comptes individuels tenu par le service d'assiette.

Enfin, il faut vérifier que les sommes portées en reste à recouvrer ont fait l'objet des mesures interruptives de la prescription et de mesures de poursuites efficaces. Il convient de vérifier que les recettes pratiquement irrécouvrables font l'objet de poursuites. Toutes ces opérations sont manuelles, l'informatique

---

5. Droit de transport de certaines marchandises, le congé, en ce qui concerne les bouteilles de vin, est une capsule sur laquelle figurent les mentions attestant que le paiement des droits a été effectué. Il est ainsi question de « capsule-congé » ou de « capsule représentative de droits ». La capsule, en métal ou en plastique, est fabriquée selon un modèle agréé par l'Administration. Apposée lors de la mise en bouteille, c'est à la fois une quittance et un titre de mouvement. Voir aussi note n° 2 du chapitre III, *Congé, passavant, acquit-à-caution*.

n'ayant pas encore fait son apparition dans les services. Dans l'ensemble, ces vérifications ne révèlent aucune erreur grave ni aucun dysfonctionnement.

Edmond Montagne

« Mes premières armes… »

En décembre 1964, l'admission au concours d'inspecteur principal me fit rejoindre le département du Cher en qualité d'inspecteur principal des services.

Ce département, très riche en patrimoine historique et culturel, n'était pas réorganisé. La régie financière des Contributions indirectes à laquelle j'étais encore rattaché, bien qu'issu d'un recrutement unique, était encore bien campée sur ses anciennes structures. […]

La vérification et l'animation de tous les services du secteur nord du département me furent confiées. Ces services étaient très différenciés dans ce département à vocation vinicole : recettes principales avec les situations de caisse, les mesures conservatoires et plans de règlements des restes à recouvrer, les obligations cautionnées ; inspections d'assiette avec les relances des retardataires, les vérifications sur place ; contrôles ruraux avec les inventaires de marchands en gros de la butte de Sancerre, les déclarations de récoltes, les distillations, le contrôle des titres de mouvement, les spectacles[6], la taxe unique sur les viandes[7], la taxe sur les transports… Enfin, la vérification de l'entrepôt des tabacs et des poudres tenu par un ancien employé supérieur… Il y avait de quoi s'occuper ! […]

Mes attributions professionnelles nécessitaient une disponibilité de tous les instants et une organisation conciliable avec le retour, le « week-end », vers la famille demeurée à Caen, entre les interventions sur place, l'assistance aux vérifications ou la rédaction des rapports pour la direction.

Je me souviendrai de ces soirées tardives consacrées à la dactylographie des rapports sur une machine « Antarès » portable acquise chez un marchand d'articles de bureaux de la rue du 11 novembre à Caen. Elle fait piètre figure auprès de mon traitement de texte imprimant qui lui a succédé sur mon bureau de retraité, mais se révèle encore utile pour rectifier des éditions incomplètes. […]

---

6. *Taxe sur les spectacles* : Voir note n° 23 du chapitre V.
7. *Taxe unique sur les viandes* : Voir note n° 28 du chapitre V.

Dans le cadre de la vérification du contrôle rural de Sancerre, il fallait bien assister à l'inventaire des chais d'un marchand en gros récoltant ce vin prestigieux. Après clôture des écritures et taxation éventuelle des manquants anormaux, la dégustation du produit d'un cru réputé s'imposait sous peine de froisser les susceptibilités… La sobriété s'imposait. […]

La vérification des livres d'abattoir et des vignettes dans les tueries particulières n'était pas de tout repos ! Un abattoir de Sancoins avait la réputation de se soustraire à ses obligations et d'opposer au contrôleur des mesures d'intimidation assez coutumières à l'époque dans la profession.

Une intervention inopinée permit de constater la non-tenue du registre et de régulariser la situation par procès-verbal, ce qui incita le redevable à une plus grande diligence… mais n'empêchait pas les abattages clandestins difficiles à détecter… La taxe sur les viandes devait par la suite être rayée de l'arsenal fiscal… Il est vrai que celui-ci avait déjà atteint, autour des années 1953, un stade délirant avec la taxe à la production, les taxes sur les transactions ou locales aux taux réduits ou majorés, les taxes à l'achat, les taxes sur les cuirs[8]… On pouvait compter sur une déclaration de CA plus de douze taxations différentes ! Le temps perdu par le redevable et le service pour établir ou vérifier une telle déclaration ! Chacun trouvait cette situation irrationnelle et aberrante. Il aura fallu plusieurs années de réforme pour aboutir à un régime simplifié.

Notre direction avait une tendance « anciennes Contributions indirectes » très marquée. Aussi, toutes les occasions pour enrichir les statistiques d'infractions contentieuses, distillations ambulantes, contrôles à la circulation… étaient mises à profit…

Les changements de prix du tabac représentaient une aubaine pour la vérification des déclarations de stocks et sanctionner les insuffisances par procès-verbal ! […]

Mes premières « armes » d'inspecteur principal livré en solitaire à de nouvelles attributions dans un nouveau département furent pour ma part un exercice difficile mais très formateur. Loin de ma famille, je consacrais à cette nouvelle fonction tout mon temps avec la foi d'un néophyte ! Les résultats furent encourageants. La situation des retardataires et le nombre de vérifications retrouvèrent un niveau très satisfaisant. […]

Nous nous disposions à nous installer dans ce département attachant, à la rentrée scolaire 1966-1967, quand un poste d'inspecteur principal se dégagea soudainement à Caen. […]

Mon retour à Caen, début 1967, me permit de retrouver les anciens collègues et les services avec lesquels j'avais conservé d'excellentes relations.

8. Voir notes n°s 28 et 32 du chapitre V, *Taxes uniques, taxes sur le chiffre d'affaires.*

On me confia la vérification et l'animation des services des circonscriptions de Vire, Villers, Cabourg, Trouville-Deauville et Pont-l'Évêque. Je devais rédiger parallèlement le rapport annuel de l'activité des services de mon ressort dans le département du Cher.

Ces attributions « classiques » d'inspecteur principal me permirent, durant près de deux ans, de connaître plus profondément le fonctionnement des services du département du Calvados, où j'avais exercé en qualité de vérificateur des entreprises.

Les spécificités propres au département, cidreries, distilleries, bouilleurs de cru, m'impliquèrent, parfois, dans des situations contentieuses délicates, mais me firent découvrir de plus près la campagne normande dans les lieux enchanteurs du bocage virois. [...]

Les contrôleurs des Contributions indirectes de l'époque résidaient dans des agglomérations excentrées, très souvent sur les lieux de la matière imposable. Ainsi, M. J. possédait son bureau à Cabourg à proximité des distilleries de Dives ou des cidreries de Dozulé. Il avait la surveillance des marchands en gros, des distillateurs, des bouilleurs de cru, des bouilleurs ambulants de son secteur et assurait avec l'aide de son adjoint l'inventaire de ces établissements. Il procédait à l'arrêté des recettes des entreprises de spectacle, des recettes-buralistes et débitants de tabacs de son secteur, sans oublier la surveillance des abattoirs avec la taxe unique sur les viandes et les nombreuses enquêtes confiées par la direction. Ces attributions conduisaient parfois à des procédures contentieuses délicates. Je me souviens des manquants importants constatés à l'inventaire de cuves de cidre chez un gros producteur de la région à l'aide des formules mathématiques et de la méthode de « l'empotage » ! [...]

Le directeur se souvenant de ma formation de vérificateur général des entreprises mit fin à mes fonctions de « généraliste » exercées durant près de deux ans et me proposa une fonction de chef de brigade de vérifications chargé en outre de viser les rapports des secteurs d'assiette.

Nous étions déjà en période de création des directions uniques, de centres des Impôts groupant les trois régies et de recettes de centre ! La direction générale des Impôts opéra certainement l'une des plus importantes réformes administratives. Cette tâche fut menée avec succès grâce à la participation active des personnels et au soutien de la direction générale.

La suppression de certains postes et leur regroupement dans les nouveaux centres nécessitaient des actions de formation professionnelle. La formation des agents reclassés à la vérification des entreprises m'incomba. Cette formation fut axée sur une méthode active de l'étude de la comptabilité adaptée aux redressements à opérer sur les comptes du bilan ou d'exploitation. Un précis de vérifications des comptabilités fut mis au point par mes soins avec l'avis de vérificateurs expérimentés, en se référant à des redressements déjà opérés sur des postes sensibles.

Des réunions de brigade hebdomadaires tenues à l'hôtel des Finances permettaient de faire le point de la législation et de confronter les avis sur des questions litigieuses. [...]

Cette fonction de chef de brigade était certes passionnante mais combien épuisante quand, dans un souci d'harmonisation, je fus désigné pour viser en outre les vérifications des secteurs de fiscalité des entreprises (FE) des centres des Impôts. À ces différentes missions s'ajoutaient, l'assistance aux conseils de direction, aux commissions départementales des Impôts, la représentation de l'Administration devant les tribunaux judiciaires, les commissions de notation, la formation professionnelle, les rapports de fin d'année, etc.

Jean Calvez

Un nécessaire contrepoids

Il y avait, à Rouen, un inspecteur principal des services pour sept inspecteurs ou inspecteurs centraux en moyenne pour la seule administration des Contributions directes. Au regard de la règle d'économie d'Adam Smith, qui doit régir tout système fiscal, l'existence d'un corps aussi étoffé d'employés supérieurs ne pouvait se justifier que pour des motifs d'une importance évidente.

Le premier d'entre eux me paraît le nécessaire contrepoids à la grande étendue des attributions de l'inspecteur qui peut redresser les déclarations fiscales, sous réserve d'observer une procédure minutieusement décrite par le code des Impôts. Le second est de motiver, d'inciter l'inspecteur à faire usage de ses pouvoirs légaux, c'est-à-dire de contrôler les déclarations des contribuables et ne pas admettre celles-ci comme l'expression d'une vérité intangible. La tentation de la passivité est grande de se borner à classer dans les dossiers les déclarations annuelles, et de retirer chaque année la déclaration la plus ancienne, atteinte par la prescription. Le troisième et peut-être le plus nécessaire est de renseigner le directeur des Contributions directes, responsable du fonctionnement des services fiscaux dans un département, sur la situation réelle des inspections. De ce point de vue, la férule hiérarchique s'est toujours avérée plus pesante dans les services fiscaux que dans les autres services civils de l'État.

Un inspecteur principal pouvait au demeurant exercer d'autres tâches que celles consistant à animer ou vérifier les services de base. Il pouvait choisir de diriger une brigade de vérifications de comptabilités, de même qu'il pouvait demander à être affecté à un emploi de rédacteur dans les services de direction ce qui conférait une certaine vocation à une promotion à un emploi de commandement. Cette vocation paraissait cependant plus nette chez les inspecteurs principaux pressentis pour exercer leurs fonctions dans les services centraux de la direction générale des Impôts, issue de la fusion des anciennes régies fiscales, réalisée en 1948. […]

Dans ma circonscription, durant les trois premières années d'exercice des nouvelles fonctions, je poursuivais les tâches léguées par mon prédécesseur. Il avait mis sur pied un système de suivi des observations qu'il consignait sur ses rapports de vérification de l'état du service. Cette préoccupation m'était apparue essentielle, car si relever les anomalies, irrégularités ou insuffisances gisant dans les dossiers est une nécessité administrative, s'assurer de l'exécution par l'inspecteur des régularisations des affaires signalées était une obligation non moins impérative. Chaque nouveau rapport, et il y en avait une vingtaine par an, comportait désormais un paragraphe sur l'apurement des affaires anciennes.

Les inspecteurs se plièrent de bonne grâce à cette contrainte. Ils étaient tenus informés par mes soins des conseils recueillis auprès du directeur et je n'omettais pas de les tenir informés des modifications affectant la réglementation fiscale. La mission de l'inspecteur principal s'effectuait ainsi pour partie par des contacts personnels et des échanges verbaux. Cette collaboration constante pouvait tisser des liens de considération, voire d'amitié entre supérieur et subordonnés et nuire à l'obligation d'impartialité. Les travaux annuels de notation étaient heureusement de nature à maintenir une distance minimum. Vis-à-vis des inspecteurs, l'inspecteur principal était notateur au premier degré. Ses appréciations sur la manière de servir étaient définitives. Par contre, la progression de la note était du ressort du directeur, mais le plus souvent ce dernier suivait les propositions des inspecteurs principaux. Le conseil de direction siégeant pour la notation effectuait des arbitrages car les propositions de majoration de note excédaient chaque année les possibilités octroyées par la direction générale.

La notation des autres personnels de l'inspection principale laissait une place importante à l'appréciation de l'inspecteur, tenu de porter un jugement sur la manière de servir de ses collaborateurs. Les instructions lui demandaient de se prononcer sur des critères précis comme la ponctualité, l'assiduité, l'ordre et la méthode dans les travaux, l'aptitude à appliquer les directives reçues. Souvent cependant, et on peut le regretter, l'appréciation se limitait à un bon agent, ou à un excellent agent à tout point de vue. Les réserves, les reproches, les griefs se sont raréfiés de sorte que le système de notation, accepté avec réticence par certaines organisations syndicales, risquait d'être atteint de formalisme et de sclérose. N'allait-il pas être secoué par les événements de 1968 ?

Paul Vallès

Une expérience très formatrice

À cette époque, les échelons du commandement – si je puis m'exprimer ainsi – des services des Contributions indirectes d'un département de moyenne importance, comme celui du Loir-et-Cher, comprenaient, sous l'autorité du directeur : un inspecteur principal chef des bureaux, sédentaire, adjoint au directeur, assurant l'encadrement des services de direction et la gestion administrative de l'ensemble des services du département, et deux inspecteurs principaux des services, mobiles, assurant la surveillance et la vérification des services du département, à l'exception des services de direction, la règle voulant qu'ils chapeautent à tour de rôle la moitié des services par rotation géographique semestrielle ou annuelle.

Les inspecteurs principaux dépendaient directement du chef de service départemental, lequel leur adressait leur programme de vérifications, les chargeait des missions ou des enquêtes qu'il estimait nécessaires et auquel ils rendaient compte directement et personnellement. Bien évidemment, ils entretenaient aussi des relations de travail étroites avec leur collègue chef des bureaux dont la mission portait sur l'ensemble des problèmes qui pouvaient se poser dans le département, qui était le plus souvent à l'origine des propositions relatives au programme des vérifications de services qui leur seraient imparties et avec lequel ils partageaient les travaux de notation des personnels.

Mais le lien entre les inspecteurs principaux et le directeur était direct et ils participaient, mensuellement, à l'occasion de la remise de leurs rapports, à la réunion de travail au cours de laquelle étaient évoquées les questions importantes ou essentielles, les orientations décidées et certains problèmes réglés.

J'assurerai cette activité dans le Loir-et-Cher pendant un peu plus d'un an, faisant l'apprentissage de ces nouvelles fonctions, élargissant mes connaissances par le contact avec tous les services et la nécessaire étude de leurs difficultés, forgeant mon caractère par l'appréciation de chacun des aspects de ma mission, le plus souvent formatrice, éducative, parfois répressive, m'appliquant au dialogue, cherchant constamment à conserver un contact serein et objectif avec mes anciens collègues dont j'étais maintenant chargé de surveiller et de vérifier les travaux.

Je dois dire que cette expérience dans le département où j'avais tenu mon premier poste, connu pratiquement tous les agents, fait partie de la même organisation syndicale, participé aux mêmes réunions, aux mêmes actions, partagé parfois leurs joies ou leurs peines comme eux-mêmes les avaient partagées avec moi, a été pour moi très formatrice car elle m'a permis une approche réaliste et objective des problèmes liés à mes nouvelles fonctions sans en occulter les aspects humains.

Joseph Mounié

Le pied à l'étrier

Le train de nuit m'emmène vers Paris ; le moral n'est pas au plus haut. Matinée dans la capitale parée des décorations de Noël, visites à des collègues, à des amis… « C'est très loin la Moselle ! » Après-midi, gare de l'est, départ pour Metz. Mais, où vais-je donc ? Arrivée à 17 h 30, le brouillard, la nuit, la gare massive et triste. À quelle heure le prochain train pour Paris ? Soyons sérieux, demain, j'ai rendez-vous à la direction à 8 h 30 !

Le directeur m'accueille à bras ouverts. Il me reconnaît et se félicite de m'avoir comme inspecteur principal. Il y a plus de 20 bureaux de recette « enregistrement » dans le département, et un seul vérificateur en poste avant moi. Certains services n'ont pas été vérifiés depuis plusieurs années. Il m'invite à me rendre à Sarrebourg, à 100 km du chef-lieu et me charge de m'occuper des bureaux de ce secteur. Me voici donc en route pour ma nouvelle résidence, muni, au préalable, d'un ordre de service me prescrivant de m'installer « à la recette E de Sarrebourg afin de vérifier (en méthode IV) la gestion du receveur ». « Vous disposerez, pour cette opération d'un délai de 15 jours, me disait encore ce document, à l'issue duquel vous me rendrez compte de votre mission ».

Mon expérience, même très brève de receveur allait m'être extrêmement précieuse. À cette époque pourtant pas si lointaine, il n'existait aucune formation à la vérification des services ; pour un débutant, porter un œil critique sur le travail de collègues souvent chevronnés et compétents relevait un peu de la gageure. Heureusement, les anciens étaient toujours prêts à aider les jeunes et à leur confier la documentation qu'ils avaient amassée au fil des ans.

La Moselle avait sa spécificité comme tous les départements d'Alsace-Lorraine. […]

Mais l'appel du Sud commençait déjà à se faire entendre, surtout pour les miens. Ma demande de mutation fut reçue avec compréhension par le directeur. Il ne me donnait pas beaucoup de chances d'obtenir satisfaction, car je venais d'arriver. Mais un jour de juillet, il m'annonça que j'étais nommé en Ariège, où l'on créait une direction unique (CD/E/CI), ce département étant antérieurement rattaché à la Haute-Garonne. […]

En Ariège, on me confia la vérification des services de l'Enregistrement et de la fiscalité immobilière. Le département n'était pas entièrement réorganisé. Il fallut appréhender les nouvelles conditions de travail, s'adapter à de nouvelles mentalités tellement différentes de celles rencontrées dans l'Est. [...]

Dès mon arrivée, j'avais été chargé, outre la vérification des services, des fonctions de commissaire du gouvernement en matière d'expropriation en 1re instance et en appel. [...]

Parmi les postes vacants publiés en 1971 figure celui de chef d'échelon de la direction nationale d'interventions domaniales (DNID) à Toulouse. [...]

Me voici donc le 1er septembre 1971 à la tête d'un nouveau service. Il consiste à animer et superviser une « brigade » de neuf inspecteurs-évaluateurs du service des Domaines dans le cadre des grandes opérations foncières : autoroutes, barrages, aménagements touristiques, rénovations urbaines... La direction, à compétence nationale, est à Paris, rue de la Banque. Le secteur d'intervention est vaste, de Bordeaux à Perpignan, de Brive et Rodez à Pau. Les voyages sont très fréquents : hebdomadaires pour aller sur place voir les évaluateurs et les aider à régler certaines difficultés, mensuels pour aller à Paris, à la direction et rencontrer régulièrement les autres chefs d'échelons.

Les interventions ont lieu sur demande des directions locales qui n'ont pas les moyens en personnels suffisants pour traiter de telles opérations. [...] Les fonctions de commissaire du gouvernement sont assurées en première instance par les évaluateurs ; je vais personnellement assurer ces mêmes fonctions devant les cours d'appel de Toulouse, Agen et Montpellier. Mes relations avec les agents des sociétés concessionnaires d'autoroutes, parfois chargés des négociations avec les propriétaires, sont excellentes. [...]

Au plan professionnel, depuis quelque temps, il se disait que l'Administration allait revoir l'organisation des échelons excentrés de la DNID, sans doute un peu coûteux en frais de déplacements, et que l'on envisageait de confier ces interventions à des brigades régionales foncières placées auprès des directeurs régionaux. Cela fut fait en 1975, et mon poste, auquel j'étais très attaché, fut supprimé. Aucune possibilité d'avoir le même à la direction régionale : cela n'existait pas. Ce fut donc l'affectation à la direction des services fiscaux de Toulouse, et le retour à la vérification des services.

L'Enregistrement en tant que tel avait disparu, noyé au milieu des multiples tâches des recettes principales des Impôts et des inspections de fiscalité immobilière. Le directeur me confia l'animation et la vérification de dix inspections de fiscalité personnelle. La réalisation par les inspecteurs des programmes de vérifications de comptabilités était l'objectif prioritaire. Tâche difficile avec des agents peu formés à ce genre d'exercice, auquel certains étaient en outre assez réfractaires.

Mais voici que vient d'arriver l'appel de candidatures au grade de directeur divisionnaire.

Jean Meynial

INSPECTEUR PRINCIPAL (ART. 28)

En 1969, après un tour de piste à Paris, j'ai été inscrit au tableau des inspecteurs principaux (art. 28). Bien sûr, je mentirais si je disais que cela ne m'a pas fait plaisir, mais j'hésitais, bien décidé que j'étais à ne pas quitter ma chère maison où je me trouvais si bien.

Et puis, une fois de plus, la chance m'a souri. Un poste s'est découvert à Vesoul, je ne pouvais espérer mieux. Entre-temps les choses avaient changé, la fusion des services était en marche, à commencer par les directions qui étaient devenues directions des services fiscaux. Le directeur de Vesoul était un homme agréable et je n'étais pas en pays inconnu. J'y ai retrouvé avec plaisir de nombreux amis et connaissances.

Mais il y avait une chose inquiétante, je pourrais presque dire terrifiante. Du jour au lendemain, l'inspecteur principal était censé tout savoir, tout connaître de tous les services des trois régies fusionnées. Je crois me rappeler qu'il a existé des stages express de trois semaines de formation accélérée, mais je n'en ai personnellement pas bénéficié, sans doute en raison de l'urgence et de l'importance de la charge qui m'était dévolue. J'ai eu une démarche empirique et je me suis instruit au jour le jour, au gré des circonstances et des nécessités du moment. Je sais que certains de mes camarades ont eu du mal à s'adapter. Quant à moi qui, heureusement, ne suis pas d'un naturel inquiet je n'en mesurais pas moins toute l'étendue de mes lacunes et de mes ignorances, et j'avoue que je ne me sentais pas très à l'aise quand il me fallait intervenir dans des secteurs d'activité que je connaissais mal. En dehors des vérifications de services (réduites au minimum), il y avait beaucoup d'autres tâches en rapport avec la prochaine fusion (des bureaux de recette notamment) prévue pour le 1er janvier 1970. C'était donc varié et assez inhabituel, et je crois que je ne m'en suis pas trop mal tiré. Mes activités se situaient beaucoup sur Belfort, un peu sur Vesoul, et j'avais même la responsabilité d'un secteur des Contributions indirectes limitrophe de la Haute-Marne. C'est dire que j'en ai fait des kilomètres ! [...]

Nommé à Besançon, j'ai connu quatre directeurs. Les uns et les autres ne m'ont laissé que de bons souvenirs. Nous étions, je crois, six inspecteurs principaux (IP pour abréger) et nous nous rencontrions fréquemment à l'occasion des conseils de direction qui permettaient de faire le point et d'envisager les orientations souhaitables dans la marche du service. Là aussi l'ambiance était excellente et la camaraderie n'était pas un vain mot.

Le travail de base d'un IP, sa raison d'être, c'est la vérification des services. C'est absolument nécessaire mais ce n'est pas toujours folichon, surtout lors de la vérification des recettes quand il faut compter pendant des heures des timbres fiscaux ou des imprimés des Contributions indirectes. Fort heureusement il y avait d'autres tâches beaucoup plus intéressantes.

J'avais été chargé des professions libérales qui, à l'époque, relevaient dans la quasi-totalité des cas de l'évaluation administrative, sorte de forfait préalablement négocié avec l'Administration. [...]

Je m'occupais aussi des bénéfices agricoles qui étaient fixés forfaitairement chaque année par un juge du tribunal administratif, après avoir pris connaissance d'un compte d'exploitation type rédigé par chacune des parties et dont les conclusions étaient, bien évidemment, fort éloignées l'une de l'autre. C'était un travail intéressant et la séance solennelle de la commission ne l'était pas moins. [...]

Mais le gros morceau c'était la révision du foncier bâti[9], c'est-à-dire la fixation des valeurs locatives qui servent de base aux impositions des collectivités locales : taxe d'habitation, taxe foncière, taxe professionnelle. Comme rien n'avait été modifié depuis longtemps c'était, à vrai dire, un départ à zéro. Ces opérations complexes donnaient lieu, à intervalles fréquents, à des réunions d'harmonisation à la direction régionale de Dijon. [...]

En plus, par groupe de deux IP, nous étions chargés d'une enquête sur certains immeubles spécifiques : hôtels, usines, stations services, châteaux, etc.

Albert Vidonne

ISSU DE L'ARTICLE 28

Parvenu au grade d'inspecteur central de 4e échelon, je suis, à mon tour sélectionné, pour accéder, par promotion interne, au grade d'inspecteur principal des impôts de 5e échelon, en application de l'article 28 du décret du 30 août 1957. Nous serons en 1972 et cela comportera la participation, pendant quatre semaines, à un enseignement à l'ENI à Clermont-Ferrand. [...]

L'enseignement à Clermont-Ferrand était d'une grande qualité, mais hélas, au bout de deux semaines, les élèves-inspecteurs et contrôleurs se mirent en grève, occupèrent les locaux et mirent fin à notre stage. [...]

La formation professionnelle se complétera par un stage d'informatique que je suivrai à Nantes, et le 18 septembre 1972, je prendrai mon poste d'inspecteur principal des services à la direction des services fiscaux de Rouen.

Dans ce département, le corps des employés supérieurs était très nombreux, les rivalités entre les originaires des anciennes régies étaient vives. Le directeur des services fiscaux et ses proches collaborateurs, tous ayant appartenu à

9. Voir note n° 17 du chapitre V, *Révision des évaluations pour l'assiette des impôts locaux*.

l'ancienne régie des Contributions indirectes étaient adversaires de la fusion et nostalgiques du passé.

Je venais de l'Enregistrement et j'étais un produit de l'article 28, l'accueil fut au minimum distant, et pour certains, farouchement hostile.

Le premier travail qui me fut confié fut la vérification des anciennes contributions indirectes dans une douzaine de recettes locales, toutes fort éloignées de Rouen. Il fallait s'accrocher et comme je suis d'un naturel obstiné, je le fis. Mais – Ô miracle – je découvris les receveurs locaux. Leur gentillesse ne se démentit jamais lorsque je pataugeais et ces agents modestes, sans plan de carrière, à l'ambition mesurée à leurs possibilités, m'apprirent mon métier sans abuser de mes ignorances. Je produisis, grâce à eux, des rapports de vérification qui étonnèrent mes lecteurs les plus virulents.

Rapidement, un secteur me sera attribué qui comportera un bureau à la cité administrative Saint-Sever et s'étendra aux inspections FE de Rouen-Saint-Sever, aux inspections FI du Havre, aux inspections FE et FP de Neufchâtel-en-Bray, à la recette divisionnaire de la Seine-Maritime, aux conservations des hypothèques de Dieppe, d'Yvetot et de Neufchâtel-en-Bray, à la recette des Impôts de Neufchâtel-en-Bray et à ses recettes locales.

À cette époque, le rôle de l'employé supérieur était d'organisation et d'animation. Il devait se consacrer principalement au contrôle fiscal. Il était, en outre, tenu d'effectuer chaque année dix rapports de vérification des services.

Robert-Jean Pouillieute

Les inspecteurs principaux

Le jeune IP article 27 est dans le collimateur, les directeurs le font cavaler après sa promotion de directeur divisionnaire et, stressé, avide d'une carrière plus étoffée que celle d'un IP, il ne sait que faire pour être meilleur que ses collègues, car il n'y aura pas de place pour tout le monde. Il faut foncer, se défoncer !

Mais, heureusement, ils ne sont pas tous comme ça, car :

- il y a ceux qui dominent fort bien leur fonction d'IP et qui n'ont aucune crainte à avoir quant à leur avancement. Brillants, dominateurs, techniciens, respectés par les agents, les directeurs s'appuient beaucoup sur eux mais ils les font cavaler aussi ;

- il y a ceux qui font leur travail d'IP, fort bien, mais qui ne sont pas prisonniers d'un avancement éventuel, la carrière sera ce qu'elle sera. Ayant cet état d'esprit, ils ne se laissent pas influencer par la carotte présentée par les directeurs, ils cavalent… lentement. Pas toujours appréciés, ces IP sont souvent « sciés ».

Et les IP article 28 dans tout ça ? Ils sont aussi considérés comme des larbins et les directeurs les font cavaler aussi. Et pourquoi vont-ils cavaler ? On va trouver, chez eux, une volonté de bien faire pour se prouver à eux-mêmes qu'ils ont eu raison de postuler pour cet avancement et pour montrer aux directeurs, comme aux subordonnés d'ailleurs, qu'ils sont dignes de leur sélection, de leur fonction d'employé supérieur et de la confiance de l'Administration.

Pourtant, une chose m'intrigue. Les directeurs eux-mêmes sont passés par la fonction d'IP. Est-ce parce qu'ils ont cavalé, ou qu'on les a fait cavaler après leur grade de directeur divisionnaire puis de directeur départemental qu'ils font maintenant « suer le burnous » aux IP ? Serait-ce une revanche, un état d'esprit des directeurs ou, tout simplement, un jeu ?

Non ! Il leur faut des serviteurs pour atteindre leurs objectifs, les objectifs fixés par la DGI et les envoyés spéciaux dans les différents services sont les IP.

Mais, les directeurs ont leur carrière à terminer ! Chef des services fiscaux et les différents indices, directeur régional, conservateur des hypothèques… sont les buts à atteindre. Ils cavalent pour atteindre ces buts. Tout comme les IP. Tout comme les agents, dans une moindre proportion toutefois ! Quoique beaucoup cavalent pour moins que rien (ou pour beaucoup) : un quart de point !

Claude Dhenin

Regrets

Le nouvel inspecteur principal, jeune et plein d'ardeur, se présenta un matin sans prévenir à la porte des bureaux de X pour vérification. Ce dernier, vieil agent chevronné envisageait calmement la retraite, sans démériter.

Huit heures du matin. Pile. L'heure de l'embauche. Le monsieur attendait déjà. Les employées s'affolèrent un peu. Selon son habitude, le patron qui travaillait le soir tard et seul, le patron n'arriverait qu'à neuf heures.

Tandis que l'une d'elles tout émotionnée accueillait le vérificateur, une autre téléphonait en douce :

« Monsieur X, monsieur X, l'inspection principale est là.

- Et alors ?

- Que doit-on faire ?

- Vous la faites asseoir et vous lui donnez ce qu'elle désire… Je termine mon café… Le temps de descendre à pied… Dites-lui que je serai là-bas dans trois quarts d'heure. »

Les relations entre le vérifié et le vérifiant ressemblèrent un peu à celles d'un père respectable et blasé, peu loquace vis-à-vis d'un fils jouant au crack.

Aux questions qui lui étaient posées, X répondait par monosyllabes : oui… non… ah ! Parfois il ne répondait pas du tout, se bornant à se déplacer pour fournir le dossier demandé.

À d'autres moments, il s'allongeait ostensiblement dans son fauteuil en tirant sur sa pipe coincée à la commissure des lèvres. Ramenant ses lunettes à l'extrême pointe de son nez, il observait alors l'autre, longuement par-dessus la monture, en ouvrant fixement de grands yeux frondeurs.

La vérification dura trois jours pleins. Le rapport en fut transmis à X par sa direction avec prière de l'apurer d'urgence et d'annoter soigneusement, avant d'en faire retour, la colonne intitulée : « Réservé à l'agent vérifié ».

Il le lut, appela son adjointe, et d'un ton négligent :

« Vous me purgerez ça ! Faites-le au crayon d'abord, on reverra ensemble. »

Le service était fort bien tenu et les observations relevées s'avéraient de peu d'importance.

Certaines remarques qui tombaient à plat s'attirèrent des explications laconiques : « Vu, sans suite utile ».

Toutefois, le dernier paragraphe, plus acide, visait personnellement X. En trois lignes se condensait la vacherie finale, le coup bas :

« Le vérificateur regrette de n'avoir pu, chaque matin, rencontrer le titulaire du poste à l'ouverture des bureaux ».

X réfléchit un instant puis en face et de son écriture majestueuse, il répondit :

« Regrets partagés ».

Marcel Audurier

LE DIRECTEUR DIVISIONNAIRE

(1975-1980)

UNE EXPÉRIENCE DE DIRECTEUR DIVISIONNAIRE

Une dizaine d'années de métier passionnant d'inspecteur principal et un temps sensiblement égal passé à la vérification des entreprises m'incitèrent à découvrir des horizons nouveaux que notre administration aux multiples facettes peut nous offrir.

L'occasion se présenta avec un appel de candidature pour un poste de directeur divisionnaire de direction. Ma candidature fut retenue début 1975 et je fus nommé à la direction des services fiscaux de la Manche à Saint-Lô. Cette affectation dans ce département sympathique riverain du Calvados n'était pas pour nous déplaire avec notre nombreuse famille en cours d'étude à Caen.

Ma prise de fonction à Saint-Lô, ville de dimension plus réduite, me donna une impression de calme et de quiétude. La direction se situe avec la trésorerie générale et la préfecture, dans une cité administrative entourée de remparts, reconstruite après la Libération. La division du service foncier, domaine, cadastre et comptabilité me fut confiée dans un premier temps. C'était une rupture totale avec la vérification des services et des entreprises. J'avais souhaité du changement : j'étais parfaitement exaucé ! [...]

Le service du domaine comptait en direction une cellule de gestion du domaine privé et public : concessions d'endigage, baux de locations, pêcheries, plages... chargée de la tenue du tableau général des propriétés de l'État. Une brigade domaniale formée d'un inspecteur principal et de plusieurs inspecteurs procédait à l'évaluation des biens immobiliers à la demande des collectivités locales, avant toute acquisition ou cession soumises au visa du domaine.

Le service du domaine a, en outre, des relations étroites avec les administrations de l'État : Armée de terre, Marine nationale, Agriculture, Éducation nationale... désireuses de procéder à des acquisitions ou de passer des baux...

Le département de la Manche, avec son important domaine maritime est particulièrement chargé. Le nombre important des affaires traitées nécessite de nombreuses interventions auprès des commissions des opérations immobilières, de la commission du remembrement, du commissaire aux ventes... [...]

Le souvenir de l'acquisition d'une bande de terrain longeant le bord de mer de la commune de Saint-Rémy-des-Landes pour l'État, service du conservatoire du littoral, m'est resté gravé à la mémoire. Cette acquisition devait se réaliser aux enchères à la barre du tribunal de grande instance de Coutances « à l'extinction des feux ».

Une enveloppe substantielle avait été allouée au Domaine pour réaliser l'opération dans laquelle il fallait inclure les droits progressifs d'enregistrement qui variaient avec le montant des enchères.

Cette procédure publique « à la bougie » fut un exercice éprouvant compte tenu de l'enjeu, de la limitation de l'enveloppe financière et de la qualité des surenchérisseurs : sociétés de chasse et sociétés civiles immobilières.

Il fallait, dès le départ, donner l'impression d'avoir de solides prétentions. En fin de « course » nous nous trouvons seuls aux prises avec une société immobilière. Nous remportons finalement l'acquisition, à l'extinction du dernier feu, avec un certain « stress » à chaque surenchère ! Un dépassement de l'enveloppe globale d'un montant très raisonnable pouvait, il est vrai, nous faire poursuivre « pour folle enchère » si un complément de crédit n'était pas alloué… Trop content de l'aubaine, le TPG nous menaça des « foudres » de la prison de Coutances… Je ne sais s'il fallait le prendre au sérieux ! Par contre, la préfecture très satisfaite de l'acquisition menée pour le compte du conservatoire du littoral s'empressa d'obtenir le complément de crédits, à notre grand soulagement… En définitive, une application trop restrictive des textes aurait été jugée inopportune par notre commanditaire. […]

La DGI peut s'enorgueillir également de posséder un service du cadastre opérationnel à la triple mission technique, fiscale, juridique et foncière.

La documentation technique est tenue à jour sur le plan cadastral normalisé et complétée par une documentation littérale informatisée en données réelles sur microfiches. Une collection du plan déposée en mairie est mise à la disposition des usagers. L'utilisation des microfiches en remplacement de la documentation « papier » permit de disposer d'un gain de place considérable dans les bureaux du Cadastre.

Le plan rénové en 1955 est tenu à jour par simple révision, renouvellement, réfection ou remaniement. Les croquis de conservation sont à la base de ces opérations. Lors des réunions cadastrales, auxquelles j'assistais régulièrement, l'inventaire des croquis et l'avancement des travaux faisaient l'objet d'un examen attentif qui donnait lieu à bien des discussions…

Le rôle fiscal du Cadastre est déterminant dans la fixation des valeurs locatives foncières bâties et non bâties servant à l'imposition des propriétaires. Des révisions périodiques sont arrêtées avec l'avis des commissions communales.

La mission juridique et foncière du Cadastre est indispensable et complémentaire à la formalité de la publicité foncière. […]

La division des affaires foncières avait aussi pour mission la gestion des crédits. Il fallait justifier les demandes de crédits et se soumettre aux économies imposées par le budget du ministère.

Un plan de relance de l'économie fut pourtant lancé par le gouvernement vers 1976 qui permit aux directions les plus promptes à présenter des devis d'obtenir des crédits. Ce fut le cas de notre direction qui put ainsi rénover entièrement les locaux de la cité administrative et d'autres services excentrés. Peut-être avons-nous, ainsi, contribué à la relance de l'économie par la dépense !

La division du contentieux qui me fut confiée, par la suite, était moins variée mais intéressante par les cas d'espèce ou juridiques qui m'étaient soumis par les trois bureaux spécialisés. La matière m'était plus familière. Je croulais, cependant, dès le matin sous l'importance du courrier de contribuables procéduriers et des dossiers gracieux et contentieux soumis à la décision des directeurs…

Les réunions dans les services extérieurs permettaient, par dialogue direct entre les rédacteurs et les inspecteurs locaux, d'harmoniser les positions et d'accélérer les procédures. Ces tournées avaient aussi l'avantage de rompre avec un sédentarisme routinier et de connaître les réalités du terrain dans l'ambiance chaleureuse du Cotentin. Les statistiques contentieuses représentaient avec leur commentaire le « pensum » de fin d'année ! Il me fallut quitter cette division et son personnel de qualité pour celle de l'administration générale et du contrôle fiscal !

Dans cette nouvelle division je retrouvais mes anciens « démons », la programmation et le suivi des vérifications. Chaque département a ses difficultés. Il existait des professions et des régions plus difficiles que d'autres, mais la persuasion et l'arbitrage équitable des commissions des Impôts permettaient de résoudre la plupart des problèmes.

La préparation et le secrétariat des conseils de direction représentaient pour la division une lourde charge. La présence de rédacteurs expérimentés et dévoués permettait de surmonter cette tâche délicate qui occupait une grande partie du temps avec la réunion des comités techniques paritaires locaux…

Jean Calvez

« Les fonctions de directeur divisionnaire »

Les fonctions de directeur divisionnaire sont moins représentatives dans un département plus important qui comporte un directeur-assistant. Ce dernier peut s'occuper du service de direction proprement dit, c'est-à-dire recevoir, examiner et signer les documents et dossiers préparés dans les trois divisions et, au besoin, prendre contact avec les services centraux où ses correspondants sont également des directeurs divisionnaires. Le directeur-assistant est donc l'échelon hiérarchique le plus élevé sur le plan technique. Il est à même d'apprécier la qualité des travaux qui lui sont soumis et se trouve naturellement consulté pour la solution des affaires complexes. Mes collègues et moi donnions le meilleur de nous-mêmes et j'étais aidé dans ma tâche par un inspecteur central ancien pour les affaires d'organisation et par un jeune inspecteur rédacteur pour les affaires de contrôle fiscal. Il arrivait au premier de traiter directement de certains dossiers, assez rares il est vrai, avec le directeur-assistant. Je ne voyais pas d'inconvénient majeur à cette entorse hiérarchique car les directeurs divisionnaires ne font que de brefs séjours dans la division alors que les rédacteurs anciens sont longtemps au même poste et finissent par devenir l'âme du service. Je considérais plutôt que cette pratique manifestait chez le directeur-assistant une certaine faiblesse de caractère, dès lors qu'il préférait débattre avec un subordonné soumis qu'avec un chef de service responsable, censé avoir fait la synthèse de toutes les questions soulevées.

Le directeur des services fiscaux pouvait ainsi vaquer à ses fonctions représentatives. Les voyages périodiques à la direction générale des Impôts, les contacts avec le préfet, les communications téléphoniques avec d'autres directeurs des services fiscaux, les conseils de direction élargis à l'ensemble des inspecteurs principaux, les réunions avec les représentants des organisations syndicales, très actives dans le département, étaient de lourdes tâches qu'il assumait avec beaucoup de dynamisme. Le climat syndical était assez tendu dans le département où la CFDT faisait entendre sa voix et son intransigeance avec force, suivie à une certaine distance par le SNUI, le plus nombreux, et la CGT. Le système de notation des personnels y était contesté voire galvaudé, la communication annuelle des notes, au mois de mai, étant suivie du port d'un badge affichant : je vaux 16,50. Les mesures modifiant le fonctionnement des services, issues de ma division, qui adaptait au plan local des directives nationales, étaient âprement discutées en réunions paritaires, le directeur-assistant demeurant ferme sur les mesures arrêtées dont il expliquait inlassablement le bien fondé. Aux grèves nationales s'ajoutaient aussi des arrêts de travail ordonnés par les sections locales toujours prêtes à s'unir contre la direction. [...]

Mais à la différence de ce qui se faisait à Mende, nous ne nous recevions pas à domicile entre directeurs et directeurs divisionnaires. Par contre, le directeur et son assistant et leurs épouses nous invitaient à dîner avec nos épouses dans un restaurant de grande qualité. Les directeurs divisionnaires, de leur côté, offraient en début d'année, avec la présentation des vœux au directeur, la traditionnelle galette des rois à l'ensemble du personnel de la direction, c'est-à-dire une cinquantaine de personnes.

Paul Vallès

LE « TOUR DE PISTE »

(1967-1975)

UN NOUVEAU PROCÉDÉ DE SÉLECTION

L'installation de la direction place de l'Argonne était à peine terminée, à l'automne 1967, que la direction générale me fait savoir qu'elle m'inscrit sur la liste des agents admis à faire ce que nous appelons « le tour de piste », qui est le nouveau procédé de sélection des futurs directeurs départementaux.

Pour ce faire, la direction générale présélectionne, parmi tous les agents remplissant les conditions d'admission, ceux qu'elle estime les plus qualifiés, en nombre avoisinant le double de celui des postes de directeurs à pourvoir. Pour les appelés, cela signifie qu'il n'y aura que 50 % de réussite, d'autant que la possibilité d'une deuxième sélection est exclue.

Le « tour de piste » consiste en une conversation avec le directeur général et avec chacun des six chefs de service de la DGI. Bien que ce mode de sélection ressemble à celui que j'ai connu il y a quinze ans pour l'inspection principale, il se situe à un autre niveau, et me paraît plus difficile, surtout en raison de la récente fusion des anciennes régies.

En premier lieu, l'enjeu est beaucoup plus important, car il s'agit maintenant du couronnement de la carrière.

Ensuite, depuis la fusion en 1960 des services centraux des trois anciennes régies fiscales, suivie de l'élargissement des compétences des vérificateurs en 1964, puis de la création à l'automne 1967 des directions des services fiscaux, le champ d'action de la DGI est beaucoup plus étendu que celui de chacune des régies antérieures à la fusion.

Le futur directeur devra donc connaître non seulement les missions de son ancienne régie, mais aussi celles des deux autres.

Pour moi, c'est le premier contact réel avec la fusion, et je mesure la large reconversion que devront faire certains agents.

Mais, pour me rassurer, je pense que le « tour de piste » n'est vraisemblablement pas un examen de connaissances théoriques, mais qu'il a plutôt pour but d'apprécier l'esprit d'adaptation des postulants, de détecter leur sens de l'organisation et leur esprit de synthèse ou d'analyse, et d'apprécier leur clarté d'esprit et leur précision dans l'exposé de leurs idées.

J'ai l'impression que mes conversations avec les chefs de service se passent bien.

Pour sa part, le directeur général m'interroge assez longuement sur le service des rôles, puis brusquement me demande ce que je peux lui apporter pour les réformes qu'il envisage. Je lui parle alors de l'important potentiel de travail des expéditionnaires, et de mon expérience du prélèvement où, pendant près d'un an, j'ai fait exécuter par cent agents des travaux tout à fait inhabituels pour eux, procédure qui pourrait être envisagée pour d'autres travaux éventuellement. Il m'oppose critiques et objections que je discute, si bien qu'après trois quarts d'heure d'entretien, je sors de son bureau sans pouvoir qualifier ma prestation.

Mon attente sera courte, car peu de jours après, j'apprends que je suis, sans délai, détaché à la direction générale au bureau d'organisation et de méthodes pour étudier, en vue de « dégraisser » l'effectif des nouvelles directions, la création d'un organisme chargé d'effectuer certains travaux qui ne sont pas réellement des travaux de direction.

Georges Guicherd

« L'ÉCHÉANCE ADMINISTRATIVE CLÉ »

Effectivement, quelques mois plus tard, ce fut pour moi l'échéance administrative clé : le tour de piste, la sélection pour le grade de directeur départemental des Impôts. Le choix était réalisé au vu des titres acquis et après une série d'entretiens avec les plus hautes autorités de la direction générale. Éternelle question : faut-il et peut-on se préparer à ce genre d'épreuves ? De toutes manières, pas de dispense de service. Par une note du 8 avril 1974, je fus convoqué pour la dernière semaine du même mois : juste le temps de me faire confectionner un costume bleu marine pour que ma tenue soit à la hauteur des enjeux qui s'ouvraient devant moi et auxquels, dans le fond de mon cœur, j'aspirais depuis toujours.

Les neuf entretiens programmés se déroulaient sur une semaine. Tous n'étaient pas – disait-on – de même importance. Le directeur général était particulièrement redouté. Il me reçut en milieu de journée. Dès mon entrée dans son somptueux et vaste bureau, il me désigna d'un geste de la main un fauteuil placé face à lui. S'étant assis, il leva la tête vers moi et, avec une pointe d'agacement dans la voix, me demanda de me déplacer prétextant que sa grande lampe ne lui permettait pas de me voir. Un peu décontenancé par cette ouverture, je répondis de mon mieux aux questions posées. Tout d'un coup, il se mit debout, prit un objet sur sa table et disparut vers les grandes fenêtres qui, donnant sur les Tuileries, laissaient pénétrer dans la pièce un grand soleil, réconfortant pour les autres. M'étant exprimé quelques minutes devant une chaise vide, j'ai dû ralentir mon exposé, peut-être même m'arrêter, car j'entendis derrière les grands rideaux sa voix impérieuse m'inviter à poursuivre… Enfin il réapparut, me remercia et me conduisit à sa porte. L'entretien était terminé, il avait duré les trente minutes fatidiques.

« Paris-Province, un thème, qu'avez-vous à dire sur ce sujet » me demanda le chef du service du contentieux pour ouvrir l'entretien que j'eus avec lui, tandis que le chef du service de la législation me mit à l'épreuve en m'interrogeant sur les régimes spéciaux de taxation selon les signes extérieurs de richesse ou en fonction des « dépenses ostensibles et notoires », régimes particuliers que je ne pratiquais pas dans ma spécialité de l'administration générale.

Le directeur général adjoint me fit forte impression non seulement par sa haute taille, mais surtout par l'étendue et la précision de sa connaissance des réalités du service et surtout par son approche très humaine, faite de fermeté et de compréhension des problèmes. Je fus surpris de l'entendre conclure notre conversation en me rappelant la nécessité de rechercher sans cesse un juste équilibre entre le travail professionnel et le temps dû à la famille. Mon administration n'était donc pas complètement déshumanisée.

Aujourd'hui, ce rapide retour en arrière me fait réaliser combien mon travail professionnel m'a absorbé intellectuellement et psychologiquement depuis la fusion des directions des anciennes régies. Je souhaitais toujours faire face, quelle qu'ait été l'ampleur de la tâche assignée. Celle-ci a, du reste, justifié, à mon départ, la nomination d'un troisième directeur divisionnaire à la direction de Besançon.

Est-ce la raison pour laquelle mes souvenirs administratifs l'emportent alors largement sur ceux d'ordre personnel ?

Quoi qu'il en soit, mes « titres » furent jugés suffisants pour mon inscription sur le tableau supplémentaire d'avancement de l'année 1974.

Henri Grossein

DES MOMENTS DÉCISIFS

C'est l'esprit parfaitement clair et dégagé de toute appréhension que je me présentai au jour dit dans les bureaux de la direction générale. Mon programme de visites commença par un entretien avec le chef du service de la législation, se poursuivit chez le chef du service de l'administration générale, le sous-directeur du service du personnel et du budget, pour se terminer chez le directeur général. Après une journée de détente, les conversations reprirent durant deux jours avec les autres membres du comité de sélection : le chef du service du personnel et du budget, le directeur général adjoint, le chef du service des affaires foncières et domaniales, et enfin le chef du service du contentieux. Je ne connaissais aucun de ces « hauts fonctionnaires » autrement que par ouï-dire. Ils impressionnent toujours les provinciaux peu habitués à fréquenter les allées du pouvoir, fût-il administratif. Et pourtant, je me surpris à n'éprouver aucune inquiétude, contrairement à certains de mes camarades que j'avais retrouvés dans les salles d'attente du ministère, en proie aux affres de l'anxiété. Bien sûr, nous vivions un enjeu important pour la suite de notre carrière, mais comme j'estimais avoir déjà atteint un niveau de responsabilité inespéré, je restais personnellement très serein. Je pris des « notes d'ambiance » après chacune de ces visites, que j'ai conservées dans mes archives ; elles vont de l'accueil « très sympathique dans une atmosphère très détendue » à l'accueil « sinistre » en passant par l'accueil « ouvert mais distant » ou « indifférent, voire agacé ». Je revis encore aujourd'hui ces moments importants et souvent décisifs pour une vie, en tout cas pour une carrière.

J'attendis, sans inquiétude mais avec intérêt, la publication du tableau d'avancement ; ce fut, en fait, l'appel téléphonique d'un ami qui m'informa de mon succès juste avant que n'arrive la lettre du 16 juin adressée personnellement à chaque « lauréat » par le directeur général. Je partageais ma joie, sincère, réelle, avec tous ceux qui m'étaient chers et m'avaient soutenu dans mes efforts depuis plusieurs années : mon épouse, mes enfants – fiers de leur papa ! –, ma famille, mes collègues et collaborateurs, mais aussi mes directeurs dont l'opinion sur la valeur de ma collaboration avait sûrement pesé de tout son poids lors de la décision du comité de sélection. Je n'oubliais pas, également, dans ce moment exceptionnel, mon instituteur vénéré à qui je fis part de mon succès presque immédiatement. […]

Je participai du 1er au 12 décembre 1975 au « cycle d'information destiné aux agents inscrits au tableau d'avancement » qui devait se dérouler au centre régional d'études et de formation professionnelle de Paris. Il s'agissait d'une succession de conférences, d'exposés ou de communications par des intervenants intérieurs (chefs de service, sous-directeurs, chefs de bureau, directeurs des services extérieurs…) ou extérieurs à l'Administration (formateurs en relations publiques, spécialistes en communication). Nous prîmes tous un intérêt certain à ce stage qui nous permit de découvrir de nombreux aspects, supposés inconnus, de nos futures fonctions ; nous apprîmes aussi à mieux nous connaître et je garde personnellement un excellent souvenir des liens de camaraderie, et souvent de fidèle amitié qui ne se sont jamais démentis durant notre carrière.

Cette formation et cette information nous furent également dispensées au cours des séminaires des directeurs de début 1976 : c'est ainsi que je fus appelé à participer du 23 au 27 février au séminaire de Cannes et cette immersion dans le travail en groupes ou en commissions, souvent comme rapporteur ensuite en séance plénière, me parut très profitable, comme le furent les recommandations et les conseils de nos anciens. Pour beaucoup d'entre nous – et en tout cas pour moi – qui n'avions jamais approché d'une manière aussi détendue et presque égalitaire nos supérieurs hiérarchiques du plus haut niveau, c'était une heureuse découverte que de pouvoir ainsi, avec courtoisie mais en totale liberté de parole, exposer nos points de vue et participer aux diverses discussions. J'étais connu pour mon franc-parler, aussi je ne m'en privais pas, encouragé en cela par les réactions positives que provoquaient parfois mes interventions.

Nous attendions tous avec impatience la sortie du mouvement et espérions avoir au cours de ce séminaire quelques informations sur nos affectations : peine perdue, rien ne serait connu avant la réunion de la commission paritaire prévue pour le 4 mars. Il me fallait donc patienter encore quelques jours avant d'apprendre que j'étais affecté dans le département du Val-d'Oise à compter du 1er avril, c'est-à-dire dans aucun des départements des quatre régions portées sur ma fiche de vœux ; à n'en pas douter, l'intérêt du service – suprême justificatif – l'avait très largement emporté sur les souhaits formulés. Les voies de nominations administratives à ce niveau étaient décidément impénétrables, puisqu'il en était ainsi pour la quasi-totalité de mes camarades. Était-ce parce que je redoutais la région parisienne, réputée difficile, que j'y avais été affecté ? Le premier moment de déception passé, il me fallut réagir rapidement, car dans quatre semaines au plus, je devais prendre mes fonctions à Cergy-Pontoise.

Rolland-Gérard Lesperon

LE DIRECTEUR DÉPARTEMENTAL

(1975-1980)

Première expérience

Le lundi 6 janvier 1975, j'arrivai rue Méry à 7 h 50. Ancien siège des Messageries maritimes, l'immeuble qui abritait la direction des services fiscaux du département des Bouches-du-Rhône était encore presque désert. Je savais que mon prédécesseur ne serait pas là pour me passer le service. Il avait déjà rejoint sa nouvelle affectation dans la Meuse. Je fis donc un tour de propriétaire et admirai le mobilier qui équipait la pièce : en noyer massif, il était d'un joli style provençal. Vers 9 h 30, personne n'étant venu me voir, je me décidai à sortir de mon refuge et je fis visite au directeur des services fiscaux, à mon collègue, et à ma secrétaire : c'était, sans doute, le signe attendu. Des paquets de dossiers arrivèrent sur ma table, les agents commencèrent à se présenter, la machine se mit à fonctionner ! […]

La direction des services fiscaux gérait, à l'époque, l'ensemble du département des Bouches-du-Rhône, soit une population globale plus de trois fois plus élevée que celle du département du Doubs. L'effectif des services était en proportion, environ 1 800 agents, sans compter les vacataires recrutés pour l'accomplissement de tâches déterminées. Les conseils restreints de direction comprenaient douze, parfois treize personnes, tandis que les conseils élargis prenaient vite un aspect de salle de classe, certains des trente-cinq « élèves » étant parfois assez turbulents. Une vraie misère ! L'état-major rapproché était issu des quatre coins de l'hexagone. Nous nous sentions un peu isolés dans cette immensité de Marseillais tous imbus de leur soleil éclatant. Très vite, une solidarité très constructive et très conviviale se forma entre nous.

À ma prise de fonctions, je fus chargé du contentieux (une quasi-nouveauté pour moi), du domaine (une inconnue) et du cadastre avec lequel j'étais familiarisé depuis longtemps. Le directeur divisionnaire du contentieux régnait souverainement sur une équipe de près de cent cinquante personnes strictement spécialisées et hiérarchisées. Celui du domaine, hautement expérimenté, s'enquérait, pour la forme, de mon avis sur des opérations complexes qu'il conduisait avec une grande efficacité. Le responsable du cadastre tentait l'impossible pour dominer et clarifier une situation devenue explosive du fait des innombrables problèmes résultant de la mise en œuvre de la révision des évaluations foncières des propriétés bâties.

Dans une telle direction, l'exercice du commandement n'avait guère de points communs avec ce qu'il pouvait être dans une structure modeste : règle absolue, la délégation devait, bien évidemment, s'accompagner d'une constante et vigilante rigueur dans le suivi des travaux.

En ce domaine, le second des chefs des services fiscaux que j'ai eus à Marseille, m'a beaucoup appris. Bien souvent, alors que je venais de lui proposer une solution raisonnée et tout à fait justifiée au niveau des principes, il me disait : « Vous verrez, lorsque vous serez patron et que ce sera vous qui signerez, vous verrez les choses autrement ». Dans ces moments-là, je regrettais sa prise de position qui ne me paraissait pas compatible avec son esprit habituel de rigueur. Je n'ai compris la justesse de son message que plus tard, lorsque j'ai effectivement moi-même assumé les fonctions de responsable départemental… ou national. […]

Début décembre 1975, j'eus l'insigne honneur d'être désigné par la direction générale pour, avec deux collègues de ma promotion, livrer à la nouvelle vague notre première expérience dans nos fonctions de directeur départemental : conditions d'installation, contacts avec les agents et les autorités départementales. Deux agents du sexe féminin s'étaient glissés parmi les nouveaux élus ! [...]

Dans le courant de l'année 1977, à la suite de la nomination d'un nouveau collègue, je retrouvai les services de l'administration générale dans la dimension démesurée qu'ils présentaient dans cette direction qui couvrait encore l'ensemble du département des Bouches-du-Rhône. Nous commençâmes à étudier les répercussions du travail à temps partiel, mesure qui paraissait alors assez révolutionnaire. [...] Fin 1978, suivant la formule consacrée, je demandai l'examen de mes titres en vue de l'accession au grade de chef des services fiscaux. La décision tomba un soir de février 1979, après les heures de bureau : le chef des services fiscaux vint m'annoncer à la maison vers 20 h 30 et ma promotion et mon affectation à la tête de la direction du département de la Loire. Certes, ce poste figurait sur la liste de mes desiderata... mais après d'autres et parce qu'il n'était pas trop éloigné de la vallée du Rhône. J'avais tout à y découvrir. Installation fixée au 29 mars 1979.

Henri Grossein

« Cellule relations publiques »

Au mois de mai 1977, je suis affecté en qualité de directeur départemental dans les services centraux, chargé d'animer la « cellule relations publiques » mise en place au sein du bureau dans lequel sont élaborées les statistiques de la DGI. Placée en réalité sous l'autorité directe du sous-directeur, inspecteur des Finances, elle a pour mission de promouvoir et de piloter la politique de relations publiques assignée à toutes les administrations financières par le ministre.

Composée à l'origine, outre moi-même, de deux directeurs divisionnaires et d'un inspecteur, la cellule est le correspondant de la DGI auprès de la direction générale pour les relations avec le public (DGRP) qui vient d'être créée.

L'objectif global est de faciliter la communication avec les administrés qualifiés dorénavant d'usagers.

Il s'agit essentiellement de gommer la solide, et souvent exagérée, réputation de lenteur, d'inertie et d'arrogance dont souffrent les services publics. Impression qui s'est accentuée depuis la mise en place des centres des Impôts et des centres des Impôts fonciers dans lesquels les contribuables éprouvent quelques peines à trouver l'interlocuteur utile. L'informatisation du traitement des déclarations de revenus, de l'établissement des avis d'imposition, comme celle d'une partie des procédures contentieuses déshumanise les relations entre l'Administration et le public.

Passe ainsi inaperçu l'effort considérable de productivité à mettre au crédit de l'administration fiscale et qui ressort à l'évidence d'une comparaison que je me plais à souvent rappeler : en 1950 pour un million de contribuables soumis à l'impôt sur le revenu, trois régies fiscales employaient ensemble 37 000 agents ; en 1980, alors que 15 millions de personnes sont imposées sur leurs revenus, la DGI compte 78 000 agents.

Dans un premier temps, les améliorations portent sur les modalités de réception du public dans les services de base. Un schéma est mis au point et diffusé dans toutes les directions qui doivent l'adapter aux circonstances locales. Les résultats recherchés et souvent obtenus sont la rapidité d'information de l'usager et l'allégement des charges de réception des services d'assiette.

Pour vaincre le scepticisme que suscite cette politique, comme toute innovation, sa mise en œuvre est progressivement accompagnée d'emplois spécifiques dans les départements. Mais avant que toutes les directions n'en profitent, les impératifs budgétaires conduiront à mettre fin à ces créations d'emplois.

Des stages sont organisés pour former les personnels à l'accueil, au dialogue et au renseignement téléphonique. Afin d'informer le public avant même son contact avec les fonctionnaires, des dépliants sont réalisés sur les sujets le plus fréquemment évoqués par les contribuables et diffusés gratuitement dans tous les services.

Un « guide sur la création d'entreprises » est rédigé et commercialisé.

Eu égard aux tâches qui lui incombent, la cellule est élevée au statut de bureau autonome et son effectif est augmenté. De surcroît, le service de la documentation lui est rattaché. Le bureau des relations publiques prend en charge la poursuite de la documentation de base de la DGI et la mise à jour des parties déjà réalisées ainsi que celle du précis de fiscalité en deux volumes distribué dans tous les services et enfin mis en vente dans le public.

Avant leur diffusion, tous ces documents doivent recevoir l'imprimatur du service de la législation fiscale (SLF) tout récemment détaché de la DGI pour former une direction autonome. L'obtention de cette autorisation ne va pas toujours de soi. Le SLF craint que le langage accessible au grand public systématiquement recherché par le bureau des relations publiques n'ouvre la voie à des interprétations condamnables.

En liaison avec la DGRP, des réunions d'information s'ouvrant sur des débats sont organisées dans la région parisienne et en province avec des publics spécialisés : experts-comptables, chambres de commerce, chambres des métiers, professions libérales. De nombreuses rencontres visent à promouvoir les centres de gestion agréés pour les commerçants et industriels ou agriculteurs et les associations agréées pour les membres des professions libérales, auprès des personnels généralement sceptiques et des professionnels méfiants. [...]

À l'occasion du 30e anniversaire de la DGI, en 1979, un document qui fait l'historique de l'administration fiscale et décrit ses missions, est édité. Il est présenté au cours de nombreuses réunions à Paris et en province, organisées à l'intention de diverses catégories de contribuables et d'étudiants.

Afin de donner un caractère plus convivial à ces rencontres, un film d'animation d'une quinzaine de minutes, réalisé sous une forme humoristique par une entreprise privée sur la base d'un canevas fourni par le bureau, y est projeté.

Enfin, la DGI produit un film intitulé *Une vérification de comptabilité* dont le script a été rédigé par le bureau, le scénario et la réalisation confiés à une entreprise privée, le tout examiné avec attention par le service du contrôle fiscal.

La participation de comédiens connus grâce au cinéma ou à la télévision ajoute à l'intérêt suscité par le sujet, lors de la projection du film au cours de débats organisés avec les chambres consulaires ou des experts-comptables. Le film devient également un élément de la formation des inspecteurs-élèves à l'ENI.

Présentée au festival du film d'entreprise à Biarritz au mois de juin 1981, notre production obtient le 1er prix dans la catégorie « formation professionnelle ».

Jean-Pierre Romanetti

LE CHEF DES SERVICES FISCAUX

(1976-1990)

LE « PATRONAT »

Le département de l'Indre ne brillait pas, à ce moment, en 1976, par le dynamisme de ceux qui l'avaient dirigé. À l'époque des débuts de la fusion, un directeur qui y avait déjà effectué préalablement un long séjour, s'était signalé par une mollesse qui avait motivé un rappel à l'ordre du directeur général. Son successeur avait redressé la barre, mais n'avait pu résoudre les problèmes immobiliers préalables à la construction des centres les plus importants. Ceux qui fonctionnaient (Le Blanc et Argenton-sur-Creuse, de type A et B) étaient matériellement mal installés. Leurs chefs, anciens inspecteurs locaux des Contributions directes, en poste depuis longtemps, s'ils connaissaient bien et parfois trop leurs secteurs territoriaux n'avaient pas élargi leurs compétences dans des conditions satisfaisantes. Les inspecteurs et contrôleurs de fiscalité des entreprises y étaient très médiocres. Le contrôle sur pièces était dérisoire, les insuffisances en matière de fiscalité immobilière quasi nulles.

De plus, le directeur divisionnaire chargé de l'administration générale qui connaissait à fond le département où il séjournait depuis dix ans était parti assez récemment, promu au grade de directeur départemental des Impôts. Quant à celui qui était placé à la tête des services de législation, contentieux, domaine, il venait, dans l'antichambre d'une procédure disciplinaire, d'être affecté à une conservation des hypothèques du Loir-et-Cher, tout en gardant son domicile dans l'Indre. [...]

La situation était donc sérieuse et l'avenir ne s'annonçait pas spécialement rose.

François-Maxime devait cependant parvenir en moins de quatre ans à terminer la réorganisation et à donner des services fiscaux de l'Indre l'image de marque qu'il avait à cœur de leur conférer.

Plusieurs facteurs, très importants, concoururent à un tel succès.

En premier lieu, il bénéficia de l'aide d'un directeur régional très actif en matière de construction de centres des Impôts mais qui laissait à ses directeurs départementaux la liberté d'action commandant les réussites.

En second lieu, il eut la chance de connaître trois préfets qui, dans des styles très différents, eurent le bon goût de limiter au strict minimum leurs interventions dans le domaine fiscal et de faire une confiance absolue à un directeur qui les renseigna constamment avec la plus grande objectivité.

En troisième lieu, il entretint avec ses collègues chefs de service départementaux dont l'action interférait avec celle des services fiscaux (trésorier payeur général, procureur de la République, directeurs départementaux de l'Équipement, de l'Agriculture, des Affaires sanitaires et sociales notamment) des relations cordiales qui facilitèrent grandement sa propre activité.

Il sut inspirer en quatrième lieu à des inspecteurs principaux, en nombre réduit certes – et parfois insuffisant –, mais forts compétents, l'ardeur vérificatrice sans laquelle le respect des directives données reste souvent lettre morte.

Il réussit en cinquième lieu, et en dépit de mutations fréquentes, à s'entourer d'une équipe de rédacteurs de grande qualité (quatre devaient devenir inspecteurs principaux, trois chefs de centre) avec qui il traita souvent directement – sans omettre de rendre compte – pour soulager ses deux directeurs divisionnaires écrasés de besogne.

Enfin, et sans vouloir jouer les faux modestes, il n'hésita pas, selon la formule imagée qu'il affectionnait, à « aller au charbon ». La « charte des vérificateurs » qu'il rédigea pour faire pendant à la « charte des contribuables » fut réalisée pendant ses vacances, de même que les notes réorganisant le contrôle sur pièces. [...]

Sur le plan départemental, François-Maxime pratiqua la politique de présence indispensable au succès d'un directeur des services fiscaux : être un homme connu, mais pas un homme trop connu, car une participation excessive à des mondanités sans intérêt est susceptible d'entraver sa liberté de décision. [...]

Sur le plan des rapports avec les agents, le chef des services fiscaux manifesta autant de compréhension courtoise pour la réception de ses collaborateurs considérés individuellement que de réticence pour les représentants des organisations syndicales dont les ambitions se limitaient, le plus souvent, à une demande de cogestion ou d'augmentation des effectifs.

Ses collaborateurs immédiats, de tous grades, pouvaient se présenter à son bureau, sans rendez-vous préalable, en bras de chemise éventuellement, au cours des saisons chaudes. Ils étaient immédiatement reçus, si le programme de travail et le calendrier des entretiens déjà prévus le permettaient. Toute suggestion susceptible d'améliorer la marche des services était acceptée, étudiée, et mise en application si elle se révélait bénéfique.

De même, tous les départs à la retraite, les accessions au grade supérieur, les débuts d'année, les mises en place « privées » de centres des Impôts, les décorations d'agents, donnaient lieu à des manifestations cordiales où le chef des services fiscaux, après une fine analyse des dossiers individuels et mise en évidence des trésors variés qu'ils contiennent, prononçait des discours personnalisés qu'il ciselait avec délices.

Bien entendu, il connaissait par cœur le nom de tous les agents du département, jusqu'au grade de contrôleur inclus, leur affectation et leurs attributions réelles.

Un tel style de commandement, à la fois strict et chaleureux, qui peut être la règle dans les petits et moyens départements est finalement un gage certain d'efficacité. [...]

L'installation des centres des Impôts s'effectua à une cadence rapide, grâce à l'action conjuguée et bien harmonisée des services régionaux et locaux. [...]

Les souvenirs de la période de direction n'auraient pas été évoqués de façon complète, si François-Maxime avait laissé dans l'ombre trois sujets passionnants, concernant aussi bien l'assistant que le responsable des services départementaux : les comités régionaux ou interrégionaux de directeurs ou chefs des services fiscaux, les séminaires, et les démarches dans les services centraux.

Les comités régionaux, dans le Centre, étaient l'occasion de réunions très studieuses, mais très agréables. [...]

Beaucoup moins drôles et combien plus âpres étaient les séances des comités interrégionaux de chefs des services fiscaux où s'effectuait la notation des directeurs divisionnaires, inspecteurs principaux, receveurs divisionnaires et principaux, et conservateurs des hypothèques. Elles laissèrent à François-Maxime de mauvais souvenirs. [...]

François-Maxime devait assister à neuf séminaires de directeurs qui se tinrent respectivement à Bendor, Évian, Chasseneuil, Deauville (à deux reprises), Obernai (deux fois) Cannes, et Bénodet. Dans sa forme originelle, cette institution était d'une très grande utilité, mais également riche en difficultés. [...]

Les démarches dans les services centraux constituent un secteur important de l'activité des directeurs. À l'époque de la réorganisation et du développement du contrôle fiscal, elles étaient indispensables mais ne devaient être, ni trop rares, ni trop fréquentes.

Le plus souvent les chefs des services fiscaux s'en réservaient le monopole, en dépit des consignes de la direction générale, sauf lorsque l'aspect critique risquait de revêtir un caractère prédominant. Ils ne laissaient le plus souvent à leurs assistants que les « visites de présentation » indispensables à l'accession au grade supérieur. [...]

Contrairement à ce qu'on pourrait croire, les séances les plus difficiles n'étaient pas nécessairement les « comptes rendus de mandats » au directeur général ou au directeur général adjoint. Le plus souvent elles étaient liées aux démarches opérées près des chefs de bureau dans le service du personnel et du budget notamment. Les intéressés, en proie à de constantes sollicitations, possédant parfaitement des sujets complexes, pointus et fluctuants, avaient vite fait de mettre à mal les malheureux directeurs qui s'étaient aventurés un peu légèrement.

Jacques Meunier

L'APOGÉE

Oserais-je reconnaître que, dès mon entrée dans l'administration des Contributions directes, il m'avait paru normal de franchir sans encombres chacune des étapes administratives qui pourrait s'ouvrir devant moi et même d'accéder, le moment venu, aux fonctions de responsable départemental. En 1979, l'échéance était désormais là, à ma portée. [...]

De mon long parcours administratif, je savais que cette nouvelle mission ne ressemblerait pas aux précédentes. Un sentiment de plénitude m'envahissait ! Orgueil mal placé, ou simple fierté de suivre la trace si bien dessinée par mon père presque trente ans auparavant ? Mais aussi, conscience des difficultés de la tâche nouvelle à accomplir ; saurais-je faire face à mes nouvelles responsabilités ; parviendrais-je à répondre à l'attente de l'Administration ; réussirais-je à guider l'action des agents selon les convictions que j'avais du service public ?

J'abordai mon nouveau métier avec la volonté tenace et le constant souci de rompre les barrières qui avaient pu ou qui pourraient surgir d'un service à l'autre et surtout entre les services extérieurs et ceux de la direction. J'étais persuadé que des progrès durables ne pouvaient être obtenus que si les objectifs assignés étaient compris et les moyens pour y parvenir acceptés. Je pense qu'au plan individuel, j'ai réussi à établir quelques relations de confiance et d'estime avec de nombreux agents qui m'en ont apporté témoignage. Mais je conserve un sentiment d'échec pour ce qui est de mes contacts avec les organisations syndicales, ce dont je me suis rendu compte au moment de quitter Saint-Étienne pour rejoindre Monaco.

Installés dans un immeuble construit en 1976-1977 par la ville de Saint-Étienne, les locaux qui abritaient les services de la direction répondaient parfaitement aux besoins des services et étaient en excellent état d'entretien. Vaste pièce d'angle orientée au sud-est, le bureau du directeur était décoré avec goût et grand soin. Quelques objets personnels lui donnèrent une touche d'intimité. Je me suis senti chez moi. [...]

La ville de Saint-Étienne, les vallées environnantes du Gier et de l'Ondaine, mais aussi le reste du département de la Loire, portaient encore les stigmates des cataclysmes économiques qui les avaient frappés depuis plus de deux décennies. [...]

Très globalement, comparé au département des Bouches-du-Rhône, celui de la Loire représentait une petite moitié. Les huit cents agents des Impôts qui y étaient affectés étaient répartis entre six résidences, celle de Roanne étant distante de près de 80 kilomètres du chef-lieu. Deux directeurs départementaux, quatre directeurs divisionnaires et un inspecteur principal formaient l'équipe du conseil restreint de direction. Sur le terrain, treize inspecteurs principaux animaient et vérifiaient les services locaux. Il existait alors neuf centres et recettes des Impôts, quatre circonscriptions cadastrales et quatre conservations des hypothèques.

Dès ma prise de fonctions, je fis une découverte qui fut pour moi lourde de conséquences. Quelques jours avant son départ, mon prédécesseur avait décidé de satisfaire une revendication des organisations syndicales : en comité technique paritaire local, il avait autorisé la prise en compte, pour la formation des résultats du contrôle fiscal externe, des vérifications faites par les agents de catégorie B en direction des entreprises relevant du régime du forfait, c'est-à-dire des affaires les plus insignifiantes. Cette mesure, qui avait été authentifiée dans une note de la direction datée de l'avant-veille de mon arrivée, me paraissait hautement critiquable pour de nombreuses raisons. D'une part, l'examen des comptes, souvent simplifiés, d'une entreprise forfaitaire ne me semblait pas pouvoir être raisonnablement assimilée à une véritable vérification de comptabilité. D'autre part, mon éternel souci de justice fiscale s'insurgeait devant une telle orientation vers les zones les moins prospères du tissu fiscal, sauf fortes présomptions de fraudes organisées. Enfin, le « tableau de chasse » du département de la Loire était déjà qualitativement l'un des plus faible de France et je ne voyais pas comment le développement de ce genre de contrôle, réalisé dans les plus petites affaires, aurait pu redresser la situation.

Sur l'instant, je fus tenté de reporter aussitôt cette décision. Cependant, mon directeur assistant chargé du contrôle fiscal y était résolument hostile : il invoquait l'épuisement de la matière fiscale du fait des récessions successives qui avaient frappé l'économie du département et en raison des nombreux contrôles déjà opérés au niveau des firmes d'importance moyenne : enfin, il faisait état de son expérience dans le département pour estimer que, dans ce nouveau vivier, le service pourrait découvrir une fraude négligée jusque-là.

Pour moi, une autre notion prévalut : le respect de la continuité du commandement dans ce département. Je considérai que la révocation immédiate de la décision prise par l'ancien directeur aurait été de nature à porter atteinte à la crédibilité même de l'échelon de commandement. Répugnant à revêtir la cape vengeresse de Zorro, j'optai pour une solution d'attente : les résultats de l'année 1979 révéleraient à coup sûr et de manière indiscutable l'erreur et l'absurdité de la décision prise juste avant mon arrivée. Ce serait sans doute une année de perdue, en fait neuf mois seulement. Mais ce retard, que le service pourrait combler l'année suivante, n'était-il pas un moindre mal dans le contexte stéphanois très déprimé de l'époque ?

Les premières statistiques de l'année 1979 furent éloquentes. Les chiffres du contrôle fiscal étaient maintenus dans leur médiocrité… Les résultats moyens par affaire vérifiée avaient régressé, tandis que le nombre de contrôles effectués n'avait guère augmenté. Les performances globales avaient fâcheusement stagné par rapport à l'année précédente. Fort de ces constatations, je donnai, dès les premières semaines de l'année 1980, de nouvelles directives adaptées à la situation constatée. Le redressement de l'action du service put se réaliser sans heurts.

Quant à lui, le service central n'apprécia pas du tout la faiblesse des résultats du contrôle fiscal dans ce département en 1979, faiblesse dont, bien naturellement, il attribua la responsabilité au directeur. La sanction prise fut simple : la part variable de ma prime de rendement fut amputée de plusieurs milliers de francs. Cette mesure, d'une logique élémentaire, me surprit et sa sévérité m'atteignit d'autant plus qu'au moment où j'en eus connaissance, fin 1980, la situation du département de la Loire était rétablie. À l'occasion d'un long entretien avec le directeur général, je pus fournir, *a posteriori*, toutes les explications nécessaires. Pour sa part, le chef du service du personnel me déclara, avec son sourire fin et malicieux, qu'il n'était jamais mauvais pour le coureur à pied de recevoir, une fois, une flèche au talon. Dont acte. Je compris que, désormais, le directeur ne devait ni ne pouvait plus se considérer comme le père de ses agents ni privilégier auprès d'eux une pédagogie à moyen ou long terme ; son objectif essentiel devait être désormais l'efficacité immédiate. [...]

Ma tâche fut grandement facilitée par la présence autour de moi d'une solide et valeureuse équipe de directeurs et d'inspecteurs principaux : nombre d'entre eux furent distingués par la direction générale qui leur assura un avancement mérité. Cela dit, une fois encore, je déplorai que certains collaborateurs, remarquables par leurs qualités d'intelligence et d'efficacité et par leurs connaissances professionnelles, renonçassent aux emplois pour lesquels leurs aptitudes les désignaient, au motif qu'ils ne voulaient pas s'exposer à un changement de résidence. Ce faisant, ils laissaient d'autres, moins capables qu'eux, occuper, de façon plutôt médiocre, des fonctions de responsabilité voire de direction.

Ma préoccupation de pouvoir apprécier la collaboration des divers agents placés sous ma responsabilité en me fondant sur des données objectives (volume et qualité des travaux, respect des délais, etc.), me conduisit à faire constituer, en 1980, par les services de la direction, des fiches individuelles de recensement des tâches effectuées correspondant à chaque catégorie de postes. L'année suivante, je souhaitai améliorer la teneur de ces fiches et, pour cela, j'eus recours aux connaissances des inspecteurs principaux. Ce fut l'origine d'une véritable révolution de palais : mystérieusement informées, les organisations syndicales contestèrent violemment le principe même des « travaux supplémentaires » demandés par le directeur et destinés, selon elles, à sanctionner les personnels au vu de statistiques non contradictoires et non prévues par la direction générale ! Devant le trouble ressenti par les employés supérieurs, force me fut de composer et de réduire la plage des renseignements chiffrés à me fournir. [...]

Au mois de février 1981, la direction du département de la Loire dut, faute de crédits, se séparer d'un certain nombre d'agents auxiliaires recrutés pour une tâche déterminée qui était achevée. Cette mesure provoqua une grande colère parmi les personnels qui entreprirent des actions de protestations. Une délégation de l'intersyndicale me demanda de la recevoir. Parvenus dans mon bureau, les délégués réitérèrent leurs revendications et me précisèrent qu'ils n'en sortiraient pas tant que je n'aurais pas annulé les licenciements prévus et réintégré, dans les services, les vacataires concernés. Il était 11 h 30. Je réalisai, sans appréhension, que j'allais vivre ma première séquestration. Pendant que la discussion se poursuivait et que j'expliquais qu'il me paraissait malhonnête de ma part de conserver des collaborateurs que je savais ne pas pouvoir rémunérer, je me réconfortais en me souvenant que je disposais, dans mon placard, d'un paquet de biscuits secs que j'avais apporté plusieurs jours auparavant. À 11 h 50, l'intersyndicale m'annonça qu'elle devait informer de mon refus et de mes explications les agents massés dans les couloirs de la direction. J'en déduisis que quelques agents allaient rester devant ma porte pour m'empêcher de sortir. Je ne voulus pas leur donner l'occasion de me refouler dans mon bureau et j'attendis quelques minutes. À midi dix, toujours rien : je décidai une sortie pour m'enquérir des intentions de mes visiteurs… mais il n'y avait plus personne… chacun était rentré chez soi pour reprendre des forces… L'après-midi fut parfaitement paisible à la direction. Ma « prise d'otage » n'avait duré que vingt minutes ! […]

Les seules réunions mondaines auxquelles nous étions conviés, mon épouse et moi, furent les soirées organisées par le préfet à l'intention des chefs de service, des élus et des diverses personnalités consulaires, économiques et sociales. Nous ne nous en plaignions pas ; quelques années plus tard, nous dûmes nous plier à d'autres habitudes ! […]

À l'automne 1981, les grands chantiers que j'avais lancés depuis mon arrivée à Saint-Étienne progressaient favorablement : les résultats globaux s'amélioraient de façon sensible, un dialogue franc et simple s'instaurait entre les agents et moi qui leur faisait des visites régulières sur leur lieu de travail. Au surplus, utilisant pleinement les nouvelles possibilités qui nous étaient offertes, nous lançâmes une réorganisation qui tenait fort au cœur des Stéphanois, je veux dire la mise en place au chef-lieu d'un quatrième centre des Impôts et de la recette principale correspondante. Les études préparatoires furent conduites, dans toute la mesure du possible, en concertation avec les personnels concernés et leurs représentants.

Henri Grossein

PROMU CHEF DES SERVICES FISCAUX

En 1981, je fus appelé, comme tous les directeurs promus chefs des services fiscaux, à suivre un cycle d'entretiens et de formation à nos nouvelles fonctions, dispensé par les chefs de service de la direction générale : gestion des personnels – on ne parlait pas encore, ou peu, de « direction des ressources humaines » –, organisation des services, législation fiscale, contrôle fiscal, contentieux, il nous appartenait de prendre maintenant la mesure de toute notre responsabilité, unique et totale, dans la direction d'un département ou d'une région. Les relations avec les autres autorités de l'État devaient être au centre de notre action et, plus particulièrement avec le préfet, représentant non seulement le ministre de l'Intérieur, mais l'ensemble du gouvernement, à l'exception du ministre des Finances et du Budget pour tout ce qui concerne l'assiette, le contrôle, le contentieux et le recouvrement de l'impôt. Cette indépendance locale du « pouvoir fiscal » était plus ou moins bien vécue par certains préfets et il convenait en conséquence d'en prendre la juste mesure, sans pour autant céder à des sollicitations ou pressions jugées excessives ou incompatibles avec une gestion sereine de la justice fiscale.

Je m'installai donc seul à la direction de la Charente-Maritime, sans aucun des deux directeurs assistants qui, selon l'organigramme du service, auraient dû me seconder dans mes fonctions. C'était une très lourde charge, dans un département où devaient encore se mettre en place les structures fusionnées des hôtels des Impôts de Royan – en cours d'achèvement – et de Saintes en cours de construction. Se posaient en outre de graves problèmes de fiscalité agricole et plus particulièrement dans la région du sud, productrice de Cognac, alors que subsistaient les séquelles des graves désordres provoqués par les manifestations des commerçants et artisans opposés de façon larvée aux contrôles fiscaux. J'avais heureusement autour de moi des collaborateurs de choix, à la tête des divisions de l'organisation – contrôle fiscal, du contentieux et du service des domaines, ce dernier particulièrement sollicité par la gestion du domaine public maritime (ostréiculture, mytiliculture,...) et de celui de la défense (nombreux bâtiments militaires en cours de cession). Ils m'accordèrent immédiatement leur confiance, rallièrent autour de moi une équipe remarquable d'inspecteurs principaux, et tous m'apportèrent une collaboration particulièrement efficace dans une loyauté parfaite.

Je m'informai rapidement, par une visite des chantiers, de l'état d'avancement des travaux de construction des hôtels des Impôts de Royan et de Saintes. Mon expérience en la matière me permit d'en faire améliorer ou modifier certaines prestations, d'autant que le chantier de Saintes, en particulier, était dirigé par le même responsable que j'avais connu à Chinon. Les personnels étaient impatients de rejoindre leurs nouveaux locaux et c'est ainsi qu'au début octobre, les deux bâtiments étaient occupés, marquant la fin du programme de regroupement des services extérieurs du département, entrepris depuis une dizaine d'années. [...]

Depuis le 10 mai 1981, nous avions un nouveau président de la République et qui plus est originaire de cette région charentaise avec laquelle il n'avait eu, semble-t-il, que des relations épisodiques, la carrière politique de M. Mitterrand s'étant surtout déroulée dans le Nivernais, tandis qu'il séjournait durant ses loisirs dans sa « bergerie » des Landes. Les premières mesures fiscales annoncées, qui devaient se traduire par un accroissement sensible de certaines cotisations directes et indirectes, commençaient à faire oublier – surtout dans les milieux dits « indépendants » – les manifestations de liesse populaire qui avaient salué cette élection. Ainsi en était-il dans cette région où se concentraient encore quelques grosses propriétés foncières, agricoles et viticoles, de la création d'un impôt général sur la fortune (IGF) dont l'assiette, les taux et les modalités d'application faisaient alors l'objet de nombreuses discussions et d'informations contradictoires. Ces mesures, ainsi que l'introduction de nouvelles règles de gestion des personnels, ou leur aménagement, conduisirent notre nouveau ministre, M. Fabius, à réunir tous les directeurs, régionaux et départementaux, au ministère des Finances pour leur exposer la politique économique, fiscale et sociale que le gouvernement entendait suivre et voir appliquer par les chefs de service dans le domaine de leurs compétences.

Je me souviens encore de cette « grand-messe » du 14 novembre 1981, comme nous aimons à qualifier ces rassemblements de près de 200 personnes, et à laquelle j'assistais pour la première fois. Timidité ou froideur naturelle, volonté de s'imposer ou orgueil de la fonction, détachement recherché ou supériorité feinte, toujours est-il que l'arrivée solitaire du ministre, suivi à distance respectable de ses collaborateurs et conseillers, le salut hautain manifesté à l'égard du directeur général et des autres chefs de service de la DGI comme des directeurs présents, sa présence en chaire avec son seul directeur de cabinet, jetèrent sur l'assistance une impression de malaise et d'attentisme peu compatible avec une communication de confiance. La « leçon de conduite » que dispensa le ministre sur un ton ferme – ce qui pouvait se comprendre – et peu amène – ce qui se comprit moins – fut diversement appréciée, surtout au plan des relations avec les personnels, pour lesquelles les directeurs auraient manifesté un manque évident de savoir-faire, d'égards, de compréhension, sans parler de l'hostilité de certains. La fin de son allocution ne reçut que de timides applaudissements, et la discussion qui suivit, ouverte par des directeurs connus autant pour leur compétence que pour leur franc-parler, montra à l'évidence que le « message » était assez mal passé. Le ministre en conçut visiblement quelque agacement, que ne dissipèrent pas les interventions plus « balancées » d'autres chefs de service. Il avait apparemment raté son examen de passage devant un parterre de hauts fonctionnaires dont il aurait dû savoir que le devoir de loyauté et de service envers l'État passait toujours avant leurs propres convictions politiques.

Rolland-Gérard Lesperon

À Montpellier

À Montpellier, je suis accueilli par deux directeurs départementaux assistants dont je devais rapidement apprécier la loyauté, la compétence et l'activité. Tous deux exerceront quelques années plus tard les fonctions de directeur régional.

Nous sommes secondés par quatre directeurs divisionnaires et un inspecteur principal des services à qui mon prédécesseur avait confié la direction d'une cellule, appendice du service de l'organisation, chargée de l'animation et du suivi du contrôle fiscal.

L'effectif global des services départementaux qui inclut les quatorze autres inspecteurs principaux des services fluctue autour du millier d'agents répartis entre la direction, 9 centres des Impôts (CDI), une recette divisionnaire (RD) et 8 recettes principales (RP), 3 centres des impôts fonciers (CDIF), un service de la viticulture, un réseau dense de recettes locales à compétence élargie (RLCE), une brigade de contrôle et de recherches (BCR) et enfin une brigade d'évaluations foncières. Les vérificateurs spécialisés ont été regroupés en deux brigades de vérifications générales dont la compétence se situe entre celle des inspecteurs chargés de la « fiscalité des entreprises » ou de la « fiscalité personnelle » dans les CDI et celle des brigades de vérifications générales de la direction régionale.

Le directeur régional est chargé de coordonner l'action des services dans les cinq départements de la région Languedoc-Roussillon. Il dirige le comité régional des directeurs auquel il diffuse mensuellement les dernières directives de l'Administration qu'il a recueillies peu de jours auparavant à la réunion des directeurs régionaux à Paris. Il rend compte à la direction générale du fonctionnement des services départementaux et éventuellement de leurs difficultés.

Sa position est délicate car, sans véritable pouvoir hiérarchique sur les directeurs des départements, ses interventions peuvent, en quelques circonstances, être considérées comme relevant d'une certaine autorité. [...]

Les relations avec les autorités départementales sont également considérées comme sensibles et susceptibles de provoquer certaines difficultés.

À Montpellier, le préfet me réserve un accueil extrêmement cordial. De sa longue expérience, il conclut que ses soucis sont souvent proportionnels au nombre de ses rencontres avec le directeur des Impôts en dehors, bien entendu, des réunions amicales qu'il organise ou de celles dictées par le protocole.

Les lois de décentralisation de 1982 qui avaient fait craindre qu'elles modifient sensiblement le climat, ne provoquent aucune difficulté majeure dans le département.

Les rapports avec le président du conseil général et surtout ses services sont essentiellement consacrés aux effets du transfert de certaines ressources fiscales au département opéré par les lois de décentralisation.

Avec le maire de Montpellier, les relations, épisodiques, sont bonnes.

Le directeur des services fiscaux siège à la commission départementale des chefs des services financiers et des représentants des organismes de Sécurité sociale, compétente pour accorder des plans de recouvrement échelonnés de l'ensemble des dettes fiscales et parafiscales excédant le seuil de 100 000 F. Cette commission connaît une activité soutenue dans le département.

Le directeur des services fiscaux est également commissaire du gouvernement auprès de la SAFER du Languedoc-Roussillon. Il représente le ministre du Budget, le ministre de l'Agriculture ayant son propre représentant. Mission importante eu égard à la très ancienne vocation viticole de la région qui a connu et connaît encore épisodiquement de violentes manifestations de la part des exploitants. [...]

Le rôle du commissaire du gouvernement est de veiller à la lutte contre la spéculation foncière et à l'attribution par la SAFER des terres acquises et aménagées par ses soins, dans des conditions de transparence absolue quant à l'attributaire et au prix de rétrocession.

Je maintiens les relations établies par mon prédécesseur avec les chambres consulaires afin de les accompagner dans l'action qu'elles mènent pour convaincre leurs ressortissants de l'importance de la fiscalité dans la gestion d'une entreprise.

Conforté par l'expérience acquise lors des réunions organisées dans le cadre des relations publiques, je m'implique personnellement dans l'animation et le suivi de l'action des centres de gestion et des associations agréés en participant à tous leurs conseils d'administration et assemblées générales.

La politique de relations publiques préconisée par le ministre est menée localement par le comité départemental regroupant les chefs de service de toutes les administrations financières qui en assurent la présidence tournante. Un échelon supérieur est constitué par un comité régional.

Bien que consommatrices de temps, ces activités extérieures constituent un dérivatif à la gestion interne des services dont le directeur doit être le maître d'œuvre. La technicité acquise en cours de carrière, si elle ne trouve pas à s'appliquer quotidiennement, lui permet d'assurer plus aisément ses fonctions d'organisateur et d'animateur.

Les conseils de direction qui réunissent chaque semaine les directeurs, les directeurs divisionnaires et le receveur divisionnaire permettent de coordonner l'action des services et d'assurer la cohérence des décisions du directeur. Les conseils de direction élargis mensuels auxquels participent les inspecteurs principaux constituent un lieu d'échange des informations. Ce qui n'exclut pas, bien entendu, les entretiens du directeur avec chacun des inspecteurs principaux.

La gestion du personnel a pris une importance considérable alors que les prérogatives du directeur ont été réduites en matière d'affectation. Les résidences et les spécialités sont généralement fixées par le service central, l'attribution des postes par le directeur ne devient définitive qu'après avoir été soumise aux organisations syndicales au sein des comités techniques paritaires locaux (CTPL). [...]

La consultation du CTPL est également obligatoire avant certaines réorganisations des services. [...]

Mais les relations avec les organisations syndicales ne se limitent pas aux CTPL. Des réunions informelles, de simples entrevues permettent souvent de désamorcer des conflits naissants sans que tout mouvement de grève soit évité dès lors qu'il peut être nécessaire à la crédibilité d'une organisation.

Dans ce contexte, il est aussi important pour le personnel que pour les directeurs que l'entente et la solidarité les plus larges règnent dans l'échelon de commandement. [...]

Au mois de septembre 1983, la direction est soumise à une vérification générale de l'inspection des finances, procédure dont j'ai déjà eu à connaître, plus ou moins directement, quatre fois.

L'affectation comme second directeur-assistant d'un administrateur civil, chef de bureau à l'administration centrale qui a choisi d'effectuer sa mobilité de deux ans dans les services départementaux nous permet de mieux supporter les contraintes de l'Inspection.

La mission s'exerce pendant six semaines environ, tant en direction que dans les services de base. Des constats nous sont exposés, des précisions demandées au cours de réunions périodiques, le tout laissant augurer des conclusions sévères.

Le rapport de synthèse élaboré par le chef de mission confirme cette impression et va même au-delà. Aucun compte n'est tenu de nos observations – ont-elles été écoutées ? –, aucun élément positif n'est présenté en regard des critiques exprimées.

Mais j'avais appris que ma hiérarchie savait fort bien interpréter les conclusions de ces vérifications lorsqu'elles ne révélaient par de graves dysfonctionnements.

L'examen des nombreux rapports dont nous sommes destinataires par la suite et la rédaction des réponses à y apporter nous occupent pendant quelque six mois. Une fois les séquelles de l'Inspection disparues, les correctifs apportés à certains errements mis à jour par la mission, les préoccupations traditionnelles retrouvent la première place.

Mise en œuvre de l'impôt sur les grandes fortunes, dont le rapport, dans le département, n'apparaît pas à la mesure des efforts déployés dans la recherche des redevables malgré l'appoint de l'informatique.

Recherche également des redevables de la taxe annuelle de 3 % sur la valeur des immeubles et droits immobiliers possédés en France par certaines sociétés étrangères.

Cette taxe sera une source de contentieux heureusement sans commune mesure avec celui relatif à la taxe professionnelle. [...]

Au cours de cette période, le concours apporté par l'informatique s'accélère et se développe. Elle est utilisée pour la sélection des dossiers à soumettre au contrôle sur pièces. Elle nous approvisionne en documents qui nous permettent un suivi trimestriel des résultats obtenus tant dans les services d'assiette que dans ceux du recouvrement et constituent ainsi un moyen d'aide à la décision. [...]

La bureautique fait également son apparition. Grâce au minitel, nos relations avec les services centraux et les autres directions départementales sont accélérées et simplifiées. Les services de direction utilisent désormais les machines à traitement de textes.

Parallèlement, des études sont menées à l'instigation de la direction générale et des expériences mises en œuvre pour créer, sous l'autorité de l'inspecteur, des inspections regroupant plusieurs contrôleurs avec une compétence territoriale et non plus professionnelle. Cette formule devait mieux préparer les inspecteurs à de futures fonctions de commandement que le système actuel qui les tient dans un certain isolement.

Je ne verrai pas l'achèvement de tous les « chantiers ». Y aura-t-il d'ailleurs jamais une fin à l'évolution indispensable d'une administration qui constitue un facteur majeur de la politique budgétaire, économique et sociale du pays ?

Jean-Pierre Romanetti

Grenoble

Non, ce n'était pas un poisson d'avril. C'est bien le 1er avril 1984 que j'ai pris mon grade de chef des services fiscaux de classe « normale » à Grenoble, comme directeur des services fiscaux, patron du département de l'Isère. J'entrevoyais là que dès la promotion suivante, si j'y accédais, je friserais sans doute « l'anomalie ». Chacun sait que, selon le célèbre principe de Peter, chacun d'entre nous atteint un jour son niveau d'incompétence. [...]

Sur le plan professionnel, j'allais entreprendre de découvrir l'Isère avec des yeux tout autres que ceux de ma jeunesse, c'était évident. Département réputé sérieux mais difficile en raison de l'existence d'un mouvement de défense des artisans et commerçants, le fameux « Cid-Unati », né précisément en Isère quelques années auparavant. Difficile aussi du fait d'un taux de syndicalisation important et d'une combativité syndicale supérieure à la pratique habituelle, disait-on. Mes premiers pas s'inspirèrent naturellement de mon expérience niçoise, qu'il s'agisse de mes tout premiers contacts avec la direction ou des visites des services et des personnalités extérieures. Mais surtout, je m'étais donné pour objectif de m'imprégner le plus rapidement possible de tous les problèmes du département et de marquer très vite mon empreinte de nouveau patron limitant au maximum ma période de rodage. Fort de mon expérience niçoise où j'avais vu à l'œuvre successivement deux directeurs des services fiscaux, je savais que, précédé d'une réputation, bonne ou mauvaise, vraie ou fausse, j'étais attendu dans mes premiers faits et gestes. Je serais jugé sur les premières images que je donnerais de moi-même et sur mes premières déclarations d'intention. C'est dire combien mes premiers contacts seraient importants pour la suite de mon séjour et ma crédibilité auprès des agents.

Je m'étais donc préparé à cette épreuve depuis plusieurs semaines, après avoir pris connaissance auprès de la direction générale de l'état des services et de la situation des travaux du département.

Pour chaque catégorie de mission, j'avais établi des fiches sommaires afin de mémoriser au mieux l'état des travaux du département. J'avais déjà ainsi des idées assez précises sur les objectifs à atteindre, et les priorités à privilégier.

De même, j'avais esquissé dans mon esprit le sens des propos que je tiendrais aux uns et aux autres en fonction de leurs responsabilités et du rôle que j'entendais leur voir jouer à mes côtés.

J'avais également prévu de tenir assez vite une série de réunions, à la fois pour me présenter, m'informer des problèmes auprès des praticiens, et aussi pour privilégier l'image d'équipe que j'entendais promouvoir.

Ce dernier point était très important à mes yeux car j'avais constaté auprès de mes collègues combien étaient grandes les différences dans la gestion de petits ou gros départements. La gestion des plus importants s'appuyait nécessairement sur un état-major plus étoffé, des relais hiérarchiques plus structurés et des équipes plus fortes. Ce contexte impliquait de toute évidence une méthode différente pour diriger. Or, j'étais convaincu qu'un patron ne pouvait pas grand-chose sans le concours et l'adhésion du plus grand nombre possible de ses collaborateurs. Diriger de son bureau, comme d'une citadelle, par ordres écrits sans discussions préalables, sans contacts avec les agents du terrain me paraissait par ailleurs une méthode du passé, devenue totalement inadaptable aux temps modernes. D'où une préoccupation de développer au maximum un esprit d'équipe fondé sur le dialogue, l'échange d'informations, la cohésion, la solidarité puis le respect par tous de la décision prise. Et quoi de mieux pour tenter d'illustrer cet état d'esprit que la tenue de réunions où l'écoute et le dialogue seraient privilégiés.

Mais avant de lancer l'ensemble de ces opérations, j'avais pris soin de les soumettre aux deux directeurs-assistants. De même, sur plusieurs points de méthode ou de technique, j'avais pris la précaution de consulter les directeurs divisionnaires. Les uns et les autres m'apportèrent une riche contribution, certains presque surpris de voir leur avis sollicité sur la démarche du nouveau directeur des services fiscaux et sa méthode de commandement. [...]

Mes premiers contacts avec les agents du département se déroulèrent fort bien ; il s'en dégageait une impression de sérieux et de sécurité que je n'avais pas toujours rencontrée dans les Alpes-Maritimes. Dans l'ensemble, les services étaient mieux installés, les travaux nettement plus à jour. Donc des conditions de travail meilleures *a priori*.

Mes visites de personnalités extérieures se passèrent très bien elles aussi, comme toujours en pareille circonstance. Ma seule préoccupation se situait du côté de la chambre des métiers dont le président était issu du Cid-Unati. Une conversation quelque peu contenue au début puis plus détendue lorsque mon interlocuteur apprit que j'étais du pays. Je constaterai souvent combien un détail de la vie introduit au détour d'une phrase permettait de détendre une atmosphère crispée. Déclarant que ma porte serait toujours ouverte aux responsables des divers organismes socioprofessionnels du département, j'acceptai de recevoir prochainement une délégation du Cid-Unati. Celle-ci vint me voir en nombre et resta dans mon bureau une bonne demi-journée. Tous les sujets de litiges avec l'Administration furent mis sur la table. Les directeurs divisionnaires du contrôle fiscal et du contentieux, qui étaient présents à l'entretien, surent apporter les réponses qui convenaient. Dès Nice, je m'étais donné pour règle de ne jamais recevoir sans la présence d'un collaborateur, voire plusieurs selon l'intérêt de l'entretien ou la personnalité du visiteur. [...]

Plusieurs dossiers m'ont fortement impliqué durant mon séjour grenoblois :

- les suppressions d'effectifs et les réactions syndicales ;

- la création d'un quatorzième CDI ;

- le transfert des services de la direction dans de nouveaux locaux ;

- la transformation des inspections spécialisées.

S'agissant des organisations syndicales, je constatai que leurs dirigeants étaient plus incisifs qu'à Nice, avec des troupes plus disciplinées, obéissant sans problème aux consignes données. J'eus l'occasion de le percevoir dès que les pouvoirs publics décidèrent de réduire les effectifs de la fonction publique, en particulier ceux de la DGI. Bien que le département ne fût pas touché par ces réductions, les représentants syndicaux locaux suivirent au doigt et à l'œil les consignes nationales. Les premières grèves furent très suivies, puis l'occupation de l'hôtel des Impôts de Grenoble où travaillaient dans un bâtiment moderne plus de 400 agents fut décidée. Cette occupation interdisant l'accès des lieux au public dura quatre à cinq jours. C'était la première grande crise sociale à laquelle j'étais confronté. De nombreuses réunions furent tenues rapidement avec les organisations syndicales. Mais sans résultat, sans avancée possible au plan local, le problème relevant de toute évidence du niveau central. Mon argumentation qui relayait, bien sûr, celle développée sur Paris sur un plan général était confortée par le fait que nous n'étions pas concernés par les suppressions d'effectifs. En effet, l'Isère souffrait d'une insuffisance de moyens, reconnue par l'administration centrale et nous avions, d'ailleurs, monté un dossier de création d'un quatorzième CDI.

Dans l'attente d'une décision à ce sujet, je savais déjà que, dans le cadre des redéploiements de moyens envisagés au plan national, de département à département, l'Isère devrait normalement bénéficier de renforts. Je faisais valoir également aux organisations syndicales l'obligation de respecter la liberté de travail pour les non-grévistes qui étaient nombreux, et le devoir de maintenir les services ouverts au public qui se présentait. Mais tout ce beau discours n'eut aucun effet dans un premier temps.

Conformément aux consignes de l'administration centrale, je dus envisager de mettre en œuvre des sanctions allant au-delà des habituelles retenues de salaire. L'été approchait, certains agents présentaient déjà des demandes de congés. Je décidai donc de suspendre l'octroi de congés aux agents en grève. Les premières notifications de suspension furent adressées et déjà un premier flottement était perceptible dans les rangs des grévistes.

Mais les organisations syndicales ne pouvaient pas ne pas réagir, ce qu'elles firent immédiatement en faisant envahir la direction par une centaine d'agents. Le lendemain matin des premières notifications de suspension des congés, sur le coup de 10-11 heures, depuis mon bureau qui était installé au 5e étage, j'entendis un sourd grondement, puis des clameurs dans la cage d'escalier, se rapprochant de plus en plus. Manifestement, on venait me voir en force et bruyamment. Dans ces cas-là, je crois qu'il n'y a plus de règles, plus de doctrines qui vaillent pour tous, en tous temps, en tous lieux : chacun réagit à chaud, à sa façon avec ses tripes ; seul impératif : rester calme, maître de soi et, si possible, de la situation. Moi, j'étais vexé que l'on vienne me voir de façon aussi impromptue et aussi tapageuse alors que, depuis plusieurs jours, ma porte avait été constamment ouverte pour des entretiens informels avec les représentants syndicaux où tout avait été mis sur la table, y compris l'annonce des sanctions concernant les congés. Sans m'accorder le temps de la réflexion, je bondis de mon siège et sortis de mon bureau. Les premiers manifestants étaient déjà là, au premier rang desquels leurs principaux représentants. Je me souviens avoir alors dit à haute voix, sans doute sur le ton de la colère : « C'est un tapage inutile, je ne recevrai qu'une délégation réduite à dix personnes après que le silence aura été fait et l'escalier dégagé ». Aussitôt, les leaders ont fait passer le mot d'ordre de se taire et d'évacuer l'immeuble. J'entendais les « chut » se répercuter d'étage en étage. Je leur confirmai, alors, que je les recevais immédiatement s'ils le désiraient. Ils m'ont demandé quelques instants pour constituer leur délégation. Je rentrai dans un bureau et j'appelai mes deux adjoints pour les recevoir. Mais nous avons dû attendre quelques longues minutes, la constitution de la délégation ayant dû, sans doute, être âprement négociée entre les diverses organisations. Nous savions d'ailleurs qu'il y avait des dissensions et que certains souhaitaient mettre fin à l'occupation de l'hôtel des Impôts au plus vite. Enfin, ils frappèrent à ma porte, je les fis entrer un à un en les saluant. Je pensais que nous étions partis pour une fort longue discussion. Il n'en fut rien. Ils renouvelèrent leurs doléances que je connaissais déjà fort bien. De mon côté je leur répétai que celles-ci avaient été transmises par mes soins à Paris et je renouvelai l'argumentation déjà développée les jours précédents. J'insistai sur le fait qu'il fallait savoir cesser une action avant qu'une nouvelle spirale manifestations-sanctions ne s'enclenche. Je rappelai également que j'avais maintes fois déjà appelé l'attention de l'administration centrale sur les insuffisances de moyens du département, que j'avais été entendu et que des renforts seraient sans aucun doute alloués dans le cadre du redéploiement national à venir, ce qui fut le cas d'ailleurs par la suite. [...]

Le lendemain, l'occupation de l'hôtel des Impôts cessa, le travail reprit et les sanctions concernant les congés furent immédiatement levées.

Je compris que, pour dénouer certaines crises sociales aiguës, il était nécessaire, comme dans les drames antiques, de parvenir à un certain degré de dramatisation. En tout cas, chaque partie devait pouvoir sortir du conflit la tête haute.

Louis Menuet

UNE VISITE INATTENDUE

Il devait être 11 heures, j'étais seul dans mon bureau, examinant un dossier, lorsqu'on frappe à ma porte. En principe, tout visiteur extérieur se faisait annoncer par le secrétariat installé à l'entrée de la direction. Je dis « entrez », pensant qu'il s'agissait comme à l'accoutumée d'un agent de la direction. Mais, surprise, deux personnages s'encadrèrent dans ma porte. Je reconnus aussitôt le préfet, qui paraissait être dans « ses petits souliers » et, à ses côtés, le ministre dont heureusement j'avais vu la photo dans la presse.

Je les accueillis, fis mine de laisser mon siège au ministre qui n'en voulut pas. Je m'installai donc normalement à mon bureau avec, en face de moi, le ministre et le préfet. La rumeur avait déjà fait état de cette pratique, je n'étais donc surpris qu'à moitié… Le contact fut très simple, très direct, j'ajoute bien cordial. Le ministre me demanda de faire le point de la situation du département. Ce que je fis, en insistant particulièrement sur les difficultés liées à la mise en route de l'impôt sur la fortune dans un département particulièrement riche. J'en profitai également pour insister sur les insuffisances criantes de moyens, en particulier, dans les inspections « FP » (de fiscalité personnelle), ce qui ne permettait pas aux services d'exercer un contrôle à hauteur de la richesse du tissu fiscal du département. J'évoquai enfin la nécessité d'implanter un quatorzième CDI à proximité de la nouvelle zone d'activités de Sophia-Antipolis, située derrière Antibes. Le ministre prit note puis il me demanda si je disposais dans l'immeuble d'une grande salle. Sur ma réponse positive, il me demanda d'inviter tout le personnel présent dans la direction de s'y trouver d'ici quelques minutes.

À ce moment-là, je ne sais si ma panique fut perceptible sur mon visage, mais j'ai eu des sueurs froides… Un vendredi, peu avant 12 heures, veille d'un week-end en plein mois d'août, combien allions-nous être… ? En entrant dans la salle, je fus soulagé, la salle était pleine avec plus de 50 % de l'effectif, la règle habituelle en période de congés avait bien été respectée. J'avoue que le ministre, truculent et toutes bretelles dehors (je dis bien entendu ceci avec tout le respect que je dois à sa fonction), fit alors un numéro, au bon sens du terme, extraordinaire auprès du personnel qui n'en croyait pas ses yeux, invitant chacun à s'exprimer sur tous les sujets qui les préoccupaient. Et je fus très fier des agents de la direction qui se sont montrés tout à fait à hauteur de l'enjeu. Au fur et à mesure que la réunion se déroulait, l'atmosphère se détendit et les questions fusaient. À plusieurs reprises, le ministre fit rire la salle qui rapidement lui devint acquise. Il demanda que des fiches techniques lui soient adressées sur plusieurs sujets évoqués, en particulier s'agissant du contrôle fiscal. C'est sans doute ce jour-là que l'idée d'informatiser les services de vérifications prit un élan nouveau avec un projet qui allait devenir l'application OCEAN (opérations de contrôle externe assistées par de nouveaux systèmes), système informatique d'aide aux vérificateurs sous forme de matériel portable. En dépit de sérieuses difficultés rencontrées lors des premières expérimentations, le projet a dû, depuis lors, bien avancer. […]

La réunion terminée vers 13 heures, le ministre me dit avoir été très satisfait de cette rencontre avec la direction, me remercia, me demanda d'inviter de sa part à un pot amical tout le personnel de la direction et de lui faire parvenir la facture. Ce que je fis dans les jours qui suivirent et j'adressai comme convenu la facture au cabinet du directeur général. Mais je dois avouer qu'à ce jour je suis toujours créancier de l'État… Sans doute les règles de la Comptabilité publique n'avaient-elles pas prévu le financement de ce type de manifestation… !

En tout cas les agents apprécièrent cette visite… et le pot. Dans leur large majorité ils l'estimèrent positive. Un ministre venant en personne, sans cérémonial particulier, sur place pour les écouter, c'était bien évidemment du jamais vu. D'autres, dont notamment des syndicalistes, trouvèrent que l'événement avait une connotation quelque peu démagogique, et ils m'interrogèrent sur des suites concrètes. Des représentants syndicaux me le dirent franchement. Je leur fis remarquer que cette rencontre traduisait la préoccupation du ministre de s'informer des problèmes de la DGI directement auprès des personnels.

Louis Menuet

LE NOUVEAU PATRON

« Bichette ?… As-tu vu le nouveau directeur ?

- Ma foi non !… Et toi ?

- Non plus !… Il serait super vache ! Il arrive de l'Est. Jackie a téléphoné là-bas, à un copain. Ça bardait sec… Un patron pas marrant du tout, exigeant et hypernerveux… Il a cassé plusieurs fois son téléphone en piquant des colères… Nous manquait plus que ça !

- Oh ! après tout il ne va pas nous faire un enfant dans le dos, hein ! Ici on n'est pas dans l'Est, faudra bien qu'il s'y fasse !

- Oui, mais quand même : on dit qu'il attend les agents le matin à l'embauche et convoque les retardataires à son bureau pour une semonce.

- Encore un qui ne doit pas avoir de mômes à préparer pour les envoyer à l'école !

- Il ferait aussi des rondes dans les couloirs pour éteindre les néons allumés pour rien, avec note de service à l'appui pour le responsable ».

Près de Mme M., sa collègue, Bichette discutait depuis un large quart d'heure devant le distributeur de boissons et gâteaux installé dans le dégagement de l'escalier proche de l'ascenseur. Elle achevait sa cigarette tout en buvant son café de l'après-midi. Sa copine s'essuyait la commissure des lèvres avec l'index afin d'en détacher les dernières bribes d'un chausson aux pommes gras comme un beignet de deuxième friture.

« Dis donc, si on allait bosser ? Popaul doit se demander ce qu'on fabrique !

- M'est avis, continua Bichette en marchant, m'est avis qu'on va bouffer du pain noir, car en plus c'est un fada du rendement. Avec lui, c'est la course aux rehaussements !

- Sûr, on va regretter l'ancien. Au fond il était sympa, pas tellement embêtant et…

- Oui, oui, si tu veux… Moi ce que je lui reprochais c'est de ne jamais quitter son fauteuil, au bout du tapis rouge. Il aurait pu de temps en temps venir nous voir au travail, tu ne trouves pas ? Oh ! Je me souviens du chahut qu'on lui avait servi pour la grève ! On s'était bien marrés ! On ne connaissait peut-être pas notre bonheur ? »

Elles entrèrent dans le bureau et se remirent à leurs tâches. Ostensiblement Popaul s'arrêta, agacé :

« Y a de l'abus ! Vous exagérez ! Si j'étais directeur, je supprimerais les distributeurs de boissons, c'est devenu le salon du papotage !… C'est normal que le nouveau patron soit " pète-sec " !

- Et pourquoi ?

- La règle, c'est la règle !

- Accouche Popaul.

- C'est simple : après un mou, un dur ! La direction générale connaît son monde et choisit ses… »

Un remous d'air s'engouffra par la porte du couloir vivement ouverte. Un homme entra, devançant l'inspecteur principal :

« Bonjour mesdames !… Monsieur bonjour ! Je me présente : Vincent X, chef des services fiscaux ».

Les trois employés se levèrent d'un coup comme mus par un ressort. L'inspecteur principal se précipita pour les tirer d'embarras en les approchant chacun leur tour :

« Ici M. Paul P., Mme M. et Bichette… Oh pardon, Melle B.

- Très bien, très bien, reprit le grand patron, vous faites, paraît-il, une bonne équipe. Voyons Melle Bichette, quels sont vos travaux en ce moment ?

Elle bredouilla quelque peu :

- Oh ! Monsieur le directeur nous relançons les défaillants.

- Parfait ! Travail essentiel… À quoi servirait de taxer les honnêtes gens si on ne traquait pas les défaillants ? Simple respect d'une justice fondamentale qui est notre but commun. Comme au rugby : les uns ratissent la balle, d'autres font la passe, et d'autres encore vont à l'essai… Nous devons tous être des joueurs solidaires, chacun à notre poste !

Puis s'adressant à Mme M. :

- Et les redressements ? Faites-vous des rappels d'impôts, combien ?

- Les impôts locaux nous occupent tellement monsieur le directeur que nous n'avons que peu de temps pour vérifier les revenus.

- Ah ! Dommage ! Monsieur l'inspecteur principal, prévoyez une très prochaine réunion sur la réorganisation des services. Il faut redéployer, c'est urgent. Bonsoir mesdames, monsieur bonsoir ».

Ce fut Popaul qui reprit la parole après cette visite inattendue :

« Il a de la classe et présente fort bien ».

Puis souriant, il ajouta :

« On dirait pas qu'il casse les téléphones !

- Oh, toi, tu peux la ramener ! Même pas capable de dire un mot quand il était là !

- On ne m'a rien demandé. Enfin vous allez être contentes, il va sans doute chambarder notre boulot, c'est bien ce que vous attendiez ? »

Puis se recalant les fesses dans sa chaise il continua :

« La prochaine fois je lui parlerai… Je lui causerai du distributeur de café ».

Bichette ne l'écoutait plus. Encore toute remuée elle regardait sa voisine :

« Dis, t'as entendu ! Le patron, il m'a appelé " Bichette " ! »

Marcel Audurier

LE SERVICE PUBLIC

Mon inscription au tableau des directeurs m'incite à réfléchir sur le service public. Il y a vingt ans que je suis fonctionnaire, et je me suis très bien habitué à ses obligations et à ses contraintes.

Le statut de chaque groupe de la hiérarchie, les diverses instructions en la matière permettent à chacun de connaître l'étendue de ses responsabilités, et il n'y a pas d'allégeance personnelle entre supérieurs et subordonnés. Dans le cours de ma carrière, j'ai été sollicité à plusieurs reprises par des entreprises ou des cabinets d'expertise comptable pour entrer à leur service. Mais les liens personnels entre les entrepreneurs et leurs subordonnés aboutissaient à une sorte de vassalité, que je considérais incompatible avec mon indépendance d'esprit.

Je préférais ainsi la fonction publique, chargée de donner la priorité à l'intérêt général. Il n'en faut pas moins donner à chacun le droit au respect et à l'équité.

Mais cette obligation amène le fonctionnaire à avoir une grande circonspection, sinon une abstention, de contracter des liens d'amitié avec les non-fonctionnaires, de façon à ne pas donner à penser que ces liens pourraient conduire le fonctionnaire à ne pas toujours agir en toutes circonstances en pleine objectivité.

C'est pourquoi je me suis efforcé de n'entretenir de liens qu'avec les représentants des autres administrations en tant que tels, ou avec les conseillers généraux, conseillers municipaux, en n'ayant avec eux que relations professionnelles, de même qu'avec les représentants des organismes publics ou parapublics (chambres de commerce et d'industrie, chambre de métiers, SAFER).

De même, je ne tutoyais aucun subordonné, ni ne l'appelais par son prénom. En revanche, je recevais tout agent qui m'en faisait la demande, pour des raisons professionnelles ou personnelles.

Il va de soi que le fonctionnaire doit faire preuve de la plus exemplaire intégrité.

C'est dans ce sens que j'exerçais mon autorité, remarque faite que chaque agent a son statut et ses obligations nées des instructions administratives, le directeur ayant pour tâche essentielle de s'assurer que chacun respecte scrupuleusement ses obligations dans les conditions de forme et le respect des délais qui lui sont impartis.

La tenue d'un tableau de bord complet sur la situation des services est un moyen irremplaçable pour donner à chacun, en toutes circonstances, des instructions particulières motivées.

Edmond Montagne

RÉFLEXIONS

Chemin faisant dans mes souvenirs, certaines réflexions me sont venues à l'esprit.

L'un des derniers directeurs sous lesquels j'ai servi, avant d'accéder moi-même au grade, n'avait de cesse de me répéter : « Nous exerçons le plus beau métier du monde ! »

Un avis que je n'ai jamais partagé.

Le plus beau ? Très franchement, peut-il être « beau », au sens propre du terme, ce métier qui, pour l'essentiel, conduit le fonctionnaire à s'approprier les ressources des autres pour se faire payer en priorité soi-même ? S'il était « beau », dessinateurs et humoristes croqueraient huissiers et percepteurs en *play-boys* !

S'il n'est pas le plus beau, par contre, il est à coup sûr avec un autre, le plus vieux métier du monde, car, depuis le début des civilisations, il s'est toujours trouvé des individus chargés – ou s'arrogeant le pouvoir – de prélever, suivant les formes les plus diverses, une dîme sur les autres.

À cette dernière définition, je préfère cependant, pour ma part, celle de Gabriel Ardant, qui dans son « Histoire de l'impôt », le qualifie de métier « le plus ingrat et le plus méconnu », ce qui est plus près encore de la réalité.

Mais qu'il soit le plus beau, le plus vieux, le plus ingrat ou le plus méconnu, « il faut avoir l'enthousiasme de son métier » ainsi que le recommandait Diderot.

Sacrifiant une vocation précoce à la garantie et à la sécurité immédiates d'un emploi, je ne savais pas encore, à l'époque, que j'aurais « l'enthousiasme de mon métier », comme cela m'est arrivé.

À la base de la réussite d'une carrière, il y a, bien évidemment, le travail. Mais le travail, à lui seul, ne suffit pas et, j'y reviens, il y faut aussi la chance.

La chance, dira-t-on, c'est le destin qui l'apporte ou pas. Elle vous échoit, on ne la cherche pas, on ne la cultive pas.

Soit, mais la chance, c'est aussi l'opportunité qui se présente, que l'on saisit à son passage, quels qu'en soient les risques, ou que l'on ne saisit pas, qui, le plus souvent, ne se présente qu'une fois.

En revenant, comme je viens de le faire, sur mon passé, je me rends compte que, cette chance-là, c'est celle dont j'ai su profiter et que si, à avoir « fait carrière », comme l'on dit, j'ai quelque humble mérite, c'est avant tout, avec le travail accompli certes, celui d'avoir su saisir mes opportunités : ainsi celle d'obtenir un poste de rédacteur, celle d'un détachement à la direction générale, celle d'accepter ma nomination en Corse. [...]

La carrière de tout directeur peut se diviser en deux : avant et après, avant la promotion au grade et après l'accès aux fonctions de ce grade.

Avant, c'est une ambiance générale de camaraderie, cimentée par le sentiment d'appartenir à une collectivité unie, c'est l'entraide, sans esprit de concurrence. On ne connaît ni croc-en-jambe, ni lutte intestine. On se sent au sein d'une grande famille.

Après... je n'ai jamais compris pourquoi l'ambiance changeait après, pourquoi certains collègues devenaient des artistes en ronds de jambe, tandis que d'autres se tiraient dans les pattes ou se cherchaient des appuis politiques. Je n'ai jamais compris pourquoi, brusquement, je devenais pour les autres agents un sujet de méfiance et, pour certains même, l'homme, l'ennemi à abattre, pourquoi je me retrouvais tout à coup enfermé dans un espace de solitude.

Si j'avais à marquer une préférence pour l'une ou l'autre de ces périodes, en dehors de tout aspect matériel des choses, je choisirais la première, celle, en tout cas, où les rapports humains étaient sans fard et empreints d'amitié, dans un esprit de groupe.

Pierre Peter

LE DIRECTEUR RÉGIONAL

(1974-1990)

DEUX MISSIONS PRINCIPALES

Mon installation à la direction régionale de Dijon est fixée au 1er mai 1974. [...]

Les bureaux de la direction régionale ne sont pas loin, en plein centre ville. Ils sont installés au premier et unique étage d'un bâtiment construit dans une ancienne cour intérieure d'immeuble, desservi par un passage pour piétons joignant deux rues.

Quelques bureaux seulement sont dotés de fenêtres donnant sur le passage, les autres ne sont éclairés que par des hublots fixes en matière plastique translucide dans le plafond (*sky domes*). Le mobilier, même pour les directeurs, est celui des inspecteurs de contrôle, et il est loin d'être neuf. [...]

Heureusement, peu de temps après, le directeur général vient à Dijon pour inaugurer officiellement le nouvel hôtel des Impôts.

Il est effaré de voir les locaux de la direction régionale, et m'interdit formellement d'y rester plus longtemps qu'il ne sera nécessaire pour trouver mieux. Je n'ai pas beaucoup à chercher, car une grande compagnie d'assurances vient d'acheter toute une aile désaffectée d'un grand hôtel du centre ville, et l'aménage en bureaux à louer. Avec la caution du directeur général, j'obtiens sans peine des services centraux l'autorisation de signer un bail pour un demi-étage nu, et d'engager les frais pour l'équiper avec des cloisons amovibles. La direction générale me fait en outre livrer un magnifique mobilier complet de bureau, avec bureau et table de conférences, installant ainsi la direction régionale dans un cadre digne de ses fonctions. Une partie des services de la direction restera cependant dans les locaux actuels, mais tous les agents travailleront dans des bureaux avec fenêtre.

L'organigramme de la direction fait assister le directeur régional par un directeur et deux divisionnaires.

Le directeur assistant a fait toute sa carrière au Cadastre, alors que ce service se détachait petit à petit de la DGI et espérait devenir un service indépendant. Cet espoir vient récemment d'être brisé par une confirmation de l'appartenance du Cadastre à la DGI, et mon assistant, directeur du Cadastre, a été nommé à la direction régionale des Impôts dans un service et pour des missions qu'il ne connaît pratiquement pas. Il demandera bientôt sa mise à la retraite.

La compétence de la direction s'étend exceptionnellement sur deux régions administratives : la Bourgogne et la Franche-Comté, c'est-à-dire les huit départements de Côte-d'Or, de Saône-et-Loire, de l'Yonne et de la Nièvre d'une part, et d'autre part du Doubs, du Jura, de la Haute-Saône et du Territoire de Belfort.

Elle a deux missions principales : l'harmonisation et la coordination de l'action des directions départementales et le contrôle fiscal, et de nombreuses autres missions annexes.

Sa mission de coordination s'exerce principalement par les réunions périodiques des directeurs régionaux et départementaux. Tous les directeurs régionaux sont convoqués à peu près mensuellement à une réunion à Paris. Le directeur général, qui la préside, assisté de ses principaux collaborateurs, leur donne des informations sur les orientations de leur action, et leur fait connaître ses directives et les objectifs de la DGI. Il écoute aussi leurs observations et leurs suggestions. Les directeurs régionaux, qui réunissent avec la même périodicité les directeurs départementaux, leur répercutent informations et orientations, et recherchent avec eux comment les mettre en œuvre. Ils sollicitent aussi leurs observations et suggestions dont ils feront éventuellement part à la direction générale.

Les directeurs régionaux agissent donc comme des éléments de liaison entre les services centraux et les services extérieurs, et, connaissant bien les orientations de l'Administration, sont à même de conseiller utilement les directeurs et leurs agents.

La mission d'harmonisation s'exerce aussi sur un point très délicat : la notation des quatre mille agents environ en service dans la région. Cette harmonisation, déjà effectuée par chaque directeur départemental sur les propositions de ses différents chefs de service notateurs, est nécessaire au plan régional pour éviter que les agents d'un département sévère soient désavantagés par rapport à ceux d'un département plus indulgent. Elle est très importante pour les agents en position d'un avancement pour changement de grade, et déterminante pour les directeurs divisionnaires, en course pour le grade de directeur.

La mission d'harmonisation à l'échelle régionale des actions départementales trouve à s'employer dans beaucoup d'autres circonstances. L'une d'elles a été par exemple l'harmonisation des évaluations des cinq mille hectares de terrain dans trois départements de Bourgogne, achetés pour la construction du TGV Paris-Lyon. Elle pourra aussi s'exercer pour l'achat éventuel des cinq mille autres hectares nécessaires pour construire le canal à grand gabarit Rhin-Rhône, dont on parle beaucoup, mais dont la réalisation n'est pas encore décidée.

La mission de contrôle fiscal est très importante pour la direction régionale. En effet, elle assure les vérifications générales de comptabilités des entreprises les plus importantes de la région, celles dont le chiffre d'affaires dépasse un certain montant. Elle dispose pour cela de huit brigades de vérifications générales, d'une brigade de contrôle des revenus, et d'une brigade d'enquêtes et de recoupements, soit environ quatre-vingt-dix inspecteurs vérificateurs, encadrés par dix inspecteurs principaux. Elle assure l'ensemble des vérifications, c'est-à-dire le contrôle sur place, la notification et sa discussion, et éventuellement le contentieux consécutif.

Avec un objectif annuel de douze vérifications par vérificateur, la direction régionale est en mesure d'effectuer dans les huit départements de sa compétence près de huit cents vérifications générales de comptabilités, et près de cent examens approfondis de situation fiscale personnelle chaque année.

Contrairement à une affirmation assez répandue en dehors de l'Administration et dans les médias, il n'est pas demandé de redressements systématiques aux vérificateurs. Mais il est bien évident que si un vérificateur réalise en totalité son programme annuel de contrôles sans relever aucun redressement, ou en ne modifiant par exemple qu'une durée d'amortissement ou quelques frais de réception, la direction conclura, soit que le programme a été mal établi, soit que le vérificateur est, pour le moins, peu compétent.

La sélection des entreprises à vérifier demande en effet une attention très particulière, car elle doit rechercher l'efficacité, en choisissant celles qui paraissent le plus nécessiter une intervention, tout en évitant l'arbitraire, et en répartissant le plus harmonieusement possible la pression fiscale entre les professions, les secteurs d'activité, et la situation géographique des entreprises choisies.

Une excellente mesure prise par l'administration centrale est la désignation chaque année du secteur d'activité qui fera l'objet d'une surveillance particulière l'année suivante. Cela lui permet de rechercher et de donner des informations d'ensemble sur ces activités, et aux directions régionales et départementales d'orienter une partie de l'action de leurs brigades de recoupements pour recueillir des renseignements qui seront très utiles aux vérificateurs.

Comme j'estime qu'il est nécessaire de faire participer les vérificateurs et leurs chefs de brigade, ainsi que les directions départementales, à l'établissement des programmes, la liste arrêtée par la direction régionale tient compte de leurs propositions.

Georges Guicherd

Coordonner et harmoniser

Président du conseil d'administration des services sociaux, commissaire du gouvernement près le conseil régional de l'ordre des experts-comptables, président du comité de direction du centre d'information des relais d'opinion et de la presse et président du comité régional pour les relations avec le public, j'avais, en peu de temps, dû faire un apprentissage forcé d'activités souvent éloignées des missions d'un directeur régional. Pourtant, il en était une que je tenais à accomplir particulièrement en complément de ma fonction de relais d'information entre le service central et les directions départementales. C'était de coordonner et si possible, d'harmoniser les actions menées sur le terrain par les agents des mêmes services, se connaissant peu et agissant souvent en ordre dispersé ; je m'attachais donc à réunir au moins une fois par an et toujours avec les responsables spécialisés de la direction générale, les receveurs divisionnaires et principaux pour les problèmes de recouvrement, les directeurs divisionnaires du contrôle fiscal pour la programmation et le suivi d'exécution des opérations de vérifications et de contrôle sur pièces, ceux du contentieux pour l'examen des réformes des procédures fiscales ou de la jurisprudence récente, les conservateurs des hypothèques (en y associant les notaires) pour la gestion des fichiers ou la solution de problèmes juridiques pointus, les inspecteurs du cadastre pour la coordination des programmes de révision ou rénovation des plans cadastraux, les inspecteurs des domaines et de la fiscalité immobilière pour l'étude des marchés fonciers et les techniques d'évaluation des biens, les délégués départementaux à la formation professionnelle pour la programmation, l'organisation et l'évaluation des stages de formation, initiale ou continue, dont la direction régionale était en grande partie maître d'œuvre, les assistants techniques des centres et associations de gestion agréés, pour harmoniser les méthodes d'assistance et de surveillance des organismes dont ils avaient la charge, sans compter les réunions ponctuelles sur des situations ou affaires présentant un caractère d'urgence et demandées par les services eux-mêmes. Toutes ces journées d'études étaient minutieusement préparées par les directeurs divisionnaires de ma direction, sur un ordre du jour arrêté en concertation préalable avec les participants et communiqué aux bureaux compétents de la direction générale. Sauf cas de force majeure, je présidais personnellement ces journées, toujours prisées et studieuses, profitables à tous, autant par la richesse des débats animés qui en rehaussaient l'intérêt que par l'ambiance très conviviale que je m'efforçais d'y maintenir. Je dois reconnaître à cet égard que l'appui des services centraux ne m'a jamais fait défaut et qu'ils ont toujours répondu présent quand j'ai demandé leur concours. Ainsi pouvait s'effacer, du moins s'atténuer, l'incompréhension trop souvent constatée entre les bureaux parisiens et les exécutants provinciaux. Un visage, une voix, un échange valent toutes les instructions.

Dans cet esprit, j'avais décidé, et proposé d'une façon informelle aux représentants syndicaux, de créer à la direction régionale une cellule de coordination-harmonisation qui serait la correspondante privilégiée de tous les services départementaux et régionaux ; confiée à un jeune directeur divisionnaire dont la courtoisie, la compétence et le savoir-faire recueillaient tous les suffrages, elle devait regrouper études, statistiques, programmes, rapports divers. Sa mise en place obtint un accord unanime et je ne pus que me réjouir de son fonctionnement, reconnu et apprécié par tous les collègues. [...]

Le 10 octobre, les directeurs régionaux participèrent à une journée d'études sur le contrôle fiscal, qui aurait pu être de routine s'ils n'avaient pas été investis pour l'avenir d'une mission plus étendue en matière de programmation et de suivi, dans le cadre d'une déconcentration des responsabilités. Leurs compétences faisaient l'objet d'une nouvelle définition, avec une coordination et une harmonisation des programmes placées sous la vigilance, sinon l'autorité du directeur régional. Le ministre nous confirma ces directives au cours du repas qu'il nous offrit dans les salons du ministère, mais je fus « raisonnablement » surpris des consignes de modération qu'il fit subrepticement passer dans l'assistance en insistant sur l'importance des résultats déjà obtenus. Il est vrai que les élections législatives de mars 1986 se présentaient mal... et ceci expliquait peut-être cela.

Rolland-Gérard Lesperon

« Deux casquettes »

Le 1er octobre 1989, je prenais mes fonctions à la direction régionale de Lyon. [...]

J'allais découvrir un nouveau métier, différent de celui de responsable départemental. Dans une région importante au surplus, sinon la plus importante de province après la région parisienne, avec ses huit départements dont certains très gros comme le Rhône, l'Isère ou la Loire, d'autres plus moyens, Savoie, Haute-Savoie, Drôme, Ain, le dernier plus petit, l'Ardèche. Toute la palette des unités départementales dans une région riche où se mêlaient l'industrie, voire de pointe avec le nucléaire, le commerce et le tourisme, région qui, au cœur de l'Europe, constituait un immense carrefour entre les pays du Nord et ceux du Sud. Elle comportait plus de 5 millions d'habitants avec quelques grandes villes comme Lyon, Grenoble, Saint-Étienne. Les services de la DGI disposaient pour gérer le tout de plus de 6 000 agents, au total, sous l'autorité d'une vingtaine de chefs des services fiscaux et de directeurs départementaux.

Quant au rôle du directeur régional, il comportait deux casquettes. D'abord des attributions propres :

- en matière d'informatique avec la gestion d'un centre régional d'informatique (CRI) ;

- en matière de cadastre et de domaine avec des brigades régionales de renfort pour les opérations les plus lourdes ;

- en matière de formation professionnelle avec la gestion d'un centre régional de formation ;

- enfin, la gestion d'un centre de duplication de documents et d'un commissariat aux ventes. En fait, à l'exception de la première mission citée, les autres constituaient autant de prestations de services rendues au profit des départements de la région.

Pour conduire ces diverses missions, la DR disposait de 800 agents environ, dont une soixantaine en direction, qui comprenait, outre le directeur régional, un directeur assistant et six directeurs divisionnaires dont un, chargé du CRI.

Mais, outre ces attributions propres, la mission qui m'a paru être la plus importante et la plus passionnante – surtout dans la période que nous allions vivre avec la persistance de la crise sociale puis le lancement de la démarche de changement – était celle, à titre personnel, de délégué du directeur général auprès des directeurs de la région et de leurs services. Interface, en quelque sorte, entre le niveau central et le niveau départemental, à la fois pour la diffusion des directives des services centraux et des recommandations personnelles du directeur général, et la remontée des informations venues des départements.

Ce rôle s'appuyait sur un schéma de réunions tenues à deux niveaux :

- la réunion mensuelle des directeurs régionaux à Paris sous l'autorité du directeur général, entouré de tout son état-major ;

- le comité régional des directeurs, tenu en région et réunissant au plus vite, à la suite, tous les directeurs des services fiscaux et les directeurs assistants de la région sous l'autorité du directeur régional.

J'ai considéré que ce schéma qui assurait la liaison pouvoir central-terrain fonctionnait bien. Il sera, d'ailleurs, fortement mis à contribution à l'occasion de la crise sociale pour l'information de la direction générale sur la situation des services et la diffusion des directives quant à la conduite à tenir. Il sera aussi très sollicité lorsqu'il faudra ensuite mettre en œuvre la démarche de changement.

Dans le contexte de crise qui persistait, j'avais à mon arrivée deux préoccupations en tête :

- me débarrasser au plus tôt des formalités habituelles tenant aux visites extérieures ; là il s'agissait de rencontrer les responsables régionaux dont bien sûr, en priorité, le préfet de région. Quant aux visites aux services je les remis à plus tard ;

- faire immédiatement, en prenant contact avec mes collègues de la région, le point du mouvement de contestation dans les directions départementales et au sein de la DR.

Constat immédiat et rassurant pour moi, la crise avait nettement une moindre intensité dans les services de la direction régionale. En revanche elle sévissait dans les services départementaux de la région de façon aussi virulente, voire plus, que dans ceux des départements méditerranéens. [...]

D'ailleurs, j'avais reçu rapidement les représentants syndicaux des personnels de la direction régionale. Si sur les questions de fond ils rejoignaient pour l'essentiel les revendications de leurs collègues des départements, la tonalité de leurs propos était nettement moins virulente. Je commençai donc à visiter les services de la DR plus vite que prévu, en particulier les brigades de vérification et le CRI et ne rencontrai aucune difficulté.

De toutes mes visites c'est sans aucun doute celle du centre régional informatique qui m'intéressa le plus. Certes j'avais visité à deux ou trois reprises le CRI de Marseille mais assez vite et avec d'autres directeurs. Là, dans celui de Lyon j'étais chez moi et je pris le temps de tout voir. Je participai d'abord à la réunion hebdomadaire de tous les responsables des différents services. J'eus le sentiment de changer d'environnement, l'impression de passer du monde administratif à celui de la production quasi industrielle ; objectifs, planning, respect des calendriers, résultats, tels étaient les maîtres mots. Quant à la visite des lieux, elle me passionna. On me donna un badge qui seul permettait de pénétrer plus avant dans l'établissement jusqu'au saint des saints : la salle des ordinateurs, à l'époque parmi les plus puissants existant au plan national. Une sorte de cathédrale moderne des machines où régnaient le silence et une atmosphère conditionnée. Je fus vraiment très impressionné. J'allais l'être également dans la salle où était en cours de création le fichier « SPI » (simplification des procédures d'imposition), fichier national des contribuables regroupant leurs adresses successives et les impositions établies à leur encontre. Déjà plusieurs dizaines de départements avaient été traitées, dont ceux où j'avais été affecté dans la dernière période. Après avoir donné mes nom, prénom et date de naissance, la machine cracha en quelques dizaines de seconde, tous les renseignements me concernant. Extraordinaire. Trois ou quatre ans plus tard ce fichier serait à la disposition des services au plan national, avec d'infinies précautions de consultation, bien entendu.

Cette visite m'apporta, dans le contexte du conflit social qui s'éternisait, un répit heureux.

Les deux pôles de contestation les plus forts en Rhône-Alpes ont été la cité administrative de la Part-Dieu à Lyon où une concentration excessive d'agents en un même lieu facilitait l'agitation. Et l'hôtel des Impôts de Grenoble où les CRS durent camper à proximité durant plusieurs jours. Mais tous les départements étaient touchés. Dans tous, comme sur les bords de la Méditerranée, des occupations de bâtiments avec piquets de grève, des invasions de direction, des manifestations de rue imposantes, des incidents parfois entre grévistes et non-grévistes.

Louis Menuet

LE RECEVEUR DIVISIONNAIRE

(1977-1985)

Les receveurs des Impôts et l'Amicale des comptables de la DGI

En 1977, la Cour des comptes manifesta le désir bien légitime de prendre en charge le contrôle de la responsabilité des comptables. [...]

Depuis 1936 en effet, date à partir de laquelle les opérations des administrations financières s'étaient trouvées centralisées par les trésoriers payeurs généraux, la Cour s'estimait privée de tout contrôle direct à l'égard des dites administrations.

Un décret du 1er septembre 1977 rétablit donc ce contrôle, fixant l'étendue de la responsabilité desdits comptables et les modalités de sa mise en jeu. Cette responsabilité est affectée par deux sortes de considérations tenant à la nature des fonctions attribuées et à la position particulière des receveurs dans la hiérarchie administrative. En effet, l'originalité des fonctions des receveurs des administrations financières ressort de leur double qualité d'ordonnateurs et de comptables.

Schématiquement : pour le Trésor, contrôle de la recette et, essentiellement, le recouvrement. Par contre, tout ce qui concerne l'établissement, la liquidation, la mise en recouvrement des droits, l'émission des titres, reste l'affaire des ordonnateurs et le rôle de ces comptables ne commence qu'au moment où ils reçoivent le titre de recouvrement.

La situation est tout à fait différente dans les administrations financières : Impôts et Douanes, puisque le principe, dans ces administrations, c'est que les redevables font leurs déclarations ; sauf celles de leurs revenus bien entendu ; non pas aux services d'assiette et de contrôle (encore qu'il faille nuancer, pour certaines taxes bien spécifiques qu'il paraît inutile d'énumérer) mais directement aux receveurs et que ces comptables vérifient ou liquident les droits afférents aux documents déposés : actes de mutation, déclarations de succession, taxe à la valeur ajoutée, droits indirects, etc. et qu'ils les perçoivent immédiatement. D'où leur double rôle d'ordonnateurs et de comptables. Cette dualité justifiait d'ailleurs le titre de receveur-contrôleur de l'Enregistrement, des Domaines et du Timbre attribué aux comptables de cette spécialité avant la fusion des régies. Voire, en Algérie par exemple, celle de receveur des Contributions diverses qui cumulait aussi l'assiette et le recouvrement.

Bref ! D'après le règlement général sur la Comptabilité publique, la liquidation ou le contrôle de cette liquidation sont des fonctions qui sont dévolues aux ordonnateurs alors que le recouvrement appartient aux comptables.

En tant que liquidateurs ou contrôleurs de la liquidation, les receveurs exercent exceptionnellement des fonctions qui sont étrangères à leur qualité de comptables et ne peuvent être appréciées par la Cour des comptes. Or ces fonctions absorbent une part non négligeable de leur activité : un quart, un tiers peut-être. En résumé, vis-à-vis de la Cour des comptes, la responsabilité du comptable n'est que celle du recouvrement.

Toutes les difficultés du contrôle par cette juridiction tiennent donc au caractère mixte d'ordonnateurs et de comptables des receveurs des Impôts.

En tant que receveurs, ils restent des comptables secondaires puisque leurs opérations sont présentées à la Cour par les trésoriers payeurs généraux mais néanmoins, ils deviennent justiciables directs du juge des comptes qui peut leur adresser directement, par le canal du directeur des services fiscaux, des injonctions qui, à défaut d'exécution, peuvent conduire à leur mise en débet et entraîner la mise en œuvre de leur responsabilité pécuniaire, dans la limite si l'on peut dire, de la prescription de droit commun, autrement dit trentenaire.

Cette dernière ne prenant pas fin au décès du comptable concerné mais se reportant sur sa succession.

D'où cette inquiétude exacerbée des comptables des Impôts et la montée au créneau de l'Amicale, peut-être mal comprise de la Haute Juridiction et sans doute aussi de la Haute Administration.

Les premières injonctions tombées n'étaient d'ailleurs pas faites pour rassurer les mis en cause.

Signalons tout de même que cette réaction a eu pour effet de provoquer une prise de conscience et une certaine clarification des intentions supposées des uns et des autres. Une des conséquences immédiates fut la recherche d'un assureur en mesure de garantir les risques encourus et la mise en place d'un contrat de groupe auquel tous les comptables, divisionnaires ou principaux, adhérèrent en totalité et quasi automatiquement. Peu de comptables savent sans doute aujourd'hui ce qu'ils doivent en cette matière à l'action de l'Amicale. Il convient de dire qu'en définitive, et sauf faute grave du comptable impliqué, peu de sanctions gravissimes tombèrent.

Les quitus ont été délivrés dans des limites raisonnables, huit à dix ans en moyenne après la mise à la retraite des agents.

Tirant les conclusions de cette reprise du contrôle des comptables des régies financières par la Cour des comptes, il paraissait possible de revoir le rôle du receveur divisionnaire qui aurait pu, dans chaque département, être substitué au trésorier général en tant que comptable supérieur, au même titre que l'agent comptable des Impôts à Paris par exemple, ou le receveur principal régional des Douanes. Le receveur divisionnaire devenant directeur assistant pour le recouvrement du directeur des services fiscaux, dans chaque département. [...]

Le rôle de l'Amicale s'est révélé efficace, puisque la Haute Juridiction, tout en exerçant pleinement ses prérogatives, a assoupli ses interventions. Disons que son rôle n'a cessé de croître et son efficacité d'être reconnue. Décalée des syndicats, plus ou moins sensibles au chant des sirènes politiques, rigoureusement neutre.

Détachée, du moins de mon temps, de toute obédience, elle s'est et doit continuer de s'attacher exclusivement à la défense des comptables et à la promotion d'une solidarité sans faille entre eux. Je lui souhaite longue vie et suis heureux d'avoir œuvré à sa tête, durant les cinq années que je m'étais fixé, avec une excellente équipe.

Norbert Batiat

UN BRUSQUE CHANGEMENT

À cette date, fin 1976, les receveurs des Impôts étaient soumis, comme tous les comptables publics, aux contrôles administratifs de l'inspection générale des Finances et au contrôle hiérarchique assuré par les inspecteurs principaux par délégation du directeur des services fiscaux.

Par ailleurs, depuis 1936, le TPG était le seul et unique comptable assignataire des recettes et des dépenses de l'État. À ce titre il incorporait dans ses écritures de fin d'année les comptes deniers et matières que lui adressaient les comptables des Impôts. Ces derniers, certes comptables secondaires mais hiérarchiquement indépendants de lui, à la différence des comptables du Trésor, n'étaient donc pas placés sous son autorité.

Cette organisation administrative avait pour conséquence que si la Cour des comptes exerçait bien son contrôle juridictionnel sur la gestion des TPG et à travers ceux-ci sur celles des comptables du Trésor, les comptes des receveurs des Impôts ne faisaient quant à eux l'objet d'aucun contrôle de la part de la Haute Juridiction.

Cette situation n'était pas conforme à la réglementation résultant des dispositions du décret de 1962, dit décret du centenaire, portant règlement général sur la Comptabilité publique, et surtout d'un certain article 60 de la loi de finances pour 1963.

Hormis quelques articles prescrits relevés ici ou là, par le corps de l'inspection principale, les comptables des Impôts n'étaient donc pas traumatisés par la mise en cause éventuelle de leur responsabilité personnelle et pécuniaire.

L'Amicale des receveurs des impôts était, d'ailleurs, à cette époque, très discrète pour ne pas dire confidentielle et ne comportait, en conséquence, que peu d'adhérents.

Brutalement tout devait basculer. Un conseiller à la Cour, particulièrement intéressé par la DGI, s'inquiéta de cette situation et, pour y mettre bon ordre, rédigea un projet de décret qui devait porter son nom. Relativement court mais dense, ce texte avait pour objet de rappeler les principes relatifs à la responsabilité des receveurs des Impôts et de fixer les modalités d'exercice du contrôle de la Cour des comptes.

La publication du décret et les premières circulaires d'application firent l'effet d'une bombe au sein de la corporation. L'Amicale vit affluer les adhérents et devint un interlocuteur assidu et parfois véhément du bureau du recouvrement. Les circulaires se suivaient à un rythme accéléré, chacune apportant son lot de contraintes supplémentaires.

Le contrôle dont les receveurs étaient désormais l'objet déboucha inévitablement sur des revendications, tant au plan des moyens qu'à celui du statut et des rémunérations, motivées, notamment, par les difficultés croissantes de l'action en recouvrement.

Pour toutes ces raisons, la hiérarchie avait décidé de programmer régulièrement des journées régionales du recouvrement, au cours desquelles tous les sujets étaient abordés. Claude eut ainsi l'occasion de se déplacer à plusieurs reprises, avec son chef de service, son sous-directeur et quelques collègues, pour entendre les observations mesurées des directeurs et les doléances plus acerbes des receveurs divisionnaires. Les critiques étaient, cependant, moins virulentes que celles que Claude pouvait entendre à l'occasion des stages de receveurs dont il était, en partie, chargé en qualité de moniteur, pour y traiter de la responsabilité. En ces débuts, l'inquiétude était parfois telle qu'il fut un jour apostrophé par un comptable qui lui dit, au comble de la colère :

« Pourquoi ne nous rendez-vous pas également responsables du déficit budgétaire ? »

Les obligations réglementaires ainsi imposées entrèrent petit à petit dans les mœurs, mais ne furent, sans aucun doute, pas étrangères à l'amélioration du statut des comptables de la DGI qui prit progressivement le pas sur celui des emplois de commandement.

Afin de compléter le dispositif relatif au réseau comptable, une nouvelle doctrine d'emploi du receveur divisionnaire fut élaborée, rappelant certains principes et étendant le rôle de ce comptable, en matière de contentieux du recouvrement par exemple.

Les textes relatifs à la responsabilité des comptables étaient jusqu'à cette date épars. Il s'agissait de les regrouper, de les ordonner et de mettre à la disposition des services un document unique auquel ils pourraient se reporter en cas de besoin. Une instruction générale fut ainsi élaborée, reprenant l'ensemble des dispositions concernant la responsabilité des receveurs, qu'il s'agisse de leurs obligations, du fondement juridique, de l'étendue et de la mise en jeu de leur responsabilité, des admissions en non-valeur ou de diverses dispositions particulières touchant aussi bien à la fausse monnaie qu'à l'autorisation de port d'arme.

Serge Elophe

« Vers la sortie »

Lorsque j'ai pris mes fonctions à Strasbourg, le 1er avril 1980, je venais d'avoir cinquante-neuf ans, il me restait donc encore six ou sept ans de service à accomplir. Dans ces conditions, n'est-il pas un peu prématuré de parler déjà de sortie ? Il est ici nécessaire de dire quelques mots de ces « emplois de débouchés ».

Ces emplois comprennent, je le rappelle, d'une part les recettes divisionnaires, poste auquel je me trouvais désormais affecté et les conservations des hypothèques. Ce n'est pas une des moindres bizarreries de l'administration fiscale que de pouvoir, dans certains cas, progresser en rémunération tout en rétrogradant.

Cela est vrai pour les deux catégories « d'emploi de débouché » mais plus particulièrement pour les recettes divisionnaires. Pour ce qui concerne la recette divisionnaire de Strasbourg, compte tenu de sa catégorie[10], on avait vocation à une retraite égale à celle du chef des services fiscaux, mais on bénéficiait d'une rémunération toutes primes confondues égale à 115 % de la rémunération du même chef des services fiscaux. Mais cette progression de la rémunération avait pour contrepartie une incontestable rétrogradation, puisqu'on quittait les emplois de commandement pour réintégrer les services de base. Dans cette situation, on était bien entendu assujetti à l'autorité du chef des services fiscaux et de ses collaborateurs mais en outre, et j'allais dire surtout, soumis aux vérifications, parfois tatillonnes, de l'inspection principale. À la lumière de ces explications, on comprendra mieux je pense, comment, après avoir exercé de hautes fonctions, on pouvait se considérer comme gentiment mais efficacement poussé vers la sortie.

Pour autant, le métier de receveur divisionnaire ne constituait en rien une préretraite. Les tâches étaient multiples et variées et requéraient, de la part du patron, un suivi constant. Rien de comparable cependant avec le travail écrasant que j'avais connu parfois dans le passé. Cela me permettait de jouir un peu plus – un tout petit peu plus – de la vie familiale.

Jean Boirin

« Un comptable à double casquette »

Le receveur divisionnaire des Impôts est un comptable à double casquette, départementale et sectorielle. Sous la première casquette, il est membre de droit du conseil de direction[11] ; il siège aussi au « comité technique paritaire local ». Il est ainsi considéré comme le directeur du recouvrement. C'est lui qui centralise au plan départemental, pour le compte du trésorier payeur général, toutes les écritures relatives au recouvrement des impôts perçus par les receveurs principaux des Impôts – et les conservateurs des hypothèques – auxquels s'ajoutent les écritures correspondantes de la recette divisionnaire pour le secteur qui lui est affecté. C'est lui qui assiste normalement le directeur des services fiscaux quand il préside la réunion des comptables du département[12] ;

---

10. En 1980, la recette de Strasbourg était classée « hors échelle A » (note de l'auteur).

11. Où il siège habituellement à gauche du directeur des services fiscaux, les directeurs départementaux (quand il y en a) à droite, s'étageant éventuellement par ordre d'ancienneté (note de l'auteur).

12. Où sont évoquées périodiquement les différentes questions concernant le recouvrement ; en l'absence du directeur des services fiscaux, c'est le receveur divisionnaire qui préside ; de toute façon, c'est lui qui mène les débats (note de l'auteur).

c'est lui encore qui assiste aux séances de la « commission des chefs de services financiers et des directeurs des organismes de Sécurité sociale »[13], où il représente le directeur des services fiscaux ; c'est lui qui assiste, aux côtés de ce dernier, aux réunions du Comité départemental d'examen des problèmes de financement des entreprises (CODEFI)[14] ; c'est lui enfin qui autorise, sous sa responsabilité et au moyen de cautionnements qu'il agrée, le paiement à crédit[15] – quand celui-ci est prévu – des impôts perçus par la DGI.

Sous la deuxième casquette, il encaisse et recouvre, sous sa responsabilité, dans un secteur donné, tous les impôts perçus par la DGI en même temps qu'il gère les personnels et les moyens de la recette centrale des Impôts qui est normalement accolée à la recette divisionnaire.

Sous les deux casquettes enfin, il est chargé d'assurer les liaisons entre les comptables du département et les tribunaux de commerce, les administrateurs au règlement judiciaire et les syndics, pour les entreprises ayant déposé leur bilan ; il est également aussi chargé de mettre à la disposition des comptables du département, pour des enquêtes spéciales en matière de recouvrement, les membres de la « cellule des enquêtes et poursuites », normalement rattachée à la recette divisionnaire.

En Indre-et-Loire, la recette divisionnaire avait la responsabilité, en qualité de recette centrale[16], du secteur de Tours-Est : c'était une portion du territoire de ce département qui, avec une partie de la ville, forme, à l'est de Tours, comme un triangle équilatéral – traversé par la Loire – entre la ligne de chemin de fer qui relie Tours à Vendôme, le Cher et les confins du département avec ceux du Loir-et-Cher et du Cher. Les recettes locales (Tours-Est, Rochecorbon, Vouvray et Montlouis) et les bureaux auxiliaires des impôts du secteur, qui s'échelonnent tout le long de la Brenne, lui sont rattachés. C'est un secteur essentiellement diversifié où l'on cultive aussi bien les céréales que la vigne et qui ne manque pas d'attraits (notamment sur le plan touristique, le plus beau fleuron étant sans doute le château de Chenonceaux).

La résidence ne manquait donc pas de charmes. [...]

---

13. La COCHEF, où sont examinés, sous la présidence du trésorier payeur général, les problèmes rencontrés par les entreprises pour le paiement des impôts perçus par le Trésor, la direction générale des Impôts et la direction générale des Douanes et des cotisations sociales recouvrées par l'Union de recouvrement des caisses de Sécurité sociale et d'Allocations familiales (Urssaf) (note de l'auteur).

14. Où sont examinés les problèmes de financement rencontrés par les entreprises « en difficulté » ou les demandes de subventions présentées (pour différents motifs légaux) par les entreprises qui s'installent (note de l'auteur).

15. Au moyen de sortes de billets à ordre souscrits pour un maximum de trois mois par les entreprises (note de l'auteur).

16. Les recettes centrales des Impôts sont ainsi appelées car elles centralisent les écritures des recettes locales et des bureaux auxiliaires des Impôts qui leur sont rattachés, qu'elles ajoutent aux leurs propres (note de l'auteur).

Mes collaborateurs étaient de valeur inégale ; la plupart étaient de la région. Certains ont été remarquables. Mon premier fondé de pouvoir d'abord, un inspecteur central proche de la retraite qui connaissait parfaitement la loi de 1967 sur les faillites et était craint de tous les syndics mais estimé par eux, qu'il connaissait tous pour les avoir pratiqués lorsqu'il était à la cellule « enquêtes et poursuites ». Il savait utiliser à bon escient toute la gamme des mesures de poursuite à notre disposition, préparer les états destinés à la Cour des comptes (et répondre aux questions posées par le conseiller compétent) ; il était à l'aise dans la partie difficile[17] du « contentieux du recouvrement ». C'est quand il était encore à mes côtés que j'ai accepté, sans élever d'objections, d'expérimenter la procédure décentralisée du contentieux du recouvrement qui conduisait à faire gérer ce contentieux par la recette divisionnaire à la place de la direction départementale et permettait de mener directement certaines procédures difficiles pour lesquelles il fallait auparavant l'autorisation de la hiérarchie. [...]

Ensuite, le contrôleur divisionnaire – une femme d'une cinquantaine d'années – qui avait la haute main sur la comptabilité, un autre point très important pour un comptable des Impôts. Elle en avait été chargée à la direction, lorsque celle-ci avait encore dans ces attributions la centralisation des écritures des comptables (depuis 1969 cette fonction appartient à la recette divisionnaire), et les arcanes de la Comptabilité publique lui étaient familiers[18]. Elle était assistée d'un agent de constatation principal – une femme également – qu'elle avait formée et avec elles deux (même pendant le moment où le contrôleur divisionnaire dut prendre un congé temporaire pour maladie) je n'eus aucun problème de caisse.

En matière d'apurement des restes à recouvrer par contre, j'eus du mal avec les contrôleurs – qui se succédèrent d'ailleurs – pour gérer cette partie assez difficile et ingrate du service, et je dus payer de ma personne plus que je ne l'aurais souhaité ; mais cette substitution de gestion directe me fut un excellent exercice.

Il en fut de même en matière d'enregistrement, bien que, Tours-Est n'ayant pas dans son secteur le palais de justice, la charge du service en la matière était assez légère : une personne y suffisait. Mais la titulaire était partie et avait été remplacée par une jeune femme inexpérimentée. Afin d'assurer au mieux cette partie de service (qui n'était pas sans responsabilité) je demandai à suivre à Paris le stage spécial « enregistrement ». Ce me fut accordé, et, désormais, je pouvais maîtriser cette tâche particulière ; de son côté, la titulaire avait su acquérir l'expérience voulue.

---

17. Difficile, parce que relevant à la fois du droit civil, du droit commercial et du droit fiscal (note de l'auteur).
18. Les autres receveurs avaient souvent recours à elle (pour des conseils ou des avis) (note de l'auteur).

Le directeur général adjoint vint à Tours et reçut chaque chef de service pour examiner avec eux les problèmes que chacun pouvait rencontrer. Une autre fois, ce fut autour du chef de service chargé de l'organisation des services et du recouvrement. Ces visites faisaient sans doute partie d'un programme mais les agents et moi-même fûmes heureux de voir que ces hauts fonctionnaires n'hésitaient pas à se déranger pour mieux se rendre compte sur place de nos difficultés et répondre à nos questions.

Le directeur régional des Impôts des Pays de la Loire organisait périodiquement, à Orléans, des réunions où il conviait tous les receveurs divisionnaires des départements de sa compétence. La mise en place dans certains départements de la procédure de déconcentration du contentieux du recouvrement fut aussi l'occasion de réunions à la direction régionale. Toutes ces réunions permirent des contacts enrichissants et des mises au point intéressantes grâce aux réponses aux questions que nous pouvions poser ; les réponses, soumises éventuellement à la direction générale, étaient rassemblées dans des fascicules édités périodiquement, qui furent autant de précieux instruments de travail.

La fonction de comptable, si elle comportait des avantages non négligeables, a – tel Janus – un côté redoutable : la mise en cause de notre responsabilité pécuniaire et personnelle par la Cour des comptes, qui juge les comptes de tous les comptables justiciables de la Cour et singulièrement (depuis la publication du décret de 1977) de tous les comptables principaux des régies fiscales – pratiquement tous les receveurs de centre et le receveur divisionnaire avec les missions spéciales qui sont les siennes. Auparavant, les comptables des régies fiscales étaient simplement vérifiés par les inspecteurs des Finances ou, plus généralement, par les inspecteurs principaux de la division, dont les rapports, soumis au directeur pouvaient entraîner des sanctions prises ou proposées par ceux-ci à la direction générale. Ces contrôles continuèrent évidemment mais ceux de la Cour des comptes s'y superposaient désormais et régulièrement, au titre de chaque année. Comme, au début, il n'y avait pas encore de jurisprudence établie et connue et que les restes à recouvrer étaient souvent reportés, plus ou moins totalement, d'une année sur l'autre ; dans les années qui suivirent la mise en application du décret il y eut toute une série d'arrêts qui créèrent un certain trouble, surtout parmi les retraités, la prescription de la responsabilité des comptables étant trentenaire.

Sans doute, nous étions cautionnés et nous pouvions souscrire une assurance (en particulier auprès d'entreprises ou d'organismes spécialisés à cet effet – en fait, il y en avait deux –), mais celle-ci ne jouait que dans certaines conditions et d'une façon souvent limitée.

Petit à petit, toutefois, une jurisprudence devait s'établir tandis que, chat échaudé craignant l'eau froide, nous pûmes nous efforcer avec l'appui de la direction générale[19] et le soutien efficace de l'Amicale des comptables[20], de limiter au maximum les conséquences financières de notre responsabilité. Il n'empêche que les retraités attendent toujours avec une certaine anxiété de recevoir le fameux « quitus » qui les libère définitivement (ce quitus peut actuellement se faire attendre pendant près de dix ans après la retraite).

Cette responsabilité pouvait avoir aussi des effets que l'on peut qualifier de pervers. Il est conseillé par l'Administration au comptable entrant d'émettre éventuellement des réserves, pendant un délai de six mois[21], sur la gestion du comptable sortant ; mais cette possibilité, qui doit s'appuyer sur des faits précis, donne l'impression à ceux qui voudraient l'utiliser de se faire en quelque sorte des délateurs de leurs collègues, et les met mal à l'aise, d'autant plus qu'eux aussi peuvent, à leur tour, subir les effets de cette épée de Damoclès.

Jacques Gandini

LE CONSERVATEUR DES HYPOTHÈQUES (1970-1989)

Un statut particulier

Par arrêté ministériel du 31 décembre 1969, j'ai été nommé, sur ma demande, conservateur des hypothèques à Besançon-1er bureau, mon installation étant fixée au 1er octobre 1970.

Je n'avais jusqu'alors franchi les portes d'une conservation des hypothèques qu'une seule fois, le département de la Moselle étant sous le régime du livre foncier[22]. C'était à Nancy au cours de mon surnumérariat en octobre 1938 pour

---

19. Qui sut reconnaître qu'elle n'avait pas toujours mis à la disposition du comptable « épinglé » tous les moyens nécessaires pour qu'il puisse assurer convenablement son service ou que les faits reprochés pouvaient résulter de l'application d'une jurisprudence récente qui avait désavoué les instructions que l'Administration avait publiées précédemment (ce fut le cas pour les actes de cautionnement qu'il fallut revoir rapidement en fonction d'un nouvel arrêt de la chambre civile de la Cour de cassation) (note de l'auteur).

20. Qui met à la disposition de ses adhérents un service spécial qu'elle a créé dans son sein (note de l'auteur).

21. Qui peut être prorogé (note de l'auteur).

22. Le livre foncier représente toute documentation destinée à assurer la publicité des opérations afférentes à des biens fonciers. Le livre foncier des trois départements d'Alsace-Moselle et le système du fichier immobilier en vigueur dans les autres départements ne diffèrent que par leur organisation matérielle, leurs effets juridiques étant pratiquement analogues.

un stage de 15 jours. La conservation était alors dirigée par un conservateur petit, chétif, malingre, vieux et malade : sa conservation était à son image. Située dans un quartier mal famé derrière la cathédrale, elle disposait d'un mobilier en bois vétuste, voire vermoulu, dans des locaux dont les murs initialement verdâtres avaient été souillés par des traces noirâtres, dues notamment aux fumées d'un poêle à charbon, mal évacuées par un long tuyau censé chauffer l'ensemble des bureaux.

Cette situation était liée au statut particulier des conservateurs. Les conservations des hypothèques sont des institutions que certains considèrent comme obsolètes. Créées par un édit royal du 17 juin 1771, elles ont résisté à la tourmente révolutionnaire, comme à leur adjonction à la régie nationale de l'Enregistrement réalisée par la loi du 21 ventôse an VII.

Cet édit royal a donné aux conservateurs des hypothèques – outre un uniforme avec passementeries et bicorne – un statut approprié à l'étendue de leur mission et de leurs responsabilités. Les principes fondamentaux énoncés dans cet édit sont toujours en vigueur, on peut en citer deux :

- les CDH ne perçoivent aucune rétribution de l'État, ils sont uniquement rémunérés à l'acte, au moyen de salaires variables suivant la formalité requise ;

- ils sont personnellement responsables sur leurs deniers propres des erreurs commises. Ils prennent à leur charge la totalité des frais, salaires des employés, loyer et entretien des locaux, achat et entretien des mobiliers, fournitures de bureau.

La tentation était grande, dans ces conditions, de percevoir le maximum de salaires et d'engager le minimum de dépenses, ce qui conduisit à la situation que je constatai à Nancy en 1938. C'est pour pallier les abus éventuels qu'un décret du 27 mai 1945 a institué un prélèvement sur les salaires bruts, à caractère progressif, pour tenir compte au Trésor des dépenses qu'il assume pour l'exécution du service, notamment pour la rémunération des personnels permanents ou temporaires mis à la disposition des CDH. C'est sans autre expérience que celle vécue à Nancy que je pris mes fonctions à Besançon le 1er octobre 1970. […]

La conservation des hypothèques de Besançon est située au centre de la ville dans un ancien couvent du XVIe siècle qui jouxte une caserne construite par Vauban. Les locaux étaient vétustes tout autant que le mobilier en bois : les archives « vivantes » étaient rangées sur des rayonnages en bois tandis que les archives mortes étaient entassées dans des caves humides abandonnées aux rats. Le CDH, enfin, devait partager son bureau avec le chef de contrôle.

Je fis dès mon arrivée une commande massive de mobilier métallique, bureaux, armoires et rayonnages. J'eus la surprise et la satisfaction de voir cette commande acceptée et servie dans le délai souhaité. La division de la conservation que je gérais à titre intérimaire, nécessitait le partage du fichier en fonction des circonscriptions des deux nouvelles conservations : ce fut un travail long et minutieux, toute erreur pouvant avoir de graves conséquences. Les archives vivantes et mortes ne pouvant être séparées restèrent communes aux deux conservations. Il y eut donc à Besançon, dans des locaux contigus, une conservation de 4e catégorie dont je pris la charge le 1er janvier 1971 et une conservation de 6e catégorie attribuée à un collègue.

Les conservations des hypothèques sont chargées de l'exécution des formalités civiles prescrites pour la publicité des privilèges, des hypothèques, et des autres droits immobiliers. En ce qui concerne les privilèges immobiliers et les hypothèques, cette publicité résulte d'inscriptions (art. 2148 du Code civil). En ce qui concerne les constitutions et transmissions des autres droits immobiliers, la formalité consiste dans une publication qui s'opère au vu d'une expédition de l'acte constitutif ou translatif.

Ces diverses formalités donnent lieu à la perception au profit du Trésor d'une taxe de publicité foncière instituée par le décret du 30 avril 1955 et au profit du conservateur de « salaires » dont les taux sont strictement réglementés.

Au point de vue technique, une réforme très importante du système hypothécaire, fondée notamment sur la création du fichier immobilier a résulté du décret du 4 janvier 1955. Ce fichier présente, telle qu'elle résulte des documents publiés, la situation juridique actuelle des immeubles : il comporte des fiches personnelles, des fiches parcellaires et des fiches d'immeubles. La loi du 26 décembre 1969 a posé, pour les actes soumis à publication au fichier, le principe de la fusion de la formalité d'enregistrement et de la publicité foncière, les droits d'enregistrement étant simultanément incorporés à la taxe de publicité foncière, dont les taux ont été révisés en conséquence.

Les inscriptions d'hypothèques judiciaires ou conventionnelles donnent lieu à la perception de la taxe de publicité foncière, à un taux fixe ou proportionnel suivant les cas, au vu de l'original, d'une expédition authentique ou d'un extrait littéral du jugement ou de l'acte qui donne naissance au privilège ou à l'hypothèque. La taxe de publicité n'est pas applicable aux mentions portées en marge des inscriptions (ordonnance du 28 septembre 1967). Ainsi les radiations d'hypothèques sont exemptes de taxe.

La mise en œuvre et l'exploitation du fichier immobilier nécessitaient dans ma conservation un personnel de 22 personnes, dont 20 femmes, appartenant aux cadres C ou D, encadrées par 2 contrôleurs et un chef de contrôle. J'eus la chance de disposer d'un personnel en or qui ne me ménagea ni sa confiance ni sa sympathie, répondant largement à mon souci de faire preuve d'une autorité que je voulais pleine de compréhension et de dévouement.

Jean Watrin

« UNE EXCEPTION REMARQUABLE »

Il faut dire que les conservateurs des hypothèques (emplois réservés, avant la fusion, aux seuls enregistreurs) constituent dans la fonction publique une exception remarquable : leur rémunération est constituée par des « salaires », c'est-à-dire une fraction dégressive des frais de publicité foncière. Les bureaux sont classés en six catégories, suivant le montant du « chiffre d'affaires », l'accès à chaque catégorie étant réservé à des fonctionnaires d'un certain grade et d'une certaine ancienneté.

Les conservations du niveau le plus élevé, celles de 1re catégorie, étaient très rémunératrices et réservées à de hauts fonctionnaires. Depuis la fusion, tous les fonctionnaires de la DGI peuvent prétendre à ces emplois (quoique, au début, une certaine priorité ait été réservée aux enregistreurs), mais également les autres fonctionnaires du ministère des Finances.

En contrepartie, les conservateurs sont personnellement responsables des erreurs dans la délivrance des renseignements fournis au public. Un conservateur oublie-t-il une inscription hypothécaire dans l'état des inscriptions délivré ? C'est lui, personnellement, qui sera assigné devant le tribunal en réparation du préjudice subi. Cette responsabilité se trouve, cependant, atténuée par le fait que les conservateurs peuvent souscrire des assurances de responsabilité.

Le travail qui gouverne la publicité foncière est donc extrêmement précis et méticuleux ; les recherches sont généralement faites à deux reprises par deux agents différents. La cheville ouvrière de la conservation des hypothèques est le chef de contrôle qui est généralement un technicien très averti et qui a droit, d'ailleurs, à certaines rémunérations particulières autrefois officieuses mais aujourd'hui réglementées.

La technicité du travail, mais aussi la personnalité du conservateur rendaient parfois difficile le travail de l'employé supérieur chargé de la vérification. C'est ainsi que j'ai été appelé à vérifier la gestion à la conservation de Meaux (qui était alors la quatrième de France) et qui était gérée par un ancien directeur régional. Inutile de dire que je devais faire preuve d'une certaine diplomatie et peser bien mes mots quand je rédigeais mes rapports.

À l'origine, en plus méthodique et perfectionnée, la documentation des conservations était analogue à l'ancien répertoire général de l'Enregistrement. Pour rationaliser et perfectionner ce système, on a décidé de mettre les renseignements fonciers sur des fiches plus pratiques… mais aussi plus faciles à égarer. On a installé de gigantesques fichiers rotatifs en formant des vœux (j'allais écrire en faisant des prières) pour qu'ils ne tombent pas en panne car, pour les réparer, il fallait tout vider, puis reclasser ensuite les fiches.

C'était le paradoxe des conservations des hypothèques que les conservateurs soient personnellement responsables sans qu'on leur donne toujours les personnels rendus nécessaires par la multiplication des formalités correspondant au développement exponentiel des opérations immobilières, en particulier dans la région parisienne. Il n'était donc pas rare que la conservation prît du retard dans la délivrance des formalités au grand mécontentement des notaires. Ce fut le cas à M. où le chef de contrôle, pour dissimuler une telle situation, avait caché de nombreux documents. Comme je m'occupais de cette conservation, cela me valut l'interrogatoire désobligeant d'inspecteurs généraux des services, comme si le responsable était moi et non le conservateur.

J'eus tout de même, avant ces événements, une compensation appréciable lorsque la conservation des hypothèques de Fontainebleau devint vacante et qu'aucun successeur ne pouvait être nommé avant six mois. Je fus chargé, à temps partiel, de la gestion intérimaire et bénéficiai ainsi d'une partie des salaires, ce qui m'apporta un peu de beurre à mettre dans mes épinards.

Louis Traissac

Une douce reconversion

La publicité foncière consiste à porter à la connaissance des tiers, c'est-à-dire de toute personne en faisant la requête autre que leurs titulaires, les différents droits afférents aux immeubles.

En droit français, toutes les conventions sont libres, à moins d'être interdites par la loi et par les règlements. De plus, selon notre Code civil, « la convention fait la loi des parties ». Il s'ensuit qu'en matière immobilière, notamment, les contrats ne sont pas limités à un certain nombre de dispositions prédéterminées ; ils n'ont pas à se couler dans un moule stéréotypé ; ni à se confondre avec un document dont la présentation matérielle suffit à prouver l'existence, à la manière des titres du porteur des valeurs mobilières. La portée de la convention ne saurait non plus, sauf en cas de décision judiciaire, résulter de la définition ou de l'interprétation d'une autorité chargée de l'authentifier ou de la publier. En définitive, d'un côté, les contractants traitent entre eux sur des droits immobiliers dont ils s'estiment fondés à disposer. De l'autre, les tiers sont à même de s'informer librement, auprès d'organismes neutres, de l'existence de tels droits.

Indépendamment du droit de propriété lui-même, ses composants, tels que l'usufruit, la nue-propriété, le droit d'usage et d'habitation, ainsi que les charges susceptibles de les grever comme les hypothèques et les servitudes, sont modulables à l'infini au gré des contractants.

Ce principe fondamental de liberté, traduit par l'autorité et la diversité attachées aux conventions, a en effet conduit le législateur à confier l'information à des instances indépendantes, agissant en simples témoins. La qualité de fonctionnaire confère à ces dernières, sous la caution morale de l'État, les garanties de formation, de sérieux, d'objectivité. Pratiquement, leur intervention consiste à recevoir les actes authentiques, à en établir une analyse stricte, à annoter leur documentation, à en archiver les expéditions ; elle tend ensuite à révéler toutes ces informations ou à délivrer des copies d'actes à ceux qui lui en font la demande. Ainsi le conservateur doit-il veiller à ne rien ajouter, à ne rien retoucher, à ne rien interpréter. Tout acte déposé contenant une information incomplète ou erronée est refusé en vue de sa rectification ; toute irrégularité grave entraîne le rejet pur et simple.

Une semblable fonction demande donc des connaissances juridiques approfondies, non seulement pour ce qui touche les biens, mais aussi les personnes dont l'identité et la capacité de traiter doivent être vérifiées. [...]

L'État, en tant que tel, s'étant retiré du circuit afin de ne pas déséquilibrer le jeu entre particuliers, il revenait au conservateur, intermédiaire obligé, de répondre de ses actes. Il a donc été rendu personnellement responsable, sur ses biens propres, de façon illimitée, des dommages provenant de son fait, qu'il s'agisse d'une erreur d'analyse ou matérielle. À ce titre, intervenant en qualité de simple particulier face à des personnes privées, l'équilibre des forces en présence est garanti par le fait que les procès, heureusement relativement rares, relèvent des juridictions de droit commun – tribunaux de grande instance, cours d'appel et Cour de cassation – et non des tribunaux administratifs. Indépendamment de la responsabilité de caisse à laquelle sont soumis tous les comptables de deniers publics, le conservateur est tenu, du jour de son installation, de constituer un cautionnement sur son patrimoine. Dans la même logique, sa rémunération consiste, non dans un traitement versé par l'État, mais dans des salaires fixes ou proportionnels supportés par les usagers, en fonction des opérations traitées. Une large part en est, du reste, prélevée au profit du Trésor public, selon un barème progressif, à titre de frais généraux du service.

Malgré les sujétions et les risques, les perspectives d'une relative indépendance exerçaient un réel attrait auprès de fonctionnaires parvenus à des postes de responsabilité et désireux, en fin de carrière, de soulager leur personnalité longtemps contrainte. Au demeurant, ils pensaient y trouver, sans trop songer aux crises économiques, quelque avantage financier. Encore leurs espérances n'avaient-elles rien de comparable avec les chiffres grossis sans scrupule par tel journaliste prêtant abusivement à d'autres sa propre avidité à « gagner toujours plus ». [...]

D'abord, l'immeuble de la rue Paganini, où se trouvaient regroupées toutes les conservations de Paris avec le service du Cadastre, avait été construit sous mon égide et répondait parfaitement à sa destination. Selon les nouvelles conceptions, chaque conservation disposait, à côté du cabinet du conservateur, d'une vaste salle regroupant le personnel à proximité immédiate de vastes classeurs rotatifs contenant les fichiers immobiliers et de rayonnages destinés aux doubles des actes déposés. Installé dans un box vitré contigu, le chef de contrôle pouvait travailler au calme tout en se tenant en contact permanent avec les agents. Un guichet séparé assurait la réception du public.

L'ordre et le silence requis par le sérieux du travail étaient impressionnants : selon la formule, on y aurait entendu une mouche voler.

Sans pour autant être exceptionnelle, la qualité de ma nouvelle équipe forçait l'estime et la confiance. À la tête se situait donc ce fameux chef de contrôle qui me servait de second. Il était le digne représentant d'un corps réputé à juste titre pour sa valeur professionnelle faite de sérieux, de compétence, de dévouement. Il était à la fois un puits de science en la matière et un organisateur de premier plan. Sa forte personnalité, discrètement mais profondément humaine, lui assurait une autorité incontestée. Parfaitement respectueux de l'autorité hiérarchique, il n'aurait pas moins aimé, à mon arrivée, que je limite mon rôle à apposer mes multiples signatures là où il aurait porté une croix. Hélas, un de mes moindres défauts était d'essayer de comprendre, en général, ce que je faisais d'autant plus volontiers que ma responsabilité était ici concrètement engagée. Alors qu'il s'étonnait un jour, avec quelque humeur, que j'étais le premier à lui poser autant de questions, je lui répondis que j'avais sans doute un caractère un peu pressant, mais « quel professeur pouvait mieux m'apprendre mon métier, sinon lui ? » Une demi-heure après, il revint sous un faux prétexte et me dit brusquement : « Moi non plus, vous savez, je n'ai pas toujours bon caractère ». De ce jour-là, notre confiance fut complète, et parfaite notre bonne entente.

Par ailleurs, à l'occasion d'une division relativement récente des conservations de Paris, il avait entraîné avec lui un ensemble de collaborateurs triés sur le volet. Ainsi assuré par une équipe compétente, attachée à son métier, travailleuse, animée du meilleur esprit, j'eus la chance de trouver un service parfaitement en ordre et à jour. Certes, les agents étaient d'un niveau de culture et de grade sans commune mesure avec ceux que je venais de quitter, mais je retrouvais en eux les mêmes qualités humaines et une confiance que j'essayai de soustraire à la distance hiérarchique.

À tort ou à raison, le bruit m'était revenu qu'ici ou là certains usagers glissaient parfois, discrètement, dans les dossiers un billet de banque avec l'espoir de hâter une formalité. C'était, du reste, inutile car toutes les demandes de renseignements ou opérations déposées sont inscrites dans l'ordre d'arrivée et traitées chronologiquement. Ayant, à tout hasard, prévenu mon chef de contrôle que, sous peine de poursuites disciplinaires, tout collaborateur trouvant de l'argent ainsi « oublié » devait le rendre immédiatement : « Surtout pas, me répondit-il, il est porté en recette dans notre comptabilité. Sinon le porteur l'empocherait en laissant croire qu'il a été accepté chez nous ». De même, seules

les petites douceurs remises parfois, en fin d'année, par des clients habituels, étaient acceptées et mises en commun pour être dégustées par tous.

Cette précieuse atmosphère interne se doublait de l'amitié retrouvée chez la plupart de mes collègues. Pour commencer, j'avais succédé à l'un de mes anciens patrons quand il était chef de service de l'administration générale. Tel autre conservateur avait été chef de service de la législation ; un troisième venait du service central des Domaines qu'il avait quitté étant sous-directeur ; et ainsi de suite.

Simples services extérieurs au plan statutaire, les conservations des hypothèques étaient rattachées administrativement à la direction des services fonciers de Paris. Sans notre large indépendance fonctionnelle, notre situation aurait pu paraître curieuse en nous faisant relever d'un simple chef des services fiscaux, placé peu auparavant sous nos tutelles. En fait, chacun savait apprécier la mesure des choses et tout se passait traditionnellement sans la moindre équivoque. […]

Ainsi soulagé dans mon emploi du temps, aussi bien que gâté dans mes relations internes et externes, ma reconversion, disais-je, me parut douce.

Jean Vannier-Moreau

L'AMC

En raison de sa spécificité, le corps des conservateurs des hypothèques était organisé et fonctionnait dans des conditions comparables à celles de certains ordres professionnels. Déjà au siècle dernier, il avait adopté en 1887, sous le nom de « bourse commune », une structure destinée à couvrir en commun les risques pécuniaires tenant à leur responsabilité. Par la suite il se constitua, sous le nom d'Association mutuelle des conservateurs des hypothèques, AMC, en association de la loi de 1901, avec un objet élargi à tous les problèmes soulevés par la fonction.

Comme toute association, celle-ci était dirigée par un bureau élu pour trois ans lors de l'assemblée générale. Le bureau désignait en son sein un président, un vice-président, un secrétaire administratif, un trésorier et un représentant des retraités.

Les attributions étaient multiples et ne firent qu'augmenter par la suite. L'association était couramment consultée, parfois même associée à l'élaboration des projets de lois, des règlements, des instructions touchant de près ou de loin la publicité foncière. À cet égard, elle entretenait des rapports étroits avec la direction générale et, le cas échéant, à ses côtés, avec le ministère de la Justice.

Ces relations privilégiées se trouvaient facilitées par l'origine de membres du bureau, issus du service central. De même, son interférence avec le circuit économique et patrimonial conduisait l'AMC à multiplier les contacts avec les organismes professionnels concernés. Ses correspondants les plus proches étaient, à cet égard, le Conseil supérieur du notariat et les chambres des notaires, spécialement la chambre interdépartementale des notaires de Paris.

Ne pouvant tout faire tout seul, le bureau était secondé par des commissions composées de collègues volontaires ; celles-ci devaient se multiplier au fil du temps avec la complexité croissante des affaires. [...]

Au-dessus de l'organe exécutif qu'était le bureau, l'association était administrée par un comité de direction composé de vingt conservateurs élus par l'assemblée générale, auxquels se joignaient les anciens présidents et vice-présidents, les présidents de commission et éventuellement des conseillers techniques. Deux conservateurs jouaient le rôle de commissaires aux comptes. Telle était du moins, dans l'ensemble, la structure de l'AMC d'ailleurs sujette à évolution. [...]

L'assemblée générale vota d'une seule voix. Ainsi me retrouvais-je en 1979, abasourdi et pour trois ans, président de l'Association des conservateurs des hypothèques.

Jean Vannier-Moreau

« Une fin de carrière très demandée »

Avant la fusion, les agents des Contributions directes n'avaient pas d'emplois dits de débouché. La fusion des régies leur a donné la possibilité de postuler pour une conservation des hypothèques, toutes autrefois réservées aux agents de l'Enregistrement.

Ces emplois sont, pour les cadres supérieurs, moins prestigieux que les emplois de direction, mais ils assurent une rétribution plus élevée et, surtout, l'accès à une bien meilleure pension de retraite.

En effet, le conservateur, qui est un comptable public, n'est en fait pas payé par l'État. Il perçoit une redevance appelée « salaire du conservateur » à un taux faible (0,05 %) sur les valeurs des biens figurant dans les actes qu'il enregistre. Ce salaire est plafonné, et dans les grosses conservations, la plus grande partie (plus de 95 %) reste acquise au Trésor public, le conservateur ne s'en mandatant (car c'est lui qui se paye) que moins de 5 %.

Une autre particularité de la fonction, qui justifie une rémunération supérieure, est qu'outre sa responsabilité de fonctionnaire envers son administration, il est indéfiniment responsable personnellement et pécuniairement envers les tiers, des fautes ou des erreurs de gestion commises par lui-même ou par les agents placés sous son autorité.

Aussi, pour garantir les tiers, la loi impose aux conservateurs de constituer un cautionnement en immeubles, en titres ou en espèces, indisponible pendant dix ans après la cessation de leurs fonctions.

Les conservations des hypothèques ont une double mission. Elles ont d'abord une fonction fiscale, car elles assurent depuis 1970, en une formalité unique, l'enregistrement et la publicité foncière de tous les actes (qu'ils soient notariés, administratifs ou judiciaires), constatant des opérations sur des immeubles (vente, échange, expropriation, servitudes, hypothèque, etc.), et perçoivent les droits correspondants (enregistrement, TVA, taxe de publicité foncière, taxes locales).

En transmettant des extraits d'actes au service du Cadastre et aux centres des Impôts, elles permettent, d'une part d'effectuer les mutations pour l'impôt foncier, et d'autre part de contrôler les valeurs déclarées.

Les conservateurs ont également une fonction civile, en assurant la publicité foncière, indispensable pour rendre ces droits réels immobiliers opposables aux tiers, et aussi pour informer toute personne qui le demande de leur existence et de leur étendue.

À cette fin, ils tiennent un fichier immobilier, constitué par des grandes fiches cartonnées, établies à raison d'une par immeuble ou par lot de copropriété. Ces fiches, rangées dans d'énormes fichiers rotatifs, permettent de connaître instantanément la situation juridique complète de la parcelle, et d'en assurer la publicité, c'est-à-dire de communiquer ces informations à toute personne désireuse de les connaître, sans qu'elle ait à fournir une justification de sa demande. De même, toute personne peut obtenir copie d'un acte enregistré.

Pour les fonctionnaires des Impôts, les conservations constituent une fin de carrière très demandée, mais il n'y en a que trois cent soixante-trois en France. Elles sont classées en six catégories suivant leur importance, et des équivalences sont fixées entre le grade du demandeur et la catégorie de la conservation. L'équivalence pour le grade de directeur régional est la première catégorie (il y en a vingt) ou la deuxième (il y en a trente). Mais pour pouvoir demander un poste de conservateur, il faut avoir au moins soixante ans, et devoir encore accomplir au minimum trois années de service avant la retraite. Le créneau est donc assez étroit, d'autant que ne peuvent être demandés que les postes vacants.

Un poste de première catégorie à Créteil est précisément annoncé comme disponible. Je fais acte de candidature, et par arrêté ministériel, j'en suis nommé titulaire à compter du 1er juillet 1978. [...]

La passation de pouvoirs est assez longue et complexe, car elle doit déterminer nettement les responsabilités éventuelles d'une part, et les sommes revenant à chacun d'autre part. Je fais une visite aux directeurs et aux directeurs divisionnaires, et j'attends la visite de mon inspecteur principal, car je suis redevenu un agent supérieur comme les autres.

Les premiers jours, j'apprécie le calme qui règne dans mon bureau : pas de visites, pas de téléphone, pas de rendez-vous. Mais ce calme devient vite pesant, et je me surprends à vérifier, mon téléphone restant toujours muet, s'il a bien la tonalité. Cette réaction est paraît-il classique, et le directeur général l'avait évoquée au pot d'adieux qui m'a été offert à la direction générale avant mon départ de Dijon. Quand je le rencontrerai à l'automne lors de l'assemblée générale de l'association mutuelle des conservateurs, il me demandera en riant si ma décompression s'est bien passée…

En fait, elle s'est bien passée. J'ai fait connaissance personnellement avec chacun des vingt employés de la conservation, qui sont sous l'autorité directe du chef de contrôle, et plus particulièrement, avec les deux personnes qui s'occupent des radiations d'hypothèques directement avec le conservateur. C'est un des travaux les plus délicats de ceux du bureau, et celui qui suscite le plus de procédures en responsabilité.

Chaque jour, le courrier et les envoyés des notaires apportent les actes à enregistrer et les demandes de renseignements hypothécaires. Le chef de contrôle répartit les actes entre les agents du bureau, qui les analysent et en transcrivent les données essentielles sur les fiches. Les demandes de renseignements sont mises en attente, car devant donner la situation juridique au jour de leur arrivée, elles ne peuvent être complétées qu'après la mise à jour du fichier à cette date. Un gros effort sera à faire sur ce point, car la mise à jour du fichier n'est actuellement faite que quarante jours après le dépôt, alors qu'elle devrait être faite huit à dix jours après.

Quand le dépôt d'une journée a été traité, le chef de contrôle me l'apporte pour que je vérifie et signe la mention d'enregistrement.

Le chef de contrôle est le collaborateur immédiat du conservateur. Nous sommes en contact permanent, soit qu'il vienne me parler d'une difficulté ou d'une question de fonctionnement du bureau, soit que j'aille lui faire une observation ou lui demander une précision sur un acte au visa. […]

Parfois, je trouve dans les actes présentés à l'enregistrement des renseignements pouvant être intéressants pour le contrôle fiscal. Cela me donne l'occasion de les porter à mon ami et directeur, qui est toujours heureux de les recevoir.

La responsabilité du conservateur est fréquemment évoquée. En fait, il est souvent mis en cause par certains avocats qui le citent même s'il n'est pas directement concerné. J'ai ainsi été convoqué plusieurs fois en audience de référé, et même un 24 décembre à 16 heures.

Heureusement, l'Association mutuelle des conservateurs (AMC) a souscrit un contrat d'assurance collectif pour toutes les conservations. Le prix en est inclus dans la cotisation annuelle (assez élevée) de chaque conservateur. En cas de procès, ce sont les avocats de la compagnie d'assurances qui suivent la procédure, et l'assurance qui paye éventuellement les sommes exigées. Mais cette éventualité est rare, puisque sur près de dix millions d'opérations effectuées chaque année dans les conservations, il y a moins de dix responsabilités effectives reconnues.

Le classement des conservations en six catégories est effectué en fonction des « salaires » encaissés. Il est révisé tous les cinq ans, le classement étant effectué en fonction de la moyenne de trois des cinq dernières années, les deux autres, la meilleure et la moins bonne, n'étant pas prises en compte.

Georges Guicherd

Une fonction un peu déconcertante

Le 31 mars 1980, je prends mes fonctions à la conservation des hypothèques de Reims, relativement importante. Le personnel se compose de trente-cinq agents, dont un inspecteur et un contrôleur divisionnaire qui constituent l'encadrement.

C'est une fonction un peu déconcertante, quand elle suit celle de chef des services fiscaux.

Les conservations des hypothèques ont un statut assez complexe. Elles ont été instaurées en 1771 par l'abbé de Terray, contrôleur des finances de Louis XV, sorte d'office ministériel. Elles sont « nationalisées » en l'an VIII en ce qui concerne les agents, qui deviennent fonctionnaires, le conservateur ayant une position hybride.

Il ne perçoit aucun traitement de fonctionnaire, et doit garantir les tiers contre les erreurs commises à leur détriment, soit par un cautionnement en valeurs sûres, soit par une hypothèque grevant ses biens immobiliers, hypothèque d'un type particulier, puisque prise non au profit d'un créancier déterminé, mais au profit de tout tiers non dénommé qui pourrait subir un dommage par suite d'un préjudice du fait des erreurs du service ; ce cautionnement ou hypothèque valable jusque dix ans après la fin des fonctions du conservateur est opposable éventuellement à ses héritiers.

Le travail est sans grand intérêt : il consiste pour l'essentiel à signer les documents émis, et en moyenne il s'agit en ce qui me concerne de cent vingt signatures par jour.

Si, en ce qui concerne les mutations immobilières, les inscriptions d'hypothèque, délivrance des renseignements, la responsabilité du conservateur est limitée aux seuls éléments de forme, il n'en est pas de même en ce qui concerne les radiations d'inscription hypothécaire, pour lesquelles le conservateur est responsable tant au fond qu'en la forme.

Cette situation du conservateur tient au fait que ce n'est pas l'État qui est garant de la propriété immobilière, mais le conservateur personnellement.

Le conservateur est chargé de la perception des droits d'enregistrement et de mutation dus sur les actes soumis à la publicité foncière (formalité unique).

En octobre 1980, la direction générale demande aux conservateurs, en fonction ou en retraite, volontaires, de participer à la refonte des instructions générales relatives aux hypothèques.

Je suis chargé de la partie concernant les dispositions juridiques et les questions portant sur les liaisons entre le service des Hypothèques et celui du Cadastre. Ce travail, pour lequel la direction générale fournit un certain nombre de documents, absorbera une partie importante de mes loisirs en 1981, mon rapport étant terminé en janvier 1982.

Cette occupation sera très enrichissante, et aura le mérite de rompre un tant soit peu la monotonie du travail. Il est à noter d'ailleurs que la législation des hypothèques n'est pas d'ordre fiscal, mais est régie par le Code civil.

Edmond Montagne

Le métier de conservateur des Hypothèques

Un stage de formation à la publicité foncière était organisé par la direction générale pour les futurs conservateurs. Ce fut l'occasion d'approfondir les missions juridiques et fiscales d'une conservation, le rôle et la responsabilité du conservateur et de se familiariser avec les termes techniques de la publicité foncière. [...]

Le bureau de la conservation se situe au premier étage du centre des Impôts, construction assez moderne d'après-guerre, en plein centre de l'agglomération, sur les bords de la Touques, à l'emplacement de la maison de Mme Aubain, personnage de Flaubert dans *Un cœur simple*, détruite lors des combats de la Libération. Derrière le théâtre, face à l'entrée, un petit square veille sur le médaillon du dramaturge et académicien Robert de Flers, auteur de *L'habit vert*, né à Pont-l'Évêque en 1872.

Cette coquette cité, ancienne sous-préfecture, berceau des arts et des lettres, est aussi célèbre par son concours annuel du fromage qui porte son nom et réunit un jury de connaisseurs pour désigner les meilleurs « crus » de l'année. Ce jury, auquel il me fut donné de participer, est soumis à une rude épreuve de dégustation et de notation d'une quarantaine de fromages, répondant à des règles impérieuses…

Un ami de longue date ayant des responsabilités importantes à la municipalité nous organisa un accueil de bienvenue en présence des édiles. Décidément, notre installation se réalisait sous les meilleurs auspices !

La passation de service avec mon prédécesseur qui laissait une bonne situation se réalisa dans d'excellentes conditions. Les formalités administratives d'installation, cautionnement envers l'Administration, garanties envers les tiers soumises à la longue procédure de l'inscription hypothécaire, furent réalisées dans un délai raisonnable.

J'eus la chance également de trouver, à mon arrivée, un fondé de pouvoir chef de contrôle expérimenté et très compétent, installé de longue date sur le poste. La situation des « renseignements urgents et des renseignements ordinaires » était excellente, grâce au dévouement d'un personnel sérieux. Le développement du nombre d'actes, au cours des quatre premières années de mon exercice, devait cependant démontrer son insuffisance ! Un nombre important d'agents à temps partiel ou en longue maladie devait devenir une préoccupation majeure, avec l'étroitesse des locaux qui nécessitait des prouesses d'organisation…

De nombreuses études d'installations de fichiers « rotatifs » devant apporter une économie substantielle de place étaient proposées, mais une incertitude sur la résistance des planchers faisait toujours reculer leur implantation. Néanmoins, une organisation rationnelle des ateliers de travail, comptabilité, taxation, mainlevées, inscriptions, recherches, renseignements… a toujours permis de traiter les actes et les demandes de renseignements dans les meilleurs délais.

La conservation avait pour charge complémentaire de service l'archivage régional des registres de dépôt des actes anciens dans les locaux désaffectés de la « célèbre » prison de Pont-l'Évêque. Cette mission comportait la surveillance du bon état des registres. Des travaux périodiques d'entretien des toitures et de nettoiement de dégâts causés par des « volatiles » s'imposaient. […]

De ces six années passées à Pont-l'Évêque, je retiendrai le sérieux et la minutie des agents de la conservation confrontés aux difficultés de tous les instants. La ponctualité du personnel a été mise à l'épreuve au moment du rattrapage des retards engendrés par la longue grève de plus d'un mois de la DGI ou à l'occasion des permanences du standard téléphonique ou des contraintes de « vigie pirate ».

Cette assiduité méritait bien quelques poses de détente à l'occasion de certains événements heureux ou de la soirée festive de fin d'année !

Le fichier de la conservation était « habité » par des personnages remarquables. En effet, la réputation de la circonscription avec son littoral, ses casinos, ses manoirs, attirait gens du spectacle, célèbres journalistes, hommes politiques, notables étrangers… La lecture des titres de propriétés et des actes avait toujours un intérêt.

Des travaux de rénovation sur la commune d'Honfleur obéissaient à des opérations juridiques particulières au regard du droit hypothécaire.

À ma prise de fonction, j'avais rencontré tous les notaires du secteur, ce qui me permettait d'avoir des échanges intéressants et fructueux, lors de leur passage au bureau.

En effet, certains notaires préfèrent par tradition porter eux-mêmes leurs documents soumis à la publicité au bureau des dépôts de la conservation et obtenir, à cette occasion, tous renseignements susceptibles de leur éviter un refus d'inscription. Ils profitaient de leur passage pour rendre visite au conservateur : ces rencontres permettaient de trouver des solutions aux problèmes particuliers à certains actes. De même, la visite de professionnels de l'immobilier ou de la généalogie et des administrations faisait découvrir des aspects intéressants de la circonscription.

Au fond, la conservation des hypothèques, présentée souvent à tort aux yeux des usagers, dans un rôle répressif, par ses inscriptions hypothécaires, remplit, bien au contraire, une mission de véritable service public, à un triple point de vue :

- garantie des droits des propriétaires acheteurs ou vendeurs de biens immobiliers par le dépouillement minutieux des actes soumis à la formalité et par la procédure du refus ou du rejet ;

- information des usagers acheteurs sur les charges de l'immeuble en cours d'acquisition (hypothèques ou servitudes…) à l'aide de la demande de renseignements ;

- instrument de crédit au profit des acquéreurs, leur permettant d'obtenir des crédits complémentaires auprès des banques par le jeu de l'inscription sur les biens acquis…

Jean Calvez

« Le monde très particulier de la publicité foncière »

Je prenais mon service, comme prévu, le 30 décembre après la séance, succédant à mon collègue à qui j'avais déjà succédé à La Rochelle comme directeur des services fiscaux. Il me fit visiter les bureaux de la conservation où travaillaient 28 agents, en majorité féminins, sous l'autorité directe d'un chef de contrôle très compétent dont on m'avait dit qu'il était sûrement le meilleur de tous ceux qui encadraient les personnels des onze conservations de la rue Paganini. Il m'instruisait avec rigueur et précision sur le cheminement des pièces déposées au bureau, depuis leur enregistrement jusqu'à leur renvoi, en passant par l'analyse, la taxation, la mise à jour du fichier et la tenue de la comptabilité. Nous étions sous le système informatique MEDOC (mécanisation des opérations comptables), rattaché au CRI (centre régional d'informatique) de Nemours. Certes, les trois stages d'information technique, d'application pratique et de sensibilisation juridique, ainsi que la documentation dont nous avions été dotés avaient contribué à rendre plus abordable le monde très particulier de la publicité foncière nécessitant des notions solides en droit civil, en droit judiciaire privé, en droit commercial, en droit administratif et bien sûr, en droit fiscal, sans compter quelques données techniques sur le Cadastre.

Je n'étais pas un passionné de droit, et j'avais toujours eu quelque difficulté à assimiler le langage ésotérique des jugements et arrêts des tribunaux judiciaires, au contraire de ceux des tribunaux administratifs dont j'appréciais, en général, la limpidité des analyses et la concision des décisions, même si je ne les partageais pas toujours. Fort heureusement, les litiges donnant lieu à procédure étaient rares et suivis avec une compétence qui faisait mon admiration par les commissions spécialisées, juridique et du contentieux, de l'Association mutuelle des conservateurs. Quand on sait que leur responsabilité personnelle à l'égard des tiers (même si elle est couverte par une assurance mutuelle de groupe, forcément limitée dans sa quotité) peut être engagée sans limites financières pendant les années d'exercice mais aussi durant les dix années suivant la cessation des fonctions, cette action désintéressée de nos collègues constitue un bouclier de tranquillité contre l'épée de Damoclès pendue au-dessus de nos têtes.

Je constatai que cette responsabilité, unique dans l'Administration, était profondément ressentie par tous les acteurs de l'activité hypothécaire, car fondé de pouvoir et conservateur ne pouvaient évidemment parer seuls à d'éventuelles défaillances ; d'où une organisation spécifique de contrôle des travaux à double détente, et une attention soutenue de chacun dans son travail. Le corollaire en était la difficulté d'apporter une quelconque modification au processus de traitement des documents déposés ; par contre, il était apparu nécessaire de rendre les agents plus polyvalents afin, d'une part, de pouvoir apprécier leur adaptabilité aux diverses tâches du bureau et, d'autre part, de pouvoir faire face à des périodes critiques provenant soit d'une masse exceptionnelle de dépôts d'actes ou de demandes de renseignements, soit d'une rupture de charge, soit, enfin, d'absences anormales ou imprévues de personnel. Les recommandations de l'Administration en ce sens avaient été correctement appliquées sous l'autorité ferme, mais bien comprise, du chef de contrôle et je n'avais donc pas à intervenir dans cette organisation bien rodée et particulièrement efficace. Il restait à me familiariser avec les méthodes pratiques du travail quotidien, la manœuvre des bacs à fiches, les moyens de recherche et d'annotation de ces documents, les conditions de fonctionnement des claviers-écrans informatiques, la tenue des registres de dépôts et les divers documents de comptabilité, le soin à apporter aux radiations des inscriptions hypothécaires, etc. Je fus, paraît-il, un élève docile, mais sans avenir… et pour cause, puisque la date de mon départ à la retraite, volontaire et anticipé, était programmée. Je m'attachais davantage, évidemment, aux tâches « nobles » et à responsabilités particulières, comme l'analyse des actes difficiles – l'imagination des notaires et autres « hommes de loi » étant sans limites –, les inscriptions ou radiations d'hypothèques judiciaires et autres cas de refus ou de rejet de dépôt, sans compter l'occupation majeure (!) du conservateur, la signature, non au plan de la qualité qui dépendait exclusivement des talents calligraphiques de l'acteur, mais à celui de la quantité, dont il fallait assurer un dosage subtil de manière à éviter tout traumatisme fâcheux des muscles digitaux ou autres maladies de Dupuy Tren.

Rolland-Gérard Lesperon

« Arrivé en fin de carrière »

Arrivé en fin de carrière dans cette spécialité, ayant tout à apprendre du formalisme de la publicité, pénétré de sa responsabilité pécuniaire pour laquelle il a dû fournir un cautionnement en obligations assimilées du Trésor ou une hypothèque sur un immeuble, le conservateur s'en remet le plus souvent au chef de contrôle qui se trouve ainsi investi du plus large pouvoir. S'il entend participer à la direction du bureau, il doit se hisser au niveau technique de son adjoint qui est très élevé en général car nourri par plusieurs années de pratique. La documentation disponible pour faire son apprentissage est dispersée. Le recueil de textes applicables à la publicité foncière est édité par l'administration centrale selon une périodicité décennale. Les articles du Code civil consacrés aux sûretés dont les hypothèques, doivent être parfaitement assimilés ainsi que la jurisprudence rendue par les tribunaux c'est-à-dire la Cour de cassation, les cours d'appel et plus rarement les tribunaux de grande instance. Les décrets de 1955 sont les textes fondateurs de la publicité foncière : ils ont posé les principes de base et organisé le fichier immobilier. Depuis le 1er janvier 1956, les droits sur les immeubles et les charges réelles qui affectent ces droits sont consignés sur des fiches cartonnées de grand format. Ces fiches d'abord rangées dans des bacs métalliques fixes ont été transférées dans des bacs rotatifs au fur et à mesure de la réception de ces immenses meubles de rangement.

La documentation comprenait également deux importants documents : le bulletin édité par l'Association mutuelle des conservateurs, le cours didactique sur les radiations des inscriptions rédigé par M. Fremont, ancien directeur de l'École nationale des Impôts. [...]

L'originalité de la fonction de conservateur des hypothèques, c'est sa rémunération. Ce fonctionnaire très particulier ne reçoit pas un traitement de l'État, mais un salaire versé par l'usager, généralement un notaire, tarifé selon la nature de la formalité accomplie. Le montant du salaire fixe ou proportionnel est fixé par décret et compris dans le Code général des Impôts ou ses annexes. L'agent chargé de la comptabilité de la conservation enregistre au livre journal et de manière séparée les perceptions fiscales revenant à l'État et les salaires acquis au conservateur. Le salaire brut du mois est élevé à l'année et, après prélèvement au profit du Trésor selon un barème réglementaire, le reliquat ou salaire net est acquis au conservateur. Ce salaire est plus exactement appelé demi-net car le conservateur doit financer son assurance pour se couvrir de sa responsabilité en cas de délivrance de renseignements inexacts et reverser au Trésor sa participation aux frais exposés par l'Administration pour permettre le fonctionnement du bureau : loyer et chauffage des locaux. Ces frais représentent environ 25 % du salaire et demi net. Les trois quarts de ce dernier constituent en définitive le salaire net. Celui-ci était à Autun de l'ordre de 30 000 F par mois. Un traitement de receveur, égal à celui d'un inspecteur de quatrième échelon, venait s'ajouter, soit 8 000 F environ. [...]

L'année 1988 a été une année de gros investissement mobilier. Le taux d'épargne de notre ménage se situait à 6 % du revenu. En prévision d'une nomination dans le corps des conservateurs des hypothèques, ce taux a progressé à 15 % en 1986 pour culminer à 21 % en 1987. De sorte que les fonds étaient disponibles lorsqu'il s'est agi de constituer un cautionnement de 150 000 F pour garantir la responsabilité envers les tiers. L'Administration autorisait la garantie sous deux formes : l'inscription hypothécaire sur un immeuble ou la constitution d'un cautionnement au moyen d'obligations assimilées du Trésor ; cette dernière formule avait mes préférences car elle était fortement incitative pour un effort d'épargne, au demeurant étalé dans le temps car un fractionnement en deux parts égales était possible à deux années d'intervalle. C'est ainsi que l'achat de titres d'emprunt 9,80 % 1986 commençait dès janvier 1986 et se terminait en juillet 1988 par l'acquisition de 21 obligations pour porter à 38 obligations de 2 000 F le compte bloqué tenu par la Caisse des dépôts et consignations.

Paul Vallès

CHAPITRE IX

LES SERVICES AU QUOTIDIEN

ENTRE COLLÈGUES

Au cours de leur carrière professionnelle, les auteurs ont eu l'occasion de travailler avec de nombreux collègues, de croiser, des années trente aux années quatre-vingt, des fonctionnaires, qui sont ici dépeints, représentatifs de leur régie financière d'origine (« Il représentait, avec urbanité et fermeté, le type du receveur de l'Enregistrement responsable de sa caisse et maître de ses perceptions » : R. Augiron) ou de la DGI.

Quelques personnages « hors série » (L. Filliette) « sortent de l'ordinaire » (H. Souque) et certains peuvent même n'être « ni beaux ni gentils » (R. Gioan). D'autres se sont distingués, en particulier pendant la Seconde Guerre mondiale.

FACE AUX CONTRIBUABLES

Si les agents des Impôts ont parfois, déformation professionnelle sans doute, « le tort de considérer les individus comme étant avant tout *contribuables*, leurs autres qualités étant remisées au troisième plan, voire même souvent niées » (M. de Soumagnat-Péran), cela ne les empêche pas de se souvenir des relations qu'ils ont entretenues avec ces mêmes contribuables. Elles sont quelquefois tendues et l'on mesure alors la difficulté d'exercer un métier perçu comme répressif. Mais elles donnent aussi lieu à de savoureuses anecdotes.

LES RÉFORMES DE LA FISCALITÉ

Dans le cadre de leur profession, les fonctionnaires des Impôts sont amenés à suivre de près l'évolution de la législation fiscale ; ils doivent connaître rapidement les nouvelles dispositions législatives qu'ils sont tenus d'appliquer, ce qui demande de leur part une technicité particulière.

Illustre ce propos, tout d'abord, un exemple se rapportant à la fiscalité d'après-guerre, lorsqu'est décidée la confiscation des profits illicites[1] et institué l'impôt de solidarité nationale[2], impôt dont l'assiette, le recouvrement, le contrôle (vérification des déclarations, relance des défaillants), sont confiés à

1. Ordonnance du 18 octobre 1944, complétée en janvier 1945. Voir note n° 5 du chapitre V.

2. Ordonnance du 15 août 1945. Voir note n° 19 du chapitre IV et note n° 11 de l'introduction au chapitre IV.

l'Enregistrement confronté alors à une pénurie de personnel compétent en ce nouveau domaine.

Autre exemple, la généralisation de la TVA, votée le 6 janvier 1966 et mise en application le 1er janvier 1968, une réforme qui vient conclure la longue évolution de l'impôt sur le chiffre d'affaires[3], revêt une importance particulière de par ses conséquences fiscales, économiques, administratives et également du fait que, pour la première fois dans la pratique administrative, une campagne d'information à destination des redevables de la taxe est organisée : « L'information sera donnée aux commerçants au cours de réunions publiques. [...] Ces réunions sont très suivies » (E. Montagne).

La généralisation de la TVA, son extension aux activités commerciales et artisanales, à la distribution des produits pétroliers, aux prestations de services, aux professions libérales, sur option, à l'activité agricole[4], aussi sur option, comportent la suppression de nombreuses exonérations, s'accompagnent de la disparition de la taxe sur les prestations de services, de la taxe locale, des taxes uniques, en même temps que le droit à déduction s'étend, devenant la règle normale, l'exclusion du droit à déduction l'exception. Des régimes particuliers d'imposition sont prévus, qui dérogent aux règles du droit commun, comme le régime forfaitaire, pour les petites entreprises ne relevant pas du régime réel (au contraire des personnes morales passibles de l'impôt sur les sociétés, des activités immobilières, des opérations réalisées par les marchands de biens) : la base d'imposition et de liquidation de l'impôt est évaluée pour deux ans[5] : « Les travaux de conclusion des forfaits se trouvaient considérablement alourdis. [...] Cette surcharge entraîna la création d'emplois de contrôleurs, affectés spécifiquement à ces tâches » (A. Chauvet).

Certains projets de réforme de la fiscalité, comme l'impôt sur l'énergie, proposé par Eugène Schueller[6] dans les années cinquante, « projet d'un impôt idéal » (H. Mirabail) qui se substituerait à tous les impôts, ne voient pas le jour. En effet, l'impôt sur l'énergie est « une proposition utopique et démagogique, irréalisable en raison de l'énormité du taux que cette taxe devrait avoir, des bouleversements des prix et de la régression économique qu'elle entraînerait »[7].

---

3. Voir note n° 32 du chapitre V.
4. Voir note n° 1 du chapitre VIII.
5. Depuis 1971, une procédure unique de fixation des forfaits de chiffre d'affaires et de bénéfice est progressivement mise en place. Il faut préciser qu'au régime forfaitaire est associé un système de franchise totale et de décotes dans certaines limites. Le régime du forfait est supprimé à compter de l'imposition des revenus de l'année 1999 et à partir du 1er janvier 1999 en ce qui concerne la TVA (loi du 30 décembre 1998, art. 7). Les derniers forfaits ont été fixés en 1999 au titre de l'année 1998. La suppression du forfait s'accompagne de la suppression des mécanismes de la franchise en taxe et des décotes de TVA à compter du 1er janvier 1999.
6. Voir note n° 26 de l'introduction au chapitre VII.
7. Jean-Yves Nizet, *Fiscalité, économie et politique, l'impôt en France, 1945-1990*, LGDJ, 1991, p. 123.

DE LA MÉCANOGRAPHIE À L'INFORMATIQUE

L'installation de l'informatique à la DGI connaît une première phase[8], celle de la mécanographie « classique », qui remonte à 1939 lorsque commence à fonctionner un atelier mécanographique de l'Enregistrement équipé de machines à cartes perforées de marque IBM. Le 1er décembre 1959, une direction de la Mécanographie est créée, elle regroupe les trois ateliers des anciennes régies (atelier de l'Enregistrement, datant de 1939, des Contributions directes, datant de 1941, des Indirectes, de 1946). La mécanisation des tâches entreprises précédemment par chaque atelier peut ainsi être poursuivie et étendue grâce aux activités de ce central qui constitue alors le plus important atelier mécanographique de l'administration française[9].

« Outre les services traditionnels de direction, la " Mécano ", comme elle était désignée, se composait d'un certain nombre de personnels administratifs, mais aussi, et surtout, de techniciens. [...] Le terme d'informaticien n'était pas encore utilisé, et pour cause ! En 1960, les données étaient saisies sur des cartes perforées » (S. Elophe).

La direction de la Mécanographie effectue essentiellement trois types de travaux : travaux statistiques (statistiques de recouvrements fiscaux, de contrôle, d'orientation de l'activité du service), travaux de gestion classique (opérations de gestion du personnel), d'expérimentation de mécanisation des tâches des services en matière d'impôt sur le revenu, de droit de bail, de TVA (redevables de la Seine).

Au début de 1961, la direction de la Mécanographie est équipée d'un ordinateur IBM type Ramac 305, une expérience complétée dès 1962 par l'utilisation d'un ordinateur plus puissant et plus évolué (IBM 1401). Deux nouveaux ordinateurs sont ensuite installés dans les nouveaux centres de traitement électronique de Strasbourg et de Reims.

En 1967, la DGI dispose de quatre centres mécanographiques équipés d'ensembles électroniques : la direction de la Mécanographie de Paris, chargée non seulement d'assurer les travaux mécanisés afférents à la région parisienne, mais aussi une série de traitements centralisés à l'échelon national, les centres mécanographiques interrégionaux de Strasbourg et de Reims, le centre régional de Lille.

Dans le cadre de son programme de développement de la mécanisation, la DGI procède également à l'expérimentation de machines permettant l'enregistrement direct des données sur bandes magnétiques, matériel qui doit

8. Voir note n° 21 du chapitre III, *Centre mécanographique*.

9. Il dispose de 22 tabulatrices, 2 calculatrices, 100 perforatrices-vérificatrices, de 57 autres machines : trieuses, interclasseuses, interpréteuses. Cf. *Le traitement automatique de l'information à la Direction générale des Impôts*, note de 1967, SAEF, B 62731/1.

permettre un accroissement sensible du rendement. Il est prévu de mettre en place de nouveaux centres de traitement électronique à compétence régionale ou interrégionale durant les années suivantes, notamment à Bordeaux, Lyon, Clermont-Ferrand, Versailles, Poitiers, de façon à poursuivre l'extension des procédures de traitement mécanographique à l'ensemble du territoire.

« 1970 : La DGI achève l'informatisation des départements, en matière d'impôt sur le revenu, par la création des centres régionaux de Nantes, Poitiers et Marseille. La " cathédrale informatique " est en place ; elle ne doit pas décevoir » indique Louis Guillaumin qui raconte les difficiles débuts du centre régional d'informatique de Marseille.

L'informatique concerne principalement les travaux fiscaux courants des services extérieurs (prise en charge de l'exploitation des déclarations d'impôt sur le revenu, de taxes sur le chiffre d'affaires, de droits de bail, etc.). Elle concerne aussi la documentation cadastrale (une expérience de constitution d'une documentation cadastrale mécanographique des propriétés non bâties commence en 1963). « C'est en 1973 qu'un plan cadastral numérique intéressant les agglomérations importantes allait être constitué à l'aide d'un logiciel, le fichier topographique cadastral. [...] Nous abordions à présent l'informatisation complète de la documentation cadastrale » (R. Bouchon).

En 1978, alors que la DGI dispose de seize centres régionaux d'informatique, est adopté le premier schéma directeur de l'informatique ; il précise les grandes orientations en la matière, qui se concrétiseront au cours des années 1990.

MEDOC (mécanisation des opérations comptables), le plus ancien des projets du schéma directeur, permet aux services de recouvrement de la DGI d'effectuer, grâce à l'outil informatique, les opérations comptables, la surveillance et la gestion automatique des comptes :

- « En 1984, le bruit courait que les recettes devaient être informatisées » (Y. Prévoté).

- « L'année 1984 fut également marquée par l'arrivée de l'informatique dans le réseau comptable de la DGI. Le système MEDOC était en gestation depuis quelques années et avait été lancé à titre expérimental dans le département de la Loire-Atlantique et plus particulièrement à Nantes. Il s'agissait de le tester à présent, de manière opérationnelle et grandeur nature, dans un département important. Ce fut celui des Hauts-de-Seine qui fut choisi » (A. Chauvet).

Citons d'autres réalisations en matière informatique : SPI (simplification des procédures d'imposition), relative à l'identification des contribuables, MAJIC 2 (mise à jour des informations cadastrales), facilitant aux agents des centres des Impôts fonciers la consultation et la mise à jour de leurs fichiers, SIR (système d'informatisation des recoupements), FICOBA (fichier des comptes bancaires). Enfin, ce sont les débuts, à la fin des années quatre-vingt, de la micro-informatique.

LES GRANDES GRÈVES

Mai 68

Le mouvement de Mai 68 gagne également la DGI où, semble-t-il, « la contestation prit un tour moins radical et moins violent » (A. Chauvet) : « On s'interroge, on commente. Mais surtout, on ne comprend pas » (G. Bretagnol).

Néanmoins, « les organisations syndicales appellent à la grève générale illimitée. [...] La grève, chaque matin, est reconduite » (Y. Pouget).

Les événements de 1968 font suite, à la DGI, à une grève administrative, déclenchée en mars[10], qui dure plus d'un mois : « Dès le mois de mars, une grève administrative avait été lancée par les syndicats dans les services des Contributions indirectes. Elle consistait à bloquer la transmission de tous les documents internes à destination des échelons hiérarchiques supérieurs et des autres services, dont notamment l'envoi des déclarations de chiffre d'affaires aux centres informatiques qui les exploitaient, en principe, à des fins statistiques et d'information destinées à la direction générale et au ministère » (A. Chauvet).

Cette grève a pour objet de contester les avantages, jugés insuffisants, proposés aux personnels, en matière de grade et d'emploi, à l'occasion du projet de réorganisation des services d'assiette et de contrôle. Des négociations menées avec Michel Debré, ministre de l'Économie et des Finances, permettent que soient accordés de nombreux aménagements de carrière et une allocation spéciale fixe.

Il convient de préciser que 1968 s'inscrit dans un contexte particulier pour la DGI qui est en train de préparer la fusion de ses services extérieurs[11]; c'est aussi, comme cela a déjà été dit, l'application de la généralisation de la TVA : « De 1968 à 1970, c'est la course contre la montre : mise en place de la TVA généralisée, campagnes forfaitaires, changement dans la législation, harmonisation des forfaits avec les Contributions directes, rapprochement des dossiers, changement des structures avec la création des IFAC » (C. Dhenin).

Mai 68 apporte quelques améliorations des conditions de travail des fonctionnaires de la DGI qui bénéficient, comme les autres fonctionnaires, d'une augmentation de salaire, d'une réduction du temps de travail (semaine de 40 heures, fermeture des bureaux le samedi matin).

1968 marque aussi, au niveau syndical, la constitution du SNUI[12] : « Le syndicat hésite sur son orientation : une partie, minoritaire, des dirigeants

---

10. D'autres grèves avaient eu lieu, pour réclamer des effectifs suffisants dans les services fiscaux, en 1964 et 1966.

11. Il s'agit de la création des directions départementales des services fiscaux et des IFAC futurs centres des Impôts.

12. Syndicat national unifié des Impôts.

souhaiterait une adhésion à la nouvelle CFDT, après sa scission avec la CFTC. En définitive, le conseil proposera au congrès le maintien de son autonomie, mais, en prévision de la fusion prochaine des services fiscaux, deviendra le SNUI. [...] Le congrès du syndicat unifié des Contributions directes, qui n'a pu avoir lieu en juin, se tient en octobre à Dax. [...] Le congrès adopte le changement d'appellation : l'organisation s'intitule désormais Syndicat national unifié des Impôts (SNUI) » (Y. Pouget). La même année se crée le syndicat national des agents de la DGI (SNADGI-CGT). Le processus de formation des syndicats de la nouvelle DGI est alors achevé[13].

À la fin de 1968, au mois de décembre, les stagiaires de l'ENI se mettent en grève afin que soit revue la formation dispensée à l'École : « En 1969, j'interviendrai en qualité d'administrateur régional pour défendre mes jeunes camarades de l'École des Impôts de Clermont-Ferrand, en grève pour obtenir de meilleures conditions de leur scolarité » (Y. Pouget).

D'autres mouvements de grève ont lieu en 1969 provoqués par la fusion des services extérieurs de la DGI. Les grévistes demandent une augmentation des effectifs, une amélioration des moyens nécessaires aux réorganisations en cours.

1989

Vingt ans plus tard, l'année 1989 voit se développer un fort conflit social, « un mouvement de grève profond unanime, dont la propagation à l'échelon national est soudaine » (P. Vallès). Ce conflit, qui mobilise les agents des Impôts et des autres administrations financières, va durer six mois, de juin à novembre[14]. Il culmine lors des trois grandes manifestations parisiennes du mois de septembre et d'octobre[15].

Ses causes sont difficiles à analyser ; elles traduisent un malaise ancien solidement ancré au sein d'une administration fiscale qui avait sans doute besoin de se moderniser : c'était « une crise qui couvait depuis longtemps. [...] Les directeurs n'ont pas perçu avec assez d'acuité et assez tôt l'accumulation des mécontentements qui montaient de la base depuis plusieurs années, ils n'ont pas vu venir à temps l'explosion » (L. Menuet).

Les réductions d'effectifs, sensibles dans les années quatre-vingt, les conditions de travail, le déroulement des carrières, la reconnaissance des qualifications, la détérioration des relations hiérarchiques, les salaires insuffisants, sont autant de

---

13. En 1957 avait été fondé le syndicat national des cadres de la DGI : SNCDGI-CGC ; en 1959 le syndicat national des Impôts-CFTC : SNI-CFTC ; en 1962 le syndicat général des Impôts-FO : SGI-FO ; en 1964 le syndicat national des Impôts-CFDT : SNI-CFDT, avec la déconfessionnalisation de la CFTC, la CFTC maintenue se nommant alors le syndicat chrétien des Impôts-CFTC : SCI-CFTC.

14. C'est le conflit le plus long qu'ait jamais connu la DGI.

15. On recense 100 000 manifestants le 19 octobre.

questions non résolues à l'origine du mouvement de contestation : « Les motivations étaient diverses et portaient à la fois sur les conditions de travail, les effectifs, les rémunérations, les carrières, les moyens de service, les rapports avec la hiérarchie, le dialogue et la communication, les missions de la DGI, la définition de projets de service [...] » (A. Chauvet).

Mais ce qui fait la particularité de la grève de 1989, qui commence début juin dans les directions de la région PACA, c'est qu'elle se déclenche en marge des organisations syndicales, « de façon apparemment illogique, voire anarchique [...]. Les éléments les plus durs, les plus contestataires étaient souvent des non-syndiqués n'ayant jamais fait grève jusqu'alors. On était proche du phénomène bien connu des coordinations échappant à tout contrôle syndical » (L. Menuet).

« Causes multiples, aspects multiformes, spontanéisme, autonomie, telles étaient les particularités initiales du mouvement engagé, original par les conditions de son déclenchement, unique par son ampleur et sa durée » (A. Chauvet).

À l'issue de la grève dont les effets, en ce qui concerne les charges de travail dans les services, les relations entre collègues « grévistes » et « non-grévistes » mettront un certain temps à se résorber, un rapport est demandé par les ministres à l'ancien directeur du Budget, Jean Choussat, pour faire le point sur la situation de la DGI. Le rapport Choussat souligne le retard de la DGI, une direction qu'il estime trop centralisée, en matière de conditions de travail, d'organisation du travail, de dialogue social, de communication, entre autres choses.

Afin de répondre aux attentes des personnels, la politique des suppressions d'emplois est suspendue et des mesures sont prises en matière de rémunérations puis, à partir de 1990, la DGI s'engage dans une « démarche de changement » insistant sur la déconcentration de la gestion, la responsabilisation des agents, la formation et les nouvelles technologies (modernisation des outils de travail).

LES SYNDICATS ET LES MUTUELLES

L'appartenance syndicale variait selon les anciennes régies financières à l'origine de la DGI : « Les agents des Contributions indirectes étaient assez syndicalisés, la plupart adhérant à la CGT. Ceux des Contributions directes étaient affiliés à un syndicat indépendant qui ne faisait guère parler de lui. Quant aux enregistreurs, ils étaient relativement peu nombreux à adhérer à leur syndicat rattaché à la CGT-FO » (L. Traissac).

Dans les Contributions indirectes

Dans les Contributions indirectes, la CGT était prépondérante ; elle devait sa puissance à ses effectifs, nombreux, et à son ancienneté. « Lors de mes débuts, il existait deux syndicats : le Syndicat national des agents des Contributions indirectes affilié à la CGT et très largement majoritaire et le syndicat chrétien CFTC. Lorsque j'ai adhéré au premier, quelques années avant la guerre, j'ai trouvé une organisation fort bien structurée, expérimentée et efficace dont la nuance politique était le socialisme » (L. Filliette).

La CFTC-CI dont parle Louis Filliette date de 1945 ; l'UGCI [16], fondée en 1903, devient en 1919 le SNACI[17], affilié à la CGT, puis, en 1963, le SNACI-SFI[18].

Le syndicat des Indirectes CGT, fondé sur un militantisme très puissant, force remarquable de « proposition et d'action », « influençait considérablement l'esprit des collègues. Il avait été façonné avant-guerre par de rudes confrontations et la tendance anarcho-syndicaliste de ses dirigeants, dont le grand Michel Piquemal. Les membres du syndicat furent très actifs dans la Résistance. [...] Le syndicat regroupait la quasi-totalité du personnel, directeurs et même directeur général compris. [...] Si l'orientation générale restait de gauche, l'action était strictement corporative » (H. Souque).

Michel Piquemal (1884-1958), figure emblématique du syndicalisme des Indirectes, commis des Contributions indirectes en 1904, receveur en 1921, est secrétaire général du Syndicat des Contributions indirectes de 1924 à 1929, il est révoqué pour son activité syndicale de 1926 à 1929. Communiste après la Première Guerre mondiale[19], il ne cesse de lutter contre un rapprochement avec la CGT de Léon Jouhaux, plaidant pour un syndicalisme d'action directe et se sentant proche de la CGTU (communiste). Il accepte la réunification syndicale de 1936, date à laquelle le SNACI, qui avait quitté la CGT en 1922 optant ainsi pour l'autonomie lors de la scission entre la CGT et la CGTU, y est de nouveau affilié (après la réunification de la CGT) tout en fusionnant avec le Syndicat général des Contributions indirectes[20].

En 1948, la division de la CGT s'effectue dans le contexte politique de la guerre froide et la majorité des anciens réformistes d'avant-guerre tels Léon Jouhaux et ses successeurs, considérant que la confédération était tenue par les communistes, créent une CGT-Force ouvrière tandis que les anciens unitaires de la CGTU ainsi que quelques réformistes restent à la CGT. Dans l'expectative, le SNACI devient de nouveau autonome (« la décision fut prise de passer en bloc à l'autonomie » : H. Souque) ; il revient à la CGT en 1949, sans avoir, dans l'ensemble, perdu d'adhérents et, depuis lors, « le » syndicat des Indirectes est le SNACI-CGT. Néanmoins : « Au Syndicat des Indirectes, la question du

16. Union générale des Contributions indirectes.
17. Syndicat national des agents des Contributions indirectes.
18. Syndicat national des agents des Contributions indirectes-Services fusionnés des Impôts.
19. Il quitte le parti communiste en 1929 pour y revenir dans les années cinquante.
20. SG, fondé, suite à une scission avec le SNACI, en 1928 au sein de la Fédération générale des fonctionnaires CGT par Henri Waroquier et Georges Lagnien, resté très minoritaire.

maintien à la CGT était posée tous les ans depuis 1948 et, en 1957, près de la moitié des adhérents vota pour le retour à l'autonomie »[21].

Dans les Contributions directes

Aux Contributions directes, le syndicat majoritaire, plus modéré que dans les Indirectes, est représenté par l'AMACD[22], créée en 1908 et qui devient un syndicat en 1926[23].

Le 1er janvier 1928, le Syndicat des membres de l'administration des Contributions directes entre à la Fédération des fonctionnaires de la CGT. Ce syndicat est en fait un syndicat de contrôleurs (cadre A à l'époque) ; il aurait ainsi compté plus de 2000 adhérents en 1935, soit presque l'ensemble du cadre. C'est lui qui rédige *Le guide pratique pour souscrire les déclarations d'impôts sur les revenus*, dont le premier numéro paraît en 1932, afin de renflouer la caisse de solidarité du syndicat.

À côté du Syndicat national des membres de l'administration des Contributions directes existe aussi une Association des cadres supérieurs, née en 1921 et réunissant les inspecteurs (les inspecteurs principaux actuels) et les directeurs ; elle fusionne avec le Syndicat national des membres de l'administration des Contributions directes en 1945.

Autre syndicat, le Syndicat des commis et dames-employées, fondé avant 1914 sous forme d'association, regroupe d'abord les commis de direction puis élargit son recrutement aux commis de contrôle à partir de 1937 date de la création de ce cadre. Le Syndicat des commis et dames-employées est affilié à la CGT, comme donc le syndicat des contrôleurs. Cependant, le Syndicat des commis et dames-employées « semble plus à gauche que le syndicat des contrôleurs, et même assez proche de la SFIO, puisque son principal dirigeant dans la période des années trente, Pendariès, est un proche de Vincent Auriol »[24].

Malgré une volonté de rapprochement avec le syndicat des contrôleurs exprimée par le syndicat des commis, les relations restent distantes entre commis et contrôleurs. Un regroupement se fait pourtant au début des années trente sous la forme d'un « Comité d'entente des Directes » pour favoriser le dialogue entre les syndicats et améliorer le fonctionnement de la régie car le syndicalisme des Directes est essentiellement un syndicalisme de coopération (c'est surtout le fait du syndicat des contrôleurs) soucieux de collaborer à la gestion de l'administration des Contributions directes, à l'amélioration des travaux d'assiette et de contrôle de l'impôt sur le revenu.

---

21. Jeanne Siwek-Pouydesseau, *Les syndicats des fonctions publiques au XXe siècle*, Berger-Levrault, 2001, p. 181.
22. Association des membres de l'administration des Contributions directes.
23. Après une première tentative, qui échoue, en 1921.
24. Frédéric Tristram, *La direction générale des Contributions directes, op. cit.*, p. 38.

En 1948, le syndicat des contrôleurs devient le Syndicat national des cadres des Contributions directes[25] et le syndicat des commis, dirigé par Camille Chauvaud, le Syndicat national des agents des Contributions directes puis le Syndicat national autonome des Contributions directes. Au moment de la scission CGT/CGT-FO, le syndicat des cadres vote à la majorité le rattachement à FO tandis que le syndicat des agents choisit l'autonomie tout en s'ouvrant à tous les personnels des Directes. Ce dernier va dès lors voir s'accroître le nombre de ses adhérents au contraire du syndicat des cadres FO qui, lui, n'augmente pas ses effectifs.

Les 20 et 21 juin 1962, se tient le congrès constitutif du Syndicat national unifié des Contributions directes[26], autonome, dont Gaston Lefort, ancien secrétaire général du syndicat des cadres, est le secrétaire général[27] et Dufréchou, ancien responsable du syndicat autonome, secrétaire général adjoint. Sont réunis le syndicat des cadres et le syndicat autonome : « La fusion des anciens services centraux des trois régies [...] et l'amorce du regroupement des services de base [...] obligèrent les organisations syndicales à s'adapter aux nouvelles structures et à accroître leur assise nationale. C'est dans cette perspective que je participai au début de 1962 à l'association pour un syndicat unifié réunissant ma propre formation, rattachée à la CGT-FO, et le syndicat autonome des agents des Impôts, indépendant de toute affiliation à une confédération. Mon sentiment personnel me portait vers cette indépendance dans l'autonomie [...]. Cette orientation s'affirma au congrès constitutif du Syndicat unifié des Contributions directes de juin 1962 » (R.-G. Lesperon, la réunification passe par l'autonomie).

En 1964, le SNUCD devient le SNUCD-SFI (services fusionnés des Impôts).

Enfin, c'est le congrès de Dax, en 1968, où le SNUCD-SFI s'appelle désormais le SNUI[28], alors que, la même année, le SNADGI-CGT apparaît fusionnant, en particulier, le SNACI-SFI et le Syndicat national unifié du Cadastre[29] dont la fusion avec le SNUI n'a pu se faire : « La commission exécutive du SNUC approuva, le 6 septembre 1968, le principe de l'adhésion à un syndicat des agents de la DGI-CGT » (G. Galy).

Le SNUC, comme le rappelle Gabriel Galy qui fut son premier secrétaire général, est né en 1963 du regroupement entre le SN Cadre sup.[30], Syndicat des inspecteurs, et le SN empl. et techn.[31] fondés en 1945 et non affiliés à une confédération.

---

25. SNCCD.
26. SNUCD.
27. Il le restera jusqu'à son remplacement, en 1967, par François Albertini.
28. Syndicat national unifié des Impôts.
29. SNUC.
30. Syndicat national du cadre supérieur du Cadastre.
31. Syndicat national des employés et techniciens du Cadastre.

Dans l'Enregistrement

Dans l'Enregistrement, l'Union générale de l'Enregistrement[32], fondée en 1909, devient un syndicat en 1920, le Syndicat national de l'Enregistrement[33], qui entre à la CGT en 1926 mais refuse d'être intégré à la Fédération des fonctionnaires lorsque celle-ci rejoint la CGT en 1927.

En 1936, lors de la réunification de la CGT, il se retire de la CGT puis vient ensuite à la Fédération des fonctionnaires.

En 1948, le SNE s'affilie à FO. Contrairement aux Contributions directes, l'Enregistrement connaît un syndicalisme qui regroupe tous les agents. Cependant, ce syndicalisme est essentiellement un syndicalisme de cadres A ayant une influence reconnue dans sa régie.

Les mutuelles

Dans les Contributions indirectes, le mouvement mutualiste est lié au syndicalisme. Ainsi, une Caisse de secours mutuels du SNACI est-elle créée en 1923 :

- « Elle avait été fondée avant-guerre par des pionniers méritants à une époque où n'existait pas la Sécurité sociale. C'était un ciment puissant car, pour en faire partie, il fallait être adhérent du syndicat » (H. Souque) ;

- « une raison plus impérieuse avait guidé le choix de certains adhérents : au syndicat était annexée une caisse de secours et, pour appartenir à celle-ci, il fallait être membre de celui-là. Ajoutons que ladite caisse était fort attrayante car, non seulement elle procurait des secours aux malades [...], mais elle gérait un foyer où les adhérents pouvaient bénéficier d'agréables séjours durant leurs congés » (L. Filliette).

Caisse de secours mutuels du SNACI-SFI (1963), elle devient la Caisse de secours mutuels du SNADGI-CGT (1968) puis la Mutuelle nationale de la DGI[34](1970). En 1967, le principe de l'adhésion préalable au syndicat pour être membre de la Caisse de secours est levé.

Il existe aussi une mutuelle dans l'Enregistrement, la Mutuelle générale et amicale de l'Enregistrement et des Domaines, née en 1943, qui prend en charge, entre autres, les inspecteurs-élèves de l'ENI depuis la création de celle-ci (1951).

Aux Contributions directes, la Mutuelle des Contributions directes et du Cadastre est fondée en 1945.

---

32. UGE.
33. SNE.
34. MNDGI.

En 1969 est créée la Mutuelle générale des Impôts[35], d'essence non syndicale, contrairement à la MNDGI.

MGI et MNDGI fusionnent en 1986, alors que le lien organique unissant SNADGI-CGT et MNDGI n'existait plus depuis une dizaine d'années, pour donner naissance à la Mutuelle des agents des Impôts[36] : « Bien plus tard encore, ce fut la fusion que j'appelai de tous mes vœux de la mutuelle des CI avec celle, non syndicale, qui couvrait les deux autres régies. Il fallut passer au-delà des routines et des préjugés » (H. Souque).

35. MGI.
36. MAI.

Choix de textes

ENTRE COLLÈGUES

(1930-1980)

ALBIN G.

J'ai évoqué plusieurs fois la recette sédentaire, chargée du recouvrement des droits que nous constations. Lors de mon arrivée, le receveur était au bord de la retraite. Il eut pour successeur un personnage hors série, M. Albin G.

Ce dernier avait eu une vie très particulière dont j'ai appris petit à petit les détails. Le mieux est, je crois, que je présente d'emblée tout ce que j'ai pu en apprendre.

Marseillais et fils d'un capitaine de gendarmerie, il avait fait de bonnes études secondaires au cours desquelles il avait obtenu un premier accessit de composition française au concours général. Après son bachot, suivant la voie paternelle, il avait préparé le concours de Saint-Cyr.

L'oral lui fut fatal car il se révéla incapable de citer d'autres peintres que David à l'époque du Premier Empire. Après quelques avatars que j'ignore, il passa le concours de surnuméraire des Contributions indirectes, fut admis et entra en fonction.

Les droits sur les spectacles étaient alors encaissés séance tenante. Un beau soir, G. ne trouva rien de mieux que de jouer la caisse à la roulette et de la perdre jusqu'au dernier centime.

Quelque peu affolé, il expédia à son père un télégramme angoissé. Après avoir subi durant un temps appréciable le supplice de l'attente, il vit paraître le capitaine qui le secourut non sans lui passer le formidable savon qu'il avait mérité.

Plus tard, il monta à Paris, devint socialiste et commença à écrire dans *L'Humanité*. Il s'exprimait avec la plus grande liberté sur l'Administration et ses propos déplurent si bien qu'il se fit révoquer. Il faut se rappeler qu'à l'époque, le syndicalisme était interdit aux fonctionnaires.

L'événement fut naturellement commenté dans *L'Humanité* où parut un article intitulé « La guillotine fonctionne rue de Rivoli ».

G. devint alors journaliste à part entière durant quelque temps. Mais il avait des amis puissants et réussit à réintégrer les Contributions indirectes. Toute sa vie allait se dérouler en alternance, tantôt dans l'activité de fonctionnaire, tantôt dans celle de journaliste car, à plusieurs reprises, il devait comparaître devant le conseil de discipline, se voir rayer des cadres, puis, à la faveur d'un changement de majorité, reprendre place, la tête haute, dans l'Administration, obtenant chaque fois la prise en considération du temps écoulé depuis ses débuts.

En réalité, il n'avait sur les règlements administratifs que des notions assez vagues et s'arrangeait pour faire exécuter son travail par ses adjoints à qui il abandonnait généreusement une part importante de ses primes.

Avant d'être affecté à la recette sédentaire de Cambrai, il avait exercé à la recette-contrôle de La Bassée, localité relativement proche de Lille où il habitait et où il était plus journaliste que jamais, écrivant, sous le nom de sa femme, dans *Le Petit Parisien* et *Excelsior*.

J'allais oublier de mentionner qu'il avait également été secrétaire d'un député, ce qui lui avait permis d'obtenir sa nomination à La Bassée, en faisant preuve d'un culot inimaginable.

Il s'était un beau jour présenté à la direction générale des Contributions indirectes comme le secrétaire de M. B. député.

Introduit en cette qualité auprès du chef du personnel, il avait fait savoir que l'attention du parlementaire avait été appelée sur les mérites d'un certain M. G. qu'il était particulièrement désireux de voir affecté à La Bassée.

Quand il avait quitté son interlocuteur, il pouvait faire savoir à M. le député que son protégé, M. G., allait avoir prompte satisfaction.

Ce qui eut lieu. […]

Installé à Cambrai, notre héros eut à résoudre deux problèmes. L'obligation de résidence était particulièrement stricte pour les comptables publics, mais G. était bien décidé à ne pas quitter Lille, devenu le centre de ses activités extra-administratives. Par ailleurs, il était désormais responsable d'une importante caisse publique, à la gestion de laquelle il n'entendait pas grand-chose.

La recette sédentaire comportait un logement de fonction, d'aspect assez sinistre. G. se rendit au commissariat et s'offrit de loger gratuitement un agent de police si l'intéressé s'engageait à assurer une présence suffisante dans les lieux…

Les subordonnés du commissaire ne gagnaient pas lourd et l'un d'eux, père de famille, fut enchanté de l'aubaine.

Cela n'empêcha pas le directeur, qui avait déjà en grippe notre ami, de lui reprocher une situation jugée irrégulière. Mais G. avait pioché les textes appropriés et invoqua un arrêté, datant je crois du Consulat et précisant que le comptable public devait « coucher ou faire coucher un homme sûr dans la pièce où sont les fonds ». Il ajouta ironiquement « un agent de police peut-il être considéré comme un homme sûr ? »

En ce qui concerne le second point, la chance le servit encore. Il était assisté dans son travail par deux auxiliaires et l'un d'eux se révéla remarquablement intelligent. Ayant eu la disposition de tous les registres et documents de la recette, il s'était initié au fonctionnement de la comptabilité administrative et pouvait, à cet égard, remplacer le receveur.

Louis Filliette

Le théâtre aux Finances

Il y a exactement 56 ans, les anciens des Contributions directes, avec l'autorisation du ministère des Finances, créaient une association théâtrale, au profit des prisonniers de guerre et des sinistrés (guerre de 1939-1945).

À cette époque nous avions remarqué que les spectacles – cinémas, théâtres – étaient très fréquentés. Nous étions quelques jeunes à nous retrouver le dimanche et à faire partie des assidus à la recherche de toutes les créations artistiques qui s'effectuaient dans la capitale. C'est comme cela qu'un jour nous vient l'idée d'essayer de faire une association qui se nommera plus tard : « L'Essor ». Comment faire ? Après concertation entre nous, il nous fallait en référer à nos contrôleurs centraux. À ce moment-là, nous étions un groupe travaillant 4 rue Désiré, Paris 20e. Le plus péniblement du monde, nous leur avons expliqué qu'au profit des prisonniers de guerre et des sinistrés, nous voulions faire du théâtre, avec les membres de l'Administration comme « artistes ». Quelle ne fut pas leur surprise. Ces messieurs se consultèrent et prirent un rendez-vous avec le directeur de la 3e direction, au 40 rue du Louvre à Paris. Chargée d'expliquer notre projet, me voilà partie avec ces messieurs. Très bon accueil de notre directeur, mais qui devait en référer au chef du personnel, à la porte D, rue de Rivoli, Paris (anciennement ministère des Finances).

Là, je partis seule au rendez-vous. Le chef du personnel, à ma grande surprise, fut enthousiasmé, mais il fallait, pour que tout soit parfait, l'autorisation de M. l'administrateur qui avait tout son état-major avenue de l'Opéra. Je partis seule au rendez-vous. Je fus introduite par l'huissier dans le bureau de ce monsieur qui me dit sur un ton qui n'admettait aucune réplique :

« Restez où vous êtes. Je vous préviens, si c'est la réussite, vous obtiendrez tout de moi. Si vous faites un fiasco, vous pourrez vous cacher sous la table ».

Puis avec un large sourire, il continue :

« Approchez-vous, asseyez-vous et contez-moi tout ».

Aussitôt, je repris mes esprits, et lui donnai connaissance de tous les projets qui nous animaient. Lorsque mes explications furent suffisantes à ses yeux, il prit la parole et me dit :

« Je tenais à voir une jeune employée permanente qui ne craignait pas de secouer un peu l'Administration.

- Quelle pièce voulez-vous jouer ?

- *Hyménée* d'Édouard Bourdet.

- Vous aurez, me dit-il, la salle Iéna pour vos représentations, la maison Lanvin pour vos robes du soir. Tout ce dont vous aurez besoin vous sera donné. De plus, je vous confie très chaleureusement au chef du personnel qui va vous guider pour toutes les démarches à faire pour créer cette association et vous serez épaulée pour que tous les services sans exception, soient invités à favoriser la réussite de la vente des billets pour voir cette très jolie pièce. Quant à vous, on vous laisse le soin d'administrer entièrement le choix des artistes, les répétitions, etc. Vous n'êtes pas sans travail, c'est là que nous vous attendons ».

Il se leva pour me donner congé, je le remerciai et je partis. Oui, en effet, c'est là que nous étions attendus, car nous n'étions que des amateurs.

Mais le courage et l'envie de réussir nous animaient. Les livrets de la pièce furent distribués à ceux qui souhaitaient jouer, pour qu'ils lisent et voient s'ils se sentiraient capables de faire face. Mais il nous manquait un petit garçon d'une dizaine d'années dans la distribution. Nous cherchions mais nous ne trouvions pas. Or, un jour de réception du public, je sortis un peu plus tard que d'habitude, et devant la porte d'entrée, je vis deux petits garçons jouant à la marelle. M'adressant à celui qui était près de moi, je lui demandai s'il voudrait jouer un petit rôle dans une pièce donnée au profit des prisonniers.

« Non, me dit-il, mais mon camarade, oui ».

Je me tournai vers cet enfant, et lui demandai si cela lui plairait.

« Oui », me dit-il.

Aussitôt, je le priai de prévenir ses parents, afin qu'ils aient la gentillesse de venir me voir, vers 14 heures, au bureau 39. En effet, à l'heure dite, un monsieur charmant se présente. Je l'invitai à s'asseoir, et là, vous allez voir encore la surprise qui m'attendait :

« Quelle pièce allez-vous jouer, me dit-il ?

- *Hyménée*, d'Édouard Bourdet.

- En avez-vous la mise en scène ?

- Non.

- Ah ! me dit-il, j'ai oublié de me présenter, je suis M. Bernard Roussillon, metteur en scène à la Comédie française. J'ai la mise en scène, et si vous me permettez, j'aimerais me joindre à cette bonne œuvre. Je suis à votre disposition pour faire le choix de vos artistes et pour vous faire faire les répétitions ».

Le petit garçon n'était autre que celui qui devint Jean-Paul Roussillon, artiste de la Comédie française, et metteur en scène très connu.

Le succès fut complet.

Paulette Castets

Libéré des Allemands grâce à son inspecteur principal

De tous mes déplacements, le plus long dans la durée et certainement le plus agréable fut celui de Dôle-banlieue où je restai de longs mois. Dôle, sous-préfecture du Jura, faisait partie comme le département du Doubs de ce que les Allemands appelaient « zone interdite » et tous les services administratifs avaient été rattachés à ceux de Besançon. Or, cette banlieue nord de Dôle était gérée par un agent du Midi qui regagnait sa région d'origine.

Désigné par mon directeur comme intérimaire pour lui succéder, je me rendis à Dôle pour y rencontrer celui que je devais remplacer et recevoir de lui les consignes du service. Il me reçut dans son bureau sis au plein cœur de la ville dans un charmant rez-de-chaussée où il avait également sa chambre. La propriétaire ayant bien voulu me continuer la location, je me trouvai aussitôt installé à deux pas de la gare et du contrôle de la ville, ce qui était un double avantage.

Ma nouvelle circonscription se composait d'une trentaine de communes rurales, sans difficulté particulière, avec quelques négociants en vins et alcools, deux moulins dont l'un très important et un certain nombre d'assujettis aux taxes sur le chiffre d'affaires. Une seule difficulté peut-être, les distances assez grandes à parcourir en vélo.

Pour le restaurant, nous étions gâtés : mes collègues et moi, nous prenions pension dans un trois étoiles qui recevait également le commissaire de police et occasionnellement le sous-préfet.

Par ailleurs, je rentrais à Baume à chaque fin de semaine et la vie à Dôle aurait pu continuer longtemps si mon chef de service, fatigué de rester seul, n'avait invoqué des problèmes de santé sans doute réels pour réclamer et obtenir de la direction ma réintégration à mon poste.

Ce qui ne dura pas longtemps car les Allemands opérèrent à Baume-les-Dames une rafle de trente personnes dont je faisais partie et toutes furent incarcérées à Besançon. Ceci, et nous l'apprîmes plus tard, sous dénonciation d'un Africain employé dans une entreprise et qui aurait réussi à infiltrer différents milieux de la ville.

Raconter mes trois mois de prison tient en quelques mots : nous étions enfermés à plusieurs dans une cellule prévue pour un seul prisonnier. Chacun de nous avait une paillasse et une couverture empilées pendant le jour pour laisser un maximum d'espace. En cette période hivernale, les jours étaient courts et longues les nuits sans lumière. Pour la nourriture, après le « jus » du petit déjeuner, c'était une soupe à midi et un bouillon clair le soir, avec pour la journée un quignon de pain sec qu'il fallait s'évertuer à faire durer.

Aucune sortie, si ce n'est à deux ou trois reprises un interrogatoire dans un bureau sis à la prison même. Et pour moi, chance exceptionnelle, la visite en présence d'un Allemand de mon inspecteur principal qui avait réussi à obtenir le droit de me rencontrer officiellement pour raisons de service, en réalité, pour me réconforter en m'indiquant notamment qu'on s'occupait de me faire libérer.

Cet inspecteur principal, mon chef hiérarchique qui me témoignait une grande estime que je lui rendais bien, avait pris contact avec une personne de Baume-les-Dames qui avait la réputation de « collaborer ».

Entendons-nous. Pendant l'Occupation, ce terme de « collabo » regroupait plusieurs catégories : celle des gens, assez peu nombreux à vrai dire, qui ont dénoncé aux Allemands des personnes soupçonnées de résistance, puis quelques femmes, jeunes en principe, qui accordèrent leurs faveurs aux soldats occupants, et enfin celles et ceux pour qui l'appât du gain les fit commercer avec l'ennemi.

Et c'est dans cette catégorie que se trouvait celle à qui mon inspecteur demanda de l'aide pour ma libération : grâce à son négoce, elle avait fait connaissance avec des agents relativement importants de la Kommandantur de Besançon.

Je passai donc les fêtes de Noël et du jour de l'an dans ma cellule et certes ces moments furent pénibles, mais j'avais gardé un excellent moral qui réconfortait mes camarades. Je les encourageais à marcher en rond dans notre petite sphère et même il nous arrivait de chanter tout en marchant.

Mais un jour, un gardien m'indiqua que « pour moi, c'était bientôt fini, la guerre », et peu de temps après je pouvais franchir la porte de la prison alors que j'avais été — paraît-il — menacé de déportation. Il me semblait que j'allais regagner Baume-les-Dames à pied, mais au lieu de trente kilomètres, c'est à peine cinq cents mètres que je parcourus avant d'aller m'asseoir au premier bar venu.

Heureusement, de bonnes âmes avaient été prévenues de ma sortie et vinrent me chercher en voiture. Inutile de raconter le retour, mon épouse qui, elle aussi avait gardé confiance, m'accueillit avec mes deux enfants de quatre et dix ans.

Ma première sortie en ville fut pour celle qui avait négocié et obtenu ma libération. Devant se rendre le lendemain à Besançon, elle me proposa de l'accompagner pour remercier celui qui avait tant fait pour me sortir des griffes nazies. Ayant pris place dans le « gazo » de location qu'elle avait affrété, dès l'entrée à Besançon, une patrouille allemande nous fit stopper et se mit en devoir, après nous avoir fouillés, de visiter le coffre. Ce qu'ils découvrirent leur sembla tellement inhabituel qu'ils invitèrent le conducteur à les suivre avec son véhicule jusqu'à la police allemande. Mais la commerçante les pria de l'accompagner au téléphone dans un café voisin et quand ils revinrent avec le sourire, ils nous firent signe de continuer notre voyage.

Car en fait, ce qu'ils avaient découvert dans la malle arrière, c'étaient les denrées rationnées qu'elle allait livrer pour le mess des officiers allemands.

C'est avec un soupir de soulagement que je repris place dans la voiture, mais je voudrais en terminer avec ce sujet en disant qu'à la Libération, cette dame fut arrêtée par les FFI pour collaboration, mais sachant qu'il ne s'agissait que de rapports commerciaux et aussi ce qu'elle avait fait dans le bons sens, mon inspecteur principal et moi-même avons témoigné en sa faveur auprès du comité de Libération, ce qui lui valut d'être aussitôt élargie.

Marius Barthet

Sans l'initiative de l'inspecteur principal...

Un soir, en arrivant au domicile de mes parents, je pris connaissance d'une convocation du service du Travail obligatoire me donnant l'ordre de rejoindre l'organisation allemande « Todt » convocation que je remis le lendemain à mon inspecteur principal. Ce dernier, froid et distant, ne me parlait que pour le service. Il contacta immédiatement par téléphone, la direction. J'étais le seul agent du département à faire l'objet d'une telle mesure. Malgré l'avis défavorable de la direction, l'inspecteur principal me remit une lettre pour le service du Travail. Il insistait notamment sur le rôle économique des Contributions indirectes, sur l'importance des auxiliaires qui occupaient des postes de titulaires.

Ma convocation fut annulée. Sans l'initiative de cet employé supérieur, mon destin eût été différent.

Guy Réaux

Résistance

Je partageais un bureau avec trois autres collègues. À nous quatre, nous représentions en résumé les différents comportements des Français de l'époque.

Le premier se préoccupait surtout de politique, et attendait la suite des événements. À mes côtés, un officier d'aviation attendait lui aussi patiemment la fin de l'Occupation avant de réintégrer l'armée, et avait adopté une position neutre. Mon troisième collègue, d'apparence calme, serviable, était engagé dans la Milice. En ce qui me concernait, mes sentiments personnels m'incitaient à une participation plus active dans la lutte contre les Allemands.

Chacun connaissait en devinant la position des autres. Mais chacun évitait tout affrontement, et rien ne paraissait altérer nos bonnes relations.

Un autre milicien occupait un bureau personnel. Certainement plus affirmé, plus engagé que mon voisin, il se présentait souvent en uniforme, et entraînait parfois son coéquipier dans des opérations menées contre les résistants qui avaient pris le maquis.

C'est ainsi que, au cours de l'été 1944, lors du drame du Vercors, où tant de maquisards furent massacrés, tous deux étaient absents. Tous deux participaient en fait, avec la Milice jointe aux troupes allemandes, à cette opération meurtrière qui restera longtemps gravée dans toutes les mémoires.

À leur retour, chacun reprit son poste sans commentaire.

Malgré la tension que ces événements créaient, je me décidai à me présenter au concours de l'administration centrale. [...]

Mais peut-on prévoir l'avenir ?

Je m'attardais parfois, le soir, au restaurant, à suivre les parties de Jacquet jouées par quatre clients qui se réunissaient régulièrement. Il leur arrivait certains soirs de n'apporter à leur jeu qu'une attention bien distraite pour discuter longuement à voix basse.

Peu à peu, la conversation finit par s'engager entre nous. D'un sujet à l'autre, quelques observations portèrent sur l'état de guerre, sur l'Occupation, sur la Résistance qui immobilisait des forces importantes de l'armée allemande.

Et je racontai mon séjour en zone interdite, sous la surveillance de la Gestapo.

Alors, ils se dévoilèrent. Tous quatre faisaient partie d'un réseau de la Résistance. Pourquoi ne pas me joindre à eux ?

Mais il m'importait de continuer à préparer mon concours tout en assurant mon service à la direction. Il me paraissait difficile d'assumer en outre de nouvelles responsabilités, et de courir des risques que je connaissais trop bien déjà.

Pourtant, j'acceptais de moins en moins le poids de l'Occupation, les déportations, les exécutions d'otages, les pillages. Finalement, je me résolus à reporter à plus tard ma préparation au concours, et je m'engageai. Je devenais un maillon d'une chaîne de l'Organisation de résistance armée, l'ORA, formation militaire, dans le corps franc Pommiès, rattaché au 49e RI.

Dès que les événements le permettraient, je recevrais les consignes à suivre et à transmettre à mon groupe. Il fallait se tenir prêts pour une action certainement très proche.

Mes contacts étaient devenus fréquents et réguliers avec les résistants de mon secteur. Notre réseau se structurait de plus en plus. Jusqu'à ce jour du 6 juin 1944 où avait lieu le débarquement des Alliés, et où, conformément au plan prévu, je rejoignis le maquis.

Un lieu de rendez-vous avait été fixé hors de la ville, et un itinéraire précis établi pour nous joindre à un rassemblement organisé dans les bois environnants.

La nuit était déjà tombée. Avec mes camarades, nous devions suivre la route nationale avant de bifurquer à un carrefour sur un chemin forestier. Ce carrefour m'inquiétait. Par bonheur, j'avisai un sentier à moitié caché qui s'enfonçait dans les bois, approximativement en direction de notre regroupement. Je décidai de l'emprunter, quitte à allonger peut-être notre cheminement, mais où j'estimai être plus en sûreté. Bien m'en prit. Nous apprenions le lendemain que la Milice surveillait la route que nous avions quittée. Sans ce détour, notre arrestation était inévitable. Tout aurait été fini pour nous.

À la direction, pendant quelque temps, trois rédacteurs ayant choisi deux options diamétralement opposées seront absents, deux miliciens, un résistant. Mes deux autres collègues de bureau attendaient toujours.

Aussitôt rassemblés, je récupérai avec notre capitaine un stock de mitraillettes parachutées par les Anglais, cachées dans une ferme proche, et les distribuai aux jeunes volontaires qui nous avaient rejoints, dont certains n'avaient jamais tenu d'armes entre les mains.

Il fallait les instruire, leur apprendre à manipuler ces armes particulièrement sensibles à la détente, à s'en servir lors des accrochages à venir avec les Allemands.

La répression contre la Résistance s'accentuait depuis le débarquement des Alliés.

Nuit et jour, nous étions sans cesse poursuivis, nous dégageant, parfois *in extremis*, des tentatives d'encerclement qui nous mettaient souvent en bien mauvaise posture.

Et notre ravitaillement n'était pas toujours assuré, malgré l'aide que nous recevions de fermiers dévoués, qui n'étaient pas eux-mêmes à l'abri de quelque dénonciation. […]

Les compagnies en position dans la région devaient tenir les vallées d'Aspe et d'Ossau aboutissant au col du Somport, et immobilisaient les Allemands, empêchant leur remontée vers le Nord où les Alliés progressaient.

Fin août, la situation des Allemands devenait critique. Pris en tenaille entre les forces de la Résistance et la frontière défendue par les brigades espagnoles qui leur barraient le passage, ils tenaient encore la cuvette du village de Bedous où était présent le chef de la Gestapo d'Oloron, sur la route du col du Somport.

Notre approche pour les déloger était contenue par les tirs d'armes automatiques et d'un canon 37. Fort heureusement, l'intervention de deux compagnies en provenance d'Oloron permit de forcer les Allemands à abandonner leurs points d'appui sous le feu des mortiers et des mitrailleuses. Une colonne allemande était bientôt stoppée au fort du Portalet, et le col du Somport enfin dégagé.

Le commandant allemand était tué, une dizaine de soldats blessés. Le chef de la Gestapo se suicidait en se jetant dans le Gave. Nous faisions prisonniers une centaine de rescapés.

Le 25 août, Paris était libéré, mais les Allemands résistaient encore à la pression des Alliés. Le corps franc Pommiès prenait alors ses dispositions pour rejoindre, avec les autres forces de l'intérieur, nos armées sur le front de l'Est. Mais malgré les dernières contre-offensives de la Wehrmacht en Belgique et en Alsace, l'évacuation du territoire se poursuivait inéluctablement.

Cependant, le manque de personnel dans l'Administration ne permettait plus d'assurer la marche normale des services.

C'est alors que le préfet, sur la demande de notre directeur, me faisait parvenir une note m'invitant, en raison de la spécificité de ma fonction, à reprendre mon poste resté vacant.

L'intervention de l'autorité préfectorale m'obligeait. Aussi bien, n'avais-je pas déjà apporté ma contribution à la lutte contre l'occupant ? La France était libérée, l'Allemagne s'effondrait. Conscient du devoir accompli, je pouvais assumer à nouveau les charges civiles qui étaient les miennes.

À l'image des événements qui secouaient le pays, le petit monde de la direction se trouvait lui-même en pleine effervescence. Mon collègue milicien, arrêté, était en instance de jugement. Son coéquipier avait disparu en suivant les Allemands dans leur retraite. L'officier d'aviation avait rejoint son corps de rattachement.

J'ai toujours ignoré le comportement de mon autre collègue de bureau pendant la lutte pour la libération du pays, en situation d'attente officiellement.

Certains parlaient de « semi-résistants ». C'était bien là une nouveauté de dernière heure.

Et je pensais à tous mes camarades résistants, de toutes obédiences politiques, qui avaient fait, pendant ce temps, le sacrifice de leur vie pour que nous retrouvions la liberté et l'indépendance.

Jean-Sébastien Anglade

« Un grand connaisseur »

Lorsque j'avais été affecté à ce bureau, fin 1944, j'étais venu deux ou trois semaines avant ma prise de service pour prendre un premier contact avec M. H. J'avais préalablement pris rendez-vous par précaution car j'étais déjà averti de sa « *mobilité* ». Il m'avait fait passer quelques minutes dans ce qui était censé être son bureau personnel car nous avions à régler une question qui n'intéressait que nous. Mon impression immédiate avait été la surprise. Les murs étaient tout normalement couverts de rayonnages pleins de dossiers constituant une partie des archives à usage général et contre lesquels étaient appuyées deux ou trois bicyclettes du personnel. Il n'y avait pas de chaise de visiteur parce que, sans doute, il n'y avait jamais de visiteur reçu ici. Il y avait bien un bureau de qualité courante mais, dessus, rien de ce qui s'y trouve normalement : sous-main, encrier ou autres objets habituellement utilisés pour l'écriture. Il y avait seulement, au milieu, un tas de quatre ou cinq dizaines – peut-être plus – de plaques métalliques rouges ou bleues. Elles paraissaient semblables, bien qu'un peu plus petites, à celles qui dans les fermes sont apposées au-dessus ou autour de la porte d'une étable et qui représentent des prix obtenus dans des concours agricoles. Je n'avais pu lire ce qui pouvait y être écrit et déterminer de loin de quoi il s'agissait. Ce n'est qu'un peu plus tard que je sus qu'elles représentaient des récompenses obtenues dans des concours canins. M. H. était en effet un grand connaisseur en la matière et avait élevé des chiens de haute qualité. Ses références faisaient qu'il était souvent désigné comme membre du jury pour des concours dans la région. Je ne sais pas pourquoi ces plaques étaient là ce dit jour car je ne les revis jamais par la suite. Il y avait à ce moment-là un chien dans la maison, un très beau pointer. Il devait être piqué quelque temps après et ne fut pas remplacé.

Raymond Lacroix

Yvan C.

Je ne résiste pas au besoin de raconter la vie d'Yvan C. Il faudrait une meilleure plume que la mienne et ne pas la résumer comme je fais car je n'ai jamais connu d'homme au passé aussi exceptionnel.

Âgé d'une cinquantaine d'années, petit au nez rond et aux grosses lunettes de myope, il était extrêmement poli et cultivé, aimable et inoffensif.

Au bureau, il ne passait que quelques heures à faire des bricoles, écrire des poèmes et des suppliques au directeur général. Les collègues avaient renoncé à lui demander le moindre travail et le houspillaient. Très cérémonieux, il ne me portait jamais le moindre document sans ouvrir une chemise intitulée en belle ronde « monsieur le contrôleur » alors que nos tables étaient dans la même pièce.

Devinant sa psychologie, je lui tendis un piège. Comme il épiait avec curiosité ce que je faisais, je posai un jour sur ma table de gros paquets de déclarations de chiffre d'affaires que personne ne se décidait à classer. Je lui dis : « Je me réserve ce travail car il est extrêmement délicat et demande de grandes qualités ». Il me pria alors, avec insistance, de le lui confier. Au grand étonnement du contrôleur principal, il se mit à l'ouvrage, classa le tout dans les dossiers, rapidement et bien.

Il en était si fier qu'il voulut absolument me présenter des filles à marier de la meilleure société. L'été 1944, avec la proximité de la victoire des Alliés, le perturba et il vint de moins en moins au bureau me quémandant parfois du travail à faire. Comme il passait le plus clair de son temps à la bibliothèque, je lui demandai de relever la liste des empereurs byzantins. Il me rapporta la liste des ministres de l'Instruction publique pendant la Troisième République !

Venons-en maintenant à l'histoire abrégée de sa vie. Il la contait par bribes, tranquillement et sans affectation, ni prise de position politique ou patriotique.

Fils d'une bonne famille locale, il était promis à une belle destinée. Son père était colonel de gendarmerie (il n'en existait que fort peu à l'époque et leur grade correspondait à celui de général), son oncle était membre de l'Académie des sciences. Il avait été recruté sur titre comme contrôleur car il était licencié en droit, peut-être bien le seul des Indirectes vers 1930. Il était aussi ingénieur de l'École agronomique de Douai. Avant-guerre, l'Administration envoyait ses meilleures recrues dans cette école renommée qui formait des techniciens industriels pour les usines alors prospères du nord de la France.

Quelques années passèrent dont il ne parla pas si ce n'est qu'il avait une très belle femme. Tout lui souriait. Je ne sais comment, il se retrouva juge de paix en Algérie. Il me conta son intervention lors du déraillement d'un train, tombé dans un ravin. Cela d'une manière dramatique pour lui, comique pour moi en raison de ses couinements voulant imiter les cris des blessés. Pour se distraire, mes camarades, sans pitié, lui firent souvent répéter ce récit.

Vers 1938, est-ce le soleil ou l'atavisme, il présenta quelques troubles mentaux qui permirent à sa trop belle femme de le faire interner et de vivre avec le directeur des Contributions d'Alger.

Il revint en France vers 1941, rayé des cadres. Désemparé et par goût de l'aventure, il s'engagea comme travailleur volontaire en Allemagne. S'étant déclaré ajusteur, il fut envoyé dans une usine près de Vienne. À peine bon à tailler un crayon, il fut vite confiné à essuyer la vaisselle dans une brasserie. Là, il s'éprit d'une Polonaise qui lui promit ses faveurs contre une forte somme. Pour l'obtenir, il ne trouva rien de mieux que de signer un engagement dans la LVF (légion française contre le bolchevisme). Il remit son argent à la belle qui, aussitôt après, s'enfuit.

Seul et désargenté, il ne restait plus au pauvre Yvan qu'à rejoindre son régiment à Versailles, lieu de formation. Mais il apprit qu'il y avait un camp d'entraînement au sud de la Pologne, près de Cracovie. Il trouva donc plus court de traverser la Bohême. Ne connaissant que le français, le latin et le grec, ce petit homme intrigua fort les polices des deux frontières et des trains. Cela lui valut plusieurs séjours en prison à une époque où l'on y risquait la torture et la mort.

Il réussit finalement à arriver au camp d'entraînement. Son parcours insolite, son allure et ses propos décousus intriguèrent ce ramassis de droits communs et de fanatiques. Il se permit même de critiquer le grand chef, Jacques Doriot. Aussi, il m'avoua s'être posé des questions lorsque, au cours d'un exercice, plusieurs de ses camarades furent tués près de lui par des balles… tirées dans leur dos.

Indemne, il partit sur le front russe. En traversant les villages, sa bonne tête et le fait qu'il soit Français et que son prénom soit Yvan lui valurent des témoignages d'amitié de la part des paysans qui, pour la plupart, étaient heureux d'être libérés de la dictature stalinienne.

L'hiver très rigoureux qui survint précocement et sauva l'URSS, le trouva, sans avoir combattu, presque aux portes de Moscou. Seul dans la plaine blanche, entendant au loin la canonnade, son petit détachement avait l'impression d'être oublié. Ses oreilles se mirent à geler. Se souvenant vaguement d'un récit de voyage d'Alexandre Dumas où il était question de frotter un membre gelé avec de la neige, il se dit « essayons toujours sur une ». Elle fut sauvée mais l'autre éclata. Soigné, il fut rapatrié et licencié sans ménagements.

Il revint à Rochefort chez sa vieille mère et fut repris aux Indirectes comme simple auxiliaire, ce qui explique ses multiples lettres au directeur général pour reconstituer sa carrière. Inoffensif et bien loin des considérations pro ou anti-bolcheviques, son angoisse fut croissante à l'annonce de la Libération imminente. Aussi, il se présenta au procureur de la République en réclamant son incarcération. Comme il était bien connu, elle fut refusée mais, dans sa pauvre tête germa un tardif complexe de culpabilité. Lui qui ne buvait jamais d'alcool, il alla traîner dans un bar où buvaient des FFI. Et devant eux, il déclara qu'il avait fait partie de la LVF. Après cette inconsciente provocation, il fut roué de coups et sa frêle carcasse fut retrouvée dans un caniveau.

Moi, petit résistant qui prit plaisir à arrêter un milicien et l'aurait fusillé sans remords après jugement, j'ai regretté Yvan C.

Henri Souque

Quelques personnages

Mon séjour à Coutras (Gironde) me permit de rencontrer quelques personnages sortant de l'ordinaire.

Le premier fut l'inspecteur G. Promis à un bel avenir car c'était un ancien rédacteur de l'administration centrale, il était revenu en Gironde en raison de plusieurs défauts. Il ressemblait étrangement au petit bonhomme des dessins humoristiques de Dubout, illustrateur alors célèbre. Il portait, bien qu'un peu négligé, l'uniforme des employés de ministères d'avant-guerre : costume noir avec veste courte et petit gilet, nœud de cravate sur col cassé, grosse serviette et chapeau melon. Ce chapeau lui avait valu une mésaventure qui est entrée dans l'histoire de la direction générale. Un matin, ses collègues y compris le grand patron l'accueillirent tous en lui disant : « Mais vous êtes malade, votre tête devient énorme, rentrez vite chez vous ». Il reprit alors ce qu'il croyait être son chapeau mais qui avait été changé contre un autre plus petit et dont le bord intérieur était enduit de craie rouge. Terrorisé, il rentra vite chez lui pour se faire soigner et ne revint que plusieurs jours après. On s'était permis cette blague en raison de son aspect lunaire venant de ses yeux fortement divergents qui lui interdisaient de conduire une automobile ou de monter sur une bicyclette. [...]

À ce physique ingrat s'ajoutait un grave défaut : il était alcoolique et, buvant du vin blanc à l'exclusion de tout autre boisson, il en consommait à toute heure des quantités déraisonnables. L'anecdote suivante m'a été contée : en vérification du service dans une commune, en raison des mauvaises communications, il fut logé plusieurs nuits chez le contrôleur principal. Celui-ci le connaissant bien, lui posait une cantine de quelques litres sur sa table de chevet. Au matin, elle était vide ! Pour partir en tournée, à défaut d'auto, on plaçait G. dans une remorque tirée par un vélo. Le tableau de ce digne monsieur avec son melon, son parapluie et sa serviette sous le bras, valait la meilleure scène d'un film comique.

[...]

Un deuxième collègue, contrôleur à la brigade de surveillance, vint plusieurs fois nous visiter. Âgé d'une trentaine d'années, grand, élégant, sa figure était attirante et sympathique. Nous nous en méfions car, sous ces dehors charmeurs, nous savions que c'était un malade de l'escroquerie. Il avait déjà commis des ponctions illégales dans les caisses mais avait toujours été couvert par l'influence et l'argent de son père, receveur principal.

Vers 1947, se présentant comme étant toujours de la brigade alors qu'il en avait été exclu l'année précédente, il visita des recettes-buralistes et préleva sur les registres d'acquits-à-caution, des autorisations de dérogations au contingentement des vins ordinaires. Chez lui, il les lava et les modifia en faveur de négociants complices. Lassé, le directeur le poursuivit enfin en justice et le fit rayer des cadres.

Trois ans après, proxénète multirécidiviste, il fit la une des journaux. Déjà marié, il avait commis une escroquerie au mariage dans la tradition des vaudevilles. Ayant séduit une jeune fille de bonne famille, dans l'Agenais, il la convainquit de fuir en sa compagnie en se munissant le plus possible d'argent et de bijoux. Sur le quai de la gare, prétextant un besoin, il s'esquiva en emportant la précieuse valise. Condamné à une lourde peine, on n'entendit plus parler de lui, du moins dans la région. Son cas, exceptionnel, relevait de la psychiatrie. Plus nombreux étaient ceux des collègues qui « tapaient dans la caisse ». [...]

Enfin, à un degré moindre, le responsable de l'autre canton limitrophe avait une gestion critiquable. Portant beau, il était très bien vu à la direction car il faisait partie des « ravitailleurs » pendant l'Occupation. Ayant pris sa succession, je me rendis compte que, grâce à des forfaits fortement sous-évalués, il disposait de fournisseurs généreux, surtout des bouchers. Il servait aussi de rabatteur auprès de négociants en vins jusqu'au jour où l'un d'eux paya un gros chargement avec un chèque sans provision. Échaudé, il régla la note. Nous ne dîmes mot à personne de ces trafics et il passa inspecteur sans problème.

Ces entorses au bon fonctionnement du service étaient rares mais suffisamment fréquentes, surtout les confusions de caisses, pour que l'Administration fût obligée de limiter les risques. Elle le fit en prévoyant une nouvelle organisation où les petites recettes devaient être regroupées au chef-lieu de l'arrondissement. Bien des collègues furent satisfaits d'obtenir ainsi une résidence plus importante mais la qualité du service en souffrit en raison de la perte du contact avec les contribuables. [...]

En juillet 1948, je fus affecté à l'inspection centrale de Libourne. [...] Un jour, la direction téléphona pour nous annoncer le renfort d'un contrôleur : « Vous verrez, il doit être très bien car il sort du stage avec son bac ». Il présentait bien, élégamment vêtu, assez disert malgré que ses paroles fussent interrompues par de fréquents gros crachats qui n'atterrissaient pas tous dans son mouchoir. [...]

On savait qu'il rendait de trop fréquentes visites aux chais de négociants. Cela se manifesta par une scène haute en couleur. Depuis quelques mois, après la fermeture du bordel, s'était installée une guinguette sur les bords de l'Isle. Elle attirait beaucoup de monde en raison de sa situation et aussi de l'accueil discret de ses serveuses. Cela sous une surveillance méfiante de la police qui n'attendait qu'une occasion pour la fermer. Le prétexte fut fourni par notre ami quand, par une soirée fort chaude, il donna un spectacle érotique sur le balcon. Il était entièrement nu avec quelques dames dans le même appareil. C'était un scandale dans cette petite ville pudibonde et hypocrite qui tolérait les activités feutrées des pédérastes, femmes à la cuisse légère, hommes de grande vie ou kleptomanes. Tout le monde connaissait leurs noms mais ils savaient montrer digne façade.

Notre ami, après cet exploit, fut rappelé à Bordeaux. Son départ donna lieu à un spectacle digne des films comiques muets. Pour aller à la gare, il devait suivre la longue rue centrale et finir par la rue Chanzy. Il lui fallait maîtriser trois éléments : son vélo, sa valise et lui-même, fin saoul. Le public, nombreux aux terrasses des cafés, s'esbaudit à suivre sa lente progression car les trois éléments étaient rarement ensemble. À leur tour chacun d'eux était étendu sur le sol et remis en place après force gesticulations et vociférations.

Il réussit à prendre son train. Peu après le directeur le contraignit à changer de département. […]

Je désirerais donner quelques indications sur le fonctionnement de la direction des Indirectes de Bordeaux telle que je l'ai connue pendant une vingtaine d'années. Elle était située 197 rue de Saint-Genès, dans une ancienne salle de bal dont l'intérieur avait été réaménagé en petits bureaux sombres. Avec le bienveillant directeur, régnait une atmosphère héritée de l'avant-guerre, bien déshumanisée avec la création de la DGI. On y travaillait, certes, mais à un rythme assoupi. Les rédacteurs ne se mettaient au travail qu'après avoir lu le journal local puis, pour les plus sérieux *Le Monde*, pour beaucoup *L'Équipe* et, pour quelques-uns, les journaux de pronostics.

Parmi les intoxiqués des paris hippiques, deux individus se distinguaient dont un, bon camarade, qui avait maintenu les secours mutuels sous l'Occupation. C'était un joueur acharné qui confondit un peu trop ses finances personnelles avec la caisse de la mutuelle dont il était responsable. Il combla l'important déficit avec l'aide d'un collègue qui vendit pour lui une de ses maisons. […]

Henri Souque

Un collègue résistant

La Libération d'abord, la fin de la guerre ensuite, nécessitèrent une recomposition du personnel tenant compte des temps de mobilisation et de captivité.

Un beau jour, on « toucha », comme on dit dans l'armée, un garçon sympathique, robuste, pourvu d'une tête carrée, de cheveux blonds ondulés, plutôt timide, extrêmement placide et d'une modestie remarquable. Petit à petit, il nous parla de ses aventures depuis la débâcle de 1940 ; il racontait les péripéties de sa carrière militaire en riant comme s'il se fût agi de simples plaisanteries. Son itinéraire, pourtant, fut exemplaire et mérite qu'on s'y intéresse un peu.

La débâcle de 1940 l'empêchant de passer (ou terminer ?) le baccalauréat, il quitta sa Bretagne natale dans un petit bateau vers une île anglo-normande d'où il rejoignit l'Angleterre pour s'engager au service des Alliés.

On lui fit signer un engagement dans lequel il promettait de servir sous la bannière du Royaume-Uni, « même en cas de déclaration de guerre entre la France et l'Angleterre ». Cette clause était sans doute à rapprocher des événements de Mers el-Kébir (en Tunisie) où la flotte anglaise vint attaquer la flotte française au mouillage (encore alliée) et coula, notamment, un cuirassé avec 1 300 marins à bord. X nous raconta que les Anglais, craignant une réaction des marins français se trouvant alors en Angleterre, firent occuper leurs navires et enfermer les officiers à fond de cale. Je compris pourquoi si peu de marins restèrent en Angleterre pour combattre les Allemands.

Cette affaire de Mers el-Kébir eut un grand retentissement, d'autant plus qu'elle faisait suite à l'évacuation de Dunkerque durant laquelle on avait accusé les Anglais (à tort ou à raison ?) de s'être opposés par la violence à la montée de soldats français dans les bateaux britanniques.

Je n'étais pas encore démobilisé à l'époque ; je faisais partie du « régiment de marche du Tchad », unité constituée des élèves-officiers de réserve de l'École militaire de Saint-Maixent. Certains camarades étaient tellement remontés contre les Anglais que j'en entendis se demander s'il ne fallait pas procéder à un renversement des alliances, dans la mesure où nous avions été battus « à la régulière » et où les Allemands se montraient « corrects ». C'était vrai à l'époque ; par exemple, ils avaient libéré des EOR de notre École, faits prisonniers avec des camarades de Saumur, motif pris qu'ils faisaient partie d'une école militaire et qu'ils s'étaient battus courageusement.

Bien entendu, le comportement ultérieur des autorités et militaires d'occupation, mais aussi l'organisation d'une résistance gaulliste en Angleterre firent rapidement abandonner cette vision des choses.

Quoi qu'il en soit, notre ami X fit ses classes et commença à circuler sur tous les champs de bataille d'Afrique ; un jour qu'il était en Abyssinie, il se vit sur la couverture d'un magazine anglo-saxon en train de servir une mitrailleuse « face à l'ennemi ». Il n'y avait pas du tout d'ennemis, la photo ayant été prise sur un terrain de manœuvre, mais les journalistes ne sont pas à une légende près ! Tout ceci l'amusait beaucoup.

Il fit également partie des troupes anglo-françaises qui attaquèrent la Syrie, alors possession française et il fut fort marri, quand il circula dans Beyrouth, de voir les Français du cru changer de trottoir en le voyant. C'est depuis lors qu'il se mit dans la tête qu'il serait fraîchement accueilli quand il reviendrait en France.

Après avoir navigué à la boussole dans le désert, il se retrouva enfermé dans un camp retranché. Il s'amusait beaucoup en cas de bombardement par les troupes de Rommel : si c'était l'heure du thé, les Français jugeaient opportun d'abandonner rapidement leur «*five-o'clock*» pour se mettre à l'abri tandis que les Anglais buvaient tranquillement leur infusion favorite avant de rejoindre la tranchée.

C'est là que X fut fait prisonnier et remis aux Italiens qui l'embarquèrent avec d'autres captifs pour l'emmener en Italie. Le bateau fut torpillé trois fois ; la troisième fois, les Italiens mirent les chaloupes à la mer et abandonnèrent le navire, suivis par des prisonniers qui se jetèrent à l'eau pour se sauver mais ne purent monter sur les canots et se noyèrent pour la plupart. La placidité naturelle de X lui fit valoir qu'il ne savait pas nager, de sorte qu'il valait mieux rester sur le navire tant qu'il était à flot. Le navire dériva toute la nuit, ne se résignant pas à sombrer ; ce que voyant, les Italiens en reprirent possession, remirent au pas les prisonniers qui étaient encore là et enfermèrent notre brave X dans un camp de prisonniers.

C'est peu après que le maréchal italien Badoglio déposa les armes et se mit à la disposition des Alliés. Cette décision ne fut pas du goût des Allemands qui délivrèrent Mussolini en organisant une évasion rocambolesque et se mirent à la poursuite des prisonniers qui avaient réussi à s'échapper pour leur faire réintégrer leurs camps. X qui avait fuit comme les autres, réussit à passer au travers des patrouilles et se cacha dans des vignes où il se nourrit, plutôt mal que bien, notamment avec des raisins qui n'avaient pas encore atteint leur complète maturité, jusqu'au moment où il fut recueilli par des civils italiens. Il put ainsi se cacher jusqu'à la fin de la guerre chez un brave boulanger où il fut chargé de la délicate mission de découper des tickets de rationnement de façon à en faire onze avec une bande de dix.

Bien entendu, quand il revint en France, il ne fut pas mal accueilli, comme il l'avait craint. On lui accorda le baccalauréat fâcheusement interrompu en 1940 et il eut même droit à entrer sans concours dans l'administration de l'Enregistrement en tant qu'ancien prisonnier de guerre. Le plus curieux, d'après ses dires, c'est qu'il n'aurait pu bénéficier de cette mesure de faveur s'il n'avait pas été fait prisonnier et avait terminé la guerre en combattant.

Par la suite, j'eus l'occasion d'entendre parler d'une faveur du même genre dont aurait profité un garçon que j'ai connu, extrêmement sympathique, dynamique et sans doute très courageux puisqu'il avait passé la guerre comme pilote dans la RAF. On racontait qu'un concours spécial pour l'emploi d'inspecteur principal avait été organisé pour lui, en posant, pour concourir, des conditions qu'il était seul à satisfaire.

Je n'aurais garde de critiquer ce genre de dispositions qui récompensèrent bien faiblement le dévouement et le courage dont firent preuve ces garçons.

Sa placidité, l'humeur égale et la modestie de X ont toujours fait mon admiration. J'ai encore le souvenir très vif du jour où, à la cantine de la police où nous prenions nos repas, on nous servit une sorte de brouet infect où les abats les plus variés et les moins appétissants baignaient dans une sauce au vin dont l'aspect et l'odeur nous rebutèrent à tel point qu'un autre collègue et moi n'y touchâmes pas ; en revanche, notre ami X en mangea d'un grand appétit et même se resservit. Sans doute trouvait-il que c'était toujours plus nourrissant que des raisins pas mûrs !

Je ne sais pas ce qu'il est devenu, mais j'espère très sincèrement qu'il profite d'une retraite heureuse, dans sa chère Bretagne en égrenant les souvenirs de sa jeunesse tourmentée.

Louis Traissac

DEUX ENREGISTREURS TYPIQUES

Mon collègue chargé des actes civils et des successions faisait honneur à notre régie. Bien que de commerce agréable, c'était un caractère. Il représentait, avec urbanité et fermeté, le type du receveur de l'Enregistrement responsable de sa caisse et maître de ses perceptions.

Respectueux des autres, de la hiérarchie, de l'ordre nécessaire à la vie sociale, il entendait en retour se faire respecter. Pétri de culture classique, il était gouverné par le sentiment de l'honneur, la morale traditionnelle, la religion peut-être. Une décoration militaire parfois arborée semblait attester l'authenticité de ses convictions patriotiques.

Orgueilleusement indépendant, non conformiste parfois (on lui reprochait de corriger les imprimés officiels), il était très bien noté.

Dans son précédent poste, il avait trouvé une situation malheureusement assez répandue alors : une sorte de complicité entre notaire et receveur-contrôleur de l'Enregistrement, l'un minorant les prix exprimés, l'autre notifiant, aussi systématiquement, des redressements négociés entre eux. Le notaire percevait alors un complément de rémunération et une très large remise des pénalités clôturait l'affaire. Mon collègue n'admit pas ces procédés, exigea l'inscription de prix réels sous la menace de la plus grande rigueur dans l'examen des pétitions en remise de pénalités. Un nouveau pacte non écrit fut conclu : l'honnêteté contre la paix. Le directeur mis au courant approuva. Mais on fit passer mon collègue pour tellement dur, qu'avec lui il valait mieux respecter la loi. [...]

J'ai connu un autre enregistreur assez typique, un peu tête de bois, bon gestionnaire, réputé fin juriste. Lorsque l'impôt sur le revenu des valeurs mobilières se substitua à l'impôt sur le revenu des capitaux mobiliers, il constata que le Parlement n'avait pas été consulté, un simple décret avait suffi. Or le code pénal punit des peines édictées en cas de forfaiture, c'est-à-dire de travaux forcés, tout comptable public qui lèverait un impôt non voté par l'autorité souveraine. Il refusa de percevoir le nouvel impôt, tint tête à notre directeur : ce dernier ne se laissa pas entraîner dans une controverse juridique, mais n'envisagea pas non plus de sanction disciplinaire en raison du principe sacro-saint du receveur maître de ses perceptions (il s'agissait pourtant d'un impôt direct).

Cette affaire prit fin lorsque le dictionnaire de l'Enregistrement, notre Bible, eut pris parti en faveur de la légalité de la réforme : notre collègue s'inclina.

Robert Augiron

Ni beaux, ni gentils

Il serait ridicule de prétendre que nous étions tous beaux et gentils ; nous avions, hélas, dans nos rangs, des collègues dont le comportement pouvait s'avérer choquant.

Ainsi, M. X qui faisait sa tournée à bicyclette – lui aussi – fut, un jour, surpris par un violent orage, qui le trempa jusqu'aux os ; il s'arrêta à la première ferme qu'il rencontra, où il fut reçu chaleureusement, au propre et au figuré. On le sécha devant un bon feu, qu'on actionna pour lui, on lui offrit des collations – et, dans ces pays, les collations sont généreuses –, on lui prêta des habits secs en attendant qu'il puisse remettre les siens. On lui fit visiter la maison.

Rentré au bureau, la ferme dépendant d'une succession récente, il adressa à ses bienfaiteurs un redressement pour insuffisance !

Et c'est lui qui le racontait !

Ou M. Y : il avait adressé un avis pour se rendre chez un contribuable visiter les lieux ; la veille du jour fixé, le conseil de l'intéressé lui demanda de bien vouloir reporter son contrôle, l'épouse du contribuable venant de décéder subitement. Il refusa, et alla accomplir son « devoir », au milieu d'une famille éplorée, qui ne comprenait pas.

Roger Gioan

Le père K.

Certains souvenirs me reviennent en mémoire. Celui du père K., dont l'épouse, une maîtresse femme, avait pour habitude de siffler un quart d'heure avant la sortie des bureaux. Le cher homme descendait quatre à quatre les escaliers au risque de se rompre le cou, et tous deux, bras dessus bras dessous, se dirigeaient vers la brasserie où ils avaient leurs habitudes, en vue d'y siroter un schnaps et d'y consommer une bière.

Ce brave père K. était titulaire du contrôle de Bitche. N'ayant jamais voulu apprendre à conduire, il accomplissait ses tournées en commune en utilisant, pour partie le chemin de fer, pour partie les nombreuses relations qui le véhiculaient gracieusement.

Les tournées destinées à la mise à jour des impôts locaux s'échelonnaient de juin à septembre. Le départ du père K. était digne de la plus pure tradition tartarinesque. L'habit en premier lieu : culotte de peau, veste à bretelles sur le mode bavarois, chaussures de marche et chaussettes épaisses. Pour couronner le chef, un chapeau vert orné d'un pinsel, comme l'on en voit du côté de Munich.

Un énorme sac à dos servait de réceptacle aux états généraux d'imposition. J'ai toujours été frappé de la résistance du papier toilé administratif, que les années de transport et de maniement ne semblaient pas altérer.

Ainsi vêtu, le père K partait joyeux. Je ne voudrais pas affirmer que l'air de la liberté lui donnait des ailes aux talons, mais il est fort probable que secouer le joug d'une épouse autoritaire et omniprésente durant quelques semaines contribuait à sa joie.

Guy Guénot

Histoires d'Enregistreurs

Tout au long de ce premier séjour dans l'Oise, que d'histoires ai-je entendu sur les uns ou les autres, vraies ou fausses, impossible pour moi de savoir. Elles faisaient en quelque sorte partie du patrimoine culturel des enregistreurs locaux… Je ne résiste pas au plaisir d'en évoquer certaines.

Celle, tout d'abord, de ce directeur, vieux célibataire qui, pendant la guerre, aurait eu pour première préoccupation d'échapper aux affres de la faim. Son objectif : se faire inviter à la table des receveurs. Pour ce faire, il se rendait en vélo de façon inopinée dans les recettes du département peu avant midi. Y a-t-il eu à l'époque une relation de cause à effet entre la notation de ces agents et la qualité de leur table ? L'histoire ne le dit pas.

Ce conservateur des hypothèques, particulièrement avare, au point que son épouse ne le laissait pénétrer dans la chambre conjugale qu'après qu'il eut glissé un billet sous la porte. La nuit venue était-il en retour vraiment récompensé ? Là, non plus, on ne saura jamais.

Ce receveur qui, pendant la période de chasse, arpentait la campagne environnante avec son fusil et dont l'adjoint avait pour consigne de sonner du cor en cas d'urgence au bureau.

Cet autre receveur qui fréquentait, lui, assidûment le bar voisin de son bureau, bar où les notaires venaient déposer leurs actes.

Ce que j'ai constaté moi-même, c'est ce conservateur des hypothèques qui n'arrivait qu'en fin de journée au travail… pour signer. Pas de chance, son bureau faisait face aux fenêtres de la direction. Aussi donnait-il toujours l'impression de se glisser furtivement à l'entrée de son service, un peu comme un voleur…

Et ce vieil employé de la direction, si respectueux de la hiérarchie qu'il saluait bien bas, mais dont les retards habituels étaient toujours dus à des circonstances exceptionnelles à vous tirer parfois les larmes des yeux. Que de malheurs, de décès autour de lui… Quelle imagination débordante…

Tout au long de ma carrière, j'ai bien entendu connu à plusieurs reprises de tels comportements où il était souvent difficile de démêler le vrai du faux. Les uns pittoresques, voire puérils et risibles, les autres tristes, relevant parfois de véritables problèmes d'ordre psychologique. Certains, plus rares, révélaient des situations tout à fait malheureuses, dignes d'intérêt au plan social. Règle d'or en la matière : être très attentif à la réalité des faits afin d'éviter toute erreur d'appréciation.

Louis Menuet

Un collègue courageux

Les visites avaient lieu sans rendez-vous les mardi et vendredi matin. Au début de mon séjour parisien, à la fin des années cinquante, alors que le souvenir des années terribles de la guerre était encore très présent, arriva dans mon bureau un homme d'un certain âge qui, après s'être présenté et assis, resta un temps silencieux tout en regardant attentivement le bureau autour de lui. « Il n'a pas changé », lâcha-t-il. Il est vrai qu'il ne faisait pas neuf avec son papier d'une couleur indécise, ses classeurs à volets roulants de bois surchargés de dossiers et les deux tables en bois encombrées de papiers qui n'en cachaient pas toujours quelques taches anciennes. « Excusez-moi », reprit-il, « je suis venu ici deux ou trois fois pendant la guerre déposer ou prendre des papiers les jours de réception. Votre prédécesseur d'alors avait accepté que son bureau serve de boîte aux lettres ; avec le va-et-vient des visites, c'était pratique. Puis notre réseau a été décimé ; il a été arrêté, mais lui n'est pas revenu ». Après son départ, j'ai cherché auprès de la direction des renseignements sur cet ancien collègue, mais il n'y avait plus personne de ce temps-là. Pourtant, il n'y avait qu'une quinzaine d'années de passées. Mais, alors que les agents chevronnés avaient longtemps monopolisé les postes implantés à Paris, ils avaient progressivement pris leur retraite et les difficultés de logement aidant, les inspecteurs dont les enfants atteignaient l'âge d'aller à l'université ne demandèrent plus à les remplacer ; les inspections de Paris se peuplèrent alors assez rapidement de jeunes inspecteurs.

J'aurais aimé qu'une plaque, comme celle que l'on voit parfois sur les murs de bâtiments parisiens, surtout au centre de Paris, soit apposée dans l'inspection. Mais ce collègue courageux devait rester finalement anonyme et son sacrifice ignoré.

Serge Perrin

Les prunes épiscopales

Ce matin-là, Théodule était soucieux en entrant au bureau. Aussitôt, bien sûr, certains plaisantins de service dont la charité chrétienne n'était pas la vertu dominante insinuèrent perfidement, d'un air faussement discret, afin que l'intéressé en profitât :

« Tu vois, Théodule, il n'a pu accomplir son devoir conjugal, hier soir… Sa femme l'a foutu à la porte… Ce matin… »

ou encore :

« Ce pauvre Théodule, il s'est enrhumé les « parties »… Ça lui monte au cerveau… »

Théodule était pourtant un charmant garçon amène et pacifique dont le gabarit athlétique eût été redoutable, mis au service de la rancune ou de la méchanceté. Un peu plus âgé que nous, il eût mérité plus de déférence en raison de son expérience et de son ancienneté. Mais son esprit de camaraderie autorisait la familiarité du tutoiement, propice aux relations plus amicales. Sa force physique cachait pourtant une grande simplicité doublée de timidité qui le désignait comme victime expiatoire idéale de nos facéties hautement spirituelles. Il démarrait « au quart de tour », ce qui en devenait même lassant et dénué d'intérêt.

« Bande de c… », nous disait-il lorsque nous dépassions les bornes de la bienséance !

Quelque chose le tracassait, ce matin. Incapable de dissimuler, il se soulageait en confiant ses préoccupations à la cantonade. C'est ainsi que l'on apprit ce qui le tourmentait. On était alors en pleine période de distillation, d'ateliers publics, de bouilleurs de cru.

Quelques notions élémentaires historiques de théorie fiscale me paraissent opportunes : en ce temps-là – comme disait l'ecclésiaste – tout propriétaire, personne morale ou physique, du plus petit verger, du plus humble lopin de terre planté d'arbres fruitiers, pouvait bénéficier du « privilège du bouilleur de cru ».

Qu'est-ce à dire ? L'intéressé pouvait faire distiller à « l'atelier public » une partie de sa récolte fruitière en franchise des droits, c'est-à-dire en exemption d'impôts, dans la limite de dix litres d'alcool pur par an. Le supplément éventuel de la production d'alcool était soumis au régime normal et supportait les taxes prescrites. Ce « privilège » a été supprimé depuis plusieurs décades dans le cadre des lois « anti-alcooliques » !

Donc, notre ami Théodule était responsable du service incriminé. Il se trouvait que l'archevêché possédait, entre autres propriétés, un verger fort bien entretenu qui lui accordait la qualité de « bouilleur de cru ». Chaque année, il procédait à l'opération de distillation comme le commun des mortels. Au cours de la saison, la récolte de prunes avait été particulièrement abondante. Le produit de l'alambic dépassa largement le seuil du « privilège ». Le complément devait donc être imposé selon le droit commun.

C'est ce qui préoccupait Théodule. Ne nous méprenons pas, la loi est la loi… Elle est valable pour tous quels que soient les fonctions ou le degré de la hiérarchie sociale. Ce n'était pas le principe qui chatouillait le digne fonctionnaire, mais la méthode à employer envers un assujetti bien particulier. Théodule était perplexe sur la façon d'informer l'archevêché de ses obligations temporelles et… fiscales… ! […]

Insidieusement, mais non moins perfidement, il fut conseillé à l'ami Théodule d'utiliser cet instrument idéal, anonyme, impersonnel : le téléphone. Une prévenance suspecte fit bondir l'un de nous sur l'annuaire où l'indicatif fut aussitôt découvert et transmis… en l'espèce à celui du bistrot voisin, lieu habituel d'incursions quotidiennes fréquentes où se précipita un complice particulièrement doué pour ce genre de subtil badinage.

« Allo… Je suis bien à l'archevêché ?

-…

- Je désirerais m'entretenir avec monsieur le secrétaire…

-…

- Oui… Monseigneur… Au sujet d'affaires administratives concernant le service…

-…

- Celui des Contributions indirectes…

-…

- Bien volontiers, je reste à l'écoute…

-…

- Mes respects Monseig… Monsieur le secrétaire…

-…

- Il s'agit de l'application de la législation des bouilleurs de cru…

-…

-… des bouilleurs de cru, monsieur le secrétaire, dont vous avez la qualité…

-…

- Évidemment, monsieur le secrétaire… Vous avez donné à distiller récemment – à bon droit – les produits d'un verger. Mais la quantité d'alcool obtenue dépasse l'allocation en franchise, ce qui implique l'imposition du supplément…

-…

- Mais non, monsieur le secrétaire, ce n'est pas une brimade, mais l'applicat…

-…

- Je suis navré, mais…

- Mais non et malgré le désir de vous être agréable, nous ne pouvons faire exception à la règle. Il n'existe pas d'exemption particulière en votre faveur…

-…

- Mais, monsieur le secrétaire, nous sommes parfaitement conscients de votre mission spirituelle… Il n'est pas prévu, dans les textes, qu'elle vous permette d'échapper à la loi. Rendez à César…

-…

- Mais non, je ne fais pas de l'esprit…

-…

- Comme il vous plaira, monsieur le secrétaire. Je ne manquerai pas de faire part de vos doléances à mes supérieurs, mais je doute qu'elles puissent être prises en considération…

-…

- Allo… Allo… »

Nous avions grand peine à tenir notre sérieux, malgré nos airs profondément compréhensifs et commisératifs. Notre jubilation était intense lorsque le pauvre Théodule se retourna, navré et d'un air lamentable :

« Il a raccroché… en me disant que j'aurais bientôt de " ses nouvelles "… »

Prenant part à son désarroi et à sa légitime indignation, nous lui conseillâmes de faire un rapport à la direction. À cet instant, le complice apparut, la face réjouie. Lorsque nous l'eûmes informé de l'affaire, il appuya notre suggestion. L'autre se disposa à rédiger la note. Le « patron » qui n'avait pas été sans renifler un canular de grand style mit un terme à la plaisanterie. Sans éventer le secret, il supprima le rapport et promit à l'intéressé d'en entretenir, lui-même, le directeur. Ce dernier, fort friand d'innocentes (!) réjouissances fut instruit de la version réelle de l'affaire, ce dont il s'amusa beaucoup, non sans conseiller aux responsables, plus de modération à l'avenir.

Théodule, bribes par bribes, finit par apprendre le fin mot de l'histoire. Il nous fit de véhéments reproches dont nous supportâmes la vigueur avec une humilité suspecte. Une tournée générale favorisa la réconciliation. Et l'affaire fut classée.

Les mois passèrent. Avec l'automne, revinrent la campagne de distillation et ses sujétions. Le service avait conservé son titulaire. Un matin, il fut mandé au téléphone. Tout à coup, un flot d'invectives, une bordée d'injures :

« Bande d'andouilles… Je suis pas plus c… que vous… vous m'emm… embettez… une fois, ça suffit… Vos prunes, vous pouvez vous les foutre où je pense… Elles tiendront compagnie aux vôtres, si vous en avez… »

Et de raccrocher violemment en nous lançant des regards furibonds et homicides.

Cette fois, notre stupéfaction n'était pas feinte ! Renseignements pris, pour de bon, le secrétariat de l'archevêché sollicitait des précisions concernant ses droits à la distillation. Il alerta aussitôt la direction et s'indigna auprès du chef des bureaux de cette réception peu orthodoxe et peu conforme aux usages administratifs. Ce dernier, étranger à l'affaire n'y comprenait goutte. La diplomatie de sa fonction permit de calmer son interlocuteur en lui affirmant que toute lumière serait faite sur cette histoire et qu'il serait informé des résultats de l'enquête. Peut-être s'agissait-il d'une erreur de numéro ?... Et l'impolitesse imputable à un correspondant anticlérical ?... Le personnel ne se serait jamais permis telle incorrection...

Les esprits se calmèrent et l'incident fut clos, tout au moins du côté des autorités ecclésiastiques.

Notre patron, mandé d'urgence à la direction, éclaircit le mystère. Nous reçûmes une verte semonce. Mais personne ne put garder le sérieux. Seul Théodule, le héros involontaire du quiproquo, n'admit jamais la relation authentique de cette version des événements.

À quelque temps de là, notre ami Théodule eut l'occasion de participer, au titre d'ancien combattant de 1940, à un congrès local de l'AGMG (association générale des mutilés de guerre). Une blessure lui avait en effet fait perdre l'usage d'une oreille.

Incidemment, il y rencontra un vieux camarade : l'ambulancier qui l'avait transporté et soigné à l'hôpital.

« Ce vieil Octave...

- Ce bon Théodule... »

Ils tombèrent dans les bras l'un de l'autre et commencèrent un échange de souvenirs mutuels sans se préoccuper des travaux en cours.

La conversation se poursuivit tout au long du banquet traditionnel sans lequel un congrès ne pourrait se dérouler.

« Alors, comme ça, Octave, tu es dans les ordres...

- J'étais déjà prêtre au moment de la guerre ; c'est pour cela qu'on m'a mis dans le service de Santé... Et toi, que fais-tu ?

- Je suis aux " Indirectes ".

- Ah bon...

- Et toi-même ?

- Je suis secrétaire à l'archevêché...

- Ah bon... »

Un ange passa, suivi d'une légion d'angelots, ce qui était logique, pour un ecclésiastique, mais moins habituel pour un employé de la Régie.

« Et de quoi tu t'occupes ?

- Des bouilleurs de cru.

- Des bouilleurs de cru ? Mais dis donc, ne serait-ce pas toi qui m'aurais si mal répondu, il y a six mois ?

- Comment ! C'était donc réel, c'était vrai ? C'était toi ?

- Évidemment… Même que tu as été fort grossier…

- Ça alors ! Tu ne plaisantes pas ?

- Pas le moins du monde.

- C'est pas possible… Tu me fais marcher.

- N'as-tu pas dit, très insolemment, que je pouvais me f… les prunes quelque part.

- Excuse-moi, je croyais à une farce.

- À une farce ? »

Et Théodule de conter l'aventure de bout en bout. Au fur et à mesure du développement de la narration, les traits d'abord sévères du chanoine se déridaient jusqu'à l'explosion finale d'un rire inextinguible qui le faisait sangloter, à la grande stupéfaction de l'assistance, peu habituée à de telles manifestations publiques de la part du vénérable ecclésiastique.

Petit à petit, Théodule fut pris par la contagion qui contamina les convives de proche en proche sans qu'ils connaissent la raison originelle de cette hilarité communicative.

Le chanoine en pleurait sur l'orange givrée qui fondait sous les larmes…

« Mon pauvre Théodule… T'es vraiment le bon gars… Ils t'en font voir, tes galopins de collègues… »

C'est ainsi que le rideau tomba sur ce vaudeville dont les échos se perpétuèrent tant aux Contributions qu'à l'archevêché pour entrer dans la tradition comme un classique du genre, passé à la postérité sous le titre évocateur :

« Les prunes épiscopales ».

Jean Tavernié

« UN HOMME À TOUT FAIRE »

Poursuivi par les Impôts et par leurs à-côtés, je dois rendre compte d'un épisode patriotique et amical, dans le cadre de notre direction. Cette dernière recherche un « homme à tout faire » : transport du courrier, surveillance des locaux, entretien du petit jardin, etc. Je propose le porte-drapeau de notre association, qui est un célibataire sans ressources et sans famille, courageux, bricoleur, têtu mais dévoué. Accepté, il devient *illico* le factotum de la direction. Ce garçon, pendant la débâcle de juin 1940, a subtilisé sur un camion allemand qui le portait comme un trophée, le drapeau d'un régiment français. Il l'a enroulé autour de sa taille, et a pu ensuite le remettre à un civil. S'il avait été pris, son compte était bon, car les Allemands n'appréciaient pas ce genre de « plaisanterie ». Notre directeur aime les hommes courageux. Il fait obtenir à notre ami la « médaille de la Reconnaissance française » et, avec le concours de son épouse, organise dans un local de la direction une petite fête avec gâteaux et vin blanc. Je suis convié à cette cérémonie. Après les petits fours, François D., à la fois ému et excité, décide de chanter *Verdun*. J'ai compris la raison pour laquelle il avait apporté le drapeau dans ce local, peu propice aux chants patriotiques. J'ai beaucoup de respect pour cette chanson qui évoque tant de souffrances pour les deux générations d'anciens combattants. Dans Verdun en flammes, j'ai failli passer de vie à trépas le samedi 15 juin 1940. Dans un grand silence, notre ami chante, le drapeau à la main. Emporté par son enthousiasme, le pied gauche en avant, il brandit le drapeau, dont la hampe se fiche dans le plafond. Quelques morceaux de plâtre tombent sur les matrices cadastrales et les rôles d'impositions. Le chanteur, surpris, s'arrête net, les yeux rivés sur la hampe tordue. « Continuez », dit le directeur imperturbable, tandis que le contrôleur des rôles me souffle : « Donne-lui tout de même à boire… » Ce fut une belle cérémonie.

Henri Mirabail

LA TORTURE

Fin novembre 1962, je rencontre un camarade de promotion de l'ENI. Il fait son service militaire à l'hôpital militaire de M. où il occupe un emploi de bureau. Il me dit avoir assisté à des séances de torture.

- « Ici, on ne dit pas « torture » mais « interrogatoire musclé ».

- Fous-moi la paix avec tes subtilités ! Je dis « torture » et je dis que faire des choses pareilles, c'est dégueulasse. Et le pire c'est que cette sale besogne est faite par des appelés comme moi, des « planqués ». De vrais sadiques. Les officiers ne s'en mêlent pas ; mais après chaque séance l'un d'eux m'interpelle : « T'as vu, ils en veulent nos petits gars ! Prends-en de la graine ». Il ne m'en dira pas plus.

Éric Martin

PORTRAIT ROBOT

Quinze années de services interrompus par de nombreux congés de maternité, c'est bien peu pour connaître à fond l'Administration et oser définir les fonctionnaires ! Bien peu et d'autant moins que je n'ai pas changé de département. Mais autour de moi les têtes se renouvelaient. Chaque année de nouvelles vagues me reléguaient peu à peu dans la catégorie des vieilles lunes. J'ai donc finalement connu un assez grand nombre d'inspecteurs. Aussi, groupant mes observations personnelles avec les histoires transmises par mes aînés, puis-je prétendre mieux connaître les fonctionnaires qu'un médecin, qu'un commerçant, une ménagère, ou même que Courteline qui ne fut pas fonctionnaire. Je les connais par le dedans ayant moi-même incontestablement acquis quelques travers et quelques qualités inhérents à ces personnages (ne serait-ce que l'utilisation abusive des adverbes).

Je suis donc en mesure de tracer une sorte de portrait robot du fonctionnaire appartenant au cadre dit supérieur des administrations financières.

Prenons-le à ses débuts.

Le jeune inspecteur, frais émoulu de l'École des Impôts, très fier de sa licence de droit toute neuve, arrive prendre possession de son premier poste tout guindé par les principes dispensés à l'École : costume sombre, cravate et gants serrés dans la main gauche avec plus ou moins d'élégance selon l'origine sociale de l'individu. L'un d'eux, cependant, se présenta un matin d'été vêtu d'un short et d'une chemisette. J'ignore l'évolution de sa carrière mais je suis à peu près sûre qu'il n'a pas pu rester fonctionnaire.

Devant les réalités fiscales qu'il ne soupçonne pas, le jeune inspecteur abandonne bien vite sa mentalité d'étudiant et se noie dans les dossiers. Pendant quatre ou cinq ans, il émerge de temps à autre. Son visage est tourmenté, déçu. Dans le privé, il se marie et son mariage n'est pas forcément très brillant[1] car il est loin le temps des bals dans les sous-préfectures et celui où les surnuméraires de l'Enregistrement et du Timbre sortaient d'une pièce de Giraudoux. Le jeune

1. C'est-à-dire « sans dot » (note de l'auteur).

inspecteur s'habitue à être un être mort pour la société des vivants et des contribuables. Mal payé, il lui arrive de rêver d'évasion… Mais où aller ? « Le secteur privé », comme disait un de mes collègues avec un délicieux accent méridional : « Je ne peux tout de même pas entraîner des innocents (sa petite famille composée d'une femme, de deux jeunes enfants et d'une 2 CV) dans une aventure pareille ! »

Après dix ans de services, quelques changements de postes et quelques améliorations de salaire, il apparaît soudain transformé, subitement métamorphosé en fonctionnaire zélé, revendicatif, syndicaliste, mal payé et père de famille. Pour lui, désormais, compte avant tout la consultation quotidienne de la liste d'ancienneté. Chaque matin, il vérifie si, de 242e sur la liste du 4e échelon de son grade, il n'est pas passé, par miracle, au 241e du 3e échelon. Las !… Il n'y a plus de miracle dans l'Administration, de même qu'il n'y a plus de surnuméraire giralducien capable de séduire une demoiselle Isabelle par la poétique évocation du déroulement gracieux de sa carrière. De nos jours, le fonctionnaire ne rêve plus de Paris mais bien de finir ses jours au-dessous de la Loire !

Jusqu'à la retraite il compulsera ainsi la liste d'ancienneté. C'est le bréviaire attaché à son sacerdoce particulier. En outre, il saura lire, comprendre et appliquer notes et circulaires. Il enverra à temps ses divers comptes rendus et statistiques, aura à cœur de bien faire marcher son service et, le jour de sa retraite, grisé par les discours, les félicitations et les vins d'honneur, il croira, en toute bonne foi, n'avoir pas raté sa vie.

Tel est je le pense, le fonctionnaire type du cadre auquel j'ai eu l'honneur d'appartenir. J'ajoute, qu'en tous points, c'est un être intègre, droit, juste, bienveillant et intelligent (ces quelques lignes à l'intention de mes anciens collègues qui vivent encore pour me faire pardonner de ma méchanceté).

Il y a certes des fonctionnaires qui ne sauraient se reconnaître dans ce croquis sommaire (aucun en fait).

Chaque année, les nouvelles promotions d'inspecteurs ayant passé avec succès les examens professionnels à l'École des Impôts étaient – et sont encore – réparties dans les départements de province afin d'accomplir leurs stages de formation pratique. Ceux que j'ai connus étaient pour la plupart natifs du sud de la Loire, quelquefois même du sud de la Méditerranée. Je m'honore d'avoir inculqué quelques rudiments de pratique fiscale à un jeune Noir devenu après cela ministre des Finances dans sa république africaine. […]

Tous ces stagiaires noirs ou blancs considéraient généralement leur situation actuelle comme un tremplin pour un avenir brillant. Ils rêvaient tous d'être ministres ou grands administrateurs.

Pour la plupart d'entre eux le tremplin ne les propulsait que dans un secteur de contrôle « d'environ soixante communes, sur un territoire de deux à trois myriamètres (5 à 6 lieues) de longueur sur autant de largeur » (arrêté du 22 frimaire an VIII signé par Sieyès, Bonaparte, Roger-Ducos).

Un de ces stagiaires songeait tout modestement à la présidence de la République. Il n'hésita pas à dire un jour à un inspecteur principal chevronné et compétent : « C'est cela mon cher, consultez vos circulaires afin d'éclairer votre lanterne ». Le même stagiaire laissait dans mon bureau des traces indélébiles de son passage : la marque de ses cheveux sales sur le papier peint du mur – il s'y appuyait pour penser – et des miettes de sandwichs au jambon dans ma documentation. Dieu fasse qu'il n'entre jamais à l'Élysée ! Voilà pour les jeunes.

Ceux qui me pardonneront de les appeler ici les « anciens », ceux que je respectais infiniment lors de mon entrée dans l'Administration et que je respectais beaucoup moins lors de mon départ, ceux-là aussi, malgré leur ressemblance avec le portrait robot tracé ci-dessus, manifestaient le plus souvent une grande originalité et une foule de petits travers courtelinesques. [...]

Celui qui, lorsqu'on lui demandait un renseignement sur un contribuable, envoyait un rapport circonstancié dans lequel on pouvait apprendre l'âge et le numéro minéralogique de sa première voiture. Il y manquait souvent l'essentiel. Il n'hésitait pas non plus – afin de prouver à son personnel qu'il n'était pas nécessaire d'allumer le chauffage central avant la Toussaint –, à se promener torse nu dans ses bureaux. [...]

Celui qui, directeur et directorial, recevait ses agents le matin à 9 heures vêtu d'une robe de chambre de soie et chaussé de mules affriolantes...

Celui qui, directeur également, rédigeait ses appréciations sur ses subordonnés avec un humour tout particulier. D'un agent, il écrivit ceci : « Se prend pour un aigle mais n'est qu'une corneille des bords de la Garonne ». [...]

Celui qui, ceux qui. Voilà que je radote, oubliant de citer le fonctionnaire qui ne ressembla jamais au portrait robot. Celle qui détestait l'Administration et ne comprenait rien aux circulaires, qui passait le quart de sa carrière en congés de maternité, s'endormait l'après-midi au bureau, rédigeait un rapport sur les plus-values de cession, les calamités agricoles ou la patente d'un marchand de Kneipps tout en composant les menus de sa journée, en songeant que son dernier bébé avait la colique ou en rêvant d'écrire un livre sur les joies de l'Administration.

C'était moi... mais bien que du sexe féminin, j'étais devenue, tout compte fait, un parfait rond de cuir.

Monique de Soumagnat-Péran

G. ET LE GASCON

« Alors mon petit père, comment va ?

- Bof !

- Et la vérification de ta société de bois et dérivés ? Ça biche ?

- Je sèche mon vieux, lamentablement ! Je n'y vois que couic ! Le brouillard total !

- Évidemment ! T'as les yeux pleins de sciure !

- Oh, tu peux te marrer ! Rien à chiquer oui ! J'ai tripatouillé les bilans et les principaux comptes en tous sens... Que dalle ! Voilà quinze jours que je piétine là-dessus ! L'expert-comptable ne vient même plus... comme s'il connaissait déjà le résultat : une double bulle... Zéro, zéro ! Remarque, à la limite, je préfère qu'il ne soit pas là à me lorgner d'un air sarcastique. Ce n'est pas le dernier venu, un trapu même, et je n'aime pas me sentir épié quand je travaille. J'y perds la moitié de mes moyens.

- As-tu jeté un cil aux amortissements, aux sorties de matériels ?

- Ouais... Tu penses ! Rien à piper, les calculs cadrent, les plus-values sont dégagées, les réintégrations de TVA impeccables ! Non vraiment, un dossier en cristal !

- Pourquoi l'as-tu pris ?

- Pardi !... Le patron ne m'a pas demandé mon avis. Il me l'a flanqué sur les bras avec un seul commentaire : " Ça pèse lourd, à vous de jouer ! " Sa manière à lui de me dire : " J'attends un redressement canon ! " Il va encore se foutre de ma gueule ! Je l'entends déjà : " Vous ne me ferez pas croire qu'il n'y avait rien à gratter là-dedans ! " Je voudrais bien l'y voir !

- As-tu dépouillé les comptes courants ?

- Dès le début... Les virements de salaires du P.-D.G. sont corrects, les avantages et remboursements de frais parfaitement justifiés. Démoralisant ! Actuellement, je patauge dans les frais généraux. Je brasse les factures. Par sondages, obligé : il y en a au moins deux mille par exercice ! Sur trois ans, tu devines le boulot ! Impossible de se farcir minutieusement le paquet à un tout seul. Non. T'es d'accord hein ? Des trucs pareils, on devrait s'y atteler à deux ou trois. Sinon ça n'est pas valable. On échantillonne, on perd son temps et on passe pour des rigolos ! Bon, tiens ! Salut ! Je t'embête avec mes histoires.

- Mais non, mais non... si je pouvais t'aider ça serait avec plaisir, seulement tu sais, les " vérifs ", moi je n'y entrave pas grand-chose...

- Allez, bye !... Que j'aille encore transpirer sur mon os ».

Huit jours plus tard il me rendit à nouveau visite :

« Salut vieux, ça gaze ?

- Oh ! répondis-je, oui ça gaze modérément… Et toi où en es-tu avec ta vérif. ?

- Terminée, je rédige le rapport.

- Ah bon… As-tu trouvé quelques bricoles ?

- Oh, pas le Pérou. Pourtant ça s'est tout de même meublé sur la fin. J'avais péniblement récupéré des matériels déduits d'un seul coup, à étaler par le jeu de l'amortissement, des charges non professionnelles à réintégrer ; rien de bien glorieux ! Ni de conséquent. Puis, pour terminer l'intervention, je me mets à refeuilleter le compte achats, machinalement, pour tuer le temps. Et alors là ! Le tilt, le coup de bol ! Un nom qui me disait quelque chose, celui de la femme du P.-D.G. Son nom de jeune fille ! Ça me met la puce à l'oreille. Je cherche les factures correspondantes. Ce n'est pas la femme, mais le beau-père ! Je creuse… Je fouille… Tiens ? Bizarre ! Il vend des arbres à la société… Possible, il possède pas mal de propriétés. Oui mais, pourquoi les grumes lui sont-elles payées trois fois plus cher que les cours réservés aux autres clients ? Intéressant non ? Et le manège dure depuis longtemps, bien avant le début de la période vérifiée. J'ajoute que la plupart de ces ventes sont fictives. Une manière élégante de faire transiter une partie du " bénéfice " par la poche du beau-papa ! Futé, hein ? Ils ont été durs à la détente avant d'accepter mes propositions. Sur les trois années j'arrive quand même à un beau paquet de millions. Et en revenus distribués s'il vous plaît !

- Très bien mon gars ! Tu vois bien que ton chef avait raison !

- Comment ça ?

- Le dossier pesait lourd… Farceur !

- Pff ! il n'en savait fichtre rien !

- Et le comptable ? Était-il de mèche ?

- Ah ça ! »

Puis, renfrogné, il ajoute :

« D'ailleurs, ai-je bien tout vu ? Il s'en est fallu de peu que je passe à côté de la combine… Il y a peut-être d'autres astuces qui m'ont échappé. Je n'y mettrais pas ma main au feu… D'ailleurs, j'ai trouvé qu'ils acceptaient vite mes propositions ».

Et, à nouveau assombri, il ajouta :

« Si ça se trouve, j'ai peut-être loupé l'essentiel !

- Écoute, là tu pousses ! Ton résultat me semble fort convenable.

- Oui, tu crois ? Bon je me sauve, mes amitiés chez toi ».

Ainsi vivait Gérard, perpétuel insatisfait, angoissé, doutant de lui-même. Il se rangeait dans cette catégorie de fonctionnaires plus répandue qu'on ne le dit, celle des agents dotés d'une bonne dose de conscience professionnelle, animés du désir de bien faire, respectueux de la hiérarchie, épris de justice et soucieux de la qualité de leur travail.

Il se donnait à fond à sa tâche, n'hésitant pas à amputer ses temps de repos pour se consacrer à un dossier. Sensible, le moindre reproche venant d'autrui le blessait. Le collègue d'à côté, bon vivant de Gascogne, essayait parfois de le raisonner :

« Bou Diou ! Mollo... Vas-y mollo mon cadet ! Avec ta façon de bosser... de quoi on va avoir l'air, nous autres ? Dis ? On travaille pour ce qu'on gagne ! Si tu continues tu te feras sauter les plombs ! Après ce sera trop tard. [...] D'accord pour le boulot, mais tu dépasses les limites. Fais gaffe. Faut rester lucide... et sain ! Tu sais pas te purger le fiel. Si, si, ça se voit ! T'exploses pas ! Tiens regarde... Hier matin j'ai reçu un rappel de la direction au sujet de ma statistique en retard de huit jours. Elles " m'escagassent " moi, leurs statistiques ! Alors j'ai commencé par gueuler un bon coup. Et ça, je sais faire. Dans le Gers on te le dira. Ça te décompresse l'adrénaline ».

Il éclata de rire :

« Surtout que je te les avais déjà remplis leurs p... de tableaux, mais j'avais oublié de les expédier... Non mais ! On n'est pas des bœufs ! »

Marcel Audurier

Des agents surdiplômés

Dans les années 80, l'effectif dont je disposais à Neuilly-Nord était de la même importance qu'à Gennevilliers, soit trois contrôleurs et cinq agents de constatation. Je procédai, ainsi que je l'avais fait sur mon premier poste, à un entretien individuel avec chacun de mes nouveaux agents. Ce contact direct permettait de mieux les connaître et de juger, à travers leurs attributions, quelle était l'organisation du service. L'objectif était de rendre les agents aussi polyvalents que possible, pour qu'ils deviennent interchangeables et aptes à occuper tous les emplois. En région parisienne, les mutations étaient fréquentes, qu'il s'agisse de changer de service ou de résidence. De plus, la recette de Neuilly-Nord n'était pas très accessible par les transports publics et s'y loger n'était guère envisageable pour les agents, en raison de la cherté des loyers. Cela n'incitait guère à la stabilité.

J'eus l'occasion de constater durant les sept années de ma gestion à la recette de Neuilly-Nord une évolution importante dans le niveau de la formation générale des agents, explicable par l'accroissement du nombre d'étudiants en liaison avec les problèmes de l'emploi. C'est ainsi que j'avais compté parmi mes agents un contrôleur titulaire d'une maîtrise d'histoire, une autre titulaire de la licence en droit et, parmi les agents de constatation, les diplômes suivants : maîtrise de droit public, licence de sociologie, licence de langues appliquées, baccalauréat série C, trois d'entre eux ayant été admis, par la suite, au concours interne de contrôleur.

D'une certaine façon, il était satisfaisant de compter, parmi ses effectifs, des agents présentant des titres de l'enseignement supérieur. Mais, d'une part, cela réduisait considérablement les chances des candidats s'inscrivant au concours d'agent de constatation et de contrôleur, avec le niveau minimum requis, c'est-à-dire, respectivement, le brevet et le baccalauréat. D'autre part, ces surdiplômés étaient affectés à des tâches ne nécessitant pas le bagage qu'ils détenaient et il en résultait un certain désenchantement en raison du décalage entre leur formation et leurs attributions. Heureusement, l'accès aux concours internes leur permettait d'évoluer rapidement dans la hiérarchie. Il faut reconnaître, toutefois, que les agents bardés de diplômes n'étaient pas nécessairement les plus performants et que, parfois, le bon sens, l'esprit pratique, la bonne volonté, l'application, étaient aussi appréciables qu'une peau d'âne, même de haut niveau.

Alfred Chauvet

FACE AUX CONTRIBUABLES

(1945-1990)

Après la Libération

Il devient possible désormais d'évoquer quelques-unes des conséquences de la fin de l'Occupation pour notre administration. Très rapidement, on s'attacha à taxer les bénéfices réalisés par certains en collaboration avec les Allemands. Pour suivre les dossiers ainsi constitués, il fut établi une commission départementale des profits illicites. Au vu des déclarations établies par les contribuables, la direction était chargée d'établir les profits illicites, qui devaient être reversés au Trésor public. Pendant les premiers temps, ce travail m'incomba.

Mais, devant l'ampleur de la tâche, et du fait de la vacance de l'autre poste de rédacteur, il fut fait appel à un retraité de l'Administration pour s'occuper de ces dossiers. J'en conserve cependant quelques souvenirs piquants. Un des premiers contribuables visés était le propriétaire gérant de la maison close de Blois, qui avait fourni une collaboration assidue aux troupes d'occupation. Par mesure de précaution, et peut-être de revanche morale, le local fut mis sous séquestre. Le directeur de l'Enregistrement, responsable de cette mesure, la confia à un inspecteur principal assez timide et très vertueux, dans le but évident de l'embarrasser fortement. Effectivement, les ennuis commencèrent rapidement car ces dames étaient fort exigeantes pour leurs besoins de toute espèce. N'obtenant pas assez rapidement satisfaction, elles se mirent en grève au moment où l'armée de Libération, de retour de la poche de Saint-Nazaire séjournait à Blois. Les militaires français n'apprécièrent pas l'arrêt de cet exutoire, qui avait donné satisfaction à leurs prédécesseurs germains, et le général réclama violemment la réouverture de la maison. Le pauvre séquestre en vit et en entendit de toutes les couleurs dans cette drôle d'affaire. Je reçus alors la visite du propriétaire des lieux qui venait s'enquérir du moment où il pourrait reprendre lui-même la direction de son entreprise. Avec beaucoup de précautions, je lui annonçai que cela ne serait possible que quand il aurait acquitté le montant fixé par la commission départementale. Pour avoir assisté à la séance qui avait statué sur son cas, je savais que la somme était élevée. Certains membres pensaient que jamais nous ne récupérerions une amende d'un tel montant. Aussi, quelle ne fut pas ma surprise quand, après avoir avancé timidement le chiffre, je l'entendis me répondre que s'il ne s'agissait que de cette somme, il allait la régler tout de suite. Averti que seul le percepteur pouvait encaisser ce dû, il demanda et obtint que diligence soit faite. Jamais plus on n'entendit parler d'une grève au bordel de Blois !

Une autre mesure destinée à régulariser les profits illicites fut le changement de la monnaie en cours. Le gouvernement déclara que tous les billets en circulation n'avaient plus cours, et devaient être échangés contre des nouveaux. Cela devait permettre de vider les fameuses lessiveuses où, selon les rumeurs de l'époque, les habitués du marché noir amassaient d'énormes profits. Effectivement, bien des contribuables durent expliquer l'origine des sommes importantes qu'ils détenaient sans les avoir déclarées. J'ai souvenir d'un marchand de bestiaux qui vint me raconter sa mésaventure dans l'espoir que je pourrais peut-être le sortir du mauvais pas où l'on venait de l'enfermer. Son gendre, qui exerçait la même activité, lui avait confié en septembre 1939, au moment de la mobilisation, la gestion d'un important troupeau de bovins lui appartenant. Au retour de captivité, plus de cinq ans après, on l'avait prié de restituer ce cheptel. Il n'en avait rien fait, estimant que l'entretien de sa fille et de ses enfants pendant toute la durée de la guerre lui avait coûté plus cher que la valeur du troupeau. Bon prince, il avait consenti à son gendre un prêt important pour lui permettre de reprendre son activité, avec bien entendu le taux d'intérêt en vigueur dans la profession. Il n'avait pas compris tout de suite pourquoi, un petit matin avant 5 heures, son gendre lui avait remboursé son prêt, en grosses liasses. Ce n'est qu'en écoutant la radio, un peu plus tard, qu'il avait appris que c'est lui qui devrait échanger tous ces billets en même temps que les siens propres. Comme il y a une certaine justice, il fut taxé assez sévèrement sur les profits réalisés par lui, y compris ceux provenant des bêtes de sa fille.

André Maurin

« Témoin privilégié »

L'inspection couvre un immense trapèze bordé par les grands boulevards, la rue Laffite, la rue de Provence, la rue Caumartin et englobe la place de l'Opéra.

Témoin privilégié de fortunes aussi vite établies que dissipées, je recevrai dans mon bureau des clients en espadrille qui, quelques mois plus tard, rouleront en Rolls et, pour faire compensation, des clients arriver en Rolls et partir en espadrilles à moins qu'ils n'aient pour longtemps le gîte et le couvert à la prison de la Santé !

Petits commerces, bureaux d'affaires, banques, assurances, professions libérales, grands magasins, artistes… laissent peu de place aux contribuables salariés moyens.

Pour les artistes, nous connaissons les grandes vedettes du moment : Jeanne Bourgeois dite Mistinguett, Dassary, Jean-Pierre Aumont, M. B. et son ami, le vice-président du Conseil de l'époque rentré en France depuis peu. Tous ces personnages sont très simples et d'un abord facile. Apparemment ils ne se prennent pas au sérieux alors que tant d'autres… À aucun moment le dernier nommé n'a fait état de son titre, il est vrai que très connu, cela ne s'avère pas nécessaire. Le voir accompagner la grande M. B. couverte de bijoux me surprend. Je ne partage pas ses opinions mais il est sympathique et je me fends de plusieurs « Monsieur le président »… Il sourit et M. B. rayonne de joie. Vanité ? Le premier homme d'affaires à se faire remarquer est J. M. J., c'est ainsi qu'on l'appelle, s'est inscrit au 46 rue de la Chaussée d'Antin, dans une agence de domiciliation commerciale pour exercer son commerce de vieilles ferrailles. Il s'est présenté au bureau pour obtenir le certificat de patente exigé pour son inscription au registre du commerce. Ce truand, souriant, à l'allure bonasse, qui a réussi à tromper Français et Allemands, ne sachant ni lire ni écrire, respectait encore certaines règles administratives.

Vinrent ensuite T. H. N. et T. H. N., le père et le fils. Ils ne firent pas la une des journaux, mais leur périple mérite d'être conté.

Durant l'Occupation, ils avaient eu la possibilité de faire passer en Angleterre des capitaux importants d'une grande famille champenoise. La paix revenue, ils rapatrièrent clandestinement ces capitaux et, plutôt qu'une importante commission comme il était d'usage, ils préfèrent un prêt, un prêt de plusieurs dizaines de millions, remboursable dans dix ans qui doit leur permettre de se lancer dans les affaires.

Voilà donc nos deux Arméniens qui débarquent à Paris, riches de l'argent des autres. Une grosse Buick avec chauffeur en casquette, un cigare aux lèvres, un costume bien coupé attirent déjà l'attention ; une suite au 12 boulevard des Capucines, immeuble donnant sur la place de l'Opéra, complète la panoplie de l'homme d'affaires. Des affaires, des bonnes affaires, avec de l'argent et peu de scrupules, on doit pouvoir en trouver. La guerre est terminée, l'armée américaine regroupe tous ses matériels sur la base d'Anvers devenue un vaste surplus, et tout est à vendre. La pacotille : habillement, équipements, conserves, cela n'intéresse que les gagne-petit ; par contre, pour le gros : armement, véhicules, chars, c'est une autre affaire et il faut du répondant. Du répondant, nos deux lascars en ont.

Devenus marchands d'armes, ils équipent la nouvelle armée israélienne et fournissent des chars de combat à l'armée française qui commence à s'engager en Indochine. Les voilà devenus de riches négociants… mais ils ne paient pas d'impôt. Une taxation sur les signes extérieurs, envisagée, échoue car à l'époque une telle taxation peut être mise en échec par la justification de la possession d'un capital. Et ils possèdent un très gros capital… En week-end, ils partent à la chasse au Kenya avec de nombreux invités. Ils ont leurs entrées dans le monde politique et émaillent leurs conversations des noms de quelques ministres dont ils se prétendent les intimes, mais est-ce vrai ? Ils flattent, ils promettent, ils menacent.

Comme nos efforts de régularisation fiscale échouent, notre inspecteur principal, M. V., prend l'affaire à son compte ; il ne fera guère mieux.

« Comment se fait-il, M. V., qu'un fonctionnaire de votre qualité n'ait pas la légion d'honneur ? »

- La vie à Paris est bien agréable pour un fonctionnaire dont les enfants sont étudiants, j'imagine les désagréments d'une promotion dans l'est de la France… »

Appelant ses chiens, deux énormes molosses : « Voyez, M. V., ils sont dressés pour la chasse au lion. D'un mot, et ils n'en font qu'une bouchée ».

M. V. est un brave mais aussi un homme brave. Tous ces mots ne l'impressionnent guère, mais il doit se rendre à l'évidence. Nos interlocuteurs sont très forts.

Quelques mois plus tard, passait au Lefebvre une nouvelle solution administrative précisant que la taxation sur les signes extérieurs ne pouvait en aucun cas être mise en échec par la justification de la possession d'un capital. Petite victoire, mais victoire quand même de M. V.

Douze ans plus tard, ayant changé de poste, je retrouvai Monsieur T. H. N., il venait solliciter la remise gracieuse de sa contribution mobilière. Très marqué physiquement il avait perdu de sa superbe. Son pardessus démodé et élimé attestait sa pauvreté. Ce n'était plus la richesse ; il était méconnaissable. Je ne pus résister : « Vous êtes bien Monsieur T. H. N. du 12 boulevard des Capucines ? » Il me conta sa déconfiture. Après les ventes d'armes, bénéficiant de la protection d'un ministre de l'Éducation nationale, il avait entrepris la construction d'écoles. Mauvaise conception ? Mauvaise exécution ? De nombreux plafonds s'effondrèrent. Les frais de remise en état, les indemnités à verser eurent raison de sa fortune. Il n'avait plus d'ami ; il n'allait plus à la chasse au Kenya.

Paul Bretxa

Monsieur M. de Sorbiers

Le père M. habitait avec sa femme l'une des plus vieilles maisons du vieux village de Sorbiers. C'était le reste de l'ancienne demeure du seigneur du pays que l'on appelait encore « le château ». Aujourd'hui, tout est délabré… Heureusement, le souvenir des lieux reste dans ma mémoire.

Sorbiers, dans le canton de Rosans, pas très loin de la Drôme était, sur son mamelon, le village type de la haute Provence. Exactement le décor trouvé par Pagnol lorsqu'il mit en scène le film *Angèle* tiré du roman de Giono, *Un de Baumugnes*. Même terre brûlée, même mas de pierres mal jointes couvert de tuiles rondes, mêmes touffes de lavande, mêmes pins tordus.

Dans ce mas, même paysan moustachu et bedonnant. Le père M. me rappelait étrangement l'artiste qui jouait le rôle du père d'Angèle dans le film du même nom. M. M. était le maire de Sorbiers et Mme M. était, en titre sinon en fait, la secrétaire de mairie.

Ma première visite à Sorbiers eut lieu en juillet 1948. J'utilisais alors pour mes déplacements le vélomoteur Terrot acheté un an avant. Ce jour-là, j'avais commencé ma tournée à Montjay vers dix heures pour la terminer à midi. Après les « pastis » d'usage en compagnie des sympathiques répartiteurs du lieu, le maire en tête, à l'auberge Barnaud, je pus me délecter, seul client au déjeuner ce jour-là, des spécialités du pays : pâté de grives et tome de chèvre.

Un quart d'heure me suffit pour joindre Sorbiers en début d'après-midi. Il faisait très chaud. Déjà, de gros nuages en forme de balles de coton montaient au-dessus des collines dominant le col de la Fromagère (quel joli nom !). À l'entrée de Sorbiers, une petite fontaine débitait une eau limpide dont le clapotis, dans le bassin de pierre, invitait à boire. J'arrêtai là mon deux roues pour avaler quelques gorgées bienfaisantes et, après avoir calé le véhicule à l'ombre d'un vieux tilleul, j'escaladai les cent mètres qui devaient me conduire au « château ».

La demeure des époux M. qui servait aussi de mairie était gardée, si l'on peut dire, par trois chiens poilus, à la robe rousse et à la voix rauque, qui annoncèrent mon arrivée sans se montrer trop agressifs. La mère M. parut sur le perron de la maison, un perron très large, fait de dalles branlantes, presque une terrasse, sans balustrade. C'est en patois que je fus accueilli par la brave femme qui dégageait une curieuse odeur, mélange de sueur de bouc, de tabac, et de lavande... La maîtresse de céans me fit entrer à la mairie où le maire m'attendait. Un large sourire se dessina sous la moustache mal rasée du père M. Sous le sourcil épais, l'œil droit clignotait. Je crus d'abord que c'était une façon aimable de me dire bonjour ; je compris bientôt que c'était un tic !

Lui aussi sentait le tabac, et pour cause ! Il mâchonnait une chique qu'on devinait entre la moustache et le menton, derrière une rangée de dents noircies que le sourire découvrait.

La salle de mairie était en fait la principale pièce de l'habitation des époux M., à la fois cuisine et chambre à coucher. Au fond de la pièce, un lit en noyer massif était couvert d'un volumineux édredon dont l'enveloppe de satin avait dû être jaune. Sur le sol dallé, trois poules picoraient les grains de blé échappés d'un sac troué, juché sur une chaise branlante. Au milieu de la pièce, un poêle à trois trous, unique appareil de chauffage et de cuisine de la maison, était surmonté par un tuyau rouillé qui, après un coude à angle droit, allait rejoindre la cheminée, face au lit. Entre la cheminée et l'unique fenêtre, le père M. avait accroché sa panoplie de pipes très culottées, une dizaine au moins, de formes différentes mais d'un brun identique, couleur de la nicotine.

Les présentations faites, je posai mes documents sur la longue table couverte d'une vieille toile cirée, sur laquelle M. M. avait déjà étalé les documents cadastraux : le plan et les matrices. À peine avions-nous commencé notre séance de travail qu'un éclair zébra la pièce, immédiatement suivi d'un tonnerre étourdissant. Et la pluie se mit à tomber, drue et rageuse, avec quelques grêlons. Une gouttière se forma bientôt au-dessus du poêle qui, encore chaud, faisait grésiller les gouttes qui venaient mourir sur sa plaque. Autour du poêle, d'autres gouttes firent bientôt une petite flaque, mais ni M. M., ni son épouse ne parurent surpris de cette pénétration de l'eau dans leur demeure ! L'averse dura près d'une heure, marquée par trois autres coups de tonnerre. La séance de travail dura autant que la pluie.

Le ménage M. connaissait parfaitement la population de la commune et j'avais pu aisément faire mon recensement sans avoir recours aux habituels répartiteurs que le maire n'avait pas cru devoir déranger à l'heure de la sieste ! Avant de quitter ce couple curieux, mais combien sympathique, il avait fallu boire un rafraîchissement. La mère M. me servit du sirop de menthe dans un verre qui me parut ne pas avoir été lavé trop souvent. Elle et son époux dégustèrent leur café de l'après-midi dans deux bols ébréchés qui, eux non plus, ne devaient pas avoir été souvent malmenés par le savon ou la poudre à récurer !

À quelque temps de là, M. M. fut fait chevalier de la Légion d'honneur pour avoir été, pendant plus de quarante ans, maire de sa commune. Mme M. devait mourir la première, vers 1965, à la suite d'une coupure à la main, compliquée par la gangrène. Son époux l'a suivie, quelques semaines après, probablement tué par le chagrin.

Maurice Lafon

UN CONTRIBUABLE RÉCALCITRANT

J'étais encore dans mes premiers mois d'exercice lorsque j'épinglai une vente d'immeuble dans un gros bourg. J'avais un point de comparaison très proche qui me laissait supposer que le prix avait été minoré d'au moins 50 %. J'envoyai donc un avis de redressement. Le lendemain, qui était un vendredi, je reçus un coup de téléphone de l'acheteur qui me demandait d'aller visiter en détail le plus tôt possible. Il se disait bouleversé par ma réclamation et voulait régler l'affaire en urgence. Comme le vendredi soir je rentrais à Vergt et que l'immeuble était sur ma route, j'acceptai de me rendre à sa convocation le soir même, sans bien réfléchir à l'état d'esprit que supposait cette réaction rapide.

J'arrive donc sur la place du village et sonne chez l'intéressé. Présentation, échange de politesses puis de cigarettes, l'atmosphère semble sereine, à peine tendue. Je visite l'étage à sa suite et constate que l'intérieur n'a pas la belle apparence de l'extérieur. À mon avis, l'insuffisance reste flagrante si elle n'est pas de l'importance que j'avais présumée. Et il reste un point litigieux : l'immeuble a été déclaré entièrement à usage d'habitation et a, de ce fait, bénéficié d'un tarif super-réduit de 1,20 % alors que l'acheteur vient d'aménager un commerce qui occupe tout le rez-de-chaussée. Sur cette partie, les droits sont plus élevés sans préjudice des sanctions pour non-respect de l'engagement pris. Pour ne pas trop assommer « mon redevable », je lui concède que j'ai pu surestimer la valeur de l'immeuble et que je m'en tiendrai au prix exprimé mais je tâche de lui expliquer qu'il reste tout de même un redressement important du fait de l'ouverture d'un magasin.

Il a quelque peine à comprendre mon argumentation et commence par croire à une plaisanterie qui lui paraît de très mauvais goût. Il devient hargneux. Je reprends mon explication, lui cite l'article du code, les termes de l'engagement figurant dans l'acte, engagement de réserver tout l'immeuble à usage exclusif d'habitation, manifestement transgressé. Il s'énerve de plus en plus. Ne parvenant pas à le raisonner, je lui conseille de prendre l'avis de son notaire avec lequel il sera plus en confiance. Il n'est pas nécessaire de conclure immédiatement, on se reverra lorsqu'il l'aura vu et sera convaincu du bien-fondé de ma réclamation. Mais je m'aperçois que sa manière d'envisager les choses est radicalement différente de la mienne :

« Pose ta veste qu'on règle l'affaire entre hommes ! »

Je n'ai aucune envie de me colleter avec un contribuable et qui plus est sous son toit. Imaginez comment l'affaire pourrait être exploitée !

J'essaie de lui expliquer calmement que les faits sont têtus et que ce n'est pas parce que nous échangerions quelques horions que son immeuble ne comporterait plus de commerce et partant que les droits correspondants resteraient toujours dus. Devant la tournure des événements, j'essaie de gagner la porte mais il me devance d'un bond, ferme à clé et fourre cette clé dans sa poche.

Je commence à trouver que les choses prennent une vilaine tournure. J'essaie de rester serein alors que je deviens franchement inquiet. J'ai maintenant affaire à un fou furieux que son épouse, arrivée au bruit de la dispute, essaie vainement de calmer. Cette fois, il sort le grand jeu en demandant à sa femme :

« Va chercher mon revolver dans la chambre ».

Ensuite, il n'est plus que menaces incohérentes :

« Moi, monsieur, j'ai fait la guerre. J'aurai encore des gens pour me suivre en toutes circonstances, etc. »

J'essaie de faire bonne figure mais je ne suis pas tout à fait rassuré. Enfin, il lui vient une idée géniale. Il veut que je lui signe une reconnaissance certifiant que je me suis entièrement trompé et qu'il ne doit rien. J'ai beau lui expliquer qu'un tel document extorqué par la contrainte n'aura pas une grande valeur, il s'entête :

« Tu signes ou tu ne sors pas vivant d'ici ».

Je décide alors d'obtempérer. Le voilà enfin rassuré. Il serre précieusement son papier et me libère.

J'ai été longtemps marqué par cet incident et surtout par la difficulté de raisonner un homme vraiment en colère. J'en ai tiré une leçon de conduite pour la suite de mon activité : les conclusions d'une affaire importante seront, à l'avenir, présentées dans mon bureau. Je ne jouerai plus ainsi, autant que possible, sur le terrain de l'ennemi mais sur le mien propre et je tâcherai d'être plus prudent, tâchant de faire intervenir un intermédiaire, notaire, comptable ou tout autre, en cas de difficulté particulière.

Ce qu'il advint de l'incident ? Je ne suis pas très fier de le raconter ! Je fis immédiatement à ma direction un rapport circonstancié de l'affaire. Il fallut demander l'autorisation à la direction générale à Paris pour porter plainte. On était en plein dans le mouvement Poujade et les violences étaient sporadiques mais jamais un agent de l'Enregistrement n'en avait fait les frais. Une fois calmé, mon adversaire sollicita l'appui du mouvement de ces contestataires, ce qui lui fut refusé. N'empêche que je dus témoigner au tribunal correctionnel et que son avocat, dans sa plaidoirie, me mit plus bas que terre. Dans sa bouche, j'étais devenu un buveur de sang accroché aux basques du petit commerce pour le précipiter dans la faillite, je n'avais aucun sentiment, soucieux de l'application de la lettre de la loi mais non de son esprit… J'ai eu l'impression que c'était moi le plus coupable !

J'étais tellement abasourdi que je n'ai même pas prêté attention aux réquisitions du ministère public, ni à la condamnation qui s'en suivit. Il était question d'une amende de 50 000 F de l'époque (500 F actuels) et je ne suis même pas sûr qu'elle n'était pas assortie du sursis.

Un inspecteur principal fut chargé de régler l'affaire fiscale. Il ne remit pas en cause le prix exprimé et apprécia très libéralement la fraction de ce prix qui devait supporter le tarif complet. Il accorda généreusement une remise de la pénalité résultant du non-respect de l'engagement et de longs délais pour payer le tout. Pour un peu j'aurais dû lui faire des excuses.

Tout ceci me rendit fort circonspect sur l'appui à attendre de l'Administration en cas d'incident.

Jean Grellety

Quelques perles

Que celui qui n'a jamais reçu de lettre maladroite ou équivoque me lance la première perle ; je n'ai pas failli à la règle, et, si je n'ai pas récolté de quoi faire tout un collier, les perles arrivées à mon bureau se sont avérées quelquefois savoureuses.

Je passerai sur les réclamations, où on me demandait, avec des trémolos dans l'écriture, de bien vouloir « prendre ma lettre en considération distinguée » ; comme j'eus droit à une demi-douzaine de formules identiques, je supposais que ces lettres devaient avoir été extraites d'un modèle du genre *L'art de rédiger et de réclamer auprès de votre inspecteur.*

Pour prendre congé d'un représentant du fisc, il était évidemment plus indiqué, après l'avoir sollicité pour que soit « évitée la pénalité inévitable »,

« pitié, j'ai quatre enfants à nourrir ! », de lui adresser ses salutations désespérées.

Triste était le sort de cette brave femme sur qui s'étaient abattues toutes les plaies d'Égypte : « Comment régler, monsieur, mon mari est chômeur depuis si longtemps que j'ai oublié quand il a travaillé pour la dernière fois ; je ne travaille pas non plus ; et mes filles sont à l'hôpital, pour avoir été mordues, l'aînée par un chien, l'autre par un staphylocoque doré ! »

Cette autre dame avait eu raison d'espérer, le mauvais œil ne s'acharnant pas toujours sur la même personne : « Mon mari m'a fait six enfants et je n'en peux plus de travailler pour eux ; heureusement, il est mort maintenant et ça s'est arrêté là. Pourvu que ça ne recommence pas avec un autre ! »

Un jeune agriculteur, qui venait d'hériter d'un petit patrimoine, s'était vu gratifier, par mes soins, d'un redressement. Il m'écrivit une lettre éplorée, où il m'expliquait, en substance, qu'il attendait depuis plusieurs années de pouvoir se marier, ce qu'il n'avait pu faire par manque d'argent. Cet héritage était le bienvenu, la date du mariage était fixée ; mais s'il était obligé de payer des droits supplémentaires, il serait forcé d'abandonner son projet matrimonial : « Me marier ou payer, tel est mon cruel dilemme ; vous me comprendriez si vous connaissiez ma fiancée, elle est si belle ! » Qu'auriez-vous fait à ma place ? J'acceptai une transaction qui lui permettait, tout de même, de convoler ; j'espère qu'il ne me reproche pas, aujourd'hui, mon excès de bienveillance. [...]

Mais il y avait aussi, hélas, les mordants, les incisifs, à la limite, parfois franchie, de la méchanceté.

Je ne devais pas être aimé du corps enseignant. Un de ses représentants me dit, un jour, d'un ton paterne et mielleux, alors que je bouillais intérieurement, après une discussion difficile, riche en pointes dites courtoises : « Je n'ai rien contre les agents du fisc, il en faut n'est-ce pas ? »

Un autre, plus direct, m'apprit que les fonctionnaires étaient tous des c... s et, ajoutait ce docte épistolier, « je sais ce que je dis, je l'ai été pendant vingt ans ». Évidemment, pour bien juger, rien ne remplace l'expérience personnelle.

L'expérience ne faisait pas défaut à son collègue qui m'affirmait, qu'en sa qualité d'ancien professeur, il s'était occupé de l'orientation des élèves et qu'il avait toujours dirigé les cancres vers la fonction publique, « je ne m'étonne pas de les retrouver aujourd'hui ». L'occasion était trop belle et je me fis un plaisir de lui répondre, qu'ayant été professeur, il avait été lui-même dans la fonction publique et qu'il devait savoir de quoi il parlait. [...]

Une dame me fit, à son corps défendant, une proposition qui aurait pu être cornélienne, si elle n'avait été innocente. Qu'en aurait-il été si je l'avais prise au pied de la lettre ? – de la lettre « s » oubliée, bien entendu – « Mes impôts sont trop élevés, mes filles vont venir vous voir pour que vous les baisiez ».

Un jeune marié, après m'avoir dressé un sombre tableau de sa situation lui interdisant tout superflu, s'écriait : « Ma femme et moi, nous ne connaissons que peu de plaisir ! » (au singulier).

Le téléphone, quand il fut installé, m'apporta une communication peu banale : « Allô, M. le receveur, je viens de venir, j'ai vu la dame qui était là ; je lui ai dit que j'en avais deux, mais, en rentrant chez moi, j'ai vérifié, j'en ai trois, prévenez-la, ça l'intéressait de le savoir ». Il était volubile et paraissait excité – on le serait à moins –, j'eus du mal à l'interrompre, pensant qu'il s'agissait de feuilles d'impôts. Pas du tout. Je fus ébahi de sa réponse : il s'agissait de ses enfants !

Roger Gioan

Un contribuable au passé extraordinaire

J'eus à recevoir, au début des années soixante, un contribuable inconnu dont le destin m'avait jadis hanté. Vers 1950, je crois, j'avais lu dans un journal qu'un jeune ex-capitaine français de 25 ans avait été appréhendé avec un compagnon en franchissant illégalement la frontière hungaro-roumaine. Le rideau de fer était tombé depuis peu et, si les personnages de Le Carré n'avaient pas encore surgi de la plume de leur créateur, ils figuraient déjà dans l'imaginaire du temps. À peu près de mon âge et, au mieux, toute sa jeunesse perdue : l'espion n'était pas près de revenir du froid.

Environ quinze ans plus tard il était en face de moi, personnage à l'aspect banal mais au passé extraordinaire. Il me parla des difficultés de son épouse qui, avec ses deux jeunes enfants, venait dès qu'elle pouvait à Vienne pour essayer d'avoir de ses nouvelles puis, sans s'étendre sur les premières années qui lui firent découvrir les mérites comparés des prisons hongroises, roumaines puis russes, il évoqua la Loubianka où il avait finalement abouti après la mort de Staline et où, selon lui, on trouvait alors plus d'anciens et futurs ministres que partout ailleurs en URSS. N'empêche que, s'il lui arriva d'en fréquenter un certain nombre, il devait, dans cette prison de luxe, dormir la nuit lumière allumée et mains posées à plat bien en évidence sur les couvertures. Sa venue au bureau était motivée par le rappel de salaires qu'il avait touchés à son retour dans des circonstances particulières.

Serge Perrin

Le médecin généraliste

J'avais proposé une évaluation forfaitaire du BNC (bénéfice non commercial) à un médecin généraliste. Rendez-vous pris à mon bureau à 10 heures.

Dix minutes avant l'heure du rendez-vous, l'épouse me téléphone : « Mon mari a eu un cas difficile ce matin, un jeune enfant malade, il arrivera sans doute en retard ; il est nerveux ».

Presqu'à l'heure prévue, le médecin se présente. Il est immédiatement agressif. Ma prétention était, paraît-il, excessive. Or, ce n'était pas mon genre ; j'eus, au cours de ma carrière, relativement peu de contentieux concernant mon travail. Je proposais des solutions justes.

J'écoute et me tais. Mon vis-à-vis s'échauffe. Il se met à genoux dans mon bureau et tord son buste à gauche et à droite. Il criait : « M. May, savez-vous quel était mon rêve ? » « Non, Docteur ». « Que les Russes occupent la France ; que nous nous retrouvions côte à côte dans un défilé de prisonniers entourés de soldats rouges, baïonnette au canon ; que vous et moi n'ayons que la ressource de marcher, de marcher côte à côte sous la menace de la mort par la soldatesque russe ». Et il écarquillait les yeux.

Je gardais le silence. Les invectives éclataient dans mon bureau. Une collègue est venue m'apporter un pli pour s'assurer de la situation. « M. May était quand même serein », dira-t-elle plus tard. Un inspecteur principal me téléphona : « Voulez-vous que l'on intervienne ? » Réponse négative.

Et, au fil des demi-heures, la tension baissa. Je pus enfin faire ma démonstration et fis une proposition, avec une atténuation de principe. Le médecin accepta. Vers midi et demi, nous étions côte à côte devant la fenêtre de mon bureau et nous nous entretenions presque cordialement.

À 13 heures, nous étions sur le parking de l'hôtel des Impôts. Le médecin mit en marche le moteur de son automobile. Je ne parvins pas à mettre en marche le moteur de ma 2 CV. Le médecin descendit de voiture et me dit : « Tirez sur la tirette du capot, jamais un moteur de 2 CV ne m'a résisté ». Le moteur résista. Le médecin remonta dans son automobile. Il redescendit de son automobile en clamant : « Jamais un moteur de 2 CV ne m'a résisté ». Il plongea à nouveau son buste sous le capot. Le moteur résista ; les mains salies par l'huile, mon dépanneur occasionnel dut abandonner. Il me transporta jusqu'à mon domicile.

Le surlendemain, je reçus une lettre d'excuses ; je répondis avec le tact de circonstance.

Alfred May

Contribuables

Le service du Contentieux, que j'ai dirigé pendant treize années de ma courte carrière, était plus particulièrement destiné aux relations avec les contribuables. Ces contacts humains, je l'avoue, me passionnaient et je comprenais mal l'attitude de certains collègues crucifiés d'avoir à recevoir des « emmerdeurs ». Moi j'aimais ça. Je ne les recevais pas tous, bien sûr, car au bureau de réception on les triait sommairement et, en fait, on ne m'envoyait que les plus rétifs, les durs à cuire. De sorte que ma connaissance de la psychologie du contribuable n'a pu se fonder que sur des cas extrêmes et des caractères très marqués.

Le *Petit Larousse* définit ainsi le mot contribuable : « adjectif et nom. Qui paye des contributions ». C'est sec et c'est tout.

Les circulaires administratives donnent heureusement aux contribuables d'autres appellations : les assujettis, les redevables, les requérants, les impétrants, les pétitionnaires, etc. Les fonctionnaires des Finances les désignent donc par ces noms auxquels ils ajoutent, dans l'intimité des bureaux, ceux de « clients », « rouspéteurs », « fraudeurs », « emmerdeurs », etc. Lorsque j'étais inspecteur des impôts, je me conformais, il va sans dire, à l'emploi de ces termes usuels.

Les fonctionnaires des Finances ont le tort de considérer les individus comme étant avant tout « contribuables », leurs autres qualités étant remisées au troisième plan, voire même souvent niées. C'est dommage car cela crée un fossé d'autant plus creux que, de leur côté, les individus – contribuables – ont eux-mêmes le tort de considérer les percepteurs et autres agents du fisc comme étant seulement des fonctionnaires oubliant leurs autres qualités souvent réelles. Les fonctionnaires sont eux aussi des êtres humains ; ils sont des consommateurs, des parents, des sportifs, des artistes et… eux aussi des contribuables. […]

En gros, il y a deux catégories de contribuables : les bons et les mauvais. Un des plus mauvais contribuables rencontré au cours de ma carrière, celui qui se serait cru déshonoré de déclarer la totalité de ses revenus, celui qui n'hésitait pas à changer très souvent de domicile afin d'égarer les poursuites fiscales, je l'ai épousé. Depuis, il grogne mais il paie et je dus ramper devant l'inspecteur chargé d'imposer notre ménage afin qu'il ne soit pas trop cruel dans la remise en ordre du passé fiscal de mon conjoint.

Le meilleur contribuable que j'ai rencontré… En ai-je vraiment rencontré ? Si… C'est sans doute ce vieil homme, interdit de séjour dans sa commune pour des histoires de mœurs. Il vint me voir un jour pour exiger – bien que n'étant pas imposable – de payer des impôts dans sa commune : « Rien, me dit-il, que pour embêter le conseil municipal ». Peut-être aurais-je dû l'épouser.

Entre ces cas extrêmes, évidemment, la masse banale des contribuables normaux. Lorsque l'un d'eux était introduit dans mon bureau, soit qu'il eut traversé sans encombres plusieurs barrages hiérarchiques, soit qu'il y eut pénétré tout seul et tout bêtement en se trompant de porte, il déclarait d'un ton péremptoire : « Mademoiselle, je veux voir l'inspecteur ». Je répondais : « C'est moi ». Les contribuables mâles poussaient alors un soupir désabusé dans lequel je sentais nettement flotter leur impuissance devant la fatalité de l'emprise grandissante du matriarcat et ils consentaient à m'exposer leur situation fiscale. Généralement, je parvenais à les renvoyer contents d'eux-mêmes et d'une administration si gracieusement représentée. [...]

J'avais beaucoup plus de difficultés avec les femmes. Aucune d'elles ne voulait admettre ma haute qualification et je me souviens tout particulièrement de l'une d'elles qui, matérialisant avec fougue les sentiments de ses congénères, criait à tue-tête dans mon bureau : « Je veux voir un homme ! Je veux voir un homme ! » Je ne parvins pas à la calmer et ce Diogène en jupons força par ses cris les portes directoriales.

Mais, qu'ils fussent mâles ou femelles, les contribuables ne comprenaient rien à la fiscalité. Ils avaient les uns et les autres une seule idée, bien humaine, en tête, ne pas payer ou alors payer le moins possible. Leurs opinions bien sûr étaient nuancées. Il y avait ceux qui ne pouvaient pas payer, ceux qui en faisaient une question de principe et qui ne paieraient même pas les 210 F qu'ils estimaient cependant devoir, ceux qui prétendaient comprendre à fond le système fiscal et qui démontraient l'exagération de leur taxation par des calculs savants et, il faut bien le dire, quelquefois aussi logiques que ceux auxquels nous consacrions l'essentiel de notre existence.

Il y avait les aimables, les corrects, les mal élevés, les goujats, les grincheux, les timides, les pleurnichards, les exhibitionnistes, les butés, les gueulards, les importants qui forçaient les portes en présentant une carte de visite décorée de signes et de titres et les pauvres types qui passaient par l'escalier de service. [...]

Le contribuable le plus inoubliable de ma carrière est sans doute ce vieux photographe d'art qui pendant cinq ans vint me voir deux fois l'an. Recommandé à notre bienveillance par les sommités de la conférence de Saint-Vincent-de-Paul, il pénétrait chaque fois dans mon bureau en respectant scrupuleusement le même scénario. Traînant les pieds, suant, haletant, il s'écroulait sans dire un mot sur la chaise que je lui tendais. Sortant de sa poche une boîte pharmaceutique il se mettait une pilule sur la langue et tout en suçotant murmurait d'une voix d'agonisant : « Pour le cœur, 3 000 F la boîte ». Déjà, mes vingt ans s'apitoyaient. Son essoufflement disparu, il parlait, me racontait sa ruine, sa misère, ses maladies. « J'ai été ruiné par les femmes, disait-il, pour conclure. Les femmes, toutes des p... Quand j'en vois une, je ne me contrôle plus et j'ai envie de l'étrangler... » Un jour, joignant le geste à la parole il posa ses mains sur mon cou. Morte de peur, je ne criai pas et songeai avec héroïsme que je mourrais en service commandé. Fort heureusement mon « étrangleur » reprit son contrôle et changeant allégrement de sujet me fit admirer les ulcères variqueux de ses jambes. Puis, déboutonnant son pantalon, il me montra les dégâts causés par les mites à sa ceinture de flanelle. « Je ne peux même plus la remplacer me dit-il, les mites toutes des p… »

Après de pareilles scènes, il va sans dire que je lui faisais accorder des remises substantielles… Espérant bien qu'avant la mise en recouvrement des prochains rôles il aurait rendu son âme au diable. […]

Dans cette anthologie personnelle des contribuables, je ne voudrais pas oublier les plaideurs professionnels. Chaque département, chaque secteur administratif en possède au moins un et, inexplicablement, lorsqu'il meurt, se lève immédiatement un digne successeur. C'est la métempsycose. […]

En contrepartie, il y avait heureusement les attendrissants, les braves, les bons, ceux qui écrivaient pour remercier d'un dégrèvement accordé par stricte justice ou par bienveillance. Naïvement ils osaient écrire : « Il est réconfortant de rencontrer, même chez vous, une personne humaine » et ils terminaient parfois par ces mots : « Bien le bonjour chez vous ! » ou bien, si l'époque s'y prêtait : « Bonne année ».

Monique de Soumagnat-Péran

« Un événement peu banal »

Une quinzaine de jours avant mon départ à la retraite, un événement quand même peu banal se produisit. J'avais, parmi mes nombreux « reliquataires », un ancien « videur » du casino de Santenay, reconverti dans la plomberie. Il habitait un village à la limite de la Côte-d'Or et de la Saône-et-Loire. Malgré ses difficultés en matière de TVA, nous avions toujours eu de bonnes relations et étions toujours parvenus à trouver une solution amiable à ses problèmes de paiement. Or, il arriva qu'un jour, malgré les habituels actes de poursuite, il ne vint pas me trouver à mon bureau, comme il en avait l'habitude. Impossible de le joindre par téléphone. Un déplacement à son domicile ne donna aucun résultat car je trouvai porte close. Je me décidai donc à lui envoyer l'huissier. Un peu à contrecœur, car je le savais moralement fragile et capable de soudaines violences. L'huissier ne put instrumenter, mais lui laissa, bien sûr, trace de son passage. Peu de temps après, je le vis pénétrer brusquement dans mon bureau, se planter devant moi et sortir un pistolet automatique de sa poche. Je savais depuis longtemps que c'était un collectionneur d'armes de toutes sortes, armes blanches ou armes à feu. Un très bref instant, j'ai pensé qu'à quinze jours de ma retraite, c'était quand même bête. Mais pour moi, le suspens ne dura pas longtemps. En effet, il porta l'arme à sa tempe et me déclara que je l'avais déshonoré en lui envoyant l'huissier, et qu'en conséquence, il ne voyait d'autres solutions que se suicider devant moi, pour sauver son honneur. J'eus d'abord « l'égoïsme », en seconde réaction, d'éprouver un grand soulagement. Puis j'entamai avec lui un entretien, qui se déroula en trois phases : le pistolet étant toujours sur sa tempe, je lui parlai de ses enfants (je savais qu'il en avait au moins deux), de l'inutilité de son geste, mais qui serait un grand malheur pour les siens. Après quelques minutes de discussion, il consentit à abaisser son arme, la tenant cependant toujours le long du corps. Et puis, la discussion se poursuivant, il finit par accepter de s'asseoir, remettant alors le pistolet dans sa poche. Ça m'allait beaucoup mieux, et nous avons ainsi continué à parler sérieusement de ses problèmes avec la TVA. Puis il est reparti, après avoir signé un « plan de règlement », promettant bien de ne plus jamais laisser un acte de poursuite sans réponse, mais, au contraire, de venir aussitôt rechercher un terrain d'entente. A-t-il, par la suite, tenu ses promesses comme il l'avait déjà fait ? Je suis parti en retraite presque aussitôt après l'incident, et ne l'ai donc jamais su. Comme je n'ai jamais su et ne saurai jamais s'il était sincère, prêt à se suicider, ou s'il m'a joué la comédie… Peu importe, d'ailleurs, l'essentiel étant qu'il n'y a pas eu drame…

Pierre Pouget

LES RÉFORMES DE LA FISCALITÉ

(1945-1980)

IMPÔT EXCEPTIONNEL

La guerre et l'Occupation avaient laissé les finances publiques dans un état précaire qui ne put qu'empirer lorsqu'il fallut procéder à la reconstruction et à la remise en ordre du pays ; les traitements des fonctionnaires, qui avaient été bloqués pendant l'Occupation, durent, notamment, être augmentés pour arriver à un niveau décent. C'est pourquoi, le gouvernement eut recours rapidement à un impôt exceptionnel : l'impôt de solidarité nationale. Une ordonnance du 15 août 1945 créa ainsi un « prélèvement sur les patrimoines des personnes physiques » complété par une « contribution sur l'enrichissement des patrimoines des personnes physiques » et par un « prélèvement sur les patrimoines des sociétés par actions et autres personnes morales ».

L'assiette et le recouvrement (et sans doute la conception) de cet impôt exceptionnel avaient été confiés à l'Enregistrement et on reconnaissait bien son origine dans la précision et la complexité des notions mises en jeu. En gros, pour les personnes physiques, le législateur s'était largement inspiré de l'impôt sur les successions, chaque redevable étant réputé mort à la date du 4 juin 1945.

L'essentiel des difficultés résidait dans la distinction faite par l'ordonnance entre les « biens anciens » et les « biens nouveaux ». Les premiers étaient taxés fort légèrement et j'ai connu des contribuables, tout disposés à aider le pays dans cette passe difficile, qui s'étonnaient de la modicité relative du prélèvement qui leur était appliqué sur un patrimoine qu'ils possédaient dès avant la guerre.

Les « biens nouveaux », ceux acquis pendant les hostilités étaient beaucoup plus lourdement imposés. [...]

Cette absence de simplicité – qui obère gravement la qualité de tout nouvel impôt – exigeait souvent d'avoir recours à un spécialiste pour l'établissement de sa déclaration. Un certain nombre de fonctionnaires de l'Enregistrement en profitèrent, d'ailleurs, pour donner leur démission et fonder un cabinet de conseil fiscal. Je me souviens d'un inspecteur d'Académie qui nous avait consultés pour préparer sa propre déclaration et qui nous téléphonait régulièrement pour avoir des renseignements complémentaires. À chaque fois, avant de se nommer, il nous disait, l'air furieux : « Monsieur, je suis agrégé de l'Université et personne ne met en doute mon intelligence, mais je suis incapable de remplir convenablement cette fichue déclaration ! » [...]

L'Enregistrement dut rechercher et relancer les personnes défaillantes, relever les insuffisances d'évaluation et surtout procéder au recouvrement des droits à une époque où le personnel était numériquement insuffisant. [...]

J'eus l'occasion de m'entretenir, à l'époque, avec un inspecteur des Finances de passage à la direction, qui pensait qu'on aurait dû confier aux percepteurs le soin de recouvrer l'impôt de solidarité nationale assis par l'Enregistrement. Peut-être avait-il raison ?

Louis Traissac

L'impôt sur l'énergie

Dans les années cinquante, le projet d'un impôt idéal fait son apparition sous l'autorité d'un homme brillant, M. Schueller : l'impôt sur l'énergie. M. Schueller a écrit un livre sur ce sujet, il donne des conférences et fait distribuer des tracts qui vont bientôt séduire les « poujadistes ». « Si vous voulez la suppression des feuilles d'impôt, un État stable, une monnaie saine, plus de déclaration à remplir, un impôt incorporé dans le prix de l'énergie, défendez l'impôt sur l'énergie ».

J'ai assisté à une conférence de M. Schueller et j'ai lu son livre, ce qui m'a incité à donner mon humble point de vue dans notre journal *L'Action directe*, organe du Syndicat national autonome des Contributions directes, numéro de mars 1955. En voici la conclusion : « Impôt unique ou impôt de complément ? À l'obligation du caractère unique de l'impôt, M. Schueller répond qu'il n'a nullement le caractère d'un impôt unique. De deux choses l'une… ou bien il s'agit d'un impôt unique, puisque les prospectus publicitaires annoncent en gros titres : " L'impôt sur l'énergie c'est la suppression de tous les impôts ", ou bien il s'agit d'un impôt de complément, puisque l'intéressé écrit : " Nous n'envisageons pas pour le moment la suppression des impôts locaux, pas plus que l'incorporation de la Sécurité sociale dans la taxe sur l'énergie ".

Dans le premier cas, qui dit impôt unique, dit impôt inique. L'impôt unique est antidémocratique, il frappe plus durement les catégories sociales les plus vulnérables, notamment les salariés, les artisans, les familles nombreuses, les personnes économiquement faibles. Le consommateur pauvre paye l'impôt inclus dans les produits indispensables aussi cher que le consommateur riche.

M. Schueller reconnaît le caractère abrupt de son impôt : " Certes, dit-il, il est tout à fait exact que l'impôt ne peut avoir aucun caractère de progressivité et que les kw consommés par les riches ne " paient " pas plus que ceux consommés par les pauvres. La richesse n'a pas du tout l'importance que certains lui donnent. Répartir les richesses, prendre aux riches pour donner aux pauvres ne donnerait rien ". C'est justement la progressivité de l'impôt qui permet de réclamer aux personnes fortunées un impôt plus lourd que celui établi au nom de gens plus modestes. À chacun selon ses moyens. L'impôt sur l'énergie ne permet pas cette différenciation.

Dans le deuxième cas, subsisteraient, même en supposant qu'il s'agisse seulement d'une période de transition, les impôts destinés à alimenter les budgets communaux et départementaux :

- la patente et les taxes annexes ;
- la contribution mobilière ;
- les impôts fonciers.

Enfin, que pensent les adeptes de l'impôt sur l'énergie de la parafiscalité qui faisait dire à l'ancien ministre M. Laniel dans un article sur le lin (!) : " Et s'il n'y avait que la fiscalité. Il y a aussi la parafiscalité dont le volume pour l'ensemble du pays est du même ordre de grandeur que celui de la fiscalité " ?

En résumé, on ne peut transposer, à notre avis, l'impôt sur l'énergie dans la structure économique actuelle. Les affirmations les plus optimistes, méthode Coué, ne sauraient tenir lieu de preuves. Manœuvrer une opinion publique qui réclame à juste titre une véritable réforme fiscale est très facile, mais vouloir ignorer les ententes économiques qui se renforceraient ou les réactions internationales violentes est autre chose.

Nous terminerons en citant M. Schueller lui-même : " Je me rends bien compte qu'une application intégrale est à peu près impossible maintenant ".

Les grandes vacances fiscales ne sont pas pour demain. »

Henri Mirabail

L'ANNÉE 1968 : UNE ANNÉE MARQUANTE

L'année 1968 fut particulièrement marquante en raison des événements qui la jalonnèrent. Sur le plan administratif, l'application de la taxe sur la valeur ajoutée fut étendue à la plupart des secteurs de l'activité économique : commerce, artisanat, services. Jusqu'alors, elle avait essentiellement frappé les opérations de production. Ce bouleversement s'accompagna de modifications des régimes d'imposition, par la généralisation de la procédure du forfait aux petites entreprises, sauf option pour le régime simplifié d'imposition, de droit commun pour les entreprises moyennes, susceptibles d'opter pour le régime du chiffre d'affaires réel, réservé en principe aux entreprises les plus importantes, soumises à des obligations comptables et déclaratives plus contraignantes. Cette réforme s'ajoutait à d'autres modifications, survenues dans le domaine des pénalités et dans la mise en œuvre d'une procédure de taxation d'office à défaut de déclaration.

Il s'ensuivit une période d'adaptation qui concerna, non seulement les redevables et leurs conseils, mais aussi les agents chargés de l'assiette et du contrôle des taxes sur le chiffre d'affaires. La généralisation de la TVA avait entraîné la mise en place de dispositions transitoires complexes concernant les stocks et les immobilisations détenues par les nouveaux assujettis, au moment du changement de régime. Par ailleurs, les travaux de conclusion des forfaits se trouvaient considérablement alourdis, en raison de l'accroissement du nombre de redevables placés sous ce régime et de la complexité des contrats à établir, du fait de l'assujettissement généralisé à la TVA et des mesures transitoires à mettre en œuvre. Cette surcharge entraîna la création d'emplois de contrôleurs, affectés spécifiquement à ces tâches. À Gennevilliers, le nombre de forfaits à conclure était de l'ordre du millier, soit 600 pour les périodes biennales paires et 400 pour les années impaires. Un emploi du cadre B fut implanté à Gennevilliers et occupé par une jeune « contrôlette » sortant de l'ENI.

Alfred Chauvet

1968 : GÉNÉRALISATION DE LA TVA

Les commerçants qui ne réalisaient que des opérations de vente et la plupart des artisans étaient alors soumis à la taxe locale (qui comporte deux taux), éventuellement à la taxe sur les prestations de services, dont les modalités d'application étaient relativement simples.

La mise en place, à compter du 1er janvier 1968, de la taxe sur la valeur ajoutée, avec les problèmes de déductions, soulève chez les commerçants et artisans de nombreuses questions d'application.

En juin 1967, l'Administration organise des journées d'étude destinées aux directeurs régionaux, directeurs des Contributions indirectes, et chefs des bureaux ayant compétence en la matière, compétence juridique s'entend. Puis, les directeurs sont chargés de donner les informations, d'une part aux agents qui auront à appliquer les nouvelles dispositions, et aux commerçants d'autre part.

Plusieurs séances sont organisées à l'intention des agents dans le cours du dernier trimestre 1967. L'information sera donnée aux commerçants au cours de réunions publiques. Je suis aidé dans ces réunions par un inspecteur qui me prépare les réponses ; le directeur de la Concurrence et des Prix assiste également à ces réunions pour éclairer les intéressés sur l'incidence de la réforme en ce qui concerne les prix.

Ces réunions sont organisées sous l'égide des chambres de commerce et d'industrie, de la chambre des métiers ou à l'initiative d'organisations professionnelles. Ces réunions sont très suivies, il y a toujours de nombreux participants, très intéressés, posant des questions souvent précises et pertinentes. C'est ainsi qu'à Dunkerque se trouvent rassemblés plus de six cents commerçants. Ce n'est qu'à Roubaix où l'on trouve une assemblée houleuse, sous l'impulsion d'un mouvement de commerçants contestataires, mais sans qu'aucun incident sérieux ne soit à noter.

Au total, plus de trente réunions seront ainsi organisées et la réforme sera mise en place sans difficulté majeure. […]

En mars 1968, des réunions ont été organisées à Lille et dans les bourgs agricoles en vue de l'extension de la taxe sur la valeur ajoutée au secteur de l'agriculture.

Edmond Montagne

Nouveau plan comptable général

À titre intermittent, je participais également à un très grand chantier, le « nouveau plan comptable général », dont un collègue, rapporteur général au Conseil national de la comptabilité (CNC) où il était détaché depuis longtemps, fut la cheville ouvrière aux yeux de tous, fonctionnaires et comptables. Le plan comptable (PCG) alors en vigueur était celui de 1957 et avait pour ambition la normalisation progressive des comptabilités. En 1971, le ministre des Finances avait lancé l'étude d'un nouveau plan qui fut terminé en 1975. Mais, entre-temps, un projet de directive européenne sur le même sujet avait été mis en route à Bruxelles et il parut prudent d'attendre sa sortie. Si bien que le plan de 1975 ne fut appliqué que dans un certain nombre de pays francophones d'Afrique noire. La « rue de Rivoli », comme on disait à l'époque, avait deux représentants au CNC, l'un du service de la législation fiscale (SLF), l'autre de la DGI, services séparés depuis peu[2]. [...]

J'étais habituellement celui de la DGI et me rendais au CNC au moins deux fois par mois. J'y retrouvais, en réunion de commission, les rapporteurs du CNC, détachés du ministère des Finances, et divers membres désignés, issus des professions comptables et pour la plupart en poste dans des grandes entreprises. Les discussions étaient instructives, animées, et donnaient souvent l'impression de raviver d'anciennes querelles sur des points nouveaux. [...]

En définitive les travaux ne furent pas si longs puisqu'au début de 1979 le projet était pratiquement achevé.

Ce fut l'occasion d'une passe d'armes entre les Finances et la Justice. Il faut dire que la tutelle de l'ordre des experts-comptables était du ressort des Finances — et exercée par une autre section de mon bureau — et celle du Conseil national des commissaires aux comptes (experts-comptables ayant réussi un examen particulier) par la Justice. D'autre part, il y avait bien longtemps que les commerçants devaient tenir des livres de commerce « pour faire la preuve entre commerçants » ainsi que le disait succinctement le Code de commerce. Le ministère de la Justice optait donc pour une « loi comptable » ; il avait l'appui de la majorité de la profession comptable dont les bases de travail seraient ainsi valorisées par une loi *ad hoc*. Le ministère des Finances ne l'entendait pas de cette oreille ; il avait eu la haute main sur le plan comptable « 1957 » et savait bien que la normalisation comptable s'était d'abord imposée par l'intermédiaire des imprimés fiscaux. Il fallait trouver quelque chose. [...]

---

2. Le Service de la législation fiscale (SLF) est créé par un décret du 28 juin 1977. Directement rattaché au ministre, le SLF conçoit et élabore les textes à caractère législatif et réglementaire concernant la fiscalité. Il travaille en collaboration avec la DGI. Il a récemment été rattaché de nouveau à la DGI sous le nom de direction de la législation fiscale (DLF).

Finalement fut publié, signé par le seul ministre de l'Économie et des Finances, un arrêté du 8 juin 1979 approuvant le projet de plan comptable révisé dont les caractéristiques, ainsi connues, purent être sans attendre examinées par les intéressés et enseignées aux étudiants.

Le nouveau plan comptable n'entra néanmoins en application qu'en 1984 car le ministère de la Justice finit quand même par obtenir « sa » loi comptable, en 1983.

Serge Perrin

DE LA MÉCANOGRAPHIE À L'INFORMATIQUE

(1946-1985)

« Un fiasco »

Afin de mieux répartir la « force de frappe » (bien que l'expression ne fût pas encore employée) de l'administration fiscale, en 1946, le législateur supprima la plupart des impôts indirects, ceux que l'on surnommait les « petits » – les « grands » (qui demeurèrent) étant le droit de circulation sur les vins et le droit de consommation sur les alcools – et généralisa le mode d'imposition forfaitaire qui devint le régime de droit commun pour les redevables de moindre importance, et, surtout, il fut prévu que les forfaits retenus seraient valables pour deux ans.

La généralisation du mode forfaitaire, étant applicable immédiatement, bouleversa le programme annuel du service. [...]

En principe, la campagne forfaitaire devait être concentrée sur les deux premiers semestres. Il fallait que les redevables acceptent les chiffres établis après discussion avec le service et cela demandait du temps (les forfaits étaient fixés d'office, sous certaines conditions, si les redevables ne déféraient pas à la convocation). La direction départementale, consciente du problème, envoya en renfort dans les services des contrôleurs, en particulier ceux qui avaient été déplacés d'office par le gouvernement de Vichy et qui avaient pu réintégrer les Alpes-Maritimes à la faveur des mesures prises en leur faveur après la Libération (ils avaient été nommés provisoirement « mobiles » et étaient donc disponibles). L'Administration pensait que l'effort fourni au début de la première année serait compensé au cours de la deuxième année qui pouvait être réservée au contrôle fiscal.

La situation se compliqua à cause du Centre national mécanographique (le CNM) que l'administration centrale avait cru bon de mettre en place. Le ministère avait hérité d'un comité d'organisation de Vichy en liquidation des machines électro-comptables. L'Administration pensa pouvoir les utiliser pour absorber le travail important occasionné par la généralisation du forfait, en regroupant dans un même système le forfait conclu en matière de taxes sur le chiffre d'affaires et le bénéfice forfaitaire conclu en matière de bénéfices industriels et commerciaux (BIC), les deux impôts ayant une législation d'application forfaitaire parallèle.

Ce forfait une fois conclu, les chiffres en résultant étaient envoyés par le service local au CNM qui, au moyen d'imprimés spéciaux conçus par celui-ci, en sortait des « avis de payer » adressés l'un au redevable, l'autre au comptable local, la direction de la Comptabilité publique ayant consenti à ce que le BIC forfaitaire soit aussi pris en charge par le comptable des Indirectes.

Ce fut un « fiasco » : le mécanisme se révéla trop lourd, les machines, anciennes, n'eurent pas l'efficacité attendue et, surtout, les commerçants, habitués au contact avec les services locaux, mesuraient mal la portée des « avis de payer » adressés par le CNM (qui, assez souvent d'ailleurs, comportaient des erreurs manifestes), s'acquittaient en retard – quand ce n'était pas du tout – de leur dette et négligeaient les injonctions expédiées par le lointain CNM.

L'Administration fut contrainte de se retourner vers les services locaux pour apurer la période de deux ans prise en charge initialement par le CNM, qui fut dissout. La deuxième année, prévue pour assurer le contrôle fiscal, fut ainsi utilisée en fait pour redresser la situation.

Jacques Gandini

La « Mécano »

La direction de la Mécanographie était de création toute récente et résultait de la fusion des centres mécanographiques des Directes, des Indirectes et de l'Enregistrement.

Elle se situait rue des Pyrénées et était installée dans un grand immeuble, dont les structures métalliques rendaient les locaux particulièrement sonores. À l'intérieur, toutes les cloisons étaient en verre à partir de leur mi-hauteur environ.

Outre les services traditionnels de direction, la « Mécano », comme elle était désignée, se composait d'un certain nombre de personnels administratifs, mais aussi, et surtout, de techniciens. Les administratifs étaient affectés dans les services dits de préparation, c'est-à-dire dans des petites cellules chargées de mettre définitivement en forme les documents établis par les services de base et qui devaient être, ensuite, traités par les techniciens.

Le terme d'informaticien n'était pas encore utilisé, et pour cause ! En 1960, les données étaient saisies sur des cartes perforées. Un bataillon de perforeuses et de perforeuses-vérifieuses travaillait dans de vastes salles, surveillé par des monitrices, elles-mêmes placées sous la houlette de chefs d'atelier. Le matériel, dit « classique », comprenait toute une série de machines qui allaient de la tabulatrice à la calculatrice en passant par la trieuse et autres matériels.

Du haut de leur compétence dans laquelle les administratifs ne devaient pas s'immiscer, les chefs d'atelier surveillaient aussi bien le personnel que le matériel des services techniques.

Le directeur, récemment nommé, avait organisé les services en s'inspirant des structures de la direction générale, sous réserve, bien entendu, des spécificités propres à une unité essentiellement technique.

Il siégeait dans un immense bureau à partir duquel il avait une vue panoramique sur Paris.

Avec cinq camarades nouvellement promus inspecteurs comme lui, Claude fut affecté à un service de préparation. Il eut en charge la cellule chargée du droit de bail.

Enfermé dans un cagibi aux cloisons en verre, l'essentiel de son travail consistait à assurer la surveillance des quelque vingt-cinq personnes occupées à rectifier les déclarations de bail, et à s'assurer qu'elles n'interrompaient pas leur activité avant que ne retentisse la sonnerie qui autorisait la sortie.

Les repas se prenaient à l'extérieur faute de cantine dans la direction et ce, malgré l'importance des effectifs, qui s'élevaient à plusieurs centaines.

Le travail n'était pas passionnant, mais Claude avait l'occasion de découvrir de nouveaux métiers et une nouvelle ambiance.

Son expérience au service de préparation fut très brève.

Le directeur attendait un inspecteur principal qui devait être placé à la tête des divers services de direction (personnel, comptabilité, matériel). Impatient de nature, il ne pouvait pas attendre que la nomination de l'intéressé intervienne. Il jeta alors son dévolu sur Claude qui fut chargé de l'intérim du poste. Cette désignation résultait sans aucun doute, et encore une fois, de son passage à la direction générale.

En fait, le cadeau était empoisonné.

Jeune inspecteur, à peine promu, Claude était placé à la tête d'une division dont tous les chefs de service étaient bien plus âgés que lui et tous d'un grade supérieur au sien. La situation était très délicate, mais, grâce à la compréhension des uns et des autres, la coopération fut excellente et la cohabitation contre nature imposée par le directeur ne posa pas de problèmes jusqu'à l'arrivée de l'employé supérieur.

Serge Elophe

La première émission du CRI de Marseille

1970 : la DGI achève l'informatisation des départements, en matière d'impôts sur le revenu, par la création des centres régionaux de Nantes, Poitiers et Marseille.

La « cathédrale informatique » est en place ; elle ne doit pas décevoir. Chef de brigade dans le Val-de-Marne, j'apprends, en mai, que je suis chargé de la mise en place du Centre de Marseille.

Si le grade et la résidence me comblent, la fonction m'inquiète, compte tenu de ma méconnaissance totale des techniques informatiques. Mais la mission est claire : « Vous êtes dorénavant un chef d'entreprise, avec une obligation de résultats ».

En novembre, le centre d'études de Marseille accueille une équipe réduite chargée du recrutement des futures dactylocodeuses et agents des sections administratives, toutes auxiliaires.

En janvier 1971, nous prenons livraison du centre auquel il manque quelques cloisons mais, déjà, le temps presse.

J'ai pris l'engagement d'assurer la première émission du 31 mai pour les sept départements de la région PACA et les agents taxateurs ont été remerciés. Si les *keytapes* sont là, l'unité centrale est malheureusement restée huit jours sous la neige, dans la vallée du Rhône. Ce matériel ne supporte pas les écarts importants de température et c'est ma première inquiétude. Elle va se concrétiser.

Au 15 mai, la situation est la suivante : malgré quelques réticences, les services locaux ont adressé les déclarations et les sections administratives les ont validées, mais l'unité centrale n'est toujours pas opérationnelle.

Le bureau II B1 (chargé, dans les services centraux, de la politique générale de l'informatique) s'inquiète, à juste titre : un échec, même localisé, donnerait des arguments aux adversaires du système et l'impact médiatique risquerait d'être considérable.

Arguant de la banalisation des matériels et de mon stage pratique à Lyon, je propose de me déplacer au centre régional d'informatique de cette ville, au cours du week-end, avec une équipe réduite et motivée. Les réticences et l'incrédulité ne manquent pas mais, devant l'urgence, j'obtiens carte blanche. Ultime précaution : je m'assure, grâce à la complicité d'un client du constructeur, que les bandes magnétiques sont exploitables.

Je réunis une équipe de volontaires (un inspecteur, une monitrice, un programmeur, le chef opérateur et quatre opérateurs) et, le vendredi, à 17 heures, nous sommes sur place. Je conduis la fourgonnette avec les documents et les agents m'accompagnent avec leurs propres voitures et leurs sacs de couchage, car ils dormiront sur place en se relayant.

À 19 heures, les travaux peuvent commencer…

Samedi, 20 heures : l'essentiel est fait et nous allons déguster des quenelles sur les bords de la Saône dans une ambiance particulièrement conviviale.

Dimanche, 9 heures : les travaux d'édition sont terminés et nous effaçons les traces de notre passage.

Dimanche, 19 heures : je suis de retour au centre avec les avertissements de la première émission des sept départements.

Lundi, 8 heures : le bureau II B1 et la direction générale sont rassurés. La « cathédrale informatique » reste sur la bonne voie.

À Marseille, l'association des agents du centre régional d'informatique, créée pour assurer l'environnement social qui faisait défaut, à l'époque, fêtera dignement ce défi gagné.

Louis Guillaumin

Informatique et vicissitudes

C'est en 1973 qu'un plan cadastral numérique intéressant les agglomérations importantes allait être constitué à l'aide d'un logiciel, le fichier topographique cadastral. Une dizaine de communes, dont Paris, Lyon et Bordeaux, seront concernées en premier lieu. Nous abordions à présent l'informatisation complète de la documentation cadastrale. La mise à jour des matrices se faisait déjà dans les centres informatisés, d'où nous parvenait l'ensemble des feuilles imprimées devant composer les matrices de chaque commune. Ce procédé, particulièrement lourd et grand consommateur de papier, allait bientôt être remplacé par l'édition de microfiches. L'utilisation de ces dernières ne demandera aucune manipulation particulière, sinon de pouvoir rapidement les remplacer lorsque leur texte devait être modifié par suite d'une mutation. L'inconvénient résidait dans le fait que leur consultation exigeait l'emploi d'un appareil agrandisseur. Certains maires mirent quelque temps pour inscrire au budget communal les crédits nécessaires à l'achat du matériel indispensable à leur utilisation, préférant conserver une documentation traditionnelle sur papier. [...]

La rénovation de nos plans cadastraux était à peine terminée, que l'Administration allait se rendre compte que dans certains cas, partout où l'on assistait à une évolution importante du parcellaire, la fiabilité du plan cadastral n'était plus suffisante. Ceci étant valable, en particulier, en bordure des grandes agglomérations où les constructions continuaient à s'accumuler. Pour remédier à cet état de chose, la loi du 18 juillet 1974 allait autoriser une nouvelle rénovation cadastrale sous la dénomination de remaniement. Pour se conformer à la volonté du législateur, des périmètres de parcellaires à remanier allaient être définis. Quelques-uns seront traités en régie par les techniciens-géomètres du Cadastre, les autres seront confiés à l'entreprise. L'ampleur obligatoirement restreinte de ces travaux ne pouvait évidemment pas se mesurer à celle que devait développer la rénovation précédente[3]. Pour le département, l'intérêt n'était pas très évident, mais quelques zones à revoir pouvaient en bénéficier.

Par ailleurs, les évaluations cadastrales seront désormais actualisées chaque année, en fonction de l'évolution générale des loyers.

Robert Bouchon

L'INFORMATIQUE DANS LE RÉSEAU COMPTABLE

Au mois de juillet 1984, le tableau de reclassement des postes comptables fut publié. Non seulement la recette de Neuilly-Nord y figurait en 1re classe, ainsi qu'il était prévu, mais elle bénéficiait, en outre, d'un système de surindexation qui était mis en place, mon poste étant affecté de l'indice de traitement 945 au lieu de 901. [...]

L'année 1984 fut également marquée par l'arrivée de l'informatique dans le réseau comptable de la DGI. Le système MEDOC (mécanisation des opérations comptables) était en gestation depuis quelques années et avait été lancé à titre expérimental, dans le département de la Loire-Atlantique et plus particulièrement à Nantes. Il s'agissait de le tester à présent, de manière opérationnelle et grandeur nature, dans un département important. Ce fut celui

3. Révision de 1968 (note de l'auteur).

des Hauts-de-Seine qui fut choisi, les deux directions Nord et Sud étant concernées.

Une opération de préparation et d'information fut lancée dans un premier temps. Les services reçurent diverses documentations concernant le système informatique mis en œuvre, le matériel utilisé, le logiciel employé, les liaisons mises en place avec le centre régional d'informatique (CRI) de rattachement, celui de Reims pour les Hauts-de-Seine, l'assistance de la BARC (Brigade d'assistance au réseau comptable) pour le démarrage des opérations.

Les agents subirent également une visite médicale ainsi que des tests d'aptitude au travail sur écran. Il se trouva que dans mon service, trois agents sur huit furent déclarés inaptes, dont deux contrôleurs, soit pour des problèmes visuels, soit en raison de handicaps physiques. Cette situation n'était pas sans poser des problèmes pour l'avenir. Les résultats des examens subis furent communiqués à la direction… qui n'en tira aucune conséquence pratique.

Une session de formation fut organisée par le centre d'études, doté pour la circonstance du matériel informatique nécessaire, à l'intention des agents des recettes. Un stage de trois jours était prévu pour les personnels, ramené à une seule journée pour les receveurs chefs de service. Un agent formateur devait être désigné parmi l'effectif du bureau pour participer à des actions approfondies et complémentaires et assurer la liaison avec le centre informatique de rattachement et l'inspecteur de direction en charge de ces questions. Un *Guide de l'utilisateur MEDOC* fut diffusé dans les recettes, décrivant les opérations et procédures mises en œuvre.

Comment l'arrivée de l'informatique fut-elle accueillie dans les services comptables ? Les réactions furent différentes en fonction de l'âge des agents, de leur formation et de leur capacité d'adaptation. Les plus jeunes étaient en général intéressés par ces innovations et prêts à s'investir totalement dans ces nouvelles méthodes de travail. Les plus anciens étaient souvent plus réticents et réservés et abordaient ces changements avec scepticisme et inquiétude. Tous, par contre, appréhendaient, de la part de l'Administration, une recherche accrue du rendement, débouchant à terme sur une réduction des effectifs.

En ce qui les concernait, les receveurs balançaient entre deux attitudes, d'une part l'incertitude quant à la fiabilité de l'outil informatique mis à leur disposition et à sa maîtrise au regard des problèmes de leur responsabilité, d'autre part la satisfaction de disposer de moyens modernes et performants, assurant une meilleure gestion des fichiers et la réduction de certaines tâches matérielles permettant de centrer leur action sur le recouvrement. Par contre, il s'avéra rapidement que les agents devinrent en général de bien meilleurs opérateurs que leurs chefs de service, qui durent parfois avoir recours à eux pour certaines transactions ou manipulations. Cette situation se révéla parfois inconfortable, les receveurs ne disposant pas eux-mêmes d'un écran clavier dans leur bureau.

Il fallut ensuite définir les conditions d'implantation du matériel, trouver les meilleurs positionnements pour installer les postes opérateurs en fonction de la lumière et de la place des utilisateurs, localiser l'imprimante pour qu'elle soit facilement utilisable et aussi peu gênante que possible, en raison de son volume sonore, choisir un local informatique ventilé, pour y installer l'unité centrale et le modem, prévoir des liaisons téléphoniques directes avec le CRI de rattachement. Une entreprise spécialisée assura les câblages nécessaires et se chargea de l'implantation du matériel.

Alfred Chauvet

Informatisation des recettes

En 1984, le bruit courait que les recettes devaient être informatisées. Les receveurs ont reçu une note donnant les consignes pour préparer les dossiers. Cela a représenté un travail considérable : pour les comptes des reliquataires nous avons dû, pour chacun, établir une fiche regroupant les sommes dues en 1980 globalement, par taux en y ajoutant les nouveaux restes à recouvrer par année. Nous avions plus de 2 000 reliquataires, donc autant de fiches à établir. Une collègue était détachée à notre recette pour nous initier aux ordinateurs. J'ai suivi un stage peu concluant.

Enfin les machines ont été installées : il fallait effectuer notre travail au milieu des travaux des électriciens qui faisaient passer des fils dans les faux plafonds et installaient des prises de courant pour les machines.

Le travail sur les ordinateurs pouvait commencer : des opérateurs devaient venir pour entrer les données que nous avions préparées sur papier dans les machines. En réalité c'est nous qui avons fait le travail en nous relayant car il y avait je crois trois machines pour le service. Ce travail de longue haleine a quelque peu perturbé le service de recouvrement.

Depuis l'installation des ordinateurs, il y avait un répertoire où les redevables étaient répertoriés avec un numéro d'ordre. Une fois fait le travail de rentrée des reliquataires dans la mémoire des ordinateurs, nous avons repris le travail, mais d'une façon différente. La passation des chèques bancaires occasionnait un travail considérable : il fallait avoir le numéro du redevable et la déclaration était traitée par taux, pour en retirer le total. […]

Les machines étaient assez lentes et une opération prenait un certain temps. Je ne sais pas si par la suite les ordinateurs ont été plus performants : nous dépendions d'une unité centrale et lorsque nous étions déconnectés tout le travail restait en souffrance, nous pensions que dans ce cas nous aurions pu travailler manuellement et entrer les données au total. Il n'en a rien été. Le service des hypothèques a été déconnecté pendant dix jours environ : les notaires ne pouvaient plus soumettre leurs actes de vente à la formalité, ce qui a occasionné un retard d'un mois.

Pour pouvoir faire des poursuites, il fallait qu'un écran soit libre pour connaître le montant des restes à recouvrer du reliquataire, de même pour inscrire les hypothèques. Comme je ne prenais plus mes repas à la cantine, je faisais les opérations sur les ordinateurs pendant l'absence de mes collègues, car il fallait faire passer par l'informatique les publications de privilège et j'avais besoin de connaître la position des comptes reliquataires par noms et sommes et toutes les opérations comptables se trouvaient totalisées. [...]

En 1986, le service mécanographique central qui était à Nemours a édité le R 101 (l'état par nom et par somme des reliquataires) et également l'état destiné à la Cour des comptes : état R 103. Je devais compléter ces états par les observations. Heureusement que dans l'ensemble je connaissais la situation des reliquataires, mais pour les nouveaux je devais faire des recherches afin de mettre des observations justes.

En ce qui concerne les journées comptables, s'il y avait une erreur entre les opérations passées et le total de la journée donnée par l'imprimante, nous devions rester après l'heure de sortie et à plusieurs nous appelions les chiffres pour arriver à déceler l'erreur.

Yvette Prévoté

LES GRANDES GRÈVES

MAI 68

UN JOLI MOIS DE MAI

La révolution de Mai 68 est partie de Paris. Mais avec l'appui de la radio, elle a rapidement atteint la province et Château-Chinon en particulier. La cité, comme toutes les villes du pays, a ressenti très vite, d'abord avec étonnement, puis bientôt avec stupeur, le vent de fronde qui se levait alors que rien ne laissait présager les débordements considérables qu'il s'apprêtait à provoquer.

Dans les premiers jours, la curiosité se limite aux informations du journal du soir. Mais devant l'escalade de la violence et de la contestation, telle qu'elle est ostensiblement montrée et commentée sur les rares postes de télévision de l'époque, les transistors portables prennent rapidement le relais de l'actualité dans les foyers et sur les lieux de travail. Dès les premiers affrontements au Quartier latin et rue Gay-Lussac, et alors que la grève fait tache d'huile, les récepteurs de radio s'installent dans les locaux de l'Enregistrement. Assis sur les tables, on écoute, on s'interroge, on commente. Mais surtout on ne comprend pas.

Le dynamisme des étudiants et des grévistes est vécu avec intensité grâce à l'écoute de ce nouveau et merveilleux petit appareil qu'est le transistor. Avec lui, on participe en direct au soulèvement des pavés et à la construction des barricades. Les voitures de reportage d'Europe 1 et de RTL transmettent les nouvelles dès qu'elles apparaissent. C'est l'information totale, libre de toute contrainte autoritaire et de toute censure : l'information voulue par les étudiants. Le reporter s'intègre à l'événement, laisse déborder sa réaction, dramatise malgré lui, ne prend pas le temps de vérifier son information et d'exercer son esprit critique : il lui faut bientôt courir sur un autre site encore plus chaud. L'information explose. Elle respire et entretient le souffle de la liberté et du vécu immédiat.

Mai 68. La radio prouve toute sa vitalité mais surtout son indépendance.

Au bureau, ce n'est pas encore l'arrêt du travail, mais le cœur n'y est pas. On règle les affaires les plus urgentes : le reste peut attendre. Les visiteurs font part de leurs inquiétudes. Le désordre est bien installé à Paris. Château-Chinon hésite mais surtout il doute.

Que se passe-t-il ? Des hommes nouveaux, inconnus jusque-là, apparaissent au premier plan de l'actualité et font la une de toutes les éditions : Alain Geismar, Jacques Sauvageot et Daniel Cohn-Bendit. La presse présente ce dernier : « Visage poupin d'un adolescent tout juste sorti de l'enfance et hier encore boutonneux… Regard d'azur, taches de rousseur sur les joues, mais déroutant de maturité, de roublardise et de détermination ». Il faut refaire le monde : on peut compter sur lui. Les yeux dans ceux d'un CRS casqué et impassible, son image fera le tour du monde. Comme celle d'un autre CRS, assis groggy sur un tas de pavés, le casque sur les yeux, il reste étranger à la bagarre qui se déroule autour de lui.

Comment poursuivre dans la sérénité son travail de tous les jours, alors que, de la capitale, arrivent les craquements inquiétants d'un État qui s'effondre ?

Nanterre bout : « Il est interdit d'interdire. Faites l'amour, pas la guerre ». Mais Daniel Cohn-Bendit et son équipe dévouée enseignent la fabrication des cocktails Molotov. Ses notices d'utilisation ne viendront pas jusqu'à Château-Chinon. Dans les facultés, les bancs volent, les étudiants entonnent *L'Internationale*. À Château-Chinon, les écoles ferment. Simplement. Maîtres et élèves ne partent pas en vacances, mais rentrent à la maison. Au palais de justice où sont installés les bureaux de l'Enregistrement, le personnel d'exécution est d'abord invité à rester chez lui. Le receveur et l'inspecteur du contrôle ne tardent pas à en faire autant. Des vacances inattendues commencent. Elles vont durer six semaines. Six semaines d'un temps idéalement beau par une saison incomparablement douce et prometteuse, au cœur d'une province pleine de charme : voilà ce que la révolution de Mai 68 aura apporté aux agents de l'Enregistrement et à quelques autres de cette petite ville.

Je vais mettre à profit cette parenthèse heureuse et inespérée de ma vie d'enregistreur pour découvrir par le menu mon secteur d'activité… et un peu au-delà. […]

Peu importe si pendant ce temps, romantiques et désuètes, les barricades fleurissent dans les rues de Paris et en particulier au Quartier latin. Sept barricades sur quatre cents mètres rue Gay-Lussac, soixante voitures en feu dans Paris à l'occasion du « deuxième vendredi rouge ». Pendant ce temps, ma 403 Peugeot aux couleurs jaune et bleu du représentant de la maison Pernod (son précédent propriétaire) franchit allégrement les monts et les vaux avec toute la famille à bord. Une épopée inoubliable qui ne se renouvellera pas, car elle a le goût très particulier d'une irrégularité condamnable mais tolérée, à la limite de la désertion de poste.

Peu importe si ailleurs on s'étonne : il n'y a pas encore eu de morts à Paris ? L'imagination entre à la Sorbonne. Les étudiants y tiennent sans désemparer leur permanence révolutionnaire, lieu de meetings ininterrompus. On n'oubliera pas d'accoler à tous ces termes le qualificatif de « créateur ». Le sens même des mots est perturbé. De Gaulle réagit : « La réforme d'accord, la chienlit : non ». L'écho de la rue lui renvoie le slogan : « La chienlit : c'est lui ! »

Paris s'enfonce chaque jour un peu plus dans la grève, mais dans la crasse aussi puisque les éboueurs manifestent. Au fil des jours, les tas grossissent et la vermine prend elle aussi ses quartiers d'été. Et puis de Gaulle part pour une destination inconnue. Peut-être pour Baden-Baden. Pour rencontrer qui ? Il n'y a plus personne dans le fauteuil de l'État. On a gagné ! Peut-être… mais quoi ?

Et puis le jeudi 30 mai, de Gaulle revient sans nous dire où il était allé. L'Assemblée nationale est dissoute. Et surprise : la poussée gaulliste est forte et générale.

Mai 68 a laissé des traces profondes : certains regrettent le gâchis et la violence de ce printemps. D'autres pensent que ce fut le virage d'un renouveau de société qui a marqué le pays comme la Révolution française…

Gilbert Bretagnol

Mai 68 dans l'Administration

Bien entendu, l'année 1968 se caractérisa, sur un plan plus général, par le mouvement contestataire qui débuta dans les milieux étudiants et universitaires, puis se propagea par le relais syndical et ouvrier à tous les secteurs de l'économie avec des conséquences politiques, financières et sociologiques importantes. L'agitation débuta en janvier à l'université de Nanterre, puis s'amplifia et gagna de place en place, jusqu'à la grève générale déclenchée en mai, après les manifestations, bagarres et barricades qui se succédèrent jusqu'aux accords de Grenelle conclus le 27 mai 1968 et qui marquèrent le retour progressif à l'ordre.

Dans l'Administration, la contestation prit un tour moins radical et moins violent. Dès le mois de mars, toutefois, une grève « administrative » avait été lancée par les syndicats dans les services des Contributions indirectes. Elle consistait à bloquer la transmission de tous les documents internes à destination des échelons hiérarchiques supérieurs et des autres services, dont notamment l'envoi des déclarations de chiffre d'affaires aux centres informatiques qui les exploitaient, en principe, à des fins statistiques et d'information destinées à la direction générale et au ministère.

Le 3 avril 1968, une injonction fut adressée par la direction départementale à chaque chef de service pour qu'il soit mis fin à cette action. En ma qualité d'inspecteur central territorial par intérim, j'étais également concerné. La missive remise en main propre par l'inspecteur principal précisait que le mouvement lancé avait un caractère illégal, qu'y participer constituait une faute grave, dont l'auteur pouvait être immédiatement suspendu à titre de sanction disciplinaire.

Cela me ramenait quelque dix années en arrière, à l'époque de la grève des cours à l'ENI. Après le bannissement en 1958, allais-je subir la mise à pied en 1968 ? Dans un cas comme dans l'autre, je persistai dans mon attitude en dépit des mesures et menaces.

En mai, la grève se généralisa et le travail cessa complètement. L'application des accords de Grenelle à la fonction publique marqua la fin du mouvement. Une augmentation substantielle des rémunérations fut décidée, ainsi qu'une réduction des horaires de travail qui se traduisit par la fermeture complète des bureaux le samedi jusqu'alors ouverts de 9 heures à 12 heures.

Alfred Chauvet

« Une nouvelle race d'inspecteurs principaux »

De 1968 à 1970, c'est la course contre la montre : mise en place de la TVA généralisée, campagnes forfaitaires, changement dans la législation, harmonisation des forfaits avec les Contributions directes, rapprochement des dossiers, changement des structures avec la création des IFAC.

En ce qui concerne les travaux occasionnés par les forfaits, il est très difficile d'obtenir les éléments d'imposition ; les déclarations 951, lorsqu'elles nous parviennent, ne sont pas rédigées ou contiennent des renseignements erronés ou insuffisants. C'est un défilé continuel de redevables avides de conseils ou mécontents de leur imposition, ce sont des dossiers en instance en attendant les réponses aux demandes de renseignements, c'est l'incertitude dans l'application des textes et, sans cesse, des problèmes dans l'interprétation de la législation, des cas nouveaux qui se présentent et qu'il convient de solutionner dans l'immédiat, selon des critères logiques ou des raisonnements par analogie. [...]

En mars 1968, alors que nous avons une année très chargée, une grève « administrative » est déclenchée. Elle n'est pas venue pour nous aider car il nous faut démarrer notre campagne de forfaits et fixer les versements provisionnels se rapportant à la TVA. Cette grève consiste essentiellement à ne plus communiquer avec la direction : plus d'envois de courrier, de renseignements, de statistiques. Alors, ce sont les inspecteurs principaux qui sont dépêchés auprès de nous pour obtenir les statistiques.

Après cette action, le mouvement de grève générale de Mai 68 va retarder nos travaux. Il n'y a pas, à Angoulême comme à Paris ou dans les grandes villes, de manifestations musclées spectaculaires, mais simplement, et c'est largement suffisant et contraignant, une paralysie des services publics et de l'économie. Comme l'ensemble des agents, je fais grève mais, compte tenu de la masse de travail qui s'entasse, je travaille : pas de courrier, ni au départ ni à l'arrivée. Les portes des services fiscaux sont fermées : pas de réception du public. Ce sont des conditions optimales pour se concentrer sur les dossiers, pour œuvrer en toute tranquillité. Au cours de la campagne forfaitaire, les travaux des inspecteurs sont suivis de près par le directeur et par l'équipe de direction ; statistiques, états d'avancement des forfaits, des versements provisionnels sont établis chaque mois.

L'inspecteur principal me signale que j'ai pris du retard dans mes travaux par rapport à mes collègues. Je veux bien le croire car un décès dans ma famille a entraîné mon absence du bureau pendant une semaine. Il exige que je lui fasse des statistiques à la fin de chaque semaine. Je prends cette mesure comme une brimade mais j'obtempère sans rechigner.

Environ deux semaines après, je reçois un coup de téléphone d'un collègue d'Angoulême :

« Les collègues et moi-même sommes furibonds après toi ; il faut qu'on se rencontre tous. Ma parole, tu dois travailler pendant les week-ends et te coucher à minuit tous les soirs !

- Écoute, l'inspecteur principal m'a dit que j'étais en retard par rapport à vous tous. Je l'ai cru, j'ai bossé un peu plus tard le soir. Il exige même de moi un compte rendu statistique à la fin de chaque semaine.

- Et à nous, il a dit que nous étions en retard dans nos travaux de forfaits et il exhibe tes chiffres pour nous convaincre ».

Évidemment, notre inspecteur principal joue sur les deux tableaux pour faire avancer et les uns et les autres.

Je préfère solutionner mes différends tout seul mais là je fais appel au représentant de mon syndicat, qui est également rédacteur à la direction, au contentieux du chiffre d'affaires. Il connaît bien les problèmes actuels des inspecteurs du chiffre d'affaires. Il contacte les inspecteurs du chiffre d'affaires, en obtient les renseignements statistiques et, fort des éléments recueillis, il demande audience au directeur.

Mon inspecteur principal est aussitôt convoqué. Le directeur lui demande de ne plus exiger d'autres statistiques que celles demandées par la direction et surtout d'agir, à l'avenir, avec plus de loyauté… et de tact avec les agents. Il n'avait pas compris, notre pauvre inspecteur principal, que pendant cette période de réformes, d'extension de TVA, sa tâche consistait surtout à aider les agents plutôt qu'à les mener à coups de cravache.

En fait, cette façon d'agir a resserré les liens entre les inspecteurs et a suscité des liaisons afin que nos statistiques n'aient pas de grosses divergences sans motifs (bien que n'aimant pas cette façon de concevoir le travail, préférant établir un programme personnel adapté à la masse de travail recensé). […]

Je vais conclure et généraliser sur la façon d'agir des inspecteurs principaux, car c'est depuis 1968 que s'est créée une nouvelle race d'inspecteur principal : l'inspecteur principal qui tarabuste, façonné par la DGI, les directions des services fiscaux, insiste sur les statistiques, la recherche du rendement, manque de confiance envers les agents. Il ramasse les états mensuels, trimestriels, annuels, il les compare, établit des tableaux, des graphiques. Jamais un mot d'encouragement mais le quart de point est au bout du chemin. Le quart de point est devenu la mascotte, la carotte de l'agent. Et ce n'est qu'un début car toute une génération d'inspecteur principal va, pendant 25 années, agir de la sorte.

Claude Dhenin

L'EXPLOSION DE MAI 68

Depuis février 1967, nos camarades du syndicat me demandent d'assurer l'intérim de l'administrateur régional, dont la santé est défaillante.

J'assiste donc aux réunions trimestrielles du conseil syndical, organe centralisateur de notre organisation.

Le congrès de 1967, qui a lieu à Paris à la Mutualité, voit notre secrétaire général, fondateur du syndicat unifié, Gaston Lefort, passer la main à François Albertini. Le prochain congrès aura lieu à Dax en juin 1968.

Le conseil d'avril 1968 se déroule dans une atmosphère fiévreuse. On observe, depuis le début de l'année, divers mouvements dans l'université. Le monde du travail paraît aussi en effervescence. « La France s'ennuie » écrit P. Viansson-Ponté dans *Le Monde*. Des forces de police impressionnantes stationnent sur les grands boulevards ; la chaleur de ce printemps 1968 est étouffante, ce qui contribue à la nervosité ambiante.

Le syndicat hésite sur son orientation : une partie, minoritaire, des dirigeants souhaiterait une adhésion à la nouvelle CFDT, après sa scission avec la CFTC. En définitive, le conseil proposera au congrès le maintien de son autonomie, mais, en prévision de la fusion prochaine des services fiscaux, deviendra le Syndicat national unifié des Impôts (SNUI).

Et c'est l'explosion de 1968…

Du 2 au 13 mai, les étudiants, dont le nombre ne cesse de croître, manifestent à Paris. Le 14 mai, les premières grèves touchent le monde du travail dans l'Ouest.

À Riom, les lycéens de tous les établissements scolaires, publics et privés, entrent dans la danse. Le corps enseignant est divisé. Le conseil d'administration de l'association des parents d'élèves se réunit d'urgence. Avec les chefs d'établissements, nous nous efforçons de canaliser le mouvement pour éviter les débordements. Mes deux filles, âgées respectivement de 18 et 16 ans, participent à l'agitation étudiante.

Les organisations syndicales appellent à la grève générale illimitée. Notre syndicat suit, sur les mots d'ordre d'augmentation des salaires, qui sont trop peu attractifs pour les jeunes, d'un accroissement des effectifs permettant d'améliorer le service public, et de meilleures relations avec la hiérarchie.

J'ai la surprise, un matin de la mi-mai, de voir arriver à mon domicile deux collègues de Clermont, qui me demandent de conduire la délégation du syndicat aux assemblées générales quotidiennes, qui regroupent tous les représentant syndicaux des régies financières, à la place du secrétaire de section, gravement malade. J'hésite, car je sais que, dans ces réunions, les confrontations sont parfois sévères, la surenchère syndicale n'est pas un vain mot, et je ne suis pas ce qu'on peut appeler « un battant ».

La grève, chaque matin, est reconduite. Les derniers jours du mois de mai, mon emploi du temps est immuable : le matin, participation aux réunions des militants syndicalistes de la direction générale des Impôts à Clermont-Ferrand ; l'après-midi, rencontres à Riom avec les proviseurs, les enseignants et les élèves. Et, bien entendu, participation au grand défilé contestataire qui a lieu dans la capitale auvergnate, aux alentours du 25 mai.

Par un coup de théâtre, le 30 mai, le général de Gaulle rétablit la situation à son profit. La Chambre des députés est dissoute. Les partisans du président, dont beaucoup se tournaient vers l'opposition, redressent la tête. Les accords de Grenelle apportent des augmentations de salaires non négligeables. Les esprits s'apaisent, les grèves prennent fin. L'Éducation nationale se réforme en profondeur sous l'impulsion de son ministre Edgar Faure.

Je retrouve mon bureau… et mes collègues. […]

Je me tiens à l'écart des joutes électorales qui se déroulent dans un climat passionné. Je sors épuisé de ce mois de mai délirant. […]

Le congrès du Syndicat unifié, qui n'a pu avoir lieu en juin, se tient en octobre à Dax. Je représente, avec ma délégation, la région Auvergne. Le congrès adopte le changement d'appellation : l'organisation s'intitule désormais Syndicat national unifié des Impôts (SNUI). Après le congrès, je suis élu par mes camarades administrateur régional du syndicat. En 1969, j'interviendrai en qualité d'administrateur régional pour défendre mes jeunes camarades de l'École des Impôts de Clermont-Ferrand, en grève pour obtenir de meilleures conditions de leur scolarité.

Yves Pouget

Avec la sève printanière

En cette année 1968, avec la sève printanière, l'agitation monta aussi. La contestation estudiantine commença en petit avant de faire tache d'huile. Pour ne pas être en reste, le syndicalisme fit de même. Sans trop savoir si ses instances dirigeantes étaient ou non prises de court, nous ignorions si les premiers soubresauts se limitaient à des initiatives locales ou amorçaient une stratégie plus largement programmée.

La première manifestation que j'en eus fut un défilé sous mes fenêtres, avenue de l'Opéra, avec slogans et banderoles, du personnel du Crédit foncier de France. Béotien imprudent, je plaignais, avec un certain amusement, ce bon camarade de promotion qui venait d'y prendre ses fonctions en qualité de secrétaire général. J'étais loin de me douter que nous ne perdions rien pour attendre.

À notre direction générale elle-même – nous n'avions jamais vu ça –, quelques jeunes collègues n'ayant pas encore jeté totalement leur gourme d'étudiant en fac et à l'ENA, tinrent une grande réunion pour mettre les pendules à leur heure. Bien qu'invité, j'étais resté à mon poste pour veiller au grain ; bien m'en prit d'ailleurs. Il ne devait, au demeurant, rien en sortir.

Peu après, deux chefs de services fiscaux, placés à la tête de directions territoriales de Paris, vinrent m'alerter sur des contestations élevées contre leur troisième collègue jugé, paraît-il, trop sévère par son personnel. Dans la crainte d'une extension à leur secteur, ils souhaitaient mon intervention pour tenter d'apaiser un conflit susceptible de les menacer.

Puis ce fut le directeur d'un département de la couronne qui m'alerta par téléphone, en catastrophe, un après-midi. Un groupe de manifestants assiégeait son immeuble et exigeait, slogans à l'appui, d'être immédiatement reçu. Sur l'avis du chef de service du personnel, je lui conseillai de recevoir une petite délégation limitée à deux ou trois émissaires. Jouissant, à titre personnel, d'une bonne réputation, il parvint à s'en tirer ainsi et à désamorcer ce pétard dans un dialogue finalement absolument creux.

Je prenais les choses au sérieux, mais avec sérénité quand vint mon tour. Revenant très ébranlé du cimetière où nous venions de conduire un deuil des plus proches, j'étais venu faire un saut à mon bureau. Ému par des lettres touchantes de collègues dont la sympathie m'était douce au cœur, je tombai soudain sur une missive personnelle, bien entendu anonyme, où des agents me prenaient violemment à parti. Travailleur, sans doute, peut-être trop, je menais les membres du comité des directeurs « à la trique » et me conduisais « comme les exploiteurs du XIXe siècle qui envoyaient les enfants à la mine ». Le discours ne volait pas haut et le jeu ne valait pas la chandelle. Seulement, il tombait mal. Sous le chagrin, trop longtemps contenu, mon indignation explosa. Après m'être assuré auprès, là encore, du chef de service du personnel, que l'initiative ne venait pas des centrales syndicales – lesquelles n'avaient, du reste, rien contre moi, me dit-il – je fis convoquer sur l'heure le responsable régional du syndicat suspecté. Il se plia, contrairement à sa règle, à mon exigence de le recevoir seul. Sur mon exposé des faits, il essaya d'abord de contester la paternité de son syndicat ; puis il tenta de défendre, à vrai dire gauchement, l'auteur de l'initiative. Sortant alors de mes gonds, je lui sortis tout ce que j'avais sur le cœur, la stupidité d'une telle intervention, l'irresponsabilité d'un mouvement qu'il ne savait ni élever ni dominer. Sachant qu'ici et là il était de bon ton de menacer les chefs de service, voire de les chambrer, je terminai en le mettant personnellement en garde : « J'avais quatre grands fils, mes meilleurs amis, étudiants eux aussi, et qui n'avaient pas froid aux yeux. Si jamais on venait à toucher à un seul de mes cheveux, je ne serais pas en mesure de les retenir ». Et je répétais la phrase, les yeux dans les yeux, en lui demandant s'il m'avait bien compris. J'avoue n'avoir jamais été aussi violent envers quiconque. Pâle et sans un mot, l'intéressé quitta alors brusquement la pièce. Il traversa en coup de vent l'antichambre, sous le nez de ma secrétaire médusée qui, quelque peu inquiète, accourut aux nouvelles. Je n'entendis plus jamais parler de rien à mon égard.

L'apothéose attendait ailleurs. Un matin, mon directeur général me demanda, sur ma ligne directe et sans m'en donner le motif, de passer le voir sans attendre. À peine arrivé, il entra dans le vif du sujet : « Voilà, me dit-il. Vous connaissez les événements. Il est à craindre qu'ils se généralisent. Le ministre veut savoir dans quelle mesure ils risquent de s'étendre à l'ensemble de la DGI. Si c'est le cas dans la région parisienne qui a eu, de tout temps, un effet d'entraînement, je saute ce soir. Qu'en est-il ? Que disent vos directeurs ? Qu'en pensez-vous ? » Ainsi pris à froid, le choc fut d'autant plus sévère que j'éprouvais pour mon patron estime et attachement depuis de longues années. À notre tête, il avait entrepris et réalisé de grandes choses ; il jouissait d'une bonne réputation et ne méritait certes pas une disgrâce pour une situation qui échappait à tous. Je lui devais, abstraction faite de mes sentiments et de mon émoi, une réponse objective et immédiate. Mais avec quelle certitude ? M'imposant un éclair de réflexion, je m'efforçai donc de lui dépeindre, de façon brève et dépouillée, la situation telle qu'elle m'apparaissait. Je lui fis part des soubresauts plus ou moins isolés et limités. Dans une situation plus attentiste que motrice, la masse ne paraissait pas prise au fond. L'encadrement était, dans sa généralité, solide et loyal. À moins d'un détonateur extérieur, toujours possible mais peu probable, je pariai, en conclusion, pour la stabilité. La chance voulut que mon diagnostic se confirmât. L'explosion n'eut pas lieu. Notre chef resta en place.

Après ses dangereux égarements de jeunesse, la France en eut assez et la vie reprit dans notre pays au génie instable.

Jean Vannier-Moreau

1989

« L'ÉVÉNEMENT IMPORTANT »

J'allais donc être responsable de l'approvisionnement[4] en imprimés, registres, timbres fiscaux et vignettes autos de l'ensemble des services des Impôts de la région Midi-Pyrénées, heureusement secondé par un personnel capable et

---

4. *Entrepôt régional du timbre* : gérés par des receveurs principaux (de deuxième classe), les entrepôts régionaux du timbre et des imprimés, n'assurant aucune mission de recouvrement, approvisionnent les services en imprimés, timbres et valeurs fiscaux. Les entrepôts régionaux du timbre et des imprimés remplacent l'ancien atelier général du Timbre qui dépendait de l'Enregistrement.

dévoué, notamment un contrôleur, mon adjoint, qui faisait preuve de beaucoup de compétence et d'initiative pour régler les nombreux problèmes qui se posaient. Grâce à son entregent, il avait su s'attirer la sympathie des agents du bureau IC3 de la direction générale qui nous dépannaient avec beaucoup d'obligeance. La centralisation des commandes des différents services départementaux, leur approvisionnement et la gestion des stocks étaient informatisés et ce travail était du ressort du contrôleur et de l'agent attaché au bureau. Trois manutentionnaires assuraient la confection des envois qui étaient confiés ensuite à la SERNAM chargée des livraisons. Mon domaine réservé était celui de la gestion des timbres fiscaux et des vignettes autos, de la tenue manuelle de la comptabilité, des commandes auprès de l'atelier du Timbre de Périgueux, de la préparation et des livraisons des quantités demandées par les recettes, tâches répétitives et assez fastidieuses. Ce travail me changeait totalement de la fiscalité personnelle dont la pratique met en cause des facultés intellectuelles de déduction, d'interprétation, de comparaison, d'appréciation et de recherche plus enrichissantes que l'ennuyeux comptage de planches de timbres et de vignettes. [...]

Mais l'événement important qui a marqué mon passage à l'entrepôt de Toulouse fut certainement sa contribution au mouvement de grève de l'année 1989. Contrairement à mes autres collègues receveurs et afin de conserver le bon esprit d'équipe qui animait mon service, je fis le choix d'être solidaire des agents qui participaient tous à ce mouvement. Nous décidâmes de nous mettre en grève le jour prévu du début des travaux de livraison des vignettes 1989-1990 afin de retarder au maximum leur expédition dans les recettes de la région. Bien qu'étant gréviste, je venais à mon bureau suivant les horaires habituels pour assurer une surveillance des locaux. À la mi-novembre, je fus convoqué par le directeur avec lequel j'entretenais d'ailleurs de très bonnes relations. Il m'annonça que la direction générale le mettait en demeure de faire livrer les vignettes dans les plus brefs délais et qu'en conséquence, je me trouvais réquisitionné pour mettre l'entrepôt, la chambre forte et le stock de vignettes, ainsi que ma propre personne, à la disposition de l'Administration, en l'occurrence une équipe de « manutentionnaires » constituée d'un directeur divisionnaire et de quatre inspecteurs principaux. Je ne pouvais que m'incliner. D'autant plus qu'un refus de ma part n'aurait pas changé grand-chose, sauf de voir se dérouler dans les pires conditions la livraison des vignettes et d'être ensuite obligé de rectifier les nombreuses erreurs qui n'auraient pas manqué de se produire en raison de l'inexpérience des exécutants.

Le lendemain matin, dès 7 heures, j'arrivai donc devant le portail de l'entrepôt. Le boulevard était déjà noir de monde, d'un côté, les collègues grévistes venus très nombreux malgré l'heure matinale, de l'autre, une armée de CRS dont les treize fourgons occupaient les contre-allées de l'avenue avec, à leur tête, les autorités préfectorales, policières et fiscales du département. J'avoue avoir été impressionné par ce déploiement de forces qui me semblait bien intempestif et totalement disproportionné aux risques encourus, mais je crois que la direction avait voulu sécuriser au maximum l'opération. En arrivant, je constatai que le bâtiment était éclairé et la porte nous fut ouverte de l'intérieur par mon contrôleur lui-même qui avait pris un malin plaisir à occuper les lieux avant tout le monde.

En dépit de quelques « cafouillages », les expéditions furent effectuées dans le temps record de quatre jours. Il est vrai que nous commencions le matin à 7 heures pour finir le soir vers 20 heures. Je devais ensuite calculer la valeur des vignettes pour en donner le montant à la société de convoyeurs de fonds qui en assurait la livraison. Dès le lendemain de l'intervention, j'avais pu obtenir que la protection policière soit limitée à un seul fourgon de CRS, d'autant plus que les opérations se déroulaient dans le calme.

Le mouvement de grève perdit peu à peu de sa force et les agents reprirent progressivement le chemin de leur bureau. Dans mon service, la reprise du travail se fit sans problème, mais ce ne fut pas le cas dans d'autres postes comptables où s'installa entre grévistes et non-grévistes une rancœur qui se transforma parfois en animosité et fut longue à disparaître. L'entrepôt retrouva son calme. Je me replongeai sans enthousiasme dans la comptabilité matières et dans les livraisons des timbres et des vignettes. Je garde tout de même un bon souvenir de mon passage dans ce service.

Roger Boyer

« Un mouvement original dans ses conditions de déclenchement, unique par son ampleur et sa durée »

Survinrent les événements sociaux de l'année 1989. Des actions revendicatives sporadiques avaient déjà éclaté en province, au début du mois de juin, en particulier dans le sud de la France et la région Provence-Alpes-Côte-d'Azur. Elles avaient pris des formes diverses, motions, pétitions, assemblées des personnels, diffusion de tracts, arrêts de travail, mouvements de grève.

C'était le reflet d'un profond malaise parmi les agents de la direction générale des Impôts. Les motivations en étaient diverses et portaient à la fois sur les conditions de travail, les effectifs, les rémunérations, les carrières, les moyens de service, les rapports avec la hiérarchie, le dialogue et la communication, les missions de la DGI, la définition de projets de service, la recherche d'objectifs, l'aspiration à plus de considération, la réforme de la fiscalité.

Causes multiples, aspects multiformes, spontanéisme, autonomie, telles étaient les particularités initiales du mouvement engagé, original par les conditions de son déclenchement, unique par son ampleur et sa durée. Je me trouvais à nouveau confronté, après la contestation à l'ENI, le séisme généralisé de 1968, à un troisième événement qui ébranlait les structures de la DGI.

Après le démarrage du conflit et son développement, les syndicats professionnels intervinrent pour le structurer, le canaliser, le coordonner et servir d'intermédiaires entre les personnels et l'Administration. La locomotive étant lancée, il s'agissait pour eux de prendre le train en marche, de le maintenir sur les rails et de le conduire à destination, ailleurs si possible que sur une voie de garage.

Les services de la région parisienne furent à leur tour gagnés par l'agitation, à partir de la fin du mois d'août et entrèrent dans l'action. Il apparut rapidement que la stratégie mise en œuvre recherchait l'efficacité maximale et qu'elle pouvait être atteinte notamment, par la paralysie prioritaire des services de recouvrement et des centres régionaux d'informatique. Cette tactique permettait le blocage des rentrées fiscales et constituait un moyen de pression important, compte tenu du poids de la TVA dans les ressources budgétaires.

En outre, l'arrêt de certains travaux, tels l'enregistrement des actes, l'instruction des demandes de remboursement de crédit de TVA, le dysfonctionnement des conservations des hypothèques, entraînaient des difficultés dans des domaines divers de l'activité économique, secteur des transactions immobilières, trésorerie des entreprises, vie des sociétés. Bien entendu, c'est l'ensemble des services de la DGI qui fut concerné par le conflit, même si la mobilisation et l'action ciblèrent plus particulièrement le réseau comptable.

Dans un premier temps, et dès le début du mois de septembre, cinq agents sur huit de ma recette cessèrent le travail. Le 11 septembre, le CRI de Reims auquel Neuilly-Nord était rattaché cessa de fonctionner, interrompant du même coup les liaisons et les traitements informatiques pour l'ensemble du département. Dès ce moment, l'accès aux fichiers, l'enregistrement des moyens de paiement, les opérations comptables, devinrent impossibles.

La gestion de la recette, avec un effectif réduit de trois agents, sans l'assistance du logiciel MEDOC, ne permettait plus d'assurer le fonctionnement normal, dans des conditions de sécurité minimales. [...]

Les receveurs des Hauts-de-Seine nord se réunirent le 25 septembre, en présence du receveur divisionnaire, en vue d'évaluer la situation respective de leur bureau et de se concerter sur les dispositions à prendre, au regard de leur responsabilité de comptables et de chefs de service. Recevoir des moyens de paiement, encaisser du numéraire, délivrer des valeurs fiscales, enregistrer des actes, avec des effectifs squelettiques, sans possibilité de les comptabiliser, de telles conditions de travail étaient-elles compatibles avec les strictes règles de sécurité applicables dans le réseau comptable ?

Par ailleurs, le clivage qui était apparu entre les agents participant au mouvement et les non-grévistes battait en brèche la solidarité et l'esprit d'équipe essentiels au bon fonctionnement d'une recette. Cette situation promettait des conflits entre les personnels et un difficile retour à la normale.

La cohésion existant entre les comptables de la direction, qui s'était forgée à l'occasion de ces réunions informelles autour d'une table qui avaient éveillé la suspicion de notre hiérarchie, se trouva renforcée par les difficultés communes et plus que jamais d'actualité.

Une motion dont j'avais préparé le texte et qui faisait état des problèmes rencontrés fut acceptée et signée par tous les comptables des Hauts-de-Seine nord, ainsi que par le receveur divisionnaire. Il fut décidé de la remettre directement aux chefs des services fiscaux. Une entrevue collective fut demandée par téléphone et immédiatement acceptée.

Les receveurs furent reçus à la direction par le chef des services fiscaux, en présence du directeur assistant et du directeur divisionnaire chargé du recouvrement. L'atmosphère était grave et la tension manifeste. Une telle démarche était tout à fait exceptionnelle, mais la situation l'était aussi. Cette initiative commune et unanime des comptables ajoutait manifestement à l'embarras de la hiérarchie devant l'extension et l'amplification du mouvement social en cours. [...]

À Neuilly-Nord, tous personnels confondus, centre des Impôts et recette principale, les grévistes étaient largement majoritaires. Une étape supplémentaire fut franchie dans l'escalade, lorsque les agents contestataires décidèrent d'installer un piquet de grève, de façon à interdire l'accès du bureau au public et au personnel non-gréviste. Pour éviter toute tentative de franchissement, le portail d'entrée fut fermé par une chaîne antivol munie d'un cadenas. La liberté du travail n'y trouvait sans doute pas son compte, mais la mesure fut totalement efficace, personne ne pouvant plus accéder aux locaux de l'hôtel des Impôts.

Le chef de centre et moi-même négociâmes un compromis avec les grévistes, aux termes duquel nous étions admis à occuper nos bureaux respectifs, de manière à assurer la sécurité des valeurs et des dossiers. Les grilles s'ouvraient et se refermaient après notre passage et nous étions en quelque sorte en liberté surveillée, fantômes faméliques errant parmi les bureaux déserts, les téléphones silencieux, les machines à écrire muettes, les écrans claviers éteints, les guichets vides et les codes des Impôts abandonnés...

Tous les matins, nous téléphonions à la direction pour rendre compte du nombre de grévistes et à la question devenue rituelle : « Quelle est aujourd'hui la situation ? », nous répondions comme la veille : « Inchangée, l'accès est bloqué par le piquet de grève ». Les agents non-grévistes se présentaient devant les grilles closes, faisant constater leur venue et leur impossibilité de pénétrer dans les locaux et s'en retournaient à leur domicile. Les regards et l'attitude des uns envers les autres n'étaient pas très amènes, mais il ne se produisit aucune provocation ayant un caractère de gravité. [...]

Les receveurs des Hauts-de-Seine nord décidèrent de manifester leur soutien aux grévistes, en vue de la recherche rapide d'une solution négociée du conflit en cours. Ils se portèrent eux-mêmes grévistes par principe, tout en assurant leur mission d'information de la hiérarchie et de surveillance des valeurs à leur charge. Cette décision fut prise à la quasi-majorité, moins une voix, et renouvelée trois jours consécutivement. Ce fut, à ma connaissance, une démarche unique au plan national, rendue possible par la solidarité totale existant entre les intéressés dans cette direction.

Des collectes furent organisées pour soutenir les agents en grève, privés de rémunération en raison des retenues sur salaires. Une vignette de soutien fut créée et diffusée en vue de venir en aide aux personnes éprouvant le plus de difficultés. Je décidai, à titre personnel, de verser à la caisse de soutien, le montant de la somme que je consacrais chaque année à l'organisation du repas annuel réunissant au restaurant les agents de mon service. [...]

Les propositions de l'Administration en vue d'obtenir le retour à la normale avaient évolué au fil des semaines. À leur stade ultime, elles étaient les suivantes : création d'une prime mensuelle de technicité, prise en compte pour la détermination des droits à pension, équivalent en ce qui me concernait à huit points d'indice et à environ 300 francs, paiement d'une partie des jours de grève, promesse de l'amélioration du dialogue et des conditions de travail, étude de projets de service, mise en place d'une mission d'audit pour analyser les causes du malaise et proposer des solutions.

La reprise du travail intervint dans une ambiance tendue et des conditions difficiles. Les agents ayant participé à la grève avaient tissé entre eux des liens particuliers. Ils se retrouvaient quotidiennement, à l'occasion d'assemblées ou de réunions et dans les piquets de grève. Ils avaient dû faire preuve de cohésion et de solidarité, résister aux pressions, accepter des sacrifices financiers. Ils constituaient un bloc soudé, forgé dans l'épreuve et les difficultés, unis par une communauté de vue et renforcés par l'action menée. Le retour au bureau s'accompagnait d'un désenchantement et d'une démotivation nettement perceptibles.

Les personnels qui n'avaient pas pris part au conflit avaient néanmoins été privés de la possibilité de travailler en raison du blocage des accès. Minoritaires, ils éprouvaient quelque part un sentiment de culpabilité à l'idée de s'être coupés de leurs collègues et de profiter cependant des avantages obtenus, grâce à l'engagement de ces derniers. Parfois des échanges verbaux les avaient opposés avec une certaine vivacité et des propos blessants avaient pu être tenus. Ils retrouvaient leurs coéquipiers avec un peu d'amertume et de rancœur.

L'état du service, après ces semaines de cessation d'activité, n'était pas des plus brillant. Les retards accumulés étaient importants, moyens de paiement à exploiter, campagnes du droit de bail et de la vignette automobile à mettre en place, actes à enregistrer, surveillances à reprendre, prises en charge à effectuer, action en recouvrement à relancer, la liste des travaux en instance était considérable, alors que la détermination des agents était plus que modérée.

Alfred Chauvet

« La grande grève de l'automne 1989 »

J'avais été nommé receveur principal de 2e classe, 2e échelon, le 1er septembre 1984, et j'ai eu la chance d'être nommé receveur principal de 1re classe à Beaune, le 1er mars 1988, pour y terminer ma carrière le 15 avril 1991. À Beaune, j'ai trouvé une recette en bon ordre et dotée d'un personnel techniquement au point. De la recette principale, dont la compétence territoriale correspondait exactement à l'arrondissement de Beaune, dépendaient alors neuf recettes locales, dont le nombre s'expliquait essentiellement par l'importance viti-vinicole de la région beaunoise. Certaines étaient même très importantes, comme celle de Nuits-Saint-Georges et les deux de Beaune, qui, à elles trois, devaient compter, si j'ai bonne mémoire, plus d'une centaine de négociants marchands en gros. […]

À Beaune, comme ailleurs, le recouvrement de la TVA restait, pour le chef de service, le souci, ô combien essentiel. Mon séjour fut marqué par la grande grève de l'automne 1989. Comme beaucoup d'autres, l'hôtel des Impôts fut fermé pendant plusieurs semaines. Chaque matin, le personnel se réunissait en deux groupes devant l'immeuble : d'un côté les grévistes, de l'autre les non-grévistes, ceux-ci encadrés par un inspecteur principal qui habitait dans le secteur. Puis, après avoir officiellement constaté qu'il n'y avait rien de nouveau et qu'il était toujours impossible de pénétrer dans le bâtiment, chaque groupe se disloquait et le personnel rentrait chez lui. À Dijon, paraît-il, c'était mieux organisé. Il était possible de jouer au football, ou d'assister au spectacle sur le parking, devant l'hôtel des Impôts. Le spectacle était gratuit et offert par les grévistes. J'ai connu des agents de Beaune qui, chaque jour, se rendaient à Dijon parce qu'on s'y amusait beaucoup mieux (ainsi déclaré). Il faut reconnaître qu'à Beaune, le spectacle était « tristounet », répétitif, sans originalité ni piment. Pendant cette période, je passais le reste des matinées dans les recettes locales qui, bizarrement, étaient restées ouvertes. Les après-midi, j'entrais à l'intérieur de l'hôtel des Impôts, avec l'accord du gardien-concierge, ce qui me permettait d'examiner et de traiter, si possible, les affaires présentant un caractère d'urgence extrême, comme cet avis à tiers détenteur délivré juste avant la fermeture des bureaux, et qui, brutalement exécuté, aurait été désastreux pour le redevable. Il put ainsi être remplacé, *in extremis*, par un accord amiable. Pendant cette même période, je me suis aussi rendu deux ou trois fois à la direction et j'y trouvai un directeur un peu désemparé devant les événements et que ma visite semblait satisfaire. Il paraissait se sentir isolé au milieu de son personnel au grand complet (ceci expliquant peut-être cela). Et puis, la grève finit par s'achever, début novembre, lorsque l'automne, qui avait été splendide jusque-là, s'assombrit brusquement, annonçant l'hiver ! Je ne sais quels furent exactement les effets de cette grève. Mais je crois qu'après, ce ne fut plus tout à fait comme avant. L'administration centrale me semble avoir alors modifié quelque peu son attitude à l'égard des services extérieurs. Elle entreprit de les doter, peu à peu, d'un matériel moderne et plus performant. Mon départ à la retraite ne me permit pas de suivre cette évolution. Et cependant, depuis que j'en entendais parler, j'aurais bien aimé voir fonctionner MEDOC (mécanisation des opérations comptables ; je suis parti juste avant sa mise en place en Côte-d'Or) et aussi bénéficier des perfectionnements mis à la disposition des collègues dans différentes parties du service, et notamment pour le traitement des restes à recouvrer.

Pierre Pouget

Grève rue Paganini

Aux agitations locales, plus ou moins sporadiques, succédèrent bientôt des mots d'ordre nationaux de grève générale, d'occupations des locaux avec parfois des exactions regrettables. L'attitude intransigeante, parfois incomprise, souvent tenue pour méprisante du ministre Charasse, conduisit au conflit le plus long de l'histoire de la DGI ; en septembre, toute la France manifeste, avec un point d'orgue, à Paris, le 12 septembre. Les centres régionaux d'informatique, véritables « poumons » du traitement des données d'assiette et de recouvrement, s'arrêtent à leur tour, privant de liaisons tous les services et interrompant par là même toute activité des cellules « comptabilité » des postes comptables équipés en traitement « MEDOC ».

Les secrétaires des trois sections syndicales les plus représentatives de l'immeuble de la rue Paganini étaient en fonction dans mon bureau et j'entretenais avec eux, tous très bons agents, les meilleures relations de travail. Ils participaient tous les matins aux assemblées générales d'une heure autorisées par la direction des services fonciers, auxquelles les agents grévistes déclarés ou non pouvaient assister : il avait été entendu qu'après cette réunion, les agents non-grévistes seraient seuls présents dans les locaux de la conservation des hypothèques, pour y poursuivre leur activité, et que je n'y tolérerais aucune agitation venant de l'extérieur. Respecté durant quelques jours, ce *gentleman's agreement* fut rompu unilatéralement par divers meneurs qui s'introduisirent en nombre dans les bureaux pour y semer le trouble et débaucher les personnels au travail. Ma réaction fut immédiate, spontanée et sans appel : le contrat moral passé avec les responsables syndicaux, présents dans la foule des « envahisseurs », ayant été violé, j'exigeai une évacuation immédiate des locaux dans lesquels mon autorité, seule, devait s'exercer. Surpris par cette fermeté de ton, sans doute peu conforme au climat habituel, feutré et silencieux, régnant en ces lieux, les intrus quittèrent les bureaux sans entraîner à leur suite les non-grévistes qui persistèrent dans leur attitude. Mes collègues s'effarouchèrent quelque peu de ma réaction et me le firent savoir ; je répondis aux uns et aux autres que je ne me considérais pas comme un briseur de grève, mais que j'entendais que soit respectée la liberté du travail et par-dessus tout la parole donnée sans contrainte. Les grèves continuèrent, mais aucun perturbateur ne s'avisa de revenir dans les locaux de ma conservation.

Rolland-Gérard Lesperon

Fin de carrière

Juillet 1989 : adieux à la direction régionale ; je m'en vais... Oh ! Pas trop loin, à la conservation des hypothèques d'Albi. [...]

Les locaux sont fonctionnels, bien éclairés, ornés de plantes vertes que les dames du service entretiennent avec amour ; l'été, il fait un peu trop chaud, mais nous sommes dans le Midi ! Le personnel, très expérimenté et consciencieux, est stable. Le chef de contrôle, mon adjointe, très compétente, dynamique et efficace remplit pleinement son rôle et je ne peux que lui rendre un hommage particulier, comme il convient d'ailleurs de le faire à tous les agents remplissant ces fonctions ; sans eux, les conservations – et les conservateurs – seraient à plaindre !

La situation du bureau n'est pas alarmante du point de vue des délais, mais elle pourrait être meilleure et les congés d'été ne vont rien arranger. Et voilà qu'en octobre 1989 – le bicentenaire aurait-il donné des idées ? – les mouvements sociaux se déclenchent. L'hôtel des Impôts d'Albi n'est pas en dehors du mouvement. Les piquets de grève interdisent l'accès aux bureaux.

Heureusement, conscients de la responsabilité qui est la mienne, les agents me laissent entrer chaque jour, mais seul. Je peux ainsi, après être allé chercher le courrier à la poste, recevoir les actes et les classer par journée avec les moyens de paiement, afin d'éviter les risques d'un mélange dangereux à la reprise. Cela dure un bon mois. À la fin du mouvement, le retard est évidemment catastrophique. Il faudra du temps pour le rattraper. Mais, réjouissons-nous quand même : aucun incident n'est à déplorer ; la justice n'aura pas à intervenir... Ouf !

Malgré les mesures de simplification mises en place par l'Administration, malgré la volonté des personnels de changer les méthodes de travail, la « démarche de changement » que l'on prône a beaucoup de mal à se mettre en place dans les conservations. Le cadre juridique rigoureux et immuable, la nécessité pour le conservateur de faire primer la qualité des travaux sur le rendement, induisent des retards auxquels il est difficile de porter remède. Heureusement, les renforts en personnel temporaire apportent une aide importante.

Six années passent ainsi. J'ai réussi, après maintes demandes, à obtenir un micro-ordinateur et une imprimante. Nous pouvons ainsi, grâce aux logiciels « maison », effectuer un certain nombre de travaux fastidieux à exécuter manuellement. Un deuxième ordinateur arrivera à la veille de mon départ, avec une imprimante permettant d'annoter le fichier en cas d'écritures multiples. Le personnel, jusqu'alors très dépité d'être laissé à l'écart de la modernisation, apprécie particulièrement.

Jean Meynial

UNE GRÈVE TOTALE, DURE

La grève de 1989 marqua mon séjour à Béziers par sa globalité et sa durée. Elle ne m'avait pas pris de court, tant les signes avant-coureurs d'un mécontentement grandissant s'étaient multipliés depuis le début de 1989, mais, comme beaucoup, je fus surpris par la durée et la rigueur du mouvement.

À Béziers en effet, où l'ensemble des services des Impôts est groupé dans une même enceinte, la grève fut totale, dure, sans concession, les grévistes, qui constituaient la majorité absolue des personnels, interdisant à quiconque l'entrée dans le périmètre de l'hôtel des Impôts.

Le mouvement était plus souple à la direction de Montpellier où les non-grévistes étaient admis, après filtrage. J'apprendrai, lorsque je prendrai mes dernières fonctions à Nîmes en juin 1990, que dans le département du Gard, la grève avait été également très rigoureuse, comme à Béziers.

Toujours est-il que cet arrêt de travail perturba la vie des services non seulement pendant les cinq semaines que dura le mouvement, mais bien au-delà, car les retards accumulés mettront très longtemps à se résorber.

C'est ainsi que, dans les services des hypothèques, les clignotants virèrent au rouge, les bureaux étant engorgés, les délais de délivrance des renseignements sommaires urgents ne pouvant plus être tenus, les relations avec les usagers devenant chaque jour moins compréhensives.

Je retrouverai à Nîmes une situation encore plus dégradée, aggravée qu'elle était par les conséquences de l'inondation désastreuse du début octobre 1988, qui avait vu la ville de Nîmes ravagée et les locaux des deux conservations, situées au rez-de-chaussée de la direction des services fiscaux, envahis par les eaux, détruisant ou abîmant irrémédiablement un grand nombre de registres ou de recueils d'actes hypothécaires.

La situation du service ne se régularisera qu'en 1992, après que l'Administration a donné aux conservateurs les moyens de recruter du personnel d'appoint et, en ce qui concerne particulièrement les bureaux des conservations nîmoises, qu'un traitement informatique spécifique a permis, après avoir déterminé exactement l'étendue des dommages subis lors de l'inondation, de procéder à la recherche des documents détruits auprès des usagers et d'aboutir ainsi à la remise en ordre de la documentation hypothécaire.

Joseph Mounié

Un mouvement de grève profond, unanime et soudain

En France, l'agitation sociale restait vive. Les fonctionnaires corses font une grève massive de neuf semaines, les salariés de la SA Peugeot restent en conflit avec leur direction pendant sept semaines. C'est dans ce contexte qu'éclate une grève de longue durée dans les services extérieurs de la direction générale des Impôts. À Autun, le personnel, suivant les instructions des représentants syndicaux, stationnait en permanence dans l'entrée du bâtiment abritant le centre des Impôts, le centre des Impôts fonciers et la recette-conservation des hypothèques. Les usagers se présentant devant le service public s'entendaient dire qu'aucun service ne fonctionnait pour cause de grève. Les membres du piquet de grève étaient munis d'un brassard et toléraient l'accès à la publicité foncière en raison des risques civils qui pouvaient résulter de l'absence de formalité. Les employés de la recette-conservation, bien qu'assurant leur service, se déclaraient solidaires des grévistes sur le fond. Les causes d'une grève sont toujours difficiles à appréhender dans leur réalité profonde : déception provoquée par la mise en œuvre d'une politique d'austérité, gestion du personnel tendant à redéployer les agents de manière à satisfaire aux missions prioritaires, insuffisance de crédits rendant les conditions de travail plus difficiles, retard pris dans l'équipement en micro-ordinateurs. Sans doute, les administrations appelaient-elles une réforme dans leur fonctionnement. Les pouvoirs publics avaient modernisé l'État grâce à la décentralisation en 1983. Il restait à déconcentrer le pouvoir de décision en le faisant descendre de Paris vers les départements et les régions. Comme dans l'organisation militaire où chaque unité reçoit une mission et des moyens. Le directeur des services fiscaux devrait recevoir les moyens nécessaires en personnel et en crédits de fonctionnement pour exécuter les tâches, parfaitement définies, elles, qui lui incombent. Sa responsabilité pourrait alors être valablement engagée, car il lui appartiendrait de prendre les décisions les plus appropriées. Cette autonomie plus grande des chefs de service locaux serait même de nature à générer une certaine émulation entre eux. Ils pouvaient en tout cas faire part de leurs initiatives ou de leurs innovations dans le cadre du conseil régional regroupant les directeurs ou dans leur rapport annuel destiné à la direction générale. Bien entendu, ces innovations devaient être réelles, acceptées par le personnel chargé de les mettre en œuvre. Je n'ai pas, au cours de mon périple administratif, rencontré d'obstacle systématique à l'innovation. Mais il existait une résistance naturelle au changement et il appartient au supérieur hiérarchique d'accomplir les efforts d'explication nécessaires pour faire évoluer les esprits.

Le mouvement de grève était si profond, si unanime et sa propagation à l'échelon national a été si soudaine qu'on pourrait rechercher des causes plus diffuses que l'amélioration des rémunérations et des conditions de travail.

Paul Vallès

« Ce large mouvement de mécontentement »

C'est au début de l'été 1989 que les premiers mouvements de grève apparurent dans plusieurs départements.

La région Champagne-Ardenne n'était pas encore touchée malgré les premières motions de l'intersyndicale déposées à la préfecture et les actions de soutien ou collectes effectuées au profit des agents du Sud-Est de la France.

Les événements se précipitèrent au retour des congés pour atteindre leur point culminant pendant le mois d'octobre et ce, jusqu'à l'importante manifestation qui se déroula à Bercy, devant le ministère et qui, selon la presse, rassembla entre 80 000 et 100 000 personnes qui se dirigèrent ensuite vers l'Assemblée nationale pour y interrompre ses travaux pendant quelques instants.

La région Champagne-Ardenne fut l'une des dernières à participer à ce large mouvement de mécontentement provoqué par des revendications diverses touchant aussi bien à la rémunération qu'aux conditions de travail.

Le département de Claude ne fut pas le plus virulent même si la grève fut longue, soutenue, et les personnels très motivés. En fait, le malaise était profond et les revendications nationales ne visaient pas, en règle générale, l'échelon de commandement local.

Claude se souvint du sentiment qu'il avait ressenti lors de sa prise de fonction et devait considérer, par la suite, avec le recul nécessaire, qu'avec une plus grande compréhension mutuelle, les parties en présence auraient pu faire l'économie d'un mouvement d'une pareille ampleur.

Dans son département, aucun débordement grave et aucun litige avec la direction ne fut à déplorer, même si, pour certains agents et pendant de nombreuses journées, le droit au travail ne leur fut permis qu'à la condition de franchir bi quotidiennement, sous les huées de leurs collègues grévistes, le cordon de police requis pour accomplir son office. L'épreuve fut rude, mais la preuve était apportée que la gestion de la direction n'était pas mise en cause et que le dialogue était toujours préférable à la confrontation quels que soient les problèmes à résoudre.

Le mouvement se désagrégea peu à peu après la manifestation de Bercy et le personnel désabusé reprit lentement le chemin du travail. Quelque chose s'était brisé et la morosité remplaça de ce jour la combativité.

Plusieurs années après, Claude restait encore convaincu que l'immense déception qui s'empara alors des agents devant ce qu'ils considéraient comme un véritable échec n'était pas totalement dissipée.

Durant cette période extrêmement agitée, l'administration centrale devait rester en contact permanent avec ses responsables locaux afin de leur transmettre des directives plus urgentes les unes que les autres. Pour les directeurs, les événements eurent ceci de positif qu'ils furent tous dotés du jour au lendemain d'un télécopieur dont l'usage s'est depuis lors fort heureusement répandu.

Serge Elophe

UNE CRISE QUI COUVAIT DEPUIS LONGTEMPS

La grève démarra au début du mois de juin, dans le plus grand désordre du côté syndical, les mots d'ordre étaient avancés en vrac ; manifestement, les organisations étaient elles-mêmes dépassées par une minorité d'agents voulant en découdre et conduire un mouvement dur et long comme en Corse. Parmi les premières revendications, venaient au premier rang les questions salariales s'appuyant, comme en Corse, sur la cherté de la vie sur la Côte-d'Azur. Inutile de dire que l'équipe du SNADGI (Syndicat national des agents de la direction générale des Impôts-CGT) trouvait là un terrain idéal pour souffler sur les braises et foncer sans se préoccuper des suites.

J'ai été frappé par la façon apparemment illogique, voire anarchique, avec laquelle le mouvement s'est répandu frappant tantôt tel service, puis tel autre, tel site puis tel autre. Comme un incendie qui cherche son chemin suivant les vents dominants. Des agents reprenaient le travail avant de le cesser à nouveau, d'autres entraient dans la grève pour reprendre leur travail plus tard. Une grève en sauts de puce en quelque sorte ! Les plus malins géraient d'ailleurs leur grève de façon plus intelligente que lorsqu'ils géraient leur travail. Ils adaptaient leurs jours de grève en fonction des règles régissant les retenues de salaires, notamment celles concernant les jours de début ou de fin de semaine. Gare aux retenues sur week-end ! Manifestement, il n'y avait plus à certains moments de chef d'orchestre. Les éléments les plus durs, les plus contestataires étaient souvent des non-syndiqués n'ayant jamais fait grève jusqu'alors. On était proche du phénomène bien connu des coordinations échappant à tout contrôle syndical. Un peu l'impression que chacun faisait sa grève comme il l'entendait.

Dans un contexte aussi désordonné et opaque, les informations avaient du mal à circuler. La direction avait notamment beaucoup de mal à recevoir les fameux relevés journaliers de grève. Ce système qui fonctionnait très bien du temps des petites grèves classiques, devenait quasiment impossible à gérer. D'autant que plusieurs chefs de service se joignirent eux-mêmes, pour quelques jours, au mouvement, par conviction ou en signe de solidarité avec leur personnel. Très vite, je mis donc les inspecteurs principaux à contribution. Mais aussi vite, je constatai qu'eux-mêmes, qui avaient des attributions par spécialités sur plusieurs sites, avaient beaucoup de mal à appréhender la situation globale d'un même site géographique. Pour chacun de ces sites il y avait plusieurs chefs de service, plusieurs inspecteurs principaux, mais aucun pôle de coordination sur place, rôle tenu par la direction en temps normal. En tout cas, ce qui me sautait aux yeux, c'était l'absence d'un patron unique sur chaque site. L'Administration venait de vivre des décennies de réorganisation depuis la fusion des régies et voilà que la crise en cours révélait une faille énorme dans son système d'organisation. Quel paradoxe aveuglant pour moi, au cœur de la mêlée, dans ce département en effervescence. Je ressentis très profondément cet état des choses, ce qui plus tard alimentera mes propositions de réforme des services de terrain dans le cadre de la démarche de changement qui suivrait la crise. [...]

Inutile de préciser que, dès le début du conflit, nous avions tenu de nombreuses réunions avec les organisations syndicales. Avec toute l'équipe de commandement, nous allions ainsi siéger ensemble avec les organisations syndicales un nombre d'heures considérables durant plusieurs semaines, plusieurs mois. Un véritable marathon exigeant de tous les directeurs beaucoup d'énergie physique, de force de conviction, de volonté de continuer à négocier contre vents et marées et une forte dose de patience, avec les poings serrés au fond d'une poche, plus d'une fois... Nous étions, nous directeurs, comme pris entre deux feux, d'un côté les syndicats et leurs militants exigeant toujours plus, talonnant la direction, de l'autre, les services centraux ne comprenant pas toujours tout de suite la gravité des événements et tardant à donner des réponses aux revendications, dans un sens ou dans l'autre. Sur le terrain, ces réponses étaient attendues d'urgence, dans les services centraux, le temps de la réflexion était parfois bien long avant de saisir la portée réelle du conflit et d'adopter une position. [...]

À certains moments, les organisations syndicales parurent complètement dépassées par l'événement et ne plus maîtriser elles-mêmes l'évolution de la situation. Seul, le SNADGI fonçait tête baissée sur tous les sujets, les autres syndicats emboîtant le pas avec plus ou moins de conviction et ne voulant pas, en toute hypothèse, laisser le monopole de la contestation à cette seule organisation. Un vieux militant se confia un jour à moi. Il m'avoua ne plus rien comprendre au nouveau comportement de certains agents : pendant des années il avait fallu qu'il fasse le forcing pour les inciter à participer à des grèves nationales de 24 heures et voilà que maintenant il n'y avait plus moyen de leur faire entendre raison et de leur faire reprendre le travail.

Dès le début du mouvement, les organisations syndicales avaient déjà eu beaucoup de mal à dresser une plate-forme revendicative cohérente, hormis le problème du pouvoir d'achat. Mais, parti de ce problème, le mouvement, en se poursuivant, faisait progressivement remonter à la surface toutes les revendications, anciennes, potentielles, voire nouvelles. De jour en jour, sous la pression de la base et avec l'imagination débordante de certains syndicalistes, le champ des revendications s'élargissait à l'infini, englobant, à côté de vrais problèmes d'importance, du détail et de l'accessoire. Les revendications les plus marquantes concernaient le niveau des salaires, le régime des primes, le montant de l'indemnité de résidence, les problèmes d'organisation et de fonctionnement des services, les réformes en cours concernant les inspections spécialisées, le rôle des contrôleurs, la politique d'objectifs de la DGI, notamment en matière de contrôle fiscal, les charges de travail, l'insuffisance des effectifs, la pénibilité et le manque d'intérêt des travaux répétitifs, en particulier dans les ORDOC (cellules d'ordre et de documentation) des CDI (centres des Impôts), les retards dans l'informatisation des services, le manque de crédits d'entretien des bâtiments, la remise en état de certains, les conditions de travail des services mal installés, etc. Tout remontait... Devant ce déluge, la direction fit le tri et une synthèse en rappelant ce qui avait déjà été fait :

- les aménagements de centres locaux déjà effectués ; les coups de peinture déjà donnés ;

- le développement du dialogue s'agissant notamment :

. des possibilités d'aménagement de l'inspection d'assiette et de documentation – l'IAD – dans les CDI, suivant trois formules permettant de décloisonner les ORDOC et d'atténuer la charge des travaux répétitifs ; le choix entre ces trois formules étant fait en pleine concertation, après consultation des agents intéressés ;

. de la mise en place d'une programmation du contrôle sur pièces dont les objectifs étaient déterminés de façon concertée avec les chefs de service, et adaptés au contexte local avec prise en compte des moyens et charges réels ;

. de la possibilité donnée aux personnels de se prononcer s'ils le souhaitaient, sur l'aménagement de leur temps de travail par la mise en place d'un horaire variable ;

- la politique permanente de concertation conduite par la direction sur tous les sujets concernant la vie du département et susceptibles d'être réglés au plan local ;

- les avancées déjà réalisées en matière de modernisation de l'outil de travail, notamment par la mise en œuvre de grandes applications informatiques au niveau du département comme « MAJIC » (mise à jour des informations cadastrales) ou « MEDOC » (mécanisation des opérations comptables), etc.

La direction rappela aussi quelles étaient les perspectives en matière d'informatisation et de création d'un 14e CDI, etc. Rien n'y fit ; il était évident que par leur nature, leur ampleur, l'essentiel des revendications impliquait le dégagement de crédits importants et dépassait par conséquent largement les maigres pouvoirs d'un simple directeur. [...]

Certains hauts responsables ont même manifestement considéré qu'il ne s'agissait que de simples conflits relationnels locaux entre les directeurs, leurs agents et leurs représentants syndicaux. C'est du moins l'impression que nous avons eue, les trois directeurs des Bouches-du-Rhône, du Var et des Alpes-Maritimes, lorsque, le conflit persistant, nous avons été convoqués à la direction générale à Paris avec les représentants syndicaux des trois départements. Sous l'autorité du directeur général lui-même, entouré d'une partie de son état-major, nous nous sommes donc trouvés confrontés à nos représentants syndicaux... tout simplement comme nous avions coutume de le faire au quotidien dans nos départements respectifs. La réalité de la situation se révéla très vite lorsque les organisations syndicales firent valoir leurs revendications telles que celles-ci avaient déjà été formulées auprès des directeurs et répercutées par ces derniers aux services centraux. À aucun moment, les directeurs ne furent mis en cause. Je crois qu'au cours de cette réunion, la direction générale prit pleinement conscience de la dimension réelle des problèmes dont la solution échappait de toute évidence aux directeurs et appelait des décisions du ministère lui-même. [...]

Le mouvement continua donc cahin-caha avec des périodes d'accalmies ou de relances, mais avec une nette aggravation sur le moyen terme. L'été, avec les premiers départs en congé, approchait et Paris, sans doute, jouait le « pourrissement » du mouvement, ce qui souvent se révèle être le mauvais choix. Sans doute, avant la saison estivale, aurait-il été encore possible de rechercher une issue au conflit, à moindre frais, avant que le climat social ne s'embrase à l'automne dans toute la DGI. Peut-être... Ou alors fallait-il délibérément laisser l'abcès se vider complètement en espérant un essoufflement du mouvement, ce qui ne manquerait pas d'arriver ? Difficile de se prononcer avec certitude, même avec le recul. [...]

Mais, avant de quitter Nice, il me fallait, j'y tenais, accomplir un dernier acte au plan administratif : témoignage de ce qui s'était passé dans la dernière période et tenter de tirer un premier bilan de la grève qui avait commencé le 6 juin 1989. Ce bilan donna lieu à une note adressée à la direction générale. Je résumai d'abord ce qui avait été la chronologie du mouvement. En juin-juillet, une grève reconductible largement suivie, accompagnée de quelques actions spectaculaires comme une grève de la faim et des manifestations de rues. En août, suspension de la grève, mais plusieurs tentatives de blocages de circuits administratifs et de rétention de documents. En septembre, reprise de la grève, toujours très suivie, mais parfois limitée à un ou deux jours par semaine (le mardi et le jeudi). Je tentai surtout de préciser le taux de participation des agents à la grève et l'importance des dommages causés dans l'accomplissement des missions. Quelques chiffres d'abord, après avoir rappelé que les effectifs s'élevaient à 1 400 agents environ. Sur les traitements des mois de juillet et de septembre ce sont 3 605 journées de grève, au total, qui auront été retenues. Sur la paye de juillet, 731 agents étaient concernés, sur celle de septembre, 831 le seront. Ce seront donc de 50 à 60 % des agents qui ont participé au mouvement, chacun à raison de quatre à cinq jours en moyenne. Mais ceux qui ont fait l'objet de retenue sur leur traitement de septembre étaient-ils les mêmes que ceux de juillet ? Sûrement non, mais pour la majorité d'entre eux, oui. Il faut ajouter que pour l'essentiel, le mouvement de grève, dans sa durée, a été surtout le fait d'un noyau dur d'environ 200 à 250 agents, n'appartenant pas tous à une organisation syndicale. Certains de ces agents ont mené deux mois de grève en juin-juillet ce qui, avec leur congé annuel, a représenté en fait trois mois d'inactivité. C'est dire que de nombreux autres n'ont pas participé au mouvement ou n'ont fait grève qu'un jour ou deux. Mais la seule approche statistique ne rendait compte que très imparfaitement des perturbations réelles apportées dans les travaux des services. Il fallait également prendre en compte les déperditions de travail induites par de multiples dérangements quotidiens, comme les assemblées générales sauvages, les visites incessantes de syndicalistes prônant la grève, la pression des grévistes sur leurs collègues n'y participant pas, le coût psychologique lié à la dégradation du climat de travail et engendrant une moindre motivation de ceux qui continuaient à travailler, l'amplification des bavardages, ne serait-ce que pour s'informer de ce qui se passait, etc. [...]

Dans certaines recettes principales, particulièrement touchées par la grève, la comptabilisation des moyens de paiement connaissait des retards importants ce qui se traduisait par une diminution correspondante des recouvrements. Dans les inspections d'assiette et de documentation – IAD – des CDI, la gestion courante, et tout particulièrement l'émission accélérée, avait pu être assurée dans des conditions à peu près satisfaisantes. En revanche, le contrôle sur pièces, complètement délaissé dans certaines unités, connaissait un retard très inquiétant. Il en allait de même dans les autres inspections spécialisées (FE : fiscalité des entreprises ou FP : fiscalité personnelle) avec, en outre, un retard encore plus préoccupant dans des engagements et dans les réalisations des opérations de contrôle fiscal externe. Sombres perspectives également dans les résultats des inspections de fiscalité immobilière (FI). Enfin, dans certaines ORDOC de CDI, il y avait une aggravation des retards dans le classement des documents. Au total, la situation se révélait donc fort préoccupante, mais peut-être un peu moins catastrophique que nous ne l'avions craint. Pendant qu'une minorité agissante tenait le haut du pavé, d'autres agents, nombreux, n'ayant pas fait grève, ou tout en ayant fait grève quelques jours, avaient continué à travailler. C'était rassurant. [...]

Les directeurs n'ont pas perçu avec assez d'acuité et assez tôt l'accumulation des mécontentements qui montaient de la base depuis plusieurs années, ils n'ont pas vu venir à temps l'explosion, pas su, non plus, alerter la direction générale avec suffisamment de force de conviction. Moi-même, suis-je parvenu à me manifester avec assez de persuasion auprès de la Centrale pour lui ouvrir les yeux au plus haut niveau ?

Pourtant dès le 6 juin 1989, début de la grève, j'avais prévenu les services centraux et je les avais tenus ensuite régulièrement informés, pratiquement au jour le jour, au niveau des responsables des bureaux, chefs de bureau ou leurs adjoints, en faisant état très vite de la gravité des événements et de leurs risques d'extension. Mais jusqu'où sont remontés mes messages dans les longs labyrinthes de la machine administrative du ministère ? Peut-être a-t-on considéré que j'étais trop pessimiste, trop alarmiste ? Que mes analyses n'étaient donc pas fondées ? Ou qu'il s'agissait d'un problème purement local sans lendemain ? [...]

Je dois à la vérité de dire que certains directeurs, dont je pense ne pas avoir été, pratiquaient encore un type de commandement à l'ancienne devenu complètement archaïque et propre à provoquer des phénomènes de rejet et à amplifier les conflits, à cent lieues en tout cas des thèses contemporaines sur le management. Ce n'était pas fait bien évidemment pour arranger les choses... Voilà pour les directeurs. Pour autant, la direction générale pouvait-elle s'exempter de tout reproche ? Certainement pas ! Compte tenu de la lourdeur habituelle de ses services, de la longueur bien connue de ses circuits d'information, et de son éloignement des réalités du terrain, elle mit un « certain » temps à comprendre vraiment. Que de fois aussi, des différences d'appréciation importantes, quand elles n'étaient pas contraires, ont été constatées entre les différents services concernés suivant les revendications soulevées. Que de questions sans réponse ou tardant à venir ! [...] En tout cas, tous ensemble, direction générale et directeurs, nous n'avions pas su répondre à temps à des revendications latentes depuis longtemps et concernant tout simplement les conditions de travail des agents au quotidien, qu'il s'agisse des locaux, du mobilier ou de la modernisation de l'outil de travail.

Quant aux organisations syndicales, excessivement centralisées à l'image de l'Administration, elles avaient une guerre de retard avec leurs combats d'arrière-garde, leur mode d'organisation suranné et leur langage souvent désuet. Elles ont en fait été bousculées par l'événement tout autant que l'encadrement de la maison. Elles n'ont pas su maîtriser l'incendie pour en faire une action encadrée débouchant le plus rapidement possible sur le dialogue. [...]

Avec le recul du temps, le sentiment qui demeure dans mon esprit est que cette affaire n'a pas été prise assez tôt au sérieux par tous ses protagonistes. La certitude, aussi, que la direction générale, elle-même, tout comme les directeurs, se trouvait en réalité sans moyens réels pour faire face à l'exceptionnelle importance d'une crise dont la solution exigerait immanquablement le dégagement de crédits importants. Or c'est le pouvoir politique qui tenait les cordons de la bourse. [...]

Mais les temps étaient également venus d'élaborer et de mettre en œuvre une réforme de fond du fonctionnement de la DGI. Après le séisme, il fallait reconstruire, certainement pas sur les bases antérieures, mais avec une approche résolument novatrice, susceptible de répondre aux vœux exprimés par les agents, et de régler les nombreux dysfonctionnements révélés par la crise. Notre nouveau directeur général, avec le concours de ses collaborateurs et en concertation étroite avec les directeurs, s'attacha à la tâche avec ambition et détermination. Ce fut le projet dénommé « démarche de changement » qui allait mobiliser les énergies de la maison durant plusieurs années.

Louis Menuet

Après 1989

À la suite de la grève de 1989, un rapport d'audit relatif à la situation de la DGI avait établi un diagnostic assez exact des raisons du malaise dont souffrait cette administration. L'absence de communication en était, je crois me souvenir, la raison principalement invoquée, parmi d'autres dont la pertinence laissait bien augurer des mesures qui allaient être prises pour remédier à la situation dégradée, dont M. Choussat, l'auteur de ce rapport, faisait un constat sans complaisance. Comment ce constat prometteur, qui a ouvert une confuse période dite de concertation qui devait se prolonger pendant quatre ans, a pu inspirer les solutions retenues à l'issue de celle-ci demeure pour moi un mystère de causalité.

Ce ne fut pourtant pas faute d'explications ni de consultations. Appelés en renfort, sociologues et spécialistes de la communication faisaient étalage des techniques les plus modernes de leur savoir-faire, reléguant aux oubliettes les recettes économes du vieux Boileau, selon lesquelles « ce qui se conçoit bien, s'énonce clairement ». Transformés en salles de projections, les conseils de direction ne parlaient que de « doctrines d'emploi » ou « plans de modernisation » et les praticiens qui en constituaient l'auditoire en ressortaient incertains de la signification réelle des messages qu'on avait voulu leur donner. Sous l'apparente convivialité de ces réunions, les menaces d'une tout autre optique que celle qui sous-tendait le rapport « Choussat » devenaient pourtant perceptibles. On commençait à se rendre compte que, sous la valorisation proclamée des « ressources humaines », se cachait le désir de rendre les agents, jusqu'aux grades les plus subalternes, disponibles à toutes les tâches des services fusionnés que le plan de modernisation rendait par surcroît, de plus en plus techniques, et de plus en plus imbriquées. On percevait aussi que le principe de « responsabilité », invoqué avec une insistance qui sonnait à la longue comme un reproche, était annonciateur du transfert aux services d'exécution de tâches supplémentaires, dans un contexte avoué de réduction d'effectifs. Mais ces menaces formulées par touches allusives et successives savaient s'entourer de sollicitations bien propres à les reléguer au second rang des pensées de ceux à qui elles étaient adressées : c'étaient celles de l'arsenal des motivations individuelles. De substantielles améliorations de rémunération étaient envisagées au seul profit des agents du futur encadrement local et la glorification des importants pouvoirs dont on envisageait de les investir constituait la dominante des discours qui leur étaient tenus. Signes attristants des dérives des motivations fonctionnaires, ces appâts n'étaient pas sans efficacité. On vit circuler, avec fierté, des motions votées un peu partout en France, par des assemblées d'inspecteurs principaux qui surenchérissaient encore sur les intentions des concepteurs de ces réformes. Plus que responsable de centre, on se voulait souvent « chef de services locaux », englobant les services de recouvrement. [...]

En ce qu'elle a de nécessairement éliminatoire la compétition ne me paraît pas le moteur souhaitable des activités modernes et particulièrement de celles des agents de l'Administration.

Elle me semblait pourtant à la base des réformes intervenues à la DGI. Ce qui frappe d'inefficacité structurelle la course généralisée aux postes de pouvoir est une constante si générale qu'elle prend l'allure d'une loi de la nature : le théorème pourrait en être formulé de la façon suivante : « Toute hiérarchie se soucie prioritairement de donner les moyens nécessaires aux services qui lui sont les plus proches ». [...]

Le corollaire de ce théorème réside dans un inconscient mais réel mépris des tâches d'exécution qui ne peut être perçu que de ceux qui y sont affectés. Beaucoup d'inspecteurs principaux qui avaient passé plusieurs années à juger parfois sans indulgence les pratiques d'exécution en avaient la révélation, devenus soudain chargés de mettre en pratique leurs propres recommandations.

Il faut prendre un certain recul par rapport à l'observation des expériences personnelles pour voir en quoi les réformes intervenues s'apparentaient à la structuration de ce mépris. L'effort quasi exclusif que nécessitait leur mise en œuvre était demandé aux agents les plus subalternes. Ils étaient affectés dans des services entièrement fusionnés, et il leur était demandé de posséder soudain les qualités et les connaissances de tous les métiers jadis répartis en trois administrations distinctes, et de s'adapter à leur incessante évolution. Même si tous ne passent pas d'une cellule à l'autre au gré des absences à colmater, l'imbrication des tâches rend de plus en plus inconcevable pour tous l'ignorance des préoccupations de leurs collègues. Les généralistes qu'ils sont ainsi devenus sont pourtant contrôlés par des structures de surveillance d'autant plus spécialisées qu'on les a allégées de la plupart des tâches d'exécution qu'elles prenaient naguère en charge. Ce que représente de connaissances implicites cette conception d'emploi excède largement la formation de la plupart des agents, de plus en plus confiée d'ailleurs à l'encadrement local qui n'y a pas été préparé.

La généralisation des systèmes informatiques rend par ailleurs illusoire tout effort d'initiative personnelle dans l'organisation du travail. Pour l'essentiel, celui-ci consiste à se pénétrer de la logique qui a présidé à la confection des programmes, peu facile à déceler à la lecture de notes devenues des « modes d'emploi » usant d'un vocabulaire qui a cessé, depuis longtemps d'emprunter ses termes à la langue française. L'encadrement local ne peut évidemment se spécialiser dans l'étude des codifications particulières à chacun, au moins, des trente logiciels actuellement en service dans les centres des Impôts, en sorte que les notes relatives à chaque nouvelle version qui les affecte régulièrement ne sont compréhensibles que par les praticiens eux-mêmes. Devenu responsable de leurs travaux, je n'ai jamais été associé aux stages qui avaient été organisés pour eux et n'ayant pas d'ordinateur moi-même j'en étais réduit à me tenir livresquement au courant, par la difficile lecture des guides dont la mise à jour régulière prenait une importante partie de mon temps.

Christian Costes

SYNDICAT ET MUTUELLE

(1945-1980)

Syndicalisme aux Impôts

Les agents des Contributions indirectes étaient assez syndicalisés, la plupart adhérant à la CGT. Ceux des Contributions directes étaient affiliés à un syndicat indépendant qui ne faisait guère parler de lui. Quant aux enregistreurs, ils étaient relativement peu nombreux à adhérer à leur syndicat rattaché à la CGT-FO. Le secrétaire de ce syndicat était un barbichu intelligent, modéré et sérieux qui était généralement invité au banquet annuel où même les non-syndiqués l'accueillaient volontiers.

La grève, à l'époque de mes débuts, était inconnue malgré les très faibles rémunérations perçues à la fin de la guerre. Ce ne fut que plus tard, lorsque le pays commença à se relever et que les fonctionnaires eurent l'impression d'être les oubliés du retour de la prospérité, que les arrêts de travail apparurent. Les rédacteurs, notamment, eurent de nombreux motifs de mécontentement, alors que les candidats à ces emplois étaient devenus très rares ; attachés à une direction d'où on les empêchait de partir sans leur donner une quelconque compensation, ils firent un jour la « grève du courrier ». Ils faisaient leur travail, le mettaient au visa du directeur et le faisaient dactylographier, mais conservaient dans un placard les plis destinés à la direction générale. Lorsque les choses firent mine de s'arranger, d'accord avec notre directeur, nous expédiâmes tout le courrier en attente. [...]

C'est surtout après la création de la direction générale des Impôts, après fusion des anciennes régies, que la question de ce que l'on peut appeler le « pouvoir syndical » commença à prendre tournure et permit au personnel d'être représenté auprès d'une administration centrale jusque-là omnipotente. Des règles précises furent instituées pour l'avancement et pour les mutations ; on créa à cet effet des commissions et des comités techniques paritaires ; des permanents furent détachés sur le plan national et des heures disponibles furent libéralement accordées aux représentants départementaux des différentes centrales syndicales.

Au sein de la DGI, le fait syndical prit un tour un peu particulier dès lors qu'on se trouva en présence de plusieurs syndicats ayant des traditions diverses et rattachés à des centrales différentes plus ou moins concurrentes, de même qu'il existait quatre mutuelles (les Contributions indirectes en avaient deux, la première étant rattachée à la CGT).

Louis Traissac

Le syndicat des Indirectes

Je suis un « homme de gauche » depuis mon plus jeune âge, lorsque j'écoutais mes deux grands-pères. Radicaux et anticléricaux, leur grand homme était Georges Clémenceau. Mon père, révolté par ce qu'il avait subi dans les tranchées, était socialisant. Adhérent à la CGT, il recevait la *Tribune des fonctionnaires* hebdomadaire où j'acquis de bonnes notions d'économie et de politique internationale.

Le 12 février 1934, n'ayant pas encore quatorze ans, je participai aux côtés de mon père à un grand défilé antifasciste. J'assistai avec enthousiasme aux manifestations du Front populaire et aux grèves de 1936. L'enthousiasme fut bien déçu par la faiblesse des gouvernements qui laissèrent agoniser la république espagnole. J'appris plus tard, car il était discret, que mon père, étant douanier, convoya vers la Catalogne des petits avions en pièces détachées.

Puis la guerre arriva. J'écoutai la rage au cœur les discours de Pétain mais aussi l'appel du 18 juin. Dès ce jour, je devins gaulliste par patriotisme sans connotation politique. Après la Libération, je votai pour l'Union socialiste et démocratique de la résistance (UDSR) au bel intitulé semblant rompre avec les trois partis dominants. Par la suite, je restai un « cryptocommuniste » tiède, reconnaissant la plus grande activité et la moins grande corruption des communistes tout en rejetant leurs outrances et leur inféodation stalinienne.

Cet état d'esprit m'amena à adhérer au syndicat dès 1944. À cette époque, il n'y avait qu'un seul syndicat aux Indirectes. Il influençait considérablement l'esprit des collègues. Il avait été façonné avant-guerre par de rudes confrontations et la tendance anarcho-syndicaliste de ses dirigeants, dont le grand Michel Piquemal.

Les militants du syndicat furent actifs dans la Résistance. Certains d'entre eux, connaissant les lieux, exécutèrent une nuit le traître Philippe Henriot qui avait eu la malencontreuse idée de loger dans les locaux d'où le bureau national avait été expulsé.

Le syndicat regroupait la quasi-totalité du personnel, directeurs et même directeur général compris. Phénomène presque unique dans le monde syndical, il était un modèle du genre, suscitant de nombreux dévouements. On y trouvait tous les grades, tous les âges et toutes les opinions sans inféodation à un seul parti politique. Ses règles de fonctionnement, avec des réunions régulières et démocratiques, les élections libres des responsables et la limitation à quatre ans de la durée de leur mandat garantissaient le dynamisme et le respect de toutes les opinions. Si l'orientation générale était de gauche, l'action restait strictement corporative. Dans les comités exécutifs, on retrouvait toute la gamme des grades et des âges, y compris les retraités. La continuité des générations était remarquable.

Mais la CGT à laquelle le syndicat était affilié devenait de plus en plus le champ de luttes entre les communistes lourdement majoritaires et les socialistes et les modérés. Dans le cadre de la guerre froide, se forma, avec l'aide de fonds étrangers, la nouvelle centrale CGT-FO (Confédération générale du travail-Force ouvrière) en fin 1947.

Malgré ses origines suspectes, je penchai, ainsi que bien des collègues, pour les idéaux démocratiques de ce mouvement. D'autres, et pas seulement les rares communistes, restaient fidèles à la CGT qu'ils jugeaient plus efficace. Ainsi que dans bien des corporations, la scission fut vécue péniblement. Aux CI, la controverse fut rude mais resta amicale car l'avis général était de rester unis. Si bien que, comme à l'Éducation nationale, la décision fut prise de passer en bloc à l'autonomie. Cette solution dura quelques années jusqu'au retour quasi général à la CGT où nos dirigeants furent tolérés et firent entendre leur différence. Les adhérents à FO furent rares.

Il y avait, en principe, une section par département. Mais la Gironde, en raison de son étendue, en possédait deux : Bordeaux et Libourne-Blaye. L'assemblée générale se tenait une fois l'an. Elle était suivie d'un bon banquet, arrosé des meilleurs vins offerts par des négociants, avec chansons à la fin du repas et bal quelques années plus tard quand les femmes devinrent nombreuses dans l'Administration.

C'était une excellente occasion de rencontres. [...]

Dès mon retour de La-Roche-sur-Yon, je remplaçai un collègue au secrétariat de la section. Quelques mois après, on me pressa de poser ma candidature de conseiller syndical suppléant. J'acceptai ce rôle parce qu'il ne demandait pas beaucoup de travail. Je fus pris au jeu car je dus rapidement remplacer le titulaire.

Il est utile que je dise quelques mots de cette institution. Tous les quatre ans, les adhérents de la région élisaient à bulletin secret un titulaire et deux suppléants. Le titulaire étant « monté » à Paris, au bureau national, je dus le remplacer au pied levé. [...]

Un des rôles du conseiller syndical consistait à rédiger chaque mois un long éditorial pour le journal régional *L'Éveil*. Cet exercice m'était pénible mais eut du moins le mérite de me perfectionner en rédaction.

Plus agréable était l'obligation de participer aux assemblées générales annuelles des neuf sections. Je m'y habituais à discourir et appréciais les traditionnels banquets aux menus prestigieux : ortolans dans les Landes, foie gras de Fumel, saumon de l'Adour, etc. J'aimais par-dessus tout la réelle camaraderie qui régnait dans ces rencontres aux controverses parfois vives mais toujours amicales.

Trois fois par an se tenait une réunion de tous les conseillers. Toujours intéressante et me permettant de visiter quelques musées parisiens.

En début juin, le congrès réunissait les délégués des sections, les conseillers syndicaux et le bureau national. Ce dernier rendait ses comptes et traçait les grandes lignes mais la « charte revendicative » était établie par les commissions. Le congrès était bien l'émanation de la base mais s'impliquait dans la politique générale davantage que la plupart des adhérents. Une année, le congrès se tenait à Montrouge pour des raisons d'économie et l'année suivante en province où les camarades locaux mettaient tout en œuvre pour une brillante réussite. La semaine de réunions fatigantes se terminait par un grand banquet et une excursion mémorable.

J'assistai ainsi aux congrès de Montrouge de 1954 et 1956 et à ceux de Lyon en 1953 et Lille en 1955. Lyon, 50e anniversaire de la fondation du syndicat avec inauguration de la maison de repos que la mutuelle venait d'acheter à Fillinges, en Savoie. Présence de grands anciens comme Michel Piquemal. Lille, avec excursion sur les canaux de Bruges et l'île de Walcheren. Thèses staliniennes de Léon Mauvais, délégué du bureau national de la CGT mais riposte humaniste de Léon Rouzaud[5]. Celui-ci, en raison de sa forte personnalité, réussissait à faire respecter notre syndicat et ses thèses non alignées dans une centrale trop politisée.

Par la suite, je participai à cinq ou six congrès dont je reparlerai plus tard car ils correspondent à une autre phase de ma carrière administrative.

Sur le plan libournais, je retrouve traces de quelques-unes de mes initiatives.

---

5. Membre du SNACI, il succède, de 1950 à 1956, à Marcel Ragon à la tête de l'Union générale des fédérations de fonctionnaires (UGFF) CGT. Léon Rouzaud n'était pas communiste.

Le 27 mai 1953, je réussis à organiser une manifestation contre les projets Mayer[6]. [...] J'étais plus particulièrement satisfait de la participation de plusieurs fonctionnaires FO des autres régies. Ce mouvement de protestation qui se généralisa dans le pays entraîna quelques jours plus tard la démission du gouvernement de René Mayer.

En fin de la même année, ce fut le rejet massif des projets de Joseph Laniel[7] visant entre autres les retraites. Aux Indirectes, presque tous firent grève de deux à huit jours. J'obtins un vote qui exigeait des rares non-grévistes le versement d'un jour de leur traitement. Les fonds ainsi réunis furent reversés aux grévistes de manière à ce que chacun ne perde que la valeur d'un jour. Les mesures restrictives projetées par Mayer et Laniel furent mises en application sous la Ve République.

Dans un autre domaine, je réussis à mettre sur pied une carte de réduction chez plusieurs commerçants pour tous les fonctionnaires des Finances. Partant du fait que certains collègues bénéficiaient de remises, j'obtins d'eux qu'ils obtiennent un élargissement à toute la corporation. Cela servit aussi de base à un groupement d'achat chez un épicier en gros.

J'étais devenu malgré moi conseiller syndical, je le restai jusqu'à la fin de 1957. [...]

Mes camarades me désignèrent comme secrétaire de section. Je le restai jusqu'en 1968 où je démissionnai en raison d'un désaccord fondamental avec l'attitude de la CGT. Soit comme conseiller régional, soit comme secrétaire de section, je participai à divers congrès :

- 1956, Montrouge. Le drame algérien y eut des échos et, bien qu'il se fût agi de camarades ayant le même idéal, il y eut déjà des problèmes de compréhension avec les pieds-noirs ;

---

6. Paris, 1895-1972. Ministre des Finances et des Affaires économiques du 24 novembre 1947 au 26 juillet 1948 et du 10 août 1951 au 17 janvier 1952, ministre de la Défense nationale en 1948, garde des Sceaux de 1949 à 1951, René Mayer accède à la présidence du Conseil du 8 janvier au 21 mai 1953. Son discours d'investiture est placé sous le signe de l'expansion et de la relance dans la stabilité et l'équilibre. Sans dévaluation ni restriction de la demande intérieure, la réalisation de ce programme ne peut se faire alors que s'aggrave le déficit de la balance commerciale et que croissent, en pleine guerre d'Indochine, les dépenses militaires et administratives. Sans le soutien des députés gaullistes, le ministère René Mayer tombe.

7. 1889 (Vimoutiers, Orne)-1975 (Paris). Sous-secrétaire d'État aux Finances du 21 mars au 10 mai 1940 et du 26 juillet au 4 septembre 1948, ministre d'État sans portefeuille en 1952, Joseph Laniel est président du Conseil du 28 juin 1953 au 18 juin 1954, sollicité par le président Auriol au terme de la crise de trente-sept jours qui suit la chute du cabinet René Mayer. Avec son ministre des Finances, Edgar Faure, Joseph Laniel pratique une politique de rigueur budgétaire et salariale qui rencontre l'opposition des fonctionnaires et des salariés des secteurs public et privé hostiles à un gouvernement considéré comme trop proche du patronat : les grandes grèves de l'été 1953 bloquent le pays et sont suivies par près de 4 millions de personnes. Joseph Laniel est alors contraint de négocier.

- 1957, Ax-les-Thermes, avec excursion en Andorre. Atmosphère joyeuse malgré les rudes empoignades au sujet de la répression soviétique de l'insurrection hongroise. La quasi-unanimité du congrès la condamna ce qui n'empêcha pas quelques démissions ;

- 1959, Bordeaux. Ayant formé un comité de liaison interfinances, j'y invitai les représentants locaux de FO, des autonomes et de la CFTC. Cela déplut à certains qui réclamaient à grands cris l'unité syndicale mais se refusaient à pratiquer la tolérance indispensable ;

- 1963, Lyon, avec excursion mémorable au pays du Beaujolais;

- 1966, Gérardmer avec excursion en Alsace. Alors que j'avais limité depuis un certain temps mes activités, je tins à y faire connaître les difficultés particulières des vérificateurs généraux. Je ne fus pas très écouté car, par conservatisme, trop de camarades se refusaient à envisager la fusion des services.

Par deux fois, je fus chargé de l'accueil syndical de hauts personnages de la direction générale.

Le 19 janvier 1956, M. Blot, directeur général, réunit tout le personnel dans l'immense salle du Grand Hôtel de Bordeaux. Pour la première fois, ceux des trois régies se rencontrèrent. Dans des propos fort aimables, le directeur général nous présenta les projets d'avenir. Au nom du syndicat des CI mais approuvé par toute la salle, je prononçai un discours respectueux mais d'un ton ferme qui lui fit découvrir bien des problèmes d'une manière directe à laquelle il n'était pas habitué. Mes propos furent imprimés dans *L'Éveil*. [...]

Quelques années plus tard, en 1962, lorsque la DGI se mettait lentement en place, le directeur général adjoint dont j'ai oublié le nom[8] vint prendre le pouls des vérificateurs généraux de la Gironde. Au nom de l'unanimité de tous, toutes origines et appartenances syndicales confondues, je lui fis part de nos difficultés et de notre hostilité à certaines méthodes. [...]

J'ai toujours mené mon action syndicale avec détermination mais sans les haines systématiques qui animaient certains. Critiquer ce qui le méritait mais proposer des solutions constructives. Ne pas céder aux mots d'ordre politiques et n'agir qu'après avoir consulté mes camarades. Parmi les nombreuses grèves auxquelles je fus appelé, j'osai ne pas suivre certaines dont la justification n'était pas évidente.

J'ai toujours suivi le conseil des anciens : les responsables syndicaux doivent avoir leur vie professionnelle et privée impeccable. En application de ce principe, je fis écarter quelques ivrognes ou farfelus. [...]

8. Le directeur général adjoint est Jacques Dulière. Le directeur général est Max Laxan.

Je ne voudrais pas terminer ce chapitre sans évoquer la Mutuelle des agents des Contributions indirectes.

Elle avait été fondée avant-guerre par des pionniers méritants à une époque où n'existait pas la Sécurité sociale. C'était un ciment puissant car, pour en faire partie, il fallait être adhérent du syndicat. Cette obligation fut, longtemps après, déclarée illégale à la suite de plaintes du syndicat FO dont ce fut à ses débuts la seule revendication.

Bien plus tard encore, ce fut la fusion que j'appelai de tous mes vœux de la mutuelle des CI avec celle, non syndicale, qui couvrait les deux autres régies. Il fallut passer au-delà des routines et des préjugés. La MAI (Mutuelle des agents des Impôts) devint ainsi plus puissante et presque aussi dynamique.

Henri Souque

Mes fonctions syndicales aux Indirectes

J'ai consacré une part non négligeable de mon activité à des fonctions syndicales sur les plans local, régional et national.

Lors de mes débuts, il existait deux syndicats : le Syndicat national des agents des Contributions indirectes affilié à la CGT et très largement majoritaire, et le syndicat chrétien CFTC.

Lorsque j'ai adhéré au premier, quelques années avant la guerre, j'ai trouvé une organisation fort bien structurée, expérimentée et efficace dont la nuance politique (car il y en a toujours une) était le socialisme. La plupart des agents s'en accommodaient, mais une raison plus impérieuse avait guidé leur choix : au syndicat était annexée une caisse de secours et, pour appartenir à celle-ci, il fallait être membre de celui-là. Ajoutons que ladite caisse était fort attrayante car, non seulement elle procurait des secours aux malades, blessés, handicapés, etc., mais elle gérait un foyer où les adhérents pouvaient bénéficier d'agréables séjours durant leurs congés.

Notons que le prix de pension variait suivant la situation hiérarchique des intéressés. [...]

Le métier syndical était très prenant et propre à développer d'utiles qualités. Il comportait, naturellement, des sacrifices de temps et exigeait un esprit combatif (la souplesse d'échine étant un fâcheux handicap), un certain art de la négociation, le souci constant des intérêts dont on assumait la charge, autant que possible, la capacité de prendre la parole en public et, cimentant le tout, un esprit de camaraderie à toute épreuve.

La 1re région (syndicale), groupant les départements du Nord et du Pas-de-Calais, avait un atout assez rare : un journal appelé *L'Émancipé* où chacun, militant responsable ou simple adhérent, pouvait s'exprimer sans contrainte. Cet organe était très lu à la direction générale et la hiérarchie y lisait parfois des critiques dont elle se serait bien passée. Mais notre *Émancipé* était avant tout consacré aux problèmes corporatifs, on y lisait également les comptes-rendus de réceptions, d'arrivées, de départs et autres événements susceptibles d'intéresser les lecteurs. Il a publié pas mal d'articles de ma façon. [...]

À la base, les adhérents étaient groupés par sections ayant à leur tête un secrétaire, un secrétaire adjoint, un trésorier.

Une commission exécutive, composée de membres élus par les assemblées générales annuelles, se réunissait assez souvent pour examiner les questions d'actualité, faire connaître au secrétaire l'opinion des syndiqués, préparer les congrès et, bien entendu, dénoncer les anomalies et formuler les desiderata de nos camarades.

Devenu secrétaire de ma section, j'avais obtenu que les réunions de la commission exécutive eussent lieu pendant les heures de service, ce qui n'était pas un mince avantage.

À la tête de la région était un « conseiller syndical » qui réunissait, suivant les besoins, les secrétaires de section.

Le conseil syndical comprenait l'ensemble des conseillers syndicaux et fonctionnait donc sur le plan national. Il était consulté périodiquement par le secrétaire général et la commission administrative permanente qui l'assistait.

J'ai été deux ans conseiller syndical et mon élection avait été surtout motivée par la manière dont ma section avait, sous mon impulsion, dénoncé les liens, non officiels peut-être, mais indéniables de la CGT avec le parti communiste français, lui-même admirateur inconditionnel du régime stalinien qui sévissait alors en URSS, situation qui nous faisait un tort certain dans l'opinion publique.

Mandaté par la région, j'écrivis alors un article qui, supplément à *L'Émancipé* de mai 1951, fit l'objet d'un tirage spécial et fut envoyé dans toutes les sections françaises.

Les réactions furent naturellement mitigées et, dans les différents organes de la presse syndicale, plusieurs camarades tirèrent sur moi à boulets rouges.

J'ai relu récemment mon œuvre satanique et puis dire, 46 ans plus tard que, même si j'avais su alors ce que nous savons aujourd'hui, je n'y aurais rien changé.

Mais j'ose espérer que mes détracteurs de jadis, s'ils sont encore de ce monde, ont quelque peu révisé leur jugement.

J'ai démissionné assez tôt de mon poste de conseiller pour me consacrer davantage à ma famille, mais, à la fin de ma carrière administrative, j'ai été élu, comme représentant du personnel, à la commission paritaire centrale.

Cet organisme était consulté chaque fois que de nouvelles dispositions étaient envisagées en ce qui concerne l'organisation des services, les carrières des agents, etc. Elle se prononçait aussi sur les appels de notation et je puis dire que d'assez nombreux pétitionnaires ont obtenu, grâce à moi, que leur note fût relevée d'un quart de point. La commission jouait aussi parfois le rôle d'un tribunal (bien qu'elle n'eût à formuler qu'un avis) lorsqu'elle était saisie du cas d'un agent dont le comportement méritait une sanction disciplinaire.

Louis Filliette

POUSSÉ PAR UN FERVENT SYNDICALISTE

J'avais, quelque temps après mon arrivée au Mans-Sud, et poussé par O., fervent syndicaliste, adhéré au Syndicat national des Contributions indirectes et à la caisse de secours satellite. Cela ne me plaisait qu'à moitié car le syndicat était affilié à la CGT, mais j'avais considéré que les avantages l'emportaient sur cet inconvénient et je m'intéressais autant qu'un autre à la vie du syndicat, assistant aux réunions et aux assemblées générales, y plaidant, en vain, pour son autonomie totale. Avec O., nous avions eu l'idée d'organiser une soirée dont les bénéfices iraient à la caisse de secours, et c'est ainsi que, pendant l'hiver 1949-1950, eut lieu le premier « bal des Indirectes » dans le dancing « Le Chalet ». Nous avions engagé l'orchestre d'Yvette Horner, qui commençait sa carrière, laquelle se continue d'ailleurs par je ne sais quel miracle de longévité. Devant le gros succès et le bénéfice important, la deuxième édition du « bal des Indirectes » se déroula l'année suivante dans le hall de la Bourse du commerce, lieu en plein centre des manifestations huppées de la ville du Mans. [...]

Je ne me rappelle plus la raison pour laquelle, en 1956 ou 1957, le « bal des Indirectes » disparut. Il était pourtant très rentable et nous reversions tous les ans une somme substantielle à la caisse de secours. Mais le « bal des Indirectes » et peut-être les Indirectes elles-mêmes avaient acquis sur la place un indiscutable prestige et cela ne nous déplaisait pas, notamment vis-à-vis de nos collègues des Contributions directes qui ne nous portaient pas tous la considération que nous estimions mériter. Et vice versa.

J'ai démissionné du syndicat, tout en continuant à cotiser à la caisse de secours, en 1957 ou 1958, suite à une assemblée générale présidée par un secrétaire général arrivé de Paris nous porter la bonne parole. Quand il en vint à parler de la visite en Algérie d'une délégation de la CGT dans laquelle il représentait le syndicat national et des discussions qu'ils avaient eues avec les responsables de l'UGTA, proche du FLN, leur apportant « le soutien des travailleurs français dans leur lutte pour l'indépendance », je l'ai violemment interrompu – j'ai la voix assez percutante : « Ces propos sont inadmissibles dans une réunion syndicale. C'est se faire le complice d'une trahison quand des soldats français se battent pour garder l'Algérie à la France ». J'ai exposé, au début, mes convictions nationalistes. J'étais naturellement à 100 % Algérie française. Aussi ai-je quitté la salle et démissionné dès le lendemain.

Jean-Louis Marenaud

Le « Trait d'union », journal des Contributions directes

Au mois de janvier 1945 paraît le premier numéro de *Trait d'Union*, organe du Syndicat national des agents des Contributions directes (commis) dont le secrétaire national est Chauvaud, Camille pour les intimes. C'est un collègue très amical avec lequel je corresponds encore aujourd'hui.

Le général de Gaulle accepte la démission de Pierre Mendès France, ministre de l'Économie nationale. Dans une conférence de presse, il déclare : « Il faut faire le cadastre de la fortune ». L'échange des billets franc pour franc, ne permet pas de réaliser, selon lui, un recensement honnête et efficace des « avoirs coupables ». Le « marché noir » a en effet favorisé les enrichissements abusifs. À notre niveau plus modeste, nous sommes préoccupés par la situation des fonctionnaires, le retour prochain des prisonniers traumatisés par cinq années de captivité, et par l'avenir aussi de notre cadre.

Mon collègue et ami B. m'a convaincu de l'accompagner à Paris pour discuter avec nos collègues parisiens des problèmes syndicaux. Je me trouve rue du Louvre lorsque des vendeurs de journaux crient, ce 13 avril 1945 : « Le président Roosevelt est décédé ».

Cette sensationnelle nouvelle, que nous commentons longuement, n'éclipse cependant pas nos discussions sur l'organisation future de notre syndicat. Je rentre seul le lendemain 14 avril à Toulouse, mon ami restant à Paris chez des parents. Le train traverse des régions dévastées, les ponts sont étayés, mais la nature reverdit, comme pour fêter la fin de la guerre.

Le mardi 8 mai 1945, le journal *Ce soir* annonce, en gros titres : « Ce matin à 2 h 41, l'Allemagne a capitulé. C'est à Reims que les plénipotentiaires allemands ont signé la reddition sans condition de toutes les forces du Reich ». L'interminable cauchemar a pris fin.

Le statut général des fonctionnaires, institué par la loi du 19 octobre 1946, a été promulgué par le président du gouvernement provisoire de la République : Georges Bidault. Il traite de la rémunération des fonctionnaires, de la notation, de l'avancement, de la discipline, des congés, des mutations, etc.

Nous avons repris le cycle habituel de notre activité professionnelle : forfaits, BIC, DO (dégrèvements d'office), réception du public. Je commence à préparer le concours de contrôleur. Je travaille tard le soir pour me mettre dans le bain, car depuis 1941, ma situation d'évadé ne me permettait pas d'envisager une mutation, loin de chez moi. Mon épouse joue souvent le rôle d'examinateur. Elle aura appris ainsi ce qu'était une monnaie « droite » et quels étaient les « devoirs » des citoyens, y compris les miens.

Le 12 avril 1946, notre congrès syndical à Paris me permet de mieux connaître notre futur secrétaire général, Dufréchou avec lequel je sympathise et dont je partage la chambre, par économie, rue Leverier.

Henri Mirabail

Syndicat unifié des Contributions directes

En quittant Tours, j'avais remis à la section du Syndicat des cadres des Contributions directes ma démission de secrétaire départemental, fonction que je ne pouvais assumer en étant éloigné du chef-lieu ; je n'en assistais pas moins aux réunions du bureau, d'autant que se mettait alors en place le projet de réorganisation des divers services fusionnés et, corrélativement, notre intégration dans une liste d'ancienneté commune d'agents aussi hétérogènes dans leur mode de recrutement que dans l'exercice de leurs fonctions, l'appréciation de leurs aptitudes, leur notation ou leur avancement. La vacance du poste, ouverte fin 1955 à la suite de la mutation du titulaire en région parisienne, fut comblée d'office par les camarades qui m'élurent comme secrétaire lors de la réunion du 25 janvier 1956… à laquelle je n'assistais pas pour cause de maladie ! Bien que cette élection ne fût guère appréciée par mon épouse, je ne voulus pas me dérober à cette marque de confiance qui se traduisait pourtant par une charge nouvelle, difficile à assumer en cette période de grands bouleversements, en cours ou annoncés.

Et effectivement, mes déplacements se multiplièrent, aussi bien à Tours pour les réunions de bureau ou de la section que dans les départements voisins pour les réunions régionales, ordinaires ou exceptionnelles en fonction des circonstances, sans compter l'assistance aux congrès annuels de l'organisation à commencer par celui du 25 au 27 mai 1956. J'avais pris, depuis le congrès de 1949 où j'avais été considéré comme un « jeunot » un peu trop contestataire pour être pris au sérieux, un peu de poids et acquis assez d'expérience professionnelle pour participer activement aux débats et défendre mes arguments en fidèle mandataire des adhérents. Il est vrai que ma voix – que certains qualifiaient de stentor – et mon accent marqué d'Occitanie servaient à me faire écouter, sinon entendre !

Je fus évidemment de toutes les actions syndicales qui marquèrent cette période, car les motifs ne manquaient pas, autant au plan du sort des fonctionnaires en général que de notre statut particulier, souvent attaqué dans ses spécificités, ce que d'aucuns appelaient ses privilèges : grève générale de novembre 1957, manifestations et dépôts de motions dans les préfectures en novembre 1958, grèves générales de décembre 1959, juin 1960, mars 1961, grève administrative d'avril 1961. La fusion des anciens services centraux des trois régies, effective dès 1960, et l'amorce du regroupement des services de base dans certains départements d'expérience obligèrent les organisations syndicales à s'adapter aux nouvelles structures et à accroître leur assise nationale. C'est dans cette perspective que je participai au début de 1962 à l'association pour un syndicat unifié réunissant ma propre formation, rattachée à la CGT-FO et le Syndicat autonome des agents des Impôts, indépendant de toute affiliation à une confédération. Mon sentiment personnel me portait vers cette indépendance dans l'autonomie, avec l'espoir qu'elle serait garante de toute mainmise, directe ou indirecte, d'un quelconque parti politique. Cette orientation s'affirma au congrès constitutif du Syndicat unifié des Contributions directes de juin 1962 et le 26 juin suivant, je rendis mon tablier de secrétaire à la section d'Indre-et-Loire puisque je devais quitter le département pour celui du Loir-et-Cher le 1er juillet.

Rolland-Gérard Lesperon

Du Syndicat des techniciens et employés du Cadastre au Syndicat national unifié du Cadastre

Dans ces années, j'ai commencé à m'intéresser à l'action syndicale. Les agents du Cadastre, de tous grades et de toutes spécialités, à l'exception des ingénieurs, devenus inspecteurs, cotisaient, pour le plus grand nombre, environ 2000, au Syndicat des techniciens et employés du Cadastre.

À la suite de la scission de la CGT en 1947, ce syndicat était resté hors affiliation confédérale, afin de préserver, pour le moins, l'unité de la corporation. Il était dirigé par un dessinateur, Gérald Truchon, aujourd'hui disparu. Vieux militant anarcho-syndicaliste, il portait lavallière, vaste chapeau d'artiste, veste et pantalon noirs, dans le style Aristide Bruant. Il avait conduit les grèves de 1936, au service des révisions foncières, où 95 % des employés n'étaient pas titulaires. Révoqué en 1940, il avait vécu la clandestinité, et reconstitué le syndicat dès 1945. Ses initiatives contestataires s'étaient exercées, d'entrée, sous forme d'aimable canulard, en publiant une feuille qu'il avait titrée *La main au Kutsch*. Ceci fournit l'occasion de présenter l'instrument le plus souvent entre les mains des dessinateurs et des géomètres, en citant la définition du *Larousse* :

Kutsch : du nom de l'inventeur, réglette imaginée pour faciliter la mesure des distances, sur la carte d'État major au 1/80 000e. [...]

Notre camarade Truchon était donc plus un poète qu'un organisateur. Or, nous étions entrés dans une période décisive pour le sort des personnels du Cadastre. Il fallait en effet obtenir, avec la titularisation du plus grand nombre, l'octroi de statuts particuliers, les mieux insérés dans la nouvelle grille indiciaire définie en 1948 pour les différents corps de la fonction publique.

Avant le congrès du syndicat qui devait se tenir à Paris, en novembre 1950, un certain nombre de géomètres du Sud-Ouest avaient fait circuler une feuille intitulée *La Sueur* qui exprimait celle des géomètres œuvrant par toutes les températures. Ceci, au propre. Et pour le reste, au figuré ! Je m'étais rallié à leur cause et, avec leur appui, présentai ma candidature à l'élection de la commission exécutive du syndicat.

C'était le 12e congrès depuis sa fondation ; on y assista à une révolution de palais. Truchon, secrétaire général sortant, qui sentait venir la fronde, avait exercé le chantage classique : « Moi ou la mort du syndicat ». Il fut battu !

Une équipe renouvelée prit la direction, avec à sa tête un militant éprouvé, géomètre à Angers. J'y fus élu et accédai au bureau national. J'avais appris à me servir d'une tribune !

De 1950 à 1952, le syndicat se réorganisa, sous l'impulsion du nouveau secrétaire général, efficace et talentueux. Les questions qui allaient faire l'objet pendant plusieurs années d'un suivi incessant furent étudiées et présentées à l'Administration.

Au 13e congrès, qui se tint une nouvelle fois à Paris, dans la maison de l'Agriculture, près de l'Opéra, en décembre 1951, le syndicat pouvait faire état d'une vigueur nouvelle dont témoignaient le nombre des adhérents en constante augmentation et l'audience acquise auprès de l'Administration. Je fus réélu, nommé secrétaire général adjoint, et l'Administration accepta qu'en plus du secrétaire général, dispensé de service à plein temps, je puisse disposer d'un demi-détachement.

À partir de cette date, je participai à de nombreuses audiences auprès du directeur des services des Contributions directes et du Cadastre, du chef du service du Cadastre et de son adjoint, du directeur général des régies financières, on ne disait pas encore directeur général des Impôts, du directeur du personnel du ministère des Finances et de son adjoint.

J'étais membre du comité technique paritaire du service du Cadastre qui donnait son avis sur les questions d'attributions et de fonctionnement du service.

J'avais aussi été élu en qualité de représentant du personnel à la commission administrative paritaire des géomètres, compétente sur les questions d'avancement, de promotion, de discipline et d'affectation.

L'activité du syndicat s'est alors concentrée, pendant plusieurs mois, sur la question essentielle de la titularisation des 1 300 auxiliaires, employés de bureau, auxquels la loi du 3 avril 1950, dite loi Biondi, offrait enfin la possibilité de voir stabilisée et améliorée une situation qui, pour certains durait depuis près de 20 ans. Par ailleurs, les statuts, attribués plus que négociés, aux techniciens sédentaires (dessinateurs et calculateurs), aux techniciens géomètres, aux chefs de bureau (adjoints principaux), s'ils avaient amélioré la situation de 1943, étaient loin de satisfaire les intéressés, comparaison faite avec d'autres corps, à compétences et qualifications comparables.

Et puis les géomètres, astreints à des déplacements continuels de courte ou de longue durée, se voyaient appliquer un texte de portée générale, inadapté à leur activité. Au surplus, une indemnité spécifique destinée à couvrir les frais inhérents à leurs travaux sur le terrain était également à faire admettre.

Toutes ces questions ainsi que celles des attributions du service, des conditions de leur exécution, devaient nécessiter plusieurs années de discussions difficiles, complexes, et parfois conflictuelles. Jusqu'en 1955, j'ai donc mené de front ces activités syndicales et continué à participer aux travaux de rénovation du cadastre dans plusieurs communes. [...]

En 1955, au 15e congrès du Syndicat national, j'acceptai d'en être le secrétaire général. Il comptait désormais 3 000 adhérents et était devenu le représentant exclusif des personnels de toutes catégories, à l'exception des inspecteurs représentés par le Syndicat du cadre supérieur. [...]

Je bénéficiai d'un détachement à plein-temps. [...]

Si les questions statutaires avaient progressé en faveur des ingénieurs des travaux qui avaient finalement accepté l'alignement sur le statut des inspecteurs des impôts avec maintien d'un recrutement particulier, si la titularisation des auxiliaires était en bonne voie à des conditions acceptables mis à part l'abattement de dix ans d'ancienneté infligé aux plus anciens lors de la reconstitution de carrière, par contre, les statuts particuliers des techniciens sédentaires et des techniciens géomètres en étaient toujours au stade de la discussion, ponctuée de propositions et de contrepropositions. Le tout sous l'influence d'une situation toujours incertaine depuis qu'en avril 1948 un décret avait mis fin à la vieille division des missions fiscales et posé le principe de la fusion des anciennes régies.

Ce décret, tombé du ciel, resta longtemps lettre morte et les responsables du service du Cadastre hésitaient sur l'orientation à prendre, partagés entre accroître sa spécificité ou s'intégrer dans le mouvement de fusion prévu. [...]

Pendant plusieurs années, le syndicat a louvoyé entre deux tendances. Prenant pour les personnels sédentaires ce que la fusion pouvait offrir de mieux, demeurant fixé sur la parité avec les corps techniques afin d'assurer la spécificité du corps des géomètres. [...]

Le 17e congrès du syndicat se déroula à Paris en décembre 1959. Il comptait 3 300 adhérents.

Il avait fallu intégrer dans le cadre A près de 200 ingénieurs des travaux, issus des services topographiques de Tunisie et du Maroc, suite à la décolonisation. Cette situation compromettait un peu plus la promotion interne.

Le leader des jeunes promotions, qui m'avait fait souffrir au congrès de Saint-Brieuc en 1957, s'affirmait sérieusement au cours de ce congrès comme rapporteur de la toujours pendante question des statuts particuliers. [...]

En 1961, les bonnes relations entretenues avec le secrétaire général du Syndicat des cadres vont se concrétiser par l'engagement du processus de fusion de nos deux organisations.

En 1962, la direction générale du Cadastre, qui avait été élevée au rang de direction au sein de la direction générale des Impôts, était poussée à accélérer la rénovation du cadastre sur l'ensemble du territoire. [...]

En février 1962, le conseil supérieur de la fonction publique nous donnait enfin satisfaction en proposant un nouvel échelonnement indiciaire pour le corps des techniciens sédentaires, des adjoints principaux ainsi que des techniciens géomètres.

Restaient encore à obtenir les statuts particuliers correspondants pour régler la durée et le déroulement des carrières et les conditions du passage de la situation ancienne à la nouvelle.

Cette année-là se dessine une évolution des structures syndicales à la DGI qui va préfigurer la suite. Le Syndicat autonome des Contributions directes fusionne avec le Syndicat des cadres et devient le Syndicat unifié des CD.

1962 marque la fin de ce que l'on s'est refusé jusqu'au bout à appeler la guerre d'Algérie. Nous intégrerons les fonctionnaires du service topographique en majorité du cadre A. [...]

En juin 1962, le nouveau statut unique de la DGI est élaboré et les inspecteurs du cadastre sont alignés sur ces dispositions qui comportent un bon reclassement.

Les nouvelles structures du cadre B sont également adoptées. Elles comportent les fonctions de contrôleur, chef de section, contrôleur divisionnaire, chef de contrôle des Hypothèques. Là aussi la transposition au service du Cadastre sera admise, assortie de recrutements particuliers.

1963 marque enfin l'aboutissement de ces dix années d'actions incessantes en vue de doter l'ensemble de la catégorie B du Cadastre de statuts particuliers reconnaissant leur qualification et leur spécificité. […]

Je pouvais me présenter avec le bureau national sortant devant le 19e congrès du syndicat qui devait se tenir à Paris en octobre 1963 avec, enfin, une belle moisson de succès.

Ce congrès revêtait une grande importance puisqu'il proposait de constituer avec les inspecteurs un syndicat unifié. C'était l'aboutissement d'un long cheminement. […]

À l'ouverture du congrès, le syndicat, toujours en progression, avait franchi le cap des 4 000 adhérents. À une très large majorité des adhérents des deux organisations, la constitution du nouveau syndicat, le Syndicat national unifié du Cadastre, fut adoptée. […]

Je devins le premier secrétaire général du SNUC. […]

Lorsque s'ouvre le 2e congrès du SNUC à Évian le 19 mai 1965, des progrès ont encore été accomplis sur les différentes revendications en matière d'organisation et de déroulement des carrières. Le SNUC compte 4 800 adhérents. Au congrès sont présents 122 délégués, moyenne d'âge 41 ans, mais il n'y a que 4 femmes parmi eux ! Ce sera mon dernier congrès en tant que secrétaire général. […]

Avant de quitter le secrétariat général, j'avais décidé d'explorer la voie qui permettrait, à l'exemple du syndicat des CI, de maintenir l'unité de la corporation cadastrale dans un cadre fédéral et confédéral.

Dans un premier temps, il fut décidé d'associer le SNUC aux activités de la fédération des Finances CGT, sans que pour autant l'adhésion à la CGT existât. Au cours des trois années qui suivirent, la fusion devenant effective au 1er janvier 1969 avec la nomination d'un directeur unique dans chaque département, le reclassement des syndicats allait s'opérer selon les tendances FO, CGT, CFDT, CFTC. Les autonomes des CD ayant refusé de s'associer à la formule d'une union à trois : SNACI, SNUC, SNUCD avec maintien du *statu quo* en matière d'affiliation, la commission exécutive du SNUC approuva, le 6 septembre 1968, le principe de l'adhésion à un syndicat des agents de la DGI-CGT.

Le SNUC avait vécu, après 40 ans d'une très riche histoire faite d'une communauté d'intérêts, du dévouement de militants qui ont maintenu les traditions et permis des succès revendicatifs importants et inscrits dans la durée.

Depuis, la fusion administrative s'est imposée. La direction du Cadastre est redevenue une sous-direction. Les statuts particuliers et les recrutements ont été unifiés et la mobilité interservices réalisée, à quelques rares exceptions près.

Seule, l'École du Cadastre a subsisté, qui permet de donner une formation topographique aux inspecteurs-élèves affectés au Cadastre, en début de carrière, et de maintenir un corps de géomètres. Ce sont ces derniers qui ont maintenu l'esprit de corps et sont restés syndiqués, en majorité, au SNADGI-CGT. Les autres catégories du personnel du Cadastre ont adhéré au fil du temps, en fonction de leurs inclinations, aux différents syndicats représentatifs.

Il est sûr que si, en 1965, le SNUC avait décidé de fusionner avec le SNUCD dans l'organisation qui allait devenir le SNUI, ce dernier regrouperait aujourd'hui la majorité absolue des personnels de la DGI.

J'ai donc fortement contribué à ce qu'il en soit autrement. Je n'en éprouve pas de regrets car, ce faisant, je suis resté fidèle à mes origines, au souvenir des grandes heures de 1936, à une conception d'un syndicalisme ouvert sur la société.

De 1965 à 1968, je suis donc revenu « à la base » en qualité de géomètre, rattaché au bureau de Meaux.

Gabriel Galy

LA CFDT, UNE ACTIVITÉ RICHE D'ENSEIGNEMENTS

J'avais il est vrai un lieu où les occasions de me frotter au nouvel état d'esprit ne manquaient pas : celui du local de la CFDT dont j'étais adhérent et, depuis mon arrivée à Paris-Sud-Est, le représentant au comité technique paritaire local[9]

---

9. Le Comité technique paritaire local (CTPL) est un organisme consultatif. Il comprend, en nombre égal, des représentants de l'Administration et des représentants du personnel. Il examine toutes les questions relatives au service auprès duquel il est créé.

Il existe aussi un Comité technique paritaire central (CTPC), présidé par le directeur général des Impôts et comprenant en nombre égal des représentants de l'Administration et des représentants du personnel. Le CTPC examine les problèmes généraux d'organisation, les conditions générales de fonctionnement des services, les règles statutaires, les grandes orientations à définir pour l'accomplissement des travaux.

(CTPL), alors seule instance paritaire administrative dans le cadre départemental. Il est certain qu'après Mai 68 les activités du comité se développèrent rapidement.

Ce fut d'abord, simple coïncidence, les premières applications d'une importante réforme administrative : la création des centres des Impôts (CDI) qui réalisait la fusion des secteurs de base des trois régies dans un cadre territorial élargi. L'organisation interne était également modifiée. [...]

L'Administration avait établi, par fonction (ORDOC, FP, FE, secteurs d'assiette), un barème de points ; ceux-ci, multipliés par le nombre de dossiers recensés, entraînaient la création d'un certain nombre de postes dont la charge de travail normale était également évaluée en points.

La première tâche des représentants syndicaux était d'obtenir quelques postes supplémentaires. Il faut d'ailleurs dire que, dans ses opérations, l'Administration calculait toujours « par défaut ». Au surplus, on pouvait valablement prétendre qu'un certain nombre de dossiers parisiens comportaient des difficultés supérieures à la moyenne nationale. Nous avons effectivement obtenu quelques satisfactions.

J'avais d'autre part remarqué que la plupart des représentants du personnel étaient issus des Contributions directes, les autres, des Contributions indirectes et aucun de l'Enregistrement. Or, il n'était prévu qu'un « demi-inspecteur FI » (fiscalité immobilière) par CDI soit un pour l'ensemble des premier et deuxième arrondissements et, si mes souvenirs sont exacts, sans adjoint. Or j'avais pu me rendre compte, pour mes contrôles de revenus, de l'importance des renseignements que fournissait l'Enregistrement. La surveillance et le contrôle des mouvements patrimoniaux me semblaient donc sérieusement sous-estimés par le barème. Je bataillais régulièrement sur ce point et, par chance, un des membres de la parité administrative était « enregistreur », le directeur, si bien que les choses s'arrangèrent mieux que je ne l'espérais.

Il y avait aussi, du point de vue syndical, un autre problème important : la nouvelle spécialisation par fonction des agents qui entraînait, sur place, la reconversion d'un certain nombre d'entre eux. Il ne fallait pas non plus que cette spécialisation soit un obstacle supplémentaire à leur mutation ultérieure pour convenance personnelle. Or l'Administration n'avait prévu, me semble-t-il, une formation particulière que pour les futurs inspecteurs FE ; il convenait d'en faire profiter les autres personnels. Heureusement, l'idée fit son chemin. [...]

Pendant ce temps, fin 1970 ou 1971, un mouvement de grève se dessinait à la DGI. Les événements de 1968 n'avaient guère entraîné de mouvements de grève organisés dans les services de base. Mais, au début des années 1970, les augmentations de salaires de 1968 avaient été annulées par la hausse des prix et les modifications de structure envisagées engendraient une sourde inquiétude chez le personnel. Les agents de l'inspection centrale étaient très motivés ; même les auxiliaires en instance de titularisation voulaient faire grève et il semblait inutile d'essayer de leur faire admettre, par des voies indirectes, qu'ils couraient un certain danger : c'était pour eux une question de dignité. Au jour « J », toute l'inspection centrale était en grève et, ailleurs, le mouvement était également très suivi. Je réussis à convaincre les instances de la CFDT de l'utilité de tenir un grand meeting parisien, place Saint-Sulpice. J'avais bien entendu prévenu les camarades des autres syndicats et, à 15 heures, chaque centrale avait délégué un représentant pour prendre la parole dans la grande salle de la cantine du sous-sol, noire de monde. Le lendemain et le surlendemain, nouvelles réunions, toujours très suivies. Mais ce dernier jour, au milieu d'un discours au ton motivant, un des orateurs glissa d'une voix soudain sourde quelques mots que la surprise ne me permit pas de retenir mais dont le sens était net : on n'obtiendrait rien en prolongeant la grève. Un grand silence envahit la salle. La séance se poursuivit quelques instants, mais le cœur n'y était plus et elle se termina rapidement dans une atmosphère morne. Le lendemain, la grève était pratiquement terminée.

J'avais une grande admiration pour cet orateur et j'ai encore aujourd'hui pour lui beaucoup d'estime. Mais lui était un permanent, certes plus expérimenté que moi en ce domaine et qui ne faisait que suivre des instructions dictées en haut lieu syndical, ou politique ; mais, pour ma part, j'étais responsable syndical de base, et de plus responsable administratif d'une inspection centrale en grève à 100 %. Les agents de cette dernière n'avaient certes pas besoin de moi pour savoir ce qu'ils avaient à faire. Mais enfin, j'avais quand même l'impression d'avoir pesé, indirectement sur la décision d'un certain nombre d'entre eux. Je me suis alors promis qu'on ne m'y reprendrait plus. Je ne voudrais pas me faire mal comprendre. Je pense que les militants syndicaux, surtout à la base, ont beaucoup de mérite. La fonction ne consiste guère à dire du bien de l'action des supérieurs et les contacts avec eux sont, semble-t-il, plus rugueux aujourd'hui qu'hier. De plus, dès lors qu'ils paient leur cotisation, trop d'adhérents estiment que les militants sont leurs obligés.

J'ai par ailleurs beaucoup tiré profit de l'activité syndicale, parfois à mon détriment. La nourriture de la cantine était, à notre avis, à peine mieux que médiocre. Je dis « nous » en parlant des représentants de base des différents syndicats, car nous faisions face aux mêmes problèmes concrets et étions très proches les uns des autres dès lors que notre attitude n'était pas dictée par des motifs politiques. Donc, l'intersyndicale de Paris-Sud-Est avait bataillé pour obtenir une amélioration de la qualité des repas grâce à un effort financier assez important de la direction et un effort de principe des utilisateurs. L'affaire fut alors soumise aux votes des adhérents ; le résultat fut négatif. J'avais, comme d'autres, présumé à tort de leur choix. Personne ne doit penser qu'il est à même de savoir ce que veulent les autres, pour leur bien, sous prétexte qu'il s'estime dévoué à leur cause.

Il est enfin un domaine où l'activité syndicale m'a procuré de grandes joies. J'ai parlé plus haut de notre revendication pour une formation professionnelle développée, d'ailleurs dans l'air du temps. Le directeur nous fit savoir qu'il était loin d'être contre, mais qu'il n'aurait pas d'argent. Toutefois il mettait à disposition des locaux les autorisations d'absence nécessaires, et il demanderait à de jeunes rédacteurs de direction de se porter volontaires pour être moniteurs. Mais cela ne suffirait pas et il fallait qu'ils soient rejoints par des syndicalistes. L'idée me tenait à cœur et je me portai volontaire.

Serge Perrin

Responsable mutualiste

G. est chargée du carnet mondain du SNUI, Syndicat national unifié des Impôts.

Il n'y a pas de grands événements dans le département, aussi, elle ne dira pas grand-chose sur le syndicat. Mais la mutuelle, telle qu'elle l'a connue, c'est autre chose.

Après avoir participé à la « petite mutuelle des Contributions directes et du Cadastre », elle est trésorière de la MGI (Mutuelle générale des Impôts) comité départemental, ce qui lui vaut de rédiger une moyenne de cent cinquante chèques tous les dimanches. Elle participe intensivement aux travaux du comité, qui compte 375 adhérents dans le département, seulement pour la MGI.

G. devient responsable de la maison de vacances de Trébons, jusqu'au moment où, les installations diverses n'étant plus adaptées aux exigences des clients, cette dernière ferme ses portes en 1985.

Jusque-là, G. s'occupe de la comptabilité à la façon d'une entreprise privée avec du personnel, et bien sûr toutes les déclarations sociales. Elle supporte même une vérification de comptabilité qui lui permet d'avoir les félicitations du directeur, tant il y a de rigueur.

G. a mis sur les rails un couple devenu gérant. Malgré leurs qualités de cuisine et d'accueil, la maison a fermé. Ils sont actuellement à La Frégate à Bidart, dans le Pays basque. Ils sont courageux et ont des résultats comptables parfaits. G. éprouve une petite fierté d'avoir été, avec son chef de service, à l'origine de ce recrutement.

Les congrès de la mutualité sont passionnants ; G. va partout, à Paris, à la Mutualité, à Dourdan. Ceci permet à G. de s'écarter de la direction, mais pas longtemps, car le travail l'attend dans le service. Personne n'est indispensable, cependant, chacun est utile.

Dans sa vivacité aux congrès, elle n'hésite pas à prendre le micro pour mieux faire entendre et comprendre sa vitalité mutualiste, ce qui, en réalité, est devenu, avec les travaux du bénévolat, la Mutualité française.

Elle s'occupe de façon viscérale de la MGI, jusqu'à la mise en place de structures comptables nationales après fusion et création de la MAI (Mutuelle des agents des Impôts).

Malgré tout, elle garde de tous ces voyages et congrès des souvenirs heureux, en particulier ses balades rituelles dans Paris et près de l'Opéra.

Tout ce monde travaille. À Dourdan, par exemple, des commissions de travail sont formées, dont l'une à laquelle elle participe et qui est d'avant-garde : discussions sur la couverture sociale et la fiscalisation de la Sécurité sociale. Et pourtant, aujourd'hui, vingt ans après… Que doit-on penser ?

Georgette Fontan

La Mutuelle

Je continue également de participer à la gestion de la mutuelle, dont je suis devenu le trésorier national. Les fonds gérés sont très élevés, puisqu'il s'agit des cotisations de tous les adhérents, mais ils ont une vitesse de rotation importante en étant utilisés au paiement d'un complément de couverture sociale à tous les adhérents. Le traitement de ces prestations est assuré dans chaque département par un ou plusieurs agents détachés ou en service allégé. Leur participation est entièrement bénévole, et leur seule récompense est l'invitation à l'assemblée générale annuelle et au repas qui la clôture.

Le bureau national se réunit au moins deux fois par mois, et plus souvent s'il en est besoin. Les réunions rassemblent toujours au moins le président, le secrétaire général et le trésorier, ainsi que la dame contrôleur détachée à plein-temps qui, avec quelques employés, assure pour le siège une permanence, le courrier et les travaux courants. Au cours de ces réunions sont examinées les questions posées par les adhérents ou par les délégués, ainsi que les difficultés ou les anomalies signalées, et les cas importants, et parfois dramatiques, auxquels les statuts n'apportent pas de solution. Nous essayons d'en tirer les enseignements pour proposer à la prochaine assemblée générale une amélioration des prestations ou du fonctionnement, tout en ne perdant de vue ni les impératifs financiers de la mutuelle, ni le montant des cotisations demandées aux adhérents. Ces travaux trouvent leur aboutissement dans une assemblée générale annuelle, ouverte à tous les adhérents, et où tous les délégués départementaux sont présents. Après les rapports d'usage du président, du trésorier et des commissaires aux comptes, la discussion est ouverte sur le rapport moral, et les débats s'animent, mais restent toujours très constructifs, car la Mutuelle est vraiment l'affaire de tous.

Un repas rassemblant près de deux cents convives est ensuite préparé et servi par l'équipe de la cantine de la rue du Louvre.

Georges Guicherd

Mutualiste en Martinique

J'étais le correspondant du comité local de la MGI (Mutuelle générale des Impôts) auprès de la CPSSF (Caisse provisoire de Sécurité sociale des fonctionnaires, agents et ouvriers de l'État en service à la Martinique) société mutualiste de fonctionnaire d'exception créée à la suite d'une grève générale de la fonction publique de 30 jours organisée par le cartel des syndicats de la fonction publique outre-mer pour accéder aux mêmes droits et indemnités et primes de cherté de vie et autres avantages dont jouissaient, dans le tout nouveau département de la Martinique à peine sorti en vertu du décret en date du 19 mars 1946, les fonctionnaires originaires de la France métropolitaine. À l'issue de cette grève longue et âpre, les fonctionnaires ont pu obtenir l'essentiel de leurs revendications à savoir :

1. La création, en vertu d'un décret voté par l'Assemblée nationale de la IVe République française en date d'avril 1950, d'une société mutualiste d'exception appelée Caisse provisoire de Sécurité sociale des fonctionnaires habilitée à liquider les prestations de Sécurité sociale auxquelles les fonctionnaires des DOM pouvaient prétendre du fait que la Sécurité sociale avait été créée en 1947 pour ce qui est de la France métropolitaine et en 1948 pour ce qui est des territoires ultramarins de la communauté française.

2. Dans la foulée, les 40 % de cherté de vie appliqués sur le salaire indiciaire dont bénéficiaient les fonctionnaires dits cadres métropolitains et étendu aux fonctionnaires natifs de l'outre-mer français et dits cadres autochtones.

Le droit au congé administratif à passer en France métropolitaine, etc.

Ce n'est qu'en avril 1952 qu'un décret organisait toutes les structures administratives et comptables nécessaires et suffisantes pour effectuer les remboursements de dépenses de santé : maladie, maternité et invalidité engagées par les fonctionnaires de toutes origines affectés à la Martinique et dans les autres DOM : Guadeloupe, Guyane et Réunion ; par le truchement des sections mutualistes des grandes administrations de l'État regroupées au plan local au sein de la section locale de la FNMFAE (Fédération nationale des mutuelles de fonctionnaires et agents de l'État) émanation de la FNMFAE. Mais les fonctionnaires dans l'outre-mer, de par leur situation particulière, née des singularités de l'histoire coloniale de la France et de la géographie, avaient pour spécificité la double appartenance mutualiste :

- d'une part, adhérents de la mutuelle mère de l'administration centrale parisienne dont ils relevaient ;

- d'autre part, adhérents de la société mutualiste d'exception dite CPGSF créée dans le cadre de l'extension aux DOM des prestations de Sécurité sociale avec un certain retard dans la liquidation des prestations sociales auxquelles ils pouvaient prétendre du fait des cotisations de Sécurité sociale dont les prélèvements étaient précomptés sur leurs salaires dès 1948.

Roger Lucenay

ANNEXE 1

LISTE DES PARTICIPANTS AU CONCOURS AUTOBIOGRAPHIQUE

Les auteurs qui ont apporté leur témoignage au Comité sans participer au concours autobiographique figurent aussi sur cette liste.

A

Anglade (Jean-Sébastien), *Souvenirs.*
Aubert de Vincelles (Maurice), *Le point en fin de carrière.*
Audurier (Marcel), *Du temps, des impôts et des hommes.*
Augiron (Robert), *La carrière d'un touriste-fonctionnaire, enregistreur reconverti.*
Aymeric (Jean), *Un des Directes.*

B

Barousse (Francis), *Un accomplissement atypique.*
Barrau (Eliane), *Les jolies vacances.*
Barthet (Marius), Sans titre.
Batiat (Norbert), *Le panier d'un enregistreur.*
Beaunieux (Huguette), *Et si un agent des Impôts se souvenait...*
Belley (Jacques), Sans titre.
Bellini-Faliguerho (Maryse), « Integrazione… pour un Code général » in *Etudes et documents XI*, Paris, Comité pour l'histoire économique et financière de la France, 1999 (deuxième prix du concours autobiographique *Mémoire des Impôts).*
Bérard (André), *Les collecteurs d'impôts, chronique autobiographique.*
Bernard (Léonce), *Est algérien.*
Besnard (Marcel), Sans titre.
Bessède (Paul), *Non, je n'ai rien oublié.*
Besson (André), *Au temps où les rats de caves chaussaient les skis de fond.*
Bihry (Alphonse), *Récit autobiographique.*
Boirin (Jean), *Extrait d'un récit autobiographique de 1945 à 1985.*
Bône (Jean), *Mémoires de Jean de Molay.*
Bonneau (Roger), *Il fallait le dire.*

Bouchon (Robert), *La porte de service.*
Bouriquet (Fernand), Sans titre.
Boyer (André), *Rendez à César !... Récit autobiographique.*
Boyer (Roger), *Parcours.*
Bréjon (Alfred), *Une vie de combat.*
Bretagnol (Gilbert), *Journal d'un inspecteur de campagne.*
Bretxa (Paul), *Le destin a choisi.*
Bugnon (Jean), *Une vie.*

C

Calvez (Jean), *Du Rif au pays Pagan.*
Caron (Gilbert), Sans titre.
Castets (Paulette), *Le théâtre aux Finances.*
Charier (Jean), *Une carrière emphytéotique.*
Chaussée (Marcel), *Survol autobiographique des années 30 aux années 90.*
Chauvet (Alfred), *Mon parcours à la DGI. Pan de mémoire.*
Cocar (Ernest), *Mémoires autobiographiques. Si le fisc m'était conté ou les aventures secrètes de Joseph Chamoisin.*
Colomb (Georges), *Mémoires, récits autobiographiques.*
Costes (Christian), Sans titre.
Coullaud (Julien), *Du gabelou au polyvalent ou vie d'un agent des Impôts.*

D

Dantz (Serge), *Bilan autobiographique.*
Daverat (Robert), *Être surnuméraire des Contributions directes en 1939.*
David (Marie-Jeanne), Sans titre.
Déhan (Ginette), *Les années de guerre, 1939-1945.*
Dehaudt (Ferdinand), *Regard sur ma vie.*
Deiss (Joseph-André), *DGI, très valeureuse administration. Parcours autobiographique 1949-1994.*
Déjean (Robert), *Des sourires au passé.*
Delcamp (Edmond), Sans titre.
Delomez (Gérard), *Les registres de la mémoire ou les confessions d'un enregistreur.*
Delord (Yves), Sans titre.
Dhenin (Claude), *Une vie à l'hôtel... des Impôts.*
Duchet (Antoine), Sans titre.

Duhamel (Jean), *Un surnuméraire dans la tourmente.*
Duperron (Robert), Sans titre.

E

Elophe (Serge), *Histoire(s) d'un parcours.*
Evain (Henri), *Les sabotiers.*

F

Favaudon (Andrée), Sans titre.
Ferret (Francisque), *Le demi-siècle d'un Forézien naïf et désabusé dans la Finance de l'État.*
Filliette (Louis), Sans titre.
Fillol (Alban), *Vie d'un antique presse-citron.*
Fiol (René), *Images de ma vie.*
Floury (Edmond), Sans titre.
Fontan (Georgette), *Mémoire d'une agent des Impôts et des Hypothèques.*
Fournier (Paul), *Bienvenue à mes souvenirs.*

G

Galy-Chicou (Gabriel), *Arpentages.*
Gandini (Jacques), *Quarante-six ans et demi au service de l'État.*
Gaspard (Jacques), *Récit autobiographique.*
Gaudin (Pierre), *Connais-toi toi-même.*
Gaugain (Georges), *Agent de l'État. Honneur et servitudes.*
Gény (Guy), Sans titre.
Gibot (Henri), *Récit autobiographique.*
Gioan (Roger), *Frimaire, journal d'un enregistreur de campagne. Chronique du temps des Régies.*
Gradelet (Raymond), *De Bordeaux à Paris par le 4e parallèle. La vie d'un inspecteur des Impôts.*
Gratianne (Pierre), *A on que sias plantat (Où que tu sois planté* ; a reçu les félicitations du jury du concours autobiographique *Mémoire des Impôts*).
Graux (Marie-Louise), Sans titre.
Grellety (Jean), *Quarante ans voltigeur aux Impôts.*
Gremillon (Gabriel), *Exode 1940* (sous le pseudonyme de Gabriel Danjou), Paris, Les éditions du Scorpion, collection Alternance, 1960.

Grinand (Pierre), Sans titre.
Grossein (Henri), *Trente ans après.*
Guénot (Guy), *Récit autobiographique.*
Guicherd (Georges), *De la plume à la souris.*
Guillaumin (Louis), *Merci, Monsieur le Directeur.*
Guillot (Michel), *Autobiographie d'un agent de l'Enregistrement.*

H

Haddou (Georges), *Mémoire d'un CGI.*
Hanoun (André), *40 ans de fiscalité, grandeur et servitude.*
Hussonnois (Jean), *Rendez à César ... ou les riches heures d'un inspecteur du fisc.*

J

Jézéquel (Jean), *Contributions indirectes. Stage 1943-1944 des contrôleurs stagiaires au Centre de la rue Cardinet à Paris.*
Jobez (Marguerite), Sans titre.
Jocteur-Monrozier (Maurice), Sans titre.
Joulia (Marie-Claude), *Une vie ordinaire.*

K

Kappès (André), *Moi et l'administration fiscale.*
Kerrinckx (Edmond), *Mes grandes vacances de l'année 1940.*

L

Lacroix (Raymond), *Merci, Monsieur le Président.*
Lacrouts (Marc), *La vocation manquée.*
Lafon (Maurice), Sans titre.
Laurent (Jacques), Sans titre.
Le Pivert (Paul), *J'étais fonctionnaire.*
Le Plessis (Jean-Claude), Sans titre.
Lécard (Jeannine), *Sur les traces de mon père.*
Lecompte (Pierre), Sans titre.
Lenz (Pierre), *La vie d'un géomètre.*
Lesgourgues (Jean), *L'École de Lyon (1927-1938) : une ancêtre de l'École nationale des Impôts.*
Lesperon (Rolland-Gérard), *Une carrière dans une vie.*

Lheureux (Pierre), *Fisc... Demi-tour à droite, ou l'Enregistrement mène à tout.*
Linarès (Bernard), *Biographie professionnelle de M. Bernard Second.*
Lombart (Joseph), *Toute une vie.*
Lucenay (Louis-Roger), Sans titre.
Ludmann (Augustine), *Souvenirs.*

M

Malleck (André), *Tu seras fonctionnaire mon fils...*
Marenaud (Jean-Louis), *Mémoire d'un rat.*
Marque (André), Sans titre.
Martin (Eric), *Bou lah Ya.*
Massaloux (Jean-Paul), *Souvenirs d'un employé de l'ancienne administration de l'Enregistrement et des Domaines.*
Massis (Antoine), Sans titre.
Mathé (Yvonne), *La longue marche d'une auxiliaire des Impôts* (premier prix du concours autobiographique *Mémoire des Impôts*), Paris, Comité pour l'histoire économique et financière de la France, collection *Mémoire*, 1998.
Maurin (André), *Récit autobiographique d'une carrière dans les services des Impôts (1937-1980).*
May (Alfred), *Au gré des ans.*
Maynadié (Jacques), *L'argent-l'impôt des autres* (sous le pseudonyme de Jacques May), Paris, La pensée universelle, 1989.
Mazuel (Suzanne), *Mémoires d'une carrière.*
Menuet (Louis), « Récit autobiographique de 1930 à 1995 » in *Etudes et documents XII*, Paris, Comité pour l'histoire économique et financière de la France, 2000 (troisième prix du concours autobiographique *Mémoire des Impôts*).
Meunier (Jacques), *Un fils d'enseignants dans l'administration fiscale, 1944-1984 et au-delà ... Souvenirs et portraits sans prétentions.*
Meynial (Jean), *Le « surnu » ou quarante et une années de ma vie.*
Mignucci (Dominique), *Quelques souvenirs d'un ancien de la DGI.*
Mirabail (Henri), *Fisc flashes.*
Mivielle (Fernand), *A la recherche du temps qui n'est plus.*
Monaco (Robert), *Mémoires de Robert Monaco inspecteur des Impôts.*
Montagne (Edmond), *Seize mille cinq cent soixante-neuf jours.*
Mounié (Joseph), *La grande maison.*
Mousset (Marcel), *La vie en contrepoint.*

N

Naboulet (Armand), Sans titre.

P

Paoli (Lucien), *Autobiographie.*
Parisot (Robert), *Autobiographie d'un agent du fisc.*
Parpaillon (Michel), *Itinéraire d'un fonctionnaire des Impôts. Publicité foncière.*
Payrou-Come (Odette), *Mémoire des Impôts.*
Pélissier (Geneviève), Sans titre.
Pelouse (Jean-François), Sans titre.
Penalva (Martial), Sans titre.
Pentier (Fernand), Sans titre.
Périn (Marie), Sans titre.
Perreault (Lucien), *Des porte-plume aux ordinateurs.*
Perrin (Serge), *Et la boucle fut bouclée.*
Peter (Pierre), *Nouvelles de mon passé.*
Petit (Pierre), *Ma carrière.*
Pinto (Joseph), *Ma vie à la fontaine.*
Pouget (Paul), Sans titre.
Pouget (Pierre), Sans titre.
Pouget (Yves), *Contrôleur des Contributions directes : un beau métier ?*
Pouillieute (Robert-Jean), *Fonctionnaire à la DGI.*
Pouyfourcat (Robert), *Le tir aux pigeons.*
Prévoté (Yvette), Sans titre.

R

Réaux (Guy), Sans titre.
Reynaud (Jacques), Sans titre.
Robin (René), *Secrète et implacable administration*, Toulouse, Eché, 1984.
Roger (Jean), *Histoire d'une vie ordinaire.*
Romanetti (Jean-Pierre), *Vous avez dit rond-de-cuir...? Quarante ans dans les services fiscaux.*
Rouchon (Madeleine), Sans titre.
Rouchon (Maurice), *Quelques souvenirs de plus de quarante ans de carrière.*
Rouquié (Jean), *Plaidoyer pour un inspecteur des Domaines défunt.*
Rugaille (Simone), *Quarante-trois ans au service d'une grande dame : l'administration des Finances.*

S

Salètes (René), *Souvenirs d'un jeune débutant dans l'administration algérienne des Contributions diverses.*
Salphati (Elie), *Je jure de dire la vérité, toute la vérité, rien que la vérité...*
Salvagni (Joseph), *L'Administration ? une chance pour les primaires.*
Saquer (Georges), *Récit autobiographique.*
Sauvage (Robert), *Une petite sous-préfecture bien tranquille (souvenirs d'un « surnu » de 1942).*
Seeten (André), *Inspecteur des Impôts ? Oui ... et alors !*
Séguy (Lucien), *Quelle histoire !*
Soumagnat-Péran (Monique de), *Profession ? Retraitée des Contributions.*
Souque (Henri), *Indirectes et DGI.*

T

Tavernié (Jean), *Mémoires candides de l'Âne vert.*
Traissac (Louis), *Une carrière d'enregistreur.*
Troisgros (Robert), Sans titre.
Truillé (Pierre), *Souvenirs d'enfance.*

U

Ustariz (Jean), Sans titre.

V

Vallès (Paul), *De Boufarik à Châlon-sur-Saône, itinéraire d'un pied-noir* (a reçu les félicitations du jury du concours autobiographique *Mémoire des Impôts*).
Vannier-Moreau (Jean), *Une fuite en avant, 1937-1983.*
Verdier (Henri), *Un inspecteur des Impôts non-honoraire.*
Verdier (Max), *Agent du fisc pendant 43 ans et 8 mois.*
Vidal (Fernand), *Souvenirs de carrière, 1945-1972.*
Vidonne (Albert), *La souvenance des choses.*

W

Watrin (Jean), *Par-dessus les moulins.*
Werner (Robert), *Au temps béni des colonies.*

INDEX MATIÈRE

A

Acquit-à-caution, 13, 210, 216, 223. Voir Boissons, Congé, Passavant (Laissez-passer), Portatif, Titres de mouvement.

Alcools, 11, 19, 31, 194, 200, 210, 216, 217, 223, 270. *Voir Boissons,* Contributions indirectes.

B

Bénéfices agricoles (BA), 56, 57, 142, 274. *Voir Forfait, Impôt sur le revenu,* Taxe proportionnelle.

Bénéfices industriels et commerciaux (BIC), 57, 142, 152, 154. *Voir* Forfait, Impôt sur le revenu, Taxe proportionnelle.

Bénéfices non commerciaux (BNC), 142. *Voir Forfait, Impôt sur le revenu, Taxe proportionnelle.*

Bivalence, 327, 454, 462, 477, 486, 489, 490. *Voir Brigades de contrôle des revenus, Brigades polyvalentes, Contrôle fiscal, Contrôle unique, Fraude fiscale, Fusion, Polyvalence, Polyvalents, Règlement d'ensemble, Réunion des directeurs, Vérifications générales, Vérifications polyvalentes.*

Boissons, 12, 13, 17, 189, 194, 209, 210, 216, 217, 222, 223, 230, 251, 302, 304. *Voir Acquit-à-caution, Alcools, Congé, Contributions indirectes, Passavant (Laissez-passer), Portatif, Titres de mouvement.*

Bouilleurs de cru, 200, 203, 214. *Voir Contributions indirectes.*

Brigades de contrôle des revenus, 462, 485, 496. *Voir Bivalence, Brigades polyvalentes, Contrôle fiscal, Contrôle unique, Fraude fiscale, Fusion, Polyvalence, Polyvalents, Vérifications générales, Vérifications polyvalentes.*

Brigades de contrôle et de recherches (BCR), 403, 416, 458, 564-565. *Voir Contrôle externe, Contrôle fiscal, Contrôle sur pièces, Fusion.*

Brigades de vérifications, 333, 337, 368, 394, 447, 454, 456, 457, 458, 462, 469, 499, 557. *Voir Brigades polyvalentes, Contrôle fiscal, Fraude fiscale, Fusion, Polyvalence, Polyvalents, Vérifications générales, Vérifications polyvalentes.*

Brigades polyvalentes, 454, 455, 459, 463, 481, 483, 500, 508. *Voir Bivalence, Brigades de contrôle des revenus, Contrôle fiscal, Contrôle unique, Fraude fiscale, Fusion, Polyvalence, Polyvalents, Recoupements, Règlement d'ensemble, Réunion des directeurs, Vérifications générales, Vérifications polyvalentes.*

Butoir (règle du), 525, 526, 527. *Voir TVA.*

C

Cadastre, 6, 9, 15, 21, 114, 123, 133, 173-186, 304, 340, 356, 390, 396, 403, 423-424, 427, 428, 443, 445. *Voir Révision des évaluations foncières.*

Cascade, 496, 528. *Voir Contrôle externe (sur place).*

Casier fiscal, 323, 324. *Voir Fusion.*

Centimes additionnels, 125, 126, 129. *Voir Principaux fictifs, « Quatre vieilles ».*

Centre départemental d'assiette (CDA), 336, 391, 403, 407, 408, 416.

Centre des Impôts (CDI), 328, 332, 348-350, 352, 365, 382, 399, 400, 408, 418, 419, 421, 430, 442, 443, 445, 646, 647, 648, 651, 723, 728, 729. *Voir Chef de centre, Fiscalité des entreprises (FE), Fiscalité des entreprises « lourde » (FEL), Fiscalité des entreprises vérification (FEV), Fiscalité immobilière (FI), Fiscalité personnelle (FP), Inspection d'assiette et de documentation (IAD), Inspection fusionnée d'assiette et de contrôle (IFAC), Inspections spécialisées, Secteurs d'assiette, Secteurs d'assiette des impôts directs (SAID), Section d'ordre et de documentation (ORDOC).*

Centre des Impôts foncier (CDIF), 340, 357. *Voir Cadastre, Domaine.*

Centre régional informatique (CRI), 185, 394, 422, 629, 649, 653, 742, 768, 774, 845, 847. *Voir Informatique, Mécanographie.*

« Chameau », 62. *Voir Enregistrement.*

Chef de centre, 621-623, 635-666. *Voir Centre des Impôts, IFAC, Inspecteur central.*

Chef de contrôle, 631, 754, 755, 756, 757, 759, 763, 766, 768, 769. *Voir Conservation des hypothèques, Enregistrement.*

Chef des services fiscaux, 627-628, 629, 630, 635, 649, 711, 713-737, 749, 760, 764.

Commis, 19, 21, 22, 28, 49, 51, 54, 55, 59, 123, 129, 136, 137, 139, 149, 155, 200, 218, 263, 304, 312. *Voir Contrôleur.*

Commission communale (des impôts directs), 115, 117, 120, 154, 169, 171, 180. *Voir Contributions directes, « Quatre vieilles », Taxe sur les chiens, Tournée des mutations.*

Commission départementale, 500, 505, 523, 542, 552, 554, 568, 581, 602, 614. *Voir Contrôle fiscal.*

Comptable unique, 341.

Comptes bancaires, 550. *Voir Contrôle fiscal, Droit de communication, Vérificateur.*

Confédération intersyndicale de défense et Union nationale d'action des travailleurs indépendants (Cid-Unati), 460, 465, 491, 501, 565, 611-620. *Voir Contrôle fiscal, Nicoud, Polyvalence, Polyvalents, Poujade, Poujadisme, Vérificateur, Vérifications générales, Vérifications polyvalentes.*

Congé, 13, 187, 211, 216, 217, 223. *Voir Acquit-à-caution, Boissons, Passavant (Laissez-passer), Portatif, Titres de mouvement.*

Conservateur des hypothèques, 52, 88, 630-631, 668, 753-770. *Voir Enregistrement, Publicité foncière.*

Conservation des hypothèques, 338, 339, 340, 346, 347, 440, 630, 635, 637, 660, 714, 753-770. *Voir Enregistrement, Publicité foncière.*

Contributions directes (administration), 5, 6, 8, 11, 13, 15, 17, 18, 20, 23, 321, 322, 325, 327, 328, 329, 330, 449, 450, 452, 453, 454, 457.

Contributions diverses (administration), 23, 249, 250, 251, 256, 268, 283, 293, 310.

Contribution foncière des propriétés bâties, 8, 9, 114, 125, 183. *Voir Principaux fictifs, « Quatre vieilles », Révision des évaluations foncières, Tournée des mutations.*

Contribution foncière des propriétés non bâties, 8, 9, 183. *Voir Principaux fictifs, « Quatre vieilles », Révision des évaluations foncières, Révision des évaluations des propriétés non bâties, Tournée des mutations.*

Contributions indirectes (administration), 5, 7, 11, 12, 16, 17, 18, 21, 23, 324, 326, 327, 328, 331, 338, 450, 452, 453, 458.

Contribution personnelle mobilière, 9, 117, 125. *Voir Principaux fictifs, « Quatre vieilles », Tournée des mutations.*

Contrôle fiscal, 321, 324, 330, 335, 337, 339, 368, 382, 383, 392, 396, 397, 403, 405, 415, 416, 427, 434, 447, 448, 450-461, 463, 465, 479, 496, 564, 600, 601. *Voir Bivalence, Brigades de contrôle des revenus, Brigades polyvalentes, Contrôle unique, Fraude fiscale, Fusion, Polyvalence, Polyvalents, Règlement d'ensemble, Réunion des directeurs, Vérificateur, Vérifications générales, Vérifications polyvalentes.*

Contrôle sur pièces, 457, 483, 523. *Voir Contrôle fiscal.*

Contrôle sur place (externe), 457, 462, 520, 540, 573. *Voir Contrôle fiscal.*

Contrôle unique, 327, 454, 455, 461, 475, 477, 478, 479, 480, 482, 486, 489, 498. *Voir Bivalence, Brigades de contrôle des revenus, Brigades polyvalentes, Contrôle fiscal, Contrôle unique, Fraude fiscale, Fusion, Polyvalence, Polyvalents, Règlement d'ensemble, Réunion des directeurs, Vérifications générales, Vérifications polyvalentes.*

Contrôleur, 9, 19, 20, 21, 22, 31, 59, 75, 77, 113, 119, 123, 129, 133, 139, 143, 148, 149, 153, 154, 157, 159, 160, 192, 193, 207, 209, 215, 218, 251, 263, 275. *Voir Commis.*

D

Demande de remboursement de taxes, 525. *Voir TVA.*

Directeur départemental, 628, 629, 699, 706, 709-713.

Directeur départemental adjoint, 624, 627.

Directeur divisionnaire, 627, 628, 695, 698, 699, 701-704, 707, 710, 714, 741.

Directeur régional, 629-630, 737-744.

Direction de la garantie et services industriels (DGSI), 240.

Direction de la Mécanographie, 773, 842. *Voir Informatique, Mécanographie.*

Direction des vérifications nationales, 337, 396, 458, 506. *Voir Contrôle fiscal.*

Direction des vérifications nationales et internationales (DVNI), 458. *Voir Contrôle fiscal.*

Direction nationale d'enquêtes fiscales (DNEF), 337, 396, 458, 529, 531, 532. *Voir Contrôle fiscal.*

Direction nationale d'interventions domaniales (DNID), 337, 396.

Directions de vérifications de comptabilités, 337, 396, 456, 458. *Voir Contrôle fiscal.*

Directions départementales, 335-337, 352, 399, 405, 412, 437. *Voir Fusion.*

Directions régionales, 330, 336, 337, 364, 434. *Voir Fusion.*

Domaines, 5, 20, 27, 40, 48, 75, 91 112, 243, 244, 250. *Voir Enregistrement.*

Droit de communication, 489, 538, 550. *Voir Comptes bancaires, Contrôle fiscal, Vérificateur.*

Droits d'enregistrement, 13, 23, 49, 250, 251, 255. *Voir Enregistrement.*

Droits de mutation, 13, 14, 244. *Voir Enregistrement.*

Droits de succession, 14, 255. *Voir Enregistrement.*

E

Éclaircissements (demande de), 530, 533. *Voir Contrôle fiscal.*

École nationale des Impôts (ENI), 324, 329, 374, 379, 380, 381, 411, 776, 781, 838, 852, 861.

Enregistrement (administration), 5, 7, 13-14, 16, 17, 18, 19, 23, 321, 322, 325, 326, 327, 328, 329, 330, 331, 334, 338, 453, 454, 462. *Voir Domaines.*

Entrepôt régional du timbre, 858.

Examen contradictoire de la situation fiscale personnelle (ESFP), 465, 530. *Voir Contrôle fiscal, Vérification approfondie de situation fiscale d'ensemble (VASFE), Vérificateur.*

Exercice (en matière d'impôts indirects), 12, 22, 192, 235, 295.

Expert fiscal, 624.

F

Fiscalité des entreprises (FE), 332, 404, 429, 443, 445, 446, 447. *Voir Centre des Impôts, Fiscalité des entreprises « lourde » (FEL), Fiscalité professionnelle de gestion (FPG), Fusion, Inspection de fiscalité professionnelle (IFP), Inspection fusionnée d'assiette et de contrôle (IFAC), Inspections spécialisées.*

Fiscalité des entreprises « lourde » (FE « lourde »), 457. *Voir Centre des Impôts, Fiscalité des entreprises (FE), Fiscalité professionnelle de gestion (FPG), Fusion, Inspection de fiscalité professionnelle (IFP), Inspection fusionnée d'assiette et de contrôle (IFAC), Inspections spécialisées.*

Fiscalité des entreprises vérification (FEV), 457. *Voir Centre des Impôts, Fusion, Inspection fusionnée d'assiette et de contrôle (IFAC), Inspections spécialisées.*

Fiscalité immobilière (FI), 332, 404, 443, 445, 446, 447, 448. *Voir Centre des Impôts, Enregistrement, Fusion, Inspection fusionnée d'assiette et de contrôle (IFAC), Inspections spécialisées.*

Fiscalité personnelle (FP), 332, 404, 419, 443, 445, 446, 447. *Voir Centre des Impôts, Fiscalité professionnelle de gestion (FPG), Fusion, Inspection de fiscalité professionnelle (IFP), Inspection fusionnée d'assiette et de contrôle (IFAC), Inspections spécialisées.*

Fiscalité professionnelle de gestion (FPG), 447, 457. *Voir Centre des Impôts, Fiscalité des entreprises (FE), Fiscalité personnelle (FP), Fusion, Inspection de fiscalité professionnelle (IFP), Inspection fusionnée d'assiette et de contrôle (IFAC), Inspections spécialisées.*

Fondé de pouvoir, 624, 631, 667, 672, 751, 766, 768. *Voir Recette divisionnaire, Recette principale.*

Forfait, 115, 141, 142, 152, 154, 157, 159, 160, 161, 163, 166, 200, 211, 218, 219, 220, 221, 350, 355, 387, 388, 401, 402, 404, 419, 429, 430, 432, 443, 772, 838, 841, 842, 853, 889. *Voir BA, BIC, BNC, Impôt sur le revenu.*

Fraude fiscale, 322, 327. *Voir Contrôle fiscal.*

Fusion, 16, 17, 28, 30, 31, 44, 48, 85, 150, 154, 165, 184, 207, 208, 244, 266, 293, 321, 322, 323, 324, 326, 327, 329, 330, 331, 335, 336, 338, 339, 340, 347, 348, 349, 353, 356, 358, 359, 360, 361, 363, 364, 366, 367, 369, 373, 376, 377, 380, 381, 383, 384, 387, 390, 401, 402, 403, 404, 409, 417, 419, 424, 427, 430, 434, 436, 438, 440, 443, 444, 621, 623, 624, 626, 627, 628, 629, 630, 640, 646, 654, 668, 685, 692, 696, 698, 705, 707, 713, 745, 756, 761.

G

Garantie (services de la), 22, 226, 234-242. *Voir Contributions indirectes.*

Généralisation (de la TVA), 675, 772, 775, 838, 841. *Voir TVA.*

I

ILIAD, (informatisation de l'inspection d'assiette et de documentation), 666. *Voir Informatique, SICILE (Système informatisé du centre des Impôts et de ses liaisons externes).*

Imposition d'office, 465, 493, 501, 530, 533, 590, 592, 601, 606. *Voir Contrôle fiscal, Opposition (au contrôle fiscal).*

Impôt de solidarité nationale, 29, 73, 77, 79, 80, 81, 452, 473, 476, 771, 835-836. *Voir Enregistrement.*

Impôt sur le revenu, 14, 15, 16, 35, 37, 57, 114, 117, 119, 125, 127, 128, 132, 133, 146, 152, 153, 154, 307. *Voir Forfait, Impôt sur le revenu des personnes physiques.*

Impôt sur le revenu des personnes physiques, 10, 17, 326. *Voir Forfait, Impôt sur le revenu.*

Impôt sur le revenu des valeurs mobilières, 13, 14, 45. *Voir Enregistrement.*

Impôt sur les sociétés, 17, 114, 314. *Voir Impôt sur le revenu, Impôt sur le revenu des personnes physiques.*

Informatique, 127, 132, 153, 183, 185, 318, 357, 364, 393, 395, 420, 444, 445, 457, 483, 656, 657, 687, 697, 726, 773-774, 841-849, 873. *Voir Mécanographie.*

Inspecteur, 21, 22, 28, 39, 42, 60, 75, 79, 90, 103, 115, 119, 133, 149, 155, 158, 159, 162, 165, 167, 184, 192, 193, 208, 215, 218, 221, 235, 237, 239, 251, 263, 283, 284, 305. *Voir Contrôleur.*

Inspecteur central, 621, 646, 697, 704, 751. *Voir Chef de centre, Receveur principal.*

Inspecteur principal, 624-627, 638, 642, 656, 677-700, 701, 717, 723, 763.

Inspection d'assiette et de documentation (IAD), 332, 383. *Voir Centre des Impôts, Inspection fusionnée d'assiette et de contrôle (IFAC), Secteurs d'assiette, Section d'ordre et de documentation (ORDOC).*

Inspection de fiscalité professionnelle (IFP), 457. *Voir Centre des Impôts, Fiscalité des entreprises « lourde » (FE « lourde »), Fiscalité professionnelle de gestion (FPG).*

Inspection fusionnée d'assiette et de contrôle (IFAC), 332, 333, 334, 338, 382, 387, 399, 404, 418, 419, 421, 621, 635, 636, 639. *Voir Centre des Impôts, Chef de centre, Inspection d'assiette et de documentation (IAD), Inspections spécialisées, Secteurs d'assiette, Secteurs d'assiette des impôts directs (SAID), Section d'ordre et de documentation (ORDOC).*

Inspection mixte (Contributions directes/Enregistrement), 327-330, 348, 350. *Voir Fusion.*

Inspections spécialisées, 622, 623, 639, 641, 643, 652, 665, 728. *Voir Centre des Impôts, Fiscalité des entreprises (FE), Fiscalité des entreprises « lourde » (FE « lourde »), Fiscalité des entreprises vérification (FEV), Fiscalité immobilière (FI), Fiscalité personnelle (FP), Fiscalité professionnelle de gestion (FPG), Inspection de fiscalité professionnelle (IFP), Inspection fusionnée d'assiette et de contrôle (IFAC).*

L

Livre foncier, 184, 185, 753. *Voir Cadastre.*

M

MAJIC (mise à jour des informations cadastrales), 183, 774, 873. *Voir Cadastre, Informatique.*

Matrice (d'imposition), 6, 12, 20, 119, 125, 126, 130, 132, 133, 152, 153, 155, 156, 304. *Voir Impôt sur le revenu.*

Mécanographie, 208, 243. *Voir Informatique.*

MEDOC (mécanisation des opérations comptables), 768, 774, 846, 847, 861, 865, 873. *Voir Informatique, Recette principale.*

Mutuelle des agents des Impôts (MAI), 782, 899.

Mutuelle générale des Impôts (MGI), 782, 898, 899, 900.

Mutuelle nationale de la DGI (MNDGI), 781, 782.

N

Nicoud (Gérard), 460, 501, 615-620. *Voir Cid-Unati, Contrôle fiscal, Polyvalence, Polyvalents, Poujade, Poujadisme, Vérificateur, Vérifications générales, Vérifications polyvalentes*

O

OCEAN (Opérations de contrôle externe assistées par de nouveaux systèmes), 731. *Voir Contrôle fiscal, Informatique, Vérificateur.*

Opposition (au contrôle fiscal), 460, 465, 489, 491, 500, 501, 544, 565, 590, 592, 593, 596, 597, 598, 599, 601, 604, 618. *Voir Cid-Unati, Contrôle fiscal, Imposition d'office, Nicoud, Polyvalence, Polyvalents, Poujade, Poujadisme, Vérifications générales, Vérifications polyvalentes.*

ORDOC (Section d'ordre et de documentation), 332, 404, 419, 422, 445, 446, 636, 637, 639, 640,' 641, 642, 647, 648, 649, 651, 652, 654, 655, 656, 660. *Voir Centre des Impôts, Inspection d'assiette et de documentation (IAD), Inspection fusionnée d'assiette et de contrôle (IFAC).*

P

Passavant (Laissez-passer), 13. *Voir Acquit-à-caution, Congé, Titres de mouvement.*

Patente, 8, 10, 17, 57, 114, 115, 116, 120, 125, 126, 130, 131, 133, 163, 183, 303, 304, 307, 622, 639, 644, 650, 651, 653, 657, 816, 822, 837. *Voir « Quatre vieilles », Taxe professionnelle, Tournée des mutations.*

Polyvalence, 454, 455, 459, 461, 477, 481, 485, 486, 488, 489, 495, 499, 528, 539, 592. *Voir Bivalence, Brigades de contrôle des revenus, Brigades polyvalentes, Contrôle fiscal, Contrôle unique, Fraude fiscale, Fusion, Polyvalents, Règlement d'ensemble, Réunion des directeurs, Vérificateur, Vérifications générales, Vérifications polyvalentes.*

Polyvalents, 327, 363, 419, 454, 459, 461, 479, 484, 495, 496, 498, 519, 520, 602, 604. *Voir Bivalence, Brigades de contrôle des revenus, Brigades polyvalentes, Contrôle fiscal, Contrôle unique, Fraude fiscale, Fusion, Polyvalence, Règlement d'ensemble, Réunion des directeurs, Vérificateur, Vérifications générales, Vérifications polyvalentes.*

Portatif, 12, 17, 211, 223, 225, 269. *Voir Acquit-à-caution, Boissons, Congé, Contributions indirectes, Exercice, Passavant (Laissez passer), Taxe sur le chiffre d'affaires, Titres de mouvement.*

Poujade (Pierre), 458-461, 491, 498, 582-611. *Voir Cid-Unati, Contrôle fiscal, Nicoud, Polyvalence, Polyvalents, Poujadisme, Vérificateur, Vérifications générales, Vérifications polyvalentes.*

Poujadisme, 458-461, 465, 491, 492, 500, 582-611. *Voir Cid-Unati, Contrôle fiscal, Nicoud, Polyvalence, Polyvalents, Poujade, Vérificateur, Vérifications générales, Vérifications polyvalentes.*

Prime (de fusion), 340. *Voir Fusion.*

Principaux fictifs, 126, 129, 130, 133. *Voir Centimes additionnels, Commission communale (des impôts directs), « Quatre vieilles », Recensement, Tournée des mutations.*

Profits illicites (confiscation des), 77, 452, 453, 471, 474, 476, 600, 771, 820, 821. *Voir Contrôle fiscal.*

Publicité foncière, 631, 667, 702, 755, 756, 757, 760, 762, 765, 768, 769. *Voir Conservateur des hypothèques, Conservation des hypothèques, Enregistrement.*

Q

« Quatre vieilles », 8, 15, 117, 125, 133, 134, 183, 274. *Voir Centimes additionnels, Commission communale (des impôts directs), Impôt sur le revenu, Principaux fictifs, Recensement, Taxe sur les chiens, Tournée des mutations.*

R

Recensement, 10, 133. *Voir Tournée des mutations.*

Recette, 328, 331, 338, 339, 346, 350, 361, 377, 380, 382, 402, 404, 407, 409, 417, 424, 434, 435, 436, 439, 441, 443. *Voir Contributions diverses, Contributions indirectes, Enregistrement, Recette divisionnaire, Recette principale, Receveur, Receveur divisionnaire, Receveur principal.*

Recette-buraliste, 189, 192, 210, 211, 215. *Voir Contributions indirectes.*

Recette divisionnaire, 624, 631-632, 668, 698, 723, 744-753. *Voir Receveur divisionnaire.*

Recette-entrepôt, 224, 225, 226. *Voir Contributions indirectes.*

Recette principale, 440, 623-624, 660, 667-676, 720. *Voir Receveur principal.*

Recette sédentaire, 192. *Voir Contributions indirectes.*

Receveur, 13, 19, 22, 23, 32, 39, 40, 41, 42, 44, 46, 48, 49, 50, 51, 56, 63, 73, 79, 189, 206, 209, 217, 218, 220, 223, 248, 250, 254, 255, 256. *Voir Contributions diverses, Contributions indirectes, Enregistrement, Recette, Recette divisionnaire, Recette principale, Receveur divisionnaire, Receveur principal.*

Receveur-contrôleur, 19. *Voir Enregistrement.*

Receveur divisionnaire, 624, 630, 631-632, 724, 744-753. *Voir Recette divisionnaire.*

Receveur principal, 229, 623-624, 631, 667-676. *Voir Recette principale.*

Recoupements, 454, 455, 481, 483, 487, 488, 491, 492, 522, 564, 579, 600, 604. *Voir Brigades de contrôle et de recherches (BCR), Brigades de vérifications, Brigades polyvalentes, Contrôle fiscal, Vérificateur, Vérifications générales, Vérifications polyvalentes.*

Règlement d'ensemble, 462, 479, 480, 482, 483. *Voir Bivalence, Brigades de contrôle des revenus, Brigades polyvalentes, Contrôle fiscal, Contrôle unique, Fraude fiscale, Fusion, Polyvalence, Polyvalents, Réunion des directeurs, Vérifications générales, Vérifications polyvalentes.*

Réorganisation (des Contributions directes), 325. *Voir Fusion.*

Répartiteurs, 117. *Voir Commission communale (des impôts directs), Tournée des mutations.*

Répertoire, 13, 35, 44, 46, 58, 59, 79, 81, 82, 170, 171, 180. *Voir Enregistrement.*

Réseau comptable (réorganisation du), 338, 353, 382, 404, 406, 417, 434, 440. *Voir Fusion.*

Réunion des directeurs, 455, 456, 480, 481. *Voir Bivalence, Brigades de contrôle des revenus, Brigades polyvalentes, Contrôle fiscal, Contrôle unique, Fraude fiscale, Fusion, Polyvalence, Règlement d'ensemble, Vérifications générales, Vérifications polyvalentes.*

Révision des évaluations foncières, 169, 170, 183, 638, 710. *Voir Cadastre.*

Révision des évaluations des propriétés non bâties, 182. *Voir Cadastre.*

S

Secteurs d'assiette, 622, 639, 644, 645, 649, 652, 653, 654, 656, 660, 664, 690. *Voir Centre des Impôts, Inspection d'assiette et de documentation (IAD), Inspection fusionnée d'assiette et de contrôle (IFAC).*

Secteurs d'assiette des impôts directs (SAID), 443, 636, 648, 649, 650, 651, 652, 660. *Voir Centre des Impôts, Inspection d'assiette et de documentation (IAD), Inspection fusionnée d'assiette et de contrôle (IFAC).*

Services centraux, 322, 325, 330-331, 336, 337, 341, 345-354, 362, 364, 397, 399.

Services extérieurs, 324, 325, 331 337, 340, 341, 345, 346, 354-448.

SICILE (Système informatisé du centre des Impôts et de ses liaisons externes), 666. *Voir ILIAD (informatisation de l'inspection d'assiette et de documentation), Informatique.*

Signes extérieurs de richesse (taxation forfaitaire), 455, 497, 530, 538, 571. *Voir Brigades de contrôle des revenus, Brigades polyvalentes, Contrôle fiscal, Fraude fiscale, Vérificateur, Vérifications générales, Vérifications polyvalentes.*

Statut des Juifs, 199, 257-259.

Surtaxe progressive, 125. *Voir Impôt sur le revenu, Taxe proportionnelle.*

Syndicat national de l'Enregistrement (SNE), 781.

Syndicat national des agents de la DGI (SNADGI-CGT), 776, 780, 781, 782, 871, 872, 895.

Syndicat national des agents des Contributions indirectes (SNACI), 778, 780, 781, 882, 894.

Syndicat national des cadres des Contributions directes (SNCCD), 780.

Syndicat national unifié des Contributions directes (SNUCD), 780, 894, 895.

Syndicat national unifié des Impôts (SNUI), 775, 776, 780, 855, 856, 895, 898.

Syndicat national unifié du Cadastre (SNUC), 780, 894, 895.

T

Taxation d'office, 465, 493, 501, 530, 533, 590, 592, 601, 606. *Voir Contrôle fiscal, Opposition (au contrôle fiscal).*

Taxe à la production, 12, 211, 216, 221, 222, 251. *Voir Contributions indirectes, Taxe d'armement, Taxe locale, Taxe sur le chiffre d'affaires, Taxe sur les prestations de services, Taxe sur les transactions, Taxes sur le chiffre d'affaires, TVA.*

Taxe communale, 126. *Voir Centimes additionnels, Contributions directes.*

Taxe d'armement, 12, 222. *Voir Contributions indirectes, Taxe à la production, Taxe locale, Taxe sur le chiffre d'affaires, Taxe sur les prestations de services, Taxe sur les transactions, Taxes sur le chiffre d'affaires, TVA.*

Taxe de luxe, 11. *Voir Taxe sur le chiffre d'affaires.*

Taxe de publicité foncière, 338, 339, 631, 755, 762. *Voir Conservateur des hypothèques, Conservation des hypothèques, Enregistrement, Recettes.*

Taxe des prestations, 10, 274. *Voir Commission communale, Contributions directes, « Quatre vieilles », Recensement, Tournée des mutations.*

Taxe départementale, 126. *Voir Centimes additionnels, Contributions directes.*

Taxe différentielle sur les véhicules à moteur, 216, 217, 684. *Voir Vignette.*

Taxe locale, 12, 211, 220, 221, 222, 313, 637. *Voir Contributions* indirectes, Taxe à la production, Taxe d'armement, Taxe sur le chiffre d'affaires, Taxe sur les prestations de services, Taxe sur les transactions, Taxes sur le chiffre d'affaires, TVA.

Taxe professionnelle, 622, 644, 650, 651, 657, 697, 726. *Voir Patente.*

Taxe proportionnelle, 125. *Voir Impôt sur le revenu, Surtaxe progressive.*

Taxe sur le chiffre d'affaires, 8, 11, 13, 16, 18, 21, 38, 218, 221-222, 304. *Voir Contributions indirectes, Exercice, Taxe à la production, Taxe d'armement, Taxe locale, Taxe sur les prestations de services, Taxe sur les transactions, Taxes sur le chiffre d'affaires, TVA.*

Taxe sur les chiens, 10, 57, 116, 119, 133, 152, 160. *Voir Commission communale (des impôts directs), Contributions directes, « Quatre vieilles », Recensement, Taxe des prestations, Tournée des mutations.*

Taxe sur les paiements, 11, 12. *Voir Taxe sur le chiffre d'affaires.*

Taxe sur les prestations de services, 12, 220, 221, 222, 251, 300,637. *Voir Contributions indirectes, Taxe à la production, Taxe d'armement, Taxe locale, Taxe sur le chiffre d'affaires, Taxe sur les transactions, Taxes sur le chiffre d'affaires, TVA.*

Taxe sur les spectacles, 209, 210, 251, 688. *Voir Contributions indirectes, Exercice.*

Taxe sur les transactions, 12, 211, 220, 221, 222. *Voir Contributions indirectes, Taxe à la production, Taxe d'armement, Taxe locale, Taxe sur le chiffre d'affaires, Taxe sur les prestations de services, Taxes sur le chiffre d'affaires, TVA.*

Taxe sur les transports de marchandises, 216, 217, 231, 232, 688. *Voir Contributions indirectes, Taxes sur le chiffre d'affaires, Taxes uniques, TVA.*

Taxe sur les vélocipèdes, 201, 209, 211, 218. *Voir Contributions indirectes.*

Taxe sur les viandes, 216, 231, 688, 690. *Voir Contributions indirectes, Taxes sur le chiffre d'affaires, Taxes uniques, TVA.*

Taxes sur le chiffre d'affaires, 14, 23, 31, 209, 211, 215, 216, 217, 219, 220, 221, 222, 223, 224, 225, 233, 250, 300. *Voir Contributions indirectes, Exercice, Taxe à la production, Taxe d'armement, Taxe locale, Taxe sur le chiffre d'affaires, Taxe sur les paiements, Taxe sur les prestations de services,*

Taxe sur les transactions, Taxe sur les transports de marchandises, Taxe sur les viandes, Taxes uniques, TVA.

Taxes uniques, 12, 216, 222, 637. *Voir Contributions indirectes, Taxe sur le chiffre d'affaires, Taxe sur les transports de marchandises, Taxe sur les viandes, Taxes sur le chiffre d'affaires, TVA.*

Titres de mouvement, 187, 188, 194, 207, 215, 217, 223, 230. *Voir Acquit-à-caution, Boissons, Congé, Contributions indirectes, Exercice, Passavant (Laissez-passer), Portatif.*

Tour de piste, 629, 705-709. *Voir Directeur divisionnaire, Directeur départemental.*

Tournée des mutations, 15, 20, 23, 29, 37, 57, 113-122, 126, 133, 142, 144, 147, 152, 154, 160, 161, 264, 273, 278, 286, 307, 804, 805, 824. *Voir Centimes additionnels, Commission communale (des impôts directs), Contributions directes, Principaux fictifs, « Quatre vieilles », Recensement, Taxe des prestations, Taxe sur les chiens.*

TVA, 29, 34, 165, 208, 216, 217, 221, 222, 265, 266, 297, 300, 317, 326, 331, 338, 339, 357, 365, 387, 393, 402, 420, 441, 443, 444, 622, 623, 624, 637, 643, 645, 667, 668, 669, 672, 674. *Voir Contributions indirectes, Exercice, Taxe à la production, Taxe d'armement, Taxe locale, Taxe sur le chiffre d'affaires, Taxe sur les prestations de services, Taxe sur les transactions, Taxes sur le chiffre d'affaires, Taxes uniques.*

V

VASFE (Vérification approfondie de situation fiscale d'ensemble), 462, 465, 530, 564. *Voir Brigades polyvalentes, Contrôle fiscal, ESFP (Examen contradictoire de la situation fiscale personnelle), Vérificateur, Vérifications générales, Vérifications polyvalentes.*

Vérificateur, 451, 452, 453, 454, 455, 456, 457, 461-465, 470, 471, 475, 477, 478, 481, 482, 483, 487, 490, 495, 496, 499, 502, 503, 504, 505, 518, 519, 520, 521, 523, 524, 526, 529, 530, 534, 535, 536, 539, 540, 541, 544, 548, 549, 550, 553, 554, 559, 560, 561, 564, 569, 570, 573, 592, 593, 603. *Voir Bivalence, Brigades de contrôle des revenus, Brigades polyvalentes, Cid-Unati, Contrôle fiscal, Contrôle unique, Fraude fiscale, Nicoud, Polyvalence, Polyvalents, Poujade, Poujadisme, Règlement d'ensemble, Réunion des directeurs, Vérifications générales, Vérifications polyvalentes*

Vérification d'ensemble, 327. *Voir Règlement d'ensemble, Réunion des directeurs.*

Vérifications générales, 327, 375, 434, 455, 492, 502, 505, 528. *Voir Bivalence, Brigades de contrôle des revenus, Brigades polyvalentes, Cid-Unati, Contrôle fiscal,*

Contrôle unique, Fraude fiscale, Nicoud, Polyvalence, Polyvalents, Poujade, Poujadisme, Règlement d'ensemble, Réunion des directeurs, Vérificateur, Vérifications polyvalentes.

Vérifications polyvalentes, 327, 482, 495, 496, 593. *Voir Bivalence, Brigades de contrôle des revenus, Brigades polyvalentes, Cid-Unati, Contrôle fiscal, Contrôle unique, Fraude fiscale, Nicoud, Polyvalence, Polyvalents, Poujade, Poujadisme, Règlement d'ensemble, Réunion des directeurs, Vérificateur, Vérifications générales.*

Vignette, 216, 217, 624, 684. *Voir Taxe différentielle sur les véhicules à moteur.*

INDEX DES NOMS DE PERSONNES

A

Anglade (Jean-Sébastien), 583, 795.
Aubert de Vincelles (Maurice), 319.
Audurier (Marcel), 18, 35, 329, 334, 375, 425, 494, 700, 734, 819.
Augiron (Robert), 17, 20, 27, 103, 623, 638, 670, 771, 804.
Ayméric (Jean), 16, 21, 132, 151, 374, 501.

B

Barthet (Marius), 791.
Batiat (Norbert), 20, 100, 290, 746.
Beaunieux (Huguette), 21, 154.
Bérard (André), 462, 464, 544, 545.
Bernard (Léonce), 296.
Bessède (Paul), 81, 82.
Besson (André), 214.
Bihry (Alphonse), 20, 98.
Boirin (Jean), 329, 331, 379, 428, 630, 749.
Bône (Jean), 20, 116, 150, 623, 672, 681.
Bouchon (Robert), 181, 183, 184, 340, 424, 774, 846.
Bouriquet (Fernand), 459, 586.
Boyer (André), 463, 464, 555, 556, 558.
Boyer (Roger), 612, 860.
Bréjon (Alfred), 174, 179.
Bretagnol (Gilbert), 122, 394, 576, 588, 775, 851.
Bretxa (Paul), 21, 24, 148, 158, 572, 589, 824.

C

Calvez (Jean), 464, 505, 691, 703, 767.
Castets (Paulette), 789.
Charier (Jean), 19, 24, 56, 62.
Chaussée (Marcel), 539.
Chauvet (Alfred), 224, 772, 774, 775, 777, 820, 838, 848, 852, 864.
Cocar (Ernest), 464, 561, 591.
Colomb (Georges), 326, 338, 366, 442, 461, 476.
Costes (Christian), 23, 248, 879.
Coullaud (Julien), 500.

D

Dantz (Serge), 401.
Déhan (Ginette), 24, 66.
Déhan (Jean), 63.
Dehaudt (Ferdinand), 188.
Deiss (André), 591.
Delcamp (Edmond), 321, 358.
Delomez (Gérard), 48.
Dhenin (Claude), 242, 489, 527, 699, 775, 854.
Duchet (Antoine), 16, 58, 478.
Duperron (Robert), 506.

E

Elophe (Serge), 331, 354, 632, 748, 773, 844, 870.

F

Ferret (Francisque), 20, 51, 107, 326, 365, 446.
Filliette (Louis), 18, 24, 39, 195, 200, 771, 778, 781, 787, 887.
Fiol (René), 17, 28, 229, 233.

Floury (Edmond), 616.
Fontan (Georgette), 15, 19, 89, 134, 899.
Fournier (Paul), 618.

G

Galy (Gabriel), 176, 180, 186, 780, 895.
Gandini (Jacques), 267, 326, 335, 371, 417, 631, 753, 842.
Gaspard (Jacques), 24, 198, 227, 239.
Gaudin (Pierre), 76.
Gaugain (Georges), 234, 334, 400, 611, 622, 666.
Gény (Guy), 464, 522.
Gibot (Henri), 21, 161, 329, 333, 384, 593.
Gioan (Roger), 52, 771, 805, 830.
Gradelet (Raymond), 23, 307, 452, 471.
Gratianne (Pierre), 23, 317, 531, 533.
Graux (Marie-Louise), 18, 21, 36, 140.
Grellety (Jean), 84, 334, 378, 430, 624, 676, 828.
Grossein (Henri), 162, 406, 629, 683, 707, 711, 720.
Guénot (Guy), 563, 805.
Guicherd (Georges), 15, 24, 129, 147, 336, 337, 409, 434, 629, 630, 631, 678, 706, 740, 764, 900.
Guillaumin (Louis), 774, 845.
Guillot (Michel), 80.

H

Hanoun (André), 24, 262, 300, 543, 622, 623, 657.
Hussonnois (Jean), 465, 510, 512, 513, 515, 595.

J

Jézéquel (Jean), 337, 411.
Jobez (Marguerite), 16, 21, 136.

K

Kappès (André), 23, 253.

L

Lacroix (Raymond), 795.
Lacrouts (Marc), 119, 356, 358, 582.
Lafon (Maurice), 826.
Laurent (Jacques), 218.
Le Pivert (Paul), 21, 167, 326, 367.
Lesgourgues (Jean), 321, 359.
Lesperon (Rolland-Gérard), 335, 340, 368, 413, 626, 629, 686, 709, 722, 741, 769, 780, 866, 890.
Lheureux (Pierre), 461, 462, 486.
Linarès (Bernard), 301, 320.
Lucenay (Roger), 901.
Ludmann (Augustine), 297.

M

Malleck (André), 23, 24, 277, 280.
Marenaud (Jean-Louis), 24, 272, 888.
Marque (André), 37, 328, 329, 387, 626, 679.
Martin (Éric), 23, 24, 285, 288, 289, 814.
Massaloux (Jean-Paul), 5, 20, 43, 95, 322, 361, 364.
Massis (Antoine), 338, 436.
Maurin (André), 456, 520, 596, 622, 645, 822.
May (Alfred), 15, 114, 831.

Menuet (Louis), 22, 88, 333, 448, 629, 730, 732, 744, 776, 777, 806, 876.
Meunier (Jacques), 21, 164, 716.
Meynial (Jean), 328, 388, 695, 867.
Mignucci (Dominique), 461, 498.
Mirabail (Henri), 334, 419, 598, 622, 663, 772, 813, 838, 889.
Monaco (Robert), 577, 580.
Montagne (Edmond), 573, 688, 735, 765, 772, 839.
Mounié (Joseph), 220, 336, 405, 565, 566, 600, 694, 868.
Mousset (Marcel), 20, 24, 53, 70, 93.

P

Paoli (Lucien), 444, 508, 620.
Parpaillon (Michel), 60.
Perreault (Lucien), 15, 127, 329, 390, 452, 473, 529, 601, 680.
Perrin (Serge), 524, 807, 830, 841, 898.
Peter (Pierre), 22, 246, 335, 438, 737.
Petit (Pierre), 169, 172.
Pinto (Joseph), 24, 259, 273, 334, 420.
Pouget (Pierre), 668, 835, 865.
Pouget (Yves), 334, 423, 602, 856.
Pouillieute (Robert-Jean), 492, 698.
Pouyfourcat (Robert), 256, 463, 464, 546, 549, 603.
Prévoté (Yvette), 209, 774, 849.

R

Réaux (Guy), 791.
Robin (René), 23, 249.
Roger (Jean), 24, 202, 205.
Romanetti (Jean-Pierre), 462, 541, 713, 726.
Rouchon (Madeleine), 330, 349.
Rouchon (Maurice), 330, 350.
Rouquié (Jean), 112.
Rugaille (Simone), 369, 443.

S

Salètes (René), 257.
Salvagni (Joseph), 302.
Saquer (Georges), 464, 537.
Seeten (André), 21, 212, 213, 464, 570.
Séguy (Lucien), 24, 68, 490.
de Soumagnat-Péran (Monique), 771, 816, 834.
Souque (Henri), 17, 20, 31, 110, 503, 604, 621, 622, 643, 771, 778, 781, 782, 798, 800, 885.

T

Tavernié (Jean), 518, 812.
Traissac (Louis), 5, 17, 24, 33, 47, 73, 91, 337, 440, 452, 462, 464, 474, 486, 551, 553, 631, 685, 757, 777, 803, 836, 880.
Troisgros (Robert), 606.

U

Ustariz (Jean), 396, 463, 482, 484, 651.

V

Vallès (Paul), 628, 692, 704, 770, 776, 869.

Vannier-Moreau (Jean), 17, 22, 33, 245, 330, 331, 337, 348, 353, 398, 630, 631, 760, 761, 858.
Verdier (Henri), 219, 535, 610.
Verdier (Max), 659.
Vidonne (Albert), 626, 697.

W

Watrin (Jean), 24, 294, 755.
Werner (Robert), 23, 314.

TABLE DES MATIÈRES

Deuxième partie
Des régies financières à la direction générale des Impôts

Chapitre V. **Les régies : avant la création de la direction générale des Impôts** 5

Enregistrement 5
Contributions directes 6
Contributions indirectes 7
Des travaux à la fois très homogènes et nettement différenciés 8
Contributions directes 8
Contributions indirectes 11
Enregistrement 13
L'évolution du système fiscal 14
Le particularisme des régies 17
Les méthodes de travail 18
Les services de l'Enregistrement 19
Les services des Contributions directes 20
Les services des Contributions indirectes 21
Les services centraux 22
Afrique du Nord et outre-mer 23
Pendant la guerre 24

Choix de textes
Les trois régies 27

Trois régies 27
« Une mentalité et des comportements particuliers » 27
Les classes de la Révolution 28
« Les particularités des trois régies » 28
« Trois régies indépendantes » 31
Portraits 33

Les relations des régies entre elles 34
Dieu existe 34
Les Directes et l'Enregistrement 35
« Lorsque deux rédacteurs… » 37
Les Contributions indirectes et les autres régies 37

L'Enregistrement 39
La régie de l'Enregistrement 39
« Une vieille dame » 39
« Une très ancienne administration » 43
« Les fils de bonne famille » 47
Physionomie d'une régie financière 49
« En relation avec les notaires » 51
« La mère Bougon » 52
Les services de l'Enregistrement (1910-1985) 54
Les Hypothèques 54
Un nouveau service 56
Une longue carrière 58
Évacuation des bureaux des Hypothèques de Paris 60
1939-1940 : Exode 63
« Une nouvelle vie, faite de privations » 66
« Je suis pris » 69
La Libération en Seine-et-Marne 70
Un vaste secteur 73
Le métier de commis de l'Enregistrement 77
Le stylo à bille 80
Mes outils de travail 81
Un contrôle de l'Enregistrement 82
Rédacteur 84
« Une chasse gardée » 88
Détournements 89
Le Domaine (1943-1971) 91
Séquestres 91
Confiscations et séquestres 93
Une mission très spéciale 95
Le métier « d'évaluateur » 98
Expropriation 100
« Un petit air vieillot » 103
« Le fleuron de l'Enregistrement » 107
Plaidoyer pour un inspecteur des Domaines défunt 110

Les Contributions directes 113
La « tournée » (1940-1970) 113
Une activité importante et attrayante 113
L'inspecteur et les impôts locaux 115
La tournée 117
En tournée 119

Le service des rôles (1948-1965) 123
Un « service phare » 123
Le « service des rôles » à la direction des services généraux de la Seine 127
Le « service des rôles » à Nantes 130
« Le service le plus important de la direction » 132

Les services de direction et les contrôles (1930-1970) 134
Les Contributions directes autrefois 134
Commis des Contributions directes en 1939 137
Un contrôle pendant la guerre 140
« Adieu les Contributions directes » 147
« Un certain panache » 148
Rédacteur à la direction des Contributions directes de Loire-Atlantique 150
Auxiliaire et contrôleur 151
Inspection centrale de la Chaussée d'Antin 155
« J'aimais mon métier » 158
« L'enthousiasme de la jeunesse » 162
Documentation fiscale 162
En route vers le cadre A 164

Le Cadastre (1931-1972) 167
Dessinateur contractuel 167
Mise à jour du plan cadastral 169
Au Cadastre dans les années trente 173
Débuts au Cadastre 174
Le service des évaluations foncières devient le service du Cadastre 176
Le Cadastre en 1945 177
Le Cadastre dans les années cinquante 179
Renouvellement de plan cadastral par photographie aérienne 180
Chef de circonscription en Ardèche 181
La révision du bâti 183
Le Cadastre en Moselle 184

Les Contributions indirectes 186

Les services des Contributions indirectes (1934-1965) 186
Service des blés 186
Les CI dans les années trente 189
En Lorraine occupée 195
« Nos fonctions pendant l'Occupation » 199
Aux Contributions indirectes pendant la guerre 200
« Rat de cave » 203

Auxiliaire puis inspecteur en recette 205
« Un travail très diversifié » 209
Chef de distillerie 212
Au temps où les « rats de caves » chaussaient les skis de fond .. 213
Contrôleur dans les Ardennes 215
« Me voici inspecteur » 218
Une inspection du chiffre d'affaires dans les années cinquante.. 219
Affecté aux taxes sur le chiffre d'affaires et au service général . 220
« Saut dans l'inconnu » 224
À Saint-Tropez 227
Inspection centrale (Toulon-Est) 229
Une administration déshéritée 233

Les services de la Garantie (1957-1975) 234
Un bureau de Garantie 234
Chimiste et artisan 240

Dans les services centraux (1945-1980) 242
La direction générale de l'Enregistrement 242
Près du soleil 245
Services centraux 246
Absence de dialogue 248

L'Afrique du Nord et l'outre-mer 249

Contributions diverses (1946-1950) 249
« Mon » administration fiscale 249
Receveur en Tunisie 253
« La Légion… » 256

Contributions indirectes (1940-1962) 257
Le statut des Juifs 257
Retour à Alger 259
Inspecteur principal en Algérie 263
L'aventure algérienne 268
Je quitte l'Algérie 273

Contributions directes (1954-1960) 273
Tournées dans le djebel 273
Une insécurité quotidienne 278
« Si l'on demande où je vais… je suis en Afrique » 281
À pied, à cheval et en voiture 285
Rencontre avec un collecteur de fonds FLN 289

Enregistrement (1947-1962) 289
« Sid Doumaine » 289

En Algérie, dans l'Enregistrement 291
Est algérien 294
D'Algérie en Alsace 296

Coopération (1962-1980) 297
Les années de coopération 297
Retour en Algérie 300

Outre-mer (1945-1981) 301
« Muni de mon simple CEP » 301
Douala (Cameroun) 303
Côte-d'Ivoire 307
Vérifications africaines 314
Centrafrique 317
« Attirés par l'outre-mer » 320

Chapitre VI. **La fusion des régies** 321
Une première tentative de fusion (1926-1934) 321
La création de la DGI (1948) 322
L'unification des statuts 324
La modernisation de la fiscalité 326
La répression de la fraude fiscale 327
Les débuts de la fusion des services extérieurs (les années « mixages ») 327
La fusion des services centraux 330
Les IFAC 331
La restructuration des échelons de commandement territoriaux 335
La réforme du réseau comptable 338
Les services fonciers 340
Un exemple sans précédent 340

Choix de textes
Les services centraux, 1951-1968 345
« Une tâche considérable et déterminante pour l'avenir » 345
Service d'études et de réorganisation 348
Une période fructueuse 349
Questions immobilières 351
Le mariage Contributions indirectes/Enregistrement 353

Les services extérieurs 354
« Un enrichissement certain » 354
« Une période de mutation continue » 356

1926-1935 358
« Aller compter les chiens » 358
Les prémices d'un long cheminement 359
Échec d'une tentative de fusion 360
1948-1950 362
La fusion vue par un enregistreur 362
Une réforme type « armée du Mexique » 364
1948 : Naissance de la DGI 366
La fin des « commis » 366
Les débuts de la fusion 367
« Un grand événement à la DGI » 368
Une nouvelle cellule fiscale 369
« Ménage à trois » 371
1951-1967 374
ENI et mixité 374
De l'Enregistrement aux Contributions directes 375
Une tâche délicate 378
Des réformes inéluctables 379
De grands changements 384
Les années « mixage » 387
Extension de compétence 388
De Brioude à Saint-Nectaire 390
La direction régionale de Bordeaux 394
La délégation régionale de l'Île-de-France 396
1968-1975 399
Un aboutissement inéluctable 399
L'esprit Indirectes 400
« Une œuvre de longue haleine » 402
Le grand changement administratif 405
Réorganisation des services extérieurs : la création des CDA et du centre des Impôts des non-résidents 406
Une entreprise colossale 409
1968-1969 en Indre-et-Loire 411
De nouvelles fonctions 414
IFAC et fiscalité personnelle 418
« Nous devenions polyvalents » 419
1969 : L'année des changements 420
Intégré (venant du Cadastre) dans le corps des inspecteurs des impôts 423
Interdépendance et impermanence 424
Le mariage de la carpe et du lapin 426
Les inspections spécialisées 428

Une des premières directions fusionnées : la direction des services fiscaux du Val-de-Marne 431
Réforme du réseau comptable 434
La fusion autour d'un buffet 436
Un travail très laborieux 438
Réorganisation du réseau comptable dans le Rhône 440
Une expérience concluante 442

1976-1985 443

« Le tournant historique » 443
Enfin la DGI dans ses meubles 444
Gestion et contrôle 446

Chapitre VII. **Le contrôle de l'impôt** 449

Assiette et contrôle 449
Un contrôle fiscal jugé insuffisant 450
Le renforcement de la mission de contrôle fiscal 451
Les résistances aux contrôles fiscaux 458
Le métier de vérificateur 461

Choix de textes

Les contrôles fiscaux, 1942-1985 469

Premières brigades de vérifications 469
Enquêteur du Comité de confiscation des profits illicites 471
Confiscation des profits illicites 474
Un travail entièrement nouveau 474
« Une pièce de théâtre » 476
Du contrôle unique à la polyvalence 478
« Le choix des affaires » 482
« Une complète reconversion » 484
« Bivalence » 486
« Un service d'avant-garde » 487
Nouvelle orientation 489
« Une activité intense et variée » 490
Maître X 492
Le service d'Études et de Contrôle fiscal 494
En brigade de vérifications 498
Impôt sur le revenu : contrôles et vérifications 500
Vérificateur général 501
« Une activité intéressante, prenante et très éprouvante ! » 503
Direction des vérifications nationales 506
Un redevable très antipathique 507

Le bottier 508
Femme fatale 510
Paroles, paroles… 512
Un redevable redevable 514
Le récupérateur 515
Le curé épicier 517
« Un long passage dans le métier de vérificateur » 518
En brigade polyvalente 520
« La vérification sur place » 522
« Quel métier je fais ! » 524
Monsieur « vu et transmis » 528
DNEF 529
Les acrobates de l'impôt 531
« Quelle liberté d'action ! » 533
Un choix jamais regretté 535
« Brigade mondaine » 537
Chef de brigade dans la Seine 539
Liberté d'action et solitude 541
Un métier pas tout à fait comme les autres 543
« Intimidation ou tentation » 544
Une grosse enveloppe 546
« La course à la fiche » 546
Un métier difficile 549
La commission départementale des Impôts 552
« La solitude, notre compagne habituelle » 553
Intervention 556
Tentative de corruption 557
Contribuables et comptables 559
Mon nouvel habit 561
La BCR (brigade de contrôle et de recherches) 564
Une situation dramatique 565
L'affaire 567
Ma plus importante vérification 570
Une ténébreuse affaire 572
Les mouches du centre hippique 573
Une étrange affaire 576
« Ne soyez pas fiscal » 580

Les oppositions aux contrôles fiscaux 582

Le poujadisme (1954-1960) 582
Ville morte 582
Les effets du poujadisme 584
UDCA 586

Dialogue avec Poujade 588
« Sous le signe du poujadisme » 589
Mini manifestation 591
« L'alerte avait été rude » 591
Dompteur de fauves 594
Les peaux de vache 595
« Selon le Petit Larousse illustré » 596
L'affiche Poujade 598
« Une flambée populiste » 600
Dans la tourmente du poujadisme 602
« Pierre Poujade en personne » 602
La fronde fiscale 603
« Au casse-pipes » 604
« Fermé pour cause de grève » 606
Après le poujadisme 610

Le Cid-Unati (1969-1972) 611

C'était l'époque du Cid-Unati 611
L'homme à la cagoule 612
« Un certain M. Gérard Nicoud » 616
Cid-Unati 619

Chapitre VIII. **La carrière : les fonctions, les grades** 621
Le chef de centre 621
Le receveur principal 623
L'inspecteur principal 624
Le directeur divisionnaire 627
Le chef des services fiscaux 627
Le directeur départemental 629
Le directeur régional 629
Les emplois de débouché 630
Le conservateur des hypothèques 630
Le receveur divisionnaire 631

Choix de textes

Le chef de centre (1969-1980) 635

Carte blanche 635
« Un emploi nouvellement créé » 638
Fin de carrière 643
Premiers CDI à Bordeaux 646
« Gérer le présent » 651
Un passage en douceur 657
Un titre ambigu 660
« Une cellule importante et essentielle » 663

Le receveur principal (1970-1985) 667
Fondé de pouvoir 667
La bonne occasion 668
« Après la séance » 670
Une sinécure dorée ? 673
L'inspecteur principal (1952-1980) 677
« Un tournant important » 677
« Entre deux positions contradictoires » 678
Bénéfices agricoles 679
« C'était bon à prendre » 681
Montée en puissance 682
IP de l'Enregistrement 683
IP des Contributions directes 685
Vérification des services 687
« Mes premières armes… » 688
Un nécessaire contrepoids 691
Une expérience très formatrice 693
Le pied à l'étrier 694
Inspecteur principal (art. 28) 696
Issu de l'article 28 697
Les inspecteurs principaux 698
Regrets 699
Le directeur divisionnaire (1975-1980) 701
Une expérience de directeur divisionnaire 701
« Les fonctions de directeur divisionnaire » 703
Le « tour de piste » (1967-1975) 705
Un nouveau procédé de sélection 705
« L'échéance administrative clé » 706
Des moments décisifs 707
Le directeur départemental (1975-1980) 709
Première expérience 709
« Cellule relations publiques » 711
Le chef des services fiscaux (1976-1990) 713
Le « patronat » 713
L'apogée 717
Promu chef des services fiscaux 721
À Montpellier 723
Grenoble 726
Une visite inattendue 730
Le nouveau patron 732
Le service public 734
Réflexions 735

Le directeur régional (1974-1990) 737
Deux missions principales 737
Coordonner et harmoniser 740
« Deux casquettes » 741
Le receveur divisionnaire (1977-1985) 744
Les receveurs des impôts et l'Amicale des comptables de la DGI 744
Un brusque changement 746
« Vers la sortie » 748
« Un comptable à double casquette » 749
Le conservateur des Hypothèques (1970-1989) 753
Un statut particulier 753
« Une exception remarquable » 756
Une douce reconversion 757
L'AMC 760
« Une fin de carrière très demandée » 761
Une fonction un peu déconcertante 764
Le métier de conservateur des Hypothèques 765
« Le monde très particulier de la publicité foncière » 768
« Arrivé en fin de carrière » 769

Chapitre IX. **Les services au quotidien** 771

Entre collègues 771
Face aux contribuables 771
Les réformes de la fiscalité 771
De la mécanographie à l'informatique 773
Les grandes grèves 775
Mai 68 775
1989 776
Les syndicats et les mutuelles 777
Dans les Contributions indirectes 777
Dans les Contributions directes 779
Dans l'Enregistrement 781
Les mutuelles 781

Choix de textes

Entre collègues (1930-1980) 785
Albin G. 785
Le théâtre aux Finances 787
Libéré des Allemands grâce à son inspecteur principal 789
Sans l'initiative de l'inspecteur principal… 791

Résistance 792
« Un grand connaisseur » 795
Yvan C. 796
Quelques personnages 798
Un collègue résistant 801
Deux enregistreurs typiques 803
Ni beaux, ni gentils 804
Le père K. 805
Histoires d'enregistreurs 806
Un collègue courageux 807
Les prunes épiscopales 807
« Un homme à tout faire » 813
La torture 813
Portrait robot 814
G. et le Gascon 817
Des agents surdiplômés 819

Face aux contribuables (1945-1990) 820
Après la Libération 820
« Témoin privilégié » 822
Monsieur M. de Sorbiers 824
Un contribuable récalcitrant 826
Quelques perles 828
Un contribuable au passé extraordinaire 830
Le médecin généraliste 831
Contribuables 832
« Un événement peu banal » 834

Les réformes de la fiscalité (1945-1980) 835
Impôt exceptionnel 835
L'impôt sur l'énergie 836
L'année 1968 : une année marquante 838
1968 : généralisation de la TVA 839
Nouveau plan comptable général 840

De la mécanographie à l'informatique (1946-1985) 841
« Un fiasco » 841
La « Mécano » 842
La première émission du CRI de Marseille 844
Informatique et vicissitudes 845
L'informatique dans le réseau comptable 846
Informatisation des recettes 848

Les grandes grèves 849
Mai 68 849
Un joli mois de mai 849
Mai 68 dans l'Administration 852
« Une nouvelle race d'inspecteurs principaux » 853
L'explosion de Mai 68 855
Avec la sève printanière 856
1989 858
« L'événement important » 858
« Un mouvement original dans ses conditions de déclenchement, unique par son ampleur et sa durée » 860
« La grande grève de l'automne 1989 » 864
Grève rue Paganini 865
Fin de carrière 866
Une grève totale, dure 867
Un mouvement de grève profond, unanime et soudain 868
« Ce large mouvement de mécontentement » 869
Une crise qui couvait depuis longtemps 871
Après 1989 877
Syndicat et mutuelle (1945-1980) 879
Syndicalisme aux Impôts 879
Le syndicat des Indirectes 880
Mes fonctions syndicales aux Indirectes 885
Poussé par un fervent syndicaliste 887
Le « Trait d'union », journal des Contributions directes 888
Syndicat unifié des Contributions directes 889
Du Syndicat des techniciens et employés du Cadastre au Syndicat national unifié du Cadastre 890
La CFDT, une activité riche d'enseignements 895
Responsable mutualiste 898
La Mutuelle 899
Mutualiste en Martinique 900

Annexe 903
Index matière 911
Index des noms de personnes 925
Table des matières 929

Achevé d'imprimer
sur les presses de CARACTERE SAS en Décembre 2004
Dépôt légal n° 7-177 - 4e trimestre